패스코드는 플랜별 학습이 가능하도록 구성된 교재입니다.
제공되는 합격 플랜을 확인하신 후 학습하시면 보다 효율적이고 체계적인 학습이 가능합니다.

투자자산운용사 프리미엄 강의노트

- '프리미엄 강의노트' 및 '기출풀복원 특강' 활용 안내 -

(1) '패스코드 프리미엄 플러스 버전 1.0'에서 제공되는 '프리미엄 강의노트'는 40회·41회·42회차, 3회분입니다.

'프리미엄 강의노트 3회분'을 통해 최신 기출 경향에 대한 집중학습이 가능하므로, 기존의 패스코드 500문항(2018년부터 현재까지 장기간의 기출경향을 반영)을 보완하여 이상적인 적중 효과를 기대할 수 있게 되었습니다.

따라서 패스코드 500문항 학습에 추가하여 '프리미엄 강의노트'의 필독 및 반복학습을 권유합니다.

(2) '기출풀복원 특강' 안내(50% 할인쿠폰 제공)
▶ **최소 1회분 강의 수강 권장** : '기출풀복원 특강 동영상 강의' 1회분으로 전체 범위를 커버하는 것은 불가하지만 '시험이 어떻게 나오고 있는가? 기출 변형이 어떤 식으로 되고 있는가? 기출 pool을 어떤 식으로 학습하면 되는가?'에 대한 인사이트를 얻을 수 있으며 이를 통해 기출pool 전체에 대한 흡수력을 획기적으로 올릴 수 있음
▶ **D-7 적중모의고사 제공**
토마토패스 모든 유료회원을 대상으로 시험 일주일 전 시점에서 제공되는 'D-7 적중모의고사(100문항)'를 기출풀복원 특강 동영상 수강자에게도 제공함
▶ **'43회차 기출풀복원 특강' 제공 예정**
44회 시험(26년 1월) 대비로 '43회차 기출풀복원특강'을 제공 예정이므로, 패스코드 프리미엄 플러스 버전 1.0 구입자로서 기출풀복원 특강 결제자는 '43회 프리미엄 강의노트(PDF)'를 유료 강의실에서 다운로드할 수 있음(25년 12월 중 업로드 예정)

(3) 학습 중 궁금한 사항에 대해서는 언제든지 Q&A 게시판[시대고시(도서), 토마토패스(동영상)]으로 질문 주시길 바라며, 여러분의 합격을 응원합니다.

저자 **유창호** 드림

01

투자자산운용사 프리미엄 강의노트 | 1과목 1편 세제 및 절세전략 7문항

다음 중 지방세가 아닌 것은?

① 취득세 ② 등록면허세
③ 상속세 ④ 담배소비세

상속세는 국세이다. 지방세에는 '취득세, 등록면허세, 지방교육세, 주민세, 재산세, 자동차세, 담배소비세 등'이 있다.

정답 ③

더 알아보기

우리나라 조세체계

직접세 : 납세부담자 = 신고납부자
간접세 : 납세부담자 ≠ 신고납부자

국세	내국세	직접세	소득세, 법인세, 상속세, 증여세, **종합부동산세**
		간접세	**부가가치세**, 주세, 인지세, **증권거래세**, 개별소비세
		목적세	교육세, 농어촌특별세, 교통·에너지·환경세
	관세		
지방세	도세	보통세	**취득세, 등록면허세**, 레저세, 지방소비세
		목적세	지역자원시설세, 지방교육세
	시·군세	보통세	주민세, **재산세**, 자동차세, 지방소득세, 담배소비세

• 소. 법. 부 ↔ 취·등록세, 종부세 ↔ 재산세
　(국세)　　(지방세)　　(국세)　(지방세)

2024.03 기출복원

다음 중 국세가 아닌 것은?

① 소득세 ② 취득세
③ 개별소비세 ④ 농어촌특별세

취득세는 지방세이다. 소득세는 '국세 / 직접세'이며, 개별소비세는 '국세 / 간접세'이며, 농어촌특별세는 '국세 / 목적세'이다.
▶ 개별소비세(국세), 지방소비세 / 담배소비세(지방세)
▶ 농어촌특별세(국세)

정답 ②

02

투자자산운용사 프리미엄 강의노트　1과목 1편 세제 및 절세전략 7문항

국세기본법에 대한 내용이다. 옳은 것은?

① 세법에서 정한 납부기한이 공휴일에 해당할 때에는 그 전날을 기한으로 한다.
② 서류의 송달을 받을 자가 신청한 경우 정보통신망을 이용한 송달이 가능하다.
③ 과세표준신고서를 법정신고기한 내에 제출한 자가 과세표준 및 세액을 과다하게 신고하거나 결손금 또는 환급세액을 과소신고한 때에는 해당 과세표준 및 세액의 결정 또는 경정을 법정신고기한이 지난 후 2년 이내에 관할 세무서장에게 청구할 수 있다.
④ 조세불복제도의 하나로서, 처분청의 처분을 안 날로부터 90일 이내에 국세청 또는 감사원에 제기하는 불복절차는 심판청구이다.

②번만 옳은 내용이다.
① 다음 날을 기한으로 한다.
③ 경정청구는 법정신고기한이 지난 후 5년 이내로 할 수 있다.
④ 심판청구는 조세심판원에 제기하는 불복절차이다(국세청 또는 감사원에 제기하는 것은 심사청구).

정답 ②

더 알아보기

☑ **지문 해설**

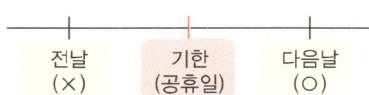

① 세법에서 정한 기한이 근로자의 날에 해당하는 경우 **그 다음날을** 기한으로 한다.
② 정보통신망을 이용한 송달은 **서류의 송달을 받아야 할 자가 신청하는 경우에 한하여** 행한다. 　과세관청이 필요한 경우에 한하여(×)

▶ 송달의 종류 : 교부송달, 우편송달, **전자송달**, 공시송달

③ 법정신고기한 내에 신고를 한 경우로서, 과세표준 및 세액을 **과소신고**한 경우는 **수정신고**, **과다신고**한 경우는 **경정청구**의 대상이다.

▶ 법정신고기한 경과 후 2년 이내 수정신고서를 제출 시 과소신고 가산세 일부를 경감 받음
▶ 법정신고기한 경과 후 **5년 이내** 경정청구를 할 경우 과다납부한 세액을 환급 받음

④ **90일 이내**에 국세청 또는 감사원에 제기하는 것은 심사청구이다.

▶ 조세불복절차의 종류 : **이의신청**(처분청에 제기), **심사청구**(국세청 또는 감사원에 제기), **심판청구**(조세심판원에 제기)

2023.11 기출복원

조세불복제도와 관련하여 빈칸을 옳게 연결한 것은?

- 이의신청·심사청구·심판청구는 처분청의 처분을 안 날로부터 (   ) 이내에 제기해야 한다.
- (   )는 국세청 또는 감사원에, (   )는 조세심판원에 제기하는 불복이다.

① 60일, 심사청구, 심판청구
② 60일, 심판청구, 심사청구
③ 90일, 심판청구, 심사청구
④ 90일, 심사청구, 심판청구

④ 차례대로 '90일, 심사청구, 심판청구'이다.

정답 ④

03

투자자산운용사 프리미엄 강의노트 | 1과목 1편 세제 및 절세전략 7문항

소득세법상의 적격 집합투자기구에서 발생하는 소득으로서, 다음 중 '집합투자기구로부터의 이익'에 해당하지 않는 항목의 개수는?

> 가. 상장주식의 매매차익
> 나. 상장채권의 매매차익
> 다. 상장주식을 기초자산으로 하는 장내파생상품의 매매차익
> 라. 코스피200지수를 기초자산으로 하는 장내파생상품의 매매차익
> 마. 비상장주식으로서 벤처기업법에 따른 벤처기업주식의 매매차익
> 바. 부동산 매매차익

① 1개　　　　　　　　② 2개
③ 3개　　　　　　　　④ 4개

'집합투자기구로부터의 이익'에 속하지 않는 항목의 개수는 3개(가, 다, 마)이다.
※ '상 / 파 / 벤'은 과세대상이 아니므로 '집합투자기구로부터의 이익'에서 제외된다.

정답 ③

더 알아보기

● 일부손익과세제외 제도

집합투자기구로부터의 이익
(배당소득)

※ 과세대상에서 제외(상. 파. 벤)
(1) 상장주권의 매매·평가차익
(2) 상장주권을 기초자산으로 한 파생상품의 매매·평가차익
(3) '벤처기업육성법'에 따른 벤처기업 주식의 매매·평가차익

∴ 세제혜택의 형평성을 위한 제도 →
직접투자 시의 비과세혜택을
간접투자 시에도 적용

펀드 원본 / 과세제외 (상. 파. 벤)

단, 이러한 형평성이 완벽하게 시현되는 것은 아니다.
('채권의 매매차익'은 직접투자 시 비과세이지만 펀드(간접투자)에서는 과세함)

☑ **예시 : '일부손익 과세제외'**

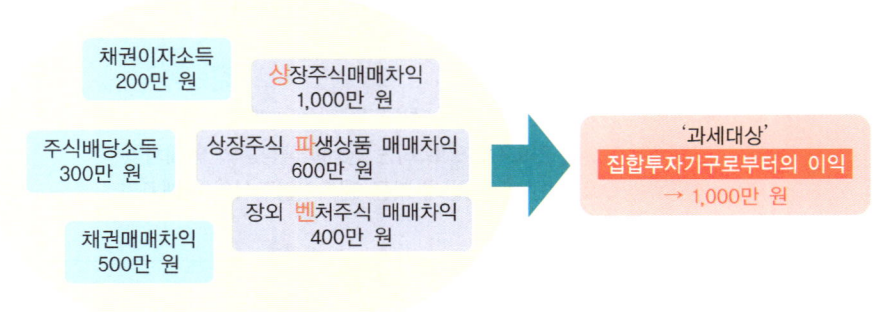

2023.11 기출복원

집합투자기구(소득세법상 적격집합투자기구)의 과세에 대한 설명이다. 옳은 것은?

① 집합투자재산에 속한 소득의 내용별로 이자소득 또는 배당소득으로 과세한다.
② 집합투자재산으로 증권시장에 상장된 주식을 매매한 경우, 그 손익과 관계없이 과세대상에서 제외한다.
③ 집합투자재산으로 코스피200지수를 기초자산으로 한 장내파생상품을 매매한 경우, 그 손익과 관계없이 과세대상에서 제외한다.
④ 집합투자증권을 계좌 간 이체, 계좌 간 명의변경, 실물양도 등의 방법으로 거래하여 발행한 이익은 양도소득세로 과세한다.

---

② 일부손익과세제외 제도에 의해 '상 / 파 / 벤'은 과세대상에서 제외한다(손실의 경우도 제외).
① 배당소득으로 과세
③ 코스피200을 기초자산으로 하는 장내파생상품은 과세제외대상이 아님
④ '집합투자기구로부터의 이익(배당소득)'으로 과세

정답 ②

04 투자자산운용사 프리미엄 강의노트 | 1과목 1편 세제 및 절세전략 7문항

빈칸에 알맞은 것은?

> 연간 ( ) 이하의 기타소득은 분리과세로써 납세의무를 종결할 수 있다.

① 100만 원 ② 300만 원
③ 2,000만 원 ④ 5,000만 원

연간 300만 원 이하의 기타소득은 분리과세를 선택할 수 있다('선택적 분리과세' 대상). 즉, 연간 300만 원 이하의 기타소득의 경우 분리과세를 신청할 경우 원천징수로서 납세의무가 종결된다.

정답 ②

더 알아보기

분리과세 종류

구 분	내 용 (괄호는 분리과세 세율, 지방세 제외)
무조건 분리과세 대상	(1) 직장공제회 초과반환금(기본세율) (2) 비실명거래로 인한 금융소득(45% 또는 90%) (3) 법원보관금에서 발생하는 이자소득(14%) (4) 분리과세를 신청한 장기채권의 이자와 할인액(30%) (5) ISA비과세한도를 초과하는 이자·배당소득(9%)
선택적 분리과세 대상	(1) 연간 300만 원 이하의 기타소득(선택 시 20% 분리과세) (2) 연금소득 • 연간 1,500만 원 이하는 저율분리과세 • 연간 1,500만 원 초과는 고율리과세(15%) 또는 종합과세 선택

2024.06 기출복원

빈칸에 알맞은 것은?

> 연간 ( ) 이하의 기타소득은 분리과세로써 납세의무를 종결할 수 있다.

① 100만 원 ② 200만 원
③ 300만 원 ④ 500만 원

연간 300만 원이다. 연간 300만 원 이하의 기타소득은 분리과세를 선택할 수 있다. 즉 연간 300만 원 이하의 기타소득에 대해서 분리과세를 신청할 경우 원천징수로서 납세의무가 종결된다(분리과세를 선택하지 않으면 조건부 종합과세 대상이 됨).

정답 ③

05

투자자산운용사 프리미엄 강의노트 | 1과목 1편 세제 및 절세전략 7문항

양도소득세의 과세와 관련하여 빈칸에 들어갈 수 없는 것은?

> 양도가액 − (   ) = 양도차익

① 취득가액으로서 실지거래가액
② 양도 대상 부동산에 투입한 자본적 지출액
③ 증권거래세, 신고서 작성비용, 인지대
④ 3년 이상 보유한 토지·건물에 대한 장기보유특별공제액

빈칸에 들어가는 항목은 '필요경비'항목으로서 ①, ②, ③이 해당된다.
▶ **필요경비 = 취득가액 + 자본적 지출액 + 기타필요경비**
④는 장기보유특별공제로서 양도차익에서 공제하는 항목이다.

정답 ④

더 알아보기

● '양도'의 개념(기본서, 1권, p38 참조)

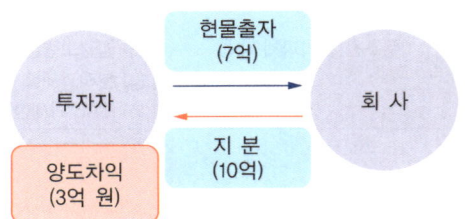

1) 자산의 유상이전

양도란 자산에 대한 등기 또는 등록에 관계없이 매도, 교환, 현물출자 등으로 인하여 그 자산이 유상으로 사실상 이전되는 것을 말한다.
- 양도에는 무상과 유상을 불문하나 소득세법상 '양도'는 반대급부를 수반하는 유상이전만을 말한다.
- 유상이전의 형태는 '매도, 교환, 현물출자'는 물론이고 대물변제나 공용수용도 포함한다.

∥
양도 = '자산의 사실상 유상이전'

2) 자산의 사실상 이전

부동산의 경우 '등기'를 물권변동의 성립요건으로 하지만, 소득세법은 등기를 하지 않아도 사실상의 이전이 있으면 '양도'로 본다.
- 이러한 실질주의에 입각하여 양도시기는 원칙적으로 '자산의 대금을 청산한 날'로 한다.

☑ 양도소득세 과세흐름(암기 : '가필, 차장, 소기')

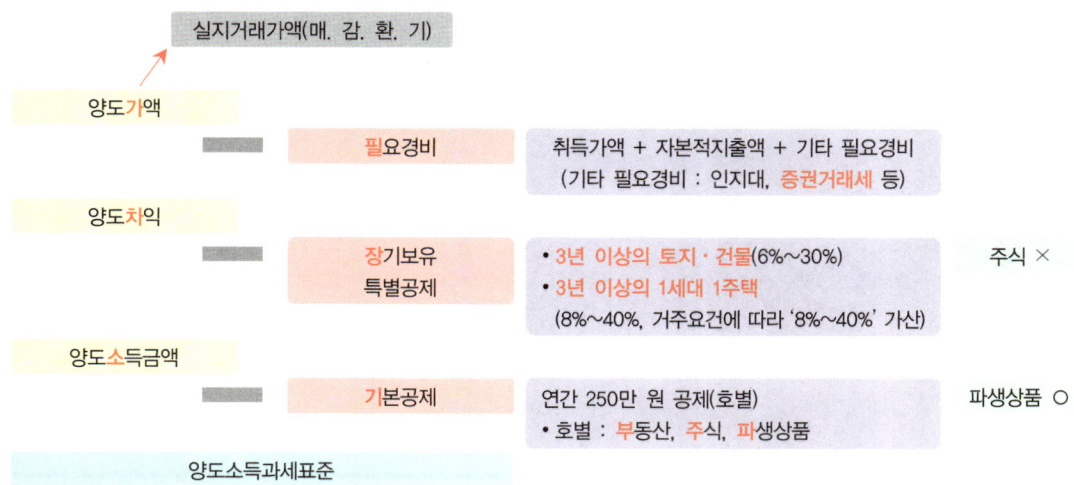

2024.03 기출복원

양도소득세 과세(거주자 대상)에 대한 설명이다. 가장 적합한 것은?

① 자산의 양도가액은 양도 당시의 기준시가로 한다.
② 비상장주식 매매 시 발생한 증권거래세는 양도차익 계산 시 필요경비로 차감한다.
③ 상장주식은 보유기간이 3년 이상인 경우 장기보유특별공제의 대상이 된다.
④ 2024년 현재 파생상품 양도소득에 대해서는 5% 탄력세율을 적용하고 있다.

옳은 내용은 ②번이다.
① 양도가액은 양수자와 양도자 간의 실지거래가액으로 하는 것이 원칙이며, 실지거래가액이 확인되지 않을 경우 '매매사례가액 → 감정가액 → 환산가액 → 기준가액(매. 감. 환. 기)' 순으로 추계
③ 장기보유특별공제 대상은 '㉠ 3년 이상 보유한 토지 및 건물, ㉡ 1세대 1주택'이다.
 • 주식의 경우 보유기간과 관계없이 장기보유특별공제 대상이 되지 않음
④ 파생상품 양도소득에 대한 과세 기본세율은 20%이지만, 2018년 이후부터 한시적으로 10%가 적용되고 있다(탄력세율 10%).

정답 ②

06

투자자산운용사 프리미엄 강의노트 | 1과목 1편 세제 및 절세전략 7문항

증권거래세와 관련된 설명 중 옳지 않은 것은?

① 뉴욕 증권거래소에 상장된 주권을 양도할 경우 증권거래세가 부과되지 않는다.
② 코넥스시장에서 거래하는 주권에 대해서는 증권거래세가 부과되지 않는다.
③ 자본시장법에 따른 주권매출의 경우 증권거래세가 부과되지 않는다.
④ 주권을 목적물로 하는 소비대차의 경우 증권거래세가 부과되지 않는다.

코넥스시장에서 거래 시 매도금액의 0.10%에 해당하는 증권거래세가 부과된다. 증권거래세 기본세율은 **0.35%**이지만 장내시장에서 거래할 경우 자본시장 육성차원의 특례가 적용되어 '유가증권시장 0%(농특세 0.15%별도부과), 코스닥시장 0.15%, 코넥스시장 **0.10%**'로 인하 적용된다(증권거래세는 25년 개정기준).

정답 ②

더 알아보기

● 증권거래세 비과세 대상(기본서, 1권, p44)

3. **비과세 양도(증권거래세법 제6조)**   ☑ 주권의 유상양도 → 증권거래세 과세

아래의 경우에는 증권거래세를 부과하지 않는다.

① **국가 또는 지자체가 주권 등을 양도**하는 경우 ▶ 연기금 등
  – 단, 국가재정법에 따른 기금이 주권을 양도하는 경우 및 우정사업총괄기관이 주권을 양도하는 경우는 제외
② 자본시장법 제119조에 따라 **주권을 매출**하는 경우(발행매출)

▶ 주권매출 : 발행시장에서의 매도
  (기업공개를 위한 매도)

③ 주권을 목적물로 하는 **소비대차**의 경우

▶ 소비대차계약으로 주식을 빌려주고 이자를 받는 것은,
  유상거래이지만 추후에 주식을 반환 받으므로(진정한 양도가 아니므로)
  증권거래세가 부과되지 않는다.

☑ 외국거래소에 상장된 주권양도 시

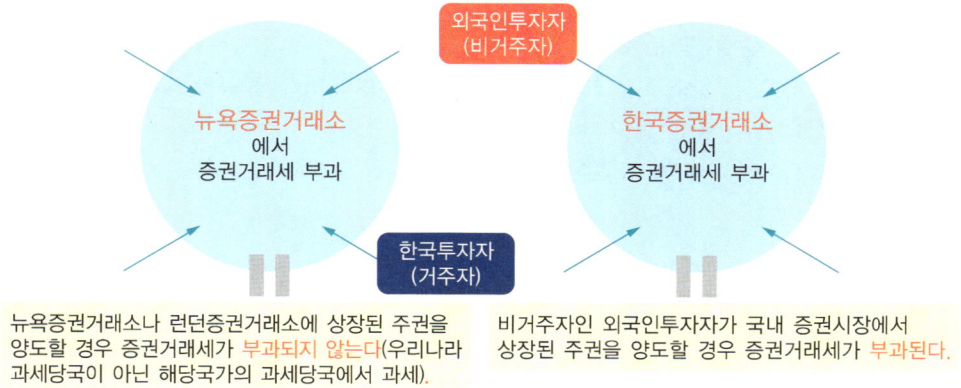

2024.06 기출복원

증권거래세와 관련된 설명이다. 가장 적절하지 않은 것은?

① 뉴욕증권거래소나 런던증권거래소에 상장된 주권을 양도할 경우 증권거래세가 부과되지 않는다.
② 비거주자인 외국인투자자가 국내 증권시장에서 상장된 주권을 양도할 경우 증권거래세가 부과된다.
③ 자본시장법 제119조에 따라 주권을 매출하는 경우는 증권거래세가 부과되지 않는다.
④ 주권으로 대물변제를 한 경우 증권거래세가 부과되지 않는다.

④ '주권을 통한 대물변제'는 주권의 유상양도에 해당되어 증권거래세가 부과된다(증권거래세는 주권의 유상양도에 대해 부과). cf '주권을 목적물로 하는 소비대차'의 경우 증권거래세가 부과되지 않는다(비과세 대상에 포함).

정답 ④

07

1과목 1편 세제 및 절세전략 7문항

거주자 대상 소득세 과세 제도에 대한 내용이다. 가장 적절하지 않은 것은?

① 거주자란 국내에 주소를 두거나 183일 이상의 거소를 둔 개인을 말한다.
② 외국을 항해하는 선박 또는 항공기의 승무원의 경우 그 승무원과 생계를 같이하는 가족이 거주하는 장소 또는 그 승무원이 근무기간 외의 기간 중 통상 체재하는 장소로 판정한다.
③ 소득발생지를 납세지로 한다.
④ 거주자인 부부의 금융소득은 합산기준이 아닌 별산기준으로 금융소득종합과세 여부를 판정한다.

거주자에 대한 소득세 과세는 '주소지'를 납세지로 한다.

정답 ③

더 알아보기

납세의무자의 구분(2025기본서, 1권, p16~17참조)

※ **납세의무자의 구분**(소득세법 제1의 2)

소득세법상 납세의무자는 다음과 같이 거주자와 비거주자로 구분   3개월 이상(X)

(1) **거주자와 비거주자의 구분** : '거주자'란 국내에 주소를 두거나 183일 이상 거소를 둔 개인을 말하며, '비거주자'란 거주자가 아닌 개인을 말한다(중략).
(2) 국외에서 근무하는 공무원 또는 거주자나 내국법인의 국외사업장 또는 해외 현지법인 등에 파견된 임원 또는 직원은 거주자로 본다.
(3) 외국을 항해하는 선박 또는 항공기의 승무원의 경우 그 승무원과 생계를 같이하는 가족이 거주하는 장소 또는 그 승무원이 근무기간 외의 기간 중 통상 체재하는 장소로 판정한다(▶ 판정결과 주소 또는 거소가 국내이면 거주자, 국외이면 비거주자).

우리나라 소득세 제도의 특징(거주자 대상)

종합소득 : 이자소득, 배당소득, 근로소득, 사업소득, 연금소득, 기타소득

종합과세제도 채택 → 종합과세 원칙, 분류과세·분리과세 예외

☑ 주소지 과세제도 → 소득발생지에도 불구하고 주소지를 납세지로 함   소득발생지 과세 (X)

신고납세제도 → 납세의무자가 과세기간의 다음연도 5/1부터 5/31까지
(신고확정)　　과세표준을 확정신고함으로써 납세의무가 확정됨

▶ 납세의무의 확정 : 신고확정(소득세 등), 부과확정(상증세 등), 자동확정(인지세 등)

2021.11 기출복원

우리나라 소득세 제도의 특징을 설명한 것이다. 가장 거리가 먼 것은?(거주자 대상 과세)

① 이자소득, 배당소득, 사업소득, 근로소득, 연금소득, 기타소득은 인별로 종합하여 과세한다.
② 일정의 소득은 기간별로 합산하지 않고 그 소득이 지급될 때 소득세를 원천징수함으로써 과세를 종결한다.
③ 퇴직소득과 양도소득은 다른 소득과 합산하지 않고 별도로 과세한다.
④ 신고납세제도이며, 소득발생지를 납세지로 한다.

④ 소득발생지에도 불구하고 주소지를 납세지로 한다(주소지 과세제도).
① 종합과세 원칙, ② 분리과세 예외, ③ 분류과세 예외

정답 ④

08

투자자산운용사 프리미엄 강의노트 1과목 2편 금융상품 8문항

개인종합자산관리계좌(ISA ; Individual Savings Account)에 대한 설명이다. 가장 적절하지 않은 것은?

① 중개형 ISA의 경우 예금을 포함해서 신탁, ELS, REITs 등 각종 투자상품 그리고 국내상장 주식까지 편입이 가능하다.
② 납입한도는 연간 2천만 원이고 당해 연도의 미불입한도는 다음 해로 이월이 가능하며, 이와 같은 방식으로 가입기간 동안 최대 1억 원까지 납입이 가능하다.
③ ISA의 의무가입기간은 3년이며 의무가입기간이 지나면 비과세 등의 세제혜택을 받을 수 있는데, 서민형의 경우 통산순이익 기준 400만 원까지 비과세혜택을 받으며 400만 원을 초과하는 통산순이익은 분리과세율(지방세 포함 9.9%)이 적용된다.
④ 금융회사가 가입자의 위험성향과 자금운용목표를 고려하여 제시하는 모델 포트폴리오 중 하나를 선택하여 투자하는 방식은 일임형 ISA이다.

중개형의 경우 예금은 편입할 수 없다.

정답 ①

더 알아보기

세제혜택금융상품 – ISA

구 분	일반형	서민형	농어민형
가입자격 (㉠ + ㉡)	㉠ 만 19세 이상 거주자 or 근로소득이 있는 만 15세~19세 거주자	㉠ 총급여 5천만 원 or 종합소득 3,500만 원 이하 거주자	㉠ 종합소득 3,500만 원 이하
	㉡ 직전 3개년 중 1회 이상 금융소득종합과세의 대상이 아닌 자		
비과세한도 (통산순이익 기준)	200만 원	400만 원	
	비과세한도 초과분은 우대세율 9.9% 적용		
의무가입기간	3년(의무가입기간 충족 시 세제혜택)		
납입한도	연간 2천만 원, 5년간 최대 1억 원 (당해연도 미납입한도는 이월가능)		

1,000만 원 (통산순이익 / 서민형)	400만 원	비과세
	600만 원	9.9%

☑ ISA 유형(운용유형)

구 분	중개형 ISA	신탁형 ISA	일임형 ISA
투자가능상품	예금 X, 국내상장주식 O	예금 O, 국내상장주식 X	모델포트폴리오 (펀드·ETF 등 포함)
	펀드, ELS, ETN, 리츠, RP, 회사채 등		
운용방식	투자자가 편입상품을 직접 선택 (가입자의 지시가 없으면 다른 상품으로 교체불가)		모델포트폴리오 중 하나를 선택해서 운용
보수·수수료	상품별 수수료	신탁보수	일임수수료

▶ 전 금융기관을 통틀어 1인 1계좌만 가능하며, '신탁형 / 일임형 / 중개형' 중 하나만 가입할 수 있다.

[예] 일반형 – 중개형
[예] 서민형 – 신탁형

2024.06 기출복원

개인종합자산관리계좌(ISA ; Individual Savings Account)에 대한 설명이다. 틀린 것으로 연결한 것은?

> 가. 소득이 없더라도 만 15세 이상의 거주자일 경우 일반형 가입이 가능할 수 있다.
> 나. ISA의 의무가입기간은 3년이며 의무가입기간이 지나면 비과세 등의 세제혜택을 받을 수 있는데, 서민형의 경우 통산순이익 기준 400만 원까지 비과세혜택을 받으며 400만 원을 초과하는 통산순이익은 분리과세율(지방세포함 9.9%)이 적용된다.
> 다. ISA계좌에 편입할 금융상품을 직접 고르기를 원하는 투자자에게 적합한 유형은 일임형이다.

① 가, 나
② 나, 다
③ 가, 다
④ 가, 나, 다

틀린 항목은 '가, 다'이다.
- **가** : 일반형은 금융소득종합과세 대상자가 아닌 경우로서, 'ⓐ 만 19세 이상 거주자 또는 ⓑ 근로소득이 있는 만 15세 이상, 19세 미만'의 거주자가 가입할 수 있다. 즉 근로소득이 있는 경우는 만 15세 이상부터 가입이 가능하다.
- **다** : ISA계좌에 편입할 금융상품을 직접 고르기를 원하는 투자자에게 적합한 유형은 신탁형과 중개형이다.

정답 ③

09

투자자산운용사 프리미엄 강의노트 | 1과목 2편 금융상품 8문항

신탁상품의 일반적 특징에 대한 설명이다. 가장 적절하지 않은 것은?

① 신탁은 타인에 의한 재산 관리·처분제도의 하나로서, 신탁계약이 체결되면 위탁자의 재산권이 수탁자에게 이전 또는 처분된다.
② 신탁재산을 관리·처분한 결과로 생긴 제3자와의 권리·의무는 신탁재산의 관리기관인 수탁자에게 귀속하고, 위탁자 또는 수익자에게 직접 귀속하지 않는다.
③ 신탁재산은 수탁자의 상속재산, 파산재단에 속한다.
④ 신탁재산인 채권과 다른 채무와의 상계가 금지된다.

신탁재산은 수탁자의 상속재산, 파산재단에 속하지 않는다.

정답 ③

더 알아보기

신탁(信託, Trust)의 3면 관계

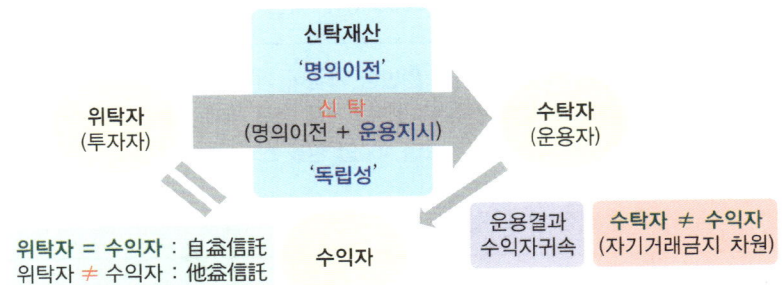

✓ 신탁(信託)의 특징(기본서, 1권, p133~134)

신탁은 타인에 의한 재산관리·처분제도의 하나로 대리, 후견 등과 유사하다. 위탁자가 재산권을 수탁자에게 이전 또는 처분하는 것이며, 수탁자가 그 명의인이 된다. 수탁자는 신탁재산에 대하여 대외적으로 유일한 관리·처분권자가 된다. 위탁자는 수탁자에 대해 지시할 수는 있어도, 스스로 신탁재산상의 권리를 행사할 수는 없다. 신탁재산을 관리·처분한 결과로 생긴 제3자와의 권리·의무는 신탁재산의 관리기관인 수탁자에게 귀속하고, 위탁자 또는 수탁자에게 직접 귀속하지는 않는다.

수탁자는 그 임무의 수행과 권리의 행사를 신탁목적에 따라 수익자를 위해 행하여야 한다. 재산은 법률상·형식상 수탁자에 귀속되어 있으나, 경제상·실질상으로는 수익자에게 귀속되므로 신탁을 '이중의 소유권'이라 한다.

신탁재산은 법률적으로 수탁자에게 귀속하지만 수익자를 위한 재산이므로 수탁자의 고유재산 및 위탁자의 고유재산으로부터 독립되어 있다. 신탁재산은 수탁자의 상속재산, 파산재단에 속하지 않으며, 신탁재산에 대한 강제집행 및 경매가 불가하고, 신탁재산인 채권과 다른 채무와의 상계가 금지된다. 수탁자가 사망 또는 사임하여도 신탁관계는 종료되지 않는다.

🔸 시험대비 중요문장

☑ 투자자는 자신이 맡긴 돈의 운용대상, 운용방법 및 운용조건 등을 지시한다.
☑ 위탁자는 수탁자에 대해 지시를 할 수는 있어도 스스로 신탁대상자산의 권리를 행사할 수 없다.
☑ 위탁자는 수익자의 지위를 겸할 수 있으나, 수탁자는 원칙적으로 수익자 및 위탁자의 지위를 동시에 겸할 수 없다.
☑ 신탁재산은 수탁자의 상속재산 및 파산재단에 속하지 않는다.
☑ 신탁재산은 유언으로도 설정이 가능하다.

2022.11 기출복원

특정금전신탁에 대한 설명이다. 옳은 것으로 연결한 것은?

> 가. 위탁자가 신탁재산의 운용대상, 운용방법, 운용자를 지정하는 신탁이다.
> 나. 위탁자는 수탁자에 대해 지시를 할 수는 있어도 스스로 신탁대상자산의 권리를 행사할 수 없다.
> 다. 위탁자는 수익자의 지위를 겸할 수 있으나, 수탁자는 원칙적으로 수익자 및 위탁자의 지위를 동시에 겸할 수 없다.

① 가, 나
② 나, 다
③ 가, 다
④ 가, 나, 다

옳은 내용은 '나, 다'이다.
가 : 특정금전신탁은 위탁자가 '**운용대상 / 운용방법 / 운용조건** 등'을 지정하는 신탁을 말하는데 이때 운용자는 지정대상이 아니다.

정답 ②

2024.06 기출복원

다음 중 신탁상품의 특징에 대한 설명으로 가장 적합한 것은?

① 신탁은 타인에 의한 재산 관리·처분제도의 하나로서, 신탁계약이 체결이 되면 위탁자의 재산권이 수익자에게 이전 또는 처분된다.
② 위탁자는 수탁자에 대해 지시는 할 수 있어도 스스로 신탁대상 자산의 권리를 행사할 수는 없다.
③ 금전신탁은 계약관계상 위탁자와 수익자가 동일해야 한다.
④ 신탁은 실적배당 상품이므로 신탁업자는 신탁 당시 인수한 재산에 대해서 손실보전 및 이익보전 계약을 체결할 수 없으며 이에 대한 예외는 없다.

옳은 내용은 ②번이다. 신탁을 하면 법률상 소유권이 위탁자로부터 수탁자에게로 이전되므로, 위탁자의 명의로 신탁재산을 직접 운용할 수 없다(법률상 명의가 수탁자에게 있으므로 수탁자에게 운용방법 등을 지시함).
① 수탁자에게로 이전, ③ 다를 수도 있음(타익신탁), ④ 연금신탁·퇴직신탁은 예외적으로 원금보장가능

정답 ②

☑ 특정금전신탁

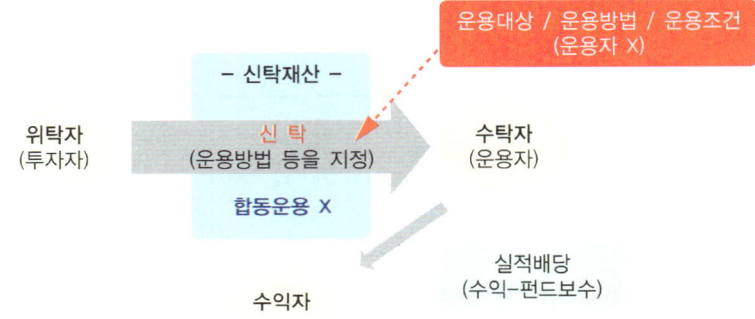

2024.06 기출복원

금전신탁에 대한 설명이다. 틀린 것으로 연결한 것은?

> 가. 금전신탁은 위탁자가 신탁재산인 금전의 운용대상 등을 지정하는가 여부에 따라서 특정금전신탁과 불특정금전신탁으로 구분된다.
> 나. 특정금전신탁은 다른 특정금전신탁 상품과 합동 운용을 할 수 없다.
> 다. 특정금전신탁의 투자자는 신탁재산의 운용에 있어서 운용대상, 운용방법, 운용조건, 운용자를 지정할 수 있다.
> 라. 금전신탁은 운용수익에서 신탁보수, 운용보수, 판매보수 등의 비용을 차감한 금액을 실적배당하는 상품이다.

① 가, 나
② 다, 라
③ 가, 다
④ 나, 라

틀린 내용은 '다, 라'이다.
다. 특정금전신탁은 위탁자가 신탁재산에 대한 '운용대상/운용방법/운용조건'을 지정한다(cf 운용자는 지정대상이 아님).
라. 특정금전신탁에서 실적배당 이익은 '운용수익－신탁보수'이다. 운용보수와 판매보수는 신탁이 아닌 펀드에서 발생하는 비용이다.
▶ 투자자가 부담하는 수수료 : 신탁-신탁보수, 펀드-운용보수 / 판매보수 / 수탁보수

정답 ②

10. 투자자산운용사 프리미엄 강의노트 | 1과목 2편 금융상품 8문항

다음 중 주가연계증권(ELS)에 대한 설명 중 가장 적절하지 않은 것은?

① 자본시장법상 파생결합증권으로 분류된다.
② 공모와 사모 모두 발행이 가능하다.
③ 장외파생상품의 겸영업무 인가를 획득한 투자매매업자만이 발행할 수 있다.
④ 원금보장형 ELS의 경우 발행사의 신용위험에 노출되지 않는다.

ELS(Equity Linked Securities)는 증권사가 발행하며, 원금보장형 ELS와 원금비보장형 ELS 모두 발행사인 증권사의 신용위험에 노출된다. 따라서 ELS 투자 시 노출되는 신용위험을 최소화하는 차원에서 엄격한 발행요건을 두고 있다.

정답 ④

더 알아보기

● '통칭ELS(ELD / ELS / ELF)'의 중요내용

> 영업용순자본비율 300% 이상(순자본비율 150% 이상)의 투자매매업자가 ELS를 발행할 수 있다.

(1) ELS는 자본시장법상 파생결합증권에 속한다.
(2) ELS는 장외파생상품에 대한 겸영인가를 받은 투자매매업자만이 발행할 수 있다.
(3) ELS는 공모, 사모 모두 발행이 가능하다.
(4) ELD는 은행이, ELS는 증권사가, ELF는 운용사가 발행하고 판매한다.
(5) 예금자보호상품은 ELD이다(ELS는 원금보장형 설계는 가능하지만 예금자비보호).
(6) ELS를 매입하면 투자자 입장에서 시장위험과 신용위험에 노출된다.
(7) ELD는 기초자산인 주가가 하락해도 원금이 보장되지만, 중도에 해지를 할 경우 원금손실이 발생할 수 있다.

ELD와 원금보장형 ELS는 중도해지 시 원금손실의 가능성이 높지만, 투자자 요청에 의한 중도해지 자체는 가능하다.

✅ ELS 설계구조   Q. 투자원금 100만 원, 이자율 5%(연), 만기 1년인 경우, 원금보장형 ELS의 설계는?

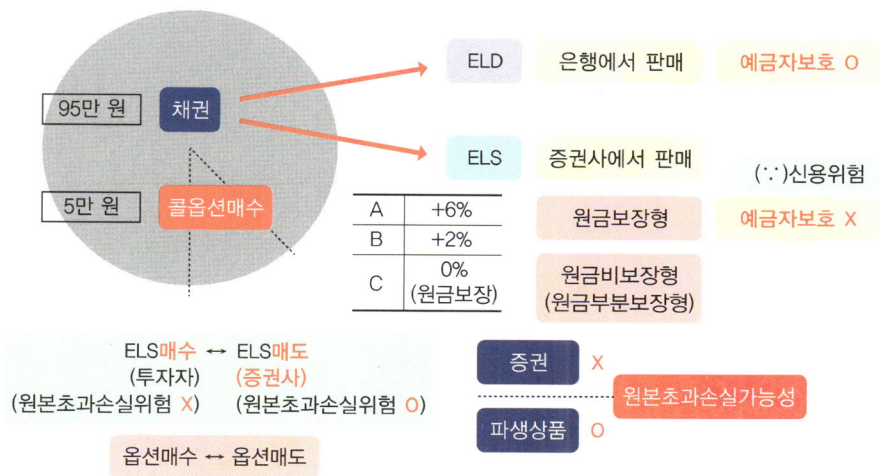

▶ 만기보유 : 95만 원 + 5만 원 = 100만 원

2023.11 기출복원

주가연계증권(ELS ; Equity Linked Securities)에 대한 설명이다. 가장 적절하지 않은 것은?

① 자본시장법상 파생결합증권으로 분류된다.
② 공모와 사모 모두 발행이 가능하다.
③ 모든 ELS는 원금보장형과 원금비보장형을 명시하여 구분해야 한다.
④ ELS는 장외파생상품의 겸영인가를 받은 금융투자회사나 은행이 발행할 수 있다.

④ ELS는 영업용순자본비율이 300% 이상으로서 장외파생상품의 겸영인가를 받은 금융투자회사만이 발행할 수 있다(은행은 ELD를 발행하고 판매).

정답 ④

2022.02 기출복원

주가연계증권에 대한 설명 중 틀린 것으로 묶은 것은?

> 가. ELS는 은행이 발행한다.
> 나. ELF는 중도환매가 자유로운 편이다.
> 다. ELD는 주가하락 시 원금손실이 가능하다.
> 라. ELD는 중도해지 시 원금손실이 가능하다.

① 가, 나 ② 나, 라
③ 가, 다 ④ 다, 라

가. ELD는 은행에서 판매, ELS는 증권사에서 판매한다.
다. **ELD는 주가하락여부와 관계없이 원리금을 지급한다.**
 - 예금자보호상품으로 안전하게 설계
 - 옵션매도의 위험은 발행자가 부담하므로 투자자의 입장에서는 주가가 하락해도 원금보장을 받음

A	+6%	주가 ↑
B	+2%	주가 ↑
C	0% (원금보장)	주가 ↓

정답 ③

투자자산운용사 프리미엄 강의노트 1과목 2편 금융상품 8문항

빈칸에 알맞은 것은?

( )는 증권사 등이 투자자에게 가장 적합한 증권 포트폴리오에 관한 상담결과에 따라 자산을 운용(또는 자산운용회사를 소개)해주고 이에 부수되는 주문집행, 결제 등의 업무를 일괄 처리해 주며, ( )에 근거한 일정비율의 수수료를 받는 '자산종합관리계좌'를 말한다.

① CMA, 거래금액
② CMA, 잔고평가금액
③ 랩어카운트, 거래금액
④ 랩어카운트, 잔고평가금액

랩어카운트 서비스에 대한 수수료는 잔고평가금액에 근거한 일정비율의 수수료를 부과한다(거래 건별 부과가 아님). 잔고평가금액에 근거하여 수수료를 부과함으로써 회사와 고객 간의 이익상충문제가 해결되는 장점이 있다(계좌에서 수익이 나면 랩수수료도 증가하므로 회사와 고객 간의 'win-win'관계가 성립).

정답 ④

더 알아보기

랩어카운트(Wrap Account)

(1) **정의** : 증권회사가 투자자의 투자성향과 투자목적 등을 정밀하게 분석하고 진단한 후 고객에게 맞도록 주식, 채권, 수익증권, 뮤추얼펀드 등의 다양한 투자수단을 대상으로 가장 적합한 포트폴리오를 추천하는 종합자산관리계좌이다.

(2) **수수료 부과** : 랩어카운트서비스에 대한 수수료는 자산에 대한 일정비율로 부과한다. **수수료를 거래건별이 아닌 잔고평가금액에 대해 부과함으로써**, 회사와 고객 간의 이익상충이 발생하지 않는 장점이 있다. 추가로 ⊙ 회사입장에서는 단기적으로 수수료총수입이 줄어들 여지가 있지만 장기적으로 안정적인 수입기반을 갖출 수 있으며, ⓒ 고객입장에서는 이익상충 없이 전문적인 서비스를 받을 수 있다는 장점이 있다.

(3) **랩어카운트 유형**
① 상품유형별 종류 : 자문형 랩어카운트, 일임형 랩어카운트
  ⊙ 자문형 랩 : 투자자문사의 자문을 받아 운용하는 랩
  ⓒ 일임형 랩 : 일임회사 운용자가 고객의 투자와 관련된 완전한 일임 및 대리권을 가지고 운용하는 랩
② 운용방식별 종류 : 펀드형 랩, 컨설턴트 랩, 자문사연계형 랩
  ⊙ 펀드형 랩 : 고객의 투자성향에 가장 부합하는 펀드로서 포트폴리오를 구성하여 운용하는 랩
  ⓒ 컨설턴트 랩 : 일임사 운용자와의 상담을 통해 고객의 투자스타일을 보다 적극적으로 반영하여 운용하는 랩
  ⓒ 자문사연계형 랩 : 고객의 투자자금을 랩계좌로 받은 후 투자자문계약을 맺은 자문사로부터 자문을 받아 운용하는 랩

2023.11 기출복원

랩어카운트(Wrap Account)에 대한 설명이다. 가장 적절하지 않은 것은?

① 증권회사가 투자자의 투자성향과 투자목적 등을 정밀하게 분석하고 진단한 후 고객에게 맞도록 주식, 채권, 수익증권, 뮤추얼펀드 등의 다양한 투자수단을 대상으로 가장 적합한 포트폴리오를 추천하는 종합자산관리계좌이다.
② 거래 건별 수수료를 부과한다.
③ 일임형 랩어카운트는 일임 운용사가 고객의 투자와 관련한 완전한 일임 및 대리권을 가진다.
④ 영업직원과 고객 간의 이익상충이 적다는 장점이 있다.

랩어카운트 서비스에 대한 수수료는 잔고평가금액에 근거한 일정비율의 수수료를 부과한다(거래 건별 부과가 아님).

정답 ②

12

투자자산운용사 프리미엄 강의노트 | 1과목 2편 금융상품 8문항

보험상품에 대한 설명이다. 가장 거리가 먼 것은?

① 생명보험상품의 보험료는 순보험료와 부가보험료로 구성된다.
② 종신보험은 사전에 설정한 보험기간 동안 사망한 경우에만 사망보험금이 지급되는 보험이다.
③ 체증식 보험은 기간이 경과함에 따라 보험금이 증가되는 보험으로서 물가지수연동보험이 대표적이다.
④ 화재보험은 화재에 따른 직접손해(화재 및 벼락손해), 소방손해, 피난손해 및 잔존물제거 비용을 보상하는 보험이다

종신보험은 보험기간이 종신이므로 사망시점과 관계없이 사망보험금을 지급한다.

정답 ②

더 알아보기

● 생명보험의 분류 - 보험사고에 따른 분류 등

사망보험 (보험사고가 사망)	생존보험 (보험사고가 생존)	양로보험 (생사혼합보험)
사망 시 보험금 지급	생존해야 보험금 지급	사망보험 + 생존보험
종신보험, 정기보험	연금보험, 교육보험	변액유니버설 적립형 보험

☑ 보험계약에 따라 사전에 설정한 기간 내에 피보험자가 사망할 경우에만 사망보험금을 지급하는 것은 정기보험이다(종신보험은 보험기간이 종신이므로 사망시점과 관계없이 보험금을 지급).

☑ **체증식 보험** : 기간이 경과함에 따라 **보험금이 점점 증가**하는 보험(예 물가지수연동보험)
☑ **체감식 보험** : 기간이 경과함에 따라 보험금이 점점 감소하는 보험(예 채무변제보험)

☑ 피보험자의 수가 1인이면 **단생보험**, 2인 이상이면 **연생보험**
☑ 5인 이상을 일괄취급 시 **단체취급보험**, 수십명 이상일 경우 **단체보험**

기타분류

보험금이 변동하는 보험

※ 보험금의 정액 유무에 따른 분류(2024 기본서, 1권, p158~159 참조)

(1) **체증식 보험**
  - 기간이 경과함에 따라 보험금이 증가한다.
  - 물가지수연동보험이 대표적인데, 동 보험은 소비자물가지수(CPI) 만큼 보험금이 연동하여 증가되도록 설계된다.

(2) **체감식 보험**
  - 기간이 경과함에 따라 보험금이 감소한다.
  - 채무상환에 이용될 수 있다(금융회사로부터 원리금 균등상환 대출을 받은 채무자를 대상으로, 채무액을 보험금으로 하고 채무자 사망 시 남아있는 대출잔액을 사망보험금으로 지급함. 기간이 경과하면 대출잔액이 감소하게 되므로 체감식 보험에 해당).

(3) **감액보험**
  - 보험가입 후 일정기간 내에 보험사고가 발생할 경우 보험금을 감액 지급하는 보험이다(보험가입자의 역선택 방지 차원).
  - 예) 암진단 보험금이 2천만 원이고 가입 후 2년 이내에 암진단을 받을 경우는 보험금의 50%인 1천만 원을 암진단 보험금으로 지급하는 보험 → 감액보험

(4) **변액보험**
  가입자가 납입하는 보험료의 대부분을 펀드에 투자하고, 펀드운용결과로써 보험금이 변동하는 보험이다(사망보험금의 화폐가치 하락을 보완하는 차원).

2024.03 기출복원

생명보험에 대한 다음의 설명 중 가장 적절하지 않은 것은?

① 체증식 보험은 보험기간이 경과함에 따라 보험료가 증가하는 보험이다.
② 피보험자의 수가 2인 이상인 보험을 연생보험이라 한다.
③ 수십 명 이상의 다수의 사람이 1매의 보험증권으로 가입하는 보험은 단체보험이다.
④ 정기보험은 보험계약에 따라 사전에 설정한 기간 내에 피보험자가 사망할 경우 보험금을 지급하는 보험이다.

체증식 보험은 보험기간이 경과함에 따라 **보험금이 증가**하는 보험이다.

정답 ①

13. 투자자산운용사 프리미엄 강의노트 | 1과목 2편 금융상품 8문항

단기금융집합투자기구(MMF)의 운용대상에 대한 설명이다. 틀린 항목의 개수는?

> 가. CD(양도성 예금증서)는 남은 만기가 6개월 이내이어야 한다.
> 나. RP(환매조건부채권)로 매수하는 국채는 남은 만기가 5년 이내 이어야 한다.
> 다. RP(환매조건부채권)로 매수하는 지방채는 남은 만기가 1년 이내 이어야 한다.
> 라. 타 집합투자증권은 채권형 펀드의 집합투자증권이어야 한다.

① 1개　　② 2개
③ 3개　　④ 4개

틀린 항목의 개수는 3개이다(나, 다, 라).
나. 다. 국채는 남은 만기 5년, 지방채나 특수채는 남은 만기 1년의 만기제한을 받지만, RP로 매수할 경우는 기존의 만기제한을 받지 않는다(∵ RP 자체의 만기제한을 받기 때문. 이때 RP의 만기는 1년 미만의 단기).
라. MMF가 타 집합투자증권에 투자할 수 있는 것은 타 MMF의 집합투자증권으로 한정된다(즉 채권형 펀드나 주식형 펀드는 편입불가).

정답 ③

더 알아보기

● MMF 운용대상 제한(아래 : 운용대상)

(1) 남은 만기가 **6개월 이내**인 양도성예금증서
(2) 남은 만기가 **5년 이내**인 국채증권
   – 남은 만기가 1년 이내인 지방채, 특수채, 사채권, 기업어음(단, 환매조건부로 매수할 경우는 매수대상상품의 만기제한을 받지 않음)
(3) 단기대출, 금융기관(또는 체신관서) 예치

▶ 24년 개정사항 : 외화자산은 외화전용MMF를 통해서 편입할 수 있다(법인MMF에 한정되며, 외화자산과 원화자산의 동시편입은 불가).

● MMF 운용방법 제한

(1) 증권의 대여나 차입 금지(cf 일반펀드 : 증권차입 20%, 대여 50%)
(2) 펀드재산의 40% 이상을 채무증권에 운용할 것(→ 전체기준)
   - 각 채무증권의 경우 최상위등급은 5%, 차상위등급은 2% 이내로 운용할 것
     (→ 개별기준)
(3) 환매조건부매도는 증권총액의 5% 이내일 것(cf 일반펀드 : 50%)
(4) 남은 만기가 1년 이상인 국채에는 펀드재산의 5% 이내로 운용할 것
(5) 펀드재산의 가중평균잔존만기는 75일 이내일 것(개인MMF)

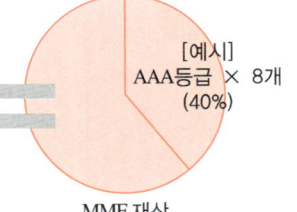

5% 제한 국채만기 : 1~5년

2023.11 기출복원

MMF(단기금융집합투자기구)의 운용제한에 대한 설명이다. 틀린 것으로 연결한 것은?

> 가. 증권의 차입이나 대여는 금지된다.
> 나. 환매조건부매수 대상으로서 국채나 지방채를 편입할 경우, 국채는 만기 5년 이내 그리고 지방채는 만기 1년 이내의 요건을 충족해야 한다.
> 다. 환매조건부매도는 MMF에서 보유하고 있는 증권총액의 100분의 5를 한도로 운용할 수 있다.
> 라. 다른 채권형 펀드의 집합투자증권에 투자할 수 있다.

① 가, 나
② 다, 라
③ 가, 다
④ 나, 라

④ 틀린 것은 '나, 라'이다.
나. MMF의 집합투자재산으로 국채나 지방채를 직접 운용할 경우는 각각의 만기제한을 받지만, 환매조건부매수의 대상으로서 매입할 경우는 만기제한을 받지 않는다.
라. MMF는 다른 펀드에 투자할 수 있는 것은 '다른 MMF의 집합투자증권'으로 국한된다(∵ 안정적인 운용차원).

정답 ④

☑ MMF 신용등급제한(채무증권 대상)

(1) MMF의 집합투자재산으로 운용할 수 있는 채무증권은 그 신용등급이 상위 2개 등급 이내이어야 한다.
   ▶ 상위 2개는 최상위 등급으로서 AAA등급, 최상위 등급의 차하위 등급(또는 차상위 등급)으로서 AA등급을 말함
(2) 운용 중인 채무증권의 등급이,
   ㉠ 최상위 등급(AAA)이 차상위 등급(AA)으로 하락한 경우 : 당해 채무증권의 비중축소
   ㉡ 상위 2개 등급에 미달하는 경우 : 당해 채무증권을 처분
      → 하는 등의 투자자보호 조치를 취해야 한다.
(3) 운용대상 채무증권이 상위 2개 등급에 미달 또는 신용등급이 없는 경우라 하더라도,
   ㉠ 보증인의 신용평가등급이 상위 2개 등급 이내인 경우
   ㉡ 담보 또는 처분 옵션을 감안하여 집합투자재산 평가위원회가 상위 2개 등급에 상응하다고 인정하는 경우
   ㉢ 신용평가등급이 없는 채무증권으로서 집합투자재산 평가위원회가 상위 2개 등급에 상응하다고 인정하는 경우는 MMF의 운용대상이 될 수 있다.

2024.03 기출복원

MMF 운용대상인 채무증권의 신용등급 제한에 대한 설명이다. 틀린 것으로 연결한 것은?

> 가. MMF의 운용대상이 되는 채무증권은 상위 2개 등급 이내이어야 하며, 운용 중인 채무증권이 상위 2개 등급에 미달할 경우는 지체 없이 비중을 축소하는 등의 투자자보호조치를 취해야 한다.
> 나. 채무증권의 신용등급이 상위 2개 등급에 미달하는 경우에도 보증인의 신용평가등급이 상위 2개 등급 이내인 채무증권일 경우 MMF의 운용대상이 될 수 있다.
> 다. 채무증권의 신용등급이 없는 경우에도 일반사무관리회사가 상위 2개 등급에 상응한다고 인정하는 채무증권일 경우 MMF의 운용대상이 될 수 있다.

① 가, 나
② 나, 다
③ 가, 다
④ 가, 나, 다

틀린 내용은 '가, 다'이다.
가. MMF가 운용 중인 채무증권이 상위 2개 등급에 미달할 경우는 당해 채무증권을 지체 없이 처분하는 등의 투자자보호 조치를 취해야 한다(비중축소가 아니고 처분).
다. 일반사무관리회사가 아닌 집합투자재산평가위원회가 인정한 채무증권이다.

정답 ③

14

1과목 2편 금융상품 8문항

보기의 정의에 가장 부합하는 증권은?

> 기업이나 금융기관이 보유하고 있는 자산을 표준화하고 특정 조건별로 집합하여 이를 특수목적회사에 양도하고, 양도받은 자산을 기초로 하여 해당 특수목적회사가 다계층의 투자자를 대상으로 새롭게 발행하는 증권을 말한다.

① 채무증권
② 집합투자증권
③ 자산유동화증권
④ 증권예탁증권

자산유동화증권(ABS ; Asset Backed Securities)을 말한다. 보기 문장에서 가장 중요한 것은 '양도하고'이다('양도하지 않고'가 아님).

※ 신용위험 이전 시 기초자산의 양도여부
 (1) 기초자산을 양도하고 신용위험을 회피하는 상품 : ABS, CDO
 (2) 기초자산을 양도하지 않고도 신용위험을 회피할 수 있는 상품 : CDS, CLN, TRS, 합성CDO

정답 ③

더 알아보기

● 자산유동화증권(ABS ; Asset Backed Securities)

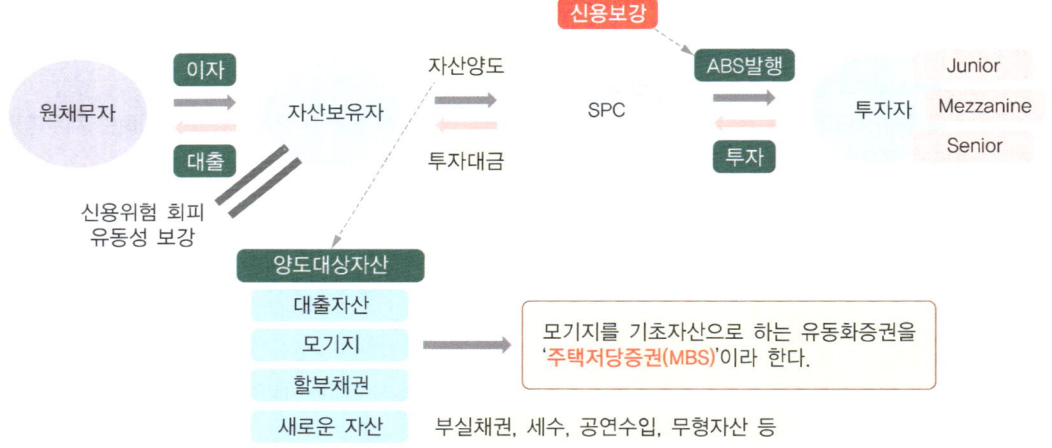

☑ 자산유동화증권

(1) **자산유동화의 기본개념** : 자산유동화란 기업이나 금융기관이 보유하고 있는 자산을 표준화하고 특정조건별로 집합(pooling)하여 이를 유동화회사에 양도하고, 해당 유동화전문회사가 이러한 자산을 기초로 하여 증권을 발행하고 기초자산의 현금흐름을 이용하고 증권을 상환하는 일련의 행위를 의미한다.

(2) **자산유동화증권의 특성**
  ㉠ 자산의 집합(pooling)이 가능하고 자산의 특성상 동질성을 지니고 있는 자산이 주로 유동화 되고 있다.
  ㉡ 자산유동화증권은 다양한 구조와 신용보강 등을 통해 일반적으로 자산보유자보다 높은 신용도를 지닌 증권으로 발행된다.
  ㉢ 자산유동화증권은 투자자의 선호에 부합하여 증권을 설계하기 때문에 일반적으로 다계층증권(tranche)이 발행된다.

(3) **자산유동화증권의 기초자산**
  ㉠ 전통적인 자산 : 기업대출, PF대출채권, 주택저당채권, 자동차할부, 신용카드 등
  ㉡ 새로운 자산 : 부실채권, 세수, 공연수입, 무형자산 등

(4) **현금수취방식**
  ㉠ 패스스루(pass through ; 지분이전증권) : 기초자산에서 발생하는 현금흐름을 투자자에게 그대로 이전한다.
   • 지분을 투자자에게 이전함으로써 유동화과정의 모든 위험이 투자자에게 전가되며, 따라서 자산보유자 입장에서는 부외효과(off balance)가 발생
  ㉡ 페이스루(pay through, 원리금이체 채권) : 기초자산의 현금흐름을 SPC가 적립·조정하고 그 현금흐름을 다계층 투자자에게 상환순위에 맞게 지급한다.
   • 상환순위가 다른 채권을 투자자에게 발행함으로써, 투자자는 상환청구권을 가진다(유동화과정의 모든 위험이 투자자에 완전히 전가되지 않음으로써 부외효과가 발생하지 않음).

2024.03 기출복원

자산유동화증권(ABS ; Asset Backed Security)에 대한 설명이다. 가장 거리가 먼 것은?

① 자산보유자는 보유하고 있는 유동화대상 자산을 양도하지 않고 관리하며, 이로부터 발생하는 현금흐름을 바탕으로 유동화전문회사가 자산유동화증권을 발행한다.
② 자산유동화증권의 기초자산은 자산의 집합(pooling)이 가능하고 자산의 특성상 동질성을 지니고 있어야 한다.
③ 자산유동화증권은 다양한 구조와 신용보강 등을 통해 일반적으로 자산보유자보다 높은 신용도를 가진 증권으로 발행한다.
④ 자산유동화 과정에서의 모든 위험을 투자자에게 전가함으로써 자산보유자 입장에서 부외효과가 발생하는 것은 패스스루 방식(지분이전증권)이다.

자산유동화증권(ABS)은, 유동화대상 자산을 보유한 자산보유자(Originator)가 해당 자산을 유동화전문회사에게 양도하는 것을 선결요건으로 한다.

정답 ①

15

> 투자자산운용사 프리미엄 강의노트 | 1과목 2편 금융상품 8문항

주택저당증권(MBS)에 대한 설명이다. 틀린 항목으로 연결한 것은?

가. 주택저당대출의 만기와 대응하므로 통상 단기로 발행된다.
나. 자산이 담보되어 있고 보통 별도의 신용보강이 이루어지므로 회사채보다 높은 신용등급의 채권으로 발행된다.
다. 저당대출담보부 채권(MBB)은 저당대출의 채무불이행 위험이 투자자에게 이전된다.

① 가, 나 ② 나, 다
③ 가, 다 ④ 가, 나, 다

틀린 내용은 '가, 다'이다.
가. 모기지(mortgage)가 20~30년의 장기상품이므로, 이를 기초자산으로 하여 발행하는 MBS도 장기로 발행하는 것이 일반적이다.
다. 저당대출담보부 채권(MBB)에서는 발행기관이 저당대출(mortgage)의 소유권을 보유하고 투자자에게 채권으로 발행하는 것이므로 채무불이행위험을 발행기관이 부담한다. 반면 저당대출지분이전 증권(pass-through securities)은 저당대출에서 나오는 현금흐름을 그대로 투자자에게 이전하는 형태이므로 저당대출의 채무불이행위험은 투자자가 부담한다.

정답 ③

더 알아보기

◉ MBS - MBS의 특징

(1) 주택저당대출 만기와 대응하므로 통상 **장기로 발행된다**.
(2) 조기상환에 의해 수익이 변동된다.
(3) 채권구조가 복잡하고 현금흐름이 불확실하기 때문에 **국채나 회사채보다 수익률이 높다**.
(4) 자산이 담보되어 있고 보통 별도의 신용보완이 이루어지므로 **회사채보다 높은 신용등급으로 발행된다**.

☑ MBS의 증권화 방식

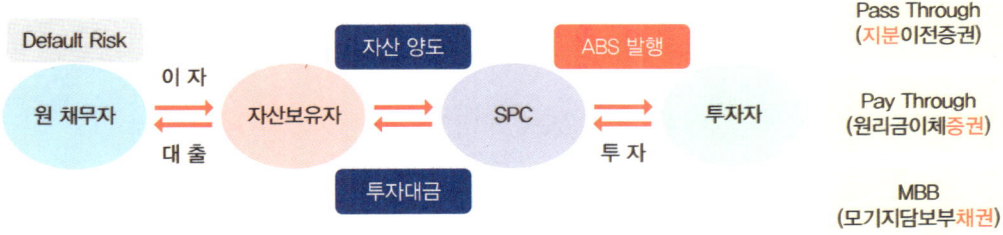

증권화방식	Default Risk	비 고
Pass Through (지분증권 발행)	▶ **투자자**가 부담	투자자에게 모든 위험 전가 부외효과 **有**(off balance)
Pay Through (혼합형)	투자자 or 발행사 (다계층별 차이)	패스스루와 MBB의 중간 형태 (현금흐름지급은 패스스루와 유사하지만 채권으로서 변제의무를 부담하는 것은 MBB와 유사)
MBB (채권발행)	▶ **발행사**가 부담	투자자는 원리금상환청구권 보유 부외효과 **無**(on balance)

Mortgage Backed Bond

2023.11 기출복원

주택저당증권(MBS)에 대한 설명이다. 옳은 것으로 연결한 것은?

> 가. 저당대출 중 원리금 균등상환 고정금리부 대출은 매월 동일한 원리금이 상환되는 데, 매월 상환액 중 이자부분은 점차 감소하고 원금부분은 점차 증가한다.
> 나. 주택저당증권은 조기상환에 의해 수익이 변동된다.
> 다. 저당대출담보부채권은 채무불이행 위험이 투자자에게 귀속되는 형태이다.

① 가, 나
② 나, 다
③ 가, 다
④ 가, 나, 다

옳은 것은 '가, 나'이다.
다. MBB(저당대출담보부채권 또는 주택저당담보부채권)에서는 채무불이행위험(default risk)이 발행자에게 귀속된다.

정답 ①

16

투자자산운용사 프리미엄 강의노트 1과목 3편 부동산상품 5문항

다음 중 부동산관련 물권 중에서 제한물권이 아닌 것은?

① 소유권
② 지상권
③ 지역권
④ 전세권

소유권을 제한하는 것이 제한물권이며 제한물권에는 용익물권(지상권 / 지역권 / 전세권)과 담보물권(유치권 / 질권 / 저당권)이 있다.

▶ 부동산 소유권이란 법률의 범위 내에서 부동산을 자유로이 사용·수익, 처분을 할 수 있는 권리로서 타인의 부동산을 부분적·일시적으로 지배하는 제한물권과 구별된다(2025 기본서, 1권, p343).

정답 ①

더 알아보기

● 부동산 관련 권리 – 물권(物權)의 종류

2022.02 기출복원

다음의 부동산관련 물권 중에서 제한물권이 아닌 것은?

① 소유권
② 지상권
③ 지역권
④ 전세권

① 소유권은 물건을 전면적으로 지배할 수 있는 권리이며 제한물권의 대상이 된다. 지상권·지역권·전세권은 제한물권 중 용익물권에 해당한다.

▶ '부동산 소유권'이란 법률의 범위 내에서 부동산을 자유로이 사용·수익, 처분을 할 수 있는 권리로서 타인의 부동산을 부분적·일시적으로 지배하는 제한물권과 구별된다(2024기본서, 1권, p343).

정답 ①

17

투자자산운용사 프리미엄 강의노트 | 1과목 3편 부동산상품 5문항

부동산 경기국면에 대한 설명이다. 가장 적절하지 않은 것은?

① 상향시장(호황국면)은 부동산가격이 상승일로에 있고 거래도 활발하지만 경기의 후퇴가능성도 가지고 있다.
② 후퇴시장(후퇴국면)은 거래가 점차 한산해지고 금리는 높고 여유자금은 부족해진다.
③ 하향시장(불황국면)에서는 과거 사례가격은 새로운 거래가격의 상한선이 되고 매도인 우위의 시장이 형성된다.
④ 회복시장(회국국면)은 가격의 하락이 중단·반전하고 거래는 늘어나기 시작하는 단계로서, 투자 또는 투기심리 작용의 여지가 높다.

하향시장은 매수인우위의 시장(매도가 많으므로 → '매수인 중시 현상'이 강함), 상향시장은 매도인우위의 시장(매수가 많으므로 → '매도인 중시 현상'이 강함)이 된다.

정답 ③

더 알아보기

부동산 경기변동

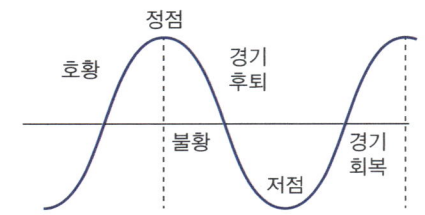

경기회복	경기호황 (상향시장)	경기후퇴	경기불황 (하향시장)
시장이 잠에서 깨어나 **거래가 늘어나기 시작**. 개별 또는 지역별로 경기회복. 저점확인 후 가격상승	부동산가격이 상승일로, **거래가 활발하나** 경기후퇴가능성도 내포	가격상승이 중단·반전하여 경기후퇴 시작. **거래는 점차** 한산해지고 금리는 높고 여유자금은 부족	부동산가격이 하락하며 **거래는 한산함**. 금리와 공실률이 높아짐
매수인우위에서 매도인우위의 시장으로 전환	매도인우위의 시장강화 (과거가격은 새로운 가격의 **하한선**)	매도인우위에서 매수인우위의 시장으로 전환	매수인우위의 시장강화 (과거가격은 새로운 가격의 **상한선**)

☑ 부동산 경기는 4국면에 추가하여 '**안정국면**'이 있다.

18

투자자산운용사 프리미엄 강의노트 1과목 3편 부동산상품 5문항

부동산투자 시 사업타당성 및 리스크관리 분석에 활용되는 지표에 대한 설명이다. 가장 적절하지 않은 것은?

① 순운용소득이 10억 원이고 부채상환액이 4억 원이라면 부채상환비율(DSCR)은 0.4배이며, 이 비율을 통해서 해당 부동산사업의 부채상환능력을 파악할 수 있다.
② 부동산가격이 100억 원이고 차입투자액(대출원금)이 70억 원이라면 대출비율(LTV)은 70%이며, 이 비율을 통해서 해당 부동산투자의 자본구조를 이해할 수 있다.
③ 내부수익률(IRR)은 투자안의 현금유입의 현재가치와 투자안의 현금유출의 현재가치를 일치시키는 할인율로서, 순현재가치(NPV)를 제로(0)로 만드는 할인율이다.
④ Cash On Cash 수익률은 해당 기의 순현금흐름을 자기자본으로 나눈 것을 말하며, 화폐의 시간가치를 고려하지 않는다.

부채상환비율은 '$\dfrac{순운용소득}{부채상환액}$ = $\dfrac{10억\ 원}{4억\ 원}$ = 2.5배'이다. 이 예시에서 '부채상환비율(DSCR) 또는 부채부담능력비율(DCR)'은 해당 부동산으로부터 매년 창출되는 현금흐름이 매년 상환해야 할 차입상환액의 2.5배라는 의미이다(이 비율이 높을수록 사업안정성이 높다는 것이며, DCR은 최소한 1보다 커야 한다).

정답 ①

더 알아보기

◎ **NPV**(Net Present Value), **PI**(Profitability Index), **IRR**(Internal rate of return)

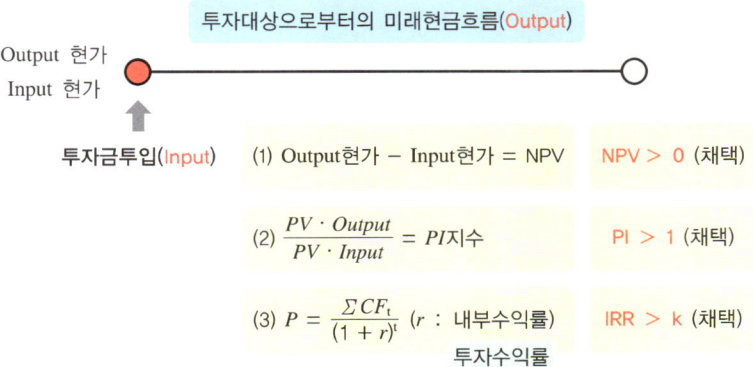

(1) Output현가 - Input현가 = NPV   NPV > 0 (채택)

(2) $\dfrac{PV \cdot Output}{PV \cdot Input}$ = PI지수   PI > 1 (채택)

(3) $P = \dfrac{\Sigma CF_t}{(1+r)^t}$ (r : 내부수익률)   IRR > k (채택)
   투자수익률

☑ **CoC수익률, 대출비율 등**

(1) **내부수익률** : 내부수익률은 '현금유입의 현재가치와 현금유출의 현재가치를 일치시키는 할인율'로 정의되므로, 곧 투자대상 부동산의 현금흐름의 순현재가치(NPV)가 제로(0)가 되는 할인율이라 할 수 있다(미래 현금흐름을 할인하여 현재가치로 평가하므로 화폐의 시간가치를 반영함).

(2) **Cash On Cash수익률(CoC수익률)** : 해당 기의 순현금흐름을 자기자본으로 나눈 것이다(당기의 현금흐름만 사용하므로 화폐의 시간가치를 반영하지 않음).

(3) **대출비율(Loan To Value ratio ; LTV)** : 저당대출원금을 부동산가격으로 나눈 것으로서 부동산투자의 자본구조를 파악할 수 있다.

  예) 부동산가격이 100억 원, 대출원금이 60억 원이라면 LTV는 60%(60억 원 / 100억 원)이다. 이는 타인자본을 통한 투자가 60%, 자기자본으로 인한 투자가 40%임을 말한다.

(4) **부채상환비율(Debt Service Coverage Ratio ; DSCR)** : 순운용소득을 부채상환액으로 나누어서 구하며, 부동산 투자시의 원리금상환능력을 측정한다.

  예) 순운용소득이 10억 원, 부채상환액이 4억 원이라면, DSCR은 2.5배(10억 원 / 4억 원)이다.

■ **부채의존도를 나타내는 재무비율**

(1) **대출비율(Loan To Value ratio)** = $\dfrac{\text{대출잔고}}{\text{부동산가격}}$ 부동산투자의 **자본구조** 파악

(2) **부채보상률(Debt-Coverage Ratio)** = $\dfrac{\text{순운용소득}}{\text{부채상환액}}$

  '부채상환비율(DSCR ; Debt Service Coverage Ratio)'이라고도 한다.   부채부담능력비율

※ **부채부담능력비율(Debt Coverage Ratio ; DCR)** : $\dfrac{\text{초년도} NOI}{\text{부채상환액(차입상환액)}} = \dfrac{5}{2} = 2.5(\text{배})$

  • 대출위험을 측정하기 위해서 널리 사용되는 지표로서 재무비율의 이자보상비율과 유사한 개념이다.
  • 부채상환비율(DSCR ; Debt Service Coverage Ratio)도 같은 의미이다.

2024.03 기출복원

다음 중 순현재가치(NPV)의 정의에 해당하는 것은?

① 현금유입의 현재가치에서 현금유출의 현재가치를 뺀 값이다.
② 장래 현금흐름의 현재가치를 최초의 부동산투자액으로 나눈 값이다.
③ 투자안의 현금유입의 현재가치와 현금유출의 현재가치를 일치시키는 할인율이다.
④ 저당대출원금을 부동산가격으로 나눈 것으로서 부동산투자의 자본구조를 파악할 수 있다.

① 순현재가치(NPV), ② 수익성지수(PI), ③ 내부수익률(IRR), ④ 대출비율(LTV)

정답 ①

2022.06 기출복원

부동산투자 시 사업타당성 및 리스크관리 분석에 활용되는 지표에 대한 설명이다. 가장 적절하지 않은 것은?

① 운용현금흐름의 판단에 사용되는 지표로서 부채부담능력비율은 부채상환액을 순운용소득으로 나누어서 구한다.
② Cash On Cash수익률은 해당 기의 순현금흐름을 자기자본으로 나눈 것으로서, 화폐의 시간가치를 고려하지 않는다.
③ 대출비율(LTV)은 저당대출원금을 부동산가격으로 나눈 것으로서, 부동산 투자의 자본구조를 나타낸다.
④ 수익성지수는 부동산투자로부터 얻어지게 될 장래의 현금흐름의 현재가치를 최초의 부동산투자액으로 나눈 것으로서, 투자로부터 얻어지는 편익을 비용으로 나눈 비율이라는 점에서 편익비용 비율이라고도 한다.

$$부채부담능력비율 = \frac{순운용소득(또는 순영업이익)}{부채상환액}$$

정답 ①

19 | 투자자산운용사 프리미엄 강의노트 | 1과목 3편 부동산상품 5문항

부동산 임대사업의 현금흐름이 보기와 같다. 이 경우 수익성지수(PI) 또는 편익비용비율은 얼마인가?

- 최초투자액(또는 투입액의 현재가치) : 10,000원
- 투자기간 동안의 임대현금흐름의 현재가치 : 1,500원
- 투자기간 동안의 매매현금흐름 : 12,500원
- 투자기간 발생하는 현금흐름에 대한 현재가치계수 : 0.8

① 1.05 ② 1.10
③ 1.15 ④ 1.30

$$수익성지수(PI) = \frac{투자로부터\ 발생하는\ 장래\ 현금흐름의\ 현재가치}{투입액의\ 현재가치}$$

$$= \frac{(12,500 \times 0.8) + 1,500}{10,000} = \frac{10,000 + 1,500}{10,000} = \frac{11,500}{10,000} = 1.15$$

정답 ③

2019.11 기출복원

부동산임대사업의 현금흐름이 보기와 같다. 이 경우 수익성지수(PI) 또는 편익비용비율은 얼마인가?

- 최초투입액 : 1,000억 원
- 투자기간 동안의 임대현금흐름의 현재가치 : 300억 원
- 투자기간 동안의 매매현금흐름 : 1,250억 원
- 투자기간 매매현금흐름에 대한 현재가치계수 : 0.800

① 1.24 ② 1.25
③ 1.30 ④ 1.55

$$\frac{PV \cdot Output}{PV \cdot Input} = PI지수$$

$$수익성지수(PI) = \frac{현재가치(임대현금흐름 + 매매현금흐름)}{최초\ 투자액} = \frac{1,300}{1,000} = 1.30$$

- Output의 현재가치 = 임대현금흐름의 현재가치(300) + 매매현금의 현재가치(1,000) = 1,300
- 매매현금흐름 현재가치 = 1,250 × 0.800 = 1,000

정답 ③

20

투자자산운용사 프리미엄 강의노트 | 1과목 3편 부동산상품 5문항

부동산투자회사(REITs)에 대한 설명이다. 틀린 항목으로 연결한 것은?

> 가. 부동산투자회사 제도는 자본시장법에 근거한다.
> 나. 부동산투자회사의 설립은 발기설립과 현물출자의 방법 모두 가능하다.
> 다. 부동산투자회사가 자산의 투자·운용업무를 하려는 때에는 부동산투자회사의 종류별로 국토교통부 장관의 영업인가를 받거나 국토교통부에 등록해야 한다.
> 라. 부동산투자회사는 최저자본금 준비기간이 끝난 후에는 매 분기말 현재 총자산의 100분의 80 이상을 부동산, 부동산관련 증권 및 현금으로 구성해야 한다. 이 경우 총자산의 100분의 70 이상은 부동산이어야 한다.

① 가, 나
② 나, 다
③ 다, 라
④ 가, 라

틀린 항목은 '가, 나'이다.
가. 부동산투자회사(리츠)는 부동산투자회사법에 근거한다.
나. 발기설립의 방법으로만 하여야 하며, 상법 제290조, 제2호에도 불구하고 현물출자에 의한 설립을 할 수 없다.
(2025 기본서, 1권, p500).

정답 ①

더 알아보기

부동산투자회사(REITs) – 개요   ▶ 부동산간접투자 : 펀드, 리츠

(1) 부동산투자회사법 제정(2001.4.7) : 다수의 투자자로부터 모은 자금을 부동산에 투자한 후 그 수익을 투자자에게 분배하는 부동산투자회사(REITs)의 설립과 운영에 관한 사항을 정함으로써, 소액투자자가 부동산에 직접 투자할 수 있는 기회를 확대하고 건전한 부동산투자를 활성화하는 취지에서 부동산투자회사법을 제정하였다.
(2) 부동산투자회사(REITs)는 주식회사로 하고, 부동산투자회사법에서 정한 특별한 경우를 제외하고는 상법의 적용을 받는다.
- 부동산투자회사는 발기설립의 방법으로만 하여야 하며, 현물출자에 의한 설립은 할 수 없다.
(3) 부동산투자회사(REITs)가 자산의 투자·운용업무를 하려는 때에는 부동산투자회사의 종류별로 국토교통부장관의 영업인가를 받아야 한다.
(4) 총자산의 80% 이상을 부동산관련자산 및 현금으로 구성해야 하며(70% 이상은 부동산 등), 이익의 90% 이상을 주주에게 배당해야 한다.

☑ 부동산투자회사(REITs)의 종류

자기관리 리츠	자산운용전문인력을 포함한 임직원을 상근으로 두고, 자산의 투자·운용을 **직접 수행하는** 부동산투자회사	실체 있음
위탁관리 리츠	자산의 투자·운용을 자산관리회사에 **위탁하는** 부동산투자회사	실체 없음
기업구조조정 리츠	법에서 정하는 **기업구조조정 부동산을 투자대상으로** 하며, 자산의 투자·운용을 자산관리회사에 **위탁하는** 부동산투자회사	

2023.06 기출복원

부동산투자회사(REITs)에 대한 설명이다. 가장 적절하지 않은 것은?

① 부동산투자회사의 설립은 발기설립으로만 가능하다.
② 부동산투자회사가 자산의 투자·운용업무를 하기 위해서는 부동산투자회사의 종류 별로 국토교통부장관의 영업인가를 받아야 한다.
③ 부동산투자회사는 해당 연도 이익배당한도의 100분의 90 이상을 주주에게 배당하여야 한다.
④ 부동산투자회사는 자기관리 리츠, 위탁관리 리츠, 개발관리 리츠의 세 종류로 구분된다.

부동산투자회사(REITs)에는 '자기관리 리츠, 위탁관리 리츠, 기업구조조정 리츠(CR-REITs)'의 세 가지 종류가 있다.

정답 ④

21

투자자산운용사 프리미엄 강의노트 | 2과목 1편 대안투자 5문항

부동산금융에 대한 설명이다. 가장 적절하지 않은 것은?

① 프로젝트금융(PF)은 사업자와 법적으로 독립된 프로젝트로부터 발생하는 미래 현금흐름을 상환재원으로 하여 자금을 조달하는 것을 말하며, 수익형 부동산금융에 속한다.
② 자산유동화 증권(ABS)의 발행을 통해, 자산보유자의 입장에서는 보유하고 있는 유동성이 낮은 자산을 유동화시킴으로써 유동성위험을 회피할 수 있다.
③ 주택저당증권(MBS)은 ABS의 일종으로서, 주택자금 대출로부터 발생하는 채권과 당해 채권의 변제를 위해 담보로 확보하는 저당권을 기초자산으로 하여 새롭게 발행하는 증권을 말한다.
④ 부동산투자회사(REITs)는 거액의 자금으로 부동산에 투자하는데 적합한 형태이다.

리츠의 주식을 매수하는 것 자체가 부동산에 투자하는 것이므로 소액투자가 가능하다.
▶ 부동산투자회사(REITs)의 지분은 증권시장에 상장됨으로써 유동성이 확보되고 일반투자자들도 소액의 자금으로 부동산투자가 가능하다(2025 기본서, 2권, p7).

정답 ④

더 알아보기

● 부동산금융(부동산을 대상으로 한 금융)

☑ 주택금융	☑ 수익형 부동산금융				
	부동산 증권형				부동산 개발형
담보대출	ABS	MBS	REITs	부동산펀드	PF

▶ **수익형 부동산금융** : 투자대상 부동산의 미래현금흐름을 상환 재원으로 하여 자금을 조달하는 방식
  (1) 증권발행으로 자금을 조달 : ABS, MBS, REITs, 부동산펀드
  (2) 개발사업에 직접 투자를 받음으로써 자금을 조달 : PF

☑ 부동산금융(2024 기본서, p5~7 참조)

〈자산보유자의 니즈〉
신용위험회피, 유동성보강

(1) **자산담보부증권(Asset Backed Securities)**
유동화과정을 통해 자산보유자는 조기에 현금흐름을 창출시켜 유동성위험을 회피할 수 있으며, 투자자는 다양한 상품에 대한 투자가 가능함에 따라 다양한 포트폴리오를 구성할 수 있어 분산투자를 할 수 있다.

(2) **주택저당증권(Mortgage Backed Securities)**
주택자금으로부터 발생하는 채권과 채권의 변제를 위해 담보로 확보하는 저당권을 기초자산으로 MBS를 발행한다. MBS는 ABS의 일종이며 차이점은 주택저당증권을 전문적으로 유동화하는 기관으로 유동화 중개기관이 있다는 점이다.

(3) REITs(Real Estate Investment Trusts)
- REITs란 다수의 투자자로부터 자금을 모아서 이 자금을 부동산 및 관련 사업에 투자한 후 투자자에게 배당을 통해 이익을 분배하는 회사이다.
- REITs의 지분은 증권시장에 상장됨으로써 유동성이 확보되고 일반투자자들도 소액의 자금으로 부동산투자가 가능하다.

2024.06 기출복원

부동산금융 중 수익형 부동산금융에 대한 설명이다. 가장 거리가 먼 것은?

① 증권발행으로 자금을 조달하는 것이 아니라 프로젝트에 직접 투자를 받아 자금을 조달하는 것을 PF(프로젝트금융)라 하며, PF는 수익형 부동산금융에 해당한다.
② 자산유동화증권(ABS)의 발행을 통해, 자산보유자의 입장에서는 보유하고 있는 유동성이 낮은 자산을 유동화시킴으로써 유동성위험을 회피할 수 있다.
③ 주택저당증권(MBS)은 ABS의 일종으로서, 주택자금대출로부터 발생하는 채권과 당해 채권의 변제를 위해 담보로 확보하는 저당권과 기업매출채권 등을 기초자산으로 하여 새롭게 발행하는 증권을 말한다.
④ 다수의 투자자로부터 자금을 모아서 이 자금을 부동산 및 부동산관련 사업에 투자한 후 투자자에게 배당을 통해 이익을 분배하는 회사는 REITs(부동산투자회사)이며, REITs의 주권을 증권시장에 상장함으로써 발행사는 유동성이 확보되고 일반투자자는 소액의 자금으로도 부동산투자가 가능하다.

MBS는 모기지(Mortgage)를 기초자산으로 한다(기업매출채권과 같은 모기지 외의 자산은 MBS의 기초자산이 될 수 없다).

정답 ③

22

투자자산운용사 프리미엄 강의노트 | 2과목 1편 대안투자 5문항

다음 중 PEF의 투자자금회수(EXIT) 방안과 가장 거리가 먼 것은?

① 증자
② 배당
③ IPO후 증권시장에서 지분매각
④ 다른 PEF에 매각

증자(增資)는 설비투자나 운전자본투자를 위해서 자금을 투입하는 행위로서 엑시트가 아니라 디벨로핑 단계에 해당된다.

[정답] ①

더 알아보기

● PEF 투자회수방안(Exit방안)

※ 매각대상기업 → PEF가 매입한 후 디벨로핑을 완료한 기업

매 각 (Sales)	상 장 (IPO)	유상감자 (Recapitalization)	PEF 자체상장
① 일반기업에 매각 　가장 선호 ② 다른 PEF에 매각(차선책)	복잡한 공모절차와 심사 과정을 거치는 단점 - '직접매각'의 후순위전략	유상감자나 배당을 통한 회수 - 기업의 수명단축, 성장저해 단점	자체상장 후 PEF주식매각으로 투자자금 회수 - 자금시장 경색 시에 활용가능
선 호	차 선	☑ 공격적인 회수전략	

※ 유상감자 → 투자금 반환 목적으로 자본금을 감소시키면서 주식대금을 주주에게 반환하는 것

2024.03 기출복원

PEF(Private Equity Fund)의 투자회수(Exit) 방안에 대한 설명이다. 가장 거리가 먼 것은?

① PEF가 인수기업의 가치를 상승시킨 후 일반기업(매각대상 기업과 동종 업종이거나 사업다양화를 지향하는 전략적 투자자)을 대상으로 매각하는 것이 가장 선호되는 전략이다.

② PEF가 인수한 기업을 다른 PEF에게 매각할 경우 일반기업에 매각하는 것이 비해 추가적인 할인율이 적용될 수 있다.

③ PEF가 인수한 회사를 공모절차(IPO)를 통해 주식시장을 거쳐 일반투자자들에게 매각하는 것은 투자회수전략 중 하나인 PEF자체상장 방식을 말한다.

④ 유상감자(recapitalization)나 배당을 통해서 회수하는 것은 해당 기업의 수명단축, 장기 성장성 저해 등의 부작용을 초래할 수 있다.

③은 EXIT전략의 4가지(매각 / 상장 / 유상감자 및 배당 / PEF자체상장) 중에서 '**상장(listing)**'을 말한다. 상장은 복잡한 공모절차를 거쳐야 하고 심사당국의 심사를 통과해야 하는 부담이 있는데, 만일 인수대상기업에 대한 상장이 여의치 않을 때 PEF자체를 증권시장에 상장시켜 투자자금을 회수하는 전략이 'PEF자체상장'이다.

정답 ③

23

투자자산운용사 프리미엄 강의노트 2과목 1편 대안투자 5문항

합병차익거래 전략에 대한 설명이다. 가장 적절하지 않은 것은?

① 인수합병이 완료될 경우 발생할 수 있는 주식가치 변화로부터 이익을 창출하는 전략으로서 Event-Driven전략에 해당된다.
② 발표되지 않은 추측정보에 투자하지 않는다.
③ 일반적으로 인수기업의 주식을 매수하고 피인수기업의 주식을 매도한다.
④ 합병차익거래는 포지션 구축 후에 이벤트 리스크를 재평가하고 새로운 이벤트를 예의 주시하면서 포트폴리오의 위험을 관리해야 하는 바, 이때 새로운 이벤트는 '합병완료의 가능성, 합병완료까지의 시간, 교환비율의 변화' 등이며 만일 합병이 취소된다면 매수·매도포지션 모두에서 손실이 발생할 수 있다.

일반적으로 합병차익거래의 포지션은 '인수기업주식 매도 & 피인수기업주식 매수'로 구성된다.

정답 ③

더 알아보기

● 헤지펀드(Hedge Fund) 운용전략

차익거래 전략	상황의존형 전략	방향성 전략
• 주식시장중립형(롱숏차익거래) • 채권차익거래(이자율스프레드 등) • 전환사채차익거래	• 합병차익거래 • 부실채권투자 전략	• 주식의 롱숏(롱숏편중형) • 글로벌매크로 전략 • 이머징마켓 전략 • 선물거래 전략 • 매도전문펀드
'이론가-시가'의 괴리를 수익원으로 하는 안정적인 전략(방향성 위험 X) 롱:숏 = 5:5 　 주식시장 중립형	Event Driven 전략 (1) 합병비율 ≠ 시가 (2) 저평가종목 매수 　 고평가종목 매도 (3) 합병 성사 시 수익	High risk High return 전략 롱:숏 = 6:4 롱:숏 = 4:6 　 주식의 롱숏

2023.06 기출복원

다음의 헤지펀드 전략 중에서 방향성 전략으로만 연결한 것은?

① 주식의 롱숏, 이머징마켓
② 글로벌매크로, 합병차익거래
③ 선물거래, 이자율스프레드
④ 합병차익거래, 부실채권투자

- **방향성 전략** : 주식의 롱숏, 이머징마켓, 글로벌매크로, 선물거래 전략
- **상황의존형 전략** : 합병차익거래, 부실채권투자 전략
- **차익거래 전략** : 이자율스프레드

정답 ①

24

2과목 1편 대안투자 5문항

CDS, TRS, CDO 등의 신용파생상품에 대한 설명이다. 가장 적절하지 않은 것은?

① CDS는 보장매입자가 위험선호자인 보장매도자에게 신용위험 프리미엄을 지급한다.
② TRS만기일의 준거자산의 가치가 최초계약일의 가치보다 떨어져 있을 경우는, 그 차액을 TRS매도자가 TRS매수자에게 지급해야 한다.
③ CDO의 세 가지 트랜치 중에서, 초기시점에서 수익을 한번에 받으며(up-front 방식) 이후 만기시점에서 남아있는 담보자산의 원금을 받는 것은 Equity트랜치이다.
④ 합성CDO는 CDO의 특수한 형태로서 보장매입자가 준거자산을 양도하는 것이 아니라 신용파생상품을 이용하여 SPC에게 신용위험을 이전하고, SPC는 이를 바탕으로 신용위험과 연계된 CDO를 발행함으로써 최초 보장매입자로부터 전가된 신용위험을 다시 투자자에게 이전하는 것을 말한다.

TRS에서의 총수익(TR)이 손실일 경우는 그 차액을 TRS매수자가 TRS매도자에게 지급해야 한다.

정답 ②

더 알아보기

Credit Default SWAP(CDS)   신용파생상품 : CDS, CLN, TRS, CDO 등

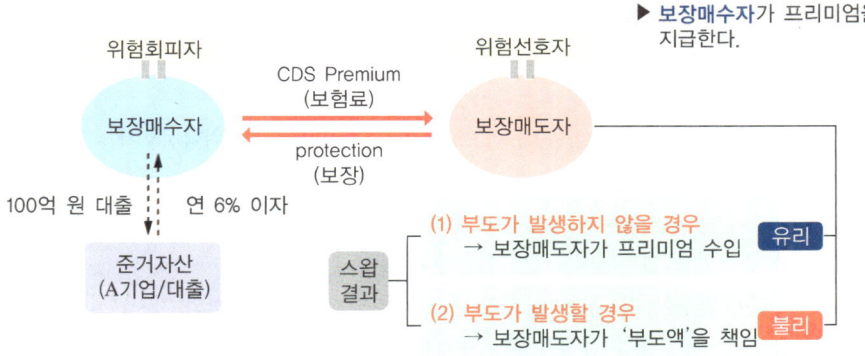

▶ 준거자산을 양도하지 않는다.
▶ 보장매수자가 신용위험을 전가한 사실을 차주가 알 수 없어서 우호적 관계를 유지할 수 있다.

🔸 신용파생상품 개요(CDS, TRS, CLN)

(1) **CDS는 보장매수자가 보장매도자에게 프리미엄을 지급하는 스왑이다.**
   ㉠ 보장매수자(Protection Buyer, 위험회피자) : 준거자산 부도 시 보장을 받기 위해 CDS프리미엄을 지급한다.
   ㉡ 보장매도자(Protection Seller, 위험선호자) : 준거자산 부도에 대한 보장을 해주는 대가로 CDS프리미엄을 수취한다.

(2) **TRS(총수익스왑)는,**
   ㉠ TRS매도자가 준거자산에서 발생하는 모든 현금흐름을 TRS매수자에게 지급하기로 하고,
   ㉡ TRS매수자는 TRS매도자에게 '시장 기준금리에 TRS spread를 가산한 금리(LIBOR + TRS스프레드)'를 지급하는 계약이다.

(3) **CLN은 일반채권에 CDS를 결합한 상품으로서,** 보장매입자는 준거자산의 신용위험을 CLN발행자에게 전가하고 CLN발행자는 이를 다시 채권의 형태로 변형하여 투자자들에게 발행함으로써 위험을 전가한다.
   ㉠ 신용사건이 발생하지 않은 경우 : 원금과 이자를 투자자(CLN매수자)에게 지급한다.
   ㉡ 신용사건이 발생한 경우 : 손실분을 상각한 금액을 투자자에게 지급한다.

☑ TRS의 구조

(1) **TRS(총수익스왑)는,**
   ㉠ TRS매도자가 준거자산에서 발생하는 모든 현금흐름을 TRS매수자에게 지급하기로 하고,
   ㉡ TRS매수자는 TRS매도자에게 '시장 기준금리에 TRS spread를 가산한 금리(LIBOR + TRS스프레드)'를 지급하는 계약이다.
      ▶ TRS매도자(총수익매도자, 위험회피자), TRS매수자(총수익매수자, 위험선호자)

(2) **만기시점에서,**
   ㉠ 준거자산에서 수익이 발생한 경우(만기시점의 준거자산가치 > 계약시점의 가치)
      → TRS매도자가 총수익을 TRS매수자에게 지급해야 하며,
   ㉡ 준거자산에서 손실이 발생한 경우(만기시점의 준거자산가치 < 계약시점의 가치)
      → TRS매수자가 그 차액(손실분)을 TRS매도자에게 지급해야 한다.
   <예시 1> 준거자산의 최초가치가 100억 원, 만기일의 가치가 130억 원이라면(30억 원 수익발생)
      → 총수익매도자가 30억 원을 총수익매수자에게 지급한다.
   <예시 2> 준준거자산의 최초가치가 100억 원, 만기일의 가치가 70억 원이라면(30억 원 손실발생)
      → 총수익매수자가 30억 원을 총수익매도자에게 지급한다.

(3) **TRS스왑의 장점**
   ㉠ 총수익매도자의 입장 : TRS매도자가 TRS매수자에게 지급하기로 하는 총수익(total return)에는 경영권은 포함되지 않으므로, 고객과의 지속적인 관계를 유지를 위해 준거자산을 매각하기가 곤란할 경우 적합하다.
   ㉡ 총수익매수자의 입장 : 자산매입을 위한 현금지출없이도 해당 자산을 매입한 것과 동일한 효과를 낼 수 있다.

☑ CDO의 3가지 트랜치

(1) 에퀴티트랜치에 투자한 투자자는 up-front방식으로 일정한 수익을 먼저 지급받고, 만기시점에서 원금이 남아있으면 원금을 수령하고 그렇지 않으면 원금을 받지 못한다.
  ▶ equity트랜치에서 부도율이 손실발생 시작점(attachment point)을 지나, 손실발생 종료점(detachment point)에 도달하면 equity트랜치는 원금 전체의 손실을 입게 되고, 이때 수령할 원금은 없다.
(2) 에퀴티트랜치가 손실발생종료점에 도달하면 메자닌트랜치가 에퀴티트랜치가 된다.
  ▶ 메자닌트랜치는 잔여이익에 대한 참여권이 없다.
(3) 시니어트랜치는 세 가지 트랜치 중에서 가장 안전하지만 'mark to market위험(신용평가를 통한 신용등급 하락위험)'에 노출될 수 있다.
(4) 수퍼시니어트랜치는 초우량자산을 보유하는 트랜치이므로, 신용평가사에서 이들 자산에 대한 신용평가를 하지 않는다(회사채 등급기준으로 최상위 등급인 AAA보다 더 우량한 자산이므로 신용평가사의 신용평가가 필요하지 않다는 의미). 따라서 투자자의 입장에서는 결과적으로 신용평가사의 신용등급 없이 투자하게 된다.

2024.03 기출복원

신용파생상품에 대한 설명이다. 가장 적절하지 않은 것은?

① CDS는 보장매수자가 보장매도자에게 스왑 프리미엄을 지급함으로써 거래가 성립된다.
② TRS는 신용위험 뿐만 아니라 시장위험도 거래상대방에게 전가시키는 신용파생상품이다.
③ CLN은 일반채권에 CDS를 결합한 상품으로서, 신용사건이 발생하지 않은 경우 CLN발행자가 CLN매입자에게 원금과 이자를 지급한다.
④ 합성CDO는 CDO의 특수한 형태로서 자산보유자가 준거자산을 SPC에게 양도하고 SPC는 준거자산의 현금흐름을 바탕으로 다계층의 투자자에게 CLN을 발행함으로써 신용위험을 이전하는 형태이다.

합성CDO(Synthetic CDO)는 준거자산(또는 기초자산)을 양도하지 않는다.
▶ 합성CDO는 CDO의 특수한 형태로서 보장매입자가 준거자산을 양도하는 것이 아니라 신용파생상품을 이용하여 자산에 내재된 신용위험을 SPC에 이전하는 유동화방식이다.

정답 ④

25

투자자산운용사 프리미엄 강의노트 2과목 1편 대안투자 5문항

CDO와 관련해서 빈칸을 옳게 연결한 것은?(순서대로)

> • CDO를 통한 위험전가의 결과로 자산보유자는 재무비율의 개선 및 감독규정상의 최저 요구자본 요건충족 및 대출여력 확충 등과 같은 효과를 얻을 수 있는 것은 (　　　)이다.
> • 기초자산의 수익률과 유동화증권의 수익률 간의 차이에서 발생하는 차익을 취할 목적으로 발행되는 CDO는 (　　　)이다.

① Balance Sheet CDO, Arbitrage CDO
② Balance Sheet CDO, Static CDO
③ Static CDO, Arbitrage CDO
④ Static CDO, Dynamic CDO

보기는 발행목적에 따른 CDO의 분류로서 'Balance Sheet CDO, Arbitrage CDO'에 해당한다.

정답 ①

더 알아보기

CDO 분류

자산보유자 →(자산양도)→ SPC →(CDO발행)→ 다계층 투자자

기 준	명 칭	특 징
발행목적	Arbitrage CDO	• 기초자산의 수익률과 유동화증권의 수익률 간의 차이에서 발생하는 **차익을 취할 목적으로 발행되는 CDO** • SPC는 신용도가 높은 선순위 CDO트랜치를 발행함으로써 낮은 이자비용을 발생시키고, 기초자산으로부터 얻는 높은 수익과의 차이를 남김
	Balance Sheet CDO	• 위험전가목적으로 거래하고, 거래를 통해 대차대조표에서 신용위험자산이 감소하여 **재무비율이 개선되는 효과**를 가지고 있음 • CDO를 통한 위험전가 결과로 자산보유자는 위험관리, 감독규정상의 최저 요구자본 요건충족 및 대출여력확충등과 같은 효과를 얻을 수 있음
위험전이방법	Cash Flow CDO	자산을 SPC에게 **양도하고**(위험전가), SPC는 양도한 기초자산의 현금흐름을 바탕으로 CDO증권을 발행하여 자금조달
	Synthetic CDO	CDS를 활용하여 위험 전가(**기초자산의 양도없이 신용위험 이전**)
기초자산 운용방법	Static CDO	포트폴리오의 운용없이 만기까지 보유
	Dynamic CDO	지정된 운용자에 의해 자산이 운용되는 CDO

26

2과목 2편 해외투자 5문항

DR(Depository Receipt)에 대한 설명으로 가장 적절하지 않은 것은?

① ADR은 보관은행에 보관한 외국주식을 바탕으로 발행하는 증권의 형태를 띠게 되며 미국의 증권거래위원회(SEC)에 등록되고 뉴욕증권거래소나 나스닥 등의 미국거래소에서 거래된다.
② ADR을 발행한 기업이 배당을 하면 보관은행을 거쳐 ADR의 발행은행으로 전달되고 이 배당금이 미달러화로 전환되어 ADR투자자에게 지급된다.
③ ADR의 발행은 발행기업이 미국증시에 상장되기를 원하여 발행 및 상장관련 비용을 부담하는 Sponsored DR의 형태가 일반적이다.
④ 미국과 미국 이외의 국가에서 DR을 같이 상장할 경우 EDR로 분류된다.

미국과 미국 이외의 국가에서 동시에 상장을 하면 GDR이다.

정답 ④

더 알아보기

주식예탁증서
해외주식발행 − DR(Depository Receipt)

ADR	EDR	GDR
SEC에 등록하고 미국증시에 상장되어 거래 • Sponsored DR • Unsponsored DR	달러표시로 DR을 발행하되 미국 이외의 시장에서 상장	달러표시 DR발행과 미국시장과 미국 이외의 시장에서 동시에 상장

☑ **Unsponsored DR**
미국투자자들이 해외주식의 뉴욕시장 상장을 원할 경우, **미국증권거래소가 비용을 부담하며** 상장하는 것을 말함

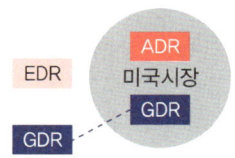

2024.06 기출복원

주식예탁증서(DR ; Depository Receipt)에 대한 설명이다. 가장 적절하지 않은 것은?

① DR은 해당 기업이 본국의 은행에 예치한 주식을 바탕으로 하여, 해외 현지 거래소에서 거래되기 편리하고 유동성을 높일 수 있는 형태로 발행하는 것을 말한다.
② 우리나라 기업의 해외 상장의 경우에는 현지의 제도가 DR과 원주상장에 관계없이 DR의 형태로 상장되고 거래된다.
③ 달러표시 해외 DR발행이 미국과 미국 이외의 시장에서 동시에 이루어지면 EDR에 해당된다.
④ 미국 증시에 상장되기를 원하는 당해 기업이 DR발행 및 상장과 관련한 비용을 직접 부담하는 것을 Sponsored DR이라 한다.

달러표시 DR을 미국과 미국 이외의 시장에서 동시에 상장하면 GDR(Global Depository Receipt)이 된다.

정답 ③

2022.11 기출복원

DR(Depository Receipt)에 대한 설명이다. 틀린 것으로 연결한 것은?

> 가. 외국주식을 DR이 아닌 원주 그대로를 수입하여 자국의 증권시장에 상장시키는 원주상장(元株上場)도 가능하다.
> 나. 미국증시에 상장되기를 원하는 해당 기업이 DR발행 및 상장과 관련한 비용을 직접 부담하는 것을 Unsponsored DR이라 한다.
> 다. 달러화표시 해외 DR발행이 미국과 미국 이외의 시장에서 동시에 이루어지면 이는 EDR이 된다.

① 가, 나
② 나, 다
③ 가, 다
④ 가, 나, 다

틀린 내용은 '나, 다'이다.
참고로 이론상 원주상장(직수입상장)이 가능하지만, 한국기업의 경우 원화가 글로벌 통화가 아니므로 해외시장에서 직수입상장된 사례는 아직 없다.
나. 상장을 원하는 기업이 직접 비용을 부담하고 발행하는 것은 Sponsored DR이다.
다. 미국과 미국 이외의 시장에서 동시에 상장이 되면 GDR(Global DR)이다.

정답 ②

27

투자자산운용사 프리미엄 강의노트 | 2과목 2편 해외투자 5문항

딤섬본드와 관련하여 빈칸을 옳게 연결한 것은?(순서대로)

> 딤섬본드는 (　　)에서 (　　) 표시로 발행하는 (　　) 채권이다.

① 중국, 위안화, 기명식
② 중국, 위안화, 무기명식
③ 홍콩, 위안화, 무기명식
④ 홍콩, 홍콩달러, 기명식

차례대로 '홍콩, 위안화, 무기명식'이다. 딤섬 본드(dimsum bond)는 홍콩에서 위안화로 발행하는 무기명식 채권이다.

정답 ③

더 알아보기

해외채권시장

유로채(Euro Bond)	외국채(Foreign Bond)
채권표시통화의 **본국 이외에서** 발행되는 채권	채권표시통화의 **본국에서** 발행되는 채권 ('**본국의 통화**'로 발행하면 → 외국채)
• 영국시장에서 미달러표시 채권을 발행한 경우 • 일본시장에서 미달러표시 채권을 발행한 경우 → 미국이 아닌 곳에서 달러로 발행되는 채권이 유로채 유로채 중에서 달러로 발행하는 채권을 유로달러채라 함	① **양키본드** : 미국시장에서 달러로 발행된 외국채 ② **불독본드** : 영국에서 파운드로 발행된 외국채 ③ **사무라이본드** : 일본에서 엔화로 발행된 외국채 ④ **아리랑본드** : 한국에서 원화로 발행된 외국채 ⑤ **판다본드** : 중국에서 위안화로 발행된 외국채 　* 딤섬본드: **홍콩에서 위안화로 발행된 유로채**(중국당국의 발행자격규제, 외국인 투자제한규제 면제)

유로채 VS 외국채

유로채	외국채
사실상 규제가 없음 ※ **역외채권**(off shore bond)	외국채 발행 시 현지국의 규제 ※ **역내채권**(on shore bond)
무기명식채권(Bearer bond) – 이자소득세 부담 없음(**원천징수 X**)	**기명식채권**(Registered bond) – 이자소득세 부담(**원천징수 O**)

2024.03 기출복원

국제 채권(International Bonds)에 대한 설명이다. 가장 적절하지 않은 것은?

① 외국기업이 채권표시 통화의 본국에서 발행하는 채권을 외국채라 한다.
② 미국에서 발행되는 외국채를 양키본드, 일본에서 발행되는 외국채를 사무라이본드라고 한다.
③ 외국기업이 중국에서 위안화로 발행하는 채권은 딤섬본드이다.
④ 유로채 발행에서는 공시나 신용평가등급 등에 대한 규제를 의무로 규정하지 않고 시장참가자의 합의에 따라 어떤 조건이든지 자유롭게 선택할 수 있다.

- 중국에서 위안화로 채권을 발행하면 → 판다본드
- 홍콩에서 위안화로 채권을 발행하면 → 딤섬본드

정답 ③

2024.11 기출복원

국제 채권(International Bonds)에 대한 설명이다. 가장 적절하지 않은 것은?

① 미국에서 미 달러화 표시 채권을 발행할 경우 유로달러채가 된다.
② 일본에서 엔화 표시 채권을 발행할 경우 외국채가 된다.
③ 유로채는 무기명채권으로 발행한다.
④ 유로채 발행 시에는 공시나 신용평가등급 등에 대한 규제를 의무로 규정하지 않고 시장참가자의 합의에 따라 어떤 조건이든지 자유롭게 선택할 수 있다.

① 미국에서 미 달러화표시 채권을 발행하면 외국채(양키본드)가 된다. 유로채는 무기명식으로 발행하고 외국채는 기명식으로 발행한다(③). 유로채는 채권발행 현지국의 규제를 받지 않는 역외채권(off shore bond)이다(④).

정답 ①

28

투자자산운용사 프리미엄 강의노트 2과목 2편 해외투자 5문항

미 재무부 채권에 대한 설명이다. 옳게 설명한 항목의 개수는?

> 가. T-Bill은 이표식으로 발행한다.
> 나. T-Note의 만기는 10년을 초과한다.
> 다. T-Bond는 복리채이다.

① 0개 ② 1개
③ 2개 ④ 3개

옳은 항목은 0개이다(모두 틀린 내용).
- T-Bill은 할인채이자 단기채이고,
- T-Note는 이표채이자 중기채이며,
- T-Bond는 이표채이자 장기채이다.

정답 ①

더 알아보기

미 재무부 채권 분류

구 분	T-Bill	T-Note	T-Bond
이자지급방식	할인채	이표채	이표채
만 기	단기채 (만기 1년 이하)	중기채 (만기 1년 초과 ~ 10년 이하)	장기채 (만기 10년 초과)

2023.11 기출복원

미국 재무부 채권과 관련하여 빈칸을 옳게 연결한 것은?(순서대로)

> - ( )은/는 만기 1년 이하의 단기채이며 ( )로 발행한다.
> - ( )은/는 만기 1년 초과 10년 이상의 중기채이며 ( )로 발행한다.

① T-Bill, 할인채, T-Bond, 할인채
② T-Bill, 할인채, T-Note, 이표채
③ T-Note, 할인채, T-Bill, 이표채
④ T-Note, 이표채, T-Bond, 이표채

차례대로 'T-Bill, 할인채, T-Note, 이표채'이다.

정답 ②

29

투자자산운용사 프리미엄 강의노트 **2과목 2편 해외투자 5문항**

보기에서 미국 국채 투자 시 분석상 유의사항을 모두 연결한 것은?

> 가. Yield Curve분석
> 나. 각 채권의 수요공급현황
> 다. 미국의 GDP나 실업률 등 거시경제지표
> 라. 각 채권의 위험도에 따른 가산금리

① 가, 나, 다
② 나, 다, 라
③ 가, 다, 라
④ 가, 나, 다, 라

'각 채권에 위험에 따른 가산금리(라)'는 고려대상이 아니다. 미국 재무부채권은 위험성이 없는 채권으로 간주되므로 가산금리가 붙지 않는다.

정답 ①

더 알아보기

● 해설(기본서 인용)

※ **미국 국채 투자 시 유의점**(2024 기본서, 2권, p179~180 인용)

즉 미국 재무부채권은 미국 국채인 만큼 **위험성이 없는 채권으로 간주되며**, 기타 국가의 채권은 미재무부채권(Treasury Bond) 금리에 위험도에 따라 '**가산금리**'가 붙는 것이다. 채권의 위험도가 적으면 가산금리가 낮아지고 많으면 높아진다.

기타국가 채권의 금리 = T Bond 금리 + **가산금리**

미국 국채투자 시 유의사항으로는 ① Yield Curve분석, ② 수급, ③ 달러 움직임, ④ 안전자산 선호, ⑤ 미국 연준(Fed)의 금리정책, ⑥ 기타(물가, GDP, 실업률 등)을 들 수 있다.

2024.03 기출복원

다음 중 미국 국채에 투자할 경우 고려사항과 가장 거리가 먼 것은?

① 미국 연준(Fed)의 금리정책
② 위험도에 따른 가산금리 수준
③ Yield Curve 분석
④ 미국 달러화의 가치변동

미국 국채는 세계에서 가장 안전한 안전자산으로 분류되므로 '안전자산 선호'가 투자동기이다. 미국 국채는 안전자산이므로 가산금리(위험프리미엄)가 붙지 않는다.
• 가산금리가 오르면 국가신인도 및 보유채권의 가격이 하락한다는 의미이다.

정답 ②

30

투자자산운용사 프리미엄 강의노트   2과목 2편 해외투자 5문항

해외주식 투자전략 중 하향식 접근(top down approach)에 대한 설명이다. 가장 적절하지 않은 것은?

① 국제 주식시장이 비효율적이라고 전제한다.
② 환율과 주가전망 예측을 적극적으로 하고 포트폴리오에 반영함으로써 위험을 부담하면서도 수익률을 극대화하고자 하는 전략이다.
③ 각국의 거시경제 변수를 보고 국가별 비중을 우선적으로 결정한 다음, 각국에서 산업과 개별 기업별 비중을 결정한다.
④ 세계 경제를 글로벌화된 산업들의 집합으로 본다.

하향식 접근은 '세계 경제를 완전히 통합되지 않고 분리된 각국 경제의 결합체'로 보며, 상향식 접근은 '세계 경제를 글로벌화된 산업들의 집합'으로 본다.

정답 ④

더 알아보기

● 해외주식 투자전략

☑ 해외주식투자 : 적극적 전략 > 소극적 전략

소극적 전략 (방어적 전략)	적극적 전략(공격적 전략)	
	하향식 접근 (Top down Approach)	상향식 접근 (Bottom up Approach)

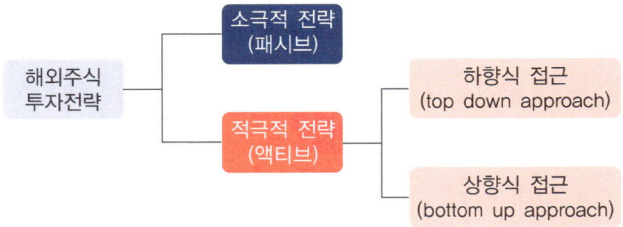

해외주식 투자전략

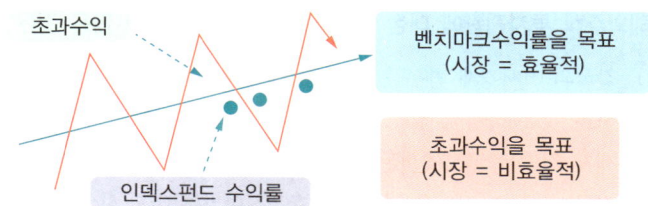

(1) 적극적 투자 VS 소극적 투자

① 적극적(공격적)인 투자전략
  ㉠ 시장이 비효율적이라고 본다.
  ㉡ 각국의 환율과 주가전망에 대한 예측을 포트폴리오에 반영하여, 벤치마크대비 초과수익률을 올리고자 하는 전략이다.

② 소극적(방어적)인 투자전략
  ㉠ 시장이 효율적이라고 본다.
  ㉡ 벤치마크 지수의 구성을 모방함으로써 벤치마크 수익률과의 괴리를 최소화하고자 하는 전략이다.
  ※ 소극적 전략의 목표수익률 상한은 벤치마크 수익률이 된다(∵ 벤치마크와 동일한 포트폴리오 구축 과정에서 거래비용이 발생하므로 투자수익률은 벤치마크 수익률 보다 낮은 것이 일반적).
  ※ 벤치마크의 포트폴리오 구성을 정확히 모방할 경우(완전복제법; full replication), 목표수익률이 벤치마크수익률에 근접하게 되지만 인덱싱과정에서 거래비용이 증가하는 단점이 있다.

(2) 하향식 접근 VS 상향식 접근

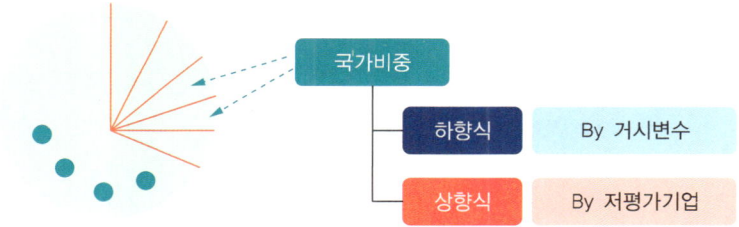

① 하향식 접근(top down approach)
  ㉠ 각국의 거시경제변수를 통해 국가비중을 먼저 결정하고, 이후 해당 국가의 산업과 기업별 비중을 순차적으로 결정하는 전략이다.
  ㉡ 세계 경제를 완전히 통합되지 않고 분리된 각국 경제의 결합체로 본다.

② 상향식 접근(bottom up approach)
  ㉠ 기업분석과 산업분석을 통하여 투자대상의 주식과 주식 별 투자액을 미리 정하고 그 결과 전체 포트폴리오에서 차지하는 각국의 투자비중이 결정되는 전략이다.
  ㉡ 세계 경제를 글로벌화된 산업의 집합체로 본다.

2023.11 기출복원

해외주식 투자전략에 대한 설명이다. 가장 적절하지 않은 것은?

① 각국의 거시경제 변수를 보고 국가별 비중을 우선적으로 결정한 다음, 각국에서 산업과 개별 기업별 비중을 결정하는 것은 하향식 접근을 말한다.
② 세계 경제를 글로벌화된 산업들의 집합으로 보는 것은 상향식 접근이다.
③ 적극적인 투자전략은 시장이 비효율적이라는 전제 하에, 환율과 주가전망에 대한 예측을 포트폴리오에 반영하여 벤치마크 대비 초과수익률을 획득하고자 하는 것이다.
④ 소극적인 투자전략으로서 벤치마크의 포트폴리오 구성을 정확히 모방할 경우, 목표수익률이 벤치마크수익률에 근접하게 되며 거래비용도 절감할 수 있다.

벤치마크 포트폴리오 구성을 정확히 모방하는 것은 인덱싱 방법으로서 완전복제법(full replication)을 말하는데, 완전복제법의 경우 인덱싱 방법 중 벤치마크수익률에 가장 근접한다는 장점이 있지만 거래비용이 많아지는 단점이 있다.

정답 ④

31

2과목 3편 투자분석기법 12문항

기업의 현금흐름 추정방식에 대한 설명이다. 옳게 설명한 항목의 개수는?

> 가. 현금흐름은 세전 기준으로 추정되어야 한다.
> 나. 감가상각비는 실제 현금유출을 수반하지 않으므로 현금흐름 추정에 반영되지 않는다.
> 다. 현금흐름 추정 시 기회비용과 매몰비용은 모두 반영되어야 한다.
> 라. 현금유입액은 재무상태표상의 비유동자산, 유동자산, 유동부채로부터 추정한다.

① 0개 ② 1개
③ 2개 ④ 3개

옳은 항목의 개수는 0개이다(모두 틀린 내용).
가. 세후 기준으로 추정되어야 한다.
나. 감가상각비는 현금유출을 수반하지 않지만 비용으로 처리되면서 법인세를 감소시키므로 '감가상각비의 절세효과'는 현금흐름 추정에 반영되어야 한다.
다. 기회비용(opportunity cost)은 고려해야 하지만 매몰비용(sunk cost)은 고려하지 않는다.
라. 현금유출은 재무상태표로(출 / 재), 현금유입은 손익계산서로부터 추정한다.

정답 ①

더 알아보기

● 현금흐름추정의 기본원칙(2025 기본서, 2권, p201~202 참조)

(1) 현금흐름은 **증분기준**으로 추정되어야 한다.   Incremental basis
(2) 현금흐름은 **세후기준**으로 추정되어야 한다.   After-tax basis
    (예 **감가상각비의 절세효과 고려**)
(3) 현금흐름의 추정에는 모든 간접적 효과도 고려되어야 한다.
(4) 현금유입과 현금유출 시점을 정확히 추정해야 한다.
(5) 기회비용은 고려되어야 하나 **매몰비용은 고려하지 않는다**.

현금흐름 추정요인(현금흐름의 원천)

[출·재] 현금유출 Input	현금유입 Output
☑ 재무상태표상의 비유동자산과 유동자산, 유동부채로부터 추정	☑ 손익계산서상으로부터 추정(영업이익)
[결정요인] 시설자금투자, 운전자본투자, 유동부채 → (+)유무형자산의 증가(비유동자산 증가) 　(+)운전자본(유동자산 증가) 　(−)비이자부유동부채(유동부채증가)	[결정요인] 손익계산서 상의 영업이익 → 투하자본은 본업활동을 통해 매출액으로 전환되고 원재료비·인건비 등 비용을 차감하여 영업이익을 창출함

- 비이자부 유동부채(spontaneous financing) : 외상매입금, 미지급금 등

2022.11 기출복원

현금흐름 추정원칙에 대한 설명이다. 옳은 것은?

① 현금흐름은 세전 기준으로 추정되어야 한다.
② 감가상각비는 현금유출을 수반하지 않는 비용이지만 과세대상 이익에 영향을 미쳐 법인세를 달라지게 하므로 감가상각비의 절세효과는 현금흐름에 고려해야 한다.
③ 현금흐름을 추정할 때 기회비용과 매몰비용 모두 고려해야 한다.
④ 현금유입은 재무상태표상의 비유동자산, 유동자산, 유동부채로부터 추정된다.

---

②가 옳은 내용이다.
① 세후 기준(after tax basis)으로 추정되어야 한다.
② '감가상각비는 현금유출을 수반하지 않는 비용이나 과세대상 이익에 영향을 미쳐 법인세가 달라지므로 감가상각비의 절세효과는 고려되어야 하며, 감가상각방법에 따라 현금흐름에 차이가 날 수 있다(2022 기본서, 2권, p204 인용).
③ 기회비용은 고려하지만 매몰비용은 고려하지 않는다.
④ 현금유입액은 손익계산서에서 추정되고 현금유출액은 재무상태표상의 비유동자산과 유동자산, 유동부채로부터 추정된다(암기 Tip '출, 재').

정답 ②

32

투자자산운용사 프리미엄 강의노트 2과목 3편 투자분석기법 12문항

증권분석의 통계기초에 대한 내용이다. 틀린 내용으로 연결한 것은?

> 가. 최빈값은 관찰치를 크기 순서대로 나열하였을 때, 정가운데 있는 값을 의미한다.
> 나. 분산은 각각이 평균으로부터 떨어진 거리들의 평균으로 측정이 되며, 산포경향을 나타내는 지표에 속한다.
> 다. 공분산은 $-\infty$에서 $+\infty$의 어떤 값이든지 가질 수 있으며, 공분산이 0보다 크면 양의 관계이고 0보다 작으면 음의 관계, 0이면 아무런 선형의 관계가 없음을 의미한다.
> 라. 상관계수는 공분산을 각각의 표준편차의 곱으로 나누어 준 값이다.

① 가, 나 ② 다, 라
③ 가, 다 ④ 나, 라

틀린 내용은 '가, 나'이다.
가. 관찰치를 크기 순서대로 나열하였을 때, 정가운데 있는 값을 의미하는 것은 '중앙값'이다. cf 최빈값 : 빈도수가 가장 높은 관찰치를 말한다.
나. '각각이 평균으로부터 떨어진 거리들의 평균'으로 측정이 되는 것은 '평균편차'이다. cf '분산'은 '각각이 평균으로부터 떨어진 거리의 제곱들을 평균'한 것을 말하고, 분산의 제곱근이 '표준편차'이다.

정답 ①

더 알아보기

● 증권분석을 위한 통계용어

중심위치	산포경향
중앙값(median)	범위(range)
산술평균(mean)	분산(variance)
최빈값(mode)	표준편차(standard deviation)
	평균편차(mean deviation)

기대수익률	위 험 (수익률의 변동성)

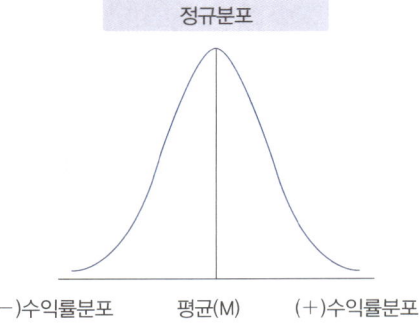

정규분포

(−)수익률분포   평균(M)   (+)수익률분포

☑ 증권분석을 위한 통계기초(2024 기본서, 2권, p214~217 참조)

(1) **중심위치(Central Tendency)** : 자료가 어떤 값을 중심으로 분포하는가를 나타내는 대표치로서, 산술평균과 최빈값, 중앙값 등이 자주 쓰인다.
   ㉠ 산술평균(mean) : 분포 값의 합계를 분포의 수로 나눈 값(Σ분포값 / N)
   ㉡ 최빈값(mode) : 빈도수가 가장 많은 관찰치를 의미한다.
   ㉢ 중앙값(median) : 관찰치를 크기 순서대로 나열하였을 때, 정가운데 있는 값을 의미한다. N이 홀수일 때는 정가운데 값이 중앙값이 되지만, N이 짝수일 때는 가운데 두 분포의 값의 평균이 중앙값이 된다.
      예시   분포의 수가 짝수일 경우의 중앙값
      → '2, 4, 6, 8, 10, 12'의 분포일 경우 (6 + 8) / 2 = 7 즉 7이 중앙값이 된다.

(2) **산포 경향(Degree of Dispersion)** : 자료가 중심위치로부터 어느 정도 흩어져 있는가를 나타내는 지표로서 범위, 평균편차, 분산, 표준편차 등이 자주 쓰인다.
   ㉠ 범위(range) : 최대값-최소값. 동 문항 예시에서는 -15 ~ +15 = 30. 또는 최대값 15에 최소값 -15를 뺀 값으로서 30이 된다.
   ㉡ 평균편차(mean deviation) : 각각이 평균으로부터 떨어진 거리들의 평균으로 측정한다.
   ㉢ 분산(variance)과 표준편차(standard deviation) : 분산은 각각이 평균으로부터 떨어진 거리의 제곱들을 평균한 것이고 분산의 제곱근이 표준편차이다.
      보충   모집단이 아니고 표본인 경우에는 분산과 표준편차를 자유도(degree of freedom : 분산과 표준편차의 경우는 n-1)로 나누어 측정하는데 그래야 모집단 분산(표준편차)의 불편 추정치(unbiased estimator)가 되기 때문이다.

2023.02 기출복원

다음 중 산포경향(Degree of Dispersion)을 나타내는 것과 가장 거리가 먼 것은?

① 최빈값
② 범 위
③ 분 산
④ 표준편차

최빈값(mode)은 중심위치를 나타내며, 나머지는 산포경향을 파악하는 지표이다. 산포경향이란 중심위치로부터 어느 정도 흩어져 있는가를 나타내는 지표인데, 통상 위험의 지표로 활용된다.

정답 ①

☑ 공분산과 상관계수

$$\rho_{xy} = \frac{\sigma_{xy}}{\sigma_x \cdot \sigma_y}$$ 상관계수는, 공분산을 각각의 표준편차의 곱으로 나눈 값이다.

공분산	상관계수
$-\infty \sim +\infty$	$-1 \sim +1$
(+) : 같은 방향, (−) : 반대 방향 → 상관성의 정도는 **알 수 없음**	상관성의 정도를 **알 수 있음**

공분산을 표준화한 것 → 상관계수

2023.06 기출복원

증권분석의 통계기초에 대한 내용이다. 가장 적절하지 않은 것은?

① 중앙값은 관찰치를 크기 순서대로 나열하였을 때, 정가운데 있는 값을 의미한다.
② 분산은 산포경향을 나타내는 지표이다.
③ 공분산은 −∞에서 +∞의 어떤 값이든지 가질 수 있다.
④ 상관계수는 공분산을 각각의 분산으로 나누어 준 값이다.

상관계수는 **공분산을 각각의 표준편차로 나눈 값**이다($\rho_{xy} = \frac{\sigma_{xy}}{\sigma_x \sigma_y}$).

정답 ④

33

투자자산운용사 프리미엄 강의노트 | 2과목 3편 투자분석기법 12문항

빈칸에 알맞은 것은?

> 매출액순이익률이 0.2(20%)이고 총자산회전율이 4(4회전)일 때, 총자산이익률은 (   )이다.

① 0.2
② 0.4
③ 0.6
④ 0.8

총자산이익률(ROA)은 0.8(80%)이다.
※ 상세풀이(듀퐁분석 활용)

$$\frac{순이익}{총자산} = \frac{순이익}{매출액} \times \frac{매출액}{총자산}, \quad ROA = 0.2 \times 4 = 0.8$$

정답 ④

더 알아보기

듀퐁 분석(ROA)

[예시] ROA-듀퐁분석 : 매출액 100억 원, 순이익 30억 원, 총자산 1,000억 원

$$ROA = \underbrace{\frac{순이익}{매출액}}_{30\%} \times \underbrace{\frac{매출액}{총자산}}_{0.1회} = 마진 \times 총자산회전율$$

(ROA = 3%)

이 기업의 ROA가 낮은 이유는 활동성(총자산회전율)이 지나치게 낮기 때문이다.

☑ 유휴자산을 처분 → 효율이 높은 자산으로 대체 → 매출증가 : '박리다매' 전략으로 ROA 향상(3%에서 10%로 향상)

$$ROA = \frac{30}{100} \times \frac{100}{1,000} = 30\% \times 0.1 = 3\%$$

$$ROA = \frac{100}{1,000} \times \frac{1,000}{1,000} = 10\% \times 1 = 10\%$$

薄利多賣 전략

34

투자자산운용사 프리미엄 강의노트 　2과목 3편 투자분석기법 12문항

레버리지도에 대한 설명이다. 틀린 항목의 개수는?

> 가. 영업레버리지도는 영업이익의 변화율을 판매량의 변화율로 나누어서 구한다.
> 나. 재무레버리지도는 주당이익의 변화율을 영업이익의 변화율로 나누어서 구한다.
> 다. 결합레버리지도는 주당이익의 변화율을 매출액의 변화율로 나누어서 구한다.
> 라. 타인자본의존도가 높을수록 재무레버리지도가 높아진다.

① 0개　　　　　　　　　　　② 1개
③ 2개　　　　　　　　　　　④ 3개

틀린 항목의 개수는 0개이다(모두 옳은 내용).

정답 ①

더 알아보기

● 레버리지도 분석

By 영업고정비	By 재무고정비	By 영업고정비 + 재무고정비
영업레버리지(DOL)	재무레버리지(DFL)	결합레버리지(DCL)
$\dfrac{영업이익변화율}{매출액변화율}$	$\dfrac{주당순이익변화율}{영업이익변화율}$	$\dfrac{주당순이익변화율}{매출액변화율}$
$\dfrac{매출액 - 변동비}{매출액 - 변동비 - 고정비}$	$\dfrac{영업이익}{영업이익 - 이자비용}$	$\dfrac{매출액 - 변동비}{매출액 - 변동비 - 고정비 - 이자비용}$
고정비가 클수록, 매출액이 적을수록 DOL이 커진다.	**이자비용이 클수록**, 영업이익이 적을수록 DFL이 커진다.	영업고정비와 이자비용이 존재하는 한 DCL은 항상 1보다 크다.

$$\dfrac{매출액 - 변동비 - 고정비}{매출액 - 변동비 - 고정비 - 이자비용}$$

2023.06 기출복원

결합레버리지도에 대한 설명이다. 가장 적절하지 않은 것은?

① 결합레버리지도는 매출액의 변화율에 대한 주당순이익의 변화율의 비율로 정의된다.
② 영업레버리지도와 재무레버리지도의 곱으로 얻어진다.
③ 영업고정비와 이자비용이 존재하는 한 결합레버리지도는 항상 1보다 크다.
④ 타인자본 의존도가 낮을수록 결합레버리지도가 높게 나타난다.

타인자본의존도가 높을수록 결합레버리지도가 높게 나타난다.
▶ 타인자본 의존도가 높을수록 → 이자비용이 많아지고 → DCL이 높아진다(아래 공식상 이자비용이 많아지면 분모값이 작아져서 전체 DCL이 높아진다).

$$\frac{매출액 - 변동비}{매출액 - 변동비 - 고정비용 - 이자비용}$$

정답 ④

2023.11 기출복원

다음 중 결합레버리지도(DCL)를 가장 크게 만드는 영업고정비와 재무고정비의 조합은?

	영업고정비	재무고정비
①	120	90
②	150	130
③	140	100
④	130	90

영업고정비와 재무고정비의 합이 가장 큰 조합(②)에서 DCL이 가장 크게 나타난다.

※ 결합레버리지도(DCL) = $\dfrac{매출액 - 변동비}{매출액 - 변동비 - 고정비 - 이자비용}$

→ 여기서 '매출액−변동비'는 분자와 분모에 동일하게 위치하므로 '고정비(영업고정비) + 이자비용(재무고정비)'의 합이 가장 큰 조합에서 결합레버리지도가 가장 크게 나타난다.

정답 ②

35

투자자산운용사 프리미엄 강의노트 | 2과목 3편 투자분석기법 12문항

보기가 설명하는 지표는 무엇인가?

> - 당기순이익을 기준으로 평가하는 PER의 한계점을 보완한다.
> - 기업의 자본구조를 감안한 평가방식이라는 점에서 유용성이 있다.

① 토빈의 Q
② EV/EBITDA
③ PSR
④ PBR

EV/EBITDA 비율을 말한다.

※ **EV/EBITDA 비율의 의의**
(1) **PER의 한계점을 보완한다.**
→ PER는 당기순이익을 기준으로 평가하지만 EV/EBITDA는 영업이익을 기준으로 하므로 아래 두 가지 관점에서 PER를 보완한다.
  ㉠ 당기순손실이지만 영업이익이 흑자인 기업을 평가할 수 있으므로 PER보다 평가범위가 더 넓다.
  ㉡ 둘째 영업이익에 감가상각비를 가산함으로써 PER에서 반영할 수 없는 현금흐름도 보완할 수 있다.
(2) **자본구조를 감안한 평가방식의 의미** : 분자항목인 EV는 '시가총액 + 순차입금'을 말하는데, 이는 '주주가치 + 채권자가치'를 의미한다. 따라서 자본구조(자기자본 / 타인자본)를 반영한다.

정답 ②

더 알아보기

● EV/EBITDA - ① 자본구조 반영, ② PER 보완

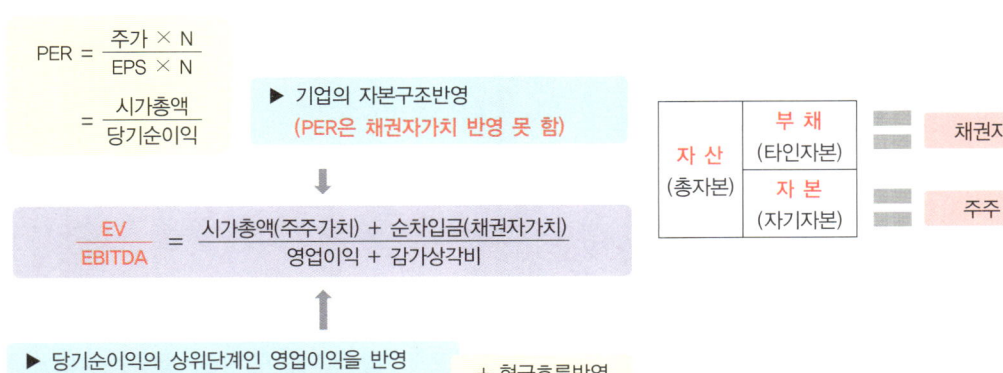

2022.11 기출복원

EV/EBITDA비율과 관련하여 빈칸에 알맞은 것은?

> 상장기업인 A기업의 EBITDA는 50억 원, 유사기업의 EV/EBITDA 비율은 20배, 채권자가치는 100억 원, 발행주식수는 100만주이다. 이 경우 A기업의 주당 가치는 (   )이다.

① 7만 원   ② 8만 원
③ 9만 원   ④ 10만 원

주당가치는 9만 원이다(아래 풀이).

→ $\dfrac{\text{시가총액} + \text{채권자가치}}{EBITDA} = 20$, $\dfrac{\text{시가총액} + 100억\ 원}{50억\ 원} = 20$, 시가총액 + 100억 원 = 1,000억 원, 따라서 시가총액은 900억 원

→ 주당가치 추정 : $\dfrac{\text{시가총액}}{\text{발행주식수}} = \dfrac{900억\ 원}{100만주} = 90,000원$

(∴) A기업의 주당가치는 90,000원이다.

정답 ③

36. 2과목 3편 투자분석기법 12문항

보기의 정보에 따를 때 해당 기업의 EVA는 얼마인가?(소수점 이하 절사, 단위는 억 원)

> 영업이익 500억 원, 투하자본 1,000억 원, 자기자본비율 60%, 타인자본비율 40%, 타인자본조달비용10%, 자기자본의 기회비용 15%, 법인세율 20%

① 270
② 278
③ 292
④ 296

EVA = 세후 순영업이익 − (투하자본 × 가중평균자본비용) = 278억 원

※ 풀이
(1) **세후 순영업이익** = 500억 원 × (1 − 0.2) = 400억 원
(2) **가중평균자본비용** = (타인자본비율 × 세후 타인자본비용) + (자기자본비율 × 자기자본비용)
    = {0.4 × 0.10 × (1 − 0.2)} + (0.6 × 0.15) = 0.032 + 0.09 = 0.122
(3) 따라서, EVA = 400억 원 − (1,000 × 0.122) = 278억 원

정답 ②

더 알아보기

● EVA = 세후순영업이익 − (투하자본 × WACC)

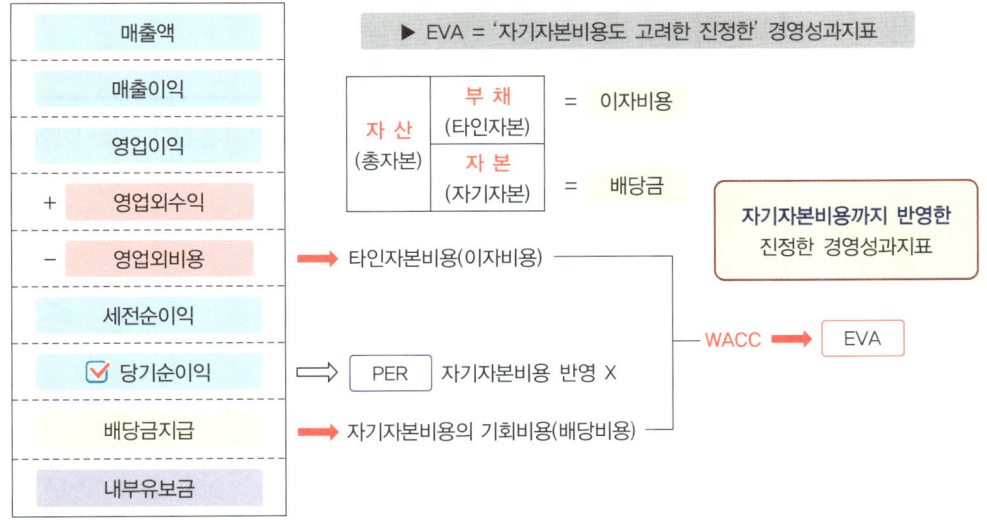

2023.06 기출복원

보기의 정보에 따를 때 해당 기업의 EVA는 얼마인가?(소수점 이하 절사, 단위는 억 원)

> 영업이익 200억 원, 투하자본 500억 원, 자기자본비율 60%, 타인자본비율 40%, 타인자본조달비용 10%, 자기자본의 기회비용 12%, 법인세율 25%

① 94
② 99
③ 104
④ 109

☑ EVA = 세후순영업이익 − (투하자본 × 가중평균자본비용) = 99억 원

※ 풀이
(1) 세후순영업이익 = 200억 원 × (1 − 0.25) = **150억 원**
(2) 가중평균자본비용 = (타인자본비율 × 세후 타인자본비용) + (자기자본비율 × 자기자본비용)
   = {0.4 × 0.10 × **(1 − 0.25)**} + (0.6 × 0.12) = 0.03 + 0.072 = **0.102**
(3) 따라서, EVA = 150억 원 − (500 × 0.102) = 150억 원 − 51억 원 = 99억 원

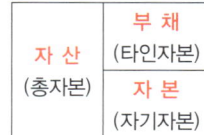

정답 ②

2024.06 기출복원

보기의 조건에 따를 때, 해당 기업의 EVA를 최적으로 만드는 타인자본과 자기자본의 조합은 무엇인가?(단위 : %)

> 세후 순영업이익 100억 원, 투하자본 250억 원, 타인자본비용과 자기자본비용은 모두 10%이고 법인세율은 30%로 가정한다.

① 타인자본 80, 자기자본 20
② 타인자본 60, 자기자본 40
③ 타인자본 40, 자기자본 60
④ 타인자본 20, 자기자본 80

▶ EVA = 세후 순영업이익 − (투하자본 × WACC) = 100억 원 − (250억 원 × WACC)
  → 즉, **타인자본비중이 높을수록** 법인세절감효과가 크게 반영되어 WACC가 가장 낮아지고 EVA가 가장 크게 달성된다.
▶ WACC = {타인자본비율 × 타인자본비용(1 − 0.3)} + (자기자본비율 × 자기자본비용)

정답 ①

37

투자자산운용사 프리미엄 강의노트 2과목 3편 투자분석기법 12문항

40회 신유형

그랜빌의 주가·이동평균선 분석상으로 매도신호에 해당하지 않은 것은?

① 이동평균선이 상승한 후 평행 또는 하락국면에서 주가가 이동평균선을 하향 돌파한 경우
② 이동평균선이 하락하고 있을 때 주가가 일시적으로 이동평균선의 위로 상승하는 경우
③ 주가가 이동평균선 아래에서 상승세를 보이다가 이동평균선을 상향 돌파를 못하고 하락하는 경우
④ 주가가 하락하고 있는 이동평균선을 하향 돌파한 후 다시 급락하는 경우

④는 매입신호이다(과도한 하락 후 이동평균선으로 수렴하는 반등을 예상).

정답 ④

더 알아보기

그랜빌(J.E.Granville)의 매매신호

※ 그랜빌(J.E.Granville)의 매매신호 – 매수신호 4가지

(1) 매수신호 1 : 이동평균선의 하락이 멈춘 상태에서 주가가 이동평균선을 상향 돌파할 경우 → 추세가 하락에서 상승으로 전환할 것으로 예상
(2) 매수신호 2 : 이동평균선의 상승이 지속될 때 주가가 이동평균선을 하향돌파하는 경우 → 상승추세 속에서의 일시적 주가하락으로 해석
(3) 매수신호 3 : 이동평균선 위에서 주가가 빠르게 하락하다가 이동평균선의 지지를 받고 재차 상승하는 경우 → 상승추세의 지지를 받고 다시 상승하는 것으로 해석
(4) 매수신호 4 : 주가가 하락하고 있는 이동평균선을 하향돌파 후 급락하는 경우 → 과도한 하락 후 이평선으로 수렴하는 반등을 예상

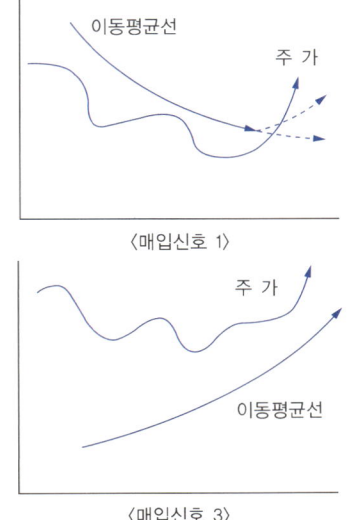

〈매입신호 1〉

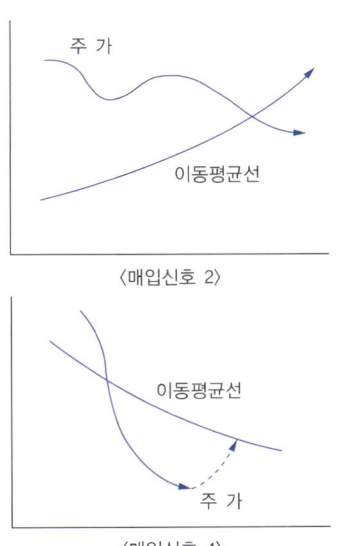

〈매입신호 2〉

〈매입신호 3〉

〈매입신호 4〉

※ 그랜빌(J.E.Granville)의 매매신호 – 매도신호 4가지

(1) 매도신호 1 : 이동평균선의 상승이 멈춘 상태에서 주가가 이동평균선을 하향 돌파할 경우 → 추세가 상승에서 하락으로 전환할 것으로 예상
(2) 매도신호 2 : 이동평균선의 하락이 지속될 때 주가가 이동평균선을 상향돌파하는 경우 → 하락추세 속에서의 일시적 주가상승으로 해석
(3) 매도신호 3 : 이동평균선 아래에서 상승세를 보이다가 이동평균선을 돌파하지 못하고 재차 하락하는 경우 → 하락추세의 저항을 받고 다시 하락하는 것으로 해석
(4) 매도신호 4 : 주가가 상승하고 있는 이동평균선을 상향돌파 후 급등하는 경우 → 과도한 상승 후 다시 이평선으로 수렴하는 반락을 예상

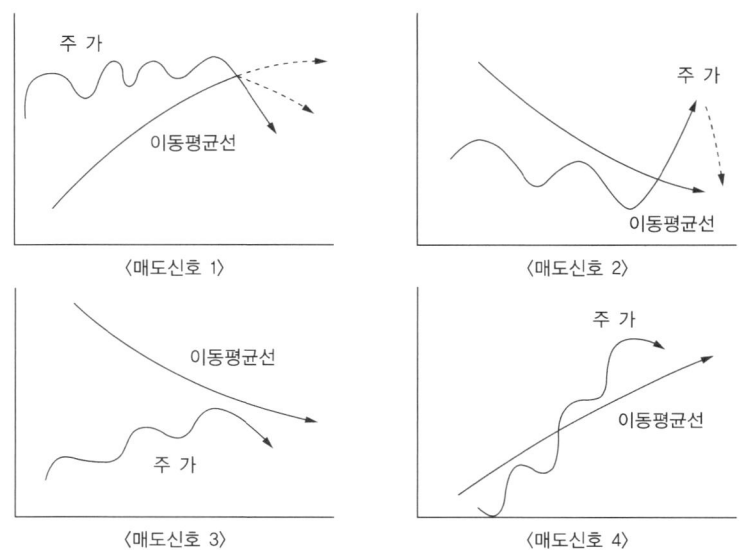

38

2과목 3편 투자분석기법 12문항

보기의 설명에 부합하는 갭(Gap)의 종류는?

- 주가가 거의 일직선으로 급상승하거나 급하락하는 도중에 주로 발생한다.
- 다우이론의 추세 추종 국면 또는 엘리어트 3번 파동에서 주로 발생한다.
- 주가의 예상목표치의 중간지점에서 주로 발생한다.

① 소멸갭
② 보통갭
③ 급진갭
④ 아일랜드갭

급진갭(run away gap)에 해당한다.

※ **급진갭 개념**(2025 기본서, 2권, p326 인용)
(3) 급진갭(run-away gap)
　급진갭은 주가가 거의 일직선으로 급상승하거나 또는 급하락하는 도중에 주로 발생한다. 급진갭은 주가움직임이 급속히 가열되거나 냉각되면서 이전의 추세가 더욱 가속화되고 있음을 확인시켜주는 갭으로 볼 수 있다. 급진갭은 다우이론의 추세추종국면이나 엘리어트파동이론의 3번 파동에서 주로 발생한다. 급진갭은 주가의 예상 목표치의 중간지점에서 주로 발생하기 때문에 또한 급진갭을 확인할 수만 있다면 향후 주가움직임을 미리 알 수가 있기 때문에 급진갭을 중간갭 또는 측정갭이라 부르기도 한다.

정답 ③

더 알아보기

● 갭이론

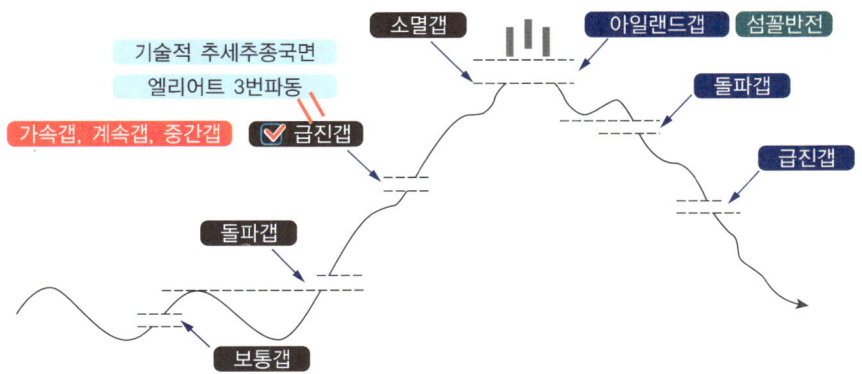

2023.06 기출복원

보기에 해당하는 갭(Gap)의 종류는?

> • 주가가 거의 일직선으로 급상승하거나 또는 급하락하는 도중에 발생한다.
> • 주가 움직임이 급속히 가열되거나 냉각되면서 이전의 추세가 더욱 가속화되고 있음을 확인시켜주는 갭이다.

① 돌파갭
② 급진갭
③ 소멸갭
④ 섬꼴반전

급진갭(run away gap)에 해당한다.

정답 ②

2022.02 기출복원

보기에 해당하는 갭(Gap)의 종류는?

> 다우이론의 추세추종국면 또는 주가의 예상목표치의 중간지점에서 주로 발생하는 갭이다.

① 소멸갭
② 보통갭
③ 급진갭
④ 아일랜드갭

Run away Gap(급진갭 또는 계속갭, 중간갭, 측정갭)
▶ 급진갭(run-away gap)
　급진갭은 주가가 거의 일직선으로 급상승하거나 또는 급하락하는 도중에 주로 발생한다. 급진갭은 주가움직임이 급속히 가열되거나 냉각되면서 이전의 추세가 더욱 가속화되고 있음을 확인시켜주는 갭으로 볼 수 있다.

정답 ③

39

2과목 3편 투자분석기법 12문항

OBV(On Balance Volume)와 VR(Volume Ratio)에 대한 설명이다. 틀린 항목의 개수는?

> 가. OBV는 전일대비 주가가 상승한 날의 누적 거래량에 전일대비 주가가 하락한 날의 누적거래량을 나누어서 구한다.
> 나. 주가지수OBV의 경우 저가주들의 대량거래가 시장전체의 거래량을 왜곡하는 경우가 있으므로 유의해야 한다.
> 다. 기산일을 활황장세에서 잡으면 주가가 하락으로 돌아설 때 매매신호가 뒤늦게 발생되어 정확한 분석을 하지 못한다.
> 라. VR의 보통수준(또는 균형상태)은 거래량의 상승편향을 감안하여 150%로 본다.
> 마. VR이 450%를 초과하면 단기적으로 주가의 경계신호가 되고 70% 이하이면 단기매입 시점으로 본다.
> 바. VR은 바닥권보다는 천정권의 신뢰도가 높다.

① 0개　　　　② 1개
③ 2개　　　　④ 3개

틀린 항목은 2개(가, 바)이다. '가 : 차감하여, 바 : 바닥권의 신뢰도가 높다'이다.

정답 ③

더 알아보기

● 거래량 관련지표 – (1) OBV, VR

$$\Sigma\text{상승거래량} - \Sigma\text{하락거래량}$$

(1) **거래량은 주가에 선행한다는 전제 하에**, 상승거래량의 누계에 하락거래량의 누계를 차감하여 매일 누적적으로 집계하는 지표이다.
　• OBV지수가 직전 고점을 상향돌파할 경우 **U마크**, 직전저점을 하향돌파할 경우 **D마크**를 표시한다.
(2) **주가가 정체되어 있을 때(횡보국면)**, 매집단계인지 분산단계인지를 판단할 수 있다.
(3) 보통 상승 거래량이 많으므로 OBV지수는 상승편향되는 측면이 있다.
(4) 자전거래 발생 시 거래량의 왜곡이 발생한다.
(5) 주가지수OBV의 경우, 저가주들의 대량거래가 시장전체의 거래량을 왜곡하는 경우가 있으므로 유의해야 한다(거래대금OBV로 보완가능).

$$VR = \frac{\text{상승거래량합계} + \text{보합거래량합계}}{\text{하락거래량합계} + \text{보합거래량합계}} \times 100 \text{ (150\% : 보통수준, 70\% 이하 : 침체, 450\% 초과 : 과열)}$$

→ 보합거래반영, 비율분석을 하므로 **OBV를 보완하는 역할 / 바닥권판단에 신뢰도가 더 높다.**

2023.11 기출복원

OBV(On Balance Volume)와 VR(Volume Ratio) 지표에 대한 설명이다. 가장 적절하지 않은 것은?

① 전일대비 주가가 상승한 날의 누적 거래량에 전일대비 주가가 하락한 날의 누적거래량을 차감하여 구한다.
② 주가지수OBV의 경우 저가주들의 대량거래가 시장전체의 거래량을 왜곡하는 경우가 있으므로 유의해야 한다.
③ VR의 보통수준(또는 균형상태)은 거래량의 상승편향을 감안하여 150%로 본다.
④ VR이 100% 이하이면 단기매입시점으로 본다.

VR이 **70% 이하일 때 단기매입시점**으로 본다.

정답 ④

2023.06 기출복원

OBV(On Balance Volume) 지표에 대한 설명이다. 가장 적합한 것은?

① 전일대비 주가가 상승한 날의 누적 거래량에 전일대비 주가가 하락한 날의 누적거래량을 나누어서 구한다.
② 주가가 뚜렷한 등락을 보일 때 시장이 매집단계에 있는지 분산단계에 있는지를 판단하는 데 유용하다.
③ 약세장에서는 OBV선의 저점이 이전의 저점보다 높게 형성된다.
④ 기산일을 활황장세에서 잡을 경우 주가의 하락전환 시 매매신호가 뒤늦게 발생하여 정확한 분석이 어렵게 된다.

---

④만 옳은 내용이다.
① 전일대비 상승한 날의 거래량을 더하고 전일대비 하락한 날의 거래량을 차감한 누적차수로 산출한다.
② 주가가 뚜렷한 등락을 보이고 있지 않을 때(즉 횡보국면에서), 유용한 지표이다.
③ 강세장에서는 U마크가 생기며(고점을 갱신), 약세장에서는 D마크(저점을 갱신)가 형성된다.

정답 ④

40

투자자산운용사 프리미엄 강의노트 | 2과목 3편 투자분석기법 12문항

일정기간 동안의 주가 변동폭 중 금일 종가의 위치를 백분율로 나타낸 지표는 무엇인가?

① 스토캐스틱(stochastic)
② RSI
③ ROC
④ MAO

스토캐스틱 지표이다.

※ 추세반전형 VS 추세추종형
 (1) 추세반전형지표 : Stochastic, RSI(Relative Strength Index), ROC(Rate Of Change)
 (2) 추세추종형지표 : MACD(Moving Average Convergence & Divergence), MAO(Moving Average Oscillator)

정답 ①

더 알아보기

◉ 추세반전형 지표 - (1) 스토캐스틱

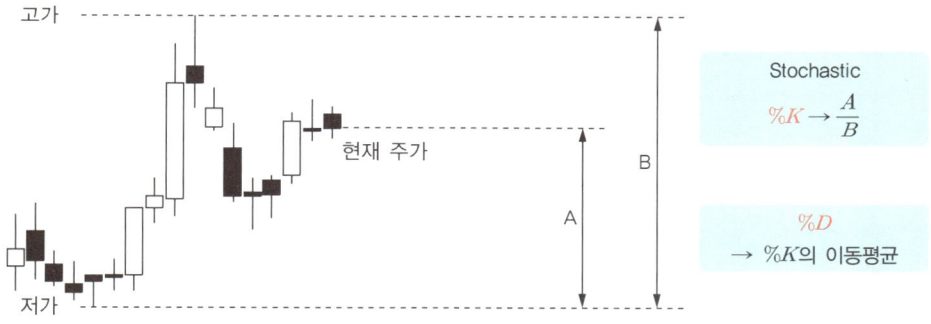

스토캐스틱 : 일정기간의 주가변동폭 중 금일종가의 위치를 백분율로 나타낸 것

2022.11 기출복원

스토캐스틱(Stochastics) 지표에 대한 설명이다. 가장 적절하지 않은 것은?

① 일정기간 동안의 주가변동폭 중 금일종가의 위치를 백분율로 나타낸 것이다.
② 상승 중일 때에는 금일 종가가 주가 변동폭 중 최고가 부근에, 하락 중일 때에는 금일종가가 주가 변동폭의 최저가 부근에서 형성된다는 성질을 이용한 지표이다.
③ 스토캐스틱은 %K와 %D 두 지표로 나타내는데, 주요선은 %K이며 %K의 이동평균선을 %D라고 한다.
④ 150%를 균형점으로 하고 70% 이하는 과매도권, 450% 이상은 과매수권으로 인식한다.

④는 거래량보조지표인 VR에 해당하는 내용이다.

정답 ④

41

투자자산운용사 프리미엄 강의노트 | 2과목 3편 투자분석기법 12문항

산업구조변화이론과 관련하여 빈칸에 들어갈 수 없는 이론은?

> 전통적 무역이론이 설명하지 못하는 부분들은 이후의 새로운 이론들에 의해 보완되고 있다. (　　　)은 한 국가의 공급능력 변화에서 기술혁신 또는 신제품 개발이 갖는 중요성을 분석하였다. 전략적 무역정책을 포함하는 (　　　)에서는 규모의 경제와 불완전경쟁 등 시장실패를 상정하여 산업 내 무역과 정부개입의 필요성을 보이고 있다. (　　　)은 경제성장을 인적자본 등 요소의 내생적 축적에 의해서 이루어진다고 보고 있으며, 이를 국제무역에 응용하면 동태적 비교우위와 산업구조의 변화에서 요소부존보다 요소창출이 더욱 중요해 진다.

① 헥셔–올린 모형
② 제품수명주기이론
③ 신무역이론
④ 내생적 성장이론

차례대로 '제품수명주기이론, 신무역이론, 내생적 성장이론(endogenous growth theory)'이다. 이들은 모두 전통적 무역이론과 대비되는 '현대적 이론(새로운 이론)'에 해당한다.

정답 ①

더 알아보기

● 산업구조변화 – 경제이론(공급측면)

전통적 국제무역이론(정태적)	새로운 이론(동태적)
리카도의 비교우위론 국가별 요소부존도(노동) → 비교우위제품에 특화 → 산업구조의 변화 Y = f(L, K)	기술혁신에 의한 신제품개발 → 산업주도 → 산업구조변화 **제품수명주기 이론**
헥셔 – 올린 모형 생산요소(노동, 자본)의 상대적부존도의 차이 → 상대적 비교우위에 특화 → 산업구조의 변화[예] 노동집약적, 자본집약적)	시장실패 → 정부개입의 필요성 → 산업구조변화 **신무역 이론** 인적자본 등 요소의 내생적 축적(요소창출) → 산업구조변화 **내생적성장 이론**
(−) 완전경쟁시장이라는 비현실적인 가정 (+) 산업구조변화를 설명하는 출발점 제공	기술혁신, 정부개입, 요소창출 등에 의해 산업구조가 변화된다는 논리(통설)
☑ 요소부존(정태적)	☑ 요소창출(동태적)

2024.06 기출복원

산업구조변화에 대한 경제이론 들이다. 가장 적절하지 않은 설명은?

① 리카도의 비교우위론은 국가 간 요소 부존도에 따라 각 제품생산에 투입되는 노동 투입량의 비교우위가 나타나게 되고, 이러한 비교우위를 가진 산업을 중심으로 산업구조가 변화 한다고 본다.
② 헥셔–올린 모형은 생산요소를 노동과 자본으로 확대하여 생산요소의 상대적 부존도 차이에 의해서 무역패턴이 결정된다고 보며, 노동이 상대적으로 풍부한 국가는 자본 집약적 산업 중심으로 산업구조가 변화한다고 본다.
③ 제품수명주기 이론은 기술혁신 또는 신제품개발 등 공급능력의 중요성을 분석한 이론으로서, 공급능력에 의해 산업구조가 변화한다고 본다.
④ 내생적 성장 이론은 인적자본 등 요소의 내생적 축적에 의해서 경제성장이 이루어지고 산업구조 변화도 이루어진다고 본다.

노동력이 상대적으로 풍부한 국가는 노동집약적 산업 위주로 산업구조가 변화한다.

정답 ②

2023.11 기출복원

헥셔–올린 모형(Hechscher–Ohlin Model)에 대한 설명이다. 가장 적절하지 않은 것은?

① 산업 간 성장률 격차 또는 산업구조변화를 설명하는 이론은 국제무역이론에서 찾을 수 있는데, 헥셔 올린 모형은 완전경쟁이라는 비현실적 가정에 입각한 전통적 무역이론에 속한다.
② 생산요소를 노동과 자본으로 확대하여 생산요소의 상대적 부존도에 따라서 무역패턴이 결정된다는 이론이다.
③ 자본의 상대적 부존도가 상승하게 되면 산업구조도 노동집약적 산업중심에서 자본집약적 산업중심으로 변화하게 된다.
④ 산업구조 변화에 있어서 요소부존보다 요소창출의 중요성도 강조된다는 점에서, 리카도(D. Ricardo)의 비교우위론과 차이점이 있다.

전통적 무역이론(리카도의 비교우위론 / 헥셔–올린 모형)은 요소부존도에 의해서 산업구조변화가 초래된다고 주장하는데, 리카도이론은 노동투입량에 의해서 비교우위가 결정되는 절대적 비교우위론이며 헥셔–올린 모형은 노동과 자본의 상대적 부존도의 차이에 의해서 비교우위가 결정되는 상대적 비교우위론이라는 점에서 차이가 있다.

정답 ④

42

투자자산운용사 프리미엄 강의노트 | 2과목 3편 투자분석기법 12문항

[40회 신유형]

포터(Porter)의 산업경쟁력 이론에 대한 설명이다. 옳게 설명한 항목의 개수는?

> 가. 한 국가의 산업경쟁력은 생산요소의 비교우위를 통해서 결정된다고 본다.
> 나. 직접요인과 간접요인을 종합적으로 고려하는 다이아몬드 모형으로 산업경쟁력을 설명한다.
> 다. 산업경쟁력 결정요인의 하나인 정부요인은 직접요인으로 분류된다.

① 0개 ② 1개
③ 2개 ④ 3개

옳은 항목의 개수는 1개이다('나'). 'Porter의 경쟁우위론'은 **4가지 직접요인**과 **2가지 간접요인**을 종합적으로 고려하는 **다이아몬드 모형**으로서, 기술혁신을 통해서 산업경쟁력 우위를 확보할 수 있다고 보는 이론이다.

[정답] ②

더 알아보기

● 마이클 포터(Micheal Porter)의 경쟁우위론

4가지 직접요인	2가지 간접요인
요소조건	정부요인
수요조건	우발적 요인
연관산업 및 지원산업	
기업전략과 경쟁여건	

▶ 기술혁신, 요소축적을 통해 스스로 경쟁우위를 확보하는 것이 중요

☑ 마이클포터의 다이아몬드 모형

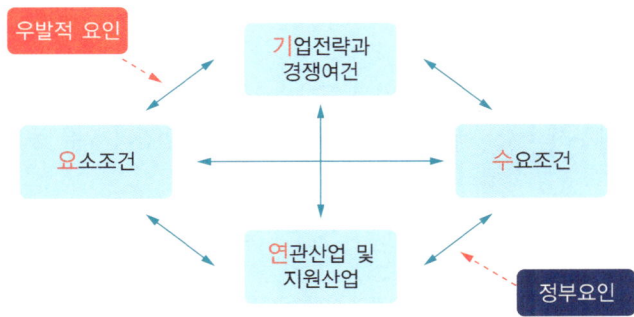

43

투자자산운용사 프리미엄 강의노트 | 2과목 4편 리스크관리 8문항

다음 중 시장위험(market risk)에 속하지 않은 것은?

① 운영위험
② 주식위험
③ 이자율위험
④ 환율위험

'주식위험 / 이자율위험 / 환율위험 / 상품가격위험' → 시장위험(market)의 하위 카테고리, '신용위험 / 운영위험 / 유동성위험 / 법적위험' → 시장위험과 등위 카테고리

정답 ①

더 알아보기

◦ 위험의 종류

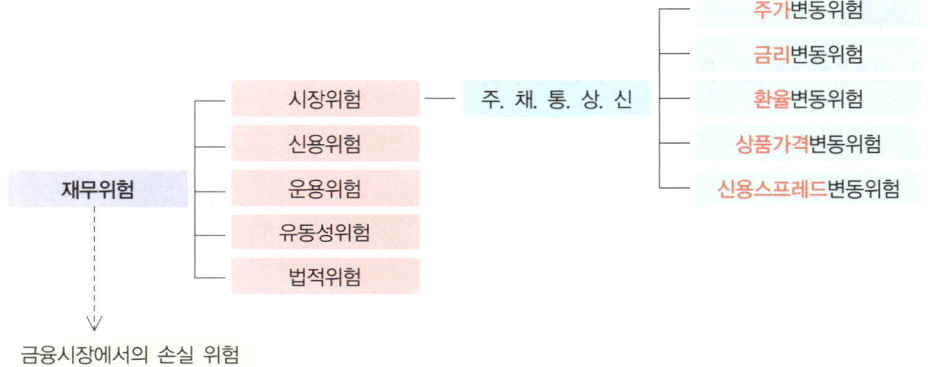

금융시장에서의 손실 위험

2021.11 기출복원

재무위험(financial risk)에 대한 설명이다. 틀린 것은?

① 시장위험은 시장가격의 변동으로부터 발생하는 위험으로서 주식위험, 이자율위험, 환위험, 상품가격위험 등이 포함된다.
② 신용위험은 거래상대방이 약속한 금액을 지불하지 못하는 경우에 발생하는 손실에 대한 위험이다.
③ 유동성위험은 부적절한 내부시스템, 관리실패, 잘못된 통제, 사기, 인간의 오류 등으로 인해 발생하는 손실에 대한 위험이다.
④ 법적위험은 계약을 집행하지 못함으로 인해 발생하는 손실에 대한 위험이다.

③ '부적절한 내부시스템, 관리실패, 잘못된 통제, 사기, 인간의 오류 등으로 인해 발생하는 손실에 대한 위험' → 운영위험

정답 ③

44

2과목 4편 리스크관리 8문항

특정회사의 거래포지션의 1일 VaR이 신뢰구간 99%에서 10억 원이라면, 이는 회사가 이 포트폴리오를 보유함으로써 향후 1일 동안에 (　　　　)는 의미이다. 빈칸에 부합하는 것으로 연결한 것은?

가. 1%의 확률로 10억 원을 초과해서 손실을 볼 수 있다.
나. 1%의 확률로 10억 원 이내에서 손실을 볼 수 있다.
다. 99%의 확률로 10억 원을 초과해서 손실을 볼 수 있다.
라. 99%의 확률로 10억 원 이내에서 손실을 볼 수 있다.

① 가, 나
② 나, 다
③ 다, 라
④ 가, 라

'가, 라'가 옳은 내용이다. 99% 신뢰구간 하에서 1일 동안 발생할 수 있는 최대손실이 10억 원이므로, '10억 원을 초과해서 손실이 발생할 확률은 1% 또는 ∘ 최대손실이 10억 원 이내일 확률은 99%'이다.

정답 ④

더 알아보기

● 확률분포로부터의 VaR

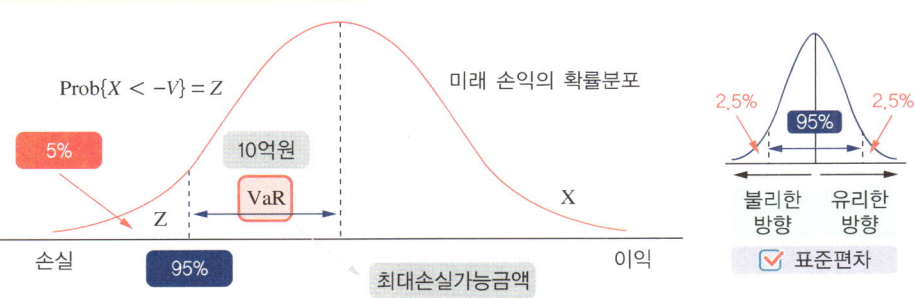

- VaR는
  '시장이 불리하게 움직일 경우, 일정한 신뢰구간 하에서, 일정기간 동안에, 보유 포트폴리오에서 발생하는 **최대손실액**'

- 보유기간 중 최대손실액이 10억 원 이하일 확률은 95%
- 보유기간 중 최대손실액이 10억 원을 초과할 확률은 5%

☑ VaR(Value at Risk)

(1) VaR는 리스크에 대한 구체적인 수치이다. → 위험관리의 획기적인 전환

(2) 시장이 불리한 방향으로 움직일 경우, 보유한 포트폴리오에서, 일정기간 동안에 발생하는 최대손실가능액을, 주어진 신뢰구간 하에서 통계적 방법으로 추정한 수치이다. 정 의

(3) 신뢰구간 95%에서 1일 VaR이 10억 원이라면,
   → 이 포트폴리오를 보유함으로써 향후 1일 동안에 10억 원을 초과하여 손실을 볼 확률이 5%이다. 해 석

2024.03 기출복원

빈칸을 옳게 연결한 것은?(순서대로)

> 특정회사의 거래포지션의 1일 VaR이 신뢰구간 95%에서 3억 원이라면, 이 포트폴리오를 보유함으로써 향후 1일 동안에 (   )을 초과하여 손실이 발생할 확률은 (   )임을 의미한다.

① 1.5억 원, 5%
② 3억 원, 5%
③ 1.5억 원, 95%
④ 3억 원, 95%

'3억 원, 5%'이다. 1일 동안에 '3억 원을 초과하는 손실이 발생할 확률은 5%, 3억 원 이하의 손실이 발생할 확률은 95%'이다.

정답 ②

45

투자자산운용사 프리미엄 강의노트 2과목 4편 리스크관리 8문항

KOSPI200 주가지수옵션의 가격이 8point, KOSPI200지수가 100point, 주가지수수익률의 1일 기준 표준편차(σ)가 2.0%, 옵션의 델타가 0.60이다. 이 경우 99% 신뢰도 1일 기준의 VaR에 가장 가까운 것은?(99% 신뢰기준의 신뢰상수는 2.33)

① 0.22point
② 2.79point
③ 4.66point
④ 279.60point

$\sigma(\Delta V) \cdot z = \sigma(\Delta C) \cdot z = \sigma(f' \cdot \Delta S) \cdot z = S \cdot \sigma(\frac{\Delta S}{S}) \cdot z \cdot f'$, 따라서, 신뢰구간 99% 1일 VaR는, '100point × 2% × 2.33 × 0.6 = 100point × 0.02 × 2.33 × 0.6 = 2.796point' 즉 약 2.79point이다.

정답 ②

2023.06 기출복원

KOSPI200 주가지수옵션의 가격이 7point, KOSPI200지수가 150point, 주가지수수익률의 1일 기준 표준편차(σ)가 2.5%, 옵션의 델타가 0.8이다. 이 경우 99% 신뢰도 1일 기준의 VaR에 가장 가까운 것은?(99% 신뢰기준의 신뢰상수는 2.33)

① 6.99point
② 8.737point
③ 699point
④ 873.7point

$\sigma(\Delta V) \cdot z = \sigma(\Delta C) \cdot z = \sigma(f' \cdot \Delta S) \cdot z = S \cdot \sigma(\frac{\Delta S}{S}) \cdot z \cdot f'$,

따라서 신뢰구간 99% 1일 VaR는
▶ '150point × 2.5% × 2.33 × 0.8 = 150point × 2.5 × 0.01 × 2.33 × 0.8 = 6.99point

☑ 풀이

$$델타(f') = \frac{\Delta c}{\Delta S}$$

$$\sigma(\Delta V) \cdot z = \sigma(\Delta C) \cdot z = \sigma(f' \cdot \Delta S) \cdot z = S \cdot \sigma(\frac{\Delta S}{S}) \cdot z \cdot f'$$

150point × 2.5% × 2.33 × 0.8 = 6.99point

정답 ①

46

2과목 4편 리스크관리 8문항

빈칸에 알맞은 것은?

> 포트폴리오A의 VaR은 8억 원, 포트폴리오B의 VaR은 15억 원이다. 포트폴리오A와 B 간의 상관계수가 제로(0)일 때, 포트폴리오(A+B)의 VaR은 (　　)이며 이때의 분산투자효과는 (　　)이다.

① 23억 원, 0원
② 17억 원, 6억 원
③ 15억 원, 8억 원
④ 8억 원, 15억 원

17억 원, 6억 원이다.

※ 분산투자효과 계산

(1) 포트폴리오(A + B)의 VaR을 먼저 계산한다.

→ $VaR_P = \sqrt{VaR_A^2 + VaR_B^2 + 2 \cdot \rho \cdot VaR_A \cdot VaR_B} = \sqrt{8^2 + 15^2 + 2 \cdot 0 \cdot 8 \cdot 15}$
$= \sqrt{64 + 255} = 17$

(2) 분산투자효과가 전혀 없는 경우는 A와 B 간의 상관계수가 +1일 때이다. 즉 분산투자효과가 없을 때의 포트폴리오(A+B)의 VaR은 '8 + 15 = 23'이다.

(3) 따라서 분산투자효과는 아래 산식의 X에 해당된다.

→ (8 + 15) − X = 17, X = 6, 즉 분산투자효과는 6억 원이다.

정답 ②

2023.02 기출복원

자산 A의 VaR이 4억 원, 자산 B의 VaR이 9억 원이고 두 자산 간 상관계수는 +1이라고 할 때, 두 자산으로 구성된 포트폴리오의 VaR는 얼마인가?

① 4억 원
② 5억 원
③ 9억 원
④ 13억 원

※ 포트폴리오 VaR 산식 : $VaR_P = \sqrt{VaR_X^2 + VaR_Y^2 + 2 \cdot \rho \cdot VaR_X \cdot VaR_Y}$

(1) 상관계수 +1
→ $VaR_X + VaR_Y = 4 + 9 = 13$

(2) 상관계수 0
→ $\sqrt{VaR_X^2 + VaR_Y^2} = \sqrt{4^2 + 9^2} = \sqrt{16 + 81} = 9.85$

(3) 상관계수 −1
→ $|VaR_X - VaR_Y| = |4 - 9| = 5$

정답 ④

2022.11 기출복원

자산 A의 VaR은 15억 원, 자산 B의 VaR은 8억 원이고 두 자산 간 상관계수는 -1이라고 할 때, 두 자산으로 구성된 포트폴리오의 VaR는 얼마인가?

① 7억 원 ② 10억 원
③ 17억 원 ④ 23억 원

$|VaR_A - VaR_B| = |15 - 8| = 7$억원

※ 포트폴리오 VaR 산식 : $VaR_P = \sqrt{VaR_X^2 + VaR_Y^2 + 2 \cdot \rho \cdot VaR_X \cdot VaR_Y}$

(1) 상관계수 +1
→ $VaR_X + VaR_Y = 15 + 8 = 23$
(2) 상관계수 0
→ $\sqrt{VaR_X^2 + VaR_Y^2} = \sqrt{15^2 + 8^2} = \sqrt{225 + 64} = 17$
(3) 상관계수 -1
→ $VaR_X - VaR_Y = 15 - 8 = 7$

정답 ①

2024.11 기출복원

각각 두 자산을 편입한 포트폴리오 A, B, C, D가 있다. 그리고 이들의 기대수익률과 VaR, 두 자산 간의 상관계수가 표와 같다고 할 때, 포트폴리오 VaR이 큰 순서대로 나열한 것은?

구 분	A	B	C	D
자산1의 VaR	4	6	6	6
자산2의 VaR	3	4	5	3
상관계수	1	0.5	0.3	0

① A > B > C > D ② A > C > D > A
③ C > D > A > C ④ C > B > A > D

VaR이 큰 순서는 'C > B > A > D'이다(아래 계산).

※ 포트폴리오 VaR 산식

$VaR_P = \sqrt{VaR_X^2 + VaR_Y^2 + 2 \cdot \rho \cdot VaR_X \cdot VaR_Y}$

→ 포트폴리오 VaR산식을 이용하여 계산한다.

- A : $VaR_A = \sqrt{4^2 + 3^2 + 2 \cdot 1 \cdot 4 \cdot 3} = 4 + 3 = 7.0$
- B : $VaR_B = \sqrt{6^2 + 4^2 + 2 \cdot 0.5 \cdot 6 \cdot 4} = \sqrt{36 + 16 + 24} = 8.72$
- C : $VaR_C = \sqrt{6^2 + 5^2 + 2 \cdot 0.3 \cdot 6 \cdot 5} = \sqrt{36 + 25 + 18} = 8.89$
- D : $VaR_D = \sqrt{6^2 + 3^2} = 6.71$

정답 ④

47

2과목 4편 리스크관리 8문항

95% 신뢰기준 보유기간 1일 기준의 VaR은 4.95억 원이다. 그렇다면, 99% 신뢰기준 보유기간 4일 기준의 VaR은 얼마인가?(단위 : 억 원)

① 7.01억 원
② 9.90억 원
③ 13.98억 원
④ 27.96억 원

$$4.95\text{억 원} \times \frac{2.33}{1.65} \times \sqrt{4} = 13.98\text{억 원}$$

※ **VaR의 전환**

(1) 신뢰구간의 전환(예 95% → 99%) : 1일 VaR $\times \frac{2.33}{1.65}$

(2) 보유기간의 전환(예 보유기간 10일) : 1일 VaR $\times \sqrt{10}$

(3) 신뢰구간 & 보유기간의 동시전환 : 1일 VaR $\times \frac{2.33}{1.65} \times \sqrt{10}$

정답 ③

2024.06 기출복원

99% 신뢰기준·보유기간 1일 기준의 VaR은 4.66억 원이다. 그렇다면 95% 신뢰기준·보유기간 4일 기준의 VaR은 얼마인가?(단위 : 억 원)

① 3.30
② 4.66
③ 6.60
④ 13.2

$$4.66\text{억 원} \times \frac{1.65}{2.33} \times \sqrt{4} = 6.6\text{억 원}$$

※ **VaR의 전환 예시(신뢰구간, 보유기간 변경 시)**

(1) 95% 신뢰기준의 1일 VaR이 1억 원일 때, 99% 신뢰기준의 25일 VaR은?

→ 1억 원 $\times \frac{2.33}{1.65} \times \sqrt{25} = 7.06$억 원

(2) 99% 신뢰기준의 1일 VaR이 1억 원일 때, 95% 신뢰기준의 25일 VaR은?

→ 1억 원 $\times \frac{1.65}{2.33} \times \sqrt{25} = 3.54$억 원

정답 ③

48

투자자산운용사 프리미엄 강의노트 2과목 4편 리스크관리 8문항

구조화된 몬테카를로 분석법(Structured Monte Carlo)에 대한 설명이다. 가장 적합한 것은?

① 주가움직임에 대한 확률모형으로서 가장 흔히 사용되는 것은 기하학적 브라운 운동모형이다.
② 리스크 요인의 변동분포를 과거 실제 데이터로부터 얻은 후, 포지션의 가치변동의 분포로부터 VaR을 측정한다.
③ 완전가치평가와 부분가치평가를 모두 이용하여 VaR을 측정한다.
④ 채권이나 옵션과 같은 비선형의 상품에 대한 VaR 측정 시 정확성이 떨어진다는 단점이 있다.

몬테카를로 시뮬레이션법에서 리스크 요인이 주가(주식가격)일 경우 '기하학적 브라운 운동(GBM ; Geometric Brownian Motion)' 모형을 가장 많이 사용한다.

정답 ①

더 알아보기

● 역사적 시뮬레이션법(Historical Simulation Method)

(1) 정규분포를 전제로 하지 않는다.
(2) 완전가치로 평가한다(full valuation).
(3) 가치평가모형을 필요로 한다.
(4) 비선형상품(옵션 / 채권)도 정확히 평가한다.
(5) 실제 데이터를 사용하므로, 자료가 부족할 경우 추정치의 정확도가 떨어진다.
(6) 표본의 길이에 따라 결과의 질이 달라지는 문제가 있다.

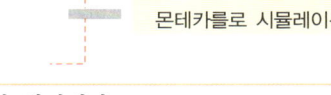
나머지는 몬테카를로 시뮬레이션과 **동일**

☑ 몬테카를로 시뮬레이션이 보완
(확률모형을 통한 자료의 무한생성)

2023.06 기출복원

다음 중 역사적 시뮬레이션법과 몬테카를로 시뮬레이션법의 공통점에 해당하지 않은 것은?

① 완전가치로 평가한다.
② 가치평가모형이 필요하다.
③ 정규분포의 전제를 필요로 하지 않는다.
④ 리스크요인의 변동분포를 과거의 실제 데이터로부터 확보한다.

리스크요인의 변동분포를 과거의 실제 데이터로부터 확보하는 것은 역사적 시뮬레이션이며, 몬테카를로 시뮬레이션은 확률모형으로부터 리스크요인의 변동분포를 무한히 생성해 낼 수 있다(이 차이점 외에는 두 모형이 모두 동일함).

정답 ④

2023.11 기출복원

구조화된 몬테카를로 분석법(Structured Monte Carlo)에 대한 설명이다. 가장 적절하지 않은 것은?

① 완전가치평가(full valuation)로 평가하며 가치평가모형(valuation method)이 필요하다.
② 리스크 요인을 얻는 방법만 다르고 그 이외의 과정은 역사적 시뮬레이션법과 동일하다.
③ 주가움직임에 대한 확률모형으로서 가장 흔히 사용되는 것은 기하학적 브라운 운동모형이다.
④ 스트래들매도 포지션의 VaR을 측정할 때 실제 위험을 매우 과소평가하게 되는 단점이 있다.

---

④는 델타분석법에 해당한다. 델타로만 평가할 경우, 스트래들매도 포지션의 델타는 콜과 풋의 델타가 서로 상쇄되어 0에 가깝게 되므로 포지션의 위험을 현저히 저평가하게 된다(스트래들매도 포지션은 변동성위험에 크게 노출).

정답 ④

49

투자자산운용사 프리미엄 강의노트   2과목 4편 리스크관리 8문항

스트레스 검증법에 대한 설명이다. 옳은 항목의 개수는?

> 가. 포트폴리오의 주요 변수들에 큰 변화가 발생하였을 때 포트폴리오의 가치가 얼마나 변할 것인지를 측정하기 위해 주로 이용되며, 시나리오 분석이라고도 한다.
> 나. 과거 데이터가 없으면 사용할 수 없다.
> 다. 다른 VaR측정 방법을 대체할 수 있다.
> 라. 포트폴리오가 다중의 리스크 요소에 주로 의존할 경우에 적합하다.

① 0개   ② 1개
③ 2개   ④ 3개

옳은 항목의 개수는 1개이다('가').
- **나.** 스트레스 검증법은 과거 데이터가 없는 경우에도 사용할 수 있다(∵ 예상 시나리오를 설정하고 측정하므로). 따라서 과거 데이터가 없거나 부족한 영역에서의 VaR 측정 시 스트레스 검증법이 유용하다.
- **다.** 스트레스 검증법은 주관적인 시나리오를 전제로 하기 때문에 과학적으로 VaR를 계산하지 못하고 또한 리스크 요인 간의 상관계수를 제대로 계산해 내지 못한다. 따라서 다른 VaR측정방법을 대체하기 보다는 보완역할을 한다(최악의 상황에서의 변화를 측정하는데 유용).
- **라.** 포트폴리오가 한 개의 리스크 요소에 주로 의존할 경우 스트레스 검증법이 적절히 사용될 수 있다(시나리오를 가정하여 리스크를 측정하므로 단일의 요소에 의존하여 측정하는 것으로 이해할 수 있음).

[정답] ②

더 알아보기

● 스트레스 검증법(Stress Testing)

(1) 시나리오분석으로서 주로 최악의 상황을 가정한다.
(2) 완전가치로 평가한다(full valuation).
(3) 비선형상품(옵션 / 채권)도 정확히 평가하며, 계산이 쉬운 편이다.
(4) 과거 데이터가 없는 경우에도 사용할 수 있는 장점이 있다.
(5) 과학적으로 VaR를 계산하지 못하므로(∵ 주관적 시나리오 등), 다른 VaR 측정 방법을 대체하지 못하고 **보완**하는 수준으로 사용된다.
(6) 포트폴리오가 **단일의 리스크 요소**에 주로 의존하는 경우 적합하다(다중요소 X).

2024.06 기출복원

VaR의 측정방법 중 스트레스 검증법(Stress Test)에 대한 설명이다. 가장 거리가 먼 것은?

① 포트폴리오의 위험을 완전가치로 측정한다.
② 과거 데이터가 없는 경우에도 사용할 수 있다.
③ 포트폴리오가 다중의 리스크 요소에 주로 의존할 경우에 적합하다.
④ 다른 VaR 측정법의 보완적인 방법으로서 최악의 경우의 변화를 측정하는데 유용하다.

포트폴리오가 한 개의 리스크 요소에 주로 의존할 경우 스트레스 검증법이 적절히 사용될 수 있다(시나리오를 가정하여 리스크를 측정하므로 단일의 요소에 의존하여 측정하는 것으로 이해할 수 있음).

정답 ③

2022.06 기출복원

스트레스 검증법에 대한 설명이다. 틀린 것으로 연결한 것은?

> 가. 포트폴리오의 주요 변수들에 큰 변화가 발생하였을 때 포트폴리오의 가치가 얼마나 변할 것인지를 측정하기 위해 주로 이용되며, 시나리오 분석이라고도 한다.
> 나. 과거 데이터가 없으면 사용할 수 없다.
> 다. 다른 VaR측정 방법을 대체할 수 있다.

① 가, 나
② 나, 다
③ 가, 다
④ 가, 나, 다

나. 스트레스 검증법은 과거 데이터가 없는 경우에도 사용할 수 있다(∵ 예상 시나리오를 설정하고 측정하므로). 따라서 과거 데이터가 없거나 부족한 영역에서의 VaR측정 시 스트레스 검증법이 유용하다.
다. 스트레스 검증법은 주관적인 시나리오를 전제로 하기 때문에 과학적으로 VaR를 계산하지 못하고 또한 리스크요인 간의 상관계수를 제대로 계산해 내지 못한다. 따라서 다른 VaR측정방법을 대체하기 보다는 보완역할을 한다(최악의 상황에서의 변화를 측정하는데 유용).

정답 ②

투자자산운용사 프리미엄 강의노트   2과목 4편 리스크관리 8문항

다음 중 RAROC지표로 판단할 때 성과가 두 번째로 우수할 것으로 판단되는 포트폴리오는?(투자금액은 100억 원으로 동일하다고 가정함)

① A 포트폴리오 : 순수익률 8%, VaR 4억 원
② B 포트폴리오 : 순수익률 10%, VaR 4억 원
③ C 포트폴리오 : 순수익률 10%, VaR 6억 원
④ D 포트폴리오 : 순수익률 18%, VaR 6억 원

RAROC는 차례대로 '2.0, 2.5, 1.66, 3.0'이다. 따라서 보기 중에서 RAROC가 두 번째로 높은 포트폴리오는 B이다.

정답 ②

더 알아보기

VaR의 유용성 − RAROC($\frac{순수익}{VaR}$) [RAPM지표]

구 분	AA등급 채권	BB등급 채권
투자금액	100억 원	100억 원
순수익	0.8%	3%
VaR	2억 원	15억 원
RAROC	$\frac{0.8}{2}$ = 40%	$\frac{3}{15}$ = 20%

→ 순수익률로만 볼 때는 BB채권이 더 우수하지만, 위험조정수익률인 RAROC 지표로는 AA채권이 더 우수하다.

2024.06 기출복원

다음 중 RAROC지표로 판단할 때 성과가 가장 우수할 것으로 판단되는 포트폴리오는?(투자금액은 동일한 것으로 가정함)

① A 포트폴리오 : 순수익률 8%, VaR 4억 원
② B 포트폴리오 : 순수익률 10%, VaR 4억 원
③ C 포트폴리오 : 순수익률 10%, VaR 6억 원
④ D 포트폴리오 : 순수익률 12%, VaR 6억 원

RAROC는 차례대로 '2.0, 2.5, 1.66, 2.0'이다. RAROC는 위험조정성과 지표로서 지표 값이 높을수록 좋으므로 가장 우수한 포트폴리오는 B포트폴리오이다.

정답 ②

51. 투자자산운용사 프리미엄 강의노트 3과목 1편 직무윤리 5문항

금융투자업규정상 이해상충의 발생사례로서 과당매매를 판단하는 요소를 모두 묶은 것은?

> 가. 일반투자자가 부담하는 수수료의 총액
> 나. 일반투자자의 재산상태 및 투자목적에 적합한지의 여부
> 다. 일반투자자의 투자지식이나 경험에 비추어 당해 거래에 수반되는 위험을 잘 이해하고 있는지의 여부
> 라. 개별 매매거래 시 권유내용의 타당성여부

① 가, 나, 다
② 가, 다, 라
③ 나, 다, 라
④ 가, 나, 다, 라

모두 해당된다.

[주의] 거래기간 동안 해당 계좌의 손익달성 여부도 과당매매의 판단요소가 된다. → X (높은 수익률을 달성했다고 해서 과당매매 행위가 면책되는 것이 아니다)

[정답] ④

더 알아보기

● '금융투자회사 직무윤리'의 4가지 의무(원칙)

기본원칙	☑ 이해상충 방지의무	☑ 금융소비자 보호의무	본인, 회사, 사회에 대한 의무
금융투자회사 **표준윤리원칙**	법률 상 의무 (자본시장법, 금융소비자보호법 등)		금융투자회사 **표준윤리원칙**
고객우선원칙 신의성실원칙			–

자기거래금지 / 과당매매
↑ 기본원칙의 법제화

☑ 과당매매

※ 금융소비자와 이해상충이 발생하는 사례 (2024 기본서 3권, p27 인용)

금융투자업자와 금융소비자 사이에 대표적으로 발생하는 이해상충의 사례 중 하나는 과당매매이다. 금융투자중개업자의 경우 금융소비자로부터 보다 많은 수수료 수입을 창출해야 하는 반면, 금융소비자는 보다 저렴한 수수료를 부담하기를 원하는 경우가 많다. 이때 금융투자중개업자에 속하는 임직원이 회사 또는 자신의 영업실적을 증대시키기 위해 금융소비자의 투자경험 등을 고려하지 않고 지나치게 자주 투자권유를 하여 매매가 발생하는 경우 이해상충이 발생하게 된다.

특히 특정거래가 빈번한 거래인지 또는 과도한 거래인지 여부는 (a) 일반투자자가 부담하는 수수료 총액, (b) 일반투자자의 재산상태 및 투자목적에 적합한지 여부, (c) 일반투자자의 투자지식이나 경험에 비추어 당해 거래에 수반되는 위험을 잘 이해하고 있는지 여부, (d) 개별매매거래 시 권유내용의 타당성 여부 등을 종합적으로 고려하여 판단한다(금융투자업규정 제4조-20조 제1항 제5호, 금융투자회사의 표준내부통제기준 제39조 제1항).

2024.06 기출복원

다음 중 이해상충의 대표적 사례인 과당매매(excess trading)의 판단기준과 가장 거리가 먼 것은?

① 일반투자자가 부담하는 수수료총액
② 손실 여부를 포함한 계좌의 수익총액
③ 일반투자자의 재산상태 및 투자목적에 적합한지의 여부
④ 일반투자자의 투자지식이나 경험에 비추어 당해 거래에 수반되는 위험을 잘 이해하고 있는지의 여부

'계좌의 수익달성여부나 손익의 규모'는 과당매매 판단기준이 아니다. 수수료총액은 해당 계좌의 손익여부와 관계없이 과당매매 판단기준에 해당된다.

정답 ②

52

투자자산운용사 프리미엄 강의노트 3과목 1편 직무윤리 5문항

다음 중 '부당권유행위 금지(금소법 제21조)' 대상의 예외로 적용될 수 없는 것은?

① 일반금융소비자로부터 계약의 체결권유를 해줄 것을 요청받지 아니하고 방문·전화 등 실시간 대화의 방법을 이용하여 장내파생상품을 권유하는 행위
② 전문금융소비자로부터 계약의 체결권유를 해줄 것을 요청받지 아니하고 방문·전화 등 실시간 대화의 방법을 이용하여 장내파생상품을 권유하는 행위
③ 권유를 받은 투자자가 이를 거부하는 취지의 의사를 표시한 후 금융위원회가 정하여 고시하는 기간(1개월)이 지난 후에 다시 권유를 하는 행위
④ 권유를 받은 투자자가 이를 거부하는 취지의 의사를 표시한 후 금융위원회가 정하여 고시하는 기간(1개월)과 관계없이 다른 종류의 금융투자상품에 대하여 권유를 하는 행위

'요청하지 않은 투자권유의 금지'에서 ②, ③, ④는 예외가 적용되어 권유가 가능하다. 그러나 ①은 예외가 될 수 없다(권유불가).

정답 ①

더 알아보기

● '부당권유행위 금지'의 대상(금소법 제21조)

제21조(부당권유행위 금지) 금융상품판매업자 등은 계약체결을 권유하는 경우에는 다음 각 호의 어느 하나에 해당하는 행위를 해서는 아니 된다. 다만, 금융소비자보호 및 건전한 거래질서를 해할 우려가 없는 행위로서 대통령령이 정하는 행위는 제외한다.

1. 불확실한 사항에 대하여 단정적인 판단을 제공하거나 확실하다고 오인하게 할 소지가 있는 내용을 알리는 행위
2. 금융상품의 내용을 사실과 다르게 알리는 행위
3. 금융상품의 가치에 중대한 영향을 미치는 사항을 미리 알고 있으면서 금융소비자에게 알리지 않는 행위
4. 금융상품 내용의 일부에 대하여 비교대상 및 기준을 밝히지 아니하거나 객관적인 근거 없이 다른 금융상품과 비교하여 해당 금융상품이 우수하거나 유리하다고 알리는 행위
5. 보장성상품의 경우, 금융소비자가 보장성상품계약의 중요한 사항에 대하여 부실하게 금융상품직접판매업자에게 알릴 것을 권유하는 행위 등
6. **투자성상품의 경우** 다음 각 목의 어느 하나에 해당하는 행위
    가. 금융소비자로부터 계약의 체결권유를 해줄 것으로 요청받지 아니하고 방문·전화 등 실시간 대화의 방법을 이용하는 행위
    나. 계약의 체결권유를 받은 금융소비자가 이를 거부하는 취지의 의사를 표시하였는데도 계약의 체결권유를 계속하는 행위

'투자성상품'을 대상으로 함

☑ 부당권유행위 금지 – '불초청권유 / 재권유' 금지

요청하지 않은 투자권유의 금지	재권유금지
고객으로부터 투자권유요청을 받지 않고 방문·전화 등 실시간 대화의 방법에 의해 투자권유를 하는 행위 → 개인의 평온한 사생활 침해와 충동구매 방지차원에서 금지된다.	투자자가 거부의사를 표시함에도 불구하고 투자권유를 지속하는 행위 → 금지
단, 금융상품을 미리 안내하고 금융소비자가 투자권유를 받을 의사를 표명할 경우는 예외가 인정된다. 그러나 이 경우에도 아래 대상은 금지된다.	단, '(1) 재권유의 대상이 다른 금융투자상품인 경우, (2) 동일한 상품을 1개월이 지난 후에 다시 권유하는 경우'는 예외가 인정된다.

▶ '요청하지 않은 투자권유'의 금지대상(예외가 인정되지 않는 금지대상)
  (1) 일반금융소비자 : 고난도 '금융투자상품 / 투자일임계약 / 금전신탁계약', 사모펀드, 장내파생상품, 장외파생상품
  (2) 전문금융소비자 : 장외파생상품

2024.08 기출복원

부당권유행위 금지(금소법 제21조)에 대한 내용이다. 가장 적절하지 않은 것은?

① 불확실한 사항에 대하여 단정적 판단을 제공하거나 확실하다고 오인하게 할 여지가 있는 내용을 알리는 행위는 금지된다.
② 금융소비자로부터 계약의 체결권유를 해줄 것을 요청받지 아니하고 방문·전화 등 실시간 대화의 방법을 이용하는 행위는 원칙상 금지된다.
③ 계약체결의 권유를 받은 금융소비자가 이를 거부하는 취지의 의사를 표시한 후 1개월이 지난 후에 동일 금융투자상품에 대해서 다시 권유하는 행위는 원칙상 금지된다.
④ 부당권유행위 금지의무를 위반한 금융투자회사에 대해서는 해당 금융상품 계약으로부터 얻는 수익의 최대 50% 이내에서 과징금을 부과할 수 있으며, 별도로 최대 1억 원 이내에서 과태료를 부과할 수 있다.

③은 재권유금지원칙의 예외로서 금지대상이 아니다.

정답 ③

53

투자자산운용사 프리미엄 강의노트 3과목 1편 직무윤리 5문항

위법계약해지권과 관련하여 빈칸을 옳게 연결한 것은?(순서대로)

> 금융소비자는 금융소비자보호법 시행령 제38조 제2항에 따라 금융상품의 계약 체결일로부터 (　　) 이내이고 위법계약 사실을 안 날로부터 (　　) 이내인 경우에는 해당 위법 계약에 대한 해지를 요구할 수 있다. 이 경우 금융상품판매업자는 해지를 요구 받은 날로부터 (　　) 이내에 금융소비자에게 수락여부를 통지하여야 한다.

① 3년, 6개월, 7일
② 3년, 1년, 10일
③ 5년, 6개월, 7일
④ 5년, 1년, 10일

'5년, 1년, 10일'이다.
※ 위법계약해지권 주의점
(1) 동시 충족 요건 : '안 날로부터 1년 & 체결일로부터 5년'의 두 가지 요건을 동시에 충족해야 한다. 즉 해당 계약이 금융상품판매업자의 위법으로 인해 체결된 것을 안 날이 계약체결일로부터 5년이 지난 경우라면 위법계약에 대한 해지권이 인정되지 않는다.
(2) 금융소비자의 위법계약 해지 요구가 있는 경우 해당 금융회사는 요구일로부터 10일 이내에 계약해지 요구의 수락여부를 결정하여 금융소비자에게 통지하여야 한다(이때 금융회사는 정당한 사유 없이는 거절할 수 없고, '정당한 사유'가 있는 경우는 그 사유를 통지해야 함).

정답 ④

더 알아보기

● 위법계약해지권(금소법 제47조)

'계약체결일로부터 5년 & 위법계약사실을 안 날로부터 1년' 이내 행사가능

금융소비자보호법 제47조(위법계약의 해지)
① 금융소비자는 금융상품판매업자 등이 법 규정을 위반하여 금융상품 관련 계약을 체결한 경우 5년 이내의 대통령령으로 정하는 기간 이내에 서면 등으로 해당 계약의 해지를 요구할 수 있다.
　이 경우 금융상품판매업자등은 해지를 요구 받은 날로부터 10일 이내에 금융소비자에게 수락여부를 통지하여야 하며, 거절할 때에는 거절사유를 함께 통지하여야 한다.
② 금융소비자는 금융상품판매업자 등이 정당한 사유 없이 제1항의 요구를 따르지 않는 경우 해당 계약을 해지할 수 있다.
③ 계약이 해지된 경우 금융상품판매업자 등은 수수료, 위약금 등 계약의 해지와 관련된 비용을 요구할 수 없다.
④ 계약의 해지요구권의 행사요건, 행사범위 및 정당한 사유 등과 관련하여 필요한 사항은 대통령령으로 정한다.

2024.03 기출복원

위법계약해지권과 관련하여 빈칸을 옳게 연결한 것은?(순서대로)

> 금융소비자는 금융소비자보호법 시행령 제38조 제2항에 따라 금융상품의 계약 체결일로부터 (　　) 이내이고 위법계약 사실을 안 날로부터 (　　) 이내인 경우에는 해당 위법계약에 대한 해지를 요구할 수 있다.

① 1년, 3개월
② 1년, 6개월
③ 5년, 6개월
④ 5년, 1년

'**5년, 1년**'이다. '안 날로부터 1년 & 체결일로부터 5년(두 가지 요건 모두 충족)' 이내에 위법계약에 대한 해지를 요구할 수 있다. 그리고 금융회사는 금융소비자의 위법계약 해지 요구가 있는 경우 해당일로부터 10일 이내에 계약해지 요구의 수락여부를 결정하여 금융소비자에게 통지하여야 한다(이때 금융회사는 정당한 사유 없이는 거절할 수 없고, '정당한 사유'가 있는 경우는 그 사유를 통지해야 함).

정답 ④

54

투자자산운용사 프리미엄 강의노트 | **3과목 1편 직무윤리 5문항**

금융투자회사 표준윤리준칙 제6조 '정보보호'에 대한 내용이다. 틀린 내용으로 연결한 것은?

> 가. 회사의 재무건전성이나 경영 등에 중대한 영향을 미칠 수 있는 정보 또는 고객의 신상정보나 거래내역 정보 등은 기록형태나 기록유무와 관계없이 비밀정보로 본다.
> 나. 임직원은 어떠한 경우라도 자신 또는 제3자를 위해 비밀정보를 이용해서는 아니 된다.
> 다. 특정한 정보가 비밀정보인지 불명확한 경우 그 정보를 이용하기 전에 준법감시인의 사전확인을 받아야 하며, 준법감시인의 사전확인을 받기 전까지 당해 정보는 표준내부 통제기준이 정하는 바에 따라 비밀정보로 분류·관리되어야 한다.
> 라. 비밀정보의 제공은 그 필요성이 인정되는 경우에 한하여 제공을 하며, 제공을 한 경우 지체 없이 보고를 해야 한다.

① 가, 나   ② 다, 라
③ 가, 다   ④ 나, 라

틀린 내용은 '나, 라'이다.
나. 업무 목적으로는 사용이 가능하다.
  ▶ 임직원은 회사가 요구하는 업무를 수행하는 목적 이외에 어떠한 경우에도 자신 또는 제3자를 위하여 비밀정보를 이용해서는 아니 된다.
라. 사후보고가 아니라 사전승인 절차를 거치고 제공되어야 한다.
  ▶ 비밀정보의 제공은 그 필요성이 인정되는 경우에 한하여 회사가 정하는 사전승인절차에 따라 이루어져야 한다.

정답 ④

더 알아보기

● 정보보호 의무(6조)

① **금융투자회사 표준윤리준칙 제6조(정보보호)의 정의** : 회사와 임직원은 회사의 업무 정보와 고객정보를 안전하게 보호하고 관리해야 한다.
② **비밀정보의 범위** : '회사의 재무건전성이나 경영에 중대한 영향을 미칠 수 있는 정보, 고객 또는 거래상대방의 신상정보나 매매거래내역 등'은 기록형태나 기록유무와 관계없이 비밀정보로 본다.
③ **비밀정보의 관리** : 비밀정보에 대한 관계법령 등의 준수가 요구된다(아래 사항).
  • 비밀정보는 회사에서 정한 기준에 따라 정당한 권한을 보유하고 있거나 권한을 위임받은 자만이 열람할 수 있다.
  • 임직원은 비밀정보 열람권이 없는 자에게 비밀정보를 제공하거나 보안유지가 곤란한 장소에서 이를 공개하여서는 아니 된다.
  • 임직원은 회사가 요구하는 업무를 수행하는 목적 이외에 어떠한 경우라도 자신 또는 제3자를 위하여 비밀정보를 이용해서는 아니 된다.
  ▶ 또한 특정정보가 비밀정보인지 불명확할 경우에는 준법감시인의 사전확인을 받기 전까지는 비밀정보로 분류하고 관리해야 한다.
④ **비밀정보의 제공절차** : 비밀정보의 제공은 그 필요성이 인정되는 경우에 한하여 회사가 정하는 사전승인절차에 따라 이루어져야 한다(→ 제공요건 : 'Need to Know Rule & 준법감시인의 사전승인').

2022.06 기출복원

금융투자회사 표준윤리준칙 제6조 '정보보호'에 대한 내용이다. 가장 거리가 먼 것은?

① 임직원은 회사가 요구하는 업무를 수행하는 목적 이외에 어떠한 경우에도 자신 또는 제3자를 위하여 비밀정보를 이용해서는 아니 된다.
② 특정한 정보가 비밀정보인지 불명확한 경우 그 정보를 이용하기 전에 준법감시인의 사전확인을 받아야 하며, 준법감시인의 사전확인을 받기 전까지 당해 정보는 표준내부통제기준이 정하는 바에 따라 비밀정보로 분류·관리되어야 한다.
③ 비밀정보의 제공은 그 필요성이 인정되는 경우에 한하여 제공을 하며, 제공을 한 경우 지체 없이 보고하고 그 승인을 얻어야 한다.
④ 비밀정보를 제공받은 자는 비밀유지의무를 성실히 준수하여야 하며, 제공받은 목적 이외의 목적으로 사용하거나 타인으로 하여금 사용하도록 해서는 아니 된다.

③ 사후보고가 아니라 사전승인절차를 거치고 제공되어야 한다.

정답 ③

2022.11 기출복원

금융투자회사 표준윤리준칙 제6조 '정보보호'에 대한 내용이다. 틀린 내용으로 모두 연결한 것은?

> 가. 임직원은 어떠한 경우라도 자신 또는 제3자를 위해 비밀정보를 이용해서는 아니 된다.
> 나. 특정한 정보가 비밀정보인지 불명확한 경우 그 정보를 이용하기 전에 준법감시인의 사전확인을 받아야 하며, 준법감시인의 사전확인을 받기 전까지 당해 정보는 비밀정보로 보지 않는다.
> 다. 비밀정보의 제공은 그 필요성이 인정되는 경우에 한하여 제공을 하며, 제공을 한 경우 지체 없이 보고하고 그 승인을 받는 것을 원칙으로 한다.

① 가, 나
② 나, 다
③ 가, 다
④ 가, 나, 다

모두 틀린 내용이다.
- 가 : 회사업무수행을 목적으로 하는 경우는 비밀정보 사용이 가능하다.
- 나 : 준법감시인의 사전확인을 받기 전까지는 비밀정보로 분류·관리되어야 한다.
- 다 : 사후보고가 아니라 사전승인절차를 거치고 제공되어야 한다.

정답 ④

55

3과목 1편 직무윤리 5문항

금융투자회사의 내부통제위원회에 대한 설명이다. 옳은 항목의 개수는?

> 가. 금융투자회사는 준법감시인을 위원장으로 하여 위험관리책임자 및 그 밖에 내부통제 관련 업무 담당 임원을 위원으로 하는 내부통제위원회를 두어야 한다.
> 나. 내부통제위원회는 매 분기별 1회 이상 회의를 개최해야 한다.
> 다. 내부통제기준을 제정하고 운영하는 금융회사는 모두 내부통제위원회를 설치해야 한다.

① 0개　　　　　　　　　　　② 1개
③ 2개　　　　　　　　　　　④ 3개

옳은 항목의 개수는 0개이다(모두 틀린 내용).
가. 대표이사를 위원장으로 해야 한다.
　※ 금융투자회사는 대표이사를 위원장으로 하여 준법감시인, 위험관리책임자 및 그 밖에 내부통제 관련 업무 담당임원을 위원으로 하는 내부통제위원회를 두도록 규정하고 있다(2025 기본서, 3권, p119).
나. 매 반기별 1회 이상 회의를 개최해야 한다.
다. 내부통제기준을 제정하고 운영하는 금융회사는 내부통제위원회를 두어야 하는 것이 원칙이지만(지배구조법 시행령 제19조), 소규모 금융회사의 경우 예외를 인정한다(동법 제6조 3항).

정답 ①

더 알아보기

● **내부통제위원회('일정규모' 이상의 금융투자회사에 설치의무)**

▶ 대표이사(위원장)　　　　　준법감시인

내부통제위원회
(반기 1회 개최)

위험관리책임자　　　　　내부통제업무 담당임원

☑ 내부통제위원회 설치의 면제 요건

- 최근 사업연도 말 현재 자산총액이 **7천억 원** 미만인 상호저축은행
- 최근 사업연도 말 현재 자산총액이 **5조 원** 미만인 금융투자회사
  → 단, 운용 중인 집합투자재산과 일임재산, 신탁재산의 합이 **20조 원 이상**인 경우는 제외
- 최근 사업연도 말 현재 자산총액이 **5조 원** 미만인 보험회사
- 최근 사업연도 말 현재 자산총액이 **5조 원** 미만인 여신전문회사

2024.03 기출복원

금융투자회사의 내부통제위원회에 대한 설명이다. 가장 적절하지 않은 것은?

① 금융투자회사는 대표이사를 위원장으로 하여 위험관리책임자 및 그 밖에 내부통제 관련 업무 담당 임원을 위원으로 하는 내부통제위원회를 두어야 한다.
② 내부통제위원회는 매 분기별 1회 이상 회의를 개최해야 한다.
③ 최근 사업연도말 현재 자산총액이 7천억 원 미만인 상호저축은행은 내부통제위원회를 두지 않아도 된다.
④ 최근 사업연도 말 현재 자산총액이 5조 원 미만인 금융투자회사는 내부통제위원회를 두지 않아도 된다. 단, 운용 중인 집합투자재산·일임재산·신탁재산의 합계액이 20조 원 이상인 경우는 내부통제위원회를 설치해야 한다.

매 반기 별 1회 이상 개최해야 한다.

정답 ②

56

투자자산운용사 프리미엄 강의노트 3과목 2편 자본시장법 및 금융위원회 규정 11문항

다음 설명 중에서 내용이 틀린 항목의 개수는?

> 가. 순자본비율이 50% 이상 100% 미만이면 경영개선권고 조치가 발동된다.
> 나. 경영실태평가등급이 4등급 이하이면 경영개선명령조치가 발동된다.
> 다. 2년 연속 적자이면서 레버리지 비율이 1,100%를 초과할 경우 경영개선요구 조치가 발동된다.
> 라. 순자본비율이 0% 미만이면 긴급조치 발동사유가 된다.

① 0개 ② 1개
③ 2개 ④ 3개

틀린 항목의 개수는 2개이다('나, 라').
나. 경영실태평가등급이 4등급 이하는 경영개선요구 조치가 발동된다.
라. 순자본비율이 0% 미만이면 경영개선명령 조치가 발동된다(긴급조치발동 사유는 아님).

정답 ③

더 알아보기

▶ 재무건전성 규제

순자본비율과 '적기시정조치' 발동

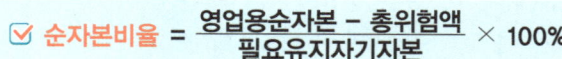

✓ 금융투자업자는 순자본비율을 100% 이상 유지해야 한다.

☑ 적기시정조치 발동요건

구 분	경영개선권고	경영개선요구	경영개선명령
순자본비율	100% 미만~50% 이상	50% 미만~0% 이상	0% 미만
경영실태평가등급	3등급 이상 & 자본적정성부문 4등급 이하	4등급 이하	(요건 없음)
레버리지비율	1,100% 초과 시 (2년 연속 적자인 경우는 900% 초과 시)	1,300% 초과 시 (2년 연속 적자인 경우는 1,100% 초과 시)	(요건 없음)

▶ **적기시정조치의 유예** : 금융위는 금융투자업자가 경영개선권고, 경영개선요구, 경영개선명령 요건에 해당하는 경우라도 **자본의 확충 또는 자산의 매각 등으로** 단기간 내에 적기시정조치의 요건에 해당되지 아니하게 될 수 있다고 판단되는 경우는 일정기간 조치를 유예할 수 있다.

2023.11 기출복원

적기시정조치에 대한 설명이다. 가장 적절하지 않은 것은?

① 금융투자업자의 순자본비율이 0% 미만인 경우 경영개선명령이 발동된다.
② 금융투자업자의 경영실태평가등급이 4등급 이하일 경우 경영개선명령이 발동된다.
③ 주식의 일부 또는 전부의 소각, 영업의 전부 또는 일부의 양도, 6개월 이내의 영업정지 등은 경영개선명령의 이행조치이다.
④ 금융위는 금융투자업자가 경영개선권고 등의 적기시정조치 요건에 해당되더라도, 자본의 확충 또는 자산의 매각 등으로 단기간 내에 적기시정조치의 요건에 해당되지 아니하게 될 수 있다고 판단되는 경우는 일정기간 조치를 유예할 수 있다.

경영실태평가등급이 4등급 이하일 경우는 경영개선요구가 발동된다.

정답 ②

☑ 적기시정조치 발동과 이행절차

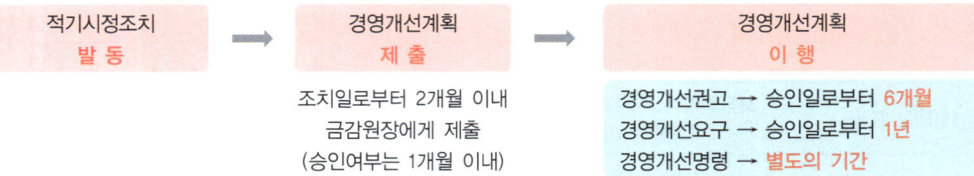

▶ '적기시정조치'는 '경영개선 권고 / 요구 / 명령'을 발동시키는 것 자체를 말하며, 나머지 절차(계획제출과 이행)는 적기시정조치가 아니다.

2021.11 기출복원

다음 중 적기시정조치에 해당하는 것으로 모두 연결한 것은?

```
가. 경영개선권고
나. 경영개선요구
다. 경영개선계획 제출 및 평가
라. 경영개선계획의 이행실적에 대한 결과보고
```

① 가, 나
② 가, 나, 다
③ 가, 나, 라
④ 가, 나, 다, 라

적기시정조치는 '경영개선권고 / 경영개선요구 / 경영개선명령'의 세 가지 조치를 말한다.

정답 ①

57

3과목 2편 자본시장법 및 금융위원회 규정 11문항

금융투자회사의 위험관리체제 구축에 대한 설명이다. 가장 적절하지 않은 것은?

① 금융투자회사는 각종 거래에서 발생하는 제반위험을 적시에 인식·평가·감시·통제하는 등 위험관리를 위한 체제를 갖추고 위험을 효율적으로 관리하기 위하여 부서별, 거래별 또는 상품별 위험부담한도·거래한도 등을 적절히 설정하고 운영하여야 한다.
② 자회사가 있을 경우 주요 위험변동상황을 자회사와 연결하여 종합적으로 인식하고 감시해야 한다.
③ 금융투자회사는 위험을 관리하기 위해 순자본비율 및 자산부채비율 수준, 운용자산의 내용과 위험의 정도, 고위험자산의 기준과 운용한도 등 위험관리지침을 마련하고 이를 준수해야 한다.
④ 위험관리지침은 주주총회의 결의로서 제정하고 개정한다.

위험관리지침의 제정과 개정은 이사회에서 심의하고 의결한다. 위험관리에 관한 사항은 적시성·신속성이 중요하므로 주총이 아닌 이사회결의를 거친다고 이해할 수 있다.

정답 ④

더 알아보기

● 금융투자회사 위험관리체계 구축

(1) 금융투자회사는 리스크의 평가 및 관리를 최우선과제로 인식하고 리스크의 평가와 통제를 위한 독립적인 위험관리체계를 구축해야 한다.
(2) 위험관리지침의 제정 및 개정에 대해서는 이사회가 심의·의결한다.

58

3과목 2편 자본시장법 및 금융위원회 규정 11문항

투자자예탁금의 별도예치제도에 대한 설명이다. 틀린 항목으로 연결한 것은?

> 가. '투자매매업자 또는 투자중개업자(예탁을 하는 예치 금융투자업자)'가 '증권금융회사 또는 신탁업자(예탁을 받는 예치기관)'에게 투자자예탁금을 예치 또는 신탁하는 경우에는, 그 투자자예탁금이 예치 금융투자업자의 고유재산임을 명시해야 한다.
> 나. 겸영금융투자업자는 증권금융회사에 예치하지 않고 신탁업자에게 신탁할 수 있는데, 겸영 금융투자업자로서 은행과 보험회사 등이 자신이 신탁업자로서 투자자예탁금을 보관하는 것은 금지된다.
> 다. 예치 금융투자업자가 다른 회사에 흡수합병 되거나 금융투자업의 전부 또는 일부를 양도하는 경우에는, 예치기관에 예치한 투자자예탁금을 인출하여 투자자에게 우선 지급해야 한다.

① 가, 나
② 나, 다
③ 가, 다
④ 가, 나, 다

모두 틀린 내용이다.
가. 그 투자자예탁금이 '투자자의 재산'임을 명시해야 한다.
나. 겸영금융투자업자가 투자자예탁금을 신탁할 때, 겸영 금융투자업자 신탁업자일 경우 자신에게 신탁할 수 있다 (즉 자기계약이 가능).
다. '흡수합병 등'은 '투자자예탁금의 양도 및 담보제공 금지'의 예외 사유가 된다. 비교하여 '투자자예탁금의 우선 인출 사유'는 '인가취소, 해산결의, 파산선고'가 있다.

정답 ④

더 알아보기

● 투자자예탁금의 별도예치제도

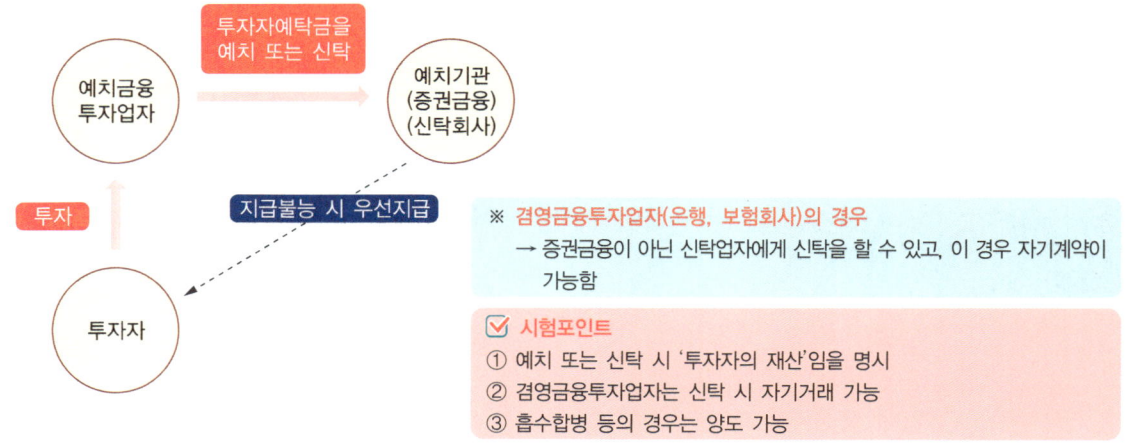

(1) **투자자예탁금의 별도예치**
   ⊙ 투자자예탁금은 투자자로부터 금융투자상품의 매매, 그 밖의 거래와 관련하여 예탁받은 금전을 의미하며, 투자자매매업자 또는 투자중개업자는 이를 고유재산과 구분하여 증권금융회사나 예치하거나 신탁업자에게 신탁해야 한다.
      • 증권금융에 예치하거나 신탁업자에게 신탁하는 투자매매업자 또는 투자중개업자를 '예치 금융투자업자'라 하며, 이로부터 예치 또는 신탁을 받는 증권금융이나 신탁업자를 '예치기관'이라 한다.
   ⓒ 예치 금융투자업자가 예치기관에 투자자예탁금을 예치 또는 신탁함에 있어서, 신탁업자에게 신탁할 수 있는 금융투자업자는 '은행, 산업은행, 중소기업은행, 보험회사(겸영 금융투자업자)'이며, 겸영 금융투자업자가 신탁업자일 경우 자신에게 신탁할 수 있다(자기계약이 가능).
   ⓒ 예치 금융투자업자가 예치기관에 투자자예탁금을 예치 또는 신탁할 경우 그 투자자예탁금이 투자자의 재산이라는 점을 명시해야 한다.

(2) **투자자예탁금의 관리**
   ⊙ 누구든지 예치기관에 예치 또는 신탁한 투자자예탁금을 상계·압류하지 못한다.
   ⓒ 예치 금융투자업자는 '시행령으로 정하는 경우' 외에는 예치기관에 예치 또는 신탁한 투자자예탁금을 양도하거나 담보로 제공할 수 없다.
      ▶ 예외적으로 예치 금융투자업자가 투자자예탁금을 양도하거나 담보로 제공할 수 있는 사유
        • 예치 금융투자업자가 다른 회사에 **흡수합병, 신설합병**되는 경우
        • 예치 금융투자업자가 금융투자업의 전부나 일부를 양도하는 경우
   ⓒ 예치 금융투자업자에게 '**인가취소, 파산선고, 금융투자업의 전부양도 등**'의 경우 사유가 발생할 경우, 예치 금융투자업자는 예치 또는 신탁한 투자자예탁금을 인출하여 투자자에게 우선지급해야 한다.
      • 이상의 사유(투자자예탁금의 우선지급사유)가 발생시, 예치 금융투자업자는 그 사유발생일로부터 2개월 이내에 그 사실과 투자자예탁금의 지급시기 등과 관련한 사항을 둘 이상의 일간신문에 공고하고, 인터넷 홈페이지 등을 통해 공시해야 한다.
   ② 기 타
      • 예치기관은 예치 또는 신탁 받은 투자자예탁금을 자기재산과 구분하여 신의성실 원칙에 입각하여 관리해야 한다.
      • 예치 금융투자업자는 매매 등을 통해 보유하게 되는 '투자자 소유의 증권(투자자예탁증권)'의 경우, 지체 없이 예탁결제원에 예탁해야 한다.

2024.03 기출복원

투자자예탁금의 별도예치제도에 대한 설명이다. 가장 거리가 먼 것은?

① 투자자예탁금은 투자자로부터 금융투자상품의 매매, 그 밖의 거래와 관련하여 예탁 받은 금전을 의미하며, 투자매매업자 또는 투자중개업자는 이를 고유재산과 구분하여 증권금융회사에 예치하는 것을 원칙으로 한다.
② 겸영금융투자업자는 증권금융회사에 예치하지 않고 신탁업자에게 신탁할 수 있는데, 겸영금융투자업자로서 은행과 보험회사는 자신이 신탁업자로서 투자자예탁금을 보관하는 것은 금지된다.
③ 누구든지 예치기관에 예치 또는 신탁한 투자자예탁금을 상계·압류하지 못하며, 투자자예탁금을 예치 또는 신탁한 투자매매업자 또는 투자중개업자는 시행령으로 정한 경우 외에는 해당 투자자예탁금을 양도하거나 담보로 제공할 수 없다.
④ 예치금융투자업자의 인가취소, 해산결의, 파산선고 등의 경우에는 예치기관에 예치 또는 신탁된 투자자예탁금을 인출하여 투자자에게 우선하여 지급하여야 한다.

'투자자예탁금을 신탁업자에 신탁할 수 있는 금융투자업자(겸영금융투자업자)'는 은행, 한국산업은행, 중소기업은행, 보험회사이며, 신탁법 제2조에도 불구하고 자기계약을 할 수 있다(2024 기본서, 3권, p230 참조). 즉, 자신이 신탁업자로서 투자자예탁금을 보관할 수 있다.

정답 ②

2023.11 기출복원

투자자예탁금의 별도예치제도에 대한 설명이다. 가장 적절하지 않은 것은?

① '투자매매업자 또는 투자중개업자(예탁을 하는 예치 금융투자업자)'가 '증권금융회사 또는 신탁업자(예탁을 받는 예치기관)'에게 투자자예탁금을 예치 또는 신탁하는 경우에는, 그 투자자예탁금이 예치 금융투자업자의 고유재산임을 명시해야 한다.
② 누구든지 예치기관에 예치 또는 신탁한 투자자예탁금을 상계나 압류를 할 수 없다.
③ 예치 금융투자업자가 다른 회사에 흡수합병되거나 금융투자업의 전부 또는 일부를 양도하는 경우에는, 예외적으로 예치기관에 예탁한 투자자예탁금을 양도하거나 담보로 제공할 수 있다.
④ 예치 금융투자업자에게 인가취소나 파산선고 등의 사유발생시 예치 금융투자업자는 예치기관에 예치 또는 신탁한 투자자예탁금을 인출하여 투자자에게 우선 지급해야한다.

그 투자자예탁금이 투자자의 재산임을 명시해야 한다.

정답 ①

59. 투자자산운용사 프리미엄 강의노트 — 3과목 2편 자본시장법 및 금융위원회 규정 11문항

보기 중에서 공모형 집합투자기구가 동일종목 증권에 투자할 때 집합투자기구 자산총액의 100분의 10을 초과하여 투자할 수 있는 항목의 개수는?

> 한국은행 통화안정증권, 특수채, 파생결합증권

① 0개　　　　　　　　② 1개
③ 2개　　　　　　　　④ 3개

세 가지 모두 해당된다(통화안정증권은 펀드자산총액의 100%, 특수채나 파생결합증권은 30%까지 투자가능).

정답 ④

더 알아보기

공모집합투자기구의 운용제한

(1) '**동일종목 증권**'에 대한 투자제한 : 각 펀드는 펀드재산의 10%를 초과하여 '동일종목 증권'에 투자할 수 없다. 단, 아래의 예외가 적용된다.
　㉠ 100%까지 투자가 가능한 경우
　　ⓐ 국채・통안채・정부보증채
　　ⓑ 부동산투자전문회사가 발행한 증권(부동산개발회사 발행 증권, 부동산투자목적회사 발행 지분증권)
　　ⓒ 사회기반시설사업의 시행을 목적으로 하는 법인이 발행한 증권
　　ⓓ 주택저당담보부채권(또는 금융기관이 보증한 주택저당채권)
　　ⓔ 부동산 및 부동산관련 자산이 기초자산의 70% 이상을 차지하는 ABS
　㉡ 30%까지 투자가 가능한 경우
　　ⓐ 지방채, 특수채, 파생결합증권
　　ⓑ 금융기관이 발행한 채권, 금융기관이 발행 또는 지급보증한 어음・CD
　　ⓒ OECD 가입국가 또는 중국이 발행한 채권
　　ⓓ ETF에서 동일종목 증권에 투자하는 경우

(2) '**동일법인 지분증권**'에 대한 투자제한 : 동일 운용사가 운용하는 펀드를 기준으로 각 펀드의 경우 해당 법인 지분증권 총수의 10%, 전체 펀드의 경우 해당 법인의 지분증권 총수의 20%를 초과하여 투자하는 것은 금지된다. 단, 아래의 예외가 적용된다.
　㉠ 부동산개발회사가 발행하는 지분증권
　㉡ 부동산투자목적회사가 발행하는 지분증권
　㉢ 사회기반시설사업의 시행을 목적으로 하는 법인이 발행한 주식

(3) '**파생상품**'에 대한 투자제한 : 아래의 행위는 금지된다.
　㉠ 적격요건을 갖추지 못한 자와 장외파생상품을 매매하는 행위
　㉡ 파생상품의 위험평가액이 펀드 순자산의 100%를 초과하여 투자하는 행위

ⓒ 동일법인 발행 증권의 가격변동으로 인한 위험평가액이 펀드자산총액의 10%를 초과하는 행위
ⓔ 동일 거래상대방과의 장외파생상품 매매에 따른 거래상대방 위험평가액이 각 펀드자산총액의 10%를 초과하는 행위

(4) '**다른 집합투자증권**'에 **대한 투자제한** : 동일 운용사가 운용하는 집합투자기구를 대상으로, 각 펀드의 집합투자증권을 대상으로는 펀드재산의 20%, 전체 펀드의 집합투자증권을 대상으로는 펀드재산의 50%까지 투자할 수 있다.

(5) '**부동산**'에 **대한 투자제한** : 아래의 행위는 금지된다.
  ㉠ 국내 부동산의 경우 부동산 취득 후 1년 이내의 기간 내에 처분하는 행위. 단, 미분양주택의 경우는 집합투자규약에서 정하는 기간이 적용
  　　보충　국내부동산이란 '주택법상 주택 / 주택법상의 주택이 아닌 부동산'의 두 종류를 포함하는 개념이다.
  ㉡ 국외 부동산의 경우 부동산 취득 후 집합투자규약에 정하는 기간 내에 처분하는 행위
  ㉢ 펀드재산으로 부동산 매매 시 실사보고서를 작성하고 비치해야 하며, 부동산 개발사업에 투자하는 경우는 사업계획서를 작성하고 비치해야 한다.

2024.11 기출복원

공모형 집합투자기구에 대한 운용제한과 관련하여 빈칸을 옳게 연결한 것은?

> • 각 집합투자기구의 자산총액의 (　　)를 초과하여 동일종목의 증권에 투자할 수 없다.
> • 동일종목 증권에 대한 투자 제한의 예외로서, 각 집합투자기구의 자산총액의 (　　)까지 파생결합증권에 투자할 수 있다.

① 10%, 20%
② 10%, 30%
③ 20%, 30%
④ 20%, 50%

'10%, 30%'이다.
동일종목 증권에 대한 10% 투자제한과 그 예외로서 파생결합증권에 대해서는 30%의 예외가 적용된다.

정답 ②

2024.11 기출복원

공모형 집합투자기구의 운용제한에 대한 설명이다. 가장 적절하지 않은 것은?

① 국채나 통안채에는 집합투자재산의 100%까지 투자할 수 있다.
② ETF의 집합투자재산으로 동일종목 증권에 투자할 경우 ETF 집합투자재산의 20%까지 투자할 수 있다.
③ 다른 펀드의 집합투자증권에 투자하는 경우, 동일 운용사가 운용하는 전체 펀드의 집합투자증권을 대상으로 집합투자재산의 50%까지 투자할 수 있다.
④ 국내 부동산을 취득한 경우 취득 후 1년의 기간 이내에는 처분할 수 없는 것이 원칙이다.

ETF의 집합투자재산으로 동일종목 증권에 투자할 경우, ETF 집합투자재산의 30%까지 투자가 가능하다(cf. 일반 펀드의 경우 펀드재산의 10%까지만 가능).

정답 ②

60

투자자산운용사 프리미엄 강의노트 | 3과목 2편 자본시장법 및 금융위원회 규정 11문항

빈칸에 알맞은 것은?

> 부동산집합투자기구에 대한 특례로서, 부동산집합투자기구는 부동산개발사업을 영위하는 법인에 대해 예외적으로 대여가 가능하며 그 대여한도는 집합투자기구 (   )이다.

① 자산총액의 100%
② 자산총액의 200%
③ 순자산총액의 100%
④ 순자산총액의 200%

부동산집합투자기구의 특례로서 '차입한도는 펀드 순자산총액의 200%, 대여한도는 순자산총액의 100%'이다.

정답 ③

더 알아보기

● 집합투자기구의 차입과 대여 – (1) 금전

집합투자업자는 집합투자재산을 운용함에 있어 집합투자기구의 계산으로 금전을 차입하지 못한다.

⬇

- ☑ 대량환매청구, 대량매수청구 등의 경우 예외적으로 차입을 인정한다(순자산액의 10% 한도).

- ☑ 부동산펀드의 경우 특례로
  차입은 순자산액의 200%까지 대여는 100%까지 가능하다.
  (부동산펀드가 아니라도 부동산보유가액의 70%까지 차입이 가능함)

2024.11 기출복원

집합투자기구의 금전차입에 대한 내용이다. 빈칸의 수를 합한 숫자는?

> - 집합투자업자는 집합투자재산을 운용함에 있어서 집합투자기구의 계산으로 금전을 차입할 수 없다. 단, 대량 환매청구나 매수청구가 발생하는 경우 집합투자기구 순자산액의 (　　)% 이내에서 예외적인 차입이 가능하다.
> - 집합투자재산으로 부동산을 취득하는 경우 금전차입이 예외적으로 허용되는 바, 부동산 집합투자기구는 순자산액의 (　　)%를 한도로 차입이 가능하다.

① 80
② 110
③ 210
④ 300

※ 집합투자기구의 금전차입
(1) 집합투자기구는 집합투자재산의 운용에 있어서 금전차입이 금지된다.
(2) 단, 아래의 경우 예외가 적용된다.
　㉠ 대량의 환매청구 또는 매수청구 발생 시 **순자산의 10%**까지 차입가능
　㉡ 부동산특례로서,
　　ⓐ 부동산펀드가 부동산을 취득 시에는 **순자산액의 200%**를 한도로 차입가능
　　ⓑ 부동산펀드가 부동산개발사업을 영위하는 법인에 대해 대여를 할 경우, **순자산액의 100%**를 한도로 대여가능
　　ⓒ 부동산펀드가 아니라도 부동산을 보유하고 있을 경우, 그 가액의 70%까지 차입가능

정답 ③

61. 3과목 2편 자본시장법 및 금융위원회 규정 11문항

집합투자기구의 이익금 분배원칙에 대한 설명이다. 틀린 항목의 개수는?

> 가. 합투자업자는 집합투자재산 운용에 따라 발생한 이익금을 투자자에게 금전 또는 새로 발행하는 집합투자증권으로 분배하여야 한다.
> 나. 투자회사가 새로 발행하는 주식으로 이익금을 분배하고자 할 경우 이사회 결의를 거쳐야 한다.
> 다. 집합투자기구의 특성을 고려하여 이익금의 분배를 집합투자기구에 유보할 수 있다. 단, MMF(단기금융 집합투자기구)의 경우 유보가 허용되지 않는다.
> 라. 집합투자기구의 안정성을 위해서 이익금을 초과하는 분배는 허용되지 않는다.

① 0개 ② 1개
③ 2개 ④ 3개

틀린 항목의 개수는 1개이다('라').
라. 초과분배도 가능하다. 단, 투자회사의 경우 순자산액에서 최저순자산액을 뺀 금액을 초과하는 분배는 할 수 없다.

정답 ②

더 알아보기

● 이익금의 분배원칙

- 이익금 → 분배
  - ☑ 이사회결의
  - 재투자
  - (1) 금전 또는 새로 발행하는 집합투자증권
  - (2) 유보가능(▶ MMF는 유보불가)
  - (3) 초과분배가능(▶ 단, 투자회사의 경우 순자산액에서 최저순자산액을 뺀 금액을 초과하는 분배는 불가)
- 상환금

2023.06 기출복원

집합투자기구의 이익금 분배원칙에 대한 설명이다. 틀린 내용으로 연결한 것은?

> 가. 집합투자업자는 집합투자재산 운용에 따라 발생한 이익금을 투자자에게 금전 또는 새로 발행하는 집합투자증권으로 분배해야 한다.
> 나. 투자회사가 이익금의 전액을 새로 발행하는 주식으로 분배하려는 경우에는, 정관이 정하는 바에 따라 발행주식수, 발행시기 및 주식발행에 필요한 사항에 대해 주주총회의 결의를 거쳐야 한다.
> 다. 모든 집합투자기구는 그 집합투자기구의 특성을 고려하여 집합투자규약이 정하는 바에 따라 이익금의 분배를 유보할 수 있다.
> 라. 모든 집합투자기구는 그 집합투자기구의 특성을 고려하여 이익금을 초과하는 분배를 할 수 있는데, 투자회사의 경우 순자산액에서 최저순자산액을 뺀 금액을 초과하는 분배는 할 수 없다.

① 가, 나
② 나, 다
③ 다, 라
④ 가, 라

- 나 : 주총 결의가 아닌 이사회 결의이다.
- 다 : MMF는 유보가 불가하다.

정답 ②

62

투자자산운용사 프리미엄 강의노트 | 3과목 2편 자본시장법 및 금융위원회 규정 11문항

집합투자업자가 산정한 기준가격의 적정성 여부를 판단하는 주체는?

① 신탁업자
② 일반사무관리회사
③ 집합투자기구평가회사
④ 채권평가회사

신탁업자이다.
▶ 집합투자기구 기준가격의 계산 주체는 집합투자업자(운용회사)이며, 집합투자업자가 계산한 기준가격의 적정성 여부를 판단하는 주체는 신탁업자이다.

정답 ①

더 알아보기

집합투자재산의 평가 등

(1) **집합투자재산의 평가**
   ㉠ 시가평가원칙 : 집합투자재산은 시가로 평가하되, 신뢰할 만한 시가가 없는 경우는 공정가액으로 평가한다.
      ▶ 공정가액 : 집합투자재산 평가위원회가 충실의무를 준수하고 일관성을 유지하여 평가한 가액
   ㉡ 시가평가의 예외 : MMF의 경우 장부가평가가 가능하다.

(2) **기준가격**
   ㉠ 기준가격 산정 : 집합투자업자는 집합투자재산의 평가결과에 따라 집합투자증권의 기준가격을 산정해야 한다.
      ▶ 집합투자재산의 보관・관리하는 신탁업자는 기준가격 산정이 적정한지 여부에 대한 확인의무가 있는 바, 집합투자업자가 산정한 기준가격과 신탁업자가 산정한 기준가격의 편차가 1,000분의 3을 초과하는 경우에는 지체 없이 집합투자업자에게 시정을 요구하거나 투자회사의 감독이사에게 보고하여야 한다.
   ㉡ 기준가격 변경 및 재공고・게시 : 평가오류의 수정에 따라 공고・게시한 기준가격이 잘못 계산된 경우에는 기준가격을 지체 없이 변경한 후에 다시 공고・게시해야 한다. 단, 처음 공고・게시한 기준 가격과 변경된 기준가격의 차이가 일정한도를 초과하지 않는 경우는 변경대상에서 제외 한다(예 MMF의 경우 그 차이가 1만분의 5를 초과하지 않으면 변경 대상이 아님).
   ㉢ 기준가격을 변경하려는 때에는 집합투자업자의 준법감시인과 신탁업자의 확인을 받아야 한다.

☑ 집합투자재산의 평가 등

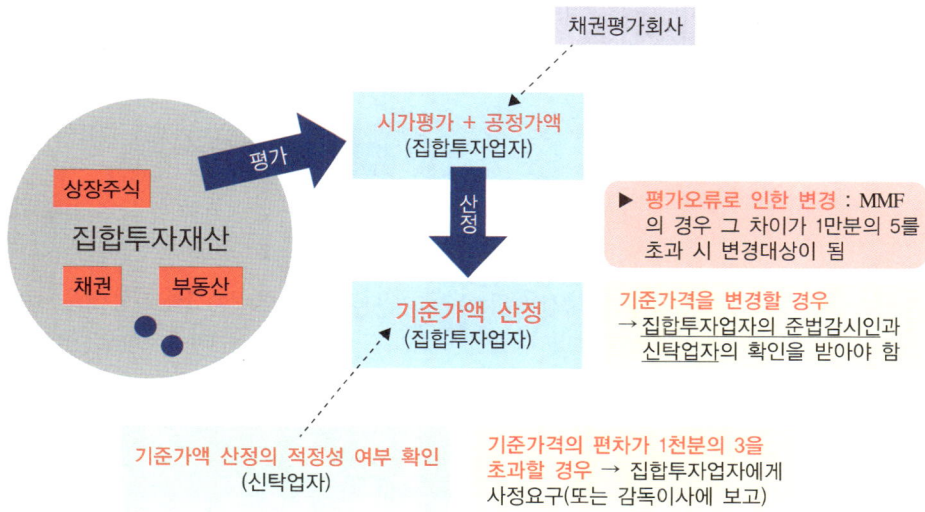

2022.11 기출복원

집합투자업자가 산정한 기준가격의 적정성 여부를 판단하는 주체는?

① 신탁업자
② 일반사무관리회사
③ 집합투자기구평가회사
④ 채권평가회사

신탁업자이다.

※ **기준가격산정의 적정성여부 판단주체 : 신탁업자**
  집합투자재산을 보관·관리하는 신탁업자는, 집합투자업자가 산정한 기준가격과 신탁업자가 산정한 기준가격의 편차가 1,000분의 3을 초과하는 경우에는, 지체 없이 집합투자업자에게 시정을 요구하거나 투자회사의 감독이사에게 보고하여야 한다.

※ 위탁자(집합투자업자) → 펀드의 설정·해지, 운용
※ 수탁자(신탁업자) → 펀드재산의 보관·관리

정답 ①

63

3과목 2편 자본시장법 및 금융위원회 규정 11문항

다음 설명 중 가장 적절하지 않은 것은?

① 투자매매업자 또는 투자중개업자는 금융투자상품의 매매가 체결된 경우 그 월간 매매내역, 월간 손익내역, 월말 현재 잔액현황 등에 대한 매매명세서를 체결된 날의 다음 달 20일까지 투자자에게 통지하여야 한다.
② 집합투자업자는 자산운용보고서를 작성하여 신탁업자의 확인을 받아 2개월에 1회 이상 투자자에게 제공해야 한다.
③ 누구든지 증권신고서의 효력이 발생한 증권을 취득하고자 하는 일반투자자에게 투자설명서를 미리 교부하지 않으면 그 증권을 취득하게 하거나 매도할 수 없다.
④ 투자자가 서면, 전화, 전자우편 등의 방식으로 수령의 거부의사를 밝힐 경우는 매매명세서의 통지나 자산운용보고서의 제공이나 투자설명서의 교부를 하지 않아도 된다.

자산운용보고서는 **3개월에 1회 이상** 제공해야 한다(자본시장법 제88조 1항).

정답 ②

더 알아보기

🔍 해 설

(1) 매매명세서의 통지의무
  ㉠ 투자매매업자 또는 투자중개업자는, 투자자의 매매가 체결된 경우 해당 거래내용(종목, 수량, 가격 등)을 지체 없이 투자자에게 통지해야 한다.
  ㉡ 투자매매업자 또는 투자중개업자는, 투자자의 매매가 체결된 경우 월간 거래내역(월간 매매내역, 월간 손익내역, 월말 현재 잔액현황 등)에 대한 매매명세서를 **체결된 날의 다음달 20일까지** 투자자에게 통지하여야 한다.
  ㉢ 매매명세서를 통지하지 않아도 되는 경우(ⓐ, ⓑ, ⓒ의 경우 홈페이지 접속 등으로 수시조회가 가능하게 함으로써 통지에 갈음)
    ⓐ 투자자가 보유한 집합투자증권이 'ETF, MMF, 사모 펀드'의 집합투자증권일 경우
    ⓑ 투자자가 보유한 집합투자증권의 평가금액이 10만원 이하인 경우
    ⓒ 투자자가 수령거부의사를 서면, 전화, 전자우편 등의 방식으로 표시한 경우

(2) 자산운용보고서의 제공의무
  ㉠ 집합투자업자는 자산운용보고서를 작성하여 신탁업자의 확인을 받아 **3개월에 1회 이상** 투자자에게 제공해야 한다.
  ㉡ 자산운용보고서를 제공하지 않아도 되는 경우
    ⓐ 투자자가 수령거부의사를 서면, 전화, 전자우편 등의 방식으로 표시한 경우
    ⓑ MMF의 자산운용보고서를 월 1회 이상 공시하는 경우
    ⓒ 집합투자규약에 10만원 이하의 투자자에게 제공하지 않는다고 정한 경우

(3) 투자설명서의 교부의무
  ㉠ 누구든지 증권신고서의 효력이 발생한 증권을 취득하고자 하는 일반투자자에게 투자설명서를 미리 교부하지 않으면 그 증권을 취득하게 하거나 매도할 수 없다(→ 투자설명서는 일반투자자를 대상으로 교부해야 하는 법정투자권유문서).
  ㉡ 투자설명서를 투자자에게 교부하지 않아도 되는 경우
    ⓐ 전문투자자 등 일정한 전문가
    ⓑ 투자자가 수령거부의사를 서면, 전화, 전자우편 등의 방식으로 표시한 경우
    ⓒ 이미 취득한 것과 같은 집합투자증권을 계속하여 추가로 취득하려는 자(단, 해당 집합투자증권의 투자설명서 내용이 직전에 교부한 투자설명서의 내용과 같은 경우에 한함)

2023.06 기출복원

투자설명서의 교부 등에 대한 설명이다. 가장 적절하지 않은 것은?

① 투자설명서는 전문투자자와 일반투자자 모두에게 교부하는 것을 원칙으로 한다.
② 투자설명서를 받기를 거부한다는 의사를 서면 뿐 아니라 전화, 모사전송, 전자우편 등으로 표시하는 경우에도 투자설명서의 교부가 면제된다.
③ 이미 취득한 것과 동일한 집합투자증권을 추가로 취득하려는 경우 투자설명서의 교부가 면제되지만, 투자설명서의 내용이 직전에 교부한 투자설명서의 내용과 달라진다면 투자설명서를 교부해야 한다.
④ 예비투자설명서는 증권신고서가 수리된 후부터 신고서의 효력이 발생하기 전의 기간에서만 사용할 수 있다.

투자설명서는 일반투자자에게만 교부하는 것을 원칙으로 한다.

정답 ①

64. 3과목 2편 자본시장법 및 금융위원회 규정 11문항

투자일임업자의 금지행위와 관련하여 빈칸에 들어갈 수 없는 것은?

> 투자일임업자는 자기 또는 관계인수인이 인수한 증권을 자신의 투자일임재산으로 매수하는 행위는 금지된다. 단, 투자자보호 및 건전한 거래질서를 해할 우려가 없는 경우로서, (　　　), (　　　), (　　　)는 예외가 인정된다.

① 인수일로부터 3개월이 지난 후 매수하는 경우
② 인수한 상장주권을 증권시장에서 매수하는 경우
③ 국채, 지방채, 통안채, 특수채를 매수하는 경우
④ 주식관련사채를 매수하는 경우

사채권의 매수는 국공채와 마찬가지로 예외가 인정되지만, 사채권 중 '주식관련사채나 상각형 조건부자본증권'은 예외가 인정되지 않는다.

정답 ④

더 알아보기

투자일임업자의 금지행위

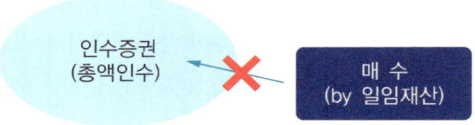

투자일임업자는 투자일임재산을 운용함에 있어서 다음 어느 하나의 행위를 해서는 아니 된다.
(1) 정당한 사유 없이 투자자의 운용방법의 변경 또는 계약의 해지요구에 응하지 않는 행위
(2) 자기 또는 관계인수인이 인수한 증권을 투자일임재산으로 매수하는 행위. 다만, 투자자보호 및 건전한 질서를 해할 우려가 없는 경우로서, 아래(㉠, ㉡, ㉢)는 예외가 인정된다.
　㉠ 인수일로부터 3개월이 지난 후 매수하는 경우
　㉡ 인수한 상장주권을 증권시장에서 매수하는 경우
　㉢ 국채, 지방채, 통안채, 특수채, 사채권(주식관련사채 및 상각형 조건부자본증권은 제외)을 매수하는 경우
　▶ 32회, 36회, 40회 시험에 반영
(3) 특정투자자의 이익을 해하면서 자기 또는 제3자의 이익을 도모하는 행위
(4) 투자일임재산으로 자기가 운용하는 다른 투자일임재산, 집합투자재산 또는 신탁재산과 거래하는 행위
(5) 투자일임재산으로 투자일임업자 또는 그 이해관계인의 고유재산과 거래하는 행위. 다만, 이해관계인이 되기 6개월 이전에 체결한 계약에 따른 거래 등의 경우는 예외인정
(6) 투자자의 동의 없이 투자일임재산으로 투자일임업자 또는 그 이해관계인이 발행한 증권에 투자하는 행위
(7) 투자일임재산을 각각의 투자자별로 운용하지 않고 여러 투자자의 자산을 집합하여 운용하는 행위. 다만, 투자자 보호 및 건전한 질서를 해할 우려가 없는 경우로서 개별 투자일임재산을 효율적으로 운용하기 위한 경우 등은 예외인정

(8) 투자자로부터 '㉠ 투자일임재산을 예탁하거나 인출하는 행위, ㉡ 투자일임재산에 속하는 증권의 의결권을 행사하는 행위, ㉢ 투자일임재산을 예탁하는 투자매매업자·투자중개업자를 지정하거나 변경하는 행위' 등을 위임받는 행위는 금지된다. 단, 투자자보호 및 건전한 질서를 해할 우려가 없는 경우로서 '주식매수청구권 행사, 유상증자 청약, 공개매수응모'등을 위해 ㉠, ㉡, ㉢ 등의 위임을 받는 것은 가능하다(▶ 36회, 37회 시험에 반영).

(9) 투자일임업자가 투자매매업자나 투자중개업자로서 증권의 대차거래 등을 하기 위한 경우, ⓐ와 ⓑ의 예외가 인정된다.

  ⓐ 투자자의 동의를 받고 투자일임업자의 고유재산과 거래하는 행위(위 (5)의 예외).
  ⓑ 투자자의 위임을 받고 투자일임재산을 인출하는 행위(위 '(8)-㉠'의 예외).
    ▶ 30회, 36회 시험에 반영

⑩ 그 밖에 투자자보호 또는 건전한 거래질서를 해할 우려가 있는 행위로서 아래의 행위
  • 일반투자자와 같은 대우를 받겠다는 전문투자자의 요구에 정당한 사유 없이 동의하지 않는 행위
  • 투자일임의 범위, 투자목적 등을 고려하지 않고 투자일임재산으로 지나치게 자주 매매하는 행위
  • 채권자로서 그 권리를 담보하기 위하여 백지수표나 백지어음을 받는 행위

2023.11 기출복원

투자일임업자의 금지행위에 대한 설명이다. 가장 적절하지 않은 것은?

① 투자일임재산으로 자기가 운용하는 다른 투자일임재산, 집합투자재산 또는 신탁재산과 거래하는 행위는 금지된다.
② 투자일임재산으로 투자일임업자의 고유재산과 거래하는 행위는 금지되지만, 일반적인 거래조건에 비추어 투자일임재산에 유리한 경우는 예외가 인정된다.
③ 투자일임업자는 투자일임재산에 속하는 증권의 의결권을 행사하는 행위를 위임받는 것은 원칙상 인정되지만, 투자자보호 또는 건전한 질서를 해할 우려가 있는 경우는 위임이 금지된다.
④ 투자일임재산을 예탁하거나 인출하는 행위를 위임받는 것은 금지되지만, 투자일임업자가 투자매매업자나 투자중개업자로서 대차거래 등을 하기 위하여 투자자의 위임을 받고 투자일임재산을 인출하는 행위는 예외가 인정된다.

의결권행사를 위임받는 것은 원칙상 금지되지만, 투자자보호나 건전한 질서를 해할 우려가 없는 경우로서 주식매수청구권의 행사나 유상증자 청약 등을 위해서 위임을 받는 것은 가능하다.

정답 ③

투자자산운용사 프리미엄 강의노트   3과목 2편 자본시장법 및 금융위원회 규정 11문항

증권신고서와 관련된 내용 중 옳지 않은 것은?

① 증권신고서의 제출의무자는 대표주관회사이다.
② 증권신고서가 수리된 후 일정기간이 지나야 효력이 발생한다.
③ 모집은 50인 이상이 새로 발행한 증권의 취득의 청약을 권유하는 행위이다.
④ 매출은 50인 이상의 투자자에게 이미 발행한 증권의 매도의 청약을 하거나 매수의 청약을 권유하는 행위이다.

증권신고서의 제출의무자는 **증권의 발행인**(발행기업)이다.

정답 ①

더 알아보기

● 증권신고서 제도

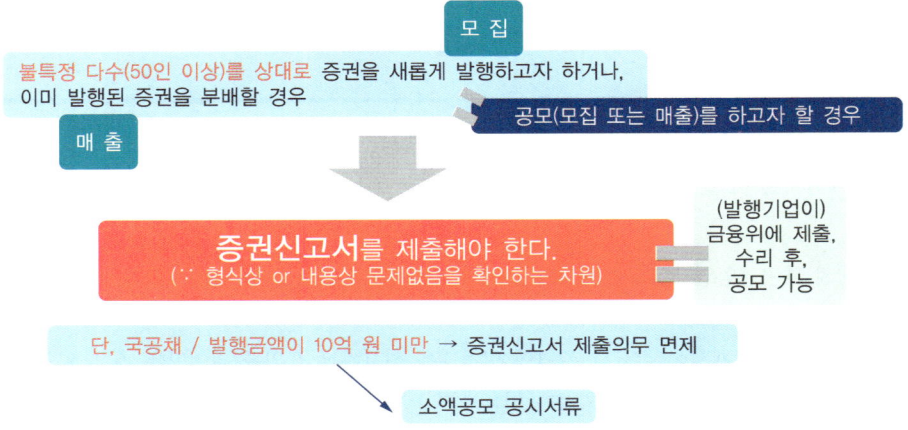

☑ 모집(①, ②단계) VS 간주모집(③단계)

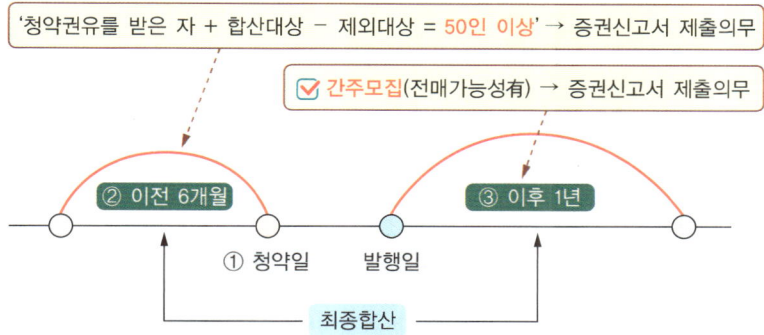

2020.06 기출복원

증권신고서와 관련된 내용 중 옳지 않은 것은?

① 증권신고서를 금융위원회가 수리를 한 것은 해당 증권의 가치를 국가가 보증하는 것을 말한다.
② 일정한 방법에 따라 산출한 50인 이상의 투자자에게 새로 발행하는 증권의 취득을 권유하는 것을 모집이라 한다.
③ 국공채의 공모금액이 10억 원 미만이면 증권신고서를 제출하지 않아도 된다.
④ 증권신고서 제출의무자는 해당 증권의 발행인(발행기업)이다.

① 증권신고서의 기재사항이 정확하다는 것을 인증하는 것이며(정보의 진실성 확보), 국가가 해당 증권의 가치를 보증하는 것은 아니다.

정답 ①

66

3과목 2편 자본시장법 및 금융위원회 규정 11문항

전매제한조치를 위해 예탁된 증권(보호예수된 증권)에 대해서, 예외적으로 인출이 허용되는 사유가 아닌 것은?

① 공개매수신청에 대해 응모를 하기 위한 경우
② 전환권, 신주인수권 등 증권에 부여된 권리행사를 위한 경우
③ 회사의 합병, 분할, 분할합병 또는 주식의 포괄적 교환·이전에 따라 다른 증권으로 교환하기 위한 경우
④ 액면 또는 권면의 분할 또는 합병에 따라 새로운 증권으로 교체하기 위한 경우

공개매수신청에 응모하기 위해 인출하는 것은 주권의 소유권이 변경되는 것이므로(전매제한조치에 위배), 보호예수의 예외적 인출사유로 인정되지 않는다. 나머지(②, ③, ④)의 경우 주권의 소유권이 변경되지 않는 형식상의 사유에 해당하므로 인출이 허용된다.

정답 ①

더 알아보기

전매제한조치 (전매가능성 없음 → 간주모집 X)

(1) 증권을 발행한 후 지체 없이 예탁결제원에 예탁하고 그 예탁일로부터 **1년 간 인출 또는 매도하지 않기로 한 경우** (→ 보호 예수)
(2) 50매 미만으로 발행되는 경우에는 증권의 권면에 발행 후 1년 이내 **분할금지특약**을 기재하는 경우
(3) 전환권 등이 부여된 경우에는 **권리행사금지기간**을 발행 후 1년 이상으로 정하는 경우
(4) 채무증권의 경우 적격기관투자자 사이에서만 양도·양수되는 경우
(5) 기업어음 및 파생결합증권이 특정금전신탁에 편입되는 경우, 특정금전신탁의 위탁자를 합산하여 **50인 이상이 될 수 없다는 뜻을 기재한 경우**
(6) 전자단기사채로서 만기가 3개월 이내인 경우
(7) 우리사주조합으로 취득한 주식을 수탁기관에 예탁하고 예탁일로부터 1년 간 인출 또는 매도하지 않기로 한 경우
(8) 국내 환류 가능성이 있는 해외발행증권에 해당되는 경우, 발행일로부터 1년 이내에 해당 증권을 거주자에게 양도할 수 없다는 것을 기재한 경우

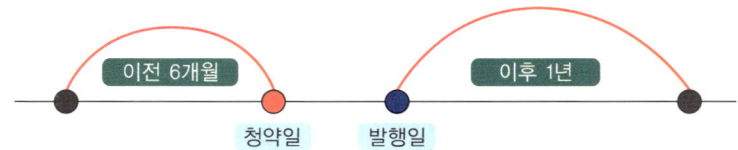

67 | 투자자산운용사 프리미엄 강의노트 | 3과목 3편 협회규정 3문항

금융투자회사의 영업 및 업무에 관한 규정상의 설명의무에 대한 설명이다. 가장 적절하지 않은 것은?

① ELS, ELW를 포함한 공모형 파생결합증권은 핵심설명서 교부대상이다.
② 금융투자회사는 일반투자자가 최초로 ELW나 ETN을 매매하고자 하는 경우에는 기존에 위탁매매거래 계좌가 있더라도 서명 등의 방법으로 매매의사를 별도로 확인해야 한다.
③ 금융투자회사는 일반투자자가 1배를 초과하는 레버리지ETF, 레버리지ETN을 매매하고자 하는 경우는 협회가 인정하는 교육을 사전에 이수하도록 해야 한다.
④ 선물, 옵션 등 장내파생상품을 매매하고자 하는 경우 적격 개인투자자 자격을 위해 1시간 이상의 파생상품 교육과정과 3시간 이상의 파생상품 모의거래 과정을 이수하도록 해야 한다.

공모형 파생결합증권은 핵심설명서 교부대상이지만 상장이 되어 거래가 되는 **ELW와 ETN은 대상에서 제외된다**(즉 공모형 ELS는 핵심설명서 교부대상이지만 ELW와 ETN은 교부대상이 아님).

[정답] ①

더 알아보기

● 협회 규정상의 설명의무

(1) **설명의무 정의** : 금융투자회사는 일반투자자에게 투자권유를 하는 경우, 그 중요한 사항에 대해서 일반투자자가 이해할 수 있도록 설명해야 하고 설명한 내용을 그 일반투자자가 이해하였음을 서명 등의 방법으로 확인을 받아야 한다.

(2) **핵심설명서** : 위험도가 높은 상품에 대해서는 투자설명서에 추가하여 핵심설명서를 교부하고 그 내용을 충분히 설명해야 한다.
　▶ 핵심설명서 교부 대상 : ㉠ 고난도 금융투자상품, ㉡ 고난도가 아닌 공모형 파생결합증권(ELW, ETN 제외), ㉢ 신용융자거래, ㉣ FX마진거래

(3) **ELW, ETN, ETF 특례**(상장거래상품에 대한 특례)
　㉠ 최초로 거래하는 ELW, ETN의 경우 기존의 위탁매매거래계좌가 있더라도 서명 등의 방법으로 별도의 매매의사를 확인해야 하고(별도 거래신청서 작성), 최초로 변동성 지수선물을 기초자산으로 하는 ETN을 매매하고자 하는 경우는 별도의 매매의사 확인에 이어 추가적인 매매의사를 확인해야 한다.
　㉡ ELW, 레버리지 ETF, 레버리지 ETN의 경우, 협회가 인정하는 사전교육을 이수하도록 해야 한다.
　　• 이때 '레버리지 상품'의 의미는 수익률이 원금의 100%(1배)를 초과하는 비율로 결정되는 상품을 말한다.

(4) **주가지수선물 · 옵션 등 장내파생상품에 대한 특례(적격 개인투자자제도)**
　㉠ 사전의무교육 이수 : 1시간 이상의 파생상품 교육과정을 이수하도록 해야 한다.
　㉡ 모의거래 이수 : 3시간 이상의 파생상품 모의거래과정을 이수하도록 해야 한다.

68

투자자산운용사 프리미엄 강의노트 3과목 3편 협회규정 3문항

집합투자기구의 운용실적을 포함한 광고에 대한 내용이다. 가장 적절하지 않은 것은?

① 기준일 현재 집합투자기구의 설정·설립일로부터 1년 이상 경과하고 순자산총액이 100억 원 이상의 집합투자기구에 한하여 투자광고에 운용실적을 표시할 수 있다.
② 투자광고에 운용실적을 표시할 경우, 기준일로부터 과거 1개월 이상 수익률을 사용하되 과거 6개월 및 1년 수익률을 함께 표시하고 3년 이상 경과된 펀드는 과거 1년 및 3년 그리고 설정·설립일로부터 기준일까지의 수익률을 함께 표시해야 한다.
③ 종류형 집합투자기구의 운용실적을 표시하는 경우 종류별 집합투자기구에 부과되는 보수나 수수료의 차이로 인해 운용실적이 달라질 수 있다는 사실을 표시해야 한다.
④ MMF의 운용실적에 대해서 타 회사의 MMF와 비교광고를 할 경우 과거 1개월 기준의 수익률을 표시해야 한다.

MMF의 운용실적은 '과거 1개월 기준의 수익률'로 표시하는 것이 옳지만, MMF는 다른 MMF와 운용실적을 비교하는 투자광고를 할 수 없다.

정답 ④

더 알아보기

💡 투자실적 광고 시 의무표시 사항

(1) **운용실적을 포함한 투자광고를 할 수 있는 집합투자기구**는,
   ㉠ 설정·설립일로부터 1년 이상 지나고 순자산총액은 100억 원 이상이어야 한다.
   ㉡ 단, 동일유형 집합투자기구의 경우는 순자산총액이 500억 원 이상이어야 한다.

(2) **운용실적 표시방법**
   ㉠ 기준일로부터 과거 1개월 이상의 수익률을 사용하되, 과거 6개월 및 1년 수익률을 함께 표시
   ㉡ 단, 운용기간이 3년 이상인 펀드는 '과거 1년 및 3년, 설립일로부터 기준일까지의 수익률'을 함께 표시해야 한다.

(3) **의무표시 사항**
   ㉠ 집합투자기구의 유형, 순자산총액, 설립일, 수익률산출기준, 수익률, 벤치마크수익률 등
   ㉡ 단, 벤치마크 선정이 어려운 MMF나 부동산펀드의 경우 벤치마크수익률의 표시는 생략이 가능하다.

(4) **MMF특례**
   ㉠ MMF는 운용실적을 표시할 경우 과거 1개월 수익률을 표시해야 한다(연 환산 가능).
   ㉡ MMF는 타 금융투자회사가 운용하는 다른 MMF와의 운용실적을 비교하는 광고를 할 수 없다.

2024.03 기출복원

집합투자기구의 운용실적을 포함한 광고 규정 중 MMF에 대한 내용이다. 옳은 것으로 연결한 것은?

> 가. MMF는 운용실적 표시광고에서 벤치마크수익률을 생략해도 된다.
> 나. MMF는 운용실적을 표시할 때 기준일로부터 과거 1개월 이상 수익률을 사용하되, 과거 6개월 및 1년 수익률을 함께 표시해야 한다.
> 다. MMF는 다른 금융투자회사가 판매하는 MMM와 실적을 비교하는 광고를 할 수 없다.

① 가, 나
② 나, 다
③ 가, 다
④ 가, 나, 다

옳은 것은 '가, 다'이다.
- 나 : MMF는 운용실적을 과거 1개월의 수익률로 표시해야 한다(연 환산 가능).

보충 MMF를 제외한 펀드의 경우 '과거 1개월 이상의 수익률을 사용하되, 과거 6개월 및 1년 수익률'을 함께 표시해야 한다(단 3년 이상인 경우에는 '과거 1년 및 3년, 설립일로부터 기준일'까지의 수익률을 함께 표시).

정답 ③

69

투자자산운용사 프리미엄 강의노트 | 3과목 3편 협회규정 3문항

다음 중 재산상 이익의 가치를 선정하는 방식이 틀린 것은?

① 금전의 경우 해당금액 전체
② 물품의 경우 구입비용 전체
③ 금융투자회사 임직원과 거래상대방이 공동으로 참석한 경우의 접대의 경우, 해당 접대에 소요된 비용 전체
④ 연수·기업설명회·기업탐방·세미나의 경우 거래상대방에게 직접적으로 제공되었거나 제공받은 비용 전체

임직원과 거래상대방이 공동 참석한 경우의 접대비는 '전체 소요경비 중 거래상대방이 점유한 비율에 따라 산정된 금액'으로 산정한다.

정답 ③

더 알아보기

● 재산상이익의 산정 방식(2025 기본서, 3권, p519 인용)

(1) 금전의 경우 해당 금액
(2) 물품의 경우 구입 비용
(3) 접대의 경우 해당 접대에 소요된 비용. 단, 금융투자회사 임직원과 거래상대방이 공동으로 참석한 경우 해당 비용은 전체 소요경비 중 거래상대방이 점유한 비율에 따라 산정된 금액
(4) 연수·기업설명회·기업탐방·세미나의 경우 거래상대방에게 직접적으로 제공되었거나 제공받은 비용
(5) 기타 위에 해당하지 않는 재산상이익의 경우 해당 재산상 이익의 구입 또는 제공에 소요된 실비

70

투자자산운용사 프리미엄 강의노트   3과목 4편 주식투자운용 6문항

효율적 시장가설에 대한 설명이다. 옳게 설명한 항목의 개수는?

> 가. 약형 효율적 시장가설에 의하면 과거 주가의 움직임은 미래 주가의 움직임의 방향이나 그 크기에 대한 어떤 정보도 제공하지 않는다.
> 나. 준강형 효율적 시장가설에 의하면 일단의 정보가 공개되면 즉각적으로 주가에 반영되기 때문에 공개된 정보는 종목을 선정하는데 아무런 도움이 되지 않는다.
> 다. 강형 효율적 시장가설에 의하면 기업에 대해 알려졌거나 예측가능한 정보는 주가분석에 도움이 되지 않는다.
> 라. 만약 강한 형태의 효율적 시장가설이 성립된다면 어떤 형태의 패시브 운용도 시도할 필요가 없다.

① 1개   ② 2개
③ 3개   ④ 4개

옳은 항목은 '가, 나, 다'이다(옳은 항목의 개수는 3개).

정답 ③

더 알아보기

효율적 시장가설

(초과수익에 관한) **모든 정보는 이미 시장에 반영**되어 있으므로, 시장가격은 **내재가치로만 움직인다.**

‖

약형 EMH	중형 EMH	강형 EMH
과거정보는 이미 모두 반영되어 있다.	**공개**되는 모든 정보는 이미 반영되어 있다.	**모든 정보**는 이미 반영이 되어 있다.
기술적 분석이 소용이 없다.	**공시정보** 등은 소용이 없다.	**Active 자체가** 소용이 없다.

☑ EMH이론은 **액티브운용을 반대하는 논거로** 사용된다.

☑ 효율적 시장가설(EMH)

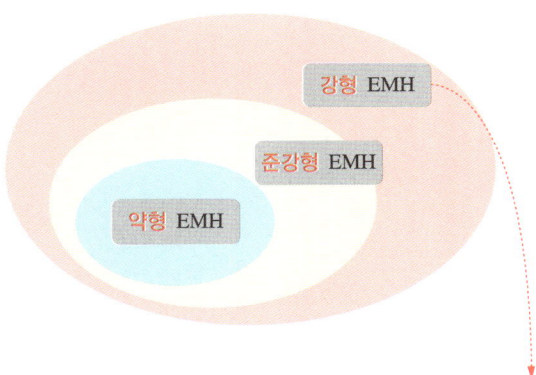

▶ **강형 EMH**가 성립한다면 어떠한 Active 운용도 시도할 필요가 없다
(따라서, EMH이론은 **액티브운용을 반대하는 논거로** 사용된다).

효율적 시장가설과 포트폴리오 관리방식

포트폴리오의 관리방식을 본격적으로 다루기 전에 효율적 시장가설이 포트폴리오에 주는 의미를 살펴볼 필요가 있다. **효율적 시장가설은 액티브 운용을 반대하는 논거로 이용되곤 한다.**
약형(weak form)의 효율적 시장가설에 의하면 과거 주가의 움직임은 미래 주가의 움직임의 방향이나 그 크기에 대한 어떤 정보도 제공하지 않는다. 다른 말로 하면 기술적분석은 아무런 가치가 없다.
준강형(semi-strong form)의 효율적 시장가설에 의하면 일단 정보가 공개되면 즉각적으로 주가에 반영되기 때문에 공개된 정보는 종목을 선정하는데 아무런 도움이 되지 않는다. 따라서 공개된 정보로부터 이익을 얻는 것은 불가능하다.
강형(strong form)의 효율적 시장가설에 의하면 기업에 대해 알려졌거나 알 수 있는 정보는 주식의 분석에 도움이 되지 않는다. 알려진 정보나 예측가능한 정보라면 이미 주가에 반영되었을 것이며, 예측할 수 없는 정보라면 그 효과 또는 불규칙적이다.
만약 강한 형태의 효율적 시장가설을 신뢰한다면, 어떤 형태의 액티브 운용도 시도할 필요가 없다. 그러나 약형이나 중간형의 효율적 시장가설을 신뢰한다면 액티브 운용을 배제할 필요는 없다. 특히 시장의 효율성은 국면별로 다르다. 불확실성이 클수록 투자자들은 과잉반응(over-reaction)을 보이게 되고, 초과이익(alpha)의 기회가 주어진다 (2025 기본서, 4권, p10 인용).

2024.03 기출복원

효율적 시장가설에 대한 설명이다. 옳은 내용으로 연결한 것은?

> 가. 효율적 시장가설은 액티브 운용을 반박하는 논거로 이용되기도 한다.
> 나. 약형 효율적 시장가설이 성립된다면 기술적 분석은 아무런 소용이 없다.
> 다. 준강형 효율적 시장가설이 성립된다면 공개된 정보로부터 이익을 얻는 것은 불가능하다.

① 가, 나
② 나, 다
③ 가, 다
④ 가, 나, 다

모두 옳은 내용이다.

정답 ④

71

3과목 4편 주식투자운용 6문항

전략적 자산배분에 대한 설명이다. 가장 적절하지 않은 것은?

① '시장은 단기적으로는 비효율적이지만 장기적으로는 효율적이다'는 평균반전현상을 이용하는 전략이다.
② 장기적으로 자산집단 별 투자비중을 결정하고 중기적으로 각 자산집단이 변화할 수 있는 투자비율의 한계를 결정하는 의사결정을 말한다.
③ 전략 수립에 사용된 각종 변수들에 대한 가정이 근본적으로 변화하지 않는 이상, 처음 구성하였던 자산배분을 변경하지 않고 계속해서 유지해 나간다.
④ 자산배분의 변경으로 인한 운용성과의 변화에 대해서는 투자자가 책임을 진다.

평균반전현상을 이용하는 것은 전술적 자산배분이다.

정답 ①

더 알아보기

전략적 자산배분

※ '주가는 장기적으로 내재가치에 수렴한다(효율성)'는 전제 하에 내재가치를 목표수익률로 하는 장기적 전략

(1) 시장의 효율성을 전제한다.   ※ 전술적 : 비효율성
(2) 장기적으로 자산집단별 투자비중을 결정하고 중기적으로 각 자산집단이 변화할 수 있는 투자비율의 한계를 결정하는 의사결정을 뜻한다.
(3) 전략수립에 사용된 각종 변수들에 대한 가정이 근본적으로 크게 변화되지 않는 이상 처음 구성하였던 자산배분을 변경하지 않고 계속하여 유지해 나가는 장기적인 의사결정이다.
(4) 자금 운용자가 투자자산의 과대·과소평가여부를 판단할 수 없다면 최초 수립된 전략적 자산배분에 의한 자산구성을 그대로 유지해야 한다.
(5) 전략적 자산배분은 투자자가 정하는 것이 원칙이다.   ※ 전술적 : 운용자
(6) 전략적 자산배분은 포트폴리오 이론(위험·수익 최적화 투자)에 토대를 두고 있다.   ※ 마코위츠 포트폴리오 이론
(7) 입력변수의 추정오차로 인해 자산집단 배분의 극단적 편중 문제가 발생한다.
(8) 입력변수의 추정오차를 반영한 효율적 투자기회선은 영역으로 나타나는데, 이를 퍼지 투자기회선이라 한다.

☑ 전략적 배분 VS 전술적 배분

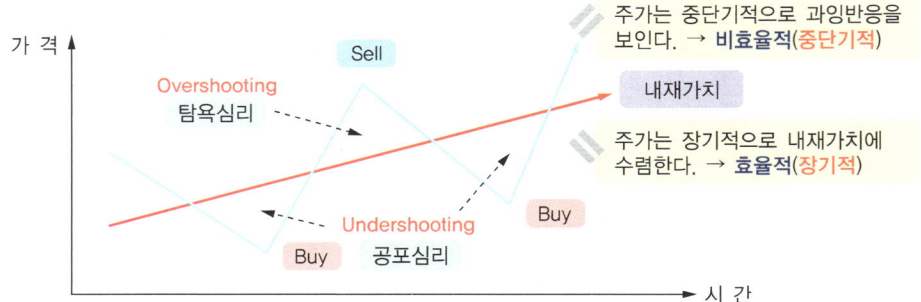

☑ 자산배분전략 비교

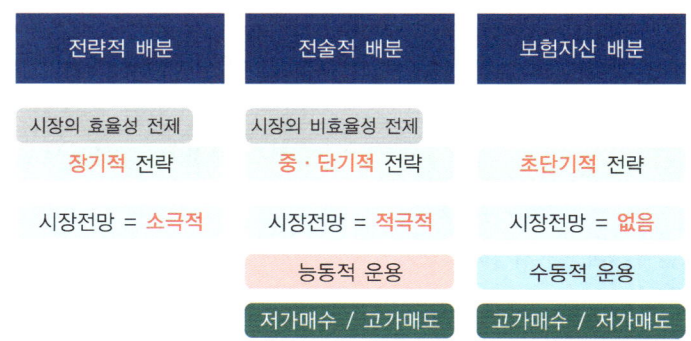

2021.11 기출복원

전략적 자산배분과 전술적 자산배분에 대한 설명이다. 가장 거리가 먼 것은?

① 장기적으로 기금 내 자산집단별 투자비중을 결정하고, 중기적으로 각 자산집단이 변화할 수 있는 투자비율의 한계를 결정하는 의사결정은 전략적 자산배분이다.
② 전략적 자산배분상 최초 수립했던 자본시장의 가정이 크게 변화하게 되면 전략적 자산배분은 수정되어야 한다.
③ 전술적 자산배분은 단기적 및 장기적 관점에서 시장이 비효율적이라는 전제를 필요로 한다.
④ 전술적 자산배분은 '저가매수 & 고가매도'전략'이다.

③ 전략적 배분 → '시장의 (장기적인) 효율성' 전제 / 전술적 배분 → '시장의 (중·단기적인) 비효율성' 전제
④는 역투자전략 또는 음성피드백(negative feedback) 전략을 말한다(전술적 자산배분).
비교 포트폴리오 보험전략 : Positive Feedback 전략

정답 ③

72

투자자산운용사 프리미엄 강의노트 3과목 4편 주식투자운용 6문항

다음은 인덱스펀드의 구성하는 방법을 설명한 것이다. '표본추출법'에 해당하는 것은?

① 벤치마크를 구성하는 모든 종목을 벤치마크의 구성비율 대로 사서 보유한다.
② 벤치마크에 포함된 대형주는 모두 포함하되 중소형주들은 펀드의 성격이 벤치마크와 유사하게 되도록 일부의 종목만을 포함한다.
③ 포트폴리오모형을 이용하여 주어진 벤치마크에 대비한 잔차위험이 허용수준 이하인 포트폴리오를 만든다.
④ 인덱스펀드를 구성하는 방법 중에서 가장 단순하고 직접적인 방법이다.

①, ④는 완전복제법(full replication), ②는 표본추출법(representative sampling), ③은 최적화법(optimization)에 해당된다.

정답 ②

더 알아보기

펀드에서 벤치마크를 추종하기 위해 지수를 모방하는 것
∥
● 패시브운용 – 인덱싱(Indexing) 방법

완전복제법	표본추출법	최적화법
정확하지만, 비용과다	정확성 양호, 비용 절감	통계적 방식
	대형주(동일 편입) **중소형주**(선별 편입)	

예시
- 포트폴리오 모형을 이용하여 주어진 벤치마크에 대비한 잔차위험이 허용수준 이하인 포트폴리오를 만드는 방식이다.
- 데이터가 과거 정보이며, 주식의 속성을 반영하지 못하는 것이 단점이다.
  → 최적화법

☑ 인덱스 구성방법 세부 개념

(1) **완전복제법**(full replication)
- 벤치마크를 구성하는 모든 종목을 구성비율대로 사서 보유하는 방법이다.
- 가장 단순하고 직접적인 방식이지만, 타 방식에 비해서 거래비용과 유지비용이 많이 발생한다.
- 매우 간단하면서도 벤치마크를 거의 완벽하게 추종할 수 있는 방식이다.
    - 완전복제법은 타 방식에 비해 가장 정확하게 벤치마크를 추종하지만, 각종 비용(운용 및 수탁보수 / 거래비용 등)이 발생하므로 벤치마크수익률과 동일하지 않다(약간 낮게 나타남).

(2) **표본추출법**(representative sampling 또는 stratified sampling)
- 벤치마크에 포함된 대형주는 모두 포함하되 중소형주들은 일부만을 포함하는 방식
- 벤치마크를 구성하는 모든 종목을 보유하지 않으면서도 벤치마크의 핵심적인 특징을 유사하게 유지하는 포트폴리오를 구성함으로써, 관리비용과 거래비용을 낮추면서도 벤치마크의 성과와 상당히 유사한 성과를 얻을 수 있다.

(3) **최적화법**(optimization)
- 포트폴리오모형을 이용하여 주어진 벤치마크에 대비한 잔차위험이허용수준 이하인 포트폴리오를 만드는 방식이다.
- 장점과 단점
    - 장점 : 완전복제법이나 표본추출법에 비해 훨씬 적은 종목이면서도 예상되는 잔차가충분히 낮은 인덱스펀드를 만들 수 있다.
    - 단점 : 모형의 한계상 주식의 속성을 정확하게 반영하지 못한다. / 과거자료에 기반한 모형이므로 과거와 상당히 다른 시장이 전개된다면 추정된 잔차위험의 오류가 크게 나타날 수 있다.

2022.06 기출복원

패시브 운용을 위한 인덱스 구성방법에 대한 설명이다. 가장 적합한 것은?

① 최적화법은 포트폴리오 모형을 이용하여 주어진 벤치마크에 대비한 잔차위험이 허용 수준이상이 되도록 인덱스를 구성하는 방식이다.
② 표본추출법은 대형주와 중형주, 소형주 각 그룹에서 펀드의 성격이 벤치마크와 유사하게 되도록 선별하여 인덱스를 구성하는 방식이다.
③ 완전복제법은 벤치마크를 구성하는 모든 종목을 벤치마크의 구성비율과 동일하게 매수하여 인덱스를 구성하는 방식으로서 가장 단순하고 직접적인 방식이다.
④ 완전복제법으로 인덱스를 구성할 경우 인덱스 수익률과 벤치마크수익률은 동일하게 나타난다.

---

① 최적화법에서는 잔차위험이 **허용수준 이하**가 되어야 한다.
② 표본추출법은 대형주는 그대로 편입하고 중소형주는 선별하여 구성한다.
④ 완전복제법으로 인덱스를 구성하였다 해도, 펀드운용상 운용보수·신탁보수·거래비용 등이 발생하기 때문에 인덱스수익률은 벤치마크수익률에 비해 **낮게** 나타난다.

정답 ③

73

투자자산운용사 프리미엄 강의노트 | 3과목 4편 주식투자운용 6문항

성장투자스타일(growth investment style)에 대한 설명이다. 가장 적절하지 않은 것은?

① 역행투자(contrarian) 방식이다.
② 기업의 주당순이익이 미래에 증가하고 PER이 낮아지지 않는다면 주가는 최소한 주당순이익(EPS)만큼 상승할 것으로 가정한다.
③ 성장모멘텀 투자의 위험은 예측했던 EPS증가율이 예상대로 실현되지 않는 것이다.
④ 성장스타일은 장기적인 성장성 외에도 단기적인 이익탄력성에도 투자하기도 한다.

역행투자라는 것은 '주가상승 시 매도, 주가하락 시 매수하는 전략(고가매도 / 저가매수)'을 말하며 이는 가치투자 스타일에 해당한다.
▶ 가치투자 스타일은 역행투자방식으로서 '저PER, 저PBR, 고배당주'에 투자하는 특징을 지닌다. [cf] 성장투자스타일은 '고PER, 고PBR, 저배당주'에 투자하는 특징).

정답 ①

더 알아보기

◉ **액티브 운용 – 스타일투자**

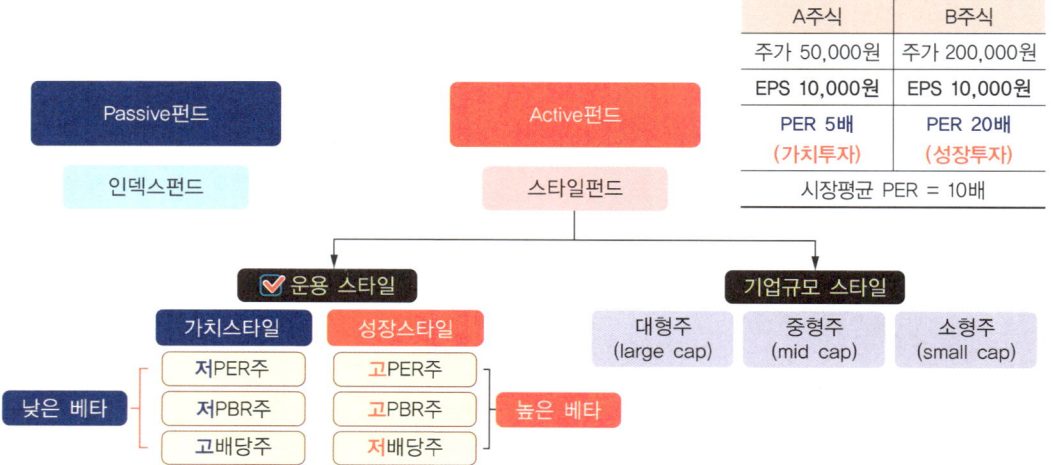

☑ 가치주 투자(기본서 p89)

$$PER = \frac{주가}{주당순이익}$$

가치투자스타일은 기업의 미래성장성보다는 현재의 수익이나 자산가치 관점에서 상대적으로 가격이 싼 주식에 투자하는 운용방식이다. 이러한 운용방식을 지지하는 논거로 제시하는 몇 가지 주장이 있다. 첫 번째는 기업의 수익은 평균으로 회귀하는 경향을 가진다는 점이다.

최근의 이익이 평균보다 낮았고, 그 결과 미래의 이익전망이 과다하게 하향조정 되어 PER가 낮았던 기업의 이익은 평균회귀 경향에 따라 증가하게 되고 결국 PER가 높아지게 될 것이라는 점이다. 또한 가치투자자는 투자자들이 성장주의 나쁜 점은 무시하고 좋은 점만을 과대평가해서 높은 가격을 지불한다고 생각한다. 그러나 이러한 주장은 정확하게 미래수익이나 위험을 근거로 하는 주장이 아니다.

가치투자의 위험은 투자자들이 충분히 인정해주지 않으면 가격이 쌀 수 밖에 없다는 경제적인 기본원칙을 제대로 이해하지 못하는 점이다. 또한 투자자가 예상하는 투자기간 내에 저평가된 정도가 회복되지 않을 위험도 존재한다. 가치투자스타일에는 저PER투자, 역행투자(Contrarian), 고 배당수익률 투자방식 등이 포함된다.

2022.06 기출복원

가치투자스타일에 대한 설명으로 가장 거리가 먼 것은?

① 미래 성장성보다는 현재의 수익이나 자산의 가치관점에서 가격이 싼 주식에 투자한다.
② 기업수익은 평균으로 회귀하려는 경향이 있음을 전제한다.
③ 저PER, 저PBR, 저배당주에 투자한다.
④ 투자자들이 충분히 인정해주지 않으면 가격이 쌀 수 밖에 없다는 기본원칙을 무시하는 경향이 있다.

가치투자 → 저PER, 저PBR, 고배당주

정답 ③

☑ 성장주 투자(기본서 p90)

$$PER = \frac{주가}{주당순이익}$$

성장투자스타일은 수익성에 높은 관심을 가진다. 기업의 주당순이익이 미래에 증가하고 PER이 낮아지지 않는다면 주가는 최소한 주당순이익(EPS)의 증가율만큼 상승할 것이라고 가정한다.

성장모멘텀 투자자들은 성장률이 높은 기업에 대해 시장PER보다 높은 가격을 지불한다.

또한 성장률이 높은 산업에 투자하는 경향을 가진다. 성장주는 매출증가율이 시장보다 높으며, 높은 PER, 높은 PBR을 보인다. 성장모멘텀 투자의 위험은 예측했던 EPS증가율이 예상대로 실현되지 않는 것이며, 이러한 경우에는 EPS뿐만 아니라 PER도 낮아지기 때문에 투자 손실은 더욱 확대된다. 그래서 기업의 이익이 예상(consensus)을 상회했는지 또는 하회했는지 주가에 큰 영향을 미친다.

성장 스타일에는 지속적인 성장성에 투자하는 방식과 이익의 탄력성(earning momentum)에 투자하는 방식이 있다.

2023.02 기출복원

성장투자스타일(growth investment style)에 대한 설명이다. 틀린 것으로 연결한 것은?

① 성장률이 높은 기업에 대해 시장PER보다 낮은 가격을 지불한다.
② 기업의 주당순이익이 미래에 증가하고 PER이 낮아지지 않는다면 주가는 최소한 주당순이익(EPS) 만큼 상승할 것으로 가정한다.
③ 성장모멘텀 투자의 위험은 예측했던 EPS증가율이 예상대로 실현되지 않는 것이다.
④ 성장스타일은 장기적인 성장성 외에도 단기적인 이익탄력성에도 투자하기도 한다.

성장투자스타일은 성장률이 높은 기업에 대해 시장PER 보다 높은 가격을 지불한다(성장투자는 '고PER / 고PBR / 저배당주'에 투자).

정답 ①

74

3과목 4편 주식투자운용 6문항

준액티브(Semi-Active) 운용에 대한 설명이다. 가장 적절하지 않은 것은?

① 인덱스펀드의 장점을 살리면서도 초과수익을 추구함으로써 안정적으로 인덱스보다 나은 성과를 달성하려는 목적을 가지고 있다.
② 인덱스대비 초과수익을 지향하므로 추적오차가 액티브 운용보다 높은 경향을 띤다.
③ 준액티브 운용은 월등하게 좋은 성과를 내는 종목이나 사건을 발견하기 보다는 조그만 성과를 낼 수 있는 종목이나 사건을 많이 발견하는 데에 초점을 맞춘다.
④ 과거자료를 이용한 계량적인 시뮬레이션을 통해 마련된 최적의 운용전략에 따라 운용하는 방식도 준액티브 운용으로 분류된다.

준액티브 운용의 추적오차(잔차위험)는 액티브 보다 낮은 수준이다.

정답 ②

더 알아보기

● 준 Active 운용

인핸스드인덱스 전략 (강화된 인덱스)	계량분석 방법
안정적으로 인덱스펀드보다 나은 성과달성을 목표로 함 → 인덱스펀드 + 알파 약간 더 높은 초과수익	• 과거의 성공경험을 계량화한 전략 • 귀납적인 전략 • 기술적 분석의 한계를 동시에 지님

▶ 준액티브 운용전략의 의미
① 약간의 초과수익을 위해서 약간의 잔차위험을 부담하는 전략
② 정보비율이 가장 높다 (cf 액티브 – 추적오차가 가장 크다).

	준액티브	액티브
	1~2%	2% +α
	1~2%	4% +α

예시
$IR(0.60) = 0.06 \times \sqrt{100}$ → Active
$IR(0.73) = 0.03 \times \sqrt{600}$ → Semi-Active
  정보계수 정보의 폭

준액티브 운용은 월등하게 좋은 성과를 내는 종목이나 사건을 발견하기 보다는 조그만 성과를 낼 수 있는 종목이나 사건을 많이 발견하는 데에 초점을 맞춘다.

2023.06 기출복원

준액티브(Semi-Active) 운용에 대한 설명이다. 가장 적절하지 않은 것은?

① 인덱스펀드의 장점을 살리면서도 초과수익을 추구함으로써 안정적으로 인덱스보다 나은 성과를 달성하려는 목적을 가지고 있다.
② 인덱스 대비 초과수익을 지향하므로 추적오차가 액티브 운용보다 높은 경향을 띤다.
③ 준액티브 운용은 월등하게 좋은 성과를 내는 종목이나 사건을 발견하기 보다는 조그만 성과를 낼 수 있는 종목이나 사건을 많이 발견하는 데에 초점을 맞춘다.
④ 과거자료를 이용한 계량적인 시뮬레이션을 통해 마련된 최적의 운용전략에 따라 운용하는 방식도 준액티브 운용으로 분류된다.

준액티브 운용의 추적오차(잔차위험)는 액티브 보다 낮은 수준이다.

정답 ②

2024.03 기출복원

준액티브(Semi-Active) 운용에 대한 설명이다. 틀린 것으로 연결한 것은?

> 가. 주어진 위험범위와 주어진 제약 조건 내에서 벤치마크 성과에 대비해서 가능한 한 좋은 초과수익을 얻으려는 운용방식이다.
> 나. 추적오차가 액티브 운용보다 높게 나타나는 경향이 있다.
> 다. 월등하게 좋은 성과를 내는 종목이나 사건을 발견하기 보다는 조그만 성과를 낼 수 있는 종목이나 사건을 많이 발견하는 데에 초점을 맞춘다.
> 라. 과거자료를 이용한 계량적인 시뮬레이션을 통해 마련된 최적의 운용전략에 따라 운용을 하기도 한다.

① 가, 나
② 다, 라
③ 가, 다
④ 나, 라

틀린 내용은 '가, 나'이다.
가. '가능한 한 초과수익' → 최대의 초과수익 → 액티브 운용
나. 추적오차가 가장 큰 것은 액티브 운용이다.

정답 ①

75

투자자산운용사 프리미엄 강의노트 3과목 4편 주식투자운용 6문항

주식포트폴리오 모형에 대한 설명이다. 옳은 항목의 개수는?

> 가. 주식포트폴리오 모형은 주식리스크 모형이라고도 하는데 액티브운용에서만 사용한다.
> 나. 가장 대표적인 리스크 모델은 다중요인 모형인데, 다중요인 모형은 주식의 리스크를 베타, 규모, 성장성, 산업, 해외시장노출도 등의 여러 가지 비체계적 요인으로 구분하여 리스크의 특성을 분석한다.
> 다. 2차함수 최적화 모형은 기대수익률과 기대위험을 정확하게 추정함으로써 기대수익률과 위험의 최적균형점을 찾을 수 있으므로 선형모형의 대안으로 활용된다.

① 0개　　　　　　　　　　② 1개
③ 2개　　　　　　　　　　④ 3개

옳은 항목의 개수는 0개이다(모두 틀린 내용).
가. 액티브운용과 패시브운용 모두 주식포트폴리오 모형을 사용한다(활용목적은 다름).
나. 다중요인 모형은 체계적 위험(베타, 규모, 산업 등)을 다중화하여 리스크를 분석·관리하는 모형이다.
다. 2차함수 최적화 모형은 이론상으로는 최적이지만 현실적으로 기대수익률과 기대위험에 대한 추정오류를 피할 수 없다는 단점이 있다(과소추정 / 과대추정의 문제 발생). 이를 보완하는 방법으로서 일정한 제약조건 하에서 기대수익률과 위험을 최적화시키는 선형계획모형이 사용된다.

정답 ①

더 알아보기

● 주식포트폴리오 모형　▶ 더 좋은 성과를 위해서 위험을 관리하는 모형

주식포트폴리오 모형은 투자의사결정에 활용하기 위하여 '포트폴리오의 특성'을 분석하는 것인데, 투자대상의 위험 특성이 가장 중요하므로 주식포트폴리오 모형을 리스크모형이라고도 한다.

☑ 액티브운용과 패시브운용 모두 주식 포트폴리오 모형을 사용한다.
- 액티브운용 : 초과수익을 위해 어떤 위험요소를 선택할 것인가의 차원
- 패시브운용 : 포트폴리오의 위험요소를 벤치마크와 동일한 수준으로 유지하는 차원

☑ 3가지 모형 : 다중요인모형, 2차함수 최적화모형, 선형계획모형
- 가장 대표적인 리스크모델은 다중요인모형

☑ 3가지 모델

총위험 = 체계적 위험 + 비체계적 위험

$$\sigma_P = \beta_P + \epsilon_P$$

(1) 다중요인 모형

주식의 리스크를 베타, 규모, 성장성, 레버리지, 해외시장 노출도, 산업 등 여러 가지 체계적 요인으로 구분함(이 외의 리스크는 비체계적 위험)
- 이러한 위험을 포트폴리오 관점에서 합산하고, 운용자는 자신이 취한 위험의 정도를 벤치마크와 비교하여 파악할 수 있다.

(2) 2차함수 최적화 모형 ▶ '기대수익률 / 위험'을 추정 → 지배원리 작동 → 최적포트폴리오 도출

기대수익률과 위험의 추정을 통해 '기대수익률과 위험 간 최적의 균형점'을 찾아 투자하고자 하는 모형
- 이 모형에서는 기대수익률과 위험의 정확한 추정이 중요한데, 현실적으로 오류가 존재하므로 위험에 대한 과소·과대 추정의 문제가 발생함(→ 선형계획모형이 대안)

(3) 선형계획 모형

일정한 제약조건을 만족시키는 포트폴리오 중에서 기대수익률을 최대화하는 모형
- 제약조건 : 규모, 산업별 분산정도, 배당수익률, 거래비용, 유동성 등을 포함하며, 제약조건은 벤치마크대비 일정한 변동범위를 설정하는 것이 일반적이다.

보완

2022.11 기출복원

주식포트폴리오 모형에 대한 설명으로 가장 적절하지 않은 것은?

① 주식포트폴리오 모형은 주식리스크 모형이라고도 하는데 액티브운용 뿐 아니라 패시브운용에서도 사용된다.
② 가장 대표적인 리스크 모델은 다중요인 모형인데, 다중요인 모형은 주식의 리스크를 베타, 규모, 성장성, 산업, 해외시장노출도 등의 여러 가지 비체계적 요인으로 구분하여 리스크의 특성을 분석한다.
③ 2차함수 최적화 모형은 기대수익률과 추정 위험 간의 최적의 균형점을 찾는 모형이다.
④ 선형계획 모형은 일정한 제약조건을 만족하는 것 중에서 기대수익률을 최대화하는 것을 찾는 모형이다.

다중요인 모형은 체계적 위험(베타, 규모, 산업 등)을 다중화하여 리스크를 분석·관리하는 모형이다.

정답 ②

76. 투자자산운용사 프리미엄 강의노트 — 3과목 5편 채권투자운용 6문항

채권의 분류 체계상 나머지 셋과 다른 종류의 채권은?

① 회사채
② 이표채
③ 지방채
④ 특수채

※ 채권의 분류

발행주체별 분류	이자지급식 분류
국채, 지방채, 특수채, 회사채	복리채, 단리채, 이표채, 할인채

정답 ②

더 알아보기

● 추가분류 – 이자금액 변동유무에 따른 분류

(1) **고정금리채권(Fixed Rate Bond)** : 확정된 표면이자를 이자지급일에 지급하는 채권으로서, 국공채나 회사채 등 대부분의 채권이 해당된다.

(2) **변동금리채권(FRN ; Floating Rate Note)** : 기준금리에 연동되어 지급이자율이 변동되는 채권으로서 회사채 일부가 이에 해당한다.
  ㉠ 변동금리채권(FRN) : 일정기간 마다 '기준금리(reference) + 가산금리(spread)'로 액면이자를 지급하는 채권. 액면이자율은 기준금리에 연동되어 매기간 초마다 정해지며, 이자지급은 해당 기간 말에 이루어진다 (예 CD수익률+0.5%).
    ▶ 변동금리채권의 가치는 시장이자율의 변화에 민감하지 않다(∵ 액면이자율은 기준금리를 매순간 반영하는 것이 아니라 정기적으로 조정되기 때문).
  ㉡ 역변동금리채권(Reverse FRN) : 액면이자율이 특정 기준금리에 연동되기는 하지만 변동금리채권과는 반대로 기준금리가 상승하면 현금흐름이 감소하도록 설정된 채권이다(예 7%-CD수익률).

2024.03 기출복원

보기의 정의에 부합하는 채권의 종류는?

> 액면이자율이 특정 기준금리에 연동되기는 하지만 변동금리채권과는 반대로 기준금리가 상승하면 현금흐름이 감소하도록 설정된 채권이다.

① 할인채
② 외화표시채권
③ 역변동금리채권
④ 감채기금사채

역변동금리채권(Reverse FRN)이다.

정답 ③

77

투자자산운용사 프리미엄 강의노트 **3과목 5편 채권투자운용 6문항**

보기에 대한 설명으로 가장 적절하지 않은 것은?

> 채권액면 10,000원, 채권액면에 대한 전환주수는 2주이다(전환비율 100%). 그리고 동 전환사채의 시장가격은 13,000원, 전환대상 주식의 시장가격은 6,000원이다.

① 패리티 비율은 120%이다.
② 전환가치는 6,000원이다.
③ 전환프리미엄은 +1,000원이다.
④ 동 전환사채의 전환권을 행사하게 될 경우 발행사의 재무상태표 상으로 부채가 감소하고 동시에 자본이 증가한다.

전환가치(패리티가격)는 12,000원이다.
▶ 패리티가격 = $\frac{6,000원}{5,000원} \times 10,000원 = 12,000원$
▶ 전환가치 = $\frac{10,000원}{5,000원} \times 6,000원 = 12,000원$

정답 ②

더 알아보기

풀이

① '패리티 = $\frac{6,000}{5,000} \times 100\%$' 즉 패리티는 120이다(패리티비율 120%).
- 전환대상 주식의 시장가격은 6,000원이다(제시).
- 전환가격은 '전환주수 = $\frac{채권액면가액}{전환가격}$'을 활용하여 구한다(전환비율 100% 전제).
  '$2 = \frac{10,000}{전환가격}$'이므로 전환가격은 5,000원이다. 따라서 '패리티비율 = $\frac{6,000}{5,000} \times 100\%$' 즉 패리티 비율은 120%이다.

② 전환가치는 '전환주수 × 전환대상 주식의 시장가격'으로서 패리티가격과 같다.
- 패리티가격 = $\frac{전환대상주식의\ 시장가격}{전환가격} \times 채권액면 = \frac{6,000}{5,000} \times 10,000원 = 12,000원$'이다.
- 전환가치 = $\frac{채권액면}{전환가격} \times 전환대상\ 주식의\ 시장가격 = \frac{10,000원}{50,000원} \times 6,000원 = 12,000원$'이다.

③ 괴리(전환프리미엄) = 전환사채의 시장가격 − 전환가치(패리티가격) = 13,000원 − 12,000원 = (+)1,000원이다.
- 전환프리미엄은 보통 양의 값을 갖는다(∵ 주식으로 전환해서 주식으로 보유하는 것 보다는 전환사채인 상태로 보유하고 있는 것이 더 안전하므로 프리미엄을 지급하는 것이 일반적).

④ 전환권을 행사할 경우 전환사채가 소멸되고 주식으로 전환된다. 즉 전환사채가 소멸되므로 발행사의 부채가 감소하고, 동시에 주식으로 전환된 만큼 자본이 증가한다.

전환사채 패리티

(1) **패리티(parity)** : 전환대상 주가의 현재가격이 전환가격을 몇 % 상회하고 있는가를 나타내는 지표이다.

▶ 패리티(비율) = $\dfrac{\text{전환대상주식의 시장가격}}{\text{전환가격}} \times 100\%$

해석 패리티가 140%라면, 현재 전환대상주식으로 전환 시 전환가대비 40%의 수익을 보는 상태이다.

(2) **패리티가격** : 패리티에 채권의 액면금액을 곱한 가격으로서, **전환가치**라고 한다.

▶ 전환가치(패리티가격) = $\dfrac{\text{전환대상주식의 시장가격}}{\text{전환가격}} \times \text{채권액면}$ ▶ 전환가치 : 전환된 주식의 시장가치

• 또는 '전환가치 = 전환대상주식의 시장가격 × 전환주수($\dfrac{\text{채권액면}}{\text{전환가격}}$)'이다.

(3) **괴리(전환프리미엄)** : 괴리 = 전환사채의 시장가격 − 패리티가격

(4) **괴리율(%)** : 괴리를 패리티가격으로 나눈 값을 말한다. 괴리율은 '전환사채의 가격수준이 적정가격(패리티가격)에 비해 얼마나 싼지 또는 비싼지의 정도'를 나타낸다.

2022.02 기출복원

빈칸에 알맞은 것은?

> 채권액면 100,000원, 채권액면에 대한 전환주수는 4주이다(전환비율 100%). 현재 채권의 시장가격은 95,000원이고 전환대상 주식의 시장가격은 20,000원이다. 이 경우 동 전환사채의 패리티는 (   )이다.

① 80%
② 84%
③ 95%
④ 125%

'패리티 = $\dfrac{20,000원}{25,000원} \times 100\%$, 패리티 = 80%'이다. 그리고 전환사채 시장가격 95,000원은 계산에 반영되지 않는다는 점에 유의해야 한다.

(1) **전환사채의 패리티** = $\dfrac{\text{전환대상주식의 시가}}{\text{전환가격}} \times 100\%$

• 전환대상 주식의 시장가격은 20,000원이다(제시).

• 전환가격은 '전환주수 = $\dfrac{\text{채권액면가액}}{\text{전환가격}}$'을 활용하여 구한다(전환비율 100%전제).

'4 = $\dfrac{100,000}{\text{전환가격}}$'이므로 전환가격은 25,000원이다.

* 전환비율은 '채권액면의 몇 %를 주식으로 전환하는가?'를 말하는데, 전환비율 100%는 채권액면 100,000원이 전부 주식으로 전환됨을 의미한다.

(2) 따라서 '패리티 = $\dfrac{20,000원}{25,000원} \times 100\%$, 패리티 = 80%'이다.

정답 ①

78

투자자산운용사 프리미엄 강의노트 3과목 5편 채권투자운용 6문항

액면가 10,000원, 표면이율 6%, 3년 만기 연단위 후급 이표채, 시장가격 9,500원, 만기수익률 5%, 동 채권의 경상수익률은?(근사치)

① 6%
② 6.32%
③ 18%
④ 18.94%

경상수익률 = $\dfrac{쿠폰금액(연이자금액)}{채권의 시장가격}$ = $\dfrac{600}{9,500}$ = 약 6.32%

정답 ②

2024.03 기출복원

'액면가 10,000원, 표면이율 5%, 3년 만기 연단위 후급 이표채, 시장가격 9,500원, 만기수익률 6%'일 때, 동 채권의 경상수익률은?(근사치)

① 5.26%
② 6.32%
③ 15.78%
④ 18.94%

경상수익률 = $\dfrac{쿠폰금액(연이자금액)}{채권의 시장가격}$ = $\dfrac{500}{9,500}$ = 약 5.26%

주의 분자는 연 이자 지급액이므로 500원이 된다. 그런데, 만기가 3년이라고 해서 '500원 × 3년 = 1,500원, $\dfrac{1,500}{9,500}$ = 15.78%'로 계산하지 말아야 한다.

정답 ①

79

3과목 5편 채권투자운용 6문항

보기는 맥컬레이 듀레이션에 대한 설명이다. 옳은 것으로 연결한 것은?

> 가. 복리채나 할인채의 듀레이션은 잔존만기보다 짧다.
> 나. 이표채의 경우 잔존만기가 곧 듀레이션이다.
> 다. 이표채의 듀레이션은 표면금리가 낮을수록 커진다.
> 라. 만기수익률이 10%인 영구채의 듀레이션은 11년이다.

① 가, 나
② 다, 라
③ 가, 다
④ 나, 라

옳은 내용은 '다, 라'이다.
가. 무이표채(복리채 / 할인채)의 듀레이션은 만기와 같다.
  예) 3년만기 복리채의 듀레이션은 3년이다(잔존만기가 아닌 경우는 발행시점으로 가정).
나. 이표채의 듀레이션은 항상 만기보다 짧다.
  예) 3년만기 이표채의 듀레이션은 3년보다 짧다(잔존만기가 아닌 경우는 발행시점으로 가정).

정답 ②

더 알아보기

듀레이션(맥컬레이 듀레이션)

(1) 채권에서 발생하는 미래현금흐름을 회수하는데 걸리는 가중평균기간
   = 채권의 투자원금(P)의 가중평균회수기간(현가기준)

$$Duration = \frac{\sum \frac{t \times CF_t}{(1+r)^t}}{\sum \frac{CF_t}{(1+r)^t}} = \frac{\sum \frac{t \times CF_t}{(1+r)^t}}{P}$$

(2) 이자율에 대한 채권가격의 민감도(채권가격 변동성) : 금리가 1% 하락할 경우,
  • 수정듀레이션이 2인 채권은 채권가격이 2% 상승하지만,
  • 수정듀레이션이 5인 채권은 채권가격이 5% 상승한다.   힉스듀레이션

$$\frac{\Delta P}{P} = (-) \times \frac{맥컬레이듀레이션}{(1+YTM)} \times dY \qquad \frac{맥컬레이듀레이션}{(1+YTM)} = 수정듀레이션$$

☑ 듀레이션 예시(기본서, 4권, p197) ▶ 투자원금의 가중평균회수기간

듀레이션↑ = $f(CR↓, T-t↑, YTM↓)$

잔존기간이 3년, 표면이율 8%인 연단위 후급 이자지급 이표채의 만기수익률이 10%일 경우 이 채권의 맥컬레이 듀레이션은?

t	CF_t		$CF_t/(1+r)^t$	$t \times CF_t/(1+r)^t$	
1	800	만기 전 일부회수	$727.27 = 800/(1+0.1)^1$	$727.27 = 727.27 \times 1$	$\dfrac{727.27 + 1{,}322.32}{9{,}502.63} = 0.22$
2	800		$661.16 = 800/(1+0.1)^2$	$1{,}322.32 = 661.16 \times 2$	
3	10,800		$8114.20 = 10{,}800/(1+0.1)^3$	$24{,}342.60 = 8114.20 \times 3$	
합 계			9,502.63	26,392.19	

듀레이션 = $\dfrac{26{,}392.19}{9{,}502.63}$ = 2.78(년)

▶ 이표채의 경우 채권의 듀레이션은 만기보다 항상 짧다.
▶ 이표채가 아닌 채권의 듀레이션은 만기와 동일하다.

☑ 듀레이션 = 채권가격의 변동성(민감도)

$$\frac{\Delta P}{P} = (-) \times \frac{맥컬레이듀레이션}{(1+YTM)} \times dY$$

듀레이션↑ = $f(CR↓, T-t↑, YTM↓)$

- 듀레이션은,
  ① 표면금리가 낮을수록,
  ② 잔존만기가 길수록,
  ③ 만기수익률이 낮을수록 길어진다.

2023.02 기출복원

채권 A, B, C, D의 표면이율, 잔존기간, 만기수익률이 보기와 같다고 가정할 때, 듀레이션이 큰 순서대로 나열한 것은?

> A. 표면이율 5%, 잔존기간 3년(만기수익률은 7%)
> B. 표면이율 4%, 잔존기간 4년(만기수익률은 6%)
> C. 표면이율 5%, 잔존기간 4년(만기수익률은 6%)
> D. 표면이율 5%, 잔존기간 4년(만기수익률은 7%)

① A > B > C > D
② B > A > C > D
③ B > C > D > A
④ D > C > A > B

듀레이션↑ = ƒ(CR↓, T−t↑, YTM↓)
③ 세 항목(표면이율/잔존만기/만기수익률) 중 두 항목이 일치하면 듀레이션의 크고 작음을 명확히 구분할 수 있다. 이런 식으로 듀레이션의 공식을 적용하여 풀이하면, 보기에서 듀레이션이 큰 순서는 'B > C > D > A'이다.

정답 ③

80

투자자산운용사 프리미엄 강의노트 3과목 5편 채권투자운용 6문항

듀레이션과 관련하여 빈칸을 옳게 연결한 것은?(순서대로)

> 수정듀레이션이 2.72이다. 만기수익률이 5%에서 4%로 하락할 경우 힉스듀레이션으로 측정한 채권가격의 변동률은 (   )이며, 그리고 이 경우 힉스듀레이션으로 측정한 채권가격의 변동폭은 실제 채권가격의 변동폭을 (   )하게 된다.

① +2.72%, 과소평가
② −2.72%, 과대평가
③ +2.85%, 과소평가
④ −2.85%, 과대평가

'+2.72%, 과소평가'이다. 채권의 볼록성에 의해서, 채권가격이 (+)로 변동할 경우는 과소평가, (−)로 변동할 경우는 과대평가이다.

정답 ①

더 알아보기

📍 채권가격의 볼록성

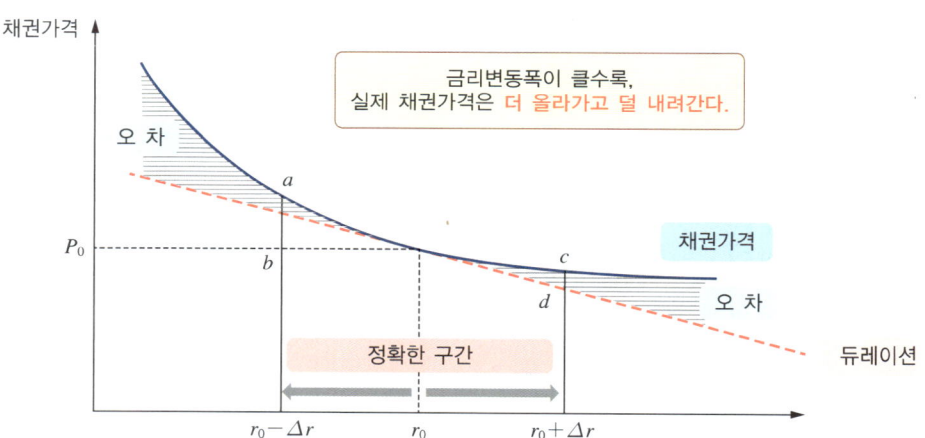

→ 듀레이션 측정치의 입장에서는,
　채권가격 상승 시에는 채권가격 상승폭을 과소평가하고(b < a),
　채권가격 하락 시에는 채권가격 하락폭을 과대평가한다(d > c).

2022.06 기출복원

듀레이션과 관련하여 빈칸을 옳게 연결한 것은?(순서대로)

> 수정듀레이션이 2.72이다. 만기수익률이 5%에서 6%로 상승할 경우 힉스듀레이션으로 측정한 채권가격의 변동률은
> ( )이며, 그리고 이 경우 힉스듀레이션으로 측정한 채권가격의 변동폭은 실제 채권가격의 변동폭을
> ( )하게 된다.

① +2.72, 과소평가
② −2.72, 과대평가
③ +2.86, 과소평가
④ −2.86, 과대평가

---

(1) $\dfrac{\Delta P}{P} = (-) \cdot MD \cdot \Delta y \rightarrow \dfrac{\Delta P}{P} = (-) \cdot 2.72 \cdot (+)1\% = (-)2.72\%$

(2) 실제 채권의 가격은 볼록성의 성질에 의해서, 듀레이션으로 측정한 가격보다 항상 '더 올라가고 덜 내려간다.'
→ 이를 듀레이션(수정듀레이션) 측정치의 입장에서 본다면,
'수익률하락 − 채권가격상승' 시에는 실제가격의 상승폭을 과소평가하게 되고,
'수익률상승 − 채권가격하락' 시에는 실제가격의 하락폭을 과대평가하게 된다.

정답 ②

81

투자자산운용사 프리미엄 강의노트   3과목 5편 채권투자운용 6문항

현 시점에서 2년 만기 현물이자율(S_2)이 4%, 향후 1년 후의 1년 만기 내재선도이자율($_1f_1$)이 3%일 경우, 현 시점에서 1년 만기 현물이자율(S_1)은 얼마인가?(불편기대이론에 따라)

① 약 3.0%
② 약 3.5%
③ 약 4.0%
④ 약 5.0%

1년 만기 현물이자율(S_1)은 5%이다(아래 풀이).

※ **불편기대이론 하에서의 내재선도이자율 구하기**

(1) 불편기대이론 하에서는 장・단기 채권의 완전대체관계가 성립하므로 장기채수익률은 단기채수익률과 내재선도이자율이 기하평균과 같다.

(2) 따라서, $(1 + 0.04)^2 = (1 + {_0R_1})(1 + 0.03)$

 $S_1 = \dfrac{(1 + 0.04)^2}{(1 + 0.03)} - 1$, $(\therefore) S_1 = 0.0516$ 즉 약 5%이다.

(3) 약식계산 : $\dfrac{(2 \times 4\%) - (1 \times S_1)}{2 - 1} = 3\%$, $8\% - S_1 = 3\%$, $(\therefore) S_1 = 5\%$

정답 ④

더 알아보기

● 불편기대이론 - (내재)선도이자율 구하기

※ 장기채수익률은 단기채수익률과 내재선도이자율이 기하평균과 같다.

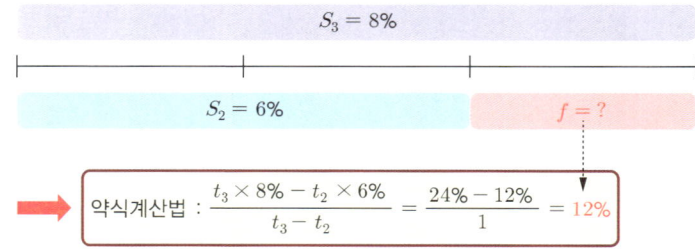

2024.06 기출복원

현 시점에서 1년 만기 현물이자율($_0R_1$)이 3%, 2년 만기 현물이자율($_0R_2$)이 3.5%일 때, 향후 1년 후의 1년 만기 내재선도이자율($_1f_1$)은 얼마인가?(불편기대이론에 따른, 근사치)

① 3.0%
② 3.5%
③ 4.0%
④ 5.0%

향후 1년 후 시점에서의 1년 만기 내재선도이자율은 4.0%이다.

※ 불편기대이론 하에서의 내재선도이자율 구하기
(1) 불편기대이론 하에서는 장·단기 채권의 완전대체관계가 성립하므로 장기채수익률은 단기채수익률과 내재선도이자율이 기하평균과 같다.
(2) 따라서, $(1+0.035)^2 = (1+0.03)(1+{_1f_1})$
→ $_1f_1 = \frac{(1+0.035)^2}{(1+0.03)} - 1$, ($\therefore$) $_1f_1 = 0.0400242$, 즉 4.002%
(3) 약식계산 : $\frac{(2 \times 3.5\%) - (1 \times 3\%)}{2-1} = 7\% - 3\% = 4.0\%$

[정답] ③

2023.11 기출복원

현 시점에서 2년 만기 현물이자율(S_2)이 5%, 향후 1년 후의 1년 만기 내재선도이자율($_1f_1$)이 4%일 경우, 현 시점에서 1년 만기 현물이자율(S_1)은 얼마인가?(불편기대이론에 따른, 근사치)

① 3.0%
② 4.0%
③ 5.0%
④ 6.0%

1년 만기 현물이자율(S_1)은 6%이다(아래 풀이).

※ 불편기대이론 하에서의 내재선도이자율 구하기
(1) 불편기대이론 하에서는 장·단기 채권의 완전대체관계가 성립하므로, 장기채수익률은 단기채수익률과 내재선도이자율의 기하평균과 같다.
(2) 따라서, $(1+0.05)^2 = (1+S_1)(1+0.04)$
→ $S_1 = \frac{(1+0.05)^2}{(1+0.04)} - 1$, ($\therefore$) $S_1 = 0.060096$, 즉 약 6%이다.
(3) 약식계산 : $\frac{(2 \times 5\%) - (1 \times S_1)}{2-1} = 4\%$, = 4%, $10\% - S_1 = 4\%$, ($\therefore$) $S_1 = 6\%$

[Tip] 만기가 짧을 경우는 기하평균과 산술평균의 차이가 크지 않으므로 산술평균으로 계산해도 무방하다.

→ $\frac{S_1 + \text{내재이자율}}{2} = S_2$, 즉 $\frac{S_1 + 4\%}{2} = 5\%$, ($\therefore$) $S_1 = 6\%$

[정답] ④

82

투자자산운용사 프리미엄 강의노트   3과목 6편 파생상품투자운용 6문항

장외파생상품에 대한 설명이다. 틀린 항목으로 연결한 것은?

> 가. 옵션은 장내파생상품으로만, 스왑은 장외파생상품으로만 존재한다.
> 나. 장외파생상품의 거래는 경쟁매매방식을 통해 이루어진다.
> 다. 장외파생상품은 맞춤형 거래가 가능하며, 거래상대방끼리만 동의하면 어떠한 조건도 삽입이 가능하다.
> 라. 장외파생상품 거래는 시장조성자(웨어하우스 ; warehouse)와 고객 간의 일대일 계약 형태로 나타나는 것이 대부분이다.

① 가, 나   ② 다, 라
③ 가, 다   ④ 나, 라

틀린 항목은 '가, 나'이다.
가 : 옵션은 장내와 장외 모두 존재하고, 스왑은 장외파생상품으로만 존재한다.
나 : 장내파생상품은 경쟁매매방식, 장외파생상품은 상대매매방식이다.
▶ '상대매매'는 쌍방 간의 호가가 일치해야만 체결이 되는 방식이며, '경쟁매매'는 불특정다수가 참여하는 가운데 상대방에게 가장 유리한 호가가 먼저 체결이 되는 방식이다.

정답 ①

더 알아보기

● 장내파생상품 VS 장외파생상품

장내파생상품	장외파생상품
선 물 (예) 통화선물	선 도 (예) 선물환계약
장내옵션 (주가지수옵션) (개별주식옵션)	장외옵션 (금리옵션) (이색옵션)
	스 왑

→ 거래소 거래여부에 따른 분류 : **장내**파생상품 VS **장외**파생상품
→ 거래형태에 따른 분류 : **선도 / 선물**(인수도), **옵션**(권리행사), **스왑**(교환)

선물거래(futures) VS 선도거래(forward)

구 분	선물거래 (장내거래)	선도거래 (장외거래)
거래장소	한국거래소	X
신용위험 여부	☑ 신용위험 없음	☑ 신용위험 있음
장 점	표준단위로 거래되어 유동성이 풍부함	맞춤형 거래가 가능함
단 점	맞춤형 거래가 불가능	표준화되지 않으므로 부족한 유동성
결제방법	실물인수도, 현금결제(대부분)	실물인수도
매매방식	경쟁매매	☑ 상대매매

☑ 장외파생상품 거래방식

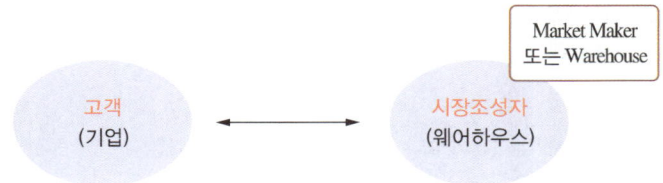

→ 장외거래는 장외거래를 필요로 하는 고객(주로 기업)과 장외파생상품을 전문적으로 취급하는 시장조성자(주로 금융기관이며 웨어하우스라고 함) 사이에서 일어나는 것이 대부분이다.

2023.02 기출복원

장외파생상품 거래에 대한 설명이다. 가장 적절하지 않은 것은?

① 거래상대방끼리만 동의하면 어떠한 조건도 삽입이 가능하다.
② 장외파생상품 거래는 시장조성자(웨어하우스 ; wearhouse)와 고객 간의 일대일 계약형태로 나타나는 것이 대부분이다.
③ 경쟁매매 방식으로 매매한다.
④ 선도(forward)와 스왑(swap)은 장외에서만 거래되는 상품이다.

장외거래는 상대매매 방식으로 매매한다(경쟁매매는 장내상품의 매매방식).

정답 ③

83

투자자산운용사 프리미엄 강의노트   3과목 6편 파생상품투자운용 6문항

선물거래의 일일정산과 관련하여 빈칸에 알맞은 것은?

> 선물포지션 구축 시 개시증거금은 120억 원, 유지증거금은 80억 원이었다. 그리고 현 시점에서 일일정산 후의 증거금이 90억 원이라면, 추가로 납부해야 하는 증거금은 (　　)이 된다.

① 0원
② 10억 원
③ 30억 원
④ 40억 원

추가증거금은 일일정산 후 정산금이 유지증거금보다 낮을 경우 마진콜이 발생하고, 마진콜이 발생하면 '개시증거금 − 일일정산 후 증거금 = 추가증거금(또는 변동증거금)'의 추가증거금을 납부해야 한다. 그런데 동 문항에서는 일일정산 후 증거금(90억 원)이 유지증거금(80억 원)보다 높으므로 마진콜이 발생하지 않는다. 즉 추가로 납부해야 할 증거금은 0원이다.
▶ '추가증거금 = 0원'이 답이 되는 문제'는 40회가 처음이다(응용 문제).

정답 ①

더 알아보기

● 선물거래(장내거래)

☑ 선물거래는
① 신용위험 없이, ② 언제든지 반대매매를 할 수 있다.
　　↑
일일정산제도
증거금제도

반대방향매매(청산거래)
　　=
선물시장의 풍부한 유동성의 원천

☑ 일일정산제도

가정 선물 1계약이 1억 원, 개시증거금률 15%, 유지증거금률이 10%일 경우,

- 개시증거금 1,500만 원
- 유지증거금 1,000만 원
- ← 일일정산 후 증거금이 700만 원이라면(유지증거금 미만),
- → 마진콜 발동
- → 개시증거금 수준까지 추가증거금 납부의무

2024.03 기출복원

선물거래의 일일정산과 관련하여 빈칸에 알맞은 것은?

> 선물포지션 구축 시 개시증거금은 120억 원, 유지증거금은 80억 원이었다. 그리고 현 시점에서 일일정산 후의 증거금이 55억 원이라면, 추가로 납부해야 하는 증거금은 (   )이 된다.

① 25억 원
② 45억 원
③ 65억 원
④ 100억 원

개시증거금 − 일일정산 후 증거금 = 추가증거금(또는 변동증거금), 따라서 '120 − 55 = 65' 즉 마진콜로 인해 추가납부해야 할 추가증거금은 65억 원이다.

정답 ③

84

3과목 6편 파생상품투자운용 6문항

옵션을 이용한 합성전략에 대한 설명이다. 틀린 항목의 개수는?

> 가. 콜불스프레드 전략은 행사가격이 높은 콜옵션을 사고 행사가격이 낮은 콜옵션을 매도하는 전략이다.
> 나. 풋불스프레드 전략은 기초자산가격이 하락할 때 수익이 나는 전략이다.
> 다. 스트래들 매수전략은 행사가격이 동일한 콜옵션과 풋옵션을 동시에 매수하는 전략이다.
> 라. 스트랭글 매도전략은 큰 행사가격의 콜옵션과 작은 행사가격의 풋옵션을 동시에 매도하는 전략이다.

① 0개 ② 1개
③ 2개 ④ 3개

틀린 항목의 개수는 2개이다('가, 나').
가. 콜불스프레드(Call Bull Spread)는 행사가격이 낮은 콜옵션을 매수하고 행사가격이 높은 콜옵션을 매도하는 전략이다.
나. 콜불스프레드(Call Bull Spread), 풋불스프레드(Put Bull Spread) 모두 기초자산가격이 상승할 때 수익이 나는 전략이다.

정답 ③

더 알아보기

● 옵션투자전략

방향성 전략		변동성 전략	
상승예상	하락예상	변동성 증가예상	변동성 감소예상
콜옵션매수	풋옵션매수	스트래들 매수	스트래들매도
풋옵션매도	콜옵션매도	스트랭글 매수	스트랭글매도
강세 스프레드	약세 스프레드	변동성매수전략	변동성매도전략

☑ 스프레드 전략

강세 스프레드 (bull spread)		약세 스프레드 (bear spread)	
강세콜스프레드	강세풋스프레드	약세콜스프레드	약세풋스프레드
C(80) 매수 C(90) 매도	P(80) 매수 P(90) 매도	C(80) 매도 C(90) 매수	P(80) 매도 P(90) 매수
초기 순지출	초기 순수입	초기순수입	초기순지출

▶ **스프레드 전략의 의미**
 ① 시간가치 소멸효과(time decayed) 현상이 없다.
 ② 이익과 손실이 제한된다(Low Return, Low Risk 전략 또는 보수적인 전략).

▶ **강세 콜 스프레드**
 → 행사가격이 낮은 콜옵션을 매수하고, 행사가격이 높은 콜옵션을 매도한다.

☑ 변동성 매수전략

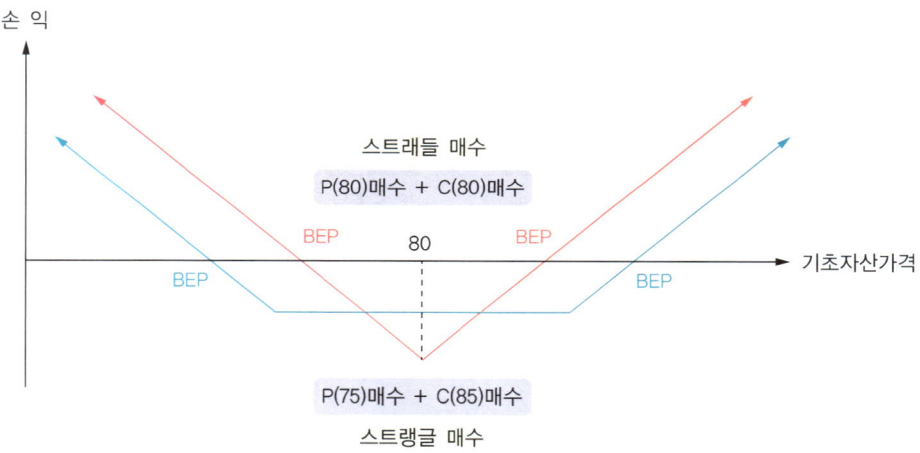

2023.06 기출복원

옵션을 이용한 합성전략에 대한 설명이다. 가장 적절하지 않은 것은?

① 콜불스프레드 전략은 행사가격이 높은 콜옵션을 사고 행사가격이 낮은 콜옵션을 매도하는 전략이다.
② 풋불스프레드 전략의 경우 프리미엄 순수입으로 시작한다.
③ 스트래들 매수전략은 행사가격이 동일한 콜옵션과 풋옵션을 동시에 매수하는 전략이다.
④ 스트랭글 매도전략은 큰 행사가격의 콜옵션과 작은 행사가격의 풋옵션을 동시에 매도하는 전략이다.

콜불스프레드(Call Bull Spread)는 행사가격이 낮은 콜옵션을 매수하고 행사가격이 높은 콜옵션을 매도하는 전략이다.

정답 ①

85

투자자산운용사 프리미엄 강의노트   3과목 6편 파생상품투자운용 6문항

풋콜패리티(Put Call Parity)의 조건에 따를 때, 채권매수와 동일한 포지션은?

① 콜옵션매수 + 풋옵션매수 + 기초자산매수
② 콜옵션매도 + 풋옵션매수 + 기초자산매수
③ 콜옵션매도 + 풋옵션매수 + 주식대차거래
④ 콜옵션매수 + 풋옵션매도 + 주식대차거래

풋콜패리티의 동등성을 이용한다. '$c_t + \dfrac{x}{(1+r)^{T-t}} = p_t + S_t$'에서, 채권매수를 중심으로 정리하면 '$\dfrac{x}{(1+r)^{T-t}} = -c_t + p_t + S_t$'이다. 즉 '**채권매수 = 콜옵션매도 + 풋옵션매수 + 기초자산매수**'이다.

정답 ②

더 알아보기

● 풋콜패리티의 변형   [이자추출전략]   [보호적풋]

☑ $c_t + B_t = p_t + S_t$

'$c_t + B_t = p_t + S_t$'
이 성립하므로 포지션 사이의 동등성이 성립한다.

$+c_t$	$c_t = p_t + S_t - \dfrac{X}{(1+r)^{T-t}}$	채권매도 (채권발행)
$+p_t$	$p_t = c_t + \dfrac{X}{(1+r)^{T-t}} - S_t$	기초자산매도 (주식대차거래)
$+S_t$	$S_t = c_t + \dfrac{X}{(1+r)^{T-t}} - p_t$	
$+B_t$	$\dfrac{X}{(1+r)^{T-t}} = -c_t + p_t + S_t$	

2021.01 기출복원

풋콜패리티에 의할 때 '콜옵션매수'와 동일한 포지션은?

① 풋옵션매수 + 기초자산매수 + 채권매수
② 풋옵션매수 + 기초자산매수 + 채권발행
③ 풋옵션매도 + 주식대차거래 + 채권매수
④ 풋옵션매도 + 주식대치거래 + 채권발행

$c_t = p_t + S_t - \dfrac{X}{(1+r)^{T-t}}$

즉 **콜옵션매수** = 풋옵션매수 + 기초자산매수 + 채권발행

[정답] ②

2023.06 기출복원

풋콜패리티의 조건에 따를 때, 풋옵션매수와 동등한 포지션은 무엇인가?

① 콜옵션매수 + 채권매수 + 주식매수
② 콜옵션매수 + 채권매수 + 주식대차거래
③ 콜옵션매도 + 채권매도 + 주식매수
④ 콜옵션매도 + 채권매수 + 주식대차거래

풋콜패리티의 동등성을 이용한다. '$c + \dfrac{X}{(1+r)^{T-t}} = p_t + S_t$'에서, p_t를 중심으로 정리하면 '$p_t = c + \dfrac{X}{(1+r)^{T-t}} - S_t$'이 된다.

즉 '**풋옵션매수 = 콜옵션매수 + 채권매수 + 주식대차거래**'이다.

[정답] ②

86

투자자산운용사 프리미엄 강의노트   3과목 6편 파생상품투자운용 6문항

다음 중 '기초자산 매수'와 동일한 효과를 내는 옵션포지션은 무엇인가?

① 콜옵션매수+풋옵션매수
② 콜옵션매수+풋옵션매도
③ 콜옵션매도+풋옵션매도
④ 콜옵션매도+풋옵션매수

'기초자산 매수'와 동일한 효과를 내는 옵션 포지션은 '콜옵션매수 + 풋옵션매도'이다.

※ 풀 이

(1) 풋콜패리티의 동등성을 이용하는 방법 : '$c + \dfrac{X}{(1+r)^{T-t}} = p_t + S_t$'에서, S_t를 중심으로 정리하면

$S_t = c - p_t + \dfrac{X}{(1+r)^{T-t}}$ 이 된다. 즉 '기초자산매수 = 콜옵션매수 + 풋옵션매도 + 채권매수'이다.

따라서 '기초자산 매수'와 동일한 효과를 내는 옵션포지션은 '콜옵션매수 + 풋옵션매도'이다.

(2) 합성선물 포지션을 이용하는 방법(합성선물 = 옵션의 합성을 통한 선물포지션) : 아래 그림에서 보듯 합성선물매수는 수익구조에서 '기초자산을 매수한 것'과 같다. 따라서 '기초자산매수 = 콜옵션매수 + 풋옵션매도(합성선물매수)'이다.

[비교] '기초자산매도 = 콜옵션매도 + 풋옵션매수(합성선물 매도)'이다.

[정답] ②

더 알아보기

● 합성선물매수 & 합성선물매도

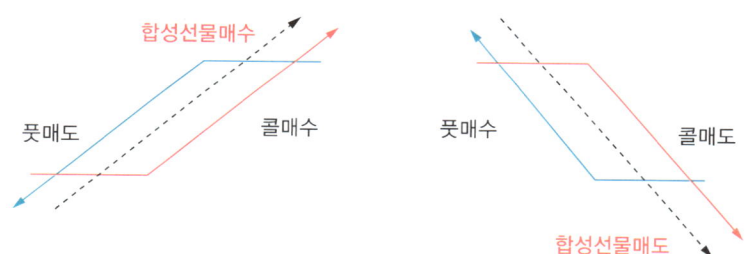

☑ 기초자산매수 = 합성선물매수 = 콜옵션매수 + 풋옵션매도

2023.02 기출복원

다음 중 '기초자산 매수'와 동일한 효과를 내는 옵션포지션을 구성하면?

① 콜옵션매수 + 풋옵션매수
② 콜옵션매수 + 풋옵션매도
③ 콜옵션매도 + 풋옵션매도
④ 콜옵션매도 + 풋옵션매수

풋콜패리티의 동등성을 이용한다. '$c_t + \dfrac{x}{(1+r)^{T-t}} = p_t + S_t$'에서, S_t를 중심으로 정리하면 '$S_t = c_t - p_t + \dfrac{x}{(1+r)^{T-t}}$'이 된다. 즉 '기초자산매수 = 콜옵션매수 + 풋옵션매도 + 채권매수'이다. 따라서 '기초자산 매수'와 동일한 효과를 내는 옵션포지션은 '콜옵션매수 + 풋옵션매도'이다.

정답 ②

87

투자자산운용사 프리미엄 강의노트 3과목 6편 파생상품투자운용 6문항

보기에서 콜옵션 매수 포지션과 풋옵션 매수 포지션의 민감도 부호가 모두 양(+)의 값인 항목의 개수는?

> 델타, 감마, 베가, 쎄타, 로우

① 0개 ② 1개
③ 2개 ④ 3개

2개이다(감마와 베가).

정답 ③

더 알아보기

● 옵션민감도지표의 정의

(1) 델타($\frac{\partial c}{\partial S}$) : 기초자산이 변할 때 옵션가격이 얼마나 변하는가?

(2) 감마($\frac{\partial^2 c}{\partial S^2}$) : 기초자산이 변할 때 델타가 얼마나 변하는가?

(3) 베가($\frac{\partial c}{\partial \sigma}$) : 변동성계수가 변할 때 옵션가격이 얼마나 변하는가?

(4) 쎄타($\frac{\partial c}{\partial t}$) : 시간이 경과할 때 옵션가격이 얼마나 변하는가?

(5) 로우($\frac{\partial c}{\partial r}$) : 금리가 변할 때 옵션가격이 얼마나 변하는가?

● 옵션민감도 지표의 변화

매수포지션	델타	감마	베가	세타	로우
콜옵션	+	+	+	−	+
풋옵션	−	+	+	−	−

☑ '옵션매수는 변동성을 먹고 살고 시간가치에 죽는다'

2024.03 기출복원

다음의 옵션민감도 지표 중에서 콜옵션매도와 풋옵션매수 포지션의 민감도 부호가 동일한 것은?

① 델타
② 감마
③ 베가
④ 쎄타

델타이다. 콜옵션매도 포지션은 기초자산가격이 상승할 때 손실이 발생하므로 민감도 부호는 (−)이며, 풋옵션매수 포지션은 기초자산가격이 하락할 때 수익이 발생하므로 민감도 부호는 (−)이다.

정답 ①

88

3과목 7편 투자운용결과분석 4문항

펀드평가 7단계 프로세스의 1단계인 펀드회계처리에 대한 내용이다. 가장 적절하지 않은 것은?

① 공정가치(fair value)로 평가한다.
② 신뢰할 만한 시가가 없는 경우에는 운용회사의 자체기준에 따라 평가한 가액을 공정가액으로 하여 평가한다.
③ 손익에 영향을 끼치는 거래가 발생하면 현금의 수입이나 지출과 관계없이 그 발생시점에서 손익을 인식한다.
④ 거래의 체결이 확인되면 미수증권이나 미지급금과 같이 실제로 현금흐름에 따라 결제가 일어나지 않았더라도 회계상에 반영한다.

운용사 자체기준이 아닌, 채권평가회사와 같은 **외부전문기관의 평가를 공정가액으로 하여 평가한다**. 펀드회계처리 방법 중 '①, ②는 공정가치평가 관련내용, ③은 발생주의, ④는 체결기준'에 해당된다.

정답 ②

더 알아보기

● 1단계 : 펀드의 회계처리

공정가치 평가	발생주의 회계	체결일 기준
시가평가를 우선하되 신뢰할 만한 시가가 없는 경우, 공정가격(fair value)으로 평가한다. • 펀드의 시가평가원칙	**발생주의 ↔ 현금주의** • 손익에 영향을 끼치는 거래가 발생하면, 현금의 유출과 관계없이 그 발생시점에서 손익을 인식한다.	결제기준 X **체결기준 O** (거래일) 손익인식을 지연시키지 않고 **신속히 반영하는 차원**
∥	∥	∥
신뢰할 만한 시가가 없는 경우 외부전문기관이 평가한 가액을 사용한다. (운용사 자체기준 X)	미지급금이나 미수증권은 발생시점에서 반영한다. (현금 입출시점에서 X)	체결시점을 기준으로 반영한다. (결제일 기준으로 X)

2024.03 기출복원

펀드의 회계처리에 대한 설명이다. 가장 적절하지 않은 것은?

① 시장가격으로 평가하되 시장거래가 활발하지 않는 등 평가일 현재 신뢰할만한 시장가격이 없는 경우에는 공정가액으로 평가한다.
② 공정가액은 운용사에서 자체적으로 가격을 결정하지 않고 채권평가회사와 같은 자산가격 산정을 전문으로 하는 외부 전문기관이 공급하는 가격을 사용하여 평가한다.
③ 손익에 영향을 주는 거래가 발생하면 현금의 수입이나 지출과 관계없이 그 발생시점에서 손익을 인식한다.
④ 거래 체결 후 실제로 현금흐름에 따른 결제가 이루어진 시점을 기준으로 회계처리를 한다.

④는 결제일 기준에 대한 설명으로서 틀린 내용이다(펀드 회계처리는 체결일 기준). 펀드회계처리의 3가지 원칙은 '**공정가치평가**(①, ②), **발생주의 회계**(③), **체결일기준 회계**'이다.

정답 ④

2023.02 기출복원

펀드의 회계처리(펀드평가프로세스 1단계)에 대한 설명이다. 틀린 것으로 연결한 것은?

> 가. 시가가 형성되지 않은 채권 등의 경우에는 운용회사 자체적으로 자산의 가격을 결정하지 않고 채권평가회사와 같은 외부전문기관이 공급한 가격을 사용한다.
> 나. 이자나 배당 등이 약정일에 지급될 것이 확실하다고 해도, 약정일이 아닌 실제 지급일을 기준으로 회계처리한다.
> 다. 유가증권의 거래에서는 소유권의 이전과 유가증권의 교환이 일어나는 시점을 기준으로 하여 회계처리한다.

① 가
② 나, 다
③ 가, 다
④ 가, 나, 다

틀린 내용은 '**나, 다**'이다. '가'는 공정가치 평가 원칙으로서 옳은 내용이다. '나'는 현금주의 회계처리를 말하는데 **발생주의가 옳다**(실제 지급일이 아닌 약정일에 수익으로 인식하고 회계처리함). '다'는 결제일 기준 회계처리를 말하는 데 **체결일 기준이 옳다**.

정답 ②

89

투자자산운용사 프리미엄 강의노트 **3과목 7편 투자운용결과분석 4문항**

펀드평가 7단계 프로세스의 2단계인 투자수익률 계산과 관련하여, 다음 중 금액가중수익률에 해당하는 내용을 모두 연결한 것은?

> 가. 최초 및 최종의 자산규모, 자금의 유출입 시기에 의해 영향을 받는다.
> 나. 운용기간 도중 각 시점 별로 펀드성과와 시장수익률을 비교하기가 어렵다.
> 다. 펀드매니저의 능력을 평가하는 지표로 적합하다.

① 가, 나
② 나, 다
③ 가, 다
④ 가, 나, 다

'가, 나'가 옳은 내용이다. '다'는 시간가중수익률에 해당한다.
다. 금액가중수익률은 운용자와 투자자의 공동의 성과를 반영하므로 펀드매니저의 능력만을 별도로 평가할 수 없다.

정답 ①

더 알아보기

💡 금액가중수익률 개념정리

(1) 운용기간 중의 모든 현금흐름을 반영한다.
- '펀드에 유입된 현금흐름의 현재가치와 유출된 현금흐름의 현재가치를 일치시키는 할인율'을 말하는데, 이는 내부수익률(IRR)과 같은 개념이다.

(2) 모든 현금흐름을 반영한다는 것은 펀드의 성과가 펀드매니저의 성과와 투자자의 성과가 혼합되어 있음을 의미한다.

(3) 금액가중수익률은 펀드매니저와 투자자의 공동의 성과를 반영하므로,
  ㉠ 펀드매니저만의 능력을 측정할 수 없고
  ㉡ 운용기간 중 펀드 간 성과비교가 어렵다.
    비교 시간가중수익률은 펀드매니저만의 성과를 측정함으로써 펀드 간 성과비교가 가능하다.

(4) 즉 금액가중수익률은 펀드매니저의 능력을 평가하는 지표로는 적합하지 않지만, 투자자가 실제 획득한 수익을 투자기간을 고려하여 측정하는 데에는 가장 적합한 수익률이다.

✅ 금액가중수익률 VS 시간가중수익률

금액가중수익률	시간가중수익률
내부수익률법(IRR)	기하수익률법
운용기간 중 현금흐름에 영향 O	운용기간 중 현금흐름에 영향 X
벤치마크 및 동류그룹간 비교 X	벤치마크 및 동류그룹 간 비교 O
투자자 관점의 수익률	운용자 관점의 수익률

↘ Daily Value Method

※ 집합투자기구의 기준가격은 시간가중수익률로 발표한다.

2023.11 기출복원

금액가중수익률과 시간가중수익률에 대한 내용이다. 보기의 내용을 옳게 분류한 것은?

> 가. 최초 및 최종의 자산규모, 자금의 유출입시기에 의해 영향을 받는다.
> 나. 투자자가 실제로 획득한 수익을 투자기간을 고려하여 측정함에 있어 가장 정확하다.
> 다. 운용기간 중 각 시점별로 펀드성과와 시장수익률을 비교하기가 용이하다.

	금액가중수익률	시간가중수익률
①	가, 나	다
②	가	나, 다
③	가, 다	나
④	나	가, 다

'가, 나'는 금액가중수익률, '다'는 시간가중수익률이다.

정답 ①

90

투자자산운용사 프리미엄 강의노트 — 3과목 7편 투자운용결과분석 4문항

보기에 따를 때 2023년과 2024년의 전체기간에 대한 통합계정수익률은 얼마인가?(연환산 기준)

구 분	A펀드		B펀드	
	기 초	기 말	기 초	기 말
2023년	900	1,020	1,100	1,220
2024년	1,100	1,375	1,200	1,500

① 약 12% ② 약 18%
③ 약 25% ④ 약 37%

구 분	A펀드		B펀드		① 자산가중
	기 초	기 말	기 초	기 말	
2023년	900	1,020	1,100	1,220	12%
2024년	1,100	1,375	1,200	1,500	25%
② 시간가중	▶ 시간가중수익률(연환산수익률) = $\sqrt{(1+0.12)(1+0.25)} - 1$ = 약 18%				

✓ $R = \sqrt{(1+0.12)(1+0.25)} - 1 = 0.183$, 즉 통합계정수익률은 18.32%

정답 ②

더 알아보기

● 통합계정수익률 계산(풀이)

통합계정수익률은 (1) 각 기간의 자산가중수익률을 계산한 후, (2) 기간 별 수익률을 기하적으로 연결하는 2단계(시간가중수익률)로 계산한다.

(1) **자산가중수익률**

- 2023년 : $\dfrac{기말 - 기초}{기초} = \dfrac{(1,020+1,220)-(900+1,100)}{(900+1,100)} = \dfrac{2,240-2,000}{2,000} = 0.12$, 즉 12%

- 2024년 : $\dfrac{기말 - 기초}{기초} = \dfrac{(1,375+1,500)-(1,100+1,200)}{(1,100+1,200)} = \dfrac{2,875-2,300}{2,300} = 0.25$, 즉 25%

(2) **시간가중수익률(연환산수익률)** : $R = \sqrt{(1+0.12)(1+0.25)} - 1 = 0.1832$, 즉 약 18%

주의

시간가중수익률에는 '㉠ 연환산기준 수익률 ㉡ 전체기간에 대한 누적기준 수익률'의 두 가지 기준이 있는데, 동 문항(90번)은 연환산기준의 문제이다. 그런데 만일 '연환산 기준'이 명시되지 않을 경우는 '누적수익률 기준'으로 풀어야 하며 이 경우 풀이는 아래와 같다.

→ 시간가중수익률(누적수익률) = $(1+0.12)(1+0.25) - 1 = 0.40$ 즉 40%

2024.03 기출복원

수익률의 측정과 관련하여 빈칸을 옳게 연결한 것은?

> 1기간의 수익률은 +145%, 2기간의 수익률은 −20%이다. 이 경우 전체기간에 대한 기하평균수익률은 (   )이다.

① 7.7%
② 20%
③ 40%
④ 62.5%

2기간의 기하평균수익률은 +40%이다(아래 계산).

※ **투자수익률의 측정** : 산술평균수익률 VS 기하평균수익률(참고 : 산술평균과 기하평균 수익률은 그 자체로 '연평균수익률'에 해당함)

(1) 산술평균수익률 : $R = \dfrac{+145\% - 20\%}{2} = \dfrac{125\%}{2} = (+)62.5\%$

(2) 기하평균수익률 : $R = \sqrt{(1+1.45)(1-0.2)} - 1 = \sqrt{1.96} - 1 = (+)40\%$

보충 산술평균은 모두 더하고 1/N, 기하평균은 모두 곱한 다음 루트로 풀어준다. 그리고 항상 산술평균수익률이 기하평균수익률보다 크거나 같다.

정답 ③

91

투자자산운용사 프리미엄 강의노트 **3과목 7편 투자운용결과분석 4문항**

아래 표에 대한 설명으로 가장 적절하지 않은 것은?(벤치마크수익률은 8%, 무위험수익률은 2%로 가정)

구 분	A 포트폴리오	B 포트폴리오
포트폴리오수익률	12.5%	17%
표준편차	10%	12%
베타	0.6	1.5
잔차위험	5%	10%

① 샤프비율은 B포트폴리오가 A포트폴리오 보다 높다.
② 트레이너비율은 A포트폴리오가 B포트폴리오 보다 높다.
③ 젠센의 알파는 A포트폴리오가 B포트폴리오 보다 크다.
④ 정보비율은 B포트폴리오가 A포트폴리오 보다 높다.

정보비율은 A와 B포트폴리오가 동일하다.

정답 ④

더 알아보기

☑ 풀 이

RAPM지표	A 포트폴리오	B 포트폴리오
샤프비율	$\frac{12.5 - 2}{10} = 1.05$	$\frac{17 - 2}{12} = 1.25$
트레이너비율	$\frac{12.5 - 2}{0.6} = 17.5$	$\frac{17 - 2}{1.5} = 10.0$
젠센의 알파	$(12.5\% - 2\%) - 0.6(8\% - 2\%)$ $= 6.9\%$	$(17\% - 2\%) - 1.5(8\% - 2\%)$ $= 6.0\%$
정보비율	$\frac{12.5 - 8}{5} = 0.9$	$\frac{17 - 8}{10} = 0.9$

RAPM 지표

4단계 : 성과비교 − (3) 위험조정성과지표

샤프비율 $= \dfrac{R_P - R_F}{\sigma_P}$ 트레이너비율 $= \dfrac{R_P - R_F}{\beta_P}$

젠센의 알파 $\alpha_P = (R_P - R_F) - [\beta_P \times (R_M - R_F)]$

정보비율 $= \dfrac{R_P - R_B}{sd(R_P - R_B)}$ $\dfrac{\alpha_P}{sd(\epsilon_P)}$

추적오차 → 잔차위험   표준오차

젠센의 알파
샤프비율   트레이너비율   정보비율
☑ σ_P = β_P + ϵ_P
총위험   체계적 위험   비체계적 위험

2024.06 기출복원

다음 중 샤프비율과 트레이너비율이 가장 높은 것은?(시장포트폴리오의 기대수익률은 10%, 무위험수익률은 3%로 가정)

구 분	A	B	C	D
기대수익률	18	20	24	26
베타	1.2	1.4	1.6	1.8
표준편차	20%	25%	30%	40%

	샤프비율	트레이너비율
①	A	D
②	A	C
③	C	B
④	C	C

'샤프비율은 A, 트레이너비율은 C'가 가장 높게 나타난다.

구 분	A	B	C	D
샤프비율	$\dfrac{18-3}{20} = 0.75$	$\dfrac{20-3}{25} = 0.68$	$\dfrac{24-3}{30} = 0.70$	$\dfrac{26-3}{40} = 0.58$
트레이너비율	$\dfrac{18-3}{1.2} = 12.5$	$\dfrac{20-3}{1.4} = 12.1$	$\dfrac{24-3}{1.6} = 13.1$	$\dfrac{26-3}{1.8} = 12.7$

정답 ②

92

투자자산운용사 프리미엄 강의노트 | 3과목 8편 거시경제 4문항

IS/LM모형에 대한 설명 중 틀린 것은?

① 정부지출(G)이 증가하면 실질국민소득(Y)이 증가하고 이자율(R)이 상승한다.
② 조세(T)가 감소하면 실질국민소득(Y)이 증가하고 이자율(R)이 상승한다.
③ 화폐공급(M)이 증가하면 실질국민소득(Y)이 증가하고 이자율(R)이 상승한다.
④ 물가(P)가 하락하면 실질국민소득(Y)이 증가하고 이자율(R)이 하락한다.

화폐공급이 증가하면 실질국민소득은 증가하고 이자율은 하락한다.

정답 ③

더 알아보기

● IS/LM 모형의 균형식

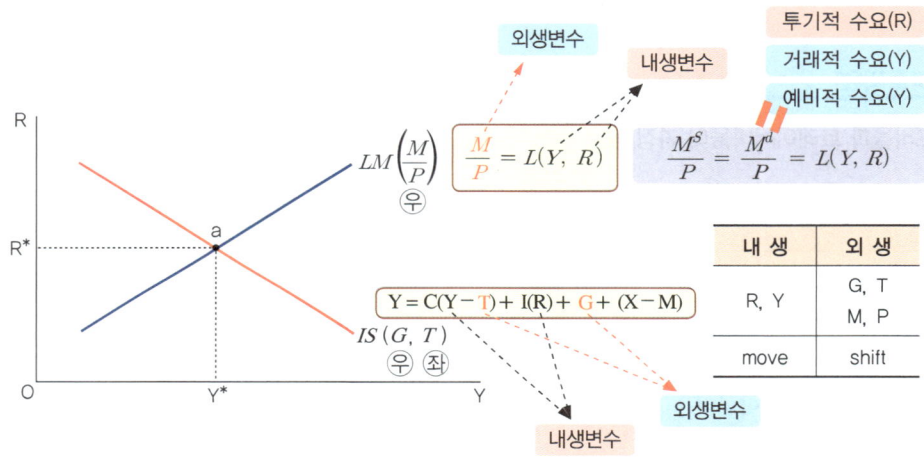

☑ IS/LM모형에서 외생변수에 따른 메커니즘 이해

외생변수		작동 메커니즘
IS 곡선	G (정부지출)	• G증가(확대재정정책) → IS곡선이 우측으로 Shift → IS/LM의 균형점이 위로 이동 → 실질국민소득(Y)증가 & 이자율(R)상승 • G증가 → 총수요증가 → Y증가 및 물가상승·이자율상승
	T (조세)	• T증가(세율인상정책) → IS곡선이 좌측으로 Shift → IS/LM의 균형점이 아래로 이동 → Y감소 & R하락 • T증가 → 총수요감소 → Y감소 및 물가하락·이자율하락
LM 곡선	M (통화량)	• M증가(확대통화정책) → LM곡선이 우측으로 Shift → IS/LM의 균형점이 아래로 이동 → Y증가 & R하락 • M증가 → 화폐공급증가 → 이자율하락
	P (물가)	• P상승(인플레 상황) → LM곡선이 좌측으로 Shift → IS/LM의 균형점이 위로 이동 → Y감소 & R상승 • P상승 → 실질화폐공급감소 → 이자율상승

2023.02 기출복원

IS/LM모형의 작동원리에 대한 설명이다. 가장 적절하지 않은 것은?

① 정부지출(G)이 증가하면 실질국민소득(Y)이 증가한다.
② 조세(T)가 증가하면 실질국민소득(Y)이 감소한다.
③ 통화량(M)이 증가하면 실질국민소득(Y)이 증가한다.
④ 물가(P)가 하락하면 실질국민소득(Y)이 감소한다.

물가(P)가 하락하면 실질통화($\frac{M}{P}$)가 상승하여 LM곡선이 우측으로 이동하고, 따라서 실질국민소득(Y)이 증가한다.

정답 ④

93

투자자산운용사 프리미엄 강의노트 | 3과목 8편 거시경제 4문항

국민소득 지표와 관련한 설명이다. 틀린 항목으로 연결한 것은?

> 가. 국내생산자가 생산한 부가가치의 합계를 국내총생산(GDP)이라 한다.
> 나. 국민총소득(GNI)은 한나라의 국민이 생산활동에 참여한 대가로 받은 소득의 합계로서, 국내총생산 중에서 외국인에게 지급한 소득은 포함하고 해외로부터 거주자가 받은 소득은 제외한다.
> 다. '실질GNI = 실질GDP + 실질 국외순수취요소소득'이다.

① 가, 나
② 나, 다
③ 가, 다
④ 가, 나, 다

틀린 내용은 '나, 다'이다.
- 나. GNI는 한나라의 국민이 생산활동에 참여한 대가로 받은 소득의 합계로서, 해외로부터 국민(거주자)이 받은 소득은 포함하고 국내총생산 중에서 외국인(비거주자)에게 지급한 소득은 제외한다(2025 기본서, 5권, p57 인용).
- 다. '명목GNI = 명목GDP + 명목 국외순수취요소소득'이고, '실질GNI = 실질GDP + 실질 국외순수취요소소득 + 실질 교역조건의 변화'이다.

정답 ②

더 알아보기

국민소득통계

GDP(국내총생산) Gross Domestic Product

국내 생산자가 생산한 부가가치의 합계

GNI(국민총소득) Gross National Income

국민총소득이란 '한 나라의 국민이 생산활동에 참여한 대가로 받은 소득의 합계'로서, 국내총생산 중에서 외국인에게 지급한 소득은 **제외하고**, 해외로부터 국민(거주자)이 받은 소득은 **포함한다**.

✅ GNI = GDP - A + B

GDP: 외국인이 국내에서 벌어들인 소득 **A** + 내국인이 국내에서 벌어들인 소득
GNP: 내국인이 국내에서 벌어들인 소득 + 내국인이 외국에서 벌어들인 소득 **B**

▶ 우리나라의 경우 '국외순수취요소소득' → 마이너스

☑ GDP와 GNI의 관계(명목기준 VS 실질기준)

명목   가격 × 물량

명목GNI = 명목GDP + 명목 국외순수취요소소득

실질   물량기준

실질GNI = 실질GDP + 교역조건변화에 따른 실질무역손익 + 실질 국외순수취요소소득

2024.03 기출복원

국민소득지표(GDP, GNI 등)에 대한 설명이다. 가장 거리가 먼 것은?

① 국민소득 3면 등가의 원칙이란 만들어서 나누어 가지고 쓰는 양이 모두 같다는 것, 즉 생산국민소득과 분배국민소득과 지출국민소득의 양이 모두 같다는 것을 말한다.
② 국내생산자가 생산한 부가가치의 합계를 국내총생산(GDP)이라 한다.
③ 국민총소득(GNI)은 한나라의 국민이 생산활동에 참여한 대가로 받은 소득의 합계로서, 국내총생산에 해외로부터 거주자가 받은 소득은 포함하고 국내총생산 중에서 외국인에게 지급한 소득을 제외하여 구한다.
④ 실질기준으로 'GNI = GDP + 국외순수취요소소득'으로 정의된다.

④는 명목기준이다. 실질GNI는 실질GDP에 교역조건변화에 따른 실질무역손익과 실질 국외순수취요소소득을 합한 것으로 정의된다.

정답 ④

94

투자자산운용사 프리미엄 강의노트 　3과목 8편 거시경제 4문항

보기는 경기종합지수(CI ; Composite Index)를 구성하는 지표를 나열한 것이다. 이 중에서 경기선행지표에 해당하는 항목의 개수는?

> 재고순환지표, 건설기성액, 코스피지수, 장단기금리차, 내수출하지수, 취업자수

① 1개 　　　　　　　　　　② 2개
③ 3개 　　　　　　　　　　④ 4개

선행지표는 3개이다(재고순환지표 / 코스피지수 / 장단기금리차). '건설기성액 / 내수출하지수'는 동행지표, '취업자수'는 후행지표이다.

정답 ③

더 알아보기

● CI의 구성지표 : 선행지표, 동행지표, 후행지표

선행지표	동행지표	후행지표
• 재고순환지표 • 경제심리지수(BSI, CSI) • 기계류내수출하지수 • 건설수주액 • 수출입물가비율 • 코스피지수 • 장단기금리차	• 비농림어업취업자수 • 광공업생산지수 • 서비스업생산지수 • 소매판매액지수 • 내수출하지수 • 건설기성액 • 수입액	• 취업자수 • 생산자제품재고지수 • 소비자물가지수변화율 • 소비재수입액 • CP유통수익률
앞으로의 경기동향을 예측하는 지표	현재의 경기상태를 나타내는 지표	경기변동을 사후에 확인하는 지표

2023.11 기출복원

다음 중 경기선행지표에 속하는 것은?

① 코스피지수
② 광공업생산지수
③ 내수출하지수
④ CP유통수익률

코스피지수는 선행지표, 광공업생산지수와 내수출하지수는 동행지표, 회사채유통수익률은 후행지표이다.

암기 Tip '주가는 경기에 선행하고, 금리는 경기에 후행한다.'

정답 ①

2024.03 기출복원

다음 중 미래의 경기변동을 예측할 수 있는 지표와 가장 거리가 먼 것은?

① 장단기금리차
② 재고순환지표
③ 코스피지수
④ 내수출하지수

내수출하지수는 현재의 경기상황을 파악할 수 있는 경기동행지표이다(나머지는 모두 경기선행지표).

비교 기계류 내수출하지수는 선행지표, 내수출하지수는 동행지표이다.

정답 ④

95

투자자산운용사 프리미엄 강의노트 3과목 8편 거시경제 4문항

거시경제지표와 관련한 설명이다. 가장 적합한 것은?

① 기업경기실사지수(BSI)가 80%이면 경기가 확장국면에 있음을 말한다.
② 경기종합지수는 경기변동의 진폭과 속도를 측정할 수 있다.
③ 통화유통속도는 명목GDP를 실질GDP로 나누어서 구한다.
④ 실업률은 실업자수를 생산활동가능인구로 나누어 구한다.

②만 옳은 내용이다.
▶ CI(Composite Index ; 경기종합지수)는 경기변동의 진폭이나 속도를 측정할 수 있다.
[비교] 'DI / BSI / CSI'는 경기방향이나 전환점파악에는 용이하지만 경기변동의 진폭이나 속도는 측정할 수 없다.

[정답] ②

더 알아보기

● 통화유통속도, GDP디플레이터

$M \cdot V = P \cdot Y$ (화폐교환방정식)

- 통화량 / 유통속도 / 물가 / 총생산량
- 거래횟수 / 실질GDP

☑ GDP디플레이터: $\dfrac{P \cdot Y}{Y} = \dfrac{명목GDP}{실질GDP}$ (물가)

☑ 통화유통속도: $\dfrac{P \cdot Y}{M} = \dfrac{명목GDP}{통화량}$ (속도)

● 주요경제지표 – 고용지표

생산활동가능인구 (노동가능인구)	군인과 재소자를 제외한 만 15세 이상의 인구
경제활동인구	일할 수 있는 능력과 취업의사를 동시에 갖춘 사람 • 비경제활동인구 : 일할 능력은 있으나 일할 의사가 없는 사람(예) 가정주부, 학생, 심신장애자 등)
취업자 / 실업자	• 취업자 : 현재 취업상태 • 실업자 : 현재 취업상태가 아닌 자
산 식	• 경제활동참가율 = $\dfrac{경제활동인구}{생산활동가능인구} \times 100$ • 실업률 = $\dfrac{실업자}{경제활동인구} \times 100$

경기예측방법 → '경제안정화 정책'을 효율적으로 집행할 수 있음

지표분석	설문조사분석	모형분석
• 경기확산지수(DI) • 경기종합지수(CI)	• 기업경기실사지수(BSI) • 소비자태도지수(CSI)	• 거시경제계량모형 • 시계열모형(ARIMA모형)

해석방식 : 'DI, BSI, CSI' 대 'CI(경기종합지수)'

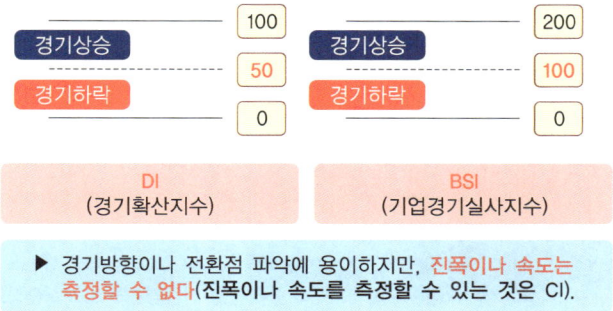

▶ 경기방향이나 전환점 파악에 용이하지만, **진폭이나 속도는 측정할 수 없다**(진폭이나 속도를 측정할 수 있는 것은 CI).

2023.11 기출복원

거시경제지표와 관련한 설명이다. 가장 적합한 것은?

① 실업률은 실업자수를 생산활동가능인구로 나누어 구한다.
② GDP디플레이터는 실질GDP를 명목GDP로 나누어서 구한다.
③ 경기종합지수는 경기변동의 진폭과 속도를 측정할 수 있다.
④ 기업경기실사지수(BSI)가 80%이면 경기가 확장국면에 있음을 말한다.

CI(경기종합지수)는 경기변동의 진폭이나 속도를 측정할 수 있다(cf. DI / BSI / CSI는 경기방향이나 전환점 파악에는 용이하지만 경기변동의 진폭이나 속도는 측정할 수 없다).

정답 ③

96

투자자산운용사 프리미엄 강의노트　　3과목 9편 분산투자이론 5문항

주식 X를 60%, 주식 Y를 40%를 편입한 포트폴리오의 기대수익률은?(주식 X와 Y의 경기국면별 기대수익률은 표와 같음)

구 분		X주식	Y주식
호 황	확률 30%	10%	15%
정 상	확률 40%	4%	5%
불 황	확률 30%	-5%	-10%

① 2.50%

② 3.13%

③ 3.26%

④ 3.75%

개별자산(X, Y)의 시나리오별 기대수익률을 먼저 계산한 다음, X와 Y의 기대수익률과 편입비중(6:4)을 반영하여 포트폴리오XY의 기대수익률을 계산한다.

※ 포트폴리오 기대수익률의 계산(가중평균)
　(1) 1단계 : 시나리오별 확률과 기대수익률을 가중평균하여 개별자산(X, Y)의 기대수익률을 계산한다.
　　• X주식 : (10% × 0.3) + (4% × 0.4) + (-5% × 0.3) = 3% + 1.6% -1.5% = +3.1%
　　• Y주식 : (15% × 0.3) + (5% × 0.4) + (-10% × 0.3) = 4.5% + 2% -3% = +3.5%
　(2) 2단계 : X와 Y의 기대수익률과 편입비중(6:4)을 가중평균하여 포트폴리오의 기대수익률을 계산한다.
　　• 포트폴리오XY의 기대수익률 = (3.1% × 0.6) + (3.5% × 0.4) = 1.86% + 1.4% = **3.26%**

정답　③

2023.06 기출복원

주식X와 Y를 각각 50%로 편입한 포트폴리오의 기대수익률은?(주식X와 Y의 경기국면별 기대수익률은 표와 같음)

구 분		주식X	주식Y
호 황	확률 50%	16%	8%
정 상	확률 30%	10%	4%
불 황	확률 20%	-20%	-2%

① 4.8%　　　　　　　　　　② 5.9%

③ 7.0%　　　　　　　　　　④ 9.0%

※ 포트폴리오 기대수익률의 계산(가중평균) : 시나리오분석법
　(1) 1단계 : 시나리오별 확률과 기대수익률을 가중평균하여 개별자산(X, Y)의 기대수익률을 계산한다.
　　▶ X주식 : (16% × 0.5) + (10% × 0.3) + (-20% × 0.2) = +8% +3% -4% = 7%
　　▶ Y주식 : (8% × 0.5) + (4% × 0.3) + (-2% × 0.2) = 4.0% +1.2% -0.4% = 4.8%
　(2) 2단계 : X와 Y의 기대수익률과 편입비중(5:5)을 가중평균하여 포트폴리오의 기대수익률을 계산한다.
　　▶ 포트폴리오XY의 기대수익률 = (7% × 0.5) + (4.8% × 0.5) = 3.5% + 2.4% = **5.9%**

정답　②

97

투자자산운용사 프리미엄 강의노트 3과목 9편 분산투자이론 5문항

빈칸에 알맞은 것은?

> (　　　　)은/는 위험이 동일한 투자대상들에서는 기대수익이 가장 높은 것을 선택하고, 기대수익이 동일한 투자대상들 에서는 위험이 가장 낮은 투자대상을 선택하는 방법을 말한다.

① 패리티
② 분산투자
③ 지배원리
④ 토빈의 분리정리

지배원리(Dominance Principle)이다.

※ '지배원리 관련' 개념 정리
   (1) 지배원리 : 동일한 위험수준에서는 기대수익이 높은 증권을 선택하고, 기대수익이 동일한 경우는 위험이 적은 증권을 선택하는 원리
   (2) 지배원리를 충족시키는 포트폴리오를 효율적 포트폴리오라고 하고, 이러한 효율적 포트폴리오를 연결한 선을 효율적 투자회기선(efficient frontier)이라 한다.
      • 효율적 포트폴리오 : 동일한 위험수준에서는 기대수익이 가장 높은 포트폴리오를 말한다.

정답 ③

더 알아보기

지배원리(Dominance Principle)

① 지배원리
② 효율적 포트폴리오
③ 효율적 투자기회선

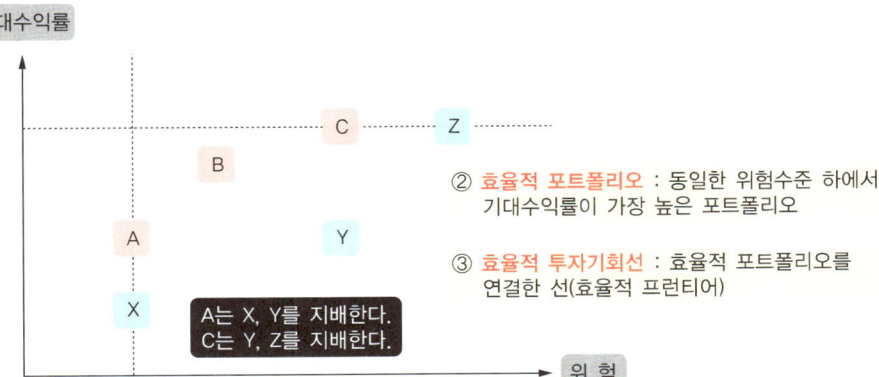

① **지배원리** : 위험이 동일한 경우 기대수익률이 가장 높은 증권을 선택하고, 기대수익률이 동일한 경우는 위험이 가장 적은 증권을 선택하는 원리

② **효율적 포트폴리오** : 동일한 위험수준 하에서 기대수익률이 가장 높은 포트폴리오

③ **효율적 투자기회선** : 효율적 포트폴리오를 연결한 선(효율적 프런티어)

2023.02 기출복원

다음 중 지배원리를 충족하는 효율적 포트폴리오는 무엇인가?

① 기대수익률이 4%이고, 표준편차가 4%인 포트폴리오
② 기대수익률이 4%이고, 표준편차가 8%인 포트폴리오
③ 기대수익률이 8%이고, 표준편차가 4%인 포트폴리오
④ 기대수익률이 8%이고, 표준편차가 8%인 포트폴리오

동일한 위험 수준 하에서는 기대수익률이 높은 증권이 우월하고, 기대수익률이 동일한 경우는 위험이 적은 증권이 우월하다.
▶ 약식이해 : 기대수익률이 가장 높고 동시에 위험이 가장 적은 증권(③)이 효율적인 증권이다.

정답 ③

98

3과목 9편 분산투자이론 5문항

자산X의 표준편차는 0.2, 자산Y의 표준편차는 0.3, 두 자산 간의 상관계수는 -0.5일 경우, 최소분산포트폴리오가 되는 자산X의 비중은 얼마인가?(근사치로 함)

① 15%
② 37%
③ 63%
④ 85%

최소분산포트폴리오를 만드는 X의 비중 W_X는 약 63%이다(아래 풀이).
- 최소분산포트폴리오 : 효율적 투자기회선 상에서 위험(분산)이 최소가 되는 포트폴리오
※ 최소분산포트폴리오 계산

(1) $W_X = \dfrac{\sigma_Y^2 - \sigma_{XY}}{\sigma_X^2 + \sigma_Y^2 - 2\sigma_{XY}} = \dfrac{0.3^2 - (-0.5) \cdot 0.2 \cdot 0.3}{0.2^2 + 0.3^2 - 2(-0.5) \cdot 0.2 \cdot 0.3} = \dfrac{0.09 + 0.03}{0.04 + 0.09 + 0.06} = \dfrac{0.12}{0.19}$
$= 0.6315$(약 63%)

▶ 산식 분자에서 σ_{XY}는 $\rho_{XY} \cdot \sigma_X \cdot \sigma_Y$로 전환될 수 있다.

(2) 즉 자산 X를 약 63%, 자산 Y를 약 37% 편입할 경우 최소분산포트폴리오가 달성된다.

정답 ③

더 알아보기

최소분산포트폴리오 개념과 공식

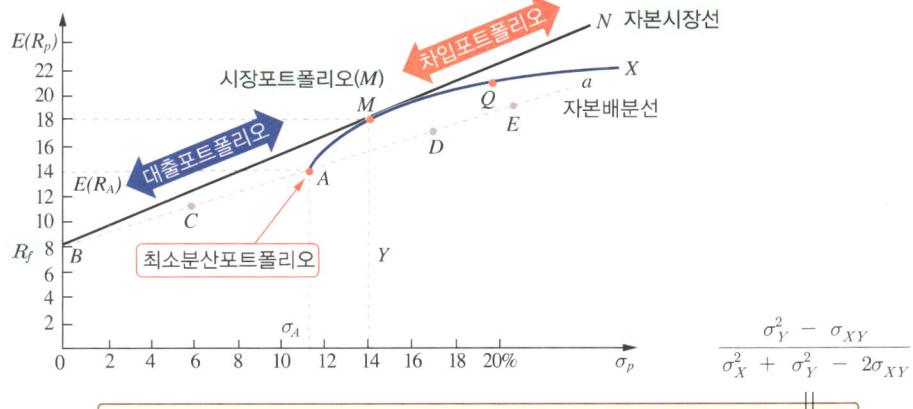

✅ **최소분산포트폴리오** : '효율적 포트폴리오' 중에서 위험이 가장 적은 포트폴리오

2023.02 기출복원

자산 X의 표준편차는 0.1, 자산 Y의 표준편차는 0.2, 두 자산 간의 상관계수는 0일 경우, 최소분산포트폴리오가 되는 자산 X의 비중은 얼마인가?

① 0.2

② 0.4

③ 0.6

④ 0.8

최소분산포트폴리오를 만드는 X의 비중 W_X는 60%이다.

※ 최소분산포트폴리오 계산

(1) $W_X = \dfrac{\sigma_Y^2 - \sigma_{XY}}{\sigma_X^2 + \sigma_Y^2 - 2\sigma_{XY}} = \dfrac{0.2^2 - (0) \cdot 0.1 \cdot 0.2}{0.1^2 + 0.2^2 - 2(0) \cdot 0.1 \cdot 0.2} = \dfrac{0.04}{0.01 + 0.04} = \dfrac{0.04}{0.05} = 0.80$

▶ 산식 분자에서 σ_{XY}는 $\rho_{XY} \cdot \sigma_X \cdot \sigma_Y$로 전환될 수 있다.

(2) 즉 자산 X를 80%, 자산 Y를 20% 편입할 경우 최소분산포트폴리오가 달성된다.

정답 ④

2023.11 기출복원

자산A의 표준편차는 0.3, 자산B의 표준편차는 0.2, 두 자산 간의 상관계수는 −1일 경우, 최소분산포트폴리오가 되는 자산A의 비중은 얼마인가?

① 0.40

② 0.60

③ 0.80

④ 0.90

※ 풀이

(1) $W_A = \dfrac{\sigma_B^2 - \sigma_{AB}}{\sigma_A^2 + \sigma_B^2 - 2\sigma_{AB}} = \dfrac{0.2^2 - (-1) \cdot 0.3 \cdot 0.2}{0.3^2 + 0.2^2 - 2(-1) \cdot 0.3 \cdot 0.2} = \dfrac{0.04 + 0.06}{0.09 + 0.04 + 0.12} = \dfrac{0.10}{0.25} = 0.40$

▶ $\sigma_{AB} = \rho_{AB} \cdot \sigma_A \cdot \sigma_B$

(2) 즉 자산A를 40%, 자산B를 60% 편입할 경우 최소분산포트폴리오가 달성된다.

[약식풀이] 상관계수가 −1일 때 최소분산포트폴리오를 만드는 자산A의 비중은

$$W_A = \dfrac{\sigma_B}{\sigma_A + \sigma_B} = \dfrac{0.3}{0.2 + 0.3} = 0.60$$

[증명]

$$W_X = \dfrac{\sigma_Y^2 - \sigma_{XY}}{\sigma_X^2 + \sigma_Y^2 - 2\sigma_{XY}} = \dfrac{\sigma_Y^2 - \rho \times \sigma_X \times \sigma_Y}{\sigma_X^2 + \sigma_Y^2 - 2\sigma_{XY}} = \dfrac{\sigma_Y(\sigma_Y + \sigma_X)}{(\sigma_X + \sigma_Y)^2} = \dfrac{\sigma_Y}{\sigma_X + \sigma_Y} \;(\because \rho = -1)$$

정답 ①

2024.06 기출복원

자산A의 표준편차는 0.3, 자산B의 표준편차는 0.4, 두 자산 간의 상관계수는 0일 경우, 최소분산포트폴리오가 되는 자산B의 비중은 얼마인가?

① 0.25
② 0.36
③ 0.64
④ 0.75

최소분산포트폴리오를 만드는 B의 비중 W_B는 36%이다.

※ 풀이

(1) $W_B = \dfrac{\sigma_A^2 - \sigma_{AB}}{\sigma_A^2 + \sigma_B^2 - 2\sigma_{AB}} = \dfrac{0.3^2 - 0 \cdot 0.3 \cdot 0.4}{0.3^2 + 0.4^2 - 2 \cdot 0 \cdot 0.3 \cdot 0.4} = \dfrac{0.09}{0.09 + 0.16} = \dfrac{0.09}{0.25} = 0.36$

▶ $\sigma_{AB} = \rho_{AB} \cdot \sigma_A \cdot \sigma_B$

(2) 즉 자산B를 36%, 자산A를 64% 편입할 경우 최소분산포트폴리오가 달성된다.

> **주의** 기존의 기출에서는 자산A의 비중을 묻는 문제로 출제되었는데 공식의 분자항목
> ($W_A = \dfrac{\sigma_B^2 - \sigma_{AB}}{\sigma_A^2 + \sigma_B^2 - 2\sigma_{AB}}$, $W_B = \dfrac{\sigma_A^2 - \sigma_{AB}}{\sigma_A^2 + \sigma_B^2 - 2\sigma_{AB}}$)에 유의하여 계산해야 한다.

정답 ②

투자자산운용사 프리미엄 강의노트 3과목 9편 분산투자이론 5문항

주식J의 정보가 보기와 같다. 증권시장선(SML)상의 주식J의 요구수익률은 얼마인가?

> 무위험수익률 2%, 시장기대수익률 6%, 시장기대수익률의 표준편차 40%. 주식J와 시장기대수익률 간의 공분산 20%

① 4% ② 5%
③ 6% ④ 7%

7%이다.

※ 상세 풀이

(1) J자산의 요구수익률(증권시장선에 의한 균형수익률)

$$E(R_J) = kkk = R_F + \beta_J[E(R_M) - R_F] = 2\% + \beta_J(6\% - 2\%)$$

(2) 베타는 $\beta_J = \dfrac{\sigma_{jm}}{\sigma_m^2} = \dfrac{0.2}{0.4^2} = 1.25$ (∵ 분모에서, 표준편차를 분산으로 전환해야 한다. → 0.4^2)

(3) 베타가 1.25이므로,

$$E(R_J) = kkk = R_F + \beta_J[E(R_M) - R_F] = 2\% + 1.25(6\% - 2\%) = 7\%$$

정답 ④

더 알아보기

☑ 증권시장선(SML)

자본시장선(CML)은 효율적 포트폴리오의 기대수익률과 위험(표준편차)과의 선형적 관계를 나타낸 반면, 증권시장선(SML)은 비효율적인 투자대상까지 포함한 모든 투자자산의 기대수익률과 위험(베타)의 관계를 나타낸 것이다.

$$E(R_j) = kkk = R_f + \beta_j \times (R_m - R_f) \qquad \beta_j = \dfrac{\sigma_{jm}}{\sigma_m^2}$$

2023.11 기출복원

주식J의 정보가 보기와 같다. 증권시장선(SML)상의 주식J의 요구수익률은 얼마인가?(보기 숫자의 단위는 백분율)

> 무위험수익률 0.02, 시장기대수익률 0.07, 시장기대수익률의 표준편차 0.5, 주식J와 시장수익률 간의 공분산 0.4

① 6%
② 7%
③ 7.6%
④ 10%

10%이다.

※ 상세 풀이

(1) J자산의 요구수익률(증권시장선에 의한 균형수익률)
$$E(R_J) = kkk = R_F + \beta_J[E(R_M) - R_F] = 2\% + \beta_J(7\% - 2\%)$$

(2) 베타는 $\beta_J = \dfrac{\sigma_{jm}}{\sigma_m^2} = \dfrac{0.4}{0.5^2} = 1.6$

(3) 베타가 1.6이므로,
$$E(R_J) = kkk = R_F + \beta_J[E(R_M) - R_F] = 2\% + 1.6(7\% - 2\%) = 10\%$$

정답 ④

2021.11 기출복원

주식J의 정보가 다음과 같다. 요구수익률은?

> 무위험수익률 0.03, 시장기대수익률 0.13, 시장기대수익률의 분산 0.25, 주식과 시장기대수익률 간의 상관계수 0.5, 주식J의 표준편차 0.8

① 8.0%
② 9.0%
③ 10%
④ 11%

▶ CAPM식(SML식)

1) $E(R_j) = kkk = R_f + \beta_j[E(R_m) - R_f]$

2) $\beta_j = \dfrac{0.5 \times 0.8 \times 0.5}{0.5^2} = 0.8$ $\qquad \beta_j = \dfrac{\sigma_{jm}}{\sigma_{m^2}}$

3) kkk = 0.03 + 0.8(0.13 - 0.03) = 0.11(11%)

정답 ④

100

투자자산운용사 프리미엄 강의노트 | 3과목 9편 분산투자이론 5문항

포트폴리오 투자전략에 대한 설명이다. 틀린 항목으로 연결한 것은?

> 가. 소극적인 투자전략은 시장평균 정도의 위험을 감수하는 전략이다.
> 나. 적극적인 투자전략은 정보비용과 거래비용이 많이 발생한다.
> 다. 주식시장과 채권시장 동향에 대한 예측을 근거로 주식시장펀드 혹은 무위험자산 펀드에 대한 투자비율을 유리하게 하는 적절한 투자시점을 포착하고자 하는 전략은 포뮬러플랜이다.
> 라. 포트폴리오 구성종목의 상대가격 변동에 따른 투자비율의 변화를 원래대로의 비율로 환원시키는 투자기법은 업그레이딩이다.

① 가, 나
② 다, 라
③ 가, 다
④ 나, 라

틀린 항목은 '다, 라'이다.
다. 포뮬러 플랜이 아니라 '시장투자적기포착 전략'이다.
라. 업그레이딩(upgrading)이 아니라 리밸런싱(rebalancing)이다.

정답 ②

더 알아보기

● 포뮬러 플랜

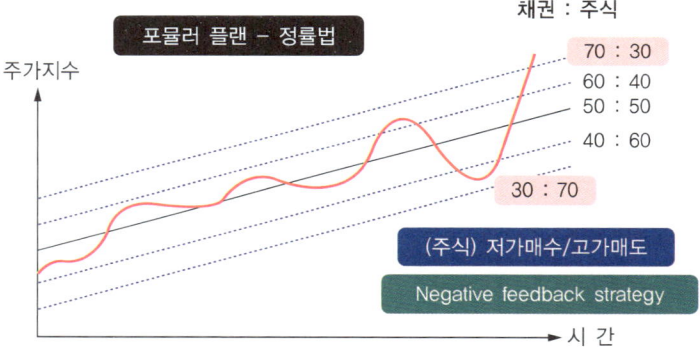

2023.06 기출복원

포트폴리오 투자전략에 대한 설명이다. 틀린 항목으로 연결한 것은?

> 가. 소극적인 투자전략은 시장위험을 감수하지 않는 전략이다.
> 나. 적극적인 투자전략은 정보비용과 거래비용을 최소화하고자 하는 전략이다.
> 다. 포뮬러 플랜은 공격적인 투자수단은 주식과 방어적 투자수단인 채권 사이를 경기변동에 따라 번갈아가면서 투자하는 방법인데, 주가가 낮을 때 주식을 매입하고 주가가 높을 때 매도하도록 운용하는 기법이다.
> 라. 포트폴리오 구성종목의 상대가격 변동에 따른 투자비율의 변화를 원래대로의 비율로 환원시키는 투자기법은 리밸런싱이다.

① 가, 나
② 다, 라
③ 가, 다
④ 나, 라

- 가 : 소극적인 투자전략은 시장평균정도의 위험을 감수하는 전략이다.
- 나 : 정보비용과 거래비용을 최소화하는 전략은 소극적인 투자전략이다.

정답 ①

2022.11 기출복원

포트폴리오의 수정과 관련하여 빈칸에 알맞은 것은?

> (　　　　　　)의 목적은 상황변화가 있을 경우 포트폴리오가 갖는 원래의 특성을 그대로 유지하고자 하는 것이다. 주로 구성종목의 상대가격 변동에 따른 투자비율의 변화를 원래의 비율로 환원시키는 방법을 사용한다.

① 포트폴리오 리밸런싱
② 포트폴리오 업그레이딩
③ 포뮬러 플랜
④ 시장투자적기포착방법

포트폴리오 리밸런싱(portfolio rebalancing)이다.
▶ 리밸런싱은 일정한 주기로 포트폴리오 내의 자산별 비중의 변화를 **최초의 비율대로 환원시키는 기법**을 말한다.
▶ 업그레이딩은 시장에 큰 변화가 발생하여 지배원리상 우위에 있는 **새로운 자산이 나타났을 때** 해당 자산으로 교체하는 기법을 말한다.

정답 ①

Passive전략, Active전략

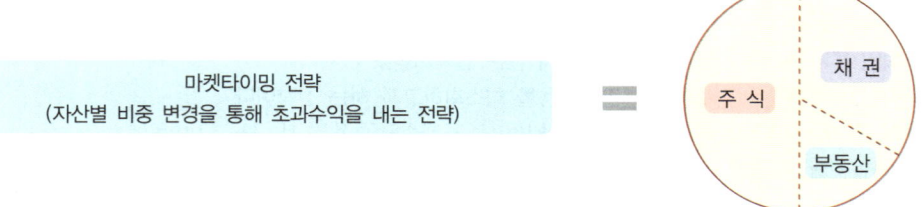

Passive	평균	Active	초과수익 : Beat the market
단순매입·보유전략 (무작위 선택)		시장투자적기포착법 (전망 → **무위험자산 + 주식**)	마켓타이밍 전략
지수펀드전략 (ETF투자 등)		포뮬러 플랜 (주가변동 → **채권 + 주식**)	
평균분할투자전략 (dollar cost averaging)		트레이너 - 블랙 모형	종목선정 전략
		Anomaly현상 이용	

2020.06 기출복원

다음 중 소극적인 투자전략이 아닌 것은?

① 단순 매입·보유전략
② 지수펀드 투자전략
③ 평균분할투자전략
④ 트레이너-블랙 모형 이용전략

초과수익획득과 비체계적 위험을 줄이는 목적을 모두 만족하는 종목을 선별해서 투자하는 방식(액티브 운용)
① **단순 매입·보유전략**은 편입하고자 하는 증권을 선택하고자 하는 의도적인 노력 없이 무작위적으로 선택한 증권을 매입하여 보유하는 전략

정답 ④

패스코드는 플랜별 학습이 가능하도록 구성된 교재입니다.
제공되는 합격 플랜을 확인하신 후 학습하시면 보다 효율적이고 체계적인 학습이 가능합니다.

투자자산운용사 프리미엄 강의노트

― '프리미엄 강의노트' 및 '기출풀복원 특강' 활용 안내 ―

(1) '패스코드 프리미엄 플러스 버전 1.0'에서 제공되는 '프리미엄 강의노트'는 40회·41회·42회차, 3회분입니다.

'프리미엄 강의노트 3회분'을 통해 최신 기출 경향에 대한 집중학습이 가능하므로, 기존의 패스코드 500문항(2018년부터 현재까지 장기간의 기출경향을 반영)을 보완하여 이상적인 적중 효과를 기대할 수 있게 되었습니다.

따라서 패스코드 500문항 학습에 추가하여 '프리미엄 강의노트'의 필독 및 반복학습을 권유합니다.

(2) '기출풀복원 특강' 안내(50% 할인쿠폰 제공)
  ▶ 최소 1회분 강의 수강 권장 : '기출풀복원 특강 동영상 강의' 1회분으로 전체 범위를 커버하는 것은 불가하지만 '시험이 어떻게 나오고 있는가? 기출 변형이 어떤 식으로 되고 있는가? 기출 pool을 어떤 식으로 학습하면 되는가?'에 대한 인사이트를 얻을 수 있으며 이를 통해 기출pool 전체에 대한 흡수력을 획기적으로 올릴 수 있음
  ▶ D-7 적중모의고사 제공
    토마토패스 모든 유료회원을 대상으로 시험 일주일 전 시점에서 제공되는 'D-7 적중모의고사(100문항)'를 기출풀복원 특강 동영상 수강자에게도 제공함
  ▶ '43회차 기출풀복원 특강' 제공 예정
    44회 시험(26년 1월) 대비로 '43회차 기출풀복원특강'을 제공 예정이므로, 패스코드 프리미엄 플러스 버전 1.0 구입자로서 기출풀복원 특강 결제자는 '43회 프리미엄 강의노트(PDF)'를 유료 강의실에서 다운로드할 수 있음(25년 12월 중 업로드 예정)

(3) 학습 중 궁금한 사항에 대해서는 언제든지 Q&A 게시판[시대고시(도서), 토마토패스(동영상)]으로 질문 주시길 바라며, 여러분의 합격을 응원합니다.

저자 **유창호** 드림

01

투자자산운용사 프리미엄 강의노트 | 1과목 1편 세제 및 절세전략 7문항

다음 중 간접세에 해당하지 않은 것은?

① 종합부동산세
② 부가가치세
③ 증권거래세
④ 개별소비세

---

① 종합부동산세는 직접세이다.
  (1) **직접세** : 납세부담자와 신고납부자가 동일한 조세로서 '소득세, 법인세, 상속 및 증여세, 종합부동산세 등'이 있다.
  (2) **간접세** : 납세부담자와 신고납부자가 다른 조세로서 '부가가치세, 증권거래세, 개별소비세, 주세, 인지세 등'이 있다.

정답 ①

더 알아보기

🔶 우리나라 조세체계

직접세 : 납세부담자 = 신고납부자
간접세 : 납세부담자 ≠ 신고납부자

☑ 국 세	내국세	☑ 직접세	소득세, 법인세, 상속세, 증여세, **종합부동산세**
		☑ 간접세	**부가가치세**, 주세, 인지세, **증권거래세**, 개별소비세
		목적세	교육세, 농어촌특별세, 교통·에너지·환경세
	관 세		
☑ 지방세	도 세	보통세	**취득세, 등록면허세**, 레저세, 지방소비세
		목적세	지역자원시설세, 지방교육세
	시·군세	보통세	주민세, **재산세**, 자동차세, 지방소득세, 담배소비세

• 소. 법. 부 ↔ 취·등록세, 종부세 ↔ 재산세
  (국세) (지방세) (국세) (지방세)

☑ 간접세 예시

2024.11 기출복원

다음 중 간접세에 해당하는 것은?

① 소득세
② 법인세
③ 부가가치세
④ 종합부동산세

---

③ '부가가치세, 증권거래세, 개별소비세 등'은 간접세이다.
  (1) **직접세** : 납세부담자와 신고납부자가 동일한 조세로서 '소득세, 법인세, 상속 및 증여세, 종합부동산세 등'이 있다.
  (2) **간접세** : 납세부담자와 신고납부자가 다른 조세로서 '부가가치세, 증권거래세, 개별소비세, 주세, 인지세 등'이 있다.

정답 ③

02

투자자산운용사 프리미엄 강의노트 | 1과목 1편 세제 및 절세전략 7문항

국세기본법상 소멸시효 등에 대한 내용이다. 가장 적절하지 않은 것은?

① 국가가 납세의무자에게 국세를 부과할 수 있는 법정기간을 제척기간이라 하며, 제척기간이 만료될 경우 납세의무도 소멸된다.
② 국세징수권은 국가가 권리를 행사할 수 있는 때부터 일정기간 동안 행사하지 않으면 소멸시효가 완성되고 납세의무도 소멸된다.
③ 5억 원 이상의 국세채권의 소멸시효는 10년이다.
④ 납부고지나 독촉이 있는 경우에도 이미 경과한 시효기간의 효력은 중단되지 않는다.

납세고지나 독촉이 있는 경우 이미 경과한 시효기간의 효력은 중단된다.

정답 ④

더 알아보기

● 제척기간 VS 소멸시효

제척기간(5년~15년)	소멸시효(5년, 10년)
국가가 납세의무자에게 국세를 부과할 수 있는 법정기간	국세징수권을 행사할 수 있는 기간(부과된 국세를 징수하는 기간)
제척기간 만료 → 납부의무 소멸	소멸시효 완성 → 납부의무 소멸

☑ 납부의무의 소멸

(1) 납부, 충당되거나 부과가 취소된 때
(2) 국세부과의 제척기간이 만료된 때
(3) 국세징수권의 소멸시효가 완성된 때

▶ 소멸시효 중단 사유 : 납부고지, 독촉, 납부최고, 압류, 교부청구 등(시효중단은 소멸시효가 새롭게 시작하는 것을 말하므로 소멸시효 완성사유가 아니다)

2024.11 기출복원

다음 중 납부의무 소멸사유에 해당하지 않은 것은?

① 부과의 취소가 있는 때
② 납부최고나 독촉이 있는 때
③ 소멸시효가 완성될 때
④ 제척기간이 만료될 때

---

② '납부최고나 독촉'은 소멸시효의 중단사유로서, 납부의무 소멸 사유와는 관련이 없다.

※ **납부의무 소멸사유**
  (1) 납부·충당되거나 부과의 취소가 있는 때
  (2) 국세부과의 제척기간이 만료된 때
  (3) 국세징수권의 소멸시효가 완성된 때

  > 비교 '납세 고지, 독촉, 납부 최고, 교부 청구, 압류'는 소멸시효의 중단사유이다.
  > ▶ 시효중단은 이미 경과한 소멸시효의 효력이 상실되고 새로운 소멸시효가 시작됨을 의미(즉 소멸시효의 reset과 같음)

정답 ②

03

투자자산운용사 프리미엄 강의노트 | 1과목 1편 세제 및 절세전략 7문항

조세불복제도와 관련하여 빈칸을 옳게 연결한 것은?

> - 심판청구 제도는 (　　　)에 위법 또는 부당한 조세 처분에 대한 시정을 요구하는 제도이다.
> - 심판청구는 처분청의 처분을 안 날로부터 (　　　) 이내에 제기해야 한다.

① 국세청장, 30일
② 국세청장, 90일
③ 조세심판원장, 30일
④ 조세심판원장, 90일

④ '조세심판원장, 90일'이다.
  ▶ 심사청구제도 : 국세청장(또는 감사원장), 90일
  ▶ 심판청구제도 : 조세심판원장, 90일

정답 ④

더 알아보기

조세불복제도

이의신청	심사청구	심판청구
그 처분을 안 날로부터 **90일 이내에**		
관할청에 제기	국세청에 제기 (또는 감사원)	조세심판원에 제기
생략가능	행정소송을 위해서는 둘 중에 하나를 반드시 거쳐야 함	

2024.06 기출복원

조세불복제도와 관련하여 빈칸을 옳게 연결한 것은?(순서대로)

> - 심사청구제도는 (　　　)에 위법 또는 부당한 조세 처분에 대한 시정을 요구하는 제도이다.
> - 심사청구는 처분청의 처분을 안 날로부터 (　　　) 이내에 제기해야 한다.

① 국세청장, 30일
② 국세청장, 90일
③ 조세심판원장, 30일
④ 조세심판원장, 90일

'국세청장, 90일'이다. 심사청구제도는 '국세청장(또는 감사원장), 90일'이고 심판청구는 '조세심판원장, 90일'이다.

정답 ②

04

투자자산운용사 프리미엄 강의노트 | 1과목 1편 세제 및 절세전략 7문항

다음은 배당소득 중 의제배당소득의 수입시기를 나열한 것이다. 틀린 것은?

① 감자의 경우 : 감자결의일
② 해산의 경우 : 잔여재산가액 확정일
③ 분할합병의 경우 : 분할합병 후 주식을 지급받는 날
④ 잉여금의 자본전입 : 자본전입결의일

분할합병의 경우는 '분할합병등기일'이다.

정답 ③

더 알아보기

🔘 배당소득의 수입시기

배당소득의 종류		수입시기(수입금액의 귀속연도)	
이익배당	잉여금처분 배당	• 당해 법인의 **잉여금처분 결의일**	▶ 무기명채권의 이자 : 실제 이자지급을 받은 날
	무기명주식 배당	• **실제 지급을 받은 날**	
✅ 의제배당		• **감자**의 경우 : 감자결의일 • **해산**의 경우 : **잔여재산가액 확정일** • **합병**의 경우 : 합병등기일 • **분할 또는 분할합병** : 분할등기일 또는 **분할합병등기일** • **잉여금의 자본전입** : 자본전입 결의일	
인정배당		• 당해 법인의 당해 사업연도의 **결산확정일**	▶ 법인세 처분과정
집합투자기구로부터의 이익		• 집합투자기구로부터 이익을 지급받는 날 • 원본전입 특약이 있는 경우 그 특약에 의한 원본 전입일	
기 타		• 파생결합상품 배당소득 : 지급을 받은 날 • 기타 수익분배성격의 배당 또는 분배금 : 지급을 받은 날	

2021.01 기출복원

다음 중 의제배당의 수입시기를 잘못 나타낸 것은?

① 감자 : 감자결의일
② 합병 : 합병등기일
③ 해산 : 해산일
④ 잉여금의 자본전입 : 자본전입결의일

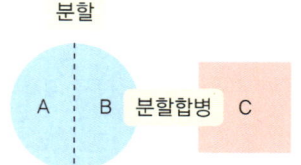

해산은 추상적인 요건이므로 '해산일'은 존재하지 않는다.

감 자	해 산	합 병	분 할	잉여금 자본전입
감자결의일	잔여재산가액 확정일	합병등기일	분할등기일 또는 분할합병등기일	자본전입결의일

해산요건충족 → 청산절차진행

정답 ③

05

투자자산운용사 프리미엄 강의노트 | 1과목 1편 세제 및 절세전략 7문항

41회 신유형

<보기>에서 양도소득세의 과세대상이 되는 항목의 개수는?

> 가. 한국토지주택공사가 발행하는 토지상환채권에 대한 매매차익
> 나. 소액주주가 장외에서 거래하는 상장주식의 매매차익
> 다. 세법상 대주주가 장내에서 거래하는 상장주식의 매매차익

① 0개
② 1개
③ 2개
④ 3개

모두 다 양도소득세의 과세대상이 된다. '가'에서 일반 채권에 대한 직접투자 시 매매차익은 소득세법상 비과세이지만, 한국토지주택공사가 발행하는 **토지상환채권 또는 주택상환채권**은 양도소득세의 열거대상인 '부동산등(실물부동산과 부동산권리)'에 해당되어 양도소득세 과세대상이 된다.

정답 ④

더 알아보기

🔵 양도소득세 과세대상(열거주의)

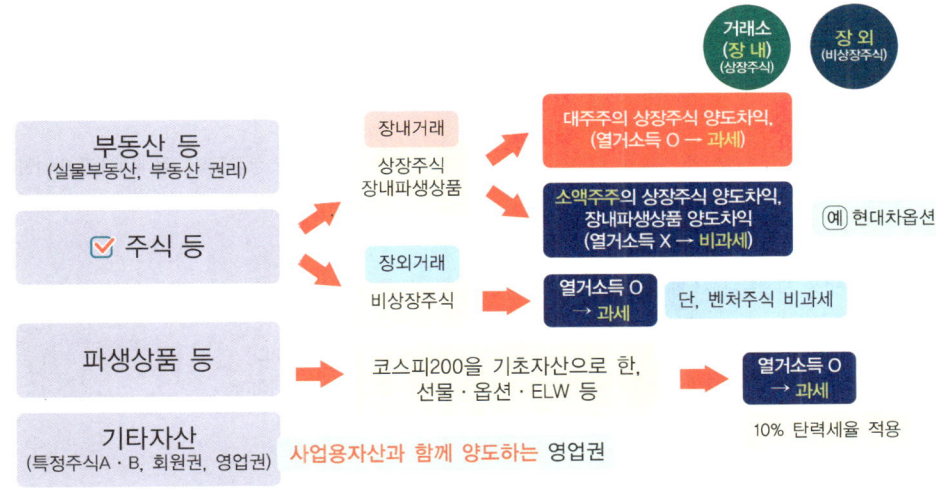

▶ 파생상품 등 : 양도소득세 과세대상으로서 '파생상품 등'은 '㉠ 코스피200을 기초자산으로 하는 장내파생상품(기타 주가지수관련 장외파생상품 포함), ㉡ 해외시장에서 거래되는 장내파생상품 등'을 말한다(→ 시험대비로는 ㉠에 유의).

☑ 부동산 등

양도소득의 범위(열거주의)		내 용
부동산 등 물권(物權)	실물부동산	토지와 건물
	부동산 권리	지상권, 전세권, **등기된** 부동산임차권, 부동산취득 권리(아파트당첨권, **토지상환채권·주택상환채권**) 채권 + 등기 = 물권

▶ 일반채권의 매매차익은 양도소득세 비과세이지만 한국토지주택공사(LH공사)가 발행하는 '**토지상환채권 / 주택상환채권**'은 토지나 주택을 취득할 권리에 해당되므로 그 매매차익은 **양도소득세의 과세대상이 된다.**

토지상환채권 발행	개발사업 시 공용수용한 토지대금을 현금대신 토지상환채권으로 지급하고 채권만기 시에 개발·조성된 토지를 상환하는 방식
주택상환채권 발행	주택건설자금을 마련하기 위해 향후 주택상환채권을 발행하고 채권만기 시에 건설된 주택을 채권자에게 상환(분양)하는 방식

2022.02 기출복원

다음 중 양도소득세의 과세대상과 가장 거리가 먼 것은?

① 상장주식의 장내거래를 통한 대주주의 매매차익
② 비상장주식의 장외거래를 통한 대주주의 매매차익
③ 상장채권의 장내거래를 통한 매매차익
④ 등기된 부동산임차권에 대한 매매차익

---

③ 채권(상장·비상장불문)은 소득세법상 양도소득세의 대상이 아니다. 주식의 경우 '소액주주 / 상장주식 / 장내매매'가 아니면 과세대상이 된다(즉 ①과 ②는 과세대상).

※ **채권에 대한 과세방법**
  (1) 이자소득 : 이자소득으로 **과세**
  (2) 매매차익 : 소득세법상 직접투자 시 매매차익에 대해서는 **비과세**(VS 간접투자 시는 '집합투자기구로부터의 이익'으로 과세)

※ 비상장주식에 대한 과세 예외
  (1) 비상장주식의 매매차익에 대해서는 대주주, 소액주주 구분없이 과세하는 것이 원칙이다.
  (2) 단, 벤처기업주식(ⓐ)과 소액주주가 K-OTC에서 양도하는 非대기업주식(ⓑ)은 비과세이다.

정답 ③

06

투자자산운용사 프리미엄 강의노트 1과목 1편 세제 및 절세전략 7문항

거주자인 납세의무자 A, B, C, D의 연간 소득이 <보기>와 같다(A, B, C, D 모두 <보기>의 소득 이외의 소득은 없다고 가정함). 이 경우 당해연도 소득에 대해 종합소득세 신고·납부를 해야 하는 대상자는 몇 명인가?

> A. 근로소득이 1억 원이고 배당소득이 1천만 원인 자
> B. 법원에 납부한 경매보증금 및 경락대금에서 발생한 이자소득이 2,500만 원인 자
> C. 비실명거래로 인한 이자소득 및 배당소득이 3천만 원인 자
> D. 부동산에 직접투자하여 발생한 양도소득이 5천만 원인 자

① 0명
② 1명
③ 2명
④ 3명

종합소득세 신고·납부 대상자는 0명이다(모두 신고대상이 아님). D의 경우 양도소득세가 부과되는데, 양도소득세는 분류과세이므로 종합과세 대상이 아니다.

정답 ①

더 알아보기

종합소득 : 이자소득, 배당소득, 근로소득, 사업소득, 연금소득, 기타소득

☑ '종합소득세 신고·납부' 대상자

(1) 근로소득만 있는 경우 → 신고 X (∵ 연말정산)
(2) 사업소득, 기타소득(300만 원 초과)이 있는 경우 → 신고·납부 O
(3) 다른 소득이 전혀 없고 금융소득만 있는 경우 → 금융소득이 2천만 원을 초과하는 경우에만 신고·납부 O
　　　　　　　　　　　　　　　　　　　　　　　　　　　　　　　　조건부종합과세

　▶ 여기서 '금융소득'은 비과세·무조건분리과세 금융소득을 제외한 금융소득을 말함

(4) 근로소득 + 금융소득의 경우
　☑ 근로소득만 있고 금융소득이 2천만 원 이하인 경우 → 신고 X (∵ 연말정산)
　☑ 근로소득만 있고 금융소득이 2천만 원을 초과하는 경우 → 신고·납부 O (금융소득 전액과 근로소득을 합산)

2023.06 기출복원

<보기>에서 종합소득세 신고·납부를 해야 하는 경우는?(A, B, C, D 모두 기재된 소득 이외의 소득은 없다고 가정함)

> A. 근로소득이 1억 원이고 금융소득의 합계가 1천만 원인 경우
> B. 직장공제회 초과반환금이 5천만 원인 경우
> C. 비영업대금의 이익이 1천만 원인 경우
> D. 정기예금의 이자소득이 2천만 원이고 집합투자기구로부터의 이익이 2,500만 원인 경우

① A
② B
③ C
④ D

A. 근로소득 + 금융소득합계가 2천만 원 미만인 경우 → 신고 X
B. 무조건분리과세 대상은 무조건분리과세로써 납세의무가 종결
C. 금융소득합계가 2천만 원 미만인 경우 → 신고 X
D. 금융소득합계가 2천만 원 초과 → 신고 O

정답 ④

07

투자자산운용사 프리미엄 강의노트 | 1과목 1편 세제 및 절세전략 7문항

소득세법상 비거주자에 대한 과세방법이다. 가장 적절하지 않은 것은?

① 비거주자는 거주자가 아닌 개인을 말하며, 거주자는 국내에 주소를 두거나 183일 이상의 거소를 둔 개인을 말한다.
② 비거주자와 외국법인에 대해서는 세법에서 정하고 있는 국내 원천소득에 대해서만 과세한다.
③ 국내사업장이 없는 비거주자나 외국법인에게 이자소득 등의 국내원천소득을 지급하는 경우, 당해 비거주자의 국가와 체결한 조세조약상의 제한세율과 법정원천징수세율 중 높은 세율을 적용하여 원천징수한다.
④ 비거주자 등의 국내원천소득 중 유가증권 양도소득에 대해서는 유가증권의 종류와 거래 주체에 따라 과세유형을 달리하고 있는데, 국내사업장이 없는 비거주자가 장내파생상품을 거래하여 얻은 소득과 위험회피목적상으로 장외파생상품을 거래하여 얻은 소득은 국내 원천소득으로 보지 않는다.

조세조약이 체결된 국가의 비거주자의 경우 'Min(법정원천징수세율, 제한세율)'로 과세한다(높은 세율 → 낮은 세율).

정답 ③

더 알아보기

비거주자 과세 종합

비거주자	거주자
국내원천소득	국내·국외 원천소득
분리과세원칙(예외 : 종합)	종합과세원칙(예외 : 분리)

(1) 비거주자에 대해서는 **국내원천소득에 대해서만** 과세한다. [예] 미국인이 한국에서 일하고 받은 근로소득
   • 국내원천소득의 종류 : 이자소득, 배당소득, 국내사업소득, 인적용역소득, 근로소득, 퇴직소득, 양도소득, 유가증권양도소득, 기타소득
(2) 비거주자에 대해서는 분리과세를 원칙으로 하고, 국내사업장이나 부동산임대사업소득이 있는 경우는 종합과세한다(단, **퇴직소득 / 양도소득은 비거주자도 분류과세**한다).
(3) 원천징수 : 비거주자에 대한 법정원천징수세율을 적용하되, **조세조약이 체결된 국가의 비거주자일 경우** 제한세율과 비교하여 **낮은 세율**을 적용한다(→ 분리과세의 경우 이 절차로 납세의무 종결).

미국인의 경우 배당소득 원천징수 → Min(20%, 12%) = 12%

※ **비거주자의 국내원천소득에 대한 법정원천징수세율**
   • 이자소득, 배당소득, 사용료소득: 20%(단, 채권은 14%)
   • 선박임대소득, 사업소득 : 2%
   • **유가증권양도소득** : Min(양도가액의 10% 또는 양도차익의 20%)
     – 단, **장내파생상품**(국내사업장이 없는 경우 한정)과 **장외파생상품**(위험회피목적거래 한정) 소득은 비과세 적용

2022.11 기출복원

소득세법상 비거주자에 대한 과세방법이다. 가장 적절하지 않은 것은?

① 국내사업장이 없는 비거주자가 장내파생상품을 매매하여 발생한 소득은 국내원천소득이며 과세대상이다.
② 국내사업장이 없는 비거주자가 위험회피목적으로 장외파생상품을 매매하여 발생한 소득은 국내원천소득으로 보지 않으므로 과세대상이 아니다.
③ 국내사업장이 없는 비거주자의 국내원천소득은 분리과세를 원칙으로 한다.
④ 국내원천소득으로서 이자소득이나 금융소득을 분리과세할 경우 20% 원천징수세율과 조세조약상의 제한세율 중 낮은 세율을 적용한다.

'**장내파생상품을 통해 발생한 소득**(국내사업장이 없는 비거주자 한정) 또는 **위험회피목적으로 매매한 장외파생상품을 통해 발생한 소득**'은 국내원천소득으로 보지 않으므로 과세하지 않는다.

정답 ①

08 1과목 2편 금융상품 8문항

다음 중 RP에 대한 설명이다. 가장 적절하지 않은 것은?

① 금융기관이 보유하고 있는 채권을 일정기간 경과 후 사전에 정한 일정가격으로 다시 매수할 것을 조건으로 고객에게 매도하는 것을 환매조건부채권 매도라고 한다.
② 국공채를 대상으로 하므로 안전성이 높고 따라서 예금자보호가 되는 상품이다.
③ 만기가 지난 후에는 별도의 이자를 가산해 주지 않는 것이 일반적이다.
④ 주로 통장거래로 이루어지며 30일 이내 중도환매 시에는 당초 약정금리보다 훨씬 낮은 금리가 적용된다.

RP는 국공채를 대상으로 하므로 **예금자보호가 되지 않아도 안전성이 매우 높은** 편이다(▶ CD와 RP는 2001년도부터 예금자보호대상에서 제외되었음).

정답 ②

더 알아보기

환매조건부채권 매매(RP)

(1) 보유채권을 미리 정한 가격으로 다시 살 것을 조건으로 매도하면 RP매도, 반대는 RP매수이다.
(2) RP매도자는 차입자이며 RP매수자는 대여자이다.
   • RP매도자는 자본손실없이 자금을 조달할 수 있으며, RP매수자는 원하는 기간에 맞추어 은행이자보다 좀 더 높은 이자소득을 얻을 수 있다.
(3) RP는 예금자비보호 상품이지만 안전성이 높은 상품이다.
(4) 대고객 RP와 기관 간 RP가 있는데, 대고객 RP의 경우 은행과 종금사는 RP매도만 가능하다(증권사는 RP매도·매수 모두 가능).
(5) 대부분 RP는 만기가 지난 후에는 별도의 이자를 지급하지 않는다(예외 있음).
(6) RP매수자의 입장에서 RP매매로 얻은 매매차익은 소득세법상 이자소득으로 과세한다.

2023.11 기출복원

다음 중 환매조건부채권(RP)에 대한 설명이다. 가장 적절하지 않은 것은?

① 금융기관이 보유하고 있는 채권을 일정기간 경과 후 사전에 정한 일정가격으로 다시 매수할 것을 조건으로 고객에게 매도하는 것을 환매조건부채권 매도라고 한다.
② 예금자보호상품이다.
③ RP매도자는 채권매각에 따른 자본손실없이 단기 필요자금을 조달할 수 있으며, RP매수자는 본인이 원하는 투자기간에 맞추어 확정이자를 얻을 수 있다.
④ 증권회사는 대고객 조건부 채권매도·매수를 모두 할 수 있으나, 은행과 종금사는 대고객 조건부 채권매도만 할 수 있다.

---

② RP는 예금자보호대상이 아니지만(CD와 RP는 2001년부터 예금자보호에서 제외), 국공채를 대상으로 하므로 안정성이 매우 높은 편이다.

정답 ②

09 투자자산운용사 프리미엄 강의노트 | 1과목 2편 금융상품 8문항

41회 신유형

신탁의 분류에 대한 설명이다. 옳은 내용으로 연결한 것은?

> 가. 운용자 지정여부에 따라 특정금전신탁과 불특정금전신탁으로 구분된다.
> 나. 운용방법에 따라 합동운용신탁과 단독운용신탁으로 구분된다.
> 다. 원본 또는 이익보전 여부에 따라 약정배당신탁과 실적배당신탁으로 구분된다.

① 가, 나
② 나, 다
③ 가, 다
④ 가, 나, 다

옳은 내용은 '나, 다'이다. '가'에서 특정금전신탁과 불특정금전신탁을 분류하는 기준은 '운용대상 등의 지정여부'이고 '운용대상 등'은 '운용대상 / 운용방법 / 운용조건'이다(운용자는 지정대상이 아님). 그리고 '나'의 '운용방법에 따라'에서 운용방법은 합동운용 여부를 말한다(기본서 기술).

정답 ②

더 알아보기

● 신탁(信託)의 분류 (2025 기본서, 1권, p137 참조)

(1) **운용 대상 지정여부에 따른 분류** : **특정금전신탁, 불특정금전신탁**
   - 운용대상을 특정하면 특정금전신탁, 특정하지 않으면 불특정금전신탁이다. 대부분의 신탁은 특정금전신탁이지만 '연금신탁·퇴직신탁'은 정책목적상 불특정금전신탁으로 설정한다.

(2) **운용방법(공동운용 여부)에 따른 분류** : **합동운용신탁, 단독운용신탁**
   - 수탁 받은 금전을 공동으로 운용하면 합동운용신탁, 건 별로 운용하면 단독운용신탁이다. 수탁자금을 합동으로 운용하면 집합투자기구와 동일하게 되므로 업종의 구분을 위해 신탁은 단독운용을 하는 것을 원칙으로 한다. 단 '연금신탁·퇴직신탁'은 정책목적상 합동운용을 한다.

(3) **원본 또는 이익보전 여부에 따른 분류** : **약정배당신탁, 실적배당신탁**
   - 투자상품인 신탁상품에서 원리금을 보전하는 것은 법에 위배되므로 신탁은 실적배당 신탁으로 판매하며 약정배당신탁은 판매가 중지되었다. 단, '연금신탁·퇴직신탁'은 정책목적상 원금보전신탁으로 판매한다.
   - **참고** 연금신탁이나 퇴직신탁은 정책목적상 연금개시연령(55세 이후)까지 보유할 경우 원금이 보전되는 혜택을 제공하고 있다.

☑ 특정금전신탁

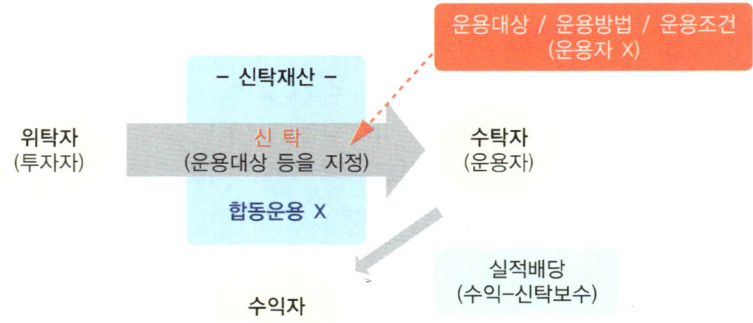

2019.11 기출복원

특정금전신탁에서 위탁자가 지정하는 것을 모두 묶은 것은?

| 가. 운용대상 |
| 나. 운용방법 |
| 다. 운용조건 |
| 라. 운용자 |

① 가
② 가, 나
③ 가, 나, 다
④ 가, 나, 다, 라

※ 기본서 p138, 2024
    투자자는 자신이 맡긴 돈의 **운용대상, 운용방법 및 운용조건** 등을 은행에 지시하고, 은행은 고객이 지시한 내용대로 운용하고 운용수익에서 일정한 비용을 차감 후 실적 배당하는 상품이다.

정답 ③

10. 투자자산운용사 프리미엄 강의노트 | 1과목 2편 금융상품 8문항

주가연계증권(ELS)에 대한 설명이다. 옳은 항목의 개수는?

> 가. 자본시장법상 파생상품으로 분류된다.
> 나. 공모와 사모 모두 발행이 가능하다.
> 다. 순자본비율 100% 이상의 금융투자회사가 발행할 수 있다.
> 라. 원금보장 ELS의 경우 예금자보호 대상이다.

① 0개
② 1개
③ 2개
④ 3개

옳은 항목의 개수는 1개('나')이다.

정답 ②

더 알아보기

'통칭ELS(ELD / ELS / ELF)'의 중요내용

(1) ELS는 자본시장법상 파생결합증권에 속한다.
(2) ELS는 장외파생상품에 대한 겸영인가를 받은 투자매매업자만이 발행할 수 있다.
   ▸ 영업용순자본비율 300% 이상(순자본비율 150% 이상)의 투자매매업자가 ELS를 발행할 수 있다.
(3) ELS는 공모, 사모 모두 발행이 가능하다.
(4) ELD는 은행이, ELS는 증권사가, ELF는 운용사가 발행하고 판매한다.
(5) 예금자보호상품은 ELD이다(ELS는 원금보장형 설계는 가능하지만 예금자비보호).
(6) ELS를 매입하면 투자자 입장에서 시장위험과 신용위험에 노출된다.
(7) ELD는 기초자산인 주가가 하락해도 원금이 보장되지만, 중도에 해지를 할 경우 원금손실이 발생할 수 있다.

ELD와 원금보장형ELS는 중도해지 시 원금손실의 가능성이 높지만, 투자자 요청에 의한 중도해지 자체는 가능하다.

✅ ELS 설계구조   Q. 투자원금 100만 원, 만기보유시 이자 5만원, 만기 1년인 경우, 원금보장형 ELS의 설계는?

▶ 만기보유 : 95만 원 + 5만 원 = 100만 원

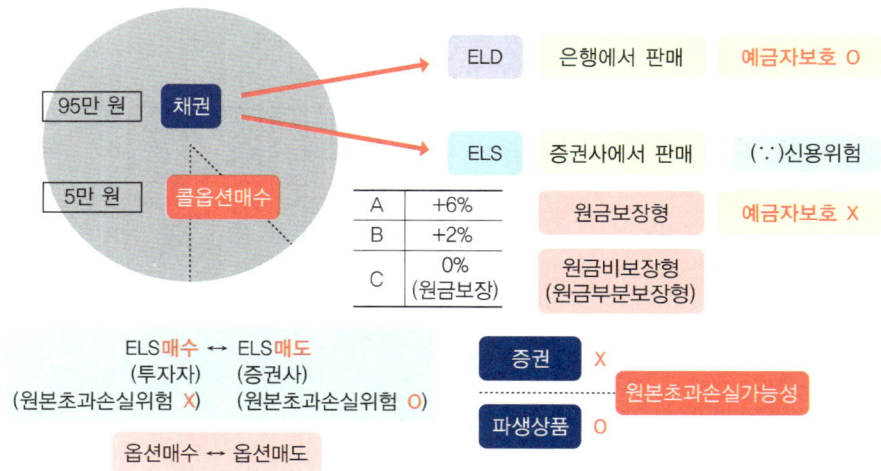

✅ 투자자가 매수하는 ELS에는 옵션매수포지션만 내재되어 있다. 따라서 원금초과손실이 발생하지 않으므로 파생결합증권으로 분류된다.

2022.02 기출복원

주가연계증권에 대한 설명 중 틀린 것으로 묶은 것은?

> 가. ELS는 은행이 발행한다.
> 나. ELF는 중도환매가 자유로운 편이다.
> 다. ELD는 주가하락 시 원금손실이 가능하다.
> 라. ELD는 중도해지 시 원금손실이 가능하다.

① 가, 나
② 나, 라
③ 가, 다
④ 다, 라

A	+6%	주가↑
B	+2%	주가↑
C	0% (원금보장)	주가↓

가. ELD는 은행에서 판매, ELS는 증권사에서 판매한다.
다. ELD는 주가하락 여부와 관계없이 원리금을 지급한다.
  - 예금자보호상품으로 안전하게 설계
  - 옵션매도의 위험은 발행자가 부담하므로 투자자의 입장에서는 주가가 하락해도 원금보장을 받음

정답 ③

11

투자자산운용사 프리미엄 강의노트　1과목 2편 금융상품 8문항

주식워런트증권(ELW)에 대한 설명이다. 가장 적절하지 않은 것은?

① 증권 및 장외파생상품을 대상으로 하는 투자매매업자(영업용순자본비율 300% 이상)만이 ELW를 발행할 수 있다.
② 상장요건으로서 주가지수ELW 상품의 기초자산은 국내지수인 KOSPI200지수와 KOSDAQ 150지수만 가능하다.
③ 높은 가격변동성을 고려하여 가격제한폭을 두지 않는다.
④ 매매수량단위는 10증권이며 지정가호가만 가능하다.

주가지수로서 ELW의 기초자산이 될 수 있는 것은 국내지수로는 'KOSPI200지수, KOSDAQ150지수'가 있으며, 해외지수로는 '니께이225지수 / 항생지수'가 있다.

정답 ②

더 알아보기

● ELW 상장요건

(1) **발행자** : 증권 및 장외파생상품을 대상으로 하는 투자매매업자(NCR 300% 이상)
(2) **기초자산** : 코스피 200 및 코스닥 150 구성주식 그리고 이들의 주식바스켓, 코스피 200 및 코스닥 150 주가지수, 해외지수(니께이지수, 항생지수)
(3) **발행총액** : 10억 원 이상
(4) **만기** : 3개월 이상 3년 이내
(5) **유동성공급자(LP)** : 발행자요건과 동일

Q. 해외지수는 ELW의 기초자산이 될 수 없다. → X

※ ELW 매매방식
매매수량단위는 10증권(단주매매 불가), 지정가호가만 가능, 가격제한폭이 없다.

| cf | 거래소시장 주식 | 1주 단위 매매 | 시장가호가도 가능 | 가격제한폭 30% |

2023.02 기출복원

29회, 32회, 34회, 41회 기출(상장요건), 28회, 30회, 31회 기출(가격결정이론)

ELW(주식워런트 증권)에 대한 설명이다. 옳은 것으로 모두 연결한 것은?

> 가. 주가 또는 주가지수를 기초자산으로 한다.
> 나. 매매수량단위는 10증권이며 지정가호가만 가능하다.
> 다. 높은 가격변동성을 고려하여 가격제한폭을 두지 않는다.

① 가, 나
② 나, 다
③ 가, 다
④ 가, 나, 다

모두 옳은 내용이다.

정답 ④

12

투자자산운용사 프리미엄 강의노트 1과목 2편 금융상품 8문항

다음의 보험의 종류 중 손해보험에 해당하는 것은?

① 정기보험
② 생존보험
③ 변액보험
④ 자동차보험

자동차보험은 손해보험이다(나머지는 생명보험의 종류에 해당됨).

정답 ④

더 알아보기

● **보험의 종류**

종 류		세부 구분
보 험	인보험	생명보험, 상해보험
	손해보험	화재보험, 운송보험, 해상보험, 배상책임보험, 특종보험, 자동차보험
	사회보험	국민연금보험, 국민건강보험, 고용보험, 산업재해보상보험

손해보험	인보험
보험의 대상이 '재산'	보험의 대상이 '사람의 신체'

● **생명보험의 분류 - 보험사고에 따른 분류 등**

사망보험 (보험사고가 사망)	생존보험 (보험사고가 생존)	양로보험 (생사혼합보험)
사망 시 보험금 지급	생존해야 보험금 지급	사망보험 + 생존보험
종신보험, 정기보험	연금보험, 교육보험	변액유니버설 적립형 보험

☑ 보험계약에 따라 사전에 설정한 기간 내에 피보험자가 사망할 경우에만 사망보험금을 지급하는 것은 정기보험이다(종신보험은 보험기간이 종신이므로 사망시점과 관계없이 보험금을 지급).

☑ **체증식 보험** : 기간이 경과함에 따라 **보험금이 점점 증가**하는 보험(예) 물가지수연동보험)
☑ **체감식 보험** : 기간이 경과함에 따라 보험금이 점점 감소하는 보험(예) 채무변제보험)

☑ 피보험자의 수가 1인이면 **단생보험**, 2인 이상이면 **연생보험**
☑ 5인 이상을 일괄취급 시 **단체취급보험**, 수십명 이상일 경우 **단체보험**

기타분류

2024.11 기출복원

다음 중 손해보험이 아닌 것은?

① 화재보험
② 자동차보험
③ 해상보험
④ 생존보험

---

④ 생존보험은 생명보험이고 나머지는 손해보험이다.
　▶ 생명보험은 '사람의 신체'를 보험의 대상으로 하며 손해보험은 '재산'을 보험의 대상으로 한다.

정답 ④

13

투자자산운용사 프리미엄 강의노트 1과목 2편 금융상품 8문항

집합투자기구의 법정형태 중에서 지분증권을 발행할 수 없는 것은?

① 투자신탁
② 투자회사
③ 투자합자회사
④ 투자익명조합

투자신탁은 수익증권을 발행한다. 나머지는 모두 지분증권이다.

정답 ①

더 알아보기

● 집합투자증권의 발행 형태(2025 기본서, 1권, p196 참조)

(1) '집합투자증권'이란 집합투자기구에 대한 출자지분이 표시된 것을 말하는데, **투자신탁은 수익권이 표시된 것을 말한다**.
(2) 자본시장법상 집합투자증권을 발행할 수 있는 집합투자기구는 '투자신탁, 투자회사, 투자유한회사, 투자합자회사, 투자익명조합, 투자조합, 사모집합투자기구' 등 7개가 있으며 투자신탁을 제외한 집합투자기구 투자자의 지위는 출자지분이 표시된 '지분증권'의 소유자가 되나 투자신탁의 투자자 지위는 수익권이 표시된 수익증권 소유자가 된다.

투자신탁	투자회사	투자유한회사	투자합자회사	투자유한책임회사	투자합자조합	투자익명조합
☑ 수익증권	주 식	출자증권	출자증권	출자증권	출자증권	출자증권
	지분증권					

2023.06 기출복원

집합투자기구의 법정형태 중에서 지분증권을 발행할 수 없는 것은?

① 투자신탁
② 투자유한회사
③ 투자합자회사
④ 투자익명조합

투자신탁은 수익증권을 발행한다. 나머지는 모두 지분증권이다.

정답 ①

14. 투자자산운용사 프리미엄 강의노트 | 1과목 2편 금융상품 8문항

자산유동화증권(ABS ; Asset Backed Security)에 대한 설명이다. 가장 거리가 먼 것은?

① 자산보유자는 보유하고 있는 유동화대상 자산을 유동화전문회사에게 양도하고, 해당 유동화 전문회사는 양도받은 자산의 현금흐름을 바탕으로 자산유동화 증권을 발행한다.
② 자산유동화 증권은 투자자의 선호에 부합하여 증권을 설계하기 때문에 일반적으로 다계층증권(tranche)이 발행한다.
③ 자산유동화 증권은 다양한 구조와 신용보강 등을 통해 일반적으로 자산보유자보다 높은 신용도를 가진 증권으로 발행한다.
④ 자산유동화 과정에서의 모든 위험을 투자자에게 전가함으로써 자산보유자 입장에서 부외효과가 발생하는 것은 '페이 스루 방식(원리금이체 채권)'이다.

부외효과(off balance)가 발생하는 것은 '패스 스루 방식(지분이전증권)'이다.

정답 ④

더 알아보기

● 자산유동화증권(ABS ; Asset Backed Securities)

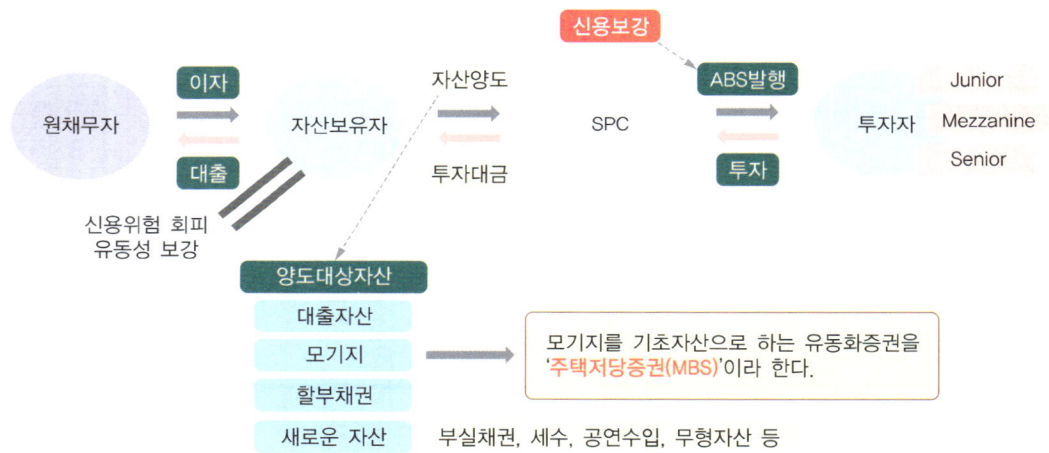

☑ 자산유동화 증권의 현금수취방식에 따른 분류

(1) **패스 스루(pass through, 지분이전증권)** : 기초자산에서 발생하는 현금흐름을 투자자에게 그대로 이전한다.
  • 지분을 투자자에게 이전함으로써 유동화과정의 모든 위험이 투자자에게 전가되며, 따라서 자산보유자 입장에서는 **부외효과(off balance)가 발생**

(2) **페이 스루(pay through, 원리금이체 채권)** : 기초자산의 현금흐름을 SPC가 적립·조정하고 그 현금흐름을 다계층 투자자에게 상환순위에 맞게 지급한다.
  • 상환순위가 다른 채권을 투자자에게 발행함으로써, 투자자는 상환청구권을 가진다. 즉, 유동화과정의 모든 위험이 투자자에 완전히 전가되지 않음으로써 부외효과가 발생하지 않는다.

2024.03 기출복원

자산유동화증권(ABS ; Asset Backed Security)에 대한 설명이다. 가장 거리가 먼 것은?

① 자산보유자는 보유하고 있는 유동화대상 자산을 양도하지 않고 관리하며, 이로부터 발생하는 현금흐름을 바탕으로 유동화전문회사가 자산유동화증권을 발행한다.
② 자산유동화증권의 기초자산은 자산의 집합(pooling)이 가능하고 자산의 특성상 동질성을 지니고 있어야 한다.
③ 자산유동화증권은 다양한 구조와 신용보강 등을 통해 일반적으로 자산보유자보다 높은 신용도를 가진 증권으로 발행한다.
④ 자산유동화 과정에서의 모든 위험을 투자자에게 전가함으로써 자산보유자 입장에서 부외효과가 발생하는 것은 패스 스루 방식(지분이전증권)이다.

자산유동화증권(ABS)은, 유동화대상 자산을 보유한 자산보유자(Originator)가 해당 자산을 유동화전문회사에게 **양도하는 것을 선결요건으로 한다**.

정답 ①

투자자산운용사 프리미엄 강의노트 1과목 2편 금융상품 8문항

퇴직연금제도에 대한 설명이다. 가장 적합한 것은?

① 확정급여형(DB)와 확정기여형(DC) 모두 사용자의 부담금이 사전에 고정된다.
② 확정급여형(DB)와 확정기여형(DC) 모두 미래 퇴직급여의 계산을 위한 연금계리가 필요하다.
③ 확정급여형(DB)와 확정기여형(DC) 모두 개인형 퇴직연금계좌(IRP)에 추가로 납입할 수 있다.
④ 확정급여형(DB)와 확정기여형(DC) 모두 사용자가 운용책임을 진다.

DB형과 DC형 모두 IRP에 추가 납입이 가능하다(▶ 기본서 인용 : 기존에는 확정기여형(DC)에서만 추가납입이 가능하였으나 개인형 IRP 기능이 확대되면서 확정급여형(DB)에서도 개인형 IRP를 통해 연간 1,800만 원까지 추가 납입이 가능하게 되었다. 2025 기본서, 1권, p324).

정답 ③

더 알아보기

● DB형 / DC형 정의

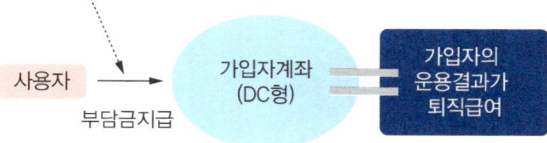

확정급여형
'연금계리' 필요(DB)
▶ 미래의 퇴직급여 = 평균임금$(1 + 임금상승률)^N$
'가입자가 미래에 받을 퇴직급여'가 사전에 **확정**되는 연금제도

확정기여형
기여금
'사용자가 매번 지급해야 하는 부담금'이 사전에 **확정**되는 연금제도
▶ 매년 퇴직금(연봉 × $\frac{1}{12}$ 이상)을 가입자 계좌에 적립함으로써 사용자의무 종료

사용자 → 가입자계좌(DC형) = 가입자의 운용결과가 퇴직급여
부담금지급

☑ 퇴직연금 중요내용

(1) 확정급여형(DB형)은 미래에 근로자가 수령할 **퇴직급여가 사전에 확정**되는 제도이며, 확정기여형(DC형)은 기업이 부담할 **부담금이 사전에 확정**되는 제도이다.

DC	부담금 고정
DB	부담금 변동

(2) 퇴직적립금에 대한 운용책임
   ㉠ 확정급여형(DB형) : 운용책임이 기업(사용자)에게 있으며, 운용결과에 따라 기업이 납입하는 부담금이 변동될 수 있다.
   ㉡ 확정기여형(DC형) : 기업(사용자)이 부담해야 할 부담금수준이 사전에 확정되고 근로자(피용자)가 운용주체가 되어 적립금을 운용한 후 그 손익에 따라 근로자의 퇴직급여가 변동되는 제도이다.
(3) 연금계리는 확정급여형에서만 필요하다.
(4) 확정기여형과 확정급여형 모두 적립금의 100%를 사외적립해야 한다(기업이 도산을 해도 돈을 떼일 염려가 없음.
   [참고] DB형은 22년부터 사외적립비율 100% 적용).
(5) 확정급여, 확정기여형 모두 **대통령령으로 정한 사유(주택구입 등)**에 해당 시 적립금에 대한 담보대출이 가능하며(적립금의 50%한도), 확정기여형의 경우 중도인출까지 가능하다.
(6) 확정급여형, 확정기여형 모두 IRP를 통해 연간 1,800만 원을 한도로 추가납입을 할 수 있다.

2024.11 기출복원

퇴직연금 제도에 대한 설명이다. 가장 거리가 먼 것은?

① 퇴직적립금의 운용주체가 사용자이며 적립금의 운용결과에 대한 손익과 책임이 사용자에게 귀속되는 제도는 확정급여형이다.
② 가입자가 받는 미래의 퇴직금이 사전에 확정되는 제도는 확정급여형이다.
③ 개인형 퇴직연금제도(IRP)는 가입자가 퇴직하는 즉시 퇴직금을 지급하는 제도이다.
④ 확정급여형과 확정기여형 가입자 모두 개인형 퇴직연금제도(IRP)에 추가로 가입할 수 있다.
⑤ 확정급여형(DB), 확정기여형(DC), 개인형 퇴직연금제도(IRP) 모두 연금수령은 55세부터 가능하다.

정답 ③

더 알아보기

개인형 퇴직연금제도(IRP ; Individual Retirement Pension)

(1) 이직자 및 자영업자의 은퇴자산 축적과 수령한 퇴직금의 소진을 막고 은퇴 후 노후 자금으로 활용할 수 있도록 2012.7.26부터 시행된 제도

(2) IRP가입대상자 : DC·DB가입자로서 IRP를 추가로 설정하려는 자, 퇴직급여를 일시금으로 수령한 자, 자영업자·공무원 등 소득이 있는 자

(3) 적립금의 운용과 수급방법은 확정기여형(DC형)과 동일하다.

(4) 기존의 연금저축가입자도 IRP를 통해 연간 1,800만 원까지 납입을 할 수 있다(합산 기준이므로 연금저축계좌가 없을 경우는 IRP에서만 1,800만 원까지 납입가능).

- ☑ DB형 가입자는 IRP에 추가가입을 할 수 없다. → (X, DB / DC형 모두 IRP 가입 가능)
- ☑ IRP의 적립금 운용방식과 수급방식은 확정기여형(DC형)과 동일하다. → (O)
- ☑ IRP는 가입자가 퇴직하는 즉시 퇴직연금을 지급한다. → (X, 연금개시는 55세 이후부터 가능)

16

투자자산운용사 프리미엄 강의노트 1과목 3편 부동산상품 5문항

다음의 민법상 물권 중에서 제한물권이 아닌 것은?

① 점유권
② 유치권
③ 질권
④ 저당권

점유권은 제한물권이 아니다.

정답 ①

더 알아보기

부동산 관련 권리 – 물권(物權)의 종류

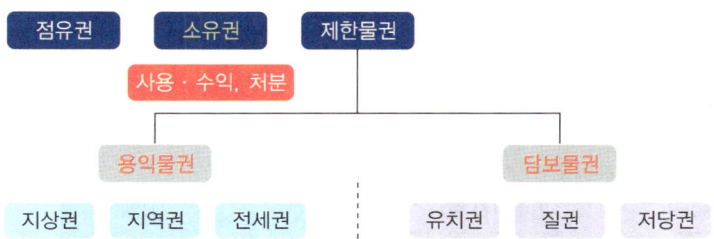

2025.01 기출복원

다음 중 부동산관련 물권 중에서 제한물권이 아닌 것은?

① 소유권
② 지상권
③ 지역권
④ 전세권

소유권은 물권 본권이며, 지상권·지역권·전세권은 제한물권 중 용익물권에 해당한다.
▶ 부동산 소유권이란 법률의 범위 내에서 부동산을 자유로이 사용·수익, 처분을 할 수 있는 권리로서 타인의 부동산을 부분적·일시적으로 지배하는 제한물권과 구별된다(2025 기본서, 1권, p343).

정답 ①

17

투자자산운용사 프리미엄 강의노트 | 1과목 3편 부동산상품 5문항

빈칸을 옳게 연결한 것은?(순서대로)

- ( )은 대지면적에 대한 건축면적(대지에 2 이상의 건축물이 있는 경우에는 이들 건축면적의 합계)의 비율을 말한다.
- 용도지역의 행위제한으로써 상업지역의 용적률은 ( ) 이하가 적용된다.

① 건폐율, 500%
② 건폐율, 1,500%
③ 용적률, 500%
④ 용적률, 1,500%

'건폐율, 1,500%'이다.

정답 ②

더 알아보기

건폐율, 용적률

(1) **건폐율** : 대지면적에 대한 건축면적의 비율
(2) **용적률** : 대지면적에 대한 건축물의 지상층 연면적의 비율

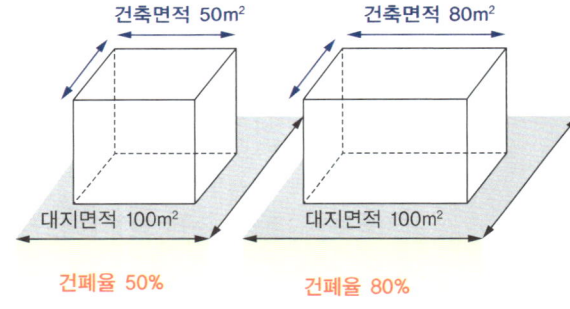

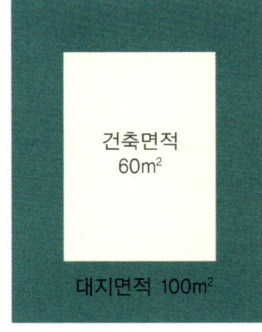

Q : 건폐율은?

Q : 용적률은?

2024.03 기출복원

다음 중 부동산 관련 용어에 대한 설명이 틀린 것은?

① 건폐율 : 대지면적에 대한 건축면적(대지에 2 이상의 건축물이 있는 경우에는 이들 건축면적의 합계)의 비율을 말한다.
② 용적률 : 대지면적에 대한 건축물의 지하층과 지상층의 연면적(대지에 2 이상의 건축물이 있는 경우는 이들 연면적의 합계)의 비율을 말한다.
③ 건축 : 건축법에 의한 건축물의 신축, 증축, 개축, 재축, 이전을 말한다.
④ 용도변경 : 사용승인을 받은 건축물의 최초용도가 아닌 다른 용도로 바꾸어 사용하는 것을 말한다.

연면적은 지상층 연면적을 의미하며, 지하층과 지상 주차장 면적은 제외한다.

정답 ②

'용도지역'은 토지의 계급장이다.

☑ 용도지역에 대한 행위제한 – 건폐율 / 용적률 제한

용도지역 분류			세 분	
			건폐율 제한	용적률 제한
용도지역	개발	도시지역	주거지역	70% 이하	500% 이하
			상업지역	90% 이하	1,500% 이하
			공업지역	70% 이하	400% 이하
			녹지지역	20% 이하	100% 이하
	보전	관리지역	보전지역	20% 이하	80% 이하
			생산관리지역	20% 이하	80% 이하
			계획관리지역	40% 이하	100% 이하
		농림지역		20% 이하	80% 이하
		자연환경보전지역		20% 이하	80% 이하

상 / 주 / 공 / 녹

🔹 용도지역 · 지구 · 구역 — 용도지역(4개)

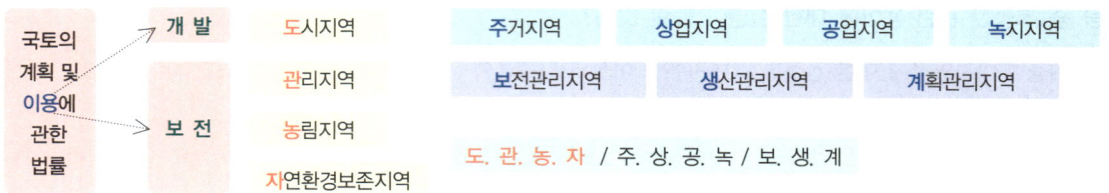

2024.11 **기출복원**

'국토의 계획 및 이용에 관한 법률' 상 도시지역 내의 용적률 한도가 가장 높은 지역은?

① 주거지역
② 상업지역
③ 공업지역
④ 녹지지역

② 상업지역이다.
- 순서(상 / 주 / 공 / 녹) : 상업지역 1,500% → 주거지역 500% → 공업지역 400% → 녹지지역 100%

정답 ②

18

투자자산운용사 프리미엄 강의노트 1과목 3편 부동산상품 5문항

<보기>의 개발행위 중 특별시장·광역시장·시장 또는 군수의 허가를 받지 않아도 되는 것을 연결한 것은?

> 가. 경작을 위한 토지의 형질변경
> 나. 사도개설을 위한 토지분할
> 다. 녹지지역·관리지역·자연환경보전지역에서 물건을 1개월 이상 쌓아두는 적치

① 가, 나
② 나, 다
③ 가, 다
④ 가, 나, 다

허가 면제 대상은 '가, 나'이다.

정답 ①

더 알아보기

● 개발행위와 개발행위허가

허가대상 개발행위	예 외 (아래와 같은 **경미한 사항**은 예외가 인정되어 허가면제됨)
건축, 공작물 설치	• 건축법상 허가 또는 신고대상에 해당하지 않는 건축물의 건축 • 공작물의 경우 '무게 50톤, 부피 50m^3 이하' 등의 경우
토지의 형질변경	• **경작을 위한 토지형질변경** • 높이 50cm, 깊이 50cm 이하의 절토 등
토석채취	채취면적 25m^2 이하에서의 부피 50m^3 이하의 토석채취 등
토지분할	**사도개설허가를 받아 분할하는 경우** 등
적치행위	면적이 25m^2 이하인 토지에서 전체부피 50m^3 이하(녹지지역)로 적치하는 경우

※ 물건의 적치 행위 : 녹지지역·관리지역·자연환경보전지역에 물건을 1개월 이상 **쌓아놓는 행위**

☑ 개발행위의 허가

① 개발행위 : 건축물의 건축 또는 공작물의 설치, 토질의 형질변경, 토석의 채취, 토지분할, 물건의 적치 등을 말한다.
② 개발행위 허가 : 개발행위 중 도시계획차원에서 검토가 필요하거나 관리하는 것이 타당하다고 판단되어 개발행위에 대해 허가를 받도록 하는 것을 말한다.

✅ 개발행위 허가 대상 (2024 기본서, 1권, p401 인용)

(4) 개발행위의 허가

도시계획사업에 의하지 않고,
'건축물의 건축 또는 공작물의 설치, 토지의 형질변경 등 개발행위를 하고자 하는 자는, 특별시장·광역시장·시장 또는 군수의 허가를 받아야 한다. 개발행위에는,
① 건축물의 건축 또는 공작물의 설치
② 토지의 형질변경(단, 경작을 위한 형질변경은 제외)
③ 토석채취
④ 토지분할
⑤ 녹지지역·관리지역·자연환경보전지역에 물건을 1개월 이상 쌓아놓는 행위(→ 적치행위)가 있다(중략).

2024.06 기출복원

다음의 개발행위 중 특별시장·광역시장·시장 또는 군수의 허가를 받아야 하는 대상과 가장 거리가 먼 것은?

① 경작을 위한 토지의 형질변경
② 토석채취
③ 토지의 분할
④ 녹지지역·관리지역 또는 자연환경보전지역에 물건을 1개월 이상 쌓아놓는 행위

'경작을 위한' 토지의 형질변경은 허가를 받지 않아도 된다.

정답 ①

2019.11 기출복원

도시계획사업에 의하지 않고 건축물의 건축, 토지의 형질변경 등 개발행위를 하고자 하는 자는 지방자치단체장의 허가를 받아야 하는데, 다음 중 일반적으로 허가대상에 속하는 것을 모두 연결한 것은?

가. 건축물의 건축 또는 공작물의 설치
나. 토석채취
다. 녹지지역·관리지역·자연환경보전지역에 물건을 1개월 이상 쌓아놓는 행위

① 가
② 가, 나
③ 나, 다
④ 가, 나, 다

※ 5가지 개발행위 : 건축물의 설치 / 토지의 형질변경 / 토석채취 / 토지분할 / 적치

정답 ④

19

투자자산운용사 프리미엄 강의노트 | 1과목 3편 부동산상품 5문항

PF(Project Financing)의 물적담보 확보수단으로서 저당권제도에 대한 설명이다. 가장 적절하지 않은 것은?

① 담보물을 신탁회사가 아닌 채권기관이 직접 관리한다.
② 등록세 및 교육세, 채권매입비 등의 비용이 발생하는데 부동산신탁보다는 비용부담이 크다.
③ 채권회수가 요구될 경우 채권기관이 직접 시장에서 공매를 함으로서 채권실행을 한다.
④ 후순위권리의 설정을 배제할 수 없다.

저당권은 법원경매로써, 담보신탁은 신탁회사가 '시장에서 직접 매도(공매)'로써 채권실행을 할 수 있다(환가액에서 부동산담보신탁이 유리함).

정답 ③

더 알아보기

● PF의 물적담보 확보수단 : 저당권설정과 담보신탁제도

구 분	저당권 설정	담보신탁 설정
설정 시 비용	등록세, 교육세, 채권매입비 (약 1%~1.3%)	신탁보수(0.4% 이하)
담보물 관리	채권기관	신탁회사
채권실행	법원경매	신탁회사가 직접 매도(공매)
후순위설정	후순위권리설정이 가능	후순위권리설정을 배제 가능

▶ **채권실행 시 비용, 환가액 비교**
(1) 저당권은 법원경매로 채권을 실행하므로 경매비용 등 비용부담이 있고 시간도 장시간 소요되지만, 담보신탁은 신탁회사에서 직접 매각하므로 그 부담이 현저히 절감된다.
(2) 채권실행 시 저당권은 경매가로 환가되지만, 담보신탁은 시장에서 직접 매도할 수 있으므로 **경매가보다 환가액이 높다**.

2024.11 기출복원

PF(Project Financing)의 안정성 확보 수단으로서 부동산담보신탁에 대한 설명이다. 가장 적절하지 않은 것은?

① 신탁보수 비용이 발생하는데 저당권 설정에 비해서는 비용이 절감된다.
② 저당권과 달리 후순위 권리설정을 배제할 수 있어서 담보가치 유지에 유리하다.
③ 채권회수가 요구될 경우 신탁회사가 직접 매도할 수 없으므로 법원 경매 절차를 통해서 채권실행을 할 수 있다.
④ 담보물은 부동산 신탁회사가 직접 관리한다.

③ 저당권은 법원경매로써, 담보신탁은 신탁회사가 '시장에서 직접 매도(공매)'함으로써 채권실행을 할 수 있다(환가액에서 부동산담보신탁이 유리함).
  ▶ 담보신탁은 저당권에 비해 목적물 관리의 안정성 및 효율성, 채권실행의 편리성 등의 장점이 있음(2024 기본서, 1권, p444 인용).

정답 ③

20

투자자산운용사 프리미엄 강의노트 | 1과목 3편 부동산상품 5문항

투자 부동산의 매년 순수익이 100억 원이고 자본환원율이 8%이다. 이 경우 수익환원법에 따른 해당 부동산의 수익가격은 얼마인가?

① 500억 원
② 800억 원
③ 1,000억 원
④ 1,250억 원

수익환원법으로 평가한 가격(수익가격)은 '$\dfrac{\text{순수익}}{\text{자본환원률}} = \dfrac{100}{0.08} = 1,250$억 원'이다.

정답 ④

더 알아보기

부동산 감정평가 3방식

(1) **비교방식**(시장접근법)
- 비준가격 = 사례가격 × 사정보정 × 시점수정 × 지역요인보정 × 개별요인보정 × 면적
- 토지평가에 가장 적합한 방식이다.

(2) **원가방식**(비용접근법)
- 복성가격 = 토지가치 + (재조달원가 – 감가수정액)
- 건물, 구축물, 기계장치 등 재생산이 가능한 물건에 대해 적합하다(재생산이 불가한 토지는 적용불가 단, 조성지나 매립지는 원가법 적용가능).

(3) **수익방식**(소득접근법)
- 수익가격 = $\dfrac{\text{순영업소득}}{\text{자본환원율}}$
- 임대용부동산 등 수익형부동산이 평가에 적합하다(주거용부동산과 같은 비수익형 부동산의 평가에는 부적합).

2024.06 기출복원

투자대상인 A부동산의 매년 순수익이 50억 원이고 자본환원율이 5%이다. 이 경우 A부동산의 가치를 수익환원법에 따른 수익가격으로 평가하면 얼마인가?

① 50억 원
② 100억 원
③ 500억 원
④ 1,000억 원

수익환원법으로 평가한 가격(수익가격)은 '$\frac{순수익}{자본환원율} = \frac{50}{0.05} = 1{,}000억\ 원$'이다.

수익환원법 (소득접근법)	☑ 직접환원법	순수익이 영구적인 것으로 가정
	할인현금수지분석법	미래현금흐름을 현재가치로 할인

정답 ④

21

투자자산운용사 프리미엄 강의노트 — 2과목 1편 대안투자 5문항

<보기>에서 대안투자상품에 해당하지 않는 상품의 개수는?

> 부동산펀드, 인프라스트럭처펀드, Commodity펀드, PEF, MMF, 해외주식형펀드

① 0개
② 1개
③ 2개
④ 3개

대안투자상품에 해당되지 않는 상품은 2개('MMF, 해외주식형펀드')이다. 주식 또는 채권에 투자하는 상품이 전통투자상품이며 나머지는 모두 대안투자상품이다. Commodity펀드는 일반상품(원자재)에 투자하는 일반상품펀드를 말한다.

정답 ③

더 알아보기

◉ **대안투자상품 - 종류**

2023.06 기출복원

다음 중 대안투자상품으로만 연결한 것은?

① MMF, 부동산
② MMF, PEF
③ 부동산, 헤지펀드
④ 채권형펀드, 헤지펀드

③ 부동산투자, PEF투자, 헤지펀드투자 등은 대안투자로 분류된다. MMF와 채권형 펀드는 전통투자상품이다(전통투자상품 : 주식 또는 채권에 투자하는 상품).

MMF(Money Market Fund), PEF(Private Equity Fund)

정답 ③

22

투자자산운용사 프리미엄 강의노트   2과목 1편 대안투자 5문항

부동산금융 중 수익형 부동산금융에 대한 설명이다. 틀린 항목의 개수는?

> 가. 증권발행으로 자금을 조달하는 것이 아니라 프로젝트에 직접 투자를 받아 자금을 조달하는 것을 PF(프로젝트금융)라 한다.
> 나. 자산유동화증권(ABS)의 발행을 통해, 자산보유자의 입장에서는 보유하고 있는 유동성이 낮은 자산을 유동화시킴으로써 유동성위험을 회피할 수 있다.
> 다. 주택저당증권(MBS)은 ABS의 일종으로서, 주택자금대출로부터 발생하는 채권과 당해 채권의 변제를 위해 담보로 확보하는 저당권과 기업매출채권 등을 기초자산으로 하여 새롭게 발행하는 증권을 말한다.
> 라. 부동산투자회사(REITs)는 거액의 자금으로 부동산에 투자하는데 적합하다.

① 0개   ② 1개
③ 2개   ④ 3개

③ 틀린 항목의 개수는 2개('다, 라)이다.
다. MBS의 기초자산은 모기지(Mortgage)만 가능하다.
라. 다수의 투자자로부터 자금을 모아서 이 자금을 부동산 및 부동산관련 사업에 투자한 후 투자자에게 배당을 통해 이익을 분배하는 회사는 REITs(부동산투자회사)이며, REITs의 주권을 증권시장에 상장함으로써 발행사는 유동성이 확보되고 일반투자자는 소액의 자금으로도 부동산투자가 가능하다.

정답 ③

더 알아보기

● 부동산금융(부동산을 대상으로 한 금융)

주택금융	수익형 부동산금융				부동산 개발형
	부동산 증권형				
담보대출	ABS	MBS	REITs	부동산펀드	PF

▶ 수익형 부동산금융 : 투자대상 부동산의 미래현금흐름을 상환 재원으로 하여 자금을 조달하는 방식
  (1) 증권발행으로 자금을 조달 : ABS, MBS, REITs, 부동산펀드
  (2) 개발사업에 직접 투자를 받음으로써 자금을 조달 : PF

☑ **부동산금융**(2024 기본서, p5~7 참조)

〈자산보유자의 니즈〉
신용위험회피, 유동성보강

(1) **자산담보부증권(Asset Backed Securities)**
유동화과정을 통해 자산보유자는 조기에 현금흐름을 창출시켜 유동성위험을 회피할 수 있으며, 투자자는 다양한 상품에 대한 투자가 가능함에 따라 다양한 포트폴리오를 구성할 수 있어 분산투자를 할 수 있다.

(2) **주택저당증권(Mortgage Backed Securities)**
주택자금으로부터 발생하는 채권과 채권의 변제를 위해 담보로 확보하는 저당권을 기초자산으로 MBS를 발행한다. MBS는 ABS의 일종이며 차이점은 주택저당증권을 전문적으로 유동화하는 기관으로 유동화 중개기관이 있다는 점이다.

(3) **REITs(Real Estate Investment Trusts)**
- REITs란 다수의 투자자로부터 자금을 모아서 이 자금을 부동산 및 관련 사업에 투자한 후 투자자에게 배당을 통해 이익을 분배하는 회사이다.
- REITs의 지분은 증권시장에 상장됨으로써 유동성이 확보되고 일반투자자들도 소액의 자금으로 부동산투자가 가능하다.

2024.06 기출복원

부동산금융 중 수익형 부동산금융에 대한 설명이다. 가장 거리가 먼 것은?

① 증권발행으로 자금을 조달하는 것이 아니라 프로젝트에 직접 투자를 받아 자금을 조달하는 것을 PF(프로젝트금융)라 하며, PF는 수익형 부동산금융에 해당한다.
② 자산유동화증권(ABS)의 발행을 통해, 자산보유자의 입장에서는 보유하고 있는 유동성이 낮은 자산을 유동화시킴으로써 유동성위험을 회피할 수 있다.
③ 주택저당증권(MBS)은 ABS의 일종으로서, 주택자금대출 로부터 발생하는 채권과 당해 채권의 변제를 위해 담보로 확보하는 저당권과 기업매출채권 등을 기초자산으로 하여 새롭게 발행하는 증권을 말한다.
④ 다수의 투자자로부터 자금을 모아서 이 자금을 부동산 및 부동산관련 사업에 투자한 후 투자자에게 배당을 통해 이익을 분배하는 회사는 REITs(부동산투자회사)이며, REITs의 주권을 증권시장에 상장함으로써 발행사는 유동성이 확보되고 일반투자자는 소액의 자금으로도 부동산투자가 가능하다.

MBS는 모기지(Mortgage)를 기초자산으로 한다(기업매출채권 등 모기지가 아닌 자산은 MBS의 기초자산이 될 수 없다).

정답 ③

23

투자자산운용사 프리미엄 강의노트   2과목 1편 대안투자 5문항

헤지펀드 운용전략에 대한 설명이다. 틀린 항목의 개수는?

> 가. 'Yield curve flattener, Yield curve steepener, Yield curve butterfly'와 같은 채권차익거래전략은 방향성 전략에 속한다.
> 나. 전환증권 차익거래 전략은 볼록성이 크고 기초자산의 변동성이 작은 전환사채를 선호한다.
> 다. 글로벌 매크로 전략은 투자결정 시 바텀업(bottom-up) 분석을 사용한다.
> 라. 캐리 트레이드 전략은 낮은 금리로 자본을 조달하여 높은 금리에 투자하는 전략이다.

① 0개
② 1개
③ 2개
④ 3개

틀린 항목의 개수는 3개('가, 나, 다')이다.

정답 ④

더 알아보기

헤지펀드 운용 전략

(1) 차익거래 전략

① **long / short equity 전략** : long과 short의 비율을 5대5로 하면 주식시장중립형(equity Market neutral)으로서 차익거래 전략에 속한다.
   - 비교   long와 short의 비율이 다를 경우 방향성전략이 된다('주식의 롱숏'으로 명칭).

② **전환증권(전환사채) 차익거래 전략** : '(저평가된) 전환사채를 매수하고, 전환사채의 델타만큼 기초자산의 주식을 매도'함으로써 전환사채의 이론가와 시장가격의 괴리를 수익으로 얻고자 하는 차익거래 전략이다.
   ▶ 전환증권 차익거래에 유리한 전환사채의 속성
   - 기초자산의 변동성이 크고 볼록성(convexity)이 큰 전환사채
   - 유동성이 높은 전환사채와 기초주식을 쉽게 빌릴 수 있는 전환사채
   - 낮은 전환프리미엄(conversion premium)을 가진 전환사채
   - 낮은 배당률을 갖는 기초자산의 전환사채
   - 낮은 내재변동성(implied volatility)로 발행된 전환사채

③ **채권차익거래 전략** : 수익률곡선 차익거래(yield curve arbitrage)는 아래 ㉠, ㉡의 두 가지로 분류된다.
   ㉠ 단기채와 장기채 간의 기울기를 이용한 차익거래 전략('단. 스. 장. 플') : Yield Curve Flattener 전략 / Yield Curve Steepener 전략
   ㉡ 단기채, 중기채, 장기채 간의 수익률곡선 변화를 통한 차익거래 전략(hump형, trough형) : Yield Curve Butterfly 전략

(2) 기타 전략

① Carry Trade(캐리 트레이드 전략) : 낮은 금리로 자본을 조달하여 높은 금리에 투자하는 전략(예 엔 캐리 트레이드 전략)이다.
② 무상증자 이벤트 전략 : 무상증자 권리락일에 해당 종목의 주가가 높은 확률로 상승하는 이례적 현상을 이용하는 전략이다.

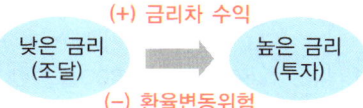

구 분	무상증자 전	100% 무상증자 후
총 주식 수	10,000주	20,000주
주 가	10,000원 (무상증자 기준일)	5,000원 (권리락일 가격)
시가총액	1억 원	1억 원

※ 차익거래 예시
(1) 기준일에 1주 매수
(2) 권리락일에 상승가격에 매도
   (2주 공매도)
(3) +20% 상승 시
   → 주당 1천 원 차익발생

10,000원(1주 매수)   6,000원(2주 매도)

기준일   권리락일   무상주 입고 시 공매도 상환

2024.06 기출복원

헤지펀드 운용전략에 대한 설명이다. 가장 적절하지 않은 것은?

① 'Yield curve flattener, Yield curve steepener, Yield curve butterfly'와 같은 채권차익거래 전략은 방향성 전략에 속한다.
② 전환증권 차익거래 전략은 전환사채를 매수하고 기초자산 주식을 매도하는 전략이다.
③ 캐리 트레이드 전략은 낮은 금리로 자본을 조달하여 높은 금리에 투자하는 전략이다.
④ 무상증자 이벤트 전략은 무상증자 권리락일에 해당 종목의 주가가 높은 확률로 상승하는 이례적 현상을 이용하는 전략이다.

'Yield curve flattener, Yield curve steepener, Yield curve butterfly 전략은 채권차익거래전략으로서 방향성전략이 아니라 **차익거래전략에 속한다**.

정답 ①

24

투자자산운용사 프리미엄 강의노트 2과목 1편 대안투자 5문항

<보기>에 가장 적합한 CDO의 분류는?

> • 기초자산을 보유한 자산보유자의 신용위험 이전을 목적으로 발행하는 CDO이다.
> • CDO를 통한 위험전가의 결과로 자산보유자는 재무비율의 개선 및 감독규정상의 최저 요구자본 요건충족 및 대출여력 확충 등과 같은 효과를 얻을 수 있다.

① Balance Sheet CDO
② Arbitrage CDO
③ Static CDO
④ Dynamic CDO

<보기>는 발행목적에 따른 CDO의 분류로서, 재무상태표 상의 위험자산을 감소시킴으로써 재무비율 개선을 목적으로 발행하는 Balance Sheet CDO에 해당한다.

정답 ①

더 알아보기

● CDO 분류

자산보유자 →(자산양도)→ SPC →(CDO발행)→ 다계층 투자자

기준	명칭	특징
발행목적	Arbitrage CDO	• 기초자산의 수익률과 유동화증권의 수익률 간의 차이에서 발생하는 **차익을 취할 목적으로 발행되는 CDO** • SPC는 신용도가 높은 선순위 CDO트랜치를 발행함으로써 낮은 이자비용을 발생시키고, 기초자산으로부터 얻는 높은 수익과의 차익을 남김
	Balance Sheet CDO	• 위험전가목적으로 거래하고, 거래를 통해 대차대조표에서 신용위험자산이 감소하여 **재무비율이 개선되는 효과**를 가지고 있음 • CDO를 통한 위험전가 결과로 자산보유자는 위험관리, 감독규정상의 최저 요구자본 요건충족 및 대출여력확충 등과 같은 효과를 얻을 수 있음
위험전이방법	Cash Flow CDO	자산을 SPC에게 **양도하고**(위험전가), SPC는 양도한 기초자산의 현금흐름을 바탕으로 CDO증권을 발행하여 자금조달
	Synthetic CDO	CDS를 활용하여 위험 전가(**기초자산의 양도없이 신용위험 이전**)
기초자산 운용방법	Static CDO	포트폴리오의 운용없이 만기까지 보유
	Dynamic CDO	지정된 운용자에 의해 자산이 운용되는 CDO

2025.01 기출복원

CDO와 관련해서 빈칸을 옳게 연결한 것은?(순서대로)

- CDO를 통한 위험전가의 결과로 자산보유자는 재무비율의 개선 및 감독규정상의 최저 요구자본 요건충족 및 대출여력 확충 등과 같은 효과를 얻을 수 있는 것은 ( )이다.
- 기초자산의 수익률과 유동화증권의 수익률 간의 차이에서 발생하는 차익을 취할 목적으로 발행되는 CDO는 ( )이다.

① Balance Sheet CDO, Arbitrage CDO
② Balance Sheet CDO, Static CDO
③ Static CDO, Arbitrage CDO
④ Static CDO, Dynamic CDO

보기는 발행목적에 따른 CDO의 분류로서 'Balance Sheet CDO, Arbitrage CDO'에 해당한다.

정답 ①

25

투자자산운용사 프리미엄 강의노트 | 2과목 1편 대안투자 5문항

빈칸에 알맞은 것은?

> ( )는 CDO의 특수한 형태로서 보장매입자가 준거자산을 양도하는 것이 아니라 신용파생상품을 이용하여 자산에 내재된 신용위험을 SPC에게 이전하는 유동화방식이다.

① Balance Sheet CDO
② Arbitrage CDO
③ Cash Flow CDO
④ Synthetic CDO

합성CDO(Synthetic CDO)이다. 'Cash Flow CDO와 Synthetic CDO'는 위험전이방법에 따른 CDO의 분류'인데 Cash Flow CDO는 '기초자산(준거자산)을 양도함으로써 신용위험을 이전하는' 일반적인 CDO를 말하며, Synthetic CDO는 차주와의 관계 등을 고려하여 '기초자산을 양도하지 않고' 신용위험을 이전하는 특수한 형태의 CDO이다.

보충 'Balance Sheet CDO와 Arbitrage CDO'는 발행목적에 따른 CDO의 분류인데, 이들도 기초자산을 양도하는 CDO이므로 위험전이방법상의 분류로 따지면 Cash Flow CDO에 해당한다.

정답 ④

더 알아보기

● **합성CDO(Synthetic CDO)**

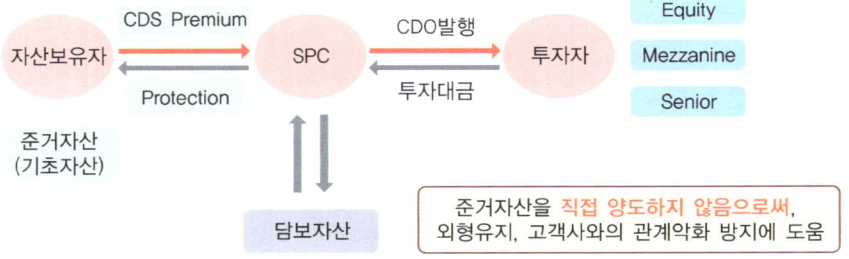

2022.11 기출복원

신용파생상품에 대한 설명이다. 가장 적절하지 않은 것은?

① TRS는 신용위험뿐만 아니라 시장위험도 거래상대방에게 전가시키는 신용파생상품이다.
② CLN은 일반채권에 CDS를 결합한 상품으로서, 보장매입자는 준거자산의 신용위험을 CLN발행자에게 전가하고 CLN발행자는 이를 다시 채권의 형태로 변형하여 투자자들에게 발행함으로써 위험을 전가한다.
③ 합성CDO는 ABS와 CLN을 합성한 형태로서 자산보유자가 준거자산을 SPC에게 양도하고 SPC는 준거자산의 현금흐름을 바탕으로 다계층의 투자자에게 CLN을 발행함으로써 신용위험을 이전하는 형태이다.
④ 일반적으로 CDO의 트랜치(tranche)는 senior, mezzanine, equity의 세 부분으로 구성되는데, 이 중에서 가장 위험이 높고 기대수익도 높은 트랜치는 equity이다.

합성CDO(Synthetic CDO)는 CDO의 특수한 형태로서 보장매입자가 준거자산을 양도하는 것이 아니라 신용파생상품을 이용하여 자산에 내재된 신용위험을 SPC에게 이전하는 유동화방식이다(기본서, 2권, p102).

정답 ③

26

투자자산운용사 프리미엄 강의노트 | 2과목 2편 해외투자 5문항

국제 분산투자 효과에 대한 설명이다. 틀린 항목의 개수는?

> 가. 시장과의 상관관계가 높은 개별증권의 비중이 클수록 전체 시장의 위험 중 체계적 위험의 비중이 커진다.
> 나. 국내적으로 분산불가능 위험인 체계적 위험도 국제 분산투자를 할 경우 위험의 추가적인 분산효과를 얻는 것이 가능하다.
> 다. 국제 분산투자를 하더라도 개별기업 특유의 요인에 의한 위험은 제거할 수 없다.
> 라. 글로벌 동조화가 강화될수록 국제 분산투자효과는 작아진다.

① 0개
② 1개
③ 2개
④ 3개

틀린 항목의 개수는 1개(다)이다.
다. '개별 기업 특유의 요인에 위험'은 비체계적 위험을 말하며, 비체계적 위험은 국내 분산투자로도 제거할 수 있다.

정답 ②

더 알아보기

● 국제 분산투자 시의 분산투자효과

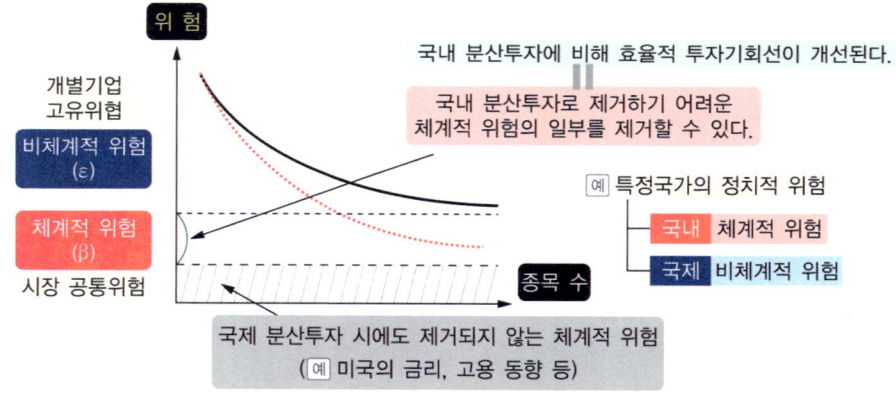

2022.02 기출복원

국제 분산투자와 관련하여 옳은 설명으로 연결한 것은?

> 가. 국제 분산투자를 통해서 국내에서 제거되지 않았던 체계적 위험의 일부를 제거할 수 있다.
> 나. 국가 간 상관계수가 높으면 국제 분산투자효과는 작아진다.
> 다. 글로벌 동조화가 강화될수록 국제 분산투자효과는 커진다.

① 가, 나
② 나, 다
③ 가, 다
④ 가, 나, 다

다. 글로벌 동조화가 강화될수록
 → 국가 간 상관계수가 높을수록
 → 국제 분산투자효과는 작아진다.

정답 ①

27

투자자산운용사 프리미엄 강의노트 2과목 2편 해외투자 5문항

MSCI지수에 대한 설명이다. 틀린 항목의 개수는?

> 가. 글로벌 펀드의 투자기준이 되는 대표적인 지표로서 최초의 국제 벤치마크, 특히 미국계 펀드의 운용에 주요 기준으로 사용된다.
> 나. 유동주식방식(free floating)으로 지수를 산출한다.
> 다. 우리나라는 2025년 현재 MSCI World Index에 편입되어 있다.
> 라. MSCI EM지수는 각국의 주가등락과 환율변동에 따라 각 국가별 편입비중이 매일 변경된다.

① 0개
② 1개
③ 2개
④ 3개

틀린 항목의 개수는 1개(다)이다. 우리나라는 2025년 현재 MSCI EM지수(신흥시장 지수)에 편입되어 있다.

정답 ②

더 알아보기

국제주가지수 - MSCI지수

(1) **국제투자의 벤치마크로 가장 많이 활용되는 지수**
- 미국계는 MSCI, 유럽계는 FTSE지수를 많이 활용
- 최초의 국제 벤치마크

(2) **달러기준의 국제주가지수** - 미국투자자에 적합
- ☑ 각국의 편입비중은 주가등락과 환율변동에 따라 매일 변경

(3) 시가총액방식이 아닌 **유동주식방식**이다.

(4) 한국시장은 World Index와 **Emerging Market** 중 신흥시장(EM)으로 분류

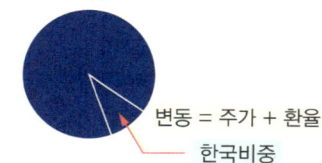

MSCI EM지수($ 기준)

변동 = 주가 + 환율
한국비중

▶ 유동주식 방식은 정부 보유 및 계열사 보유 지분 등 <mark>유통되기 어려운 주식을 제외</mark>하고 지수를 산출

☑ MSCI지수 VS FTSE지수

MSCI지수		FTSE지수		
World Index (선진시장)	Emerging Market (신흥시장)	Developed (DM ; 선진시장)	Advanced Emerging (준신흥시장)	Emerging (EM ; 신흥시장)
–	☑ 한국 편입	☑ 한국 편입	–	–

▶ FTSE100지수 : 런던증권거래소에 상장된 100개의 우량주식으로 구성된 지수

2024.03 기출복원

국제지수와 관련된 내용으로 가장 적절하지 않은 것은?

① 우리나라는 2025년 현재 'MSCI EM지수(신흥시장 지수)'에 편입되어 있다.
② MSCI지수는 정부 및 계열사 보유 지분 등 시장에서 유통되기 어려운 주식도 포함하여 계산하는 산출방식이다.
③ FTSE100지수는 런던거래소에 상장된 100개의 우량주식으로 구성된 지수이다.
④ MSCI지수에서 특정국가의 비중이 높아지면 그만큼 외국인 투자가 확대될 가능성이 커진다.

②는 시가총액식 지수산출방식을 말하는데, MSCI지수는 유동시가총액방식(free floating방식)으로 산출한다.

정답 ②

28. 투자자산운용사 프리미엄 강의노트 — 2과목 2편 해외투자 5문항

환위험 및 환위험 헤징전략에 대한 설명이다. 옳은 것은?

① 한국투자자가 해외주식에 투자하였을 때, 투자대상국의 통화가치가 하락하면 원화로 환산한 투자수익률도 낮아진다.
② 여러 통화에 분산투자함으로써 환위험을 줄일 수 있는데, 이 경우 헤지효과는 통화 간의 상관관계가 높을수록 커진다.
③ 환위험 헤징전략으로서 내재적 헤지 방식을 사용할 경우 헤지비용이 많이 드는 편이다.
④ 달러화와 양의 상관관계를 가지는 해외주식에 투자하는 미국투자자라면 별도의 헤지를 하지 않아도 환위험 헤지효과를 얻을 수 있는데 이를 롤링헤지라 한다.

해외투자를 실행한 후 <u>투자대상국의 통화가치가 상승할 때 환차익이 발생한다.</u> 즉 한국투자자가 해외투자 후 투자대상국의 통화가치가 하락하면 환차손이 발생하여 원화로 환산한 투자수익률도 낮아진다.

정답 ①

더 알아보기

● 환위험 헤징 전략

[예] 해외주식매수 + 통화옵션 헤지

(1) **통화파생상품을 이용한 헤지** [장외 : 선물환, 장내 : 통화선물/통화옵션 등(롤링위험 노출)]
   ▶ 글로벌통화가 아닌 경우 유동성이 부족하여 현실적인 제약이 있음

(2) **통화구성의 분산**

(3) **기타의 헤지** ([예] 미국투자자의 입장)
   • 포트폴리오 내 현금자산은 $보유
   • $연동 환율제도를 갖춘 국가에만 투자
   • 미국시장과 연관성이 높은 개별주식 매수   ▶ 내재적 헤지에는 별도의 비용이 발생하지 않음
     – 내재적 헤지(implicit hedge)를 말함(달러가치와 양의 상관관계에 있는 해외주식 매수)
     – 내재적 헤지 차원의 주식매수는 달러가치 하락시기에는 불리함

(4) **국제투자펀드는 환위험 헤지를 적극적으로 하지 않는다**(환율변동을 수익의 원천으로 간주).
   헤지를 하지 않거나 소극적으로 한다.   ▶ 국제주식투자는 환투기의 수단이 되기도 한다.

2022.06 기출복원

국제투자 시 환위험 헤징 전략에 대한 설명이다. 틀린 것으로 연결한 것은?

> 가. 통화파생상품을 이용한 환위험 헤지는 그 유용성이 높은 편이며 현실적으로도 유용하게 사용되는 전략이다.
> 나. 여러 국가의 통화에 분산투자함으로써 환위험을 헤지할 수 있다.
> 다. 국제투자의 대상이 되는 주식과 통화가치 간의 상관관계를 이용하여 헤지하는 방식을 롤링헤지라 한다.
> 라. 내재적 헤지에는 별도의 비용이 발생하지 않는다.

① 가, 나
② 다, 라
③ 가, 다
④ 나, 라

가. 통화파생상품의 경우 이론상 유용성에도 불구하고 주요통화 외에는 유동성이 부족하므로 현실적으로 이용하기 어려운 경우가 많다.
다. 투자대상 주식과 통화가치 간의 상관관계를 이용한 헤지는 '내재적 헤지(Implicit Hedge)'라 한다.

정답 ③

2023.11 기출복원

환위험 헤징전략에 대한 설명이다. 가장 적절하지 않은 것은?

① 여러 통화에 분산투자함으로써 환위험을 줄일 수 있는데, 이 경우 헤지효과는 통화 간의 상관관계에 따라 결정된다.
② 선물환, 통화선물 등 통화파생상품을 이용하는 전략은, 통화파생상품 시장이 존재한다 하여도 충분한 유동성이 없다면 유용한 헤지 수단으로 이용될 수 없다.
③ 투자기간의 전체를 하나의 계약으로 일시에 헤지하는 것을 롤링헤지라 한다.
④ 아무런 헤지를 않는 것도 중요한 환위험 헤지 전략의 하나이다.

③ 롤링헤지는 짧은 헤지기간을 연결해서 전체기간을 헤지하는 방법을 말한다.

정답 ③

29 투자자산운용사 프리미엄 강의노트 | 2과목 2편 해외투자 5문항

국제 주식시장의 규모와 대한 설명이다. 빈칸을 옳게 연결한 것은?

> 단기매매차익을 노리는 투자자보다는 장기적 투자수익을 노리거나 안정적 경영권 확보를 위한 기관투자자나 대주주의 비중이 크다면, 시장의 회전율은 상대적으로 (   )질 것이며 이 경우 (   ) 기준 상의 시장규모순위가 하락할 것이다.

① 높아, 시가총액
② 높아, 거래량
③ 낮아, 시가총액
④ 낮아, 거래량

'낮아, 거래량'이다.
- 단기매매차익을 노리는 투자자의 비중이 높다면 → 회전율이 높아지고 → 거래량 기준 상의 시장규모순위가 상승
- 장기투자수익을 노리는 투자자의 비중이 높거나 경영권확보를 위한 투자의 비중이 높다면 → 회전율이 낮아지고 → 거래량 기준 상의 시장규모순위가 하락

정답 ④

더 알아보기

● 국제 주식시장의 규모

각국의 주식시장의 규모는 해당 거래소에 상장된 **주식의 시가총액이나 거래량**으로 파악할 수 있다.

(1) **시가총액** : 그 나라의 경제규모 등에 의해 결정
(2) **거래량** : 투자자의 거래행태, 주식보유의 동기와 분포 등에 의해 결정

두 기준에 따른 시장규모 순위는 상당한 차이가 있을 수 있다.

→ 회전율이 높은 시장은 낮은 시장에 비해 거래규모가 크다.

미국기업들은 은행을 통한 간접금융조달보다는 자본시장을 통한 직접금융조달의 비중이 높고 특히 주식발행을 통한 자금조달의 비중이 상대적으로 크다. 따라서 미국주식시장의 시가총액비율은 다른 시장보다 높은 것으로 나타나고 있다.

기출복원

국제 주식시장의 규모에 대한 설명이다. 가장 적절하지 않은 것은?

① 각국의 거래소 규모는 시가총액과 거래량으로 파악할 수 있는데, 어느 기준으로 보는가에 따라서 시장규모의 순위는 상당한 차이를 가질 수 있다.
② 단기매매차익을 노리는 투자자의 비중이 클수록 해당 시장의 매매회전율이 낮게 나타나는데, 이 경우 거래량 기준 상의 시장규모순위가 하락할 수 있다.
③ 경제규모에 비해 주식시장의 규모가 큰 국가는 자본시장의 역할이 상대적으로 크고 효율적인 증권시장을 가진 것으로 이해할 수 있다.
④ 국제투자의 활성화와 함께 직접금융의 증가로 대부분의 국가에서 경제규모대비 주식시장 시가총액의 규모가 커지고 있다.

단기투자자의 비중이 높아지면 회전율이 *높게* 나타나며, 이 경우 거래량 기준 상의 순위가 상승할 수 있다.

정답 ②

30

투자자산운용사 프리미엄 강의노트 2과목 2편 해외투자 5문항

국제 채권(International Bonds)과 관련하여 빈칸을 옳게 채운 것은?(순서대로)

> 양키본드는 비거주자가 미국에서 달러(USD) 표시로 발행하는 (   )이고 사무라이본드는 비거주자가 일본에서 엔화 표시로 발행하는 (   )이다.

① 외국채, 외국채
② 외국채, 유로채
③ 유로채, 유로채
④ 유로채, 외국채

둘 다 '**채권표시 통화의 본국**에서 발행하는 채권'이므로 외국채이다.

정답 ①

더 알아보기

🌀 해외 채권시장

미국		영국	
$ →	외국채	£ →	외국채
£ →	유로채	$ →	유로채

유로채(Euro Bond)	외국채(Foreign Bond)
채권표시통화의 **본국 이외**에서 발행되는 채권	채권표시통화의 **본국**에서 발행되는 채권 ('**본국의 통화**'로 발행하면 → 외국채)
• 영국시장에서 미달러표시 채권을 발행한 경우 • 일본시장에서 미달러표시 채권을 발행한 경우 → 미국이 아닌 곳에서 달러로 발행되는 채권이 유로채 　유로채 중에서 달러로 발행하는 채권을 유로달러채라 함	① **양키본드** : 미국시장에서 달러로 발행된 외국채 ② **불독본드** : 영국에서 파운드로 발행된 외국채 ③ **사무라이본드** : 일본에서 엔화로 발행된 외국채 ④ **아리랑본드** : 한국에서 원화로 발행된 외국채 ⑤ **판다본드** : 중국에서 위안화로 발행된 외국채 * 딤섬본드 : **홍콩에서 위안화로 발행된 유로채**(중국당국의 발행자격규제, 외국인 투자제한규제 면제)

☑ 유로채 VS 외국채

유로채	외국채
사실상 규제가 없음 ※ **역외채권**(off shore bond)	외국채 발행 시 현지국의 규제 ※ **역내채권**(on shore bond)
무기명채권(Bearer bond) – 이자소득세 부담 없음(**원천징수** ✕)	기명식채권(Registered bond) – 이자소득세 부담(**원천징수** ◯)

2025.01 기출복원

딤섬본드와 관련하여 빈칸을 옳게 연결한 것은?(순서대로)

딤섬본드는 (　　　)에서 (　　　) 표시로 발행하는 (　　　) 채권이다.

① 중국, 위안화, 기명식
② 중국, 위안화, 무기명식
③ 홍콩, 위안화, 무기명식
④ 홍콩, 홍콩달러, 기명식

차례대로 '홍콩, 위안화, 무기명식'이다. 딤섬 본드(dimsum bond)는 홍콩에서 위안화로 발행하는 무기명식 채권이다.

정답 ③

2024.11 기출복원

국제 채권(International Bonds)에 대한 설명이다. 가장 적절하지 않은 것은?

① 미국에서 미 달러화 표시 채권을 발행할 경우 유로달러채가 된다.
② 일본에서 엔화 표시 채권을 발행할 경우 외국채가 된다.
③ 유로채는 무기명채권으로 발행한다.
④ 유로채 발행 시에는 공시나 신용평가등급 등에 대한 규제를 의무로 규정하지 않고 시장참가자의 합의에 따라 어떤 조건이든지 자유롭게 선택할 수 있다.

① 미국에서 미 달러화표시 채권을 발행하면 외국채(양키본드)가 된다. 유로채는 무기명식으로 발행하고 외국채는 기명식으로 발행한다(③). 유로채는 채권발행 현지국의 규제를 받지 않는 역외채권(off shore bond)이다(④).

정답 ①

31

투자자산운용사 프리미엄 강의노트 2과목 3편 투자분석기법 12문항

수익률의 분포가 <보기>와 같을 때, 다음 중 그 값이 가장 적은 통계 지표는 무엇인가?

> −12%, −9%, −6%, −2%, 3%, 5%, 5%, 10%, 15%

① 산술평균
② 범위
③ 중앙값
④ 최빈값

'산술평균은 1, 중앙값은 3, 최빈값은 5, 범위는 27(단위: %)'이다. 따라서 지표의 값이 가장 적은 것은 산술평균이다.

정답 ①

더 알아보기

● 증권분석을 위한 통계용어

중심위치	산포경향
중앙값(median)	범위(range)
산술평균(mean)	분산(variance)
최빈값(mode)	**표준편차(standard deviation)**
	평균편차(mean deviation)

| 기대수익률 | 위 험 (수익률의 변동성) |

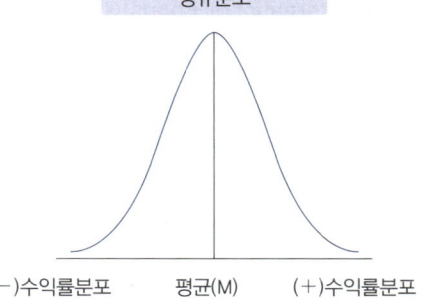
정규분포
(−)수익률분포   평균(M)   (+)수익률분포

☑ 증권분석을 위한 통계기초(2024 기본서, 2권, p214~217 참조)

(1) **중심위치(Central Tendency)** : 자료가 어떤 값을 중심으로 분포하는가를 나타내는 대표치로서, 산술평균과 최빈값, 중앙값 등이 자주 쓰인다.

　㉠ 산술평균(mean) : 분포 값의 합계를 분포의 수로 나눈 값(Σ분포값 / N)
　㉡ 최빈값(mode) : 빈도수가 가장 많은 관찰치를 의미한다.
　㉢ 중앙값(median) : 관찰치를 크기 순서대로 나열하였을 때, 정가운데 있는 값을 의미한다. N이 홀수일 때는 정가운데 값이 중앙값이 되지만, N이 짝수일 때는 가운데 두 분포의 값의 평균이 중앙값이 된다.
　　　예시　분포의 수가 짝수일 경우의 중앙값
　　　　　→ '2, 4, 6, 8, 10, 12'의 분포일 경우 (6 + 8) / 2 = 7 즉 7이 중앙값이 된다.

(2) **산포 경향(Degree of Dispersion)** : 자료가 중심위치로부터 어느 정도 흩어져 있는가를 나타내는 지표로서 범위, 평균편차, 분산, 표준편차 등이 자주 쓰인다.
  ㉠ 범위(range) : 최대값-최소값. 동 문항 예시에서는 −15 ∼ +15 = 30. 또는 최대값 15에 최소값 −15를 뺀 값으로서 30이 된다.
  ㉡ 평균편차(mean deviation) : 각각이 평균으로부터 떨어진 거리들의 평균으로 측정한다.
  ㉢ 분산(variance)과 표준편차(standard deviation) : 분산은 각각이 평균으로부터 떨어진 거리의 제곱들을 평균한 것이고 분산의 제곱근이 표준편차이다.
  보충 모집단이 아니고 표본인 경우에는 분산과 표준편차를 자유도(degree of freedom : 분산과 표준편차의 경우는 n−1)로 나누어 측정하는데 그래야 모집단 분산(표준편차)의 불편 추정치(unbiased estimator)가 되기 때문이다.

2024.11 기출복원

수익률의 분포가 보기와 같을 때, 다음 중 그 값이 가장 적은 통계 지표는 무엇인가?

| −15%, −9%, −7%, −2%, 3%, 4%, 7%, 7%, 15% |

① 산술평균
② 범위
③ 중앙값
④ 최빈값

① '산술평균은 0.33, 중앙값은 3, 최빈값은 7, 범위는 30'이다. 따라서 지표의 값이 가장 적은 것은 산술평균이다.
  ▶ 풀 이
    ① 산술평균 : Σ분포값/N = (−15−9−7−2+3+4+7+7+15) / 9 = 0.33
    ② 범위 : 최대값 − 최소값 = +15 − (−)15 = 30
    ③ 중앙값 : 정 가운데 값, 즉 3
    ④ 최빈값 : 빈도수가 가장 높은 관찰치, 즉 7

정답 ①

2025.01 기출복원

증권분석의 통계기초에 대한 내용이다. 틀린 내용으로 연결한 것은?

> 가. 최빈값은 관찰치를 크기 순서대로 나열하였을 때, 정가운데 있는 값을 의미한다.
> 나. 분산은 각각이 평균으로부터 떨어진 거리들의 평균으로 측정이 되며, 산포경향을 나타내는 지표에 속한다.
> 다. 공분산은 $-\infty$에서 $+\infty$의 어떤 값이든지 가질 수 있으며, 공분산이 0보다 크면 양의 관계이고 0보다 작으면 음의 관계, 0이면 아무런 선형의 관계가 없음을 의미한다.
> 라. 상관계수는 공분산을 각각의 표준편차의 곱으로 나누어 준 값이다.

① 가, 나
② 다, 라
③ 가, 다
④ 나, 라

틀린 내용은 '가, 나'이다.
가. 관찰치를 크기 순서대로 나열하였을 때, 정가운데 있는 값을 의미하는 것은 '중앙값'이다. cf 최빈값 : 빈도수가 가장 높은 관찰치를 말한다.
나. '각각이 평균으로부터 떨어진 거리들의 평균'으로 측정이 되는 것은 '평균편차'이다. cf '분산'은 '각각이 평균으로부터 떨어진 거리의 제곱들을 평균'한 것을 말하고, 분산의 제곱근이 '표준편차'이다.

정답 ①

32

투자자산운용사 프리미엄 강의노트 | 2과목 3편 투자분석기법 12문항

다음의 재무비율 중에서, 재무상태표와 손익계산서를 같이 활용해서 산출하는 재무비율에 속하는 것은?

① 총자산회전율
② 부채–자기자본비율
③ 이자보상비율
④ 매출액영업이익률

총자산회전율이다(분자인 매출액은 손익계산서, 분모인 총자산은 재무상태표).

재무상태표만을 활용한 재무비율	손익계산서만을 활용한 재무비율	혼합비율

• 유동비율
• 당좌비율
• 현금비율
• 부채–자기자본비율
	• 매출액영업이익률
	• 매출액순이익률
	• 이자보상비율
		• 회전율
		  – 총자산회전율
		  – 비유동자산회전율
		  – 매출채권회전율
		• ROA, ROE

정답 ①

더 알아보기

☑ **예시**

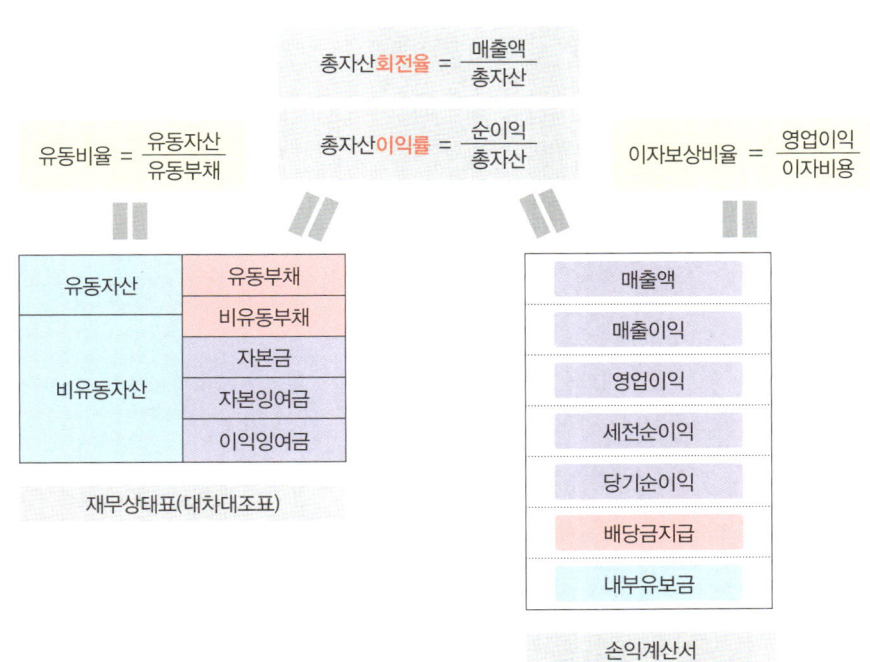

2021.11 기출복원

재무상태표와 손익계산서를 같이 활용하여 산출하는 재무비율이 아닌 것은?

① 총자산회전율
② 총자산이익률
③ 이자보상비율
④ 자기자본이익률

③ 이자보상비율은 손익계산서 항목으로 구성된 재무비율이다.
  ▶ 'ROA와 ROE, 그리고 모든 활동성지표'가 혼합비율이다.

정답 ③

33

투자자산운용사 프리미엄 강의노트 2과목 3편 투자분석기법 12문항

<보기>에서 재무활동현금흐름이 증가하는 항목의 개수는?

> 차입금의 차입, 자기주식의 취득, 대여금의 회수, 유가증권의 처분

① 0개
② 1개
③ 2개
④ 3개

1개(**차입금의 차입**)이다. '자기주식의 취득'은 재무현금흐름이 (−), '대여금의 회수'와 '유가증권의 처분'은 투자현금흐름이 (+)이다.

정답 ②

더 알아보기

현금흐름표 작성(간접법)   ① 간접법 VS 직접법, ② 현금흐름표의 구성

Ⅰ 영업활동으로 인한 현금흐름	☑ 원재료매입 → 생산 → 판매	
역산	(+) 당기순이익	
	(+) 현금유출이 없는 비용(→ 감가상각비, 대손상각비, 유가증권평가손실, 재고자산평가손실 등)	
	(−) 현금유입이 없는 수익(→ 유가증권평가이익 등)	
	(+) 투자와 재무활동으로 인한 처분손실(→ 설비자산처분손실, 유가증권처분손실 등)	
	(−) 투자와 재무활동으로 인한 처분이익(→ 설비자산처분이익, 유가증권처분이익 등)	
	(±) 영업활동과 관련된 자산·부채의 변동	
	+ 매출채권의 감소, 재고자산의 감소, 매입채무의 증가	
	− 매출채권의 증가, 재고자산의 증가, 매입채무의 감소	
Ⅱ 투자활동으로 인한 현금흐름	☑ 설비자산의 취득 / 처분 등	
	(+) 설비자산의 처분, 유가증권의 처분, 대여금 회수	
	(−) 설비자산의 취득, 유가증권의 매입, 대여금 대여	
Ⅲ 재무활동으로 인한 현금흐름	☑ 차입 / 상환, 증자 / 감자 등	
	(+) 차입금 차입, 자기주식 처분, 유상증자	
	(−) 차입금 상환, 자기주식 취득, 사채 발행비용	

2024.03 기출복원

현금흐름표에 대한 설명이다. 가장 적절하지 않은 것은?

① 원재료 및 상품 등의 구매활동과 제품 생산활동 및 판매활동에서 발생한 현금흐름은 영업활동으로 인한 현금흐름이다.
② 매출채권이 증가하면 영업활동현금흐름이 감소한다.
③ 자기주식을 취득하면 투자현금흐름이 감소한다.
④ 차입금을 상환하면 재무활동현금흐름이 감소한다.

자기주식의 취득·처분은 재무활동현금흐름에 속한다(자기주식 취득 → 재무활동현금흐름 감소, 자기주식 처분 → 재무활동현금흐름 증가).

정답 ③

2023.06 기출복원

현금흐름표에 대한 설명이다. 가장 적절하지 않은 것은?

① 현금흐름표 상의 현금이란 현금 및 현금성자산으로 정의되는데, 현금은 보유현금과 요구불예금의 합계를 말하며 현금성자산은 유동성이 매우 높은 단기투자자산을 말한다.
② 원재료 및 상품 등의 구매활동과 제품 생산활동 및 판매활동에서 발생한 현금흐름은 영업활동으로 인한 현금흐름이다.
③ 차입금의 차입이나 상환은 투자활동현금흐름에 속한다.
④ 매출채권의 변동은 영업활동으로 인한 현금흐름에 속한다.

차입금의 차입이나 상환은 '재무활동으로 인한 현금흐름'에 속한다.

정답 ③

2023.11 기출복원

간접법으로 영업활동현금흐름을 작성 시에 당기순이익에 가산하는 항목이 아닌 것은?

① 매출채권의 증가
② 매입채무의 증가
③ 재고자산 평가손실
④ 감가상각비

'매출채권 증가'는 현금흐름 마이너스 요인이고 나머지는 플러스 요인이다.
• **감가상각비(+) / 재고자산평가손실(+)** : 현금유출이 없는 비용으로서 현금흐름(+)
• **매출채권 증가(-), 매입채무 증가(+)** : 영업활동으로 인한 자산부채의 증감

정답 ①

☑ 영업활동과 관련된 자산·부채의 변동

매입채무의 증가 : 외상이 증가한 만큼 실제 현금이 지출되지 않은 것이므로 → 현금흐름 증가
매입채무의 감소 : 외상을 갚은 것이므로 → 현금흐름 감소

매입채무 증가 (+)	↔	매출채권 증가 (−)	재고자산 증가 (−)
매입채무 감소 (−)	↔	매출채권 감소 (+)	재고자산 감소 (+)

34

투자자산운용사 프리미엄 강의노트 | 2과목 3편 투자분석기법 12문항

41회 신유형

다음 중 잉여현금흐름(FCF ; Free Cash Flow)을 증가시키는 것은?

① 시설자금의 증가
② 매출채권의 증가
③ 재고자산의 증가
④ 미지급금의 증가

☑ 잉여현금흐름 = 영업현금흐름 − 설비투자액
④ '미지급금 증가'는 현금이 지출되지 않는 운전자본 증가이므로 '잉여현금흐름의 증가'에 해당한다.
참고 **매입채무 VS 미지급금** : 대금을 지급하지 않은 부채계정이라는 점에서 동일하지만 매입채무는 경상적인 영업활동, 미지급금은 비경상적인 영업활동 상에서 발생한다는 차이가 있다.

정답 ④

더 알아보기

잉여현금흐름(FCF ; Free Cash Flow)

(1) **잉여현금흐름의 정의** : 본업활동이 창출해낸 현금유입액에서 당해연도 중 새로운 사업에 투자하고 남은 것(즉 '본업에서 창출한 현금흐름 − 설비투자액')

(2) **잉여현금흐름 모형상의 기업가치** : '기업가치 = $\sum PV(FCF_t)$ + 잔여가치'

  ㉠ $\sum PV(FCF_t)$: 예측가능한 기간동안의 매기의 잉여현금흐름 합계의 현재가치

  ㉡ 잔여가치 : 예측가능한 기간을 초과하는 기간에 대해서는 '잔여가치'로 평가하며 잔여가치는 최근 3년에서 5년 간의 잉여현금흐름의 평균으로 추정하고, 산술적으로 '$\frac{3\sim5년의\ 평균\ FCF}{WACC - g}$ (wacc : 가중평균자본비용, g : FCF 성장률)'로 계산한다.

(3) **잉여현금흐름의 증감** : FCF = ① − ②[약식 : 영업현금흐름 − 설비투자액]

① 총현금흐름 유입액	② 투하자본 순증가액(유출액)
EBIT(영업이익) + 감가상각비	• 시설자금 증가 • 운전자본 증가 : 매출채권 증가, 재고자산 증가

• 단, '매입채무 증가'와 '미지급금 증가'는 운전자본을 증가시키지만 '현금지출이 없으므로' ②의 감소요인이 된다. 즉 전체적으로 잉여현금흐름(FCF)의 증가요인이 된다.

가치평가모형

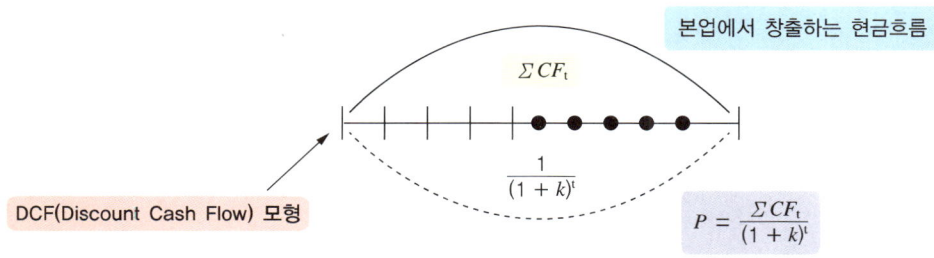

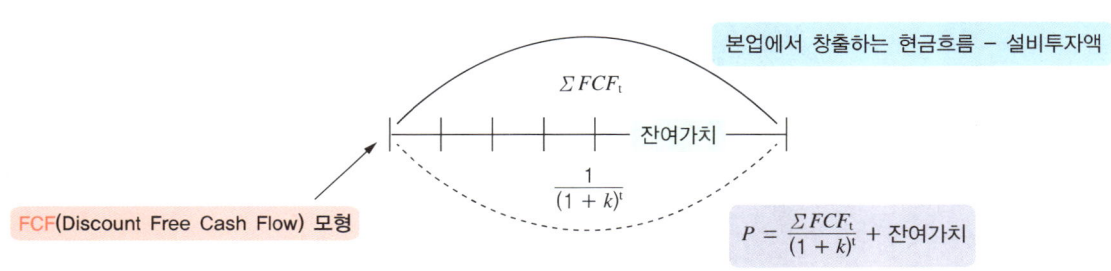

35

2과목 3편 투자분석기법 12문항

투자자의 요구수익률이 10%, 자기자본이익률(ROE)이 10%일 때, 고든의 PER모형에 의한 PER는 얼마인가?

① 5배
② 10배
③ 15배
④ 20배

고든의 PER모형상 PER는 $\dfrac{1-b}{k-g}$ 이며(b : 유보율, k : 요구수익률, g : 배당성장률), 아래와 같이 풀이한다('1-b'는 분자, 분모에 공통으로 존재하므로 약분 가능).

→ $PER = \dfrac{1-b}{k-g}, \dfrac{1-b}{k-b \times ROE}$ (∵ $g = b \times ROE$)

→ $PER = \dfrac{1-b}{0.10 \cdot b \cdot 0.10} = \dfrac{1-b}{0.10(1-b)} = \dfrac{1}{0.1}$, ∴ PER = 10배

약식이해 요구수익률(k)과 자기자본이익률(ROE)가 같을 경우는 배당성향과 관계없이 '$PER = \dfrac{1}{k} = \dfrac{1}{0.1}$ = 10(배)'이다.

▶ '$PER = \dfrac{1}{k}$'의 증명 :

$PER = \dfrac{1-b}{k-g} = \dfrac{1-b}{k-b \times ROE} = \dfrac{1-b}{k-b \times k} = \dfrac{1-b}{(1-b)k} = \dfrac{1}{k}$ ('k = ROE'일 경우)

정답 ②

더 알아보기

● 고든의 PER모형 – 산식

$P = \dfrac{D_1}{k-g}$ 에서 도출 $PER = \dfrac{주가}{EPS}$

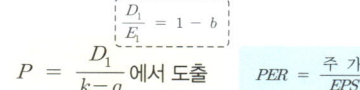
$\dfrac{D_1}{E_1} = 1-b$

$\dfrac{P}{E_1} = \dfrac{1-b}{k-g} = \dfrac{1-b}{k-b \times ROE}$ ← $g = b \times ROE$

(1) 성장률 g와 (+), 자본비용 k와는 (−)의 관계
(2) 배당성향(1 − b)은, b가 분자/분모 모두에 위치하므로 일정한 관계가 없다.
  • k > ROE이면 → 배당성향과 (+)
  • k < ROE이면 → 배당성향과 (−)
  (예 'k = 10% < ROE = 15%' 경우, 수익성이 요구수익률을 상회하므로 배당을 하지 않고 투자를 많이 할수록 기업의 수익성이 높아지고 주가의 멀티플인 PER는 상승한다)

기출지문
ROE가 요구수익률보다 클 경우에는 PER와 배당성향은 부(−)의 관계이다. → ○
┄┄┄▶ 배당을 적게 할수록 PER가 상승하므로 반대관계

2021.11 기출복원

투자자의 요구수익률이 12%, 자기자본이익률이 10%, 배당성향이 20%이다. 이 경우 고든의 PER모형에 의한 당해 주식의 PER는 얼마인가?(단위 : 배수)

① 5배
② 8배
③ 10배
④ 20배

---

① '$PER = \dfrac{1-b}{k-b}$, $g = b \times ROE$' 식을 활용하여 계산한다.

(k = 요구수익률, g = 배당성장률, b = 유보율, ROE = 자기자본이익률)

※ 풀이

→ $PER = \dfrac{1-b}{k-b} = \dfrac{1-b}{k - b \times ROE} = \dfrac{0.2}{0.12 - (0.8 \times 0.1)} = \dfrac{0.2}{0.04} = 5(배)$

정답 ①

36. EV/EBITDA비율과 관련하여 빈칸에 알맞은 것은?

> 상장기업인 A기업의 EBITDA는 50억 원, 유사기업의 EV/EBITDA 비율은 20배, 채권자가치는 600억 원, 발행주식수는 400만주이다. 이 경우 A기업의 주당 가치는 (　　　)이다.

① 1만 원
② 2만 원
③ 3만 원
④ 4만 원

주당가치는 1만 원이다(아래 풀이).

※ EV/EBITDA비율을 이용한 상장기업의 주당가치 추정(약식풀이)

(1) $\dfrac{\text{시가총액} + \text{채권자가치}}{\text{EBITDA}} = 20$, $\dfrac{\text{시가총액} + 600억\ 원}{50억\ 원} = 20$

시가총액 + 600억 원 = 1,000억 원,
(∴) 시가총액은 400억 원

(2) 주당가치 추정 : $\dfrac{\text{시가총액}}{\text{발행주식수}} = \dfrac{400억\ 원}{400만주} = 10,000원$

(∴) A기업의 주당가치는 10,000원이다.

정답 ①

더 알아보기

● EV/EBITDA – 'PER 보완'

$PER = \dfrac{\text{주가} \times N}{\text{EPS} \times N} = \dfrac{\text{시가총액}}{\text{당기순이익}}$

▶ 기업의 자본구조반영
(PER은 채권자가치 반영 못 함)

$\dfrac{EV}{EBITDA} = \dfrac{\text{시가총액(주주가치)} + \text{순차입금(채권자가치)}}{\text{영업이익} + \text{감가상각비}}$

▶ 당기순이익의 상위단계인 영업이익을 반영
(PER보다 더 넓은 범위의 기업가치평가 가능)

▶ 현금흐름반영
(+ 감가상각비)

| 자 본 (총자본) | 부 채 (타인자본) | = 채권자 |
| | 자 본 (자기자본) | = 주주 |

2023.11 기출복원

EV/EBITDA비율과 관련하여 빈칸에 알맞은 것은?

> 상장기업인 A기업의 EBITDA는 60억 원, 유사기업의 EV/EBITDA 비율은 15배, 채권자가치는 300억 원, 발행주식수는 100만주이다. 이 경우 A기업의 주당 가치는 (　　　)이다.

① 5만 원
② 6만 원
③ 7만 원
④ 9만 원

주당가치는 6만 원이다(아래 풀이).

※ **약식계산(EV/EBITDA 공식 활용)**

(1) $\dfrac{\text{시가총액 + 채권자가치}}{\text{EBITDA}} = 15$, $\dfrac{\text{시가총액 + 300억 원}}{60\text{억 원}} = 15$, 시가총액 + 300억 원 = 900억 원,

　　따라서 시가총액은 600억 원

(2) 주당가치 추정 : $\dfrac{\text{시가총액}}{\text{발행주식수}} = \dfrac{600\text{억 원}}{100\text{만주}} = 60,000$원

　　(∴) A기업의 주당가치는 60,000원이다.

정답 ②

37

2과목 3편 투자분석기법 12문항

<보기>의 조건에 따를 때, 해당 기업의 EVA를 가장 적은 값으로 만드는 타인자본비중과 자기자본비중의 조합은 무엇인가?(단위 : %)

> 세후 순영업이익 100억 원, 투하자본 250억 원, 타인자본비용과 자기자본비용은 모두 10%이고 법인세율은 30%로 가정한다.

① 타인자본 80, 자기자본 20
② 타인자본 60, 자기자본 40
③ 타인자본 40, 자기자본 60
④ 타인자본 20, 자기자본 80

'EVA = 세후순영업이익 − (투하자본 × WACC)'의 공식 상으로 보면, 타인자본비중이 가장 낮은 조합(④)에서 가중평균자본비용(WACC)이 가장 높아지고 최종적으로 가장 적은 값의 EVA가 시현된다.

정답 ④

더 알아보기

● EVA = 세후순영업이익 − (투하자본 × WACC)

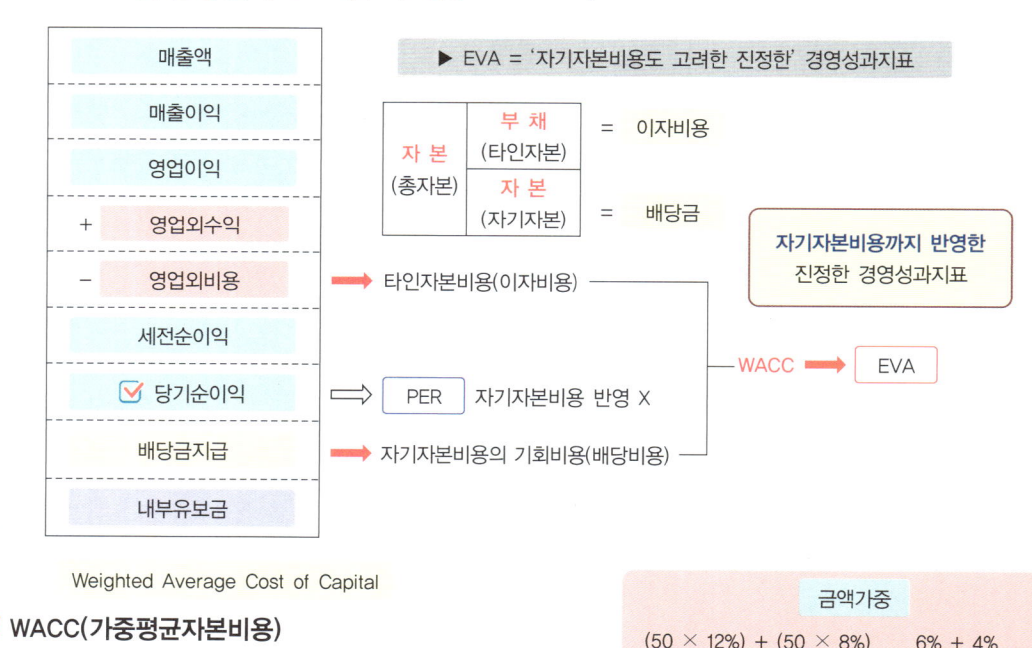

☑ WACC(가중평균자본비용)

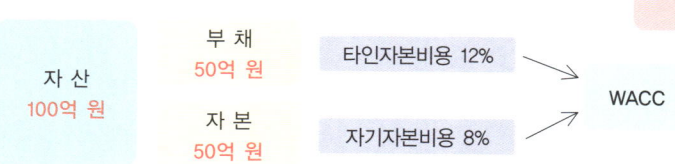

> **예시** 타인자본 50억 원, 자기자본 50억 원, 타인자본의 세후조달비용은 8%, 자기자본의 기회비용은 12%라고 할 때 가중평균자본비용(WACC)은? **비율가중**
> → WACC = (0.5 × 12%) + (0.5 × 8%) = 10%

2024.06 기출복원

<보기>의 조건에 따를 때, 해당 기업의 EVA를 최적으로 만드는 타인자본과 자기자본의 조합은 무엇인가?

(단위 : %)

> 세후순영업이익 100억 원, 투하자본 250억 원, 타인자본비용과 자기자본비용은 모두 10%이고 법인세율은 30%로 가정한다.

① 타인자본 80, 자기자본 20
② 타인자본 60, 자기자본 40
③ 타인자본 40, 자기자본 60
④ 타인자본 20, 자기자본 80

▶ EVA = 세후순영업이익 − (투하자본 × WACC) = 100억 원 − (250억 원 × WACC)
 → 즉, **타인자본비중이 높을수록** 법인세 절감효과가 크게 반영되어 WACC가 가장 낮아지고 EVA가 가장 크게 달성된다.
▶ WACC = {타인자본비율 × 타인자본비용(1 − 0.2)} + (자기자본비율 × 자기자본비용)

정답 ①

2025.01 기출복원

<보기>의 정보에 따를 때 해당 기업의 EVA는 얼마인가?(소수점 이하 절사, 단위는 억 원)

> 영업이익 500억 원, 투하자본 1,000억 원, 자기자본비율 60%, 타인자본비율 40%, 타인자본조달비용 10%, 자기자본의 기회비용 15%, 법인세율 20%

① 270　　　　　　　　　　② 278
③ 292　　　　　　　　　　④ 296

EVA = 세후 순영업이익 − (투하자본 × 가중평균자본비용) = 278억 원
※ **풀 이**
 (1) **세후 순영업이익** = 500억 원 × (1 − 0.2) = 400억 원
 (2) **가중평균자본비용** = (타인자본비율 × 세후 타인자본비용) + (자기자본비율 × 자기자본비용)
　　　　　　　　= {0.4 × 0.10 × (1 − 0.2)} + (0.6 × 0.15) = 0.032 + 0.09 = 0.122
 (3) 따라서, EVA = 400억 원 − (1,000 × 0.122) = 278억 원

정답 ②

38

투자자산운용사 프리미엄 강의노트 2과목 3편 투자분석기법 12문항

주가이동평균선에 대한 설명이다. 옳은 것은?

① 이동평균을 하는 분석기간이 길수록 이동평균선은 완만해진다.
② 주가와 이동평균선과의 괴리가 지나치게 클 때에는 더욱 괴리가 확대되는 방향으로 주가가 움직이는 경향이 있다.
③ 강세국면에서 주가가 이동평균선 위에서 움직일 경우 조만간 추세가 하락으로 전환될 가능성이 크다.
④ 크로스분석에서 골든크로스란 단기 이동평균선이 장기 이동평균선을 위에서 아래로 하향돌파하는 것을 말한다.

이동평균선의 기준기간(time span)이 길수록 이동평균선의 기울기는 완만해진다. 골든크로스(G.C)란 단기이평선이 장기이평선을 아래에서 위로 상향돌파하는 것을 말한다.

정답 ①

더 알아보기

이동평균선의 특징

(1) 일반적으로 주가가 이동평균선을 돌파하는 시점이 의미있는 매매타이밍이다.
(2) 이동평균을 하는 분석기간이 길수록 이동평균선은 완만해지며, 짧을수록 가팔라지는 경향이 있다.
(3) 주가가 이동평균선과 괴리가 지나치게 클 때에는 이동평균선으로 회귀하는 성향이 있다.
(4) 주가가 장기 이동평균선을 돌파한 경우에는 주추세가 반전될 가능성이 크다.
(5) 강세국면에서 주가가 이동평균선 위에서 움직일 경우 상승세가 지속될 가능성이 크다.
(6) 약세국면에서 주가가 이동평균선 아래에서 움직일 경우 하락세가 지속될 가능성이 크다.
(7) 상승하고 있는 이동평균선을 주가가 하향돌파할 경우 추세는 조만간 하락반전할 가능성이 높다.
(8) 하락하고 있는 이동평균선을 주가가 상향돌파할 경우 추세는 조만간 상승반전할 가능성이 높다.

2023.11 기출복원

이동평균선(Moving Average)에 대한 설명이다. 가장 적절하지 않은 것은?

① 이동평균선을 분석하는 기간이 짧을수록 이동평균선은 가파르게 된다.
② 주가와 이동평균선의 괴리가 지나치게 클 때에는 이동평균선으로 회귀하려는 경향이 있다.
③ 약세국면에서 주가가 이동평균선 아래에서 움직일 경우 주가는 조만간 상승반전할 가능성이 높다.
④ 상승하고 있는 이동평균선을 주가가 하향돌파하는 경우 추세는 조만간 하락반전할 가능성이 높다.

약세국면에서 주가가 이평선 아래에서 움직일 경우 하락세가 지속될 가능성이 높다.

정답 ③

39

투자자산운용사 프리미엄 강의노트　2과목 3편 투자분석기법 12문항

41회 신유형

다음의 캔들 유형 중에서 추세의 하락반전을 예고하는 신호는?

① 망치형
② 관통형
③ 유성형
④ 샛별형

유성형은 하락반전 신호에 해당한다(나머지는 상승반전 신호).

정답 ③

더 알아보기

● 캔들의 종류

구 분	상승반전 신호	하락반전 신호
1개 캔들	망치형, 상승 샅바형, 역전된 망치형	교수형, 하락 샅바형, 유성형
2개 캔들	상승 장악형, 관통형, 상승 잉태형	하락 장악형, 먹구름형, 하락 잉태형
3개 캔들	샛별형	석별형

▶ 직관적 이해 : 좋은 어감의 캔들(샛별형)은 상승반전 신호가 되고, 나쁜 어감의 캔들(교수형, 유성형, 먹구름형, 석별형)은 하락반전 신호가 된다.

40. 투자자산운용사 프리미엄 강의노트 / 2과목 3편 투자분석기법 12문항

엘리어트 파동이론에 대한 설명이다. 가장 적절하지 않은 것은?

① 엘리어트 파동이론상 주가는 상승5파와 하락3파에 의해서 끊임없이 순환한다.
② 엘리어트 파동은 충격파동과 조정파동으로 구분되는데 주가의 진행방향과 같은 방향으로 움직이는 파동을 충격파동이라 한다.
③ 상승5파의 파동 중에서 2번파동이 가장 길게 나타나는 것이 일반적이다.
④ 4번파동은 3번파동의 하위파동인 4번파동과 일치하거나 3번파동을 38.2%만큼 되돌리는 경향이 있다.

상승5파 중에서 일반적으로 가장 길게 나타나는 파동은 3번파동이다(적어도 3번파동은 상승5파 중 가장 짧은 파동이 될 수 없다. → 절대불가침의 법칙).

정답 ③

더 알아보기

엘리어트 파동

▶ 시험포인트
① 충격파동 / 조정파동 구분
② 파동의 특징(4가지)

충격파동 (main파동)
1, 3, 5, a, c

조정파동 (sub파동)
2, 4, b

엘리어트 파동의 특징

- 절대불가침의 법칙
- 4번 파동의 법칙
- 파동변화의 법칙
- 파동균등의 법칙

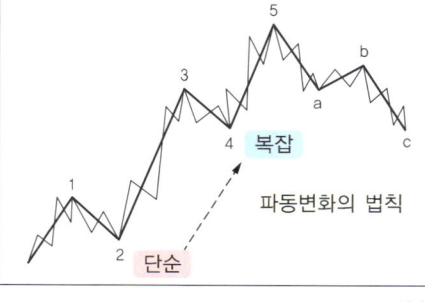

☑ 엘리어트파동의 절대불가침 법칙

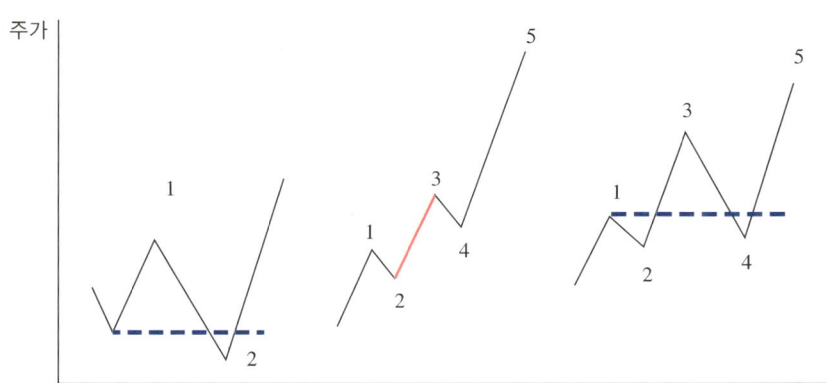

41

투자자산운용사 프리미엄 강의노트 | 2과목 3편 투자분석기법 12문항

〈보기〉가 설명하는 지표는 무엇인가?

> (　　　)는 각 산업의 생산물 1단위 생산에 필요한 중간재와 생산요소의 투입비중을 나타내므로, 이를 통해 산업별 또는 상품별 생산기술구조를 파악할 수 있다.

① 투입계수
② 생산유발계수
③ 전방연쇄효과
④ 후방연쇄효과

상품의 생산기술구조를 파악하는 것은 투입계수이다.

※ 투입계수 : 중간투입계수($\frac{중간투입액}{총투입액}$)와 부가가치계수($\frac{부가가치액}{총투입액}$)가 있음. 고부가가치 상품일수록 중간재투입비중이 낮다.

정답 ①

더 알아보기

● 산업연관표 분석 – 핵심개념

산업연관분석 의의	▶ 국민경제 전체의 공급과 수요구조 뿐 아니라 각 산업의 공급과 수요구조도 한눈에 파악할 수 있다.
중간생산물의 산업 간 거래 포괄	▶ 장래 특정연도에 대한 경제 전체의 공급과 수요를 산업별로 세분하여 예측함으로써 중장기 경제계획의 기초자료로 제공된다.
	▶ 경제예측이나 정책효과 분석도구로 그 활용범위가 넓어졌으며 최근에는 수요예측 등에도 많이 이용되고 있다.
세. 투. 가. 배	▶ 세로방향은 투입구조, 가로방향은 배분구조 ▶ 총투입액 = 총산출액
투입계수	▶ 산업별 또는 상품별 생산기술구조를 파악할 수 있다.
생산유발계수	▶ 산업 간 상호의존관계 분석(전방연쇄효과, 후방연쇄효과)
	소비, 투자, 수출과 같은 최종수요가 한 단위 증가할 때 각 산업에서 직・간접적으로 유발되는 산출물의 단위를 나타내는 계수

2012년 투입산출표(기초가격평가표)

① 세. 투. 가. 배
④ 생산유발계수
상호의존관계
(단위 : 조 원)

생산기술구조		중간수요						최종수요			총수요	총산출액	수입	잔폐물	총공급액
③ 투입계수		농림수산품	광산품	공산품	전기수 및 폐기물	건설	서비스	소비	투자	수출					
중간투입	농림수산품	3.5	0.0	38.9	0.0	0.7	8.3	16.1	1.4	0.9	69.9	56.5	13.4	0.0	69.9
	광산품	0.0	0.0	152.4	41.2	0.8	0.0	0.0	0.3	0.3	195.1	3.8	191.3	0.0	195.1
	공산품	17.1	0.6	1,030.5	16.2	86.7	188.6	149.9	130.5	680.1	2,300.0	1,835.6	450.2	14.2	2,300.0
	전력·가스·수도 및 폐기물	0.4	0.1	36.8	19.6	0.8	35.6	23.1	0.0	0.2	116.5	116.3	0.2	0.0	116.5
	건설	0.1	0.0	1.7	0.3	0.1	8.5	0.0	170.1	0.3	181.1	181.1	0.0	0.0	181.1
	서비스	4.1	0.7	195.7	8.4	30.6	360.9	673.7	100.5	100.1	1,474.8	1,386.6	88.2	0.0	1,474.8
	소계	25.2	1.5	1,455.8	85.7	119.6	602.0	862.8	402.9	781.8	4,337.3	3,579.8	743.3	14.2	4,337.3
	순생산물세	0.6	0.1	8.6	3.7	2.8	31.2	50.7	28.4	0.0	126.0	105.1	20.9	0.0	126.0
	잔폐물	0.0	0.0	-6.4	-0.2	-0.9	-0.9	-1.5	-4.3	0.0	-14.2	0.0	0.0	-14.2	-14.2
	중간투입계	25.7	1.5	1,458.1	89.2	121.6	632.3	911.9	427.0	781.8	4,449.1	3,684.9	764.2	0.0	4,449.1
부가가치	피용자 보수	4.2	0.7	161.0	9.4	46.3	377.7								
	영업잉여 등	26.5	1.5	216.6	17.7	13.2	376.7								
	부가가치계	30.7	2.2	377.6	27.1	59.5	754.4								
	총투입액	56.5	3.8	1,835.6	116.3	181.1	1,386.6								

원재료 + 이윤 = 판매액

② 총투입액 = 총산출액

(1) 산업과 산업 간의 연관관계를 수량적으로 파악하고자 하는 분석기법 → 산업연관분석
(2) 중간생산물의 산업 간 거래도 포괄 → 타 국민소득통계와 다른 점

$$\frac{중간투입액}{총투입액} \quad \frac{부가가치액}{총투입액}$$

중간투입계수 부가가치계수

2024.06 기출복원

산업연관표(産業聯關表) 분석에 대한 설명이다. 틀린 것으로 연결한 것은?

> 가. 장래 특정연도에 대한 경제 전체의 공급과 수요를 산업별로 세분하여 예측할 수 있다.
> 나. 투입계수는 총투입액을 중간투입액이나 부가가치액으로 나누어서 구한다.
> 다. 생산유발계수는 소비, 투자, 수출과 같은 최종수요가 한 단위 증가할 때 각 산업에서 직·간접적으로 유발되는 산출물의 단위를 나타내는 계수이다.
> 라. 후방연쇄효과는 모든 산업제품에 대한 최종수요가 각각 1단위씩 증가하는 경우 특정산업의 생산에 미치는 영향을 말한다.

① 가, 나
② 다, 라
③ 가, 다
④ 나, 라

틀린 내용은 '나, 라'이다.

나. 투입계수는 각 산업이 재화와 서비스의 생산에 사용하기 위하여 다른 산업으로부터 구입한 **중간투입액과 부가가치액을 총투입액(또는 총산출액)으로 나눈 것**으로 중간투입계수와 부가가치계수로 나누어진다.

▶ 중간투입계수 = $\dfrac{\text{중간투입액}}{\text{총투입액}}$, 부가가치계수 = $\dfrac{\text{부가가치액}}{\text{총투입액}}$

라. 전방연쇄효과의 정의이다(아래 '전방/후방 연쇄효과'의 정의).
 ㉠ 전방연쇄효과(**모 / 특 / 전**) : **모**든 산업 제품에 대한 최종수요가 각각 1단위씩 증가할 경우 **특**정 산업의 생산에 영향을 미치는 효과 (참고 전방연쇄효과가 가장 큰 산업은 석유화학산업)
 ㉡ 후방연쇄효과(**특 / 모 / 후**) : **특**정 산업 제품에 대한 최종수요 1단위의 증가가 **모**든 산업의 생산에 미치는 영향을 의미한다.
  [영향을 미치는 방향] 모든 산업 → 특정 산업(전방연쇄), 특정 산업 → 모든 산업(후방연쇄)

정답 ④

2023.06 기출복원

산업연관표(産業聯關表) 분석에 대한 설명이다. 가장 적합한 것은?

① 장래 특정연도에 대한 경제 전체의 공급과 수요를 산업별로 세분하여 예측할 수 있다.
② 투입계수는 총투입액을 중간투입액이나 부가가치액으로 나누어서 구한다.
③ 수입유발계수는 소비, 투자, 수출과 같은 최종수요가 한 단위 증가할 때 각 산업에서 직·간접적으로 유발되는 산출물의 단위를 나타내는 계수이다.
④ 후방연쇄효과는 모든 산업제품에 대한 최종수요가 각각 1단위씩 증가하는 경우 특정산업의 생산에 미치는 영향을 말한다.

옳은 내용은 ①번이다.

② 반대(**투입계수** $= \dfrac{중간투입액}{총투입액},\ \dfrac{부가가치액}{총투입액}$)
③ 생산유발계수의 정의이다.
④ 전방연쇄효과의 정의이다(모. 특. 전).
  • 후방연쇄효과(특. 모. 후)

정답 ①

42

투자자산운용사 프리미엄 강의노트 2과목 3편 투자분석기법 12문항

허핀달(Herfindahl)지수에 대한 설명이다. 가장 적절하지 않은 것은?

① 만일 시장점유율을 소수점으로 측정한다면 허핀달지수의 최대값은 1이다.
② 만일 한 시장 내에 모든 기업의 시장점유율이 같다면 허핀달지수의 역수는 동등규모의 기업체 수를 말한다.
③ 동등기업의 수가 무한히 많을 경우 허핀달 지수는 0으로 수렴한다.
④ 상위 k개 기업의 점유율 분포가 달라졌지만 상위 k개 기업의 집중률지수가 같을 경우 허핀달 지수도 변동하지 않는다.

집중률지수 CR_k가 같다고 해도 상위 k개 기업 간의 점유율 분포가 달라지면 불균등도가 변동하는 것이므로 허핀달 지수는 변동하게 된다.

정답 ④

더 알아보기

집중률지수
※ 시험포인트 : ① CR_k와 HHI 개념비교, ② HHI 계산

시장집중률지수	허핀달지수
CR_k	$HHI = \sum S_i^2$
상위 k개 기업의 시장점유율 → 소수 대기업의 점유율 파악 용이, 간편한 측정이 가능 [예] A산업, B산업, C산업의 CR_3는 각각 30, 59.5, 90이다. • 한국 − CR_3, 영국 − CR_4, 미국− CR_4 등	집중곡선상의 정보를 좀 더 완벽하게 반영한다. [예] A산업의 HHI = 1,000, B산업의 HHI = 3,126.25, C산업의 HHI = 2,720 → 즉, B산업의 **불균등도**가 가장 크다. • HHI의 최대값은 10,000

집중곡선

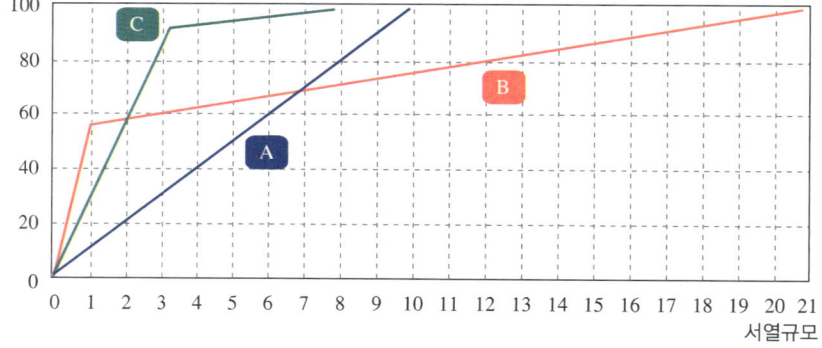

A산업	10개의 기업 각 10% 점유
B산업	21개 기업 • 최대기업 − 55% • 나머지 20개 기업이 각 2.25%
C산업	8개 기업 • 상위 3개 − 90% • 나머지 5개 기업이 각 2% 점유

① 집중곡선을 통하여 산업의 생산이 기업 간에 어떻게 분포되어 있는가를 쉽게 파악할 수 있다.
② 집중곡선 상의 집중도를 지수로 나타낸 것 → 집중률지수(CR_k 또는 HHI지수)
  ※ **집중률지수** : 시장구조에 관한 실증적 분석을 위해서는 시장집중도의 계측이 필수적, 이를 수치화한 것이 집중도 지수이다.

예제

산업A와 산업B의 시장점유율이 다음과 같다면?

기업순위	A산업-MS(%)	B산업-MS(%)
1	50	30
2	20	30
3	20	30
4	5	5
5	5	5

① A산업과 B산업의 CR_3는?
② A산업과 B산업의 HHI는?
③ 양 산업의 불균등도는 동일한가?
④ 허핀달지수가 최소치가 되는 시장점유율의 분포상태는?

구 분	A산업	B산업
CR_3	90	90
HHI	3,350	2,750
불균등도	A산업 > B산업 • 최소치 : 동등점유 시 • 최대치 : 완전독점 시	

2023.02 기출복원

한 산업 내에 점유율이 동등한 20개의 기업이 존재하는 경우 허핀달지수(HHI)는 얼마인가?(단, 허핀달지수는 소수점 단위로 표시함)

① 0.05
② 0.20
③ 0.50
④ 1.50

※ HHI = $\sum S_i^2$ (백분율 단위 : $5^2 \times 20 = 500$)

(1) 소수점 단위 : $0.05^2 \times 20 = 0.05$
→ 소수점 단위일 경우 단일기업의 점유율이 곧 HHI 값이 됨

(2) HHI의 역수는 동등기업의 수이므로, $\frac{1}{HHI} = 20$, 따라서 HHI = $\frac{1}{20}$ 이다.

∴ HHI = 0.05

정답 ①

43

투자자산운용사 프리미엄 강의노트 | 2과목 4편 리스크관리 8문항

다음 중 시장위험(market risk)에 속하지 않은 것은?

① 신용위험
② 주식위험
③ 이자율위험
④ 환율위험

- '주식위험, 이자율위험, 환율위험, 상품가격위험' → 시장위험(market)의 하위 카테고리
- '신용위험・운영위험・유동성위험・법적위험' → 시장위험과 등위 카테고리이다.

정답 ①

더 알아보기

◉ 위험의 종류

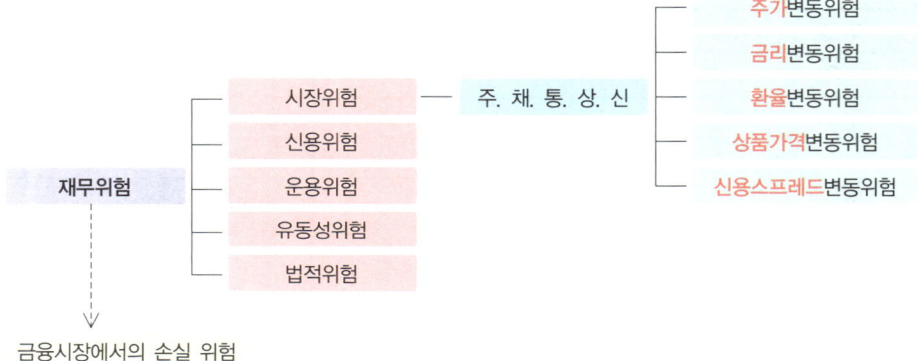

2021.11 기출복원

재무위험(financial risk)에 대한 설명이다. 틀린 것은?

① 시장위험은 시장가격의 변동으로부터 발생하는 위험으로서 주식위험, 이자율위험, 환위험, 상품가격위험 등이 포함된다.
② 신용위험은 거래상대방이 약속한 금액을 지불하지 못하는 경우에 발생하는 손실에 대한 위험이다.
③ 유동성위험은 부적절한 내부시스템, 관리실패, 잘못된 통제, 사기, 인간의 오류 등으로 인해 발생하는 손실에 대한 위험이다.
④ 법적위험은 계약을 집행하지 못함으로 인해 발생하는 손실에 대한 위험이다.

③ '부적절한 내부시스템, 관리실패, 잘못된 통제, 사기, 인간의 오류 등으로 인해 발생하는 손실에 대한 위험' → 운영위험

정답 ③

2023.11 기출복원

재무위험의 종류와 관련해서 빈칸을 옳게 연결한 것은?

- 기업이 소유하고 있는 자산을 매각하고자 할 때, 매입자가 없어서 매우 불리한 조건으로 자산을 매각해야 하는 경우 (　　)에 노출된다.
- (　　)은 거래상대방이 약속한 금액을 지불하지 못하는 경우에 발생하는 손실에 대한 위험이다.

① 신용위험, 법적위험
② 유동성위험, 법적위험
③ 유동성위험, 신용위험
④ 운영위험, 신용위험

③ '유동성위험-신용위험'이다.
▶ 유동성위험 : '제 때에 제 값을 받지 못하는 위험'
▶ 신용위험 : 채무불이행위험, 거래상대방위험, 부도위험

정답 ③

44

투자자산운용사 프리미엄 강의노트   2과목 4편 리스크관리 8문항

옵션상품의 VaR을 델타노말 방식으로 측정할 때 필요하지 않은 요소는?

① 표준편차
② 옵션의 가격
③ 옵션의 델타
④ 기초자산의 가격

$\sigma(\Delta V) \cdot z = \sigma(\Delta C) \cdot z = \sigma(f' \cdot \Delta S) \cdot z = S \cdot \sigma(\frac{\Delta S}{S}) \cdot z \cdot f'$, 즉 '기초자산가격(S), 수익률의 표준편차(σ), 신뢰상수(z), 델타(f')'가 필요하다. 따라서 '옵션가격, 행사가격, 무위험이자율'은 계산에 사용되지 않는다.

정답 ②

2022.11 기출복원

옵션상품의 VaR을 델타노말방식으로 측정할 때 필요하지 않은 요소는?

① 표준편차
② 무위험이자율
③ 기초자산의 가격
④ 옵션의 델타

$S \cdot \sigma(\frac{\Delta S}{S}) \cdot z \cdot f'$

→ '기초자산가격, 표준편차, 신뢰상수, 델타
  ▶ 옵션가격, 행사가격, 무위험이자율은 계산에 사용되지 않는다.

정답 ②

45

2과목 4편 리스크관리 8문항

3년 만기 국채의 만기수익률이 정규분포를 따르고 1일 수익률의 증감(△y)의 1일 기준 표준편차가 2%이고 수정듀레이션이 2이다. 이 채권을 1,000억 원 보유하고 있을 때 99% 신뢰구간 하에서의 1일 VaR은 얼마인가?(99% 신뢰상수는 2.33, 단위는 억 원)

① 23.3
② 46.6
③ 69.9
④ 93.2

$$\sigma(\Delta V) \cdot z = \sigma(\Delta B) \cdot z = \sigma(B \times D^* \cdot \Delta y) \cdot z$$
$$= B \times \sigma(\Delta y) \times z \times D^* = 1,000 \times 2\% \times 2.33 \times 2 = 93.2$$

즉 93.2억 원이다.

정답 ④

2024.06 기출복원

3년 만기 국채의 만기수익률이 정규분포를 따르고 1일 수익률의 증감(Δy)의 1일 기준 표준편차가 0.8%이고 수정듀레이션이 2.5이다. 이 채권을 2,000억 원 보유하고 있을 때 95% 신뢰구간 하에서의 1일 VaR은 얼마인가?(95% 신뢰상수는 1.65, 99% 신뢰상수는 2.33, 단위는 억 원)

① 33
② 60
③ 66
④ 82.5

$$\sigma(\Delta V) \cdot z = \sigma(\Delta B) \cdot z = \sigma(B \times D^* \cdot \Delta y) \cdot z = B \times \sigma(\Delta y) \times z \times D^* = 2,000 \times 0.8\% \times 1.65 \times 2.5 = 66$$

즉 66억 원이다.

☑ 풀 이

$$\frac{\Delta P}{P} = (-) \times \frac{맥컬레이듀레이션}{(1+YTM)} \times \Delta Y \qquad \Delta B = 수정듀레이션 \times \Delta y \times B$$

$$\sigma(\Delta V) \cdot z = \sigma(\cdot \Delta B) \cdot z = \sigma(B \times D^* \cdot \Delta y) \cdot z$$
$$= B \times \sigma(\Delta y) \times z \times D^*$$

(∴) 2,000억 원 × 0.8% × 1.65 × 2.5 = 66(66억 원)

정답 ③

46

투자자산운용사 프리미엄 강의노트 2과목 4편 리스크관리 8문항

포트폴리오VaR 계산과 관련하여, 빈칸에 들어갈 수 없는 수는?

> 자산 X의 VaR은 12억 원, 자산 Y의 VaR은 5억 원이다. 그리고 두 자산 간의 상관계수별 포트폴리오XY의 VaR을 계산한다면, 상관계수가 +1일 경우는 (   ), 상관계수 0일 경우는 (   ), 상관계수가 -1일 경우는 (   ), 상관계수가 0.4일 경우는 (   )이다.

① 7
② 13
③ 17
④ 20

※ 포트폴리오 VaR 산식 : $VaR_P = \sqrt{VaR_X^2 + VaR_Y^2 + 2 \cdot \rho \cdot VaR_X \cdot VaR_Y}$

(1) 상관계수 +1 : 12 + 5 = 17
(2) 상관계수 0 : $\sqrt{12^2 + 5^2} = \sqrt{144 + 25} = 13$
(3) 상관계수 -1 : 12 - 5 = 7
(4) 상관계수 0.4 : $\sqrt{12^2 + 5^2 + 2 \times 0.4 \times 12 \times 5} = \sqrt{144 + 25 + 48} = 14.73$

[정답] ④

2025.01 기출복원

빈칸에 알맞은 것은?

> 포트폴리오A의 VaR은 8억 원, 포트폴리오B의 VaR은 15억 원이다. 포트폴리오A와 B 간의 상관계수가 제로(0)일 때, 포트폴리오(A+B)의 VaR은 (   )이며 이때의 분산투자효과는 (   )이다.

① 23억 원, 0원
② 17억 원, 6억 원
③ 15억 원, 8억 원
④ 8억 원, 15억 원

17억 원, 6억 원이다.

※ **분산투자효과 계산**

(1) 포트폴리오(A + B)의 VaR을 먼저 계산한다.
→ $VaR_P = \sqrt{VaR_A^2 + VaR_B^2 + 2 \cdot \rho \cdot VaR_A \cdot VaR_B} = \sqrt{8^2 + 15^2 + 2 \cdot 0 \cdot 8 \cdot 15}$
   $= \sqrt{64 + 225} = 17$

(2) 분산투자효과가 전혀 없는 경우는 A와 B 간의 상관계수가 +1일 때이다. 즉 분산투자효과가 없을 때의 포트폴리오(A+B)의 VaR은 '8 + 15 = 23'이다.

(3) 따라서 분산투자효과는 아래 산식의 X에 해당된다.
→ (8 + 15) - X = 17, X = 6, 즉 분산투자효과는 6억 원이다.

[정답] ②

2023.02 기출복원

자산 A의 VaR이 4억 원, 자산 B의 VaR이 9억 원이고 두 자산 간 상관계수는 +1이라고 할 때, 두 자산으로 구성된 포트폴리오의 VaR는 얼마인가?

① 4억 원

② 5억 원

③ 9억 원

④ 13억 원

※ 포트폴리오 VaR 산식 : $VaR_P = \sqrt{VaR_X^2 + VaR_Y^2 + 2 \cdot \rho \cdot VaR_X \cdot VaR_Y}$

(1) 상관계수 +1
→ $VaR_X + VaR_Y = 4 + 9 = 13$

(2) 상관계수 0
→ $\sqrt{VaR_X^2 + VaR_Y^2} = \sqrt{4^2 + 9^2} = \sqrt{16 + 81} = 9.85$

(3) 상관계수 −1
→ $|VaR_X - VaR_Y| = |4 - 9| = 5$

정답 ④

47

투자자산운용사 프리미엄 강의노트 2과목 4편 리스크관리 8문항

VaR의 측정방법으로서 델타노말분석법에 대한 설명이다. 가장 거리가 먼 것은?

① 부분가치로 평가한다.
② 가치평가모형(valuation model)을 필요로 하지 않는다.
③ 옵션이나 채권과 같은 비선형 금융상품을 평가할 경우 델타분석법 측정값과 역사적 시뮬레이션법이나 몬테카를로 시뮬레이션법의 측정값은 동일하게 나타난다.
④ 정규분포를 전제로 한다.

델타노말분석법은 부분가치로 평가(1차 미분치만을 평가)하고 나머지 측정방법(역사적 / 몬테카를로 시뮬레이션법 / 스트레스검증법)은 완전가치로 평가하므로, 델타분석법과 나머지 측정방법의 VaR측정값은 동일하지 않다.
▶ 델타분석법은 부분가치 평가이므로, 옵션이나 채권과 같은 비선형 금융상품을 평가할 경우 정확성이 떨어지는 단점이 있다.

정답 ③

더 알아보기

델타분석법(델타노말 / 델타감마분석법)

(1) 정규분포를 전제한다.
(2) 부분가치로 평가한다(partial valuation).
(3) 가치평가모형을 필요로 하지 않는다.
(4) 비선형상품(옵션/채권)에 대한 평가에서 정확성이 떨어진다.

- ☑ 옵션 $VaR = S \cdot \sigma(\frac{\Delta S}{S}) \cdot z \cdot f$
- ☑ 채권 $VaR = B \cdot \sigma(\Delta y) \cdot z \cdot D^*$

2024.11 기출복원

VaR의 측정방법으로서 델타분석법에 대한 설명이다. 옳은 항목의 개수는?

> 가. 델타노말분석법은 부분가치이지만 델타감마분석법은 완전가치로 평가한다.
> 나. 정규분포를 전제하지 않아도 된다.
> 다. 가치평가모형을 필요로 하지 않는다.
> 라. 옵션이나 채권과 같은 비선형 금융상품에 대한 가치평가에 있어 타 방식에 비해 정확성을 제고할 수 있는 방식이다.

① 0개
② 1개
③ 2개
④ 3개

옳은 항목의 개수는 1개('다')이다.
가. 델타노말과 델타감마 모두 부분가치평가법이다.
나. 델타분석법은 표준편차(정규분포상의 위험지표)를 사용하여 VaR을 측정하므로 정규분포의 전제가 필요하다.
다. 부분가치평가이므로 가치평가모형이 필요하지 않다(가치평가모형이 필요한 것은 '역사적 / 몬테카를로' 시뮬레이션법이다.
라. 곡선상품의 경우 델타분석법은 부분적으로 평가하게 되므로 완전가치평가법에 비해서 정확성이 떨어지는 방식이다.

정답 ②

48

투자자산운용사 프리미엄 강의노트 | 2과목 4편 리스크관리 8문항

역사적 시뮬레이션 방법(Historical Simulation Method)에 대한 설명이다. 가장 적절하지 않은 것은?

① 과거 일정기간 동안의 위험요인의 변동을 향후에 나타날 변동으로 가정하고, 현재 보유하고 있는 포지션의 가치변동분을 측정한 후 그 분포로부터 VaR을 계산하는 방식이다.
② 완전가치평가방법으로 측정하므로 가치평가모형이 필요하다.
③ 분산, 공분산 등과 같은 모수에 대한 추정을 요구한다.
④ 옵션과 같은 비선형의 수익구조를 가진 상품이 포함된 경우에도 문제없이 사용할 수 있다.

역사적 시뮬레이션 방법은 분산, 공분산 등과 같은 모수에 대한 추정을 요구하지 않는다('정규분포의 가정이 필요하지 않다'와 같은 의미).

정답 ③

🔴 역사적 시뮬레이션법(Historical Simulation Method)

(1) 정규분포를 전제로 하지 않는다.
(2) 완전가치로 평가한다(full valuation).
(3) 가치평가모형을 필요로 한다.
(4) 비선형상품(옵션 / 채권)도 정확히 평가한다.
(5) 실제 데이터를 사용하므로, 자료가 부족할 경우 추정치의 정확도가 떨어진다.
(6) 표본의 길이에 따라 결과의 질이 달라지는 문제가 있다.

> 나머지는 몬테카를로 시뮬레이션과 **동일**

> ☑ 몬테카를로 시뮬레이션이 보완
> (확률모형을 통한 자료의 무한생성)

2024.06 기출복원

역사적 시뮬레이션 방법(Historical Simulation Method)에 대한 설명이다. 틀린 것으로 연결한 것은?

> 가. 수익률의 정규분포를 전제로 하지 않으며, 부분가치가 아닌 완전가치로 평가한다.
> 나. 확률모형으로부터 위험요인을 무한히 생성해 낼 수 있으므로 VaR 값의 확률적 신뢰성이 높은 편이다.
> 다. 옵션과 같은 비선형의 수익구조를 가진 상품이 포함된 경우에도 문제없이 사용할 수 있는 장점이 있다.
> 라. 포지션의 시장위험을 VaR로 측정할 경우 델타분석법 및 몬테카를로 시뮬레이션법에 의한 VaR 값과 동일하게 나타난다.

① 가, 나
② 다, 라
③ 가, 다
④ 나, 라

틀린 내용은 '나, 라'이다.
- 나. 역사적 시뮬레이션법에서는 리스크요인의 변동분포를 과거의 실제 데이터로부터 확보한다. 따라서 표본의 길이에 따라 VaR 값의 신뢰도가 달라진다는 단점이 있다.
- 라. 역사적 시뮬레이션과 몬테카를로 시뮬레이션은 완전가치법으로 평가하므로 VaR 값이 동일하게 나타나지만, 델타분석법은 부분가치로 평가하므로 역사적·몬테카를로 시뮬레이션의 VaR 값과는 차이가 있다.

정답 ④

2023.06 기출복원

역사적 시뮬레이션법과 몬테카를로 시뮬레이션의 공통점에 해당하는 것은?

> 가. 분산, 공분산 등과 같은 모수에 대한 추정을 요구하지 않는다.
> 나. 비선형 상품이 포함된 경우에도 문제없이 사용할 수 있다.
> 다. 가치평가모형이 필요하다.

① 가
② 가, 나
③ 나, 다
④ 가, 나, 다

델타분석법	역사적 S.	몬테카를로 S.	스트레스 T.
부분가치평가	완전가치평가 (가치평가모형 필요)		완전가치평가
	비선형상품도 완전가치 평가		
	실제데이터 사용 (표본길이에 따라 값이 달라짐)	데이터 생성 (많은 비용 지불)	
정규분포 전제	정규분포 전제하지 않음		

정답 ④

투자자산운용사 프리미엄 강의노트 2과목 4편 리스크관리 8문항

신용손실분포의 특징에 대한 설명이다. 옳은 것으로 연결한 것은?

> 가. 신용리스크 측정치는 신용리스크에 따른 손실의 불확실성, 즉 신용손실분포에 의해 결정된다.
> 나. 신용수익률은 비대칭성이 강하여 한쪽으로 두꺼우면서도 긴 꼬리를 가진 분포를 한다.
> 다. 평균과 분산 두 가지 척도만으로도 수익률의 분포를 정확히 얻을 수 있다.

① 가, 나
② 나, 다.
③ 가, 다
④ 가, 나, 다

옳은 내용은 '가, 나'이다. '다'는 정규분포를 말하는데 신용손실분포는 정규분포가 아니다.

정답 ①

더 알아보기

신용손실분포

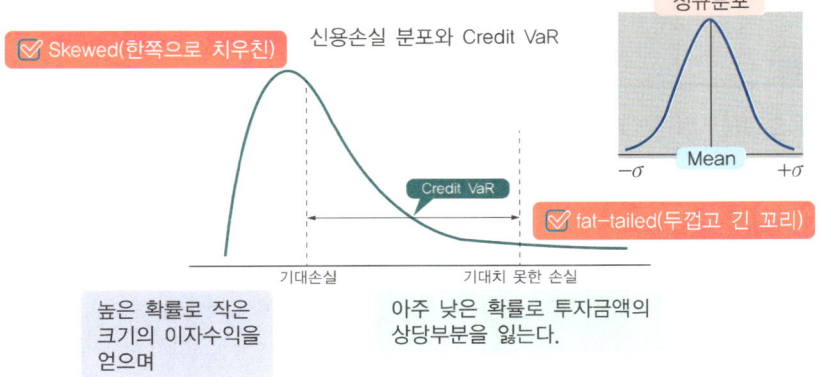

2024.11 기출복원

신용손실분포의 특징에 대한 설명이다. 옳은 항목의 개수는?

> 가. 신용리스크는 신용손실 분포로부터의 예상손실(Expected Loss)로서 정의된다.
> 나. 신용수익률은 비대칭성이 강하여 한쪽으로 치우치고 얇고 짧은 꼬리를 가진 분포를 한다.
> 다. 평균과 분산을 이용한 모수적방법으로 측정하는 것이 바람직하다.

① 0개
② 1개
③ 2개
④ 3개

가. '예상 외 손실(Unexpected Loss)'로 정의된다. 예상된 손실(Expected Loss)은 위험으로 보지 않는다(비용으로 인식하고 대손충당금으로 대비함). cf 위험은 '불확실성'으로 정의되므로 자기자본으로 대비한다.
나. 신용손실분포는 '한쪽으로 치우치고(skewed), 두껍고 긴 꼬리(fat tail)'를 가진 분포를 한다('얇고 짧은 꼬리' → X).
다. 신용손실분포는 정규분포가 아니므로 모수적방법이 아닌 퍼센타일(percentile)을 통하여 측정되는 것이 바람직하다.

정답 ①

2023.06 기출복원

신용리스크와 신용손실분포의 특징에 대한 설명이다. 가장 적절하지 않은 것은?

① 신용리스크는 신용손실 분포로부터의 예상외 손실(Unexpected Loss)로서 정의된다.
② 신용손실분포는 비대칭성이 매우 강하여 한쪽으로 치우치고 얇고 짧은 꼬리를 가진 분포를 한다.
③ 신용리스크는 평균과 분산을 이용한 모수적인 방법으로 측정하기가 어렵다.
④ 신용위험을 측정하는 3가지 모형 중 MTM Mode는 부도발생 뿐 아니라 신용등급의 변화에 따른 손실도 신용리스크에 포함시키는 모형이다.

---

② 신용손실분포는 '한쪽으로 치우치고(skewed), 두껍고 긴 꼬리(fat tail)'를 가진 분포를 한다.

정답 ②

50

투자자산운용사 프리미엄 강의노트 | 2과목 4편 리스크관리 8문항

Default Mode와 관련하여 빈칸에 알맞은 것은?

> 어느 은행의 익스포저(Exposure)는 100억 원이고 부도율은 30%, 부도 시의 회수율은 60%이다(부도율은 베르누이분포를 따름). 이 때 예상손실금액(EL)은 (　　　)로 측정된다.

① 12억 원
② 18억 원
③ 18.33억 원
④ 30억 원

'EL = 익스포저 × 부도율 × 손실률'이므로 'EL = 100억 원 × 30% × 40% = 12억 원'이다.
'회수율(60%) = 1 − 손실률'이므로 손실률은 40%이다.

정답 ①

더 알아보기

▶ 시험포인트 : EL, σ_{EL} 계산

● Default Mode(부도 모형)　☑ MTM mode(신용등급변화도 신용손실로 인정)

(1) 부도(default) 발생 시에만 신용손실이 발생한 것으로 추정한다.
(2) 부도모형에서는 신용위험을 'EL의 불확실성'으로 측정한다.

　　　　　　　　　　EL의 변동성

(3) 신용손실은 'EAD, 부도율, 부도 시 손실률'에 의해 결정된다.
　　– 부도율은 '베르누이 분포'를 함

$EL = EAD \times 부도율(p) \times LGD$

⬇　　　⬇

$\sigma_{EL} = EAD \times \sqrt{p(1-p)} \times LGD$

EL의 변동성　부도율의 표준편차
　　　　　　(부도율의 변동성)

회수율과 EAD의 불확실성이 없다고 가정하면
예상손실의 변동성은 '부도율의 표준편차'에 의해 추정될 수 있다.

2022.11 기출복원

Default Mode와 관련하여 빈칸에 알맞은 것은?

> 어느 은행의 익스포저(Exposure)는 100억 원이고 부도율은 10%, 부도 시의 손실률은 50%이다(부도율은 베르누이분포를 따름). 이 때 EL(Expected Loss)은 (   )로 측정된다.

① 5억 원
② 10억 원
③ 15억 원
④ 20억 원

EL(예상손실액)을 계산하는 문제이다. 'EL = 익스포저 × 부도율 × 손실률'이므로 'EL = 100억 원 × 10% × 50% = 5억 원'이다.

정답 ①

2024.11 기출복원

어느 은행이 100억 원의 대출을 하고 있다. 대출의 부도율은 10%이고, 손실률은 40%이다. 이 경우 부도모형(Default Mode) 상의 신용위험액은 얼마인가?

① 10억 원
② 12억 원
③ 15억 원
④ 18억 원

---

② $\sigma_{EL} = EAD \times \sqrt{p(1-p)} \times LGD$ (EAD : 익스포저, LGD : 손실률)
  $= 100억\ 원 \times \sqrt{0.1(1-0.1)} \times 0.4$
  $= 100억\ 원 \times 0.3 \times 0.4$
  $= 12억\ 원$

정답 ②

51

투자자산운용사 프리미엄 강의노트 | 3과목 1편 직무윤리 5문항

금융소비자보호 총괄책임자(CCO)의 업무가 아닌 것을 모두 연결한 것은?

> 가. 금융기관의 위험관리에 대한 규정의 제정 및 개정
> 나. 금융소비자보호 관련 제도기획 및 개선, 기타 필요한 절차 및 기준의 수립
> 다. 민원접수 및 처리에 관한 관리·감독업무
> 라. 임직원의 위법·부당행위 등과 관련하여 이사회, 대표이사, 감사(위원회)에 대한 보고 및 시정요구

① 가, 나
② 나, 다
③ 가, 라
④ 나, 라

금융소비자보호총괄책임자(CCO)의 업무가 아닌 것은 '가, 라'이다.
가. 위험관리책임자 또는 이사회 업무라고 할 수 있다.
라. 준법감시인의 업무이다.

정답 ③

더 알아보기

🔵 금융소비자보호 내부통제위원회

(1) 내부통제위원회 설치의무가 부과되는 금융회사는 '금융소비자보호 내부통제위원회'를 설치해야 한다.
(2) 금융소비자보호 내부통제위원회는 대표이사를 의장으로 하며, **매 반기 1회 이상 회의를 개최**해야 한다.
(3) 금융회사는 금융소비자보호 총괄기관의 장으로서 금융소비자보호업무를 총괄하는 임원을 '금융소비자보호 총괄책임자(CCO)'로 지정해야 하며, CCO(Chief Consumer Officer)는 대표이사 직속의 독립적인 지위를 갖는다.
(4) **금융소비자보호 총괄책임자(CCO)의 직무**
  • 금융소비자보호 총괄기관의 업무 통할
  • 금융소비자보호에 필요한 절차 및 기준의 수립
  • 금융상품 각 단계(개발, 판매, 사후관리)별 소비자보호 체계에 관한 관리·감독 업무
  • 민원접수 및 처리에 관한 관리·감독업무
    비교 '민원, 분쟁의 현황 및 조치결과에 대한 관리'는 CCO가 아닌 총괄기관의 업무이다.
  • 금융소비자보호 관련 관계부서 간 피드백 업무 총괄
  • 대·내외 금융소비자보호 관련 교육 프로그램 개발 및 운영업무 총괄
  • 민원발생과 연계한 관련 부서·직원 평가 기준의 수립 및 평가총괄
  • 그 외 금융소비자보호와 관련된 사항
  주의 회사의 위험관리에 관한 규정 및 제정은 CCO의 업무가 아니다.

2024.11 기출복원

금융소비자보호 총괄책임자(CCO)의 업무를 나열한 것이다. 해당되지 않은 것은?

① 금융소비자보호 총괄기관의 업무 통할
② 금융소비자보호 관련 제도의 기획 및 개선, 기타 필요한 절차 및 기준의 수립
③ 민원접수 및 처리에 관한 관리·감독업무
④ 위험관리에 관한 규정의 제정 및 개정

---

④ '위험관리에 관한 업무'는 금융소비자보호차원이 아닌 전사적인 차원의 업무이므로, 이사회가 관련 규정을 제정·개정하고 위험관리 전담부서에서 실행한다.

정답 ④

52

투자자산운용사 프리미엄 강의노트 | 3과목 1편 직무윤리 5문항

다음 중 '부당권유행위 금지(금소법 제21조)' 조항에 해당하지 않은 것은?

① 금융회사의 우월적 지위를 이용하여 금융소비자의 권익을 침해하는 행위
② 불확실한 사항에 대하여 단정적 판단을 제공하거나 확실하다고 오인하게 할 소지가 있는 내용을 알리는 행위
③ 금융소비자로부터 계약의 체결권유를 해줄 것을 요청받지 아니하고 방문·전화 등 실시간 대화의 방법을 이용하는 행위
④ 계약의 체결권유를 받은 금융소비자가 이를 거부하는 취지의 의사를 표시하였는데도 계약의 체결권유를 계속하는 행위

①은 '불공정영업행위의 금지(금소법 제20조)' 조항에 해당하고, ②·③·④는 '부당권유행위 금지' 조항이다. 이 중에서 ③은 '요청하지 않는 투자권유의 금지'조항이고 ④는 '재권유금지'조항이다.

정답 ①

더 알아보기

● '부당권유행위 금지'의 대상(금소법 제21조)

제21조(부당권유행위 금지) 금융상품판매업자 등은 계약체결을 권유하는 경우에는 다음 각 호의 어느 하나에 해당하는 행위를 해서는 아니 된다. 다만, 금융소비자보호 및 건전한 거래질서를 해할 우려가 없는 행위로서 대통령령이 정하는 행위는 제외한다.

1. 불확실한 사항에 대하여 단정적인 판단을 제공하거나 확실하다고 오인하게 할 소지가 있는 내용을 알리는 행위
2. 금융상품의 내용을 사실과 다르게 알리는 행위
3. 금융상품의 가치에 중대한 영향을 미치는 사항을 미리 알고 있으면서 금융소비자에게 알리지 않는 행위
4. 금융상품 내용의 일부에 대하여 비교대상 및 기준을 밝히지 아니하거나 객관적인 근거 없이 다른 금융상품과 비교하여 해당 금융상품이 우수하거나 유리하다고 알리는 행위
5. 보장성상품의 경우, 금융소비자가 보장성상품계약의 중요한 사항에 대하여 부실하게 금융상품직접판매업자에게 알릴 것을 권유하는 행위 등
6. 투자성상품의 경우 다음 각 목의 어느 하나에 해당하는 행위
   가. 금융소비자로부터 계약의 체결권유를 해줄 것으로 요청받지 아니하고 방문·전화 등 실시간 대화의 방법을 이용하는 행위
   나. 계약의 체결권유를 받은 금융소비자가 이를 거부하는 취지의 의사를 표시하였는데도 계약의 체결권유를 계속하는 행위

'투자성상품'을 대상으로 함

☑ **부당권유행위 금지 – '불초청권유 / 재권유' 금지**

요청하지 않은 투자권유의 금지	재권유금지
고객으로부터 투자권유요청을 받지 않고 방문·전화 등 실시간 대화의 방법에 의해 투자권유를 하는 행위 → 개인의 평온한 사생활 침해와 충동구매 방지차원에서 금지된다.	투자자가 거부의사를 표시함에도 불구하고 투자권유를 지속하는 행위 → 금지
단, 금융상품을 미리 안내하고 금융소비자가 투자권유를 받을 의사를 표명할 경우는 예외가 인정된다. 그러나 이 경우에도 아래 대상은 금지된다.	단, '(1) 재권유의 대상이 다른 금융투자상품인 경우, (2) 동일한 상품을 1개월이 지난 후에 다시 권유하는 경우'는 예외가 인정된다.

▶ '요청하지 않은 투자권유'의 금지대상(예외가 인정되지 않는 금지대상)
(1) 일반금융소비자 : 고난도 '금융투자상품 / 투자일임계약 / 금전신탁계약', 사모펀드, 장내파생상품, 장외파생상품
(2) 전문금융소비자 : 장외파생상품

2025.01 기출복원

다음 중 '부당권유행위 금지(금소법 제21조)' 대상의 예외로 적용될 수 없는 것은?

① 일반금융소비자로부터 계약의 체결권유를 해줄 것을 요청받지 아니하고 방문·전화 등 실시간 대화의 방법을 이용하여 장내파생상품을 권유하는 행위
② 전문금융소비자로부터 계약의 체결권유를 해줄 것을 요청받지 아니하고 방문·전화 등 실시간 대화의 방법을 이용하여 장내파생상품을 권유하는 행위
③ 권유를 받은 투자자가 이를 거부하는 취지의 의사를 표시한 후 금융위원회가 정하여 고시하는 기간(1개월)이 지난 후에 다시 권유를 하는 행위
④ 권유를 받은 투자자가 이를 거부하는 취지의 의사를 표시한 후 금융위원회가 정하여 고시하는 기간(1개월)과 관계없이 다른 종류의 금융투자상품에 대하여 권유를 하는 행위

'요청하지 않은 투자권유의 금지'에서 ②, ③, ④는 예외가 적용되어 권유가 가능하다. 그러나 ①은 예외가 될 수 없다(권유불가).

정답 ①

53 투자자산운용사 프리미엄 강의노트　3과목 1편 직무윤리 5문항

금융투자회사의 내부통제체제에 대한 설명이다. 가장 적절하지 않은 것은?

① 내부제보자가 제보행위를 이유로 인사상 불이익을 받은 것으로 인정되는 경우, 준법감시인은 회사에 대해 시정을 요구할 수 있으며 회사는 정당한 사유가 없는 한 이에 응해야 한다.
② 내부제보가 회사의 재산상 손실방지에 기여했다 하더라도 직무윤리 준수차원에서 해당 내부제보자에 대한 인사상 또는 금전적 혜택을 주는 것은 금지된다.
③ 금융사고발생우려가 높은 직무를 수행하는 임직원을 대상으로는 일정기간 휴가를 명령하여 해당 임직원의 업무수행적정성을 점검하는 명령휴가제도를 운영해야 한다.
④ 회사는 영업점별 영업관리자의 임기를 1년 이상으로 해야 하며, 준법감시인은 영업점별 영업관리자에 대하여 연간 1회 이상의 법규 및 윤리교육을 실시해야 한다.

내부제보자에 대한 보상(인사상 또는 금전적 혜택)이 가능하다.

정답 ②

더 알아보기

🔹 내부제보제도(Whistle Blower제도)

(1) 임직원은 업무와 관련하여 법규 또는 윤리강령의 위반사실을 발견하거나 그 가능성을 인지한 경우 회사가 정하는 절차에 따라 즉시 보고하여야 한다(표준윤리준칙 제12조 위반행위의 보고).
(2) 제보자가 제보를 할 때에는 육하원칙에 따른 정확한 사실만을 제보하여야 하며, 회사는 제보자의 신분 및 제조사실을 철저히 비밀로 보장하고, 어떠한 신분상의 불이익 또는 근무조건상의 차별을 받지 않도록 해야 한다. 만일 제보자가 신분상의 불이익을 당한 경우 준법감시인에 대하여 당해 불이익처분에 대한 원상회복, 전직 등 신분보장 조치를 요구할 수 있고, 준법감시인은 제보의 내용이 회사의 재산상의 손실 발생 혹은 확대의 방지에 기여할 경우 포상을 추천할 수 있다.
  • 다만, 제보자가 다른 임직원 등에 대한 무고, 음해, 비방 등 악의적인 목적으로 제보한 경우 또는 사실과 다른 내용을 의도적으로 제보하여 임직원 간 위화감 및 불안감을 조성한 경우에는 비밀보장 및 근무조건 차별금지 등을 보호받을 수 없다.
(3) 준법감시인(또는 감사)은 내부제보우수자를 선정하여 인사상 또는 금전적 혜택을 부여하도록 회사에 요청할 수 있다(단, 내부제보자가 원치 않는 경우에는 요청하지 않을 수 있음).
(4) 회사에 중대한 영향을 미칠 수 있는 위법·부당한 행위를 인지하고서도 회사에 제보하지 않는 미제보자에 대한 불이익 부과 등에 관한 사항이 반드시 포함되어야 한다.

2023.11 기출복원

내부제보제도에 대한 설명이다. 옳은 항목으로 연결한 것은?

> 가. 내부제보자가 제보행위를 이유로 인사상 불이익을 받은 것으로 인정되는 경우 준법감시인은 회사에 대해 시정을 요구할 수 있으며, 회사는 정당한 사유가 없는 한 이에 응하여야 한다.
> 나. 내부제보가 회사의 재산상 손실방지에 기여했을 경우, 해당 내부제보자에 대한 인사상 혜택은 줄 수 있지만 금전적 혜택을 주는 것은 원칙상 금지된다.
> 다. 미제보자(회사에 중대한 영향을 미칠 수 있는 위법·부당한 행위를 인지하고서도 회사에 제보하지 않는 자)에 대해서 불이익을 부과하는 규정은 반드시 포함되어야 한다.

① 가, 나
② 나, 다
③ 가, 다
④ 가, 나, 다

옳은 항목은 '가, 다'이다.
나. 인사상 혜택 또는 금전적 혜택을 부여하도록 회사에 요청할 수 있다.

정답 ③

54

투자자산운용사 프리미엄 강의노트   3과목 1편 직무윤리 5문항

준법감시인에 대한 설명이다. 틀린 항목의 개수는?

> 가. 준법감시인은 회사의 사내이사 또는 업무집행자 중에서 선임하여야 한다.
> 나. 준법감시인을 임면하려는 경우에는 이사회 결의를 거쳐야 하며, 해임할 경우에는 이사 총수의 3분의 2 이상의 찬성으로 의결해야 한다.
> 다. 준법감시인의 임기는 2년 이상으로 한다.
> 라. 금융투자회사는 준법감시인에 대하여 재무적 경영성과와 연동되지 않는 별도의 보수 지급 및 평가기준을 마련·운영하여야 한다.
> 마. 준법감시인은 위임의 범위와 책임의 한계 등이 명확할 경우 준법감시업무 중 일부를 준법감시업무를 담당하는 임직원에게 위임할 수 있다.
> 바. 준법감시인은 자산운용에 관한 업무나 회사의 본질적 업무 등에 대해 겸직할 수 없다.
> 사. 준법감시인을 임면한 때에는 임면일로부터 7영업일 이내에 금융위원회에 보고해야 한다.

① 0개
② 1개
③ 2개
④ 3개

틀린 항목의 개수는 0개이다(모두 옳은 내용).

정답 ①

더 알아보기

(1) 내부통제기준 (2) 준법감시인 제도

내부통제 - (2) 준법감시제도

회사의 임직원 모두가 '신의성실의 원칙'과 '고객우선의 원칙'을 바탕으로 금융소비자에 대해 선량한 관리자로서 의무에 입각하여 금융소비자의 이익을 위해 최선을 다했는지, 업무를 수행함에 있어 직무윤리를 포함한 제반 법규를 엄격히 준수하고 있는지에 대해서 **사전적으로 또는 상시적으로** 통제, 감독하는 장치를 말한다(2000년에 도입).

☑ 준법감시인은 이사회결의로 임면한다(임기는 2년 이상).
　→ 단, 해임 시에는 이사총수의 2/3 이상의 찬성이 있어야 한다(임면 시 **임면일로부터 7영업일 내로 금융위에 보고**해야 함).

☑ 준법감시인의 독립성 보장

- 준법감시인은 **이사회 및 대표이사의 지휘를 받아** 금융투자회사 전반의 내부통제업무를 수행한다.
- 금융투자회사는 준법감시인에 대하여 **회사의 재무적 경영성과와 연동하지 않는** 별도의 보수지급 및 평가기준을 마련·운영해야 한다.
- 위임범위와 책임한도가 명확할 경우 준법감시업무의 **위임이 가능하다**(to 영업관리자).

2024.11 기출복원

<보기>는 준법감시인에 대한 설명이다. 옳은 항목의 개수는?

> 가. 준법감시인은 이사회 및 대표이사의 지휘를 받아 금융투자회사 전반의 내부통제업무를 수행한다.
> 나. 준법감시인을 임면하려는 경우에는 이사회의 의결을 거쳐야 하며, 해임할 경우에는 이사 총수의 과반수 이상의 찬성으로 의결하도록 규정하고 있다.
> 다. 준법감시인의 임기는 3년 이상으로 한다.
> 라. 준법감시인을 임면한 후에는 임면일로부터 7영업일 이내로 협회에 신고해야 한다.

① 0개
② 1개
③ 2개
④ 3개

나. 해임 시에는 이사회 총수의 2/3 이상의 찬성으로 의결할 수 있다(임명 시에는 과반수).
다. 준법감시인의 임기는 2년 이상으로 한다.
라. 임면일로부터 7영업일 이내로 금융위원회에 보고해야 한다.

정답 ②

2023.06 기출복원

준법감시인에 대한 설명이다. 틀린 항목으로 연결한 것은?

> 가. 준법감시인은 이사회 및 대표이사의 지휘를 받아 금융투자회사 전반의 내부통제 업무를 수행한다.
> 나. 금융투자회사가 준법감시인을 임면하려는 경우에는 이사회의 의결을 거쳐야 하며, 해임할 경우에는 주주총회의 결의를 거쳐야 한다.
> 다. 금융투자회사가 준법감시인을 임면한 때에는 임면일로부터 5영업일 이내에 금융위원회에 보고해야 한다.
> 라. 금융투자회사는 준법감시인에 대하여 회사의 재무적 경영성과와 연동하지 않는 별도의 보수지급 및 평가기준을 마련·운영해야 한다.

① 가, 나
② 나, 다
③ 다, 라
④ 가, 라

② 틀린 항목은 '나, 다'이다.
나. 해임도 이사회의결을 거친다. 단 선임 시보다 엄격한 요건으로서 이사 총수의 3분의 2 이상의 찬성을 요한다(선임 시는 과반, 해임 시는 2/3 이상의 찬성으로 의결가능).
다. 5영업일이 아니라 7영업일이다.

정답 ②

3과목 1편 직무윤리 5문항

<보기>는 내부통제기준 위반 시 회사에 대한 조치로서 과태료 부과대상에 해당하는 것을 나열한 것이다. 이 중에서 '3천만 원 이하의 과태료 부과대상'에 해당하는 개수는?

> 가. 준법감시인에 대한 별도의 보수지급 및 평가기준을 마련·운영하지 않은 경우
> 나. 준법감시인이 자산운용업무 등에 대한 겸직금지의무를 위반한 경우
> 다. 준법감시인의 임면사실을 금융위원회에 보고하지 않은 경우
> 라. 내부통제기준을 마련하지 않은 경우

① 0개
② 1개
③ 2개
④ 3개

3천만 원 이하 과태료 부과대상은 2개('가, 나')이다. '다'는 2천만 원 이하, '라'는 1억 원 이하의 과태료 부과대상이다.

정답 ③

더 알아보기

● 내부통제기준 위반 시 회사에 대한 조치

1억 원 이하의 과태료 부과대상	3천만 원 이하의 과태료 부과대상
(1) 내부통제기준을 마련하지 않은 경우 (2) 준법감시인을 두지 아니한 경우 (3) 사내이사 또는 업무집행책임자 중에서 준법감시인을 선임하지 않은 경우 (4) 이사회결의를 거치지 않고 준법감시인을 임면한 경우 (5) 금융위의 제재조치를 이행하지 않은 경우	(1) 준법감시인에 대한 별도의 보수지급 및 평가기준을 마련·운영하지 않은 경우 (2) 준법감시인이 '자산운용에 관한 업무 / 회사의 본질적 업무 / 겸영업무 등'을 겸직하는 경우
	2천만 원 이하의 과태료 부과대상
	준법감시인의 임면사실을 금융위에 보고하지 않은 경우

암기 Tip '보수·겸직'은 3천만 원, '보고'는 2천만 원, 나머지는 모두 1억 원

2024.11 기출복원

<보기>는 내부통제기준 위반 시 회사에 대한 조치로서 과태료 부과 대상에 해당하는 것을 나열한 것이다. 이 중에서 '1억 원 이하의 과태료 부과 대상'에 해당하는 개수는?

> 가. 준법감시인에 대한 별도의 보수지급 및 평가기준을 마련·운영하지 않은 경우
> 나. 준법감시인이 자산운용업무 등에 대한 겸직금지의무를 위반한 경우
> 다. 준법감시인의 임면사실을 금융위원회에 보고하지 않은 경우
> 라. 금융위원회의 제재조치를 이행하지 않은 경우

① 0개
② 1개
③ 2개
④ 3개

'가 / 나'는 3천만 원 이하, '다'는 2천만 원 이하 과태료 부과 대상이며, 나머지는 모두 1억 원 이하 과태료 부과 대상이다.

정답 ②

2024.03 기출복원

내부통제기준 위반 시 회사에 대한 조치로서 1억 원 이하의 과태료 부과 대상에 해당하는 것은?

① 준법감시인의 임면사실을 금융위원회에 보고하지 않은 경우
② 준법감시인에 대한 별도의 보수지급 및 평가기준을 마련·운영하지 않은 경우
③ 준법감시인이 자산운용에 관한 업무 등을 겸직하는 경우
④ 사내이사 또는 업무집행책임자 중에서 준법감시인을 선임하지 않은 경우

①은 2천만 원 이하, ②와 ③은 3천만 원 이하, ④는 1억 원 이하의 과태료 부과대상이다.
▶ '보수 / 겸직 / 보고'를 제외한 나머지는 모두 '1억 원 이하'이다.

정답 ④

3과목 2편 자본시장법 11문항

자본시장법상 금융투자상품의 정의에 대한 설명이다. 틀린 항목의 개수는?

> 가. '금융상품의 권리를 취득하기 위해서 지급하였거나 지급하여야 할 금전 등의 총액이 그 권리로부터 회수하였거나 회수할 수 있는 금전 등의 총액을 초과하게 될 위험'이 있는 것은 금융투자상품이다.
> 나. 취득과 동시에 어떤 명목으로든 추가적인 지급의무를 부담하지 않는 것은 증권이다.
> 다. 원금손실 가능성 여부에 따라 증권과 파생상품으로 구분된다.
> 라. 양도성예금증서(CD)의 경우 원화표시와 외화표시와 관계없이 자본시장법상의 금융투자상품으로 인정되지 않는다.

① 0개
② 1개
③ 2개
④ 3개

틀린 항목의 개수는 2개('다, 라')이다. '가'는 '지급총액 > 회수총액'이 되는 위험 즉 '투자성이 있는 것'을 말하므로 금융투자상품의 정의에 해당한다.

정답 ③

더 알아보기

● 금융투자상품의 3단계 정의(포괄적 정의 / 명시적 포함 / 명시적 배제)

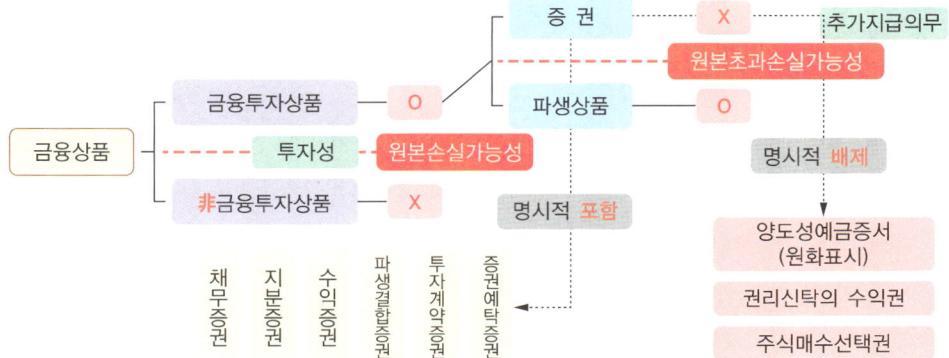

☑ '금융투자상품'의 정의

(1) 이익을 얻거나 손실을 회피할 목적으로
(2) 현재 또는 장래의 특정 시점에 금전, 그 밖의 재산적 가치가 있는 것('금전')을 지급하기로 약정함으로써 취득하는 권리로서,
(3) 그 권리를 취득하기 위해 지급하였거나 지급하여야 할 금전 등의 총액이 그 권리로부터 회수하였거나 회수할 수 있는 총액을 초과하게 될 위험('투자성')이 있는 것

> 지급총액 > 회수총액 → 투자성이 있는 것
>
> 금융투자상품은 투자성(원본손실가능성)이 있는 것이다.

2024.06 기출복원

자본시장법상 금융투자상품의 포괄적 정의와 관련하여 빈칸을 옳게 연결한 것은?

- '금융상품의 권리를 취득하기 위해서 지급하였거나 지급하여야 할 금전 등의 총액이 그 권리로부터 회수하였거나 회수할 수 있는 금전 등의 총액을 초과하게 될 위험'이 있는 것은 (가)이다.
- 취득과 동시에 어떤 명목으로든 추가적인 지급의무를 부담하지 않는 금융투자상품은 (나)이다.

	(가)	(나)
①	금융투자상품	증권
②	금융투자상품	파생상품
③	증권	파생상품
④	증권	장내파생상품

'가 : 금융투자상품, 나 : 증권'이다. '투자성이 있는 것('가')'은 금융투자상품의 포괄적 정의이다. '어떤 명목으로든지 추가지급의무를 부담하지 않는 것('나')는 증권의 포괄적 정의이다.

정답 ①

2023.02 기출복원

자본시장법상 금융투자상품의 정의에 대한 설명이다. 가장 적절하지 않은 것은?

① '금융상품의 권리를 취득하기 위해서 지급하였거나 지급하여야 할 금전 등의 총액이 그 권리로부터 회수하였거나 회수할 수 있는 금전 등의 총액을 초과하게 될 위험'이 있는 것은 파생상품이다.
② 취득과 동시에 어떤 명목으로든 추가적인 지급의무를 부담하지 않는 금융투자상품은 증권이다.
③ 주식매수선택권은 자본시장법상의 금융투자상품으로 인정되지 않는다.
④ 발행인에 의하여 원금이 보장되나 유통과정에서 원금손실이 발생할 수 있는 증권은 채무증권이다.

①은 '투자성'의 정의이다.
- 투자성이 있는 금융상품은 '금융투자상품'이다.

정답 ①

57

투자자산운용사 프리미엄 강의노트 | 3과목 2편 자본시장법 11문항

다음 중 재무건전성 규제상 금융위원회가 긴급조치를 발동할 수 있는 사유가 아닌 것은?

① 발행한 어음이나 수표의 부도 또는 은행과의 거래가 정지되는 경우
② 유동성악화로 인한 투자자예탁금 등이 지급불능상태에 이른 경우
③ 휴업 또는 영업중지 등으로 돌발사태가 발생하여 정상적인 영업이 불가능한 경우
④ 순자본비율이 100%에 미달하게 된 경우

순자본비율이 100%에 미달하게 되면 적기시정조치가 발동된다('순자본비율'요건은 긴급조치사유가 아니다).

정답 ④

더 알아보기

● 긴급조치

▶ 긴급조치 발동사유

① 발행한 어음 또는 수표가 **부도**로 되거나 은행과의 거래가 정지 또는 금지되는 경우
② 유동성이 일시적으로 급격히 악화되어 투자자예탁금 등이 **지급불능상태**에 이른 경우
③ 휴업 또는 **영업의 중지** 등으로 돌발사태가 발생하여 정상적인 영업이 불가능하거나 어려운 경우

▼

▶ 긴급조치 내용

(1) **투자자예탁금 등의 일부 또는 전부의 반환명령 또는 지급정지**
(2) 투자자예탁금 등의 수탁금지 또는 다른 금융투자업자로의 이전
(3) 채무변제행위의 금지
(4) **경영개선명령조치**
(5) 증권 및 파생상품의 매매제한

2021.11 기출복원

금융위가 금융투자회사를 상대로 투자자예탁금의 반환이나 지급정지, 경영개선명령 등의 '긴급조치'를 내릴 수 있다. 그렇다면 보기에서 긴급조치사유에 해당하는 것은?

> 가. 발행한 어음 또는 수표가 부도로 되거나 은행과의 거래가 정지 또는 금지되는 경우
> 나. 유동성이 일시적으로 급격히 악화되어 투자자예탁금 등의 지급불능사태에 이른 경우
> 다. 휴업 또는 영업중지 등으로 돌발사태가 발생하여 정상적인 영업이 불가능하거나 어려운 경우
> 라. 순자본비율이 0% 미만이 되는 경우

① 가
② 가, 나
③ 가, 나, 다
④ 가, 나, 다, 라

긴급조치사유 발생 → 긴급조치 발동
 (가 / 나 / 다)   (지급정지, 경영개선명령)

정답 ③

58

투자자산운용사 프리미엄 강의노트   3과목 2편 자본시장법 11문항

공모형 집합투자기구의 운용제한에 대한 설명이다. 가장 적절하지 않은 것은?

① 동일종목 증권에 투자할 경우, 각 집합투자기구 자산총액의 10%까지 투자할 수 있는 것이 원칙이지만 국채나 통화안정증권에 대해서는 100%까지 투자가 가능하다.
② 동일법인이 발행한 지분증권에 투자할 경우, 각 집합투자기구 기준으로는 해당 법인의 발행주식 총수의 10%까지 투자가 가능하지만 동일 집합투자업자가 운용하는 전체 집합투자기구 기준으로는 해당 법인의 발행주식 총수의 20%까지 투자가 가능하다.
③ 다른 집합투자증권에 투자할 경우, 동일 집합투자업자가 운용하는 개별 집합투자기구의 집합투자증권을 대상으로는 각 집합투자기구의 자산총액의 20%까지 투자가 가능하며 동일 집합투자업자가 운용하는 전체 집합투자기구의 집합투자증권을 대상으로는 각 집합투자기구의 자산총액의 50%까지 투자가 가능하다.
④ 부동산에 투자할 경우, 국내 주택법상의 주택이 아닌 부동산을 취득한 경우 집합투자규약이 정하는 기간 이내에는 해당 부동산을 처분할 수 없다.

국내 부동산의 경우, **주택법상의 주택과 주택법상의 주택이 아닌 부동산을 불문하고** '취득 후 1년의 기간 이내'에는 처분이 원칙적으로 금지된다.

[비교] 국외부동산을 취득한 경우 '집합투자규약에서 정한 기간' 이내에는 처분할 수 없다.

[정답] ④

더 알아보기

공모집합투자기구의 운용제한

(1) '동일종목 증권'에 대한 투자제한 : 각 펀드는 펀드재산의 10%를 초과하여 '동일종목 증권'에 투자할 수 없다. 단, 아래의 예외가 적용된다.

  ㉠ 100%까지 투자가 가능한 경우
    ⓐ 국채·통안채·정부보증채
    ⓑ 부동산투자전문회사가 발행한 증권(부동산개발회사 발행 증권, 부동산투자목적회사 발행 지분증권)
    ⓒ 사회기반시설사업의 시행을 목적으로 하는 법인이 발행한 증권
    ⓓ 주택저당담보부채권(또는 금융기관이 보증한 주택저당채권)
    ⓔ 부동산 및 부동산관련 자산이 기초자산의 70% 이상을 차지하는 ABS

  ㉡ 30%까지 투자가 가능한 경우
    ⓐ 지방채, 특수채, 파생결합증권
    ⓑ 금융기관이 발행한 채권, 금융기관이 발행 또는 지급보증한 어음·CD
    ⓒ OECD 가입국가 또는 중국이 발행한 채권
    ⓓ ETF에서 동일종목 증권에 투자하는 경우

(2) '동일법인 지분증권'에 대한 투자제한 : 동일 운용사가 운용하는 펀드를 기준으로 각 펀드의 경우 해당 법인 지분증권 총수의 10%, 전체 펀드의 경우 해당 법인의 지분증권 총수의 20%를 초과하여 투자하는 것은 금지된다. 단, 아래의 예외가 적용된다.
  ㉠ 부동산개발회사가 발행하는 지분증권
  ㉡ 부동산투자목적회사가 발행하는 지분증권
  ㉢ 사회기반시설사업의 시행을 목적으로 하는 법인이 발행한 주식

(3) '파생상품'에 대한 투자제한 : 아래의 행위는 금지된다.
  ㉠ 적격요건을 갖추지 못한 자와 장외파생상품을 매매하는 행위
  ㉡ 파생상품의 위험평가액이 펀드 순자산의 100%를 초과하여 투자하는 행위
  ㉢ 동일법인 발행 증권의 가격변동으로 인한 위험평가액이 펀드자산총액의 100%를 초과하는 행위
  ㉣ 동일 거래상대방과의 장외파생상품 매매에 따른 거래상대방 위험평가액이 각 펀드자산총액의 10%를 초과하는 행위

(4) '다른 집합투자증권'에 대한 투자제한 : 동일 운용사가 운용하는 집합투자기구를 대상으로, 각 펀드의 집합투자증권의 경우 펀드재산의 20%, 전체 펀드의 집합투자증권의 경우 펀드재산의 50%까지 투자할 수 있다.

(5) '부동산'에 대한 투자제한 : 아래의 행위는 금지된다.
  ㉠ 국내 부동산의 경우 부동산 취득 후 1년 이내의 기간 내에 처분하는 행위. 단, 미분양주택의 경우는 집합투자규약에서 정하는 기간이 적용
    보충 국내부동산이란 '주택법상 주택 / 주택법상의 주택이 아닌 부동산'의 두 종류를 포함하는 개념이다.
  ㉡ 국외 부동산의 경우 부동산 취득 후 집합투자규약에 정하는 기간 내에 처분하는 행위
  ㉢ 펀드재산으로 부동산 매매 시 실사보고서를 작성하고 비치해야 하며, 부동산 개발사업에 투자하는 경우는 사업계획서를 작성하고 비치해야 한다.

2025.01 기출복원

<보기> 중에서 공모형 집합투자기구가 동일종목 증권에 투자할 때 집합투자기구 자산총액의 100분의 10을 초과하여 투자할 수 있는 항목의 개수는?

한국은행 통화안정증권, 특수채, 파생결합증권

① 0개
② 1개
③ 2개
④ 3개

세 가지 모두 해당된다(통화안정증권은 펀드자산총액의 100%, 특수채나 파생결합증권은 30%까지 투자가능).

정답 ④

2024.11 기출복원

공모형 집합투자기구에 대한 운용제한과 관련하여 빈칸을 옳게 연결한 것은?

- 각 집합투자기구의 자산총액의 (　　　)를 초과하여 동일종목의 증권에 투자할 수 없다.
- 동일종목 증권에 대한 투자 제한의 예외로서, 각 집합투자기구의 자산총액의 (　　　)까지 파생결합증권에 투자할 수 있다.

① 10%, 20%
② 10%, 30%
③ 20%, 30%
④ 20%, 50%

'10%, 30%'이다.
동일종목 증권에 대한 10% 투자제한과 그 예외로서 파생결합증권에 대해서는 30%의 예외가 적용된다.

정답 ②

59

투자자산운용사 프리미엄 강의노트 | 3과목 2편 자본시장법 11문항

다음 중 원칙상 환매금지형으로 설정·설립해야 하는 집합투자기구를 모두 묶은 것은?

> 가. 부동산집합투자기구
> 나. 특별자산집합투자기구
> 다. 혼합자산집합투자기구
> 라. 집합투자기구 자산총액의 20%를 초과하여 부동산, 특별자산, 혼합자산, 비상장 주식 등 시장성 없는 자산에 투자할 수 있는 집합투자기구

① 가, 나
② 나, 다
③ 가, 나, 다
④ 가, 나, 다, 라

모두 해당된다. 자본시장법상의 집합투자기구 5가지 종류(증권 / 부동산 / 특별자산 / 혼합자산 / MMF) 중에서 '**부동산 / 특별자산 / 혼합자산**' 집합투자기구는 기본적으로 환매금지형으로 설정·설립할 것을 원칙으로 한다. 그리고 5가지 종류와 관계없이 '시장성 없는 자산'에 집합투자기구 자산의 20%를 초과하여 투자할 수 있는 펀드는 환매금지형으로 설정·설립해야 한다.

정답 ④

더 알아보기

● 특수한 형태의 집합투자기구 - 환매금지형

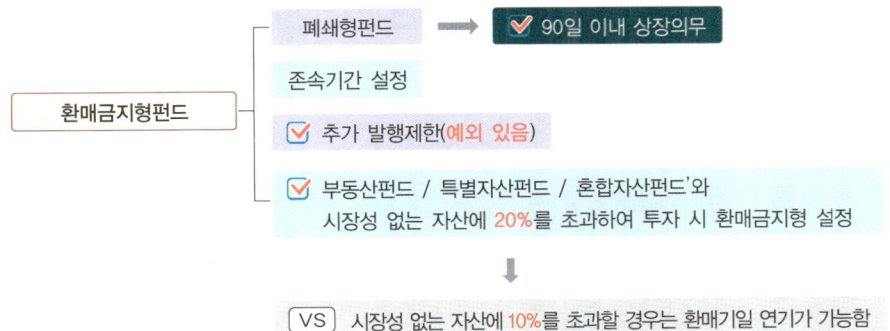

2024.06 기출복원

다음 중 원칙상 환매금지형으로 설정·설립해야 하는 집합투자기구를 모두 묶은 것은?

> 가. 부동산집합투자기구
> 나. 특별자산집합투자기구
> 다. 혼합자산집합투자기구

① 가, 나
② 나, 다
③ 가, 다
④ 가, 나, 다

※ 환매금지형 설정·설립 대상
　(1) 부동산펀드 / 특별자산펀드 / 혼합자산펀드
　(2) 시장성 없는 자산에 펀드재산의 20%를 초과하여 투자하는 펀드

정답 ④

2022.06 기출복원

빈칸에 알맞은 것은?

> 집합투자기구 자산총액의 100분의 (　　　)를 초과하여 부동산, 특별자산, 비상장주식 등 시장성 없는 자산에 투자하는 경우 환매금지형 집합투자기구로 설정·설립해야 한다.

① 10
② 20
③ 40
④ 50

② 펀드자산총액의 20% 이상을 시장성 없는 자산에 투자할 경우 환매금지형펀드로 설정·설립해야 한다.
　cf 자산총액의 10%를 초과하여 시장성 없는 자산에 투자하는 경우는 환매기일의 연기사유에 해당됨

정답 ②

60

투자자산운용사 프리미엄 강의노트 | 3과목 2편 자본시장법 11문항

환매금지형 집합투자기구는 원칙적으로 집합투자증권을 추가로 발행할 수 없지만 다음 중 어느 하나의 요건을 충족하면 집합투자증권을 추가로 발행할 수 있다. 그 요건을 잘못 나열한 것은?

① 이익분배금의 범위 내에서 집합투자증권을 추가로 발행하는 경우
② 기존투자자의 이익을 해할 우려가 없다고 신탁업자의 확인을 받은 경우
③ 기존투자자의 전원의 동의를 받은 경우
④ 각종 보수의 지급이나 환매대금 마련을 위해 필요한 경우로서 판매업자나 신탁업자의 확인을 받은 경우

④는 추가발행이 가능한 4가지 요건(아래 해설)에 해당하지 않는다.

정답 ④

더 알아보기

환매금지형에서 추가발행이 가능한 사유

(1) 이익분배금의 범위 내에서 집합투자증권을 추가로 발행하는 경우
(2) 기존투자자의 이익을 해할 우려가 없다고 신탁업자의 확인을 받은 경우
(3) 기존투자자의 전원의 동의를 받은 경우
(4) 기존투자자에게 집합투자증권의 보유비율에 따라서 추가로 발행되는 집합투자증권의 우선 매수기회를 부여하는 경우

2021.11 기출복원

환매금지형 집합투자기구는 원칙적으로 집합투자증권을 추가로 발행할 수 없지만 다음 중 어느 하나의 요건을 충족하면 집합투자증권을 추가로 발행할 수 있다. 그 요건을 잘못 나열한 것은?

① 이익분배금의 범위 내에서 집합투자증권을 추가로 발행하는 경우
② 기존투자자의 이익을 해할 우려가 없다고 신탁업자의 확인을 받은 경우
③ 기존투자자의 전원의 동의를 받은 경우
④ 각종 보수의 지급이나 환매대금 마련을 위해 필요한 경우로서 판매업자나 신탁업자의 확인을 받은 경우

④는 추가발행이 가능한 4가지 요건(아래 해설)에 해당하지 않는다.

학습안내 30회, 38회, 41회, 43회 동일문항 기출

정답 ④

61. 투자자산운용사 프리미엄 강의노트 — 3과목 2편 자본시장법 11문항

집합투자기구 수익자총회에 대한 설명이다. 틀린 항목의 개수는?

> 가. 수익자총회의 소집권자는 원칙상 집합투자기구를 설정한 집합투자업자이며, 투자신탁재산을 보관·관리하는 신탁업자와 수익증권 총수의 3% 이상을 보유한 수익자가 예외로 인정된다.
> 나. 수익자총회를 소집할 때에는 수익자총회를 정하여 2주 전에 각 수익자에 대하여 서면 또는 전자문서로 통지를 발송하여야 한다.
> 다. 수익자총회에서는 자본시장법에서 정한 결의사항과 신탁계약으로 정한 결의사항에 대해서만 결의할 수 있다.
> 라. 수익자총회는 출석한 수익자의 의결권의 과반수와 발행된 수익증권 총 좌수의 4분의 1 이상의 수로 결의한다(자본시장법상 결의사항의 경우).

① 0개
② 1개
③ 2개
④ 3개

틀린 항목의 개수는 1개('가')이다. 총회 소집권자로서 수익자는 수익증권 총수의 **5% 이상** 보유자가 옳다.

정답 ②

더 알아보기

● 수익자총회

(1) **총회 결의사항** : 자본시장법 또는 신탁계약으로 정한 사항에 대해서만 결의할 수 있다.
   참고 법상의 결의사항은 '합병 / 환매연기 / 신탁계약의 중요내용 변경(보수의 인상, 신탁업자변경, 운용인력변경 등)'을 말함

(2) **총회의 소집**
   ㉠ 원칙상 총회의 소집권자는 투자신탁을 설정한 **집합투자업자**이다.
   ㉡ 예외적으로 신탁업자와 총 좌수의 5% 이상을 소유한 수익자도 소집권자로 인정된다.
     • 신탁업자 또는 5% 이상 수익자가 총회의 소집을 집합투자업자에게 요청할 경우, 집합투자업자는 1개월 이내에 총회를 소집해야 한다.
   ㉢ 총회의 소집통보 : 수익자총회 소집 시, **총회 2주 전**에 각 수익자에게 서면 또는 전자문서로 소집통지를 발송해야 한다.

(3) **총회 의결권 행사**
   ㉠ 서면에 의한 의결권행사가 가능하다.
   ㉡ 자본시장법상의 총회결의사항에 대해서는 '출석과반수 & 총좌수의 4분의 1' 이상의 수로 결의할 수 있다(cf 신탁계약으로 정한 사항은 '출석과반수 & 총좌수의 5분의 1' 이상의 수로 결의).

(4) **연기수익자총회** : 수익자총회 결의가 이루어지지 않은 경우 집합투자업자는 그날부터 2주 이내에 연기수익자총회를 소집해야 한다.

2024.11 기출복원

집합투자기구 수익자총회에 대한 설명이다. 가장 적합한 것은?

① 원칙상 수익자총회의 소집권자는 투자신탁재산을 보관하는 신탁업자이다.
② 수익자총회 소집 시에는 수익자총회를 정하여 7일 전에 각 수익자에게 서면으로 통지를 발송해야 한다.
③ 수익자총회에서는 자본시장법에서 정한 결의사항 또는 신탁계약으로 정한 결의사항에 대해서만 결의할 수 있다.
④ 수익자는 수익자총회에 출석을 해야 의결권을 행사할 수 있다.

---

① 총회 소집권자는 원칙상 집합투자업자이며, 예외적으로 신탁업자 그리고 총 좌수의 5% 이상을 소유한 수익자도 소집권자로 인정된다.
② 2주 전에 서면 또는 전자문서로 각 수익자에게 통지를 발송해야 한다.
④ 서면으로 행사할 수 있다.

정답 ③

62

투자자산운용사 프리미엄 강의노트 | 3과목 2편 자본시장법 11문항

혼합형펀드에서 기준가격 및 과세기준가격 산출을 위한 운용손익 정보가 보기와 같다. 이 경우 해당 펀드의 기준가격과 과세기준가격 간의 관계를 정확히 설명한 것은?

> • 금융상품 및 채권으로부터 발생한 이자소득 +100만 원
> • 상장채권에 대한 매매손익 +300만 원
> • 상장주식으로부터 발생한 배당소득 +200만 원
> • 상장주식에 대한 매매손익 −400만 원

① 기준가격과 과세기준가격은 동일하다.
② 기준가격이 과세기준가격보다 높다.
③ 기준가격이 과세기준가격보다 낮다.
④ 기준가격과 과세기준가격은 위의 보기의 정보와 관계없이 무조건 동일하다.

상장주식(또는 장내파생상품)에 대한 매매손실이 있을 경우 → '기준가격 < 과세기준가격'이다.

정답 ③

더 알아보기

● **기준가격과 과표기준가격**

암기법 : (+) 기 > 과

(1) 주식 등 매매 / 평가손익이 **없는 경우** → 기준가격 = 과세기준가격
(2) 주식 등 매매 / 평가손익이 **+인 경우** → 기준가격 > 과세기준가격
(3) 주식 등 매매 / 평가손익이 **−인 경우** → 기준가격 < 과세기준가격

2024.11 기출복원

집합투자기구의 기준가격에 대한 설명이다. 가장 적절하지 않은 것은?

① 기준가격의 공고·게시일 전날의 대차대조표상에 계상된 자산총액에서 부채총액을 뺀 금액을 그 공고·게시일 전날의 집합투자증권 총수로 나누어 계산하며, 통상 1,000좌 단위로 표시한다.
② 상장주식의 매매손익이나 평가손익이 발생하는 펀드에서는 과세기준가격(과표기준가격)이 기준가격을 초과할 수 없다.
③ 집합투자업자는 산정된 기준가격을 매일 공고·게시하는 것이 원칙이지만, 외화자산에 투자하는 등의 사유로 매일 공고·게시가 곤란한 경우는 기준가격의 공고·게시의 주기를 15일 이내의 범위에서 별도로 정할 수 있다.
④ 기준가격의 산정오류나 평가오류로 인해 기준가격을 변경하려는 경우에는 집합투자업자의 준법감시인과 신탁업자의 확인을 받아야 한다.

② 상장주식의 매매손익 또는 평가손익이 (−)일 경우는 '과표기준가격 > 기준가격'이다.

암기 Tip '(+), 기 > 과' → 주식의 매매손익이나 평가손익이 (+)일 경우는 '기준가격 > 과표기준가격'이다.

정답 ②

63

투자자산운용사 프리미엄 강의노트 | 3과목 2편 자본시장법 11문항

집합투자기구의 관계회사와 관련하여 빈칸에 알맞은 것은?

> 투자회사의 위탁을 받아 투자회사 주식의 발행 및 명의개서, 투자회사 재산의 계산 등의 업무를 영위하는 자를 ( )라고 한다.

① 일반사무관리회사
② 집합투자기구평가회사
③ 채권평가회사
④ 신용평가회사

일반사무관리회사(업무 : 발. 명. 계. 소)를 말한다.

정답 ①

더 알아보기

● 집합투자기구 관계회사

일반사무관리회사	집합투자기구 평가회사	채권평가회사
자기자본 20억 원	자기자본 5억 원	자기자본 30억 원
집합투자재산 계산전문인력 2인 이상	집합투자기구 평가전문인력 3인 이상	집합투자재산 평가전문인력 10인 이상
등록요건을 갖추어 금융위원회에 등록(인가대상이 아님)		

☑ 정 의

(1) **일반사무관리회사** : 투자회사의 위탁을 받아 '투자회사 주식의 발행 및 명의개서, 투자회사재산의 계산 등'의 투자회사 운영에 관한 업무를 수행하는 자
(2) **집합투자기구평가회사** : 집합투자기구를 평가하고 이를 투자자에게 제공하는 업무를 영위하는 자
(3) **채권평가회사** : 집합투자재산에 속하는 채권 등 자산의 가격을 평가하고 이를 집합투자기구에게 제공하는 업무를 영위하는 자

2024.06 기출복원

다음 중 자본시장법상 투자회사의 주식발행업무를 담당하는 자는?

① 투자매매업자
② 투자중개업자
③ 신탁업자
④ 일반사무관리회사

일반사무관리회사이다. 투자회사는 서류상의 회사이므로 펀드의 계산이나 명의개서 등의 업무는 투자회사의 위탁을 받은 일반사무관리회사가 수행한다.

※ **일반사무관리회사의 업무**
투자회사 주식의 발행 및 명의개서, 투자회사재산의 계산(집합투자재산 계산전문인력 2인 이상 필요), 이사회 및 주총의 소집 등

정답 ④

2022.11 기출복원

집합투자기구를 평가하고 이를 투자자에게 제공하는 업무를 영위하는 자는?

① 일반사무관리회사
② 집합투자기구 평가회사
③ 채권평가회사
④ 투자회사

집합투자기구 평가회사이다(제로인, 모닝스타코리아 등).

정답 ②

64 투자자산운용사 프리미엄 강의노트 3과목 2편 자본시장법 11문항

투자일임업자의 금지행위에 대한 설명이다. 가장 적절하지 않은 것은?

① 투자자로부터 금전·증권, 그 밖의 재산의 보관·예탁을 받는 행위는 원칙적으로 금지된다.
② 투자권유자문인력 또는 투자운용인력이 아닌 자에게 투자자문업 또는 투자일임업을 수행하게 하는 행위는 원칙적으로 금지된다.
③ 투자일임재산으로 투자일임업자의 고유재산과 거래하는 행위는 금지되지만, 일반적인 거래조건에 비추어 투자일임재산에 유리한 경우는 예외가 인정된다.
④ 투자일임재산을 각각의 투자자별로 운용하지 않고 여러 투자자의 자산을 집합하여 운용하는 행위는 금지되며 이에 대한 예외는 없다.

④번도 예외가 인정된다(아래 해설 참조). 그리고 ①·②는 투자자문업자와 투자일임업자의 공통 금지행위이며, ③·④는 투자일임업자 만의 금지행위에 해당된다.

정답 ④

더 알아보기

투자일임업자의 금지행위(1~6)

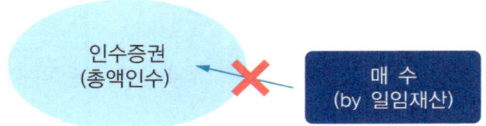

투자일임업자는 투자일임재산을 운용함에 있어서 다음 어느 하나의 행위를 해서는 아니 된다.
(1) 정당한 사유 없이 투자자의 운용방법의 변경 또는 계약의 해지요구에 응하지 않는 행위
(2) 자기 또는 관계인수인이 인수한 증권을 투자일임재산으로 매수하는 행위. 다만, 투자자보호 및 건전한 질서를 해할 우려가 없는 경우로서, 아래(㉠, ㉡, ㉢)는 예외가 인정된다.
　㉠ 인수일로부터 3개월이 지난 후 매수하는 경우
　㉡ 인수한 상장주권을 증권시장에서 매수하는 경우
　㉢ 국채, 지방채, 통안채, 특수채, 사채권(주식관련사채 및 상각형 조건부자본증권은 제외)을 매수하는 경우
　▶ 32회, 36회, 40회 시험에 반영
(3) 특정투자자의 이익을 해하면서 자기 또는 제3자의 이익을 도모하는 행위
(4) 투자일임재산으로 자기가 운용하는 다른 투자일임재산, 집합투자재산 또는 신탁재산과 거래하는 행위
(5) 투자일임재산으로 투자일임업자 또는 그 이해관계인의 고유재산과 거래하는 행위. 다만, 이해관계인이 되기 6개월 이전에 체결한 계약에 따른 거래 등의 경우는 예외인정
(6) 투자자의 동의 없이 투자일임재산으로 투자일임업자 또는 그 이해관계인이 발행한 증권에 투자하는 행위
(7) 투자일임재산을 각각의 투자자별로 운용하지 않고 여러 투자자의 자산을 집합하여 운용하는 행위. 다만, 투자자보호 및 건전한 질서를 해할 우려가 없는 경우로서 개별 투자일임재산을 효율적으로 운용하기 위한 경우 등은 예외인정

(8) 투자자로부터 '㉠ 투자일임재산을 예탁하거나 인출하는 행위, ㉡ 투자일임재산을 예탁하는 투자매매업자·투자중개업자를 지정하거나 변경하는 행위, ㉢ 투자일임재산에 속하는 증권의 의결권을 행사하는 행위' 등을 위임받는 행위는 금지된다. 단, 투자자보호 및 건전한 질서를 해할 우려가 없는 경우로서 '주식매수청구권 행사, 유상증자 청약, 공개매수응모' 등을 위해 ㉢의 위임을 받는 것은 가능하다(▶ 36회, 37회 시험에 반영).

(9) 투자일임업자가 투자매매업자나 투자중개업자로서 증권의 대차거래 등을 하기 위한 경우, ⓐ와 ⓑ의 예외가 인정된다.
  ⓐ 투자자의 동의를 받고 투자일임업자의 고유재산과 거래하는 행위(위 (5)의 예외).
  ⓑ 투자자의 위임을 받고 투자일임재산을 인출하는 행위(위 '(8)-㉠'의 예외).
  ▶ 30회, 36회 시험에 반영

⑩ 그 밖에 투자자보호 또는 건전한 거래질서를 해할 우려가 있는 행위로서 아래의 행위
  • 일반투자자와 같은 대우를 받겠다는 전문투자자의 요구에 정당한 사유 없이 동의하지 않는 행위
  • 투자일임의 범위, 투자목적 등을 고려하지 않고 투자일임재산으로 지나치게 자주 매매하는 행위
  • 채권자로서 그 권리를 담보하기 위하여 백지수표나 백지어음을 받는 행위

2025.01 기출복원

투자일임업자의 금지행위와 관련하여 빈칸에 들어갈 수 없는 것은?

> 투자일임업자는 자기 또는 관계인수인이 인수한 증권을 자신의 투자일임재산으로 매수하는 행위는 금지된다. 단, 투자자보호 및 건전한 거래질서를 해할 우려가 없는 경우로서, (   ), (   ), (   )는 예외가 인정된다.

① 인수일로부터 3개월이 지난 후 매수하는 경우
② 인수한 상장주권을 증권시장에서 매수하는 경우
③ 국채, 지방채, 통안채, 특수채를 매수하는 경우
④ 주식관련사채를 매수하는 경우

사채권의 매수는 국공채와 마찬가지로 예외가 인정되지만, 사채권 중 '주식관련사채나 상각형 조건부자본증권'은 예외가 인정되지 않는다.

정답 ④

2023.11 기출복원

투자일임업자의 금지행위에 대한 설명이다. 가장 적절하지 않은 것은?

① 투자일임재산으로 자기가 운용하는 다른 투자일임재산, 집합투자재산 또는 신탁재산과 거래하는 행위는 금지된다.
② 투자일임재산으로 투자일임업자의 고유재산과 거래하는 행위는 금지되지만, 일반적인 거래조건에 비추어 투자일임재산에 유리한 경우는 예외가 인정된다.
③ 투자일임업자는 투자일임재산에 속하는 증권의 의결권을 행사하는 행위를 위임받는 것은 원칙상 인정되지만, 투자자보호 또는 건전한 질서를 해할 우려가 있는 경우는 위임이 금지된다.
④ 투자일임재산을 예탁하거나 인출하는 행위를 위임받는 것은 금지되지만, 투자일임업자가 투자매매업자나 투자중개업자로서 대차거래 등을 하기 위하여 투자자의 위임을 받고 투자일임재산을 인출하는 행위는 예외가 인정된다.

의결권행사를 위임받는 것은 원칙상 금지되지만, 투자자보호나 건전한 질서를 해할 우려가 없는 경우로서 주식매수청구권의 행사나 유상증자 청약 등을 위해서 위임을 받는 것은 가능하다.

정답 ③

65

투자자산운용사 프리미엄 강의노트   3과목 2편 자본시장법 11문항

<보기>에서 '사업보고서를 제출해야 하는 경우'에 해당하는 항목의 개수는?

> 가. 주권 상장 법인
> 나. 전환사채권·신주인수권부사채권·이익참가부사채권 또는 교환사채를 증권시장에 상장한 발행인
> 다. 파생결합증권을 증권시장에 상장한 발행인
> 라. 집합투자증권을 증권시장에 상장한 발행인

① 1개
② 2개
③ 3개
④ 4개

사업보고서 제출대상이 되는 항목은 3개('가, 나, 다')이다. '집합투자증권을 증권시장에 상장한 발행인'은 사업보고서 제출의무 부과대상에서 제외된다.

정답 ③

더 알아보기

● 사업보고서 제출의무

(1) **사업보고서 제출대상**

① 상장법인 : 주권, 주권이 아닌 지분증권, 무보증사채권, 전환사채권·신주인수권부사채권·이익참가부사채권·교환사채권, 신주인수권증권, 증권예탁증권, 파생결합증권을 증권시장에 상장한 발행인

　　　　　　　　　　　　집합투자증권 → X

② 비상장법인 : 외감법상의 외부감사대상법인으로서 모집·매출한 증권의 소유자 수가 500인 이상인 발행인

(2) **사업보고서 제출기한**

- 최초로 사업보고서를 제출하는 경우: 제출대상법인에 해당하게 된 날로부터 5일 이내에 금융위와 거래소에 제출
- 정기 제출의 경우 : 사업보고서는 사업연도 경과 후 90일 이내, 반기보고서 및 분기보고서는 반기 및 분기종료일로부터 45일 이내에 금융위와 거래소에 제출

2024.06 기출복원

다음 중 사업보고서를 제출하지 않아도 되는 자는?

① 주권 상장 법인
② 전환사채권·신주인수권부사채권·이익참가부사채권 또는 교환사채를 증권시장에 상장한 발행인
③ 파생결합증권을 증권시장에 상장한 발행인
④ 집합투자증권을 증권시장에 상장한 발행인

집합투자증권의 경우 사업보고서 제출의무 대상에서 제외된다.

참고 집합투자증권은 운용결과를 투자자에게 그대로 귀속시키는 상품이다. 즉 집합투자증권은 주식이나 채권 등과 달리 발행인의 신용위험에 노출되지 않으므로 사업보고서 제출의무가 면제되는 것으로 이해할 수 있다.

정답 ④

3과목 2편 자본시장법 11문항

66

41회 신유형

<보기>에서 '미공개 중요정보 이용(내부자거래)의 금지' 규정의 대상이 '될 수 있는 자'를 모두 묶은 것은?

> 가. 정책입안자
> 나. 당해 법인의 회계감사 업무를 수행하는 회계사
> 다. 장내파생상품의 기초자산이 되는 금융투자상품의 판매대리·중개업자

① 가, 나 ② 나, 다
③ 가, 다 ④ 가, 나, 다

모두 '준내부자'로서 내부자거래의 규제 대상이 될 수 있다. '가(정책입안자)'와 '나(회계사)'는 아래 '준내부자 정의 (1)'에 해당되고, '다(판매대리·중개업자)'는 '준내부자 정의 (2)'에 해당된다고 할 수 있다.

▶ **정책입안자** : 당해 법인과 관련한 정책의 수립으로 당해 법인의 증권 가격에 영향을 줄 수 있는 정책입안자가 해당 증권을 거래하는 것은 내부자거래로 간주된다(규제 대상).

정답 ④

더 알아보기

☑ 추가해설

※ 준내부자의 정의

(1) 그 법인에 대하여 법령에 따른 허가·인가·지도·감독, 그 밖의 권한을 가지는 자로서 그 권한을 행사하는 과정에서 미공개 중요정보를 알게 된 자

(2) 그 법인과 계약을 체결하고 있거나 체결을 교섭하고 있는 자로서 그 계약[주1]을 체결·교섭 또는 이행하는 과정에서 미공개 중요정보를 알게 된 자

* 주1(참고) : 이때 '계약'은 정식계약 뿐 아니라 구두계약이나 가계약도 포함되므로 준내부자의 범위가 포괄적으로 적용됨을 이해할 수 있다.

※ 미공개중요정보 이용금지 규정 : 규제대상자(ⓐ)가 미공개중요정보를 이용하여 규제대상 증권(ⓑ)을 매매하거나 이용하는 행위는 금지된다.

ⓑ 규제대상 증권('특정 증권 등')	ⓐ 규제대상자

상장법인[주1]이 발행한,
• 주권
• 주권과 관련된 CB·BW·EB, PB
• 주권을 기초자산으로 하는 금융투자상품(파생상품, ELS, ELW 등)
• 위의 증권을 원주로 하는 증권예탁증권
	① 내부자
	  • 당해 법인(계열사 포함)의 입직원으로서 그 직무와 관련하여 미공개중요정보를 알게 된 자
	  • 당해 법인(계열사 포함)의 주요주주로서 그 권리행사과정에서 미공개중요정보를 알게 된 자
	② 준내부자 : 위의 해설 참조
	③ 정보수령자 : ① 또는 ②로부터 미공개중요정보를 받은 자

* 주1 : 상장법인에는 '6개월 이내로 상장이 예정된 법인'도 포함한다.

2023.06 기출복원

자본시장법상 '미공개중요정보의 이용금지 조항'을 위반할 가능성이 있는 규제대상자를 모두 묶은 것은?

> 가. 해당 법인의 계열사 임직원
> 나. 해당 법인의 주요주주
> 다. 해당 법인에 대해 법령상 허가, 인가, 지도, 감독의 권한을 가진 자

① 가, 나
② 나, 다
③ 가, 다
④ 가, 나, 다

미공개중요정보 이용금지 대상자는 '내부자 / 준내부자 / 정보수령자'이다('가, 나'는 내부자, '다'는 준내부자가 될 수 있다).

정답 ④

67

투자자산운용사 프리미엄 강의노트   3과목 3편 협회규정 3문항

펀드판매 시 금지사항 및 주의사항에 대한 내용이다. 옳게 설명한 항목의 개수는?

> 가. 투자자로부터의 집합투자증권 취득자금을 수취할 때 판매회사 임직원이 아닌 자를 통해서 수취하는 행위는 금지된다.
> 나. 계열사가 집합투자업자가 운용하는 펀드의 집합투자증권을 판매하는 행위는 금지된다.
> 다. 집합투자증권의 판매를 다른 금융투자상품과 연계하여 판매할 경우에는 투자권유대행인이 아닌 판매회사의 임직원이 투자권유를 하도록 해야 한다.

① 0개
② 1개
③ 2개
④ 3개

옳은 항목의 개수는 1개('가')이다.
나. 고지 후 판매가 가능하다. 비교하여 '계열사의 집합투자증권만을 투자권유하거나 안내하는 행위'는 금지대상이다.
다. 다른 금융투자상품과 연계하여 펀드를 판매하는 경우는 '협회에 등록된 펀드투자 권유자문인력'이 권유를 하도록 해야 한다.

[정답] ②

더 알아보기

펀드판매 시 금지행위

(1) 회사가 받은 판매보수 또는 판매수수료가 높다는 이유로 특정펀드의 판매에 차별적인 판매 촉진을 하는 행위(단, 투자자 이익에 부합된다는 합리적 근거가 있는 경우는 차별적인 판매 촉진노력이 허용됨).
(2) 펀드판매의 대가로 집합투자재산의 매매주문을 판매회사나 제3자에게 배정하도록 집합투자업자에게 요구하는 행위
(3) 펀드판매의 대가로 다른 투자자보다 부당하게 높은 매매수수료를 요구하는 행위
(4) 예상수익률 보장, 예상수익률의 확정적 단언 또는 이를 암시하는 표현을 하는 행위
(5) 자기가 판매하는 펀드의 집합투자재산에 관한 정보를 회사 고유재산의 운영 또는 자기가 판매하는 다른 펀드의 판매를 위해 이용하는 행위
(6) 판매회사의 임직원 이외의 자를 통해 자금(펀드취득자금)을 수취하는 행위
(7) 일반투자자에게 계열회사인 집합투자회사의 집합투자증권 만을 투자권유하거나 안내하는 행위

펀드판매 시 준수사항

(1) 펀드판매창구의 타 창구와 구분하고 펀드판매창구임을 별도로 표시해야 한다.
(2) **펀드판매를 타 금융상품과 연계할 경우** 규제회피목적이 아니어야 하고 법령상 금지행위에 해당하지 않아야 하며 (예 꺾기), 펀드자문인력으로 등록된 자가 투자 권유를 할 수 있다(이 경우 투자권유대행인은 권유불가).
(3) 일반투자자에게 투자권유를 하지 않고 온라인거래를 통해 펀드를 판매시, 일반 투자자가 원할 경우 해당 투자의 적합 또는 적정여부를 확인할 수 있는 절차를 마련해야 한다.
(4) 일반투자자에게 계열회사 등인 집합투자회사가 운용하는 집합투자기구의 집합투자증권을 투자권유하는경우, 그 집합투자회사가 자기의 계열회사 등이라는 사실을 고지해야 한다.
(5) 판매직원은 협회에 펀드투자권유자문인력으로 등록된 자임을 투자자가 확인할 수 있도록 해야 한다.

2024.11 기출복원

펀드판매의 금지사항 및 준수사항에 대한 설명이다. 가장 적절하지 않은 것은?

① 펀드판매의 대가로 집합투자재산의 매매주문을 판매회사나 제3자에게 배정하도록 집합투자업자에게 요구하는 행위는 금지된다.
② 투자자로부터 집합투자증권 취득자금을 투자권유대행인을 통해서 수취하는 행위는 금지된다.
③ 펀드판매를 다른 금융투자상품과 연계하여 판매하는 경우, 투자권유대행인으로 협회에 등록되어 있는 자가 투자권유를 할 수 있다.
④ 일반투자자에게 계열회사인 집합투자업자가 운용하는 집합투자증권을 투자권유하는 경우, 그 집합투자업자가 자기의 계열회사라는 사실을 고지해야 한다.

③ 펀드판매를 다른 금융투자상품과 연계하여 판매할 경우는 **펀드투자권유자문인력으로 등록된 자가 투자권유를 할 수 있다**(이 경우 투자권유대행인은 투자권유불가).

정답 ③

68 투자자산운용사 프리미엄 강의노트 3과목 3편 협회규정 3문항

조사분석업무와 관련한 협회 규정에 대한 내용이다. 가장 적절한 것은?

① 금융투자회사는 제3자가 작성한 조사분석자료를 외부에 공표할 수 없다.
② 금융투자회사는 조사분석자료의 품질 및 생산실적, 투자의견의 적정성 등이 포함된 보수산정기준을 정해야 한다.
③ 금융투자분석사와 기업금융업무관련 부서 간의 의견교환은 이해상충이 발생할 여지가 크므로 예외 없이 금지된다.
④ 금융투자회사가 조사대상기업의 지분을 1% 이상 보유하고 있는 경우는 해당 기업에 대한 조사분석자료를 공표할 수 없다.

'포함된' 보수산정기준을 제정하고 운영해야 한다.

정답 ②

더 알아보기

● 조사분석자료 작성 및 공표에 관한 규정

조사분석의 작성원칙 선관주의의무 이행

(1) 조사분석원칙 : 조사분석자료는 많은 투자자들에게 영향을 미치므로 신의성실원칙에 입각하여 객관적이고 독립적인 사고와 판단을 가지고 작성해야 한다.
(2) 금융투자분석사의 확인 : 조사분석자료가 타인의 부당한 압력이나 간섭없이 작성되었음을 명시해야 하며, 금융투자분석사의 확인없이 공표하거나 제3자에게 제공해서는 아니된다.
(3) 해당 금융투자회사의 임직원이 아닌 제3자가 작성한 조사분석자료는 해당 제3자의 성명을 조사분석자료에 기재해야 한다.

조사분석업무의 독립성 확보를 위한 조치

(1) 금융투자회사 및 임직원의 금융투자분석사에 대한 부당압력행사 금지
(2) 조사분석업무의 독립적 수행을 위한 내부통제기준 제정
   • 금융투자회사는 조사분석업무의 독립적 수행을 위해, 조사분석자료의 품질 및 생산실적, 투자의견의 적정성 등이 포함된 보수산정기준을 제정·운용해야 한다.
(3) 금융투자분석사의 기업금융업무부서와의 협의조건 : 원칙적으로 제한되지만, 기업금융업무를 위한 분석에 별도의 비용이 투입되는 만큼 지나친 억제보다는 준법감시인의 통제하에 예외적 사용을 허용함
(4) 조사분석 담당임원의 고유계정 운용업무 등에 대한 겸직 금지(단, 불가피한 경우 예외 인정)

조사분석대상법인의 제한 및 금지

조사분석자료 공표가 금지되는 경우	조사분석자료 공표가 조건부로 허용되는 경우 (대상법인과의 이해관계를 명시해야 함)
1) 자신이 발행한 금융투자상품 및 자신이 발행한 주식을 기초자산으로 하는 파생상품 등 2) 아래의 관계에 해당하는 법인이 발행한 주식 및 그 주식을 기초자산으로 한 파생상품 등 ① 자신이 안정조작 / 시장조성 업무를 수행하고 있는 증권을 발행한 법인 ② 자신이 M&A의 중개·주선·대리업무를 수행중인 법인 및 그 상대법인으로서 M&A규모가 자산총액 및 발행주식총수의 5%를 초과하는 법인 ③ 공개입찰에 의한 지분매각 또는 지분매입을 위한 중개·주선 업무를 수행중인 법인 및 상대법인 ④ 자신이 발행주식총수의 5% 이상의 주식을 보유하고 있는 법인 (= 연고법인) ⑤ 감사의견이 부적정 또는 의견거절이거나 한정인 법인. 단, 이 경우 투자등급을 하향조정하기 위한 조사분석자료는 공표가 가능하다.	1) 자신이 보증·배서·담보제공·채무인수의 방법으로 채무이행을 직간접으로 보장하고 있는 법인 2) 자신이 1% 이상의 주식을 보유하고 있는 법인 3) 자신이 대표주관회사로서 IPO업무를 수행한 법인으로서 1년이 경과하지 않는 법인 4) 그 밖에 자신과 상당한 이해관계가 있다고 인정되는 법인

2024.03 기출복원

조사분석자료의 작성 및 공표에 대한 설명이다. 틀린 것으로 연결한 것은?

> 가. 금융투자회사는 제3자가 작성한 조사분석자료는 외부에 공표할 수 없다.
> 나. 금융투자분석사와 기업금융업무 관련 부서 간의 의견교환은 예외 없이 금지된다.
> 다. 금융투자회사가 자신이 발행주식총수의 1% 이상을 보유하고 있는 기업이 발행한 금융투자상품에 대해서는 조사분석자료를 작성·공표를 할 수 없다.

① 가, 나
② 나, 다
③ 가, 다
④ 가, 나, 다

모두 틀린 내용이다.
가. 제3자의 성명을 기재하고 외부에 공표할 수 있다.
나. 준법감시부서의 통제 하에 예외적으로 허용하고 있다.
다. 보유지분율이 5% 이상일 경우는 조사분석자료를 작성·공표할 수 없지만, 1% 이상인 경우는 이해관계를 명시하는 조건으로 작성·공표 할 수 있다.

정답 ④

2023.06 기출복원

조사분석자료의 작성원칙 및 조사분석업무의 독립성 확보와 관련한 협회 규정이다. 틀린 내용으로 연결한 것은?

> 가. 금융투자회사는 제3자가 작성한 조사분석자료는 외부에 공표할 수 없다.
> 나. 금융투자회사는 조사분석자료의 품질 및 생산실적, 투자의견의 적정성 등이 포함되지 않은 보수산정기준을 제정·운영해야 한다.
> 다. 조사분석 담당부서의 임원이 기업금융·법인영업 및 고유계정 운용업무를 겸직하는 것은 조사분석업무의 독립성 확보 차원에서 예외 없이 금지된다.

① 가, 나
② 나, 다
③ 가, 다
④ 가, 나, 다

가. 해당 제3자의 성명(또는 법인명)을 조사분석자료에 기재하고 외부에 공표할 수 있다.
나. 포함된 보수산정기준을 제정·운영해야 한다.
다. 조사분석업무의 독립성확보 차원에서 겸직금지를 원칙으로 하지만, 임원수의 제한 등으로 겸직이 불가피하다고 인정되는 경우에는 예외가 인정된다.

정답 ④

69

3과목 3편 협회규정 3문항

[41회 신유형]

불성실 수요예측의 참여행위 및 수요예측 참여제한 등에 대한 설명이다. 가장 적절하지 않은 것은?

① 수요예측에 참여하여 공모주식을 받은 벤처기업투자신탁의 신탁계약이, 설정일로부터 1년 이내 또는 공모주식 배정일로부터 3개월 이내에 해지되는 경우는 불성실 수요예측참여 행위로 본다.
② 수요예측에 참여하여 공모주식을 배정받은 고위험고수익투자신탁의 신탁계약이, 설정·설립일로부터 1년 이내 또는 공모주식을 배정받은 날로부터 3개월 이내에 해지되는 경우는 불성실 수요예측 참여행위로 본다.
③ 사모의 방법으로 설정된 벤처기업투자신탁이, 수요예측 등에 참여하여 공모주식을 배정 받은 후 최초설정일로부터 1년 6개월 이내에 환매하는 경우 불성실 수요예측 참여행위로 본다.
④ 기업공개와 관련하여 불성실 수요예측 참여자로 지정된 경우 위반금액 규모에 따라 최대 36개월까지 수요예측 참여가 제한된다.

기업공개와 관련해서 불성실 수요예측 참여자로 지정된 경우 **최대 24개월까지** 수요예측 참여가 제한된다(cf 무보증사채의 경우 1~4개월 간 수요예측 참여가 제한).

[정답] ④

더 알아보기

● 불성실 수요예측 참여행위 및 참여제한

(1) **불성실 수요예측 참여행위**
  ㉠ 수요예측에 참여하여 주식이나 무보증사채를 배정받은 후 청약을 하지 않거나 청약 후 대금을 납입하지 않은 경우
  ㉡ 수요예측에 참여하여 의무보유확약을 하고 배정받은 주식을 의무보유확약 기간 내에 처분하는 경우
  ㉢ 수요예측에 참여하면서 관련 정보를 허위로 작성하는 경우
  ㉣ 수요예측에 참여하여 공모주식을 배정받은 후 조기에 계약을 해지하거나 환매하는 경우(ⓐ, ⓑ)
    ⓐ 벤처기업투자신탁, 고위험고수익투자신탁 : 공모주식을 배정받은 후 해당 신탁계약의 설정일로부터 **1년 이내** 또는 공모주식 배정일로부터 **3개월 이내** 해지되는 경우
    ⓑ 사모로 방법으로 설정된 벤처기업투자신탁 : 공모주식을 배정받는 후 최초설정일로 부터 **1년 6개월 이내**에 환매하는 경우

(2) **불성실 수요예측 참여자에 대한 제한**
  ㉠ 기업공개 시 불성실 수요예측 참여자 : 위반금액 규모에 따라 **최대 24개월**까지 수요 예측 참여가 제한
  ㉡ 무보증사채 공모 시 불성실 수요예측 참여자 : 1~4개월 간 수요예측 참여가 제한
    [주의] 불성실수요예측참여자에 대한 제재 시, 제재금의 부과(또는 금전납부 부과)와 수요예측 참여제한을 **병과**할 수 있다(43회 기출).

70

투자자산운용사 프리미엄 강의노트   3과목 4편 주식투자운용 6문항

자산집단에 대한 기대수익률의 추정방법 중에서 보기에 해당하는 것은?

> • 과거자료를 바탕으로 하되 미래의 발생상황에 대한 기대치를 추가하여 예측한다.
> • 과거 시계열 자료를 토대로 하되 각 자산집단별 리스크 프리미엄 구조를 반영하는 기법이다.

① 추세분석법
② 시나리오 분석법
③ 근본적 분석법
④ 시장공통예측치 사용법

근본적 분석법(fundamental analysis)이다. 근본적 분석법은 '과거 시계열 자료 + 리스크 프리미엄'의 구조로 기대수익률을 구하는데, 리스크 프리미엄에 펀드멘탈이 반영되므로 '펀드멘탈 분석법(근본적 분석법)'이라 한다.

정답 ③

더 알아보기

● 기대수익률의 추정
☑ GARCH : 위험을 좀 더 정교하게 추정하는 방법

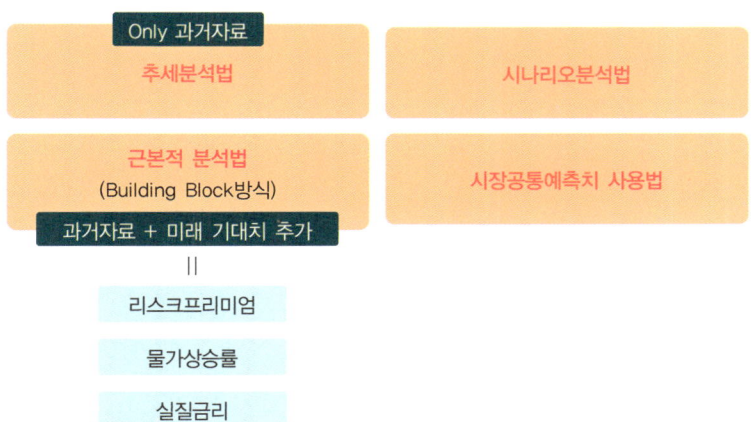

☑ **자산집단의 기대수익률 추정**(2024 기본서, 4권, p27~28)

(1) **추세분석법** : 자산집단에 대한 과거의 장기간 수익률을 분석하여 미래의 수익률로 사용하는 방법. 미국, 영국과 같이 일찍부터 자본시장이 발달하여 장기간 수익률 자료가 입수되는 경우 사용하기 편리한 방법이지만 우리나라처럼 기간이 짧은 경우에는 사용하기 어렵다.

(2) **시나리오분석법** : 주요 거시변수의 예상변화 과정을 여러가지 시나리오로 구성하고, 각각의 **시나리오별 확률을 부여하여** 경제변동 및 업종별 경기추세를 고려하여 자산별 기대수익률을 추정하는 방법

(3) **근본적 분석방법** : 과거자료를 바탕으로 하되 미래의 발생상황에 대한 기대치를 추가하여 수익률을 예측하는 방법으로 회귀분석, CAPM, APT 등의 방법이 있다. 주로 과거 시계열 자료를 토대로 하되 각 자산집단별 리스크 프리미엄 구조를 반영하는 기법

(4) **시장공통예측치 사용법** : 시장참여자들 간에 공통적으로 가지고 있는 미래수익률에 대한 추정치를 사용하는 방법

2024.11 기출복원

다음 중 자산의 기대수익률을 추정하는 방법과 가장 거리가 먼 것은?

① 추세분석법
② 경기순환접근방법
③ GARCH
④ 시장타이밍 방법

③ GARCH(Generalized Auto Regressive Conditional Heteroskedacity)는 위험을 추정하는 방식이다.
①, ②는 기대수익률을 추정하는 4가지 방식 중에 해당하고, ④는 4가지 방식 외의 기타에 속하는 방식이다.

정답 ③

71

투자자산운용사 프리미엄 강의노트 3과목 4편 주식투자운용 6문항

빈칸을 옳게 연결한 것은?

> 정해진 위험 수준 하에서 가장 높은 수익률을 달성하는 포트폴리오를 (가)라고 부르며, 여러 개의 (가)를 수익률과 위험의 공간에서 연속적으로 연결한 것을 (나)이라고 한다.

	가	나
①	효율적 포트폴리오	효율적 투자기회선
②	최소분산포트폴리오	효율적 투자기회선
③	효율적 포트폴리오	무차별효용곡선
④	최적포트폴리오	효율적 투자기회선

'효율적 포트폴리오(efficient portfolio), 효율적 투자기회선(efficient frontier)'이다.

정답 ①

더 알아보기

● **지배원리(Dominance Principle)**

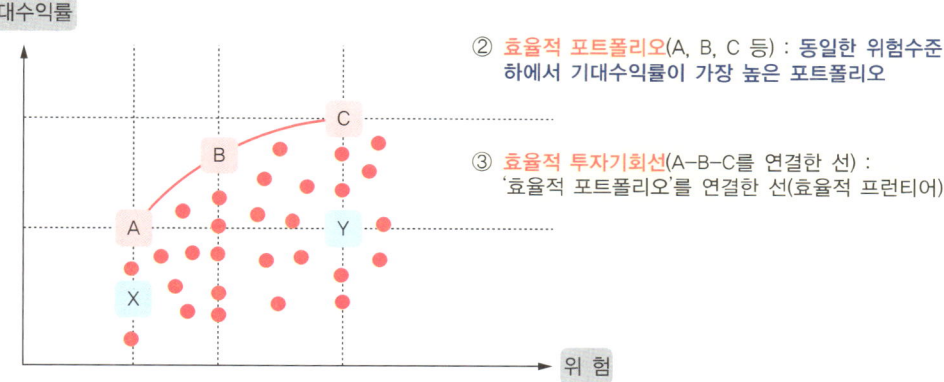

② **효율적 포트폴리오**(A, B, C 등) : 동일한 위험수준 하에서 기대수익률이 가장 높은 포트폴리오

③ **효율적 투자기회선**(A-B-C를 연결한 선) : '효율적 포트폴리오'를 연결한 선(효율적 프런티어)

① **지배원리** : 위험이 동일한 경우 기대수익률이 가장 높은 증권을 선택하고, 기대수익률이 동일한 경우는 위험이 가장 적은 증권을 선택하는 원리

2024.06 기출복원

빈칸에 가장 적합한 것은?

> 수익률과 위험의 공간에서 정해진 위험 수준 하에서 가장 높은 수익률을 달성하는 포트폴리오 여러 개를 연속선으로 연결한 것을 (　　　　　)이라고 한다.

① 효율적 투자기회선
② 무차별 효용곡선
③ 자본시장선
④ 증권시장선

'효율적 투자기회선(efficient frontier)'이다. '정해진 위험 수준 하에서 가장 높은 수익률을 달성하는 포트폴리오'는 '효율적 포트폴리오(efficient portfolio)'를 말하고, 여러 개의 효율적 포트폴리오를 연속적으로 연결한 것을 '효율적 투자기회선(efficient frontier)'이라 한다.

정답 ①

72

투자자산운용사 프리미엄 강의노트 3과목 4편 주식투자운용 6문항

<보기>에서 전술적 자산배분의 실행도구에 해당하는 것으로 묶은 것은?

> 가. 시장가치접근방법
> 나. 포뮬러 플랜(Formula Plan)
> 다. 기술적 분석

① 가, 나
② 나, 다
③ 가, 다
④ 가, 나, 다

실행도구로서 전술적 자산배분에 해당하는 것은 '나, 다'이다.

정답 ②

더 알아보기

자산배분의 실행방법 또는 실행도구

전략적 자산배분의 실행방법	전술적 자산배분의 실행도구
(1) 시장가치 접근방법	(5) 가치평가모형
(2) 위험수익 최적화 방법	(6) 기술적 분석
(3) 투자자별 특수상황을 고려하는 방법	(7) 포뮬러 플랜
(4) 다른 기관투자자의 자산배분을 모방하는 방법	

개념

(1) **시장가치접근방법** : 시장지수의 시가총액 구성비율을 그대로 따라하는 전략으로서, 이는 '시장이 효율적'이라는 전제로 벤치마크수익률을 추구하는 장기적인 전략 즉 전략적 자산배분에 해당된다.

(2) **위험수익최적화 방법** : '기대수익률과 위험을 파악 → 지배원리를 통해 효율적 투자기회선 도출 → 최적 포트폴리오 투자'의 마코위츠의 포트폴리오 이론(평균분산모형)과 같다.
   ▶ 마코위츠의 포트폴리오 이론은 전략적 자산배분의 이론적 토대가 된다.

(3) **투자자별 특수상황을 고려하는 방법** : 전략적 자산배분의 토대 위에 운용기관별 요구수익률, 수용 위험수준 등을 고려하는 방법이다.

(4) **다른 기관투자자의 자산배분을 모방하는 방법** : 연기금 등 시장을 주도하는 대형기관투자자의 자산배분전략을 모방하는 것으로서 보편화되어 있는 방법이다.

(5) **가치평가모형** : 다양한 가치평가모형(현금흐름할인모형, 배당평가모형, CAPM, APT 등)을 통해 내재가치를 정확하게 평가하고자 하는 방법이다.
   ▶ 전술적 자산배분의 핵심은 내재가치평가를 통한 자산의 고평가·저평가 여부를 판단하는 것이다.

(6) **기술적 분석** : 과거에 성공적이었던 기술적 분석의 경험을 이용하여 적정한 자산의 매매 타이밍을 찾고자 하는 방법이다.

(7) **포뮬러 플랜(Formula Plan)** : '주식 + 채권'으로 포트폴리오를 구성한 후, 주식가격이 사전에 정한 일정 범위에 도달할 경우 매매(상승 시 매도, 하락 시 매수)하여 안정적으로 초과 수익을 달성하고자 하는 기법이다.

▶ 포뮬러 플랜은 개별자산의 가치평가를 하지 않고 막연하게 시장과 역으로 투자하는 역투자전략에 해당한다.

73

투자자산운용사 프리미엄 강의노트 3과목 4편 주식투자운용 6문항

주가지수의 산출방식과 관련하여 다음 설명 중 틀린 것은?

① DJIA지수는 주가가중방식으로 산출한다.
② Nikkei225지수는 시가가중방식으로 산출한다.
③ KOPSI200지수는 유동시가가중방식으로 산출한다.
④ 동일 가중방식은 모든 종목의 비중을 동일하게 반영하는 지수산출방식이다.

Nikkei225지수는 주가가중방식 주가지수이다.

정답 ②

더 알아보기

● 패시브운용 - (1) 주가지수 구성방식

주가가중 주가지수	시가가중 주가지수	동일가중 주가지수

절대적인 주가지수의 가중치
☑ DJIA, Nikkei225
	• 시가총액 가중방식
	  ☑ KOSPI, DAX 등
	• 유동주식시가총액 가중방식
	  ☑ KOSPI200, MSCI
		모든 종목의 가중치가 동일하다(→ 결과적으로, 소형주의 가중치가 상승하게 됨).

	주 가	주식 수	시가총액	주가가중방식 (10% 상승 시)	시가가중방식 (10% 상승 시)
A주식	1,000,000원	100주	1억 원	+10,000	+10%
B주식	10,000원	10,000주	1억 원	+1,000	+10%
	주가가중		시가가중	☑ 왜곡발생	☑ 합리적

☑ 주가지수 산출방식별 장·단점

(1) **주가가중방식 주가지수** : 다우존스산업평균지수, 니께이225
   (+) 종목별로 1주씩만 보유하면 지수의 성과를 얻을 수 있는 단순함이 장점이다.
   (-) 주가가 높은 종목의 가중치가 커진다.

(2) **시가가중방식 주가지수** : KOSPI, S&P 등 대부분의 지수
   (+) 시가총액이 큰 종목의 가격변화를 잘 반영한다.
   (-) 성숙기에 있는 대형 기업이 많을 경우 지수가 과대평가될 수 있다.
   ▶시가가중 방식의 과대평가 문제를 해결하는 차원에서 유동시가가중방식으로 산출하기도 한다(KOSPI200지수, MSCI지수).

(3) **동일가중 주가지수**
   (+) 모든 종목이 동일한 비중으로 반영된 경우의 지수를 알 수 있다.
   (-) 소형기업의 수가 절대적으로 많으므로 소형주의 가중치가 높아진다.

2024.06 기출복원

주가지수의 종류에 대한 설명이다. 가장 적절하지 않은 것은?

① 다우존스산업평균지수(DJIA)는 주가가중방식으로 산출한다.
② Nekkei225는 시가가중방식으로 산출한다.
③ 모든 종목을 동일하게 취급하여 실제적으로 소형기업의 가중치가 높아지는 경향이 있는 지수산출방식은 동일가중방식이다.
④ 대형이며 성숙기에 있는 기업이 많을 경우 지수가 과대평가될 여지가 있는 것은 시가가중방식이다.

'DJIA, Nikkei225'는 주가가중방식으로 산출한다.

정답 ②

2023.06 기출복원

다우존스산업평균지수(DJIA) 및 니께이225지수를 산출하는 지수방식에 대한 설명이 아닌 것은?

① 주가가 높은 종목의 가중치가 커진다는 문제점을 지닌다.
② 주식분할이나 합병과 같이 주식발행자의 결정에 따라 주가가 달라지는 문제점이 있다.
③ 종목별로 1주씩만 보유하면 지수의 성과를 얻을 수 있는 단순함이 하나의 장점이다.
④ 대형이며 성숙기에 있는 기업의 경우 과대평가될 여지가 있다.

①, ②, ③은 주가가중방식이며, ④는 시가가중방식이다.

정답 ④

74

투자자산운용사 프리미엄 강의노트 3과목 4편 주식투자운용 6문항

패시브 운용을 위한 인덱스 구성방식과 관련하여 빈칸을 옳게 연결한 것은?(순서대로)

- (　　　)은 벤치마크를 구성하는 모든 종목을 벤치마크의 구성비율과 동일하게 매수하여 인덱스를 구성하는 방식으로서 가장 단순하고 직접적인 방식이다.
- (　　　)은 벤치마크에 포함된 대형주는 모두 포함하되 중소형주들은 펀드의 성격이 벤치마크와 유사하게 되도록 일부만을 포함하여 인덱스를 구성하는 방식이다.

① 완전복제법, 표본추출법
② 완전복제법, 최적화법
③ 최적화법, 표본추출법
④ 최적화법, 완전복제법

'완전복제법(full replication), 표본추출법(representative sampling)'이다.

정답 ①

더 알아보기

펀드에서 벤치마크를 추종하기 위해 지수를 모방하는 것
=
패시브운용 – (2) 인덱싱(Indexing) 방법

완전복제법	표본추출법	최적화법
정확하지만, 비용과다	정확성 양호, 비용 절감	통계적 방식
	대형주(동일 편입) 중소형주(선별 편입)	

예시
- 포트폴리오 모형을 이용하여 주어진 벤치마크에 대비한 잔차위험이 허용수준 이하인 포트폴리오를 만드는 방식이다.
- 데이터가 과거정보이며, 주식의 속성을 반영하지 못하는 것이 단점이다.
  → 최적화법

☑ 인덱스 구성방법 세부 개념

(1) 완전복제법(full replication)
- 벤치마크를 구성하는 모든 종목을 구성비율대로 사서 보유하는 방법이다.
- 가장 단순하고 직접적인 방식이지만, 타 방식에 비해서 거래비용과 유지비용이 많이 발생한다.
- 매우 간단하면서도 벤치마크를 거의 완벽하게 추종할 수 있는 방식이다.
  – 완전복제법은 타 방식에 비해 가장 정확하게 벤치마크를 추종하지만, 각종 비용(운용 및 수탁보수 / 거래비용 등)이 발생하므로 벤치마크수익률과 동일하지 않다(약간 낮게 나타남).

(2) **표본추출법**(representative sampling 또는 stratified sampling)
- 벤치마크에 포함된 대형주는 모두 포함하되 중소형주들은 일부만을 포함하는 방식
- 벤치마크를 구성하는 모든 종목을 보유하지 않으면서도 벤치마크의 핵심적인 특징을 유사하게 유지하는 포트폴리오를 구성함으로써, 관리비용과 거래비용을 낮추면서도 벤치마크의 성과와 상당히 유사한 성과를 얻을 수 있다.

(3) **최적화법**(optimization)
- 포트폴리오모형을 이용하여 주어진 벤치마크에 대비한 잔차위험이 허용수준 이하인 포트폴리오를 만드는 방식이다.
- 장점과 단점
  - 장점 : 완전복제법이나 표본추출법에 비해 훨씬 적은 종목이면서도 예상되는 잔차가충분히 낮은 인덱스펀드를 만들 수 있다.
  - 단점 : 모형의 한계상 주식의 속성을 정확하게 반영하지 못한다. / 과거자료에 기반한 모형이므로 과거와 상당히 다른 시장이 전개된다면 추정된 잔차위험의 오류가 크게 나타날 수 있다.

2024.11 기출복원

패시브 운용을 위한 인덱스 구성방법에 대한 설명이다. 옳은 항목의 개수는?

> 가. 완전복제법은 벤치마크를 구성하는 모든 종목을 벤치마크의 구성비율대로 사서 보유하는 것으로 가장 단순하고 직접적인 방식으로서, 이 경우 인덱스수익률은 벤치마크수익률과 동일하게 된다.
> 나. 표본추출법은 벤치마크를 구성하는 대형주와 소형주의 비율대로 샘플링을 해서 인덱스를 구성하는 방식이다.
> 다. 최적화법은 포트폴리오 모형을 이용하여 주어진 벤치마크에 대비한 잔차위험이 허용수준 이상이 되도록 하는 방식이다.

① 0개　　　　　　　　　　　② 1개
③ 2개　　　　　　　　　　　④ 3개

가. 벤치마크수익률보다 낮게 나타난다.
나. 대형주는 그대로 편입하고 중소형주는 샘플링을 한다.
다. 잔차위험은 허용수준 이하가 되어야 한다.

정답 ①

2022.06 기출복원

패시브 운용을 위한 인덱스 구성방법에 대한 설명이다. 가장 적합한 것은?

① 최적화법은 포트폴리오 모형을 이용하여 주어진 벤치마크에 대비한 잔차위험이 허용 수준이상이 되도록 인덱스를 구성하는 방식이다.
② 표본추출법은 대형주와 중형주, 소형주 각 그룹에서 펀드의 성격이 벤치마크와 유사하게 되도록 선별하여 인덱스를 구성하는 방식이다.
③ 완전복제법은 벤치마크를 구성하는 모든 종목을 벤치마크의 구성비율과 동일하게 매수하여 인덱스를 구성하는 방식으로서 가장 단순하고 직접적인 방식이다.
④ 완전복제법으로 인덱스를 구성할 경우 인덱스 수익률과 벤치마크수익률은 동일하게 나타난다.

---

① 최적화법에서는 잔차위험이 **허용수준 이하**가 되어야 한다.
② 표본추출법은 대형주는 그대로 편입하고 중소형주는 선별하여 구성한다.
④ 완전복제법으로 인덱스를 구성하였다 해도, 펀드운용상 운용보수·신탁보수·거래비용 등이 발생하기 때문에 인덱스수익률은 벤치마크 수익률에 비해 **낮게** 나타난다.

정답 ③

75

3과목 4편 주식투자운용 6문항

<보기>에 가장 부합하는 주식운용전략은 무엇인가?

> • 추가적인 위험을 많이 발생시키지 않으면서 벤치마크에 비해 초과수익을 획득하고자 하는 전략이다.
> • 동 전략의 운용에서도 잔차위험은 증가할 수밖에 없지만 증가된 수익률이 그러한 위험을 보상하고도 남을 수준이 되어야 한다.

① 액티브(active) 운용
② 준액티브(semi-active) 운용
③ 패시브(passive) 운용
④ 사회적 책임투자(SRI ; Sociality Responsble Investing)

'준액티브(semi-active)' 운용이다. 준액티브 운용은 벤치마크 대비 **약간의 초과 수익을 획득**하고자 하는 전략이며 [cf] 액티브 운용은 **최대한의 초과수익을 획득**하고자 하는 전략), 준액티브 운용의 잔차위험은 액티브운용의 잔차위험보다 낮은 수준이다([cf] 잔차위험 수준 : 액티브 > 준액티브 > 패시브).

정답 ②

더 알아보기

● 준Active 운용

인핸스드인덱스 전략 (강화된 인덱스)	계량분석 방법 (계량적 액티브)
안정적으로 인덱스펀드보다 나은 성과달성을 목표로 함 → 인덱스펀드 + 알파 약간 더 높은 초과수익	• 과거의 성공경험을 계량화한 전략 • 귀납적인 전략 • 기술적 분석의 한계를 동시에 지님

▶ 준액티브 운용전략의 의미
 ① 약간의 초과수익을 위해서 약간의 잔차위험을 부담하는 전략
 ② 정보비율이 가장 높다([cf] 액티브 – 추적오차가 가장 크다).

	준액티브	액티브
	1~2%	2% +α
	1~2%	4% +α

예시
$IR(0.60) = 0.06 \times \sqrt{100}$ → Active
$IR(0.73) = 0.03 \times \sqrt{600}$ → Semi-Active

     정보계수   정보의 폭

준액티브 운용은 월등하게 좋은 성과를 내는 종목이나 사건을 발견하기보다는 조그만 성과를 낼 수 있는 종목이나 사건을 많이 발견하는 데에 초점을 맞춘다.

2025.01 기출복원

준액티브(Semi-Active) 운용에 대한 설명이다. 가장 적절하지 않은 것은?

① 인덱스펀드의 장점을 살리면서도 초과수익을 추구함으로써 안정적으로 인덱스보다 나은 성과를 달성하려는 목적을 가지고 있다.
② 인덱스대비 초과수익을 지향하므로 추적오차가 액티브 운용보다 높은 경향을 띤다.
③ 준액티브 운용은 월등하게 좋은 성과를 내는 종목이나 사건을 발견하기 보다는 조그만 성과를 낼 수 있는 종목이나 사건을 많이 발견하는 데에 초점을 맞춘다.
④ 과거자료를 이용한 계량적인 시뮬레이션을 통해 마련된 최적의 운용전략에 따라 운용하는 방식도 준액티브 운용으로 분류된다.

준액티브 운용의 추적오차(잔차위험)는 액티브 보다 낮은 수준이다.

정답 ②

2024.03 기출복원

준액티브(Semi-Active) 운용에 대한 설명이다. 틀린 것으로 연결한 것은?

> 가. 주어진 위험범위와 주어진 제약 조건 내에서 벤치마크 성과에 대비해서 가능한 한 좋은 초과수익을 얻으려는 운용방식이다.
> 나. 추적오차가 액티브 운용보다 높게 나타나는 경향이 있다.
> 다. 월등하게 좋은 성과를 내는 종목이나 사건을 발견하기 보다는 조그만 성과를 낼 수 있는 종목이나 사건을 많이 발견하는 데에 초점을 맞춘다.
> 라. 과거자료를 이용한 계량적인 시뮬레이션을 통해 마련된 최적의 운용전략에 따라 운용을 하기도 한다.

① 가, 나
② 다, 라
③ 가, 다
④ 나, 라

틀린 내용은 '가, 나'이다.
가. '가능한 한 초과수익' → 최대의 초과수익 → 액티브 운용
나. 추적오차가 가장 큰 것은 액티브 운용이다.

정답 ①

76

3과목 5편 채권투자운용 6문항

<보기>의 개념에 가장 부합하는 것은?

> 주식적 측면에서 본 전환사채의 이론가치로서, 현재 주가가 전환가격을 몇 % 상회하고 있는가를 나타내는 지표이다.

① 패리티
② 패리티가격
③ 괴리
④ 괴리율

패리티(parity)이다. 패리티는 %단위로 표시하므로 패리티비율이라고도 한다.
▶ **패리티(Parity)** : 전환대상 주가의 현재가격이 전환가격을 몇 % 상회하고 있는가를 나타내는 지표이다.
  예시 채권액면 10,000원, 전환가격 5,000원, 주가의 현재가 7,000원일 경우

  → 패리티 = $\frac{7,000원}{5,000원} \times 100\% = 140\%$ (즉 현재 주가는 전환가격을 40% 상회하고 있음을 의미)

정답 ①

더 알아보기

● 전환사채 용어정리

(1) **패리티(parity)** : 전환대상 주가의 현재가격이 전환가격을 몇 % 상회하고 있는가를 나타내는 지표이다.

  ▶ 패리티(비율) = $\frac{전환대상주식의 \ 시장가격}{전환가격} \times 100\%$

  해석 패리티가 140%라면, 현재 전환대상주식으로 전환 시 전환가대비 40%의 수익을 보는 상태이다.

(2) **패리티가격** : 패리티에 채권의 액면금액을 곱한 가격으로서, **전환가치**라고 한다.

  ▶ 전환가치(패리티가격) = $\frac{전환대상주식의 \ 시장가격}{전환가격} \times 채권액면$ ▶ 전환가치 : 전환된 주식의 시장가치

  • 또는 '전환가치 = 전환대상주식의 시장가격 × 전환주수($\frac{채권액면}{전환가격}$)'이다.

(3) **괴리(전환프리미엄)** : 괴리 = 전환사채의 시장가격 − 패리티가격

(4) **괴리율(%)** : 괴리를 패리티가격으로 나눈 값을 말한다. 괴리율은 '전환사채의 가격수준이 적정가격(패리티가격)에 비해 얼마나 싼지 또는 비싼지'를 나타낸다.

2023.06 기출복원

전환사채와 관련하여 빈칸을 옳게 연결한 것은?

> - 주식적 측면에서 본 전환사채의 이론가치로서, 현재 주가가 전환가격을 몇 % 상회하고 있는가를 나타내는 지표는 (　　　　　)이다.
> - 전환된 주식의 시장가치를 나타내며, 일반적으로 전환주수에 전환대상주식의 시장가격을 곱한 것으로 표시되는 지표는 (　　　　　)이다.

① 패리티, 전환가치　　　　② 패리티, 전환비율
③ 패리티가격, 패리티　　　④ 패리티가격, 괴리율

① '패리티, 전환가치(또는 패리티가격)'이다.

정답 ①

2022.02 기출복원

빈칸에 알맞은 것은?

> 채권액면 100,000원, 채권액면에 대한 전환주수는 4주이다(전환비율 100%). 현재 채권의 시장가격은 95,000원이고 전환대상 주식의 시장가격은 20,000원이다. 이 경우 동 전환사채의 패리티는 (　　　　)이다.

① 80%　　　　② 84%
③ 95%　　　　④ 125%

'패리티 = $\dfrac{20,000원}{25,000원} \times 100\%$, 패리티 = 80%'이다. 그리고 전환사채 시장가격 95,000원은 계산에 반영되지 않는다는 점에 유의해야 한다.

(1) 전환사채의 패리티 = $\dfrac{\text{전환대상주식의 시가}}{\text{전환가격}} \times 100\%$

- 전환대상 주식의 시장가격은 20,000원이다(제시).
- 전환가격은 '전환주수 = $\dfrac{\text{채권액면가액}}{\text{전환가격}}$'을 활용하여 구한다(전환비율 100%전제).

  '4 = $\dfrac{100,000}{\text{전환가격}}$'이므로 전환가격은 25,000원이다.

  * 전환비율은 '채권액면의 몇 %를 주식으로 전환하는가?'를 말하는데, 전환비율 100%는 채권액면 100,000원이 전부 주식으로 전환됨을 의미한다.

(2) 따라서 '패리티 = $\dfrac{20,000원}{25,000원} \times 100\%$, 패리티 = 80%'이다.

정답 ①

77

투자자산운용사 프리미엄 강의노트 — 3과목 5편 채권투자운용 6문항

채권액면 1만 원, 표면금리 3%, 만기 2년인 할인채의 잔존만기가 1년 73일인 시점에서 만기수익률 5%에 매매하였을 때 동 채권의 매매가격은 얼마인가?(관행적 복할인방식으로 계산, 1년은 365일, 원미만은 절사함)

① 9,429원
② 9,619원
③ 9,766원
④ 10,000원

'채권가격 $P = \dfrac{10,000원}{(1+0.05)^1(1+0.05 \times \frac{73}{365})} = 9,429.51원$, 즉 9,429원이다.

정답 ①

더 알아보기

채권가격계산 – '2개의 금리' 이해

액면 10,000원, **표면금리 4%**, 만기3년, 연단위 복리채를 **만기수익률 6%**로 잔존만기 2년 시점에서 매입할 경우 매매가격은?

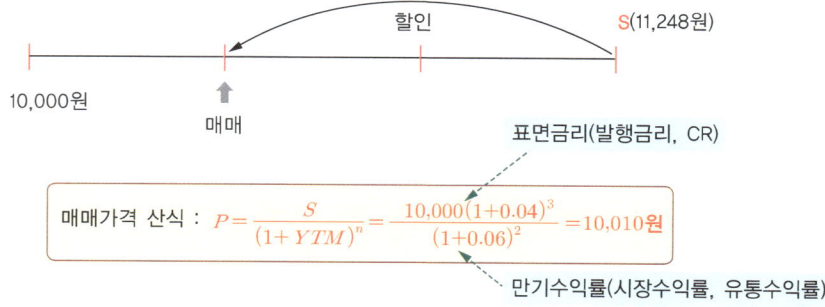

채권가격(P) = 만기상환금을 잔존기간만큼 할인하여 구함

S(11,248원)

매매가격 산식 : $P = \dfrac{S}{(1+YTM)^n} = \dfrac{10,000(1+0.04)^3}{(1+0.06)^2} = 10,010원$

표면금리(발행금리, CR)
만기수익률(시장수익률, 유통수익률)

2024.11 기출복원

채권액면 1만 원, 표면금리 4%, 만기 3년인 할인채의 잔존만기가 91일인 시점에서 만기수익률 5%에 매매하였을 때 동 채권의 매매가격은 얼마인가?(관행적 복할인방식으로 계산, 1년은 365일, 원 미만은 절사함)

① 9,600원 ② 9,777원
③ 9,876원 ④ 10,000원

③ '채권가격 P = $\dfrac{10,000원}{(1 + 0.05 \times \dfrac{91}{365})}$ = 9,876.87원, 즉 9,876원'이다.

- 할인채 매매가격 산식 : P = $\dfrac{S}{(1 + YTM)^n}$ = $\dfrac{10,000}{(1 + YTM)^n}$

정답 ③

2023.11 기출복원

채권액면 1만 원, 표면금리 2%, 만기 2년인 할인채의 잔존 만기가 73일인 시점에서 만기수익률 4%에 매매하였을 때 동 채권의 매매가격은 얼마인가?(관행적 복할인방식으로 계산, 1년은 365일, 원 미만은 절사함)

① 9,600원 ② 9,920원
③ 9,960원 ④ 10,119원

② '채권가격 P = $\dfrac{10,000원}{(1 + 0.04 \times \dfrac{73}{365})}$ = 9,920.63원, 즉 **9,920원**이다.

▶ **만일 만기가 1년 90일이 남은 시점이라면**(나머지요건은 동일)

→ 채권가격 P = $\dfrac{10,000원}{(1 + 0.04)(1 + 0.04 \times \dfrac{90}{365})}$ = 9,521.48원

정답 ②

78

투자자산운용사 프리미엄 강의노트 3과목 5편 채권투자운용 6문항

<보기>는 채권의 볼록성(convexity)에 대한 설명이다. 틀린 항목의 개수는?

> 가. 동일한 듀레이션에서 볼록성이 큰 채권은 볼록성이 작은 채권에 비해서, 수익률의 상승이나 하락에 관계없이 항상 높은 가격을 지닌다.
> 나. 채권의 볼록성은 듀레이션이 증가함에 따라 체증적으로 증가한다.
> 다. 일정한 수익률과 만기에서 표면이자율이 낮을수록 채권의 볼록성은 커진다.

① 0개
② 1개
③ 2개
④ 3개

틀린 항목의 개수는 0개이다(모두 옳은 내용).

정답 ①

더 알아보기

● 볼록성의 특징

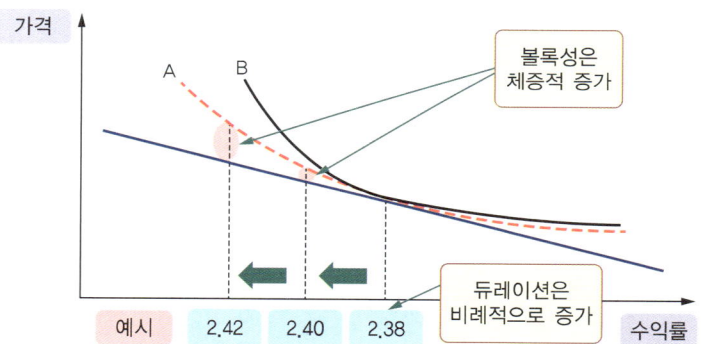

▶ 볼록성이 큰 채권일수록 '더 올라가고 덜 하락한다.'
 → 볼록성이 클수록 채권가격은 비싸진다.

듀레이션↑ = $f(CR↓, T-t↑, YTM↓)$
(볼록성)

▶ 채권의 볼록성은 듀레이션이 증가함에 따라 **가속도로 증가**한다(체증적 증가).

2023.11 기출복원

<보기>는 채권의 볼록성(convexity)에 대한 설명이다. 틀린 것으로 연결한 것은?

> 가. 동일한 듀레이션에서 볼록성이 큰 채권은 볼록성이 작은 채권에 비해서, 수익률의 상승이나 하락에 관계없이 항상 높은 가격을 지닌다.
> 나. 채권수익률이 하락할수록 채권의 볼록성은 증가한다.
> 다. 일정한 수익률과 만기에서 표면이자율이 높을수록 채권의 볼록성은 커진다.
> 라. 채권의 볼록성은 듀레이션이 증가함에 따라 체감적으로 증가한다.

① 가, 나 ② 다, 라
③ 가, 다 ④ 나, 라

틀린 내용은 '다, 라'이다.
- 다 : 표면이자율이 낮을수록 채권의 볼록성은 커진다.
  ▶ **채권가격의 변동성(듀레이션 또는 볼록성)↑ = $f(CR\downarrow,\ T-t\uparrow,\ YTM\downarrow)$**
- 라 : 채권의 볼록성은 듀레이션이 증가함에 따라 체증적으로 증가한다(채권가격의 볼록한 성질에 의함).

정답 ②

79

투자자산운용사 프리미엄 강의노트   3과목 5편 채권투자운용 6문항

채권의 만기수익률이 2% 포인트 하락할 때 채권가격은 7.32% 상승하였다. 수정듀레이션이 3.24인 경우 동 채권의 볼록성(convexity)은 얼마인가?

① 21
② 42
③ 210
④ 420

동 채권의 볼록성(convexity)은 42이다.

정답 ②

더 알아보기

☑ 풀이(볼록성 계산)

듀레이션과 볼록성을 모두 반영한 채권가격변동률의 공식은

$$\frac{\Delta P}{P} = \left\{(-) \times \frac{맥컬레이듀레이션}{(1+r)} \times \Delta r\right\} + \left\{\frac{1}{2} \times convexity \times (\Delta r)^2\right\}$$이며,

이 산식을 이용하여 볼록성을 구할 수 있다.

→ $\frac{\Delta P}{P} = \{(-) \times 수정듀레이션 \times \Delta r\} + \left\{\frac{1}{2} \times convexity \times (\Delta r)^2\right\}$

→ $(+)7.32\% = \{(-) \times 3.24 \times (-)2\%\} + \left\{\frac{1}{2} \times convexity \times (0.02)^2\right\}$

→ $(+)7.32\% = \{(+) \times 6.48\%\} + \left\{\frac{1}{2} \times convexity \times (0.0004)\right\}$

→ $(+)0.84\% = \left\{\frac{1}{2} \times convexity \times 0.0004\right\}$

→ $0.0084 = \left\{\frac{1}{2} \times convexity \times 0.0004\right\}$

→ $0.0084 = 0.0002 \times convexity$

→ $convexity = \frac{0.0084}{0.0002}$, $(\therefore) convexity = 42$

볼록성 계산공식

▶ 테일러 방정식

$$P_n(x) = f(0) + \frac{f'(0)}{1!}X + \frac{f''(0)}{2!}X^2 + \cdots + \frac{f^n(0)}{n!}X^n$$

듀레이션 공식

$$\frac{\Delta P}{P} = (-) \times \frac{맥컬레이듀레이션}{(1 + YTM)} \times dY$$

➕

볼록성 공식

$$\frac{\Delta P}{P} = \frac{1}{2} \times convexity \times dY^2$$

예시 Q. 8.94의 볼록성을 지닌 채권의 만기수익률이 10%에서 9%로 1% 포인트 하락할 때, 볼록성에 기인한 가격변동폭과 가격변동률은?

A. $\frac{\Delta P}{P} = \frac{1}{2} \times convexity \times dY^2 = \frac{1}{2} \times 8.94 \times (-0.01)^2 = 0.045\%$

2023.06 기출복원

채권의 만기수익률이 1% 포인트 상승할 때 채권가격은 2.78% 하락하였다. 수정듀레이션이 2.87인 경우 동 채권의 볼록성(convexity)은 얼마인가?

① 9
② 18
③ 90
④ 180

동 채권의 볼록성(convexity)은 180이다.

→ $\frac{\Delta P}{P} = \{(-) \times 수정듀레이션 \times \Delta r\} + \left\{\frac{1}{2} \times convexity \times (\Delta r)^2\right\}$

→ $(-)2.78\% = \{(-) \times 2.87 \times 1\%\} + \left\{\frac{1}{2} \times convexity \times (0.01)^2\right\}$

→ 양변에 100을 곱하면,

$(-)2.78 = (-)2.87 + \left\{\frac{1}{2} \times convexity \times 0.01\right\}$

→ $(+)0.09 = \left\{\frac{1}{2} \times convexity \times 0.01\right\}$

→ 양변에 100을 곱하면,

$9 = \frac{1}{2} \times convexity, (\therefore) \; convexity = 18$

▶ 약식계산 방식(양변에 100을 곱하는 방식)은 수익률변동이 1%일 때에만 정확하다. 아닌 경우는 '오리지널방식(79번 해설)'으로 풀어야 한다.

정답 ②

80

투자자산운용사 프리미엄 강의노트 3과목 5편 채권투자운용 6문항

<보기>에 가장 부합하는 채권투자 위험의 종류는?

> • 보유하고 있는 채권을 현재시장 가격으로 또는 시장 가격에 근접한 가격으로 얼마나 쉽게 매각할 수 있는가에 대한 위험을 말한다.
> • 채권딜러가 제시하는 매도호가와 매수호가 간의 스프레드가 클수록 동 위험이 크다고 볼 수 있다.

① 재투자위험
② 채무불이행위험
③ 유동성위험
④ 중도상환위험

'유동성위험(liquidity risk)'이다.

정답 ③

더 알아보기

● 채권투자위험의 종류

(1) **이자율 변동 위험** : 이자율 변동에 따른 채권가격의 변동위험을 말한다.
(2) **구매력 위험(또는 인플레이션 위험)** : 채권투자로부터 실현된 이득이 물가상승으로 인해 발생하는 구매력 손실을 충분히 보충하지 못하는 위험을 말한다.
(3) **재투자 위험** : 이표채의 경우 채권투자 시의 만기수익률은 중도에 지급받는 표면이자를 매입 시의 만기 수익률과 동일하게 재투자할 경우 달성이 되는데, 만일 채권투자기간 중 시장금리가 하락할 경우 재투자 수입의 감소로 인해 매입 시의 만기수익률이 실현되지 않을 수 있는데, 이러한 위험을 재투자위험이라 한다.
(4) **채무불이행 위험 또는 신용위험**(credit risk, default risk) : 채권투자자가 채권발행자로부터 원리금의 전부 또는 일부를 상환 받지 못할 위험을 말한다.
(5) **중도상환위험**(call risk, prepayment risk) : 콜옵션부채권에서 채권발행자가 콜옵션부채권에 내재된 콜옵션을 행사하여 채권을 조기에 상환할 경우 채권투자자 입장에서 채권가격의 상승기회가 상실될 수 있는데, 이러한 위험을 콜위험 또는 중도상환위험이라 한다.
(6) **환율 위험** : 외화표시채권과 같이 환율시세의 변동에 따라 현금흐름이 변동될 수 있는 위험을 말한다.
(7) **유동성 위험**(liquidity risk) : 거래 유동성이 부족하여 보유하고 있는 채권을 현재시장가격으로 매도할 수 없는 위험을 말한다.

2024.11 기출복원

<보기>에 가장 부합하는 채권투자위험은?

> 채권투자자가 채권에 명시되어 있는 원금 또는 이자를 발행자로부터 전부 또는 일부를 받지 못하는 위험을 말한다.

① 구매력 위험
② 재투자 위험
③ 채무불이행 위험
④ 중도상환 위험

---

③ 채무불이행 위험 또는 신용위험이다.

정답 ③

81

3과목 5편 채권투자운용 6문항

<보기>에서 적극적인 채권운용전략이 아닌 항목의 개수는?

> 스프레드운용전략, 사다리형만기보유전략, 채권면역전략, 현금흐름일치전략, 수익률곡선타기전략

① 1개
② 2개
③ 3개
④ 4개

소극적인(passive) 채권운용전략의 종류는 3개이다(사다리형만기보유전략, 채권면역전략, 현금흐름일치전략).

정답 ③

더 알아보기

채권투자전략(Active, Passive)

Active	Passive
금리예측전략	만기보유전략
채권교체전략	현금흐름일치전략
수익률곡선타기 전략	사다리형만기전략
수익률곡선전략	면역전략, 채권인덱싱전략

채권의 투자수익률 : $R = \dfrac{(P_1 - P_0) + I}{P_0}$

2023.06 기출복원

다음 중 적극적인 채권운용전략에 속하지 않는 것은?

① 수익률곡선타기 전략
② 현금흐름일치 전략
③ 금리예측전략
④ 스프레드운용전략

적극적인 운용전략(Active)	소극적인 운용전략(Passive)
금리예측전략(듀레이션조절전략)	만기보유전략
채권교체전략(동종교체 / 이종교체)	사다리형만기전략
스프레드운용전략	채권면역전략
수익률곡선타기전략	(전통적 / 순자산가치 / 상황대응적)
(롤링효과 / 숄더효과)	현금흐름일치전략
수익률곡선전략(바벨형 / 불릿형)	채권인덱싱전략

정답 ②

82

투자자산운용사 프리미엄 강의노트 | 3과목 6편 파생상품운용 6문항

선도거래(forward)에 대한 설명이다. 틀린 것으로 연결한 것은?

> 가. 거래조건이 표준화되지 않으므로 맞춤형거래가 가능하지만 유동성이 부족한 편이다.
> 나. 거래상대방의 신용이 중시되지 않는다.
> 다. 계약 후 손실발생시 추가증거금을 납부해야 한다.
> 라. 가격과 거래제한이 없다.

① 가, 나
② 나, 다
③ 다, 라
④ 가, 라

'나, 다'는 선물거래(futures)의 특징이다. 선도거래는 장외거래이므로 신용위험이 있고(**신용위험이 중시되고**), 선물거래는 거래소가 청산소 기능을 수행하므로 신용위험이 없다(**신용위험이 중시되지 않는다**). 신용위험이 없다는 것은 선물거래의 가장 큰 장점인데, 신용위험을 완화하는 장치로서 '일일정산제도 및 추가증거금납부제도'를 선물시장에 두고 있다.

정답 ②

더 알아보기

● 선물거래(futures) VS 선도거래(forward)

구 분	선물거래 (장내거래)	선도거래 (장외거래)
거래장소	한국거래소	X
신용위험 여부	✓ 신용위험 없음	✓ **신용위험 있음**
장 점	표준단위로 거래되어 유동성이 풍부함	맞춤형 거래가 가능함
단 점	맞춤형 거래가 불가능	표준화되지 않으므로 부족한 유동성
결제방법	실물인수도, 현금결제(대부분)	실물인수도
매매방식	경쟁매매	✓ **상대매매**

2024.06 기출복원

선도거래(foward)에 대한 설명이다. 가장 적절하지 않은 것은?

① 장외파생상품이다.
② 반대매매(반대거래)를 통해 결제일 이전에 언제든지 포지션을 청산할 수 있다.
③ 신용위험에 노출된다.
④ 상대매매 방식으로 거래된다.

②는 선물거래에 해당한다. 선도거래(Forward)는 거래상대방 간의 실물결제(physical Delivery)가 대부분이므로 상대방의 동의 없이는 결제일 이전의 포지션 청산은 불가하다.
▶ 선물거래(Futures)의 특징 : 증거금제도가 있고 반대매매를 통해서 결제일 이전에 언제든지 포지션을 청산할 수 있다.

정답 ②

2024.03 기출복원

선도거래에 대한 설명이다. 가장 적절하지 않은 것은?

① 미리 계약을 하고 만기 시점에 가서 미리 정한 가격으로 실물인수도(physical delivery)가 이루어지는 거래를 말한다.
② 배추 밭떼기 거래, 외환시장의 선물환거래가 전통적인 선도거래에 해당한다.
③ 사후적 제로섬 게임의 위험에 노출된다.
④ 상대매매 방식으로 거래하며, 반대거래를 통해서 결제일 이전에 언제든지 포지션을 청산할 수 있다.

반대거래를 통해서 결제일 이전에 언제든지 포지션을 청산할 수 있는 것은 선물거래(futures)의 특징이다(상대매매는 선도거래의 특성이 맞음). ③에서 '사후적 제로섬 게임(Ex-post zero sum game) 위험'이란 거래의 한쪽 당사자가 큰 손실을 봄으로써 채무불이행 위험이 증가하는 상태를 말한다(즉 선도거래의 신용위험을 말함).

정답 ④

● 선물거래(장내거래)

☑ **선물거래는**
① 신용위험 없이, ② 언제든지 반대매매를 할 수 있다.

반대방향매매(청산거래) = 선물시장의 풍부한 유동성의 원천

↑
일일정산제도
증거금제도

83

투자자산운용사 프리미엄 강의노트   3과목 6편 파생상품운용 6문항

빈칸을 옳게 연결한 것은?(순서대로)

> 선물의 시장가격이 현물의 시장가격보다 높은 상태를 (　　　) 또는 (　　　)이라고 표현한다.

① 콘탱고, 정상시장
② 콘탱고, 역조시장
③ 백워데이션, 정상시장
④ 백워데이션, 역조시장

'$F_t > S_t$'이면 콘탱고(Contango) 상태 또는 정상시장이라 하며, '$F_t < S_t$'이면 백워데이션(Backwadation)상태 또는 역조시장이라 한다.

정답 ①

더 알아보기

● 콘탱고(contango)와 백워데이션(backwadation)

현물가격과 선물가격 간의 관계에서 선물가격이 현물가격보다 높은 한편, 선물가격 내에서 만기가 먼 원월물(deferred futures) 가격이 근월물(nearby futures) 가격보다 높은 경우, 즉 '$F_t > S_t$'의 관계가 성립할 경우 콘탱고(contango) 상태 또는 정상시장(normal market)이라고 표현한다. 다시 말해서 선물가격이 현물가격보다 높은 것이 정상적이라는 뜻이다. 반대로 현물가격이 선물가격보다 높은 한편, 선물가격 내에서 만기가 가까운 근월물의 가격이 만기가 먼 원월물의 가격보다 높은 경우, 즉 '$F_t < S_t$'의 관계가 성립할 경우 백워데이션(backwadation) 상태 또는 역조시장(inverted market)이라 표현한다. 다시 말해서 현물가격이 선물가격 보다 높다는 것은 보유비용(cost of carry)의 반영이라는 측면에서 거꾸로 되었다는 뜻이다(후략).

2024.03 기출복원

빈칸을 옳게 연결한 것은?(순서대로)

> 선물의 시장가격이 현물의 시장가격보다 낮은 상태를 (　　　) 또는 (　　　)이라고 표현한다.

① 콘탱고, 정상시장
② 콘탱고, 역조시장
③ 백워데이션, 정상시장
④ 백워데이션, 역조시장

'$F_t > S_t$'이면 콘탱고(Contango) 상태 또는 정상시장이라 하며, '$F_t < S_t$'이면 백워데이션(Backwadation)상태 또는 역조시장이라 한다.

정답 ④

84

투자자산운용사 프리미엄 강의노트 | 3과목 6편 파생상품운용 6문항

빈칸을 옳게 연결한 것은? (가격단위는 포인트이며 'P'는 기초자산의 가격을 말한다)

> 기초자산의 가격이 100일 때, 행사가격이 105인 콜옵션을 옵션프리미엄 3에 매도하고 행사가격이 95인 풋옵션을 옵션프리미엄 2에 매도하였다. 이 포지션의 명칭은 (   )이며, 이 포지션의 손익구조상 수익이 발생하는 기초자산 가격의 구간은 (   )로 표시될 수 있다.

① 스트래들 매도 포지션, 95 < P < 105
② 스트랭글 매도 포지션, 95 < P < 105
③ 스트래들 매도 포지션, 90 < P < 110
④ 스트랭글 매도 포지션, 90 < P < 110

'스트랭글 매도 포지션, 90 < P < 110'이다. 상승방향의 BEP는 110(105 + 5)이고, 하락 방향의 BEP는 90(95 - 5)이다. 따라서 기초자산이 '90~110'에 있을 때는 수익이 발생하고 이를 벗어나는 구간에서는 손실이 발생한다(BEP ; Break Even Point).

정답 ④

더 알아보기

🔹 스트래들, 스트랭글 포지션 이해

(1) 기초자산이 100일 때(예시)

㉠ 행사가격이 100인 콜옵션과 풋옵션을 동시에 매도하면 '스트래들 매도 포지션'이다.

▶ 스트래들 매도 : 등가격옵션인 C(100), P(100) 동시 매도

㉡ 행사가격이 105인 콜옵션과 행사가격이 95인 풋옵션을 동시에 매도하면 '스트랭글 매도 포지션'이다.

▶ 스트랭글 매도 : 외가격옵션인 C(105), P(95) 동시 매도

> **보충** 외가격옵션은 등가격옵션보다 가격이 싼 옵션을 말하는데, C(105)는 C(100)보다 가격이 싸며, P(95)는 P(100)보다 가격이 싸다.

(2) 손익구조 : 행사가격별 콜옵션과 풋옵션의 가격(프리미엄)이 표와 같다고 가정할 때 스트래들 매도와 스트랭글 매도의 손익구조는 아래와 같다.

옵 션	P(95) 외가격	P(100) 등가격	C(100) 등가격	C(105) 외가격
옵션프리미엄	3	5	6	4

㉠ 스트래들 매도 포지션에서 수익이 나는 구간은 '89 < P < 111'이다.

▶ 동시 매도한 옵션프리미엄의 합이 11포인트(6 + 5 = 11)이므로, 상승방향의 BEP는 111포인트(100 + 11)이고 하락방향의 BEP는 89포인트(100 - 11 = 89)이다.

㉡ 스트랭글 매도 포지션에서 수익이 나는 구간은 '88 < P < 112'이다.

▶ 동시 매도한 옵션프리미엄의 합이 7포인트(4 + 3 = 7)이므로, 상승방향의 BEP는 112포인트(105 + 7)이고 하락방향의 BEP는 88포인트(95 - 7)이다.

2022.06 기출복원

행사가격 100인 콜옵션과 풋옵션을 동시에 매도하였다(프리미엄은 각각 5포인트, 3포인트). 이때 동 포지션의 손익구조상 수익이 발생하는 기초자산가격의 구간을 가장 정확하게 나타낸 것은?(P : 기초자산 가격, 단위 : 포인트)

① 95 < P < 103
② 97 < P < 105
③ 92 < P < 108
④ P < 92, P > 108

'92 < P < 108'이다. 행사가격 100에서 옵션을 양매도함으로써 수취하는 프리미엄은 8point이다(콜옵션 5 + 풋옵션 3). 따라서 상승BEP는 108(100 + 8)이 되고, 하락BEP는 92(100 − 8)가 된다. 상승BEP를 초과하는 상승이 나오지 않으면 또는 하락BEP를 초과하는 하락이 나오지 않으면 수익이 발생한다. 따라서 상승BEP와 하락BEP 사이에 있는 구간 즉 '92 < P < 108'이 동 포지션의 수익구간이 된다.

정답 ③

● Short Straddle(스트래들 매도) 변동성 매도 전략

C(100) 매도	$Y_C = S - X = 108 - 100 = (+)8$ 따라서 매도자의 손익은 (−)8	−8 +8 = 0 (BEP = 108)
P(100) 매도	$Y_P = X - S = 100 - 92 = (+)8$ 따라서 매도자의 손익은 (−)8	−8 +8 = 0 (BEP = 92)

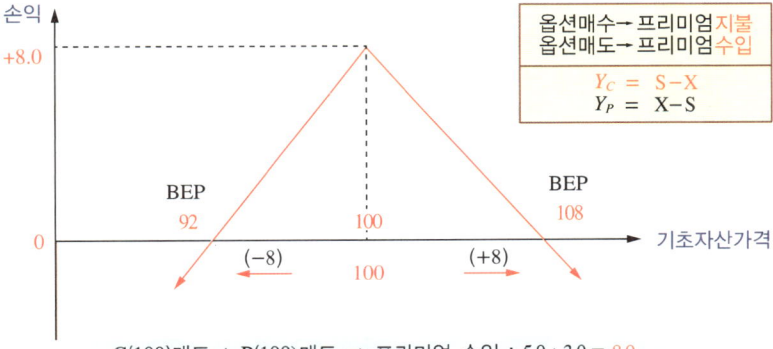

C(100)매도 + P(100)매도 → 프리미엄 수입 : 5.0 + 3.0 = 8.0

85. 투자자산운용사 프리미엄 강의노트 3과목 6편 파생상품운용 6문항

방어적 풋(Protective Put) 전략에 대한 설명으로서 틀린 항목으로 연결한 것은?

> 가. 기초자산을 매도하고 풋옵션을 매수하는 포지션이다.
> 나. 옵션매수를 위한 비용이 투입되는 포지션이다.
> 다. 기초자산가격이 하락하면 수익이 발생하는 포지션이다.

① 가, 나
② 나, 다
③ 가, 다
④ 가, 나, 다

틀린 항목은 '가, 다'이다.
가. 방어적 풋은 '기초자산매수 + 풋옵션매수(S + p)'의 합성포지션이다.
다. 기초자산매수 포지션이므로 S가 상승하면 수익이 발생한다.

정답 ③

더 알아보기

포트폴리오보험전략(PI전략)

방어적풋	이자추출전략	동적자산배분 (보험자산배분)	동적헤징
$p_t + S_t$	$c_t + B_t$	주식 + 채권 $w_S(S_t) + w_B(S_t) = 1$	선물매도 + 주식매수

$$c_t + B_t = p_t + S_t = Max[S_T, X]$$ 포트폴리오보험전략의 수익구조

상승포텐셜 = 하락방어

예시 1 매입가격 100, 최저보장가치 90, 기초자산가격 120 → Max(120, 90) = 120
예시 2 매입가격 100, 최저보장가치 90, 기초자산가격 70 → Max(70, 90) = 90

2022.11 기출복원

포트폴리오 보험전략과 관련하여 옳은 내용을 모두 고른 것은?

> 가. 보호적 풋전략은 기초자산인 주식포트폴리오를 매입하는 동시에 기초자산에 대한 풋옵션을 매수하는 전략이다.
> 나. 이자추출전략은 채권을 매입하고 해당 채권의 이자금액만큼 콜옵션을 매도하는 전략이다.
> 다. 동적자산배분전략은 주식과 채권으로 자금을 운용함으로써 상승포텐셜과 하락위험방어라는 두 가지 목표를 동시에 달성하고자 하는 전략이다.

① 가, 나
② 나, 다
③ 가, 다
④ 가, 나, 다

옳은 내용은 '가, 다'이다.
나. 이자추출전략은 '채권매수 + 콜옵션매수'의 포지션이다.

정답 ③

☑ 보호적 풋(Protective Put)

$$c_t + B_t = p_t + S_t$$

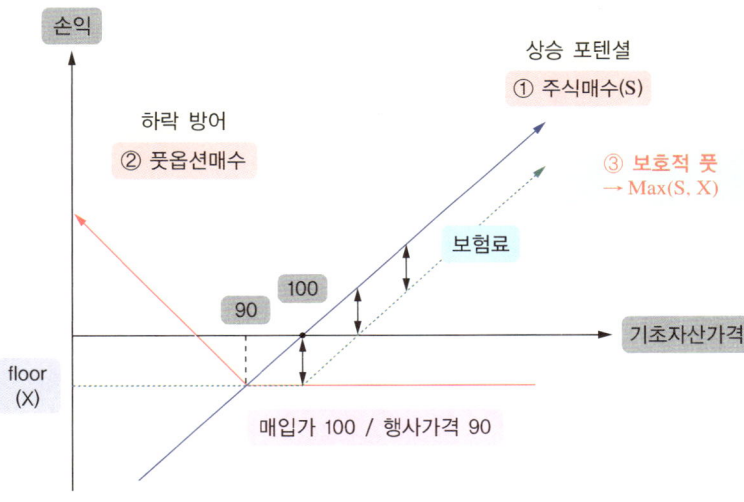

2021.06 기출복원

보호적 풋(Protective Put) 포지션에 대한 설명으로 옳은 것은?

① 풋옵션을 매도하므로 옵션프리미엄 수익을 얻는다.

② 행사가격이 주가보다 높으면 이익이다.

③ 주가가 상승할수록 유리하다.

④ 주식을 매도함과 동시에 풋옵션을 매수하는 전략이다.

---

①, ④ : 보호적 풋은 'p + S' 즉 '주식매수 + 풋옵션매수'이다.
②, ③ : 보호적 풋을 포함한 포트폴리오 보험전략의 수익구조는 Max(S, X)으로서, 주가(S)가 상승할수록 유리하고(③), '주가(S)가 하락하여 행사가격(X)보다 낮게 될 경우(S < X)'는 행사가격으로 옵션을 행사하여 추가 하락을 방지할 수 있다(②).

정답 ③

86 투자자산운용사 프리미엄 강의노트 | 3과목 6편 파생상품운용 6문항

블랙숄즈 공식으로 옵션가격을 결정할 때 사용되지 않는 변수의 개수는?

> 기초자산의 현재가격, 기초자산의 변동성, 풋옵션의 행사가격, 무위험이자율

① 0개
② 1개
③ 2개
④ 3개

블랙숄즈모형은 유럽식 콜옵션의 가격을 구하는 모형이므로 '풋옵션의 행사가격'은 공식에 반영되지 않는다.
▶ 블랙숄즈모형은 콜옵션의 가격을 구하는 모형이며, 콜옵션 가격을 구한 후 '풋-콜 패리티' 공식에 대입하여 풋옵션의 가격을 구한다.

정답 ②

더 알아보기

● 블랙숄즈모형

(1) 공 식

$c = f(S, X, r, T-t, \sigma)$

$\rightarrow c = S_t \cdot N(d_{1,t}) - \dfrac{X}{(1+r)^{T-t}} \cdot N(d_{2,t})$

$\rightarrow c = S_t \cdot N(d_{1,t}) - B_t \cdot N(d_{2,t})$

▶ S_t : 기초자산의 현가, X : 행사가격, r : 무위험이자율, $T-t$: 잔존만기, σ : 기초자산의 변동성

▶ $N(d_{1,t})$: 콜옵션의 델타, $\dfrac{X}{(1+r)^{T-t}}$: 만기에 X를 지급하는 현 시점의 채권의 가치, $N(d_{2,t})$: 콜옵션의 내가격가능성

2024.06 기출복원

블랙숄즈모형에서 콜옵션의 가격을 결정하는 요소에 해당하지 않은 것은?

① 기초자산의 기대수익률
② 기초자산의 변동성
③ 콜옵션의 행사가격
④ 만기까지의 무위험이자율

기초자산의 현가(S)는 반영되지만 기초자산의 기대수익률은 반영되지 않는다.

※ **블랙숄즈모형**(2024 기본서, 4권, p372 참조)

(1) 공식

$c = f(S, X, r, T-t, \sigma)$

$\rightarrow c = S_t \cdot N(d_{1,t}) - \dfrac{X}{(1+r)^{T-t}} \cdot N(d_{2,t})$

$\rightarrow c = S_t \cdot N(d_{1,t}) - B_t \cdot N(d_{2,t})$

▶ S_t : 기초자산의 현가, X : 콜옵션의 행사가격, r : 만기까지의 무위험이자율, $T-t$: 잔여만기(연단위 표시), σ : 기초자산의 변동성

▶ $N(d_{1,t})$: 콜옵션의 델타, $\dfrac{X}{(1+r)^{T-t}}$: 만기에 X를 지급하는 현시점의 채권의 가치, $N(d_{2,t})$: 콜옵션의 내가격가능성

정답 ①

87

3과목 6편 파생상품운용 6문항

옵션민감도 지표와 관련하여 빈칸을 옳게 연결한 것은?(순서대로)

- 옵션민감도 지표 중 기초자산에 대한 1차 미분치에 해당하는 것은 (　　　)이다.
- 옵션민감도 지표 중 기초자산에 대한 2차 미분치에 해당하는 것은 (　　　)이다.

① 델타, 감마
② 감마, 베가
③ 델타, 베가
④ 듀레이션, 컨벡시티

1차 미분치는 델타, 2차 미분치는 감마이다(채권의 경우 '듀레이션-컨벡시티').

정답 ①

더 알아보기

● 옵션민감도 정의

(1) 델타($\frac{\partial c}{\partial S}$) : 기초자산이 변할 때 옵션가격이 얼마나 변하는가?

(2) 감마($\frac{\partial^2 c}{\partial S^2}$) : 기초자산이 변할 때 델타가 얼마나 변하는가?

(3) 베가($\frac{\partial c}{\partial \sigma}$) : 변동성계수가 변할 때 옵션가격이 얼마나 변하는가?

(4) 쎄타($\frac{\partial c}{\partial t}$) : 시간이 경과할 때 옵션가격이 얼마나 변하는가?

(5) 로우($\frac{\partial c}{\partial r}$) : 금리가 변할 때 옵션가격이 얼마나 변하는가?

● 옵션민감도 지표의 부호

구분	옵션가격	델타
S↑	콜옵션↑	(+)
	풋옵션↓	(−)

매수 포지션	델타	감마	베가	쎄타	로우
콜옵션	+	+	+	−	+
풋옵션	−	+	+	−	−

☑ 옵션매수는 변동성을 먹고 살고 시간가치에 죽는다.

☑ 옵션민감도 지표 – 감마

① 기초자산이 변화할 때 옵션의 델타가 얼마나 변화하는가?
② 감마는 델타가 변하는 속도, 즉 가속도(감마는 옵션가격의 2차 미분치 = f'')
③ 2차미분치는 그래프상의 곡률을 의미하는데 가장 볼록한 부분에서 감마값이 가장 크다(→ 즉 ATM에서 감마값이 최대).
④ 만기에 근접할수록 감마 값이 커진다.

2024.11 기출복원

<보기>는 옵션민감도의 부호(+, -)에 대한 설명이다. 옳은 내용으로 연결한 것은?

> 가. 콜옵션 매도의 델타는 (-)이다.
> 나. 풋옵션 매도의 감마는 (+)이다.
> 다. 콜옵션 매수의 쎄타는 (+)이다.
> 라. 풋옵션 매수의 로우는 (-)이다.

① 가, 나　　　　　　　　　② 나, 다
③ 다, 라　　　　　　　　　④ 가, 라

가. 콜옵션 매도의 델타는 (-)이다. → O
나. 풋옵션 매도의 감마는 (+)이다. → X
다. 콜옵션 매수의 쎄타는 (+)이다. → X
라. 풋옵션 매수의 로우는 (-)이다. → O

정답 ④

2024.06 기출복원

다음의 옵션민감도 지표 중에서 콜옵션과 풋옵션의 민감도 부호가 모두 양의 값을 가지는 것은?(옵션매수포지션 기준)

① 델타　　　　　　　　　② 감마
③ 로우　　　　　　　　　④ 쎄타

감마는 2차 미분치로서 가속도를 의미하는데, 가속도는 양의 방향만 존재하므로 콜옵션·풋옵션에 관계없이 옵션매수 포지션의 감마는 양(+)의 값을 보인다.

정답 ②

2024.03 기출복원

다음의 옵션민감도 지표 중에서 콜옵션 매도와 풋옵션 매수 포지션의 민감도 부호가 동일한 것은?

① 델타
② 감마
③ 베가
④ 쎄타

델타이다. 콜옵션매도 포지션은 기초자산가격이 상승할 때 손실이 발생하므로 민감도 부호는 (−)이며, 풋옵션매수 포지션은 기초자산가격이 하락할 때 수익이 발생하므로 민감도 부호는 (−)이다.

정답 ①

2021.06 기출복원

옵션민감도 지표에 대한 설명으로 옳은 것은?

① 델타는 기초자산의 변동성 변화에 따라 옵션가격이 얼마나 변하는가 하는 민감도를 보여주는 지표이다.
② 로우는 기초자산이 변화할 때 델타가 얼마나 변하는가 하는 민감도를 보여주는 지표이다.
③ 쎄타는 시간의 경과에 따라 옵션가격이 얼마나 변하는가 하는 민감도를 보여주는 지표이다.
④ 감마는 기초자산이 변화할 때 옵션가격이 얼마나 변하는가 하는 민감도를 보여주는 지표이다.

정답 ③

88

투자자산운용사 프리미엄 강의노트 3과목 7편 투자운용결과분석 4문항

빈칸을 옳게 연결한 것은?(순서대로)

- ( )는 수익률 분포의 '기울어진 정도'를 나타낸다.
- ( )는 수익률 분포에서 가운데 봉우리 부분이 얼마나 뾰족한가를 측정하는 지표이다.

① 왜도, 첨도
② 첨도, 왜도
③ 왜도, 표준편차
④ 첨도, 표준편차

'왜도(skewness), 첨도(kurtosis)'이다. 수익률분포가 정규분포를 이루지 않는다면, 왜도와 첨도와 같은 지표를 포함하여 측정하는 것이 바람직하다.
▶ 정규분포는 '왜도 = 0, 첨도 = 3'인 분포를 말한다.

정답 ①

더 알아보기

● 3단계 : 투자위험

절대적 위험		상대적 위험
전체위험	하락위험	
표준편차	VaR, 하락편차, 반편차, 적자위험	베타(β), 잔차위험, 공분산, 상대VaR

▶ 정규분포가 아닐 경우
→ 왜도 / 첨도

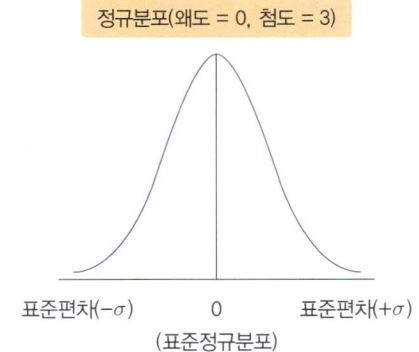

정규분포(왜도 = 0, 첨도 = 3)

표준편차(−σ)　　0　　표준편차(+σ)
(표준정규분포)

분산의 제곱근

평균으로부터 얼마나 떨어져있는가?(수익률의 변동성)

'수익률의 안정성'을 중시할 때 사용하는 위험지표

2023.02 기출복원

빈칸을 옳게 연결한 것은?(순서대로)

- ( )는 수익률 분포의 '기울어진 정도'를 나타낸다.
- ( )는 수익률 분포에서 가운데 봉우리 부분이 얼마나 뾰족한가를 측정하는 지표이다.
- 정규분포는 왜도가 ( ), 첨도가 ( )인 분포이다.

① 왜도, 첨도, 0, 3
② 왜도, 첨도, 3, 0
③ 첨도, 왜도, 0, 3
④ 첨도, 왜도, 3, 0

---

① '**왜도(skewness), 첨도(kurtosis), 0, 3**'이다.
수익률분포가 정규분포를 이루지 않는다면, 왜도와 첨도와 같은 지표를 포함하여 측정하는 것이 바람직하다.
▶ 정규분포는 '왜도 = 0, 첨도 = 3'인 분포를 말한다.

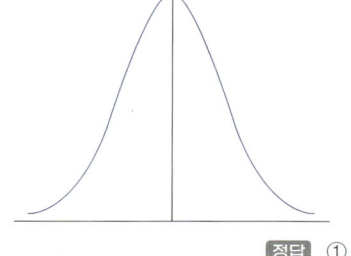

정답 ①

89 투자자산운용사 프리미엄 강의노트 3과목 7편 투자운용결과분석 4문항

빈칸에 알맞은 것은?

> (　　　)는 평가기간이 시작되기 전에 미리 정해져야 함으로써, 자산운용의 지침이나 제약조건이 될 수 있는 최소한의 기준 역할을 하며 사후적으로는 투자성과를 평가하는 잣대로 사용될 수 있다.

① 지수(Index)
② 기준지표(Benchmark)
③ 표준편차(Standard Deviation)
④ 베타(Beta)

기준지표(benchmark)이다.

정답 ②

더 알아보기

🔹 벤치마크의 속성(4단계 성과비교 – 벤치마크)

(1) **명확성(Unambiguous)** : 기준지표를 구성하는 종목명과 비중이 정확하게 표시되어야 하며, 원칙이 있고 객관적인 방법으로 구성되어야 한다.
(2) **투자가능성(Investable)** : 실행 가능한 투자대안이어야 한다. 적극적인 운용을 하지 않는 경우에 기준지표의 구성종목에 투자하여 보유할 수 있어야 한다.
(3) **측정가능성(Measurable)** : 일반에게 공개된 정보로부터 계산할 수 있어야 하며, 원하는 기간마다 기준 지표 자체의 수익률을 계산할 수 있어야 한다.
(4) **적합성(Appropriate)** : 기준지표가 매니저의 운용스타일이나 성향에 적합하여야 한다.
(5) **투자의견을 반영(Reflective of current investment opinions)** : 펀드매니저가 현재 벤치마크를 구성하는 종목에 대한 투자지식(긍정적, 부정적, 중립적)을 가져야 한다. 즉 해당종목에 대한 상태를 판단할 수 있어야 한다.
(6) **사전적으로 결정(Specified in advance)** : 벤치마크는 평가기간이 시작되기 전에 미리 정해져야 한다.

2024.06 기출복원

기준지표(벤치마크)의 바람직한 속성이다. 틀린 것으로 연결한 것은?

> 가. 벤치마크는 평가기간이 시작된 후에도 선정이 가능하다.
> 나. 적극적인 운용의 대상이 되는 모든 종목에 투자하고 보유할 수 있을 정도로 실행 가능한 투자 대안이어야 한다.
> 다. 일반에게 공개된 정보로부터 계산할 수 있어야 하며, 원하는 기간마다 기준지표 자체의 수익률을 계산할 수 있어야 한다.
> 라. 기준지표를 구성하고 있는 종목명과 비중이 정확히 표시되어야 하며, 객관적인 방법으로 구성되어야 한다.

① 가, 나
② 나, 다
③ 다, 라
④ 가, 라

틀린 내용은 '가, 나'이다.
가. '가'는 사후적 결정을 말하는데, 벤치마크는 사전적으로 결정(specified in advance)되어야 한다.
나. 실행가능한 투자 대안이어야 하는 것은, 액티브 운용의 모든 대상을 벤치마크로 구성해야 하는 정도가 아니라 패시브 운용이 가능할 정도임을 말한다.

정답 ①

2022.02 기출복원

기준지표(Benchmark)의 바람직한 속성에 대한 설명이다. 옳은 것으로 연결한 것은?

> 가. 평가기간이 시작되기 전에 사전에 정해져야 한다.
> 나. 편입된 종목명과 비중이 정확하게 표시되어야 한다.
> 다. 원하는 기간마다 기준지표 자체의 수익률을 계산할 수 있어야 한다.

① 가, 나
② 나, 다
③ 가, 다
④ 가, 나, 다

모두 옳은 내용이다. '가'는 사전적으로 결정(specified in advance), '나'는 명확성(unambiguous), '다'는 측정가능성(measurable)에 해당한다.

정답 ④

90

투자자산운용사 프리미엄 강의노트 3과목 7편 투자운용결과분석 4문항

위험조정성과지표(RAPM)에 대한 설명이다. 가장 적절하지 않은 것은?

① 연간 샤프비율은 월간 샤프비율의 분자인 월평균 초과수익률에 12를 곱하고 분모인 월간 표준편차에 $\sqrt{12}$를 곱하여 전환할 수 있다.
② 트레이너비율은 체계적 위험 한 단위 당 어느 정도의 보상을 받았는가 하는 위험보상율을 말한다.
③ 완전히 분산투자를 하고 있는 포트폴리오라면 샤프비율과 트레이너비율은 거의 동일하게 나타난다.
④ 정보비율이 높을수록 초과수익 단위 당 잔차위험이 크다는 것을 의미한다.

정보비율이 높을수록 잔차위험 한 단위 당 초과수익이 크다는 것을 의미한다(모든 RAPM지표는 높을수록 위험보상율이 크다는 것을 의미함).

정답 ④

더 알아보기

4단계 : 성과비교 - (3) 위험조정성과지표

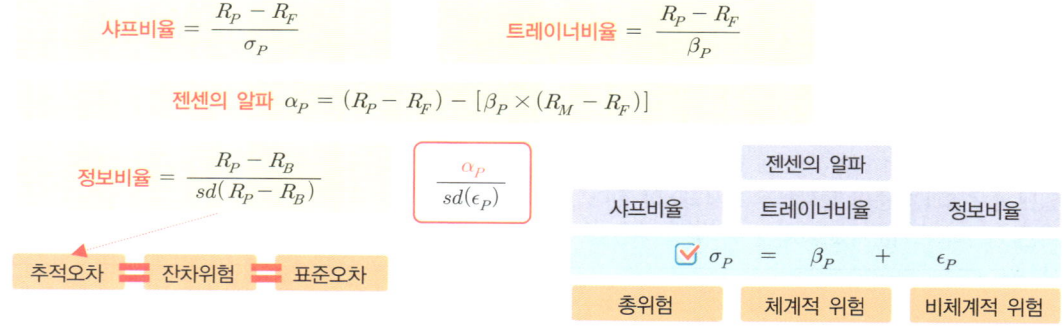

2022.11 기출복원

연율화된 샤프비율은 얼마인가?(근사치)

> 월평균 펀드수익률 13%, 월평균 표준편차 4%, 무위험자산의 월평균수익률 3%

① 2.50
② 3.25
③ 8.66
④ 11.26

→ 연간 샤프비율 = $\dfrac{(0.13 - 0.03) \times 12}{0.04 \times \sqrt{12}}$ = $\dfrac{1.2}{0.1385}$ ≒ 8.66. 월간 샤프비율을 연간 샤프비율로 전환 시, 분자는 $\times\ 12$, 분모는 $\times\ \sqrt{12}$ 로 한다.

정답 ③

91

투자자산운용사 프리미엄 강의노트 | 3과목 7편 투자운용결과분석 4문항

<보기>의 조건에 따를 때 '젠센의 알파'는 얼마인가?

> 포트폴리오수익률 10%, 무위험수익률 5%, 시장포트폴리오수익률(또는 벤치마크수익률) 7%, 베타 0.8

① +0.4%
② +1.0%
③ +3.4%
④ +4.4%

젠센의 알파는 **+3.4%**이다.
▶ 젠센의 알파 $\alpha_P = (R_P - R_F) - \beta(R_M - R_F)$,
  → $\alpha_P = (10\% - 5\%) - 0.8(7\% - 5\%) = 5\% - 1.6\% = +3.4\%$

정답 ③

2024.11 기출복원

<보기>의 조건에 따를 때 젠센의 알파는 얼마인가?

> 포트폴리오수익률 7%, 무위험수익률 3%, 벤치마크수익률 5%, 베타 1.5, 표준편차 10%

① −1.0%   ② +1.0%
③ +1.5%   ④ +2.0%

② 젠센의 알파는 +1.0%이다.
▶ 젠센의 알파(α_P) = $(R_P - R_F) - \beta(R_B - R_F)$,
  → $\alpha_P = (7\% - 3\%) - 1.5(5\% - 3\%) = 4\% - 3\% = 1\%$

보충 젠센의 알파 공식은 '$\alpha_P = (R_P - R_F) - \beta(R_M - R_F)$'와 같이 R_M을 사용하는 것이 일반적이지만 별도의 벤치마크를 사용할 경우 R_B를 사용한다.

정답 ②

92

투자자산운용사 프리미엄 강의노트 3과목 8편 거시경제 4문항

IS/LM모형에 대한 설명이다. 틀린 내용으로 연결한 것은?

> 가. IS곡선은 재화시장의 균형을 이루는 이자율과 국민소득의 조합이며, LM곡선은 화폐시장의 균형을 이루는 이자율과 국민소득의 조합이다.
> 나. IS곡선에서 기업의 투자지출수요는 이자율의 감소함수이다.
> 다. LM곡선에서 화폐수요는 소득과 이자율의 증가함수이다.
> 라. 재정정책은 LM곡선을 이동시키고 통화정책은 IS곡선을 이동시킨다.

① 가, 나
② 다, 라
③ 가, 다
④ 나, 라

틀린 항목은 '다, 라'이다.
다. LM곡선에서 화폐수요는 소득(Y)과는 정의 함수, 이자율(R)과는 부의 함수이다.
라. 재정정책은 IS곡선을 이동시키고, 통화정책은 LM곡선을 이동시킨다(이동 = shift).

정답 ②

더 알아보기

● IS/LM 모형의 균형식

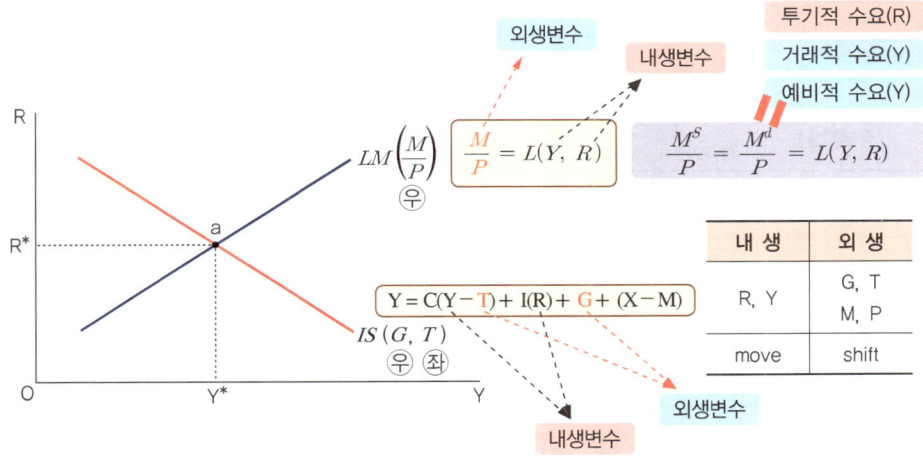

IS/LM 모형의 작동원리 – ① IS의 이동

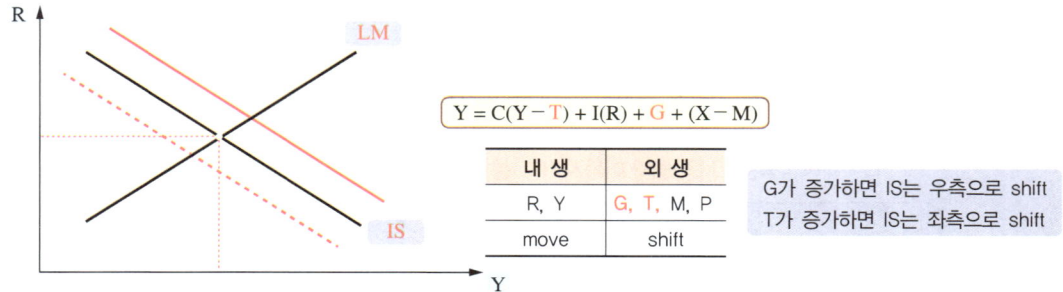

$Y = C(Y-T) + I(R) + G + (X-M)$

내생	외생
R, Y	G, T, M, P
move	shift

G가 증가하면 IS는 우측으로 shift
T가 증가하면 IS는 좌측으로 shift

IS/LM 모형의 작동원리 – ② LM의 이동

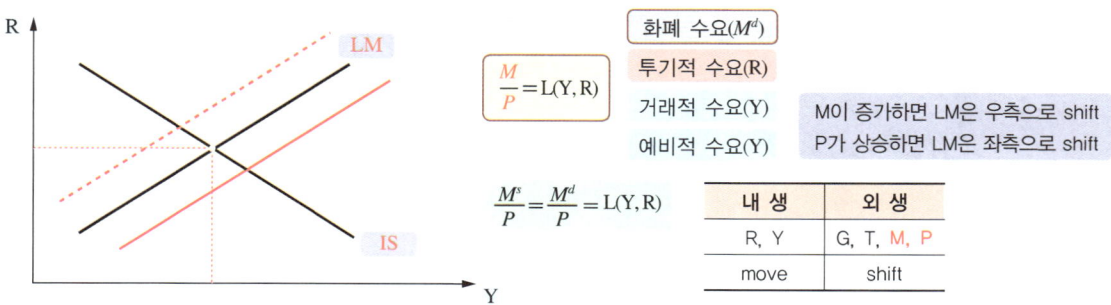

화폐 수요(M^d)
투기적 수요(R)
거래적 수요(Y)
예비적 수요(Y)

$\dfrac{M}{P} = L(Y, R)$

$\dfrac{M^s}{P} = \dfrac{M^d}{P} = L(Y, R)$

내생	외생
R, Y	G, T, M, P
move	shift

M이 증가하면 LM은 우측으로 shift
P가 상승하면 LM은 좌측으로 shift

✓ IS/LM모형에서 외생변수에 따른 메커니즘 이해

외생변수		작동 메커니즘
IS 곡선	G (정부지출)	• G증가(확대재정정책) → IS곡선이 우측으로 Shift → IS/LM의 균형점이 위로 이동 → 실질국민소득(Y)증가 & 이자율(R)상승 • G증가 → 총수요 증가 → Y증가 및 물가상승·이자율상승
	T (조세)	• T증가(세율인상정책) → IS곡선이 좌측으로 Shift → IS/LM의 균형점이 아래로 이동 → Y감소 & R하락 • T증가 → 총수요감소 → Y감소 및 물가하락·이자율하락
LM 곡선	M (통화량)	• M증가(확대통화정책) → LM곡선이 우측으로 Shift → IS/LM의 균형점이 아래로 이동 → Y증가 & R하락 • M증가 → 화폐공급증가 → 이자율하락
	P (물가)	• P상승(인플레 상황) → LM곡선이 좌측으로 Shift → IS/LM의 균형점이 위로 이동 → Y감소 & R상승 • P상승 → 실질화폐공급감소 → 이자율상승

2024.11 기출복원

IS/LM모형에 대한 설명이다. 각 외생변수에 대한 국민소득(Y)에 대한 움직임을 잘못 설명한 것으로 연결한 것은?

> 가. 정부지출(G)이 증가하면 국민소득이 감소한다.
> 나. 조세(T)가 감소하면 국민소득이 증가한다.
> 다. 통화량(M)이 증가하면 국민소득이 감소한다.
> 라. 물가(P)가 하락하면 국민소득이 증가한다.

① 가, 나
② 다, 라
③ 가, 다
④ 나, 라

가. IS균형식인 'Y = C + I + G + (X − M)'에서 정부지출(G)이 증가하면 우변 총수요가 증가하여 좌변인 총공급(Y, 실질국민소득)이 증가한다.

다. LM균형식인 '$\frac{M}{P}$ = L(Y, R)'에서 통화량(M)이 증가하면 좌변의 화폐공급이 증가하게 되는데, 이때 LM의 균형을 위해서 우변의 화폐수요가 증가해야 한다. 화폐수요는 '거래적 동기 / 예비적 동기 / 투기적 동기'에 의해서 움직이는데 이자율(R)이 고정된 상태이므로 Y가 증가해야 '거래적 동기 / 예비적 동기'에 의해 화폐수요가 증가하게 된다. 따라서 M의 증가 시 LM곡선의 균형 차원에서 Y가 증가하게 된다.

정답 ③

93

<보기>에 가장 부합하는 경제이론은 무엇인가?

> 합리적 경제주체는 현재 세금의 감소를 미래 세금의 증가로 인식하기 때문에, 세금감소는 민간의 저축을 증가시킬 뿐 총수요에는 변동이 없다고 본다.

① 구축효과
② 피구효과
③ 리카르도 불변정리
④ 정책무용성 정리

'리카르도 불변정리(RET ; Recardian Equivalence Thereom)'이다.

정답 ③

더 알아보기

해설

※ **리카르도 불변정리**(2025 기본서, 5권, p17 인용)

RET(Recardian Equivalence Thereom)의 주요 결론은 다음과 같다. 합리적 경제주체는 현재 세금의 감소를 미래 세금의 증가로 인식하기 때문에, 세금 감소는 민간의 저축을 증가시킬 뿐 총수요에는 변동이 없다는 것이다. 즉 합리적 기대학파는 정부 공채를 부(wealth)로 간주하지 않음으로써, 소비가 증가하지 않아 총수요가 변동하지 않게 된다고 주장했다.

94

투자자산운용사 프리미엄 강의노트 3과목 8편 거시경제 4문항

고용지표에 대한 설명이다. 옳은 항목의 개수는?

> 가. 군인은 생산활동가능인구에서 제외된다.
> 나. 구직단념자는 비경제활동인구로 분류된다.
> 다. 실업률은 실업자를 생산활동가능인구로 나누어서 구한다.
> 라. 경제활동참가율은 취업자수를 생산활동가능인구로 나누어서 구한다.

① 0개
② 1개
③ 2개
④ 3개

옳은 항목은 2개('가', '나')이다.
다. 실업률은 실업자를 경제활동가능인구로 나누어서 구한다.

▶ 실업률 = $\dfrac{\text{실업자}}{\text{경제활동인구}} \times 100$

라. 경제활동참가율은 경제활동인구(취업자 + 실업자)를 생산활동가능인구로 나누어서 구한다.

▶ 경제활동참가율 = $\dfrac{\text{경제활동인구(취업자 + 실업자)}}{\text{생산활동가능인구}} \times 100$

정답 ③

더 알아보기

● 주요경제지표 - 고용지표

생산활동가능인구 (노동가능인구)	군인과 재소자를 제외한 만 15세 이상의 인구
경제활동인구	• 일할 수 있는 능력과 취업의사를 동시에 갖춘 사람 • 비경제활동인구 : 일할 능력은 있으나 일할 의사가 없는 사람(예 가정주부, 학생, 심신장애자 등)
취업자 / 실업자	• 취업자 : 현재 취업상태 • 실업자 : 현재 취업상태가 아닌 자
산 식	• 경제활동참가율 = $\dfrac{\text{경제활동인구}}{\text{생산활동가능인구}} \times 100$ • 실업률 = $\dfrac{\text{실업자}}{\text{경제활동인구}} \times 100$

✓ 고용지표

```
                                    군인
                                        재소자
                    ② 비경제활동인구
            생산활동가능인구(① + ②)
              ① 경제활동인구
              (= 취업자 + 실업자)
```

2023.02 기출복원

고용지표에 대한 설명이다. 틀린 것으로 연결한 것은?

> 가. 생산활동가능인구는 만 15세 이상의 모든 인구를 말한다.
> 나. 구직단념자와 주부는 비경제활동인구이다.
> 다. 경제활동참가율은 생산활동가능인구에 대한 취업자 수의 비율이다.

① 가, 나   ② 나, 다
③ 가, 다   ④ 가, 나, 다

틀린 내용은 '가, 다'이다.
가. 군인과 재소자는 생산활동가능인구에서 제외된다.
다. 경제활동참가율은 '생산활동가능인구에 대한 경제활동인구의 비율($\frac{경제활동인구}{생산활동가능인구} \times 100$)'을 말한다.

정답 ③

2024.06 기출복원

고용지표와 관련하여 빈칸을 옳게 연결한 것은?(순서대로)

> 취업자 수 15명, 실업자 수 5명, 비경제활동인구가 5명일 때 실업률은 (   ), 경제활동참가율은 (   )이다.

① 20%, 75%
② 20%, 80%
③ 25%, 75%
④ 25%, 80%

차례대로 '25%, 80%'이다. 계산에 사용되는 '경제활동인구'와 '생산활동가능인구'를 직접 제시하지 않은 것이 포인트이다.

(1) **실업률** = $\dfrac{\text{실업자의 수}}{\text{경제활동인구}}$ = $\dfrac{5}{20}$ = 25%

 ▶ 경제활동인구(20) = 취업자수(15) + 실업자수(5)

(2) **경제활동참가율** = $\dfrac{\text{경제활동인구}}{\text{생산활동인구}}$ = $\dfrac{20}{25}$ = 80%

 ▶ 생산활동가능인구(25) = 경제활동인구(20) + 비경제활동인구(5)

정답 ④

95

투자자산운용사 프리미엄 강의노트 | 3과목 8편 거시경제 4문항

경기순환 및 경기예측 지표에 대한 내용이다. 옳게 설명한 항목의 개수는?

> 가. 경기저점에서 경기정점까지의 기간을 순환주기라 한다.
> 나. 기준순환일이란 국민경제 전체의 순환변동에서 국면전환이 발생하는 경기전환점을 말한다.
> 다. 기업경기실사지수(BSI)가 80%이면 경기가 확장국면에 있음을 말한다.
> 라. 경기확산지수(DI)는 경기변동의 진폭과 속도를 측정할 수 있다.

① 0개
② 1개
③ 2개
④ 3개

옳은 항목의 개수는 1개('나')이다.

정답 ②

더 알아보기

🔹 **경기순환이론 – 경기변동 4국면**

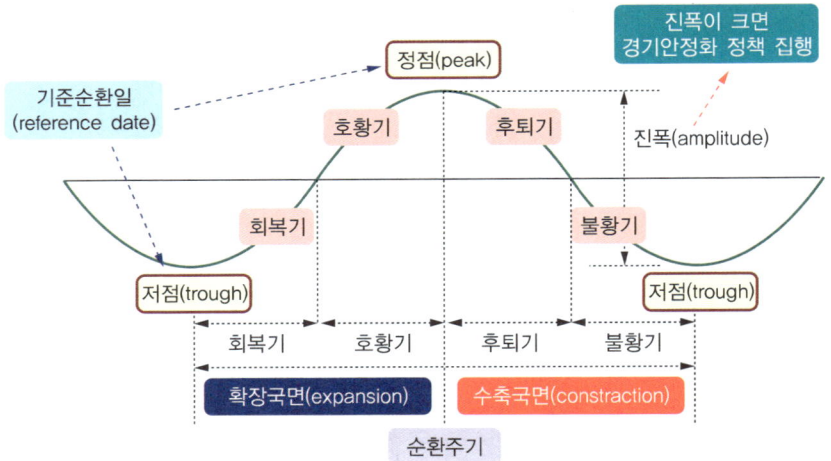

2023.06 기출복원

경기순환에 대한 설명이다. 가장 적절하지 않은 것은?

① 경기저점에서 경기정점까지의 기간을 순환주기라 한다.
② 경기변동의 요인은 추세요인, 순환요인, 계절요인, 불규칙요인의 4가지로 구분된다.
③ 경기확장국면이 경기수축국면보다 길게 나타나는 비대칭성을 보인다.
④ 기준순환일이란 국민경제 전체의 순환변동에서 국면전환이 발생하는 경기전환점을 말한다.

'경기저점~경기저점' 간의 기간은 순환주기,
'경기저점~경기정점' 간의 기간은 확장국면,
'경기저점~경기정점' 간의 높이는 진폭 또는 심도

정답 ①

● 경기예측방법 → '경제안정화 정책'을 효율적으로 집행할 수 있음

지표분석	설문조사분석	모형분석
• 경기확산지수(DI) • 경기종합지수(CI)	• 기업경기실사지수(BSI) • 소비자태도지수(CSI)	• 거시경제계량모형 • 시계열모형(ARIMA모형)

☑ BSI 정의 (한국은행-분기별, 전경련-매월 발표)

(1) 기업의 활동 및 경기동향 등에 대한 기업가의 판단, 전망 및 이에 대비한 계획 설문서를 통해 조사분석함으로써 전반적인 경기동향을 파악하고자 하는 단기 경기예측수단

(2) 경기지표 및 계량경제모델에 의한 경기분석과 예측을 보완하는 수단으로 활용

※ BSI산출방식 = $\dfrac{긍정적\ 응답자수\ -\ 부정적\ 응답자수}{전체\ 응답자수} \times 100 + 100$

☑ 해석방식 : 'DI, BSI, CSI' 대 'CI(경기종합지수)'

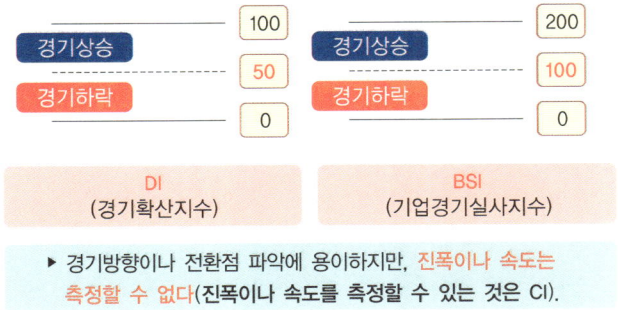

▶ 경기방향이나 전환점 파악에 용이하지만, 진폭이나 속도는 측정할 수 없다(진폭이나 속도를 측정할 수 있는 것은 CI).

2022.02 기출복원

다음 경기지표에 대한 설명으로 가장 적절하지 않은 것은?

① 경기확산지수가 80%이면 경기하강기를 나타낸다.
② 경기확산지수는 경기변동의 진폭이나 변화속도를 파악할 수 없다.
③ 전월대비 증가율이 (+)이면 경기상승을, (-)인 경우는 경기하강을 나타내는 것으로 해석할 수 있는 것은 경기종합지수이다.
④ 경기선행종합지수, 경기동행종합지수, 경기후행종합지수 등 3종 경기종합지수의 움직임을 종합하여 지수로 나타낸 것이 경기종합지수이다.

경기확산지수(DI)는 50%을 초과하면 경기상승국면, 50% 미만이면 경기하강국면으로 해석한다(DI는 0~100%를 범위로 하면 50%를 균형점으로 함).

※ BSI산출방식 = $\dfrac{\text{긍정적 응답자 수} - \text{부정적 응답자 수}}{\text{전체 응답자 수}} \times 100 + 100$

정답 ①

96

투자자산운용사 프리미엄 강의노트 3과목 9편 분산투자이론 5문항

A, B, C 세 자산의 기대수익률과 위험이 각각 동일하며 세 자산 간의 상관계수는 아래 표와 같다고 가정한다. 이 경우 가장 높은 분산투자효과를 얻을 수 있는 포트폴리오 구성에 해당하는 것은?

구 분	A자산	B자산	C자산
A자산	1.0	0.6	0.2
B자산	0.6	1.0	−0.4
C자산	0.2	−0.4	1.0

① A자산을 100% 편입한다.
② A를 50%, B를 50%편입한다.
③ B를 50%, C를 50% 편입한다.
④ A를 50%, C를 50% 편입한다.

기대수익률과 위험이 각각 동일한 상태에서 포트폴리오의 위험을 가장 낮게 하는 방법은 **상관계수가 가장 낮은 조합**으로 포트폴리오를 구성하는 것이다(즉, B와 C의 조합).

정답 ③

더 알아보기

☑ **상관계수**

$\rho \neq +1$ → 분산효과 발생(낮을수록 커진다)

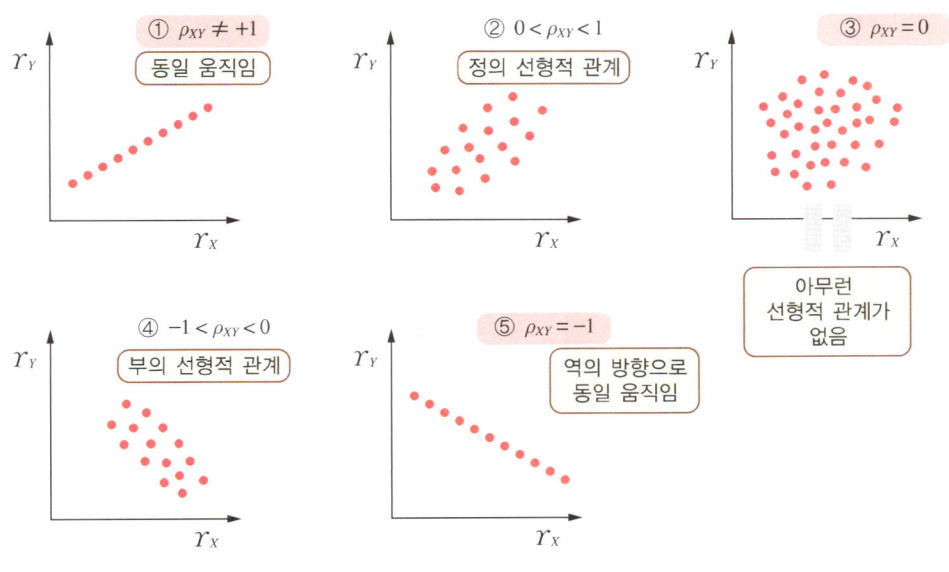

2024.03 기출복원

A, B, C 세 자산의 기대수익률과 위험이 같으며 세 자산 간의 상관계수는 아래 표와 같다고 가정한다. 이 경우 가장 높은 분산투자효과를 얻을 수 있는 포트폴리오 구성에 대한 설명으로 옳은 것은?

구 분	A자산	B자산	C자산
A자산	1.0	0.8	0.1
B자산	0.8	1.0	−0.3
C자산	0.1	−0.3	1.0

① A자산을 100% 편입한다.
② A를 50%, B를 50%편입한다.
③ B를 50%, C를 50% 편입한다.
④ A를 50%, C를 50% 편입한다.

상관계수가 가장 낮은 조합의 포트폴리오를 구성한다(B-C의 조합).

정답 ③

97

투자자산운용사 프리미엄 강의노트   3과목 9편 분산투자이론 5문항

A, B, C, D 증권 각각의 기대수익률이 표와 같고 표준편차가 각각 10%, 5%, 10%, 5%이다. 이 경우 지배원리를 충족하는 효율적 증권은 무엇인가?(A, B, C, D의 경기국면별 기대수익률은 표와 같음)

구 분		A	B	C	D
호 황	확률 50%	30%	20%	15%	9%
정 상	확률 30%	10%	6%	5%	5%
불 황	확률 20%	−40%	−9%	−20%	−5%

① A
② B
③ C
④ D

가중평균방식으로 각각의 기대수익률을 계산하면 'A 10%, B 10%, C 5%, D 5%'이다. 각각의 표준편차가 'A 10%, B 5%, C 10%, D 5%'이므로(예 A = (0.5 × 30%) + (0.3 × 10%) + (0.2 × −40%) = 15% + 3% − 8% = 10%), 지배원리를 충족하는 증권은 '기대수익률이 가장 높고 동시에 위험이 가장 적은' B이다.

정답 ②

더 알아보기

지배원리(Dominance Principle)

① 지배원리
② 효율적 포트폴리오
③ 효율적 투자기회선

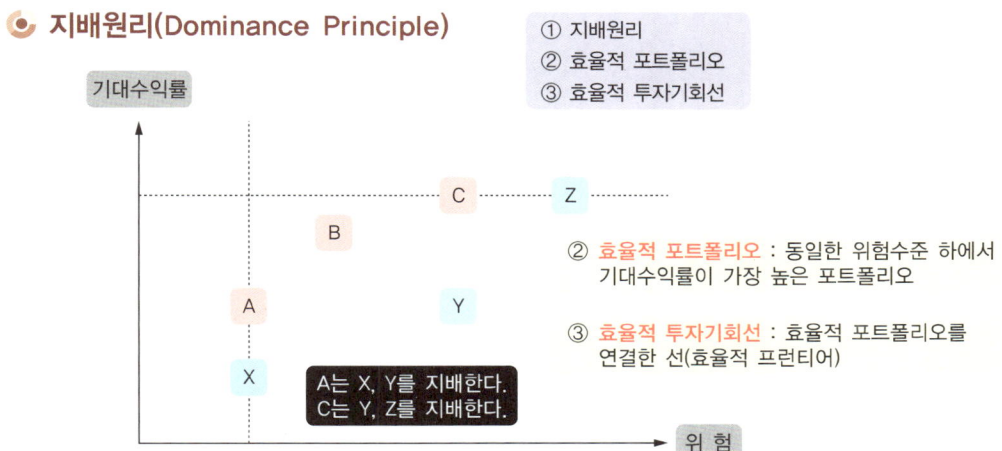

② **효율적 포트폴리오** : 동일한 위험수준 하에서 기대수익률이 가장 높은 포트폴리오

③ **효율적 투자기회선** : 효율적 포트폴리오를 연결한 선(효율적 프런티어)

A는 X, Y를 지배한다.
C는 Y, Z를 지배한다.

① **지배원리** : 위험이 동일한 경우 기대수익률이 가장 높은 증권을 선택하고, 기대수익률이 동일한 경우는 위험이 가장 적은 증권을 선택하는 원리

2024.11 기출복원

다음 중 지배원리를 충족하는 효율적 포트폴리오는 무엇인가?

① 기대수익률이 5%이고 표준편차가 3%인 포트폴리오
② 기대수익률이 5%이고 표준편차가 5%인 포트폴리오
③ 기대수익률이 7%이고 표준편차가 5%인 포트폴리오
④ 기대수익률이 7%이고 표준편차가 3%인 포트폴리오

④ 동일한 위험수준 하에서는 기대수익률이 높은 증권이 우월하고 동일한 기대수익률하에서는 위험이 적은 증권이 우월하다는 논리를 적용하여 가장 효율적인 포트폴리오를 찾는다. ①과 ④간에는 기대수익률이 더 높은 ④가 우월하고, ②와 ③간에는 기대수익률이 더 높은 ③이 우월하다. 그리고 최종적으로 ③과 ④간에는 위험이 더 적은 ④가 우월하다.

▶ **약식이해** : 4개의 선지 중에서 '기대수익률이 제일 높고 위험이 제일 적은 것을 동시에 충족시키는' ④가 가장 효율적인 포트폴리오가 된다.

정답 ④

98

투자자산운용사 프리미엄 강의노트 — 3과목 9편 분산투자이론 5문항

자산A의 기대수익률은 9%, 표준편차는 5%이다. 자산A와 무위험수익률이 3%인 무위험자산을 5:5로 편입한 포트폴리오의 변동성보상비율(RVAR)은 얼마인가?

① 0.50
② 0.60
③ 1.20
④ 2.00

변동성보상비율(RVAR) $= \dfrac{R_A - R_F}{\sigma_A} = \dfrac{9\% - 3\%}{5\%} =$ 1.2, 즉 변동성보상비율(위험보상비율)은 1.2이다. 그리고 변동성보상비율은 편입자산의 비중차이와 관계없이 동일하다.

정답 ③

더 알아보기

변동성보상비율(자본배분선의 기울기)

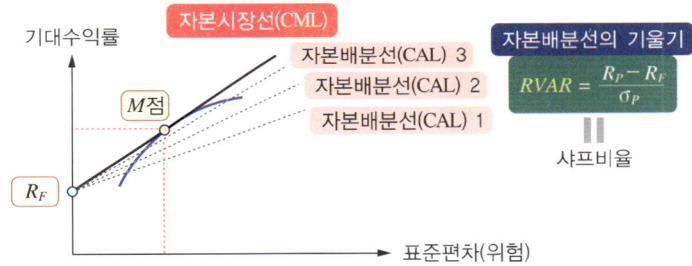

2024.03 기출복원

자산A의 수익률은 7%, 표준편차는 3%이다. 자산A와 무위험수익률이 1%인 무위험자산을 6:4로 편입한 포트폴리오의 변동성보상비율(RVAR)은 얼마 인가?

① 0.6
② 1.2
③ 2.0
④ 4.0

변동성보상비율(위험보상비율)은 2.0이다.

추가해설

(1) 변동성보상비율(RVAR) = $\dfrac{R_A - R_F}{\sigma_A}$ = $\dfrac{7\% - 1\%}{3\%}$ = 2.0, 즉 변동성보상비율(위험보상비율)은 2.00다.

(2) **변동성보상비율은 편입자산의 투자비중과 관계없이 일정하다**(아래 예시).

    ㉠ 6:4의 경우 : 포트폴리오수익률은 (7% × 0.6) + (1% × 0.4) = 4.6%, 포트폴리오 표준편차는 (3% × 0.6) = 1.8%, 따라서 포트폴리오
       RVAR = $\dfrac{4.6\% - 1\%}{1.8\%}$ = 2.0

    ㉡ 5:5의 경우 : 포트폴리오수익률은 (7% × 0.5) + (1% × 0.5) = 4.0%, 포트폴리오 표준편차는 (3% × 0.5) = 1.5%, 따라서 포트폴리오
       RVAR = $\dfrac{4\% - 1\%}{1.5\%}$ = 2.0

(3) 변동성보상비율은 자본배분선 상의 기울기에 해당하는데, 동일 선상의 모든 포트폴리오는 동일한 기울기를 가지므로 변동성보상비율도 동일하다.

정답 ③

투자자산운용사 프리미엄 강의노트 — 3과목 9편 분산투자이론 5문항

자본자산가격결정모형(CAPM모형)의 가정이다. 틀린 설명으로 모두 연결한 것은?

> 가. 모든 투자자는 동일한 단일투자기간을 갖고 이 단일투자기간 이후에 발생하는 결과는 무시한다.
> 나. 투자대상은 공개적으로 거래되고 있는 금융자산에 한정하고, 투자위험이 없는 무위험자산이 존재하며, 모든 투자자들은 얼마든지 자금을 차입하거나 빌려줄 수 있는데 이때 차입이자율은 대여이자율보다 높아야 한다.
> 다. 모든 투자자는 각각 다른 방법으로 증권을 분석하고 경제상황에 대한 예측도 달라서, 미래 증권수익률의 확률분포에 대하여 다르게 예측을 한다.

① 가, 나
② 나, 다
③ 가, 다
④ 가, 나, 다

틀린 내용은 '나, 다'이다.
나. 차입이자율과 대여이자율은 같다고 전제한다([참고] 차입이자율은 '빌리는' 이자율, 대여이자율은 '빌려주는' 이자율을 말함).
다. 동질적으로 예측한다.

정답 ②

더 알아보기

● CAPM모형의 가정

(1) 가정1(평균·분산기준의 가정) : 투자자는 평균과 분산만 가지고 투자결정을 내리며 구체적으로 상대적으로 높은 평균, 상대적으로 낮은 분산을 가진 자산을 선택한다.
(2) 가정2(동일한 투자기간의 가정) : 모든 투자자는 동일한 단일 투자기간을 갖고 이 단일 투자기간 이후에 발생하는 결과는 무시한다.
(3) 가정3(완전시장의 가정) : 개인투자자는 자본시장에서 가격순응자(price taker)이고 거래비용과 세금이 존재하지 않아 자본과 정보의 흐름에 아무런 마찰이 없다.
(4) 가정4(무위험자산의 존재 가정) : 투자대상은 공개적으로 거래되고 있는 금융자산에 한정하고, 투자위험이 전혀 없는 무위험자산(risk free asset)이 존재하며 모든 투자자들은 동일한 무위험이자율 수준으로 얼마든지 자금을 차입하거나 빌려줄 수 있다. [다른 이자율로(X)]
(5) 가정5(균형시장의 가정) : 자본시장은 수요와 공급이 일치하는 균형 상태에 있다.
(6) 가정6(동질적 미래예측의 가정) : 모든 투자자는 동일한 방법으로 증권을 분석하고 경제상황에 대한 예측도 동일하다. 따라서 미래증권수익률의 확률분포에 대하여 동질적으로 예측을 한다. [이질적으로(X)]

2024.06 기출복원

다음 중 자본자산가격결정모형(CAPM모형)의 가정을 잘못 설명한 것은?

① 투자자는 평균과 분산만 가지고 투자결정을 내리며 구체적으로 상대적으로 높은 평균, 상대적으로 낮은 분산을 가진 자산을 선택한다.
② 개인투자자는 자본시장에서 가격순응자이고 거래비용과 세금이 존재하지 않아 자본과 정보의 흐름에 아무런 마찰이 없다.
③ 투자대상은 공개적으로 거래되고 있는 금융자산에 한정하고, 투자위험이 전혀 없는 무위험자산(risk-free asset)이 존재하며, 모든 투자자들은 동일한 무위험이자율 수준으로 얼마든지 자금을 차입하거나 빌려줄 수 있다.
④ 모든 투자자는 각기 다른 방법으로 증권을 분석하고 경제상황에 대한 예측도 달라서, 미래 증권수익률의 확률분포에 대하여 다르게 예측한다.

모든 투자자는 동일한 방법으로 증권을 분석하고 경제상황에 대한 예측도 동일하다. 따라서 미래증권의 수익률의 확률분포에 대하여 **동질적으로 예측을 한다.**

정답 ④

3과목 9편 분산투자이론 5문항

빈칸에 알맞은 것은?

> A포트폴리오의 기대수익률은 8%, 베타는 2.0이다. 그리고 B포트폴리오의 기대수익률은 6%이고 무위험수익률은 3%이다. 이 때 자본시장에서 더이상 차익거래가 일어나지 않는 상태가 되기 위한 B포트폴리오의 베타는 (   )이다.

① 1.0
② 1.2
③ 1.5
④ 2.0

자본시장의 균형상태에서는(또는 더 이상 차익거래가 일어나지 않는 상태), 어떤 위험자산에 투자하든 위험자산 간의 위험프리미엄(위험보상비율 ; RVAR)은 동일해야 한다. 즉 자본시장의 균형상태에서는 A포트폴리오와 B포트폴리오의 위험보상비율이 동일하다. 따라서 ' $\frac{8-3}{2.0} = \frac{6-3}{X} \rightarrow \frac{5}{2.0} = \frac{3}{X} \rightarrow X = \frac{6.0}{5} = 1.2$
(∴) B포트폴리오의 베타 = 1.2

정답 ②

더 알아보기

● SML식의 도출

균형상태에서는 시장포트폴리오의 위험프리미엄과 개별자산의 위험프리미엄이 동일해야 하므로 아래의 산식이 성립한다.

$$\frac{초과수익}{위험} = \frac{E(R_m) - R_f}{\beta_m} = \frac{E(R_j) - R_f}{\beta_j} \quad \text{기출}$$

☑ 이를 정리하면, $E(R_j) = kkk = R_f + \beta_j [E(R_m) - R_f]$ 기출

$$\beta_j = \frac{\sigma_{jm}}{\sigma_{m^2}}$$

2024.11 기출복원

빈칸에 알맞은 것은?

> A포트폴리오의 기대수익률은 20%, 베타는 1.50이고 무위험수익률은 5%이다. 자본시장의 균형상태를 가정하였을 때, 기대수익률이 8%인 B포트폴리오의 베타는 ( )이다.

① 0.3　　　　　　　　　　② 0.6
③ 0.8　　　　　　　　　　④ 1.0

자본시장의 균형상태에서는 어떤 위험자산에 투자하든 위험자산 간의 위험프리미엄(위험보상비율 ; RVAR)은 동일해야 한다. 즉 자본시장의 균형상태에서는 A포트폴리오와 B포트폴리오의 위험보상비율이 동일하다.

따라서 $\dfrac{20-5}{1.5} = \dfrac{8-5}{X} \rightarrow \dfrac{15}{1.5} = \dfrac{3}{X} \rightarrow X = \dfrac{4.5}{15} = 0.3$ (∴) B포트폴리오의 베타 = 0.3

정답 ①

MEMO

MEMO

MEMO

행운이란 100%의 노력 뒤에 남는 것이다.

- 랭스턴 콜먼 -

패스코드는 플랜별 학습이 가능하도록 구성된 교재입니다.
제공되는 합격 플랜을 확인하신 후 학습하시면 보다 효율적이고 체계적인 학습이 가능합니다.

투자자산운용사 프리미엄 강의노트

- '프리미엄 강의노트' 및 '기출풀복원 특강' 활용 안내 -

(1) '패스코드 프리미엄 플러스 버전 1.0'에서 제공되는 '프리미엄 강의노트'는 40회・41회・42회차, 3회분입니다.

'프리미엄 강의노트 3회분'을 통해 최신 기출 경향에 대한 집중학습이 가능하므로, 기존의 패스코드 500문항(2018년부터 현재까지 장기간의 기출경향을 반영)을 보완하여 이상적인 적중 효과를 기대할 수 있게 되었습니다.

따라서 패스코드 500문항 학습에 추가하여 '프리미엄 강의노트'의 필독 및 반복학습을 권유합니다.

(2) '기출풀복원 특강' 안내(50% 할인쿠폰 제공)
   ▶ **최소 1회분 강의 수강 권장** : '기출풀복원 특강 동영상 강의' 1회분으로 전체 범위를 커버하는 것은 불가하지만 '시험이 어떻게 나오고 있는가? 기출 변형이 어떤 식으로 되고 있는가? 기출 pool을 어떤 식으로 학습하면 되는가?'에 대한 인사이트를 얻을 수 있으며 이를 통해 기출pool 전체에 대한 흡수력을 획기적으로 올릴 수 있음
   ▶ **D-7 적중모의고사 제공**
   토마토패스 모든 유료회원을 대상으로 시험 일주일 전 시점에서 제공되는 'D-7 적중모의고사(100문항)'를 기출풀복원 특강 동영상 수강자에게도 제공함
   ▶ **'43회차 기출풀복원 특강' 제공 예정**
   44회 시험(26년 1월) 대비로 '43회차 기출풀복원특강'을 제공 예정이므로, 패스코드 프리미엄 플러스 버전 1.0 구입자로서 기출풀복원 특강 결제자는 '43회 프리미엄 강의노트(PDF)'를 유료 강의실에서 다운로드할 수 있음(25년 12월 중 업로드 예정)

(3) 학습 중 궁금한 사항에 대해서는 언제든지 Q&A 게시판[시대고시(도서), 토마토패스(동영상)]으로 질문 주시길 바라며, 여러분의 합격을 응원합니다.

저자 **유창호** 드림

01

투자자산운용사 프리미엄 강의노트 | 1과목 1편 세제 및 절세전략 7문항

다음 중 국세가 아닌 것은?

① 취득세
② 부가가치세
③ 증권거래세
④ 개별소비세

취득세, 등록세는 대표적인 지방세이다.

정답 ①

더 알아보기

우리나라 조세체계

직접세 : 납세부담자 = 신고납부자
간접세 : 납세부담자 ≠ 신고납부자

국세	내국세	직접세	소득세, 법인세, 상속세, 증여세, **종합부동산세**
		간접세	**부가가치세**, 주세, 인지세, **증권거래세**, 개별소비세
		목적세	교육세, 농어촌특별세, 교통·에너지·환경세
	관세		
지방세	도세	보통세	**취득세**, **등록면허세**, 레저세, 지방소비세
		목적세	지역자원시설세, 지방교육세
	시·군세	보통세	주민세, **재산세**, 자동차세, 지방소득세, 담배소비세

• 소. 법. 부 ↔ 취·등록세, 종부세 ↔ 재산세
 (국세) (지방세) (국세) (지방세)

2024.11 기출복원

다음 중 지방세가 아닌 것은?

① 취득세
② 등록면허세
③ 상속세
④ 담배소비세

상속세는 국세이다. 지방세에는 '취득세, 등록면허세, 지방교육세, 주민세, 재산세, 자동차세, 담배소비세 등'이 있다.

정답 ③

02

투자자산운용사 프리미엄 강의노트 | 1과목 1편 세제 및 절세전략 7문항

빈칸에 알맞은 것은?

> 양도소득과 ( )은 분류과세로서 종합소득과 구분하여 별도 과세한다.

① 사업소득
② 연금소득
③ 퇴직소득
④ 기타소득

전체 소득에 대한 과세방식은 '종합과세 / 분리과세 / 분류과세'의 3가지가 있는데, 양도소득과 퇴직소득은 경상소득이 아니므로 종합과세 대상이 될 수 없고 별도의 세목(양도소득세, 퇴직소득세)으로 분류과세를 한다.

정답 ③

더 알아보기

🔵 금융소득 종합과세

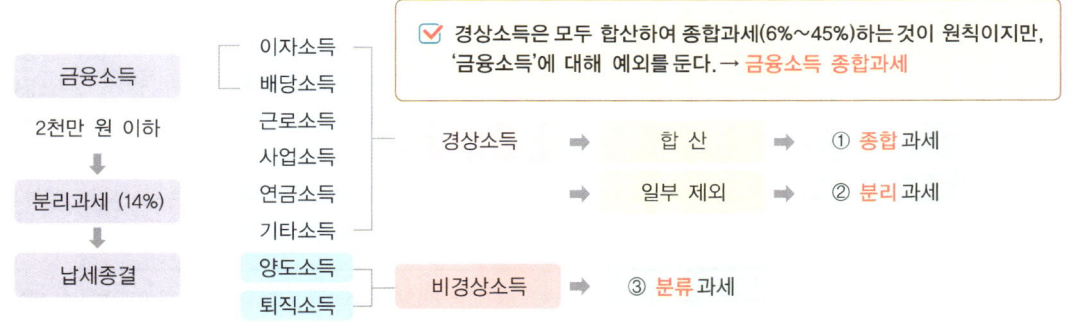

✅ 경상소득은 모두 합산하여 종합과세(6%~45%)하는 것이 원칙이지만, '금융소득'에 대해 예외를 둔다. → 금융소득 종합과세

제1과목 금융상품 및 세제

03

투자자산운용사 프리미엄 강의노트 | 1과목 1편 세제 및 절세전략 7문항

다음 중 금융소득에 대한 원천징수세율(거주자 기준)이 가장 높은 것은?

① 분리과세를 신청한 장기채권의 이자와 할인액
② 비영업대금의 이익
③ 비실명거래로 인한 이자·배당소득
④ 개인종합자산관리계좌(ISA)의 비과세 한도를 초과하는 이자·배당소득

지방세 제외 기준으로 '① 30%, ② 25%, ③ 45% 또는 90%, ④ 9%'이다. 그리고 ①, ③, ④는 무조건분리과세 대상이며 ②는 조건부종합과세 대상이다.

정답 ③

더 알아보기

금융소득에 대한 원천징수세율

원천징수 + 종합과세 신고·납부(원칙)   원천징수 = 징수편의, 분리과세 = 과세방법

항 목	원천징수세율	비 고	
(분리과세를 신청한) 장기채권의 이자와 할인액	30%	분리과세세율	무조건 분리과세
직장공제회 초과반환금	기본세율 (6~45%)		
법원에 납부한 경매보증금 및 경락대금에서 발생한 이자소득	14%		
비실명거래로 인한 이자·배당소득	45% 또는 90%		
ISA 비과세한도를 초과하는 이자·배당소득	9%		
비영업대금의 이익	25%		조건부종합과세
그 밖의 이자소득 또는 배당소득	14%		

기본세율
6%
15%
24%
35%
38%
40%
42%
45%

'무조건분리과세' 대상이 아니면 '조건부종합과세' 대상이 된다.

2024.11 기출복원

원천징수세율과 관련하여 빈칸을 합한 숫자로 옳은 것은?(세율은 지방세 제외)

- 법원에 납부한 경매보증금 또는 경락대금에서 발생하는 이자소득에 대해서는 (   )%의 세율로 원천징수하고 납세의무를 종결한다.
- ISA의 통산순이익 중 비과세한도를 초과한 이자나 배당소득에 대해서는 (   )%의 세율로 원천징수하고 납세의무를 종결한다.

① 22   ② 23
③ 28   ④ 39

② 원천징수세율의 합은 '14%(법원보관금의 이자소득) + 9%(ISA의 비과세한도를 초과하는 이자·배당소득) = 23%'이다.

정답 ②

04

투자자산운용사 프리미엄 강의노트 1과목 1편 세제 및 절세전략 7문항

집합투자기구(소득세법상 적격 집합투자기구)의 과세에 대한 설명이다. 옳은 항목의 개수는?

> 가. 집합투자재산에 속한 소득의 내용별로 이자소득 또는 배당소득으로 과세한다.
> 나. 집합투자재산으로 증권시장에 상장된 주식을 매매한 경우, 그 손익과 관계없이 과세대상에서 제외한다.
> 다. 집합투자재산으로 코스피200지수를 기초자산으로 한 장내파생상품을 매매한 경우, 그 손익과 관계없이 과세대상에서 제외한다.
> 라. 집합투자재산으로 상장채권을 매매한 경우, 그 손익과 관계없이 과세대상에서 제외한다.

① 0개
② 1개
③ 2개
④ 3개

옳은 항목은 1개('나')이다.

[정답] ②

더 알아보기

☑ 해 설

가. '집합투자기구로부터의 이익'은 배당소득으로 과세하고, '집합투자기구 이외의 신탁(특정금전신탁 등)의 이익'은 재산권에서 발생하는 소득의 내용별로 구분하여 이자소득 또는 배당소득으로 과세한다.
  ▶ 집합투자기구에서 발생한 수익은 '집합투자기구로부터의 이익'으로서 소득세법상 배당소득이 된다.
다. 상장주식을 기초자산으로 한 장내파생상품은 과세대상에서 제외되지만(상 / 파 / 벤), 코스피200을 기초자산으로 한 장내파생상품(지수선물·지수옵션)은 그 차익에 대해서 양도소득세로 과세한다(2025년 현재 탄력세율 10% 적용).
라. 채권에 직접투자하여 얻은 매매차익은 소득세법상 비과세이지만, 집합투자재산으로 펀드에 투자하여 얻은 매매차익은 '집합투자기구로부터의 이익'에 포함되어 배당소득으로 과세된다.

🔸 일부손익과세제외 제도

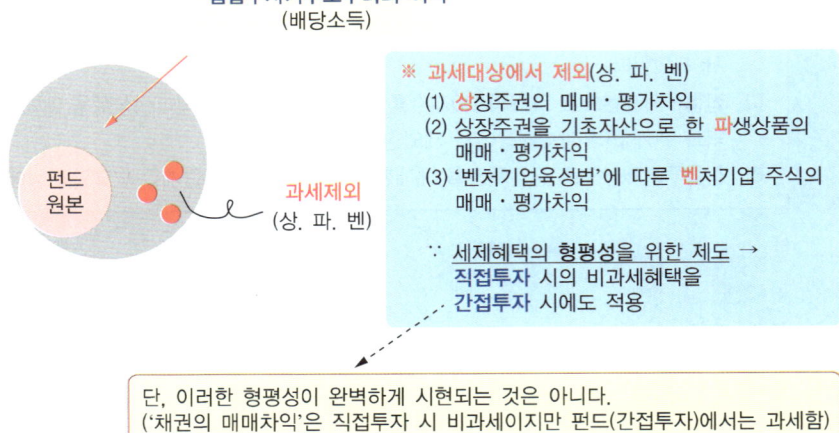

2025.01 기출복원

소득세법상의 적격 집합투자기구에서 발생하는 소득으로서, 다음 중 '집합투자기구로부터의 이익'에 해당하지 않는 항목의 개수는?

> 가. 상장주식의 매매차익
> 나. 상장채권의 매매차익
> 다. 상장주식을 기초자산으로 하는 장내파생상품의 매매차익
> 라. 코스피200지수를 기초자산으로 하는 장내파생상품의 매매차익
> 마. 비상장주식으로서 벤처기업법에 따른 벤처기업주식의 매매차익
> 바. 부동산 매매차익

① 1개　　② 2개　　③ 3개　　④ 4개

'집합투자기구로부터의 이익'에 속하는 않는 항목의 개수는 3개(가, 다, 마)이다.
※ '상 / 파 / 벤'은 과세대상이 아니므로 '집합투자기구로부터의 이익'에서 제외된다.

정답 ③

05

투자자산운용사 프리미엄 강의노트 1과목 1편 세제 및 절세전략 7문항

`42회 신유형`

양도소득세 부과대상으로서 양도소득세율에 대한 내용이다. 빈칸의 숫자를 모두 합한 수는 얼마인가?

> - 소액주주가 양도하는 중소기업주식에 대한 양도소득세율은 과세표준의 (   )%이다.
> - 대주주가 양도하는 대기업 주식에 대한 양도소득세율은 과세표준의 (   )%이다(단, 보유기간은 1년 미만으로 가정).
> - 코스피200을 기초자산으로 하는 장내파생상품에 대한 양도소득세율은 2025년 현재 과세표준의 (   )%이다.

① 30%
② 40%
③ 50%
④ 60%

50%이다(차례대로 '10%, 30%, 10%').

`정답` ③

더 알아보기

● 양도소득세 과세대상(열거주의)

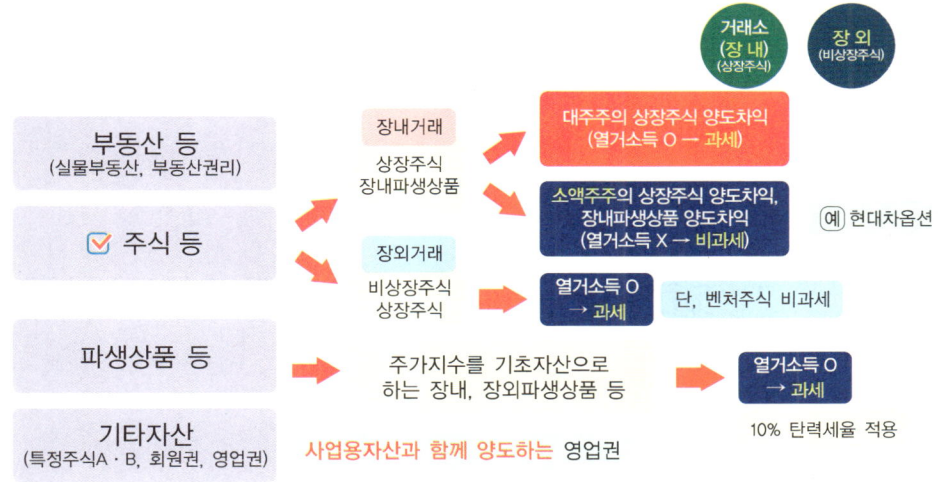

제1과목 금융상품 및 세제 **7**

☑ 양도소득세율

과세대상		양도소득세율
주 식	⊙ 소액주주가 양도하는 중소기업주식	10%
	ⓒ 대주주가 양도하는 대기업주식(보유기간 1년 미만)	30%
	그 밖의 경우(⊙, ⓒ이 아닌 경우)	20%
파생상품 등(주가지수를 기초자산으로 하는 장내·외 파생상품 등)		탄력세율 10%
미등기자산		70%
이상에 해당하지 않는 나머지 자산		기본세율(6~45%)

※ 그 밖의 경우(20% 적용 예시)
 (1) 소액주주가 양도하는 대기업 주식
 (2) 대주주가 양도하는 중소기업 주식

예상

양도소득세 부과대상으로서 양도소득세율에 대한 내용이다. 빈칸의 숫자를 모두 합한 수는 얼마인가?

- 소액주주가 양도하는 중소기업주식에 대한 양도소득세율은 과세표준의 (　　)%이다.
- 대주주가 양도하는 대기업 주식에 대한 양도소득세율은 과세표준의 (　　)%이다(단, 보유기간은 1년 미만으로 가정).
- 소액주주가 양도하는 대기업 주식에 대한 양도소득세율은 과세표준의 (　　)%이다.

① 30
② 40
③ 50
④ 60

60%이다(차례대로 '10%, 30%, 20%')

학습안내 정확히 말하면 10% 과세대상은 '소액주주가 양도하는 비대기업주식'으로서 '중소기업주식과 중견기업주식'을 말하지만, 기출에서는 '중소기업주식'만 반영되었다.

정답 ④

06

투자자산운용사 프리미엄 강의노트 1과목 1편 세제 및 절세전략 7문항

국내 사업장이 없는 외국법인이 당해 주권을 금융투자업자를 거치지 않고 국내법인에게 양도하였고, 국내법인은 금융투자회사에 해당 주권을 보관하였다. 이때 당해 주권의 양도에 대한 증권거래세 납부의무자는 누구인가?

① 주권을 보관한 금융투자업자
② 양도한 외국법인
③ 양수한 국내법인
④ 증권거래세 납부의무가 없음(증권거래세 비과세)

'양수한 국내법인'이다. 개인 간의 직접거래는 양도인이 신고·납부하는 것이 원칙이지만 **국내사업장이 없는 비거주자(또는 외국법인)가 거주자(또는 국내법인)에게 양도한 경우에는 거주자인 양수인(또는 국내법인)이 신고·납부해야 한다.**

정답 ③

더 알아보기

증권거래세 납세의무자(신고·납부자)

내 용	납세의무자
장내 또는 협회시장에서 계좌 간 대체로 매매결제하는 경우	예탁결제원
금융투자업자를 통해 주권을 양도하는 경우	당해 금융투자업자
거래소, 협회, 금융투자업자를 통하지 않고 주권을 양도하는 경우	당해 양도인
'**국내사업장이 없는** 비거주자(외국법인포함)'가 주권 등을 양도하는 경우	당해 양수인

양도인(甲)이 부담 甲 → 개인간 양도 → 乙
단, 국내사업장이 없는 비거주자 / 양수인이 납세의무자

거래징수
개인 ↔ 개인
(양도인) (양수인)
반기말로부터 2개월 이내에 신고납부

2021.06 기출복원

국내 사업장이 없는 외국법인이 장외에서 금융투자업자를 통하지 않고 주권을 내국법인에게 양도한 경우, 당해 증권거래세에 대한 납세의무자는 누구인가?

① 양도한 외국법인(비거주자)
② 양수한 내국법인(거주자)
③ 금융투자회사
④ 예탁결제원

▶ **양수한 내국법인(거주자)이다.**
예탁결제원이나 금융투자회사를 통하지 않고 개인 간 양도시에는 양도인이 증권거래세를 부담하는 것이 원칙이지만, 국내사업장이 없는 비거주자(외국법인 포함)가 거주자에게 주권을 양도하는 경우에는 거주자인 양수인이 납부해야 한다.

정답 ②

07

투자자산운용사 프리미엄 강의노트 1과목 1편 세제 및 절세전략 7문항

증여세 절세전략과 관련하여 빈칸을 옳게 연결한 것은?(순서대로)

> 미성년자에게 (　　)의 기간 동안 (　　) 이내로 증여할 경우는 증여재산공제가 적용되어 증여세를 내지 않아도 된다.

① 5년, 2천만 원
② 5년, 5천만 원
③ 10년, 2천만 원
④ 10년, 5천만 원

'10년, 2천만 원'이다. 성인자녀에 대한 증여재산공제는 '10년, 5천만 원'이 적용된다. 어릴 때부터 증여할수록 증여세 부담 없이(증여공제 활용) 더 많은 금액을 증여할 수 있다.

정답 ③

더 알아보기

☑ **자녀 증여 공제 활용**　※ 자녀가 어릴 때부터 분할 증여 유리

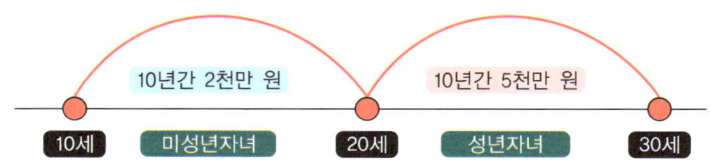

2023.06 기출복원

증여세와 관련하여 빈칸을 옳게 연결한 것은?(순서대로)

> 미성년자가 아닌 자에게 증여를 할 경우 (　　)의 기간 동안 (　　)까지 증여공제를 받을 수 있다.

① 10년, 5천만 원
② 5년, 5천만 원
③ 10년, 2천만 원
④ 5년, 2천만 원

'10년, 5천만 원'이다. 성인자녀는 '10년, 5천만 원', 미성년자녀는 '10년, 2천만 원'이다. 금액 뿐 아니라 기간(10년 단위)에도 주의해야 한다.

정답 ①

08

1과목 2편 금융상품 8문항

ISA(개인종합자산관리계좌)에 대한 설명이다. 틀린 것으로 연결한 것은?

> 가. 일반형의 경우 금융소득종합과세 대상자가 아닐 경우 소득이 없어도 가입이 가능한데, 이때 금융소득종합과세 대상자 여부의 판단은 직전 연도를 기준으로 한다.
> 나. ISA의 의무가입기간은 3년이며 의무가입기간이 지나면 비과세 등의 세제혜택을 받을 수 있는데, 서민형의 경우 통산순이익 기준 400만원까지 비과세 혜택을 받으며 400만 원을 초과하는 통산순이익은 분리과세율(지방세 포함 9.9%)이 적용된다.
> 다. 금융회사가 가입자의 위험성향과 자금운용목표를 고려하여 제시하는 모델포트폴리오 중 하나를 선택하여 투자하는 방식은 중개형 ISA이다.

① 가, 나
② 나, 다
③ 가, 다
④ 가, 나, 다

틀린 것은 '가, 다'이다.
가. '금융소득종합과세 비대상자 요건'은 직전 연도 기준이 아니라 **직전 3개년도 중 1회 이상 금융소득종합과세 대상이 아닐 것**으로 한다.
다. 모델포트폴리오 중 하나를 선택하여 투자하는 방식은 일임형 ISA이다.

정답 ③

더 알아보기

세제혜택금융상품 - ISA

구 분	일반형	서민형	농어민형
가입자격 (㉠ + ㉡)	㉠ 만 19세 이상 거주자 or 근로소득이 있는 만 15세~19세 거주자	㉠ 총급여 5천만 원 or 종합소득 3,800만 원 이하 거주자	㉠ 종합소득 3,800만 원 이하 농어민
	㉡ 직전 3개년 중 1회 이상 금융소득종합과세의 대상이 아닌 자		
비과세한도 (통산순이익 기준)	200만 원	400만 원	
	비과세한도 초과분은 우대세율 9.9% 적용		
의무가입기간	3년(의무가입기간 충족 시 세제혜택)		
납입한도	연간 2천만 원, 5년간 최대 1억 원 (당해연도 미납입한도는 이월가능)		

1,000만 원 (통산순이익 / 서민형)	400만 원	비과세
	600만 원	9.9%

☑ ISA 유형(운용유형)

구 분	중개형 ISA	신탁형 ISA	일임형 ISA
투자가능상품	예금 X, 국내상장주식 O	예금 O, 국내상장주식 X	모델포트폴리오 (펀드·ETF 등 포함)
	펀드, ELS, ETN, 리츠, RP, 회사채 등		
운용방식	투자자가 편입상품을 직접 선택 (가입자의 지시가 없으면 다른 상품으로 교체불가)		모델포트폴리오 중 하나를 선택해서 운용
보수·수수료	상품별 수수료	신탁보수	일임수수료

▶ 전 금융기관을 통틀어 1인 1계좌만 가능하며,
 '신탁형 / 일임형 / 중개형' 중 하나만 가입할 수 있다.

예) 일반형 – 중개형
예) 서민형 – 신탁형

2025.01 기출복원

개인종합자산관리계좌(ISA ; Individual Savings Account)에 대한 설명이다. 가장 적절하지 않은 것은?

① 중개형 ISA의 경우 예금을 포함해서 신탁, ELS, REITs 등 각종 투자상품 그리고 국내상장주식까지 편입이 가능하다.
② 납입한도는 연간 2천만 원이고 당해 연도의 미불입한도는 다음 해로 이월이 가능하며, 이와 같은 방식으로 가입기간 동안 최대 1억 원까지 납입이 가능하다.
③ ISA의 의무가입기간은 3년이며 의무가입기간이 지나면 비과세 등의 세제혜택을 받을 수 있는데, 서민형의 경우 통산순이익 기준 400만 원까지 비과세혜택을 받으며 400만 원을 초과하는 통산순이익은 분리과세율(지방세 포함 9.9%)이 적용된다.
④ 금융회사가 가입자의 위험성향과 자금운용목표를 고려하여 제시하는 모델 포트폴리오 중 하나를 선택하여 투자하는 방식은 일임형 ISA이다.

중개형의 경우 예금은 편입할 수 없다.

정답 ①

2024.06 기출복원

개인종합자산관리계좌(ISA ; Individual Savings Account)에 대한 설명이다. 틀린 것으로 연결한 것은?

> 가. 소득이 없더라도 만 15세 이상의 거주자일 경우 일반형 가입이 가능할 수 있다.
> 나. ISA의 의무가입기간은 3년이며 의무가입기간이 지나면 비과세 등의 세제혜택을 받을 수 있는데, 서민형의 경우 통산순이익 기준 400만 원까지 비과세혜택을 받으며 400만 원을 초과하는 통산순이익은 분리과세율(지방세포함 9.9%)이 적용된다.
> 다. ISA계좌에 편입할 금융상품을 직접 고르기를 원하는 투자자에게 적합한 유형은 일임형이다.

① 가, 나
② 나, 다
③ 가, 다
④ 가, 나, 다

틀린 항목은 '가, 다'이다.
가. 일반형은 금융소득종합과세 대상자가 아닌 경우로서, 'ⓐ 만 19세 이상 거주자 또는 ⓑ 근로소득이 있는 만 15세 이상 19세 미만'의 거주자가 가입할 수 있다. 즉 근로소득이 있는 경우는 만 15세 이상부터 가입이 가능하다.
다. ISA계좌에 편입할 금융상품을 직접 고르기를 원하는 투자자에게 적합한 유형은 신탁형과 중개형이다.

정답 ③

09 투자자산운용사 프리미엄 강의노트 | 1과목 2편 금융상품 8문항

연금저축상품(세제적격 상품)에 대한 설명이다. 옳은 것은?

① 자산운용사에서는 판매를 할 수 없다.
② 연금계좌상품(연금저축계좌, 퇴직연금계좌, IRP계좌 포함)의 연간 납입한도는 1,200만원이다.
③ 연금저축 납입 시 세액공제 혜택이 주어지며, 연금수령 시에는 세액공제 여부와 관계없이 그 원금과 수익분에 대해서 연금소득세가 부과된다.
④ 가입자가 해외이주를 사유로 연금 외 수령을 할 경우 연령별로 3.3%에서 5.5%의 세율로 원천징수하고 납세의무를 종결한다.

옳은 내용은 ④이다.

정답 ④

더 알아보기

해 설

① 연금저축보험으로 판매하는 것이 일반적이지만 금융투자회사(증권사, 자산운용사)에서 '연금저축펀드'의 형태로 판매하기도 한다.
② 연금계좌 전체 기준 연간 납입한도는 1,800만원이다.
③ 세액공제를 받지 않은 원금에 대해서는 그 수익 분만 과세가 된다.
④ 부득이한 사유(가입자의 사망, 해외이주, 파산선고, 개인회생 등)로 연금 외 수령을 할 경우 저율(3.3%~5.5%)의 분리과세가 적용된다.

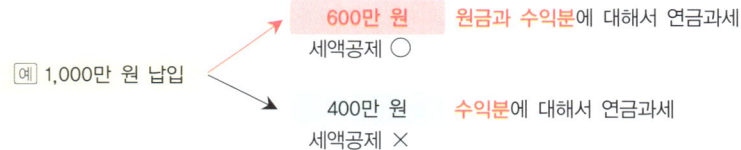

연금저축계좌 FLOW

연간 1,800만 원(분기당 제한없음)

의무납입 5년 — 가입 — 세액공제 연 600만 원×16.5% 또는 13.2%

55세 — 의무수령 10년 — 연금수령 시 : 저율분리과세 5.5%~3.3%

연금 외 수령 시 : 고율의 분리과세(기타소득세 16.5%)가 적용된다.
※ 단, 부득이한 사유로 연금 외 수령 시에는 저율분리과세

2023.06 기출복원

연금저축상품(세제적격 상품)에 대한 설명이다. 옳은 것은?

① 자산운용사에서는 판매할 수 없다.
② 연금계좌상품(연금저축계좌, 퇴직연금계좌, IRP계좌 포함)의 연간 납입한도는 700만 원이다.
③ 연금수령시의 과세율은 연금을 수령하는 연령에 관계없이 동일하다.
④ 가입자가 해외이주를 사유로 연금 외 수령을 할 경우 저율의 분리과세를 한다.

가입자의 사망, 해외이주, 파산선고 등 부득이한 사유로 인한 연금 외 수령 시에는 예외적으로 저율의 분리과세율(3.3%~5.5%)을 적용한다
(원칙 연금 외 수령 시는 고율분리과세(기타소득세 16.5%) 적용).
① 금융투자회사(증권사, 자산운용사 등)는 연금저축펀드를 판매한다.
② 연금계좌상품의 연간 납입한도는 1,800만 원이다.
③ 연령별로 차등 적용한다(3.3%~5.5%).

정답 ④

10

〈보기〉에서 예금자보호상품으로만 연결한 것은?

> 가. 표지어음
> 나. 금융상품 중 매수에 사용되지 않고 고객계좌에 현금으로 남아 있는 금액
> 다. 청약자예수금

① 가
② 가, 나
③ 나, 다
④ 가, 나, 다

예금자보호대상은 '가, 나'이다.
▶ '금융상품 중 매수에 사용되지 않고 고객계좌에 현금으로 남아 있는 금액'은 '위탁자예수금'을 말한다. 위탁자예수금은 투자가 되지 않고 안전한 상태의 현금으로 남아 있는 것 이므로 예금자보호대상이 된다. 그러나 나머지 예수금들(청약자 예수금 / 선물·옵션거래 예수금 / 제세금 예수금)은 예금자보호대상이 아니다.

정답 ②

더 알아보기

예금자보호상품

① 보호 : 금융기관이 원리금 지급을 보장하는 등 안전한 경우
② 비보호 : 투자위험이 있거나 보호의 필요성이 없는 경우

부보금융기관	주요 보호상품	주요 비보호상품
은 행	각종 예금, 청약부금, 청약예금, 외화예금, 표지어음, 원금보전신탁	CD, RP, 청약저축, 청약종합저축, 신탁, 펀드 등 금융투자상품
증권회사	위탁자예수금, 신용거래설정보증금, 자기신용대주담보금, 원금보전신탁	선물옵션거래예수금, 청약자예수금, 제세금예수금, 유통금융대주담보금, 증권사CMA
보험회사	개인보험계약, 퇴직보험계약, 변액보험의 특약	법인계약보험, 변액보험(주계약만), 보증보험, 재보험
종금사	발행어음, 표지어음, 종금형CMA	CP, 신탁, 펀드 등 금융투자상품
상호저축은행	각종 예금, 신용부금, 표지어음	저축은행 발행 채권(후순위채권)

▶ **위탁자예수금** : 금융상품 중 매수에 사용되지 않고 고객계좌에 현금으로 남아있는 금액

2024.03 기출복원

다음 중 예금자보호상품에 해당하는 것은?

① 주택청약예금, 주택청약부금, 주택청약저축
② 자기신용 대주담보금, 신용거래 계좌설정보증금, 유통금융 대주담보금
③ 청약자 예수금, 선물·옵션거래 예수금, 제세금 예수금
④ 표지어음, 신용부금, 종금사 CMA

④ 4개 지문에서 예금자보호가 되는 것은 '주택청약부금, 자기신용 대주담보금 / 신용거래 계좌설정보증금, 신용부금 / 표지어음 / 종금사 CMA'이다.

정답 ④

11

투자자산운용사 프리미엄 강의노트 | 1과목 2편 금융상품 8문항

생명보험에 대한 설명이다. 틀린 내용으로 연결한 것은?

> 가. 보험기간이 경과함에 따라 보험금이 점점 증가하는 보험은 체증식 보험이다.
> 나. 보험기간이 경과함에 따라 보험금이 점차 감소하는 보험은 감액보험이다.
> 다. 사전에 설정한 보험기간 중에 사망 시 사망보험금을 지급하는 보험은 종신보험이다.

① 가, 나
② 나, 다
③ 가, 다
④ 가, 나, 다

틀린 내용은 '나, 다'이다.
나. 보험기간이 경과함에 따라 보험금이 점차 감소하는 보험은 '**체감식 보험**'이다. 감액보험은 가입초기에 보험사고가 발생하면 보험금을 감액하여 지급하는 보험이다.
다. 보험기간 중 사망을 요건으로 사망보험금을 지급하는 보험은 **정기보험**이다. 종신보험은 말 그대로 보험기간이 종신이므로 사망시점과 관계없이 사망 시 사망보험금을 지급한다.

정답 ②

더 알아보기

● 생명보험의 분류 – 보험사고에 따른 분류 등

사망보험 (보험사고가 사망)	생존보험 (보험사고가 생존)	양로보험 (생사혼합보험)
사망 시 보험금 지급	생존해야 보험금 지급	사망보험 + 생존보험
종신보험, 정기보험	연금보험, 교육보험	변액유니버설 적립형 보험

☑ 보험계약에 따라 사전에 설정한 기간 내에 피보험자가 사망할 경우에만 사망보험금을 지급하는 것은 정기보험이다(종신보험은 보험기간이 종신이므로 사망시점과 관계없이 보험금을 지급).

☑ **체증식 보험** : 기간이 경과함에 따라 **보험금이 점점 증가**하는 보험(예 물가지수연동보험)
☑ **체감식 보험** : 기간이 경과함에 따라 보험금이 점점 감소하는 보험(예 채무변제보험)

☑ 피보험자의 수가 1인이면 **단생보험**, 2인 이상이면 **연생보험**
☑ 5인 이상을 일괄취급 시 **단체취급보험**, 수십명 이상일 경우 **단체보험**

기타 분류

☑ 보험금의 정액 유무에 따른 분류

(1) **체증식 보험**
- 기간이 경과함에 따라 보험금이 증가한다.
- 물가지수연동보험이 대표적인데, 동 보험은 소비자물가지수(CPI) 만큼 보험금이 연동하여 증가되도록 설계된다.

(2) **체감식 보험**
- 기간이 경과함에 따라 보험금이 감소한다.
- 채무상환에 이용될 수 있다(금융회사로부터 원리금 균등상환 대출을 받은 채무자를 대상으로, 채무액을 보험금으로 하고 채무자 사망 시 남아있는 대출잔액을 사망보험금으로 지급함. 기간이 경과하면 대출잔액이 감소하게 되므로 체감식 보험에 해당).

(3) **감액보험**
- 보험가입 후 일정기간 내에 보험사고가 발생할 경우 보험금을 감액 지급하는 보험이다(보험가입자의 역선택 방지 차원).
- 예 암진단 보험금이 2천만 원이고 가입 후 2년 이내에 암진단을 받을 경우는 보험금의 50%인 1천만 원을 암진단 보험금으로 지급하는 보험 → 감액보험

(4) **변액보험**
가입자가 납입하는 보험료의 대부분을 펀드에 투자하고, 펀드운용결과로써 보험금이 변동하는 보험이다(사망보험금의 화폐가치 하락을 보완하는 차원).

☑ 체증식 vs 체감식

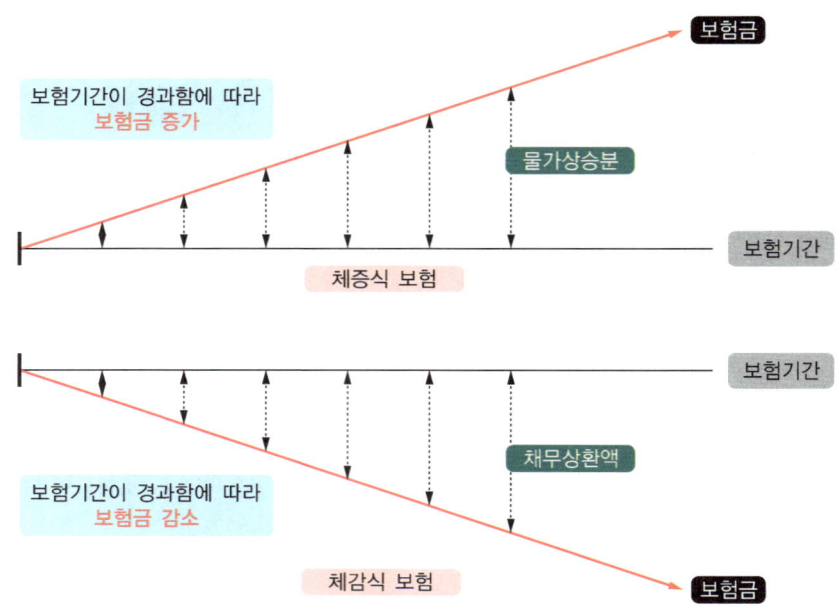

2024.03 기출복원

생명보험에 대한 다음의 설명 중 가장 적절하지 않은 것은?

① 체증식 보험은 보험기간이 경과함에 따라 보험료가 증가하는 보험이다.
② 피보험자의 수가 2인 이상인 보험을 연생보험이라 한다.
③ 수십 명 이상의 다수의 사람이 1매의 보험증권으로 가입하는 보험은 단체보험이다.
④ 정기보험은 보험계약에 따라 사전에 설정한 기간 내에 피보험자가 사망할 경우 보험금을 지급하는 보험이다.

체증식 보험은 보험기간이 경과함에 따라 **보험금이 증가**하는 보험이다.

정답 ①

12

투자자산운용사 프리미엄 강의노트 　1과목 2편 금융상품 8문항

집합투자의 정의를 잘못 기술한 것을 모두 묶은 것은?

> 집합투자란 ⊙ 49인 이상의 투자자로부터 모은 금전 등을 ⓒ 투자자로부터 일상적인 운용지시를 받지 아니하면서 ⓒ재산적 가치가 있는 투자대상자산을 취득, 처분 그 밖의 방법으로 운용하고 ⓔ그 결과를 수탁자에게 배분하여 귀속시키는 것을 말한다.

① ⊙
② ⊙, ⓔ
③ ⓒ, ⓔ
④ ⓒ, ⓒ

틀린 내용은 '⊙, ⓔ'이다. ⊙은 '2인 이상'이 옳으며 ⓔ은 '투자자에게 귀속'이 옳다.

정답 ②

더 알아보기

● '집합투자 정의'에 대한 기출 포인트

(1) **판매는 2인 이상** : 집합투자기구의 운용대상인 금전 등은 49인 이상의 투자자로부터 모은 금전 등이어야 한다.
　→ ✕(2인 이상)
(2) **풀링(pooling)하여 운용** : 투자자별로 자산을 운용한다. → ✕(투자자별이 아닌 모아서 펀드재산으로 운용함)
(3) **투자자(수익자)에게 귀속** : 운용결과는 수탁자에게 귀속된다. → ✕(투자자에게 귀속)

2021.01 기출복원

집합투자의 정의와 가장 거리가 먼 것은?

① 2인 이상에게 판매를 한다.
② 투자자 또는 각 기금관리주체로부터 일상적인 운용지시를 받지 않는다.
③ 재산적 가치가 있는 투자대상 자산을 취득·처분 그 밖의 방법으로 운용하고 그 결과를 투자자 또는 각 기금관리주체에 배분하여 귀속시킨다.
④ 투자자 또는 각 기금관리주체 별로 자산을 운용한다.

투자자로부터 **자금을 모아(pooling)**, 집합투자기구의 이름으로 운용한다.

정답 ④

13

1과목 2편 금융상품 8문항

42회 신유형

주식워런트증권(ELW)의 가격구조와 관련하여, 〈보기〉에 대한 설명으로 틀린 것은?

> 주식워런트증권 가격 = 내재가치(행사가치) + 시간가치

① 행사가치는 권리를 행사함으로써 얻을 수 있는 이익으로 내재가치라고 할 수 있으며, 콜워런트의 행사가치(내재가치)는 '기초자산가격 − 권리행사가격'이다.
② 시간가치는 만기까지의 잔존기간 동안 기초자산의 변동성 등에 따라 얻게 될 기대가치에 해당한다.
③ 내재가치가 0보다 커서 현재 권리행사 가능 구간으로서 돈이 되는 영역을 외가격이라 한다.
④ 콜워런트와 풋워런트 모두 만기에 근접할수록 시간가치는 감소하여 0(제로)에 수렴한다.

'내재가치 > 0' → 돈이 되는 영역 → 내가격(In the money)

정답 ③

더 알아보기

● ELW의 가격 구조

[예] 기초자산가격이 10,000원, 행사가격이 8,000원인 콜ELW의 가격이 2,500원일 경우

콜ELW가격	내재가치(행사가치)	시간가치
2,500원	Max(10,000 − 8,000, 0) = 2,000원	500원

(1) **ELW 가격 = 내재가치(행사가치) + 시간가치**
  → ㉠ 콜ELW의 내재가치 = 기초자산가격 − 행사가격 = 10,000원 − 8,000원 = 2,000원
    ㉡ 2,500원 = 2,000원 + 시간가치주1, 따라서 시간가치 = 500원
  ▶ 시간가치는 ELW의 만기 중에 기초자산가격의 변동으로 인하여 내재가치가 더 좋아질 가능성을 가격으로 반영한 것이다. 따라서 ELW의 시간가치는 만기가 많이 남아있을수록 기초자산의 변동성이 큰 상태일수록 커지게 된다.

(2) **내가격 / 등가격 / 외가격** : 내재가치가 양(+)인 상태를 '내가격(In the money)'이라 하고, 내재가치가 제로(0)인 상태를 '등가격(At the money)'이라 하고, 내재가치가 음(−)인 상태를 '외가격(Out of the money)'이라 한다.
  [예] 콜ELW의 내재가치는 '기초자산가격 > 행사가격'인 상태를 말하는데, 위 예시로 볼 때 '10,000원 > 8,000원 = (+)2,000원'의 상태이므로 즉 내재가치가 양(+)이므로 이 콜ELW는 내가격 상태('돈이 되는 상태')에 있다.

14

투자자산운용사 프리미엄 강의노트 | 1과목 2편 금융상품 8문항

MBS(주택저당증권)에 대한 설명이다. 가장 적절하지 않은 것은?

① 주택저당대출 만기와 대응하므로 통상 단기로 발행된다.
② 조기상환에 의해 수익이 변동된다.
③ 채권구조가 복잡하고 현금흐름이 불확실하기 때문에 국채나 회사채보다 수익률이 높다.
④ 자산이 담보되어 있고 보통 별도의 신용보강이 이루어지므로 회사채보다 높은 신용등급의 채권으로 발행된다.

주택저당대출 만기와 대응하므로 통상 **장기**로 발행된다. 주택저당대출(Mortgage)은 대출만기가 통상 20~30년인 장기금융상품이므로 주택저당증권(MBS)도 장기로 발행한다.

정답 ①

더 알아보기

● MBS - MBS의 특징

(1) 주택저당대출 만기와 대응하므로 통상 **장기로 발행된다**.
(2) 조기상환에 의해 수익이 변동된다.
(3) 채권구조가 복잡하고 현금흐름이 불확실하기 때문에 **국채나 회사채보다 수익률이 높다**.
(4) 자산이 담보되어 있고 보통 별도의 신용보완이 이루어지므로 **회사채보다 높은 신용등급으로 발행된다**.

☑ 모기지 상환방식(원리금 균등 상환방식)

회 차	납입원금	대출이자	월상환금	대출잔금
1회차	788,488원	100,000원	888,488원	9,211,512원
2회차	796,373원	92,115원	888,488원	8,415,139원
3회차	804,336원	84,151원	888,488원	7,610,803원
⋮	⋮	⋮	⋮	⋮
비 고	원금비중 ↑	이자비중 ↓	월상환액 동일	

▶ 매월 상환금 중 원금비중은 **점차 증가**하고 이자부분은 **점차 감소**한다.

☑ MBS의 증권화 방식

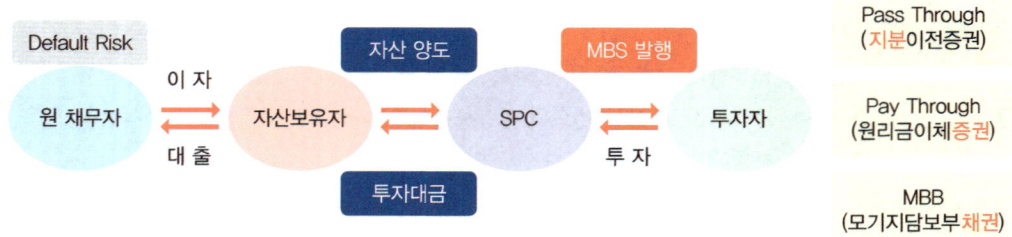

증권화방식	Default Risk	비 고
Pass Through (지분증권 발행)	▶ 투자자가 부담	투자자에게 모든 위험 전가 부외효과 有(off balance)
Pay Through (혼합형)	투자자 or 발행사 (다계층별 차이)	패스스루와 MBB의 중간 형태 (현금흐름지급은 패스스루와 유사하지만 채권으로서 변제의무를 부담하는 것은 MBB와 유사)
MBB (채권발행)	▶ 발행사가 부담	투자자는 원리금상환청구권 보유 부외효과 無(on balance)

Mortgage Backed Bond

2023.11 기출복원

주택저당증권(MBS)에 대한 설명이다. 옳은 것으로 연결한 것은?

> 가. 저당대출 중 원리금 균등상환 고정금리부 대출은 매월 동일한 원리금이 상환되는데, 매월 상환액 중 이자부분은 점차 감소하고 원금부분은 점차 증가한다.
> 나. 주택저당증권은 조기상환에 의해 수익이 변동된다.
> 다. 저당대출담보부채권은 채무불이행 위험이 투자자에게 귀속되는 형태이다.

① 가, 나
② 나, 다
③ 가, 다
④ 가, 나, 다

옳은 것은 '가, 나'이다.
다. MBB(저당대출담보부채권 또는 주택저당담보부채권)에서는 채무불이행위험(default risk)이 발행자에게 귀속된다.

정답 ①

2025.01 기출복원

주택저당증권(MBS)에 대한 설명이다. 틀린 항목으로 연결한 것은?

> 가. 주택저당대출의 만기와 대응하므로 통상 단기로 발행된다.
> 나. 자산이 담보되어 있고 보통 별도의 신용보강이 이루어지므로 회사채보다 높은 신용등급의 채권으로 발행된다.
> 다. 저당대출담보부 채권(MBB)은 저당대출의 채무불이행 위험이 투자자에게 이전된다.

① 가, 나
② 나, 다
③ 가, 다
④ 가, 나, 다

틀린 내용은 '가, 다'이다.
가. 모기지(mortgage)가 20~30년의 장기상품이므로, 이를 기초자산으로 하여 발행하는 MBS도 장기로 발행하는 것이 일반적이다.
다. 저당대출담보부 채권(MBB)에서는 발행기관이 저당대출(mortgage)의 소유권을 보유하고 투자자에게 채권으로 발행하는 것이므로 채무불이행위험을 발행기관이 부담한다. 반면 저당대출지분이전 증권(pass-through securities)은 저당대출에서 나오는 현금흐름을 그대로 투자자에게 이전하는 형태이므로 저당대출의 채무불이행위험은 투자자가 부담한다.

정답 ③

15

투자자산운용사 프리미엄 강의노트 1과목 2편 금융상품 8문항

퇴직연금제도에 대한 설명이다. 가장 적절하지 않은 것은?

① 확정기여형(DC) 제도는 기업이 부담해야 할 부담금 수준이 사전에 확정되고 근로자가 운용의 주체가 되어 적립금을 운용한 후 그 손익에 따라 근로자의 퇴직급여가 변동된다.
② 확정기여형(DC)은 연금계리가 필요하지 않다.
③ 확정급여형(DB)와 확정기여형(DC) 모두 개인형 퇴직연금계좌(IRP)에 추가로 납입할 수 있다.
④ 개인형 퇴직연금제도(IRP)는 가입자가 퇴직하는 즉시 퇴직연금을 지급한다.

DB형, DC형, IRP 모두 연금수령은 55세부터 가능하다.

정답 ④

더 알아보기

● DB형 / DC형 정의

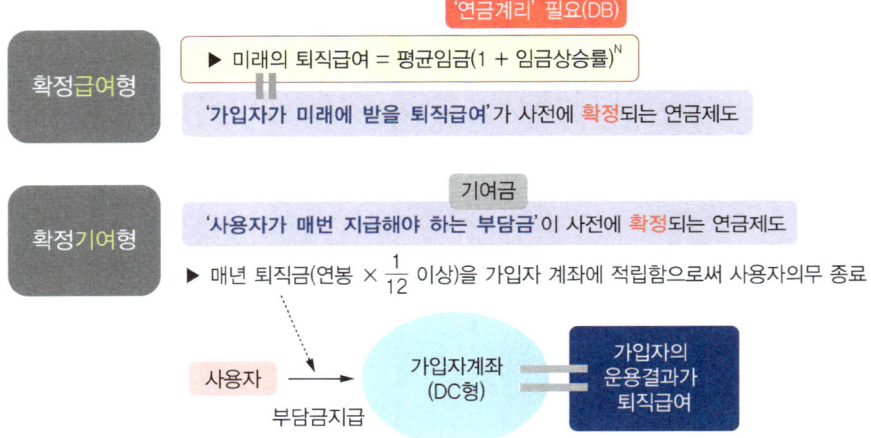

미래의 퇴직급여 = 평균임금$(1 + 임금상승률)^N$

● 개인형 퇴직연금제도(IRP ; Individual Retirement Pension)

(1) 이직자 및 자영업자의 은퇴자산 축적과 수령한 퇴직금의 소진을 막고 은퇴 후 노후 자금으로 활용할 수 있도록 2012.7.26부터 시행된 제도
(2) **IRP가입대상자** : DC·DB가입자로서 IRP를 추가로 설정하려는 자, 퇴직급여를 일시금으로 수령한 자, 자영업자·공무원 등 소득이 있는 자
(3) 적립금의 운용과 수급방법은 확정기여형(DC형)과 동일하다.
(4) 기존의 연금저축가입자도 IRP를 통해 연간 1,800만 원까지 납입을 할 수 있다(합산 기준이므로 연금저축계좌가 없을 경우는 IRP에서만 1,800만원까지 납입가능).

- ☑ DB형 가입자는 IRP에 추가가입을 할 수 없다 → (X, DB / DC형 모두 IRP가입 가능)

- ☑ IRP의 적립금 운용방식과 수급방식은 확정기여형(DC형)과 동일하다 → (O)

- ☑ IRP는 가입자가 퇴직하는 즉시 퇴직연금을 지급한다 → (X, 연금개시는 55세 이후부터 가능)

2025.04 기출복원

퇴직연금제도에 대한 설명이다. 가장 적합한 것은?

① 확정급여형(DB)와 확정기여형(DC) 모두 사용자의 부담금이 사전에 고정된다.
② 확정급여형(DB)와 확정기여형(DC) 모두 미래 퇴직급여의 계산을 위한 연금계리가 필요하다.
③ 확정급여형(DB)와 확정기여형(DC) 모두 개인형 퇴직연금계좌(IRP)에 추가로 납입할 수 있다.
④ 확정급여형(DB)와 확정기여형(DC) 모두 사용자가 운용책임을 진다.

DB형과 DC형 모두 IRP에 추가 납입이 가능하다. 사용자의 부담금이 사전에 고정되는 것은 확정기여형, 연금계리가 필요한 것은 확정급여형, 사용자가 운용책임을 지는 것은 확정급여형이다.

▶ 기본서 인용 : 기존에는 확정기여형(DC)에서만 추가납입이 가능하였으나 개인형 IRP 기능이 확대되면서 확정급여형(DB)에서도 개인형 IRP를 통해 연간 1,800만 원까지 추가납입이 가능하게 되었다(2025 기본서, 1권, p324).

정답 ③

16. 부동산투자 시 사업타당성 및 리스크관리 분석에 활용되는 지표에 대한 설명이다. 가장 적절하지 않은 것은?

① 운용현금흐름의 판단에 사용되는 지표로서 부채부담능력비율은 순운용소득을 부채상환액으로 나누어서 구하는데, 이 비율이 높을수록 사업의 변동성도 크다고 할 수 있다.
② Cash On Cash수익률은 해당 기의 순현금흐름을 자기자본으로 나눈 것으로서, 화폐의 시간가치를 고려하지 않는다.
③ 대출비율(LTV)은 저당대출원금을 부동산가격으로 나눈 것으로서, 부동산 투자의 자본구조를 나타낸다.
④ 수익성지수는 부동산투자로부터 얻어지게 될 장래의 현금흐름의 현재가치를 최초의 부동산 투자액으로 나눈 것으로서, 투자로부터 얻어지는 편익을 비용으로 나눈 비율이라는 점에서 편익비용 비율이라고도 한다.

부채부담능력비율 = $\dfrac{\text{순운용소득(또는 순영업이익)}}{\text{부채상환액}}$ 이다. 즉, 이 비율이 높을수록 부채상환액을 갚을 수 있는 능력이 크다는 것을 의미한다(사업안정성이 높아진다는 의미).

정답 ①

더 알아보기

NPV(Net Present Value), **PI**(Profitability Index), **IRR**(Internal rate of return)

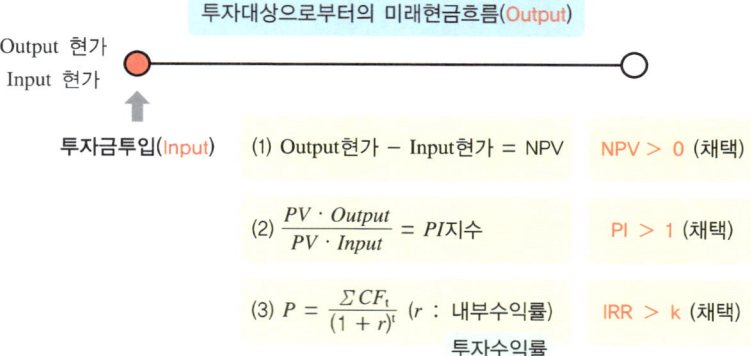

(1) Output현가 − Input현가 = NPV   NPV > 0 (채택)

(2) $\dfrac{PV \cdot Output}{PV \cdot Input} = PI지수$ PI > 1 (채택)

(3) $P = \dfrac{\Sigma CF_t}{(1+r)^t}$ (r : 내부수익률)   IRR > k (채택)
   투자수익률

☑ CoC수익률, 대출비율 등

(1) 내부수익률 : 내부수익률은 '현금유입의 현재가치와 현금유출의 현재가치를 일치시키는 할인율'로 정의되므로, 곧 투자대상 부동산의 현금흐름의 순현재가치(NPV)가 제로(0)가 되는 할인율이라 할 수 있다(미래 현금흐름을 할인하여 현재가치로 평가하므로 화폐의 시간가치를 반영함).

(2) Cash On Cash수익률(CoC수익률) : 해당 기의 순현금흐름을 자기자본으로 나눈 것이다(당기의 현금흐름만 사용하므로 화폐의 시간가치를 반영하지 않음).

(3) 대출비율(Loan To Value ratio ; LTV) : 저당대출원금을 부동산가격으로 나눈 것으로서 부동산 투자의 자본구조를 파악할 수 있다.

[예] 부동산가격이 100억 원, 대출원금이 60억 원이라면 LTV는 60%(60억 원/100억 원)이다. 이는 타인자본을 통한 투자가 60%, 자기자본으로 인한 투자가 40%임을 말한다.

(4) **부채상환비율**(Debt Service Coverage Ratio ; DSCR) : 순운용소득을 부채상환액으로 나누어서 구하며, 부동산 투자시의 원리금상환능력을 측정한다.

[예] 순운용소득이 10억 원, 부채상환액이 4억 원이라면, DSCR은 2.5배(10억 원/4억 원)이다.

■ **부채의존도를 나타내는 재무비율**

(1) 대출비율(Loan To Value ratio) = $\dfrac{\text{대출잔고}}{\text{부동산가격}}$ — 부동산투자의 **자본구조** 파악

(2) 부채보상률(Debt-Coverage Ratio) = $\dfrac{\text{순운용소득}}{\text{부채상환액}}$

'**부채상환비율**(DSCR ; Debt Service Coverage Ratio)'이라고도 한다. **부채부담능력비율**

※ **부채부담능력비율**(Debt Coverage Ratio ; DCR) : $\dfrac{\text{초년도}NOI}{\text{부채상환액(차입상환액)}} = \dfrac{5}{2} = 2.5(\text{배})$

- 대출위험을 측정하기 위해서 널리 사용되는 지표로서 재무비율의 이자보상비율과 유사한 개념이다.
- 부채상환비율(DSCR ; Debt Service Coverage Ratio)도 같은 의미이다.

2025.01 기출복원

부동산투자 시 사업타당성 및 리스크관리 분석에 활용되는 지표에 대한 설명이다. 가장 적절하지 않은 것은?

① 순운용소득이 10억 원이고 부채상환액이 4억 원이라면 부채상환비율(DSCR)은 0.4배이며, 이 비율을 통해서 해당 부동산사업의 부채상환능력을 파악할 수 있다.
② 부동산가격이 100억 원이고 차입투자액(대출원금)이 70억 원이라면 대출비율(LTV)은 70%이며, 이 비율을 통해서 해당 부동산투자의 자본구조를 이해할 수 있다.
③ 내부수익률(IRR)은 투자안의 현금유입의 현재가치와 투자안의 현금유출의 현재가치를 일치시키는 할인율로서, 순현재가치(NPV)를 제로(0)로 만드는 할인율이다.
④ Cash On Cash 수익률은 해당 기의 순현금흐름을 자기자본으로 나눈 것을 말하며, 화폐의 시간가치를 고려하지 않는다.

부채상환비율은 '$\dfrac{\text{순운용소득}}{\text{부채상환액}} = \dfrac{10억\ 원}{4억\ 원} =$ **2.5배**'이다. 이 예시에서 '부채상환비율(DSCR) 또는 부채부담능력비율(DCR)'은 해당 부동산으로부터 매년 창출되는 현금흐름이 매년 상환해야 할 차입상환액의 2.5배라는 의미이다(이 비율이 높을수록 사업안정성이 높다는 것이며, DCR은 최소한 1보다 커야 한다).

정답 ①

17

투자자산운용사 프리미엄 강의노트 | 1과목 3편 부동산상품 5문항

부동산 임대사업의 현금흐름이 〈보기〉와 같다. 이 경우 수익성지수(PI) 또는 편익비용비율은 얼마인가?(투자기간은 3년)

- 최초투자액(또는 투입액의 현재가치) : 1,000원
- 3년 동안 발생한 임대현금흐름의 현재가치 : 150원
- 3년 후 매각현금흐름 : 2,600원
- 3년 후 매각현금흐름에 대한 현재가치계수 : 1/1.3

① 1.15　　　　　　　　② 1.50
③ 2.00　　　　　　　　④ 2.15

$$수익성지수(PI) = \frac{투자로부터\ 발생하는\ 장래\ 현금흐름의\ 현재가치}{투입액의\ 현재가치} = \frac{2,000 + 150}{1,000} = 2.15$$

※ 부동산투자 시 타당성분석 지표 – 수익성지수(PI ; Profitability Index) 계산

▶ $수익성지수(PI) = \dfrac{임대현금흐름의\ 현재가치 + 매매현금흐름의\ 현재가치}{투입액의\ 현재가치}$

(1) 분모 : 투입액의 현재가치 = 1,000원
(2) 분자
　㉠ 임대현금흐름의 현재가치 = 150원
　㉡ 매매현금흐름의 현재가치 = $2,600 \times \dfrac{1}{1.3}$ = 2,000원

→ 따라서 '수익성지수(PI) = $\dfrac{2,000 + 150}{1,000}$ = 2.15'이다.

정답 ④

2019.11 기출복원

부동산임대사업의 현금흐름이 〈보기〉와 같다. 이 경우 수익성지수(PI) 또는 편익비용비율은 얼마인가?

- 최초투입액 : 1,000억 원
- 투자기간 동안의 임대현금흐름의 현재가치 : 300억 원
- 투자기간 동안의 매매현금흐름 : 1,250억 원
- 투자기간 매매현금흐름에 대한 현재가치계수 : 0.800

① 1.24　　　　　　　　② 1.25
③ 1.30　　　　　　　　④ 1.55

$\dfrac{PV \cdot Output}{PV \cdot Input}$ = PI지수

$수익성지수(PI) = \dfrac{현재가치(임대현금흐름 + 매매현금흐름)}{최초\ 투자액} = \dfrac{1,300}{1,000} = 1.30$

- Output의 현재가치 = 임대현금흐름의 현재가치(300) + 매매현금의 현재가치(1,000) = 1,300
- 매매현금흐름 현재가치 = 1,250 × 0.800 = 1,000

정답 ③

18

투자자산운용사 프리미엄 강의노트 | 1과목 3편 부동산상품 5문항

'국토의 계획 및 이용에 관한 법률'상 도시지역 내의 용적률 한도가 큰 순서로 나열된 것은?

① 주거지역 > 상업지역 > 공업지역
② 상업지역 > 공업지역 > 주거지역
③ 상업지역 > 주거지역 > 공업지역
④ 공업지역 > 주거지역 > 상업지역

'상업지역 > 주거지역 > 공업지역'이다.
▶ 용적률 한도가 큰 순서(상 / 주 / 공 / 녹) : **상**업지역 1,500% > **주**거지역 500% > **공**업지역 400% > **녹**지지역 100%

정답 ③

더 알아보기

'용도지역'은 토지의 계급장이다.

● **용도지역에 대한 행위제한 - 건폐율 / 용적률 제한**

용도지역 분류			세 분	
			건폐율 제한	용적률 제한
용도지역	개발	도시지역	주거지역	70% 이하	500% 이하
			상업지역	90% 이하	**1,500%** 이하
			공업지역	70% 이하	400% 이하
			녹지지역	20% 이하	100% 이하
	보전	관리지역	보전지역	20% 이하	80% 이하
			생산관리지역	20% 이하	80% 이하
			계획관리지역	40% 이하	100% 이하
		농림지역		20% 이하	80% 이하
		자연환경보전지역		20% 이하	80% 이하

상 / 주 / 공 / 녹

2024.11 기출복원

'국토의 계획 및 이용에 관한 법률' 상 도시지역 내의 용적률 한도가 가장 높은 지역은?

① 주거지역 ② 상업지역
③ 공업지역 ④ 녹지지역

② 상업지역이다.
▶ 순서(**상** / **주** / **공** / **녹**) : 상업지역 1,500% → 주거지역 500% → 공업지역 400% → 녹지지역 100%

정답 ②

19

투자자산운용사 프리미엄 강의노트   1과목 3편 부동산상품 5문항

부동산투자회사법상의 부동산투자회사(REITs)에 해당하지 않은 것은?

① 자기관리 부동산투자회사
② 위탁관리 부동산투자회사
③ 개발관리 부동산투자회사
④ 기업구조조정 부동산투자회사

부동산투자회사(REITs)의 3가지 종류는 '자기관리REITs, 위탁관리REITs, 기업구조조정REITs(CR-REITs)'이다.

정답 ③

더 알아보기

부동산투자회사(REITs)의 종류

자기관리 리츠	자산운용전문인력을 포함한 임직원을 상근으로 두고, 자산의 투자·운용을 **직접 수행하는** 부동산투자회사	실체 있음
위탁관리 리츠	자산의 투자·운용을 자산관리회사에 **위탁하는** 부동산투자회사	실체 없음
기업구조조정 리츠	법에서 정하는 **기업구조조정 부동산을 투자대상으로** 하며, 자산의 투자·운용을 자산관리회사에 **위탁하는** 부동산투자회사	

☑ 부동산투자회사(REITs) - 개요

▶ 부동산간접투자 : 펀드, 리츠

(1) 부동산투자회사법 제정(2001.4.7) : 다수의 투자자로부터 모은 자금을 부동산에 투자한 후 그 수익을 투자자에게 분배하는 부동산투자회사(REITs)의 설립과 운영에 관한 사항을 정함으로써, 소액투자자가 부동산에 직접 투자할 수 있는 기회를 확대하고 건전한 부동산투자를 활성화하는 취지에서 부동산투자회사법을 제정하였다.

(2) 부동산투자회사(REITs)는 주식회사로 하고, 부동산투자회사법에서 정한 특별한 경우를 제외하고는 상법의 적용을 받는다.
  • 부동산투자회사는 발기설립의 방법으로만 하여야 하며, 현물출자에 의한 설립은 할 수 없다.

(3) 부동산투자회사(REITs)가 자산의 투자·운용업무를 하려는 때에는 부동산투자회사의 종류별로 국토교통부장관의 영업인가를 받아야 한다.

(4) 총자산의 80% 이상을 부동산관련자산 및 현금으로 구성해야 하며(70% 이상은 부동산 등), 이익의 90% 이상을 주주에게 배당해야 한다.

2025.01 기출복원

부동산투자회사(REITs)에 대한 설명이다. 틀린 항목으로 연결한 것은?

> 가. 부동산투자회사 제도는 자본시장법에 근거한다.
> 나. 부동산투자회사의 설립은 발기설립과 현물출자의 방법 모두 가능하다.
> 다. 부동산투자회사가 자산의 투자·운용업무를 하려는 때에는 부동산투자회사의 종류별로 국토교통부 장관의 영업인가를 받거나 국토교통부에 등록해야 한다.
> 라. 부동산투자회사는 최저자본금 준비기간이 끝난 후에는 매 분기말 현재 총자산의 100분의 80 이상을 부동산, 부동산관련 증권 및 현금으로 구성해야 한다. 이 경우 총자산의 100분의 70 이상은 부동산이어야 한다.

① 가, 나
② 나, 다
③ 다, 라
④ 가, 라

틀린 항목은 '가, 나'이다.
가. 부동산투자회사(리츠)는 **부동산투자회사법**에 근거한다.
나. 발기설립의 방법으로만 하여야 하며, 상법 제290조, 제2호에도 불구하고 **현물출자에 의한 설립을 할 수 없다**(2025 기본서, 1권, p500).

정답 ①

20

투자자산운용사 프리미엄 강의노트 1과목 3편 부동산상품 5문항

부동산 감정평가 3방식 중 '시장접근법'에 대한 설명이다. 가장 거리가 먼 것은?

① 대상부동산과 동일성 또는 유사성이 있는 부동산의 거래사례와 비교하여 대상부동산 현황에 맞게 사정보정, 시점수정을 가하여 부동산의 가격을 산정하는 방식이다.
② 대상부동산의 순영업소득을 환원이율로 직접 수익환원하여 부동산의 가치를 평가한다.
③ 토지의 평가에 있어서 가장 중추적인 역할을 한다.
④ 부동산시장이 극단적인 호황이나 불황을 보이고 있을 때에는 적용이 곤란하다.

②는 소득접근법(수익방식)을 말한다.

정답 ②

더 알아보기

부동산 감정평가 3방식

(1) **비교방식**(시장접근법)
- 비준가격 = 사례가격 × 사정보정 × 시점수정 × 지역요인보정 × 개별요인보정 × 면적
- 토지평가에 가장 적합한 방식이다.

(2) **원가방식**(비용접근법)
- 복성가격 = 토지가치 + (재조달원가 − 감가수정액)
- 건물, 구축물, 기계장치 등 재생산이 가능한 물건에 대해 적합하다(재생산이 불가한 토지는 적용불가 단, 조성지나 매립지는 원가법 적용가능).

(3) **수익방식**(소득접근법)
- 수익가격 = $\dfrac{순영업소득}{자본환원율}$
- 임대용부동산 등 수익형부동산이 평가에 적합하다(주거용부동산과 같은 비수익형 부동산의 평가에는 부적합).

☑ 비교(2025 기본서, 1권, p401 인용)

비교방식	원가방식	수익방식
거래사례비교법	원가법	수익환원법
비준가격	적산가격(복성가격)	수익가격
▶ 시장성 반영(현실적, 실증적) ▶ 토지평가에 가장 적합 ▶ 키워드 : 사정보정/시점수정	▶ '비시장성/비수익성' 부동산 평가에 적합 ▶ 키워드 : 재조달원가, 감가상각	▶ '수익성 부동산(오피스텔 등)' 평가에 적합 ▶ 키워드 : 순영업소득, 환원이율

2023.11 기출복원

부동산의 감정평가 3방식 중 '비교방식'에 대한 설명이다. 가장 거리가 먼 것은?

① 대상부동산과 동일성 또는 유사성이 있는 부동산의 거래사례와 비교하여 대상부동산 현황에 맞게 사정보정, 시점수정을 가하여 부동산의 가격을 산정하는 방식이다.
② 대체의 원칙에 이론적 근거를 두고 있어서 현실적이고 실증적이기 때문에 설득력이 있다.
③ 부동산시장이 극단적인 호황이나 불황을 보이고 있을 때에는 적용이 곤란하다.
④ 부동산의 시장성과 수익성이 반영되지 못하는 단점이 있다.

④는 '원가방식(원가법)'의 단점에 해당한다(비교방식은 거래사례비교법으로 평가하므로 '시장성'을 잘 반영한다).

정답 ④

2024.06 기출복원

부동산의 감정평가 3방식(비교방식 / 원가방식 / 수익방식)에 대한 설명이다. 틀린 것으로 연결한 것은?

> 가. 토지를 평가할 때 가장 적합한 방식은 원가방식이다.
> 나. 건물의 가치를 '재조달원가−감가상각액'으로 평가하는 것은 비교방식이다.
> 다. 부동산의 시장성과 수익성을 반영하지 못하는 단점이 있는 것은 원가방식이다.
> 라. 대상부동산의 순영업소득을 환원이율로 직접 수익환원하여 부동산의 가치를 평가하는 방식은 수익방식이다.

① 가, 나
② 다, 라
③ 가, 다
④ 나, 라

틀린 내용은 '가, 나'이다.
가. 토지를 평가할 때 가장 적합한 방식(중추적인 방식)은 비교방식(거래사례비교법)이다. 토지와 같이 재생산이 불가한 자산에 대해서는 원가법을 적용하기가 어렵다. 단, 조성지나 매립지의 경우 토지의 재생산이 아닌 토지의 이용전환으로서 조성 시 투입된 비용으로 평가하는 원가법이 유용하다.
나. '부동산의 가치(복성가격 또는 적산가격) = 토지의 가치 + 건물의 가치'이고 '건물의 가치 = 재조달원가 − 감가누계액'인데, 이와 같이 평가하는 것은 원가법이다.

정답 ①

21

투자자산운용사 프리미엄 강의노트 — 2과목 1편 대안투자 5문항

다음 중 대안투자상품에 투자하는 펀드로만 연결한 것은?

① MMF, PEF
② PEF, 해외주식형펀드
③ 부동산펀드, 일반상품펀드
④ 부동산펀드, 채권형펀드

'부동산펀드, 일반상품펀드(Commodity Fund)'이다. 지문 중에서 'MMF, 해외주식형펀드, 채권형펀드'는 전통투자상품이다.

정답 ③

더 알아보기

대안투자상품 - 종류

대안투자(상품 / 펀드)	
부동산	부동산펀드
인프라	인프라스트럭처펀드
commodity	일반상품펀드
	헤지펀드
	PEF

2025.04 기출복원

〈보기〉에서 대안투자상품에 해당하지 않는 상품의 개수는?

> 부동산펀드, 인프라스트럭처펀드, Commodity펀드, PEF, MMF, 해외주식형펀드

① 0개
② 1개
③ 2개
④ 3개

대안투자상품에 해당되지 않는 상품은 2개('MMF, 해외주식형펀드')이다. 주식 또는 채권에 투자하는 상품이 전통투자상품이며 나머지는 모두 대안투자상품이다.

정답 ③

22

투자자산운용사 프리미엄 강의노트 | 2과목 1편 대안투자 5문항

PEF(Private Equity Fund)에 대한 설명이다. 틀린 내용으로 연결한 것은?

> 가. PEF를 운영하는 업무집행자는 출자금액이 가장 큰 유한책임사원 중에서 선정한다.
> 나. 유한책임사원은 PEF에 출자한 금액의 범위 내에서만 책임을 진다.
> 다. 무한책임사원과 유한책임사원의 내역은 PEF의 등기·등록사항을 통해서 공개한다.

① 가, 나
② 나, 다
③ 가, 다
④ 가, 나, 다

틀린 내용은 '가, 다'이다.
가. PEF의 운영자 역할을 하는 업무집행사원은 무한책임사원 중에서 선정한다.
  ▶ 무한책임사원은 회사의 업무를 집행할 권리가 있으며 손실에 대해 무한책임을 진다.
다. PEF의 등기·등록사항을 통한 내역공개는 무한책임사원에 한한다(무한책임사원이 무한대의 책임을 지는 차원에서 내역을 공개).

정답 ③

더 알아보기

● 무한책임사원 vs 유한책임사원

무한책임사원 (General Partner)	유한책임사원 (Limited Partner)
PEF운용자로서 **무한책임부담** (성공보수, Clawback조항)	PEF투자자로서 **유한책임부담** (투자금액 범위 내에서만 책임)
무한책임사원의 내역 → 공개 (등기·등록사항 : GP의 명칭, 주소, 사업자등록번호 등)	유한책임사원의 내역 → **비공개** (펀드투자자 내역 비공개와 같은 맥락)
PEF 전문운용사, 은행계 자회사 등	연기금, 은행, 보험사 등

☑ PEF(Private Equity Fund ; 사모투자펀드)의 법적 형태

(1) PEF의 사원은 1인 이상의 무한책임사원(GP ; General Partners)과 1인 이상의 유한책임사원(LP ; Limited Partners)으로 구성되며 그 총수는 100인 이하이다.
  ▶ PEF의 사원총수는 49인 이하에서 100인 이하로 변경되었다(2021.10.21 자본시장법 개정). '100인 이하'는 '전문투자자 + 일반투자자'를 기준으로 하는데 이때 일반투자자의 수는 49인 이하이어야 한다.

(2) **무한책임사원(GP)는 말 그대로 무한책임을 지며, 유한책임사원은 PEF에 투자한 금액의 범위 안에서만 책임을 진다**(무한책임사원 중에서 업무집행사원을 선정함).
- 연기금이나 은행, 보험, 재단 등은 유한책임사원(LP)으로 투자하는 것이 일반적인데, 이는 우량한 재무건전성을 유지하면서 고객을 보호해야 할 금융기관이 무한대의 책임을 지는 투자에 나서는 것은 곤란하기 때문으로 이해할 수 있다. 따라서 PEF전문운용사, 은행계 자회사 등이 무한책임사원(GP)의 기능을 수행한다.

(3) PEF 등기·등록사항 : PEF의 등기·등록사항에서 유한책임사원의 내역은 제외하고 있는데, 이는 펀드출자자의 내역을 비공개하고 있는 자본시장법 원칙을 PEF에도 동일하게 적용하고 있다. 반면, 업무집행을 수행하는 무한책임사원은 PEF의 실질적인 운용자로서 대외적인 책임을 지게 되므로 등기·등록사항으로 규정하고 있다.

2023.11 기출복원

PEF(Private Equity Fund)에 대한 설명 중 옳은 것은?

① PEF의 운영자 역할을 하는 업무집행사원은 무한책임사원 중에서 선정한다.
② PEF 규정상 무한책임사원과 유한책임사원의 내역 모두 등기·등록의 대상이 된다.
③ PEF가 인수한 기업을 다른 PEF에게 매각하는 것은 법 규정상 불가하다.
④ 유상감자는 해당 기업의 수명단축, 장기 성장성 저해 등의 부작용을 초래할 수 있으므로 PEF의 투자회수(EXIT) 방식으로 사용되지 않는다.

① **PEF의 업무집행은 무한책임사원(GP) 중에서 선정한다.**
② PEF의 등기·등록사항에서 유한책임사원은 제외한다. 무한책임사원은 PEF의 업무집행을 수행하면서 대외적인 책임(무한대의 책임)을 지므로 등기·등록의 대상으로 규정하고 있다.
③ 다른 PEF에 매각하는 것은 '일반기업에 매각하는 방식(가장 선호하는 방식)' 다음으로 선호되는 PEF의 EXIT방안이다.
④ 유상감자나 배당도 PEF의 EXIT방안에 포함된다(단, 해당 기업의 수명단축 등의 부작용이 있으므로 공격적인 회수전략에 해당).

정답 ①

23

투자자산운용사 프리미엄 강의노트 | 2과목 1편 대안투자 5문항

전환차익거래에 유리한 전환사채의 속성을 나열하였다. 옳게 나열한 항목의 개수는?

> 가. 유동성이 낮은 전환사채
> 나. 높은 전환프리미엄을 가진 전환사채
> 다. 높은 배당률을 갖는 기초자산을 가진 전환사채

① 0개
② 1개
③ 2개
④ 3개

모두 틀린 내용이다(0개). 유동성이 높을수록, 배당률은 낮을수록, 전환프리미엄은 낮을수록 유리하다.

[정답] ①

더 알아보기

● 전환차익거래

☑ 전환사채는 일반적으로 이론가에 비해 **낮게** 거래된다.

전환사채 1매수 & 전환대상주식 f' 매도
(1CB 매수 & $f' \times S$ 매도)

(1) 저평가된 전환사채를 매입하고
(2) 델타만큼의 주식을 공매도함으로써
 → 전환사채의 가격변동위험을 헤지하고
  오직 '괴리'만을 수익으로 취하고자
  안정적인 차익거래전략

※ 전환차익거래 수익원 :
괴리수익+델타 트레이딩 손익

전환사채의 델타(f') = ($\triangle CB$)/($\triangle S$)
 → $\triangle CB = f' \cdot \triangle S$

| $\triangle CB$ | $f' \cdot \triangle S$ |
| (전환사채 가격변동분) | (f'×주식 가격변동분) |

(∴) 전환사채를 1단위 **매수**하고 f'만큼의 주식을 **팔면**
전환사채의 가격변동위험이 제거된다.

☑ 전환차익거래에 유리한 CB의 속성

(1) 기초자산의 변동성이 **크고** Convexity가 **큰** 전환사채
(2) 유동성이 높고 기초주식의 대차거래가 용이한 전환사채 → 1 CB매수 & △ S매도
(3) 기초자산인 주식에서 배당률이 **낮은** 전환사채
(4) **낮은** 컨버전 프리미엄을 가진 전환사채 → 전환 프리미엄 = CB가격 − 패리티가격
(5) **낮은** 내재변동성으로 발행된 전환사채

2021.11 기출복원

전환증권 차익거래에 유리한 속성을 가진 전환사채이다. 가장 거리가 먼 것은?

① 기초자산의 변동성이 큰 전환사채

② 볼록성이 큰 전환사채

③ 높은 전환프리미엄을 가진 전환사채

④ 높은 유동성을 가진 전환사채

낮은 전환프리미엄을 가진 전환사채가 유리하다. '전환프리미엄 = 전환사채의 가격 − 전환가치(패리티가격)'이므로 전환프리미엄의 낮다는 것은 전환사채를 싸게 살 수 있음을 의미한다.

정답 ③

24

투자자산운용사 프리미엄 강의노트 | 2과목 1편 대안투자 5문항

글로벌 매크로(Global Macro) 전략에 대한 설명이다. 가장 거리가 먼 것은?

① 개별기업의 증권가치보다는 전체 자산가치의 변화로부터 투자수익을 추구하는 전략이다.
② 헤지를 하지 않고 경제추세나 특정한 사안에 영향을 받는 시장방향에 대한 예측을 근거로 시장방향성에 투자를 한다.
③ 투자판단을 위한 분석기법으로는 바텀업(Bottom Up) 방식을 사용한다.
④ 어느 한 시장이나 상품에 전문화되어 있지 않고 전 세계 여러 시장 및 상품에 투자하며, 수익률 제고를 위해 파생상품이나 차입을 이용하므로 수익률과 위험이 다른 전략에 비해 큰 편이다.

바텀업이 아니라 탑다운(Top Down)방식을 사용한다.

[정답] ③

더 알아보기

글로벌 매크로 전략

※ 글로벌 매크로 전략(2025 기본서, 2권, p83 참조)
(1) 거시경제분석을 바탕으로 특정 국가나 시장에 제한되지 않고 전 세계를 대상으로 역동적으로 자본을 운용하는 전략으로, 여러 헤지펀드 투자전략 중 가장 광범위한 자산에 다양한 투자수단(공매도, 레버리지, 파생상품 등)을 사용하여 제약 없이 투자한다.
(2) 투자결정 시 경제상황에 대한 분석방법으로는 전형적인 'Top-Down방식'을 사용하는데, 먼저 거시경제적 측면에서 불균형상태를 찾고 이러한 불균형에서 균형으로 회귀한다는 가정 하에 관련된 금융변수를 찾아 방향성을 갖고 투자한다.
(3) 개별 투자자산을 선택 시 유동성이 풍부한 외환, 국채, 원자재 등에 대한 투자를 선호한다.

2024.11 기출복원

글로벌 매크로(Global Macro) 전략에 대한 설명이다. 가장 거리가 먼 것은?

① 개별기업의 증권가치보다는 전체 자산가치의 변화로부터 투자수익을 추구하는 전략이다.
② 헤지를 하지 않고 경제추세나 특정한 사안에 영향을 받는 시장방향에 대한 예측을 근거로 시장방향성에 투자를 한다.
③ 투자판단을 위한 분석기법으로는 탑다운(top-down) 방식을 사용한다.
④ 헤지펀드 운용전략 중 차익거래전략으로 분류된다.

④ 글로벌 매크로 전략은 '헤지펀드의 3가지 운용전략(차익거래전략 / 상황의존형 전략 / 방향성 전략)' 중 방향성 전략에 속한다.

[정답] ④

25

투자자산운용사 프리미엄 강의노트 2과목 1편 대안투자 5문항

신용파생상품에 대한 설명이다. 가장 적합한 것은?

① TRS의 총수익 매도자는 본인이 자본조달비용이 높은 경제주체일 경우, TRS를 통해 직접 준거자산에 투자하는 비용보다 더 낮은 비용으로 준거자산의 수익을 합성할 수 있게 된다.

② TRS 만기일의 준거자산의 가치보다 최초 계약일의 준거자산 가치가 작을 경우 총수익 매수자가 그 차이만큼을 총수익매도자에게 지급해야 한다.

③ CDO트랜치 중 업프론트(up-front 방식) 방식으로 수익을 지급하는 것은 Equity트랜치 이다.

④ Mezzanine트랜치는 두 번째로 손실을 입은 트랜치로서, 비슷한 신용등급의 회사채 혹은 ABS에 비해 높은 수익이 지급되며 잔여이익에 대한 참여권을 가진다.

옳은 내용은 ③번이다.
▶ Equity트랜치 투자자의 수익은 초기에 한 번에 받으며(up-front 방식), 만기에 남아있는 담보자산의 원금을 받는다.

정답 ③

더 알아보기

☑ **해 설**

① '총수익매수자'의 입장이다.
- ▶ 총수익매도자 : TRS를 통해 준거자산에 대한 신용위험과 시장위험을 한 번에 헤지할 수 있다는 장점이 있다.
- ▶ 총수익매수자 : 본인이 자금조달비용이 높은 입장에서 TRS를 할 경우, 직접 준거자산에 투자하는 것 보다 더 낮은 비용으로 준거자산의 수익을 합성할 수 있다는 장점이 있다.

② '만기일의 준거자산 가치 > 최초계약일의 준거자산 가치'의 상태를 말하므로(즉 준거자산에서 수익이 발생한 경우), TRS매도자가 TRS매수자에게 그 차이만큼(수익금)을 지급해야 한다.

- ▶ 기본서 全文(2025 기본서, 2권, p98)
  TRS의 만기일에 준거자산의 가치보다 최초계약일의 준거자산의 가치가 작을 경우 총수익매도자는 그 차이만큼을 총수익매입자에게 지급해야 한다. 반대일 경우는 총수익매입자가 총수익매도자에게 그 차액을 지불하여야 한다. 즉 실제 자산의 양도 및 취득은 발생하지 않았으나 거래 상대방 간에 이와 동일한 현금흐름을 발생시키는 효과를 발생시킨다.

  주의 이상의 기본서 문장이 매우 난해한 편이지만 이대로 출제가 되었으므로(②번 지문)유의하도록 한다.

④ Mezzanine트랜치는 잔여이익에 대한 참여권이 없다.

Total Return Swap(TRS)

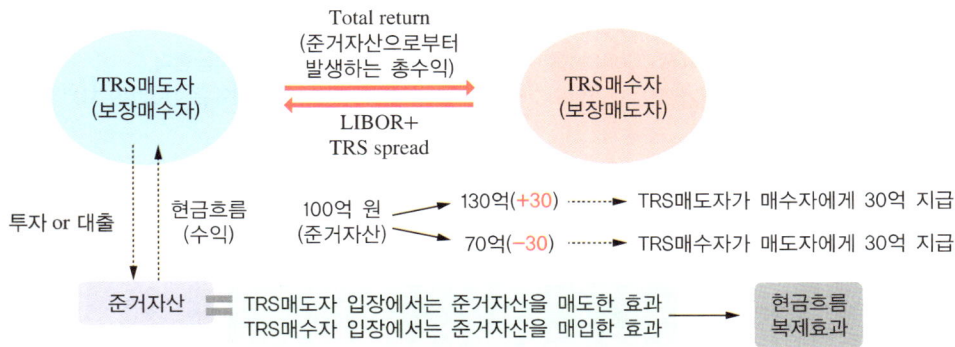

▶ TRS매수자는 '시중금리 + TRS spread'를 TRS매도자에게 지급해야 한다.

☑ TRS의 구조

(1) **TRS(총수익스왑)는**,
   ㉠ TRS매도자가 준거자산에서 발생하는 모든 현금흐름을 TRS매수자에게 지급하기로 하고,
   ㉡ TRS매수자는 TRS매도자에게 '시장 기준금리에 TRS spread를 가산한 금리(LIBOR + TRS스프레드)'를 지급하는 계약이다.
   ▶ TRS매도자(총수익매도자, 위험회피자), TRS매수자(총수익매수자, 위험선호자)

(2) **만기시점에서**,
   ㉠ 준거자산에서 수익이 발생한 경우(만기시점의 준거자산가치 > 계약시점의 가치)
      → TRS매도자가 총수익을 TRS매수자에게 지급해야 하며,
   ㉡ 준거자산에서 손실이 발생한 경우(만기시점의 준거자산가치 < 계약시점의 가치)
      → TRS매수자가 그 차액(손실분)을 TRS매수자에게 지급해야 한다.
   예시 1 준거자산의 최초가치가 100억 원, 만기일의 가치가 130억 원이라면(30억 원 수익발생)
      → 총수익매도자가 30억 원을 총수익매수자에게 지급한다.
   예시 2 준거자산의 최초가치가 100억 원, 만기일의 가치가 70억 원이라면(30억 원 손실발생)
      → 총수익매수자가 30억 원을 총수익매도자에게 지급한다.

(3) **TRS스왑의 장점**
   ㉠ 총수익매도자의 입장 : TRS매도자가 TRS매수자에게 지급하기로 하는 총수익(total return)에는 경영권은 포함되지 않으므로, 고객과의 지속적인 관계를 유지하기 위해 준거자산을 매각하기가 곤란할 경우 적합하다.
   ㉡ 총수익매수자의 입장 : 자산매입을 위한 현금지출없이도 해당 자산을 매입한 것과 동일한 효과를 낼 수 있다.

2023.11 기출복원

TRS(Total Return Swap)에 대한 설명이다. 틀린 것으로 연결한 것은?

> 가. 신용위험뿐만 아니라 시장위험도 거래상대방에게 전가시키는 신용파생상품이다.
> 나. TRS매도자는 시장기준금리에 TRS Spread를 가산한 금리를 TRS매입자에게 지급한다.
> 다. TRS만기일의 준거자산의 가치가 최초계약일의 가치보다 떨어져 있을 경우 그 차액을 TRS매도자가 TRS매수자에게 지급해야 한다.
> 라. TRS계약으로 준거자산의 의결권 등 경영권은 이전되지 않으므로, 고객과의 지속적인 관계유지를 위해 준거자산을 매각하기 곤란한 경우 적합하다.

① 가, 나
② 나, 다
③ 다, 라
④ 가, 라

틀린 내용은 '나, 다'이다.
나. '시장기준금리 + TRS스프레드'를 TRS매수자가 지급한다.
다. 준거자산의 가치가 하락할 경우 그 하락분은 TRS매수자가 지급한다.

정답 ②

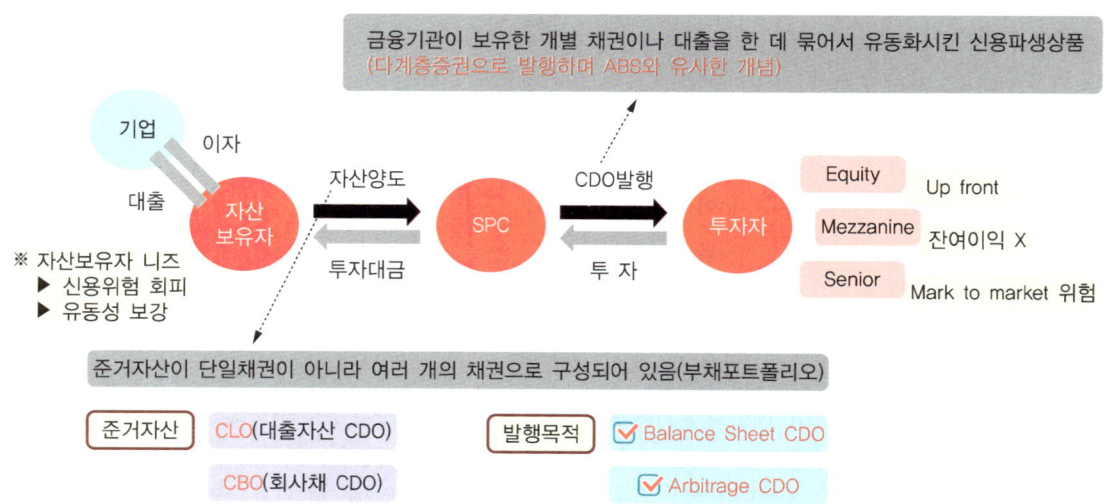

부채담보부 증권(CDO) = 자산담보부 증권(ABS)

CDO(Collateral Debt Obligation)

☑ CDO의 3가지 트랜치

(1) 에쿼티트랜치에 투자한 투자자는 up-front방식으로 일정한 수익을 먼저 지급받고, 만기시점에서 원금이 남아있으면 원금을 수령하고 그렇지 않으면 원금을 받지 못한다.

   *equity트랜치에서 부도율이 손실발생 시작점(attachment point)을 지나, 손실발생 종료점(detachment point)에 도달하면 equity트랜치는 원금 전체의 손실을 입게 되고, 이때 수령할 원금은 없다.

(2) 에쿼티트랜치가 손실발생 종료점에 도달하면 메자닌트랜치가 잔여이익에 대한 권리 없이 에쿼티트랜치가 된다.
(3) 시니어트랜치는 세 가지 트랜치 중에서 가장 안전하지만 'mark to market위험(신용평가를 통한 신용등급 하락 위험)'에 노출될 수 있다.
(4) 수퍼시니어트랜치는 초우량자산을 보유하는 트랜치이므로, 신용평가사에서 이들 자산에 대한 신용평가를 하지 않는다(회사채 등급기준으로 최상위 등급인 AAA+보다 더 우량한 자산이므로 신용평가사의 신용평가가 필요하지 않다는 의미). 따라서 투자자의 입장에서는 결과적으로 신용평가사의 신용등급 없이 투자하게 된다.

2024.06 기출복원

CDO(Collateralized Debt Obligation)의 세가지 트랜치(tranche)에 대한 설명이다. 가장 적절하지 않은 것은?

① Equity트랜치 투자자의 수익은 초기에 한번에 받으며(up-front 방식), 만기에 남아있는 담보자산의 원금을 받는다.
② Mezzanine트랜치는 Senior트랜치와 Equity트랜치의 중간에 위치하며, 잔여이익에 대한 참여권을 가진다.
③ Senior트랜치는 'mark-to-market'위험이 있다.
④ Super Senior트랜치는 Senior트랜치에서 추가적인 손실이 발생하는 경우를 가정으로 하는데, 투자자의 입장에서는 신용평가사의 신용등급 없이 투자하게 된다.

Mezzanine트랜치는 잔여이익에 대한 참여권이 없다.

정답 ②

26

2과목 2편 해외투자 5문항

DR(Depository Receipt)에 대한 설명이다. 틀린 것으로 연결한 것은?

> 가. 외국주식을 DR이 아닌 원주 그대로를 수입하여 자국의 증권시장에 상장시키는 원주상장(元株上場)도 가능하다.
> 나. 미국증시에 상장되기를 원하는 해당 기업이 DR발행 및 상장과 관련한 비용을 직접 부담하는 것을 Unsponsored DR이라 한다.
> 다. 달러화표시 해외 DR발행이 미국과 미국 이외의 시장에서 동시에 이루어지면 이는 EDR이 된다.

① 가, 나
② 나, 다
③ 가, 다
④ 가, 나, 다

틀린 내용은 '나, 다'이다. 참고로 이론상 원주상장(직수입상장)이 가능하지만, 한국 기업의 경우 원화가 글로벌 통화가 아니므로 해외시장에서 직수입 상장된 사례는 아직 없다.
나. 상장을 원하는 기업이 직접 비용을 부담하고 발행하는 것은 Sponsored DR이다.
다. 미국과 미국 이외의 시장에서 동시에 상장이 되면 GDR(Global DR)이다.

정답 ②

더 알아보기

주식예탁증서

● 해외주식발행 – DR (Depository Receipt)

ADR	EDR	GDR
SEC에 등록하고 미국증시에 상장되어 거래 • Sponsored DR • Unsponsored DR	달러표시로 DR을 발행하되 미국 이외의 시장에서 상장	달러표시 DR발행과 미국시장과 미국 이외의 시장에서 동시에 상장

☑ **Unsponsored DR**
미국투자자들이 해외주식의 뉴욕시장 상장을 원할 경우, **미국증권거래소가 비용을 부담하며 상장하는 것을 말함**

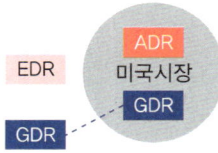

2024.06 기출복원

주식예탁증서(DR ; Depository Receipt)에 대한 설명이다. 가장 적절하지 않은 것은?

① DR은 해당 기업이 본국의 은행에 예치한 주식을 바탕으로 하여, 해외 현지 거래소에서 거래되기 편리하고 유동성을 높일 수 있는 형태로 발행하는 것을 말한다.
② 우리나라 기업의 해외 상장의 경우에는 현지의 제도가 DR과 원주상장에 관계없이 DR의 형태로 상장되고 거래된다.
③ 달러표시 해외 DR발행이 미국과 미국 이외의 시장에서 동시에 이루어지면 EDR에 해당된다.
④ 미국 증시에 상장되기를 원하는 당해 기업이 DR발행 및 상장과 관련한 비용을 직접 부담하는 것을 Sponsored DR이라 한다.

달러표시 DR을 미국과 미국 이외의 시장에서 동시에 상장하면 GDR(Global Depository Receipt)이 된다.

정답 ③

27. 2과목 2편 해외투자 5문항

DR발행기업의 입장에서 복수상장의 효과와 가장 거리가 먼 것은?

① 해외신인도 상승을 통한 기업가치 제고
② 기업정보에 대한 투명성제고를 통한 자본조달비용 절감
③ 글로벌 고객이나 현지고객에 대한 홍보효과
④ 국내시장과 해외시장의 동시상장을 통한 상장비용절감

동시상장을 한다고 해서 상장비용이 절감되는 것이 아니라, 추가상장하는 만큼 상장비용이 증가하게 된다. 미국증시뿐 아니라 해외증시에 상장할 경우 일정한 상장비용(상장유지비용 포함)을 부담해야 하며, 주식시장 침체로 주식발행 등이 여의치 않을 경우에는 상장유지비용이 정당화될 수 없어서 상장폐지를 선택하기도 한다.

정답 ④

2024.11 기출복원

국내 상장기업이 미국시장에 상장하는 경우의 효과와 가장 거리가 먼 것은?

① 상장자격이 까다로운 미국시장에 상장함으로써 공신력이 제고되며 이를 통해 주가 상승 그리고 자본조달 시 할인율이 낮아지는 효과를 기대할 수 있다.
② 글로벌 기업으로서의 이미지를 본국과 현지의 일반 대중에게 인식시키고 현지 고객이나 글로벌 고객, 혹은 소비자에게 널리 알리는 홍보효과를 기대할 수 있다.
③ 미국투자자의 입장에서는 해외 유망기업주식을 자국시장에서 투자할 수 있기 때문에 해외 직접투자에 비해 정보비용과 거래비용을 절감할 수 있다.
④ 국내시장과 해외시장에 동시상장을 하는 과정에서 상장비용을 절감할 수 있다.

④ 동시상장을 한다고 해서 상장비용이 절감되는 혜택이 있는 것은 아니다. 그리고 해외시장에 복수상장을 하는 기업의 입장에서 ①은 직접적인 효과, ②는 간접적인 효과에 해당한다.

정답 ④

28

2과목 2편 해외투자 5문항

미국 재무부 채권과 관련하여 빈칸을 옳게 연결한 것은?(순서대로)

> T-Note는 ( )로 발행하며, T-Bond는 ( )로 발행한다.

① 할인채, 할인채
② 할인채, 이표채
③ 이표채, 이표채
④ 이표채, 할인채

T-Bill(단기채)은 할인채로, T-Note(중기채)와 T-Bond(장기채)는 이표채로 발행된다.

정답 ③

더 알아보기

미 재무부 채권 분류

구 분	T-Bill	T-Note	T-Bond
이자지급방식	할인채	이표채	이표채
만 기	단기채 (만기 1년 이하)	중기채 (만기 1년 초과 ~ 10년 이하)	장기채 (만기 10년 초과)

2023.11 기출복원

미국 재무부 채권과 관련하여 빈칸을 옳게 연결한 것은?(순서대로)

- ( )은/는 만기 1년 이하의 단기채이며 ( )로 발행한다.
- ( )은/는 만기 1년 초과 10년 이하의 중기채이며 ( )로 발행한다.

① T-Bill, 할인채, T-Bond, 할인채
② T-Bill, 할인채, T-Note, 이표채
③ T-Note, 할인채, T-Bill, 이표채
④ T-Note, 이표채, T-Bond, 이표채

차례대로 'T-Bill, 할인채, T-Note, 이표채'이다.

정답 ②

29

투자자산운용사 프리미엄 강의노트   2과목 2편 해외투자 5문항

다음 중 외국채(foreign bond) 발행에 해당하지 않은 것은?

① 비거주자가 미달러화 표시 채권을 미국에서 발행하는 경우
② 비거주자가 파운드화 표시 채권을 영국에서 발행하는 경우
③ 비거주자가 원화 표시 채권을 한국에서 발행하는 경우
④ 비거주자가 위안화 표시 채권을 홍콩에서 발행하는 경우

'① 양키본드, ② 불독본드, ③ 아리랑본드'는 외국채이고 '④ 딤섬본드'는 유로채이다.

정답 ④

더 알아보기

● 해외채권시장

유로채(Euro Bond)	외국채(Foreign Bond)
채권표시통화의 **본국 이외에서** 발행되는 채권	채권표시통화의 **본국에서** 발행되는 채권 ('본국의 통화'로 발행하면 → 외국채)
• 영국시장에서 미달러표시 채권을 발행한 경우 • 일본시장에서 미달러표시 채권을 발행한 경우 → 미국이 아닌 곳에서 달러로 발행되는 채권이 유로채 유로채 중에서 달러로 발행하는 채권을 유로달러채라 함	① **양키본드** : 미국시장에서 달러로 발행된 외국채 ② **불독본드** : 영국에서 파운드로 발행된 외국채 ③ **사무라이본드** : 일본에서 엔화로 발행된 외국채 ④ **아리랑본드** : 한국에서 원화로 발행된 외국채 ⑤ **판다본드** : 중국에서 위안화로 발행된 외국채 * **딤섬본드** : 홍콩에서 위안화로 발행된 유로채(중국당국의 발행 자격규제, 외국인 투자제한규제 면제)

☑ 유로채 VS 외국채

유로채	외국채
사실상 규제가 없음 ※ **역외채권**(off shore bond)	외국채 발행 시 **현지국의 규제** ※ **역내채권**(on shore bond)
무기명채권(Bearer bond) – 이자소득세 부담 없음(**원천징수 X**)	**기명식채권**(Registered bond) – 이자소득세 부담(**원천징수 O**)

2025.04 기출복원

국제채권(International Bonds)과 관련하여 빈칸을 옳게 채운 것은?

> 양키본드는 비거주자가 미국에서 달러(USD) 표시로 발행하는 ( )이고 사무라이본드는 비거주자가 일본에서 엔화 표시로 발행하는 ( )이다.

① 외국채, 외국채
② 외국채, 유로채
③ 유로채, 유로채
④ 유로채, 외국채

둘 다 '채권표시 통화의 **본국**에서 발행하는 채권'이므로 **외국채**이다.

정답 ①

2025.01 기출복원

딤섬본드와 관련하여 빈칸을 옳게 연결한 것은?(순서대로)

> 딤섬본드는 ( )에서 ( ) 표시로 발행하는 ( ) 채권이다.

① 중국, 위안화, 기명식
② 중국, 위안화, 무기명식
③ 홍콩, 위안화, 무기명식
④ 홍콩, 홍콩달러, 기명식

차례대로 '홍콩, 위안화, 무기명식'이다. 딤섬 본드(dimsum bond)는 홍콩에서 위안화로 발행하는 무기명식 채권이다(유로채).

정답 ③

2024.11 기출복원

국제채권(International Bonds)에 대한 설명이다. 가장 적절하지 않은 것은?

① 미국에서 미 달러화 표시 채권을 발행할 경우 유로달러채가 된다.
② 일본에서 엔화 표시 채권을 발행할 경우 외국채가 된다.
③ 유로채는 무기명채권으로 발행한다.
④ 유로채 발행 시에는 공시나 신용평가등급 등에 대한 규제를 의무로 규정하지 않고 시장참가자의 합의에 따라 어떤 조건이든지 자유롭게 선택할 수 있다.

① 미국에서 미 달러화 표시 채권을 발행하면 외국채(양키본드)가 된다. 유로채는 무기명식으로 발행하고 외국채는 기명식으로 발행한다(③). 유로채는 채권발행 현지국의 규제를 받지 않는 역외채권(off shore bond)이다(④).

정답 ①

30

투자자산운용사 프리미엄 강의노트   2과목 2편 해외투자 5문항

해외주식 투자전략에 대한 설명이다. 가장 적절하지 않은 것은?

① 투자자가 가진 정보에 따라 투자대상국의 주가 및 환율을 전망하고 가장 전망이 밝은 나라의 투자비중을 높임으로써 수익률을 극대화하고자 하는 전략은 적극적 또는 공격적 전략이며, 이 경우 시장의 비효율성이 존재함을 전제한다.
② 환율과 주가전망을 투자결정에 거의 반영하지 않고 벤치마크 포트폴리오를 모방하는 전략은 소극적 또는 방어적 전략인데, 이때 벤치마크 포트폴리오를 정확하게 모방할 경우 목표수익률이 벤치마크수익률에 최대한 근접하게 되며 인덱싱 과정에서의 거래비용도 절감할 수 있다.
③ 적극적인 전략 중에서 세계 경제를 글로벌화된 산업의 집합체로 보는 방식은 상향식 접근(bottom up approach)이다.
④ 기업분석과 산업분석을 통해서 투자대상 주식과 주식 별 투자액을 미리 정하고 그 결과 전체 포트폴리오에서 차지하는 각국의 투자비중이 결정되는 것은 상향식 접근(bottom up approach)이다.

> 벤치마크 포트폴리오를 정확히 모방하는 것은 완전복제법(full replication)을 말하는데, 완전복제법의 경우 인덱싱 방법 중 벤치마크수익률에 가장 근접한다는 장점이 있지만 거래비용이 많아지는 단점이 있다.

정답 ②

더 알아보기

● 해외주식 투자전략

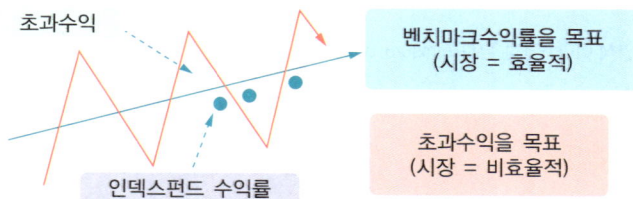

(1) 적극적 투자 VS 소극적 투자
  ① 적극적(공격적)인 투자전략
    ㉠ 시장이 비효율적이라고 본다.
    ㉡ 각국의 환율과 주가전망에 대한 예측을 포트폴리오에 반영하여, 벤치마크대비 초과수익률을 올리고자 하는 전략이다.
  ② 소극적(방어적)인 투자전략
    ㉠ 시장이 효율적이라고 본다.
    ㉡ 벤치마크 지수의 구성을 모방함으로써 벤치마크 수익률과의 괴리를 최소화하고자 하는 전략이다.
      ※ 소극적 전략의 목표수익률 상한은 벤치마크 수익률이 된다(∵ 벤치마크와 동일한 포트폴리오 구축 과정에서 거래비용이 발생하므로 투자수익률은 벤치마크 수익률 보다 낮은 것이 일반적).
      ※ 벤치마크의 포트폴리오 구성을 정확히 모방할 경우(완전복제법 ; full replicaion), 목표수익률이 벤치마크수익률에 근접하게 되지만 인덱싱과정에서 거래비용이 증가하는 단점이 있다.

(2) 하향식 접근 VS 상향식 접근

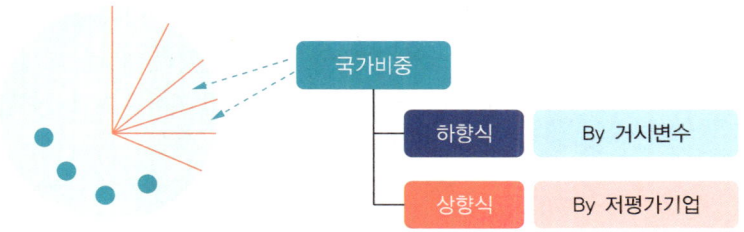

① 하향식 접근(top down approach)
  ㉠ 각국의 거시경제변수를 통해 국가비중을 먼저 결정하고, 이후 해당 국가의 산업과 기업별 비중을 순차적으로 결정하는 전략이다.
  ㉡ 세계 경제를 완전히 통합되지 않고 분리된 각국 경제의 결합체로 본다.
② 상향식 접근(bottom up approach)
  ㉠ 기업분석과 산업분석을 통하여 투자대상의 주식과 주식 별 투자액을 미리 정하고 그 결과 전체 포트폴리오에서 차지하는 각국의 투자비중이 결정되는 전략이다.
  ㉡ 세계 경제를 글로벌화된 산업의 집합체로 본다.

2023.11 기출복원

해외주식 투자전략에 대한 설명이다. 가장 적절하지 않은 것은?

① 각국의 거시경제 변수를 보고 국가별 비중을 우선적으로 결정한 다음, 각국에서 산업과 개별 기업별 비중을 결정하는 것은 하향식 접근을 말한다.
② 세계 경제를 글로벌화된 산업들의 집합으로 보는 것은 상향식 접근이다.
③ 적극적인 투자전략은 시장이 비효율적이라는 전제 하에, 환율과 주가전망에 대한 예측을 포트폴리오에 반영하여 벤치마크 대비 초과수익률을 획득하고자 하는 것이다.
④ 소극적인 투자전략으로서 벤치마크의 포트폴리오 구성을 정확히 모방할 경우, 목표수익률이 벤치마크수익률에 근접하게 되며 거래비용도 절감할 수 있다.

벤치마크 포트폴리오 구성을 정확히 모방하는 것은 인덱싱 방법으로서 완전복제법(full replication)을 말하는데, 완전복제법의 경우 인덱싱 방법 중 벤치마크수익률에 가장 근접한다는 장점이 있지만 거래비용이 많아지는 단점이 있다.

정답 ④

31

투자자산운용사 프리미엄 강의노트   2과목 3편 투자분석기법 12문항

증권분석의 통계기초에 대한 내용이다. 가장 적절하지 않은 것은?

① 중앙값(median)은 관찰치를 크기 순서대로 나열하였을 때 정가운데 있는 값을 말하는데, 분포의 수가 짝수일 경우는 가운데 위치한 두 분포 값 중 하나의 값이 중앙값이 된다.
② '분산'은 '각각이 평균으로부터 떨어진 거리의 제곱들을 평균'한 것을 말하고, 산포경향을 나타내는 지표에 속한다.
③ 상관계수는 공분산을 각각의 표준편차의 곱으로 나누어 준 값이다.
④ 정규분포에서는 산술평균과 최빈값과 중앙값이 모두 동일하다.

분포수가 홀수인 경우 정가운데 값이 중앙값(median)이 되지만, 분포수가 짝수일 경우는 가운데 두 분포 값의 평균을 중앙값으로 한다.

정답 ①

더 알아보기

● 증권분석을 위한 통계용어

중심위치	산포경향
중앙값(median)	범위(range)
산술평균(mean)	분산(variance)
최빈값(mode)	표준편차(standard deviation)
	평균편차(mean deviation)
기대수익률	위 험 (수익률의 변동성)

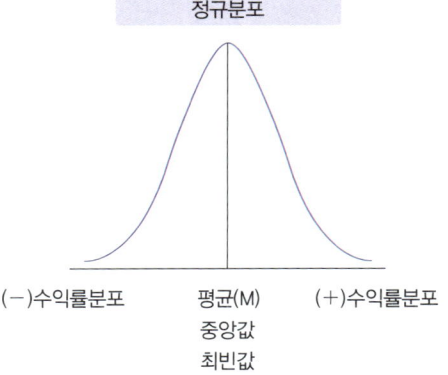

☑ 증권분석을 위한 통계기초(2025기본서, 2권, p214~217참조)

(1) 중심위치(Central Tendency)

자료가 어떤 값을 중심으로 분포하는가를 나타내는 대표치로서, 산술평균과 최빈값, 중앙값 등이 자주 쓰인다.
㉠ **산술평균(mean)** : 분포 값의 합계를 분포의 수로 나눈 값이다(Σ분포값/N).
㉡ **최빈값(mode)** : 빈도수가 가장 많은 관찰치를 의미한다.
㉢ **중앙값(median)** : 관찰치를 크기 순서대로 나열하였을 때, 정가운데 있는 값을 의미한다. N이 홀수일 때는 정가운데 값이 중앙값이 되지만, N이 짝수일 때는 가운데 두 분포의 값의 평균이 중앙값이 된다.

> **예시** 분포의 수가 짝수일 경우의 중앙값
> → '2, 4, 6, 8, 10, 12'의 분포일 경우 (6+8)/2=7 즉 7이 중앙값이 된다.
> **보충** 정규분포는 좌우대칭의 분포이므로 '산술평균 / 최빈값 / 중앙값'이 모두 같다.

(2) 산포경향(Degree of Dispersion)

자료가 중심위치로부터 어느 정도 흩어져 있는가를 나타내는 지표로 범위, 평균편차, 분산, 표준편차 등이 자주 쓰인다.

㉠ 범위(range) : 최대값 − 최소값. 동 문항 예시에서는 −15 ~ +15 = 30, 또는 최대값 15에 최소값 −15를 뺀 값으로서 30이 된다.

㉡ 평균편차(mean deviation) : 각각이 평균으로부터 떨어진 거리들의 평균으로 측정한다.

㉢ 분산(variance)과 표준편차(standard deviation) : 분산은 각각이 평균으로부터 떨어진 거리의 제곱들을 평균한 것이고 분산의 제곱근이 표준편차이다.

2024.11 기출복원

수익률의 분포가 〈보기〉와 같을 때, 다음 중 그 값이 가장 적은 통계 지표는 무엇인가?

−15%, −9%, −7%, −2%, 3%, 4%, 7%, 7%, 15%

① 산술평균
② 범 위
③ 중앙값
④ 최빈값

---

① '산술평균은 0.33, 중앙값은 3, 최빈값은 7, 범위는 30'이다. 따라서 지표의 값이 가장 적은 것은 산술평균이다.

▶ 풀 이
① 산술평균 : Σ분포값/N = (−15−9−7−2+3+4+7+7+15) / 9 = **0.33**
② 범위 : 최대값 − 최소값 = +15 − (−)15 = **30**
③ 중앙값 : 정 가운데 값, 즉 **3**
④ 최빈값 : 빈도수가 가장 높은 관찰치, 즉 **7**

정답 ①

2025.01 기출복원

증권분석의 통계기초에 대한 내용이다. 틀린 내용으로 연결한 것은?

> 가. 최빈값은 관찰치를 크기 순서대로 나열하였을 때, 정가운데 있는 값을 의미한다.
> 나. 분산은 각각이 평균으로부터 떨어진 거리들의 평균으로 측정이 되며, 산포경향을 나타내는 지표에 속한다.
> 다. 공분산은 $-\infty$에서 $+\infty$의 어떤 값이든지 가질 수 있으며, 공분산이 0보다 크면 양의 관계이고 0보다 작으면 음의 관계, 0이면 아무런 선형의 관계가 없음을 의미한다.
> 라. 상관계수는 공분산을 각각의 표준편차의 곱으로 나누어 준 값이다.

① 가, 나
② 다, 라
③ 가, 다
④ 나, 라

틀린 내용은 '가, 나'이다.
가. 관찰치를 크기 순서대로 나열하였을 때, 정가운데 있는 값을 의미하는 것은 '**중앙값**'이다. [cf] 최빈값 : 빈도수가 가장 높은 관찰치를 말한다.
나. '각각이 평균으로부터 떨어진 거리들의 평균'으로 측정이 되는 것은 '**평균편차**'이다. [cf] '분산'은 '각각이 평균으로부터 떨어진 거리의 제곱들을 평균'한 것을 말하고, 분산의 제곱근이 '표준편차'이다.

정답 ①

32

투자자산운용사 프리미엄 강의노트 | 2과목 3편 투자분석기법 12문항

재무비율 해석에 대한 다음 설명 중 가장 적합한 것은?

① 유동비율은 높은데 당좌비율이 낮다면 재고자산 또는 선급금이 적다는 것이다.
② 부채비율이 높을수록 주주들의 기대수익률은 낮아진다.
③ 배당성향이 하락하고 있다면 해당 기업이 점차 성숙단계에 접어들고 있어 더 이상의 설비확장이나 운전자본이 필요하지 않음을 의미한다.
④ 총자산회전율이 하락하고 있다면 이는 경영효율이 하락하고 있거나 기계설비가 노후화되고 있음을 의미한다.

옳은 내용은 ④번이다.
▶ 총자산회전율(매출액/총자산)
(1) 하락하고 있다면 기업매출의 둔화, 경영효율의 악화, 기계설비의 노후화가 진행되고 있음을 의미한다.
(2) 상승하고 있다면 기업매출의 신장, 자산의 활용이 더욱 효율화되고 있음을 의미한다.

정답 ④

더 알아보기

☑ 해 설

① 유동비율 = $\dfrac{\text{유동자산}}{\text{유동부채}}$, 당좌비율 = $\dfrac{\text{유동자산} - \text{재고자산} - \text{선급금}}{\text{유동부채}}$

→ 유동비율이 높은데 당좌비율이 낮다면 산식상으로 재고자산 또는 선급금이 많다는 것을 의미한다. 유동비율의 분자항목인 '유동자산'은 재고자산과 외상매출금(매출채권)을 포함하고 있기 때문에, 현금화가 곤란한 재고자산이나 매출채권이 많은 경우에는 유동비율이 높다고 해도 유동성이 부족한 상황이 될 수 있으므로 해석에 유의해야 한다(이를 보완하는 것이 당좌비율).

② 부채비율이 높을수록 기업이익의 변동성이 더욱 커지고, 그 결과 위험도 더욱 커지면 또한 주주들의 기대수익률도 더욱 높아지게 된다.
  *부채비율이 높을수록 기업의 재무적 위험이 큰 것을 의미하고, 따라서 해당 기업에 투자하는 주주의 입장에서는 'high risk high return'의 차원에서 더 높은 기대수익률을 요구하게 된다.

③ 성숙단계에 접어든 기업은 성장기에 비해서 투자가 감소하고 따라서 배당성향이 상승한다.

④ 총자산회전율($\dfrac{\text{매출액}}{\text{총자산}}$)이 하락하고 있다면 '기업매출의 둔화, 경영효율의 악화, 기계설비의 노후화가 진행되고 있음'을 의미한다.
  cf 총자산회전율이 상승하고 있다면 '기업매출의 신장, 자산의 활용이 더욱 효율화되고 있음을 의미한다.

재무비율 분류 ✅ 5가지 카테고리

유동성지표	안정성지표	수익성지표	활동성지표	보상비율
유동비율 당좌비율 현금비율	부채비율 부채-자기자본비율	매출액영업이익률 총자산이익률(ROA) 자기자본이익률(ROE)	비유동자산회전율 재고자산회전율 매출채권회전율 총자산회전율	배당성향 이자보상비율 고정비용보상비율

$$\frac{유동자산}{유동부채}$$

$$\frac{유동자산 - 재고자산 - 선급금}{유동부채}$$

$$\frac{부채}{자기자본}$$

$$\frac{순이익}{자기자본}$$

$$\frac{매출액}{재고자산}$$

$$\frac{매출액}{매출채권}$$

$$\frac{영업이익}{이자비용 + 리스비용}$$

이 비율이 급격히 상승한다면, **부실징후**가 될 수 있음
(∵ 현금화를 위해 재고를 덤핑으로 처분 또는 매출채권을 높은 할인율로 현금화하는 경우)

2024.06 기출복원

〈보기〉는 각종 재무비율에 대한 해석이다. 틀린 설명으로 연결한 것은?

> 가. 총자산회전율이 하락하고 있다면 이는 경영효율이 하락하고 있거나 기계설비가 노후화되고 있는 것으로 해석할 수 있다.
> 나. 재고자산회전율이나 매출채권회전율이 급격하게 증가하는 것은 부실의 징후로 해석할 수 있다
> 다. 고정비용보상비율이 낮다는 것은 해당 기업이 부채 레버리지 효과를 충분히 활용하고 있지 않다는 것을 의미한다.
> 라. 배당성향이 하락하고 있다면 해당 기업이 점차 성숙단계에 접어들고 있어 더 이상의 설비확장이나 운전자본이 필요하지 않음을 의미한다.

① 가, 나
② 다, 라
③ 가, 다
④ 나, 라

틀린 내용은 '다, 라'이다.
다. 고정비율보상비율(Fixed Charge Coverage Ratio ; FCC)이 **높으면** '해당 기업이 부채 레버리지 효과를 충분히 활용하고 있지 않음'을 의미하며, **낮으면** '기업이 과다한 레버리지를 사용하고 있거나 또는 고정비용(이자비용 + 리스료)에 비해서 충분한 수익을 올리고 있지 못함'을 의미한다.
라. 배당성향이 **낮으면** 영업손실의 발생이나 수익성 악화로 운전자본을 더 필요로 하는 상태에 있음을 의미하고, **높으면** 성숙단계에 속한 기업으로서 더 이상의 확장이나 많은 운전자본이 필요하지 않은 상태에 있음을 의미한다.

정답 ②

33

빈칸에 알맞은 것은?

> 매출액순이익률이 0.2(20%)이고 총자산회전율이 2(2회전)일 때, 총자산이익률은 (　　)이다.

① 0.1
② 0.2
③ 0.3
④ 0.4

듀퐁분석을 이용한다. 'ROA = $\frac{순이익}{총자산}$ = $\frac{순이익}{매출액}$ × $\frac{매출액}{총자산}$ = **매출액순이익률 × 총자산회전율** = 0.2 × 2 = 0.4'이다. 즉 총자산이익률(ROA ; Return On Assets)는 0.4(40%)이다.

정답 ④

2024.03 기출복원

빈칸에 알맞은 것은?

> 매출액순이익률이 0.3(30%)이고 총자산회전율이 3(3회전)일 때, 총자산이익률은 (　　)이다.

① 0.3
② 0.6
③ 0.9
④ 0.12

총자산이익률 즉 ROA는 0.9이다.

※ **상세풀이(듀퐁분석 활용)**

(1) 듀퐁분석 활용 : $\frac{순이익}{총자산}$ = $\frac{순이익}{매출액}$ × $\frac{매출액}{총자산}$, $ROA = 0.3 \times 3 = 0.9$

(2) 공식으로 풀기

㉠ $ROA = \frac{순이익}{총자산}$,

㉡ 매출액순이익률 = $\frac{순이익}{매출액}$ = 0.3, 즉 '순이익 = 0.3 × 매출액'이고 이를 ㉠식에 대입하면,

$ROA = \frac{순이익}{총자산} = \frac{0.3 \times 매출액}{총자산}$, 따라서 '$ROA = 0.3 \times 3 = 0.9$'이다.

정답 ③

34

투자자산운용사 프리미엄 강의노트 2과목 3편 투자분석기법 12문항

레버리지도에 대한 설명이다. 가장 적절하지 않은 것은?

① 영업레버리지도는 판매량의 변화율을 영업이익의 변화율로 나누어서 구한다.
② 재무레버리지도는 주당이익의 변화율을 영업이익의 변화율로 나누어서 구한다.
③ 결합레버리지도는 주당이익의 변화율을 매출액의 변화율로 나누어서 구한다.
④ 결합레버리지도는 영업레버리지도와 재무레버리지도의 곱으로 얻어진다.

영업레버리지도는 영업이익의 변화율을 매출액(또는 판매량)의 변화율로 나누어서 구한다.

정답 ①

더 알아보기

레버리지도 개념 공식

영업레버리지(DOL)	재무레버리지(DFL)	결합레버리지(DCL)
$\dfrac{\text{영업이익변화율}}{\text{매출액변화율}}$	$\dfrac{\text{주당순이익변화율}}{\text{영업이익변화율}}$	$\dfrac{\text{주당순이익변화율}}{\text{매출액변화율}}$

(1) **영업레버리지도(DOL)** : 영업이익의 변화율을 매출액(또는 판매량)의 변화율로 나누어서 구한다.
(2) **재무레버리지도(DFL)** : 주당이익의 변화율을 영업이익의 변화율로 나누어서 구한다.
(3) **결합레버리지도(DCL)** : 주당이익의 변화율을 매출액의 변화율로 나누어서 구한다.
(4) 결합레버리지도는 영업레버리지도와 재무레버리지도의 곱으로 얻어진다.

→ $\dfrac{\text{영업이익변화율}}{\text{매출액변화율}} \times \dfrac{\text{주당순이익변화율}}{\text{영업이익변화율}} = \dfrac{\text{주당순이익변화율}}{\text{매출액변화율}}$

→ DOL × DFL = DCL

2023.06 기출복원

결합레버리지도에 대한 설명이다. 가장 적절하지 않은 것은?

① 결합레버리지도는 매출액의 변화율에 대한 주당순이익의 변화율의 비율로 정의된다.
② 영업레버리지도와 재무레버리지도의 곱으로 얻어진다.
③ 영업고정비와 이자비용이 존재하는 한 결합레버리지도는 항상 1보다 크다.
④ 타인자본 의존도가 낮을수록 결합레버지리도가 높게 나타난다.

타인자본의존도가 높을수록 결합레버지리도가 높게 나타난다.
▶ 타인자본 의존도가 높을수록 → 이자비용이 많아지고 → DCL이 높아진다(아래 공식상 이자비용이 많아지면 분모값이 작아져서 전체 DCL이 높아진다).

$$\dfrac{\text{매출액} - \text{변동비}}{\text{매출액} - \text{변동비} - \text{고정비용} - \text{이자비용}}$$

정답 ④

35

투자자산운용사 프리미엄 강의노트 2과목 3편 투자분석기법 12문항

간접법으로 영업활동현금흐름을 작성 시에 당기순이익에 가산하는 항목이 아닌 것은?

① 매출채권의 증가
② 매입채무의 증가
③ 설비자산의 처분손실
④ 감가상각비

매출채권의 증가는 현금흐름 마이너스 요인(차감)이고 나머지는 플러스 요인(가산)이다.

정답 ①

더 알아보기

☑ 해 설

① 매출채권(외상매출금)은 현금이 유입되지 않는 매출인데, '매출채권의 증가'는 현금흐름 마이너스, '매출채권의 감소'는 현금흐름 플러스요인이 된다.
② '매입채무(외상매입금)'는 현금이 지출되지 않는 채무인데, '매입채무의 증가'는 현금흐름의 플러스요인, '매입채무의 감소'는 현금흐름의 마이너스 요인이 된다.
③ 설비자산처분손실(−)은 영업활동현금흐름이 아니므로 이를 영업활동현금흐름에서 제거하는 차원에서 반대처리(+)를 한다.
  ▶ 설비자산처분손실은 투자활동현금흐름에 속하지만 발생주의 회계상 당기순이익에 이미 (−)로 반영된 것이다. 따라서 간접법으로 영업활동현금흐름을 계산하기 위해서는 이를 (+)로 반영함으로써 상쇄처리를 해야 한다.
④ 감가상각비는 당기순이익 계산 시 (−)로 반영되었는데, 현금흐름상으로는 비현금비용(현금지출이 없는 비용)이므로 영업현금흐름 계산 시에는 (+)로 반영해야 정확하다.

현금흐름표 작성(간접법) ① 간접법 VS 직접법, ② 현금흐름표의 구성

	I 영업활동으로 인한 현금흐름 ☑ 원재료매입 → 생산 → 판매
	(+) 당기순이익
역산	(+) 현금유출이 없는 비용(→ 감가상각비, 대손상각비, 유가증권평가손실, 재고자산평가손실 등)
	(−) 현금유입이 없는 수익(→ 유가증권평가이익 등)
	(+) 투자와 재무활동으로 인한 처분손실(→ 설비자산처분손실, 유가증권처분손실 등)
	(−) 투자와 재무활동으로 인한 처분이익(→ 설비자산처분이익, 유가증권처분이익 등)
	(±) 영업활동과 관련된 자산·부채의 변동
	+ 매출채권의 감소, 재고자산의 감소, 매입채무의 증가
	− 매출채권의 증가, 재고자산의 증가, 매입채무의 감소
	II 투자활동으로 인한 현금흐름 ☑ 설비자산의 취득 / 처분 등
	(+) 설비자산의 처분, 유가증권의 처분, 대여금 회수
	(−) 설비자산의 취득, 유가증권의 매입, 대여금 대여
	III 재무활동으로 인한 현금흐름 ☑ 차입 / 상환, 증자 / 감자 등
	(+) 차입금 차입, 자기주식 처분, 유상증자
	(−) 차입금 상환, 자기주식 취득, 사채 발행비용

☑ 영업활동과 관련된 자산·부채의 변동

매입채무의 증가 : 외상이 증가한 만큼 실제 현금이 지출되지 않은 것이므로 → 현금흐름 증가
매입채무의 감소 : 외상을 갚은 것이므로 → 현금흐름 감소

| 매입채무 증가 (+) | ⟷ | 매출채권 증가 (−) | 재고자산 증가 (−) |
| 매입채무 감소 (−) | ⟷ | 매출채권 감소 (+) | 재고자산 감소 (+) |

2023.11 기출복원

간접법으로 영업활동현금흐름을 작성 시에 당기순이익에 가산하는 항목이 아닌 것은?

① 매출채권의 증가 ② 매입채무의 증가
③ 재고자산 평가손실 ④ 감가상각비

'매출채권 증가'는 현금흐름 마이너스 요인이고 나머지는 플러스 요인이다.
- **감가상각비 / 재고자산평가손실** : 현금유출이 없는 비용으로서 현금흐름(+)
- **매출채권 증가(−), 매입채무 증가(+)** : 영업활동으로 인한 자산부채의 증감

정답 ①

36

2과목 3편 투자분석기법 12문항

토빈의 Q비율에 대한 설명이다. 가장 적절하지 않은 것은?

① 자본의 시장가치를 자산의 대체원가로 나눈 비율을 말한다.
② 자산의 대체원가는 자산들의 장부가에 기반을 둔 대체원가를 말한다.
③ Q비율이 높을수록 투자수익성이 양호하고 경영이 효율적임을 의미한다.
④ Q비율이 낮을수록 적대적 M&A의 대상이 되는 경향이 있다.

자산의 대체원가는 장부가가 아닌 시가 기준의 대체원가이다.

정답 ②

더 알아보기

● 토빈의 Q비율(2025 기본서, 2권, p270 인용)

▶ Tobin's Q = $\dfrac{MV(market\ Value)}{RC(replacement\ Value)}$ (자본의 시장가치 대 자산의 대체원가)

- 분자: 자기자본 = 시가총액, 자기자본(시가기준)
- 분모: 순자산
- 장부가 기준의 PBR 보완

(1) Tobin's Q비율은 자산의 대체원가를 추정하기 어려운 단점이 있다. 그러나 대체원가는 장부가가 아니라 자산들의 현재가치에 기반을 두고 있으므로 PBR의 문제점 중의 하나인 '시간성의 차이'를 극복하고 있는 지표라 할 수 있다.

(2) Q비율이 높을수록 투자수익성이 양호하고 경영이 효율적이다. $\dfrac{1,400억}{1,000억}$ (Q비율 > 1) → 효율적 경영

(3) Q비율이 낮을수록 적대적 M&A 대상이 되는 경향이 있다. $\dfrac{700억}{1,000억}$ (Q비율 < 1) → 적대적 M&A

▶ 기출지문 : 토빈의 Q비율이 높을수록 M&A의 타겟이 된다. → (X)

2023.11 기출복원

토빈의 Q 비율 (Tobin's Q)에 대한 설명이다. 틀린 것으로 연결한 것은?

> 가. 토빈의 Q는 자본의 시장가치를 자산의 대체원가로 나누어서 구하는데, 이때 대체원가는 장부가에 기반한다.
> 나. 토빈의 Q가 1보다 높다면 투자수익성이 양호하고 경영이 효율적임을 의미한다.
> 다. 토빈의 Q가 1보다 낮다면 적대적인 M&A의 대상이 되는 경향이 있다.
> 라. 토빈의 Q는 PER을 보완하는 지표이다.

① 가, 나
② 나, 다
③ 다, 라
④ 가, 라

가. 토빈의 Q비율 = $\dfrac{\text{자본의 시장가치}}{\text{자산의 대체원가}}$ (이때 대체원가는 시가에 기반)

라. 토빈의 Q는 PBR을 보완한다(PBR은 장부가에 기반하고 토빈의 Q는 시가에 기반하므로).

정답 ④

37

2과목 3편 투자분석기법 12문항

〈보기〉는 다우이론의 장기추세 6국면 중 어디에 속하는가?

> • 전반적인 경제여건 및 기업의 영업수익이 호전됨으로써 일반투자자들의 관심이 고조되어 주가가 상승하고 거래량도 증가한다.
> • 기술적 분석을 이용하여 주식을 투자하는 사람이 가장 많은 수익을 올릴 수 있는 국면이다.
> • Mark Up 국면이라고도 한다.

① 강세 1국면
② 강세 2국면
③ 강세 3국면
④ 약세 1국면

'강세 2국면(마크업 국면 / 기술적 추세 추종 단계)'에 해당한다.

정답 ②

더 알아보기

다우이론 - 장기추세의 6국면

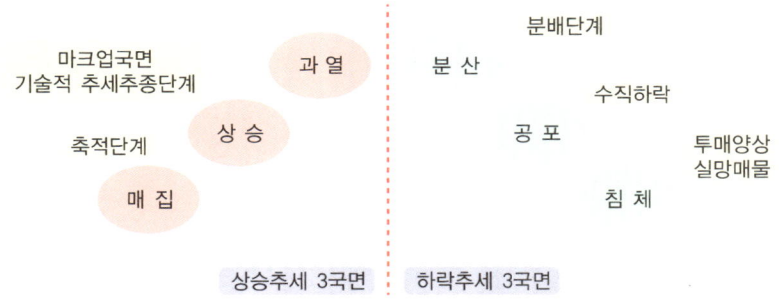

장기추세 6국면

(1) **매집** : 외견상 여전히 어두운 분위기이며, 초보자가 매도하고 전문가가 매집하는 국면
(2) **상승** : 실질적 경제 여건 및 외견상 전망도 고조되며, 시장의 에너지가 강하여 기술적 분석으로 가장 많은 수익을 올릴 수 있는 국면
(3) **과열** : 외부 전망은 더욱 고조되며, 초보자들이 적극 매수하는 국면
(4) **분배** : 전문가들이 투자수익을 실현하는 단계, 주가가 조금만 하락해도 거래량이 급증
(5) **공포** : 실질적 경제여건 및 외견상 전망도 악화되는 단계, 주가가 수직하락하고 거래량도 급감
(6) **침체** : 일반투자자들의 실망매물이 출회되는 단계, 투매양상을 보이나 시간이 지나면서 하락폭은 축소

| 2021.01 | 기출복원 |

다우이론의 장기추세 6국면 중 강세2국면에 해당하지 않는 것은?

① 전반적인 경제여건 및 기업의 영업수익이 호전됨으로써 일반투자자들의 관심이 고조되어 주가가 상승하고 거래량도 증가한다.
② 신고가를 갱신하는 날이 많아지며 경기상승과 기업이익에 대한 기대감이 주가에 잘 반영된다.
③ 기술적분석을 이용하여 주식투자를 하는 사람이 가장 많은 수익을 올릴 수 있다.
④ 경제 전반에 걸쳐 각종 통계자료가 호조를 보이면서 투자가치가 미세한 종목까지 인기가 확산되기 시작한다.

④는 강세3국면(과열국면)에 해당한다.

정답 ④

38

투자자산운용사 프리미엄 강의노트 2과목 3편 투자분석기법 12문항

그랜빌의 주가·이동평균선 분석상으로 매도신호에 해당하지 않은 것은?

① 이동평균선이 상승한 후 평행 또는 하락국면에서 주가가 이동평균선을 하향 돌파한 경우
② 이동평균선이 하락하고 있을 때 주가가 일시적으로 이동평균선의 위로 상승하는 경우
③ 주가가 이동평균선 아래에서 상승세를 보이다가 이동평균선을 상향 돌파를 못하고 하락하는 경우
④ 주가가 하락하고 있는 이동평균선을 하향 돌파한 후 다시 급락하는 경우

④는 매입신호이다(과도한 하락 후 이동평균선으로 수렴하는 반등을 예상).

정답 ④

더 알아보기

그랜빌(J.E.Granville)의 매매신호

※ 그랜빌(J.E.Granville)의 매매신호 – **매수신호 4가지**

(1) 매수신호 1 : 이동평균선의 하락이 멈춘 상태에서 주가가 이동평균선을 상향 돌파할 경우 → 추세가 하락에서 상승으로 전환할 것으로 예상
(2) 매수신호 2 : 이동평균선의 상승이 지속될 때 주가가 이동평균선을 하향돌파하는 경우 → 상승추세 속에서의 일시적 주가하락으로 해석
(3) 매수신호 3 : 이동평균선 위에서 주가가 빠르게 하락하다가 이동평균선의 지지를 받고 재차 상승하는 경우 → 상승추세의 지지를 받고 다시 상승하는 것으로 해석
(4) 매수신호 4 : 주가가 하락하고 있는 이동평균선을 하향돌파 후 급락하는 경우 → 과도한 하락 후 이평선으로 수렴하는 반등을 예상

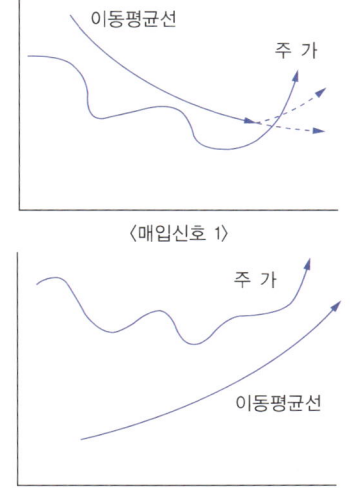

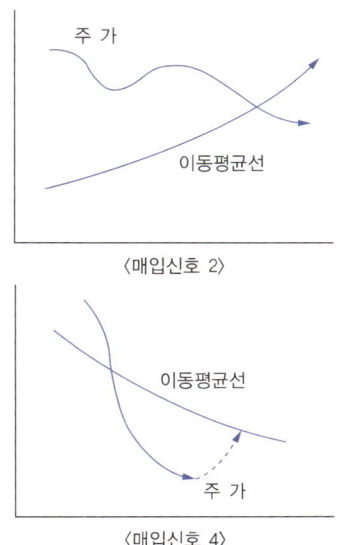

※ 그랜빌(J.E.Granville)의 매매신호 - 매도신호 4가지

(1) 매도신호 1 : 이동평균선의 상승이 멈춘 상태에서 주가가 이동평균선을 하향 돌파할 경우 → 추세가 상승에서 하락으로 전환할 것으로 예상
(2) 매도신호 2 : 이동평균선의 하락이 지속될 때 주가가 이동평균선을 상향돌파하는 경우 → 하락추세 속에서의 일시적 주가상승으로 해석
(3) 매도신호 3 : 이동평균선 아래에서 상승세를 보이다가 이동평균선을 돌파하지 못하고 재차 하락하는 경우 → 하락추세의 저항을 받고 다시 하락하는 것으로 해석
(4) 매도신호 4 : 주가가 상승하고 있는 이동평균선을 상향돌파 후 급등하는 경우 → 과도한 상승 후 다시 이평선으로 수렴하는 반락을 예상

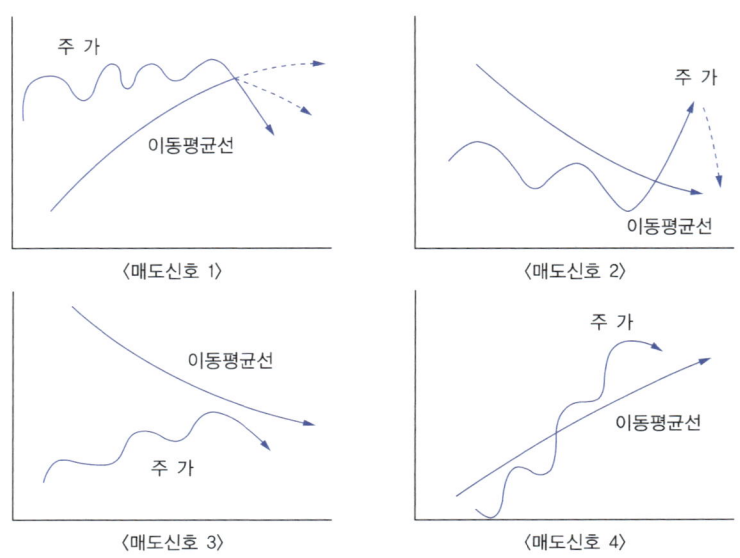

39

투자자산운용사 프리미엄 강의노트 | 2과목 3편 투자분석기법 12문항

주가 패턴(Pattern)에 대한 다음 설명 중 가장 거리가 먼 것은?

① 다이아몬드형은 확대형과 대칭삼각형이 서로 합쳐진 모양으로, 주가의 큰 변동이 있고 난 이후 많이 나타나는 패턴이다.
② 이중바닥형은 두 번째 바닥이 첫 번째 바닥보다 더 완만하게 그리고 더 높게 형성되는 패턴을 말한다.
③ 직사각형은 주가가 수주일에서 수개월에 걸쳐서 매수와 매도세력이 서로 균형을 이루면서 횡보하는 패턴으로서, 위 아래 저항선과 지지선이 수평으로 평행을 이룬다.
④ 주가의 상승추세가 완만한 곡선을 그리면서 서서히 하락추세로 전환되는 패턴은 원형바닥형이다.

완만한 곡선을 그리면서 상승에서 하락추세로 전환하는 패턴(④)은 **원형천장형**이다.
보충 원형천장형은 **천장을 확인하고** 하락으로 전환하는 패턴, 원형바닥형은 **바닥을 확인하고** 상승으로 전환하는 패턴이다.

정답 ④

더 알아보기

● 패턴분석

반전형 패턴	지속형 패턴
헤드 앤 쇼울더 역 헤드 앤 쇼울더 이중천정형, 이중바닥형 선형 원형바닥형, 원형천정형 확대형	삼각형 깃발형, 페넌트형 쐐기형 직사각형 다이아몬드형

▶ **확.대.다** : 확대형 + 대칭삼각형 = 다이아몬드형
▶ **깃.삼.쐐** : 깃발형 + 삼각형 = 쐐기형

▶ **삼각형** : 최소한 네 번 이상의 주가등락
▶ **직사각형** : 두개의 산과 두개의 골

2024.11 기출복원

주가 패턴(Pattern)에 대한 다음 설명 중 가장 거리가 먼 것은?

① 다이아몬드형은 확대형과 대칭삼각형이 서로 합쳐진 모양으로, 주가의 큰 변동이 있고 난 이후 안정을 찾아갈 때 나타나는 패턴이다.
② 직사각형이 형성되기 위해서는 최소한 두 개의 산과 두 개의 골이 형성되어서 4번 이상의 주가등락이 있어야 한다.
③ 쐐기형은 깃발형과 삼각형의 혼합형태로서 상승 쐐기형은 하락추세가 지속될 때 나타난다.
④ 주가의 상승추세가 완만한 곡선을 그리면서 서서히 하락추세로 전환되는 패턴은 원형바닥형이다.

완만한 곡선을 그리면서 상승에서 하락추세로 전환하는 패턴(④)은 원형천장형, 완만한 곡선을 그리면서 하락에서 상승추세로 전환하는 패턴은 원형바닥형이다.

정답 ④

2022.02 기출복원

다음 중 패턴분석에 대한 설명으로 틀린 것은?

① 헤드앤쇼울더형은 왼쪽 어깨에서 거래량이 가장 많고 머리 부분과 오른쪽 어깨로 갈수록 거래량은 감소한다.
② 확대형은 주가의 고점은 점점 높아지고 저점은 점점 낮아지는 패턴으로서 투자자들의 심리가 극도로 불안정한 상태에 있음을 말하며 상승추세의 말기적 현상으로 간주된다.
③ 직사각형이 형성되기 위해서는 최소한 두 개의 산과 두 개의 골이 있어야 한다.
④ 쐐기형은 깃발형과 삼각형의 혼합형태로서 지속형 패턴에 속하며, 상승추세 과정 속에 나타나는 상승쐐기형, 하락추세의 과정 속에 나타나는 하락쐐기형이 있다.

---

④ 상승추세 → 하락쐐기형 → 상승지속, 하락추세 → 상승쐐기형 → 하락지속

정답 ④

40

투자자산운용사 프리미엄 강의노트 | 2과목 3편 투자분석기법 12문항

다음은 산업구조변화에 대한 경제이론 들이다. 헥셔–올린 모형(Heckscher–Ohlin Model)에 해당하는 것은?

① 인적 자본 등 요소의 내생적 축적에 의하여 산업구조의 변화가 일어난다고 본다.
② 기술혁신 또는 신제품개발 등에 의한 공급능력을 통해 산업구조가 변화한다고 본다.
③ 생산요소의 절대적 부존도에 의해 비교우위가 달성되고 비교우위를 확보한 산업을 중심으로 산업구조가 변화한다고 본다.
④ 자본의 상대적 부존도가 상승하게 되면 산업구조도 노동집약적 산업 중심에서 자본집약적 산업 중심으로 변화하게 된다고 본다.

①은 내생적 성장이론, ②는 제품수명주기이론, ③은 리카르도 비교우위론, ④는 헥셔–올린 모형이다.

정답 ④

더 알아보기

● 산업구조변화 – 경제이론(공급측면)

전통적 국제무역이론(정태적)	새로운 이론(동태적)
리카도의 비교우위론 국가별 요소부존도(노동) → 비교우위제품에 특화 → 산업구조의 변화 ☑ **헥셔 – 올린 모형** 생산요소(노동, 자본)의 상대적부존도의 차이 → 상대적 비교우위에 특화 → 산업구조의 변화(예 노동집약적, 자본집약적)	기술혁신에 의한 신제품개발 → 산업주도 → 산업구조변화 **제품수명주기 이론** 시장실패 → 정부개입의 필요성 → 산업구조변화 **신무역 이론** 인적자본 등 요소의 내생적 축적(요소창출) → 산업구조변화 **내생적성장 이론**
(−) 완전경쟁시장이라는 비현실적인 가정 (+) 산업구조변화를 설명하는 출발점 제공	기술혁신, 정부개입, 요소창출 등에 의해 산업구조가 변화된다는 논리(통설)
☑ 요소부존(정태적)	☑ 요소창출(동태적)

2024.06 기출복원

산업구조변화에 대한 경제이론 들이다. 가장 적절하지 않은 설명은?

① 리카도의 비교우위론은 국가 간 요소 부존도에 따라 각 제품생산에 투입되는 노동 투입량의 비교우위가 나타나게 되고, 이러한 비교우위를 가진 산업을 중심으로 산업구조가 변화 한다고 본다.
② 헥셔 – 올린 모형은 생산요소를 노동과 자본으로 확대하여 생산요소의 상대적 부존도 차이에 의해서 무역패턴이 결정된다고 보며, 노동이 상대적으로 풍부한 국가는 자본 집약적 산업 중심으로 산업구조가 변화한다고 본다.
③ 제품수명주기 이론은 기술혁신 또는 신제품개발 등 공급능력의 중요성을 분석한 이론으로서, 공급능력에 의해 산업구조가 변화한다고 본다
④ 내생적 성장 이론은 인적자본 등 요소의 내생적 축적에 의해서 경제성장이 이루어지고 산업구조의 변화도 이루어진다고 본다.

노동력이 상대적으로 풍부한 국가는 노동집약적 산업 위주로 산업구조가 변화한다.

정답 ②

2023.11 기출복원

헥셔 – 올린 모형(Hechscher–Ohlin Model)에 대한 설명이다. 가장 적절하지 않은 것은?

① 산업 간 성장률 격차 또는 산업구조변화를 설명하는 이론은 국제무역이론에서 찾을 수 있는데, 헥셔 올린 모형은 완전경쟁이라는 비현실적 가정에 입각한 전통적 무역이론에 속한다.
② 생산요소를 노동과 자본으로 확대하여 생산요소의 상대적 부존도에 따라서 무역패턴이 결정된다는 이론이다.
③ 자본의 상대적 부존도가 상승하게 되면 산업구조도 노동집약적 산업중심에서 자본집약적 산업중심으로 변화하게 된다.
④ 산업구조 변화에 있어서 요소부존보다 요소창출의 중요성도 강조된다는 점에서, 리카도(D. Ricardo)의 비교우위론과 차이점이 있다.

전통적 무역이론(리카도의 비교우위론 / 헥셔 – 올린 모형)은 요소부존도에 의해서 산업구조변화가 초래된다고 주장하는데, 리카도이론은 노동투입량에 의해서 비교우위가 결정되는 절대적 비교우위론이며 헥셔 – 올린 모형은 노동과 자본의 상대적 부존도의 차이에 의해서 비교우위가 결정되는 상대적 비교우위론이라는 점에서 차이가 있다.

정답 ④

41. 투자자산운용사 프리미엄 강의노트 — 2과목 3편 투자분석기법 12문항

〈보기〉는 라이프사이클의 단계별 특징을 나열한 것이다. 그렇다면 이 네 가지 특징을 라이프사이클의 단계별 순서에 맞게 배열한 것은?

> 가. 매출액증가율이 시장 평균보다 낮게 되거나 감소하게 되며, 이익률은 더욱 하락하여 적자기업이 다수 발생하게 된다.
> 나. 매출증가율이 낮으며, 이익은 과도한 고정비와 판매비 그리고 시장선점경쟁 등으로 적자를 보이거나 저조한 것이 보통이다.
> 다. 산업 내 기업들이 안정적인 시장점유율을 유지하면서 매출이 완만하게 늘어나며, 이익률은 시장점유율 유지를 위한 가격경쟁과 판촉경쟁 등으로 하락하고 기업별로 경영실적에 따른 영업실적의 차이가 크게 나타난다.
> 라. 매출액이 급증하며 시장경쟁도 약하여 이익증가가 매출증가보다 빨라 수익성이 높아지게 된다.

① 가 → 나 → 다 → 라
② 나 → 다 → 라 → 가
③ 나 → 라 → 다 → 가
④ 가 → 라 → 다 → 나

'나(도입기) → 라(성장기) → 다(성숙기) → 가(쇠퇴기)'이다.

[정답] ③

더 알아보기

라이프사이클 – 각 국면별 특징

(1) **도입기** : 제품이 처음 시장에 도입되는 시기. **과도한 고정비**, 판매비, 시장선점경쟁 등으로 적자를 보이거나 이익이 저조하다. 이 단계에서 살아남는 기업은 신성장기업군으로 주목을 받게 된다.

(2) **성장기** : 매출액과 이익이 급증하는 단계. 시장경쟁도 약하여 이익의 증가가 매출액의 증가보다 빨라서 수익성이 높아지게 됨. 성장기 후반에는 시장경쟁이 격화되어 **이익률은 정점**에 도달한 후 점차 하락하게 된다.

(3) **성숙기** : 안정적인 시장점유율을 유지하면서 매출은 완만하게 늘어나는 단계. 가격경쟁과 판촉경쟁 등으로 **이익률은 하락**하며 기업의 경영능력에 따라 영업실적의 차이가 크게 나타난다. 원가절감노력, 철저한 생산관리노력이 투입된다. 제품수명주기의 연장을 위한 R&D투자가 필요하다.

(4) **쇠퇴기** : 수요감소 등으로 매출증가율이 시장평균보다 낮게 된다. **이익률이 더욱 하락**하여 적자기업이 다수 발생한다(쇠퇴기산업은 사양산업으로 분류). 산업에서 철수하거나 업종다각화를 적극적으로 실시한다.

2021.01 기출복원

<보기>는 라이프사이클 중 어떤 단계에 해당하는가?

> 시장점유율 유지를 위한 가격경쟁과 판촉경쟁 등으로 이익률은 하락하고 기업별로 경영능력에 따른 영업실적의 차이가 크게 나타난다.

① 도입기
② 성장기
③ 성숙기
④ 쇠퇴기

※ **성숙기의 특징**
(1) 산업 내 기업들이 안정적인 시장점유율을 유지하면서 매출이 완만하게 늘어난다.
(2) 시장점유율 유지를 위한 가격경쟁과 판촉경쟁 등으로 이익률이 하락하고 기업별로 경영능력에 따른 영업실적의 차이가 크게 나타난다.
(3) 기업들은 원가절감이나 철저한 생산관리로 하락추세를 만회하려 하기도 한다.
(4) 제품수명주기를 연장하기 위한 노력 또는 새로운 제품을 개발하기 위한 연구개발비 지출증가가 필요하다.

정답 ③

2024.06 기출복원

다음 중 라이프사이클 분석(Life Cycle Analysis)에서 쇠퇴기에 해당하는 것을 연결한 것은?

> 가. 과도한 고정비, 판매비, 시장선점경쟁 등으로 적자를 보이거나 이익이 저조하다.
> 나. 수요 감소 등으로 매출액증가율이 시장평균보다 낮게 되거나 감소하게 된다.
> 다. 이익률은 더욱 하락하여 적자기업이 다수 발생하게 된다.
> 라. 제품수명주기 연장을 위한 노력이나 새로운 제품개발을 위한 연구개발비 지출증가가 필요하다.

① 가, 나
② 나, 다
③ 다, 라
④ 가, 라

'가'는 도입기, '라'는 성숙기, '나, 다'는 쇠퇴기이다.

※ **라이프사이클 분석 키워드**
(1) 도입기 : 과도한 고정비 / 시장선점경쟁
(2) 성장기 : 매출과 이익의 급증 / 이익률 정점
(3) 성숙기 : 안정적 시장점유율 / 매출 완만 / 판촉경쟁 / 원가절감
(4) 쇠퇴기 : 수요감소 / 적자기업 / 사업철수 또는 업종다각화

정답 ②

42

2과목 3편 투자분석기법 12문항

한 산업 내에 점유율이 동등한 4개의 기업이 존재하는 경우 허핀달 지수(HHI)는 얼마인가?(단, 허핀달지수는 소수점 단위로 표시함)

① 0.05
② 0.20
③ 0.25
④ 0.50

아래의 두 가지 방식이 있는데 (2)방식이 간단하다.

※ **풀 이**
(1) 4개 기업이 동등한 점유율을 가지고 있으므로 각 기업의 점유율은 0.25이다.
　　따라서, HHI = $0.25^2 + 0.25^2 + 0.25^2 + 0.25^2 = 0.0625 \times 4 = 0.25$
(2) HHI의 역수는 동등기업의 수이므로, $\frac{1}{HHI} = 4$, 따라서 HHI = 0.25

정답 ③

더 알아보기

● 집중률지수　　※ **시험포인트** : ① CR_k와 HHI 개념비교, ② HHI 계산

시장집중률지수	허핀달지수
CR_k	$HHI = \sum S_i^2$
상위 k개 기업의 시장점유율 → 소수 대기업의 점유율 파악 용이, 간편한 측정이 가능 예 A산업, B산업, C산업의 CR_3는 각각 30, 59.5, 90이다. • 한국 − CR_3, 영국 − CR_4, 미국− CR_4 등	집중곡선상의 정보를 좀 더 완벽하게 반영한다(CR_k에서 파악할 수 없는 '**불균등도**' 파악가능). 예 A산업의 HHI = 1,000, B산업의 HHI = 3,126.25, C산업의 HHI = 2,720 　→ 즉, B산업의 **불균등도**가 가장 크다. • HHI의 최대값은 10,000

예시

산업A와 산업B의 시장점유율이 다음과 같다면?

기업순위	A산업-MS(%)	B산업-MS(%)
1	50	30
2	20	30
3	20	30
4	5	5
5	5	5

① A산업과 B산업의 CR_3(시장집중률지수)는?
② A산업과 B산업의 HHI(허핀달지수)는?
③ 양 산업의 불균등도는 동일한가?
④ 허핀달지수가 최소치가 되는 시장점유율의 분포상태는?

구 분	A산업	B산업
CR_3	90	90
HHI	3,350	2,750
불균등도	A산업 > B산업 • 최소치 : 동등점유 시 • 최대치 : 완전독점 시	

2023.02 기출복원

한 산업 내에 점유율이 동등한 20개의 기업이 존재하는 경우 허핀달지수(HHI)는 얼마인가?(단, 허핀달지수는 소수점 단위로 표시함)

① 0.05
② 0.20
③ 0.50
④ 1.50

※ HHI $= \sum S_i^2$ (백분율 단위 : $5^2 \times 20 = 500$)
  (1) 소수점 단위 : $0.05^2 \times 20 = 0.05$
    → 소수점 단위일 경우 단일기업의 점유율이 곧 HHI 값이 됨
  (2) HHI의 역수는 동등기업의 수이므로, $\frac{1}{HHI} = 20$, 따라서 HHI $= \frac{1}{20}$ 이다.
    ∴ HHI = 0.05

정답 ①

43

투자자산운용사 프리미엄 강의노트 | **2과목 4편 리스크관리 8문항**

빈칸에 알맞은 것은?

> 포트폴리오A의 VaR은 8억원, 포트폴리오B의 VaR은 15억원이다. 포트폴리오A와 B 간의 상관계수가 +0.5일 때, 포트폴리오(A+B)의 VaR은 (　　)이며 이때의 분산투자 효과는 (　　)이다.

① 약 23억원, 0원
② 약 20.22억원, 약 2.78억원
③ 약 18.7억원, 약 4.3억원
④ 약 17억원, 약 6억원

'약 20.22억원, 약 2.78억원'이다.

※ **분산투자효과 계산**

(1) $VaR_P = \sqrt{VaR_A^2 + VaR_B^2 + 2 \cdot \rho \cdot VaR_A \cdot VaR_B} = \sqrt{8^2 + 15^2 + 2 \cdot 0.5 \cdot 8 \cdot 15}$
$= \sqrt{64 + 225 + 120} =$ 약 20.22

(2) 분산투자효과가 전혀 없는 경우는 A와 B 간의 상관계수가 +1일 때이다. 즉 분산투자효과가 없을 때의 포트폴리오(A+B)의 VaR은 '8 + 15 = 23'이다.

(3) 따라서 분산투자효과는 아래 산식의 X에 해당된다.
→ (8 + 15) − X = 약 20.22, X = 약 2.78, 즉 분산투자효과는 약 2.78억원이다.

정답 ②

2025.04 기출복원

포트폴리오VaR 계산과 관련하여, 빈칸에 들어갈 수 없는 수는?

> 자산 X의 VaR은 12억 원, 자산 Y의 VaR은 5억 원이다. 그리고 두 자산 간의 상관계수별 포트폴리오XY의 VaR을 계산한다면, 상관계수가 +1일 경우는 (　　), 상관계수가 0일 경우는 (　　), 상관계수가 −1일 경우는 (　　), 상관계수가 0.4일 경우는 (　　)이다.

① 7
② 13
③ 17
④ 20

※ **포트폴리오 VaR 산식** : $VaR_P = \sqrt{VaR_X^2 + VaR_Y^2 + 2 \cdot \rho \cdot VaR_X \cdot VaR_Y}$

(1) 상관계수 +1 : 12 + 5 = 17
(2) 상관계수 0 : $\sqrt{12^2 + 5^2} = \sqrt{144 + 25} = 13$
(3) 상관계수 −1 : 12 − 5 = 7
(4) 상관계수 0.4 : $\sqrt{12^2 + 5^2 + 2 \times 0.4 \times 12 \times 5} = \sqrt{144 + 25 + 48} = 14.73$

정답 ④

2025.01 기출복원

빈칸에 알맞은 것은?

> 포트폴리오A의 VaR은 8억 원, 포트폴리오B의 VaR은 15억 원이다. 포트폴리오A와 B 간의 상관계수가 제로(0)일 때, 포트폴리오(A+B)의 VaR은 (   )이며 이때의 분산투자효과는 (   )이다.

① 23억 원, 0원
② 17억 원, 6억 원
③ 15억 원, 8억 원
④ 8억 원, 15억 원

17억 원, 6억 원이다.

※ 분산투자효과 계산

(1) 포트폴리오(A + B)의 VaR을 먼저 계산한다.

→ $VaR_P = \sqrt{VaR_A^2 + VaR_B^2 + 2 \cdot \rho \cdot VaR_A \cdot VaR_B} = \sqrt{8^2 + 15^2 + 2 \cdot 0 \cdot 8 \cdot 15}$
   $= \sqrt{64 + 255} = 17$

(2) 분산투자효과가 전혀 없는 경우는 A와 B 간의 상관계수가 +1일 때이다. 즉 분산투자효과가 없을 때의 포트폴리오(A+B)의 VaR은 '8 + 15 = 23'이다.

(3) 따라서 분산투자효과는 아래 산식의 X에 해당된다.

→ (8 + 15) − X = 17, X = 6, 즉 분산투자효과는 6억 원이다.

정답 ②

44. 투자자산운용사 프리미엄 강의노트 — 2과목 4편 리스크관리 8문항

구조화된 몬테카를로 분석법(Structured Monte Carlo)에 대한 설명이다. 옳은 내용으로 연결한 것은?

> 가. 가치평가모형을 통해 완전가치로 평가하므로 채권이나 옵션과 같은 비선형상품의 VaR측정을 오차 없이 정확하게 측정한다.
> 나. VaR 측정에 사용되는 리스크요인의 분포를 과거 실제로 일어났던 수치를 통해서 구한다.
> 다. 주가움직임에 대한 확률모형으로서 기하학적 브라운 운동 모형을 주로 사용한다.

① 가, 나
② 나, 다
③ 가, 다
④ 가, 나, 다

옳은 내용은 '가, 다'이다.
나. 몬테카를로 모형은 리스크 요인의 분포를 실제 데이터가 아닌 확률모형으로부터 생성해 낸다(cf. 실제 데이터를 사용하는 것은 역사적 시뮬레이션).

정답 ③

더 알아보기

● 역사적 시뮬레이션법(몬테카를로법과 다른 부분 VS 동일 부분)

(1) 정규분포를 전제로 하지 않는다.
(2) 완전가치로 평가한다(full valuation).
(3) 가치평가모형을 필요로 한다.
(4) 비선형상품(옵션 / 채권)도 정확히 평가한다.
(5) 실제 데이터를 사용하므로, 자료가 부족할 경우 추정치의 정확도가 떨어진다.
(6) 표본의 길이에 따라 결과의 질이 달라지는 문제가 있다.

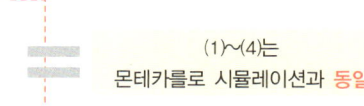
(1)~(4)는 몬테카를로 시뮬레이션과 **동일**

☑ 몬테카를로 시뮬레이션이 보완
(확률모형을 통한 자료의 무한생성)

2023.06 기출복원

역사적 시뮬레이션법과 몬테카를로 시뮬레이션의 공통점에 해당하는 것은?

> 가. 분산, 공분산 등과 같은 모수에 대한 추정을 요구하지 않는다.
> 나. 비선형 상품이 포함된 경우에도 문제없이 사용할 수 있다.
> 다. 가치평가모형이 필요하다.

① 가
② 가, 나
③ 나, 다
④ 가, 나, 다

모두 해당한다.

델타분석법	역사적 S.	몬테카를로 S.	스트레스 T.
부분가치평가	완전가치평가 (가치평가모형 필요)		완전가치평가
	비선형상품도 완전가치 평가		
	실제데이터 사용 (표본길이에 따라 값이 달라짐)	데이터 생성 (많은 비용 지불)	다른 측정방법을 보완 (대체 X)
정규분포 전제	정규분포 전제하지 않음		

정답 ④

2022.06 기출복원

구조화된 몬테카를로 분석법(Structured Monte Carlo)에 대한 설명이다. 가장 적합한 것은?

① 주가움직임에 대한 확률모형으로서 가장 흔히 사용되는 것은 기하학적 브라운 운동 모형이다.
② 리스크 요인의 변동분포를 과거 실제 데이터로부터 얻은 후, 포지션의 가치변동의 분포로부터 VaR을 측정한다.
③ 완전가치평가와 부분가치평가를 모두 이용하여 VaR을 측정한다.
④ 채권이나 옵션과 같은 비선형의 상품에 대한 VaR측정 시 정확성이 떨어진다는 단점이 있다.

② 리스크 요인의 분포를 과거 실제 데이터로부터 얻는 것은 역사적 시뮬레이션이다.
③ 가치평가모형을 필요로 하는 가운데 완전가치로 평가한다.
④ 비선형상품에 대한 VaR측정 시 정확성이 떨어지는 것은 델타분석법(부분가치평가법)이다.

정답 ①

45

투자자산운용사 프리미엄 강의노트 2과목 4편 리스크관리 8문항

스트레스 검증법에 대한 설명이다. 틀린 항목으로 연결한 것은?

> 가. 과거 데이터가 없으면 사용할 수 없다.
> 나. 다른 VaR측정 방법을 대체할 수 있다.
> 다. 포트폴리오가 다중의 리스크 요소에 주로 의존할 경우에 적합하다.

① 가, 나
② 나, 다
③ 가, 다
④ 가, 나, 다

모두 틀린 내용이다.
가. 과거 데이터가 없어도 사용할 수 있다.
나. 스트레스 검증법은 다른 VaR측정방법을 보완한다(객관성이 떨어져 대체는 어려움).
다. 단일의 리스크 요소에 의존할 경우 적합하다.

정답 ④

더 알아보기

● 스트레스 검증법(Stress Testing)

(1) 시나리오분석으로서 주로 최악의 상황을 가정한다.
(2) 완전가치로 평가한다(full valuation).
(3) 비선형상품(옵션 / 채권)도 정확히 평가하며, 계산이 쉬운 편이다.
(4) 과거 데이터가 없는 경우에도 사용할 수 있는 장점이 있다.
(5) 과학적으로 VaR를 계산하지 못하므로(∵ 주관적 시나리오 등), 다른 VaR 측정 방법을 대체하지 못하고 보완하는 수준으로 사용된다.
(6) 포트폴리오가 단일의 리스크 요소에 주로 의존하는 경우 적합하다(다중요소 X).

2024.06 기출복원

VaR의 측정방법 중 스트레스 검증법(Stress Test)에 대한 설명이다. 가장 거리가 먼 것은?

① 포트폴리오의 위험을 완전가치로 측정한다.
② 과거 데이터가 없는 경우에도 사용할 수 있다.
③ 포트폴리오가 다중의 리스크 요소에 주로 의존할 경우에 적합하다.
④ 다른 VaR 측정법의 보완적인 방법으로서 최악의 경우의 변화를 측정하는데 유용하다.

포트폴리오가 한 개의 리스크 요소에 주로 의존할 경우 스트레스 검증법이 적절히 사용될 수 있다(시나리오를 가정하여 리스크를 측정하므로 단일의 요소에 의존하여 측정하는 것으로 이해할 수 있음).

정답 ③

2025.01 기출복원

스트레스검증법에 대한 설명이다. 옳은 항목의 개수는?

> 가. 포트폴리오의 주요 변수들에 큰 변화가 발생하였을 때 포트폴리오의 가치가 얼마나 변할 것인지를 측정하기 위해 주로 이용되며, 시나리오 분석이라고도 한다.
> 나. 과거 데이터가 없으면 사용할 수 없다.
> 다. 다른 VaR측정 방법을 대체할 수 있다.
> 라. 포트폴리오가 다중의 리스크 요소에 주로 의존할 경우에 적합하다.

① 0개
② 1개
③ 2개
④ 3개

나. 스트레스 검증법은 과거 데이터가 없는 경우에도 사용할 수 있다(∵ 예상 시나리오를 설정하고 측정하므로). 따라서 과거 데이터가 없거나 부족한 영역에서의 VaR 측정 시 스트레스 검증법이 유용하다.

다. 스트레스 검증법은 주관적인 시나리오를 전제로 하기 때문에 과학적으로 VaR를 계산하지 못하고 또한 리스크요인 간의 상관계수를 제대로 계산해 내지 못한다. 따라서 다른 VaR측정방법을 대체하기 보다는 보완역할을 한다(최악의 상황에서의 변화를 측정하는데 유용).

라. 포트폴리오가 한 개의 리스크 요소에 주로 의존할 경우 스트레스 검증법이 적절히 사용될 수 있다(시나리오를 가정하여 리스크를 측정하므로 단일의 요소에 의존하여 측정하는 것으로 이해할 수 있음).

정답 ②

46

투자자산운용사 프리미엄 강의노트 2과목 4편 리스크관리 8문항

VaR(Value at Risk)의 한계점에 대한 내용이다. 가장 적절하지 않은 것은?

① 리스크 요인에서 과거에 발생하지 않았던 새로운 큰 변화가 생길 경우 오차가 크게 발생하여 신뢰성이 떨어지게 된다.
② VaR 측정에 필요한 자료이용에 제한이 있을 수 있으며 이 경우 손실의 계량화가 어려울 수 있다.
③ 옵션이나 채권과 같은 비선형상품에 대한 VaR 측정값은, 델타분석법과 역사적 시뮬레이션법 및 몬테카를로 시뮬레이션법에서 동일하게 나타난다.
④ 설정하는 보유기간에 따라서도 VaR 값은 달라지게 된다.

비선형상품(채권, 옵션)의 VaR을 측정함에 있어 델타분석법은 부분가치로 평가하므로(1차 미분치만 평가), 완전가치 평가법(역사적 / 몬테카를로법 등)에 비해 그 값이 적게 나타난다.

정답 ③

더 알아보기

● VaR의 한계점

① VaR측정이 과거의 데이터에 의존한다.
- 과거자료에 기반하지 않은 새로운 변수가 생긴 경우는 과거자료에 바탕을 둔 델타분석법 등의 신뢰성이 떨어진다(이 경우 Stress Test방식으로 VaR을 측정하는 것이 적합).

② VaR측정에 필요한 자료이용에 제한이 있을 수 있다.
- 이 경우 손실의 계량화가 어려우며 특히 역사적 시뮬레이션방법을 사용할 수 없다.

③ 모형에 따라 VaR측정치의 차이가 발생한다.
- 포트폴리오에 비선형상품(옵션, 채권)의 비중이 높을 경우에는 델타분석법과 나머지 방법(몬테카를로, 역사적 시뮬레이션)과의 측정치 차이가 커진다.

④ VaR을 설정하는 보유기간에 따라서 VaR 측정값이 달라질 수 있다.
- 단 보유기간이 길면 단기에서는 무시해도 좋은 변수가 리스크에 반영되게 되는데, 이때 '1일 VaR $\times \sqrt{trading\ day}$'로 VaR를 측정하는 것은 신뢰성이 떨어질 수 있다.

2024.11 기출복원

VaR(Value at Risk)의 한계점에 대한 내용이다. 가장 적절하지 않은 것은?

① 리스크 요인에서 과거에 발생하지 않았던 새로운 큰 변화가 생길 경우 오차가 크게 발생하여 신뢰성이 떨어지게 되는데, 이 경우 스트레스검증법으로 보완할 수 있다.

② VaR측정에 필요한 자료이용에 제한이 있을 수 있으며 이 경우 손실의 계량화가 어려울 수 있는데, 이 경우 특히 역사적 시뮬레이션법의 사용이 불가하다.

③ 옵션이나 채권과 같은 비선형상품의 경우, 델타분석법과 몬테카를로 시뮬레이션법 등 측정방법과 관계없이 VaR값이 동일하게 나타난다.

④ 보유기간이 1일이 아닌 경우의 VaR은 '1일 VaR $\times \sqrt{보유기간}$'으로 측정하는데, 만일 보유기간이 매우 길어지게 되면 단기간에는 무시해도 좋을 변수가 리스크에 반영되어 이 경우 VaR를 단순히 '1일 VaR $\times \sqrt{보유기간}$'로 계산할 때 그 해석에 유의해야 한다.

---

③ 비선형상품(채권, 옵션)에 대한 VaR 측정 시, 델타분석법과 나머지 측정방법의 VaR값은 **차이가 발생한다**.

정답 ③

47

투자자산운용사 프리미엄 강의노트 2과목 4편 리스크관리 8문항

기존 포트폴리오에 신규 포트폴리오(A 또는 B)를 편입할 경우, 성과가 더 좋을 것으로 기대되는 투자대안은 무엇이며 이 때의 Marginal VaR은 얼마인가?(기존 포트폴리오의 VaR은 110억 원으로 가정)

구 분	투자대안 A	투자대안 B
기대수익률	10%	10%
VaR	100억원	80억원
기존포트폴리오에 투자대안 편입 후의 포트폴리오의 VaR	150억원	170억원

① A, 40억원
② A, 50억원
③ B, 60억원
④ B, 90억원

'A, 40억 원'이다. Marginal VaR(한계VaR)은 새로운 투자대안을 편입시켰을 때의 VaR의 순증가분을 말하는데, Marginal VaR이 적을수록 좋은 투자대안이 된다.
(1) A를 편입할 경우 : 기존포트폴리오 VaR + 한계VaR = 편입 후 포트폴리오 VaR → 110억 원 + 한계VaR = 150억 원, 따라서 **한계VaR는 40억 원**이다.
(2) B를 편입할 경우 : 기존포트폴리오 VaR + 한계VaR = 편입 후 포트폴리오 VaR → 110억 원 + 한계VaR = 170억 원, 따라서 **한계VaR는 60억 원**이다.

정답 ①

더 알아보기

VaR의 유용성 – 한계 VaR

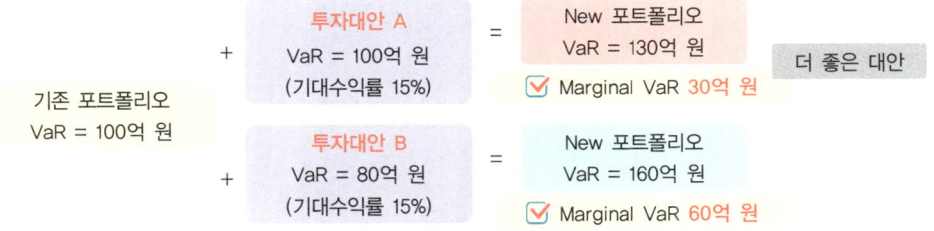

2024.11 기출복원

빈칸에 옳게 연결한 것은?

- 기존 포트폴리오의 VaR는 100억 원이다.
- 투자대안 A의 기대수익률은 15%이고 VaR는 80억 원이다. 그리고 투자대안 A를 기존 포트폴리오에 편입했을 경우 변경 후 포트폴리오의 VaR는 160억 원이다.
- 투자대안 B의 기대수익률은 15%이고 VaR는 100억 원이다. 그리고 투자대안 B를 기존 포트폴리오에 편입했을 경우 변경 후 포트폴리오의 VaR는 150억 원이다.
- 이 경우, 기존 포트폴리오의 편입대상으로서 성과가 더 좋을 것으로 기대되는 자산은 (   )이며, 해당 투자대안의 한계 VaR는 (   )이다.

① A, 60억 원
② B, 60억 원
③ A, 50억 원
④ B, 50억 원

'B, 50억 원'이다. Marginal VaR이 낮을수록 더 좋은 투자대안이 된다.

정답 ④

48

투자자산운용사 프리미엄 강의노트   2과목 4편 리스크관리 8문항

신용리스크와 신용손실분포의 특징에 대한 설명이다. 가장 적절하지 않은 것은?

① 신용리스크는 신용손실 분포로부터의 예상외 손실(Unexpected Loss)로서 정의된다.
② 신용손실분포는 비대칭성이 매우 강하여 한쪽으로 치우치고 얇고 짧은 꼬리를 가진 분포를 보인다.
③ 신용리스크는 평균과 분산을 이용한 모수적인 방법으로 측정하기가 어렵다.
④ 신용위험을 측정하는 3가지 모형 중 MTM Mode는 부도발생 뿐 아니라 신용등급의 변화에 따른 손실도 신용리스크에 포함시키는 모형이다.

신용손실분포는 '한쪽으로 치우치고(skewed), 두껍고 긴 꼬리(fat tail)'를 가진 분포를 한다.

[정답] ②

더 알아보기

● 신용손실분포

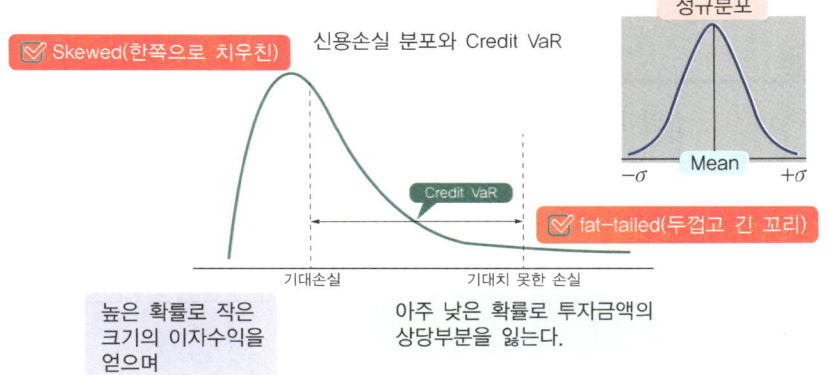

2025.04 기출복원

신용손실분포의 특징에 대한 설명이다. 옳은 것으로 연결한 것은?

> 가. 신용리스크 측정치는 신용리스크에 따른 손실의 불확실성, 즉 신용손실분포에 의해 결정된다.
> 나. 신용수익률은 비대칭성이 강하여 한쪽으로 두꺼우면서도 긴 꼬리를 가진 분포를 보인다.
> 다. 평균과 분산 두 가지 척도만으로도 수익률의 분포를 정확히 얻을 수 있다.

① 가, 나
② 나, 다
③ 가, 다
④ 가, 나, 다

옳은 내용은 '가, 나'이다.

정답 ①

2024.11 기출복원

신용손실분포의 특징에 대한 설명이다. 옳은 항목의 개수는?

> 가. 신용리스크는 신용손실 분포로부터의 예상손실(Expected Loss)로서 정의된다.
> 나. 신용수익률은 비대칭성이 강하여 한쪽으로 치우치고 얇고 짧은 꼬리를 가진 분포를 보인다.
> 다. 평균과 분산을 이용한 모수적방법으로 측정하는 것이 바람직하다.

① 0개
② 1개
③ 2개
④ 3개

가. '예상 외 손실(Unexpected Loss)'로 정의된다. 예상된 손실(Expected Loss)은 위험으로 보지 않는다(비용으로 인식하고 대손충당금으로 대비함). cf 위험은 '불확실성'으로 정의되므로 자기자본으로 대비한다.
나. 신용손실분포는 '한쪽으로 치우치고(skewed), 두껍고 긴 꼬리(fat tail)'를 가진 분포를 보인다('얇고 짧은 꼬리' → X).
다. 신용손실분포는 정규분포가 아니므로 모수적방법이 아닌 퍼센타일(percentile)을 통하여 측정되는 것이 바람직하다.

정답 ①

49

2과목 4편 리스크관리 8문항

신용위험 측정모형으로서 KMV의 EDF모형에 대한 설명이다. 가장 적절하지 않은 것은?

① 기업의 주식가치를 자산가치가 기초자산(S)이고 부채금액이 행사가격(X)인 콜옵션으로 간주하고, 미래에 자산가치가 부채를 감당할 수 없을 정도로 낮아질 때 기업의 채무불이행이 나타난다고 보는 모형이다.
② 일반적으로 신용평가기관들은 신용평가 시에 주로 시간이 지난 회계자료에 대한 의존도가 높다. 반면에 EDF모형은 현재의 기업에 대한 정보를 많이 반영하고 있는 주가를 이용하고 있다는 것이 장점이다.
③ 이론적 EDF와 실증적 EDF는 동일하지 않다.
④ 부도거리(DD)가 3표준편차일 경우, 부도율은 표준정규분포상 3표준편차 이내에 있는 확률을 말한다.

3표준편차 이내의 확률이 아니라 '**3표준편차를 초과하는 확률(또는 3표준편차 이상의 확률)**'이 옳다.

정답 ④

더 알아보기

● 'KMV의 EDF모형'의 신용위험 측정과정

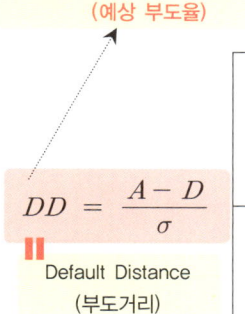

Expected Default Frequencies
(예상 부도율)

$$DD = \frac{A-D}{\sigma}$$

Default Distance
(부도거리)

(1) A는 기업의 미래자산가치, D는 부채금액인데, 'A < D'일 경우 부도가 발생한다고 가정한다.
▶ 재무정보를 이용하지 않고(∵ 투명성 / 적시성 문제), **현재 주가**를 활용한다는 점에 **의의**
▶ 콜옵션논리를 응용

(2) 이때의 부도위험을 '부도거리' 계산을 통해 측정한다.
▶ **표준정규분포 가정 하에 '부도거리(표준편차 거리)'를 계산, 신뢰구간 확률을 통해 부도확률을 측정**

(3) '이론상 EDF(이론상 부도확률)'를 실제 부도율과 대응시켜서 '**실증적 EDF**'를 도출한다.
▶ 실증적EDF(최종 예상부도율)를 통해, 기업의 부도확률을 예측하거나 신용위험액을 측정한다.
▶ 이론적EDF ≠ 실증적EDF

※ 시험대비 : ① 부도거리 계산, ② 부도거리 해석

☑ KMV의 EDF모형 – 부도거리(DD)

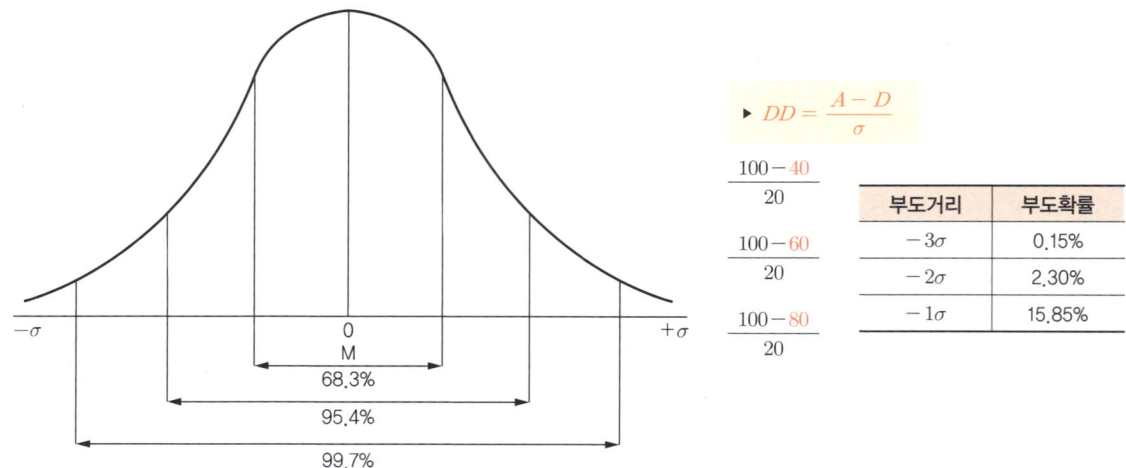

$$DD = \frac{A - D}{\sigma}$$

$\frac{100-40}{20}$

$\frac{100-60}{20}$

$\frac{100-80}{20}$

부도거리	부도확률
-3σ	0.15%
-2σ	2.30%
-1σ	15.85%

▶ 부도거리 : 부도점에 도달하는 거리 → 즉 부도거리가 멀수록 안전 → 부도거리가 멀수록 부도위험은 낮다.

▶ 부도거리($\pm 1\sigma$, $\pm 2\sigma$, $\pm 3\sigma$)를 알면 → 부도확률을 알 수 있음(∵ 표준정규분포를 가정하므로)

2023.06 기출복원

다음 중 부도거리(DD ; Distance to Default)로 판단할 때 신용위험이 가장 낮은 자산은?

구 분	A	B	C	D
기대자산가치	100	100	100	100
부채금액	70	60	50	40
표준편차	40	30	25	20

① A   ② B   ③ C   ④ D

신용위험(부도위험)이 가장 낮은 자산은 부도거리가 가장 긴 D이다.
• 부도거리를 계산하면 'A = 0.75, B = 1.33, C = 2.0, D = 3.0(단위 : 표준편차)'이다.

정답 ④

50

투자자산운용사 프리미엄 강의노트   2과목 4편 리스크관리 8문항

어떤 은행이 100억원의 대출을 하고 있고 대출의 손실률은 30%이다. 부도모형(Default Mode)상 기대손실금액(EL)과 기대손실의 변동성금액(σ_{EL})이 동일하다고 가정하였을 때, 동 대출의 부도율은 얼마인가?(단, 부도율은 베르누이분포를 따름)

① 0.25
② 0.50
③ 0.75
④ 0.80

'$EL = \sigma_{EL}$'을 만족하는 부도율(p)은 0.50이다.

※ 상세 풀이
(1) EL = EAD × 부도율(p) × 손실률 = 100억 원 × p × 0.3
(2) σ_{EL} = ELD × $\sqrt{p \cdot (1-p)}$ × 손실률 = 100억 원 × $\sqrt{p \cdot (1-p)}$ × 0.3
→ (1)과 (2)가 같으므로 '$p = \sqrt{p \cdot (1-p)}$'이다.
이를 풀면,
$p^2 = p \cdot (1-p)$, $p^2 = p - p^2$, $2p^2 = p$, $2p = 1$, 따라서 '$p = 0.5$'이다. 즉 '$EL = \sigma_{EL}$'을 만족하는 부도율(p)은 0.50이다.

정답 ②

더 알아보기

● Default Mode(부도 모형) ☑ MTM mode(신용등급변화도 신용손실로 인정)

(1) 부도(default) 발생 시에만 신용손실이 발생한 것으로 추정한다.
(2) 부도모형에서는 신용위험을 'EL의 불확실성'으로 측정한다.

EL의 변동성

(3) 신용손실은 'EAD, 부도율, 부도 시 손실률'에 의해 결정된다.
   – 부도율은 '베르누이 분포'를 함

$EL = EAD \times 부도율(p) \times LGD$

⬇ ⬇

$\sigma_{EL} = EAD \times \sqrt{p(1-p)} \times LGD$

EL의 변동성   부도율의 표준편차
              (부도율의 변동성)

회수율과 EAD의 불확실성이 없다고 가정하면
예상손실의 변동성은 '부도율의 표준편차'에 의해 추정될 수 있다.

2022.11 기출복원

Default Mode와 관련하여 빈칸에 알맞은 것은?

> 어느 은행의 익스포저(Exposure)는 100억 원이고 부도율은 10%, 부도 시의 손실률은 50%이다(부도율은 베르누이분포를 따름). 이 때 EL(Expected Loss)은 (　　　)로 측정된다.

① 5억 원
② 10억 원
③ 15억 원
④ 20억 원

EL(예상손실액)을 계산하는 문제이다. 'EL = 익스포저 × 부도율 × 손실률'이므로 'EL = 100억 원 × 10% × 50% = 5억 원'이다.

정답 ①

2024.11 기출복원

어느 은행이 100억 원의 대출을 하고 있다. 대출의 부도율은 10%이고, 손실률은 40%이다. 이 경우 부도모형(Default Mode) 상의 신용위험액은 얼마인가?

① 10억 원
② 12억 원
③ 15억 원
④ 18억 원

② $\sigma_{EL} = EAD \times \sqrt{p(1-p)} \times LGD$ (EAD : 익스포저, LGD : 손실률)
　　　= 100억 원 × $\sqrt{0.1(1-0.1)}$ × 0.4
　　　= 100억 원 × 0.3 × 0.4
　　　= **12억 원**

정답 ②

51

3과목 1편 직무윤리 5문항

금융투자업자와 금융소비자 간에서 발생하는 이해상충의 대표적인 사례는 과당매매이다. 그렇다면 특정거래가 과당매매(excess trading)인지 아닌지의 여부를 판단할 수 있는 기준과 가장 거리가 먼 것은?

① 일반투자자가 부담하는 수수료총액
② 일반투자자의 재산상태 및 투자목적에 적합한지의 여부
③ 일반투자자의 투자지식이나 경험에 비추어 당해 거래에 수반되는 위험을 잘 이해하고 있는지의 여부
④ 해당 거래를 통해 달성한 이익 또는 손실의 정도

과당매매 여부를 판단하는 기준에서 '해당 매매를 통한 수익률달성 여부'는 따지지 않는다.

정답 ④

더 알아보기

'금융투자회사 직무윤리'의 4가지 의무(원칙)

기본원칙	자기거래금지 / 과당매매		본인, 회사, 사회에 대한 의무
	☑ 이해상충 방지의무	☑ 금융소비자 보호의무	
금융투자회사 **표준윤리준칙**	법률 상 의무 (자본시장법, 금융소비자보호법 등)		금융투자회사 **표준윤리준칙**
고객우선원칙 신의성실원칙			

기본원칙의 법제화

☑ 과당매매

※ **금융소비자와 이해상충이 발생하는 사례**(2024 기본서 3권, p27 인용)

금융투자업자와 금융소비자 사이에 대표적으로 발생하는 이해상충의 사례 중 하나는 과당매매이다. 금융투자중개업자의 경우 금융소비자로부터 보다 많은 수수료 수입을 창출해야 하는 반면, 금융소비자는 보다 저렴한 수수료를 부담하기를 원하는 경우가 많다. 이때 금융투자중개업자에 속하는 임직원이 회사 또는 자신의 영업실적을 증대시키기 위해 금융소비자의 투자경험 등을 고려하지 않고 지나치게 자주 투자권유를 하여 매매가 발생하는 경우 이해상충이 발생하게 된다.

특히 특정거래가 빈번한 거래인지 또는 과도한 거래인지 여부는 (a) 일반투자자가 부담하는 수수료 총액, (b) 일반투자자의 재산상태 및 투자목적에 적합한지 여부, (c) 일반투자자의 투자지식이나 경험에 비추어 당해 거래에 수반되는 위험을 잘 이해하고 있는지 여부, (d) 개별매매거래 시 권유내용의 타당성 여부 등을 종합적으로 고려하여 판단한다(금융투자업규정 제4조-20조 제1항 제5호, 금융투자회사의 표준내부통제기준 제39조 제1항).

2025.01 기출복원

금융투자업규정상 이해상충의 발생사례로서 과당매매를 판단하는 요소를 모두 묶은 것은?

> 가. 일반투자자가 부담하는 수수료의 총액
> 나. 일반투자자의 재산상태 및 투자목적에 적합한지의 여부
> 다. 일반투자자의 투자지식이나 경험에 비추어 당해 거래에 수반되는 위험을 잘 이해하고 있는지의 여부
> 라. 개별 매매거래 시 권유내용의 타당성여부

① 가, 나, 다
② 가, 다, 라
③ 나, 다, 라
④ 가, 나, 다, 라

모두 해당된다.

주의 거래기간 동안 해당 계좌의 손익달성 여부도 과당매매의 판단요소가 된다. → X (높은 수익률을 달성했다고 해서 과당매매 행위가 면책되는 것이 아니다)

정답 ④

52

투자자산운용사 프리미엄 강의노트   3과목 1편 직무윤리 5문항

다음 중 금융소비자보호를 위한 상품판매 단계의 원칙(또는 의무) 중에서 일반금융소비자와 전문금융소비자 모두를 대상으로 적용되는 것은?

① 적합성 원칙
② 적정성 원칙
③ 설명의무상의 투자설명서 제공의무
④ 부당권유행위 금지의무

'적합성 원칙, 적정성 원칙, 설명의무'는 일반금융소비자만을 대상으로 적용되지만, 부당권유행위의 금지의무(금소법 제21조)는 전문금융소비자에게도 적용된다.

정답 ④

더 알아보기

금융소비자보호의무 – 기출주제

	이해상충 방지의무	금융소비자 보호의무	본인, 회사, 사회에 대한 의무
기본원칙		CCO 업무	
금융투자회사 **표준윤리준칙**	법률 상 의무 (자본시장법, 금융소비자보호법 등)		금융투자회사 **표준윤리준칙**
고객우선원칙 신의성실원칙			

판매단계 전체:
- 상품**개발** 단계
- 상품판매 **이전**단계 → Only 일반금융소비자 / 일반 + 전문투자자
- 상품**판매** 단계 = 적합성·적정성원칙, 설명의무 / 부당권유금지
- 상품판매 **이후**단계 = 자료열람권 / 위법계약해지권

☑ **법령 준수의 대상 : 일반금융소비자 VS 금융소비자**

(1) **적합성 원칙**(금소법 제17조) : 금융상품판매업자 등은 법령에 따라 파악한 정보를 고려하여 그 <u>일반금융소비자에게</u> 적합하지 않다고 인정되는 계약의 체결을 권유해서는 아니 된다.

(2) **적정성 원칙**(금소법 제18조) : 금융상품판매업자 등은 법령에 따라 파악한 정보를 고려하여 해당 금융상품이 그 <u>일반금융소비자에게</u> 적정하지 않다고 판단되는 경우에는 그 사실을 알리고 그 일반금융소비자로부터 서명 등의 방법으로 확인을 받아야 한다.

(3) **설명의무**(금소법 제19조):
- 금융상품판매업자 등은 <u>일반금융소비자에게</u> 계약체결을 권유하는 경우 및 일반금융소비자가 설명을 요청하는 경우에는 그 금융상품에 관한 중요한 사항을 일반금융소비자가 이해할 수 있도록 설명하여야 한다.
- 금융상품판매업자 등은 법령에 따른 설명에 필요한 설명서를 일반금융소비자에게 제공하여야 하며, 설명한 내용을 일반금융소비자가 이해하였음을 서명 등의 방법으로 확인을 받아야 한다.

(4) 부당권유행위 금지의무(금소법 제21조)
- 금융소비자로부터 계약의 체결권유를 요청받지 않고 방문·전화 등 실시간 대화의 방법을 이용한 행위는 원칙상 금지된다(→ '요청하지 않은 투자권유의 금지')
- 계약의 체결권유를 받은 금융소비자가 이를 거부하는 취지의 의사를 표시하였는데도 계약의 체결권유를 계속하는 행위(→ '재권유 금지')

2023.06 기출복원

다음 중 금융소비자보호를 위한 상품판매 단계의 원칙(또는 의무) 중에서 일반금융소비자와 전문금융소비자 모두를 대상으로 적용되는 것은?

① 적합성 원칙
② 적정성 원칙
③ 설명의무
④ 부당권유행위 금지의무

'적합성원칙, 적정성원칙, 설명의무'는 일반금융소비자만을 대상으로 적용되지만, **부당권유행의 금지의무**(금소법 제21조)는 전문금융소비자에게도 적용된다.
▶ 부당권유행위금지 : 불초청권유금지, 재권유금지

정답 ④

53

투자자산운용사 프리미엄 강의노트 | 3과목 1편 직무윤리 5문항

[42회 신유형]

〈보기〉는 금융소비자보호 내부통제위원회의 의결 및 심의사항을 나열한 것이다. 옳은 항목의 개수는 몇 개인가?

> 가. 중요 민원·분쟁에 대한 대응결과에 관한 사항
> 나. 금융상품의 개발, 영업방식 및 관련 정보공시에 관한 사항
> 다. 임직원의 성과보상체계에 대한 금융소비자보호 측면에서의 평가에 관한 사항

① 가, 나
② 나, 다
③ 가, 다
④ 가, 나, 다

모두 해당된다.

[정답] ④

더 알아보기

🔹 금융소비자보호 내부통제위원회

(1) 내부통제위원회 설치의무가 부과되는 금융회사는 '금융소비자보호 내부통제위원회'를 설치해야 한다.
(2) 금융소비자보호 내부통제위원회는 대표이사를 의장으로 하며, **매 반기 1회 이상 회의를 개최**해야 한다.
(3) 금융회사는 금융소비자보호 총괄기관의 장으로서 금융소비자보호업무를 총괄하는 임원을 '금융소비자보호 총괄책임자(CCO)'로 지정해야 하며, CCO(Chief Consumer Officer)는 대표이사 직속의 독립적인 지위를 갖는다.
(4) **내부통제위원회 심의·의결사항** : 42회 기출(신유형)
  • 금융소비자보호에 관한 경영방향
  • 금융소비자보호 관련 주요 제도 변경사항
  • 임직원의 성과보상체계에 대한 대한 금융소비자보호 측면에서의 평가('다')
  • 금융상품의 개발, 영업방식 및 관련 정보공시에 관한 사항('나')
  • 금융소비자보호기준의 적정성·준수실태에 대한 점검·조치 결과
  • 금융소비자보호실태평가, 감독 및 검사 결과의 후속조치에 관한 사항
  • 중요 민원·분쟁에 대한 대응 결과('가')
  • 광고물 제작 및 광고물 내부 심의에 대한 내부규정(단, 준법감시인이 별도로 내부규정 마련시는 제외)
  • 금융소비자보호 총괄기관과 금융상품 개발·판매·사후관리 등 관련부서 간의 협의 필요사항
  • 기타 금융소비자보호 총괄기관 또는 기타 관련부서가 내부통제위원회에 보고한 사항의 처리에 관한 사항

54. 금융투자회사 표준윤리준칙 제6조 '정보보호'에 대한 내용이다. 가장 적절하지 않은 것은?

① 고객 또는 거래상대방에 관한 신상정보, 매매거래내역 등은 기록형태나 기록유무와 관계없이 비밀정보로 본다.
② 비밀정보는 회사에서 정한 기준에 따라 정당한 권한을 보유하고 있거나 권한을 위임받은 자 만이 열람할 수 있다.
③ 임직원은 어떠한 경우에도 자신 또는 제3자를 위하여 비밀정보를 이용해서는 안 된다.
④ 임직원이 회사를 퇴직하는 경우 퇴직 이전에 회사의 경영관련 서류, 기록, 데이터 및 고객관련 정보 등 일체의 비밀정보를 회사에 반납해야 한다.

임직원이 회사업무수행을 목적으로 하는 경우는 비밀정보 사용이 가능하다.
▶ 임직원은 회사가 요구하는 업무를 수행하는 목적 이외에 어떠한 경우에도 자신 또는 제3자를 위하여 비밀정보를 이용해서는 아니 된다.

정답 ③

더 알아보기

정보보호 의무(6조)

① **금융투자회사 표준윤리준칙 제6조(정보보호)의 정의** : 회사와 임직원은 회사의 업무 정보와 고객정보를 안전하게 보호하고 관리해야 한다.
② **비밀정보의 범위** : '회사의 재무건전성이나 경영에 중대한 영향을 미칠 수 있는 정보, 고객 또는 거래상대방의 신상정보나 매매거래내역 등'은 기록형태나 기록유무와 관계없이 비밀정보로 본다.
③ **비밀정보의 관리** : 비밀정보에 대한 관계법령 등의 준수가 요구된다(아래 사항).
  • 비밀정보는 회사에서 정한 기준에 따라 정당한 권한을 보유하고 있거나 권한을 위임받은 자만이 열람할 수 있다.
  • 임직원은 비밀정보 열람권이 없는 자에게 비밀정보를 제공하거나 보안유지가 곤란한 장소에서 이를 공개하여서는 아니 된다.
  • 임직원이 회사를 퇴직하는 경우 퇴직 이전에 회사의 경영관련 서류, 기록, 데이터 및 고객관련 정보 등 일체의 비밀정보를 회사에 반납해야 한다.
  • 임직원은 회사가 요구하는 업무를 수행하는 목적 이외에 어떠한 경우라도 자신 또는 제3자를 위하여 비밀정보를 이용해서는 아니 된다.
  ▶ 또한 특정정보가 비밀정보인지 불명확할 경우에는 준법감시인의 사전확인을 받기 전까지는 비밀정보로 분류하고 관리해야 한다.
④ **비밀정보의 제공절차** : 비밀정보의 제공은 그 필요성이 인정되는 경우에 한하여 회사가 정하는 사전승인절차에 따라 이루어져야 한다.

2022.11 기출복원

금융투자회사 표준윤리준칙 제6조 '정보보호'에 대한 내용이다. 틀린 내용으로 모두 연결한 것은?

> 가. 임직원은 어떠한 경우라도 자신 또는 제3자를 위해 비밀정보를 이용해서는 아니 된다.
> 나. 특정한 정보가 비밀정보인지 불명확한 경우 그 정보를 이용하기 전에 준법감시인의 사전확인을 받아야 하며, 준법감시인의 사전확인을 받기 전까지 당해 정보는 비밀정보로 보지 않는다.
> 다. 비밀정보의 제공은 그 필요성이 인정되는 경우에 한하여 제공을 하며, 제공을 한 경우 지체 없이 보고하고 그 승인을 받는 것을 원칙으로 한다.

① 가, 나
② 나, 다
③ 가, 다
④ 가, 나, 다

모두 틀린 내용이다.
가. 회사업무수행을 목적으로 하는 경우는 비밀정보 사용이 가능하다.
나. 준법감시인의 사전확인을 받기 전까지는 비밀정보로 분류·관리되어야 한다.
다. 사후보고가 아니라 사전승인절차를 거치고 제공되어야 한다.

정답 ④

55

3과목 1편 직무윤리 5문항

영업점별 영업관리자에 대한 설명이다. 가장 적절하지 않은 것은?

① 영업관리자는 영업점에서 1년 이상 근무한 경력이 있거나 준법감시·감사업무를 1년 이상 수행한 경력이 있는 자로서 당해 영업점에서 상근하고 있을 것 등의 요건을 갖추어야 한다.
② 준법감시인은 위임의 범위와 책임의 한계 등이 명확히 구분된 경우 준법감시업무 중 일부를 영업관리자에게 위임할 수 있다.
③ 영업관리자는 원칙적으로 영업점장이 아닌 책임자급에서 임명하며 임기는 1년 이상으로 한다.
④ 영업점별 영업관리자에게 업무수행의 결과에 따른 보상을 지급할 수는 없지만, 준법감시업무로 인하여 인사·급여 등에서 불이익을 받지 않도록 해야 한다.

영업점별 영업관리자에게 업무수행의 결과에 따라 **적절한 보상을 지급할 수 있다**.

정답 ④

더 알아보기

◆ 기타 준법감시인 제도   위임 범위와 책임 한계가 명확히 구분되는 경우

영업점별영업관리자(준법감시인이 임명, 업무일부의 위임 가능)

(1) 영업점에서 1년 이상 근무경력이 있거나 준법감시업무를 1년 이상 수행한 경력이 있는 자로서 당해 영업점에 상근하고 있을 것
(2) 본인이 수행하는 업무가 과다하거나 수행하는 업무의 성격으로 인하여 준법감시인 업무에 곤란을 받지 않을 것
(3) **영업점장이아닌 책임자일 것**. 다만, 당해 영업점의 직원 수가 적어서 적어서 영업점장을 제외한 책임자급이 없는 경우에는 그렇지 않음.
(4) 준법감시업무를 효과적으로 수행할 수 있는 충분한 경험과 능력, 윤리성을 갖추고 있을 것

> 자격요건

(5) **영업관리자의 임기는 1년 이상이어야 하며** 영업관리자에 대해 연간 1회 이상의 윤리교육을 실시해야 한다.
(6) 영업관리자가 준법감시업무로 인해 인사·급여 등에서 불이익을 받지 않도록 해야 하고 업무수행 결과에 따라 **적절한 보상을 지급할 수 있다**.

> 기타

2023.11 기출복원

영업점별 영업관리자에 대한 설명이다. 틀린 것으로 연결한 것은?

> 가. 준법감시인은 위임의 범위와 책임의 한계 등이 명확히 구분된 경우 준법감시업무 중 일부를 영업관리자에게 위임할 수 있다.
> 나. 영업관리자는 영업점장이 아닌 책임자급에서 임명하는 것을 원칙으로 하며, 해당 영업점에서 1년 이상 근무하고 해당 영업점에서 상근하고 있을 것 등의 요건을 갖추어야 한다.
> 다. 영업관리자의 임기는 2년 이상으로 한다.
> 라. 영업관리자에게 업무수행의 결과에 따라 적절한 보상을 지급하는 것은 내부통제 기준상 불가하다.

① 가, 나
② 다, 라
③ 가, 다
④ 나, 라

틀린 내용은 '다, 라'이다.
다. 영업관리자의 임기는 **1년 이상**으로 하여야 한다.
　[비교] 준법감시인의 임기는 2년 이상이어야 한다.
라. 영업점별 영업관리자가 준법감시업무로 인하여 인사·급여 등에서 불이익을 받지 않도록 해야 하며, 영업관리자에게 업무수행의 결과에 따라 **적절한 보상을 지급할 수 있다.**

정답 ②

56 투자자산운용사 프리미엄 강의노트 3과목 2편 자본시장법 11문항

금융투자상품의 정의와 관련하여 빈칸을 옳게 연결한 것은?(순서대로)

- (　　)은 특정투자자가 그 투자자와 타인 간의 공동사업에 금전 등을 투자하고 주로 타인이 수행한 공동사업의 결과에 따른 손익을 귀속 받는 계약상의 권리가 표시된 증권이다.
- (　　)은 기초자산의 가격·이자율·지표·단위 또는 이를 기초로 하는 지수 등의 변동과 연계하여 미리 정해진 방법에 따라 지급금액 또는 회수금액이 결정되는 권리가 표시 된 증권이다.

① 수익증권 – 파생상품
② 수익증권 – 파생결합증권
③ 투자계약증권 – 파생상품
④ 투자계약증권 – 파생결합증권

'투자계약증권-파생결합증권'이다.

보충 '증권의 6가지 종류(명시적 포함)'의 정의 문제는 '투자계약증권 / 파생결합증권' 두 가지를 대상으로 출제되고 있다.

정답 ④

더 알아보기

◆ 금융투자상품의 3단계 정의(포괄적 정의 / 명시적 포함 / 명시적 배제)

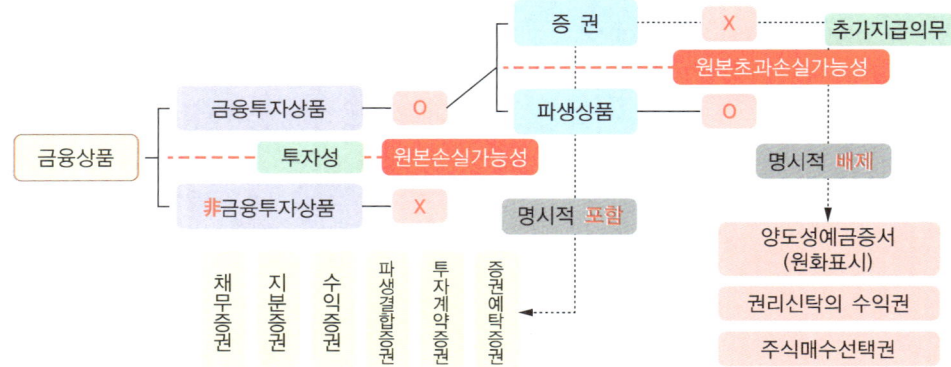

☑ 증권의 6가지 종류   ☑ 취득과 동시에 어떤 명목으로든 추가적인 지급의무를 부담하지 않는 금융투자상품 → 증권

(1) **채무증권** : 지급청구권이 표시된 증권, 발행인에 의하여 원금이 보장되지만 유통과정에서 원금손실이 발생할 수 있는 증권(∴ 사적인 금전채권은 채무증권이 아님).
(2) **지분증권** : 법률에 의해 직접 설립된 법인이 발행한 출자증권, 상법상 합자회사 / 유한회사 / 유한책임회사 / 합자조합 / 익명조합의 출자지분, 그 밖에 이와 유사한 것으로서 출자지분 또는 출자지분을 취득할 권리가 표시된 증권(cf 합명회사 지분 / 무한책임사원의 지분은 범위에서 제외)
(3) **수익증권** : 금전신탁의 수익권, 투자신탁의 수익증권, 그 밖에 이와 유사한 것으로서 신탁의 수익권이 표시된 것
(4) **투자계약증권** : 특정투자자가 그 투자자와 타인 간의 공동사업에 금전 등을 투자하고 주로 타인이 수행한 공동사업의 결과에 따른 손익을 귀속 받는 계약상의 권리가 표시된 증권
(5) **파생결합증권** : 기초자산의 가격 / 이자율 / 지표 / 단위 또는 이를 기초로 하는 지수 등의 변동과 연계하여 미리 정해진 방법에 따라 지급금액 또는 회수금액이 결정되는 권리가 표시된 증권(ELS, ELW, DLS, CLN 등)
(6) **증권예탁증권** : 채무증권, 지분증권, 수익증권, 투자계약증권, 파생결합증권을 예탁 받은 자가 그 예탁 받은 증권이 발행된 국가 외의 국가에서 발행한 것으로서 그 예탁 받은 증권에 관련된 권리가 표시된 증권이다(ADR, GDR, EDR, KDR).

2023.11 기출복원

금융투자상품의 종류와 관련하여 빈칸에 알맞은 것은?

> (   )은 기초자산의 가격·이자율·지표·단위 또는 이를 기초로 하는 지수 등의 변동과 연계하여 미리 정하여진 방법에 따라 지급금액 또는 회수금액이 결정되는 권리가 표시된 증권을 말한다.

① 수익증권
② 파생결합증권
③ 파생상품
④ 증권예탁증권

파생결합증권의 정의에 해당한다.

정답 ②

57

투자자산운용사 프리미엄 강의노트 | 3과목 2편 자본시장법 11문항

자본시장법상 금융투자업을 영위하기 위해서는 금융위원회로부터 인가 또는 등록을 받아야 하는 바, 다음 중 인가대상 금융투자업이 아닌 것은?

① 투자매매업
② 투자중개업
③ 투자일임업
④ 신탁업

투자일임업은 등록대상이다.

정답 ③

더 알아보기

인가와 등록

	인가대상	등록대상
채권채무관계	투자매매업	투자자문업
고객자산 수탁관계	투자중개업	투자일임업
	집합투자업	온라인소액투자중개업
	신탁업	일반 사모집합투자업

인가대상은 등록대상에 비해 위험도가 높은 업무로서, 더 엄격한 요건을 적용한다(인가요건 > 등록요건).

▶ **최저자기자본 요건** : 인가대상 금융투자업은 등록대상에 비해 더 많은 최저자기자본을 갖추어야 한다.

2022.02 기출복원

자본시장법상 금융투자업을 영위하기 위해서는 금융위로부터 인가 또는 등록을 받아야 하는 바, 다음 중 등록대상 금융투자업이 아닌 것은?

① 신탁업
② 투자일임업
③ 온라인소액투자중개업
④ 일반 사모집합투자업

※ **인가대상 VS 등록대상**
(1) 인가대상 : 투자매매업, 투자중개업, 집합투자업, 신탁업
(2) 등록대상 : 투자일임업, 투자자문업, 일반 사모집합투자업, 온라인소액투자중개업

정답 ①

58

투자자산운용사 프리미엄 강의노트 | 3과목 2편 자본시장법 11문항

재무건전성 규제(순자본비율규제, 레버리지규제 등)와 관련하여 옳은 항목을 모두 묶은 것은?

> 가. 순자본비율은 영업용순자본을 총위험으로 나눈 비율을 말한다.
> 나. 필요유지자기자본은 금융투자업자가 영위하는 인가업무 또는 등록업무 단위별로 요구되는 자기자본을 합계한 금액을 말한다.
> 다. 레버리지 비율은 개별 재무상태표상의 자기자본 대비 총자산의 비율로 계산된다.

① 가, 나
② 나, 다
③ 가, 다
④ 가, 나, 다

옳은 항목은 '나, 다'이다.
가. 순자본비율은 '영업용순자본에 총위험액을 차감한 금액을 필요유지자기자본으로 나눈 비율'을 말한다.

정답 ②

더 알아보기

● 순자본비율 VS 레버리지비율

구 분		순자본비율	레버리지비율
공 식		$\dfrac{영업용순자본 - 총위험액}{필요유지자기자본} \times 100$	$\dfrac{총자산}{자기자본} \times 100$
적기 시정 조치	경영개선권고	100% 미만~50% 이상	1,100% 초과 시 (단, 2년 연속 적자인 경우는 900% 초과 시)
	경영개선요구	50% 미만~0% 이상	1,300% 초과 시 (단, 2년 연속 적자인 경우는 1,100% 초과 시)
	경영개선명령	0% 미만	(기준 없음)

✅ 순자본비율 계산에 반영되는 항목

순자본비율은 영업용순자본을 총위험액으로 차감한 금액을 필요유지자기자본으로 나누어 구한다.

영업용순자본은 기준일 현재 금융투자업자의 순재산액에서 현금화가 곤란한 자산을 차감하고 보완자본을 가산하여 구한다(→ 순자산 + 유동성).

총위험액은 금융투자업자가 영업 시 직면하게 되는 손실을 미리 예측하여 계량화한 것으로서 '시장위험 + 신용위험액 + 운영위험액'으로 계산한다.
Market risk + Credit risk + Operating risk

필요유지자기자본은 금융투자업자가 영위하는 인가업무 또는 등록업무 단위별로 요구되는 자기자본을 합계한 금액

2024.11 기출복원

순자본비율 규제(재무건전성 규제)에 대한 설명이다. 가장 적절하지 않은 것은?

① 금융투자업자는 자본적정성 유지를 위해 순자본비율을 100% 이상 유지해야 한다.
② 순자본비율의 기초가 되는 금융투자업자의 자산, 부채, 자본은 연결 재무제표에 계상된 장부가액을 기준으로 한다.
③ 순자본비율은 영업용순자본을 총위험액으로 나눈 비율을 말한다.
④ 필요유지자기자본은 금융투자업자가 영위하는 인가업무 또는 등록업무 단위별로 요구되는 자기자본을 합계한 금액을 말한다.

③ 순자본비율은 '영업용순자본을 총위험액으로 차감한 금액을 필요유지자기자본으로 나눈 비율'을 말한다

$$(→ 순자본비율 = \frac{영업용순자본 - 총위험액}{필요유지자기자본})$$

정답 ③

59

투자자산운용사 프리미엄 강의노트   3과목 2편 자본시장법 11문항

부당권유행위 금지(금소법 제21조)에 대한 내용이다. 가장 적절하지 않은 것은?

① 불확실한 사항에 대하여 단정적 판단을 제공하거나 확실하다고 오인하게 할 여지가 있는 내용을 알리는 행위는 금지된다.
② 금융상품의 가치에 중대한 영향을 미치는 사항을 미리 알고 있으면서 금융소비자에게 알리지 않는 행위는 금지된다.
③ 금융소비자로부터 계약의 체결권유를 해줄 것을 요청받지 아니하고 방문·전화 등 실시간 대화의 방법을 이용하는 행위는 원칙상 금지된다.
④ 계약체결의 권유를 받은 금융소비자가 이를 거부하는 취지의 의사를 표시하였는데도 계약의 체결권유를 계속하는 행위는 금지되지만, 동일 금융투자상품에 대해서 1년이 지난 후 부터 다시 권유하는 것은 예외로 인정된다.

1년이 지난 후부터 → **1개월이 지난 후**

정답 ④

더 알아보기

● 부당권유행위 금지 – '불초청권유 / 재권유' 금지

요청하지 않은 투자권유의 금지	재권유금지
고객으로부터 투자권유요청을 받지 않고 방문·전화 등 실시간 대화의 방법에 의해 투자권유를 하는 행위 → 개인의 평온한 사생활 침해와 충동구매 방지차원에서 금지된다.	투자자가 거부의사를 표시함에도 불구하고 투자권유를 지속하는 행위 → 금지
단, 금융상품을 미리 안내하고 금융소비자가 투자권유를 받을 의사를 표명할 경우는 예외가 인정된다. 그러나 이 경우에도 아래 대상은 금지된다.	단, '(1) 재권유의 대상이 다른 금융투자상품인 경우, (2) 동일한 상품을 1개월이 지난 후에 다시 권유하는 경우'는 예외가 인정된다.

▶ '요청하지 않은 투자권유'의 금지대상(예외가 인정되지 않는 금지대상)
  (1) 일반금융소비자 : 고난도 '금융투자상품 / 투자일임계약 / 금전신탁계약', 사모펀드, 장내파생상품, 장외파생상품
  (2) 전문금융소비자 : 장외파생상품

2024.06 기출복원

부당권유행위 금지(금소법 제21조)에 대한 내용이다. 가장 적절하지 않은 것은?

① 불확실한 사항에 대하여 단정적 판단을 제공하거나 확실하다고 오인하게 할 여지가 있는 내용을 알리는 행위는 금지된다.
② 금융소비자로부터 계약의 체결권유를 해줄 것을 요청받지 아니하고 방문·전화 등 실시간 대화의 방법을 이용하는 행위는 원칙상 금지된다.
③ 계약체결의 권유를 받은 금융소비자가 이를 거부하는 취지의 의사를 표시한 후 1개월이 지난 후에 동일 금융투자상품에 대해서 다시 권유하는 행위는 원칙상 금지된다.
④ 부당권유행위 금지의무를 위반한 금융투자회사에 대해서는 해당 금융상품 계약으로부터 얻는 수익의 최대 50% 이내에서 과징금을 부과할 수 있으며, 별도로 최대 1억 원 이내에서 과태료를 부과할 수 있다.

③은 재권유금지원칙의 예외로서 금지대상이 아니다.

정답 ③

60

투자자산운용사 프리미엄 강의노트 | 3과목 2편 자본시장법 11문항

투자매매업자 또는 투자중개업자에 대한 신용공여 규제에 대한 설명으로 가장 적절하지 않은 것은?

① 신용공여를 하고자 하는 경우 투자자와 신용공여에 관한 약정을 체결해야 하고, 투자자로부터 신용거래를 수탁 받은 때에는 신용거래계좌를 설정해야 한다.
② 신용공여 한도는 총자산의 범위 이내로 한다.
③ 신용거래 융자는 매수한 증권을, 신용거래 대주는 매도대금을 담보로 징구한다.
④ 신용공여의 하나로서 청약자금대출의 경우에는 청약하여 배정받은 증권을 담보로 징구해야 한다.

투자매매업자 또는 투자중개업자의 신용공여한도는 **자기자본을 한도**로 한다.

정답 ②

더 알아보기

● 신용공여

신용공여는 투자매매업자 또는 투자중개업자의 고유업무는 아니지만, **증권과 관련된 경우 예외적으로 허용한다.**

신용거래융자   신용거래대주   예탁증권담보융자   청약자금대출

☑ 신용공여는 투자매매업자 또는 투자중개업자의 **자기자본을 한도**로 한다.
☑ 담보비율은 신용공여금액의 **100분의 140**이다.

☑ 담보증권의 평가 등

(1) 담보로 제공된 증권의 평가
  - 상장주식이나 ETF의 집합투자증권 : **당일종가**
  - 청약주식 : 취득가액으로 하되 상장 후에는 당일종가
  - 상장채권 및 공모파생결합증권 : **둘 이상의 채권평가회사가 제공하는 가격정보를 기초로 산정한 가액**
  - 집합투자증권(ETF 제외) : 당일에 고시된 기준가격

(2) 담보징구 방법
  ㉠ 신용거래융자 및 신용거래대주 : 신용거래융자는 '매수한 증권'을, 신용거래대주는 '매도대금'을 담보로 징구한다.
  ㉡ 예탁증권담보융자 : 예탁증권을 담보로 징구
  ㉢ 청약자금대출 : 청약하여 배정받는 증권을 담보로 징구

(3) 인수증권에 대한 신용공여의 제한 : 투자매매업자는 증권의 인수일로부터 **3개월 이내**에 투자자에게 그 증권을 매수하게 하기 위한 신용공여는 할 수 없다.

2022.02 기출복원

투자매매업자 또는 투자중개업자에 대한 신용공여 규제에 대한 설명으로 가장 적절하지 않은 것은?

① 신용공여를 하고자 하는 경우 투자자와 신용공여에 관한 약정을 체결해야 하고, 투자자로부터 신용거래를 수탁받은 때에는 신용거래계좌를 설정해야 한다.
② 신용공여 한도는 총자산의 범위 이내로 한다.
③ 신용공여의 하나로서 청약자금대출의 경우에는 청약하여 배정받은 증권을 담보로 징구해야 한다.
④ 투자매매업자는 증권의 인수일로부터 3개월 이내에 투자자에게 본인이 인수한 증권을 매수하게 하기 위한 신용공여는 할 수 없다.

투자매매업자 또는 투자중개업자의 신용공여 한도는 자기자본을 한도로 한다.

정답 ②

61

투자자산운용사 프리미엄 강의노트 / 3과목 2편 자본시장법 11문항

투자자예탁금의 별도예치제도에 대한 설명이다. 옳은 항목의 개수는?

> 가. '투자매매업자 또는 투자중개업자(예탁을 하는 예치 금융투자업자)'가 '증권금융회사 또는 신탁업자(예탁을 받는 예치기관)'에게 투자자예탁금을 예치 또는 신탁하는 경우에는, 그 투자자예탁금이 예치 금융투자업자의 고유재산임을 명시해야 한다.
> 나. 겸영금융투자업자는 증권금융회사에 예치하지 않고 신탁업자에게 신탁할 수 있는데, 겸영 금융투자업자로서 은행과 보험회사 등이 자신이 신탁업자로서 투자자예탁금을 보관하는 것은 금지된다.
> 다. 예치 금융투자업자가 다른 회사에 흡수합병 되거나 금융투자업의 전부 또는 일부를 양도하는 경우에는, 예치기관에 예치한 투자자예탁금을 인출하여 투자자에게 우선 지급해야 한다.

① 0개
② 1개
③ 2개
④ 3개

모두 틀린 내용이다(옳은 항목의 개수는 0개).

정답 ①

더 알아보기

☑ 해 설

가. 그 투자자예탁금이 '투자자의 재산'임을 명시해야 한다.
나. 겸영금융투자업자가 투자자예탁금을 신탁할 때, 겸영 금융투자업자 신탁업자일 경우 자신에게 신탁할 수 있다 (즉 자기계약이 가능).
  ▶ '투자자예탁금을 신탁업자에 신탁할 수 있는 금융투자업자(겸영금융투자업자)'는 은행, 한국산업은행, 중소기업은행, 보험회사이며, 신탁법 제2조에도 불구하고 자기계약을 할 수 있다. 즉, 겸영금융투자업자는 자신이 신탁업자로서 투자자예탁금을 보관할 수 있다.
다. '흡수합병 등'은 '투자자예탁금의 양도 및 담보제공 금지'의 예외 사유로서 '우선인출사유'에는 해당되지 않는다 (양도나 담보제공 사유 ≠ 우선인출 사유).
  ▶ 투자자예탁금의 우선 인출 사유 : 인가취소, 해산결의, 파산선고 등

투자자예탁금의 별도예치제도

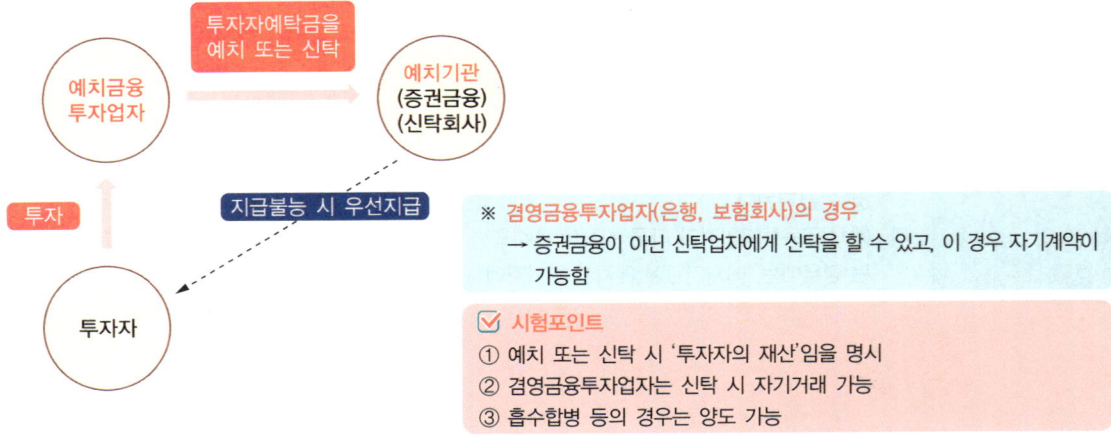

2024.03 기출복원

투자자예탁금의 별도예치제도에 대한 설명이다. 가장 거리가 먼 것은?

① 투자자예탁금은 투자자로부터 금융투자상품의 매매, 그 밖의 거래와 관련하여 예탁 받은 금전을 의미하며, 투자매매업자 또는 투자중개업자는 이를 고유재산과 구분하여 증권금융회사에 예치하는 것을 원칙으로 한다.
② 겸영금융투자업자는 증권금융회사에 예치하지 않고 신탁업자에게 신탁할 수 있는데, 겸영금융투자업자로서 은행과 보험회사는 자신이 신탁업자로서 투자자예탁금을 보관하는 것은 금지된다.
③ 누구든지 예치기관에 예치 또는 신탁한 투자자예탁금을 상계·압류하지 못하며, 투자자예탁금을 예치 또는 신탁한 투자매매업자 또는 투자중개업자는 시행령으로 정한 경우 외에는 해당 투자자예탁금을 양도하거나 담보로 제공할 수 없다.
④ 예치금융투자업자의 인가취소, 해산결의, 파산선고 등의 경우에는 예치기관에 예치 또는 신탁된 투자자예탁금을 인출하여 투자자에게 우선하여 지급하여야 한다.

'투자자예탁금을 신탁업자에 신탁할 수 있는 금융투자업자(겸영금융투자업자)'는 은행, 한국산업은행, 중소기업은행, 보험회사이며, 신탁법 제2조에도 불구하고 **자기계약을 할 수 있다**(2024 기본서, 3권, p230 참조). 즉, 겸영금융투자업자는 자신이 신탁업자로서 투자자예탁금을 보관할 수 있다.

정답 ②

62

투자자산운용사 프리미엄 강의노트 | 3과목 2편 자본시장법 11문항

〈보기〉 중에서 공모형 집합투자기구가 동일종목 증권에 투자할 때 집합투자기구 자산총액의 100분의 30까지 투자할 수 있는 항목으로 연결한 것은?

> 가. 지방채
> 나. 한국은행 통화안정증권
> 다. 파생결합증권

① 가, 나
② 나, 다
③ 가, 다
④ 가, 나, 다

펀드자산총액의 30%까지 투자할 수 있는 대상은 '가, 다'이다(통안채는 100%까지 투자가능).

주의 '30% 까지'로 하면 통안채는 제외되지만 '30% 이상'으로 한다면 통안채도 포함된다.

정답 ③

더 알아보기

● 공모집합투자기구의 운용제한

(1) '**동일종목 증권**'에 대한 투자제한 : 각 펀드는 펀드재산의 10%를 초과하여 '동일종목증권'에 투자할 수 없다. 단, 아래의 예외가 적용된다.

㉠ 100%까지 투자가 가능한 경우
  ⓐ 국채·통안채·정부보증채
  ⓑ 부동산투자전문회사가 발행한 증권(부동산개발회사 발행 증권, 부동산투자목적회사 발행 지분증권)
  ⓒ 사회기반시설사업의 시행을 목적으로 하는 법인이 발행한 증권
  ⓓ 주택저당담보부채권(또는 금융기관이 보증한 주택저당채권)
  ⓔ 부동산 및 부동산 관련 자산이 기초자산의 70% 이상을 차지하는 ABS

㉡ 30%까지 투자가 가능한 경우
  ⓐ 지방채, 특수채, 파생결합증권
  ⓑ 금융기관이 발행한 채권, 금융기관이 발행 또는 지급보증한 어음·CD
  ⓒ OECD 가입국가 또는 중국이 발행한 채권
  ⓓ ETF에서 동일종목 증권에 투자하는 경우

(2) '**동일법인 지분증권**'에 대한 투자제한 : 동일 운용사가 운용하는 펀드를 기준으로 각 펀드의 경우 해당 법인 지분증권 총수의 10%, 전체 펀드의 경우 해당 법인의 지분증권 총수의 20%를 초과하여 투자하는 것은 금지된다. 단, 아래의 예외가 적용된다.

㉠ 부동산개발회사가 발행하는 지분증권
㉡ 부동산투자목적회사가 발행하는 지분증권
㉢ 사회기반시설사업의 시행을 목적으로 하는 법인이 발행한 주식

(3) **'파생상품'에 대한 투자제한** : 아래의 행위는 금지된다.
   ㉠ 적격요건을 갖추지 못한 자와 장외파생상품을 매매하는 행위
   ㉡ 파생상품의 위험평가액이 펀드 순자산의 100%를 초과하여 투자하는 행위
   ㉢ 동일법인 발행 증권의 가격변동으로 인한 위험평가액이 펀드자산총액의 10%를 초과하는 행위
   ㉣ 동일 거래상대방과의 장외파생상품 매매에 따른 거래상대방 위험평가액이 각 펀드자산총액의 10%를 초과하는 행위

(4) **'다른 집합투자증권'에 대한 투자제한** : 동일 운용사가 운용하는 집합투자기구를 대상으로, 각 펀드의 집합투자증권의 경우 펀드재산의 20%, 전체 펀드의 집합투자증권의 경우 펀드재산의 50%까지 투자할 수 있다.

(5) **'부동산'에 대한 투자제한** : 아래의 행위는 금지된다.
   ㉠ 국내 부동산(ⓐ 주택법상의 주택 / ⓑ 주택법상의 주택이 아닌 부동산)의 경우 부동산 취득 후 **1년 이내**의 기간 내에 처분하는 행위. 단, 미분양주택(ⓐ)의 경우는 집합투자규약에서 정하는 기간이 적용
   ㉡ 국외 부동산의 경우 부동산 취득 후 **집합투자규약에 정하는 기간 내**에 처분하는 행위
   ㉢ 펀드재산으로 부동산 매매 시 실사보고서를 작성하고 비치해야 하며, 부동산 개발사업에 투자하는 경우는 사업계획서를 작성하고 비치해야 한다.

2025.01 기출복원

〈보기〉 중에서 공모형 집합투자기구가 동일종목 증권에 투자할 때 집합투자기구 자산총액의 100분의 10을 초과하여 투자할 수 있는 항목의 개수는?

한국은행 통화안정증권, 특수채, 파생결합증권

① 0개
② 1개
③ 2개
④ 3개

세 가지 모두 해당된다(통화안정증권은 펀드자산총액의 100%, 특수채나 파생결합증권은 30%까지 투자가능).

정답 ④

2024.11 기출복원

공모형 집합투자기구에 대한 운용제한과 관련하여 빈칸을 옳게 연결한 것은?

- 각 집합투자기구의 자산총액의 (　　)를 초과하여 동일종목의 증권에 투자할 수 없다.
- 동일종목 증권에 대한 투자 제한의 예외로서, 각 집합투자기구의 자산총액의 (　　)까지 파생결합증권에 투자할 수 있다.

① 10%, 20%
② 10%, 30%
③ 20%, 30%
④ 20%, 50%

② '10%, 30%'이다. 동일종목 증권에 대한 10% 투자제한과 그 예외로서 파생결합증권에 대해서는 30%의 예외가 적용된다.

정답 ②

2024.11 기출복원

공모형 집합투자기구의 운용제한에 대한 설명이다. 가장 적절하지 않은 것은?

① 국채나 통안채에는 집합투자재산의 100%까지 투자할 수 있다.
② ETF의 집합투자재산으로 동일종목 증권에 투자할 경우 ETF 집합투자재산의 20%까지 투자할 수 있다.
③ 다른 펀드의 집합투자증권에 투자하는 경우, 동일 운용사가 운용하는 전체 펀드의 집합 투자증권을 대상으로 집합투자재산의 50%까지 투자할 수 있다.
④ 국내 부동산을 취득한 경우 취득 후 1년의 기간 이내에는 처분할 수 없는 것이 원칙이다.

② ETF의 집합투자재산으로 동일종목 증권에 투자할 경우, ETF 집합투자재산의 30%까지 투자가 가능하다(일반 펀드의 경우 펀드재산의 10%까지만 가능).

정답 ②

63

투자자산운용사 프리미엄 강의노트 | 3과목 2편 자본시장법 11문항

집합투자기구의 금전차입에 대한 내용이다. 빈칸의 수를 합한 숫자는?

- 집합투자업자는 집합투자재산을 운용함에 있어서 집합투자기구의 계산으로 금전을 차입할 수 없다. 단, 대량 환매청구나 매수청구가 발생하는 경우 집합투자기구 순자산액의 (　)% 이내에서 예외적인 차입이 가능하다.
- 집합투자업자는 집합투자재산을 운용함에 있어서 집합투자재산으로 금전을 대여할 수 없다. 단, 부동산 개발사업을 영위하는 법인에 대해서는 집합투자기구 순자산총액의 (　)%를 한도로 대여가 가능하다.

① 110
② 170
③ 210
④ 300

'110(10%, 100%)'이다.

정답 ①

더 알아보기

집합투자기구의 차입과 대여 – 금전

집합투자업자는 집합투자재산을 운용함에 있어 집합투자기구의 계산으로 금전을 차입하지 못한다.

↓

☑ 대량환매청구, 대량매수청구 등의 경우 예외적으로 차입을 인정한다(순자산액의 10% 한도).

☑ 부동산펀드의 경우 특례로
　　차입은 순자산액의 200%까지 대여는 100%까지 가능하다.
　　(부동산펀드가 아니라도 부동산보유가액의 70%까지 차입이 가능함)

2024.11 기출복원

집합투자기구의 금전차입에 대한 내용이다. 빈칸의 수를 합한 숫자는?

- 집합투자업자는 집합투자재산을 운용함에 있어서 집합투자기구의 계산으로 금전을 차입할 수 없다. 단, 대량 환매청구나 매수청구가 발생하는 경우 집합투자기구 순자산액의 ( )% 이내에서 예외적인 차입이 가능하다.
- 집합투자재산으로 부동산을 취득하는 경우 금전차입이 예외적으로 허용되는 바, 부동산 집합투자기구는 순자산액의 ( )%를 한도로 차입이 가능하다.

① 80
② 110
③ 210
④ 300

※ 집합투자기구의 금전차입
(1) 집합투자기구는 집합투자재산의 운용에 있어서 금전차입이 금지된다.
(2) 단, 아래의 경우 예외가 적용된다.
  ㉠ 대량의 환매청구 또는 매수청구 발생 시 **순자산의 10%**까지 차입가능
  ㉡ 부동산특례로서,
    ⓐ 부동산펀드가 부동산을 취득 시에는 **순자산액의 200%**를 한도로 차입가능
    ⓑ 부동산펀드가 부동산개발사업을 영위하는 법인에 대해 대여를 할 경우, **순자산액의 100%**를 한도로 대여가능
    ⓒ 부동산펀드가 아니라도 부동산을 보유하고 있을 경우, 그 가액의 70%까지 차입가능

정답 ③

64

투자자산운용사 프리미엄 강의노트 3과목 2편 자본시장법 11문항

집합투자기구의 이익금의 분배와 관련한 설명이다. 옳은 것은?

① 집합투자업자는 집합투자재산 운용에 따라 발생한 이익금을 투자자에게 금전으로만 분배해야 한다.
② 투자회사가 이익금의 전액을 새로 발행하는 주식으로 분배하려는 경우에는, 정관이 정하는 바에 따라 발행주식 수, 발행시기 및 주식발행에 필요한 사항에 대해 주주총회의 결의를 거쳐야 한다.
③ 모든 집합투자기구는 그 집합투자기구의 특성을 고려하여 집합투자규약이 정하는 바에 따라 이익금의 분배를 유보할 수 있다.
④ 모든 집합투자기구는 그 집합투자기구의 특성을 고려하여 이익금을 초과하는 분배를 할 수 있는데, 투자회사의 경우 순자산액에서 최저 순자산액을 뺀 금액을 초과하는 분배는 할 수 없다.

④만 옳은 내용이다. 투자회사의 경우 초과분배를 하더라도 최저순자산액을 침해하는 수준까지 초과분배를 해서는 안 된다는 의미이다.

정답 ④

더 알아보기

● 이익금의 분배원칙

☑ 이사회결의

이익금 → 분배 → 재투자
(1) 금전 또는 새로 발행하는 집합투자증권
(2) 유보가능(▶ MMF는 유보불가)
(3) 초과분배가능(▶ 단, 투자회사의 경우 순자산액에서 최저순자산액을 뺀 금액을 초과하는 분배는 불가)

상환금

2023.06 기출복원

집합투자기구의 이익금 분배원칙에 대한 설명이다. 틀린 내용으로 연결한 것은?

> 가. 집합투자업자는 집합투자재산 운용에 따라 발생한 이익금을 투자자에게 금전 또는 새로 발행하는 집합투자증권으로 분배해야 한다.
> 나. 투자회사가 이익금의 전액을 새로 발행하는 주식으로 분배하려는 경우에는, 정관이 정하는 바에 따라 발행주식수, 발행시기 및 주식발행에 필요한 사항에 대해 주주총회의 결의를 거쳐야 한다.
> 다. 모든 집합투자기구는 그 집합투자기구의 특성을 고려하여 집합투자규약이 정하는 바에 따라 이익금의 분배를 유보할 수 있다.
> 라. 모든 집합투자기구는 그 집합투자기구의 특성을 고려하여 이익금을 초과하는 분배를 할 수 있는데, 투자회사의 경우 순자산액에서 최저순자산액을 뺀 금액을 초과하는 분배는 할 수 없다.

① 가, 나
② 나, 다
③ 다, 라
④ 가, 라

나. 주총 결의가 아닌 이사회 결의이다.
다. MMF는 유보가 불가하다.

정답 ②

65

3과목 2편 자본시장법 11문항

투자일임업자는 자기 또는 관계인수인이 인수한 증권을 투자일임재산으로 매수하는 행위는 금지된다. 단, 투자자보호 및 건전한 거래질서를 해할 우려가 없는 경우는 예외가 인정되는 바, 〈보기〉 중에서 예외로 인정되는 항목의 개수는 몇 개인가?

> 가. 인수일로부터 1개월이 지난 후 매수하는 경우
> 나. 인수한 상장주권을 증권시장에서 매수하는 경우
> 다. 국채, 지방채, 통안채, 특수채를 매수하는 경우
> 라. 주식관련사채를 매수하는 경우
> 마. 상각형 조건부 자본증권을 매수하는 경우

① 1개 ② 2개
③ 3개 ④ 4개

예외가 인정되는 것은 3가지(㉠ 인수일로부터 3개월이 지난 후 매수하는 경우, ㉡ 인수한 상장주권을 증권시장에서 매수하는 경우, ㉢ 국채, 지방채, 통안채, 특수채, 사채권(주식관련사채 및 상각형 조건부자본증권은 제외))이지만, ㉠에서 1개월로 잘못 기술이 되었으므로 예외가 인정되는 항목은 2개이다.

정답 ②

더 알아보기

● **투자일임업자의 금지행위(1~10)**

투자일임업자는 투자일임재산을 운용함에 있어서 다음 어느 하나의 행위를 해서는 아니 된다.
(1) 정당한 사유 없이 투자자의 운용방법의 변경 또는 계약의 해지요구에 응하지 않는 행위
(2) **자기 또는 관계인수인이 인수한 증권을 투자일임재산으로 매수하는 행위**. 다만, 투자자보호 및 건전한 질서를 해할 우려가 없는 경우로서, 아래(㉠, ㉡, ㉢)는 예외가 인정된다.
   ㉠ 인수일로부터 3개월이 지난 후 매수하는 경우
   ㉡ 인수한 상장주권을 증권시장에서 매수하는 경우
   ㉢ 국채, 지방채, 통안채, 특수채, 사채권(주식관련사채 및 상각형 조건부자본증권은 제외)을 매수하는 경우
      ▶ 32회, 36회, 40회, 42회 시험에 반영
(3) 특정투자자의 이익을 해하면서 자기 또는 제3자의 이익을 도모하는 행위
(4) 투자일임재산으로 자기가 운용하는 다른 투자일임재산, 집합투자재산 또는 신탁재산과 거래하는 행위
(5) 투자일임재산으로 투자일임업자 또는 그 이해관계인의 고유재산과 거래하는 행위. 다만 투자자보호 및 건전한 거래질서를 해할 우려가 없는 경우로서, 이해관계인이 되기 6개월 이전에 체결한 계약에 따른 거래, 불특정다수인이 참여하는 공개시장에서의 거래, 일반적인 거래조건에 비추어 투자일임재산에 유리한 거래 등의 거래는 예외가 인정
(6) 투자자의 동의 없이 투자일임재산으로 투자일임업자 또는 그 이해관계인이 발행한 증권에 투자하는 행위

(7) 투자일임재산을 각각의 투자자별로 운용하지 않고 **여러 투자자의 자산을 집합하여 운용하는 행위**. 다만, 투자자보호 및 건전한 질서를 해할 우려가 없는 경우로서 개별 투자일임재산을 효율적으로 운용하기 위한 경우 등은 예외인정

(8) 투자자로부터 'ⓐ 투자일임재산을 예탁하거나 인출하는 행위, ⓒ 투자일임재산을 예탁하는 투자매매업자·투자중개업자를 지정하거나 변경하는 행위, ⓒ 투자일임재산에 속하는 증권의 의결권을 행사하는 행위' 등을 위임받는 행위는 금지된다. 단, 투자자보호 및 건전한 질서를 해할 우려가 없는 경우로서 '주식매수청구권 행사, 유상증자 청약, 공개매수응모' 등을 위해 ⓒ의 위임을 받는 것은 가능하다(▶ 36회, 37회 시험에 반영).

(9) 투자일임업자가 투자매매업자나 투자중개업자로서 증권의 대차거래 등을 하기 위한 경우, ⓐ와 ⓑ의 예외가 인정된다.
    ⓐ 투자자의 동의를 받고 투자일임업자의 고유재산과 거래하는 행위(위 (5)의 예외).
    ⓑ 투자자의 위임을 받고 투자일임재산을 인출하는 행위(위 '(8)-ⓐ'의 예외).
    ▶ 30회, 36회 시험에 반영

(10) 그 밖에 투자자보호 또는 건전한 거래질서를 해할 우려가 있는 행위로서 아래의 행위
    • 일반투자자와 같은 대우를 받겠다는 전문투자자의 요구에 정당한 사유 없이 동의하지 않는 행위
    • 투자일임의 범위, 투자목적 등을 고려하지 않고 투자일임재산으로 지나치게 자주 매매하는 행위
    • 채권자로서 그 권리를 담보하기 위하여 백지수표나 백지어음을 받는 행위

2025.01 기출복원

투자일임업자의 금지행위와 관련하여 빈칸에 들어갈 수 없는 것은?

> 투자일임업자는 자기 또는 관계인수인이 인수한 증권을 자신의 투자일임재산으로 매수하는 행위는 금지된다. 단, 투자자보호 및 건전한 거래질서를 해할 우려가 없는 경우로서, (　　　　), (　　　　), (　　　　)는 예외가 인정된다.

① 인수일로부터 3개월이 지난 후 매수하는 경우
② 인수한 상장주권을 증권시장에서 매수하는 경우
③ 국채, 지방채, 통안채, 특수채를 매수하는 경우
④ 주식관련사채를 매수하는 경우

사채권의 매수는 국공채와 마찬가지로 예외가 인정되지만, 사채권 중 '**주식관련사채나 상각형 조건부자본증권**'은 예외가 인정되지 않는다.

정답 ④

투자자산운용사 프리미엄 강의노트 3과목 2편 자본시장법 11문항

[42회 신유형]

자본시장법상의 공공적 법인에 대한 내용이다. 옳은 것으로 묶은 것은?

> 가. 주주 별 소유한도는 발행주식 총수의 100분의 3을 원칙으로 한다.
> 나. 공공적법인의 상장당시 발행주식 총수의 100분의 10이상을 소유한 주주는 그 소유 비율까지 소유할 수 있다.
> 다. 의결권이 없는 주식은 발행주식 총수에 포함되지 않는다.

① 가, 나
② 나, 다
③ 가, 다
④ 가, 나, 다

모두 옳은 내용이다.

[정답] ④

더 알아보기

● 공공적 법인의 주식 소유제한

(1) 누구든지 공공적 법인이 발행한 주식을 누구의 명의로 하든지 자기의 계산으로 '발행주식 총수의 100분의 3'을 초과하여 소유할 수 없다. 단, 그 주식이 상장된 당시에 발행주식 총수의 100분의 10 이상을 소유한 주주는 그 소유비율까지 소유할 수 있다.
   ▶ 이때 '의결권이 없는 주식'은 발행주식 총수에 포함되지 않는다.
(2) 소유비율 한도를 초과하여 주식을 소유한 자에 대하여 금융위는 6개월 이내의 기간을 정하여 그 기준을 충족시키기 위한 시정조치를 명할 수 있다.

[참고] 자본시장법상의 공공적 법인은 '한국전력'을 말한다.

67

투자자산운용사 프리미엄 강의노트 3과목 3편 협회규정 3문항

재산상 이익의 제공 및 수령에 대한 설명이다. 가장 거리가 먼 것은?

① 금융투자회사 및 그 종사자가 거래상대방에게 제공하거나 거래상대방으로부터 수령한 재산상 이익의 가액이 10억 원을 초과할 경우 즉시 공시해야 한다.
② 금융투자회사가 거래상대방에게 재산상 이익을 제공하거나 제공받은 경우 제공목적, 제공내용, 제공일자, 거래상대방, 경제적 가치 등을 5년 이상 기록·보관해야 한다.
③ 금융투자회사 및 그 종사자의 재산상 이익의 제공현황 및 적정성 점검 결과는 3년 마다 이사회에 보고해야 한다.
④ 금융투자회사는 이사회가 정한 금액을 초과하여 동일한 거래상대방과 재산상 이익을 제공하거나 수령하려는 경우 이사회의 사전승인을 받아야 한다.

재산상이익의 제공현황은 **매년** 이사회에 보고해야 하며, 그 제공내역에 대해서는 **5년 이상** 보관해야 한다.

정답 ③

더 알아보기

● 재산상이익의 제공·수령에 대한 내부통제절차 강화

금융투자업에서만 존재하던 금품수수에 대한 **한도규제를 폐지** → 내부통제절차 강화

공시의무 신설	재산상이익의 제공 또는 수령금액이 10억 원을 초과할 경우 즉시 공시
적정성평가 및 점검	재산상이익의 제공현황과 적정성 점검결과를 매년 이사회에 보고해야 한다.
이사회 사전승인	이사회가 정한 한도를 초과하여 제공 또는 수수할 경우 사전에 이사회 결의를 받아야 한다.
기록 등의 의무	제공 및 수령내역을 5년 이상 보관·관리해야 한다.

2021.01 기출복원

재산상이익에 대한 내부통제기준과 관련하여 빈칸을 옳게 연결한 것은?

- 금융투자회사 및 임직원의 재산상이익의 제공 현황 및 적정성 점검 결과 등을 (　　)마다 이사회에 보고해야 하며, 이러한 사항들은 금융투자회사의 내부통제 기준에 포함되어야 한다.
- 금융투자회사 및 임직원은 재산상이익을 제공 및 수령할 경우 해당 사항을 기록하고 (　　) 이상의 기간 동안 관리·유지해야 할 의무가 있다.

① 1년, 1년　　　　　　　　　　② 1년, 5년
③ 5년, 5년　　　　　　　　　　④ 5년, 10년

'**1년-5년**'이다.
제공현황 및 적정성점검결과는 **매년** 이사회에 보고해야 하며, 수수현황에 대해서는 이를 기록하고 **5년 이상** 관리·유지해야 한다.

정답 ②

68

투자자산운용사 프리미엄 강의노트   3과목 3편 협회규정 3문항

금융투자전문인력과 자격시험에 관한 규정에 대한 설명이다. 틀린 내용으로 연결한 것은?

> 가. 금융투자상품에 대한 투자운용업무는 증권운용전문인력에 해당하는 자가 그 업무를 수행할 수 있다.
> 나. 사회기반시설 투자운용업무는 사회기반시설운용전문인력에 해당하는 자가 그 업무를 수행할 수 있다.
> 다. 투자자산운용사(투자운용인력)는 집합투자재산과 신탁재산을 운용하는 업무를 수행하며 투자일임재산은 투자자산운용사의 운용대상에서 제외된다.
> 라. 투자신탁의 집합투자재산 운용에 있어서 집합투자재산의 운용을 담당하는 업무와 그 취득·처분을 실행하는 업무의 겸직이 가능하다.

① 가, 나
② 다, 라
③ 가, 다
④ 나, 라

다. 투자일임재산도 포함된다.
▶ 투자자산운용사가 운용하는 고객의 자산은 '집합투자재산 / 신탁재산 / 투자일임재산'이 있다.
라. 겸직이 불가하다.
▶ 투자신탁의 집합투자업자는 투자대상자산의 취득, 처분 등의 업무를 하는 경우에는 집합투자재산의 운용을 담당하는 직원과 그 취득·처분을 실행하는 직원을 구분해야 한다(→ 운용의 투명성 차원에서 겸직을 금지하는 것으로 이해할 수 있음).

정답 ②

더 알아보기

투자운용전문인력의 등록요건

☑ '집합투자재산 / 신탁재산 / 일임재산' 운용

☑ 투자신탁의 경우 '운용과 매매업무' 겸직불가

(3) 투자자산운용사(2023 기본서 3권, p546~547)

아래의 업무 구분에 따라 해당 요건을 갖춘 자, 다만 (1)의 요건을 갖춘 자는 해외자원개발 투자운용업무를 수행할 수 있으며, (1)부터 (4)중 어느 하나의 요건을 충족하여 등록된 자는 일반 사모집합투자재산 투자운용업무를 수행할 수 있다. (1) + (4), (5)

(1) **금융투자상품 투자운용업무** : 증권운용전문인력에 해당하는 자
(2) **부동산 투자운용업무** : 부동산운용전문인력에 해당하는 자
(3) **사회기반시설 투자운용업무** : 사회기반시설운용전문인력에 해당하는 자
(4) **해외자원개발 투자운용업무** : 해외자원개발운용전문인력에 해당하는 자
(5) **일반 사모집합투자기구재산 투자운용업무** : 일반 사모집합투자기구운용전문인력에 해당하는 자

2024.03 기출복원

금융투자전문인력으로서 '투자운용전문인력'에 대한 설명이다. 옳은 것으로 연결한 것은?

> 가. 투자자산운용사는 집합투자재산, 신탁재산, 투자일임재산을 운용하는 업무를 수행하는 인력이다.
> 나. 투자신탁의 집합투자업자는 투자대상 자산의 취득, 처분 등의 업무를 하는 경우에는 집합투자재산의 운용을 담당하는 직원과 그 취득·처분을 실행하는 직원을 구분해야 한다.
> 다. 금융투자상품에 대한 투자운용업무는 증권운용전문인력에 해당하는 자가 그 업무를 수행할 수 있다.

① 가, 나
② 나, 다
③ 가, 다
④ 가, 나, 다

모두 옳은 내용이다.

정답 ④

2023.06 기출복원

자본시장법상의 금융투자전문인력에 대한 설명이다. 가장 적절하지 않은 것은?

① 투자매매업 또는 투자중개업을 인가받은 회사에서, 특정 금융투자상품의 가치에 대한 주장이나 예측을 담고 있는 자료를 작성하거나 이를 심사·승인하는 업무를 수행하는 인력은 조사분석인력(금융투자분석사)이다.
② 투자운용인력(투자자산운용사)은 집합투자재산 및 신탁재산을 운용하는 업무를 수행하며, 투자일임재산의 경우 투자운용인력의 운용대상에서 제외된다.
③ 파생상품권유자문인력은 파생상품 및 파생결합증권, 고난도 금융투자상품 그리고 파생상품 등에 투자하는 특정 금전신탁계약 등의 체결을 권유하는 업무를 수행한다.
④ 금융투자회사의 지점 또는 영업소 등에서 해당 지점 또는 영업소 등에 소속된 투자권유자문인력 및 투자권유대행인의 업무에 대한 관리·감독을 수행하는 인력은 투자상담관리인력(투자권유자문관리인력)이다.

투자운용인력은 고객의 재산(**집합투자재산 / 일임재산 / 신탁재산**)을 운용하는 자본시장법상의 법정자격이다.

정답 ②

69

투자자산운용사 프리미엄 강의노트 | 3과목 3편 협회규정 3문항

금융투자회사의 약관운용에 관한 규정이다. 틀린 내용으로 연결한 것은?

> 가. 금융위원회는 건전한 거래질서를 확립하고 불공정한 내용의 약관이 통용되는 것을 방지하기 위하여 금융투자업 영위와 관련하여 표준이 되는 약관을 정할 수 있다.
> 나. 금융투자회사는 업무와 관련하여 표준약관을 그대로 사용하거나 수정하여 사용하거나 또는 새롭게 제정하여 사용할 수 있다.
> 다. 외국집합투자증권 매매거래에 관한 표준약관은 표준약관 그대로 사용해야 한다.
> 라. 금융투자회사는 금융투자업의 영위와 관련하여 약관을 제정·변경하는 경우에는 약관의 제정·변경 후 10일 이내에 협회에 보고하는 것이 원칙이다.

① 가, 나
② 나, 다
③ 다, 라
④ 가, 라

틀린 내용은 '가, 라'이다. 약관은 **협회**가 정하며('가'), 약관의 제정·변경 후 **7일 이내**에 협회에 보고해야 한다('라').

정답 ④

더 알아보기

● 약관운용에 관한 협회규정

(1) **표준약관은 협회가 정한다.**
   • 약관은 법령으로 강제하는 것이 아닌 표준(standard)을 제시하는 것이므로 자율규제기관인 협회가 정한다.
(2) **금융투자회사의 약관 운용 3가지 방식(표준약관 / 수정약관 / 개별약관)**
   ㉠ 협회가 정한 표준약관을 그대로 사용하는 경우
   ㉡ 협회가 정한 표준약관을 수정하여 사용하는 경우(표준약관의 수정 폭이 크지 않은 경우)
      • 단, 외국집합투자증권 매매거래에 관한 표준약관은 그대로 사용해야 한다.
   ㉢ 개별약관을 사용하는 경우
      • '개별약관'은 영위하고자 하는 업무의 표준약관이 없는 경우 새로운 약관을 제정하거나, 기존의 표준약관을 변경(수정약관보다는 큰 폭의 변경)하여 사용하는 약관을 말한다.
(3) **보고의무** : 약관을 제정하거나 변경하는 경우에는(개별약관을 사용하고자 하는 경우에는), 약관의 제정이나 **변경 후 7일 이내**에 협회에 보고해야 한다. 단, 투자자보호에 중대한 영향을 미칠 우려가 있는 약관에 대해서는 제정이나 변경 예정일 10영업일 전까지 금융위에 신고하여야 한다(▶ 사후 7일내 보고가 원칙. 단, 중대한 사안의 경우 사전 10영업일 전 신고).

2022.06 기출복원

금융투자회사의 약관운용에 관한 규정이다. 가장 적절하지 않은 것은?

① 금융위원회는 건전한 거래질서를 확립하고 불공정한 내용의 약관이 통용되는 것을 방지하기 위하여 금융투자업 영위와 관련하여 표준이 되는 약관을 정할 수 있다.
② 금융투자회사는 업무와 관련하여 표준약관을 그대로 사용하거나 수정하여 사용하거나 또는 새롭게 제정하여 사용할 수 있다.
③ 외국집합투자증권 매매거래에 관한 표준약관은 표준약관 그대로 사용해야 한다.
④ 금융투자회사는 금융투자업의 영위와 관련하여 약관을 제정하거나 변경하는 경우에는 약관의 제정 또는 변경 후 7일 이내에 협회에 보고하는 것이 원칙이다.

표준약관은 협회(금융투자협회)가 정한다.

정답 ①

70

3과목 4편 주식투자운용 6문항

〈보기〉에서 틀린 내용으로 모두 묶은 것은?

> 가. 약형의 효율적 시장가설에 의하면 과거 주가의 움직임은 미래 주가 움직임의 방향이나 그 크기에 대한 어떠한 정보도 제공하지 않는다.
> 나. 준강형의 효율적 시장가설에 의하면 기업에 대해 알려졌거나 예측가능한 정보는 주가분석에 도움이 되지 않는다.
> 다. 만약 강한 형태의 효율적 시장가설이 성립된다면 어떤 형태의 패시브 운용도 시도할 필요가 없다.

① 가, 나
② 나, 다
③ 가, 다
④ 가, 나, 다

틀린 내용은 '나, 다'이다.
나. 강형(strong form) EMH에서는 이미 알려졌거나 또는 예측가능한 정보는 이미 시장에 시장에 반영되어 있다고 본다. 그리고 예측불가능한 정보는 그 효과가 불규칙적이다.
  보충 준강형 효율적 시장가설에 의하면, 일단 정보가 공개되면 즉각적으로 주가에 반영되기 때문에 공개된 정보는 종목을 선정하는데 아무런 도움이 되지 않는다.
다. 강형 EMH가 성립된다면 어떠한 형태의 액티브 운용도 시도할 필요가 없다. 즉 EMH는 액티브 운용을 반대하는 논거로 이용된다.

정답 ②

더 알아보기

🔵 효율적 시장가설(EMH ; Efficient Market Hypothesis)

(1) 약형(weak form) EMH가 성립이 된다면, 과거 정보를 이용하여 초과수익을 올리는 것은 불가하다.
  ▶ 기술적 분석은 아무런 가치가 없다.
(2) 준강형(semi strong form) EMH가 성립이 된다면, 공개 정보를 이용하여 초과수익을 올리는 것은 불가하다.
  ▶ 공시정보, 조사분석자료의 공표 등은 아무런 가치가 없다.
(3) 강형(strong form) EMH가 성립이 된다면, 어떠한 정보로도[주1] 초과수익을 올릴 수 없으므로 어떠한 액티브 운용도 시도할 필요가 없다.
  *주1 : '어떠한 정보'는 '알려진 정보나 알 수 있는 정보, 예측가능한 정보'를 말한다.

※ 따라서, 효율적 시장가설(EMH)은 액티브 운용을 반대하는 논거로 활용되곤 한다.

2024.03 기출복원

효율적 시장가설에 대한 설명이다. 옳은 내용으로 연결한 것은?

> 가. 효율적 시장가설은 액티브 운용을 반박하는 논거로 이용되기도 한다.
> 나. 약형 효율적 시장가설이 성립된다면 기술적 분석은 아무런 소용이 없다.
> 다. 준강형 효율적 시장가설이 성립된다면 공개된 정보로부터 이익을 얻는 것은 불가능하다.

① 가, 나
② 나, 다
③ 가, 다
④ 가, 나, 다

모두 옳은 내용이다.

정답 ④

71 보험자산배분전략(Insured Asset Allocation)에 대한 설명이다. 가장 거리가 먼 것은?

① 자산배분을 초단기적으로 변경하는 전략으로서 가능한 한 미래예측치를 사용하지 않고 시장가격의 변화 추세만을 반영하여 운용하는 수동적인 전략이다.
② 보험자산배분 전략은 옵션을 이용하지 않고 보험 포트폴리오의 수익구조를 창출하기 위한 것으로서, 포트폴리오 가치가 하락할 경우 위험자산의 비중을 증가시키는 방식으로 운용한다.
③ 보험자산배분 전략 중 OBPI(옵션모형을 이용한 포트폴리오 보험) 전략은 내재변동성 추정에 있어서 과대추정 또는 과소추정의 문제가 발생한다.
④ 보험자산배분 전략 중 CPPI(고정비율 포트폴리오 보험) 전략은 쿠션에 승수를 곱한 만큼 위험자산(주식투자금액)에 투입한다.

포트폴리오의 가치가 하락하면 위험자산의 비중을 감소시킨다(위험자산비중↓ & 무위험자산비중↑).

정답 ②

더 알아보기

● 보험자산배분전략(Insured Asset Allocation)

(1) 포트폴리오 보험전략을 선호하는 투자자는 기본적으로 비정상적인 투자자이다(위험자산에 투자하면서도 극단적으로 위험을 회피하므로).

(2) **실행메카니즘**
  ㉠ 시장을 예측하지 않고 오로지 포트폴리오 가치에만 의존한다(수동적 운용).
     cf 전술적자산배분은 시장을 예측하여 초과수익을 올리고자 하는 능동적 운용이다.
  ㉡ 포트폴리오 가치가 하락함에 따라 무위험자산의 비중이 높아지고, 포트폴리오 가치가 상승함에 따라 위험자산에 대한 투자비중이 상승하는 자산배분원칙을 가진다.
     → ⓐ 주가가 큰 폭으로 하락할 경우는 최저보장수익률을 방어하고
        ⓑ 주가가 상승할 경우는 상승이익을 공유할 수 있도록 하기 위해, 'ⓐ 주가하락 시 위험자산 매도 / ⓑ 주가상승 시 위험자산 매수' 즉 'ⓐ 저가매도 / ⓑ 고가매수(positive feedback)' 전략으로 운용한다.
        cf 가치투자는 '저가매수 / 고가매도(negative feedback)' 전략이다.

(3) **포트폴리오보험전략의 종류**
  ㉠ 보호적 풋(Protective Put) : 주식매수 + 풋옵션매수
  ㉡ 이자추출전략(Cash Extraction) : 채권매수 + 콜옵션매수
  ㉢ 보험자산배분전략 : 채권매수 + 주식매수
    • OBPI전략 : 풋옵션을 합성함으로써 '보호적 풋'을 모방하는 전략인데, 풋옵션 추정 과정에서 내재변동성에 대한 과대 / 과소 추정의 문제가 발생한다.
    • CPPI전략 : 단순성과 유연성이 장점으로서 OBPI의 단점인 내재변동성 추정문제가 발생하지 않는다.

☑ 보험자산배분(OBPI, CPPI) ① 고가매수/저가매도, ② Positive feedback, ③ 초단기적, ④ 수동적

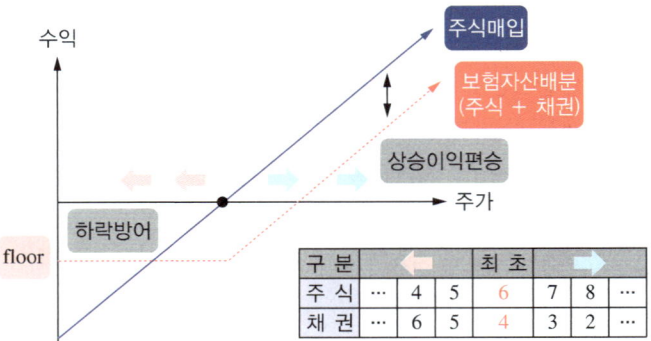

2021.06 기출복원

보험자산배분전략에 대한 설명이다. 가장 적절하지 않은 것은?

① 투자자가 원하는 특정한 투자성과를 만들어 내기 위하여 기금이나 펀드의 자산구성 비율을 동적으로 변경시켜나 가는 전략이다.
② 일반적인 투자목표나 투자위험을 수용하는 자금보다는 일정기간 동안 목표수익률을 반드시 달성해야 하는 특수한 목적을 가진 자금에 적용할 수 있는 전략이다.
③ 시장가격의 추세를 적극적으로 반영하는 능동적인 전략이다.
④ 주식가격이 상승할 때 매수하고 하락할 때 매도한다.

③ 시장가격의 추세만을 반영하여 운용하는 수동적인 전략이다(cf 전술적자산배분- 능동적)
④ 고가매수 / 저가매도 → Positive feedback

정답 ③

2024.11 기출복원

고정비율 포트폴리오 보험전략(CPPI)과 관련하여 빈칸에 알맞은 것은?(근사치)

> 현재 총 투자금액은 120억 원, 1년 후 보장수준은 100억 원, 무위험수익률 4%, 투자기간 1년, 승수가 2라고 할 때, CPPI전략의 실행을 위한 주식투자금액(익스포저)은 (　　　)이다.

① 7.7억 원
② 23.85억 원
③ 40억 원
④ 47.7억 원

※ **CPPI전략의 실행**
(1) 먼저 최소보장가치(floor)의 현재가치를 구한다.
　→ 1년 후의 최소보장금액(floor) : $\frac{100}{1+0.04}$ = 96.153, 즉 96.15억 원
(2) 쿠션을 구한다.
　→ 쿠션(cushion) = 포트폴리오 금액 − 최소보장금액의 현재가치
　　　　　　　　　 = 120 − 96.15 = **23.85억 원**
(3) 주식투자금액(익스포저)을 구한다.
　→ 익스포저 = 쿠션 × 승수 = 23.85 × 2 = 47.7억 원(승수가 클수록 민감한 운용이 된다)
(∴) 주식투자금액은 47.7억 원, 채권투자금액은 72.3억 원(120 − 47.7)이다.

정답 ④

72

투자자산운용사 프리미엄 강의노트   **3과목 4편 주식투자운용 6문항**

〈보기〉의 지수 중에서 '주가가중 방식'에 해당하는 것으로 묶은 것은?

> 가. 코스피200 지수(KOSPI200)
> 나. 다우존스 산업평균 지수(DJIA)
> 다. 니께이225 지수(Nikkei225)

① 가, 나   ② 나, 다
③ 가, 다   ④ 가, 나, 다

주가가중방식은 '나, 다'이다.

정답 ②

더 알아보기

● 패시브운용 – (1) 주가지수 구성방식

주가가중 주가지수	시가가중 주가지수	동일가중 주가지수

절대적인 주가지수의 가중치
☑ DJIA, Nikkei225
	• 시가총액 가중방식
	  ☑ KOSPI, DAX 등
	• 유동주식시가총액 가중방식
	  ☑ KOSPI200, MSCI
		모든 종목의 가중치가 동일하다(→ 결과적으로, 소형주의 가중치가 상승하게 됨).

	주 가	주식 수	시가총액	주가가중방식 (10% 상승 시)	시가가중방식 (10% 상승 시)
A주식	1,000,000원	100주	1억 원	+10,000	+10%
B주식	10,000원	10,000주	1억 원	+1,000	+10%
	주가가중		시가가중	☑ 왜곡발생	☑ 합리적

☑ 주가지수 산출방식별 장·단점

(1) **주가가중방식 주가지수** : 다우존스산업평균지수, 니께이225
   (+) 종목별로 1주씩만 보유하면 지수의 성과를 얻을 수 있는 단순함이 장점이다.
   (−) 주가가 높은 종목의 가중치가 커진다.

(2) **시가가중방식 주가지수** : KOSPI, S&P 등 대부분의 지수
   (+) 시가총액이 큰 종목의 가격변화를 잘 반영한다.
   (−) 성숙기에 있는 대형기업이 많을 경우 지수가 과대평가될 수 있다.

    ▶ 시가가중 방식의 과대평가 문제를 해결하는 차원에서 **유동시가가중방식**으로 산출하기도 한다(KOSPI200지수, MSCI지수).

(3) **동일가중 주가지수**
   (+) 모든 종목이 동일한 비중으로 반영된 경우의 지수를 알 수 있다.
   (−) 소형기업의 수가 절대적으로 많으므로 소형주의 가중치가 높아진다.

2024.06 기출복원

주가지수의 종류에 대한 설명이다. 가장 적절하지 않은 것은?

① 다우존스산업평균지수(DJIA)는 주가가중방식으로 산출한다.
② Nikkei225는 시가가중방식으로 산출한다.
③ 모든 종목을 동일하게 취급하여 실제적으로 소형기업의 가중치가 높아지는 경향이 있는 지수산출방식은 동일가중방식이다.
④ 대형이며 성숙기에 있는 기업이 많을 경우 지수가 과대평가될 여지가 있는 것은 시가가중방식이다.

'DJIA, Nikkei225'는 주가가중방식으로 산출한다.

정답 ②

73

투자자산운용사 프리미엄 강의노트 | 3과목 4편 주식투자운용 6문항

인덱스 펀드를 구성하는 세 가지 방식 중 최적화법(optimization)에 해당하는 내용으로 묶은 것은?

> 가. 벤치마크를 구성하는 모든 종목을 벤치마크의 구성비율대로 사서 보유하는 방식이다.
> 나. 벤치마크에 포함된 대형주는 모두 포함하되 중소형주들은 펀드의 성격이 벤치마크와 유사하도록 일부 종목만을 포함하는 방식이다.
> 다. 포트폴리오 모형을 이용하여 주어진 벤치마크에 대비한 잔차위험이 허용수준 이하인 포트폴리오를 만드는 방식이다.
> 라. 모형에 사용된 가격정보가 과거 자료라는 점에서 근본적인 문제가 있는데, 미래의 시장이 과거시장과 상당히 다르다면 실제로 실현된 잔차는 인덱스펀드를 구성할 때의 잔차와 상당히 다를 수 있다.

① 가, 나 ② 다, 라
③ 가, 다 ④ 나, 라

최적화법에 해당하는 것은 '다, 라'이다(가 : 완전복제법, 나 : 표본추출법).

정답 ②

더 알아보기

펀드에서 벤치마크를 추종하기 위해 지수를 모방하는 것
=
● **패시브운용 – (2) 인덱싱(Indexing) 방법**

완전복제법	표본추출법	최적화법
정확하지만, 비용과다	정확성 양호, 비용 절감	통계적 방식
	대형주(동일 편입) 중소형주(선별 편입)	

예시
- 포트폴리오 모형을 이용하여 주어진 벤치마크에 대비한 잔차위험이 **허용수준 이하**인 포트폴리오를 만드는 방식이다.
- 데이터가 과거정보이며, 주식의 속성을 반영하지 못하는 것이 단점이다.

→ **최적화법**

☑ 인덱스 구성방법 세부 개념

(1) **완전복제법**(full replication)
- 벤치마크를 구성하는 모든 종목을 구성비율대로 사서 보유하는 방법이다.
- 가장 단순하고 직접적인 방식이지만, 타 방식에 비해서 거래비용과 유지비용이 많이 발생한다.
- 매우 간단하면서도 벤치마크를 거의 완벽하게 추종할 수 있는 방식이다.
  - 완전복제법은 타 방식에 비해 가장 정확하게 벤치마크를 추종하지만, 각종 비용(운용 및 수탁보수 / 거래비용 등)이 발생하므로 벤치마크수익률과 동일하지 않다(약간 낮게 나타남).

(2) **표본추출법**(representative sampling 또는 stratified sampling)
- 벤치마크에 포함된 대형주는 모두 포함하되 중소형주들은 일부만을 포함하는 방식이다.
- 벤치마크를 구성하는 모든 종목을 보유하지 않으면서도 벤치마크의 핵심적인 특징을 유사하게 유지하는 포트폴리오를 구성함으로써, 관리비용과 거래비용을 낮추면서도 벤치마크의 성과와 상당히 유사한 성과를 얻을 수 있다.

(3) **최적화법**(optimization)
- 포트폴리오모형을 이용하여 주어진 벤치마크에 대비한 잔차위험이 허용 수준 이하인 포트폴리오를 만드는 방식이다.
- 장점과 단점
  - 장점 : 완전복제법이나 표본추출법에 비해 훨씬 적은 종목이면서도 예상되는 잔차가충분히 낮은 인덱스펀드를 만들 수 있다.
  - 단점 : 모형의 한계상 주식의 속성을 정확하게 반영하지 못한다. / 과거자료에 기반한 모형이므로 과거와 상당히 다른 시장이 전개된다면 추정된 잔차위험의 오류가 크게 나타날 수 있다.

2022.06 기출복원

패시브 운용을 위한 인덱스 구성방법에 대한 설명이다. 가장 적합한 것은?

① 최적화법은 포트폴리오 모형을 이용하여 주어진 벤치마크에 대비한 잔차위험이 허용 수준 이상이 되도록 인덱스를 구성하는 방식이다.
② 표본추출법은 대형주와 중형주, 소형주 각 그룹에서 펀드의 성격이 벤치마크와 유사하게 되도록 선별하여 인덱스를 구성하는 방식이다.
③ 완전복제법은 벤치마크를 구성하는 모든 종목을 벤치마크의 구성비율과 동일하게 매수하여 인덱스를 구성하는 방식으로서 가장 단순하고 직접적인 방식이다.
④ 완전복제법으로 인덱스를 구성할 경우 인덱스 수익률과 벤치마크수익률은 동일하게 나타난다.

---

① 최적화법에서는 잔차위험이 **허용수준 이하**가 되어야 한다.
② 표본추출법은 대형주는 그대로 편입하고 중소형주는 선별하여 구성한다.
④ 완전복제법으로 인덱스를 구성하였다 해도, 펀드운용상 운용보수·신탁보수·거래비용 등이 발생하기 때문에 인덱스수익률은 벤치마크 수익률에 비해 **낮게** 나타난다.

정답 ③

2025.04 기출복원

패시브 운용을 위한 인덱스 구성방식과 관련하여 빈칸을 옳게 연결한 것은?

- (　　　)은 벤치마크를 구성하는 모든 종목을 벤치마크의 구성비율과 동일하게 매수하여 인덱스를 구성하는 방식으로서 가장 단순하고 직접적인 방식이다.
- (　　　)은 벤치마크에 포함된 대형주는 모두 포함하되 중소형주들은 펀드의 성격이 벤치마크와 유사하게 되도록 일부만을 포함하여 인덱스를 구성하는 방식이다.

① 완전복제법, 표본추출법
② 완전복제법, 최적화법
③ 최적화법, 표본추출법
④ 최적화법, 완전복제법

'완전복제법(full replication), 표본추출법(representative sampling)'이다.

정답 ①

74

3과목 4편 주식투자운용 6문항

성장투자스타일(growth investment style)에 대한 설명이다. 옳은 항목으로 묶은 것은?

> 가. 기업의 주당순이익이 미래에 증가하고 PER이 낮아지지 않는다면 주가는 최소한 주당순이익(EPS) 만큼 상승할 것으로 가정한다.
> 나. 기업의 수익은 평균으로 회귀하는 경향을 가진다는 것을 논리적 근거로 한다.
> 다. 고배당주에 투자한다.
> 라. 예측했던 EPS증가율이 예상대로 실현되지 않을 경우 큰 투자손실을 볼 수 있다.

① 가, 나
② 나, 다
③ 다, 라
④ 가, 라

'나, 다'는 가치주 스타일에 해당한다. 성장주 투자는 '고PER / 고PBR / 저배당주'의 특징을 보이고, EPS증가율이 예상대로 실현되지 않을 경우는 EPS 뿐만 아니라 PER도 낮아지기 때문에 투자손실이 더욱 확대된다(컨센서스 상회 또는 하회 여부가 중요).

정답 ④

더 알아보기

● 액티브 운용 – 스타일투자

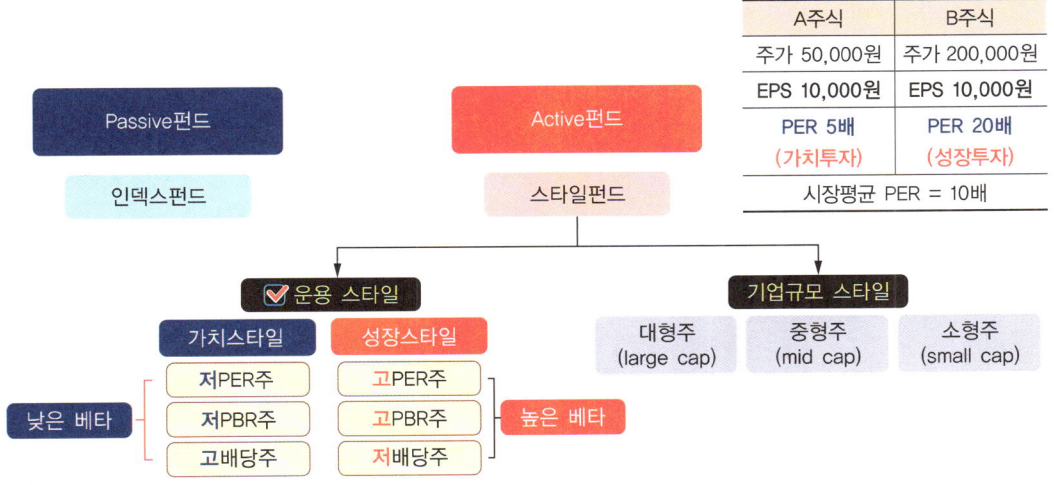

☑ 성장주 투자(기본서 p90)

$$PER = \frac{주가}{주당순이익}$$

성장투자스타일은 수익성에 높은 관심을 가진다. 기업의 주당순이익이 미래에 증가하고 PER이 낮아지지 않는다면 주가는 최소한 주당순이익(EPS)의 증가율만큼 상승할 것이라고 가정한다.

성장모멘텀 투자자들은 성장률이 높은 기업에 대해 시장PER보다 높은 가격을 지불한다.

또한 성장률이 높은 산업에 투자하는 경향을 가진다. 성장주는 매출증가율이 시장보다 높으며, 높은 PER, 높은 PBR을 보인다. 성장모멘텀 투자의 위험은 예측했던 EPS증가율이 예상대로 실현되지 않는 것이며, 이러한 경우에는 EPS뿐만 아니라 PER도 낮아지기 때문에 투자 손실은 더욱 확대된다. 그래서 기업의 이익이 예상(consensus)을 상회했는지 또는 하회했는지 주가에 큰 영향을 미친다.

성장 스타일에는 지속적인 성장성에 투자하는 방식과 이익의 탄력성(earning momentum)에 투자하는 방식이 있다.

☑ 가치주 투자(기본서 p89)

$$PER = \frac{주가}{주당순이익}$$

가치투자스타일은 기업의 미래성장성보다는 현재의 수익이나 자산가치 관점에서 상대적으로 가격이 싼 주식에 투자하는 운용방식이다. 이러한 운용방식을 지지하는 논거로 제시하는 몇 가지 주장이 있다. 첫 번째는 기업의 수익은 평균으로 회귀하는 경향을 가진다는 점이다.

최근의 이익이 평균보다 낮았고, 그 결과 미래의 이익전망이 과다하게 하향조정 되어 PER가 낮았던 기업의 이익은 평균회귀 경향에 따라 증가하게 되고 결국 PER가 높아지게 될 것이라는 점이다. 또한 가치투자자는 투자자들이 성장주의 나쁜 점은 무시하고 좋은 점만을 과대평가해서 높은 가격을 지불한다고 생각한다. 그러나 이러한 주장은 정확하게 미래수익이나 위험을 근거로 하는 주장이 아니다.

가치투자의 위험은 투자자들이 충분히 인정해주지 않으면 가격이 쌀 수 밖에 없다는 경제적인 기본원칙을 제대로 이해하지 못하는 점이다. 또한 투자자가 예상하는 투자기간 내에 저평가된 정도가 회복되지 않을 위험도 존재한다.

가치투자스타일에는 저PER투자, 역행투자(Contrarian), 고배당수익률 투자방식 등이 포함된다.

2025.01 기출복원

성장투자스타일(growth investment style)에 대한 설명이다. 가장 적절하지 않은 것은?

① 역행투자(contrarian) 방식이다.
② 기업의 주당순이익이 미래에 증가하고 PER이 낮아지지 않는다면 주가는 최소한 주당순이익(EPS) 만큼 상승할 것으로 가정한다.
③ 성장모멘텀 투자의 위험은 예측했던 EPS증가율이 예상대로 실현되지 않는 것이다.
④ 성장스타일은 장기적인 성장성 외에도 단기적인 이익탄력성에도 투자하기도 한다.

역행투자라는 것은 '주가상승 시 매도, 주가하락 시 매수하는 전략(고가매도 / 저가매수)'을 말하며 이는 가치투자스타일에 해당한다.
▶ 가치투자스타일은 역행투자방식으로서 '저PER, 저PBR, 고배당주'에 투자하는 특징을 지닌다(cf 성장투자스타일은 '고PER, 고PBR, 저배당주'에 투자하는 특징).

정답 ①

2024.06 기출복원

가치투자와 성장투자스타일에 대한 설명이다. 가장 거리가 먼 것은?

① 성장투자스타일은 매출성장률은 시장보다 높으며 PER은 시장보다 낮은 투자대상을 선호한다.
② 기업의 주당순이익이 미래에 증가하고 PER이 낮아지지 않는다면 주가는 최소한 주당순이익(EPS) 만큼 상승할 것으로 가정하는 것은 성장투자스타일이다.
③ 기업의 수익은 평균으로 회귀한다는 경향이 있다고 전제하는 것은 가치투자스타일이다.
④ 투자자들이 충분히 인정해주지 않으면 가격이 쌀 수밖에 없다는 것은 가치투자스타일의 위험에 해당한다.

성장주는 매출성장률이 시장보다 높으며 높은 PER, 높은 PBR을 보인다.
[비교] 성장투자스타일은 '고PER, 고PBR, 저배당주(고/고/저), 가치투자스타일은 '저PER, 저PBR, 고배당주(저/저/고)' 투자의 특징을 지닌다.

정답 ①

75

3과목 4편 주식투자운용 6문항

주식포트폴리오 모형에 대한 설명이다. 옳은 것으로 연결한 것은?

> 가. 패시브 운용에서는 포트폴리오의 위험요소를 벤치마크의 위험요소와 동일한 수준으로 유지하기 위한 목적으로 주식포트폴리오 모형을 이용한다.
> 나. 2차함수 최적화 모형은 기대수익률과 추정 위험 간의 최적의 균형점을 찾아 최적의 투자를 하고자 하는 모형인데, 현실적으로 기대수익률과 위험에 대한 정확한 값을 찾을 수 없다는 문제점이 있다.
> 다. 일정한 제약조건을 만족시키는 포트폴리오 중에서 기대수익률을 최대화하는 방법을 찾는 것은 선형계획 모형이다.

① 가, 나
② 나, 다
③ 가, 다
④ 가, 나, 다

모두 옳은 내용이다.

정답 ④

더 알아보기

● 주식포트폴리오 모형 ▶ 더 좋은 성과를 위해서 위험을 관리하는 모형

주식포트폴리오 모형은 투자의사결정에 활용하기 위하여 '포트폴리오의 특성'을 분석하는 것인데, 투자대상의 위험특성이 가장 중요하므로 주식포트폴리오 모형을 **리스크모형**이라고도 한다.

☑ **액티브운용과 패시브운용** 모두 **주식 포트폴리오 모형**을 사용한다.
- 액티브운용 : 초과수익을 위해 어떤 위험요소를 선택할 것인가의 차원
- 패시브운용 : 포트폴리오의 위험요소를 벤치마크와 동일한 수준으로 유지하는 차원

☑ 3가지 모형 : 다중요인모형, 2차함수 최적화모형, 선형계획모형
- 가장 대표적인 리스크모델은 다중요인모형

☑ 3가지 모델

총위험 = 체계적 위험 + 비체계적 위험
$$\sigma_P = \beta_P + \epsilon_P$$

(1) 다중요인 모델

주식의 리스크를 베타, 규모, 성장성, 레버리지, 해외시장 노출도, 산업 등 여러 가지 체계적 요인으로 구분함(이 외의 리스크는 비체계적 위험).
- 이러한 위험을 포트폴리오 관점에서 합산하고, 운용자는 자신이 취한 위험의 정도를 벤치마크와 비교하여 파악할 수 있다.

(2) 2차함수 최적화 모델 ▶ '기대수익률 / 위험'을 추정 → 지배원리 작동 → 최적포트폴리오 도출

기대수익률과 위험의 추정을 통해 '기대수익률과 위험 간 최적의 균형점'을 찾아 투자하고자 하는 모델
- 이 모형에서는 기대수익률과 위험의 정확한 추정이 중요한데, 현실적으로 오류가 존재하므로 위험에 대한 과소·과대 추정의 문제가 발생함(→ 선형계획모형이 대안)

(3) 선형계획 모델

일정한 제약조건을 만족시키는 포트폴리오 중에서 기대수익률을 최대화하는 모델
- 제약조건 : 규모, 산업별 분산정도, 배당수익률, 거래비용, 유동성 등을 포함하며, 제약조건은 벤치마크대비 일정한 변동범위를 설정하는 것이 일반적이다.

보완

2022.11 기출복원

주식포트폴리오 모형에 대한 설명으로 가장 적절하지 않은 것은?

① 주식포트폴리오 모형은 주식리스크 모형이라고도 하는데 액티브운용 뿐 아니라 패시브운용에서도 사용된다.
② 가장 대표적인 리스크 모델은 다중요인 모형인데, 다중요인 모형은 주식의 리스크를 베타, 규모, 성장성, 산업, 해외시장노출도 등의 여러 가지 비체계적 요인으로 구분하여 리스크의 특성을 분석한다.
③ 2차함수 최적화 모형은 기대수익률과 추정 위험 간의 최적의 균형점을 찾는 모형이다.
④ 선형계획 모형은 일정한 제약조건을 만족하는 것 중에서 기대수익률을 최대화하는 것을 찾는 모형이다.

다중요인 모형은 체계적 위험(베타, 규모, 산업 등)을 다중화하여 리스크를 분석·관리하는 모형이다.

정답 ②

76

3과목 5편 채권투자운용 6문항

옵션부채권에 대한 설명이다. 틀린 항목의 개수는?

> 가. 수의상환채권은 채권자에게 불리하므로 일반채권에 비해 높은 액면이자율로 발행하는 것이 일반적이다.
> 나. 수의상환채권의 가치는 '일반채권의 가치-콜옵션의 가치'이다.
> 다. 수의상환채권은 채권수익률이 하락할 경우 중도상환위험이 높아진다.
> 라. 수의상환채권에서의 콜옵션 행사는 해당 채권의 듀레이션을 감소시킨다.

① 0개   ② 1개   ③ 2개   ④ 3개

모두 옳은 내용이다(틀린 항목의 개수는 0개)

정답 ①

더 알아보기

합성채권(옵션부채권)

콜옵션부 채권 (Callable bond)	풋옵션부 채권 (Putable bond)
수의상환채권	수의상환청구채권
발행기업이 콜옵션 행사권	투자자가 풋옵션 행사권
☑ 금리하락기	☑ 금리상승기
조기상환 후 더 낮은 금리로 재발행하고자 함	채권가격이 더 하락하기 전에 보유채권을 매각하고자 함
☑ 일반채권가치 - 콜옵션가치	☑ 일반채권가치 + 풋옵션가치
투자자에게 콜위험(call risk)	

☑ 수의상환채권(콜옵션부채권) 개요

시장금리가 하락하는 상황에서 발행기업이 수의상환채권(콜옵션부채권)의 콜옵션을 행사하여 채권을 조기상환한 다음, 더 낮은 금리로 채권을 재발행하면 자금조달비용을 낮출 수 있게 된다(콜옵션행사의 목적). 반면 투자자의 입장에서는 콜옵션보유자인 발행기업이 콜옵션을 행사하게 되면 채권가격의 상승기회(시장금리하락 시 채권가격 상승)를 박탈당하게 된다. 따라서,

(1) 수의상환채권은 일반채권에 비해 핸디캡(발행사의 콜옵션행사 위험)이 있는 것이므로 수의상환채권의 가치는 '일반채권의 가치-콜옵션의 가치'이다.

(2) 수의상환채권은 일반채권에 비해 불리하므로 채권발행 시 일반채권에 비해 높은 액면이자율로 발행하는 것이 일반적이다.

▶ 일반적으로 액면 이자율이 높은 순서는 '콜옵션부채권 > 일반채권 > 전환사채'이다.

- 콜옵션부채권은 일반채권에 비해 불리하므로 더 높은 액면이자율로 발행하고, 전환사채는 일반채권에 비해 유리하므로 더 낮은 액면이자율로 발행할 수 있다.

(3) 수의상환채권(콜옵션부채권)은 금리하락기에 콜옵션의 행사가능성이 높아지고 수의상환청구채권(풋옵션부채권)은 금리상승기에 풋옵션의 행사가능성이 높아진다.
(4) 금리하락기에 수의상환채권의 콜옵션이 행사되면, 해당 채권의 듀레이션은 감소한다(∵발행기업의 콜옵션을 행사하여 해당 채권을 조기에 상환하면 투자자 입장에서는 원금상환기간이 앞당겨지는 것이므로 듀레이션이 감소하게 된다).

2023.02 기출복원

옵션부채권에 대한 설명이다. 옳은 것으로 연결한 것은?

> 가. 수의상환채권은 채권자에게 불리하므로 일반채권에 비해 높은 액면이자율로 발행하는 것이 일반적이다.
> 나. 수의상환채권의 가치는 '일반채권의 가치-콜옵션의 가치'이다.
> 다. 수의상환채권은 채권수익률이 하락할 경우 중도상환위험이 높아진다.

① 가, 나
② 나, 다
③ 가, 다
④ 가, 나, 다

모두 옳은 내용이다.
※ **발행금리** : 콜옵션부채권 > 일반채권 > 전환사채

정답 ④

77

투자자산운용사 프리미엄 강의노트 | 3과목 5편 채권투자운용 6문항

채권의 유통시장에 대한 설명이다. 옳은 것은?

① 채권 유통시장은 우리나라를 포함한 대부분의 나라에서 장외시장의 비중이 더 높은 것이 특징이다.
② 장내시장에서 개설된 국채전문시장에서의 국고채의 매매수량 단위는 100억 원이다.
③ 채권은 장내시장, 장외시장 모두 상대매매 방식으로 거래된다.
④ 채권의 장외시장에서는 장외채권만 거래된다.

① 채권의 주식과 달리 거래대상을 표준화하기 어렵고 또 기관투자자 중심의 시장이므로 **장외시장의 비중이 크다**.
② IDM(국채전문유통시장)에서의 국고채의 매매수량 단위는 10억 원이다.
③ 장내시장은 경쟁매매, 장외시장은 상대매매이다.
④ 장내시장에서는 상장채권만 거래되지만, 장외시장은 매매대상을 제한하지 않으므로 상장채권과 비상장채권이 모두 거래대상이 된다.

[정답] ①

더 알아보기

● 채권유통시장   발행시장 VS 유통시장

✓ 채권은 주식과 달리 장외시장의 비중이 압도적으로 높다.

✓ 장내시장 VS 장외시장

구 분	장내시장	장외시장
거래장소	증권거래소	장외시장 브로커창구, IDB회사 창구
대상채권	상장채권, 주식관련채권, 첨가매출 소액국공채	제한 없음 (비상장, 상장 모두 거래)
거래방법	경쟁매매	✓ 상대매매
매매수량단위	✓ 국고채 : 10억 원 주식관련사채 : 10만 원 소액채권 : 1천 원	제한 없음 (관행적으로 100억 원)
결제방법	당일결제, 익일결제	익일결제

2024.06 기출복원

채권유통시장에 대한 설명이다. 가장 적합한 것은?

① 채권시장은 우리나라를 포함한 대부분의 나라에서 장외시장의 비중이 더 높은 것이 특징이다.
② 장외시장에서는 비상장채권만이 거래될 수 있다.
③ 채권은 장내시장, 장외시장 모두 상대매매 방식으로 거래된다.
④ 장내시장과 장외시장의 결제방식은 모두 익일결제 방식이다.

채권은 주식과 달리 거래대상을 표준화하기 어렵고 또 기관투자자 중심의 시장이므로 장외시장의 비중이 크다.

※ **추가해설**
　② 장내시장에서는 상장채권만이 거래되지만 장외시장에서는 거래제한이 없으므로 상장채권과 비상장채권 모두 거래대상이 된다.
　③ 장내시장은 경쟁매매, 장외시장은 상대매매 방식으로 거래된다.
　④ 채권은 대부분 익일결제 방식으로 결제하지만 소매채권 등 일부 채권의 경우 당일 결제 방식으로 결제한다.

정답 ①

78

투자자산운용사 프리미엄 강의노트   3과목 5편 채권투자운용 6문항

채권가격과 채권수익률에 대한 설명이다. 가장 적절하지 않은 것은?

① 표면금리가 만기수익률보다 높은 경우 채권가격은 채권액면가보다 낮게 거래된다.
② 이표채의 경우, 만기수익률은 채권을 만기까지 보유하고 중도에 지급된 이자를 만기수익률과 동일한 수익률로 만기까지 재투자 될 때에만 실현될 수 있는 약속된 수익률이다.
③ 무이표채의 경우 만기까지 보유 시 약속된 만기수익률을 실현할 수 있다.
④ 만기가 길어질수록 또는 이표율이 높을수록 재투자위험이 증가한다.

'표면금리 > 만기수익률'이면 채권가격은 채권액면가보다 높게 거래된다.

정답 ①

더 알아보기

● 채권가격의 원리 : 표면금리 vs 만기수익률

CR / YTM	채권가격 / 액면가
표면금리 = 만기수익률	채권가격 = 액면가
표면금리 > 만기수익률	채권가격 > 액면가(할증거래)
표면금리 < 만기수익률	채권가격 < 액면가(할인거래)

예시 채권액면 10,000원, **표면금리 6%**, 만기2년, 연단위후급 이표채의 경우,

① 만기수익률이 6%인 경우(표면금리 = 만기수익률),

$$\to P = \frac{600}{(1+0.06)} + \frac{10,600}{(1+0.06)^2} = 566.04 + 9,433.96 = 10,000원 \text{(즉 채권가격 = 채권액면)}$$

② 만기수익률이 4%인 경우(표면금리 > 만기수익률),

$$\to P = \frac{600}{(1+0.04)} + \frac{10,600}{(1+0.04)^2} = 576.92 + 9,800.30 = 10,377.22원 \text{(즉 채권가격 > 채권액면)}$$

③ 만기수익률이 8%인 경우(표면금리 < 만기수익률),

$$\to P = \frac{600}{(1+0.08)} + \frac{10,600}{(1+0.08)^2} = 555.56 + 9,087.79 = 9,643원 \text{(즉 채권가격 < 채권액면)}$$

☑ 만기수익률과 재투자위험

(1) 만기수익률(YTM)은 채권을 만기까지 보유하고 지급된 이자가 만기수익률로 만기까지 재투자될 때만 실현될 수 있는 약속된 수익률이다.
  ▶ 이표채의 경우이다.
(2) 만기가 길어질수록 또는 이표율이 높을수록 만기수익률을 실현하기 위해서는 더욱 더 이자에 대한 이자에 의존하게 되며 이는 곧 재투자위험이 증가함을 의미한다.
  ▶ '**이표율(표면금리)이 높을수록 / 만기가 길수록**' 재투자수익의 변동성이 커지므로 **재투자 위험이 증가한다**.
(3) 무이표채(zero-coupon bond)의 경우 만기까지 보유 시 약속된 만기수익률을 실현할 수 있으며 이는 재투자위험이 존재하지 않음을 의미한다.
  ▶ 무이표채의 경우 만기 중 지급되는 이표(중간이자)가 없으므로 재투자위험에 노출되지 않는다.

☑ 이표채의 재투자위험

이표채 — 만기수익률은 채권을 만기까지 보유하고 지급된 이자가 동일한 만기수익률로 만기까지 재투자될 때에만 실현될 수 있는 약속된 수익률이다.

```
                     재투자위험
          800원      800원      800원 + 10,000원
  |---------|---------|---------|
10,000원
```

→ 만기가 길어질수록 또는 이표율이 높을수록 **재투자위험이 증가한다.**

2023.06 기출복원

채권가격과 채권수익률에 대한 설명이다. 가장 적절하지 않은 것은?

① 표면금리와 만기수익률이 같을 경우 채권가격과 채권액면가는 동일하다.
② 표면금리가 만기수익률보다 높은 경우 채권가격은 채권액면가보다 낮게 거래된다.
③ 만기수익률은 채권을 만기까지 보유하고 지급된 이자가 만기수익률로 만기까지 재투자될 때에만 실현될 수 있는 약속된 수익률이다.
④ 만기가 길어질수록 또는 이표율이 높을수록 재투자위험이 증가한다.

'표면금리 > 만기수익률'이면 채권가격은 채권액면가보다 높게 거래된다.

정답 ②

79

투자자산운용사 프리미엄 강의노트   **3과목 5편 채권투자운용 6문항**

채권가격의 움직임에 대한 설명이다. 가장 적절하지 않은 것은?

① 채권가격은 채권수익률과 반대방향으로 움직인다.
② 채권의 잔존기간이 길수록 채권가격의 변동은 체감적으로 증가한다.
③ 만기가 일정할 때 채권수익률 하락으로 인한 채권가격의 상승폭은 채권수익률 상승으로 인한 채권가격의 하락폭보다 적다.
④ 이자의 지급주기가 짧아지면 채권가격의 변동이 적어진다.

③에서 '수익률 하락 시의 채권가격상승폭이 수익률 상승 시의 채권가격 하락폭보다 크다'가 옳다(→ 말킬의 4정리에 해당하며 이러한 성질은 채권가격의 볼록성에 기인함).

정답 ③

더 알아보기

● 말킬(Malkeil)의 채권가격 5정리(Bond Price Theorem)

(1) 1정리 : 채권가격은 채권수익률과 반대방향으로 움직인다.
- 채권수익률이 하락하면 보유채권의 가격은 상승한다.

(2) 2정리 : 채권의 잔존기간이 길수록 동일한 수익률변동에 대한 채권가격의 변동이 커진다.
- 예 잔존기간이 길어질수록, 만기수익률이 4%일 때의 채권가격의 변동이 만기수익률이 6%일 때의 채권가격변동보다 크게 나타난다(→ 동일한 수익률변동 즉 만기수익률 4%와 6%의 동일한 변동을 가정했을 때 잔존기간이 길수록 그 변동폭의 차이가 더욱 확대되어 나타남).

(3) 3정리 : 채권의 잔존기간이 길수록 채권가격의 변동은 체감적으로 증가한다.
- 시세차익의 측면에서 볼 때 잔존기간이 긴 채권일수록 유리하지만 지나치게 만기가 긴 채권의 필요성은 낮아진다고 할 수 있다(∵ 체감적으로 증가하므로).

(4) 4정리 : 채권수익률 하락으로 인한 채권가격의 상승폭은 채권수익률 상승으로 인한 채권가격 하락폭보다 크다.
- 채권가격의 변동폭은 만기수익률 변동대비 동일하게 나타나지 않는데(채권가격의 상승폭이 더 큼), 이는 채권가격곡선이 원점에 대해 볼록한 성질을 보이기 때문이다.

(5) 5정리 : 채권의 표면이자율이 높을수록 동일한 크기의 수익률변동에 대한 채권가격의 변동은 적어진다.
- 추가로, 이자지급주기가 짧아지는 경우에도 채권가격의 변동은 적어진다(∵ 동일한 표면금리에서 이자지급주기가 짧아지면 중도에 지급받는 가중현금흐름이 증가하여 가중평균회수기간이 짧아지게 됨. 따라서 듀레이션 즉 채권가격의 변동이 적어진다.

▶ 이를 종합하면,
'채권가격의 변동성(듀레이션)↑ = ƒ(표면이율↓, 잔존만기↑, 만기수익률↓)'이다.

2023.11 기출복원

채권가격의 움직임에 대한 설명이다. 가장 적절하지 않은 것은?

① 채권가격은 채권수익률과 반대방향으로 움직인다.
② 동일한 채권수익률 변동에 대한 채권가격의 변동은 잔존기간이 길수록 커진다.
③ 만기가 일정할 때 채권수익률 하락으로 인한 채권가격의 상승폭은 채권수익률 상승으로 인한 채권가격의 하락폭보다 적다.
④ 표면이자율이 낮을수록 동일한 수익률변동에 대한 채권가격변동폭이 커진다.

채권수익률 하락으로 인한 채권가격의 상승폭이 채권수익률 상승으로 인한 채권가격의 하락폭보다 크다(→ 말킬의 4정리에 해당하며 이러한 성질은 채권가격의 볼록성에 기인한다).

정답 ③

투자자산운용사 프리미엄 강의노트   3과목 5편 채권투자운용 6문항

현 시점에서 1년 만기 현물이자율($_0R_1$)이 3%, 2년 만기 현물이자율($_0R_2$)이 3.5% 일 때, 향후 1년 후의 1년 만기 내재선도이자율($_1f_1$)은 얼마인가?(불편기대이론에 따름, 근사치)

① 3.0%
② 3.5%
③ 4.0%
④ 5.0%

향후 1년 후 시점에서의 1년 만기 내재선도이자율은 4.0%이다(아래 풀이).
※ 불편기대이론 하에서의 내재선도이자율 구하기
(1) 불편기대이론 하에서는 장·단기 채권의 완전대체관계가 성립하므로 장기채수익률은 단기채수익률과 내재선도이자율의 기하평균과 같다.
(2) 따라서, $(1+0.035)^2 = (1+0.03)(1+{_1f_1})$
→ $_1f_1 = \frac{(1+0.035)^2}{(1+0.03)} - 1$, $(\therefore) {_1f_1} = 0.0400242$, 즉 4.002%
(3) 약식계산 : $\frac{(2 \times 3.5\%) - (1 \times 3\%)}{2 - 1} = 7\% - 3\% = 4.0\%$

정답 ③

더 알아보기

 불편기대이론 – (내재)선도이자율 구하기

※ 장기채수익률은 단기채수익률과 내재선도이자율의 기하평균과 같다.

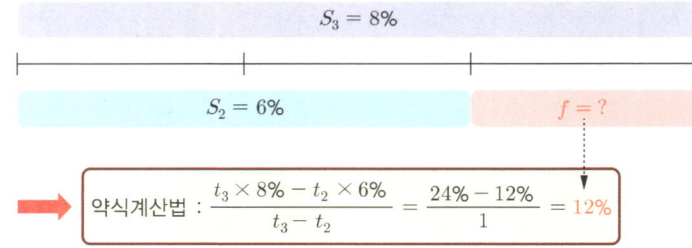

2024.06 기출복원

현 시점에서 1년 만기 현물이자율($_0R_1$)이 3%, 2년 만기 현물이자율($_0R_2$)이 3.5%일 때, 향후 1년 후의 1년 만기 내재선도이자율($_1f_1$)은 얼마인가?(불편기대이론에 따름, 근사치)

① 3.0%
② 3.5%
③ 4.0%
④ 5.0%

향후 1년 후 시점에서의 1년 만기 내재선도이자율은 4.0%이다.

※ **불편기대이론 하에서의 내재선도이자율 구하기**
(1) 불편기대이론 하에서는 장·단기 채권의 완전대체관계가 성립하므로 장기채수익률은 단기채수익률과 내재선도이자율의 기하평균과 같다.
(2) 따라서, $(1+0.035)^2 = (1+0.03)(1+{_1f_1})$
→ $_1f_1 = \frac{(1+0.035)^2}{(1+0.03)} - 1$, $(\therefore) {_1f_1} = 0.0400242$, 즉 4.002%
(3) 약식계산 : $\frac{(2 \times 3.5\%) - (1 \times 3\%)}{2-1} = 7\% - 3\% = 4.0\%$

정답 ③

2023.11 기출복원

현 시점에서 2년 만기 현물이자율(S_2)이 5%, 향후 1년 후의 1년 만기 내재선도이자율($_1f_1$)이 4%일 경우, 현 시점에서 1년 만기 현물이자율(S_1)은 얼마인가?(불편기대이론에 따름)

① 3.0%
② 4.0%
③ 5.0%
④ 6.0%

※ **불편기대이론 하에서의 내재선도이자율 구하기**
(1) 불편기대이론 하에서는 장·단기 채권의 완전대체관계가 성립하므로, 장기채수익률은 단기채수익률과 내재선도이자율의 기하평균과 같다.
(2) 따라서, $(1+0.05)^2 = (1+S_1)(1+0.04)$
→ $S_1 = \frac{(1+0.05)^2}{(1+0.04)} - 1$, $(\therefore) S_1 = 0.060096$, 즉 약 6%이다.
(3) 약식계산 : $\frac{(2 \times 5\%) - (1 \times S_1)}{2-1} = 4\%$, $10\% - S_1 = 4\%$, $(\therefore) S_1 = 6\%$

Tip 만기가 짧을 경우는 기하평균과 산술평균의 차이가 크지 않으므로 산술평균으로 계산해도 무방하다.
→ $\frac{S_1 + \text{내재이자율}}{2} = S_2$, 즉 $\frac{S_1 + 4\%}{2} = 5\%$, $(\therefore) S_1 = 6\%$

정답 ④

81

투자자산운용사 프리미엄 강의노트 　3과목 5편 채권투자운용 6문항

채권운용전략에 대한 내용이다. 가장 적절하지 않은 것은?

① 시장이 효율적일 경우는 채권교체전략을 통해 초과수익을 얻을 수 없다.
② 금리수준이 일정하더라도 잔존기간이 짧아지면 그만큼 수익률이 하락하여 채권가격이 상승하는데, 이를 통해 매매차익을 얻고자 하는 전략은 숄더효과를 말한다.
③ 채권별 보유량을 각 잔존기간마다 동일하게 유지함으로써 시세변동위험을 평준화시키고 수익성도 적정수준을 확보하려는 전략은 사다리형 만기전략이다.
④ 채권인덱싱전략은 채권시장 전체의 흐름을 그대로 따르는 포트폴리오를 구성하여 채권시장의 전체 수익률을 달성하려는 전략이며, 채권시장이 효율적이라고 전제한다.

②는 롤링효과(rolling effect)를 말한다.
▶ '금리수준이 일정하더라도' → 롤링효과,
　'수익률하락이 급격한 구간에 있는' → 숄더효과

정답 ②

더 알아보기

● 채권투자전략(Active, Passive)

Active	Passive
금리예측전략	만기보유전략
채권교체전략	현금흐름일치전략
스프레드운용전략	사다리형만기전략
수익률곡선타기전략	면역전략
수익률곡선전략	채권인덱싱전략

▶ 채권의 투자수익률 : $R = \dfrac{(P_1 - P_0) + I}{P_0}$

2023.06 기출복원

다음 중 적극적인 채권운용전략에 속하지 않는 것은?

① 수익률곡선타기 전략 ② 현금흐름일치 전략
③ 금리예측전략 ④ 스프레드운용전략

적극적인 운용전략(Active)	소극적인 운용전략(Passive)
• 금리예측전략(듀레이션조절전략) • 채권교체전략(동종교체 / 이종교체) • 스프레드운용전략 • 수익률곡선타기전략(롤링효과 / 숄더효과) • 수익률곡선전략(바벨형 / 불릿형)	• 만기보유전략 • 사다리형만기전략 • 채권면역전략(전통적 / 순자산가치 / 상황대응적) • 현금흐름일치전략 • 채권인덱싱전략

☑ 수익률곡선타기전략(롤링, 숄더)

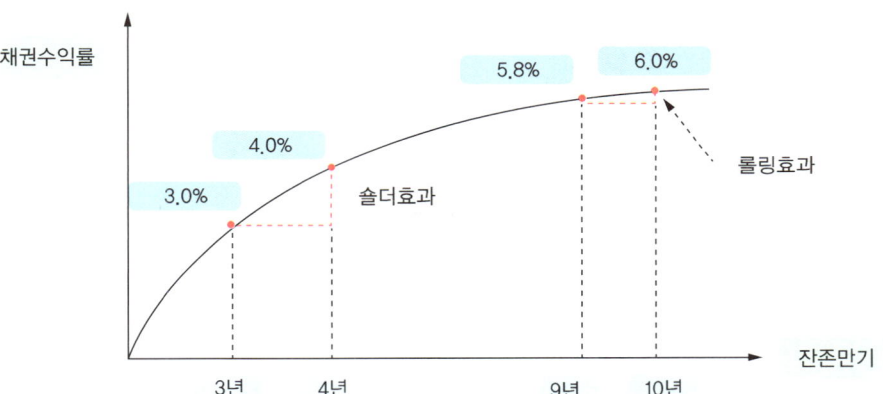

정답 ②

2021.06 기출복원

채권운용전략 중에서 보기에 해당하는 전략은 무엇인가?

> 우상향하는 수익률곡선에서 금리수준이 일정하더라도 잔존기간이 짧아지면 그만큼 수익률이 하락하여 채권가격이 상승하게 되는데, 이러한 관계를 이용하는 투자전략을 (　　　)라고 한다.

① 롤링효과
② 숄더효과
③ 면역전략
④ 스프레드운용전략

▶ 채권매입 후 잔존기간이 짧아질 때 자본차익을 얻는 전략으로서, 롤링효과와 숄더효과가 있다(아래 키워드로 구분).
  • '금리수준이 일정하더라도' → 롤링효과
  • '수익률하락이 급격한 구간에 있는' → 숄더효과

정답 ①

2021.11 기출복원

소극적인 채권운용전략에 대한 설명이다. 틀린 것은?

① 사다리형 만기 전략은 중기채를 매입하지 않고 단기채와 장기채를 편입하여 시세변동위험을 평준화시키고 수익성도 적정수준으로 확보하려는 전략이다.
② 전통적 면역전략은 투자자의 목표투자기간과 채권의 듀레이션을 일치시킴으로써 시장수익률의 변동에 관계없이 채권매입당시 설정한 일정한 수익률을 목표기간 말에 실현할 수 있도록 하는 전략이다.
③ 순자산가치 면역전략은 자산의 시장가치 가중 듀레이션과 부채의 시장가치 가중 듀레이션을 일치시킴으로써 순자산 가치의 변동성을 최소화하고자 하는 전략이다.
④ 채권인덱싱전략은 채권시장 전체의 흐름을 그대로 따르는 포트폴리오를 구성하여 채권시장의 전체 수익률을 달성하려는 전략이며, 채권시장이 효율적이라고 전제한다.

① 사다리형 만기전략은 채권별 보유량을 각 잔존기간 마다 동일하게 유지한다. 따라서 중기채를 제외하는 것은 틀린 내용이다.

정답 ①

82

투자자산운용사 프리미엄 강의노트 3과목 6편 파생상품운용 6문항

빈칸을 옳게 연결한 것은?(순서대로)

> 선물의 시장가격이 현물의 시장가격보다 높은 상태를 (　　) 또는 (　　)이라고 표현한다.

① 콘탱고, 정상시장
② 콘탱고, 역조시장
③ 백워데이션, 정상시장
④ 백워데이션, 역조시장

'$F_t > S_t$'이면 콘탱고(Contango) 상태 또는 정상시장이라 하며, '$F_t < S_t$'이면 백워데이션(Backwadation)상태 또는 역조시장이라 한다.

정답 ①

더 알아보기

콘탱고(contango)와 백워데이션(backwadation)

현물가격과 선물가격 간의 관계에서 선물가격이 현물가격보다 높은 한편, 선물가격 내에서 만기가 먼 원월물(deferred futures) 가격이 근월물(nearby futures) 가격보다 높은 경우, 즉 '$F_t > S_t$'의 관계가 성립할 경우 콘탱고(contango) 상태 또는 정상시장(normal market)이라고 표현한다. 다시 말해서 선물가격이 현물가격보다 높은 것이 정상적이라는 뜻이다. 반대로 현물가격이 선물가격보다 높은 한편, 선물가격 내에서 만기가 가까운 근월물의 가격이 만기가 먼 원월물의 가격보다 높은 경우, 즉 '$F_t < S_t$'의 관계가 성립할 경우 백워데이션(backwadation) 상태 또는 역조시장(inverted market)이라 표현한다. 다시 말해서 현물가격이 선물가격보다 높다는 것은 보유비용(cost of carry)의 반영이라는 측면에서 거꾸로 되었다는 뜻이다(후략).

2024.03 기출복원

빈칸을 옳게 연결한 것은?(순서대로)

> 선물의 시장가격이 현물의 시장가격보다 낮은 상태를 (　　) 또는 (　　)이라고 표현한다.

① 콘탱고, 정상시장
② 콘탱고, 역조시장
③ 백워데이션, 정상시장
④ 백워데이션, 역조시장

'$F_t > S_t$'이면 콘탱고(Contango) 상태 또는 정상시장이라 하며, '$F_t < S_t$'이면 백워데이션(Backwadation)상태 또는 역조시장이라 한다.

정답 ④

83

3과목 6편 파생상품운용 6문항

[42회 신유형]

빈칸에 알맞은 것은?

( )는 임의의 거래일에 있어서 현물가격과 선물가격의 차이를 의미한다.

① 베타
② 표준편차
③ 공분산
④ 베이시스

베이시스(basis)를 말한다.

정답 ④

더 알아보기

● 베이시스(basis)의 의미

(1) 베이시스란 임의의 거래일에 있어서 현물가격과 선물가격의 차이를 의미한다.
  ㉠ 시장베이시스 : 선물시장가격−현물시장가격($b_t = F_t - S_t$)
  ㉡ 이론베이시스 : 선물이론가격−현물시장가격($b^* = F^* - S_t$)

(2) 이론베이시스($F^* - S_t$)는 보유비용 $\left[S_t \left\{ (r-d) \times \dfrac{T-t}{365} \right\} \right]$ 과 같다.

  → $F^* - S_t$
  → $F^* - S_t = S_t \left\{ 1 + (r-d) \times \dfrac{T-t}{365} \right\} - S_t$
  → $F^* - S_t = S_t \left\{ (r-d) \times \dfrac{T-t}{365} \right\}$
  → 좌변은 이론베이시스, 우변은 보유비용이다. 즉 '이론베이시스 = 보유비용'

(3) **랜덤 베이시스 헤지 VS 제로 베이시스 헤지** : 헤지포지션의 청산시점에 따른 분류
  ㉠ 현물포지션과 선물헤지포지션을 만기 전 임의의 시점에서 청산할 경우 '랜덤 베이시스 헤지(random basis hedge)'가 된다.
    • 만기 전 임의의 시점에서 청산할 경우 베이시스의 변동여부에 따라 베이시스 수익 또는 베이시스 손실이 발생한다. 즉 랜덤 베이시스 헤지는 '시장위험을 회피하기 위해 베이시스 위험에 노출되는' 결과가 된다.
  ㉡ 현물포지션과 선물헤지포지션을 만기 시점에서 청산할 경우 '제로 베이시스 헤지(zero basis hedge)'가 된다.
    • 만기 시점에서 청산할 경우 베이시스가 제로가 되어($F^* = S_t$, $F^* - S_t = 0$) 베이시스 위험에 노출되지 않는다.

84

3과목 6편 파생상품운용 6문항

옵션의 기본개념이다. 가장 적절하지 않은 것은?

① 기초자산을 미래의 일정시점에서 미리 정한 가격에 매수할 수 있는 권리가 있는 상품을 콜옵션이라 한다.
② 보유하고 있는 옵션에 대한 권리행사를 만기 시점 이전에 아무 때나 한번 행사할 수 있는 옵션은 미국식 옵션이다.
③ 콜옵션이든 풋옵션이든 내재가치가 양의 값을 보이는 상태를 내가격이라 한다.
④ 만기가 다르되 행사가격이 동일한 두 개의 옵션에 대해 동시에 매수와 매도를 하면 수직스프레드가 된다.

행사가격이 동일하되 만기가 다른 두 옵션을 매수 / 매도하는 것은 수평스프레드이다(수직스프레드는 행사가격이 다른 두 옵션을 매수/매도).

정답 ④

더 알아보기

◉ 옵션의 수익구조 이해

(1) 콜옵션매수의 내재가치
$Max[0, S_T - X]$

(2) 풋옵션매수의 내재가치
$Max[0, X - S_T]$

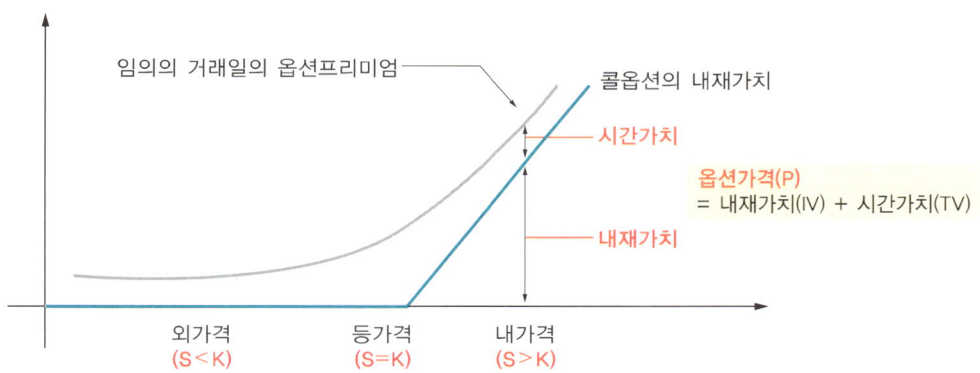

[옵션의 개념] 미래의 일정시점 또는 일정기간 동안 **사전에 정한 가격**으로 기초자산을 매수 또는 매도할 수 있는 **권리**

[유럽식 옵션] 만기일에만 행사가 가능한 옵션(미국식은 아무때나 행사)

2022.11 기출복원

옵션의 기본개념에 대한 설명이다. 가장 적절하지 않은 것은?

① 기초자산을 미래의 일정시점에서 미리 정한 가격에 매수할 수 있는 권리가 있는 상품을 콜옵션이라 한다.
② 보유하고 있는 옵션에 대한 권리행사를 만기에 한번만 할 수 있는 것은 유럽식 옵션이다.
③ 콜옵션의 내재가치는 기초자산가격이 행사가격보다 클 때 양의 값을 지닌다.
④ 콜옵션이든 풋옵션이든 내재가치가 양의 값을 보이는 상태를 외가격이라 한다.

옵션의 내재가치가 양(+)인 상태는 내가격(in the money)이다.

● 수평/수직/대각 스프레드 - 예시

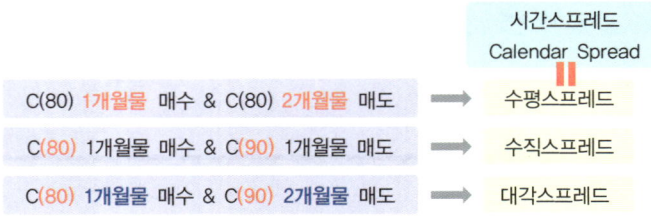

정답 ④

2023.11 기출복원

〈보기〉의 정의에 부합하는 옵션스프레드 전략은 무엇인가?

> 만기는 동일하고 행사가격이 다른 두 개의 옵션에 대해, 매수 및 매도를 동시에 취하는 전략이다.

① 수평스프레드
② 수직스프레드
③ 대각스프레드
④ 시간스프레드

수직스프레드이다.
• 만기가 다른 두 옵션을 매수 / 매도하는 전략 → 수평스프레드
• 행사가격이 다른 두 옵션을 매수 / 매도하는 전략 → 수직스프레드

정답 ②

85

투자자산운용사 프리미엄 강의노트　3과목 6편 파생상품운용 6문항

행사가격이 300p인 풋옵션을 1계약 매도(프리미엄 5point)하고, 행사가격이 295p인 풋옵션을 1계약 매수(프리미엄 1point)하였다. 만기시점에 청산된 기초자산가격이 297p라고 할 때, 이 스프레드포지션의 손익은 얼마인가?

① 0.5포인트 손실
② 1.0포인트 손실
③ 1.0포인트 이익
④ 2.5포인트 이익

옵션스프레드 포지션의 손익은 매수포지션과 매도포지션으로 나누어 차례로 계산한다.

정답 ③

더 알아보기

● 옵션스프레드 손익계산

(1) **풋옵션 매수포지션의 손익**

　295p에 매수하고 297p에 종료되었으므로, 손익은 'Max(295−297, 0)−1.0 = 0 −1.0 = (−)1.0 point'이다.
　• 풋옵션매수는 매수 후 기초자산가격이 하락해야 수익이 나는데, 동 문항에서는 상승하였으므로 프리미엄손실만 발생하였다.

(2) **풋옵션 매도포지션의 손익**

　300p에 매도하고 297p에 종료되었으므로 풋옵션 매수자의 수익 +3.0point를 결제를 해주어야 하는 입장이다. 따라서 손익은 '− {Max(300−297, 0)}+5.0 = −3.0 + 5.0 =(+)2.0 point'이다.
　• 옵션매도자는 옵션매수자에게 수익발생 시 결제해야 할 의무가 생기므로, 옵션매수자의 손익을 먼저 계산하고 반대(−)로 적용하면 된다.

(3) 따라서 동 포지션(풋 불 스프레드)의 최종손익은 '−1.0+2.0 = +1.0point'이다.

만기 297 마감 시	① 프리미엄손익	② 정산손익
P(295) 매수	−1.0	0
P(300) 매도	+5.0	−3.0
③ 최종손익	+4.0 − 3.0 = (+)1.0	

2024.11 기출복원

행사가격이 300p인 풋옵션을 1계약 매도(프리미엄 3point)하고, 행사가격이 295p인 풋옵션을 1계약 매수(프리미엄 1point)하였다. 만기시점에 청산된 기초자산가격이 297.5p라고 할 때, 이 스프레드포지션의 손익은 얼마인가?

① 0.5포인트 손실
② 1.0포인트 손실
③ 1.0포인트 이익
④ 2.5포인트 이익

만기 297.5 마감 시	① 프리미엄손익	② 정산손익
P(295) 매수	-1.0	0
P(300) 매도	+3.0	-2.5
③ 최종손익	+2.0 - 2.5 = (-)0.5	

정답 ①

2019.11 기출복원

한 투자자가 행사가격이 295P인 KOSPI200 주가지수콜옵션을 3.0에 1계약 매수하고 행사가격이 300P인 콜옵션을 1.0에 1계약 매도하였다. 옵션 만기시점 주가지수가 300으로 끝났다면 동 스프레드의 손익은?

① 2.0포인트 손실
② 2.0포인트 이익
③ 3.0포인트 손실
④ 3.0포인트 이익

만기 300 마감 시	① 프리미엄손익	② 정산손익
C(295) 매수	-3.0	+5.0
C(300) 매도	+1.0	0
③ 최종손익	-2.0 + 5.0 = (+)3.0	

정답 ④

86

투자자산운용사 프리미엄 강의노트 — 3과목 6편 파생상품운용 6문항

다음 중 변동성이 확대될 때 수익이 나는 포지션은?

> 가. 스트래들 매수
> 나. 스트랭글 매수
> 다. 콜옵션 매수
> 라. 콜옵션 매도

① 가, 나
② 가, 나, 다
③ 나, 다, 라
④ 가, 나, 다, 라

'스트래들매수 / 스트랭글매수(가, 나)'는 **변동성매수전략**으로서 변동성이 확대될 때 수익이 나는 포지션이다. 콜옵션매수와 콜옵션매도는 방향성 전략으로서 변동성과는 관계가 없다.

정답 ①

더 알아보기

옵션투자전략

방향성 전략		변동성 전략	
상승예상	하락예상	변동성 증가예상	변동성 감소예상
콜옵션 매수 풋옵션 매도 강세 스프레드	풋옵션 매수 콜옵션 매도 약세 스프레드	스트래들 매수 스트랭글 매수 변동성매수전략	스트래들 매도 스트랭글 매도 변동성매도전략

변동성매수전략

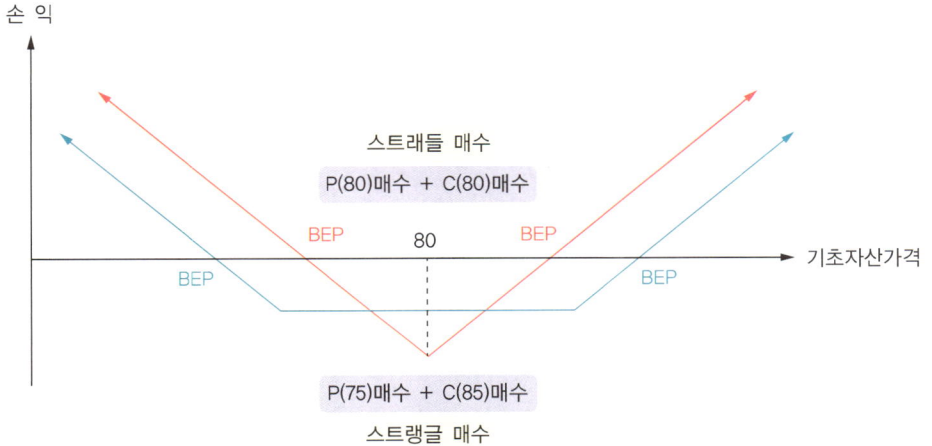

제3과목 직무윤리 및 법규 / 투자운용 및 전략Ⅰ 등

☑ 스프레드 전략

강세 스프레드 (bull spread)		약세 스프레드 (bear spread)	
강세 콜스프레드	강세 풋스프레드	약세 콜스프레드	약세 풋스프레드
C(80) 매수 C(90) 매도	P(80) 매수 P(90) 매도	C(80) 매도 C(90) 매수	P(80) 매도 P(90) 매수
초기 순지출	초기 순수입	초기순수입	초기순지출

▶ **스프레드 전략의 의미**
① 시간가치 소멸효과(time decayed) 현상이 없다.
② 이익과 손실이 제한된다(Low Return, Low Risk 전략 또는 보수적인 전략).

▶ **강세 콜 스프레드**
→ 행사가격이 낮은 콜옵션을 매수하고, 행사가격이 높은 콜옵션을 매도한다.

2023.06 기출복원

옵션을 이용한 합성전략에 대한 설명이다. 가장 적절하지 않은 것은?

① 콜불스프레드 전략은 행사가격이 높은 콜옵션을 사고 행사가격이 낮은 콜옵션을 매도하는 전략이다.
② 풋불스프레드 전략의 경우 프리미엄 순수입으로 시작한다.
③ 스트래들 매수전략은 행사가격이 동일한 콜옵션과 풋옵션을 동시에 매수하는 전략이다.
④ 스트랭글 매도전략은 큰 행사가격의 콜옵션과 작은 행사가격의 풋옵션을 동시에 매도하는 전략이다.

콜불스프레드(Call Bull Spread)는 행사가격이 낮은 콜옵션을 매수하고 행사가격이 높은 콜옵션을 매도하는 전략이다.

정답 ①

87

투자자산운용사 프리미엄 강의노트 | 3과목 6편 파생상품운용 6문항

옵션민감도 지표에 대한 설명으로 옳은 것은?

① 델타는 기초자산의 변동성 변화에 따라 옵션가격이 얼마나 변하는가 하는 민감도를 보여주는 지표이다.
② 로우는 기초자산이 변화할 때 델타가 얼마나 변하는가 하는 민감도를 보여주는 지표이다.
③ 쎄타는 시간의 경과에 따라 옵션가격이 얼마나 변하는가 하는 민감도를 보여주는 지표이다.
④ 감마는 기초자산이 변화할 때 옵션가격이 얼마나 변하는가 하는 민감도를 보여주는 지표이다.

① 베가, ② 감마, ③ 쎄타, ④ 델타

정답 ③

더 알아보기

● 옵션민감도 정의

(1) 델타($\frac{\partial c}{\partial S}$) : 기초자산이 변할 때 옵션프리미엄(옵션가격)이 얼마나 변하는가?

(2) 감마($\frac{\partial^2 c}{\partial S^2}$) : 기초자산이 변할 때 델타가 얼마나 변하는가?

(3) 베가($\frac{\partial c}{\partial \sigma}$) : 변동성계수가 변할 때 옵션가격이 얼마나 변하는가?

(4) 쎄타($\frac{\partial c}{\partial t}$) : 시간이 경과할 때 옵션가격이 얼마나 변하는가?

(5) 로우($\frac{\partial c}{\partial r}$) : 금리가 변할 때 옵션가격이 얼마나 변하는가?

● 옵션민감도 지표의 부호

구 분	옵션가격	델 타
S↑	콜옵션↑	(+)
	풋옵션↓	(−)

매수 포지션	델 타	감 마	베 가	쎄 타	로 우
콜옵션	+	+	+	−	+
풋옵션	−	+	+	−	−

☑ 옵션매수는 변동성을 먹고 살고 시간가치에 죽는다.

2025.01 기출복원

〈보기〉에서 콜옵션 매수 포지션과 풋옵션 매수 포지션의 민감도 부호가 모두 양(+)의 값인 항목의 개수는?

델타, 감마, 베가, 쎄타, 로우

① 0개
② 1개
③ 2개
④ 3개

2개이다(감마와 베가).

☑ 옵션민감도 지표 – 감마($\frac{\partial^2 c}{\partial s^2}$)

① 기초자산이 변화할 때 옵션의 델타가 얼마나 변화하는가?
② 감마는 델타가 변하는 속도, 즉 가속도(감마는 옵션가격의 2차 미분치 = f')
③ 2차미분치는 그래프상의 곡률을 의미하는데 가장 볼록한 부분에서 감마값이 가장 크다(→ 즉 ATM에서 감마값이 최대).
④ 만기에 근접할수록 감마값이 커진다.

정답 ③

2025.04 기출복원

옵션민감도 지표와 관련하여 빈칸을 옳게 연결한 것은?(순서대로)

- 옵션민감도 지표 중 기초자산에 대한 1차 미분치에 해당하는 것은 (   )이다.
- 옵션민감도 지표 중 기초자산에 대한 2차 미분치에 해당하는 것은 (   )이다.

① 델타, 감마
② 감마, 베가
③ 델타, 베가
④ 듀레이션, 컨벡시티

1차 미분치는 델타, 2차 미분치는 감마이다(채권의 경우 '듀레이션-컨벡시티').

정답 ①

☑ 쎄타($\frac{\partial c}{\partial t}$)

time decayed현상

(1) 시간의 경과에 대해 콜옵션매수, 풋옵션매수 모두 (−)의 방향을 보인다.
   - 옵션매수포지션의 경우 콜옵션과 풋옵션에 관계없이 내가격확률이 낮을수록, 만기가 다가올 때 시간가치 감소 현상(time decayed)이 급격하게 나타난다.

(2) 감마와 쎄타의 경우 민감도부호는 반대이지만 블랙숄즈 2차 편미분 방정식에 의해 '감마 + 쎄타 = 일정숫자' 관계를 보이므로 감마와 쎄타의 절대치는 정의 관계를 갖는다.

※ 예시(by 블랙숄즈모형의 2차 편미분방정식)

▶ 감마 + 쎄타 = 일정숫자
   (+6) (−4)   (+2)

    +7   −5   +2
    +8   −6   +2

2023.06 기출복원

옵션민감도에 대한 설명이다. 가장 적합한 것은?

① 감마는 잔여만기가 길수록 그 값이 커진다.
② 베가는 금리변화에 대한 옵션가격의 변화분을 나타내는 지표이다.
③ 로우는 시간의 경과에 따른 옵션가격의 변화분을 나타내는 지표이다.
④ 감마와 쎄타의 민감도 부호는 반대이지만 그 절대치는 정(+)의 관계를 가진다.

① 잔여만기가 짧을수록 감마 값은 커진다, ②는 로우의 정의, ③은 쎄타의 정의이다.

정답 ④

88

3과목 7편 투자운용결과분석 4문항

금액가중수익률과 시간가중수익률에 대한 내용이다. 보기의 내용을 옳게 분류한 것은?

> 가. 투자자가 실제로 획득한 수익을 투자기간을 고려하여 측정함에 있어 가장 정확하다.
> 나. 펀드에 투자한 현금흐름의 현재가치와 펀드에서 발생하는 수익의 현재가치를 일치 시키는 할인율이다.
> 다. 운용기간 중 각 시점별로 펀드성과와 시장수익률을 비교하기가 용이하다.

	금액가중수익률	시간가중수익률
①	가, 나	다
②	가	나, 다
③	가, 다	나
④	나	가, 다

'가, 나'는 **금액가중수익률**, '다'는 **시간가중수익률**이다. 그리고 '나'는 내부수익률(IRR)을 의미하는데 금액가중수익률은 산출방식에서 내부수익률과 같다.

정답 ①

더 알아보기

● 금액가중수익률 개념정리

(1) 운용기간 중의 모든 현금흐름을 반영한다.
  • '펀드에 유입된 현금흐름의 현재가치와 유출된 현금흐름의 현재가치를 일치시키는 할인율'을 말하는데, 이는 내부수익률(IRR)과 같은 개념이다.
(2) 모든 현금흐름을 반영한다는 것은 펀드의 성과가 펀드매니저의 성과와 투자자의 성과가 혼합되어 있음을 의미한다.
(3) 금액가중수익률은 펀드매니저와 투자자의 공동의 성과를 반영하므로,
  ㉠ 펀드매니저만의 능력을 측정할 수 없고
  ㉡ 운용기간 중 펀드 간 성과비교가 어렵다.
    비교 시간가중수익률은 펀드매니저만의 성과를 측정함으로써 펀드 간 성과비교가 가능하다.
(4) 즉 금액가중수익률은 펀드매니저의 능력을 평가하는 지표로는 적합하지 않지만, 투자자가 실제 획득한 수익을 투자기간을 고려하여 측정하는 데에는 가장 적합한 수익률이다.

✅ 금액가중수익률 VS 시간가중수익률

금액가중수익률	시간가중수익률
내부수익률법(IRR)	기하수익률법
운용기간 중 현금흐름에 영향 O	운용기간 중 현금흐름에 영향 X
벤치마크 및 동류그룹간 비교 X	벤치마크 및 동류그룹 간 비교 O
투자자 관점의 수익률	운용자 관점의 수익률

→ Daily Value Method

※ 집합투자기구의 기준가격은 시간가중수익률로 발표한다.

2023.11 기출복원

금액가중수익률과 시간가중수익률에 대한 내용이다. 보기의 내용을 옳게 분류한 것은?

> 가. 최초 및 최종의 자산규모, 자금의 유출입시기에 의해 영향을 받는다.
> 나. 투자자가 실제로 획득한 수익을 투자기간을 고려하여 측정함에 있어 가장 정확하다.
> 다. 운용기간 중 각 시점별로 펀드성과와 시장수익률을 비교하기가 용이하다.

	금액가중수익률	시간가중수익률
①	가, 나	다
②	가	나, 다
③	가, 다	나
④	나	가, 다

'가, 나'는 금액가중수익률, '다'는 시간가중수익률이다.

정답 ①

89

투자자산운용사 프리미엄 강의노트 3과목 7편 투자운용결과분석 4문항

시장수익률이 상승할 경우(플러스 수익률), 포지션의 수익률이 가장 낮아지는 포지션 베타는 얼마인가?

① −1.0
② −0.5
③ +0.5
④ +1.0

구 분	베타 −1.0	베타 −0.5	베타 0.5	베타 +1.0
시장수익률 +10%	−10%	−5%	+5%	+10%
시장수익률 −10%	+10%	+5%	−5%	−10%

정답 ①

더 알아보기

베타계수

☑ '시장수익률에 대한 개별종목 수익률의 비율'

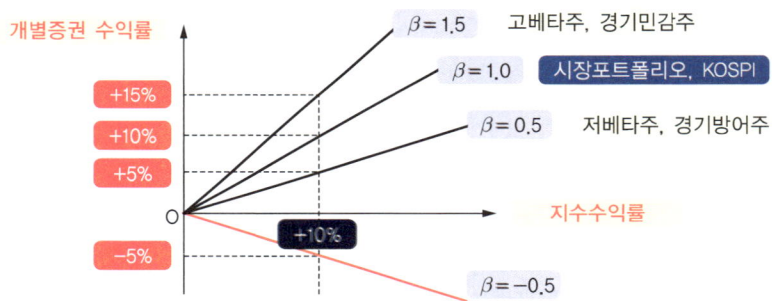

2023.06 기출복원

다음 중 시장수익률이 하락할 경우(마이너스 수익률) 포지션의 수익률이 가장 높아지는 포지션베타는 얼마인가?

① −1.0
② −0.5
③ +0.5
④ +1.0

구 분	베타 −1.0	베타 −0.5	베타 0.5	베타 +1.0
시장수익률 +10%	−10%	−5%	+5%	+10%
시장수익률 −10%	+10%	+5%	−5%	−10%

정답 ①

90

3과목 7편 투자운용결과분석 4문항

기준지표(벤치마크)의 바람직한 속성이다. 옳은 것으로 연결한 것은?

> 가. 벤치마크는 평가기간이 시작되기 전에 미리 정해져야 한다.
> 나. 실행가능한 투자대안이어야 하며, 적극적인 운용을 하지 않는 경우에 기준지표의 구성종목에 투자하여 보유할 수 있어야 한다.
> 다. 일반에게 공개된 정보로부터 계산할 수 있어야 하며, 원하는 기간마다 기준지표 자체의 수익률을 계산할 수 있어야 한다.

① 가, 나
② 나, 다
③ 가, 다
④ 가, 나, 다

모두 옳은 내용이다. '가'는 사전적으로 결정(specified in advance), '나'는 투자가능성(investable), '다'는 '측정가능성(measurable)'에 해당한다.

정답 ④

더 알아보기

● 벤치마크의 속성(4단계 성과비교 – 벤치마크)

(1) **명확성(Unambiguous)** : 기준지표를 구성하는 종목명과 비중이 정확하게 표시되어야 하며, 원칙이 있고 객관적인 방법으로 구성되어야 한다.
(2) **투자가능성(Investable)** : 실행 가능한 투자대안이어야 한다. 적극적인 운용을 하지 않는 경우에 기준지표의 구성종목에 투자하여 보유할 수 있어야 한다.
(3) **측정가능성(Measurable)** : 일반에게 공개된 정보로부터 계산할 수 있어야 하며, 원하는 기간마다 기준 지표 자체의 수익률을 계산할 수 있어야 한다.
(4) **적합성(Appropriate)** : 기준지표가 매니저의 운용스타일이나 성향에 적합하여야 한다.
(5) **투자의견을 반영(Reflective of current investment opinions)** : 펀드매니저가 현재 벤치마크를 구성하는 종목에 대한 투자지식(긍정적, 부정적, 중립적)을 가져야 한다. 즉 해당종목에 대한 상태를 판단할 수 있어야 한다.
(6) **사전적으로 결정(Specified in advance)** : 벤치마크는 평가기간이 시작되기 전에 미리 정해져야 한다.

2024.06 기출복원

기준지표(벤치마크)의 바람직한 속성이다. 틀린 것으로 연결한 것은?

> 가. 벤치마크는 평가기간이 시작된 후에도 선정이 가능하다.
> 나. 적극적인 운용의 대상이 되는 모든 종목에 투자하고 보유할 수 있을 정도로 실행 가능한 투자 대안이어야 한다.
> 다. 일반에게 공개된 정보로부터 계산할 수 있어야 하며, 원하는 기간마다 기준지표 자체의 수익률을 계산할 수 있어야 한다.
> 라. 기준지표를 구성하고 있는 종목명과 비중이 정확히 표시되어야 하며, 객관적인 방법으로 구성되어야 한다.

① 가, 나
② 나, 다
③ 다, 라
④ 가, 라

틀린 내용은 '가, 나'이다. '다'는 측정가능성, '라'는 명확성을 말한다.
가. '가'는 사후적 결정을 말하는데, 벤치마크는 사전적으로 결정(specified in advance)되어야 한다.
나. 실행가능한 투자 대안이어야 하는 것은, 액티브 운용의 모든 대상을 벤치마크로 구성해야 하는 정도가 아니라 패시브 운용이 가능할 정도임을 말한다.

정답 ①

91

투자자산운용사 프리미엄 강의노트 | 3과목 7편 투자운용결과분석 4문항

아래 표의 정보를 이용하여 계산할 때, A펀드가 B펀드에 비해 우월하게 나타나는 성과지표는 무엇인가?(벤치마크수익률은 5%, 무위험수익률은 2%로 가정)

구 분	A 포트폴리오	B 포트폴리오
포트폴리오 수익률	8%	14%
표준편차	10%	20%
베 타	0.5	1.5
잔차위험	5%	10%

① 샤프비율
② 트레이너비율
③ 젠센의 알파
④ 정보비율

A펀드가 B펀드보다 우수하게 나타나는 성과지표는 트레이너비율이다.

정답 ②

더 알아보기

✓ 풀 이

RAPM지표	A 포트폴리오	B 포트폴리오
샤프비율	$\frac{8-2}{10} = 0.6$	$\frac{14-2}{20} = 0.6$
트레이너비율	$\frac{8-2}{0.5} = 12.0$	$\frac{14-2}{2.0} = 6.0$
젠센의 알파	$(8\% - 2\%) - 0.5(5\% - 2\%)$ $= 4.5\%$	$(14\% - 2\%) - 2.0(5\% - 2\%)$ $= 6.0\%$
정보비율	$\frac{8-5}{5} = 0.6$	$\frac{14-5}{10} = 0.9$

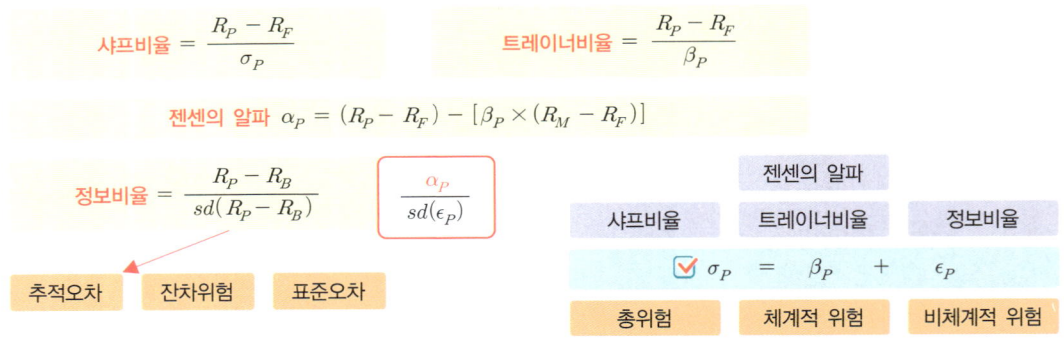

4단계 : 성과비교 – (3) 위험조정성과지표

2025.01 기출복원

아래 표에 대한 설명으로 가장 적절하지 않은 것은?(벤치마크수익률은 8%, 무위험수익률은 2%로 가정)

구 분	A 포트폴리오	B 포트폴리오
포트폴리오수익률	12.5%	17%
표준편차	10%	12%
베 타	0.6	1.5
잔차위험	5%	10%

① 샤프비율은 B포트폴리오가 A포트폴리오 보다 높다.
② 트레이너비율은 A포트폴리오가 B포트폴리오 보다 높다.
③ 젠센의 알파는 A포트폴리오가 B포트폴리오 보다 크다.
④ 정보비율은 B포트폴리오가 A포트폴리오보다 높다.

정보비율은 A와 B 포트폴리오가 동일하다.

정답 ④

☑ 풀 이

RAPM지표	A 포트폴리오	B 포트폴리오
샤프비율	$\frac{12.5 - 2}{10} = 1.05$	$\frac{17 - 2}{12} = 1.25$
트레이너비율	$\frac{12.5 - 2}{0.6} = 17.5$	$\frac{17 - 2}{1.5} = 10.0$
젠센의 알파	$(12.5\% - 2\%) - 0.6(8\% - 2\%)$ $= 6.9\%$	$(17\% - 2\%) - 1.5(8\% - 2\%)$ $= 6.0\%$
정보비율	$\frac{12.5 - 8}{5} = 0.9$	$\frac{17 - 8}{10} = 0.9$

92

투자자산운용사 프리미엄 강의노트 — 3과목 8편 거시경제 4문항

유동성함정(Liquidity Trap)에 대한 설명이다. 틀린 것으로 연결한 것은?

> 가. 이자율이 임계이자율 이하로 하락하면, 사람들은 더 이상 이자율이 내려가지 않을 것으로 판단하여 채권보유를 포기하고 모두 화폐를 보유함으로써 화폐수요가 폭발적으로 증가한다. 즉 임계이자율 지점에서는 화폐수요탄력성이 무한대가 된다.
> 나. 유동성함정 구간에서 LM곡선은 수직의 상태를 보인다.
> 다. 유동성함정 구간에서 확대재정정책을 집행할 경우 완전구축효과가 나타난다.
> 라. 유동성함정 구간을 탈출할 수 있는 고전학파의 이론은 '피구효과(Pigou Effect)'이다.

① 가, 나
② 나, 다
③ 다, 라
④ 가, 라

틀린 항목은 '나, 다'이다.
나. 유동성함정 구간에서 LM곡선은 수평이다('이자율에 대한 화폐수요탄력도는 무한대 = LM곡선 수평').
다. 재정정책 집행 시 무구축효과가 나타난다(즉 재정정책의 효과는 극대화).
▶ 유동성함정 구간에서는 통화정책은 무력하고 재정정책의 효과는 극대화된다.

정답 ②

더 알아보기

Liquidity Trap
● 유동성함정과 정책

화폐수요 탄력도	LM	정책	구축효과
무한대	수 평	재정정책	무구축

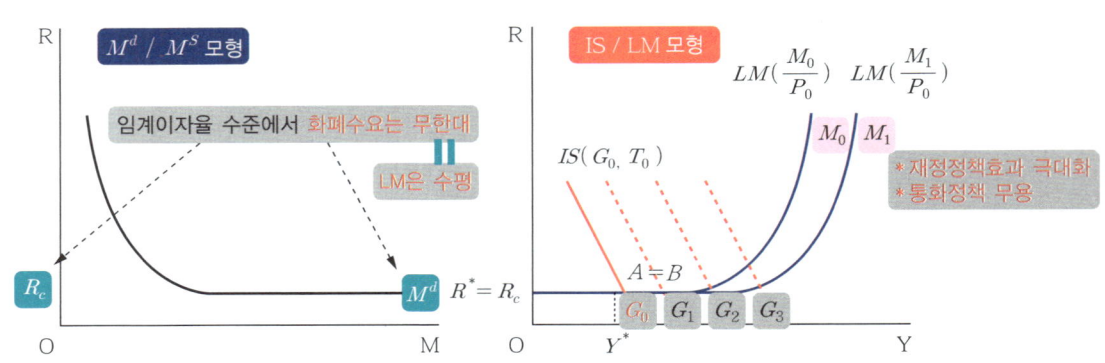

☑ 유동성함정구간을 탈출하는 수단 ─ 케인즈학파 - 확장적 재정정책   Y = C(Y − T) + I(R) + G + (X − M)
                                  └ 고전학파 - 피구효과

☑ 유동성함정 탈출수단

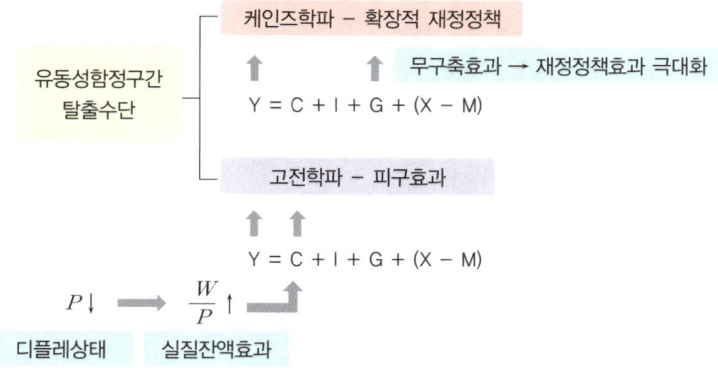

2024.03 기출복원

유동성함정(Liquidity Trap)과 관련한 설명이다. 가장 적절한 것은?

① 유동성함정 구간에서는 화폐수요의 이자율탄력성이 제로가 된다.
② 유동성함정 구간에서는 LM곡선이 수직을 이룬다.
③ 유동성함정 구간에서 확대 통화정책을 집행할 경우 구축효과가 전혀 나타나지 않으므로 통화정책의 효과가 극대화된다.
④ 유동성함정 구간에서는 물가가 하락하는 현상이 나타나는데, 물가하락을 통한 실질잔액효과로 유동성함정을 벗어날 수 있다고 주장한 고전학파의 이론은 피구효과이다.

---

④ 유동성함정 구간을 탈출하는 고전학파의 논리는 '피구효과(Pigou Effect)'이고, 케인즈 학파의 논리는 '확대 재정정책'이다.
① 이자율탄력성 무한대
② LM곡선은 수평
③ 재정정책효과 극대화

정답 ④

93

투자자산운용사 프리미엄 강의노트 | 3과목 8편 거시경제 4문항

42회 신유형

경제이론에 대한 설명이다. 가장 적절하지 않은 것은?

① 확대재정정책이 이자율을 상승시켜 민간투자를 위축시키는 현상을 구축효과라고 한다.
② 경기불황이 심해짐에 따라 물가가 급속히 하락하고 경제주체들의 보유한 화폐량의 실질가치가 증가하게 되어 민간의 부가 증가하고 그에 따라 소비 및 총수요가 증대되는 현상을 피구효과라고 한다.
③ 리카도 불변정리는 합리적 경제주체가 현재 세금의 감소를 미래 세금의 증가로 인식하기 때문에 세금감소는 민간의 저축을 증대시킬 뿐 총수요에는 변동이 없다고 보았다.
④ 합리적 기대학파는 정부의 통화정책이 예측된 것인가 아니면 예측되지 못한 것인가에 따라 통화정책의 효과가 상이하다고 주장하는데, 예상치 못한 통화정책 즉 화폐충격은 계속해서 사용하더라도 화폐공급의 증가가 생산을 촉진시킬 수 있다고 보았다.

'예상치 못한 통화정책(화폐충격)'을 계속 사용한다면, 합리적 경제주체들이 예상할 수 있게 되고 결국 예상된 통화정책이 되어 생산량을 증가시키지 못하고 물가만 상승시키게 된다.

정답 ④

더 알아보기

합리적 기대학파의 통화정책 무용성 정리

(1) '예상된 화폐공급(anticipated money supply)'의 증가는 물가만 상승시킬 뿐 국민소득에 영향을 미칠 수 없으며, '예상치 못한 화폐공급(unanticipated money supply)'의 증가는 국민소득에 영향을 미칠 수 있다.
  • 예상치 못한 화폐공급은 곧 화폐충격(money shock)을 말한다.
(2) 정부가 통화정책으로 국민소득을 증가시키기 위해서는 사람들의 예상을 벗어나는 정책, 즉 화폐충격을 사용해야 하는데, 정부가 이러한 충격요법을 자꾸 사용하면 사람들은 점점 재화가격의 변동이 정부의 통화정책에 의한 것임을 깨닫고 재화가격이 변하더라도 생산량을 증가시키지 않게 된다.
  • 즉 화폐충격을 계속 사용하면 경제주체들이 예상을 벗어나지 않게 되어 화폐충격으로 인한 생산량 증가 효과는 발생하지 않고 물가만 상승시킬 뿐이다.
(3) 이와 같은 주장을 '합리적 기대학파의 정책 무용성 정리(policy inefficient proposition)'라고 한다.

2025.04 기출복원

〈보기〉에 가장 부합하는 경제이론은 무엇인가?

> 합리적 경제주체는 현재 세금의 감소를 미래 세금의 증가로 인식하기 때문에, 세금감소는 민간의 저축을 증가시킬 뿐 총수요에는 변동이 없다고 본다.

① 구축효과
② 피구효과
③ 리카르도 불변정리
④ 정책무용성 정리

※ 리카르도 불변정리(2025 기본서, 5권, p17 인용)
RET(Recardian Equivalence Theorem)의 주요 결론은 다음과 같다. 합리적 경제주체는 현재 세금의 감소를 미래 세금의 증가로 인식하기 때문에, 세금 감소는 민간의 저축을 증가시킬 뿐 총수요에는 변동이 없다는 것이다. 즉 합리적 기대학파는 정부 공채를 부(wealth)로 간주하지 않음으로써, 소비가 증가하지 않아 총수요가 변동하지 않게 된다고 주장했다.

정답 ③

94

3과목 8편 거시경제 4문항

빈칸에 알맞은 것은?(〈보기〉의 내재선도이자율은 불편기대이론상의 내재선도이자율을 말함)

> • 1년 만기 현물이자율($_0R_1$)은 5%이며, 1년 후부터 향후 1년 간의 내재선도이자율($_1f_1$)은 6%, 2년 후부터 향후 1년간의 내재선도이자율($_2f_1$)은 7%이다.
> • 이 3기간 모형에서 유동성프리미엄이론 상의 3년 만기 채권수익률이 7.5%이라고 가정할 때, 불편기대이론 상의 3년 만기 채권수익률에 가산된 3년 만기 유동성프리미엄은 (   )이다.

① 0.5%
② 1.0%
③ 1.5%
④ 2.0%

3기간 모형에서 유동성프리미엄이론 상의 3년만기 채권수익률을 정확히 계산하기 위해서는 두 개의 유동성프리미엄($_1L_1$, $_2L_1$)을 제시해야 하지만, 동 문항에서는 7.5%로 가정하였다. 따라서 불편기대이론 하의 3년만기 채권수익률을 구한다면 3년만기 수익률에 내재된 3년 만기 유동성프리미엄(두 수익률 간의 차이에 해당)을 구할 수 있다.

정답 ③

더 알아보기

☑ 해설(2단계 풀이)

(1) 불편기대이론 하에서의 3년 만기 채권수익률(3년 만기 현물이자율)을 먼저 구한다.

- 불편기대이론 하에서의 장기채수익률 $\chi(_0R_3)$는 단기채수익률 ($_0R_1$)과 내재선도이자율($_1f_1$, $_2f_1$)의 기하평균이므로,
  → $(1 + \chi)^3 = (1 + 0.05)(1 + 0.06)(1 + 0.07)$
  → $\chi = \sqrt[3]{(1 + 0.05)(1 + 0.06)(1 + 0.07)} - 1 = 0.0599$(약 6%)이다.

▶ 약식계산법
2기간, 3기간 모형처럼 단기간의 모형에서는 산술평균과 기하평균의 차이는 거의 없다. 따라서 산술평균식으로 계산할 경우는 $0.06(\frac{0.05 + 0.06 + 0.07}{3})$이 된다.

(2) 이제 3년 만기 채권수익률(유동성프리미엄이론)에 내재된 3년 만기 유동성프리미엄을 구할 수 있다.
  → 유동성프리미엄이론 하에서의 3년 만기 채권수익률 = 불편기대이론 하의 3년만기 채권수익률($_0R_3$) + 3년만기 유동성프리미엄($_0L_3$)
  → 7.5% = 약 6% + 유동성프리미엄($_0L_3$), ∴ 3년만기 유동성프리미엄($_0L_3$)은 1.5%이다.

유동성선호이론

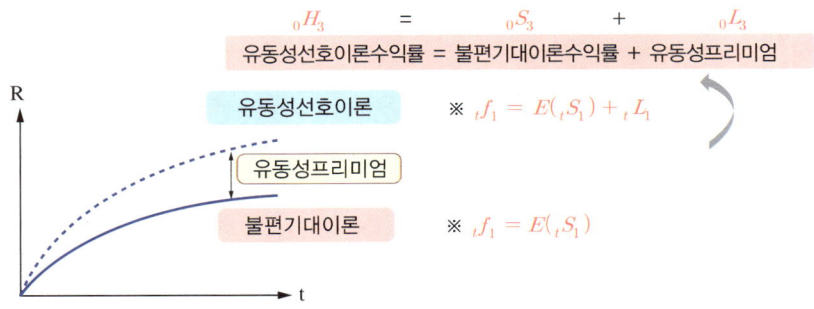

2022.06 기출복원

빈칸에 알맞은 것은?(내재선도이자율은 불편기대이론상의 이자율)

- 1년 만기 현물이자율($_0R_1$)은 5%이며, 1년 후부터 향후 1년 간의 내재선도이자율($_1f_1$)은 6%, 2년 후부터 향후 1년간의 내재선도이자율($_2f_1$)은 7%이다.
- 이 3기간 모형에서 유동성프리미엄이론 상의 3년 만기 채권수익률이 7.5%라고 가정할 때, 불편기대이론상의 3년 만기 채권수익률에 가산된 유동성프리미엄은 (   )이다.

① 0.5%
② 1.0%
③ 1.5%
④ 2.0%

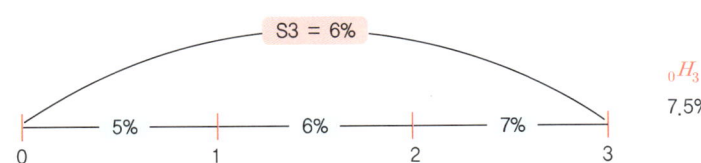

$_0H_3 = {_0S_3} + {_0L_3}$
7.5%   6.0%   ?

정답 ③

95

3과목 8편 거시경제 4문항

〈보기〉의 정보에 따를 때, 통화유통속도는 얼마인가?

| 통화량 2,000조, 실질GDP 3,200조, GDP디플레이터 0.5 |

① 0.50
② 0.80
③ 1.25
④ 1.60

$MV = PY$, $V = \dfrac{P \times Y}{M}$, $V = \dfrac{0.5 \times 3,200}{2,000}$, 따라서 V(통화유통속도) = 0.8

※ 통화유통속도 계산
 (M : 통화량, V : 통화유통속도, P : GDP디플레이터, Y : 실질GDP)
→ $MV = PY$, $V = \dfrac{P \times Y}{M} = \dfrac{P \times Y}{2,000}$, 여기서 Y는 3,200조, P는 0.50이다.
→ 따라서 $V = \dfrac{P \times Y}{M} = \dfrac{0.5 \times 3,200}{2,000} = \dfrac{1,600}{2,000} = 0.8$

정답 ②

더 알아보기

● 통화유통속도, GDP디플레이터

$$M \cdot V = P \cdot Y \quad \text{(화폐교환방정식)}$$

통화량 유통속도 물 가 총생산량
         거래횟수   실질GDP

☑ GDP디플레이터
$\dfrac{P \cdot Y}{Y} = \dfrac{\text{명목GDP}}{\text{실질GDP}}$ (물/가)

☑ 통화유통속도
$\dfrac{P \cdot Y}{M} = \dfrac{\text{명목GDP}}{\text{통화량}}$ (물/통)

2024.06 기출복원

통화유통속도에 대한 설명이다. 가장 적절하지 않은 것은?

① 통화유통속도는 일정량의 통화량이 일정기간(1분기 또는 1년) 동안 몇 번을 회전하여 명목GDP에 해당하는 만큼의 거래를 뒷받침하였는가를 반영한다.
② 통화유통속도는 사후적으로만 추계가 가능하여 경기변화 및 인플레이션 압력 등을 예측하는데 유용성이 높지 않다.
③ 통화량이 2,000조, 명목GDP가 1,600조, 실질GDP가 1,250조일 경우 통화유통속도는 1.28이다.
④ 우리나라의 경우 통화유통속도는 장기적으로 하락하는 추세에 있으며 EC방식에 의한 연간 통화증가율 목표치 설명에 중요한 변수로 사용되고 있다.

MV = PY, $V = \dfrac{P \times Y}{M}$, $V = \dfrac{1,600}{2,000}$, 따라서 V(통화유통속도) = 0.8

☑ 계 산

※ GDP디플레이터와 화폐유통속도 : 명목GDP 1,600조, 실질GDP 1,250조, 통화량 2,000조의 경우('MV = PY' 화폐교환방정식을 이용해서 계산함),

(1) GDP디플레이터(P) = $\dfrac{MV}{Y} = \dfrac{PY}{Y}$ → $\dfrac{명목 GDP}{실질 GDP} = \dfrac{1,600}{1,250} = 1.28$ (▶ 공식: '뭇'으로 암기)

- GDP디플레이터 = $\dfrac{명목 GDP}{실질 GDP}$, 국민경제 전체의 물가압력수준

(2) 통화유통속도(V) = $\dfrac{PY}{M}$ → $\dfrac{명목 GDP}{통화량} = \dfrac{1,600}{2,000} = 0.80$ (▶ 공식 : '믇'으로 암기)

정답 ③

96

투자자산운용사 프리미엄 강의노트   3과목 9편 분산투자이론 5문항

투자종목의 수와 위험분산효과에 대한 설명이다. 가장 적합한 것은?

① 포트폴리오에 포함하는 종목의 수가 계속 증가할수록 포트폴리오의 위험은 각 종목들 간의 공분산의 평균에 접근해 간다.
② 포트폴리오에 편입되는 종목의 수를 무한히 증가시키면 시장위험이 0(제로)으로 수렴한다.
③ 자산 간의 상관계수가 0일 경우에는 종목의 수를 늘려도 위험분산효과가 발생하지 않는다.
④ 포트폴리오 투자에 있어서 적절한 보상은 비체계적 위험에 한정된다.

'**공분산의 평균**'은 개별 공분산의 전체 평균을 말하고 이는 포트폴리오 내의 모든 자산에 공통적으로 연관되는 정도를 말하므로 곧 체계적 위험이라고 할 수 있다. 즉 편입종목의 수를 무한히 증가시키면 공분산의 평균에 수렴하게 된다(또는 비체계적 위험이 모두 제거된다, 체계적 위험만 남게 된다)'.

정답 ①

더 알아보기

☑ **추가해설**

② 포트폴리오에 편입되는 종목의 수를 무한히 증가시키면 '비체계적 위험이 0(제로)으로' 수렴한다(또는 비체계적 위험이 모두 제거된다).
　주의 편입종목을 무한히 증가시키면 체계적 위험이 0으로 수렴한다. → X
　보충 시장위험 = 체계적 위험 + 비체계적위험
③ 상관계수가 +1이 아닌 한 분산투자효과는 발생한다.
④ 포트폴리오 투자의 적절한 보상은 '체계적 위험'에 한정된다. 비체계적 위험은 분산투자를 통해 제거가 가능하므로 비체계적 위험에 대한 보상은 없다. 즉 '피할 수 없는 위험 즉 체계적 위험'을 얼마나 부담하는가에 따라서 포트폴리오의 기대수익률이 결정된다.

※ **체계적 위험 VS 비체계적 위험**
　(1) 체계적 위험(분산불가능위험) : 시장위험(market risk)
　(2) 비체계적 위험(분산가능위험) : 기업고유위험(firm-specific risk)

🔵 분산투자 시 위험저감효과(분산투자효과)

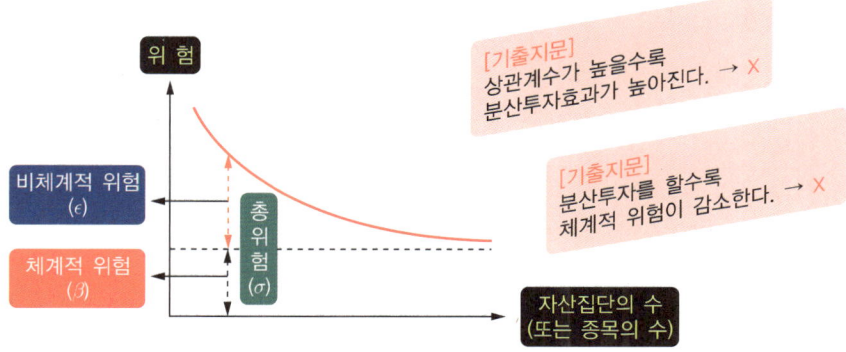

▶ 포트폴리오투자(분산투자)를 하면 → 기대수익을 희생하지 않고 위험을 줄일 수 있게 된다.

2022.02 기출복원

투자종목의 수와 위험분산효과에 대한 설명이다. 가장 적절하지 않은 것은?

① 포트폴리오에 포함하는 종목의 수가 계속 증가할수록 포트폴리오의 위험은 각 종목들 간의 공분산의 평균에 접근해 간다.
② 증권시장 전반의 공통적 요인에 의해서 야기되는 위험은 체계적 위험이다.
③ 포트폴리오에 편입되는 종목의 수를 무한히 증가시켜도 비체계적 위험은 사라지지 않는다.
④ 포트폴리오 투자에 있어서 적절한 보상은 분산불능위험인 체계적 위험에 한정된다.

포트폴리오 편입종목의 수를 무한히 늘려도 제거되지 않는 위험은 체계적 위험이다(무한히 늘릴 때 제거되는 위험은 비체계적 위험).

정답 ③

97

3과목 9편 분산투자이론 5문항

자산X의 표준편차는 0.2, 자산Y의 표준편차는 0.3, 두 자산 간의 상관계수는 -1일 경우, 최소분산포트폴리오가 되는 자산X의 비중은 얼마인가?

① 0.40
② 0.60
③ 0.80
④ 0.90

최소분산포트폴리오를 만드는 X의 비중 W_X는 60%이다.

※ **최소분산포트폴리오(GMVP) 계산**

(1) $W_X = \dfrac{\sigma_Y^2 - \sigma_{XY}}{\sigma_X^2 + \sigma_Y^2 - 2\sigma_{XY}} = \dfrac{0.3^2 - (-1)0.2 \cdot 0.3}{0.2^2 + 0.3^2 - 2(-1)0.2 \cdot 0.3} = \dfrac{0.09 + 0.06}{0.04 + 0.09 + 0.12}$

$= \dfrac{0.15}{0.25} = 0.60$

▶ $\sigma_{XY} = \rho_{XY} \cdot \sigma_X \cdot \sigma_Y$

(2) 즉 자산 X를 60%, 자산 Y를 40% 편입할 경우 최소분산포트폴리오가 달성된다.

정답 ②

더 알아보기

최소분산포트폴리오 개념과 공식

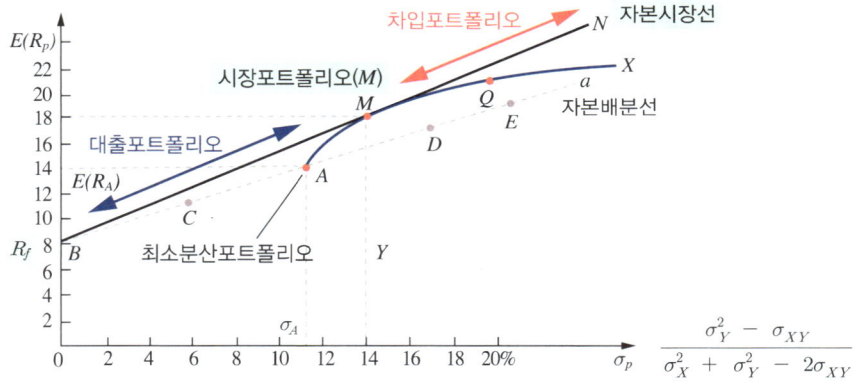

✓ **최소분산포트폴리오** : '효율적 포트폴리오' 중에서 위험이 가장 적은 포트폴리오

2023.02 기출복원

자산 X의 표준편차는 0.1, 자산 Y의 표준편차는 0.2, 두 자산 간의 상관계수는 0일 경우, 최소분산포트폴리오가 되는 자산 X의 비중은 얼마인가?

① 0.2
② 0.4
③ 0.6
④ 0.8

최소분산포트폴리오를 만드는 X의 비중 W_X는 60%이다.

※ **최소분산포트폴리오 계산**

(1) $W_X = \dfrac{\sigma_Y^2 - \sigma_{XY}}{\sigma_X^2 + \sigma_Y^2 - 2\sigma_{XY}} = \dfrac{0.2^2 - (0) \cdot 0.1 \cdot 0.2}{0.1^2 + 0.2^2 - 2(0) \cdot 0.1 \cdot 0.2} = \dfrac{0.04}{0.01 + 0.04} = \dfrac{0.04}{0.05} = 0.80$

▶ 산식 분자에서 σ_{XY}는 $\rho_{XY} \cdot \sigma_X \cdot \sigma_Y$로 전환될 수 있다.

(2) 즉 자산 X를 80%, 자산 Y를 20% 편입할 경우 최소분산포트폴리오가 달성된다.

정답 ④

2024.06 기출복원

자산A의 표준편차는 0.3, 자산B의 표준편차는 0.4, 두 자산 간의 상관계수는 0일 경우, 최소분산포트폴리오가 되는 자산B의 비중은 얼마인가?

① 0.25
② 0.36
③ 0.64
④ 0.75

최소분산포트폴리오를 만드는 B의 비중 W_B는 36%이다.

※ **풀이**

(1) $W_B = \dfrac{\sigma_A^2 - \sigma_{AB}}{\sigma_A^2 + \sigma_B^2 - 2\sigma_{AB}} = \dfrac{0.3^2 - 0 \cdot 0.3 \cdot 0.4}{0.3^2 + 0.4^2 - 2 \cdot 0 \cdot 0.3 \cdot 0.4} = \dfrac{0.09}{0.09 + 0.16} = \dfrac{0.09}{0.25} = 0.36$

▶ $\sigma_{AB} = \rho_{AB} \cdot \sigma_A \cdot \sigma_B$

(2) 즉 자산B를 36%, 자산A를 64% 편입할 경우 최소분산포트폴리오가 달성된다.

주의 기존의 기출에서는 자산A의 비중을 묻는 문제로 출제되었는데 공식의 분자항목($W_A = \dfrac{\sigma_B^2 - \sigma_{AB}}{\sigma_A^2 + \sigma_B^2 - 2\sigma_{AB}}$, $W_B = \dfrac{\sigma_A^2 - \sigma_{AB}}{\sigma_A^2 + \sigma_B^2 - 2\sigma_{AB}}$)에 유의하여 계산해야 한다.

정답 ②

2025.01 기출복원

자산X의 표준편차는 0.2, 자산Y의 표준편차는 0.3, 두 자산 간의 상관계수는 –0.5일 경우, 최소분산포트폴리오가 되는 자산X의 비중은 얼마인가?(근사치로 함)

① 15%

② 37%

③ 63%

④ 85%

- 최소분산포트폴리오를 만드는 X의 비중 W_X는 약 63%이다(아래 풀이).
- 최소분산포트폴리오 : 효율적 투자기회선 상에서 위험(분산)이 최소가 되는 포트폴리오

※ **최소분산포트폴리오 계산**

(1) $W_X = \dfrac{\sigma_Y^2 - \sigma_{XY}}{\sigma_X^2 + \sigma_Y^2 - 2\sigma_{XY}} = \dfrac{0.3^2 - (-0.5) \cdot 0.2 \cdot 0.3}{0.2^2 + 0.3^2 - 2(-0.5) \cdot 0.2 \cdot 0.3} = \dfrac{0.09 + 0.03}{0.04 + 0.09 + 0.06} = \dfrac{0.12}{0.19} = 0.6315$

(약 63%)

▶ 산식 분자에서 σ_{XY}는 $\rho_{XY} \cdot \sigma_X \cdot \sigma_Y$로 전환될 수 있다.

(2) 즉 자산 X를 약 63%, 자산 Y를 약 37% 편입할 경우 최소분산포트폴리오가 달성된다.

정답 ③

3과목 9편 분산투자이론 5문항

주식J의 정보가 보기와 같다. 증권시장선(SML)상의 주식J의 요구수익률은 얼마인가?

> 무위험수익률 2%, 시장기대수익률 3%, 시장기대수익률의 분산 4%, 주식J와 시장기대수익률 간의 공분산 16%

① 4%
② 5%
③ 6%
④ 7%

6%이다.

※ 상세 풀이

(1) J자산의 요구수익률(증권시장선에 의한 균형수익률)
$$E(R_J) = kkk = R_F + \beta_J[E(R_M) - R_F] = 2\% + \beta_J(3\% - 2\%)$$

(2) 베타는 $\beta_j = \dfrac{\sigma_{jm}}{\sigma_m^2} = \dfrac{0.16}{0.04} = 4.0$

(3) 베타가 4.0이므로,
$$E(R_J) = kkk = R_F + \beta_J[E(R_M) - R_F] = 2\% + 4(3\% - 2\%) = 6\%$$

정답 ③

더 알아보기

● 증권시장선(SML)

자본시장선(CML)은 효율적 포트폴리오의 기대수익률과 위험(표준편차)과의 선형적 관계를 나타낸 반면, 증권시장선(SML)은 비효율적인 투자대상까지 포함한 모든 투자자산의 기대수익률과 위험(베타)의 관계를 나타낸 것이다.

$$E(R_j) = kkk = R_f + \beta_j \times (R_m - R_f)$$

$$\beta_j = \dfrac{\sigma_{jm}}{\sigma_{m^2}}$$

2025.01 기출복원

주식J의 정보가 보기와 같다. 증권시장선(SML)상의 주식J의 요구수익률은 얼마인가?

> 무위험수익률 2%, 시장기대수익률 6%, 시장기대수익률의 표준편차 40%, 주식J와 시장기대수익률 간의 공분산 20%

① 4%
② 5%
③ 6%
④ 7%

7%이다.

※ 상세 풀이

(1) J자산의 요구수익률(증권시장선에 의한 균형수익률)
$$E(R_J) = kkk = R_F + \beta_J[E(R_M) - R_F] = 2\% + \beta_J(6\% - 2\%)$$

(2) 베타는 $\beta_J = \dfrac{\sigma_{jm}}{\sigma_m^2} = \dfrac{0.2}{0.4^2} = 1.25$ (∵ 분모에서, 표준편차를 분산으로 전환해야 한다 → 0.4^2)

(3) 베타가 1.25이므로,
$$E(R_J) = kkk = R_F + \beta_J[E(R_M) - R_F] = 2\% + 1.25(6\% - 2\%) = 7\%$$

정답 ④

2021.11 기출복원

주식J의 정보가 다음과 같다. 요구수익률은?

> 무위험수익률 0.03, 시장기대수익률 0.13, 시장기대수익률의 분산 0.25, 주식과 시장기대수익률 간의 상관계수 0.5, 주식J의 표준편차 0.8

① 8.0%
② 9.0%
③ 10%
④ 11%

▶ CAPM식(SML식)

(1) $E(R_j) = kkk = R_f + \beta_j[E(R_m) - R_f]$

(2) $\beta = \dfrac{0.5 \times 0.8 \times 0.5}{0.5^2} = 0.8$ $\beta_j = \dfrac{\sigma_{jm}}{\sigma_{m^2}}$

(3) $kkk = 0.03 + 0.8(0.13-0.03) = 0.11(11\%)$

정답 ④

투자자산운용사 프리미엄 강의노트   3과목 9편 분산투자이론 5문항

베타 계산과 관련하여 빈칸에 알맞은 것은?

> X주식의 베타는 2.5, Y주식의 베타는 0.5, 무위험이자율은 3%, 시장포트폴리오의 기대수익률은 6%이다. 이 경우, 동일가중 포트폴리오를 구성할 때 동 포트폴리오의 베타는 (　　)이다.

① 0.5
② 1.0
③ 1.5
④ 2.0

동일가중 포트폴리오이므로 'X주식 : Y주식 = 5 : 5'로 편입한다. 따라서 포트폴리오베타는 '(2.5 50%) + (0.5 50%) = 1.25 + 0.25 = 1.5'이다.

정답 ③

2024.11 기출복원

빈칸에 알맞은 것은?

> X주식의 베타는 1.5, Y주식의 베타는 2.5, 무위험이자율은 3%, 시장포트폴리오의 기대수익률은 6%이다. 이 경우 X와 Y를 동일가중으로 편입한 포트폴리오의 베타는 (　　)이다.

① 0.5
② 1.0
③ 1.5
④ 2.0

④ 동일가중 포트폴리오이므로 'X주식:Y주식 = 5:5'로 편입한다. 따라서 포트폴리오 베타는 '(1.5 50%) + (2.5 × 50%) = 0.75 + 1.25 = 2.0'이다.
$\beta_p = \sum \omega_j \cdot \beta_j = (0.5 \times 1.5) + (0.5 \times 2.5) = 0.75 + 1.25 = 2.0$

정답 ④

100

투자자산운용사 프리미엄 강의노트 3과목 9편 분산투자이론 5문항

수익률의 측정과 관련하여 빈칸에 알맞은 것은?

> (　　　　)은 서로 상이한 시점에서 발생하는 현금흐름의 크기와 화폐의 시간적 가치가 고려된 평균수익률 개념으로서, 현금유출액의 현재가치와 현금유입액의 현재가치를 일치시켜주는 할인율로 계산된다.

① 산술평균수익률　　　　② 기하평균수익률
③ 내부수익률　　　　　　④ 시간가중수익률

내부수익률(IRR ; Internal Rate of Return)이다.
▶ 다기간수익률(연평균수익률)에는 '산술평균수익률 / 기하평균수익률(시간가중수익률) / 내부수익률(금액가중수익률)'이 있다.

정답 ③

더 알아보기

☑ **수익률 측정 시 고려사항**

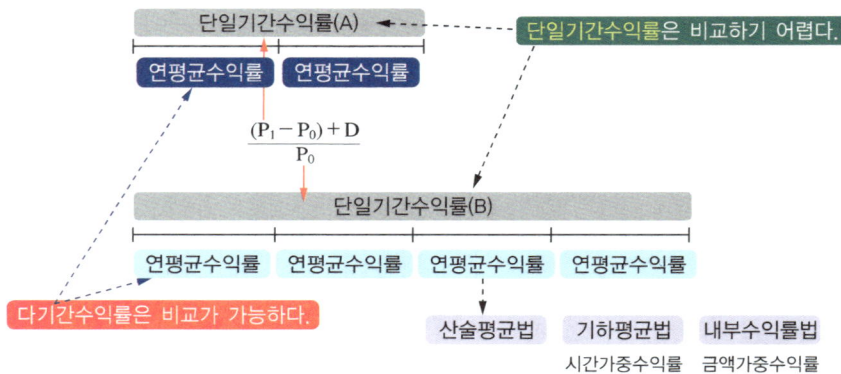

2024.06 기출복원

수익률의 측정과 관련하여 빈칸에 알맞은 것은?

> (　　　　)은 서로 상이한 시점에서 발생하는 현금흐름의 크기와 화폐의 시간적 가치가 고려된 평균수익률 개념으로서, 현금유출액의 현재가치와 현금유입액의 현재가치를 일치시켜주는 할인율로 계산된다.

① 산술평균수익률　　　　② 기하평균수익률
③ 내부수익률　　　　　　④ 내재선도이자율

내부수익률(IRR ; Internal Rate of Return)이다.
▶ 다기간수익률(연평균수익률)에는 '산술평균수익률 / 기하평균수익률(시간가중수익률) / 내부수익률(금액가중수익률)'이 있다.

정답 ③

패스코드는 플랜별 학습이 가능하도록 구성된 교재입니다.
제공되는 합격 플랜을 확인하신 후 학습하시면 보다 효율적이고 체계적인 학습이 가능합니다.

투자자산운용사 계산문제 특강노트 기출 65題

계산문제 '기출 65題' 학습효과는?

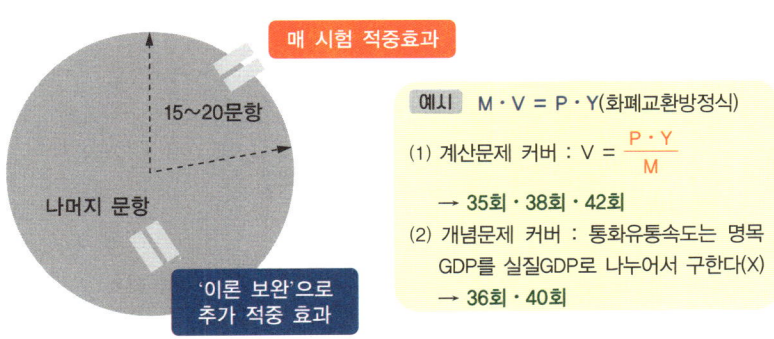

매 시험 적중효과
15~20문항

'이론 보완'으로 추가 적중 효과
나머지 문항

예시 M·V = P·Y(화폐교환방정식)
(1) 계산문제 커버 : $V = \dfrac{P \cdot Y}{M}$
→ 35회·38회·42회
(2) 개념문제 커버 : 통화유통속도는 명목 GDP를 실질GDP로 나누어서 구한다(X)
→ 36회·40회

역대 계산문제 '기출 65題' 분포

1과목 (5문항)	세 제	금융상품	부동산
	3문항	0문항	2문항

2과목 (23문항)	대안투자	해외투자	투자분석기법	리스크관리
	0문항	0문항	13문항	10문항

3과목-1 (19문항)	법 규	주식운용	채권운용	파생운용
	0문항	1문항	9문항	9문항

3과목-2 (18문항)	투자결과분석	거시경제	분산투자이론
	5문항	4문항	9문항

01

계산문제 특강노트 '기출 65題' 1과목 세제

[30회, 32회, 36회 기출(동일유형)]

〈보기〉에 따를 때, 금융소득종합과세 신고제도상 종합과세 대상금액은 얼마인가?

> 3년 만기 채권의 이자와 할인액 2,100만 원, 비영업대금의 이익 200만 원, 직장공제회 초과반환금 1,000만 원, 근로소득 2,000만 원

① 2,000만 원
② 2,200만 원
③ 4,100만 원
④ 4,300만 원

---

(1) **무조건분리과세 대상을 제외한다.** : 직장공제회 초과반환금 1,000만 원 제외
(2) **금융소득이 2천만 원을 초과할 경우 그 전액(2천만 원 초과분이 아님)을 금융소득 종합과세대상에 포함시킨다.**
즉, 종합과세대상금액은 '금융소득 전체금액 + 타 종합소득'이므로, '비영업대금이익 200만 원 + 만기3년 채권이자 2,100만 원 + 근로소득 2,000만 원 = **4,300만 원**'이다.

▶ 단 종합과세 대상이라도 금융소득 2천만 원까지는 14%(지방세 제외)로 과세하고 납세의무를 종결하므로, 실제로 종합과세율이 적용되는 금융소득은 '2천만 원 초과분'에 해당한다.

정답 ④

더 알아보기

💠 금융소득 종합과세

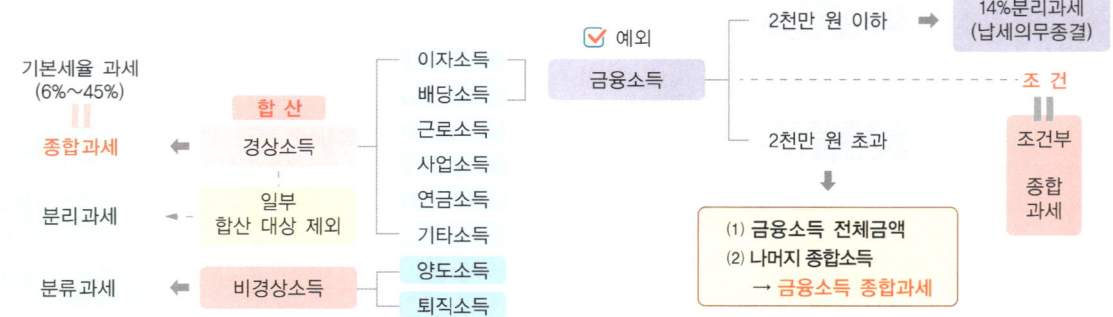

1-1

[36회 기출]

〈보기〉에 따를 때, 금융소득종합과세 신고제도상 종합과세 대상금액은 얼마인가?

- 3년 만기 채권의 이자와 할인액 2,000만 원
- 배당소득을 발생시키는 거래와 파생상품의 시행령요건에 따라 결합된 경우의 파생결합상품의 이익 1,000만 원
- 법원에 납부한 경매보증금 및 경락대금에서 발생한 이자소득 1,000만 원
- 비영업대금의 이익 500만 원
- 근로소득 2,500만 원

① 3,500만 원
② 4,500만 원
③ 6,000만 원
④ 7,000만 원

③ 신고제도상 종합과세 대상금액은 6,000만 원이다.
▶ 무조건분리과세 대상을 제외한 금융소득 전체금액(2,000만 원 + 1,000만 원 + 500만 원) + 나머지 종합소득(근로소득 2,500만 원) = 6,000만 원(종합과세 대상금액)

정답 ③

더 알아보기

해설

(1) **무조건분리과세 대상을 제외한다.** : 즉 '법원보관금에서 발생한 이자소득'은 무조건분리과세 대상(분리과세율 14%)이므로 제외

(2) **조건부종합과세를 한다.** : 무조건분리과세 대상소득을 제외한 금융소득이 2천만 원 이하인 경우는 원천징수(원천징수율 14%)로 납세의무 종결되고, 2천만 원을 초과할 경우는 금융소득의 전체금액을 종합과세 대상에 포함한다. 즉 '금융소득 3,500만 원(2,000만 원 + 1,000만 원 + 500만 원) + 근로소득 2,500만 원 = 6,000만 원'이 종합과세 대상금액이 된다.

▶ 동 문항에서 현행 신고제도상 종합과세 대상금액은 6,000만 원이지만 금융소득 2,000만 원까지는 14%의 원천징수세율로 과세하고 납세의무가 종결되므로, 실질적으로 종합과세율(6%~45%)이 적용되는 종합소득은 '금융소득 2천만 원 초과분과 타 종합소득을 합산한' 4,000만 원이다.

조건부 종합과세

금융소득

3,000만원
2,000만원

☑ 신고제도상 종합과세 대상금액 → 5천만 원

단, 2천만 원까지는 14%로 분리과세

▶ 과세표준이 45% 구간에 있는 납세의무자의 금융소득이,
 (1) 2,000만 원인 경우 → (2,000만 원 × 14%) = **280만 원** 과세
 (2) 2,100만 원인 경우 → (2,100만 원 × 45%) = 945만 원 과세(→ 금융소득이 100만 원 증가했을 뿐인데 세액은 665만 원 증가함, 매우 불합리)

따라서 이러한 '문턱효과방지' 차원에서 2,000만 원 이하는 14%로 과세한다.

즉, (2,000만 원 × 14%)+(100만 원 × 45%) = **325만 원** 과세(→ 금융소득이 100 만원 증가할 때 세액은 45만 원 증가하였음, 합리적)

02 계산문제 특강노트 '기출 65題' 1과목 세제

[30회 기출]

빈칸을 합한 숫자는?(아래 채권은 2018년 이전에 발행된 채권에 한하며, 세율은 지방소득세 제외)

> 만기가 10년 이상이고 보유기간이 3년 이상인 채권의 이자소득에 대해 분리과세 신청을 할 경우 (　　)%의 세율로 과세하고 납세의무가 종결된다. 그러나 분리과세 신청을 하지 않을 경우는 이자지급 시 (　　)%를 원천징수하고 조건부 종합과세 대상이 된다.

① 21
② 28
③ 34
④ 44

각각 '30%, 14%'이다.
▶ '만기 10년 이상 & 보유기간 3년 이상'의 장기채권은
　(1) 분리과세를 신청한 경우 → 30%로 분리과세 후 납세종결
　(2) 분리과세를 신청하지 않을 경우 → 조건부 종합과세

정답 ④

더 알아보기

● 금융소득에 대한 원천징수세율

원천징수 = 징수편의, 분리과세 = 과세방법

항 목	원천징수세율	비 고		기본세율
(분리과세를 신청한) 장기채권의 이자와 할인액	30%	분리과세세율	무조건 분리과세	6%
직장공제회 초과반환금	기본세율 (6~45%)			15%
				24%
법원에 납부한 경매보증금 및 경락대금에서 발생한 이자소득	14%			35%
비실명거래로 인한 이자·배당소득	90% 또는 45%			38%
ISA 비과세한도를 초과하는 이자·배당소득	9%			40%
비영업대금의 이익	25%		조건부종합과세	42%
그 밖의 이자소득 또는 배당소득	14%			45%

'무조건분리과세' 대상이 아니면 '조건부 종합과세' 대상이 된다.

✔ 장기채권 : '만기 10년 이상 & 보유기간 3년 이상' 채권

2-1 계산문제 특강노트 '기출 65題' | 1과목 세제

[39회 기출]

원천징수세율과 관련하여 빈칸을 합한 숫자로 옳은 것은?(세율은 지방세 제외)

- 법원에 납부한 경매보증금 또는 경락대금에서 발생하는 이자소득에 대해서는 (　)%의 세율로 원천징수하고 납세의무를 종결한다.
- ISA의 통산순이익 중 비과세한도를 초과한 이자나 배당소득에 대해서는 (　)%의 세율로 원천징수하고 납세의무를 종결한다.

① 22　　② 23
③ 28　　④ 39

② 원천징수세율의 합은 '14%(법원보관금의 이자소득) + 9%(ISA의 비과세한도를 초과하는 이자·배당소득) = 23%'이다.

ISA 서민형, 통산순수익 1,000만 원
→ 400만 원 : 비과세
→ 600만 원 : 우대세율 9%

정답 ②

---

03 계산문제 특강노트 '기출 65題' | 1과목 세제

[42회 기출(신유형)]

양도소득세 부과대상으로서 양도소득세율에 대한 내용이다. 빈칸의 숫자를 모두 합한 수는 얼마인가?

- 소액주주가 양도하는 중소기업주식에 대한 양도소득세율은 과세표준의 (　)%이다.
- 대주주가 양도하는 대기업 주식에 대한 양도소득세율은 과세표준의 (　)%이다(단, 보유기간은 1년 미만으로 가정).
- 코스피200을 기초자산으로 하는 장내파생상품에 대한 양도소득세율은 2025년 현재 과세표준의 (　)%이다.

① 30　　② 40
③ 50　　④ 60

50%이다(차례대로 '10%, 30%, 10%').
▶ 암기법 : 소 / 소 10%, 대 / 대 30%, 나머지 20%
[20% 적용 예시] 소액주주가 양도하는 대주주 주식, 대주주가 양도하는 중소기업주식

정답 ③

더 알아보기

● 양도소득세 과세대상(열거주의)

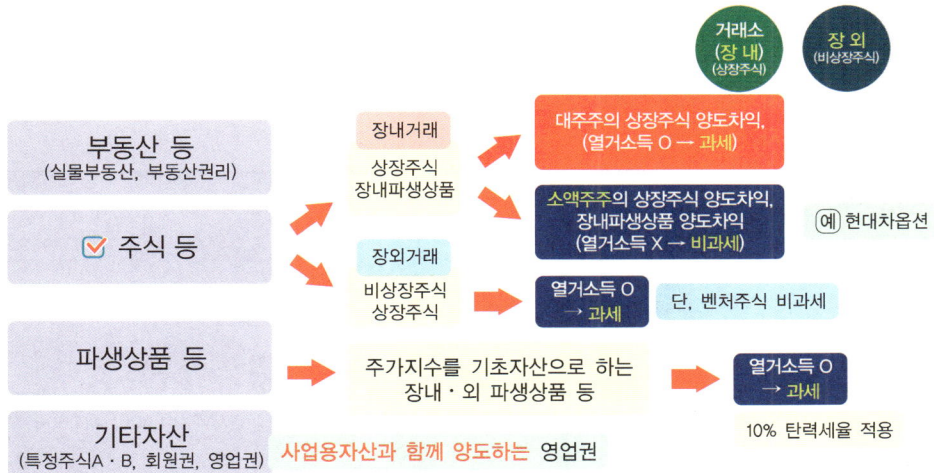

☑ 양도소득세율

과세대상		양도소득세율
주식	㉠ 소액주주가 양도하는 중소기업주식	10%
	㉡ 대주주가 양도하는 대기업주식(보유기간 1년 미만)	30%
	그 밖의 경우(㉠, ㉡이 아닌 경우)	20%
파생상품 등(주가지수를 기초자산으로 하는 장내·외 파생상품 등)		탄력세율 10%
미등기자산		70%
이상에 해당하지 않는 나머지 자산		기본세율(6~45%)

※ 그 밖의 경우(20% 적용 예시)
 (1) 소액주주가 양도하는 대기업 주식
 (2) 대주주가 양도하는 중소기업 주식

예상

양도소득세 부과대상으로서 양도소득세율에 대한 내용이다. 빈칸의 숫자를 모두 합한 수는 얼마인가?

- 소액주주가 양도하는 중소기업주식에 대한 양도소득세율은 과세표준의 (　)%이다.
- 대주주가 양도하는 대기업 주식에 대한 양도소득세율은 과세표준의 (　)%이다(단, 보유기간은 1년 미만으로 가정).
- 소액주주가 양도하는 대기업 주식에 대한 양도소득세율은 과세표준의 (　)%이다.

① 30　　　② 40　　　③ 50　　　④ 60

60%이다(차례대로 '10%, 30%, 20%').

정답 ④

04

계산문제 특강노트 '기출 65題' 1과목 부동산

[24회, 40회, 42회 기출(동일유형)]

부동산임대사업의 현금흐름이 〈보기〉와 같다. 이 경우 수익성지수(PI) 또는 편익비용비율은 얼마인가?

> - 최초 투입액 : 1,000억 원
> - 투자기간 동안의 임대현금흐름의 현재가치 : 300억 원
> - 투자기간 동안의 매매현금흐름 : 1,250억 원
> - 투자기간 매매현금흐름에 대한 현재가치계수 : 0.800

① 1.24 ② 1.25 ③ 1.30 ④ 1.55

$$\frac{PV \cdot Output}{PV \cdot Input} = PI지수$$

수익성지수(PI) = $\frac{\text{현재가치(임대현금흐름 + 매매현금흐름)}}{\text{최초 투자액}}$ = $\frac{1,300}{1,000}$ = 1.30

- Output의 현재가치 = 임대현금흐름의 현재가치(300) + 매매현금의 현재가치(1,000) = 1,300
- 매매현금흐름 현재가치 = 1,250 × 0.800 = 1,000

정답 ③

더 알아보기

NPV(Net Present Value), PI(Profitability Index), IRR(Internal rate of return)

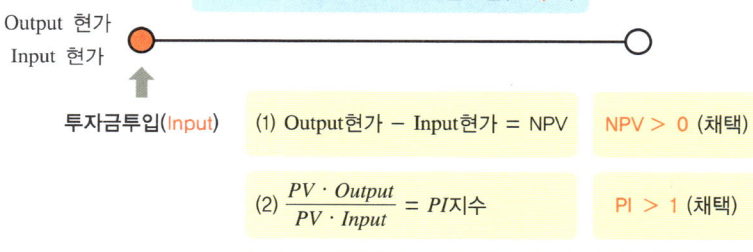

(1) Output현가 − Input현가 = NPV   NPV > 0 (채택)

(2) $\frac{PV \cdot Output}{PV \cdot Input} = PI지수$ PI > 1 (채택)

(3) $P = \frac{\Sigma CF_t}{(1+r)^t}$ (r : 내부수익률)   IRP > k (채택)

투자수익률   요구수익률

4-1

[42회 기출]

부동산 임대사업의 현금흐름이 〈보기〉와 같다. 이 경우 수익성 지수(PI) 또는 편익비용비율은 얼마인가?(투자기간은 3년)

- 최초투자액(또는 투입액의 현재가치) : 1,000원
- 3년 동안 발생한 임대현금흐름의 현재가치 : 150원
- 3년 후 매각현금흐름 : 2,600원
- 3년 후 매각현금흐름에 대한 현재가치계수 : 1/1.3

① 1.15 ② 1.50 ③ 2.00 ④ 2.15

수익성지수(PI) = $\dfrac{\text{투자로부터 발생하는 장래 현금흐름의 현재가치}}{\text{투입액의 현재가치}}$

= $\dfrac{150 + 2,000}{1,000}$ = 2.15

※ 부동산 투자 시 타당성 분석 지표 – 수익성지수(PI ; Profitability Index) 계산

수익성지수(PI) = $\dfrac{\text{임대현금흐름의 현재가치 + 매매현금흐름의 현재가치}}{\text{투입액의 현재가치}}$

(1) 분모 : 투입액의 현재가치 = 1,000원
(2) 분자 : ㉠ 임대현금흐름 현재가치 = 150원
　　　　　㉡ 매매현금흐름 현재가치 = 2,600원 × $\dfrac{1}{1.3}$ = 2,000원

→ 따라서 '수익성지수(PI) = $\dfrac{150 + 2,000}{1,000}$ = 2.15'이다.

정답 ④

05

[29회, 34회, 36회, 38회, 42회 기출(동일유형)]

투자대상인 A부동산의 매년 순수익이 50억 원이고 자본환원율이 5%이다. 이 경우 A부동산의 가치를 수익환원법에 따른 수익가격으로 평가하면 얼마인가?

① 50억 원 ② 100억 원
③ 500억 원 ④ 1,000억 원

수익가격은 '$\dfrac{\text{순수익}}{\text{자본환원율}}$ = $\dfrac{50}{0.05}$ = 1,000억 원'이다(분자 : 순수익 또는 순영업소득).

수익환원법 (수익가격)	☑ 직접환원법	순수익이 영구적인 것으로 가정
	할인현금수지분석법	미래현금흐름을 현재가치로 할인 $P = \dfrac{\sum CF_t}{(1+k)^t}$

정답 ④

06 [39회, 41회 기출(동일유형)]

수익률의 분포가 〈보기〉와 같을 때, 다음 중 그 값이 가장 적은 통계 지표는 무엇인가?

> −15%, −9%, −7%, −2%, 3%, 4%, 7%, 7%, 15%

① 산술평균
② 범위
③ 중앙값
④ 최빈값

---

① '산술평균은 0.33, 중앙값은 3, 최빈값은 7, 범위는 30'이다. 따라서 지표의 값이 가장 적은 것은 산술평균이다.

▶ 풀 이
① 산술평균 : Σ분포값/N = (−15−9−7−2+3+4+7+7+15) / 9 = 0.33
② 범위 : 최대값−최소값 = +15−(−)15 = 30
③ 중앙값 : 정 가운데 값 즉 3
④ 최빈값 : 빈도수가 가장 높은 관찰치, 즉 7

정답 ①

더 알아보기

☑ **증권분석을 위한 통계기초(2024 기본서, 2권, p214~217 참조)**

(1) **중심위치(Central Tendency)** : 자료가 어떤 값을 중심으로 분포하는가를 나타내는 대표치로서, 산술평균과 최빈값, 중앙값 등이 자주 쓰인다.

  ㉠ **산술평균(mean)** : 분포 값의 합계를 분포의 수로 나눈 값(Σ분포값/N)
  ㉡ **최빈값(mode)** : 빈도수가 가장 많은 관찰치를 의미한다.
  ㉢ **중앙값(median)** : 관찰치를 크기 순서대로 나열하였을 때, 정가운데 있는 값을 의미. N이 홀수일 때는 정가운데 값이 중앙값이 되지만, N이 짝수일 때는 가운데 두 분포의 값의 평균이 중앙값이 된다.
    예시 분포의 수가 짝수일 경우의 중앙값
      → '2, 4, 6, 8, 10, 12'의 분포일 경우 (6 + 8) / 2 = 7 즉 7이 중앙값이 된다.

(2) **산포 경향(Degree of Dispersion)** : 자료가 중심위치로부터 어느 정도 흩어져 있는가를 나타내는 지표로서 범위, 평균편차, 분산, 표준편차 등이 자주 쓰인다.

  ㉠ **범위(range)** : 최대값−최소값. 동 문항 예시에서는 −15 ~ +15 = 30. 또는 최대값 15에 최소값 −15를 뺀 값으로서 30이 된다.
  ㉡ **평균편차(mean deviation)** : 각각이 평균으로부터 떨어진 거리들의 평균으로 측정한다.
  ㉢ **분산(variance)과 표준편차(standard deviation)** : 분산은 각각이 평균으로부터 떨어진 거리의 제곱들을 평균한 것이고 분산의 제곱근이 표준편차이다.
    보충 모집단이 아니고 표본인 경우에는 분산과 표준편차를 **자유도**(degree of freedom : 분산과 표준편차의 경우는 n−1)로 나누어 측정한다.

07 계산문제 특강노트 '기출 65題' 2과목 투자분석기법

[31회 기출]

주당순이익의 성장률 8%, 다음 기의 예상 주당순이익은 10,000원, 요구수익률은 10%, 배당성향이 20%일 때, 배당평가모형으로 평가한 동 주식의 가격은?

① 20,000원 ② 25,000원
③ 50,000원 ④ 100,000원

---

(1) 배당이 일정비율로 성장하므로 고든의 항상성장모형을 적용한다.

$$P = \frac{D_1}{k-g} = \frac{2,000}{0.10-0.08} = \frac{2,000}{0.02} = 100,000원$$

$D_1 = 2,000원 [\because 10,000원(다음 기 예상주당순이익) \times 20\%(배당성향) = 2,000원]$

(2) 문제에서 **주당순이익의 성장률은 8%**는 배당성장률 8%와 같은 의미이다.
- 배당은 주당순이익의 일정비율에 해당하므로, 주당순이익의 성장률은 곧 배당성장률과 같다.

정답 ④

7-1 계산문제 특강노트 '기출 65題' 2과목 투자분석기법

[33회, 37회, 39회 기출(동일유형)]

배당평가모형과 관련하여 빈칸에 알맞은 것은?

> A기업의 배당성향은 50%이며 배당성장률은 4%가 유지될 것으로 추정된다. 당기의 주당순이익은 4,000원이며 현재 주가가 10,400원일 경우, 투자자의 요구수익률은 (   )이다.

① 12.5% ② 16%
③ 24%   ④ 38.4%

---

③ 요구수익률은 15%이다. 주당순이익을 당기로 제시하였으므로 당기의 배당금(D_0)이 나오는데, 여기에 배당성장률 5%를 적용하여 D_1을 구하고 D_1을 공식에 적용하는 것이 포인트이다.

※ **고든의 항상성장모형 공식 적용**: $P = \dfrac{D_1}{k-g}$, $10,400 = \dfrac{D_1}{k-0.04}$

→ 당기의 주당순이익이 4,000원이고 배당성향이 50%이므로 D_0는 2,000원이다.

따라서 D_1은 **2,000(1 + 0.04) = 2,080원**이다. 여기서 $D_1 = 2,080$원을 위 산식에 적용하면, $10,400 = \dfrac{2,080}{k-0.04}$, $(k-0.04) = \dfrac{2,080}{10,400}$ 따라서 $k = 0.24$(즉 24%)

정답 ③

7-2

[26회 기출]

빈칸에 알맞은 것은?

> 어떤 회사의 현재 배당금은 주당 500원이다. 향후 2년 동안은 배당이 20%로 성장할 것으로 예상되며, 그 이후에는 5%의 배당성장률이 지속될 것으로 예상한다. 요구수익률이 10%일 경우, 배당평가모형으로 평가한 이 회사의 보통주의 가치는 (   )이다.

① 3,000원

② 3,900원

③ 13,636원

④ 18,636원

아래 해설 풀이 참고

정답 ③

더 알아보기

☑ 초기고속성장모형 계산

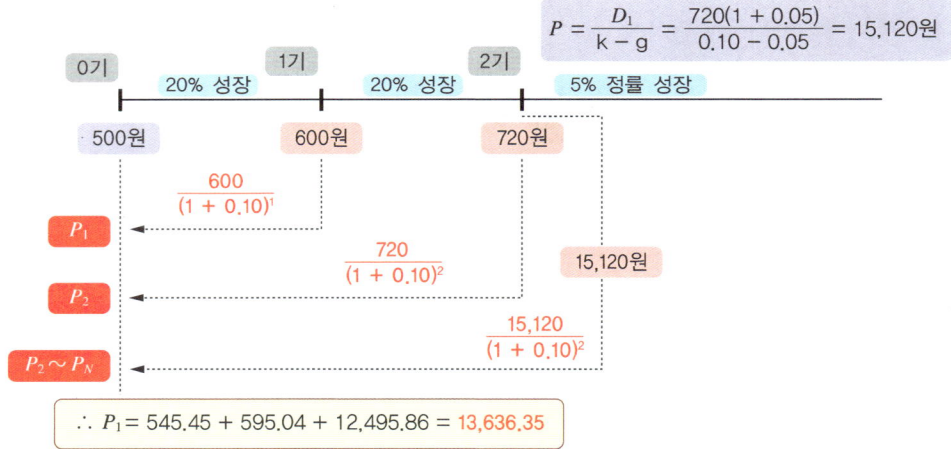

$$P = \frac{D_1}{k - g} = \frac{720(1 + 0.05)}{0.10 - 0.05} = 15,120원$$

∴ P_1 = 545.45 + 595.04 + 12,495.86 = **13,636.35**

✓ 해 설

(1) 1기(0기~1년)의 현금흐름은 D_1이므로 D_1을 요구수익률로 할인한다.

→ 1기의 가치(P_1) = $\dfrac{500(1 + 0.20)}{(1 + 0.10)}$ = 545.45원 [D_1 = 500(1 + 0.2) = 600원]

(2) 2기(1년~2년)의 현금흐름은 D_2이므로 D_2를 요구수익률로 할인한다. [D_2 = 500(1 + 0.2)^2 = 720원]

→ 2기의 가치(P_2) = $\dfrac{500(1 + 0.20)^2}{(1 + 0.10)^2}$ = 595.04원

(3) 2기간 이후의 가치는 '요구수익률 10%, 배당성장률 5%'의 항상성장모형으로 평가한 다음(이때 g는 0.05가 적용됨에 유의), 해당 값을 현재시점으로 할인하여 구한다.

[1단계] 2기간 이후의 기간에 해당하는 보통주의 가치 = $\dfrac{720(1 + 0.05)}{0.01 - 0.05}$ = 15,120원

[2단계] 15,120원을 현재시점으로 할인하여 2기 이후의 가치($P_2 \sim P_N$)를 평가한다.

→ $P_2 \sim P_N$ = $\dfrac{15,120}{(1 + 0.10)^2}$ = 12,495.86원

∴ (P_1) + (P_2) + ($P_2 \sim P_N$) = 약 13,636원

08

계산문제 특강노트 '기출 65제' — 2과목 투자분석기법

[30회 기출]

총자산회전율이 1.5배, 총자산이 1,200억 원일 때 순매출액은?(단위 : 억 원)

① 1,000
② 1,200
③ 1,800
④ 2,700

---

(1) 총자산회전율 = $\dfrac{순매출액}{총자산}\left(\dfrac{매출액}{총자산}\right)$

(2) $\dfrac{순매출액}{총자산} = 1.5$, $\dfrac{순매출액}{1,200억\ 원} = 1.5$, (∴) **순매출액 = 1,800억 원**

▶ **순매출액** : 매출액에서 '매출할인'이나 '매출에누리'를 공제한 금액

정답 ③

09

계산문제 특강노트 '기출 65제' — 2과목 투자분석기법

[33회, 37회, 40회, 42회 기출(동일유형)]

빈칸에 알맞은 것은?

> 매출액순이익률이 0.2(20%)이고 총자산회전율이 2(2회전)일 때, 총자산이익률은 (   )이다.

① 0.1
② 0.2
③ 0.3
④ 0.4

총자산이익률 즉 ROA(Return On Asset)은 **0.4(40%)**이다.

※ ROA = $\dfrac{순이익}{총자산}$

▶ 듀퐁분석 활용 : $\dfrac{순이익}{총자산} = \dfrac{순이익}{매출액} \times \dfrac{매출액}{총자산}$, **ROA = 0.2 × 2 = 0.4**

정답 ④

10 계산문제 특강노트 '기출 65제' 2과목 투자분석기법

[29회, 32회, 34회, 38회 기출(동일유형)]

ROE가 ROA의 4배이고 총자산이 400억 원일 때, 총부채는 얼마인가?

① 100억 원
② 150억 원
③ 200억 원
④ 300억 원

※ **풀이**(듀퐁분석 활용)

→ $\dfrac{순이익}{자기자본} = \dfrac{순이익}{매출액} \times \dfrac{매출액}{총자산} \times \dfrac{총자산}{자기자본}$, $ROE = ROA \times \dfrac{총자산}{자기자본}$

→ ROE는 ROA의 4배이므로 '$4ROA = ROA \times \dfrac{총자산}{자기자본}$'이다.

총자산이 400이므로 '$4 = \dfrac{400}{자기자본}$'이고, 따라서 자기자본은 100이다.

→ **최종적으로 총부채는 300이다**(총자산400 = 총부채 + 자기자본100).

정답 ④

더 알아보기

● ROE 듀퐁산식 정리

$ROE = \left(\dfrac{순이익}{자기자본}\right) = \dfrac{순이익}{매출액} \times \dfrac{매출액}{총자산} \times \dfrac{총자산}{자기자본}$

마진   활동성   부채레버리지

총자산	총부채
( )	( )
	자기자본
	( )

$ROE = ROA \times \dfrac{총자산}{자기자본}$

▶ **약식이해** : ROE가 ROA의 4배이다. → 총자산이 자기자본의 4배이다.

11

계산문제 특강노트 '기출 65題' 2과목 투자분석기법

[24회 기출]

빈칸에 알맞은 것은?

> 어떤 기업의 판매량이 200개에서 400개로 증가할 때 영업이익은 10억 원에서 50억 원으로 증가하였다. 이 경우 판매량이 200개일 때의 영업레버리지도는 (   )이다.

① 1
② 2
③ 2.5
④ 4

▶ DOL = $\dfrac{\text{영업이익 변화율}}{\text{매출액 변화율}}$ 또는 $\dfrac{\text{매출액} - \text{변동비}}{\text{매출액} - \text{변동비} - \text{고정비}}$

▶ $DOL = \dfrac{\dfrac{\Delta EBIT}{EBIT}}{\dfrac{\Delta Q}{Q}} = \dfrac{\dfrac{(50-10)}{10}}{\dfrac{(400-200)}{200}} = \dfrac{4}{1} = 4$

- 즉 판매량(또는 매출액)이 1단위 변화할 때 영업이익은 4배 변동한다.

정답 ④

더 알아보기

● 레버리지도 분석

	영업레버리지(DOL) By 영업고정비 Degree of Operating Leverage	재무레버리지(DFL) By 재무고정비 Degree of Financial Leverage	결합레버리지(DCL) By 영업고정비 + 재무고정비 Degree of Combined Leverage
정의	$\dfrac{\text{영업이익변화율}}{\text{매출액변화율}}$	$\dfrac{\text{주당순이익변화율}}{\text{영업이익변화율}}$	$\dfrac{\text{주당순이익변화율}}{\text{매출액변화율}}$
계산	$\dfrac{\text{매출액} - \text{변동비}}{\text{매출액} - \text{변동비} - \text{고정비}}$	$\dfrac{\text{영업이익}}{\text{영업이익} - \text{이자비용}}$	$\dfrac{\text{매출액} - \text{변동비}}{\text{매출액} - \text{변동비} - \text{고정비} - \text{이자비용}}$
해석	**고정비가 클수록**, 매출액이 적을수록 **DOL이 커진다.**	**이자비용이 클수록**, 영업이익이 적을수록 **DFL이 커진다.** $\dfrac{\text{매출액} - \text{변동비} - \text{고정비}}{\text{매출액} - \text{변동비} - \text{고정비} - \text{이자비용}}$	▶ **(고정비용 + 이자비용)이 클수록** DCL이 커진다. ▶ 영업고정비와 이자비용이 존재하는 한 DCL은 항상 1보다 크다.

☑ 매출액변화율에 대한 영업이익변화율의 비율

12

2과목 투자분석기법

[26회 기출]

재무레버리지도(DFL)가 2이고 영업이익이 5천 억 원일 때, 재무고정비인 이자비용은 얼마인가?

① 1,000억 원 ② 2,000억 원
③ 2,500억 원 ④ 4,000억 원

매출액	100억 원		
− 매출원가 70억 원		영업비용	변동비(VC) 50억 원
− 판관비 10억 원			고정비(FC) 30억 원
영업이익	20억 원		

$$DFL = \frac{매출액 - 변동비 - 고정비}{매출액 - 변동비 - 고정비 - 이자비용} = \frac{영업이익}{영업이익 - 이자비용} = 2$$

∴ 이자비용 = 2,500

정답 ③

12-1

2과목 투자분석기법

[32회 기출]

레버리지분석과 관련하여 빈칸에 알맞은 것은?

> 현재의 영업이익이 100억 원, 이자비용이 20억 원, 세전이익이 80억 원, 법인세 40억 원, 세후순이익은 40억 원이다. 이후 영업이익이 140억 원, 이자비용은 20억 원, 세전이익이 120억 원, 법인세가 60억 원, 세후순이익이 60억 원으로 변동하였다면, 이때의 재무레버리지도는 (   )이다.

① 1.20 ② 1.25
③ 1.40 ④ 1.50

$$재무레버리지도(DFL) = \frac{주당이익의 변화율}{영업이익의 변화율} = \frac{\frac{60-40}{40}}{\frac{140-100}{100}} = \frac{50\%}{40\%} = 1.25$$

$$= \frac{영업이익}{영업이익 - 이자비용} = \frac{100}{100-20} = \frac{50\%}{40\%} = 1.25$$

정답 ②

더 알아보기

재무레버리지와 세후순이익(EAT)의 변화

구 분	(−)변동	현재(변동 전)	(+)변동
영업이익	60 (40% 감소)	100	140 (40% 증가)
이 자	20	20	20
세전이익	40	80	120
법인세(50%)	20	40	60
세후순이익	20 (50% 감소)	40	60 (50% 증가)

(1) 재무레버리지도(DFL) = $\dfrac{\text{주당이익의 변화율}}{\text{영업이익의 변화율}} = \dfrac{\frac{60-40}{40}}{\frac{140-100}{100}} = \dfrac{50\%}{40\%} = 1.25$

(2) 재무레버리지도(DFL)
$= \dfrac{\text{매출액} - \text{변동비} - \text{고정비}}{\text{매출액} - \text{변동비} - \text{고정비} - \text{이자비용}} = \dfrac{\text{영업이익}}{\text{영업이익} - \text{이자비용}} = \dfrac{100}{100-20} = 1.25$

> (2)의 공식 사용 시 '변동 전'인 현재 시점의 숫자를 적용함

13

계산문제 특강노트 '기출 65題' **2과목 투자분석기법**

[30회, 32회, 34회, 36회 기출(동일유형)]

투자자의 요구수익률이 12%, 자기자본이익률이 10%, 배당성향이 20%이다. 이 경우 고든의 PER모형에 의한 당해 주식의 PER은 얼마인가?(단위 : 배수)

① 5배　　　　　　　　　② 8배
③ 10배　　　　　　　　 ④ 20배

---

① '$PER = \dfrac{1-b}{k-g},\ g = b \times ROE$' 식을 활용하여 계산한다.
　(k = 요구수익률, g = 배당성장률, b = 유보율, ROE = 자기자본이익률)

※ 풀이

→ $PER = \dfrac{1-b}{k-g} = \dfrac{1-b}{k - b \times ROE} = \dfrac{0.2}{0.12 - (0.8 \times 0.1)} = \dfrac{0.2}{0.04} =$ **5(배)**

정답 ①

더 알아보기

◉ 고든의 PER모형 – 산식

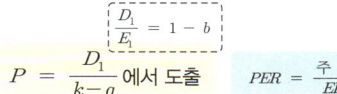

$P = \dfrac{D_1}{k-g}$ 에서 도출　　$PER = \dfrac{주가}{EPS}$

$\dfrac{P}{E_1} = \dfrac{1-b}{k-g} = \dfrac{1-b}{k - b \times ROE}$　　← $g = b \times ROE$

① 성장률 g와 (+), 자본비용 k와는 (−)의 관계
② 배당성향(1 − b)은, b가 분자/분모 모두에 위치하므로 일정한 관계가 없다.

- ROE < k이면 → 배당성향과 (+)
- ROE > k이면 → 배당성향과 (−)

　(예 'ROE = 8% > k = 5%' 경우, 수익성이 요구수익률을 상회하므로 **배당을 하지 않고 투자를 많이 할수록** 기업의 수익성이 높아지고 따라서 주가의 멀티플, PER는 상승한다)

기출지문
ROE가 요구수익률보다 클 경우에는 PER와 배당성향은 부(−)의 관계이다. → O

┈┈┈▶ 배당을 적게 할수록 PER가 상승하므로 반대관계

13-1 계산문제 특강노트 '기출 65題' 2과목 투자분석기법

[28회, 38회, 41회 기출(동일유형)]

투자자의 요구수익률이 10%, 배당성향이 30%, 자기자본이익률(ROE)이 10%일 때, 고든의 PER모형에 의한 PER는 얼마인가?(단위 : 배수)

① 5　　　　　　　　　　② 10
③ 15　　　　　　　　　　④ 20

고든의 PER모형상 PER는 $\frac{1-b}{k-g}$ 이며(b : 유보율, k : 요구수익률, g : 배당성장률), 아래와 같이 풀이한다.

→ $PER = \frac{1-b}{k-g} = \frac{1-b}{k-b \times ROE}$

→ $PER = \frac{0.3}{0.10 - 0.7 \times 0.10} = \frac{0.3}{0.10 - 0.07} = \frac{0.3}{0.03} = 10$ ∴ PER = 10배

▶ 'ROE = k'일 경우

→ $PER = \frac{1-b}{k-g} = \frac{1-b}{k-b \times ROE} = \frac{1-b}{k-b \times k} = \frac{1-b}{(1-b)k} = \frac{1}{k}$

∴ $PER = \frac{1}{k} = \frac{1}{0.1} = 10$배

정답 ②

14 계산문제 특강노트 '기출 65題' 2과목 투자분석기법

[29회 기출]

재무정보가 〈보기〉와 같을 때, 이 기업의 PBR은?

> 자기자본 1,000억 원, 당기순이익 200억 원, 발행주식수 100만주, 주가 120,000원

① 0.5배　　　　　　　　② 1.0배
③ 1.2배　　　　　　　　④ 1.5배

두 가지 방식으로 풀이 할 수 있다.

(1) $PBR = \frac{주가}{BPS} = \frac{120,000}{BPS} = \frac{120,000}{100,000} = 1.2$배 (BPS = $\frac{자기자본}{100만주} = \frac{1,000억}{100만} = 100,000$원)

(2) $PBR = ROE \times PER$, $ROE = \frac{200억\ 원}{1,000억\ 원} = 0.2$, $PER = \frac{120,000}{20,000} = 6$ ∴ $PBR = 0.2 \times 6 = 1.2$배

정답 ③

15

계산문제 특강노트 '기출 65題' 2과목 투자분석기법

[30회, 41회 기출(동일유형)]

빈칸에 알맞은 것은?

> A기업의 EBITDA는 2천만 원, 유사기업의 EV/EBITDA 비율이 20, 채권자 가치는 1억 원, 발행 주식 수는 10만주이다. 이 경우 A기업의 시가총액은 (   )이다.

① 1억 원 ② 2억 원
③ 3억 원 ④ 4억 원

시가총액(주주가치)은 3억 원이다(아래 풀이).

※ EV/EBITDA비율을 이용한 상장기업(A기업)의 시가총액 추정

$$\frac{시가총액 + 채권자가치}{EBITDA} = 20$$

(1) A기업의 기업가치 : 유사기업의 $\frac{EV}{EBITDA}$ × 상장기업의 EBITDA = 20 × 2천 만 원 = 4억 원

(2) A기업의 기업가치(EV) = 주주가치(시가총액) + 채권자가치, 4억 원 = 시가총액 + 1억 원, ∴ 시가총액 = 3억 원

약식이해 $\frac{EV}{EBITDA} = \frac{시가총액(주주가치) + 순차입금(채권자가치)}{영업이익 + 감가상각비}$

$\frac{시가총액 + 1억\ 원}{2천만\ 원} = 20 \rightarrow$ 시가총액 + 1억 원 = 4억 원 (∴) 시가총액 = 3억 원

정답 ③

더 알아보기

● EV/EBITDA 모형

$$\frac{EV}{EBITDA} = \frac{시가총액 + 순차입금}{이자비용 \cdot 세금 \cdot 감가상각비\ 차감\ 전\ 이익} \longleftarrow 영업이익 + 감가상각비$$

① EV는 주주가치와 채권자가치를 합계한 금액이다.
→ 기업의 자본구조를 감안한 평가방식이라는 점에 유용성이 있다.

② EBITDA는 영업이익에 감가상각비를 더한 금액이다.
→ 설비투자가 많은 기업의 현금흐름을 잘 반영한다.

[PER 보완]

EV : Enterprise Value
EBITDA : Earning Before Interest, Tax, Depreciation and Amortization

15-1 2과목 투자분석기법

[33회, 36회, 38회 기출(동일유형)]

EV/EBITDA비율과 관련하여 빈칸에 알맞은 것은?

> 상장기업인 A기업의 EBITDA는 60억 원, 유사기업의 EV/EBITDA 비율은 15배, 채권자가치는 300억 원, 발행주식수는 100만주이다. 이 경우 A기업의 주당 가치는 (　　)이다.

① 5만 원　　　　　　　　　② 6만 원
③ 7만 원　　　　　　　　　④ 9만 원

주당가치는 6만 원이다(아래 풀이).

※ **약식계산(EV/EBITDA 공식 활용)**

(1) $\dfrac{\text{시가총액} + \text{채권자가치}}{\text{EBITDA}} = 15$, $\dfrac{\text{시가총액} + 300억\ 원}{60억\ 원} = 15$, 시가총액 + 300억 원 = 900억 원, 따라서 시가총액은 600억 원

(2) 주당가치 추정 : $\dfrac{\text{시가총액}}{\text{발행주식수}} = \dfrac{600억\ 원}{100만주} = 60,000원$

(∴) A기업의 주당가치는 60,000원이다.

정답 ②

---

16 2과목 투자분석기법

[29회 기출]

〈보기〉의 경우 EVA모형으로 평가한 기업가치는 얼마인가?

> 세후순영업이익 50억 원, 자기자본비용 12%, 타인자본비용(세후) 8%, 자기자본 100억 원, 타인자본 100억 원

① 417억 원　　　　　　　　② 500억 원
③ 625억 원　　　　　　　　④ 700억 원

※ 기업가치 = IC(투하자본) + MVA(미래EVA의 현재가치)

→ 기업가치 = 200억 원 + $\dfrac{\text{EVA}}{k}$ (부채를 사용하므로 자본비용 k는 가중평균자본비용 즉 WACC이다)

→ EVA = 50억 원 − (200억 원 × WACC)

→ WACC = (0.5 × 8%) + (0.5 × 12%) = 10% (→ $k = 0.1$)

(∴) 기업가치 = 200억 원 + $\dfrac{30}{0.1}$ = 500억 원(채권자가치가 100억 원 + 주주가치는 400억 원)

약식계산 $\dfrac{\text{NOPLAT}}{k} = \dfrac{\text{세후순영업이익}}{\text{가중평균자본비용}} = \dfrac{50}{0.1} = 500$ ∴ EVA = 500억 원

정답 ②

더 알아보기

◉ EVA = 세후순영업이익 − (투하자본 × WACC)

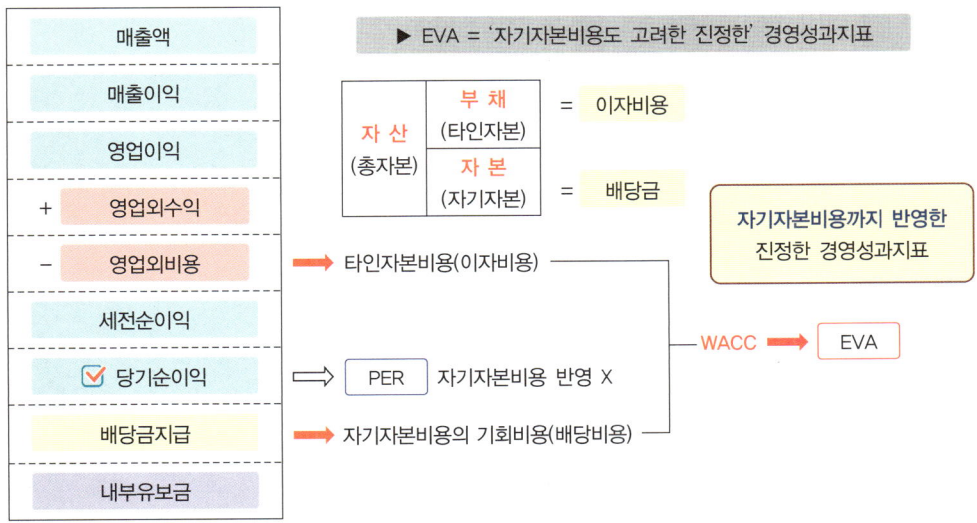

17

계산문제 특강노트 '기출 65제' 2과목 투자분석기법

[28회, 31회, 35회, 37회 기출(동일유형)]

〈보기〉의 정보에 따를 때 해당 기업의 EVA는 얼마인가?(소수점 이하 절사, 단위는 억 원)

> 영업이익 200억 원, 투하자본 500억 원, 자기자본비율 60%, 타인자본비율 40%, 타인자본조달 비용10%, 자기자본의 기회비용 12%, 법인세율 25%

① 94억 원 ② 99억 원
③ 104억 원 ④ 109억 원

☑ EVA = 세후순영업이익 − (투하자본 × 가중평균자본비용) = 99억 원

※ 풀 이
(1) 세후순영업이익 = 200억 원 × (1 − 0.25) = 150억 원
(2) 가중평균자본비용
 = (타인자본비율 × 세후 타인자본비용) + (자기자본비율 × 자기자본비용)
 = {0.4 × 0.10 × (1 − 0.25)} + (0.6 × 0.12)
 = 0.03 + 0.072
 = 0.102
(3) 따라서, EVA = 150억 원 − (500 × 0.102)
 = 150억 원 − 51억 원
 = 99억 원

정답 ②

17-1

계산문제 특강노트 '기출 65제' 2과목 투자분석기법

[33회, 38회, 41회 기출(동일유형)]

〈보기〉의 조건에 따를 때, 기업의 EVA를 최적으로 만드는 타인자본비중과 자기자본비중의 조합은 무엇인가?(단위 : %)

> 세후순영업이익 100억 원, 투하자본 250억 원, 타인자본비용과 자기자본비용은 모두 10%이고 법인세율은 20%로 가정한다.

① 타인자본 80, 자기자본 20 ② 타인자본 60, 자기자본 40
③ 타인자본 40, 자기자본 60 ④ 타인자본 20, 자기자본 80

▶ EVA = 세후순영업이익 − (투하자본 × WACC)
 = 100억 원 − (250억 원 × WACC)

즉 **타인자본비중이 높을수록** 법인세절감효과가 크게 반영되어 WACC가 가장 낮아지고 EVA가 가장 크게 달성된다.

정답 ①

18

계산문제 특강노트 '기출 65題' 2과목 투자분석기법

[30회, 34회, 42회 기출(동일유형)]

한 산업 내에 점유율이 동등한 5개의 기업이 존재하는 경우 허핀달지수(HHI)는 얼마인가?(단, 허핀달지수는 소수점 단위로 표시함)

① 0.1
② 0.2
③ 0.5
④ 1.0

※ $HHI = \sum S_i^2$ (백분율 단위 : $20^2 \times 5 = 2,000$)

(1) **소수점 단위** : $0.2^2 + 0.2^2 + 0.2^2 + 0.2^2 + 0.2^2 = 0.2^2 \times 5 = 0.2$
   ▶ 소수점 단위일 경우 단일기업의 점유율이 곧 HHI 값이 된다.

(2) **HHI지수의 역수는 동등기업의 수**이므로,
   $\frac{1}{HHI} = 5$이다. 따라서 $HHI = \frac{1}{5}$, ∴ HHI = 0.2

정답 ②

더 알아보기

● 집중률지수

시장집중률 지수	허핀달 지수
CR_k	$HHI = \sum S_i^2$
상위 k개 기업의 시장점유율 → 소수 대기업의 점유율 파악 용이, 간편한 측정이 가능 예 A산업, B산업, C산업의 CR_3는 각각 30, 59.5, 90이다. • 한국 – CR_3, 영국 – CR_4, 미국 – CR_4 등	집중곡선상의 정보를 좀 더 완벽하게 반영한다(CR_k에서 파악할 수 없는 '불균등도' 파악 가능). 예 A산업의 HHI = 1,000, B산업의 HHI = 3,126.25, C산업의 HHI = 2,720 → 즉, B산업의 불균등도가 가장 크다. • HHI의 최대값은 10,000(산업에 1개 기업만이 존재한다면 해당 기업의 점유율은 100%이다. 이때 S_i는 %단위로 100, 따라서 HHI는 $100^2 = 10,000$이다)

18-1 2과목 투자분석기법

[24회 기출]

하나의 산업에 동등한 시장점유율을 가진 10개의 기업이 있다. 이 경우 허핀달지수(HHI)와 시장집중률지수(CR_k)가 같아지는 k값은 얼마인가?(HHI지수는 소수점 단위로 표시)

① 1
② 2
③ 3
④ 4

(1) 한 시장 내의 모든 기업의 시장점유율이 같다면 HHI의 역수는 동등기업의 수로 해석된다. 10개의 기업이 동등한 시장점유율을 가지고 있으므로 $\frac{1}{HHI} = 10$이다. 따라서 HHI = 0.1이다.
(2) 시장점유율지수(CR_k)는 상위 k개 기업의 점유율을 말한다. 동 문항의 경우 HHI가 0.1이므로, 이와 일치하는 집중률지수는 $CR_1 = 0.1$이다. 따라서 k값은 1이다.
▶ '소수점 단위일 경우 단일기업의 점유율이 곧 HHI 값이 된다'와 동일 원리

[정답] ①

19 2과목 리스크관리

[29회, 32회, 35회, 37회, 40회 기출(동일유형)]

KOSPI200 주가지수옵션의 가격이 7point, KOSPI200지수가 150point, 주가지수수익률의 1일 기준 표준편차(σ)가 2.5%, 옵션의 델타가 0.8이다. 이 경우 99% 신뢰도 1일 기준의 VaR에 가장 가까운 것은?(99% 신뢰기준의 신뢰상수는 2.33)

① 6.99point
② 8.737point
③ 699point
④ 873.7point

$\sigma(\Delta V) \cdot z = \sigma(\Delta C) \cdot z = \sigma(f' \cdot \Delta S) \cdot z = S \cdot \sigma(\frac{\Delta S}{S}) \cdot z \cdot f'$

따라서 신뢰구간 99% 1일 VaR는
▶ '150point × 2.5% × 2.33 × 0.8 = 150point × 2.5 × 0.01 × 2.33 × 0.8 = 6.99point

[정답] ①

더 알아보기

풀이

일정한 신뢰구간 하에서의 포지션의 가치변동위험

델타$(f') = \dfrac{\Delta c}{\Delta S}$

$$\sigma(\Delta V) \cdot z = \sigma(\Delta C) \cdot z = \sigma(f' \cdot \Delta S) \cdot z$$
$$= S \cdot \sigma\left(\dfrac{\Delta S}{S}\right) \cdot z \cdot f'$$

σ : 수익률의 변동성이므로 '수익률 단위'로 전환

(∴) 150point × 2.5% × 2.33 × 0.8 = **6.99**point

20

계산문제 특강노트 '기출 65題'   2과목 리스크관리

[31회, 34회, 36회, 38회 기출(동일유형)]

5년 만기 국채의 만기수익률이 정규분포를 하고 수익률 증감(Δy)의 1일 기준 표준편차가 0.05%이고 수정듀레이션이 3.5이다. 이 채권을 200억 원 보유하고 있을 때 95% 신뢰도의 1일 VaR는 얼마인가?(95% 신뢰기준의 신뢰상수 : 1.65)

① 5,775만 원

② 8,155만 원

③ 57억 7,500만 원

④ 81억 5,500만 원

$\sigma(\Delta V) \cdot z = \sigma(\Delta B) \cdot z = \sigma(B \times D^* \cdot \Delta y) \cdot z = B \cdot \sigma(\Delta y) \cdot z \cdot D^*$

→ 200억 원 × 0.05% × 1.65 × 3.5 = 0.5775(5,775만 원)

[정답] ①

더 알아보기

✓ 풀이

$\dfrac{\Delta B}{B} = (-) \times \dfrac{\text{맥컬레이듀레이션}}{(1 + YTM)} \times \Delta Y$ $\Delta B = \text{수정듀레이션} \times \Delta y \times B$

$\sigma(\Delta V) \cdot z = \sigma(\Delta B) \cdot z = \sigma(B \times D^* \cdot \Delta y) \cdot z$
$\qquad\qquad\qquad\qquad\qquad = B \times \sigma(\Delta y) \times z \times D^*$

(∴) 200억 원 × 0.05% × 1.65 × 3.5 = 0.5775(5,775만 원)

21

계산문제 특강노트 '기출 65題'   2과목 리스크관리

[29회, 30회, 31회, 32회, 33회, 34회, 35회, 37회, 39회 기출(동일주제)]

포트폴리오VaR 계산과 관련하여, 빈칸에 들어갈 수 없는 수는?

> 자산 X의 VaR은 12억 원, 자산 Y의 VaR은 5억 원이다. 그리고 두 자산 간의 상관계수별 포트폴리오XY의 VaR을 계산한다면, 상관계수가 +1일 경우는 (   ), 상관계수가 0일 경우는 (   ), 상관계수가 −1일 경우는 (   ), 상관계수가 0.4일 경우는 (   )이다.

① 7   ② 13
③ 17   ④ 20

※ **포트폴리오 VaR 산식** : $VaR_P = \sqrt{VaR_X^2 + VaR_Y^2 + 2 \cdot \rho \cdot VaR_X \cdot VaR_Y}$

(1) 상관계수 +1
→ $12 + 5 = 17$

(2) 상관계수 0
→ $\sqrt{12^2 + 5^2} = \sqrt{144 + 25} = 13$

(3) 상관계수 −1
→ $12 - 5 = 7$

(4) 상관계수 0.4
→ $\sqrt{12^2 + 5^2 + 2 \times 0.4 \times 12 \times 5} = \sqrt{144 + 25 + 48} = 14.73$

정답 ④

더 알아보기

● 포트폴리오 VaR

포트폴리오 VaR = $\sqrt{Var_A^2 + VaR_B^2 + 2 \cdot \rho \cdot VaR_A \cdot VaR_B}$ 계산

$\rho = +1 \rightarrow VaR_A + VaR_B$ $\sqrt{(VaR_A + VaR_B)^2}$

$\rho = -1 \rightarrow |VaR_A - VaR_B|$ $\sqrt{(VaR_A - VaR_B)^2}$

$\rho = 0 \rightarrow \sqrt{VaR_A^2 + VaR_B^2}$

21-1

2과목 리스크관리

[40회, 42회 기출]

빈칸에 알맞은 것은?

> 포트폴리오A의 VaR은 8억 원, 포트폴리오B의 VaR은 15억 원이다. 포트폴리오A와 B 간의 상관계수가 제로(0)일 때, 포트폴리오(A+B)의 VaR은 (　　　)이며 이때의 분산투자효과는 (　　　)이다.

① 23억 원, 0원　　② 17억 원, 6억 원
③ 15억 원, 8억 원　　④ 8억 원, 15억 원

17억 원, 6억 원이다.

※ 분산투자효과 계산

(1) 포트폴리오(A + B)의 VaR을 먼저 계산한다.
→ $VaR_P = \sqrt{VaR_A^2 + VaR_B^2 + 2 \cdot \rho \cdot VaR_A \cdot VaR_B} = \sqrt{8^2 + 15^2 + 2 \cdot 0 \cdot 8 \cdot 15}$
$= \sqrt{64 + 255} = 17$

(2) 분산투자효과가 전혀 없는 경우는 A와 B 간의 상관계수가 +1일 때이다. 즉 분산투자효과가 없을 때의 포트폴리오(A+B)의 VaR은 '8 + 15 = 23'이다.

(3) 따라서 분산투자효과는 아래 산식의 X에 해당된다.
→ (8 + 15) − X = 17, X = 6, 즉 분산투자효과는 6억 원이다.

정답 ②

22

2과목 리스크관리

[28회, 31회, 32회, 33회, 34회, 36회, 40회(동일유형)]

95% 신뢰기준·보유기간 1일 기준의 VaR은 3.3억 원이다. 그렇다면 99% 신뢰기준·보유기간 4일 기준의 VaR은 얼마인가?(단위 : 억 원)

① 3.30　　② 4.66
③ 9.32　　④ 18.64

3.3억 원 × $\frac{2.33}{1.65}$ × $\sqrt{4}$ = 9.32억 원

※ VaR의 전환 예시(신뢰구간, 보유기간 변경 시)

(1) 95% 신뢰기준의 1일 VaR이 1억 원일 때, 99% 신뢰기준의 25일 VaR은?
→ 1억 원 × $\frac{2.33}{1.65}$ × $\sqrt{25}$ = 7.06억 원

(2) 99% 신뢰기준의 1일 VaR이 1억 원일 때, 95% 신뢰기준의 25일 VaR은?
→ 1억 원 × $\frac{1.65}{2.33}$ × $\sqrt{25}$ = 3.54억 원

정답 ③

22-1

[38회 기출]

99% 신뢰기준·보유기간 1일 기준의 VaR은 4.66억 원이다. 그렇다면 95% 신뢰기준·보유기간 4일 기준의 VaR은 얼마인가?(단위 : 억 원)

① 3.30
② 4.66
③ 6.60
④ 13.2

$4.66억 원 \times \dfrac{1.65}{2.33} \times \sqrt{4} = 6.6억 원$

정답 ③

23

[29회, 34회, 36회, 39회, 42회(동일유형)]

〈보기〉에 대한 설명으로 옳은 것은?

> - 기존 포트폴리오의 VaR 100억 원, 투자대안 A의 VaR 80억 원, 투자대안B의 VaR 50억 원
> - 기존포트폴리오에 투자대안 A를 편입할 경우, 변경 후 포트폴리오의 VaR는 120억 원
> - 기존포트폴리오에 투자대안 B를 편입할 경우, 변경 후 포트폴리오의 VaR는 130억 원
> - 이 경우, 기존포트폴리오에 편입대상으로서 더 성과가 좋을 것으로 기대되는 투자대안은 ( )이며, 해당 투자대안의 Marginal VaR는 ( )이다.

① A, 20억 원
② A, 80억 원
③ B, 30억 원
④ B, 50억 원

기존 포트폴리오에 편입 시 Marginal VaR가 적은 투자대안이 더 우수한 투자대안이 된다.

기존 VaR	편입 VaR	최종 VaR	한계 VaR	
100	80(A)	120	+20	더 우수
100	50(B)	130	+30	

정답 ①

23-1 2과목 리스크관리

[36회 기출]

기존 포트폴리오에 신규 포트폴리오(A 또는 B)를 편입할 경우, 성과가 더 좋을 것으로 기대되는 투자대안은 무엇이며 이때의 Marginal VaR은 얼마인가?(기존 포트폴리오의 VaR은 100억 원으로 가정)

구 분	투자대안 A	투자대안 B
기대수익률	10%	10%
VaR	90억 원	80억 원
기존포트폴리오에 투자대안 편입 후의 포트폴리오의 VaR	150억 원	130억 원

① A, 50억 원
② A, 60억 원
③ B, 30억 원
④ B, 50억 원

'B-30억 원'이다. MarginalVaR(한계VaR)은 새로운 투자대안을 편입시켰을 때의 VaR의 순증가분을 말하는데, Marginal VaR이 적을수록 좋은 투자대안이 된다.

정답 ③

24 2과목 리스크관리

[31회, 33회, 35회, 38회, 40회(동일유형)]

다음 중 RAROC지표로 판단할 때 성과가 가장 우수할 것으로 판단되는 포트폴리오는?(투자금액은 동일한 것으로 가정함)

① A 포트폴리오 : 순수익률 3%, VaR 4억 원
② B 포트폴리오 : 순수익률 4%, VaR 4억 원
③ C 포트폴리오 : 순수익률 4%, VaR 5억 원
④ D 포트폴리오 : 순수익률 6%, VaR 5억 원

RAROC는 차례대로 '0.75, 1.0, 0.80, 1.2'이다. RAROC는 위험조정성과지표로서 지표 값이 높을수록 좋으므로 가장 우수한 포트폴리오는 D포트폴리오이다.

정답 ④

더 알아보기

VaR의 유용성 - RAROC($\frac{순수익}{VaR}$) [RAPM지표]

구 분	AA등급 채권	BB등급 채권
투자금액	100억 원	100억 원
순수익	0.8%	3%
VaR	2억 원	15억 원
RAROC	$\frac{0.8}{2}$ = 40%	$\frac{3}{15}$ = 20%

→ 순수익률로만 볼 때는 BB채권이 더 우수하지만, 위험조정수익률인 RAROC 지표로는 AA채권이 더 우수하다.

계산문제 특강노트 '기출 65제' 2과목 리스크관리

24-1

[28회 기출]

자산A에 대한 투자금액이 200억 원이고 순수익률이 3%이며, VaR가 5억 원일 때 A의 RAROC는?

① 0.025
② 0.83
③ 1.20
④ 1.66

- RAROC = $\frac{6억 원}{5억 원}$ = 1.2(순수익은 200억 원의 3%이므로 6억 원이다)
- 그리고 위험조정수익률(샤프비율, 트레이너비율, RAROC 등)은 높을수록 좋다.

정답 ③

25

계산문제 특강노트 '기출 65제'   **2과목 리스크관리**

[29회, 30회, 32회, 35회, 36회(동일유형)]

다음 중 부도거리(DD : Distance to Default)로 판단할 때 부도율이 가장 높은 자산은?

구 분	A	B	C	D
기대자산가치	140	120	100	100
부채금액	80	60	50	40
표준편차	60	40	25	20

① A
② B
③ C
④ D

부도거리(DD = $\dfrac{\text{기대자산가치} - \text{부채금액}}{\text{표준편차}}$)를 계산하면 'A = 1표준편차, B = 1.5표준편차, C = 2표준편차, D = 3표준편차'이다. 부도거리는 표준편차의 거리로 나타나는데, **부도거리가 짧을수록 부도율은 높게 나타난다**. 따라서 부도율이 가장 높은 것은 A이다.

정답 ①

더 알아보기

● KMV의 EDF모형 – 부도거리 ▶ $DD = \dfrac{A - D}{\sigma}$

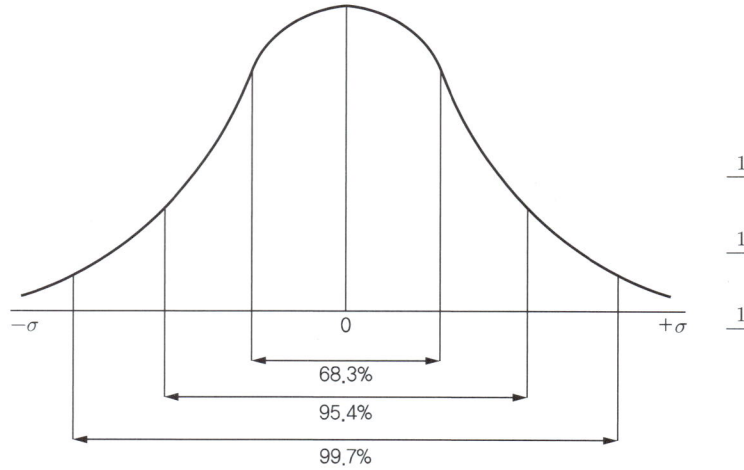

▶ **부도거리** : 부도점에 도달하는 거리 → 즉 부도거리가 멀수록 안전 → **부도거리가 길수록 부도위험은 낮다.**

▶ 부도거리(±1σ, ±2σ, ±3σ)를 알면 → 부도확률을 알 수 있음(∵ **표준정규분포를 가정하므로**)

25-1 2과목 리스크관리

[37회 기출]

K기업의 1년 후 기대 기업가치는 40억 원이고 부채가치는 16억 원, 표준편차는 4억 원일 경우, K기업의 부도거리(DD)는 얼마인가?

① 3표준편차
② 4표준편차
③ 6표준편차
④ 10표준편차

$$DD = \frac{A - D}{\sigma_A} = \frac{40 - 16}{4} = 6(표준편차)$$

정답 ③

26 2과목 리스크관리

[33회, 41회 기출(동일유형)]

어느 은행이 200억 원의 대출을 하고 있다. 대출의 부도율은 10%이고, 회수율은 20%이다. 이 경우 부도모형(Default Mode)상의 기대손실(EL) 금액은?

① 4억 원
② 16억 원
③ 20억 원
④ 200억 원

EL = 200억 원 × 0.1 × (1 − 0.2) = 16억 원
회수율이 20%이면 손실률은 80%이다.
▶ 손실률 = (1 − 회수율)

정답 ②

더 알아보기

● Default Mode(부도 모형)   ☑ MTM mode(신용등급변화도 신용손실로 인정)

(1) 부도(default) 발생 시에만 신용손실이 발생한 것으로 추정한다.
(2) 부도모형에서는 신용위험을 'EL의 불확실성'으로 측정한다.

EL의 변동성

(3) 신용손실은 'EAD, 부도율, 부도 시 손실률'에 의해 결정된다.
　　– 부도율은 '베르누이 분포'를 함

$$EL = EAD \times 부도율(p) \times LGD$$

⬇　　⬇

$$\sigma_{EL} = EAD \times \sqrt{p(1-p)} \times LGD$$

EL의 변동성　　부도율의 표준편차
　　　　　　　　(부도율의 변동성)

회수율과 EAD의 불확실성이 없다고 가정하면
예상손실의 변동성은 '부도율의 표준편차'에 의해 추정될 수 있다.

27

계산문제 특강노트 '기출 65제' 2과목 리스크관리

[32회, 35회, 37회, 39회 기출(동일유형)]

어떤 은행이 100억 원의 대출을 하고 있고, 대출의 부도율은 10%, 손실률이 30%일 때 예상손실의 변동성은 얼마인가?(단, 부도율은 베르누이 분포를 따름)

① 3억 원
② 7억 원
③ 9억 원
④ 21억 원

※ 풀이
부도모형에서 신용위험액은 '예상손실의 변동성(σ_{EL})'으로 측정한다.
'예상손실의 변동성(σ_{EL}) = 익스포저(EAD) × $\sqrt{p(1-p)}$ × 손실률(LGD)'이므로
→ σ_{EL} = 100억 원 × $\sqrt{0.1(1-0.1)}$ × 0.3 = 9억 원이다.

정답 ③

28

계산문제 특강노트 '기출 65제' 2과목 리스크관리

[32회, 37회, 42회 기출(동일유형)]

어떤 은행이 100억 원의 대출을 하고 있고 대출의 손실률은 30%이다. 부도모형(Default Model)상 기대손실금액(EL)과 기대손실의 변동성금액(σ_{EL})이 동일하다고 가정하였을 때, 동 대출의 부도율은 얼마인가?(단, 부도율은 베르누이분포를 따름)

① 0.25
② 0.50
③ 0.75
④ 0.80

'EL = σ_{EL}'을 만족하는 부도율(p)은 0.5이다.

※ 상세 풀이
(1) EL = EAD × 부도율(p) × 손실률 = 100억 원 × p × 0.3
(2) σ_{EL} = EAD × $\sqrt{p \cdot (1-p)}$ × 손실률 = 100억 원 × $\sqrt{p \cdot (1-p)}$ × 0.3
→ (1)과 (2)가 같으므로 '$p = \sqrt{p \cdot (1-p)}$'이다.
이를 풀면,
$p^2 = p \cdot (1-p)$, $p^2 = p - p^2$, $2p^2 = p$, $2p = 1$, 따라서 '$p = 0.5$'이다.
즉 'EL = σ_{EL}'을 만족하는 부도율(p)은 0.5이다.

정답 ②

29 계산문제 특강노트 '기출 65題' 3과목 주식투자운용

[33회, 36회, 39회 기출(동일유형)]

고정비율 포트폴리오 보험전략(CPPI)과 관련하여 빈칸에 알맞은 것은?(근사치)

> 현재 총 투자금액은 110억 원, 1년 후 보장수준은 100억 원, 무위험수익률 2%, 투자기간 1년, 승수가 3이라고 할 때, CPPI전략의 실행을 위한 주식투자금액(익스포저)은 ( )이다.

① 6.47억 원 ② 11.96억 원
③ 35.88억 원 ④ 74.12억 원

CPPI전략 실행을 위한 주식투자금액은 35.88억 원, 채권투자금액은 74.12억 원이다.

※ **CPPI전략의 실행**

(1) 1년 후의 최저보장금액(floor) : $\dfrac{100}{1+0.02} = 98.039$, 약 **98.04억 원**

(2) 쿠션(cushion) = 포트폴리오 금액 − floor의 현재가치
   = 110 − 98.04 = **11.96억 원**

(3) 익스포저 = 쿠션 × 승수 = 11.96 × 3 = **35.88억 원**

정답 ③

더 알아보기

CPPI전략

주식투자금액 (익스포저)	채권투자금액
익스포저 = 쿠션 × 승수	전체금액 − 주식투자금액

- 쿠션(Cushion) = 포트폴리오 평가액 − 최저보장가치
- 주식투자금액을 Exposure, 최저보장가치를 Floor라 한다.
- 승수는 운용자의 경험에 의해 직관적으로 정한다.

▶ OBPI 전략(합성 풋옵션 전략)
 (1) 주식투자금액은 풋옵션의 델타를 활용해서 구한다.
 (2) 내재변동성 추정이 어렵다는 문제점이 있다(← CPPI는 없음).
  $c = f(S, X, r, T-t, \sigma)$

단순화

예시 최초투자금액 100억 원, 보장수준(floor) 90억 원, 무위험수익률 4%, 만기 1년, 승수 2

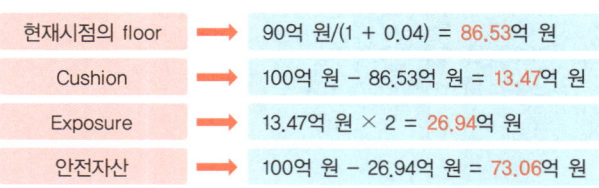
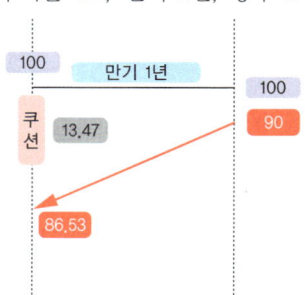

30 계산문제 특강노트 '기출 65제' 3과목 채권투자운용

[24회 기출]

채권액면 10,000원, 표면이율 5%, 만기 2년인 연단위 복리채가 있다. 만기수익률이 6%일 때의 동 채권의 만기상환금은 얼마인가?

① 11,000원
② 11,025원
③ 11,200원
④ 11,236원

$10,000(1 + 0.05)^2 = 11,025$원

$P = \dfrac{10,000(1 + 0.05)^2}{(1 + 0.06)^2}$ (← 잔존만기 2년, 만기수익률 6% 조건 하의 동복리채의 채권가격공식)

정답 ②

더 알아보기

이자지급식별 현금흐름

31

계산문제 특강노트 '기출 65題' 　3과목 채권투자운용

[29회 기출]

2년 만기 표면이율 8%, 연단위 할인채의 현금흐름으로 올바른 것은?(액면 10,000원)

① 1년 후 800원, 2년 후 10,800원
② 1년 후 800원, 2년 후 11,664원
③ 1년 후 0원, 2년 후 10,000원
④ 1년 후 0원, 2년 후 11,664원

---

③ 할인채는 매입 시 할인된 가격으로 매입하고 만기에 액면을 받는다(중도에 현금흐름은 발생하지 않음).
▶ ①은 이표채, ④는 복리채

정답 ③

32

계산문제 특강노트 '기출 65題' 　3과목 채권투자운용

[35회, 38회 기출(동일유형)]

이표채의 현금흐름과 관련하여 빈칸에 알맞은 것은?

> 채권액면 10,000원, 표면금리 3%, 만기 2년, 연단위후급 이표채의 경우, 만기수령금액은 (　　　)이다.

① 9,700원
② 10,000원
③ 10,300원
④ 10,609원

- 1년 지난 시점에서 이자 300원(10,000원 × 3%),
- 2년 만기 시점에서 10,300원(이자 300원 + 액면 10,000원)을 수령한다.

정답 ③

32-1

계산문제 특강노트 '기출 65題' 　3과목 채권투자운용

[28회 기출]

빈칸을 옳게 연결한 것은?

〈발행조건〉
- 만기요건: 발행일 2019년 9월 15일, 만기일 2021년 9월 15일
- 표면금리: 2% (6개월 후급 이표식으로 지급)
- 채권액면: 10,000원

〈매매상황〉
2020년 10월 20일에 만기수익률 4%로 동 채권을 매입하여 만기까지 보유하였다. 이 때 투자자가 이자를 지급받는 횟수는 (　　　)이며, 각 횟수 별 받는 이자금액은 (　　　)이다.

① 1회, 100원　　　　　② 2회, 100원
③ 1회, 200원　　　　　④ 2회, 200원

2회, 100원이다. [보충] 액면 1만 원 / 표면금리 2%이므로 연 이자지급액은 200원인데, 6개월 후급방식이므로 6개월에 100원씩 지급한다)

[정답] ②

더 알아보기

☑ 풀 이

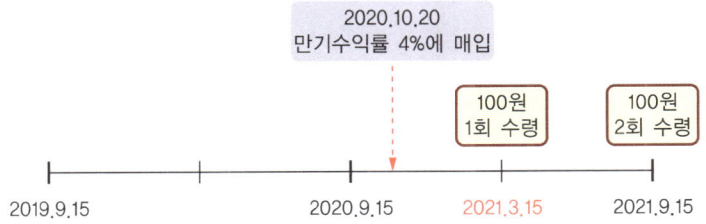

33

계산문제 특강노트 '기출 65題' 3과목 채권투자운용

[31회, 36회, 40회 기출(동일유형)]

빈칸에 알맞은 것은?

> 채권액면 100,000원, 채권액면에 대한 전환주수는 4주이다(전환비율 100%). 현재 채권의 시장가격은 95,000원이고 전환대상 주식의 시장가격은 20,000원이다. 이 경우 동 전환사채의 패리티는 ( )이다.

① 80% ② 84%
③ 95% ④ 125%

'패리티 = $\frac{20{,}000원}{25{,}000원} \times 100\%$, 패리티 = 80%'이다. 그리고 전환사채 시장가격 95,000원은 계산에 반영되지 않는다는 점에 유의해야 한다.

(1) **전환사채의 패리티** = $\frac{전환대상주식의\ 시가}{전환가격} \times 100\%$

- 전환대상 주식의 시장가격은 20,000원이다(제시).
- 전환가격은 '전환주수 = $\frac{채권액면가액}{전환가격}$'을 활용하여 구한다(전환비율 100% 전제).
- '4 = $\frac{100{,}000}{전환가격}$'이므로 전환가격은 25,000원이다.

* 전환비율은 '채권액면의 몇 %를 주식으로 전환하는가?'를 말하는데, 전환비율 100%는 채권액면 100,000원이 전부 주식으로 전환됨을 의미한다.

(2) 따라서 '패리티 = $\frac{20{,}000원}{25{,}000원} \times 100\%$, 패리티 = 80%'이다.

정답 ①

더 알아보기

전환사채 패리티

(1) **패리티(parity)** : 전환대상 주가의 현재가격이 전환가격을 몇 % 상회하고 있는가를 나타내는 지표이다.

▶ 패리티(비율) = $\frac{전환대상주식의\ 시장가격}{전환가격} \times 100\%$

해석 패리티가 140%라면, 현재 전환대상주식으로 전환 시 전환가대비 40%의 수익을 보는 상태이다.

(2) **패리티가격** : 패리티에 채권의 액면금액을 곱한 가격으로서, **전환가치**라고 한다.

▶ 전환가치(패리티가격) = $\frac{전환대상주식의\ 시장가격}{전환가격} \times 채권액면$ ▶ 전환가치 : 전환된 주식의 시장가치

- 또는 '전환가치 = 전환대상주식의 시장가격 × 전환주수($\frac{채권액면}{전환가격}$)'이다.

(3) **괴리(전환프리미엄)** : 괴리 = 전환사채의 시장가격 − 패리티가격

(4) **괴리율(%)** : 괴리를 패리티가격으로 나눈 값을 말한다.

보충 괴리율은 '전환사채의 가격수준이 적정가격(패리티가격)에 비해 얼마나 싼지 또는 비싼지의 정도'를 나타낸다.

예시 액면가 1만 원, 전환가격 5,000원, 전환대상주식의 현재가격 7,000원, 전환사채의 시장가격 15,000원

(1) '패리티 = $\frac{7,000}{5,000} \times 100\%$ = 140%

(2) 패리티가격 = $\frac{7,000}{5,000} \times 10,000$원 = 14,000원

☑ 전환가치 = '전환대상 주식의 시장가격 × 전환주수($\frac{채권액면}{전환가격}$)

= 7,000원 × 2주($\frac{10,000}{5,000}$) = 14,000원

(3) 괴리(전환프리미엄) = 15,000원 − 14,000원 = 1,000원이다(괴리는 양의 값을 보이는 것이 일반적).

(4) 괴리율 = $\frac{1,000}{14,000} \times 100$ = 7.14%

34

3과목 채권투자운용

[28회, 41회 기출(동일유형)]

액면가 1만 원, 만기수익률이 3.75%, 만기가 1년 61일이 남은 할인채의 가격은?(가장 가까운 값을 선택)

① 8,800원
② 9,600원
③ 9,800원
④ 10,600원

$P = \dfrac{10,000원}{(1 + 0.0375)(1 + 0.0375 \times \dfrac{61}{365})} = 9,580원$이다. 만기가 1년을 초과하는 경우(동 문항)와 만기가 1년 이하인 경우(34-1번 문항)의 계산식이 다르다는 점에 유의해야 한다.

정답 ②

34-1

3과목 채권투자운용

[33회, 36회, 39회 기출(동일유형)]

채권액면 1만 원, 표면금리 4%, 만기 3년인 할인채의 잔존만기가 91일인 시점에서 만기수익률 5%에 매매하였을 때 동 채권의 매매가격은 얼마인가?(동 채권은 이자 선지급식·원금 만기상환방식의 채권이며, 계산은 관행적 복할인 방식으로 하고 1년은 365일, 원 미만은 절사함)

① 9,600원
② 9,777원
③ 9,876원
④ 10,000원

'채권가격 $P = \dfrac{10,000원}{(1 + 0.05 \times \dfrac{91}{365})} = 9,876.87원$, 즉 9,876원'이다.

정답 ③

35

계산문제 특강노트 '기출 65題' 　3과목 채권투자운용

[31회, 40회 기출(동일유형)]

액면 1만 원, 표면금리 8%인 채권의 시장가격이 9,600원이라면 경상수익률은?

① 6%
② 8.33%
③ 9.2%
④ 9.55%

※ **경상수익률** : 연 이자지급액을 채권시장가격으로 나눈 값(연이자지급액 = 800원, 채권시장가격 = 9,600원)

$$\frac{C}{P} = \frac{800}{9,600} = 8.33\%$$

정답 ②

35-1

계산문제 특강노트 '기출 65題' 　3과목 채권투자운용

[37회 기출]

액면가 10,000원, 표면이율 6%, 3년 만기 연단위 후급 이표채, 채권의 시장가격 9,500원, 만기수익률 5%이다. 이 경우 동 채권의 경상수익률은?

① 6%
② 6.32%
③ 18%
④ 18.94%

경상수익률 = $\dfrac{쿠폰금액(연이자금액)}{채권의 시장가격}$ = $\dfrac{600}{9,500}$ = 약 **6.32%**

정답 ②

36. 3과목 채권투자운용

[40회 기출]

빈칸을 옳게 연결한 것은?

> 수정듀레이션이 2.72이다. 만기수익률이 10%에서 9%로 하락할 경우 듀레이션으로 측정한 채권가격의 변동률은 (   )이며, 그리고 이 경우 실제 채권가격의 변동폭을 (   )평가하게 된다.

① +2.72%, 과소
② +2.72%, 과대
③ -2.72%, 과소
④ -2.72%, 과대

$$\frac{\Delta P}{P} = (-) \times \frac{\text{맥컬레이듀레이션}}{(1+YTM)} \times dY$$

▶ 듀레이션측정치의 입장에서 본다면, '수익률하락-채권가격 상승' 시에는 실제가격의 상승폭을 과소평가하게 되고, '수익률상승-채권가격하락' 시에는 실제가격의 하락폭을 과대평가하게 된다.

정답 ①

더 알아보기

채권실제가격 VS 듀레이션가격

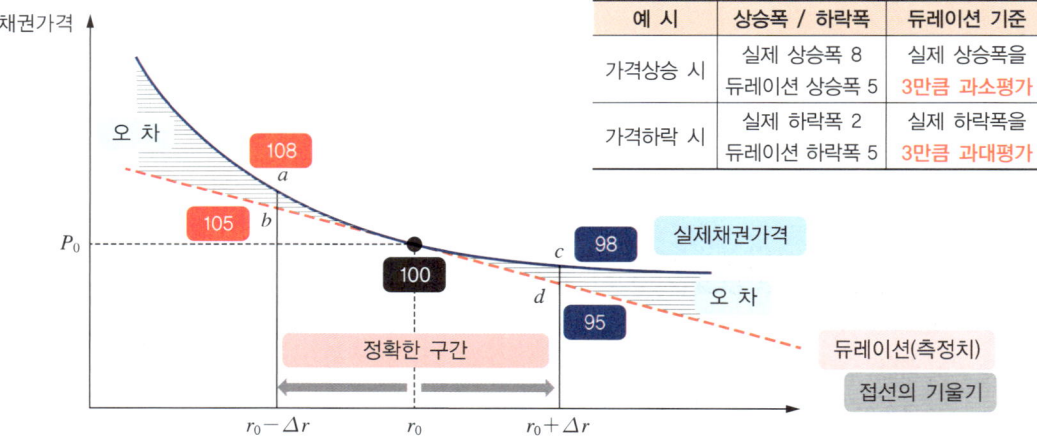

예 시	상승폭 / 하락폭	듀레이션 기준
가격상승 시	실제 상승폭 8 듀레이션 상승폭 5	실제 상승폭을 3만큼 과소평가
가격하락 시	실제 하락폭 2 듀레이션 하락폭 5	실제 하락폭을 3만큼 과대평가

→ 듀레이션 측정치의 입장에서는,
　채권가격 상승 시에는 채권가격 상승폭을 과소평가하고,
　채권가격 하락 시에는 채권가격 하락폭을 과대평가한다.　상. 소. 하. 대

36-1 계산문제 특강노트 '기출 65題' 3과목 채권투자운용

[32회 기출]

듀레이션과 관련하여 빈칸을 옳게 연결한 것은?

> 수정듀레이션이 2.72이다. 만기수익률이 5%에서 6%로 상승할 경우 힉스듀레이션으로 측정한 채권가격의 변동률은 (　　)이며, 그리고 이 경우 힉스듀레이션으로 측정한 채권가격의 변동폭은 실제 채권가격의 변동폭을 (　　)하게 된다.

① +2.72%, 과소평가
② −2.72%, 과대평가
③ +2.86%, 과소평가
④ −2.86%, 과대평가

---

(1) $\frac{\Delta P}{P} = (-) \cdot MD \cdot \Delta y \rightarrow \frac{\Delta P}{P} = (-) \cdot 2.72 \cdot (+)1\% = (-)2.72\%$

(2) 실제 채권의 가격은 볼록성의 성질에 의해서, 듀세이션으로 측정한 가격보다 항상 '더 올라가고 덜 내려간다'
 '수익률하락 → 채권가격상승' 시는 실제채권가격 상승폭을 과소평가하고,
 '수익률상승 → 채권가격하락' 시는 실제채권가격 하락폭을 과대평가한다.

정답 ②

---

37 계산문제 특강노트 '기출 65題' 3과목 채권투자운용

[35회, 39회 기출(동일유형)]

채권의 만기수익률이 1%포인트 상승할 때 채권가격은 2.78% 하락하였다. 수정듀레이션이 2.87인 경우 동 채권의 볼록성(convexity)은 얼마인가?

① 9
② 18
③ 90
④ 180

---

② 동 채권의 볼록성(convexity)은 180이다.

정답 ②

더 알아보기

☑ 풀이(볼록성 계산)

듀레이션과 볼록성을 모두 반영한 채권가격변동률의 공식은
$\frac{\Delta P}{P} = \left\{ (-) \times \frac{\text{맥컬레이듀레이션}}{(1+r)} \times \Delta r \right\} + \left\{ \frac{1}{2} \times convexity \times (\Delta r)^2 \right\}$ 이다.

→ $\frac{\Delta P}{P} = \left\{ (-) \times \text{수정듀레이션} \times \Delta r \right\} + \left\{ \frac{1}{2} \times convexity \times (\Delta r)^2 \right\}$

→ $(-)2.78\% = \left\{ (-) \times 2.87 \times 1\% \right\} + \left\{ \frac{1}{2} \times convexity \times (0.01)^2 \right\}$

→ $(-)0.0278 = (-)0.0287 + 0.00005 \times convexity$

→ $(+)0.0009 = 0.00005 \times convexity$

→ $convexity = \frac{0.0009}{0.00005}$, $(\therefore) \; convexity = 18$

▶ 약식계산(% 단위의 숫자를 그대로 사용하는 방식 : 양변에 100을 곱하는 방식)

→ $\frac{\Delta P}{P} = \left\{ (-) \times \text{수정듀레이션} \times \Delta r \right\} + \left\{ \frac{1}{2} \times convexity \times (\Delta r)^2 \right\}$

→ $(-)2.78\% = \left\{ (-) \times 2.87 \times 1\% \right\} + \left\{ \frac{1}{2} \times convexity \times (1\%)^2 \right\}$ ← 양변에 100을 곱하면 아래 식이 됨

→ $(-)2.78 = (-)2.87 + \left\{ \frac{1}{2} \times convexity \times 1\% \right\}$ ← 양변에 100을 곱하면 아래 식이 됨

→ $(+)9 = \frac{1}{2} \times convexity \times 1$

→ $convexity = 18$

→ 따라서 동 채권의 볼록성(convexity)은 18이다.

※ 주의 : 약식계산은 편리하지만, 만기수익률의 **변동이 1%가 아닐 경우**는 추가절차가 필요하므로 오리지널 산식으로 푸는 것이 좋다(41회 시험에서는 2%변동으로 기출).

37-1

계산문제 특강노트 '기출 65題'   **3과목 채권투자운용**

[41회 기출]

채권의 만기수익률이 2%포인트 하락할 때 채권가격은 7.32% 상승하였다. 수정듀레이션이 3.24인 경우 동 채권의 볼록성(convexity)은 얼마인가?

① 21
② 42
③ 210
④ 420

동 채권의 볼록성(convexity)은 42이다.

정답 ②

더 알아보기

☑ 풀이(볼록성 계산)

듀레이션과 볼록성을 모두 반영한 채권가격변동률의 공식은

$\dfrac{\Delta P}{P} = \left\{(-) \times \dfrac{맥컬레이듀레이션}{(1+r)} \times \Delta r\right\} + \left\{\dfrac{1}{2} \times convexity \times (\Delta r)^2\right\}$ 이며,

이 산식을 이용하여 볼록성을 구할 수 있다.

→ $\dfrac{\Delta P}{P} = \{(-) \times 수정듀레이션 \times \Delta r\} + \left\{\dfrac{1}{2} \times convexity \times (\Delta r)^2\right\}$

→ $(+)7.32\% = \{(-) \times 3.24 \times (-)2\%\} + \left\{\dfrac{1}{2} \times convexity \times (0.02)^2\right\}$

→ $(+)7.32\% = \{(+) \times 6.48\%\} + \left\{\dfrac{1}{2} \times convexity \times 0.0004\right\}$

→ $(+)0.84\% = \left\{\dfrac{1}{2} \times convexity \times 0.0004\right\}$,

→ $0.0084 = \left\{\dfrac{1}{2} \times convexity \times 0.0004\right\}$

→ $0.0084 = 0.0002 \times convexity$

→ $convexity = \dfrac{0.0084}{0.0002}$, $(\therefore) convexity = 42$

38 계산문제 특강노트 '기출 65제' 3과목 채권투자운용

[30회, 38회, 40회, 42회 기출(동일유형)]

현 시점에서 1년 만기 현물이자율($_0R_1$)이 3%, 2년 만기 현물이자율($_0R_2$)이 3.3%일 때, 향후 1년 후의 1년 만기 내재선도이자율($_1f_1$)은 얼마인가?(불편기대이론에 따름, 근사치)

① 3.0%
② 3.3%
③ 3.6%
④ 3.9%

※ **불편기대이론 하에서의 내재선도이자율 구하기**

(1) 불편기대이론 하에서는 장·단기 채권의 완전대체관계가 성립하므로 장기채수익률은 단기채수익률과 내재선도이자율이 기하평균과 같다.

(2) 따라서, $(1+0.033)^2 = (1+0.03)(1+{_1f_1})$

→ $_1f_1 = \dfrac{(1+0.033)^2}{(1+0.03)} - 1$, $(\therefore)\, _1f_1 = 0.036009$, 즉 3.6009%

(3) 약식계산 : $\dfrac{(2 \times 3.3\%) - (1 \times 3\%)}{2-1} = 6.6\% - 3\% = 3.6\%$

정답 ③

더 알아보기

불편기대이론 - (내재)선도이자율 구하기

※ 장기채수익률은 단기채수익률과 내재선도이자율이 기하평균과 같다.

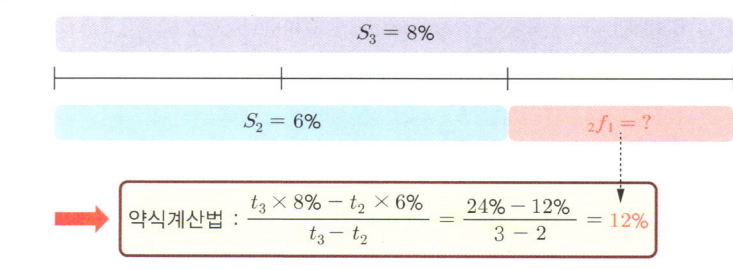

약식계산법 : $\dfrac{t_3 \times 8\% - t_2 \times 6\%}{t_3 - t_2} = \dfrac{24\% - 12\%}{3-2} = 12\%$

$(1+S_3)^3 = (1+S_2)^2(1+{_2f_1})$ → $_2f_1 = \dfrac{(1+S_3)^3}{(1+S_2)^2} - 1$ → $_2f_1 = 12.11\%$

38-1 [3과목 채권투자운용]

[34회, 35회, 36회 기출(동일유형)]

2년만기 현물이자율이 5.0%, 1년 후부터 향후 1년간의 내재선도이자율이 5.3%일 경우 1년만기 현물이자율은 얼마인가?(불편기대이론에 따름, 근사치)

① 4.0% ② 4.7%
③ 5.0% ④ 5.16%

불편기대이론상의 장·단기 채권의 완전대체관계를 적용한 공식, 즉 '**장기채권이자율은 단기현물이자율과 내재이자율의 기하평균이다**'를 적용하여 계산한다.

→ $(1+0.05)^2 = (1+X)(1+0.053)$

→ $(1+X) = \dfrac{(1+0.05)^2}{1+0.053}$

→ $X = \dfrac{(1+0.05)^2}{1+0.053} - 1 = 0.0470$ (즉 4.7%)

▸ $\dfrac{(2 \times 5\%) - (1 \times \chi\%)}{2-1} = 5.3\%,\ \chi = 4.7\%$

정답 ②

39 [3과목 파생상품운용]

[29회, 31회, 36회 기출(동일유형)]

선물거래의 일일정산과 관련하여 빈칸에 알맞은 것은?

> 선물포지션 구축 시 개시증거금은 115억 원, 유지증거금은 100억 원이었다. 그리고 현 시점에서 일일정산 후의 증거금이 65억이라면, 추가로 납부해야 하는 증거금은 (　　　)이 된다.

① 45억 원 ② 50억 원
③ 60억 원 ④ 65억 원

개시증거금 − 일일정산 후 증거금 = 추가증거금(또는 변동증거금), 따라서 '115 − 65 = 50' 즉 **추가증거금은 50억 원이다**.

정답 ②

더 알아보기

☑ 일일정산제도

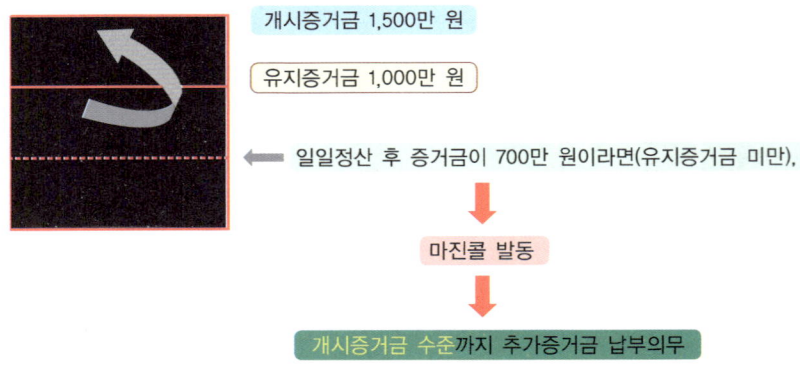

39-1

계산문제 특강노트 '기출 65제' 3과목 파생상품운용

[34회 기출]

선물거래에서 일일정산 후 증거금 수준이 60억 원이고 유지증거금이 70억 원, 마진콜 후 추가로 납부한 증거금이 40억 원이라면, 개시증거금은 얼마인가?

① 95억 원
② 100억 원
③ 115억 원
④ 135억 원

▶ 추가증거금 = 개시증거금 − 일일정산 후 증거금
　40억 원 = 개시증거금 − 60억 원
　∴ 개시증거금 = 100억 원

정답 ②

39-2

3과목 파생상품운용

[40회 기출]

선물거래의 일일정산과 관련하여 빈칸에 알맞은 것은?

> 선물포지션 구축 시 개시증거금은 120억 원, 유지증거금은 80억 원이었다. 그리고 현 시점에서 일일정산 후의 증거금이 90억 원이라면, 추가로 납부해야 하는 증거금은 (　　　)이 된다.

① 0원
② 10억 원
③ 30억 원
④ 40억 원

추가증거금은 일일정산 후 정산금이 유지증거금보다 낮을 경우 마진콜이 발생하고, 마진콜이 발생하면 '개시증거금 – 일일정산 후 증거금 = 추가증거금(또는 변동증거금)'의 추가증거금을 납부해야 한다. 그런데 동 문항에서는 일일정산 후 증거금(90억 원)이 유지증거금(80억 원)보다 높으므로 마진콜이 발생하지 않는다. 즉 **추가로 납부해야 할 증거금은 0원이다.**

▶ '추가증거금 = 0원'이 답이 되는 문제는 40회가 처음이다(응용 문제).

정답 ①

40

계산문제 특강노트 '기출 65제'   3과목 파생상품운용

[31회, 35회, 38회 기출(동일유형)]

달러원환율이 '1$=1,200₩'이다. 달러이자율은 1%(연율), 원화이자율은 2%(연율)일 경우 이자율 등가식(Interest Rate Parity)에 의한 1년 만기 선물환율의 균형가격은?

① 1$ = 1,188₩
② 1$ = 1,200₩
③ 1$ = 1,212₩
④ 1$ = 1,248₩

---

(1) 이자율평행이론(IRP)에 의한 균형선물환율 산출식은 '$F^* = S_t\left\{1+(r_d-r_f)\times\dfrac{T-t}{365}\right\}$'이다. 만기가 1년이므로 $F^* = S_t\{1+(r_d-r_f)\}$이고, 따라서 $F^* = 1,200\{1 + (0.02 - 0.01)\} = 1,212$이다($r_d$: 원화이자 2%, r_f : 달러이자 1%). 즉 이상의 조건에서 1년 만기 달러원균형선물환율은 **1$ = 1,212₩**이다.

(2) 환율명칭 : 1$ = 1,000₩는 정확히 달러원환율이다. 관행적으로 원달러환율로 많이 표시해왔으나 최근 정확한 표시차원에서 '달러원환율'로 수정하여 명칭하는 경향이 있다.

정답 ③

더 알아보기

● 선물환율 균형식

$$F_t^* = S_t\left[1+(r_d-r_f)\times\dfrac{T-t}{365}\right]$$

더 이상의 차익거래가 일어나지 않는 균형상태라면,
→ '국내에서 1원을 빌려 원화이자를 받는 것(좌변)'과 '1원을 달러로 바꿔 달러이자를 받고 1년 후 원화로 교환하는 것(우변)'은 같아야 한다.

$$(1 + r_d) = \dfrac{1}{S_0} \times (1 + r_f) \times S_1$$

$$(1 + r_d) = \dfrac{1}{S_0} \times (1 + r_f) \times F_0$$

$$F_0 = S_0\left[1 \times (r_d - r_f) \times \dfrac{T-t}{365}\right]$$

이자율등가식(IRP)   선물환가격은 **양국간의 금리차이**에 의해 결정

40-1 계산문제 특강노트 '기출 65제'   3과목 파생상품운용

[29회 기출]

선물환율의 균형가격을 감안할 때, 가장 적절한 차익거래포지션은 무엇인가?

> 현물환율 1$ = 1,150원, 원화이자율 = 연 2%, 달러이자율 = 연 4%, 1년만기 선물환가격 1$ = 1,140원, 차익거래만기 = 1년

① 원화차입 – 달러운용
② 달러차입 – 원화운용
③ 원화차입 – 달러차입
④ 달러운용 – 원화운용

(1) 균형선물가격(1$)
   = 1,150{1 + (0.02 – 0.04) × 1년}
   = 1,127원
(2) 차익거래포지션
   → 고평가된 선물환매도(1,140원) / 저평가된 현물환매수
(3) 현물환매수는 달러매입
   → [원화차입 / 달러운용] 을 의미함

정답 ①

41 계산문제 특강노트 '기출 65제'   3과목 파생상품운용

[30회, 33회, 38회 기출(동일유형)]

KOSPI200 선물 9월물이 250포인트이고, 12월물이 255포인트이다. 향후 두 월물 간의 스프레드가 축소될 것으로 예상될 경우 가장 적절한 포지션은 무엇인가?

① 9월물 매수, 12월물 매수
② 9월물 매수, 12월물 매도
③ 9월물 매도, 12월물 매수
④ 9월물 매도, 12월물 매도

'9월물매수, 12월물매도'이다. 스프레드 축소전략이므로 '근월물 매수 / 원월물 매도'이다.

정답 ②

더 알아보기

스프레드 거래

스프레드 확대예상	스프레드 축소예상
시장의 Contango를 가정하면,	
원월물매수 & 근월물매도	원월물매도 & 근월물매수
비싼 원월물을 매수하고, 싼 근월물을 매도한다.	비싼 원월물을 매도하고, 싼 근월물을 매수한다.

계산문제 특강노트 '기출 65題'   3과목 파생상품운용

41-1

[24회 기출]

KOSPI200 선물 9월물이 250p이고 12월물이 253p인데, 양 차이가 향후 확대될 것으로 예상될 경우 가장 적절한 전략은?

① 9월물 매수, 12월물 매수
② 9월물 매수, 12월물 매도
③ 9월물 매도, 12월물 매수
④ 9월물 매도, 12월물 매도

향후의 스프레드가 확대될 것으로 예상되므로, 비싼 것(12월물)을 매수하고 싼 것(9월물)을 매도하면 된다.

정답 ③

42

[36회, 39회 기출(동일유형)]

주가지수옵션에서 행사가격이 395인 콜옵션의 옵션프리미엄은 8이다. 현재 기초자산가격이 400이라면 이 옵션의 내재가치는 얼마인가?(단위 : point)

① 3
② 5
③ 8
④ 11

※ 옵션프리미엄 = 옵션의 내재가치 + 옵션의 시간가치
 (1) 콜옵션의 내재가치 = Max(0, S - X) = Max(0, 400 - 395) = 5point
 (2) 옵션프리미엄(8point) = 옵션의 내재가치(5point) + 옵션의 시간가치(3point)

정답 ②

더 알아보기

옵션의 수익구조 이해
✔ 옵션가격(P) = 내재가치 + 시간가치

(1) 콜옵션매수의 내재가치
$Y_c = S - X$

(2) 풋옵션매수의 내재가치
$Y_p = X - S$

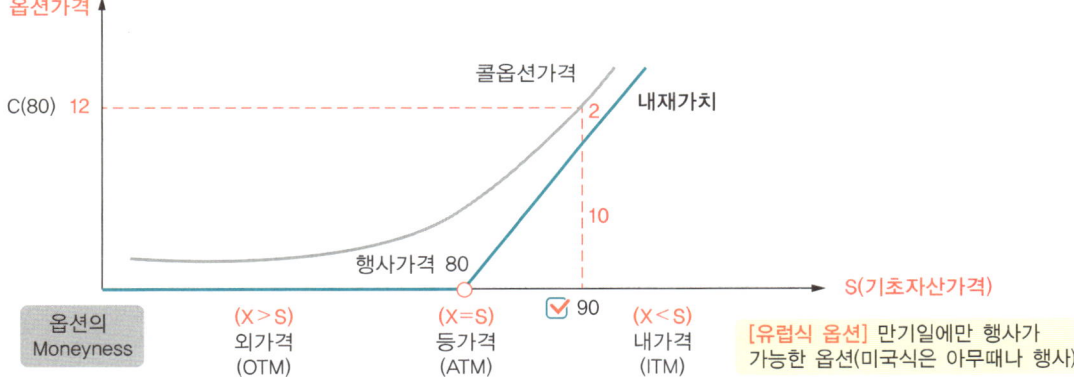

[유럽식 옵션] 만기일에만 행사가 가능한 옵션(미국식은 아무때나 행사)

42-1

[29회, 32회 기출(동일유형)]

주가지수옵션에서 행사가격이 105인 콜옵션의 현재 가격은 1.8이다. 현재 기초자산(KOSPI 200)의 가격이 100 이라면 이 콜옵션의 시간가치는?(단위 : point)

① 0
② 0.8
③ 1.8
④ 3.2

옵션가격(옵션프리미엄)	내재가치(Y_c)	시간가치
1.8	0	1.8
$Y_c = Max(S_T - X, 0) = Max(100 - 105, 0) = 0$		

S = 100, X = 105
→ 즉 외가격 옵션이므로, 가격은 시간가치로만 구성된다.

정답 ③

42-2

[30회 기출]

KOSPI200지수를 기초자산으로 하는 주가지수옵션에서, 기초자산가격이 253point이고 행사가격이 250point인 풋옵션의 프리미엄이 1.0point이다. 이 경우 동 풋옵션의 시간가치는 얼마인가?(단위 : point)

① 0
② 1
③ 2
④ 3

풋옵션의 내재가치(Y_P)는 '$Max(0, X - S_T)$'이므로 'Max(0, 250 - 253) = 0'이다. 따라서 동 풋옵션의 옵션프리미엄에는 시간가치만 존재한다.

※ P(250)의 옵션프리미엄(1.0) = 내재가치(0) + 시간가치(1.0)

정답 ②

43

계산문제 특강노트 '기출 65제' **3과목 파생상품운용**

[28회, 36회, 39회, 42회 기출(동일유형)]

행사가격이 300p인 풋옵션을 1계약 매도(프리미엄 5point)하고, 행사가격이 295p인 풋옵션을 1계약 매수(프리미엄 1point)하였다. 만기시점에 청산된 기초자산가격이 297p라고 할 때, 이 스프레드포지션의 손익은 얼마인가?

① 0.5포인트 손실
② 1.0포인트 손실
③ 1.0포인트 이익
④ 2.5포인트 이익

옵션스프레드 포지션의 손익은 매수포지션과 매도포지션으로 나누어 차례로 계산한다(아래 풀이).

정답 ③

더 알아보기

옵션스프레드 손익계산

(1) 풋옵션 매수포지션의 손익 : 295p에 매수하고 297p에 종료되었으므로, 손익은 'Max(295−297, 0)−1.0 = 0 −1.0 = (−)1.0 point'이다.
- 풋옵션매수는 매수 후 기초자산가격이 하락해야 수익이 나는데, 동 문항에서는 상승하였으므로 프리미엄손실만 발생하였다.

(2) 풋옵션 매도포지션의 손익 : 300p에 매도하고 297p에 종료되었으므로 풋옵션 매수자의 수익 +3.0point를 결제를 해주어야 하는 입장이다. 따라서 손익은 '−{Max(300−297, 0)}+5.0 = −3.0 + 5.0 = (+)2.0 point'이다.
- 옵션매도자는 옵션매수자에게 수익발생 시 결제해야 할 의무가 생기므로, 옵션매수자의 손익을 먼저 계산하고 반대(−)로 적용하면 된다.

(3) 따라서 동 포지션(풋 불 스프레드)의 최종손익은 '−1.0+2.0 = +1.0 point'이다.

만기 297 마감 시	① 프리미엄손익	② 정산손익
P(295) 매수	−1.0	0
P(300) 매도	+5.0	−3.0
③ 최종손익	+4.0 −3.0 = (+)1.0	

43-1 계산문제 특강노트 '기출 65제' 3과목 파생상품운용

[24회 기출]

한 투자자가 행사가격이 295인 KOSPI200 주가지수콜옵션을 3.0에 1계약 매수하고 행사가격이 300인 콜옵션을 1.0에 1계약 매도하였다. 옵션 만기시점 주가지수가 300으로 끝났다면 동 스프레드의 손익은?

① 2.0포인트 손실
② 2.0포인트 이익
③ 3.0포인트 손실
④ 3.0포인트 이익

구 분	프리미엄손익	정산손익
C(295) 매수	−3.0	+5.0
C(300) 매도	+1.0	0
최종손익		−2.0 +5.0 = (+)3.0

정답

44 계산문제 특강노트 '기출 65제' 3과목 파생상품운용

[31회, 33회, 37회, 39회, 41회 기출(동일유형)]

행사가격 100인 콜옵션과 풋옵션을 동시에 매도하였다(프리미엄은 각각 5포인트, 3포인트). 이때 동 포지션의 손익구조상 수익이 발생하는 기초자산가격의 구간을 가장 정확하게 나타낸 것은?(P : 기초자산 가격, 단위 : 포인트)

① 95 < P < 103
② 97 < P < 105
③ 92 < P < 108
④ P < 92, P > 108

'92 < P < 108'이다.
행사가격 100에서 옵션을 양매도함으로써 수취하는 프리미엄은 8point이다(콜옵션 5 + 풋옵션 3). 따라서 상승BEP는 108(100 + 8)이 되고, 하락BEP는 92(100 − 8)가 된다. 상승BEP를 초과하는 상승이 나오지 않으면 또는 하락BEP를 초과하는 하락이 나오지 않으면 수익이 발생한다. 따라서 상승BEP와 하락BEP 사이에 있는 구간 즉 '92 < P < 108'이 동 포지션의 수익구간이 된다.

정답

> 더 알아보기

● Short Straddle(스트래들 매도)   변동성 매도 전략

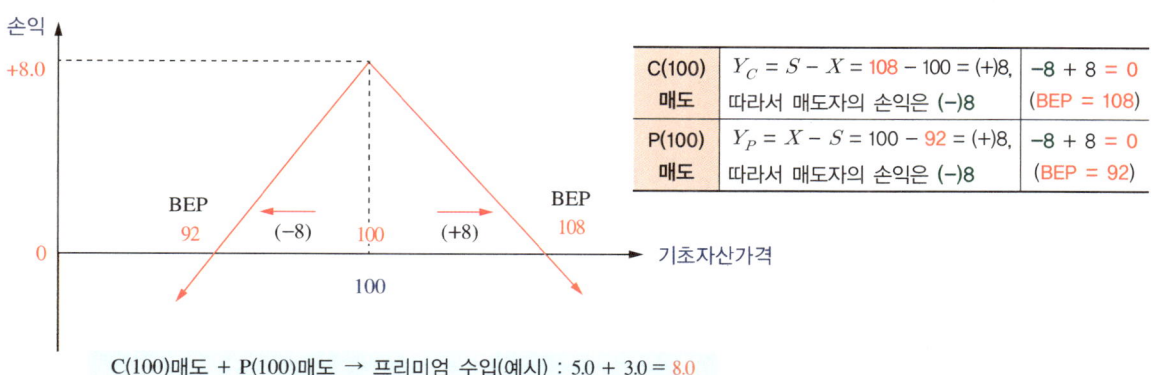

C(100) 매도	$Y_C = S - X = 108 - 100 = (+)8$, 따라서 매도자의 손익은 $(-)8$	$-8 + 8 = 0$ (BEP = 108)
P(100) 매도	$Y_P = X - S = 100 - 92 = (+)8$, 따라서 매도자의 손익은 $(-)8$	$-8 + 8 = 0$ (BEP = 92)

C(100)매도 + P(100)매도 → 프리미엄 수입(예시) : 5.0 + 3.0 = 8.0

계산문제 특강노트 '기출 65題'　　3과목 파생상품운용

[28회 기출]

〈보기〉에 따를 때 행사가격이 200인 풋옵션의 프리미엄은 얼마인가?

> KOSPI200현물지수가 200포인트, 이자율은 연 4%, 옵션의 잔존만기는 3개월, 행사가격이 200인 유럽식 콜옵션의 프리미엄은 4포인트이다.

① 2.02point
② 2.56point
③ 3.34point
④ 4.00point

(1) $c + B = p + S$ 이다.

(2) $4.0 + \dfrac{200}{(1 + 0.04 \times \dfrac{3}{12})} = p + 200$ (분모의 산식은 관행적복할인 방식이다)

(3) $p = 2.02$

정답 ①

더 알아보기

풋 콜 패리티(Put Call Parity)

기초자산(S)과 행사가격(X)이 동일한 경우 $c_t + B_t = p_t + S_t$

$$c + \frac{X}{(1+r)^{T-t}} = p + S_t$$

'만기에 X의 가치가 되는 채권(B_t 또는 $Xe^{-r(T-t)}$)과 콜옵션 1개를 보유하는 것(좌변)'은 '풋옵션으로 보험을 든 주식포지션(우변)의 가치'와 동일하다.

46

계산문제 특강노트 '기출 65제' **3과목 파생상품운용**

[32회, 38회 기출(동일유형)]

현재 주가가 100이고 1기 후 주가가 110 또는 90이 되고, 위험중립확률은 40%이고 무위험이자율이 2%일 때 콜옵션의 가격과 가장 가까운 값은?(근사치)

① 3.67point ② 3.92point
③ 4.92point ④ 5.92point

※ 위험중립적 확률모형으로 콜옵션가격 구하기
현재 주가가 100, 1기 후 주가가 110 또는 90이 되는 이항모형을 전제했을 때,
(1) 1단계 : 위험중립확률(p) 구하기
$$100 = \frac{110p + 90(1-p)}{1+0.02} \rightarrow 20p + 90 = 102 \rightarrow p = 0.6$$
(2) 2단계 : 콜옵션가격 구하기
$$c = \frac{10p + 0(1-p)}{1+0.02} \rightarrow c = \frac{10 \times p}{1.02} = \frac{10 \times 0.6}{1.02} \rightarrow (\therefore) c = 5.88$$
단, 문항에서 위험중립확률(p)을 40%로 제시하였으므로,
$$c = \frac{10p + 0(1-p)}{1+0.02} \rightarrow c = \frac{10 \times p}{1.02} = \frac{10 \times 0.4}{1.02} \rightarrow (\therefore) c = 3.92$$

정답 ②

더 알아보기

위험중립모형 - 콜옵션가격 도출

주식(S)의 비용-수익 구조 콜옵션(c)의 비용-수익 구조

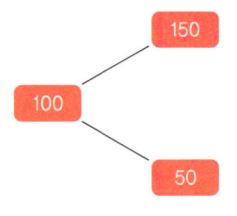

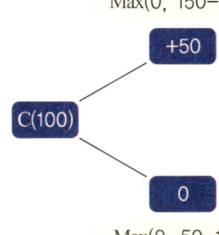

$$100 = \frac{150p + 50(1-p)}{(1+0.01)} \quad p = 0.51$$

$$c = \frac{50p + 0(1-p)}{(1+0.01)} = \frac{(50 \times 0.51) + 0(1-p)}{(1+0.01)}$$

$$(\therefore) \ c = \frac{25.50}{(1+0.01)} = 25.24$$

위험중립확률 - 콜옵션가격 계산

→ 이항모형의 위험중립확률(p)을 통한 콜옵션가격 도출
(1) 주식의 현재가치(무위험이자율 = 1%)
$$100 = \frac{150p + 50(1-p)}{(1+0.01)}, \ p = 0.51$$
(2) 콜옵션의 만기가치
$$c = \frac{50p + 0(1-p)}{(1+0.01)} = \frac{(50 \times 0.51) + 0(1-p)}{(1+0.01)} \quad (\therefore) \ c = \frac{25.50}{(1+0.01)} = 25.24$$

46-1

[28회 기출]

현재 주가가 110이고 다음 주가는 120 또는 100이 된다. 콜옵션의 프리미엄이 3p이고 무위험이자율이 1%일 때 위험중립확률은?

① 30%
② 30.3%
③ 45%
④ 50.5%

---

(1) $110 = \dfrac{120p + 100(1-p)}{(1+0.01)} \rightarrow 110 = \dfrac{20p + 100}{(1+0.01)}$

∴ p = 0.555(p : 위험중립적 확률이라고도 함)

(2) $c = \dfrac{10p + 0(1-p)}{(1+0.01)} \rightarrow c = \dfrac{10 \times 0.555}{1.01}$ ∴ $c = 5.495$

※ $c = \dfrac{10p + 0(1-p)}{(1+0.01)} \rightarrow 3 = \dfrac{10p}{1.01}$ ∴ $p = 0.303(p : 30.3\%)$

[학습안내] 동 문항의 이항분포에서는 'c = 5.495point'가 정확하지만, 시험문제에서 'c'를 별도로 제시(동문항 : 'c = 3point')할 경우, 그 제시값을 적용하여 계산한다

[정답] ②

47

[35회, 39회 기출(동일유형)]

빈칸에 알맞은 것은?

> 기초자산가격이 100에서 110으로 변동할 때, 옵션의 가격은 5에서 6으로 변동하였다. 이 경우 이 옵션의 델타는 (   )이다.

① 0.05
② 0.1
③ 0.5
④ 1.2

---

(1) 델타($\dfrac{\partial C}{\partial S}$)는 독립변수(기초자산) 변화분에 대한 종속변수(옵션)의 변화분의 비율로 계산한다(변화율이 아닌 **변화분**의 비율로 표시함).

(2) $\dfrac{(6-5)}{(110-100)} = \dfrac{1}{10} = 0.1$

[정답] ②

47-1

계산문제 특강노트 '기출 65題'　**3과목 파생상품운용**

[32회 기출]

옵션민감도와 관련하여 〈보기〉에 대한 설명으로 가장 적합한 것은?(단위 : point)

> 기초자산가격이 100point에서 110point로 상승할 때, 옵션의 가격이 10point에서 8point로 하락하였다.

① 콜옵션의 델타가 +0.2이다.
② 콜옵션의 델타가 -0.2이다.
③ 풋옵션의 델타가 +0.2이다.
④ 풋옵션의 델타가 -0.2이다.

(1) 델타는 기초자산의 가격변화분에 대한 옵션가격의 변화분으로 계산한다.
→ '델타 = $\dfrac{\Delta p}{\Delta S}$ = $\dfrac{-2point}{10point}$ = (-)0.2'이다.
(2) 기초자산가격이 상승할 때 콜옵션의 가격은 상승하고(동일방향으로 움직이므로 민감도 부호가 +), 풋옵션의 가격은 하락한다(반대방향으로 움직이므로 민감도 부호가 -).

[정답] ④

48

계산문제 특강노트 '기출 65題'　**3과목 투자운용결과분석**

[32회, 34회, 37회 기출(동일유형)]

수익률의 계산과 관련하여, 〈보기〉에 대한 설명으로 가장 적절한 것은?(이하 수익률은 연환산 기준)

> 2021년 1월 1일 : A주식 1만주를 10,000원에 매수하였다.
> 2022년 1월 1일 : A주식 1만주를 8,000원에 추가로 매수하였다.
> 2023년 1월 1일 : A주식 2만주를 10,000원에 전량 매도하였다.

① 시간가중수익률은 음의 값을 갖는다.
② 금액가중수익률이 시간가중수익률보다 더 높게 나타난다.
③ 시간가중수익률이 금액가중수익률보다 더 높게 나타난다.
④ 금액가중수익률과 시간가중수익률이 동일하게 나타난다.

시간가중수익률은 0%이고 금액가중수익률은 +7%이므로 '금액가중수익률 > 시간가중수익률'이다. 약식으로는 '단일기간 2기의 수익률이 단일기간 1기의 수익률보다 높으므로' 금액가중수익률이 시간가중수익률보다 높게 나타난다.

[정답] ②

더 알아보기

금액가중수익률 VS 시간가중수익률 (연환산 기준)

1기간 수익률	2기간 수익률
$\frac{(8{,}000 - 10{,}000)}{10{,}000} = (-)20\%$	$\frac{(10{,}000 - 8{,}000)}{8{,}000} = (+)25\%$

10,000원	8,000원	10,000원
−1억 원	−0.8억 원	+2억 원
2021.1.1	2022.1.1	2023.1.1
0기	1기	2기

- 시간가중수익률 : $R = \sqrt{(1-0.2)(1+0.25)} - 1 = 1 - 1 = 0\%$
- 금액가중수익률 : $1억 원 + \frac{0.8억 원}{1+r} = \frac{2억 원}{(1+r)^2}$, 시행착오법으로 풀면 $r = 0.07$(근사치), 즉 **+7%**

✓ 약식이해

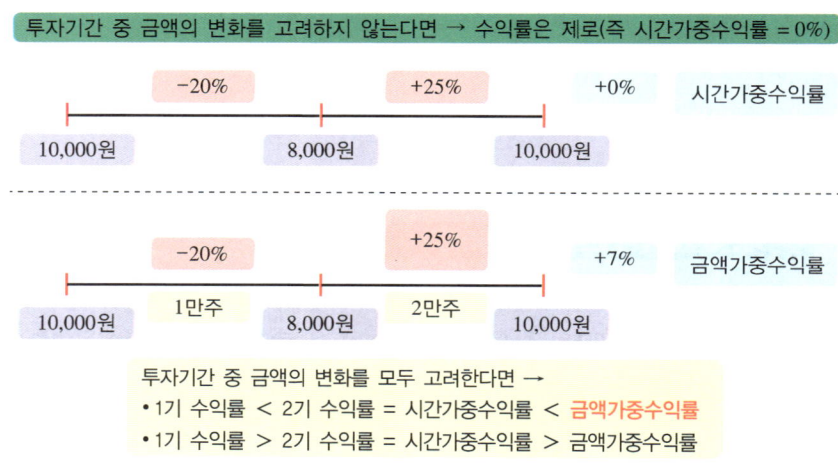

투자기간 중 금액의 변화를 모두 고려한다면 →
- 1기 수익률 < 2기 수익률 ⇒ 시간가중수익률 < 금액가중수익률
- 1기 수익률 > 2기 수익률 ⇒ 시간가중수익률 > 금액가중수익률

예상

수익률의 계산과 관련하여, 〈보기〉에 대한 설명으로 가장 적절한 것은?(이하 수익률은 연환산 기준)

> 2021년 1월 1일 : A주식 1만주를 10,000원에 매수하였다.
> 2022년 1월 1일 : A주식 1만주를 20,000원에 추가로 매수하였다.
> 2023년 1월 1일 : A주식 2만주를 10,000원에 전량 매도하였다.

① 시간가중수익률은 음의 값을 갖는다.
② 금액가중수익률이 시간가중수익률보다 더 높게 나타난다.
③ 시간가중수익률이 금액가중수익률보다 더 높게 나타난다.
④ 금액가중수익률과 시간가중수익률이 동일하게 나타난다.

'단일기간 1기 수익률 > 단일기간 2기 수익률' → '금액가중수익률 > 시간가중수익률'이고(48번 문항),
'단일기간 1기 수익률 < 단일기간 2기 수익률' → '금액가중수익률 < 시간가중수익률'이다(동 문항).

정답 ③

49 계산문제 특강노트 '기출 65題' — 3과목 투자운용결과분석

[35회, 40회 기출(동일유형)]

〈보기〉에 따를 때 2023년과 2024년의 전체기간에 대한 통합계정수익률은 얼마인가?

구 분	A펀드		B펀드	
	기 초	기 말	기 초	기 말
2023년	900	1,020	1,100	1,220
2024년	1,100	1,375	1,200	1,500

① 20% ② 30%
③ 40% ④ 50%

구 분	A펀드		B펀드		① 자산가중
	기 초	기 말	기 초	기 말	
2023년	900	1,020	1,100	1,220	12%
2024년	1,100	1,375	1,200	1,500	25%
② 시간가중	▶ 누적기준 : $(1 + 0.12)(1 + 0.25) - 1 = 40\%$				
	▶ 연환산기준 : $\sqrt{(1 + 0.12)(1 + 0.25)} - 1 = 0.183$, 즉 18%				

정답 ③

더 알아보기

● 통합계정수익률 계산(풀이)

통합계정수익률은 (1) 각 기간의 자산가중수익률을 계산한 후, (2) 기간 별 수익률을 기하적으로 연결하는 2단계로 계산한다.

(1) 자산가중수익률

- 2023년 : $\dfrac{기말 - 기초}{기초} = \dfrac{(1,020 + 1,220) - (900 + 1,100)}{(900 + 1,100)} = \dfrac{2,240 - 2,000}{2,000} = 0.12$, 즉 12%

- 2024년 : $\dfrac{기말 - 기초}{기초} = \dfrac{(1,375 + 1,500) - (1,100 + 1,200)}{(1,100 + 1,200)} = \dfrac{2,875 - 2,300}{2,300} = 0.25$, 즉 25%

(2) 시간가중수익률
- ▶ 누적기준 : $R = (1 + 0.12)(1 + 0.25) - 1 = 40\%$
- ▶ 연환산기준 : $R = \sqrt{(1 + 0.12)(1 + 0.25)} - 1 = 0.183$, 즉 18.32%

주의 시간가중수익률에는 '㉠ 전체기간에 대한 누적기준 수익률 ㉡ 연환산 기준 수익률'의 두 가지 기준이 있는데, 문항에서 '연환산 기준'이 명시되지 않으면 누적기준으로 계산해야 한다.

49-1

계산문제 특강노트 '기출 65題'   3과목 투자운용결과분석

수익률의 측정과 관련하여 빈칸을 옳게 연결한 것은?

> 1기간의 수익률은 +145%, 2기간의 수익률은 −20%이다. 이 경우 기하평균수익률은 (　　　) 이다.

① 7.7%
② 20%
③ 40%
④ 62.5%

2기간의 기하평균수익률은 +40%이다(아래 계산).

※ **투자수익률의 측정** : 산술평균수익률 VS 기하평균수익률

(1) 산술평균수익률 : $R = \dfrac{+145\% - 20\%}{2} = \dfrac{125\%}{2} = (+)62.5\%$

(2) 기하평균수익률 : $R = \sqrt{(1+1.45)(1-0.2)} - 1 = \sqrt{1.96} - 1 = (+)40\%$

[보충] 산술평균은 모두 더하고 1/N, 기하평균은 모두 곱한 다음 루트로 풀어준다. 그리고 항상 산술평균수익률이 기하평균수익률보다 크거나 같다.

[정답] ③

50

계산문제 특강노트 '기출 65題'   3과목 투자운용결과분석

[31회, 35회 기출(동일유형)]

〈보기〉에 따를 경우 샤프비율은 얼마인가?

> 포트폴리오 수익률 6%, 시장수익률 5%, 무위험수익률 3%, 표준편차 10%, 잔차위험 4%

① 0.10
② 0.30
③ 0.50
④ 0.75

'샤프비율 $= \dfrac{R_P - R_F}{\sigma_P} = \dfrac{6\% - 3\%}{10\%} = 0.3$', 샤프비율은 0.30이다. 즉 동 포트폴리오에 투자할 경우 표준편차 한 단위당 0.3배의 초과수익률을 얻는다는 의미이다.

[정답] ②

> 더 알아보기

Risk Adjusted Performance Measurement 지표

4단계 : 성과비교 - (2) 위험조정성과지표

① 샤프비율 $= \dfrac{R_P - R_F}{\sigma_P}$　　② 트레이너비율 $= \dfrac{R_P - R_F}{\beta_P}$　　위험보상비율 (①, ②, ④)

③ 젠센의 알파 $\alpha_P = (R_P - R_F) - [\beta_P \times (R_B - R_F)]$

④ 정보비율 $= \dfrac{R_P - R_B}{sd(R_P - R_B)}$　$\boxed{\dfrac{\alpha_P}{sd(\epsilon_P)}}$

추적오차　잔차위험　표준오차

50-1

[39회 기출]

〈보기〉에 따를 경우 샤프비율은 얼마인가?

> 포트폴리오의 평균수익률 7%, 기준지표의 평균수익률 5%, 무위험자산의 평균수익률 2%, 포트폴리오 수익률의 표준편차 10%

① 0.2
② 0.5
③ 0.7
④ 1.0

② '포트폴리오 평균수익률'은 '포트폴리오 기대수익률'과 같다(∵ 표본의 평균수익률 ≒ 모집단에 대한 추정 기대수익률). 따라서 '샤프비율 = $\frac{7\% - 2\%}{10\%} = 0.5$'이다. 즉 동 포트폴리오에 투자할 경우 위험(표준편차) 한 단위당 0.5배의 초과수익을 얻을 수 있다고 기대된다.

정답 ②

50-2

[33회 기출]

연율화된 샤프비율은 얼마인가?(근사치)

> 월평균 펀드수익률 13%, 월평균 표준편차 4%, 무위험자산의 월평균수익률 3%

① 2.50
② 3.25
③ 8.66
④ 11.26

→ 연간 샤프비율 = $\frac{(0.13 - 0.03) \times 12}{0.04 \times \sqrt{12}} = \frac{1.2}{0.1385} ≒ 8.66$

정답 ③

계산문제 특강노트 '기출 65題' 3과목 투자운용결과분석

[33회, 39회, 41회 기출(동일유형)]

〈보기〉의 조건에 따를 때 '젠센의 알파'는 얼마인가?

> 포트폴리오 수익률 10%, 무위험수익률 5%, 시장포트폴리오수익률(또는 벤치마크수익률) 7%, 베타 0.8

① +0.4%
② +1.0%
③ +3.4%
④ +4.4%

젠센의 알파는 **+3.4%**이다.
▶ 젠센의 알파 $\alpha_P = (R_P - R_F) - \beta(R_B - R_F)$,
  → $\alpha_P = (10\% - 5\%) - 0.8(7\% - 5\%) = 5\% - 1.6\% = +3.4\%$

정답 ③

더 알아보기

젠센의 알파

젠센의 알파 $\alpha_P = (R_P - R_F) - [\beta_P \times (R_M - R_F)]$
$\alpha_P = R_P - \{R_F + \beta_P \times (R_M - R_F)\}$
$\alpha_P = R_P - E(R_P)$

☑ 포트폴리오수익률이 요구수익률(균형수익률)을 얼마나 초과하였는가?
☑ 젠센의 알파가 클수록 펀드매니저의 운용능력이 뛰어남을 의미한다.

참조 젠센의 알파공식 '$\alpha_P = (R_P - R_F) - [\beta_P \times (R_M - R_F)]$'에서 R_M을 사용하는 것이 일반적이지만, 시장수익률이 아닌 다른 지수를 벤치마크로 사용할 경우는 R_B를 사용한다.

52 계산문제 특강노트 '기출 65제' 3과목 투자운용결과분석

[30회, 37회, 40회, 42회 기출(동일유형)]

아래 표의 정보를 이용하여 계산할 때, A펀드가 B펀드에 비해 우월하게 나오는 성과지표는 무엇인가?(벤치마크수익률은 5%, 무위험수익률은 2%로 가정)

구 분	A펀드	B펀드
포트폴리오수익률	8%	14%
표준편차	10%	20%
베타	0.5	1.5
잔차위험	5%	10%

① 샤프비율
② 트레이너비율
③ 젠센의 알파
④ 정보비율

A펀드가 B펀드보다 우수하게 나타나는 성과지표는 트레이너비율이다.

정답 ②

더 알아보기

☑ 풀 이

RAPM지표	A펀드	B펀드
샤프비율	$\frac{8-2}{10} = 0.6$	$\frac{14-2}{20} = 0.6$
트레이너비율	$\frac{8-2}{0.5} = 12.0$	$\frac{14-2}{2.0} = 6.0$
젠센의 알파	(8% - 2%) - 0.5(5% - 2%) = 4.5%	(14% - 2%) - 2.0(5% - 2%) = 6.0%
정보비율	$\frac{8-5}{5} = 0.6$	$\frac{14-5}{10} = 0.9$

참고 트레이너비율 계산 시 베타(β)의 단위는 %단위로 간주한다

52-1

[32회, 36회, 38회 기출(동일유형)]

다음 중 샤프비율과 트레이너비율이 가장 높은 것은?(시장포트폴리오의 기대수익률은 15%, 무위험수익률은 3%로 가정)

구 분	A	B	C	D
기대수익률	18%	20%	24%	26%
베타	1.2	1.4	1.6	1.8
표준편차	20%	25%	30%	40%

	샤프비율	트레이너비율		샤프비율	트레이너비율
①	A	D	②	A	C
③	C	B	④	C	D

'샤프비율은 A, 트레이너비율은 C'가 가장 높게 나타난다.

구 분	A	B	C	D
샤프비율	$\frac{18-3}{20} = 0.75$	$\frac{20-3}{25} = 0.68$	$\frac{24-3}{30} = 0.70$	$\frac{26-3}{40} = 0.58$
트레이너비율	$\frac{18-3}{1.2} = 12.5$	$\frac{20-3}{1.4} = 12.1$	$\frac{24-3}{1.6} = 13.1$	$\frac{26-3}{1.8} = 12.7$

정답 ②

53

[32회, 42회 기출(동일유형)]

빈칸에 알맞은 것은?(내재선도이자율은 불편기대이론상의 내재선도이자율)

- 1년 만기 현물이자율($_0R_1$)은 5%이며, 1년 후부터 향후 1년 간의 내재선도이자율($_1f_1$)은 6%, 2년 후부터 향후 1년간의 내재선도이자율($_2f_1$)은 7%이다.
- 이 3기간 모형에서 유동성프리미엄이론 상의 3년 만기 채권수익률이 7.5%이라고 가정할 때, 불편기대이론상의 3년 만기 채권수익률에 가산된 유동성프리미엄은 ( )이다.

① 0.5% ② 1.0%
③ 1.5% ④ 2.0%

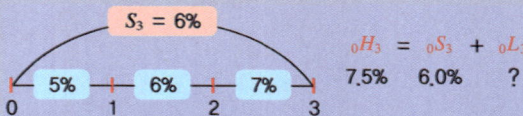

$_0H_3 = {_0S_3} + {_0L_3}$
7.5% 6.0% ?

정답 ③

더 알아보기

☑ 풀 이

(1) 불편기대이론 하에서의 3년만기 채권수익률(3년만기 현물이자율)을 먼저 구한다.

- 불편기대이론 하에서의 장기채수익률 $\chi(_0R_3)$은 단기채수익률($_0R_1$)과 내재선도이자율($_1f_1$, $_2f_1$)의 기하평균(오리지널 방식)이므로,
  - → $(1+\chi)^3 = (1+0.05)(1+0.06)(1+0.07)$
  - → $\chi = \sqrt[3]{(1+0.05)(1+0.06)(1+0.07)} - 1$
  - → $\chi = 0.0599$(약 6%)이다.

▶ 산술평균 : $\dfrac{0.05+0.06+0.07}{3} = 0.06$ (3기간 모형의 경우 기하평균과 산술평균은 거의 동일함)

(2) 이제 3년만기 채권수익률(유동성프리미엄이론)에 내재된 유동성프리미엄을 구할 수 있다.

→ 유동성프리미엄이론 하에서의 3년만기 채권수익률($_0H_3$)
  = 불편기대이론 하의 3년만기 채권수익률($_0R_3$ 또는 $_0S_3$) + 유동성프리미엄($_0L_3$)

→ 7.5% = 약 6% + 유동성프리미엄($_0L_3$)

∴ 유동성프리미엄($_0L_3$) = 1.5%이다.

54. 계산문제 특강노트 '기출 65題' — 3과목 거시경제

[35회, 38회 기출(동일유형)]

통화량 2,500조, 명목GDP 2,000조, 실질GDP 1,250조일 경우, 통화유통속도는 얼마인가?

① 0.50
② 0.80
③ 1.25
④ 1.60

$MV = PY$, $V = \dfrac{P \times Y}{M}$, $V = \dfrac{2{,}000}{2{,}500}$, 따라서 V(통화유통속도) = 0.8

▶ $V = \dfrac{명}{통} = \dfrac{2{,}000}{2{,}500} = 0.8$, GDP디플레이터 $= \dfrac{명}{실} = \dfrac{2{,}000}{1{,}250} = 1.6$

정답 ②

더 알아보기

● 통화유통속도, GDP디플레이터

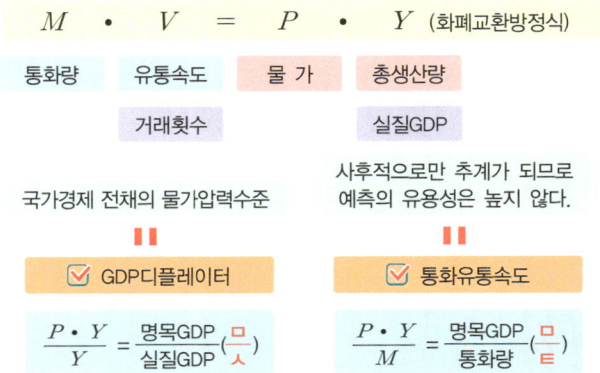

54-1

계산문제 특강노트 '기출 65題' 3과목 거시경제

[42회 기출]

〈보기〉의 정보에 따를 때, 통화유통속도는 얼마인가?

> 통화량 2,000조, 실질GDP 3,200조, GDP디플레이터 0.5

① 0.50 ② 0.80
③ 1.25 ④ 1.60

$MV = PY$, $V = \dfrac{P \times Y}{M}$, $V = \dfrac{0.5 \times 3,200}{2,000}$, 따라서 V(통화유통속도) = 0.8

※ **통화유통속도 계산**

(M : 통화량, V : 통화유통속도, P : GDP디플레이터, Y : 실질GDP)

→ $MV = PY$, $V = \dfrac{P \times Y}{M} = \dfrac{P \times Y}{2,000}$ 여기서 Y는 3,200조, P는 0.50이다.

→ 따라서, $V = \dfrac{P \times Y}{M} = \dfrac{0.5 \times 3,200}{2,000} = \dfrac{1,600}{2,000} = 0.8$

정답 ②

55

계산문제 특강노트 '기출 65題' 3과목 거시경제

[31회, 38회 기출(동일유형)]

고용지표와 관련하여 빈칸을 옳게 연결한 것은?(순서대로)

> 취업자 수 20명, 실업자 수 5명, 비경제활동인구가 25명일 때 실업률은 (   ), 경제활동참가율은 (   )이다.

① 10%, 40% ② 10%, 50%
③ 20%, 40% ④ 20%, 50%

차례대로 '20%, 50%'이다. 계산에 사용되는 '경제활동인구'와 '생산활동가능인구'를 직접 제시하지 않은 것이 포인트이다.

(1) **실업률** = $\dfrac{\text{실업자수}}{\text{경제활동인구}} = \dfrac{5}{25} = 20\%$

▶ 경제활동인구(25) = 취업자수(20) + 실업자수(5)

(2) **경제활동참가율** = $\dfrac{\text{경제활동인구}}{\text{생산활동가능인구}} = \dfrac{25}{50} = 50\%$

▶ 생산활동가능인구(50) = 경제활동인구(25) + 비경제활동인구(25)

정답 ④

55-1 3과목 거시경제

[29회 기출]

취업자수 300명, 경제활동인구 400명, 생산활동가능인구 500명일 경우, 실업률은 얼마인가?

① 10% ② 15%
③ 20% ④ 25%

→ 실업률 = $\dfrac{\text{실업자(100명)}}{\text{경제활동인구(400명)}} \times 100 = 25\%$

▶ 경제활동참가율 = $\dfrac{\text{경제활동인구(400명)}}{\text{생산활동가능인구(500명)}} \times 100 = 80\%$

정답 ④

56 3과목 거시경제

[28회 기출]

기업경기실사지수(BSI)와 관련하여, 빈칸을 옳게 연결한 것은?(순서대로)

- 전체 응답자 수가 100명이고, 이 중에서 60명이 경기가 호전될 것으로 응답하였고 40명이 경기가 악화될 것으로 응답하였다.
- 이 경우 BSI지수는 (　　)이며, 경기국면으로 본다면 (　　)이다.

① 20, 경기확장국면 ② 20, 경기수축국면
③ 120, 경기확장국면 ④ 120, 경기수축국면

※ BSI산출방식 = $\dfrac{\text{긍정적 응답자 수 - 부정적 응답자 수}}{\text{전체 응답자 수}} \times 100 + 100$

※ BSI(약식) = $\dfrac{\text{긍정적 응답자 수}}{\text{전체 응답자 수}} \times 200$

정답 ③

57

계산문제 특강노트 '기출 65題' 3과목 분산투자이론

[30회, 32회, 35회, 38회, 40회 기출(동일유형)]

주식X와 Y를 각각 50%로 편입한 포트폴리오의 기대수익률은?(주식X와 Y의 경기국면별 기대수익률은 표와 같음)

구 분		X주식	Y주식
호 황	확률 50%	16%	8%
정 상	확률 30%	10%	4%
불 황	확률 20%	−20%	−2%

① 4.8% ② 5.9%
③ 7.0% ④ 9.0%

※ 포트폴리오 기대수익률의 계산(가중평균) : 시나리오분석법
  (1) 1단계 : 시나리오별 확률과 기대수익률을 가중평균하여 개별자산(X, Y)의 기대수익률을 계산한다.
    ▶ X주식 : (16% × 0.5) + (10% × 0.3) + (−20% × 0.2) = +8%+3%−4% = 7%
    ▶ Y주식 : (8% × 0.5) + (4% × 0.3) + (−2% × 0.2) = 4.0%+1.2%−0.4% = 4.8%
  (2) 2단계 : X와 Y의 기대수익률과 편입비중(5:5)을 가중평균하여 포트폴리오의 기대수익률을 계산한다.
    ▶ 포트폴리오XY의 기대수익률 = (7% × 0.5) + (4.8% × 0.5) = 3.5% + 2.4% = 5.9%

[정답] ②

58

계산문제 특강노트 '기출 65題' 3과목 분산투자이론

[32회, 34회, 39회 기출(동일유형)]

다음 중 지배원리를 충족하는 효율적 포트폴리오는 무엇인가?

① 기대수익률이 5%이고 표준편차가 3%인 포트폴리오
② 기대수익률이 5%이고 표준편차가 5%인 포트폴리오
③ 기대수익률이 7%이고 표준편차가 5%인 포트폴리오
④ 기대수익률이 7%이고 표준편차가 3%인 포트폴리오

④ 동일한 위험수준 하에서는 기대수익률이 높은 증권이 우월하고 동일한 기대수익률하에서는 위험이 적은 증권이 우월하다는 논리를 적용하여 가장 효율적인 포트폴리오를 찾는다. ①과 ④간에는 기대수익률이 더 높은 ④가 우월하고, ②와 ③간에는 기대수익률이 더 높은 ③이 우월하다. 그리고 최종적으로 ③과 ④간에는 위험이 더 적은 ④가 우월하다.
▶ 약식이해 : 4개의 선지 중에서 '기대수익률이 제일 높고 위험이 제일 적은 것을 동시에 충족시키는' ④가 가장 효율적인 포트폴리오가 된다.

[정답] ④

더 알아보기

지배원리(Dominance Principle)

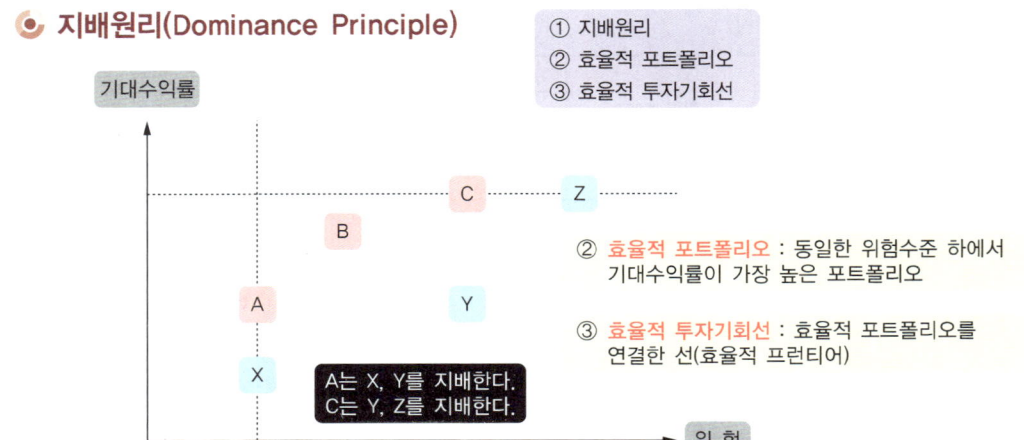

① 지배원리
② 효율적 포트폴리오
③ 효율적 투자기회선

② **효율적 포트폴리오** : 동일한 위험수준 하에서 기대수익률이 가장 높은 포트폴리오

③ **효율적 투자기회선** : 효율적 포트폴리오를 연결한 선(효율적 프런티어)

A는 X, Y를 지배한다.
C는 Y, Z를 지배한다.

① **지배원리** : 위험이 동일한 경우 기대수익률이 가장 높은 증권을 선택하고, 기대수익률이 동일한 경우는 위험이 가장 적은 증권을 선택하는 원리

계산문제 특강노트 '기출 65제' 3과목 분산투자이론

58-1

[41회 기출]

A, B, C, D 증권 각각의 기대수익률이 표와 같고 표준편차가 각각 10%, 5%, 10%, 5%이다. 이 경우 지배원리를 충족하는 효율적 증권은 무엇인가?

구 분		A증권	B증권	C증권	D증권
호 황	확률 50%	30%	20%	15%	9%
정 상	확률 30%	10%	6%	5%	5%
불 황	확률 20%	−40%	−9%	−20%	−5%

① A증권 ② B증권
③ C증권 ④ D증권

---

② 가중평균방식으로 각각의 기대수익률을 계산하면 'A 10%, B 10%, C 5%, D 5%'이다. 각각의 표준편차가 'A 10%, B 5%, C 10%, D 5%'이므로, 지배원리를 충족하는 증권은 '기대수익률이 가장 높고 동시에 위험이 가장 적은 B증권'이다.

정답 ②

59 [31회, 36회, 42회 기출(동일유형)]

자산 X의 표준편차는 0.2, 자산 Y의 표준편차는 0.3, 두 자산 간의 상관계수는 −1일 경우, 최소분산포트폴리오가 되는 자산 X의 비중은 얼마인가?

① 0.40
② 0.60
③ 0.80
④ 0.90

최소분산포트폴리오를 만드는 X의 비중 W_X는 60%이다.

※ **최소분산포트폴리오(GMVP) 계산**

(1) $W_X = \dfrac{\sigma_Y^2 - \sigma_{XY}}{\sigma_X^2 + \sigma_Y^2 - 2\sigma_{XY}} = \dfrac{0.3^2 - (-1) \cdot 0.2 \cdot 0.3}{0.2^2 + 0.3^2 - 2(-1) \cdot 0.2 \cdot 0.3} = \dfrac{0.09 + 0.06}{0.04 + 0.09 + 0.12} = \dfrac{0.15}{0.25}$
  $= 0.60$
  ▶ $\sigma_{XY} = \rho_{XY} \cdot \sigma_X \cdot \sigma_Y$

(2) 즉 자산 X를 60%, 자산 Y를 40% 편입할 경우 최소분산포트폴리오가 달성된다.

정답 ②

더 알아보기

◉ 최소분산포트폴리오 개념과 공식

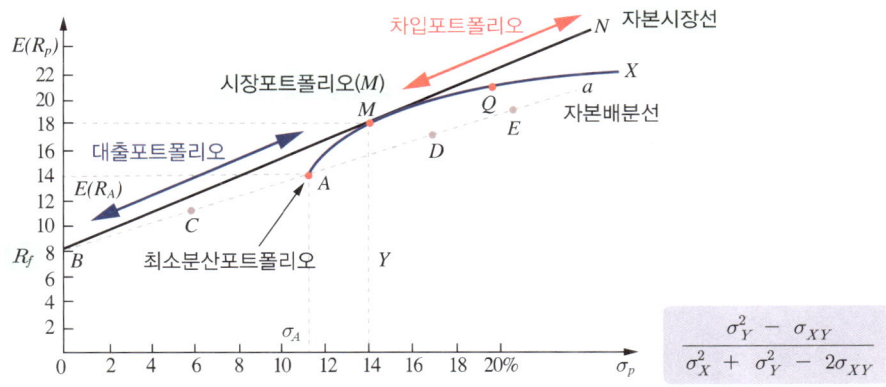

$$\dfrac{\sigma_Y^2 - \sigma_{XY}}{\sigma_X^2 + \sigma_Y^2 - 2\sigma_{XY}}$$

최소분산포트폴리오 : '효율적 포트폴리오' 중에서 위험이 가장 적은 포트폴리오

59-1

3과목 분산투자이론

[34회, 40회 기출(동일유형)]

자산 X의 표준편차는 0.1, 자산 Y의 표준편차는 0.2, 두 자산 간의 상관계수는 0일 경우, 최소분산포트폴리오가 되는 자산 X의 비중은 얼마인가?

① 0.2
② 0.4
③ 0.6
④ 0.8

최소분산포트폴리오를 만드는 X의 비중 W_X는 60%이다.

※ 최소분산포트폴리오 계산

(1) $W_X = \dfrac{\sigma_Y^2 - \sigma_{XY}}{\sigma_X^2 + \sigma_Y^2 - 2\sigma_{XY}} = \dfrac{0.2^2 - (0) \cdot 0.1 \cdot 0.2}{0.1^2 + 0.2^2 - 2(0) \cdot 0.1 \cdot 0.2} = \dfrac{0.04}{0.01 + 0.04} = \dfrac{0.04}{0.05} = 0.80$

▶ 산식 분자에서 σ_{XY}는 $\rho_{XY} \cdot \sigma_X \cdot \sigma_Y$로 전환될 수 있다.

(2) 즉 자산 X를 80%, 자산 Y를 20% 편입할 경우 최소분산포트폴리오가 달성된다.

정답 ④

59-2

3과목 분산투자이론

[38회 기출]

자산A의 표준편차는 0.3, 자산B의 표준편차는 0.4, 두 자산 간의 상관계수는 0일 경우, 최소분산포트폴리오가 되는 자산B의 비중은 얼마인가?

① 0.25
② 0.36
③ 0.64
④ 0.75

최소분산포트폴리오를 만드는 B의 비중 W_B는 36%이다.

※ 풀이

(1) $W_B = \dfrac{\sigma_A^2 - \sigma_{AB}}{\sigma_A^2 + \sigma_B^2 - 2\sigma_{AB}} = \dfrac{0.3^2 - 0 \cdot 0.3 \cdot 0.4}{0.3^2 + 0.4^2 - 2 \cdot 0 \cdot 0.3 \cdot 0.4} = \dfrac{0.09}{0.09 + 0.16} = \dfrac{0.09}{0.25} = 0.36$

▶ $\sigma_{AB} = \rho_{AB} \cdot \sigma_A \cdot \sigma_B$

(2) 즉 자산B를 36%, 자산A를 64% 편입할 경우 최소분산포트폴리오가 달성된다.

[주의] 기존의 기출에서는 자산A의 비중을 묻는 문제로 출제되었는데 공식의 분자항목($W_A = \dfrac{\sigma_B^2 - \sigma_{AB}}{\sigma_A^2 + \sigma_B^2 - 2\sigma_{AB}}$, $W_B = \dfrac{\sigma_A^2 - \sigma_{AB}}{\sigma_A^2 + \sigma_B^2 - 2\sigma_{AB}}$)에 유의하여 계산해야 한다.

정답 ②

60

계산문제 특강노트 '기출 65題'   **3과목 분산투자이론**

[34회 기출]

빈칸을 옳게 연결한 것은?(순서대로)

> 주식펀드 A의 기대수익률이 20%이고, 표준편차가 12%이다. 무위험이자율을 4%라고 할 때, 주식펀드 A를 60% 편입하고 무위험자산을 40% 편입한 새로운 포트폴리오의 기대수익률은 (   ), 표준편차는 (   )이다.

① 10.4%, 4.8%
② 13.6%, 4.8%
③ 13.6%, 7.2%
④ 24%, 12%

$$E(R_P) = (1 - \omega_a) \cdot R_f + \omega_a \cdot R_a$$
$$\quad\quad\quad\quad 0.4 \quad 4\% \quad 0.6 \quad 20\%$$

$$\sigma_P = \omega_a \cdot \sigma_a$$
$$\quad\quad 0.6 \quad 12\%$$

정답 ③

더 알아보기

● 자본배분선의 기대수익률과 위험

(1) 포트폴리오 기대수익률

$$E(R_P) = (1 - \omega_a) \cdot R_f + \omega_a \cdot R_a \quad \text{자본배분선}$$

(2) 포트폴리오 위험(표준편차) $\sigma_f = 0$

$$\sigma_P = \sqrt{\omega_a^2 \sigma_a^2 + (1 - \omega_a)^2 \sigma_f^2 + 2\omega_a \sigma_a (1 - \omega_a) \sigma_f \rho_{af}}$$

$$\sigma_p = \sqrt{\omega_a^2 \sigma_a^2} = \omega_a \sigma_a \quad \sigma_P = \omega_a \cdot \sigma_a$$

60-1

3과목 분산투자이론

[36회 기출]

포트폴리오의 위험과 관련하여 빈칸에 알맞은 것은?

> 주식형펀드 A의 기대수익률이 15%, 표준편차가 20%, 무위험수익률이 4%이다. 이때 주식형펀드를 40%, 무위험자산을 60%로 하는 새로운 포트폴리오를 구성할 경우, 새로운 포트폴리오의 위험은 (   )이다.

① 6%
② 8%
③ 12%
④ 20%

'$\sigma_P = \omega_\alpha \times \sigma_\alpha = 0.4 \times 20 = 8\%$'

[약식계산]	위험자산	무위험자산	위험 : 무위험 = 4 : 6
기대수익률	15%	4%	(15% × 0.4) + (4% × 0.6) = 8.4%
위 험	20%	0%	(20% × 0.4) + (0% × 0.6) = 8%

정답 ②

61

3과목 분산투자이론

[31회, 33회, 37회, 39회, 41회 기출(동일유형)]

자산A의 수익률은 6%, 표준편차는 4%이다. 자산A와 무위험수익률이 3%인 무위험자산을 5:5로 편입한 포트폴리오의 변동성보상비율(RVAR)은 얼마인가?

① 0.75
② 0.85
③ 1.00
④ 1.25

▶ 위험자산A의 변동성보상비율(RVAR)은 $\dfrac{E(R_A) - R_F}{\sigma_A}$ 이다(Reward To Variability Ratio ; 부담한 위험 대비 초과수익의 비율).

→ 변동성보상비율(RVAR) = $\dfrac{E(R_A) - R_F}{\sigma_A}$ = $\dfrac{6\% - 3\%}{4\%}$ = 0.75

※ 변동성보상비율은 투자비중과 관계없이 일정하다(자본배분선 상의 모든 점의 RVAR은 동일함).
- 5:5의 경우 : 포트폴리오수익률은 '(6% × 0.5) + (3% × 0.5) = 4.5%, 포트폴리오 표준편차는 (4% × 0.5) = 2%, 따라서 RVAR은 (4.5% − 3%) / 2% = 0.75
- 7:3의 경우 : 포트폴리오수익률은 '(6% × 0.7) + (3% × 0.3) = 5.1%, 포트폴리오 표준편차는 (4% × 0.7) = 2.8%, 따라서 RVAR은 (5.1% − 3%) / 2.8% = 0.75

정답 ①

더 알아보기

☑ 자본배분선과 자본시장선

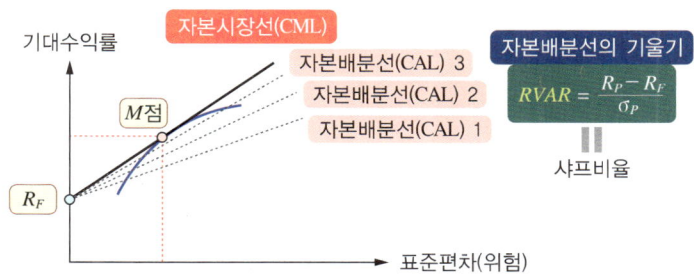

61-1

계산문제 특강노트 '기출 65제' 3과목 분산투자이론

[35회 기출]

자산A의 기대수익률은 8%, 표준편차는 4%이다. 자산A와 무위험수익률이 2%인 무위험자산을 6:4로 편입한 포트폴리오의 변동성보상비율(RVAR)은 얼마인가?

① 0.50
② 0.60
③ 1.50
④ 2.00

변동성보상비율(RVAR) = $\dfrac{R_A - R_F}{\sigma_A}$ = $\dfrac{8\% - 2\%}{4\%}$ = 1.5, 즉 변동성보상비율(위험보상비율)은 1.50이다. 그리고 변동성보상비율은 편입자산의 비중차이와 관계없이 동일하다.

정답 ③

62

빈칸에 알맞은 것은?

[31회, 33회, 36회, 39회 기출(동일유형)]

> A포트폴리오의 기대수익률은 7%, 베타는 0.2이고 무위험수익률은 4%이다. 자본시장의 균형상태를 가정하였을 때, 기대수익률이 10%인 B포트폴리오의 베타는 (   )이다.

① 0.1
② 0.4
③ 0.6
④ 0.7

자본시장의 균형상태에서는 어떤 위험자산에 투자하든 위험자산 간의 위험프리미엄(위험보상비율 ; RVAR)은 동일해야 한다. 즉 자본시장의 균형상태에서는 A포트폴리오와 B포트폴리오의 위험보상비율이 동일하다.

따라서 $\frac{7-4}{0.2} = \frac{10-4}{X} \rightarrow \frac{3}{0.2} = \frac{6}{X} \rightarrow X = \frac{1.2}{3}$, $X = 0.4$ (∴) B포트폴리오의 베타 = 0.4

정답 ②

더 알아보기

SML식의 도출

균형상태에서는
시장포트폴리오의 위험프리미엄과 개별자산의 위험프리미엄이 동일해야 하므로 아래의 산식이 성립한다.

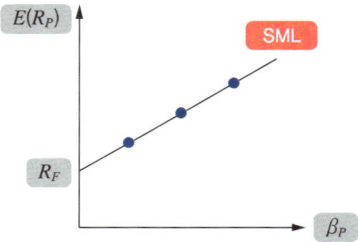

$$\frac{초과수익}{위험} = \frac{E(R_m) - R_f}{\beta_m} = \frac{E(R_j) - R_f}{\beta_j}$$ 기출

✓ 이를 정리하면, $E(R_j) = kkk = R_f + \beta_j[E(R_m) - R_f]$ 기출

$$\beta_j = \frac{\sigma_{jm}}{\sigma_m^2}$$

62-1

[28회, 41회 기출(동일유형)]

빈칸에 알맞은 것은?

> A포트폴리오의 기대수익률은 7%, 베타는 0.1이다. 그리고 B포트폴리오의 기대수익률은 8%이고 무위험수익률은 3%이다. 이 때 자본시장에서 더 이상의 차익거래가 일어나지 않는 상태가 되기 위한 B포트폴리오의 베타는 (   )이다.

① 0.08 ② 0.1
③ 0.125 ④ 0.25

자본시장의 균형상태에서는(또는 더 이상 차익거래가 일어나지 않는 상태), 어떤 위험자산에 투자하든 위험자산 간의 위험프리미엄(위험보상비율 ; RVAR)은 동일해야 한다. 즉 자본시장의 균형상태에서는 A포트폴리오와 B포트폴리오의 위험보상비율이 동일하다. 따라서 $\dfrac{7-3}{0.1} = \dfrac{8-3}{X} \rightarrow \dfrac{4}{0.1} = \dfrac{5}{X} \rightarrow X = \dfrac{0.5}{4} = 0.125$

(∴) B포트폴리오의 베타 = 0.125

정답 ③

63

[32회, 36회, 38회, 42회 기출(동일유형)]

주식J의 정보가 〈보기〉와 같다. 증권시장선(SML)상의 주식J의 요구수익률은 얼마인가?

> 무위험수익률 2%, 시장기대수익률 3%, 시장기대수익률의 분산 4%, 주식J와 시장기대수익률 간의 공분산 16%

① 4% ② 5%
③ 6% ④ 7%

6%이다.

※ **상세 풀이**

(1) J자산의 요구수익률(증권시장선에 의한 균형수익률)
$E(R_J) = kkk = R_F + \beta_J[E(R_M) - R_F] = 2\% + \beta_J(3\% - 2\%)$

(2) 베타는 $\beta_j = \dfrac{\sigma_{jm}}{\sigma_m^2} = \dfrac{0.16}{0.04} = 4.0$

(3) 베타가 4.0이므로, $E(R_J) = kkk = R_F + \beta_J[E(R_M) - R_F] = 2\% + 4(3\% - 2\%) = 6\%$

정답 ③

63-1

[40회 기출]

주식J의 정보가 〈보기〉와 같다. 증권시장선(SML)상의 주식J의 요구수익률은 얼마인가?

> 무위험수익률 2%, 시장기대수익률 6%, 시장기대수익률의 표준편차 40%. 주식J와 시장기대수익률 간의 공분산 20%

① 4% ② 5%
③ 6% ④ 7%

7%이다.

※ 상세 풀이

(1) J자산의 요구수익률(증권시장선에 의한 균형수익률)
$E(R_J) = kkk = R_F + \beta_J[E(R_M) - R_F] = 2\% + \beta_J(6\% - 2\%)$

(2) 베타는 $\beta_J = \dfrac{\sigma_{jm}}{\sigma_m^2} = \dfrac{0.2}{0.4^2} = 1.25$ (∵ 분모에서, 표준편차를 분산으로 전환해야 한다 → 0.4^2)

(3) 베타가 1.25이므로, $E(R_J) = kkk = R_F + \beta_J[E(R_M) - R_F] = 2\% + 1.25(6\% - 2\%) = 7\%$

정답 ④

63-2

[31회 기출]

주식J의 정보가 다음과 같다. 요구수익률은?

> 무위험수익률 0.03, 시장기대수익률 0.13, 시장기대수익률의 분산 0.25, 주식과 시장기대수익률 간의 상관계수 0.5, 주식J의 표준편차 0.8

① 8.0% ② 9.0%
③ 10%   ④ 11%

▶ **CAPM식(SML식)**

1) $E(R_j) = kkk = R_F + \beta_j[E(R_m) - R_f]$

2) $\beta = \dfrac{0.5 \times 0.8 \times 0.5}{0.5^2} = 0.8$

$$\beta_j = \dfrac{\sigma_{jm}}{\sigma_{m^2}}$$

3) $kkk = 0.03 + 0.8(0.13 - 0.03) = 0.11 (11\%)$

정답 ④

64. 빈칸에 가장 부합하는 것은?

[32회, 37회, 39회 기출(동일유형)]

> - 현재 시장에서의 A주식의 기대수익률은 4%, 베타는 0.8이다.
> - 현재 시장에서의 B주식의 기대수익률은 4%, 베타는 2.0이다.
> - 현재 무위험이자율은 1%, 시장 포트폴리오의 기대수익률은 3%이다.
> - 이 경우, 증권시장선(SML)에 의하면 (   ).

① A주식, B주식 모두 과대평가되었다.
② A주식은 과소평가, B주식은 과대평가되었다.
③ A주식은 과대평가, B주식은 과소평가되었다.
④ A주식, B주식 모두 과소평가되었다.

(1) A주식
- 요구수익률(k) = 1% + 0.8(3% − 1%) = 2.6%
- 요구수익률이 2.6%인데 현재 시장에서의 기대수익률은 4%(SML선의 위에 위치)
  → 따라서 A주식은 현재 과소평가되고 있다.

(2) B주식
- 요구수익률(k) = 1% + 2.0(3% − 1%) = 5%
- 요구수익률이 5%인데 현재 시장에서의 기대수익률은 4%(SML선의 아래에 위치)
  → 따라서 B주식은 현재 과대평가되고 있다.

정답 ②

더 알아보기

증권시장선을 활용한 투자결정

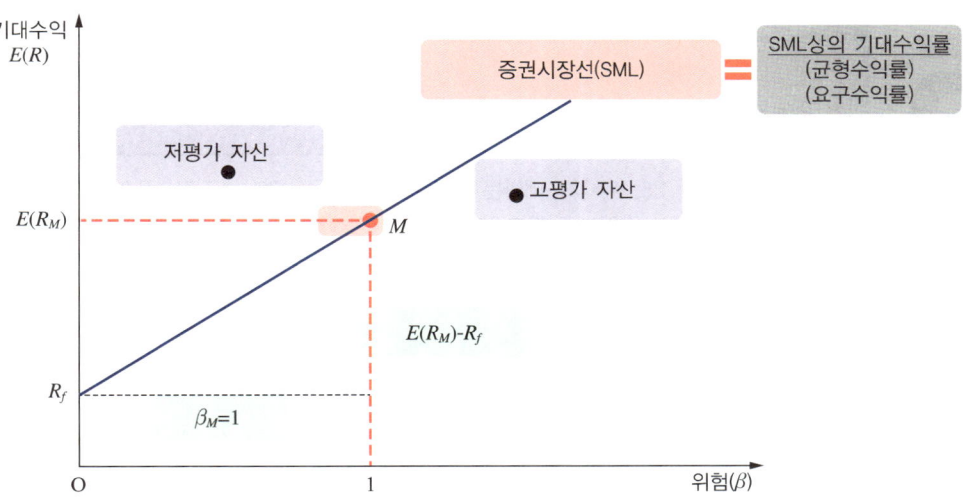

▶ 증권시장선 위에 있는 자산은 저평가, 아래에 있는 자산은 고평가이다.

SML식 : $E(R_j) = k = R_f + \beta_j \times (R_m - R_f)$

64-1

3과목 분산투자이론

[30회, 35회 기출(동일유형)]

빈칸에 가장 부합하는 것은?

> - 현재 시장에서의 A주식의 기대수익률은 5%, 베타는 0.5이다.
> - 현재 시장에서의 B주식의 기대수익률은 9%, 베타는 1.5이다.
> - 현재 무위험이자율은 2%, 시장포트폴리오의 기대수익률은 6%이다.
> - 이 경우, 증권시장선(SML)에 의하면 (　　　　　　　).

① A주식, B주식 모두 과대평가되었다.
② A주식은 과소평가, B주식은 과대평가되었다.
③ A주식은 과대평가, B주식은 과소평가되었다.
④ A주식, B주식 모두 과소평가되었다.

▶ A주식 : k = 2% + 0.5(6% − 2%) = 4%, 기대수익률은 5%로서 SML선 위 → **과소평가**(저평가)
▶ B주식 : k = 2% + 1.5(6% − 2%) = 8%, 기대수익률은 9%로서 SML선 위 → **과소평가**(저평가)

정답 ④

65

3과목 분산투자이론

[39회, 42회 기출(동일유형)]

빈칸에 알맞은 것은?

> X주식의 베타는 1.5, Y주식의 베타는 0.5, 무위험이자율은 3%, 시장포트폴리오의 기대수익률은 6%이다. 이 경우, 동일가중 포트폴리오를 구성할 때 동 포트폴리오의 베타는 (　　)이다.

① 0.5
② 1.0
③ 1.5
④ 2.0

▶ 동일가중 포트폴리오이므로 'X주식:Y주식 = 5:5'로 편입한다. 따라서 포트폴리오 베타는 '(1.5 × 50%) + (0.5 × 50%) = 0.75 + 0.25 = 1.0'이다.

정답 ②

65-1

[30회 기출]

빈칸에 알맞은 것은?

> 단일지표모형이 성립한다고 가정한다. 주식J의 베타는 1.2, 주식K의 베타는 0.8일 경우, 주식 J에 60%, 주식 K에 40%를 투자하는 포트폴리오의 베타는 (　　)이다.

① 9.2
② 1.0
③ 1.04
④ 2.0

▶ 샤프의 단일지표모형 : $R_p = \beta_p R_m + \alpha_j + \epsilon_j$
$\beta_p = \sum \omega_j \cdot \beta_j = (0.6 \times 1.2) + (0.4 \times 0.8) = 0.72 + 0.32 = 1.04$

정답 ③

합격의 공식 시대에듀

행운이란 100%의 노력 뒤에 남는 것이다.

- 랭스턴 콜먼 -

패스코드는 플랜별 학습이 가능하도록 구성된 교재입니다.
제공되는 합격 플랜을 확인하신 후 학습하시면 보다 효율적이고 체계적인 학습이 가능합니다.

제1회
투자자산운용사
실제유형 모의고사

문항 및 시험시간

평가영역	문항 수	시험시간	비 고
투자자산운용사	100문항	120분	

※ 이 자료는 저작권법에 의해 보호를 받는 저작물이므로 동영상 제작 및 무단전재와 복제를 금합니다.
※ 동 교재는 매회 실제시험의 기출경향을 분석·반영하기 위해 1년에 4회 이상 개정을 하고 있습니다. 따라서 새로 업데이트된 버전의 도서로 최신경향을 확인할 수 있음을 참고하시길 바랍니다.

투자자산운용사

제1회 실제유형 모의고사

문항수: 100문항
응시시간: 120분

세제관련 법규/세무전략(7문항)

01 다음 중 국세가 아닌 것은?

① 증권거래세
② 종합부동산세
③ 등록면허세
④ 농어촌특별세

02 국세기본법에 대한 내용이다. 가장 적절하지 않은 것은?

① 세법에서 정한 기한이 근로자의 날에 해당하는 경우 그 다음 날을 기한으로 한다.
② 우편으로 서류를 제출하는 경우에는 통신날짜 도장이 찍힌 날에 신고된 것으로 본다.
③ 과세 처분청이 필요한 경우 정보통신망을 이용한 송달이 가능하다.
④ 과세표준신고서를 법정신고기한이 지난 후 6개월 이내에 기한 후 신고를 한 경우에는 그 경과기간에 따라 해당 가산세액의 일부를 경감한다.

03 빈칸에 들어갈 말을 옳게 연결한 것은?

> 법정신고기한 내에 과세표준신고서를 제출하였으나 과세표준 및 세액을 과다신고한 경우, 법정신고기한 경과 후 (　　) 이내에 관할세무서장에 (　　)를 구할 수 있다.

① 6개월 - 수정신고
② 6개월 - 경정청구
③ 3년 - 경정청구
④ 5년 - 경정청구

04 양도소득과 퇴직소득에 대한 과세방식은?

① 무조건분리과세
② 조건부종합과세
③ 무조건종합과세
④ 분류과세

05 소득세법상 납세의무자로서 비거주자에 대한 설명이다. 가장 적절하지 않은 것은?

① 거주자는 국내에 주소를 두거나 183일 이상의 거소를 둔 개인을 말하며, 비거주자는 거주자가 아닌 개인을 말한다.
② 항공기 승무원의 경우 생계를 같이 하는 가족이 거주하는 장소 또는 그 승무원이 근무기간 외의 기간 중 통상 체재하는 장소로써 거주자 여부를 판정한다.
③ 대사관 직원과 같이 국외에서 근무하는 공무원은 거주자로 본다.
④ 내국법인의 해외사업장 또는 해외 현지법인에 파견된 임직원은 비거주자로 본다.

06 〈보기〉에 따를 때, 금융소득종합과세 신고제도상 종합과세 대상금액은 얼마인가?

〈보 기〉

3년 만기 채권의 이자와 할인액 2,100만 원, 비영업대금의 이익 200만 원, 직장공제회 초과반환금 1,000만 원, 근로소득 2,000만 원

① 2,000만 원
② 2,200만 원
③ 4,100만 원
④ 4,300만 원

07 증권거래세와 관련된 설명 중 옳지 않은 것은?

① 뉴욕 증권거래소에 상장된 주권을 양도할 경우 증권거래세가 부과되지 않는다.
② 코넥스시장에서 거래하는 주권에 대해서는 증권거래세가 부과되지 않는다.
③ 자본시장법에 따른 주권매출의 경우 증권거래세가 부과되지 않는다.
④ 거래소시장 또는 협회를 통한 장외거래(K-OTC시장)에서 양도되는 주권을 계좌 간 대체로 매매결제하는 경우 해당 대체결제회사(예탁결제원)가 매월 분의 증권거래세 과세표준과 세액을 다음 달 10일까지 신고·납부해야 한다.

금융상품(8문항)

08 다음 중 비은행 예금취급기관이 아닌 것은?

① 수출입은행
② 상호저축은행
③ 우체국예금
④ 신용협동조합

09 신탁의 분류에 대한 설명이다. 옳은 내용으로 연결한 것은?

가. 운용자 지정여부에 따라 특정금전신탁과 불특정금전신탁으로 구분된다.
나. 운용방법에 따라 합동운용신탁과 단독운용신탁으로 구분된다.
다. 원본 또는 이익보전 여부에 따라 약정배당신탁과 실적배당신탁으로 구분된다.

① 가, 나
② 나, 다
③ 가, 다
④ 가, 나, 다

10 집합투자기구의 관계회사와 관련하여 빈칸에 알맞은 것은?

투자회사의 위탁을 받아 투자회사 주식의 발행 및 명의개서, 투자회사 재산의 계산 등의 업무를 영위하는 자를 (   )라고 한다.

① 일반사무관리회사
② 집합투자기구평가회사
③ 채권평가회사
④ 신용평가회사

11 집합투자기구의 환매에 대한 설명이다. 틀린 것으로 연결한 것은?

가. 환매금지형 집합투자기구를 제외하고는 투자자는 언제든지 집합투자증권의 환매를 청구할 수 있다.
나. 투자자의 환매청구 대상은 펀드를 설정한 집합투자업자이다.
다. 환매청구가 있을 경우, 집합투자재산으로 소유 중인 금전 또는 집합투자재산을 처분하여 조성한 금전으로 환매대금을 지급하는 것이 원칙이다.
라. 환매를 연기한 경우에는 4주 이내로 집합투자자총회를 열어서 환매에 관한 사항을 의결해야 한다.

① 가, 나
② 다, 라
③ 가, 다
④ 나, 라

12 주식워런트증권(ELW)에 대한 설명이다. 가장 거리가 먼 것은?

① 주가변동에 따른 자본이득 외에는 소득이 없고 대용증권으로도 인정되지 않으며, 주주로서의 권리도 행사할 수 없다.
② ELW의 기초자산으로는 코스피200지수, 니께이지수 등 주가지수만 가능하다.
③ ELW의 매매수량단위는 10증권이며 지정가호가만 가능하다.
④ ELW의 높은 가격변동성을 고려하여 가격제한폭을 두지 않는다.

13 다음 중 예금보호대상 금융상품으로만 짝지어진 것은?

① ETF, 양도성예금증서(CD)
② 환매조건부채권(RP), 연금저축신탁
③ 종금사CMA, 표지어음
④ 위탁자예수금, 청약자예수금

14 자산유동화증권(ABS ; Asset Backed Security)에 대한 설명이다. 가장 거리가 먼 것은?

① 자산보유자는 보유하고 있는 유동화대상 자산을 양도하지 않고 관리하며, 이로부터 발생하는 현금흐름을 바탕으로 유동화전문회사가 자산유동화증권을 발행한다.
② 자산유동화증권의 기초자산은 자산의 집합(pooling)이 가능하고 자산의 특성상 동질성을 지니고 있어야 한다.
③ 부실채권, 세수, 공연수입, 무형자산 등도 자산유동화증권의 기초자산이 될 수 있다.
④ 자산유동화증권은 현금수취방식에 따라 지분이전증권(pass through securities)과 원리금이체채권(pay through bond)으로 구분되는데, 자산보유자의 입장에서 부외효과(off-balance)가 발생하는 것은 지분이전증권이다.

15 다음은 확정기여형(DC형) 퇴직연금제도에 대한 설명이다. 가장 적절하지 않은 것은?

① 사용자의 부담금이 적립금의 운용실적에 따라 변동될 수 있다.
② 퇴직급여수준은 근로자별 운용실적에 따라 달라진다.
③ 담보대출뿐 아니라 중도인출도 가능하다.
④ 근로자는 매 반기 1회 이상 적립금 운용방법을 변경할 수 있다.

부동산관련 상품(5문항)

16 〈보기〉는 토지의 어떤 특성에 가장 부합하는가?

〈보 기〉
토지는 생산비의 법칙이 적용되지 않고 완전비탄력적 공급곡선을 가지게 되어 균형가격의 성립을 불가능하게 한다.

① 부동성
② 영속성
③ 부증성
④ 개별성

17 부동산 등기에 있어서 본등기의 효력이 아닌 것은?

① 물권변동적 효력
② 순위보전적 효력
③ 대항적 효력
④ 권리존재 추정력

18 부동산경기가 호황일 때의 상황과 가장 거리가 먼 것은?

① 부동산가격이 상승하며 거래는 활발하고 경기가 후퇴할 가능성을 가진다.
② 매수인 중시현상이 커진다.
③ 과거사례가격은 새로운 거래가격의 하한선이 된다.
④ 건축허가신청이 급증세를 보인다.

19 PF사업의 안정성을 확보하기 위한 수단 중 시공사를 통한 PF 채권보전수단과 가장 거리가 먼 것은?

① 책임준공
② 연대보증 또는 채무인수
③ 부동산담보신탁
④ 책임분양

20 감정평가 3방식과 관련하여 빈칸을 옳게 연결한 것은?(순서대로)

〈 보 기 〉

순영업소득(NOI)이 10억 원, 자본환원율이 10%일 때 이 부동산의 가치는 (   )으로 추정이 되며, 이 방식은 감정평가 3방식 중에서 (   )에 해당한다.

① 10억 원, 시장접근법
② 10억 원, 소득접근법
③ 100억 원, 비용접근법
④ 100억 원, 소득접근법

대안투자운용/투자전략(5문항)

21 부동산금융 중 수익형 부동산금융에 대한 설명이다. 가장 적절하지 않은 것은?

① 수익형 부동산금융은 증권을 매개로 자금을 조달하는 부동산증권형과, 증권을 매개로 하지 않고 부동산개발사업으로 투자자금을 조달하는 부동산개발금융으로 구분된다.
② 주택저당증권(MBS)은 자산유동화증권(ABS)의 일종으로서, 모기지(Mortgage)와 기업매출채권을 기초자산으로 하여 새롭게 발행하는 증권을 말한다.
③ 다수의 투자자로부터 자금을 모아서 이 자금을 부동산 및 관련 사업에 투자한 후 투자자에게 배당을 통해 이익을 분배하는 회사는 부동산투자회사(REITs)이며, 이는 부동산증권형 금융에 해당된다.
④ 부동산개발금융에 해당하는 프로젝트 파이낸싱(PF)은 차주에 대해 상환청구권을 가지지 않는 대신에 프로젝트 관련 자산 및 미래현금흐름에 원리금회수의 대부분을 의존하게 된다.

22 PEF(Private Equity Fund)에 대한 설명이다. 가장 적합한 것은?

① 합자회사 형태로 구성된 사모집합투자기구로서, 1인 이상의 무한책임사원과 1인 이상의 유한책임사원으로 구성되고 사원의 총수는 49인 이하이어야 한다.
② PEF업무를 집행할 권리와 의무를 가진 자를 업무집행사원이라 하며, 업무집행사원은 1인 또는 수인을 구성할 수 있으며 유한책임사원 중에서 선정한다.
③ 무한책임사원은 펀드운영과정에서 발생하는 계약상의 사후손실보상 등 펀드운용에 따른 최종책임을 부담하며, 이러한 무한책임을 부담하는 차원에서 Clawback조항과 Capital Commitment는 무한책임사원에게만 적용된다.
④ 무한책임사원은 노무 및 신용출자를 할 수 없고 반드시 금전 또는 시장성 있는 유가증권으로 출자해야 한다.

23 헤지펀드 운용전략에 대한 설명이다. 가장 적절하지 않은 것은?

① 전환사채 차익거래 전략은 전환사채의 유동성이 높고 전환사채 기초자산의 변동성이 큰 것을 선호한다.
② Yield curve flattener, Yield curve steepener, Yield curve butterfly 전략은 방향성 전략에 속한다.
③ 캐리 트레이드 전략은 낮은 금리로 자본을 조달하여 높은 금리에 투자하는 전략이다.
④ 글로벌 매크로 전략은 투자결정 시 분석방법으로 탑다운(top down) 방식을 사용한다.

24 신용파생상품과 관련하여 빈칸을 옳게 연결한 것은?(순서대로)

― 〈보 기〉 ―
보장매입자가 준거자산을 양도하지 않고 신용파생상품을 이용하여 자산에 내재된 신용위험을 투자자에 이전하는 유동화 방식으로서, 일반채권과 CDS를 결합한 상품은 (   )이며 CDO의 특수한 형태로 발행하는 것은 (   )이다.

① CLN, Synthetic CDO
② CLN, Balance Sheet CDO
③ TRS, Balance Sheet CDO
④ TRS, Synthetic CDO

25 CDO(Collateralized Debt Obiligation)의 신용등급을 평가하는 평가요소와 가장 거리가 먼 것은?

① 발행사의 재무건전성
② 자산의 질(Asset Quality)
③ 신용보강
④ 자산운용매니저

해외증권투자운용/투자전략(5문항)

26 국제지수와 관련하여 빈칸을 옳게 연결한 것은?

- 정부 보유지분이나 계열사 보유 지분 등 시장에서 유통되기 어려운 주식을 제외한 실제 유동주식을 기준으로 지수를 산출하는 것은, MSCI의 지수 산출방식으로서 (   )을 말한다.
- FTSE 러셀이 관리하는 지수로서, 주요 국가의 국채로 구성된 지수는 (   )이다.

① 시가총액방식, WGBI
② 유동시가총액방식, WGBI
③ 시가총액방식, FTSE100
④ 유동시가총액방식, FTSE100

27 국제분산투자와 관련된 설명 중 옳은 것으로 연결한 것은?

가. 국제분산투자를 통해 국내에서 제거되지 않던 체계적 위험의 일부를 제거할 수 있다.
나. 국가 간 상관계수가 높으면 국제분산투자효과는 작아진다.
다. 글로벌 동조화가 강화될수록 국제분산투자효과도 커진다.
라. 국제분산투자를 하더라도 개별기업 특유의 요인에 의한 위험은 제거할 수 없다.

① 가, 나
② 다, 라
③ 가, 다
④ 나, 라

투자자산운용사

1회

28 DR(Depository Receipt)에 대한 설명으로 가장 적절하지 않은 것은?

① ADR은 보관은행에 보관한 외국주식을 바탕으로 발행하는 증권의 형태를 띠게 되며 미국의 증권거래위원회(SEC)에 등록되고 뉴욕증권거래소나 나스닥 등의 미국거래소에서 거래된다.
② ADR을 발행한 기업이 배당을 하면 보관은행을 거쳐 ADR의 발행은행으로 전달되고 이 배당금이 미달러화로 전환되어 ADR투자자에게 지급된다.
③ ADR의 발행은 발행기업이 미국증시에 상장되기를 원하여 발행 및 상장관련 비용을 부담하는 Sponsored DR의 형태가 일반적이다.
④ 미국과 미국 이외의 국가에서 동시에 DR을 상장할 경우 EDR로 분류된다.

29 비거주자에 의해 발행되는 채권으로서 채권표시통화의 본국에서 발행되는 채권이 아닌 것은?

① 양키본드
② 불독본드
③ 사무라이본드
④ 딤섬본드

30 미국 국채에 투자할 경우 고려사항이 아닌 것은?

① Yield Curve 분석
② 미국 연준(Fed)의 금리정책
③ 달러 움직임
④ 위험자산 가산금리

투자분석기법(12문항)

31 수익률의 분포가 보기와 같을 때, 다음 중 그 값이 가장 적은 통계 지표는 무엇인가?

-12%, -9%, -6%, -2%, 3%, 5%, 5%, 10%, 15%

① 산술평균
② 범위
③ 중앙값
④ 최빈값

32 다음 중 활동성 지표에 해당하지 않은 것은?

① 총자산회전율
② 재고자산회전율
③ 이자보상비율
④ 평균회수기간

33 〈보기〉에 따를 때, 배당평가모형으로 평가한 적정주가(P)는 얼마인가?

〈보 기〉
- 요구수익률 12%
- 배당성장률 8%
- 배당성향 30%
- 내년도 주당순이익 2,000원

① 5,000원
② 10,000원
③ 15,000원
④ 16,200원

34 레버리지 분석에 대한 내용이다. 가장 적절하지 않은 것은?

① 영업레버리지도는 판매량 변화율에 대한 영업이익의 변화율의 비율을 말한다.
② 재무레버리지도는 매출액변화율에 대한 주당순이익의 변화율의 비율을 말한다.
③ 영업고정비와 이자비용이 존재하는 한 결합레버리지도는 항상 1보다 크다.
④ 타인자본 의존도가 높을수록 결합레버리지는 크게 나타난다.

35 간접법으로 영업활동현금흐름을 작성할 때 플러스(+) 현금흐름으로 반영되는 항목이 아닌 것은?

① 감가상각비
② 매출채권의 증가
③ 매입채무의 증가
④ 유가증권처분손실

36 현금흐름표에 대한 설명이다. 옳은 것은?

① 원재료 및 상품 등의 구매활동과 제품 생산활동 및 판매활동에서 발생한 현금흐름은 영업활동으로 인한 현금흐름이다.
② 장기 대여금을 회수하면 재무활동으로 인한 현금흐름이 증가한다.
③ 자기주식을 취득하면 투자활동으로 인한 현금흐름이 감소한다.
④ 단기차입금을 상환하면 재무활동으로 인한 현금흐름이 증가한다.

37 〈보기〉가 설명하는 지표는 무엇인가?

─────────〈보 기〉─────────
- 당기순이익을 기준으로 평가하는 PER의 한계점을 보완한다.
- 기업의 자본구조를 감안한 평가방식이라는 점에서 유용성이 있다.

① EVA ② EV/EBITDA
③ PBR ④ 토빈의 Q

38 이동평균선(Moving Average)에 대한 설명이다. 가장 적절하지 않은 것은?

① 이동평균선을 분석하는 기간이 길수록 이동평균선은 완만해진다.
② 주가와 이동평균선의 괴리가 지나치게 클 때에는 이동평균선으로 회귀하려는 경향이 있다.
③ 약세국면에서 주가가 이동평균선 위에서 움직일 경우 상승세가 지속될 가능성이 높다.
④ 상승하고 있는 이동평균선을 주가가 하향돌파하는 경우 추세는 조만간 하락반전할 가능성이 높다.

39 '일정 기간 동안의 주가 변동폭 중에서 금일 종가의 위치'를 백분율로 나타내는 지표는?

① MAO ② 소나(Sonar)
③ 스토캐스틱(Stochastic) ④ OBV

40 〈보기〉의 내용은 다우이론의 장기추세 국면 중 어떤 국면에 해당하는가?

─────────〈보 기〉─────────
전반적인 경제 여건 및 기업의 영업수익이 호전됨으로써 일반투자자들의 관심이 고조되어 주가가 상승하고 거래량도 증가하게 되는데, 이러한 국면을 마크업국면이라고도 한다.

① 강세 1국면 ② 강세 2국면
③ 약세 1국면 ④ 약세 2국면

41 산업 라이프사이클의 단계별 특징을 설명한 것이다. 가장 적절하지 않은 것은?

① 도입기에는 과도한 고정비, 판매비, 시장선점경쟁 등으로 이익이 저조하거나 적자를 보게 된다.
② 성장기에는 안정적인 시장점유율을 유지하면서 최대이익을 기록하게 된다.
③ 성숙기의 기업들은 이윤증가를 위해 원가절감이나 철저한 생산관리를 하며, 연구개발비 지출을 증가시킨다.
④ 쇠퇴기의 기업들은 업종다각화를 적극적으로 실시하며, 산업에서의 철수를 고려하기도 한다.

42 다음 중 산업정책의 특징을 잘못 설명한 것을 모두 고르면?

> ㉠ 산업정책은 수요지향적 정책이다.
> ㉡ 산업정책은 정부가 개입함으로써 그 효과가 발생하는 정책이다.
> ㉢ 산업정책은 선진국일수록 더욱 강조되는 정책이다.

① ㉠, ㉡
② ㉠, ㉢
③ ㉡, ㉢
④ ㉠, ㉡, ㉢

리스크관리(8문항)

43 리스크의 정의에 대한 설명이다. 옳은 것은?

① 거래상대방이 약속한 금액을 지불하지 못하는 경우에 발생하는 손실에 대한 위험을 법적위험이라 한다.
② 기업이 소유하고 있는 자산을 매각하고자 하는 경우 매입자가 없어 매우 불리한 조건으로 자산을 매각해야만 할 때 노출되는 위험을 유동성위험이라 한다.
③ 부적절한 내부시스템, 관리실패, 잘못된 통제, 사기, 인간의 오류 등으로 발생하는 손실에 대한 위험을 신용위험이라 한다.
④ 계약을 집행하지 못함으로 인해 발생하는 손실에 대한 위험을 운영위험이라 한다.

44 5년 만기 국채의 만기수익률이 정규분포를 따르며, 수익률 증감(Δy)의 1일 기준 표준편차는 0.05%이고 수정듀레이션은 3.5이다. 이 채권을 200억 원 보유하고 있을 때 95% 신뢰도의 1일 VaR은 얼마인가?(95% 신뢰기준의 신뢰상수 : 1.65)

① 5,775만 원
② 8,155만 원
③ 57억 7,500만 원
④ 81억 5,500만 원

45 델타노말분석법으로 옵션의 VaR을 측정할 경우, 측정에 필요한 요소로서 가장 적절한 것은?

① 옵션가격 ② 옵션의 행사가격
③ 기초자산가격 ④ 무위험이자율

46 역사적 시뮬레이션 방법(Historical Simulation Method)에 대한 설명이다. 가장 적절하지 않은 것은?

① 과거 일정기간 동안의 위험요인의 변동을 향후에 나타날 변동으로 가정하고, 현재 보유하고 있는 포지션의 가치변동분을 측정한 후 그 분포로부터 VaR을 계산하는 방식이다.
② 완전가치평가방법으로 측정하므로 가치평가모형이 필요하다.
③ 분산, 공분산 등과 같은 모수에 대한 추정을 요구한다.
④ 옵션과 같은 비선형의 수익구조를 가진 상품이 포함된 경우에도 문제없이 사용할 수 있다.

47 구조화된 몬테카를로 분석법(Structured Monte Carlo)에 대한 설명이다. 가장 적합한 것은?

① 주가움직임에 대한 확률모형으로서 가장 흔히 사용되는 것은 기하학적 브라운 운동 모형이다.
② 리스크 요인의 변동분포를 과거 실제 데이터로부터 얻은 후, 포지션의 가치변동의 분포로부터 VaR을 측정한다.
③ 완전가치평가와 부분가치평가를 모두 이용하여 VaR을 측정한다.
④ 채권이나 옵션과 같은 비선형의 상품에 대한 VaR측정 시 정확성이 떨어진다는 단점이 있다.

48 다음 중 RAROC지표로 판단할 때 성과가 가장 우수할 것으로 판단되는 포트폴리오는?(투자금액은 동일한 것으로 가정함)

① 순수익률 3%, VaR 2억 원
② 순수익률 3%, VaR 3억 원
③ 순수익률 5%, VaR 6억 원
④ 순수익률 6%, VaR 6억 원

1회 투자자산운용사

49 어떤 은행이 100억 원의 대출을 하고 있고 대출의 손실률은 30%이다. 부도모형(Default Mode)상 기대손실금액(EL)과 기대손실의 변동성금액(σ_{EL})이 동일하다고 가정하였을 때, 동 대출의 부도율은 얼마인가?(단, 부도율은 베르누이 분포를 따름)

① 0.25　　　　　　　　　　　② 0.50
③ 0.75　　　　　　　　　　　④ 0.80

50 신용리스크와 신용손실분포에 대한 설명이다. 틀린 것을 모두 고르면?

> 가. 신용리스크는 신용손실분포로부터의 예상손실로서 정의된다.
> 나. 신용수익률은 비대칭성이 강하며 한쪽으로 두꺼우면서도 긴 꼬리를 가진 분포를 가진다.
> 다. 신용리스크는 평균과 분산을 이용하여 모수적 방법으로 리스크를 측정한다.

① 가, 나　　　　　　　　　　② 나, 다
③ 가, 다　　　　　　　　　　④ 가, 나, 다

직무윤리(5문항)

51 금융소비자보호법상 계약체결권유의 순서를 올바르게 연결한 것은?

> ㉠ 해당 고객이 일반금융소비자인지 전문금융소비자인지를 확인한다.
> ㉡ 해당 고객에게 각 금융상품별로 필요한 정보를 파악한다.
> ㉢ 해당 고객이 계약체결권유를 원하는 고객인지 계약체결권유를 원하지 않는 고객인지 확인한다.
> ㉣ 해당 고객에게 적합한 금융상품에 대한 계약체결을 권유하고, 권유한 상품에 대한 중요내용을 일반금융소비자가 이해할 수 있도록 설명해야 한다.

① ㉠ → ㉡ → ㉢ → ㉣　　　　② ㉠ → ㉢ → ㉡ → ㉣
③ ㉢ → ㉠ → ㉣ → ㉡　　　　④ ㉢ → ㉠ → ㉡ → ㉣

52 금융상품판매업자에게 부과되는 설명의무(금소법 제19조)에 대한 내용이다. 가장 적절하지 않은 것은?

① 일반금융소비자만을 대상으로 하는 의무이다.
② 금융상품의 중요한 내용을 일반금융소비자가 이해할 수 있도록 설명해야 하고 거짓으로 왜곡하거나 누락해서는 아니 된다.
③ 금융상품의 종류별로 설명에 필요한 설명서를 계약체결권유 사전에 서면을 통해 일반금융소비자에게 제공해야 하며, 설명의무를 이행한 경우 일반금융소비자가 이해하였음을 서명으로 확인을 받고 해당 기록을 유지·보관해야 한다.
④ 금융소비자보호법상의 설명의무를 이행하지 않은 금융회사에 대해, 해당 금융상품으로부터 얻는 수입의 최대 50% 이내에서 과징금을 부과할 있으며 별도로 최대 1억 원의 과태료를 부과할 수 있다.

53 재산상 이익의 제공 및 수령에 대한 설명이다. 가장 거리가 먼 것은?

① 금융투자회사 및 그 종사자가 거래상대방에게 제공하거나 거래상대방으로부터 수령한 재산상 이익의 가액이 10억 원을 초과할 경우 즉시 공시해야 한다.
② 금융투자회사가 거래상대방에게 재산상 이익을 제공하거나 제공받은 경우 제공목적, 제공내용, 제공일자, 거래상대방, 경제적 가치 등을 5년 이상 기록·보관해야 한다.
③ 금융투자회사 및 그 종사자의 재산상 이익의 제공현황 및 적정성 점검 결과는 5년마다 이사회에 보고해야 한다.
④ 금융투자회사는 이사회가 정한 금액을 초과하여 동일한 거래상대방과 재산상 이익을 제공하거나 수령하려는 경우 이사회의 사전승인을 받아야 한다.

54 다음 중 금융소비자보호 총괄책임자(CCO)의 업무가 아닌 것은?

① 회사의 위험관리에 대한 규정의 제정 및 개정
② 금융소비자보호에 필요한 절차 및 기준의 수립
③ 금융소비자보호 총괄기관의 업무 통할
④ 민원접수 및 처리에 관한 관리·감독 업무

55 내부통제기준 위반 시 회사에 대한 조치로서 1억 원 이하의 과태료 부과 대상이 아닌 것은?

① 내부통제기준을 마련하지 않은 경우
② 준법감시인을 두지 않은 경우
③ 이사회 의결을 거치지 않고 준법감시인을 임면한 경우
④ 준법감시인이 자산운용에 관한 업무를 겸직하게 할 경우

자본시장과 금융투자업에 관한 법률 & 금융위원회규정(11문항)

56 다음 설명 중 가장 적절하지 않은 것은?

① 금융위원회는 국무총리 산하의 합의체 행정기관이다.
② 금융위원회는 9명, 금융위원회 산하의 증권선물위원회는 5명의 위원으로 구성된다.
③ 금융감독원은 원장 1명, 부원장 4명 이내, 부원장보 9명 이내와 감사 1명을 두며, 임기는 모두 3년으로 하고 한 차례 연임이 가능하다.
④ 금융감독원은 금융기관의 업무를 검사할 수 있지만 금융기관의 재산상황은 검사할 수 없다.

57 금융투자상품의 정의와 관련하여, 옳은 설명으로 연결한 것은?

> 가. 추가지급의무 부과여부에 따라 금융투자상품과 비금융투자상품으로 구분된다.
> 나. 원화표시 양도성예금증서와 관리신탁의 수익권, 주식매수선택권은 금융투자상품에서 제외된다.
> 다. 금융투자상품은 원금초과손실 여부로 증권과 파생상품으로 구분된다.

① 가, 나
② 나, 다
③ 가, 다
④ 가, 나, 다

58 자본시장법상 금융투자업을 영위하기 위해서는 금융위원회로부터 인가 또는 등록을 승인받아야 한다. 그렇다면 다음 중 등록대상 금융투자업으로만 연결한 것은?

① 투자중개업, 투자일임업
② 투자자문업, 신탁업
③ 집합투자업, 온라인소액투자중개업
④ 투자일임업, 온라인소액투자중개업

59 순자본비율 산정의 기본원칙이다. 틀린 것은?

① 순자본비율의 기초가 되는 금융투자업자의 자산, 부채, 자본은 연결재무제표에 계상된 장부가액을 기준으로 한다.
② 시장위험과 신용위험을 동시에 내포하는 자산에 대해서는 시장위험액과 신용위험액을 모두 산정한다.
③ 영업용순자본의 차감항목에 대해서는 원칙적으로 위험액을 산정하지 않는다.
④ 부외자산과 부외부채에 대해서는 원칙적으로 위험액을 산정하지 않는다.

60 순자본비율 계산 시 반영되는 총위험에 포함되는 위험을 모두 묶은 것은?

① 시장위험
② 시장위험, 신용위험
③ 신용위험, 운영위험
④ 시장위험, 신용위험, 운영위험

61 금융위원회는 경영개선에 대한 긴급조치를 할 수 있는데, 다음 중 그 긴급조치의 사유에 해당하지 않는 것은?

① 발행한 어음 또는 수표가 부도로 되거나 은행과의 거래가 정지 또는 금지되는 경우
② 유동성이 일시적으로 급격히 악화되어 투자자예탁금 등의 지급불능사태에 이른 경우
③ 휴업 또는 영업의 중지 등으로 돌발사태가 발생하여 정상적인 영업이 불가능하거나 어려운 경우
④ 순자본비율이 0% 미만인 경우

62 규제대상 행위로서 〈보기〉에 해당하는 것은?

〈보 기〉
투자매매업자 또는 투자중개업자는 투자자가 그 대리인으로부터 금융투자상품의 매매의 청약 또는 주문을 받지 아니하고는 투자자로부터 예탁받은 재산으로 금융투자상품의 매매를 할 수 없다(자본시장법 제70조).

① 일임매매
② 임의매매
③ 통정매매
④ 자기매매

63 투자일임업자의 영업행위규칙에 대한 설명이다. 가장 적절하지 않은 것은?

① 투자일임업자는 2개월마다 1회 이상 투자일임계약을 체결한 일반투자자에게 투자일임보고서를 교부해야 한다.
② 투자일임업자는 투자일임보고서 작성대상 기간이 지난 후 2개월 이내에 직접 또는 우편발송 등의 방법으로 교부해야 한다.
③ 역외투자일임업자는 금융위가 정하여 고시하는 기준에 따라 작성한 투자일임보고서를 월 1회 이상 투자자에게 직접 또는 우편발송의 방법으로 제공해야 한다.
④ 역외투자자문업자 또는 역외투자일임업자는 매 사업연도 개시일로부터 3개월간·6개월 간·9개월간 및 12개월간의 업무보고서를 작성하고 매기간이 지난 후 1개월 이내에 금융위원회에 제출해야 한다.

64 〈보기〉에서 '미공개 중요정보 이용(내부자거래)의 금지' 규정의 대상이 '될 수 있는 자'를 모두 묶은 것은?

〈보 기〉

가. 정책입안자
나. 당해 법인의 회계감사 업무를 수행하는 회계사
다. 장내파생상품의 기초자산이 되는 금융투자상품의 판매대리·중개업자

① 가, 나
② 나, 다
③ 가, 다
④ 가, 나, 다

65 자본시장조사업무 규정상의 조사결과 조치로서, 옳게 나열된 항목의 개수는?

증권의 발행제한(1년 이내의 기간), 벌금부과, 과태료부과, 임원에 대한 1년 이내 직무정지, 인가 또는 등록의 취소

① 2개   ② 3개
③ 4개   ④ 5개

66 집합투자업자의 영업행위규칙으로서 이해관계인과의 거래제한 등에 대한 설명이다. 가장 적절하지 않은 것은?

① 이해관계인에는 집합투자업자의 계열회사의 임직원 및 그 배우자도 포함된다.
② 이해관계인이 되기 전 6개월 이전에 체결한 계약에 따른 거래는 예외가 인정된다.
③ 이해관계인과의 예외 거래 시 및 이해관계인의 변경 시에는 신탁업자에게 즉시 통보해야 한다.
④ 집합투자업자는 집합투자재산을 운용함에 있어서 집합투자기구의 계산으로 집합투자업자가 발행한 수익증권을 취득할 수 없다.

한국금융투자협회규정(3문항)

67 조사분석자료의 작성 및 공표에 대한 규정이다. 가장 적절하지 않은 것은?

① 금융투자분석사와 기업금융업무 관련부서 간의 의견교환은 이해상충방지차원에서 절대 금지된다.
② 금융투자회사가 조사분석대상의 기업의 지분을 5% 이상 보유할 경우에는, 절대 조사분석자료를 공표할 수 없다.
③ 금융투자회사는 최근 1년간 3회 이상의 조사분석자료를 공표한 경우 최종 공표일이 속하는 월말로부터 6개월 이내에 조사분석자료를 추가로 공표해야 하며, 만약 더 이상 자료를 공표하지 않고자 할 때에는 중단사실과 사유를 고지해야 한다.
④ 금융투자분석사는 소속 금융투자회사에서 조사분석자료를 공표한 금융투자상품을 매매하는 경우에는(본인 담당업종은 매매금지), 공표 후 24시간이 경과해야 하며 공표일로부터 7일 동안은 공표한 투자의견과 같은 방향으로 매매해야 한다.

68 투자광고에 대한 설명이다. 가장 적절하지 않은 것은?

① 위험고지와 관련되는 사항에 대하여는 표시기준이 강화되는데, A4용지 기준으로는 9포인트 이상의 활자체를 사용하며 신문에 전면 게재하는 광고물에는 10포인트 이상의 활자체를 사용해야 한다.
② 인터넷 배너를 사용한 투자광고의 경우 위험고지를 하지 않아도 된다. 단, 파생상품 등 투자위험성이 큰 경우에는 해당 위험고지내용이 3초 이상 보이도록 해야 한다.
③ 펀드의 운용실적을 표시하기 위해서는 펀드설정일로부터 1년이 경과하고 순자산총액이 100억 원 이상인 펀드여야 한다.
④ MMF가 운용실적을 표시하는 경우는 과거 1개월의 수익률을 표시해야 하며, 다른 금융투자회사가 판매하는 MMF의 운용실적과 비교하는 광고는 할 수 없다.

69 금융투자회사의 약관운용에 관한 규정이다. 가장 적절하지 않은 것은?

① 금융위원회는 건전한 거래질서를 확립하고 불공정한 내용의 약관이 통용되는 것을 방지하기 위하여 금융투자업 영위와 관련하여 표준이 되는 약관을 정할 수 있다.
② 금융투자회사는 업무와 관련하여 표준약관을 그대로 사용하거나 수정하여 사용하거나 또는 새롭게 제정하여 사용할 수 있다.
③ 외국집합투자증권 매매거래에 관한 표준약관은 표준약관 그대로 사용해야 한다.
④ 금융투자회사는 금융투자업의 영위와 관련하여 약관을 제정하거나 변경하는 경우에는 약관의 제정 또는 변경 후 7일 이내에 협회에 보고하는 것이 원칙이다.

주식투자운용/투자전략(6문항)

70 자산배분전략의 의사결정대상이 되는 자산집단은 5가지 기본적 속성을 지녀야 하는데, 그 기본적 속성에 대한 설명으로 가장 적절하지 않은 것은?

① 자산집단 간의 자산들은 동일한 특성을 가져야 한다.
② 자산집단이 서로 배타적이어서 겹치는 부분이 없어야 한다.
③ 자산배분의 대상이 되는 자산집단들 전체는 투자가능한 대부분의 자산을 포함하는 것이 좋다.
④ 자산집단 내에서 실제 투자할 대상의 규모와 수가 충분해야 한다.

71 다음은 전술적 자산배분에 대한 설명이다. 가장 적절하지 않은 것은?

① 전술적 자산배분은 본질적으로 역투자전략이다.
② 전술적 자산배분은 자본시장의 과잉반응현상을 활용하는 전략인데, 전술적 자산배분이 성립되기 위해서는 자산집단이 평균반전과정을 따른다는 전제가 있어야 한다.
③ 전술적 자산배분은 '고가매수 & 저가매도' 전략을 취한다.
④ 전술적 자산배분은 가치평가과정이며 투자위험의 인내과정이다.

72 운용형태별 위험에 대한 설명이다. 가장 적절하지 않은 것은?

① 변동성(표준편차)과 수익률의 관계를 그래프로 나타낼 때, 패시브펀드는 보다 더 집중되어 나타나며 액티브펀드는 폭넓게 분포하는 것으로 나타난다.
② 변동성(표준편차)의 관점에서 볼 때, 액티브펀드의 위험은 패시브펀드의 위험보다 큰 것과 작은 것이 대등하게 분포한다.
③ 수익률의 관점에서 볼 때, 액티브펀드의 수익률은 패시브펀드의 수익률보다 높은 것과 낮은 것이 대등하게 분포한다.
④ 잔차위험의 관점에서 볼 때, 액티브펀드의 잔차위험은 패시브펀드의 잔차위험보다 큰 것과 작은 것이 대등하게 분포하고 있다.

73 주가지수의 종류에 대한 설명이다. 가장 적절하지 않은 것은?

① 다우존스산업평균지수(DJIA)는 주가가중방식으로 산출한다.
② Nikkei225는 시가가중방식으로 산출한다.
③ KOSPI200지수는 유동시가가중방식으로 산출한다.
④ 대형이며 성숙기에 있는 기업이 많을 경우 지수가 과대평가될 여지가 있는 것은 시가가중방식이다.

74 액티브(Active) 운용전략에 대한 설명이다. 이 중에서 가치주투자전략에 해당하는 항목을 모두 고르면?

> ㉠ 이상현상(Anomaly현상) 중 저PER주, 저PBR주의 초과수익현상을 기대한다고 할 수 있다.
> ㉡ 기업의 주당순이익이 미래에 증가하고 PER이 낮아지지 않는다면 주가는 최소한 주당순이익(EPS)의 증가율만큼 상승할 것으로 가정한다.
> ㉢ 투자자들이 충분히 인정해주지 않으면 가격이 쌀 수밖에 없다는 경제의 기본원칙인 수요공급의 원리를 이해하지 못하는 측면이 있다.
> ㉣ 이 스타일의 투자를 통해 시장과 비슷한 정도의 수익률만 올린다면 인덱스나 인핸스드 인덱스펀드에 비해 상대적으로 위험대비 수익률이 낮다는 단점이 있다.

① ㉠, ㉡
② ㉡, ㉢
③ ㉢, ㉣
④ ㉠, ㉢

75 ESG투자에 대한 설명이다. 가장 적절하지 않은 것은?

① ESG투자는 환경(Environment), 사회(Social), 지배구조(Governance)를 반영한 투자를 말한다.
② ESG워싱 논란을 방지하기 위하여 각국은 기업의 지속가능정보 공시에 대한 규정을 강화하고 금융당국에 의한 ESG 상품에 대한 기준 수립 및 공시제도의 정비를 강화하고 있다.
③ ESG에 대한 한국의 공시제도의 경우, 환경기술산업법과 자본시장법을 통해 공시대상 기업의 확대 및 금융기관의 ESG투자 및 상품관련 정보공시에 대한 제도를 갖추고 있다.
④ 유럽의 공시제도로서 기후변화에 대한 정보공시 프레임워크 역할을 하고 있는 것은 TCFD이다.

채권투자운용/투자전략(6문항)

76 보기에 대한 설명으로 틀린 항목으로 묶은 것은?

> 가. 복리채는 재투자를 고려하지 않고 만기에 원금과 이자를 동시에 지급하는 채권이다.
> 나. 할인채는 만기일에 액면금액을 만기수익률로 할인하여 지급하는 채권이다.
> 다. 통화안정증권과 금융채 일부가 할인채로 발행한다.

① 가
② 나
③ 가, 나
④ 가, 나, 다

77 채권시장의 발행시장 및 유통시장에 대한 설명이다. 가장 거리가 먼 것은?

① 공모발행방식이며 낙찰자가 제시한 수익률을 복수의 낙찰가격으로 하여 발행하는 것은 Conventional방식이다.
② 국채의 발행방식에는 '경쟁입찰, 첨가소화, 교부발행'의 세 가지가 있다.
③ 채권은 장외시장에서 거래되는 비중이 압도적으로 높다.
④ 장내시장에서 거래되는 국고채의 매매수량단위는 5억 원이다.

78 액면가 1만 원, 만기수익률이 3.75%, 만기가 1년 61일이 남은 할인채의 가격은?(가장 가까운 값을 선택)

① 8,800원
② 9,600원
③ 9,800원
④ 10,600원

79 듀레이션과 볼록성에 대한 설명이다. 가장 적절하지 않은 것은?

① 이표채의 듀레이션은 항상 만기보다 짧다.
② 만기수익률이 10%인 영구채의 듀레이션은 10이다.
③ 일정한 수익률과 만기에서 표면이율이 낮을수록 채권의 볼록성은 증가한다.
④ 볼록성이 큰 채권일수록 채권매입 시 더 높은 가격을 지불해야 한다.

80 수익률곡선(Yield Curve)의 기간구조이론에 대한 설명이다. 가장 거리가 먼 것은?

① 불편기대이론은 모든 투자자가 위험중립형이라는 전제 하에, 단기채권과 장기채권이 완전대체관계를 이룬다.
② 모든 투자자들은 기본적으로 유동성을 선호하고 만기가 길수록 더 높은 유동성프리미엄을 원하므로 수익률곡선이 우상향하게 된다는 것은 유동성선호이론이다.
③ 낙타형 수익률곡선을 가장 잘 설명하는 것은 편중기대이론이다.
④ 단기채시장의 기간프리미엄 양(+)이면 장기채시장의 기간프리미엄은 음(-)인 것처럼, 채권시장의 하위시장에 따라 기간프리미엄이 다르게 나타난다는 이론은 시장분할가설이다.

81 소극적인 채권운용전략에 대한 설명이다. 가장 거리가 먼 것은?

① 사다리형 만기전략은 중기채를 매입하지 않고 단기채와 장기채를 편입하여 시세변동위험을 평준화시키고 수익성도 적정수준으로 확보하려는 전략이다.
② 전통적 면역전략은 투자자의 목표투자기간과 채권의 듀레이션을 일치시킴으로써 시장수익률의 변동에 관계없이 채권매입당시 설정한 일정한 수익률을 목표기간 말에 실현할 수 있도록 하는 전략이다.
③ 순자산가치 면역전략은 자산의 시장가치 가중 듀레이션과 부채의 시장가치 가중 듀레이션을 일치시킴으로써 순자산가치의 변동성을 최소화하고자 하는 전략이다.
④ 채권인덱싱전략은 채권시장 전체의 흐름을 그대로 따르는 포트폴리오를 구성하여 채권시장의 전체 수익률을 달성하려는 전략이며, 채권시장이 효율적이라고 전제한다.

파생상품투자운용/투자전략(6문항)

82 현물과 선물 간의 매수차익거래가 가능한 조건과 가장 거리가 먼 것은?

① 만기가 가까운 근월물의 가격이 만기가 먼 원월물의 가격보다 높은 경우
② 선물의 시장가격이 현물의 시장가격보다 높은 경우
③ 보유비용이 0보다 큰 경우
④ 시장베이시스가 0보다 큰 경우

83 KOSPI200 선물 9월물이 250p이고 12월물이 253p인데, 양 차이가 앞으로 줄어들 것이라 예상될 경우 가장 적절한 전략은?(단위는 Point)

① 9월물 매수, 12월물 매수
② 9월물 매수, 12월물 매도
③ 9월물 매도, 12월물 매수
④ 9월물 매도, 12월물 매도

84 〈보기〉에서 장외파생상품의 기초자산이 될 수 있는 것으로 모두 연결한 것은?

― 〈보 기〉 ―
가. 금리
나. 원자재
다. 신용위험

① 가, 나
② 나, 다
③ 가, 다
④ 가, 나, 다

85 옵션을 이용한 합성전략에 대한 설명이다. 가장 적절하지 않은 것은?

① 콜불스프레드 전략은 행사가격이 낮은 콜옵션을 매수하고 행사가격이 높은 콜옵션을 매도하는 전략이다.
② 풋불스프레드 전략의 경우 프리미엄 순수입으로 시작한다.
③ 스트래들 매수전략은 행사가격이 동일한 콜옵션과 풋옵션을 동시에 매수하는 전략이다.
④ 스트랭글 매도전략은 행사가격이 동일한 콜옵션과 풋옵션을 동시에 매도하는 전략이다.

86 보호적 풋(Protective Put) 포지션에 대한 설명으로 옳은 것은?

① 풋옵션을 매도하므로 옵션프리미엄 수익을 얻는다.
② 행사가격이 주가보다 높으면 이익이다.
③ 주가가 상승할수록 유리하다.
④ 주식을 매도함과 동시에 풋옵션을 매수하는 전략이다.

87 다음 중 빈칸에 들어갈 말을 올바르게 짝지은 것은?

기초자산가격이 100point에서 110point로 상승할 때 옵션의 가격이 10point에서 11point로 상승하였다면, 이는 옵션의 민감도지표 중 (   )가 (   )임을 말한다.

① 델타 - 0.1
② 델타 - 0.5
③ 감마 - 0.1
④ 감마 - 0.5

투자운용결과분석(4문항)

88 시간가중수익률에 대한 설명이다. 가장 거리가 먼 것은?

① 펀드매니저가 통제할 수 없는 투자자금의 유출입에 따른 수익률 왜곡현상을 해결한다.
② 시간가중수익률은 총 투자기간을 세부기간으로 나누어 기하적으로 연결하며, 세부기간이 길수록 수익률의 왜곡현상이 감소한다.
③ 순수 시간가중수익률을 계산하기 위해 반드시 일일 단위로 수익률을 측정할 필요는 없다.
④ GIPS는 시간가중수익률로 펀드수익률을 계산할 것을 권고한다.

89 기준지표에 대한 다음 설명 중 가장 적절하지 않은 것은?

① 운용에 특이한 제약조건이 없는 경우에는 시장지수가 적합하다.
② 특정분야에 집중투자하는 경우에는 맞춤포트폴리오가 적합하다.
③ 혼합형펀드에 투자하는 경우에는 합성지수가 적합하다.
④ 채권에 투자할 때 적합하며 시장성있는 종목으로 구성한 벤치마크는 정상포트폴리오이다.

90 아래 표의 정보를 이용하여 계산할 때, A펀드가 B펀드에 비해 우월하게 나오는 성과지표는 무엇인가?(벤치마크수익률은 8%로 시장수익률과 동일하다고 가정, 무위험수익률은 2%로 가정)

구 분	A펀드	B펀드
포트폴리오수익률	11%	17%
표준편차	10%	12%
베 타	1.1	2.0
잔차위험	8%	10%

① 샤프비율
② 트레이너비율
③ 젠센의 알파
④ 정보비율

91 GIPS(Global Investment Performance Standard) 회계처리규칙에 대한 설명이다. 가장 적절하지 않은 것은?

① 거래일기준 회계, 발생주의 회계를 사용해야 한다.
② 컴포지트수익률은 개별 포트폴리오 수익률을 시간가중함으로써 계산되어야 한다.
③ 재량권 없는 포트폴리오는 회사의 컴포지트에 포함되지 말아야 한다.
④ 수익률계산 시 추정된 매매비용을 반영하지 말아야 하며, 모형 포트폴리오의 성과를 수익률에 반영하지 말아야 한다.

거시경제(4문항)

92 IS/LM모형의 작동원리에 대한 설명이다. 가장 적절하지 않은 것은?

① 정부지출(G)이 증가하면 실질국민소득(Y)이 증가한다.
② 조세(T)가 증가하면 실질국민소득(Y)이 감소한다.
③ 통화량(M)이 증가하면 실질국민소득(Y)이 증가한다.
④ 물가(P)가 하락하면 실질국민소득(Y)이 감소한다.

93 피구효과(Pigou Effect)에 대한 설명이다. 가장 적절하지 않은 것은?

① 경기불황이 심해짐에 따라 물가가 급속히 하락하고 경제주체들이 보유한 화폐량의 실질가치가 증가하게 되어 민간의 부(wealth)가 증가하고 그에 따라 소비 및 총수요가 증대되는 것을 말한다.
② 물가가 신축적으로 움직인다는 전제를 하고 있다.
③ 케인즈학파의 유동성함정 논리에 대응하기 위한 고전학파의 논리이다.
④ 피구효과가 있음으로 해서 통화정책의 독자적인 유효성이 상실하게 된다.

94 취업자 300명, 경제활동인구 400명, 생산활동가능인구 500명일 경우, 실업률과 경제활동참가율은 각각 얼마인가?

	실업률	경제활동참가율
①	20%	60%
②	20%	80%
③	25%	80%
④	25%	60%

95 다음 중 경기종합지수(CI)를 구성하는 지표 중 선행지표에 해당하는 것은?

① 건설수주액
② 내수출하지수
③ 수입액
④ 생산자제품재고지수

분산투자기법(5문항)

96 빈칸에 들어갈 말을 순서대로 나열한 것으로 옳은 것은?

> 변수 x의 효용함수가 $U(x)=\sqrt{x}$ 이면 (　　　), $U(x)=x^2$이면 (　　　)의 효용함수이다.

① 위험회피자, 위험중립자
② 위험회피자, 위험선호자
③ 위험선호자, 위험중립자
④ 위험선호자, 위험회피자

97 주식 X를 40% 편입하고 주식 Y를 60% 편입한 포트폴리오의 기대수익률은 얼마인가?(주식 X와 주식 Y의 개별 기대수익률은 보기에 따름)

상황	확률	예상수익률	
		주식 X	주식 Y
호황	0.5	20%	10%
정상	0.3	10%	5%
불황	0.2	-30%	-7.5%

① 5%
② 5.8%
③ 6.2%
④ 7%

98 자산X의 표준편차는 0.2, 자산Y의 표준편차는 0.3, 두 자산 간의 상관계수는 -1일 경우, 최소분산포트폴리오가 되는 자산X의 비중은 얼마인가?

① 0.40
② 0.60
③ 0.80
④ 0.90

99 표에서 지배원리를 충족하는 효율적 증권은 무엇인가?

구분	A	B	C	D
기대수익률	10%	10%	5%	5%
표준편차	10%	5%	10%	5%

① A
② B
③ C
④ D

100 트레이너 블랙모형에 대한 설명이다. 가장 적절하지 않은 것은?

① 적극적 투자관리의 일환으로서 소수종목을 선택하여 초과수익을 획득하면서도 적절한 분산투자로 비체계적위험을 가급적 줄이고자 하는 전략이다.
② 초과수익 가능성과 비체계적위험의 감소 간에 균형을 이루도록 각 증권에 대한 최적투자비율을 구한다.
③ 개별증권의 초과수익 알파(α)는 기대수익률에서 요구수익률을 뺀 차이로 추정하며, 요구수익률은 증권시장선으로 구한다.
④ 각 증권의 최적투자비율은 포트폴리오의 비체계적위험에 대한 그 증권의 초과수익의 비율로 결정되는데, 비체계적위험이 적은 증권일수록 투자비중이 낮게 구성되는 특징이 있다.

패스코드는 플랜별 학습이 가능하도록 구성된 교재입니다.
제공되는 합격 플랜을 확인하신 후 학습하시면 보다 효율적이고 체계적인 학습이 가능합니다.

제2회
투자자산운용사
실제유형 모의고사

문항 및 시험시간

평가영역	문항 수	시험시간	비 고
투자자산운용사	100문항	120분	

※ 이 자료는 저작권법에 의해 보호를 받는 저작물이므로 동영상 제작 및 무단전재와 복제를 금합니다.
※ 동 교재는 매회 실제시험의 기출경향을 분석·반영하기 위해 1년에 4회 이상 개정을 하고 있습니다. 따라서 새로 업데이트된 버전의 도서로 최신경향을 확인할 수 있음을 참고하시길 바랍니다.

세제관련 법규/세무전략(7문항)

01 다음 중 납세의무의 성립시기로 옳지 않은 것은?

① 부가가치세 : 과세기간이 끝나는 때
② 증여세 : 증여에 의해 재산을 취득하는 때
③ 증권거래세 : 증권을 매입하여 취득할 때
④ 종합부동산세 : 과세기준일

02 소멸시효 등과 관련한 설명이다. 가장 적절하지 않은 것은?

① 국가가 납세의무자에게 국세를 부과할 수 있는 기간을 제척기간이라 하고, 부과한 국세에 대한 징수권의 행사기간을 소멸시효라고 한다.
② 5억 원 이상의 국세채권의 징수권은 10년 내로 행사하지 않으면 소멸시효가 완성된다.
③ 납부고지나 독촉이 있는 경우에도 이미 경과한 소멸시효의 시효기간 효력은 중단되지 않는다.
④ 납세의무자가 사망하더라도 납부의무는 소멸되지 않는다.

03 다음 중 소득세법상 이자소득에 속하지 않는 것은?

① 채권의 할인액
② 저축성보험의 보험차익
③ 출자공동사업자의 손익분배금
④ 환매조건부채권의 매매차익

04 다음의 증권시장에서 주권을 양도할 때 농어촌특별세가 부과되는 시장은 무엇인가?

① 유가증권시장
② 코스닥시장
③ 코넥스시장
④ K-OTC시장

05 〈보기〉의 경우 증권거래세의 납세의무자와 신고납부기한을 옳게 연결한 것은?

──── 〈보 기〉 ────
국내 사업장을 가지고 있지 않은 비거주자인 양도인이, 금융투자업자를 거치지 않고 주권을 거주자인 양수인에게 양도하였다(양도일 2월 20일).

	납세의무자	신고납부기한
①	양도인	3월 10일
②	양도인	8월 31일
③	양수인	3월 10일
④	양수인	8월 31일

06 〈보기〉에서 종합소득세 신고·납부를 해야 하는 경우는?(A, B, C, D 모두 기재된 소득 이외의 소득은 없다고 가정함)

──── 〈보 기〉 ────
A. 연소득 1억 원의 근로소득만 있는 자
B. 직장공제회 초과반환금이 3천만 원인 자
C. 비영업대금의 이익이 1천만 원이고 근로소득이 4천만 원인 자
D. 정기예금의 이자소득이 2천만 원이고 상장주식의 배당소득이 3천만 원인 자

① A ② B
③ C ④ D

07 증여세를 절세할 수 있는 전략이다. 가장 적절하지 않은 것은?

① 증여세는 증여자별·수증자별로 과세가 되므로 한 사람의 증여자가 증여하는 것보다는 여러 사람이 나누어 증여하는 것이 유리하다. 단, 할아버지가 손자에게 증여하는 것이 포함되는 경우, 세대생략할증과세(30%)가 적용되어 불리하다.
② 10년 단위로 증여재산공제가 되므로, 자녀에게 증여할 때는 어릴 때부터 증여하는 것이 유리하다.
③ 증여재산공제 범위에 해당되어 증여세를 내지 않게 되더라도 증여세 신고를 하는 것이 바람직하다.
④ 어떤 자산을 장기보유해야 하지만 자산가치가 낮은 상황이라면, 적극적으로 해당자산을 증여하는 것을 고려할 만하다.

금융상품(8문항)

08 신탁상품에 대한 설명이다. 가장 적절하지 않은 것은?

① 신탁재산은 수탁자의 상속재산 또는 수탁자의 파산재단에 속하지 않는다.
② 신탁재산에 대한 강제집행 및 경매는 불가하다.
③ 신탁재산인 채권과 다른 채무와의 상계는 금지된다.
④ 신탁의 수탁자가 사망 또는 사임할 경우 신탁은 소멸된다.

09 생명보험의 영업보험료를 산출할 때 반영되지 않는 것은?

① 예정손해율
② 예정위험률
③ 예정이율
④ 예정사업비율

10 MMF 운용대상인 채무증권의 신용등급 제한과 관련한 설명이다. 가장 적절하지 않은 것은?

① MMF에 편입된 채무증권의 신용등급이 최상위등급에서 최상위등급의 차하위등급으로 하락한 경우는 편입비율을 축소하는 등의 투자자보호 조치를 취해야 한다.
② MMF에 편입된 채무증권의 신용등급이 상위 2개 등급에 미달된 경우에는 지체 없이 당해 채무증권을 처분하는 등의 투자자보호 조치를 취해야 한다.
③ 편입대상 채무증권의 신용등급이 상위 2개 등급에 미달하더라도 보증인의 신용등급이 상위 2개 등급 이내인 채무증권의 경우는 편입이 가능하다.
④ 담보 또는 처분옵션을 감안하여 일반사무관리회사가 당해 채무증권이 상위 2개 등급에 상응하다고 인정하는 채무증권은 상위 2개 등급 이내가 아니어도 편입이 가능하다.

11 다음 중 모자형 집합투자기구의 요건으로 옳은 것을 모두 고르면?

> 가. 자집합투자기구가 모집합투자기구의 집합투자증권 외 다른 집합투자증권을 취득하는 것이 허용되지 않을 것
> 나. 자집합투자기구 외의 자가 모집합투자기구의 집합투자증권을 취득하는 것이 허용되지 않을 것
> 다. 자집합투자기구와 모집합투자기구의 집합투자업자가 동일하지 않을 것

① 가, 나
② 나, 다
③ 가, 다
④ 가, 나, 다

12 집합투자기구의 기준가격에 대한 설명이다. 가장 적절하지 않은 것은?

① 집합투자업자는 산정된 기준가격을 매일 공고·게시하는 것이 원칙이지만, 외화자산에 투자하는 등의 사유로 매일 공고·게시가 곤란한 경우는 기준가격의 공고·게시 주기를 15일의 범위 내에서 별도로 정할 수 있다.
② MMF를 장부가로 평가한 경우, 장부가에 의해 평가한 기준가격과 시가 및 공정가액에 의해 평가한 기준가격의 차이가 1,000분의 5를 초과할 경우에는 집합투자규약에서 정한 조치를 취해야 한다.
③ 펀드의 과세대상 기준가격(과세기준가격 또는 과표기준가격)은 펀드의 기준가격보다 높을 수 없다.
④ 기준가격의 산정오류로 기준가격을 변경·공고하려는 경우에는 집합투자업자의 준법감시인과 신탁업자의 확인을 받아야 한다.

13 ELS(주가연계증권)에 대한 설명이다. 가장 적절하지 않은 것은?

① 법적으로 파생결합증권으로 분류되며, 공모발행과 사모발행 모두 가능하다.
② 증권사와 자산운용사가 모두 발행할 수 있다.
③ 중도해지 시 원금손실을 볼 가능성이 높지만 투자자 요청에 의한 중도해지 자체는 가능하다.
④ ELS 수익구조 중, 투자기간 중 주가가 한번이라도 사전에 정해 둔 주가수준에 도달할 경우 확정된 수익을 지급하고 계약이 소멸되는 것은 낙아웃형이다.

14 〈보기〉에 해당하는 금융투자상품은 무엇인가?

―――〈보 기〉―――
기업이나 금융기관이 보유하고 있는 자산을 표준화하고 특정 조건별로 집합하여 이를 특수목적회사에 양도하고, 해당 특수목적회사가 이러한 자산을 기초로 하여 발행하는 증권을 말한다.

① 채무증권
② 집합투자증권
③ 자산유동화증권
④ 증권예탁증권

15 역모기지론(Reverse Mortgage)에 대한 설명이다. 가장 거리가 먼 것은?

① 역모기지 계약이 체결될 경우 금융기관은 대출자의 종신시점까지 상환청구권을 행사할 수 없으며, 대출자는 중도상환의무를 부담하지 않고 연금을 수령한다.
② 역모기지 계약의 체결에 있어 대출신청자의 미래상환능력 및 신용기록이 중요하게 고려된다.
③ 역모기지를 공급하는 금융기관은 장수위험, 이자율위험, 일반주택가격평가위험, 특정주택가격평가위험, 비용위험에 노출된다.
④ 역모기지를 이용하는 대출자의 입장에서는 금융기관의 파산가능성 및 과세문제와 위험에 노출된다.

부동산관련 상품(5문항)

16 '국토의 계획 및 이용에 관한 법률'상 도시지역 내의 용적률 한도가 가장 높은 지역은?

① 주거지역　　　　　　　② 상업지역
③ 공업지역　　　　　　　④ 녹지지역

17 부동산의 현금흐름을 예측하는 단계에서, '운용에 의한 현금흐름' 예측에 대한 설명이다. 옳은 것을 모두 고르면?

> 가. 연간 단위당 예상임대료를 곱하면 잠재총소득이 된다.
> 나. 잠재총소득에서 공실 등에 의한 손실을 차감하고 주차장수입, 자판기수입 등 기타의 소득을 더하면 유효총소득(실제 총소득)이 된다.
> 다. 순영업이익(순운용소득)에서 미상환대출저당잔고를 차감하면 납세 전 현금흐름이 된다.
> 라. 납세 전 현금흐름에서 양도소득세를 차감하면 납세 후 현금흐름이 된다.

① 가　　　　　　　　　　② 가, 나
③ 가, 나, 다　　　　　　 ④ 가, 나, 다, 라

18 부동산의 가치발생요인이 아닌 것은?

① 부동산의 효용성(Utility)
② 부동산의 위치
③ 부동산의 상대적 희소성
④ 부동산의 유효수요

19 PF의 채권보전수단의 하나로, 사업대상부지나 공사 중인 건물에 대해 저당권설정이나 부동산담보신탁을 할 수 있다. 이때 부동산담보신탁에 대한 설명으로 가장 적절하지 않은 것은?

① 등록세와 교육세, 채권매입비가 면제되는 대신 신탁보수를 부담하는데, 그 비용이 저당권에 비해 낮은 편이다.
② 채권실행비용이나 소요기간에 있어, 저당권설정보다 현저히 절감된다.
③ 환가가액이 저당권의 환가가액보다 높다.
④ 후순위권리설정을 배제할 수 없어 담보가치 유지가 저당권에 비해 불리하다.

20 다음은 부동산의 감정평가 3방식에 대한 설명이다. 빈칸에 들어갈 말을 순서대로 바르게 나열한 것은?

> 토지를 평가할 때 가장 적합한 방식은 (　　　)이며, 토지에 대해 적용이 어려운 방식은 (　　　)이다.

① 원가방식 – 비교방식　　　② 비교방식 – 수익방식
③ 수익방식 – 원가방식　　　④ 비교방식 – 원가방식

대안투자운용/투자전략(5문항)

21 헤지펀드 운용전략 중에서, 〈보기〉의 내용에 모두 부합하는 전략의 종류는 무엇인가?

〈보 기〉
- 위험을 적극적으로 취하고, 상황에 따라 공매도와 차입을 사용한다.
- 기업의 합병, 사업개편, 청산 및 파산 등 기업상황에 영향이 큰 사건을 예측하고 이에 따라 발생하는 가격변동을 이용하여 수익을 창출하고자 하는 전략이다.
- 합병차익거래, 부실채권투자전략 등이 있다.

① 차익거래전략　　　② Event Driven전략
③ 방향성전략　　　　④ 글로벌매크로전략

22 채권수익률곡선이 일시적인 시장 변동으로 기울기가 완만해 질 경우, 단기채와 장기채를 이용한 적절한 차익거래포지션은?

① 단기채 매수 + 장기채 매도　　　② 단기채 매도 + 장기채 매수
③ 단기채 매수 + 장기채 매수　　　④ 단기채 매도 + 장기채 매도

23 다음 중 대안투자상품으로만 연결한 것은?

① 부동산펀드, Money Market Fund
② 헤지펀드, Private Equity Fund
③ 해외주식형펀드, Commodity Fund
④ Money Market Fund, 인프라스트럭처펀드

24 〈보기〉에 대한 설명으로 가장 적절하지 않은 것은?

〈보 기〉

100억 원 규모의 포트폴리오에서 40억 원을 빌려서 Long Position에 140억 원, Short Position에 100억 원을 보유하는 포지션을 구축하였다.

① Net Market Exposure는 40%이다.
② Long Short Ratio는 1.4이며, Long Short Ratio가 낮을수록 수익창출력이 우수하다.
③ Gross Exposure는 6이다.
④ Long Short Market neutral(시장중립형) 전략이다.

25 신용파생상품 거래에 대한 설명이다. 가장 적절하지 않은 것은?

① CDS는 보장매도자가 신용위험을 전가한 사실을 차주가 알 수 없기 때문에, 보장매도자의 입장에서 고객사와의 우호적 관계를 유지할 수 있다는 장점이 있다.
② TRS는 TRS매도자의 입장에서 총수익을 TRS매수자에게 지급함으로써, 신용위험뿐 아니라 시장위험까지 전가할 수 있다는 장점이 있다.
③ CLN은 일반채권에 CDS를 결합한 상품인데, 보장매입자는 준거자산의 신용위험을 CLN발행자에게 전가하고 CLN발행자는 이를 다시 채권의 형태로 변형하여 투자자들에게 발행함으로써 신용위험을 이전하는 형태이다.
④ 합성CDO는 보장매수자가 준거자산을 양도하지 않고 신용파생상품을 이용하여 내재된 신용위험을 SPC에 이전하는 유동화방식이다.

해외증권투자운용/투자전략(5문항)

26 세계증권시장의 통합과 동조화에 대한 설명이다. 가장 적절하지 않은 것은?

① 세계증권시장이 완전히 통합된다 하더라도 국제분산투자효과는 발생한다.
② 국가 간 교역이 증대되면 동조화 현상은 강화된다.
③ 동조화 현상은 글로벌 금융위기와 같은 위기상황에서 더 강해진다.
④ 글로벌화가 진전된 IT산업이나 중간재 산업 등에서 동조화 현상은 두드러지게 나타나고 있다.

27 국제투자 시 환위험 헤징 전략에 대한 설명이다. 가장 적합한 것은?

① 선물환을 이용해서 환위험 헤지를 할 경우 필연적으로 롤링위험에 노출된다.
② 통화파생상품을 이용한 환위험 헤지는 매우 유용하며 현실적으로도 이용에 별 제약이 없다.
③ 내재적 헤지는 별도의 헤지비용이 추가되지 않는다.
④ 대부분의 국제투자펀드는 환위험 헤지를 적극적으로 한다.

28 해외주식발행에 대한 설명이다. 가장 거리가 먼 것은?

① 우리나라 기업의 해외상장의 경우 현지의 제도가 DR상장이든 원주상장이든 관계없이 DR의 형태로 상장되고 거래된다.
② 달러화표시로 해외에서 DR을 발행하고 미국과 미국 이외의 거래소에 동시에 상장하면 ADR이 아니라 EDR이 된다.
③ 상장비용측면에서는 ADR보다 EDR이 유리하다.
④ 미국투자자가 외국기업의 미국증시상장을 원할 경우 미국증권회사가 비용을 부담하고 DR발행을 하게 되는데, 이를 Unsponsored DR이라 한다.

29 다음 중 양키본드(Yankee Bond)에 대한 설명으로 가장 거리가 먼 것은?

① 미국에서 비거주자가 달러표시로 발행하는 채권이다.
② 미국에서 발행하는 외국채이므로, 미국 현지의 투자자를 보호하기 위해 증권거래위원회(SEC)의 엄격한 공시규정이 적용된다.
③ 미국의 채권발행 및 조세규정에 관한 규제를 따라야 하므로, 양키본드에 투자할 경우 내국인·외국인 투자자를 불문하고 원천징수세가 부과된다.
④ 미국에서 채권을 발행하기 위해서는 Moody's와 같은 공인된 신용평가기관으로부터 신용등급평가를 받아야 하며, 신용도가 낮을수록 자금조달비용이 높아지게 된다.

30 해외주식 투자 시 국가별 비중을 결정함에 있어서 사용되는 상향식(Bottom Up)에 대한 설명이다. 가장 거리가 먼 것은?

① 주요 산업과 기업을 글로벌 경쟁의 관점에서 분석하고 성장성 있는 산업 및 각 산업에서 혁신을 선도하는 기업을 선정하여 투자한다.
② 국가의 비중은 산업 및 기업선정의 결과로써 결정된다.
③ 세계경제는 완전히 통합되지 않고 분리되어 있는 각국 경제의 결합체로 본다.
④ 해외투자에 있어 공격적 투자에 해당한다.

투자분석기법(12문항)

31 현금흐름추정의 기본원칙을 나열하였다. 잘못된 것은?

① 현금흐름분은 증분기준으로 추정되어야 한다.
② 현금흐름은 세전기준으로 추정되어야 한다.
③ 현금흐름의 추정에는 모든 간접적 효과도 고려되어야 한다.
④ 매몰원가는 고려대상이 아니지만 기회비용은 고려해야 한다.

32 증권분석을 위한 통계기초에 대한 내용이다. 옳은 항목으로 연결한 것은?

> 가. 표준편차는 각각의 분포가 평균으로부터 떨어진 거리들을 평균하여 측정한다.
> 나. 범위는 분포의 최대값에서 최소값을 차감하여 측정한다.
> 다. 모집단이 아니고 표본인 경우 분산과 표준편차는 자유도로 나누어 측정한다.

① 가, 나
② 나, 다
③ 가, 다
④ 가, 나, 다

33 배당평가모형과 관련하여 빈칸에 알맞은 것은?

> A기업의 배당성향은 20%이며 배당성장률은 5%가 유지될 것으로 추정된다. 당기의 주당순이익은 10,000원이며 현재 주가가 21,000원일 경우, 투자자의 요구수익률은 (   )이다.

① 12%
② 14%
③ 14.5%
④ 15%

34 재무레버리지도(DFL)가 3이고 매출액은 50,000원, 변동비가 30,000원, 고정비가 15,500원, 영업이익이 4,500원일 때 이자비용은 얼마인가?

① 1,500원
② 2,000원
③ 3,000원
④ 4,000원

35. 〈보기〉의 경우, 상장기업 A의 주당가치는 얼마인가?

〈보 기〉

- 상장기업 A의 EBITDA는 1천만 원이며, 채권자가치는 1억 원이다. 단, 채권자가치는 '이자지급성부채 – 현금 및 유가증권'을 말한다.
- A와 유사한 기업의 EV/EBITDA 비율은 15이다.
- 상장기업 A의 총발행주식수는 100,000주이다.

① 500원 ② 1,000원
③ 1,500원 ④ 2,500원

36. 〈보기〉의 경우 EVA모형으로 평가한 기업가치는 얼마인가?

〈보 기〉

세후순영업이익 50억 원, 자기자본비용 12%, 타인자본비용(세후) 8%, 자기자본 100억 원, 타인자본 100억 원

① 약 417억 원 ② 500억 원
③ 625억 원 ④ 700억 원

37. 다음 중 기술적 분석의 개념에 대한 설명으로 가장 적절하지 않은 것은?

① 증권의 시장가치는 수요와 공급에 의해서만 결정된다고 전제한다.
② 계량화가 어려운 심리적 요인까지 주가에 반영함으로써 기본적 분석의 한계점을 보완한다.
③ 수요와 공급의 분석을 통해 시장이 변동하는 근본원인을 설명할 수 있다.
④ 과거의 주가추세는 지속되고 패턴은 반복된다는 전제를 필요로 하는데, 미래에도 추세가 지속되고 패턴이 반복된다는 것은 비현실적일 수 있다.

38. 추세분석에 대한 다음 설명 중 가장 적절하지 않은 것은?

① 추세선의 신뢰도는 저점이나 고점이 여러 번 나타날수록, 또 추세선의 길이가 길고 기울기가 완만할수록 크다고 할 수 있다.
② 일반적으로 추세선은 직선에 가까운 모습을 보이지만 주가상승이나 하락의 움직임이 급격할 경우에는 직선의 추세선과 방향을 같이 하면서도 곡선의 형태로 나타나기도 하는데, 이를 추세곡선이라 한다.
③ 부채형 추세선이 시간을 두고 여러 개가 형성된다는 것은 기존의 추세가 강화되고 있음을 의미한다.
④ 몸체가 긴 음선 또는 긴 양선이 발생하며 추세선을 돌파하는 경우 또는 3%나 5% 등 일정비율(기간으로는 3일이나 5일) 이상 추세선을 벗어나는 경우 추세전환의 신호로 이해할 수 있다.

39 다음 중 패턴분석에 대한 설명으로 가장 적절하지 않은 것은?

① 헤드앤쇼울더형은 왼쪽 어깨에서 거래량이 가장 많고 머리부분과 오른쪽 어깨로 갈수록 거래량은 감소한다.
② 이중바닥형은 두 번째 바닥이 첫 번째 바닥보다 더 완만하게 그리고 더 높게 형성된다.
③ 직사각형이 형성되기 위해서는 최소한 두 개의 산과 두 개의 골이 있어야 한다.
④ 쐐기형은 깃발형과 삼각형의 혼합형태로서 지속형 패턴에 속하며, 상승추세 과정 속에 나타나는 상승쐐기형, 하락추세의 과정 속에 나타나는 하락쐐기형이 있다.

40 다음 중 추세추종형 지표에 해당하지 않는 것은?

① MACD
② MAO
③ Sonar
④ CCI

41 산업연관표에 대한 설명이다. 틀린 항목으로 연결한 것은?

> 가. 산업연관표는 국민소득통계에서 제외된 중간생산물의 산업 간 거래도 포괄한다.
> 나. 산업연관표의 세로방향은 상품의 투입구조, 가로방향은 상품의 배분구조를 말한다.
> 다. 산업연관표상의 총투입액과 총수요액은 일치한다.
> 라. 투입계수를 통해 전·후방 연쇄효과를 파악할 수 있다.

① 가, 나
② 나, 다
③ 다, 라
④ 가, 라

42 산업분석에 대한 다음 설명 중 옳은 항목은?

① 산업경쟁력 분석모형은 '경쟁자산, 시장환경, 산업성과'의 세 가지 측면으로 분석하는 것인데, 정부규제는 시장환경 측면에 속한다.
② 산업정책은 케인즈의 거시경제정책의 연장선상에 있다고 할 수 있다.
③ 산업정책은 산업구조정책과 산업조직정책으로 구분되는데, 시장의 독과점을 완화하는 정책은 산업구조정책에 속한다.
④ 상위 k개에 속한 기업의 시장점유율의 합계를 파악함으로써 상위 k개 기업이 시장에서 차지하는 집중률을 알 수 있는 것은 허핀달지수이다.

리스크관리(8문항)

43 Roll Over Risk에 크게 노출됨에 따라 발생한 리스크관리 실패사례는?

① 베어링은행 파산사례
② 메탈게젤샤프트 파산사례
③ 오렌지카운티 파산사례
④ LTCM 파산사례

44 주가지수옵션의 가격이 10point이며, KOSPI200이 200point이고 주가지수 수익률의 1일 기준 σ가 3.4%, 옵션의 델타가 0.6이다. 이 때 95% 신뢰도 1일 VaR은 얼마인가?(95% 신뢰기준의 신뢰상수 : 1.65)

① 6.732point
② 9.506point
③ 21.28point
④ 673.2point

45 95% 신뢰기준, 보유기간 1일 기준의 VaR은 1.65억 원이다. 그렇다면, 99% 신뢰기준 보유기간 4일 기준의 VaR은 얼마인가?(단위 : 억 원)

① 1.65
② 2.33
③ 3.30
④ 4.66

46 빈칸에 알맞은 것은?

> A자산의 VaR은 8억 원이고 B자산의 VaR은 5억 원이다. 그리고 두 자산의 상관계수가 0(영, 제로)이라면 포트폴리오 AB의 VaR은 (   )이다.

① 3억 원
② 9.43억 원
③ 11.35억 원
④ 13억 원

47 빈칸을 옳게 연결한 것은?(Marginal VaR = 한계VaR)

> • 기존 포트폴리오의 VaR은 100억 원, 투자대안 A의 VaR은 80억 원, 투자대안B의 VaR은 50억 원이다(A, B의 기대수익률은 15%로 동일하다고 가정함).
> • 기존 포트폴리오에 투자대안 A를 편입할 경우, 변경 후 포트폴리오의 VaR은 120억 원이다.
> • 기존 포트폴리오에 투자대안 B를 편입할 경우, 변경 후 포트폴리오의 VaR은 130억 원이다.
> • 이 경우, 기존 포트폴리오의 편입대상으로서 성과가 더 좋을 것으로 기대되는 투자대안은 (   )이며, 해당 투자대안의 Marginal VaR은 (   )이다.

① A, 20억 원
② A, 80억 원
③ B, 30억 원
④ B, 50억 원

48 부도모형(Default Mode)에서 신용리스크를 측정하는 변수에 해당하지 않는 것은?

① 신용등급
② 손실률
③ 부도율
④ 익스포져

49 빈칸에 들어갈 말로 가장 적합한 것은?(순서대로)

> KMV의 EDF모형(부도율 측정모형)으로 특정기업의 부도율을 측정하고자 한다. 이 기업의 기업가치는 정규분포를 이룬다고 가정하며 자산은 70억 원, 부채는 40억 원, 표준편차는 10억 원이다. 이 경우 이론적 EDF상 부도거리(DD)는 (　　　)이고, 부도율은 표준정규분포상 (　　　　　　　　　　).

① 2, 2표준편차 이상의 확률에 해당된다.
② 2, 2표준편차 이하의 확률에 해당된다.
③ 3, 3표준편차 이상의 확률에 해당된다.
④ 3, 3표준편차 이하의 확률에 해당된다.

50 어떤 은행이 100억 원의 대출을 하고 있고, 대출의 부도율은 10%, 손실률이 30%일 때 예상손실의 변동성은 얼마인가?(단, 부도율은 베르누이분포를 따름)

① 3억 원
② 7억 원
③ 9억 원
④ 21억 원

직무윤리(5문항)

51 과당매매가 있을 경우 이해상충이 발생한다. 그렇다면 '과당매매'로 판단할 수 있는 기준이라고 볼 수 없는 것은?

① 일반투자자가 부담하는 수수료 총액
② 일반투자자의 재산상태 및 투자목적에 적합한지 여부
③ 일반투자자의 투자지식이나 경험에 비추어 당해거래에 수반된 위험을 잘 이해하고 있는지 여부
④ 매매회전율이 높았을 때의 수익 달성 여부

52 요청하지 않은 투자권유금지(금소법 제21조)와 관련하여, 빈칸에 들어갈 수 없는 것은?

> 요청하지 않은 투자권유는 금지된다. 그러나 금융소비자보호 및 건전한 질서를 해할 우려가 없는 행위로서, 금융상품에 대한 내용을 금융소비자에게 미리 안내하고 금융소비자가 투자권유를 받을 의사를 표시한 경우는 투자권유를 할 수 있다. 단, 이 경우에도 일반금융소비자를 대상으로 (   )은/는 투자권유를 할 수 없다.

① 고난도 금융투자상품
② 특정금전신탁
③ 장내파생상품
④ 장외파생상품

53 상품판매 이후 단계의 금융소비자보호조치로서 자료열람권(금융소비자보호법 제28조)을 설명한 것이다. 가장 적절하지 않은 것은?

① 금융소비자는 금융회사가 기록 및 유지·관리하는 자료의 열람을 요구할 수 있다. 단 분쟁조정이나 소송 수행 등 금융소비자의 권리구제를 위한 목적으로만 그 권리가 인정된다.
② 금융소비자의 권리를 보호하는 차원에서, 금융소비자가 자료열람권을 행사할 경우 금융회사는 무조건적으로 승인해야 한다.
③ 금융상품판매업자 등은 금융소비자로부터 열람의 요구를 받았을 때에는, 요구받은 날로부터 6영업일 이내에 금융소비자가 해당 자료를 열람할 수 있도록 해야 한다.
④ 금융회사는 금융소비자의 자료열람권 행사에 응하기 위해 발생한 자료 우송료, 자료의 생성 시 발생한 수수료 등의 비용을 금융소비자에게 청구할 수 있다.

54 금융투자회사 표준윤리준칙 제16조 대외활동에 대한 내용이다. 가장 적절하지 않은 것은?

① 임직원이 외부강연이나 기고 등의 대외활동을 할 때 회사의 의견이 아닌 사견은 밝힐 수 없다.
② 회사가 승인하지 않은 중요정보나 홍보물 등을 배포하거나 사용하는 행위는 금지된다.
③ 임직원과 고객 간의 이메일은 사용장소에 관계없이 표준내부통제기준 및 관계법령의 적용을 받는다.
④ 임직원의 사외대화방 참여는 공중포럼으로 간주되어 언론기관과 접촉할 때와 동일한 윤리기준을 준수해야 한다.

55 직무윤리 위반행위에 대한 제재내용이다. 틀린 것으로 연결한 것은?

> 가. 금융투자협회는 회원의 제명 또는 회원의 임직원에 대한 해임요구와 면직요구 등의 제재권을 발동할 수 있다.
> 나. 금융위원회는 금융투자업자에 대하여 인가·등록의 취소 또는 6개월 이내의 업무의 전부 또는 일부의 정지를 명할 수 있다.
> 다. 금융투자회사의 임직원에 대한 해임요구, 면직요구, 6개월 이내의 정직요구는 청문의 대상이다.
> 라. 금융위원회의 처분 또는 조치에 불복하는 자는 해당 처분 또는 조치의 고지를 받은 날로부터 30일 이내에 그 사유를 갖추어 금융위에 이의신청을 할 수 있으며, 이때 금융위는 해당 이의신청을 받은 날로부터 60일 이내에 결정하여야 하며 부득이한 사정으로 그 기간 내에 결정을 할 수 없을 경우에는 30일의 범위에서 그 기간을 연장할 수 있다.

① 가, 나
② 다, 라
③ 가, 다
④ 나, 라

자본시장과 금융투자업에 관한 법률 & 금융위원회규정(11문항)

56 다음 중 금융투자상품으로 인정되지 않는 것을 모두 고르면?

> ㉠ 원화표시 CD(양도성예금증서)   ㉡ 주식매수선택권(스톡옵션)
> ㉢ 관리형신탁의 수익권   ㉣ 사적인 금전채권

① ㉠, ㉡, ㉢
② ㉡, ㉢, ㉣
③ ㉠, ㉢, ㉣
④ ㉠, ㉡, ㉢, ㉣

57 투자매매업자 및 투자중개업자의 영업행위규칙과 관련하여, 틀린 내용으로 연결한 것은?

> 가. 투자매매업자 또는 투자중개업자는 투자자로부터 금융투자상품의 매매에 관한 주문을 받는 경우 사전에 본인이 투자매매업자인지 투자중개업자인지를 서면을 통해서 밝혀야 한다.
> 나. 투자매매업자 또는 투자중개업자는 매 2개월마다 투자자의 주문을 위한 최선집행 기준의 내용을 점검해야 한다.
> 다. 투자매매업자 또는 투자중개업자는 모집과 매출과 관련된 계약을 체결하고 발행한 증권이 최초로 상장된 후 40일 이내에는 해당 증권에 대한 조사분석자료를 제공할 수 없다.
> 라. 투자중개업자 또는 투자매매업자는 투자자로부터 금융투자상품의 가격에 중대한 영향을 미칠 수 있는 매수 또는 매도의 청약이나 주문을 받거나 받게 될 가능성이 큰 경우, 고객의 주문을 체결하기 전에 자기의 계산으로 매수 또는 매도하거나 제3자에게 매수 또는 매도를 권유하는 행위를 할 수 없다.

① 가, 나
② 나, 다
③ 다, 라
④ 가, 라

58 다음 중 경영공시의 대상이 아닌 것은?

① 금융사고나 민사소송의 패소로 손실이 발생한 경우로서 그 손실금액이 5억 원인 경우
② 회계기간 변경을 결정한 경우
③ 적기시정조치를 받은 경우
④ 상장법인이 아닌 금융투자투자업자에게 채권채무관계상 중대한 변경을 초래하는 사실이 발생한 경우

59 다음 중 집합투자업자의 수시공시사항에 속하지 않는 것은?

① 투자운용인력의 변경
② 환매연기 또는 환매재개의 결정 및 사유
③ 집합투자규약에 따른 투자설명서 내용의 변경
④ 집합투자자총회의 결의내용

60 집합투자업자의 의결권행사 규정에 대한 설명이다. 가장 거리가 먼 것은?

① 집합투자증권에 대한 의결권은 집합투자업자가 충실의무에 입각하여 행사해야 한다.
② 집합투자재산에 속하는 주식의 발행법인이 계열사이거나 사실상의 지배력을 행사하는 관계일 경우는 중립투표(shadow voting)를 하는 것이 원칙이다.
③ 동일종목, 동일법인 발행증권, 계열사 발행증권 투자한도 규정을 위반하여 취득한 주식에 대해서는 의결권을 행사할 수 없다.
④ 제3자와의 계약에 의한 의결권의 교차행사는 공모펀드에 한하여 인정된다.

61 집합투자기구의 이익금의 분배와 관련한 설명이다. 가장 적절하지 않은 것은?

① 집합투자업자는 집합투자재산의 운용에 따른 이익금을 투자자에게 금전 또는 새로 발행하는 집합투자증권으로 분배해야 한다.
② 투자회사가 이익금 전액을 새로 발행하는 주식으로 분배하고자 할 경우에는 정관이 정하는 바에 따라 발행주식 수, 발행시기 및 주식발행에 필요한 사항에 대해 주총의 결의를 거쳐야 한다.
③ 집합투자기구의 특성을 고려하여 집합투자지구는 규약이 정하는 바에 따라 이익금의 분배를 유보할 수 있다. 단, MMF의 경우 유보가 불가하다.
④ 집합투자기구의 특성을 고려하여 이익금을 초과하여 분배할 필요가 있는 경우에는 이익금을 초과하여 분배할 수 있다. 단, 투자회사의 경우 순자산액에서 최저순자산액을 뺀 금액을 초과하는 분배는 할 수 없다.

2회 투자자산운용사

62 다음 중 '집합투자기구 평가회사'의 정의에 해당하는 것은?

① 투자회사의 위탁을 받아 투자회사 주식의 발행 및 명의개서, 투자회사재산의 계산 등의 업무를 영위하는 자를 말한다.
② 집합투자기구를 평가하고 이를 투자자에게 제공하는 업무를 영위하는 자를 말한다.
③ 집합투자재산에 속하는 채권 등의 자산의 가격을 평가하고 이를 집합투자기구에게 제공하는 업무를 영위하는 자를 말한다.
④ 집합투자기구의 위탁자와 투자신탁 계약을 맺고 집합투자재산을 보관·관리하는 자를 말한다.

63 증권신고서와 관련된 내용 중 가장 적절하지 않은 것은?

① 증권신고서의 제출의무자는 대표주관회사이다.
② 모집은 50인 이상의 투자자에게 새로 발행한 증권의 취득의 청약을 권유하는 행위이다.
③ 매출은 50인 이상의 투자자에게 이미 발행한 증권의 매도의 청약을 하거나 매수의 청약을 권유하는 행위이다.
④ 모집 또는 매출금액이 10억 원 미만이면 증권신고서 제출의무가 면제된다.

64 투자설명서에 대한 설명이다. 가장 거리가 먼 것은?

① 누구든지 증권신고서의 효력이 발생한 증권을 취득하고자 하는 자(전문투자자와 서면 등으로 수령거부의사를 표시한 자는 제외)에게 투자설명서를 미리 교부하지 않으면 그 증권을 취득하게 할 수 없다.
② 개방형 집합투자증권의 경우 투자설명서 및 간이투자설명서를 제출한 후에는 1년마다 1회 이상 새로 고친 투자설명서 및 간이투자설명서를 제출해야 한다.
③ 투자설명서를 변경등록한 경우에는 변경등록의 통지를 받은 날로부터 5일 이내에 그 내용을 반영한 투자설명서 및 간이투자설명서를 제출해야 한다.
④ 증권신고서가 수리된 후 효력이 발생하기 전에 간이투자설명서를 사용하는 경우, 해당 설명서에 '해당 설명서가 신고서의 효력발생 전에 교부하는 것이라는 사실'을 명시해야 한다.

65 신용공여에 관한 규제이다. 다음 설명 중 가장 적절하지 않은 것은?

① 투자매매업자 또는 투자중개업자는 자기자본을 한도로 신용공여를 할 수 있으며, 신용공여 시 신용공여금액의 100분의 140 이상에 상당하는 담보를 징구하여야 한다.
② 신용공여와 관련하여 담보 및 보증금으로 제공되는 증권이 상장채권일 경우, 상장시장에서 결정된 당일의 종가를 기준으로 증권을 평가한다.
③ 한국거래소가 투자경고종목이나 투자위험종목 또는 관리종목으로 지정한 증권은 신규의 신용거래가 불가하다.
④ 투자매매업자는 증권의 인수일로부터 3개월 이내에 투자자에게 그 증권을 매수하게 하기 위하여 그 투자자에게 금전의 융자, 그 밖의 신용공여를 할 수 없다.

66 다음 중 내부자거래 규제대상자 중 '내부자'에 해당하는 경우를 모두 묶은 것은?

가. 해당 법인의 임직원으로서 그 직무와 관련하여 미공개 중요정보를 알게 된 자
나. 해당 법인의 계열사 임직원으로서 그 직무와 관련하여 미공개 중요정보를 알게 된 자
다. 해당 법인의 주요주주로서 그 권리를 행사하는 과정에서 미공개 중요정보를 알게 된 자
라. 해당 법인 계열사의 주요주주로서 그 권리를 행사하는 과정에서 미공개 중요정보를 알게 된 자
마. 해당 법인에 대하여 법령에 따른 허가, 인가, 지도 및 감독 등의 권한을 가지는 자로서 그 권한을 행사하는 과정에서 미공개 중요정보를 알게 된 자

① 가, 다
② 가, 다, 마
③ 가, 나, 다, 라
④ 가, 나, 다, 라, 마

한국금융투자협회규정(3문항)

67 다음 중 펀드명칭에 포함될 수 없는 것은?(공모, 사모펀드 포함)

① 판매회사
② 운용회사
③ 운용특성(운용전략, 투자대상, 투자지역)
④ 사 모

68 집합투자증권의 판매회사 변경제도에 대한 설명이다. 틀린 것으로 연결한 것은?

가. 판매회사 변경에 대한 투자자 요청이 있을 경우는 고객보호차원에서 어떠한 경우에도 판매회사 변경절차를 이행해야 한다.
나. 투자자의 요청으로 판매회사를 변경할 경우, 판매회사는 판매회사 변경 이행을 대가로 투자자에게 환매수수료를 징구할 수 없으나 별도의 비용은 징구할 수 있다.
다. 판매회사를 변경한 펀드의 경우 환매수수료 면제를 위한 기산일은 해당 펀드의 최초가입일로부터 계산한다.

① 가, 나
② 나, 다
③ 가, 다
④ 가, 나, 다

69 자본시장법상의 금융투자전문인력에 대한 설명이다. 가장 거리가 먼 것은?

① 투자매매업 또는 투자중개업을 인가받은 회사에서, 특정 금융투자상품의 가치에 대한 주장이나 예측을 담고 있는 자료를 작성하거나 이를 심사·승인하는 업무를 수행하는 인력은 조사분석인력(금융투자분석사)이다.
② 투자운용인력(투자자산운용사)은 집합투자재산 및 신탁재산을 운용하는 업무를 수행하며, 투자일임재산의 경우 투자운용인력의 운용대상에서 제외된다.
③ 파생상품권유자문인력은 파생상품 및 파생결합증권, 고난도 금융투자상품 그리고 파생상품 등에 투자하는 특정금전신탁계약 등의 체결을 권유하는 업무를 수행한다.
④ 금융투자회사의 지점 또는 영업소 등에서 해당 지점 또는 영업소 등에 소속된 투자권유자문인력 및 투자권유대행인의 업무에 대한 관리·감독업무를 수행하는 인력은 투자상담관리인력(투자권유자문관리인력)이다.

주식투자운용/투자전략(6문항)

70 다음 중 옳은 내용을 모두 고르면?

가. 마켓타이밍, 테마선택, 종목선택의 세 가지 전략 중 하나라도 사용할 경우 패시브 운용이 될 수 없다.
나. 현대의 자산운용조직에서는 자산배분(Asset Allocation)과 증권선택(Stock Selection)을 통합하는 추세가 강해지고 있다.
다. 기관투자자의 자산운용과정은 '자산배분 → 스타일배분 → 증권선택'의 3단계 과정을 거친다.
라. 준강형이나 강형의 효율적 시장가설을 신뢰한다면, 어떤 형태의 액티브 운용도 시도할 필요가 없다.

① 가, 나   ② 다, 라
③ 가, 다   ④ 나, 라

71 전략적 자산배분에 대한 설명이다. 가장 적절하지 않은 것은?

① 전략적 자산배분은 투자자가 정하는 것이 원칙이다.
② 현실적으로 진정한 효율적투자기회선을 규명하는 것은 불가능하며, 입력변수(기대수익률과 위험)의 현실적 오차를 반영한 퍼지투자기회선으로 최적투자를 수행한다.
③ 전략적 자산배분을 실행하는 도구로써 다른 유사한 기관투자자의 자산배분을 모방하는 것은 보편화되어 있는 방법이다.
④ 가치평가과정과 투자위험인내과정은 전략적 자산배분의 실행과정이다.

72 포트폴리오 보험전략 중 보험자산배분에 대한 설명이다. 가장 적절하지 않은 것은?

① 시장가격의 변화추세만을 반영하여 운용하는 수동적인 전략으로 초단기적 자산배분을 한다.
② 포트폴리오 보험전략을 선호하는 투자자는 극도로 위험을 회피하여 위험자산에 투자하지 않는다.
③ 고가매입 저가매도(Buy High/Sell Low) 전략을 구사한다.
④ 옵션을 이용하지 않고 포트폴리오 보험의 수익구조를 창출하기 위한 전략으로서, 포트폴리오 가치가 상승할 때 위험자산의 비중을 증가시키는 방식으로 운용한다.

73 〈보기〉는 어떤 전략에 해당하는가?

─〈보 기〉─
KOSPI200을 추종하는 인덱스펀드에 자산의 70%를 투자하고, 나머지를 KOSPI200에서 제외된 중소형주에 투자하는 전략이다.

① 준액티브 전략 중 인핸스드 인덱스 운용전략
② 준액티브 전략 중 계량분석 운용전략
③ 혼합전략 중 핵심위성 조합 운용전략
④ 혼합전략 중 액티브 보완 운용전략

74 다음 중 〈보기〉의 빈칸에 들어갈 말로 알맞은 것은?

─〈보 기〉─
기업실적에 대한 어닝서프라이즈나 어닝쇼크에 가장 큰 영향을 받는 액티브전략은 (　　　　)이다.

① 가치투자스타일
② 성장투자스타일
③ 혼합투자스타일
④ 시장가치에 의한 투자스타일

75 주식시장의 이상현상(Anomaly)의 종류이다. 이 중에서 수익률역전 그룹에 해당하는 것으로 모두 연결한 것은?

| 가. 소형주 효과 | 나. 저PER 효과 |
| 다. 저베타 효과 | 라. Winner-Loser효과 |

① 가, 나
② 다, 라
③ 가, 다
④ 나, 라

채권투자운용/투자전략(6문항)

76 채권의 종류와 관련하여 빈칸을 옳게 연결한 것은?

> • 복리채, 할인채, (　　　)는 채권의 이자지급식 분류에 해당한다.
> • (　　　)은 액면이자율이 특정 기준금리에 연동이 되는데 기준금리가 상승하면 현금흐름이 감소하도록 설정된 채권이다.

① 회사채, 변동금리채권
② 회사채, 역변동금리채권
③ 이표채, 변동금리채권
④ 이표채, 역변동금리채권

77 다음 중 전환사채(Convertible Bond)에 대한 설명으로 가장 적절한 것은?

① 전환사채의 전환권을 행사하면 회사에 신규자금이 유입된다.
② 전환사채의 전환권을 행사하면 부채와 자산이 동시에 줄어든다.
③ 전환사채는 일반회사채에 비해 낮은 금리로 발행한다.
④ 전환가치가 일반채권의 가치보다 낮을 경우 전환사채는 주식처럼 거래된다.

78 액면가 10,000원, 표면이율 6%, 3년 만기 연단위 후급 이표채, 시장가격 9,500원, 만기수익률 5%인 동 채권의 경상수익률은?(근사치)

① 6%
② 6.32%
③ 18%
④ 18.94%

79 말킬의 채권가격정리에 대한 설명으로 가장 적절하지 않은 것은?

① 채권가격은 채권수익률과 반대방향으로 움직인다.
② 채권의 잔존기간이 길수록 동일한 수익률변동에 대한 채권가격변동폭이 커진다.
③ 채권의 만기가 길수록 채권가격변동폭은 커지지만 그 증가폭은 점차 체감한다.
④ 만기가 일정할 때 채권수익률의 하락으로 인한 채권가격의 상승폭이 채권수익률의 상승으로 인한 가격하락폭보다 작다.

80 듀레이션과 관련하여 빈칸을 옳게 연결한 것은?(순서대로)

> 수정듀레이션이 2.72이다. 만기수익률이 5%에서 6%로 상승할 경우 힉스듀레이션으로 측정한 채권가격의 변동률은 ( )이며, 그리고 이 경우 힉스듀레이션으로 측정한 채권가격의 변동폭은 실제 채권가격의 변동폭을 ( )하게 된다.

① +2.72, 과소평가　　② -2.72, 과대평가
③ +2.86, 과소평가　　④ -2.86, 과대평가

81 2년 만기 현물이자율이 5.0%, 1년 후부터 향후 1년간의 내재선도이자율이 5.3%일 경우 1년 만기 현물이자율에 가장 가까운 값은?(불편기대이론에 따름)

① 4.0%　　② 4.7%
③ 5.0%　　④ 5.15%

파생상품투자운용/투자전략(6문항)

82 선물환율의 균형가격을 감안할 때, 가장 적절한 차익거래포지션은 무엇인가?

> 현물환율은 1,150원/달러, 원화이자율은 2%, 달러이자율은 4%, 1년 만기 선물환율은 1,140원/달러이다. 그리고 차익거래포지션의 만기는 1년으로 가정한다.

① 원화차입, 달러운용　　② 달러차입, 원화운용
③ 원화차입, 원화운용　　④ 달러차입, 달러운용

83 행사가격이 2천 원인 풋옵션의 현재 프리미엄이 1천 원이다(기초자산가격은 3,000원). 이 경우 동 옵션의 프리미엄에 반영된 시간가치와 Moneyness(등가격/내가격/외가격)를 옳게 연결한 것은?

① 0원, 등가격　　② 0원, 외가격
③ 1,000원, 외가격　　④ 2,000원, 내가격

84 KOSPI200 주가지수가 150 point이고 이자율은 6%(연), 옵션만기까지는 1달이 남았다고 하자. 행사가격이 150인 유럽식 콜옵션의 프리미엄이 3.0 point라면 같은 행사가격을 가진 풋옵션의 정상적 프리미엄 수준은 얼마인가?(단, 가장 근사치를 구한다)

① 3.00point
② 2.50point
③ 2.75point
④ 2.25point

85 풋콜패리티에 의할 때 채권매수와 동일한 포지션에 해당하는 것은 무엇인가?

① 콜옵션매수 + 풋옵션매수 + 주식대차거래
② 콜옵션매수 + 풋옵션매도 + 주식대차거래
③ 콜옵션매도 + 풋옵션매수 + 주식매수
④ 콜옵션매도 + 풋옵션매수 + 주식대차거래

86 블랙숄즈모형에서 콜옵션의 가격을 결정하는 요소를 나열하였다. 틀린 것으로 연결한 것은?

> 가. 콜옵션의 행사가격
> 나. 기초자산의 기대수익률
> 다. 발행시점에서의 만기
> 라. 만기까지의 무위험이자율(연율)

① 가, 나
② 나, 다
③ 다, 라
④ 가, 라

87 변동성계수에 대한 설명이다. 옳지 않은 것을 모두 고르면?

> 가. 과거변동성과 내재변동성 모두 현재의 옵션프리미엄에 반영된다.
> 나. 내재변동성이 증가하면 콜옵션과 풋옵션가격 모두 상승한다.
> 다. 블랙먼데이 이후 내가격옵션의 내재변동성은 낮아지고 외가격옵션의 내재변동성은 여전히 높은 현상이 관찰되었는데, 이를 설명하는 것은 변동성스마일이다.

① 가, 나
② 나, 다
③ 가, 다
④ 가, 나, 다

투자운용결과분석(4문항)

88 펀드의 회계처리에 대한 설명이다. 틀린 것으로 연결한 것은?

가. 시가가 형성되지 않은 채권 등의 경우에는 운용회사의 자체기준에 따라 평가한 가격으로 평가한다.
나. 현금의 수입이나 지출과 관계없이 그 발생시점에서 손익을 인식한다.
다. 유가증권의 체결시점에서 발생한 미수증권이나 미지급금도 회계처리에 반영한다.

① 가
② 나, 다
③ 가, 다
④ 가, 나, 다

89 기준지표(벤치마크)의 바람직한 특성이다. 옳은 것으로 연결한 것은?

가. 평가기간이 시작되기 전에 사전에 정해져야 한다.
나. 원하는 기간마다 기준지표 자체의 수익률을 계산할 수 있어야 한다.
다. 적극적인 운용을 하지 않는 경우에 기준지표의 구성종목에 투자하여 보유할 수 있어야 한다.

① 가, 나
② 나, 다
③ 가, 다
④ 가, 나, 다

90 〈보기〉의 정보에 따를 때, 연율화된 샤프비율은 얼마인가?(근사치)

〈보 기〉
월평균 펀드수익률 13%, 월평균 표준편차 4%, 무위험자산의 월평균수익률 3%

① 2.5
② 3.25
③ 8.66
④ 11.26

91 GIPS의 회계처리규칙을 설명한 것이다. 틀린 것을 모두 묶은 것은?

가. 결제일기준 회계를 사용해야 한다.
나. 보수를 지급하지 않더라도 재량권이 있는 포트폴리오는 컴포지트에 포함되어야 한다.
다. 회사는 필요할 경우 모의실험 된 포트폴리오 또는 모형포트폴리오의 성과를 실제 성과에 연결할 수 있다.
라. 모든 수익률은 해당기간 중 발생한 실제 매매비용을 공제한 후에 계산되어야 하며, 추정된 매매비용은 사용하지 않아야 한다.

① 가, 나
② 다, 라
③ 가, 다
④ 나, 라

거시경제(4문항)

92 이자율의 기간구조이론에 대한 설명이다. 틀린 것으로 연결한 것은?

> 가. 불편기대이론은 장단기 채권 간의 완전한 대체관계가 성립하므로 장기채권에 투자하든 단기채권에 투자하든 동일기간에 대한 예상수익률은 동일하다.
> 나. 유동성선호이론은 장기채권과 단기채권의 대체관계가 없다고 본다.
> 다. 시장분할이론은 수익률곡선의 이동을 설명하지 못한다.
> 라. 특정시장선호이론에서 장기채권의 금리는 만기까지 예상된 단기이자율의 평균에 유동성프리미엄을 더한 값으로 결정된다.

① 가, 다
② 나, 다
③ 가, 라
④ 나, 라

93 경제이론에 대한 설명이다. 가장 적절하지 않은 것은?

① 확대재정정책이 이자율을 상승시켜 민간투자를 위축시키는 현상을 구축효과라고 한다.
② 경기불황이 심해짐에 따라 물가가 급속히 하락하고 경제주체들의 보유한 화폐량의 실질가치가 증가하게 되어 민간의 부가 증가하고 그에 따라 소비 및 총수요가 증대되는 현상을 피구효과라고 한다.
③ 리카르도 불변정리는 합리적 경제주체가 현재 세금의 감소를 미래 세금의 증가로 인식하기 때문에 세금감소는 민간의 저축을 증대시킬 뿐 총수요에는 변동이 없다고 보았다.
④ 합리적 기대학파는 정부의 통화정책이 예측된 것인가 아니면 예측되지 못한 것인가에 따라 통화정책의 효과가 상이하다고 주장하는데, 예상치 못한 통화정책 즉 화폐충격을 계속해서 사용하더라도 화폐공급의 증가가 생산을 촉진시킬 수 있다고 보았다.

94 통화유통속도에 대한 내용이다. 가장 적절하지 않은 것은?

① 통화유통속도는 사후적으로만 추계가 가능하여 경기예측에는 유동성이 높지 않다.
② 우리나라의 경우 통화유통속도는 장기적으로 하락하는 추세에 있다.
③ 통화유통속도는 일정량의 통화량이 명목GDP달성을 위해 일정기간(보통 1년) 동안 몇 번 회전하였는가를 나타낸다.
④ 통화량이 1,000조, 명목GDP가 800조, 실질GDP가 700조일 경우 통화유통속도는 0.7이다.

95 기업경기실사지수(BSI)와 관련하여, 빈칸에 들어갈 말을 순서대로 나열한 것으로 옳은 것은?

> • 전체 응답자 수가 100명이고, 이 중에서 60명이 경기가 호전될 것으로 응답하였고 40명이 경기가 악화될 것으로 응답하였다.
> • 이 경우 BSI지수는 (   )이며, 경기국면으로 본다면 (   )이다.

① 20, 경기확장국면
② 20, 경기수축국면
③ 120, 경기확장국면
④ 120, 경기수축국면

분산투자기법(5문항)

96 투자종목의 수와 위험분산효과에 대한 설명이다. 가장 적절하지 않은 것은?

① 포트폴리오에 포함하는 종목의 수가 계속 증가할수록 포트폴리오의 위험은 각 종목들 간의 공분산의 평균에 접근해 간다.
② 증권시장 전반의 공통적 요인에 의해서 야기되는 위험은 체계적 위험이다.
③ 포트폴리오에 편입되는 종목의 수를 무한이 증가시켜도 비체계적 위험은 사라지지 않는다.
④ 포트폴리오 투자에 있어서 적절한 보상은 분산불능위험인 체계적 위험에 한정된다.

97 다음 중 빈칸에 들어갈 말을 순서대로 나열한 것으로 옳은 것은?

> 주식펀드 A의 기대수익률이 20%이고, 표준편차가 12%이다. 무위험이자율을 4%라고 할 때, 주식펀드 A를 60% 편입하고 무위험자산을 40% 편입한 새로운 포트폴리오의 기대수익률은 (   ), 표준편차는 (   )이다.

① 10.4%, 4.8%
② 13.6%, 4.8%
③ 13.6%, 7.2%
④ 24%, 12%

98 토빈의 분리정리(Tobin's Two Fund Seperation) 이론에 대한 설명이다. 가장 거리가 먼 것은?

① 이성적인 모든 투자자들은 자신의 위험선호도와 상관없이 위험자산 포트폴리오로는 무조건 시장포트폴리오(M)를 선택하게 된다.
② 투자자는 각자의 위험선호도에 따라 시장포트폴리오(M)에 투자하는 비중을 조절한다.
③ 결과적으로 증권선택과 자산배분에 대한 결정이 서로 별개의 과정이 된다.
④ 토빈의 분리정리는 곧 증권시장선에 의한 투자를 말한다.

99 빈칸에 가장 부합하는 것은?

> - 현재 시장에서의 A주식의 기대수익률은 5%, 베타는 0.5이다.
> - 현재 시장에서의 B주식의 기대수익률은 9%, 베타는 1.5이다.
> - 현재 무위험이자율은 2%, 시장포트폴리오의 기대수익률은 6%이다.
> - 이 경우, 증권시장선(SML)에 의하면 (   )

① A주식, B주식 모두 과대평가되었다.
② A주식은 과소평가, B주식은 과대평가되었다.
③ A주식은 과대평가, B주식은 과소평가되었다.
④ A주식, B주식 모두 과소평가되었다.

100 〈보기〉 중에서 '액티브운용이면서 증권선택 전략인 것'에 해당하는 것은 모두 몇 개인가?

> 〈보 기〉
> 가. 트레이너 블랙모형 이용법
> 나. 시장투자적기포착법
> 다. 베타계수 이용법
> 라. 단순매입·보유전략
> 마. 포뮬러플랜
> 바. 변동성보상비율 이용법
> 사. 내재가치 추정법

① 2개 ② 3개
③ 4개 ④ 5개

패스코드는 플랜별 학습이 가능하도록 구성된 교재입니다.
제공되는 합격 플랜을 확인하신 후 학습하시면 보다 효율적이고 체계적인 학습이 가능합니다.

제3회
투자자산운용사
실제유형 모의고사

문항 및 시험시간

평가영역	문항 수	시험시간	비 고
투자자산운용사	100문항	120분	

※ 이 자료는 저작권법에 의해 보호를 받는 저작물이므로 동영상 제작 및 무단전재와 복제를 금합니다.
※ 동 교재는 매회 실제시험의 기출경향을 분석·반영하기 위해 1년에 4회 이상 개정을 하고 있습니다. 따라서 새로 업데이트된 버전의 도서로 최신경향을 확인할 수 있음을 참고하시길 바랍니다.

투자자산운용사

제3회 실제유형 모의고사

문 항 수 : 100문항
응시시간 : 120분

세제관련 법규/세무전략(7문항)

01 조세불복제도와 관련하여 빈칸을 옳게 연결한 것은?(순서대로)

> 심사청구는 ( )에 제기하는 불복으로서, 처분청의 처분을 안 날로부터 ( ) 이내에 제기해야 한다.

① 국세청장, 30일
② 국세청장, 90일
③ 조세심판원장, 30일
④ 조세심판원장, 90일

02 다음 중 국세의 납부의무가 소멸되는 사유가 아닌 것은?

① 부과의 취소가 있는 경우
② 납세의무자가 사망한 경우
③ 소멸시효가 완성된 경우
④ 제척기간이 만료된 경우

03 의제배당의 수입시기를 잘못 기술한 것은?

① 감자의 경우 : 감자결의일
② 분할합병의 경우 : 분할합병등기일
③ 해산의 경우 : 해산일
④ 잉여금의 자본전입 시 : 자본전입 결의일

04 다음 중 무조건분리과세 소득이 아닌 것은?

① 정기적금의 이자
② 직장공제회 초과반환금
③ 법원납부 경매보증금
④ 비실명거래로 인한 이자소득이나 배당소득

투자자산운용사 [3회]

05 빈칸에 알맞은 것은?

> 연간 (   ) 이하의 기타소득은 분리과세로 납세의무를 종결할 수 있다.

① 100만 원 ② 200만 원
③ 300만 원 ④ 500만 원

06 빈칸에 들어갈 수를 모두 합한 것으로 옳은 것은?(아래 채권은 2018년 이전에 발행된 채권에 한하며, 세율은 지방소득세 제외)

> 만기가 10년 이상이고 보유기간이 3년 이상인 채권의 이자소득에 대해 분리과세 신청을 할 경우 (   )%의 세율로 과세하고 납세의무가 종결된다. 그러나 분리과세 신청을 하지 않을 경우에는 이자지급 시 (   )%를 원천징수하고 조건부 종합과세대상이 된다.

① 21 ② 28
③ 34 ④ 44

07 주식 및 파생상품의 양도소득세율과 관련하여 빈칸의 숫자를 모두 합한 수는 얼마인가?

> - 소액주주가 양도하는 중소기업주식에 대한 양도소득세율은 과세표준의 (   )%이다.
> - 대주주가 양도하는 대기업 주식에 대한 양도소득세율은 과세표준의 (   )%이다(단, 보유기간은 1년 미만으로 가정).
> - 코스피200을 기초자산으로 하는 장내파생상품에 대한 양도소득세율은 2025년 현재 과세표준의 (   )%이다.

① 30% ② 40%
③ 50% ④ 60%

금융상품(8문항)

08 환매조건부채권 매매에 대한 설명이다. 가장 적절하지 않은 것은?

① 환매조건부채권 매도는 일정기간 경과 후 사전에 정한 수익률로 환매수할 것을 전제로 하고 고객에게 매도하는 상품이다.
② 환매조건부채권 매도는 보유채권을 활용하여 자본손실 없이 자금을 조달할 수 있으며, 환매조건부 매수는 자기가 원하는 투자기간에 맞추어 확정이자를 얻을 수 있다.
③ 예금자보호대상은 아니지만 주로 국공채를 매매대상으로 하므로 안전성이 매우 높다.
④ RP는 대부분의 금융기관에서 취급하는데, 대고객RP의 경우 은행과 종금사는 환매조건부채권 매수만 가능하다.

09 특정금전신탁에서 위탁자가 지정하는 것을 모두 고르면?

> 가. 운용대상 나. 운용방법
> 다. 운용조건 라. 운용자

① 가
② 가, 나
③ 가, 나, 다
④ 가, 나, 다, 라

10 주가연계증권(ELD, ELS, ELF)에 대한 설명 중 틀린 것으로 묶인 것은?

> 가. ELS는 장외파생상품의 겸영업무 인가를 획득한 투자매매업자가 발행한다.
> 나. ELF도 사전에 정해진 조건에 따라 수익을 지급할 수 있다.
> 다. ELD는 기초자산의 주가가 하락할 경우 원금손실이 발생할 수 있다.
> 라. ELD는 중도해지 시 원금손실이 발생할 수 있다.

① 가, 다
② 나, 다
③ 가, 라
④ 다, 라

11 다음에서 설명하는 집합투자기구는 무엇인가?

> 법령상 주된 투자대상 및 최저한도 등에 대한 제한이 없어 어떤 자산이든지 투자비율의 제한 없이 투자가 가능하다.

① 증권집합투자기구
② 특별자산집합투자기구
③ 혼합자산집합투자기구
④ 단기금융집합투자기구

12 수익증권의 발행에 대한 설명이다. 옳은 것을 모두 고르면?

> 가. 투자신탁을 설정한 집합투자업자는 투자신탁의 수익권을 균등하게 분할하여 수익증권으로 표시해야 한다.
> 나. 투자신탁을 설정한 집합투자업자는 수익증권 발행가액의 전액이 납입된 경우 신탁업자의 확인을 받아 예탁결제원을 명의인으로 하여 수익증권을 발행해야 한다.
> 다. 수익증권은 액면 무기명식으로 발한다.

① 가, 나
② 나, 다
③ 가, 다
④ 가, 나, 다

투자자산운용사

13 환매금지형 집합투자기구(펀드)에 대한 설명이다. 가장 적절하지 않은 것은?

① 존속기간을 정한 집합투자기구에 한해서 환매금지형 집합투자기구를 설정·설립할 수 있다.
② 자본시장법상으로 분류한 5가지 펀드 종류 중에서 부동산펀드, 특별자산펀드, 혼합자산펀드는 원칙상 환매금지형으로 설정·설립해야 한다.
③ 펀드의 종류와 관계없이 시장성 없는 자산에 펀드자산의 10%를 초과하여 투자하는 펀드는 환매금지형으로 설정·설립해야 한다.
④ 환매금지형 집합투자기구를 공모형으로 설정·설립한 경우에는 집합투자증권을 최초로 발행한 날로부터 90일 이내에 증권시장에 상장해야 한다.

14 퇴직연금제도에 대한 설명이다. 가장 적합한 것은?

① 확정급여형(DB)과 확정기여형(DC) 모두 사용자의 부담금이 사전에 고정된다.
② 확정급여형(DB)과 확정기여형(DC) 모두 미래 퇴직급여의 계산을 위한 연금계리가 필요하다.
③ 확정급여형(DB)과 확정기여형(DC) 모두 개인형 퇴직연금계좌(IRP)에 추가로 납입할 수 있다.
④ 확정급여형(DB)과 확정기여형(DC) 모두 사용자가 운용책임을 진다.

15 비과세종합저축에 대한 설명 중 옳은 것으로 연결한 것은?

> 가. 19세 이상의 거주자이면 누구나 가입이 가능하다.
> 나. 가입요건을 충족한 경우, 1인당 5천만 원까지 가입이 가능하며 해당 저축에서 발생하는 이자소득 또는 배당소득에 대해서 비과세혜택이 부여된다.
> 다. 비과세종합저축의 계약기간만료일 이후에 발생하는 이자소득 및 배당소득에 대해서는 비과세가 적용되지 않는다.

① 가, 나
② 나, 다
③ 가, 다
④ 가, 나, 다

부동산관련 상품(5문항)

16 부동산물권 중에서 그 성격이 다른 하나는 무엇인가?

① 소유권
② 저당권
③ 지상권
④ 전세권

17 부동산투자회사(REITs)에 대한 설명이다. 빈칸에 들어갈 말을 순서대로 나열한 것은?

- 부동산투자회사의 설립은 (　　)에 근거한다.
- 부동산투자회사가 자산의 투자·운용업무를 하려는 때에는 부동산투자회사의 종류별로 (　　)의 인가(또는 승인)를 받아야 한다.

① 부동산투자회사법 – 금융위원회
② 부동산투자회사법 – 국토교통부장관
③ 자본시장법 – 금융위원회
④ 자본시장법 – 국토교통부장관

18 부동산투자회사법상의 부동산투자회사(REITs)에 해당하지 않은 것은?

① 자기관리 부동산투자회사
② 위탁관리 부동산투자회사
③ 개발관리 부동산투자회사
④ 기업구조조정 부동산투자회사

19 부동산 포트폴리오에 대한 설명이다. 가장 적절하지 않은 것은?

① 부동산 포트폴리오의 수익률은 포트폴리오 내 개별부동산 수익률의 가중평균으로 계산한다.
② 부동산 포트폴리오의 분산은 포트폴리오 내 개별부동산 위험의 가중평균으로 계산한다.
③ 부동산은 주식 및 채권과 낮은 상관관계를 지니므로, 부동산을 포함한 혼합포트폴리오 구성 시 높은 분산투자효과를 기대할 수 있다.
④ 부동산 포트폴리오에서 투자안의 수를 무한대로 증가시키더라도 체계적 위험은 제거할 수 없다.

20 부동산의 감정평가 3방식에 대한 설명이다. 이 중에서 '수익방식(소득접근법)'에 해당하는 항목으로 연결한 것은?

가. 토지와 같이 재생산이 불가능한 자산에는 적용이 불가하다.
나. 매매가 잘 이루어지지 않는 부동산에는 적용이 곤란하다.
다. 주거용이나 공공용, 교육용 등의 비수익형 부동산에는 적용이 곤란하다.
라. 극단적인 호황이나 불황 시에는 적용하기가 곤란하다.
마. 부동산시장이 불안정한 지역에서는 순수익과 환원이율 파악이 어렵다.
바. 기술이 진보할수록 재조달원가나 감가공제액을 파악하기가 어렵다.

① 가, 바
② 나, 라
③ 다, 마
④ 다, 라

대안투자운용/투자전략(5문항)

21 글로벌 매크로(Global Macro) 전략에 대한 설명이다. 가장 거리가 먼 것은?

① 헤지를 하지 않고 경제 추세나 특정한 사건에 영향을 받는 시장 방향에 대한 예측을 근거로 시장 방향성에 투자한다.
② 헤지펀드 투자전략 중 가장 광범위한 자산에 다양한 투자수단(공매도, 레버리지, 파생상품 등)을 사용하여 제약 없이 투자한다.
③ 투자결정 시 경제상황에 대한 분석방법으로는 Bottom Up방식을 사용한다.
④ 개별 투자자산을 선택 시 유동성이 풍부한 외환, 국채, 원자재 등에 대한 투자를 선호한다.

22 헤지펀드의 특성과 관련하여 틀린 내용으로 연결한 것은?

> 가. 기초자산을 보유해야만 거래를 할 수 있다.
> 나. 자기거래금지원칙에 의하여 본인이 운용하는 헤지펀드에는 투자할 수 없다.
> 다. 제한된 수의 기관투자자에게 투자가 허용되는 편이다.
> 라. 일반적으로 운용기간에 제한이 없으며, 보통 분기별로 환매를 허용하고 최초의 매각제한금지기간에는 환매가 금지된다.

① 가, 나 ② 나, 다
③ 다, 라 ④ 가, 라

23 전환증권 차익거래(Convertible Arbitrage)에 유리한 속성을 가진 전환사채로 가장 거리가 먼 것은?

① 기초자산의 변동성이 작은 전환사채
② 볼록성(convexity)이 큰 전환사채
③ 낮은 전환프리미엄을 가진 전환사채
④ 높은 유동성을 가진 전환사채

24 TRS(Total Return Swap)에 대한 설명이다. 틀린 항목의 개수는?

> 가. 신용위험뿐만 아니라 시장위험도 거래상대방에게 전가시키는 신용파생상품이다.
> 나. TRS매도자는 시장기준금리에 TRS Spread를 가산한 금리를 TRS매입자에게 지급한다.
> 다. TRS만기일의 준거자산의 가치가 최초계약일의 가치보다 떨어져 있을 경우 그 차액을 TRS매도자가 TRS매수자에게 지급해야 한다.
> 라. TRS계약으로 준거자산의 의결권 등 경영권은 이전되지 않으므로, 고객과의 지속적인 관계유지를 위해 준거자산을 매각하기 곤란한 경우 적합하다.

① 0개 ② 1개
③ 2개 ④ 3개

25 CDO와 관련해서 빈칸을 옳게 연결한 것은?(순서대로)

> • CDO를 통한 위험전가의 결과로 자산보유자는 재무비율의 개선 및 감독규정상의 최저 요구자본 요건충족 및 대출여력 확충 등과 같은 효과를 얻을 수 있는 것은 (　　　)이다.
> • 기초자산의 수익률과 유동화증권의 수익률 간의 차이에서 발생하는 차익을 취할 목적으로 발행되는 CDO는 (　　　)이다.

① Balance Sheet CDO, Arbitrage CDO
② Balance Sheet CDO, Static CDO
③ Static CDO, Arbitrage CDO
④ Static CDO, Dynamic CDO

해외증권투자운용/투자전략(5문항)

26 MSCI지수에 대해 옳게 설명한 것을 모두 묶은 것은?

> 가. MSCI지수의 산출기준은 KOSPI지수와 같은 시가총액방식이다.
> 나. MSCI EM지수는 주요 신흥시장 27개국(2022년 기준)의 기업을 기준으로 산출되며 주가등락과 환율변동을 모두 반영하여 각 국가별 편입비중을 매일 변경한다.
> 다. KOSPI지수가 상승하면 환율과 관계없이 MSCI지수의 한국비중도 상승하게 된다.
> 라. 2024년 현재 한국은 MSCI에서 신흥시장, FTSE에서는 선진시장으로 분류된다.

① 가, 나　　② 가, 다
③ 나, 라　　④ 다, 라

27 빈칸에 알맞은 것은?

> 달러화와 높은 양의 상관관계를 가지는 주식에 투자하는 미국의 투자자라면 환손실과 주가에서의 환율요인이 상쇄됨으로써 투자의 환노출이 낮아지는 결과를 가져온다. 이처럼 주가와 통화가치 간의 상관관계에 의해서 환노출이 낮아지는 경우 이를 (　　　)라고 한다.

① 단순헤지
② 베타헤지
③ 최소분산헤지
④ 내재적 헤지

28 국제주식시장에 대한 설명이다. 가장 적절하지 않은 것은?

① 주식시장의 국제화와 국제자본이동의 자유화로 국제주식시장의 통합화가 진전되고 있으며, 이러한 통합의 진전은 국제분산투자효과가 약화됨을 의미한다.
② 주식시장의 국제화는 외국거래소에 상장된 주식에 직접 투자하는 국제주식투자와 자국에 상장된 DR에 투자하는 두 가지 각도에서 전개되어 왔다.
③ 각국 주식시장의 규모에 대한 결정적 요인은 상장주식 시가총액이며, 투자자의 거래행태나 주식보유의 동기와 분포는 중요한 요인이 아니다.
④ 미국기업들은 은행을 통한 간접금융보다는 자본시장을 통한 직접금융 조달의 비율이 높고 특히 주식발행을 통한 자금조달의 비중이 상대적으로 크다. 따라서 미국의 GDP 대비 시가총액비중은 다른 어떤 나라보다도 높은 것으로 나타나고 있다.

29 미국 재무부 채권과 관련하여 빈칸을 옳게 연결한 것은?(순서대로)

〈보 기〉
- (   )은 만기 1년 이하의 단기채이며 (   )로 발행한다.
- (   )은 만기 10년 이상의 장기채이며 (   )로 발행한다

① T-Bill, 할인채, T-Bond, 할인채
② T-Bill, 할인채, T-Bond, 이표채
③ T-Note, 이표채, T-Bond, 이표채
④ T-Note, 이표채, T-Bill, 할인채

30 유로채와 외국채에 대한 설명이다. 옳은 항목으로 연결한 것은?

가. 양키본드는 채권표시통화의 본국 외에서 발행되는 채권에 속한다.
나. 유로채 발행에서는 공시나 신용평가등급 등에 대한 규제를 의무화하지 않고 시장참가자의 합의에 따라 어떤 조건이든지 자유롭게 선택할 수 있다.
다. 외국채는 기명식으로 유로채는 무기명식으로 발행된다.
라. 딤섬본드는 중국에서 위안화로 발행되는 채권을 말한다.

① 가, 나
② 나, 다
③ 다, 라
④ 가, 라

투자분석기법(12문항)

31 증권분석 통계기초에 대한 내용이다. 가장 적절하지 않은 것은?

① 중앙값은 관찰치를 크기 순서대로 나열하였을 때, 정가운데 있는 값을 의미한다.
② 분산은 산포경향을 나타내는 지표이며 분산의 제곱근이 표준편차이다.
③ 공분산은 $-\infty$ 에서 $+\infty$ 사이의 어떤 값이든지 가질 수 있다.
④ 상관계수는 공분산을 각각의 분산으로 나누어 준 값이다.

32 가치평가와 관련하여 빈칸을 옳게 연결한 것은?(순서대로)

> • 액면 1만 원, 연리 4%의 만기가 없는 무보증사채의 요구수익률이 5%이다. 이 경우 동 채권의 가치는 (   )으로 평가된다.
> • 매년 1,000원의 배당을 주는 우선주의 요구수익률이 10%이다. 이 경우 동 우선주의 가치는 (   )으로 평가된다.

① 4,000원, 5,000원
② 8,000원, 5,000원
③ 8,000원, 10,000원
④ 4,000원, 10,000원

33 빈칸에 알맞은 것은?

> 어떤 기업의 판매량이 200개에서 400개로 증가할 때 영업이익은 10억 원에서 50억 원으로 증가하였다. 이 경우 판매량이 200개일 때의 영업레버리지도는 (   )이다.

① 1
② 2
③ 2.5
④ 4

34 토빈의 Q 비율(Tobin's Q)에 대한 설명이다. 틀린 것으로 연결한 것은?

> 가. 토빈의 Q는 자본의 시장가치를 자산의 대체원가로 나누어서 구하는데, 이때 대체원가는 장부가에 기반한다.
> 나. 토빈의 Q가 1보다 높다면 투자수익성이 양호하고 경영이 효율적임을 의미한다.
> 다. 토빈의 Q가 1보다 낮다면 적대적인 M&A의 대상이 되는 경향이 있다.
> 라. 토빈의 Q는 PER을 보완하는 지표이다.

① 가, 나
② 나, 다
③ 다, 라
④ 가, 라

35 투자자의 요구수익률이 12%, 자기자본이익률이 10%, 배당성향이 20%이다. 이 경우 고든의 PER모형에 의한 당해 주식의 PER는 얼마인가?(단위 : 배수)

① 5
② 8
③ 10
④ 20

36 EVA(Economic Value Added)와 당기순이익의 관계에 대한 설명으로 옳은 것은?

① 손익계산서 상의 당기순이익은 기업이 일정기간 동안 경영활동에 투입한 타인자본에 따른 비용을 반영하지 못한다.
② 주주자본비용의 기회비용적 성격을 명확하게 설정하는 것은 당기순이익이다.
③ EVA를 영업성과측정의 도구로 사용할 경우, 자기자본비용 이상의 이익을 실현하는 것을 기업투자의 목표로 설정한다.
④ EVA는 회계관습과 발생주의 회계원칙의 결과로 산출된 회계적 이익으로부터 경제적 이익을 반영할 수 있도록 하는 대체적 회계처리에 해당한다고 할 수 있다.

37 급진갭에 대해 옳게 설명한 것을 모두 묶은 것은?

> 가. 주가가 거의 일직선으로 급상승하거나 또는 급하락하는 도중에 주로 발생한다.
> 나. 주가 움직임이 급속히 가열되거나 냉각되면서 이전의 추세가 더욱 가속화되고 있음을 확인시켜주는 갭이다.
> 다. 엘리어트 3번파동이나 다우이론의 추세추종국면에서 주로 발생한다.
> 라. 중간갭 또는 측정갭이라 부르기도 한다.

① 가
② 가, 나
③ 가, 나, 다
④ 가, 나, 다, 라

38 주가 패턴(Pattern)에 대한 다음 설명 중 가장 거리가 먼 것은?

① 다이아몬드형은 확대형과 대칭삼각형이 서로 합쳐진 모양으로, 주가의 큰 변동이 있고 난 이후 많이 나타나는 패턴이다.
② 확대형은 주가의 고점은 점점 높아지고 저점은 점점 낮아지는 패턴으로서 투자자들의 심리가 극도로 불안정한 상태에 있음을 말하며 상승추세의 말기적 현상으로 간주된다.
③ 직사각형은 주가가 수주일에서 수개월에 걸쳐서 매수와 매도세력이 서로 균형을 이루면서 횡보하는 패턴으로서, 위 아래 저항선과 지지선이 수평으로 평행을 이룬다.
④ 주가의 상승추세가 완만한 곡선을 그리면서 서서히 하락추세로 전환되는 패턴은 원형바닥형이다.

39 거래량 관련 보조지표인 VR에 대한 설명이다. 틀린 것을 모두 묶은 것은?

> 가. VR이 200%라면 상승 시의 거래량이 하락 시의 거래량의 2배라는 것을 의미한다.
> 나. VR의 일반적인 수준(보통수준)은 100%로 본다.
> 다. 70% 이하에서는 단기매입시점으로, 450% 초과 시에는 매수경계신호로 인식한다.
> 라. 바닥권보다는 천정권을 판단할 경우 신뢰도가 더 높다.

① 가, 다
② 나, 다
③ 가, 라
④ 나, 라

40 다음의 캔들 유형 중에서 추세의 하락반전을 예고하는 신호는?

① 망치형
② 관통형
③ 유성형
④ 샛별형

41 산업구조변화에 대한 경제이론을 설명한 것이다. 가장 적절하지 않은 것은?

① 리카도의 비교우위론이란 국가 간의 각 제품에 대한 생산비, 즉 노동투입량이 다르며 각국은 상대적으로 생산비가 낮은 제품에 특화하여 수출하게 되는데 이렇게 수출하는 산업을 중심으로 산업구조가 변화한다는 이론이다.
② 헥셔-올린모형은 생산요소를 노동과 자본으로 확대하고 생산요소의 상대적 부존도에 따라 노동집약적 산업 또는 자본집약적 산업을 중심으로 산업구조가 변화한다는 이론이다.
③ 제품수명주기이론이란 한 나라의 공급능력은 기술혁신이나 신제품 개발능력에 따라 변화하며, 기술혁신을 한 산업을 중심으로 산업구조가 변화한다는 이론이다.
④ 내생적성장이론은 한나라의 경제성장은 인적자본 등 생산요소의 내생적축적에 의해 이루어진다고 보는데, 이 경우 산업구조변화에 더 큰 영향을 주는 것은 요소창출보다는 요소부존도이다.

42 한 산업 내에 점유율이 동등한 4개 기업이 존재한다고 할 때 허핀달지수는 얼마인가?(소수점 단위로 표시)

① 0.20
② 0.25
③ 0.40
④ 100

리스크관리(8문항)

43 다음 중 시장위험(Market Risk)에 포함되지 않는 것은?

① 유동성위험
② 이자율위험
③ 환율위험
④ 주식위험

44 VaR(Value at Risk)에 대한 설명이다. 가장 적절하지 않은 것은?

① 특정회사의 거래포지션의 1일 VaR이 신뢰구간 95%에서 10억 원이라면, 이는 회사가 이 포트폴리오를 보유함으로써 향후 1일 동안에 10억 원 이내의 손실이 발생할 확률이 5%라는 의미이다.
② 다른 조건이 동일한 상태에서 신뢰구간을 상향시킨다면 VaR이 커지게 된다.
③ 측정기간이 길어질수록 VaR이 커지게 된다.
④ 회사의 부서별 위험한도와 전체 위험한도를 VaR을 통해 관리할 경우 포트폴리오효과 또는 분산투자효과를 기대할 수 있다.

45 빈칸에 들어갈 말을 순서대로 나열한 것으로 옳은 것은?(단위 : 억 원)

자산 X의 VaR은 120, 자산 Y의 VaR은 70, 두 자산의 상관계수는 0.7이다. 이 경우 포트폴리오 XY의 VaR은 (　　)이다. 그리고 이 때 자산 X와 자산 Y에 분산투자함으로써 발생하는 분산투자효과는 (　　)이다.

① 약 176 － 약 14
② 약 176 － 약 24
③ 약 158 － 약 32
④ 약 158 － 약 42

46 다음 설명 중 가장 적절한 것은?

① 옵션포지션에 대한 평가에 있어 델타분석법이 역사적 시뮬레이션법보다 더 정확하다.
② 몬테카를로 시뮬레이션법은 부분가치평가법이다.
③ 역사적 시뮬레이션법은 정규분포를 가정한다.
④ 가격모형을 통해서 옵션의 VaR을 평가하는 것은 역사적 시뮬레이션법과 몬테카를로 시뮬레이션법이다.

47 VaR의 측정방법 중 스트레스 검증법(Stress Test)에 대한 설명이다. 가장 거리가 먼 것은?

① 포트폴리오의 위험을 완전가치로 측정한다.
② 과거 데이터가 없는 경우에도 사용할 수 있다.
③ 포트폴리오가 다중의 리스크 요소에 주로 의존할 경우에 적합하다.
④ 다른 VaR 측정법의 보완적인 방법으로서 최악의 경우의 변화를 측정하는데 유용하다.

48 신용위험의 측정에 대한 설명이다. 가장 적절하지 않은 것은?

① KMV의 EDF모형은 기업의 주식가치를, 자산가치가 기초자산이고 부채금액이 행사가격인 콜옵션의 가치로 보고 있다.
② 신용수익률은 시장수익률에 비하여 비대칭성이 매우 강하여 한쪽으로 두꺼우면서도 긴 꼬리를 가진 분포를 한다.
③ Credit Metrics는 부도가 발생한 경우만을 대상으로 신용위험을 측정하는 모델이다.
④ 부도모형(Default Mode)에서는 기대손실(EL)의 불확실성을 신용위험으로 본다.

49 부도거리로 판단할 때, 부도율이 가장 높을 것으로 추정되는 것은?

구 분	A	B	C	D
기대자산가치	200	300	400	500
부채금액	170	220	250	260
표준편차	30	40	50	60

① A ② B
③ C ④ D

50 어떤 은행이 100억 원의 대출을 하고 있다. 부도 시 회수율이 70%이며, 부도 시 예상손실금액(EL)이 1.8억 원이라 할 때, 이 대출의 부도율은 얼마인가?

① 2.57% ② 5%
③ 6% ④ 7%

직무윤리(5문항)

51 〈보기〉는 금융소비자보호 내부통제위원회의 의결 및 심의사항을 나열한 것이다. 옳은 내용으로 연결한 것은?

> 가. 중요 민원·분쟁에 대한 대응 결과에 관한 사항
> 나. 금융상품의 개발, 영업방식 및 관련 정보공시에 관한 사항
> 다. 임직원의 성과보상체계에 대한 금융소비자보호 측면에서의 평가에 관한 사항

① 가, 나
② 나, 다
③ 가, 다
④ 가, 나, 다

52 부당권유행위 금지(금소법 제21조)에 대한 내용이다. 가장 적절하지 않은 것은?

① 불확실한 사항에 대하여 단정적 판단을 제공하거나 확실하다고 오인하게 할 여지가 있는 내용을 알리는 행위는 금지된다.
② 금융소비자로부터 계약의 체결권유를 해줄 것을 요청받지 아니하고 방문·전화 등 실시간 대화의 방법을 이용하는 행위는 원칙상 금지된다.
③ 계약체결의 권유를 받은 금융소비자가 이를 거부하는 취지의 의사를 표시한 후 1개월이 지난 후에 동일 금융투자상품에 대해서 다시 권유하는 행위는 원칙상 금지된다.
④ 부당권유행위 금지의무를 위반한 금융투자회사에 대해서는 해당 금융상품 계약으로부터 얻는 수익의 최대 50% 이내에서 과징금을 부과할 수 있으며, 별도로 최대 1억 원 이내에서 과태료를 부과할 수 있다.

53 다음 중 빈칸에 들어갈 말을 짝지은 것으로 옳은 것은?

> • 금융투자회사는 이사회가 정한 금액 이상을 초과하여 동일한 거래상대방에 재산상 이익을 제공하거나 또는 수령하는 경우 (   )의 사전승인을 받아야 한다.
> • 금융투자회사는 재산상 이익을 제공 및 수령하는 경우 해당 사항을 기록하고 (   ) 이상의 기간 동안 유지·관리해야 할 의무가 있다.

① 이사회 - 5년
② 이사회 - 10년
③ 금융위원회 - 5년
④ 금융위원회 - 10년

54 내부통제기준 및 내부통제위원회에 대한 설명이다. 가장 적절하지 않은 것은?

① 금융투자회사는 자본시장법상 의무로서 내부통제기준을 구축·운영하여야 하며, 내부통제기준은 이사회 결의로 제정하고 변경한다.
② 내부통제위원회는 준법감시인을 위원장으로 하며 반기별 1회 이상 회의를 개최해야 한다.
③ 상호저축은행의 최근 사업연도 말 기준 자산총액이 7천억 원 미만인 경우, 내부통제위원회 설치의무가 면제된다.
④ 금융투자회사의 최근 사업연도 말 기준 자산총액이 5조 원 미만이면 내부통제위원회 설치의무가 면제되지만, 운용하는 고객 재산(집합투자재산·신탁재산·일임재산)의 합계액이 20조원을 상회할 경우는 내부통제위원회를 설치해야 한다.

55 준법감시인에 대한 설명이다. 틀린 항목의 개수는?

> 가. 준법감시인은 이사회결의로 임명하며 그 임기는 2년 이상이다.
> 나. 준법감시인을 해임할 경우는 이사총수의 3분의 2 이상의 찬성으로 의결해야 한다.
> 다. 준법감시인을 임면한 경우에는 임면일로부터 7영업일 이내에 금융위원회에 보고해야 하며, 만일 임면사실을 금융위원회에 보고하지 않은 경우는 2천만 원 이하의 과태료가 부과될 수 있다.
> 라. 위임범위와 책임한도가 명확한 경우 사내 영업관리자를 대상으로 준법감시업무의 위임을 할 수 있다.

① 0개　　　　　　　　　　② 1개
③ 2개　　　　　　　　　　④ 3개

자본시장과 금융투자업에 관한 법률 & 금융위원회규정(11문항)

56 다음 중 집합투자증권으로서, '지분증권'을 발행할 수 없는 집합투자기구의 형태를 모두 묶은 것은?

> 가. 투자신탁
> 나. 투자익명조합
> 다. 투자합자회사
> 라. 투자유한회사

① 가　　　　　　　　　　② 가, 나
③ 가, 나, 다　　　　　　　④ 가, 나, 다, 라

57. 금융투자상품의 정의와 관련하여 빈칸을 옳게 연결한 것은?

- 특정투자자가 그 투자자와 타인 간의 공동사업에 금전 등을 투자하고 주로 타인이 수행한 공동사업의 결과로 따른 손익을 귀속 받는 계약상의 권리가 표시된 증권은 (   )이다.
- 기초자산의 가격·이자율·지표·단위 또는 이를 기초로 하는 지수 등의 변동과 연계하여 미리 정하여진 방법에 따라 지급금액 또는 회수금액이 결정되는 권리가 표시된 증권은 (   )이다.

① 투자계약증권, 파생결합증권
② 투자계약증권, 파생상품
③ 수익증권, 파생결합증권
④ 수익증권, 파생상품

58. 금융투자업자의 순자본비율이 80%이다. 이 경우 발동되는 적기시정조치 사항이 아닌 것은?

① 부실자산의 처분
② 신규업무진출의 제한
③ 점포의 신설 제한
④ 특별 대손충당금의 설정

59. 집합투자증권의 환매에 대한 설명이다. 가장 적절하지 않은 것은?

① 시장성 없는 자산에 펀드재산의 10%를 초과하거나 외화자산에 펀드재산의 50%를 초과하여 투자하는 경우에는 법정 환매기일(15일)을 초과하는 기일을 정하여 환매에 응할 수 있다.
② 투자자가 환매청구를 할 경우 해당 집합투자증권을 판매한 투자매매업자 또는 투자중개업자에게 환매를 청구하여야 한다.
③ 투자자의 환매청구가 있을 경우, 판매업자의 고유재산으로 해당 집합투자증권을 매입하여 환매대금을 지급하는 것을 원칙으로 한다.
④ 환매수수료는 집합투자증권의 환매를 청구하는 투자자가 부담하며 집합투자재산에 귀속된다.

60. 집합투자기구는 동일종목의 증권에 대한 투자제한(10% 투자한도 제한)을 받지만, 이에 대한 예외로서 집합투자기구 자산총액의 30%까지 투자할 수 있는 대상이 아닌 것은?

① 한국은행 통화안정증권
② OECD회원국이 발행한 채권
③ 지방채
④ 파생결합증권

61 공모형 집합투자기구의 성과보수 제한규정에 대한 설명이다. 가장 거리가 먼 것은?

① 공모형 집합투자기구는 일정한 요건을 모두 충족 시 예외적으로 성과보수를 받을 수 있으며, 이 경우 성과보수한도의 제한은 받지 않는다.
② 집합투자업자가 임의로 변경할 수 없는 객관적인 지표 또는 수치를 기준으로 성과보수를 산정할 것 등의 요건을 갖추어야 한다.
③ 집합투자업자는 성과보수를 받고자 하는 경우, 성과보수 산정방식 등을 투자설명서 및 집합투자규약에 기재해야 한다.
④ 사모집합투자기구는 성과보수를 받을 수 있다.

62 특수한 형태의 집합투자기구와 관련하여 빈칸을 옳게 연결한 것은?

- ( ) 집합투자기구는 같은 집합투자기구에서 판매보수나 판매수수료가 다른 여러 종류의 집합투자증권을 발행하며, 판매수수료 체계를 제외한 나머지 비용(운용보수, 수탁보수 등)은 동일해야 한다.
- ( ) 집합투자기구는 공통의 집합투자규약에 의하여 복수의 집합투자기구 내에서 보유하고 있는 집합투자증권을 다른 집합투자기구의 집합투자증권으로 전환할 수 있는 권리가 부여된 집합투자기구를 말한다.

① 종류형, 모자형
② 종류형, 전환형
③ 모자형, 전환형
④ 모자형, 종류형

63 증권신고서에 대한 설명이다. 틀린 것으로만 연결한 것은?

가. 증권신고서는 증권의 발행인이 작성하여 금융위원회에 제출하는 바, 금융위원회에서 증권신고서를 수리하면 해당 증권의 가치를 국가가 보증한다는 것을 의미한다.
나. 국채, 지방채, 특수채는 증권신고서를 제출하지 않아도 된다.
다. 공모금액이 10억 원 미만이면 증권신고서를 제출하지 않아도 된다.
라. 증권신고서 제출 후 금융위원회가 수리하는 즉시 투자설명서를 교부하고 청약을 진행할 수 있다.

① 가, 나
② 나, 다
③ 다, 라
④ 가, 라

64 다음 중 증권분석기관이 될 수 없는 자는?

① 신용평가업자
② 채권평가회사
③ 일반사무관리회사
④ 투자매매업자

65 주식 등의 대량보유상황 보고제도(5% Rule)상의 보고사유를 나열하였다. 가장 거리가 먼 것은?

① 새로 5% 이상을 보유하게 되는 경우
② 5% 이상 보유자의 보유수량 중 1주 이상의 변동이 생긴 경우
③ 보유목적을 단순투자목적에서 경영참가목적으로 변경하는 경우
④ 보유목적을 경영참가목적에서 단순투자목적으로 변경하는 경우

66 다음 중 증권의 전매가능성이 인정되는 경우가 아닌 것은?

① 지분증권이 아닌 증권이 50매 이상으로 발행된 경우
② 전환권 등이 부여된 경우 권리행사금지기간을 1년 이상으로 정하는 경우
③ 기업어음증권이 '50매 이상으로 발행되거나, 만기가 365일 이상이거나, 특정금전신탁에 편입되는 경우'
④ 전자단기사채의 만기가 3개월 이상인 경우

한국금융투자협회규정(3문항)

67 조사분석자료의 작성원칙 및 조사분석업무의 독립성확보와 관련한 협회 규정이다. 틀린 내용으로 연결한 것은?

> 가. 금융투자회사는 제3자가 작성한 조사분석자료는 외부에 공표할 수 없다.
> 나. 금융투자회사는 조사분석업무의 독립적 수행을 위해 조사분석자료의 품질 및 생산실적, 투자의견의 적정성 등이 포함되지 않은 보수산정기준을 제정·운영해야 한다.
> 다. 조사분석 담당부서의 임원이 기업금융·법인영업 및 고유계정 운용업무를 겸직하는 것은 금지되지만, 임원수의 제한 등으로 겸직이 불가피할 경우는 예외가 인정된다.

① 가, 나
② 나, 다
③ 가, 다
④ 가, 나, 다

68 다음 중 유사해외통화선물거래(FX마진거래)에 대한 설명으로 옳지 않은 것은?

① 자본시장법상 장내파생상품에 해당된다.
② 거래단위는 기준통화의 100,000 단위이며, 증거금은 미국달러로만 1만 달러 이상이어야 한다.
③ 투자자가 FX마진거래를 하고자 할 경우 투자자의 명의와 투자자의 계산으로 거래를 해야 한다.
④ 이종통화 간의 거래이므로 원/달러나 원/유로 간의 환율은 거래대상에서 제외된다.

69 집합투자증권에 대한 투자광고 시 의무표시사항이다. 옳은 것으로 모두 연결한 것은?

> 가. 환매수수료
> 나. 환매신청 후 환매금액의 수령이 가능한 구체적인 시기
> 다. 증권거래비용이 발생할 수 있다는 사실과 투자자가 직·간접적으로 부담하게 되는 각종 보수 및 수수료

① 가, 나
② 나, 다
③ 가, 다
④ 가, 나, 다

주식투자운용/투자전략(6문항)

70 효율적 시장가설(EMH ; Efficient Market Hypotheis)에 대한 설명으로 가장 적합한 것은?

① 약형의 효율적 시장가설에 따르면 기술적 분석으로는 초과수익을 얻을 수 없다.
② 준강형과 강형의 효율적 시장가설에 따르면, 초과수익에 관한 모든 정보가 이미 시장에 반영되어 있으므로 공개된 정보, 비공개된 정보에 관계없이 초과수익을 얻을 수 없다.
③ 준강형과 강형의 효율적 시장가설을 신뢰한다면, 어떠한 형태의 액티브 운용도 시도할 필요가 없다.
④ 효율적 시장가설은 패시브 운용을 반대하는 논거로 이용되곤 한다.

71 〈보기〉에서 전술적 자산배분의 실행도구에 해당하는 것을 모두 묶은 것은?

〈보 기〉
> 가. 시장가치접근방법
> 나. 포뮬러 플랜(Formula Plan)
> 다. 기술적 분석

① 가, 나
② 나, 다
③ 가, 다
④ 가, 나, 다

투자자산운용사

3회

72 다음 중 빈칸에 들어갈 말로 옳은 것은?(금액은 근사치)

> 현재 투자가용자금은 5천만 원이고 주식과 채권에 투자하되 만기시점의 최소보장가치를 4,500만 원으로 하고자 한다. 그리고 투자기간 1년, 무위험수익률 3%, 승수를 2라고 한다면 쿠션(Cushion)은 ( )이다.

① 500만 원   ② 631만 원
③ 1,262만 원   ④ 3,738만 원

73 인덱스 구성방법에 대한 설명이다. 옳지 않은 것을 모두 고르면?

> 가. 완전복제법은 벤치마크를 구성하는 모든 종목을 벤치마크의 구성비율대로 사서 보유하는 것으로, 가장 단순하고 직접적인 방법이다.
> 나. 완전복제법은 벤치마크를 완벽하게 추종할 수 있으므로 수익률이 벤치마크와 동일하게 나타난다.
> 다. 표본추출법은 벤치마크에 포함된 대형주는 모두 포함하되 중소형주들은 펀드의 성격이 벤치마크와 유사하게 되도록 일부의 종목만을 포함하는 방식이다.
> 라. 최적화법은 포트폴리오 모형을 이용하여 벤치마크 대비 잔차위험이 위험허용수준 이하인 포트폴리오를 만드는 방식으로서, 모형을 통해 주식의 속성을 정확하게 반영할 수 있다.

① 가, 나   ② 나, 다
③ 가, 다   ④ 나, 라

74 〈보기〉에서 순수인덱스펀드의 속성을 고르면?(제로 = 0)

> 〈보 기〉
> 가. 벤치마크 대비 초과수익률이 제로이다.
> 나. 잔차위험(추적오차)이 제로이다.
> 다. 정보비율이 제로이다.

① 가, 나   ② 나, 다
③ 가, 다   ④ 가, 나, 다

75 액티브운용 중 가치투자에 대한 설명이다. 가장 거리가 먼 것은?

① 기업의 수익은 평균에 회귀하려는 경향을 가진다고 전제한다.
② 저PER주, 저PBR주, 고배당주 투자를 선호한다.
③ 이익전망이 좋은 성장주에 투자하는 것도 가치투자에 포함된다.
④ 투자자가 예상하는 투자기간 내에 저평가된 정도가 회복되지 않을 위험이 존재한다.

채권투자운용/투자전략(6문항)

76 〈보기〉는 A채권(국고채)의 발행요건과 매매에 대한 내용이다. 빈칸을 옳게 연결한 것은?

〈보 기〉

〈발행요건〉
- 만기요건 : 발행일 2018년 6월 10일, 만기일 2028년 6월 10일
- 표면금리 : 1.875%(6개월 후급 이표식)
- 채권액면 : 10,000원

〈매매상황〉
B투자자는 2019년 7월 15일에 시장 만기수익률 1.250%로 동 채권을 매입하여 2020년 12월 11일에 시장 만기수익률 1.130%에 동 채권을 매도하였다.

〈질문〉
이 경우 A채권에서 매기에 지급하는 이자금액은 (　　)이다. 그리고 B투자자가 이자를 수령하는 횟수는 (　　)이며, 이 채권을 매매함으로써 (　　)이 발생하였다.

① 187.5원, 2회, 매매차손
② 187.5원, 3회, 매매차손
③ 93.75원, 2회, 매매차익
④ 93.75원, 3회, 매매차익

77 빈칸에 알맞은 것은?

채권액면 10,000원, 채권액면에 대한 전환주수는 2주이다(전환비율 100%). 현재 채권의 시장가격은 9,500원이고 전환대상 주식의 시장가격은 4,000원이다. 이 경우 동 전환사채의 패리티는 (　　)이다.

① 80%
② 84.21%
③ 95%
④ 125%

78 다음의 채권 중에서 채권에 내재된 옵션을 채권투자자가 행사하는 것이 아닌 것은?

① 교환사채
② 신주인수권부사채
③ 수의상환채권
④ 수의상환청구채권

79 듀레이션에 대한 설명이다. 가장 적합한 것은?

① 이표채의 이자지급주기가 짧아지면 듀레이션은 증가한다.
② 무이표채의 듀레이션은 채권의 잔존만기와 동일하다.
③ 다른 조건이 동일하다면 표면이율이 높을수록 듀레이션도 증가한다.
④ 채권의 볼록성은 듀레이션이 증가함에 따라 체감적으로 증가한다.

80 현시점에서 만기가 1년인 현물이자율($_0R_1 = S_1$)이 3%, 만기가 2년인 현물이자율($_0R_2 = S_2$)이 5%이다. 그렇다면 향후 1년 후의 1년 만기 내재선도이자율($_1R_2 = {_1f_1}$)로 가장 가까운 값은?

① 4% ② 6.5%
③ 7% ④ 8%

81 수익률곡선타기 전략에 대한 설명이다. 틀린 것을 모두 고르면?

> 가. 우상향의 수익률곡선을 전제로 한다.
> 나. 채권 매입 후 채권수익률 하락 및 채권가격 상승을 통한 자본차익을 기대하는 적극적인 운용전략이다.
> 다. 수익률곡선타기 전략 중, 장기채의 반복적인 매매를 통해 자본수익을 얻고자 하는 전략을 숄더효과, 중·단기채의 매매를 통해 자본수익을 얻고자 하는 전략을 롤링효과라고 한다.
> 라. 동 전략은 전략 이용 시 외부적 시장여건에 변화가 없음을 가정하는데, 만일 외부 시장여건의 변화로 금리가 하락한다면 손실을 볼 수도 있다.

① 가, 나 ② 다, 라
③ 가, 다 ④ 나, 라

파생상품투자운용/투자전략(6문항)

82 장외파생상품에 대한 내용이다. 가장 적절한 것은?

① 맞춤형거래가 불가하다.
② 포지션을 취한 후에도 언제든지 해지를 하거나 반대매매를 하기 쉽다.
③ 선도거래 등의 장외파생상품은 신용위험에 노출되지 않는다.
④ 장외파생상품은 시장조성자(Market Maker 또는 Warehouse)와 고객 간의 일대일 계약의 형태로 일어나는 것이 대부분이다.

83 선물거래에서 일일정산 후 증거금 수준이 60억 원이고 유지증거금이 70억 원, 마진콜 후 추가로 납부한 증거금이 40억 원이라면, 개시증거금은 얼마인가?

① 95억 원
② 100억 원
③ 115억 원
④ 135억 원

84 행사가격이 295인 풋옵션을 1.5포인트에 사고 행사가격이 300인 풋옵션을 5.0포인트에 매도하였다. 옵션만기시점에 주가지수가 295에 끝났다면 이 포지션의 순손익규모를 옳게 표현한 것은?(KOSPI200지수옵션, 1계약 매매, 단위는 point)

① 3.5포인트, 이익
② 3.5포인트, 손실
③ 1.5포인트, 이익
④ 1.5포인트, 손실

85 '기초자산 매수'와 동일한 효과를 내는 옵션포지션을 구성하면?

① 콜옵션매수 + 풋옵션매수
② 콜옵션매수 + 풋옵션매도
③ 콜옵션매도 + 풋옵션매도
④ 콜옵션매도 + 풋옵션매수

86 옵션을 이용한 차익거래 중 컨버전(Conversion) 전략에 해당하는 것은?

	콜옵션	풋옵션	기초자산
①	매도	매수	매수
②	매도	매수	매도
③	매수	매도	매수
④	매수	매도	매도

87 옵션민감도 지표에 대한 설명으로 옳은 것은?

① 델타는 기초자산의 변동성 변화에 따라 옵션가격이 얼마나 변하는가 하는 민감도를 보여주는 지표이다.
② 로우는 기초자산이 변화할 때 델타가 얼마나 변하는가 하는 민감도를 보여주는 지표이다.
③ 쎄타는 시간의 경과에 따라 옵션가격이 얼마나 변하는가 하는 민감도를 보여주는 지표이다.
④ 감마는 기초자산이 변화할 때 옵션가격이 얼마나 변하는가 하는 민감도를 보여주는 지표이다.

투자운용결과분석(4문항)

88 〈보기〉에 따를 경우 샤프비율은 얼마인가?

〈보 기〉
포트폴리오수익률 6%, 벤치마크수익률 5%, 무위험수익률 3%, 표준편차 10%, 잔차위험 4%

① 0.10
② 0.30
③ 0.50
④ 0.75

89 〈보기〉의 조건에 따를 때 젠센의 알파는 얼마인가?

〈보 기〉
포트폴리오수익률 8%, 무위험수익률 3%, 시장포트폴리오수익률(또는 벤치마크수익률) 6%, 베타 1.2, 표준편차 10%

① 1.4%
② 2.0%
③ 2.4%
④ 3.4%

90 스타일분석에 대한 내용이다. 가장 적절하지 않은 것은?

① 스타일분석은 성과에 가장 큰 영향을 주는 변수를 골라 내어 이를 기준으로 펀드를 분류하는 기법이라 할 수 있다.
② 주식형펀드의 경우 펀드가 보유한 주식의 규모와 가치평가의 정도에 따라 분류한다.
③ 채권형펀드의 경우 펀드가 보유한 채권의 평균 신용등급의 높고 낮음과 평균 만기의 길고 짧음에 따라 분류한다.
④ 명시적으로 스타일을 표방하고 있는 대형주펀드나 가치주펀드는 종합주가지수와 같은 시장지수를 통해 정확히 평가할 수 있다.

91 〈보기〉에 대한 설명으로 가장 적절하지 않은 것은?

〈보 기〉
투자한 현금흐름(현금유출액)의 현재가치와 투자로부터 얻어지는 현금유입액의 현재가치를 일치시키는 할인율

① 내부수익률(IRR)이라 한다.
② 운용기간 중 현금흐름을 모두 반영하는 금액가중수익률에 해당된다.
③ 운용자의 운용성과만을 평가할 수 있다는 장점이 있다.
④ 벤치마크 및 동류그룹 간의 수익률을 비교할 수 없다는 단점이 있다.

거시경제(4문항)

92 다음 설명 중 가장 적절하지 않은 것은?

① 집안에서 가사와 육아를 도맡아 하는 가정주부는 비경제활동인구로 분류된다.
② 구직단념자는 비경제활동인구로 분류된다.
③ 군인과 재소자는 비경제활동인구로 분류된다.
④ 경제활동인구는 취업자와 실업자의 두 가지로 구분된다.

93 빈칸을 옳게 연결한 것은?(순서대로)

경상수지 흑자가 확대되면 통화량은 (　　　)하고 금리는 (　　　)한다.

① 증가, 상승
② 증가, 하락
③ 감소, 상승
④ 감소, 하락

94 이자율의 기간구조이론에 대한 설명이다. 가장 거리가 먼 것은?

① 채권 간의 완전한 대체관계가 성립하는 것은 불편기대이론이다.
② '수익률곡선은 우상향한다'는 현상을 전혀 설명할 수 없는 것은 불편기대이론이다.
③ 수익률곡선의 이동을 전혀 설명할 수 없는 것은 특정시장선호이론이다.
④ 유동성프리미엄이론에서의 유동성프리미엄은 항상 양(+)의 값을 갖는다.

95 〈보기〉에서 경기확산지수(DI)에 부합하는 내용을 모두 묶은 것은?

〈보 기〉

가. 경기변동의 진폭이나 속도는 측정하지 않고 경기변동의 방향과 전환점을 식별하는 경기지표이다.
나. 0%에서 100%까지 존재하며 기준선인 50%를 초과하면 경기상승국면, 50% 미만이면 경기하강국면으로 판단한다.
다. 경기지표 및 계량경제 모델에 의한 경기분석과 예측을 보완하는 수단으로 활용되고 있다.
라. 특히 경기수축기를 판단하고 예측함에 있어 타 지표보다 신뢰도가 높다.

① 가, 나
② 다, 라
③ 가, 다
④ 나, 라

분산투자기법(5문항)

96 자산A의 표준편차는 0.3, 자산B의 표준편차는 0.4, 두 자산 간의 상관계수는 0일 경우, 최소분산포트폴리오가 되는 자산B의 비중은 얼마인가?

① 0.25
② 0.36
③ 0.64
④ 0.75

97 자본시장선(CML)에 대한 내용이다. 가장 적절하지 않은 것은?

① 자본시장선에는 완전히 분산된 포트폴리오만이 위치할 수 있다.
② 자본시장선에 투자하는 것은 투자자의 위험선호도와 관계없이 모두 동일하게 시장포트폴리오에 투자하게 됨을 의미한다.
③ 자본시장선의 기울기는 투자자의 위험선호도의 강약에 따라 결정된다.
④ 보수적인 투자자는 대출포트폴리오에 투자하게 되는데, 이는 자본시장선상에서 시장포트폴리오(M) 왼쪽의 포트폴리오에 투자함을 의미한다.

98 〈보기〉에 따를 때 자산 J의 SML상의 균형수익률은 얼마인가?

〈보 기〉
무위험수익률 3%, 시장수익률 6%, 시장수익률의 분산 20%, 자산 J의 표준편차 10%, 자산 J와 시장수익률 간의 공분산 25%

① 5.4%
② 6.0%
③ 6.75%
④ 10.50%

99 빈칸에 알맞은 것은?

> 단일지표모형이 성립한다고 가정한다. 주식 J의 베타는 1.2, 주식 K의 베타는 0.8일 경우, 주식 J에 60%, 주식 K에 40%를 투자하는 포트폴리오의 베타는 ( )이다.

① 9.2
② 1.0
③ 1.04
④ 2.0

100 〈보기〉에 대한 설명으로 가장 적절하지 않은 것은?(이하 시간가중수익률은 연환산기준이다)

〈보 기〉
- 갑주식을 1기 초에 10,000원에 매입하고 1기 말에 1,000원의 배당을 받았다.
- 2기 초에 동일주식을 12,000원에 추가매입하고, 2기 말에 배당금 2,000원을 수령하고 28,000원(주당 14,000원)에 매도하였다.

① 단일기간수익률로는 1기간이 +30%, 2기간이 +25%이다.
② 산술평균수익률은 +27.5%이다.
③ 기하평균수익률(시간가중수익률)은 +27.47%이다.
④ 금액가중수익률은 시간가중수익률보다 높게 나타난다.

패스코드는 플랜별 학습이 가능하도록 구성된 교재입니다.
제공되는 합격 플랜을 확인하신 후 학습하시면 보다 효율적이고 체계적인 학습이 가능합니다.

제4회
투자자산운용사
실제유형 모의고사

문항 및 시험시간

평가영역	문항 수	시험시간	비 고
투자자산운용사	100문항	120분	

※ 이 자료는 저작권법에 의해 보호를 받는 저작물이므로 동영상 제작 및 무단전재와 복제를 금합니다.
※ 동 교재는 매회 실제시험의 기출경향을 분석·반영하기 위해 1년에 4회 이상 개정을 하고 있습니다. 따라서 새로 업데이트된 버전의 도서로 최신경향을 확인할 수 있음을 참고하시길 바랍니다.

투자자산운용사

제4회 실제유형 모의고사

문 항 수 : 100문항
응시시간 : 120분

세제관련 법규/세무전략(7문항)

01 다음 중 간접세에 해당하는 것은?

① 소득세
② 부가가치세
③ 종합부동산세
④ 증여세

02 납세의무의 확정에 대한 설명이다. 가장 거리가 먼 것은?

① 부가가치세는 납세의무자가 과세표준과 세액을 정부에 신고함으로써 확정된다.
② 상속세는 납세의무가 성립되는 때에 특별한 절차없이 확정된다.
③ 증여세는 정부가 과세표준과 세액을 결정함으로써 확정된다.
④ 인지세는 납세의무가 성립되는 때에 특별한 절차없이 확정된다.

03 '집합투자기구로부터의 이익'에 대한 과세를 설명한 것이다. 옳은 것으로 연결한 것은?

> 가. 집합투자기구로부터의 이익은 배당소득으로 과세하고, 집합투자기구 이외의 신탁이익은 소득의 원천 별로 소득을 구분하여 과세한다.
> 나. 적격집합투자기구는 상장주식 및 이를 기초자산으로 하는 장내파생상품의 매매로 인한 손익, 그리고 벤처기업주식의 매매로 인한 손익은 과세대상에서 제외한다.
> 다. 소득세법상 집합투자기구의 집합투자증권을 실물로 양도하여 얻은 이익에 대해서는 양도소득세를 부과한다.

① 가, 나
② 나, 다
③ 가, 다
④ 가, 나, 다

04 빈칸에 들어갈 숫자를 모두 합한 것으로 옳은 것은?(세율은 지방소득세 제외)

> 가. 대금업에 해당하지 않는 금전대여를 하고 이를 통해 이자를 수령할 경우 (　)%의 원천징수세율을 적용한다.
> 나. 법원에 납부한 경매보증금 및 경락대금에서 발생하는 이자소득에 대해서는 지급 시(　)%를 원천징수하며 이로써 납세의무가 종결된다.

① 28
② 39
③ 44
④ 65

05 다음 중 증권거래세가 면제되는 경우가 아닌 것은?

① 국가 또는 지방자치단체가 주권 등을 양도하는 경우
② 국가재정법에 따른 기금이 주권을 양도하는 경우
③ 자본시장법 제119조에 따라 주권을 매출하는 경우
④ 주권을 목적물로 하는 소비대차의 경우

06 빈칸에 들어갈 말을 옳게 연결한 것은?

> 증여공제한도는 성인자녀에 대해서는 10년간 (　　), 미성년자녀에 대해서는 10년간 (　　)이다.

① 3,000만 원 - 1,500만 원
② 3,000만 원 - 2,000만 원
③ 5,000만 원 - 1,500만 원
④ 5,000만 원 - 2,000만 원

07 금융소득종합과세 제도에 대한 설명이다. 가장 적절하지 않은 것은?

① 근로소득만 있거나 금융소득 이외의 소득이 전혀 없는 경우로서 연간 금융소득이 2천만 원 이하인 경우에는 종합소득신고를 할 필요가 없다.
② 사업소득이나 근로소득은 수입에서 필요경비를 공제한 금액이 소득이 되지만, 금융소득은 필요경비가 인정되지 않으므로 수입금액이 바로 과세표준이 된다.
③ 우리나라 민법은 부부합산제를 채택하고 있으므로 금융소득이 부부합산기준 2천만 원을 초과할 경우 금융소득종합과세 신고대상이 된다.
④ 분리과세요건을 갖춘 장기채권의 이자나 할인액은 분리과세를 신청한 경우에 한하여 30%의 원천징수세율(지방세 제외)로 분리과세를 하고 납세의무가 종결된다.

금융상품(8문항)

08 ISA(개인종합자산관리계좌)에 대한 내용이다. 틀린 항목으로 연결한 것은?

> 가. 19세 이상의 거주자의 경우 소득과 관련 없이 누구나 가입이 가능하다.
> 나. 통산순이익 기준 400만 원(일반형은 200만 원)까지 비과세혜택을 받으며, 비과세 혜택을 초과하는 금액은 조건부종합과세의 대상이 된다.
> 다. 신탁형의 경우 예·적금에 추가하여 펀드, 파생결합증권, 리츠, 회사채, 국내상장주식 등을 편입할 수 있다.

① 가, 나
② 나, 다
③ 가, 다
④ 가, 나, 다

09 양도성예금증서(CD)에 대한 설명이다. 틀린 것은?

① 무기명 할인식으로 발행된다.
② 중도해지가 불가하다.
③ 만기까지 보유하면 증서소지자는 액면금액을 수령하게 된다.
④ 만기가 지나게 되면 해당 일수만큼 실세금리를 반영하여 추가지급한다.

10 ELW(주식워런트 증권)에 대한 설명이다. 옳은 것으로 연결한 것은?

> 가. 해외지수는 ELW의 기초자산이 될 수 없다.
> 나. 콜 ELW의 경우 기초자산이 올라갈수록, 행사가격이 내려갈수록 가격이 상승한다.
> 다. ELW의 패리티가 100%보다 크면 내재가치가 있는 상태이다.

① 가, 나
② 나, 다
③ 가, 다
④ 가, 나, 다

11 집합투자의 정의와 가장 거리가 먼 것은?

① 2인 이상에게 판매를 한다.
② 투자자 또는 각 기금관리주체로부터 일상적인 운용지시를 받지 않는다.
③ 재산적 가치가 있는 투자대상 자산을 취득·처분 그 밖의 방법으로 운용하고 그 결과를 투자자 또는 각 기금관리주체에 배분하여 귀속시킨다.
④ 투자자 또는 각 기금관리주체별로 자산을 운용한다.

투자자산운용사

4회

12 MMF의 운용제한에 대한 내용이다. 가장 적절하지 않은 것은?

① 환매조건부채권의 매도는 보유증권 총액의 100분의 5를 한도로 한다.
② 남은 만기가 1년 이상인 국채의 경우 집합투자재산의 100분의 5 이내에서 운용할 수 있다.
③ 환매조건부채권의 매수대상이 되는 채권이 지방채일 경우, 해당 지방채의 만기가 1년 이내이어야 한다.
④ 증권의 차입과 대여는 금지된다.

13 연금저축상품(세제적격 상품)에 대한 설명이다. 옳은 것은?

① 자산운용사에서는 판매를 할 수 없다.
② 연금계좌상품(연금저축계좌, 퇴직연금계좌, IRP계좌 포함)의 연간 납입한도는 1,200만 원이다.
③ 연금저축 납입 시 세액공제 혜택이 주어지며, 연금수령 시에는 세액공제 여부와 관계없이 그 원금과 수익분에 대해서 연금소득세가 부과된다.
④ 가입자가 해외이주를 사유로 연금 외 수령을 할 경우, 3.3%~5.5%의 세율로 분리과세를 하고 납세의무를 종결한다.

14 다음 중 손해보험에 속하지 않는 것은?

① 화재보험
② 자동차보험
③ 생존보험
④ 해상보험

15 다음 중 ABS(자산유동화증권)의 신용보강 중에서 내부신용보강 방법에 속하지 않는 것은?

① 신용공여
② 후순위증권 발행
③ 초과스프레드
④ 예치금

부동산관련 상품(5문항)

16 물권으로서의 부동산권리 중 〈보기〉에 해당하는 것은?

〈보 기〉

건물 기타의 공작물(도로, 교량, 광고탑 등)이나 수목을 소유하기 위하여 타인의 토지를 사용할 수 있는 권리

① 지상권 ② 지역권
③ 전세권 ④ 저당권

17 부동산 공부(公簿)에 대한 설명이다. 가장 적절하지 않은 것은?

① 토지에 대한 공적인 규제사항은 '지적도'에서 확인할 수 있다.
② 개별 공시지가는 '개별 공시지가 확인원'에서 확인할 수 있다.
③ 건물의 층수, 면적, 용도는 '건축물대장'에서 확인할 수 있다.
④ 소유권에 관한 변동사항이나 제한물권은 '등기부등본'에서 확인할 수 있다.

18 부동산임대사업의 현금흐름이 〈보기〉와 같다. 이 경우 수익성지수(Profitability Index) 또는 편익비용비율은 얼마인가?

〈보 기〉

- 최초투자액(또는 투입액의 현재가치) : 1,000원
- 투자기간 동안의 임대현금흐름의 현재가치 : 300원
- 투자기간 동안의 매매현금흐름 : 1,250원
- 투자기간 매매현금흐름에 대한 현재가치계수 : 0.800

① 1.24 ② 1.25
③ 1.30 ④ 1.55

19 다음 중 '국토의 계획 및 이용에 관한 법률'상의 4가지 용도지역에 속하지 않은 것은?

① 도시지역
② 농림지역
③ 수산지역
④ 관리지역

20 도시계획사업에 의하지 않고 건축물의 건축, 토지의 형질변경 등 개발행위를 하고자 하는 자는 특별시장·광역시장·시장 또는 군수의 허가를 받아야 하는데, 다음 중 허가대상에서 제외되는 것으로만 연결한 것은?

> 가. 경작을 위한 토지의 형질변경
> 나. 사도개설허가에 따른 토지분할
> 다. 녹지지역·관리지역 또는 자연환경보전지역에 물건을 1개월 이상 쌓아놓는 행위

① 가
② 가, 나
③ 나, 다
④ 가, 나, 다

대안투자운용/투자전략(5문항)

21 대안투자(Alternative Investment)의 특성과 가장 거리가 먼 것은?

① 전통적인 투자자산과 낮은 상관관계를 가지고 있어 전통투자와 포트폴리오를 구성하면 효율적인 포트폴리오 구성이 가능하다.
② 환매금지기간(Lock up Period)이 있고 투자기간이 길다.
③ 장내시장에서 주로 거래된다.
④ 대안투자상품에 투자하는 펀드로는 '부동산펀드, 인프라스트럭처펀드, 일반상품(Commodity) 펀드, 헤지펀드, FEF 등'이 있다.

22 PEF에 대한 설명이다. 옳은 것으로 연결한 것은?

> 가. PEF의 유한책임사원(LP)은 PEF에 투자한 금액의 범위 안에서만 책임을 진다.
> 나. PEF의 유한책임사원(LP)으로는 연기금, 은행이나 보험사가 주종을 이룬다.
> 다. PEF는 등기·등록사항을 통해서 유한책임사원의 내역을 공개하고 있다.

① 가, 나
② 나, 다
③ 가, 다
④ 가, 나, 다

23 헤지펀드 전략의 종류 중에서 방향성전략으로 묶은 것이다. 가장 적절한 것은?

① 주식의 롱숏(Equity Long/Short), 이머징마켓헤지펀드
② 글로벌매크로(Global Macro), 합병차익거래
③ 선물거래, 이자율스프레드
④ 합병차익거래, 부실채권투자

24 신용부도스왑(CDS ; Credit Default Swap)에 대한 설명이다. 가장 거리가 먼 것은?

① 신용위험 전가 사실을 차주(借主)가 알 수 없으므로 고객과의 우호적인 관계를 유지할 수 있다.
② 보장매도자가 보장매수자에게 프리미엄을 지급한다.
③ 시장위험의 전가는 불가하다.
④ CLN은 일반채권에 CDS를 결합한 상품이다.

25 CDO 트랜치(Tranche)에 대한 설명이다. 가장 거리가 먼 것은?

① 에쿼티 트랜치는 업프런트(Up Front) 방식으로 수익을 지급받는다.
② 메자닌 트랜치는 잔여이익에 대한 참여를 할 수 있다.
③ 시니어 트랜치는 Mark-to-Market위험에 노출된다.
④ 재보험사에게 수퍼시니어 트랜치는 높은 신용등급을 가진 투자대상으로서 재보험 보유위험을 헤지할 수 있는 분산투자도구로 인식되고 있다.

해외증권투자운용/투자전략(5문항)

26 다음 설명 중 틀린 것으로 연결한 것은?

> 가. 미국투자자의 입장에서 내재적 헤지는 달러가치 상승기에만 유효하다.
> 나. 국제투자펀드는 적극적으로 헤지를 하는 것이 일반적이다.
> 다. 동조화의 강화현상은 통합화의 진전으로 해석될 수 있다.
> 라. 세계의 주식시장이 완전히 통합된다면 국제분산투자효과도 전혀 존재하지 않는다.

① 가, 나
② 나, 다
③ 다, 라
④ 가, 라

27 다음 설명 중 옳은 내용으로 연결한 것은?

> 가. 본국통화로 표시한 투자수익률은 투자대상국의 통화로 표시한 투자수익률에 환율의 변동률을 합한 값으로 구하면 된다.
> 나. 본국통화로 표시되는 투자수익률의 분산은 투자대상국 통화로 표시되는 자산수익률의 분산과 환율변동률의 분산의 합으로 구하면 된다.
> 다. 투자대상국 통화가치의 상승은 환차익을 가져오므로 투자수익률이 높아지게 된다.

① 가
② 가, 다
③ 나, 다
④ 가, 나, 다

28 해외주식 투자전략 중 방어적 전략에 대한 설명이다. 가장 적절하지 않은 것은?

① 국제 주식시장이 효율적이라고 가정한다.
② 환율과 주가전망을 투자결정에 거의 반영하지 않고 벤치마크 지수의 구성을 모방함으로써 잘 분산된 벤치마크의 수익률과의 격차를 최소화하고자 하는 전략이다.
③ 벤치마크 포트폴리오를 정확하게 모방할 경우 목표수익률이 벤치마크수익률에 최대한 근접하게 되며 인덱싱 과정에서의 거래비용도 절감할 수 있다.
④ 벤치마크 지수의 국가별 비중차이를 크게 할 경우 국가별 경제와 주가에 대한 전망이 어긋날 경우 벤치마크 지수수익률을 크게 하회하는 위험에 노출된다.

29 국내상장기업이 미국증시에 상장될 경우의 효과와 가장 거리가 먼 것은?

① 미국시장에서의 홍보효과를 기대할 수 있다.
② 국제신인도가 올라가면서 자금조달의 비용을 절감할 수 있다.
③ 기업지배구조의 투명성제고 등으로 할인율이 감소할 수 있다.
④ 국내와 해외에서 동시상장을 할 경우 상장비용을 절감할 수 있다.

30 딤섬본드에 대한 설명이다. 틀린 것은?

① 딤섬본드는 외국기업이 중국에서 위안화로 발행한 채권을 말한다.
② 딤섬본드는 신용등급이 높은 회사채로서 채권수익률이 낮은 편이다.
③ 딤섬본드의 수익은 대부분 환차익에서 발생하므로 위안화가치의 방향성이 투자에서 매우 중요한 요소이다.
④ 딤섬본드는 만기가 2~3년 정도로 짧은 것이 많아 중도매매보다는 만기보유전략이 선호되므로 회사채 신용도가 중요하다.

투자분석기법(12문항)

31 빈칸에 알맞은 것은?

> 어떤 회사의 현재 배당금은 주당 500원이다. 향후 2년 동안은 배당이 20%로 성장할 것으로 예상되며, 그 이후에는 5%의 배당성장률이 지속될 것으로 예상한다. 요구수익률이 10%일 경우, 배당평가모형으로 평가한 이 회사의 보통주의 가치는 ( )이다.

① 3,000원
② 3,900원
③ 13,636원
④ 18,636원

32 재무상태표와 손익계산서를 같이 활용하여 산출하는 재무비율이 아닌 것은?

① 이자보상비율
② 자기자본이익률
③ 총자산이익률
④ 총자산회전율

33 ROE가 ROA의 4배이고 총자산이 400억 원일 때, 총부채는 얼마인가?

① 100억 원
② 150억 원
③ 200억 원
④ 300억 원

34 빈칸에 알맞은 것은?

> 매출액순이익률이 0.2(20%)이고 총자산회전율이 2(2회전)일 때, 총자산이익률은 ( )이다.

① 0.1
② 0.2
③ 0.3
④ 0.4

35 다음 중 결합레버리지도(DCL)를 가장 크게 만드는 영업고정비와 재무고정비의 조합은 무엇인가?(단위 : 억 원)

	영업고정비	재무고정비
①	100	100
②	200	50
③	250	40
④	290	60

36 현금흐름표의 유용성에 대한 설명이다. 가장 적절하지 않은 것은?

① 분석대상 기업의 미래 현금흐름 추정에 도움을 준다.
② 당기순이익과 영업활동현금흐름의 차이와 원인을 파악하는데 도움을 준다.
③ 영업활동현금흐름을 통해 자산, 부채의 증감원인을 구체적으로 파악할 수 있다.
④ 기업의 부채상환능력 및 배당지급능력을 파악할 수 있다.

37 〈보기〉의 조건에 따를 때, 기업의 EVA를 최적으로 만드는 타인자본비중과 자기자본비중의 조합은 무엇인가?

― 〈보 기〉 ―

세후순영업이익 100억 원, 투하자본 250억 원, 타인자본비용과 자기자본비용은 모두 10%이고 법인세율은 20%로 가정한다.

① 타인자본 80, 자기자본 20 ② 타인자본 60, 자기자본 40
③ 타인자본 40, 자기자본 60 ④ 타인자본 20, 자기자본 80

38 다우이론의 장기추세 6국면을 설명한 것이다. 가장 적절하지 않은 것은?

① 전반적인 경제여건 및 기업의 영업수익이 호전되면서 일반투자자들의 관심이 고조되어 주가가 상승하고 거래량도 증가하는 국면으로, 기술적분석을 이용한 주식투자자들이 가장 많은 수익을 올릴 수 있는 국면은 마크업국면이다.
② 경제전반에 걸쳐 각종 통계자료가 호조를 보이면서 투자가치가 미세한 종목에까지 인기가 확산되기 시작하는 국면으로, 일반투자자나 초보투자자들이 뒤늦게 확신을 가지고 적극 매입하는 국면은 과열국면이다.
③ 전문투자자들이 투자수익을 실현한 후 빠져나가는 단계이며, 주가가 조금만 하락해도 그동안 매수하지 못한 다기매수세에 의해 거래량이 증가하는 양상이 나타나는 단계는 분산국면이다.
④ 경제 전반에 걸쳐 각종 통계자료가 악화를 보임에 따라 주식을 매도하려는 일반투자자들의 마음이 조급해지며, 이에 따라 주가가 수직하락하고 거래량도 급감하는 국면을 침체국면이라 한다.

39 기술적 분석의 보조지표와 관련하여 빈칸에 알맞은 것은?

> ( )는 단기 이동평균 값에서 장기 이동평균 값을 뺀 차이를 그래프상에 나타내어 현재 주가의 움직임이 어떻게 진행되고 있는가를 판단하기 위한 추세분석기법이다.

① MAO(Moving Average Oscillator)
② RSI(Relative Strength Index)
③ Stochastics
④ VR(Volume Ratio)

40 다음의 패턴 중에서 반전형이 아닌 것은?

① 헤드앤쇼울더형
② 깃발형
③ 원 형
④ 이중천장형

41 다음 중 산업 간 불균형성장이론에 대한 설명이 잘못된 것은?

① Petty의 법칙은 소득수준이 향상될수록 1차산업의 노동력 구성비는 감소하고 2차산업과 3차산업의 노동력 구성비가 증가한다는 것이다.
② 쿠즈네츠는 노동력 뿐 아니라 생산 및 자본에서도 Petty의 법칙이 성립한다고 한다.
③ Hoffman은 경제발전에 따라 2차산업 내에서 생산재부문보다 소비재부문의 생산비중이 높아진다고 본다.
④ 생산의 우회화론(뵘바베르크)은 소득수준이 상승함에 따라 총생산액에 대한 중간재 수요의 비중이 증가한다는 것이다.

42 하나의 산업에 동등한 시장점유율을 가진 10개의 기업이 있다. 이 경우 허핀달지수(HHI)와 시장집중률지수(CR_k)가 일치하게 되는 k값은 얼마인가?(HHI지수는 소수점 단위로 표시)

① 1
② 2
③ 3
④ 4

리스크관리(8문항)

43 ⟨보기⟩와 같은 MGRM사의 헷지전략에 의해 노출되는 위험을 모두 묶은 것은?

⟨보 기⟩
- 정유판매회사인 독일의 MGRM사는 미국 구매업자에게 향후 10년간 160만 배럴의 석유제품을 공급하는 장기선도공급계약을 체결하였다.
- 그리고 장기선도공급계약에 대한 헷지(Hedge)차원에서, MGRM사는 원유가격상승에 대비한 55,000계약의 장내선물계약(Rolling Hedge)과 1억1천만계약의 스왑계약을 체결하였다.

① 롤오버리스크
② 롤오버리스크, 자금조달리스크
③ 롤오버리스크, 신용리스크
④ 롤오버리스크, 자금조달리스크, 신용리스크

44 VaR의 측정방법으로서 델타노말분석법에 대한 설명이다. 가장 거리가 먼 것은?

① 부분가치로 평가한다.
② 가치평가모형(valuation model)을 필요로 한다.
③ 옵션이나 채권과 같은 비선형 금융상품을 평가할 경우 정확성이 떨어지는 단점이 있다.
④ 정규분포를 전제로 한다.

45 A자산의 VaR은 8억 원, B자산의 VaR은 5억 원이다. 두 자산수익률의 상관관계가 +1이다. 이 경우 두 자산(A, B)으로 구성된 포트폴리오 VaR에 가장 가까운 값은?

① 3억 원
② 5억 원
③ 8억 원
④ 13억 원

46 역사적 시뮬레이션에 대한 설명이다. 틀린 것은?

① 분산, 공분산 등과 같은 모수에 대한 추정을 요구하지 않는다.
② 정규분포의 가정이 필요하지 않다.
③ 옵션이나 채권과 같은 비선형상품의 VaR을 측정할 경우 델타분석법보다 정확하다.
④ 표본의 길이와 관계없이 안정적인 측정치를 얻을 수 있다.

47 VaR의 한계점에 대한 설명이다. 옳은 것으로 연결한 것은?

> 가. VaR측정은 과거 데이터에 의한 추정방식이므로 과거에 발생하지 않았던 새로운 변화가 나타날 경우 신뢰도가 떨어지게 되는데, 이때 보완할 수 있는 VaR측정방식은 델타감마방식이다.
> 나. 옵션이나 채권과 같은 비선형상품에 대한 VaR측정에서는 측정모형(델타분석법, 몬테카를로분석법 등)에 따라 VaR 측정값이 달라질 수 있다.
> 다. VaR 측정 시 필요한 보유상품의 가격정보 이용에 제한이 있을 수 있으며, 이 경우 역사적 시뮬레이션 방법 사용에 제약이 따른다.

① 가, 나
② 나, 다
③ 가, 다
④ 가, 나, 다

48 시장위험을 측정하는 VaR측정 모형과 관련하여 빈칸에 알맞은 것은?

> (   )은 측정하기 쉽고, 모든 상품들의 완전가치 측정을 가능하게 해 준다. 그러나 과거 한 기간의 표본에만 의존하기 때문에 시간이 지남에 따라 바뀔 수 있는 리스크 요인의 변동을 감안하는데 취약하다는 단점이 있다.

① 델타분석법
② 역사적 시뮬레이션법
③ 몬테카를로 시뮬레이션법
④ 스트레스 검증법

49 빈칸을 옳게 연결한 것은?(순서대로)

> 어느 은행이 200억 원의 대출을 하고 있다. 대출의 부도율은 10%이고 손실율은 80%이다. 이 경우 부도모형(Default Mode)상의 EL(Expected Loss)은 (   )이며, 부도모형상의 신용위험 측정액에 해당하는 EL의 변동성은 (   )이다.
> *단, 부도율은 베르누이분포를 한다고 가정함

① 4억 원, 12억 원
② 4억 원, 16억 원
③ 16억 원, 48억 원
④ 16억 원, 96억 원

50 빈칸에 알맞은 것은?

> 포트폴리오가 하나의 차입자 또는 동일차입자 집단에 대한 노출이 증가됨에 따라 부담하게 되는 추가적인 신용리스크를 신용집중리스크라 하는데, 이러한 위험을 잘 관리할 수 있는 신용리스크 측정모형은 (   )이다.

① EDF모형
② Default Mode
③ MTM Mode
④ Risk Metrics

직무윤리(5문항)

51. 다음 중 금융소비자보호를 위한 상품판매 단계의 원칙(또는 의무) 중에서 일반금융소비자와 전문금융소비자 모두를 대상으로 적용되는 것은?

① 적합성 원칙
② 적정성 원칙
③ 설명의무
④ 부당권유행위 금지의무

52. 상품판매 이후 단계의 금융소비자보호와 관련된 내용으로서, 빈칸을 옳게 연결한 것은?(순서대로)

- 판매 후 모니터링제도는 금융소비자와 판매계약을 맺은 날로부터 (　　　) 이내에 판매직원이 아닌 제3자가 해당 금융소비자와 통화하여 해당 판매직원이 설명의무 등을 적절히 이행하였는지의 여부를 확인하는 절차이다.
- 금융소비자는 금융상품판매업자 등이 관련 규정을 위반하여 금융상품에 관한 계약을 체결한 경우 '계약이 체결된 날로부터 (　　　) 이내이고 동시에 위법으로 계약이 체결된 사실을 안 날로부터 1년 이내'에 서면 등으로 해당 계약의 해지를 요구할 수 있는데, 이는 위법계약에 대한 해지권을 말한다.

① 7일, 3년
② 7일, 5년
③ 7영업일, 3년
④ 7영업일, 5년

53. 금융투자회사의 표준윤리준칙 제11조 경영진의 책임에 대한 내용이다. 옳은 것으로 묶은 것은?

가. 경영진을 포함한 중간책임자도 자신의 지위와 직계를 통하여 지도·지원의 책임을 진다.
나. 피용자가 업무집행상 타인에게 불법행위를 하고 그 결과 사용자가 사용자책임으로 피해자에게 배상을 한 경우, 피용자에게 구상권을 청구할 수 없다.
다. 투자권유대행인은 개인사업자로서 회사의 피용자가 아니므로, 투자권유대행인에 대한 사용자책임은 지지 않는다.

① 가
② 가, 나
③ 나, 다
④ 가, 나, 다

54. 준법감시인에 대한 설명이다. 틀린 항목으로 연결한 것은?

가. 준법감시인은 이사회 및 대표이사의 지휘를 받아 금융투자회사 전반의 내부통제 업무를 수행한다.
나. 준법감시인을 임면하려는 경우는 이사회의결을 거치야 하며, 해임할 경우는 이사총수의 2/3 이상의 찬성으로 의결할 수 있다.
다. 금융투자회사가 준법감시인을 임면한 때에는 임면일로부터 7영업일 이내에 금융투자협회에 보고해야 한다.
라. 금융투자회사는 준법감시인에 대하여 회사의 재무적 경영성과와 연동된 별도의 보수지급 및 평가기준을 마련, 운영해야 한다.

① 가, 나
② 다, 라
③ 가, 다
④ 나, 라

55. 영업점에 대한 내부통제제도의 하나인 영업점별 영업관리자에 대한 규정이다. 가장 적절하지 않은 것은?

① 영업점에서 1년 이상 근무한 경력이 있거나 준법감시나 감사업무를 1년 이상 수행한 경력이 있는 자를 대상으로 영업관리자로 임명할 수 있다.
② 영업점장이 아닌 책임자급에서 영업관리자를 임명하는 것이 원칙이며, 그 임기는 1년 이상으로 한다.
③ 준법감시인은 영업점별 영업관리자에 대하여 연간 1회 이상 법규 및 윤리관련 교육을 실시해야 한다.
④ 영업점별 영업관리자에게 업무수행의 결과로 성과보수나 보상을 지급하는 것은 내부통제기준상 불가하다.

자본시장과 금융투자업에 관한 법률 & 금융위원회규정(11문항)

56. 자산건전성 규제에 대한 설명이다. 틀린 것으로 연결한 것은?

가. 금융투자업자는 매분기마다 자산 및 부채에 대한 건전성을 '정상, 고정, 회수의문, 추정손실'의 4단계로 분류한다.
나. 매분기 말 고정이하로 분류된 자산에 대해서는 적정한 회수예상가액을 산정해야 한다.
다. 고정자산에 대한 대손충당금 최소적립한도는 100분의 30이다.

① 가, 나
② 나, 다
③ 가, 다
④ 가, 나, 다

57 순자본비율 규제와 관련된 설명이다. 가장 적절하지 않은 것은?

① 순자본비율은 영업용순자본을 총위험액으로 차감한 금액을 필요유지자기자본으로 나눈 비율을 말한다.
② 필요유지자기자본은 금융투자업자가 영위하는 인가업무 또는 등록업무 단위별로 요구되는 자기자본을 합계한 금액을 말한다.
③ 금융투자업자는 자본적정성 유지를 위해 순자본비율을 150% 이상으로 유지해야 한다.
④ 금융투자업자는 순자본비율과 그 산출내역을 매월 말 기준으로 1개월 이내에 업무보고서를 통하여 금융감독원장에게 제출해야 한다.

58 환매금지형 집합투자기구의 집합투자증권 추가발행요건을 나열하였다. 요건의 내용이 틀린 것으로만 연결한 것은?

> 가. 이익분배금의 범위 내에서 집합투자증권을 추가로 발행하는 경우
> 나. 기존투자자의 이익을 해할 우려가 없다고 신탁업자의 확인을 받은 경우
> 다. 기존투자자의 과반수의 동의를 받은 경우
> 라. 각종 보수의 지급이나 환매대금 마련을 위해 필요한 경우로서 판매업자나 신탁업자의 확인을 받은 경우

① 가, 나   ② 다, 라
③ 가, 다   ④ 나, 라

59 집합투자업자가 산정한 기준가격의 적정성 여부를 판단하는 주체는?

① 신탁업자
② 일반사무관리회사
③ 집합투자기구평가회사
④ 채권평가회사

60 집합투자기구의 차입 등과 관련하여 빈칸에 들어갈 말을 옳게 연결한 것은?

> • 집합투자기구는 대량 환매청구의 발생이나 대량 매수청구의 발생 등 예외적인 경우에 한해 금전차입을 할 수 있으며, 차입한도는 차입 당시 순자산총액의 (　)를 초과할 수 없다.
> • 부동산집합투자기구는 부동산펀드에 대한 특례로서, 집합투자기구 순자산총액의 (　)까지 금전차입이 가능하다.
> • 부동산집합투자기구는 부동산펀드에 대한 특례로서, 집합투자기구 순자산총액의 (　)까지 금전대여가 가능하다.
> • 부동산집합투자기구가 아닌 집합투자기구는 보유하고 있는 부동산가액의 (　)까지 차입이 가능하다.

① 10%, 100%, 200%, 70%
② 10%, 200%, 100%, 70%
③ 20%, 200%, 100%, 90%
④ 20%, 100%, 200%, 90%

61 공모형 집합투자기구의 운용제한에 대한 설명이다. 가장 적절하지 않은 것은?

① 동일종목 증권에 투자할 경우, 각 집합투자기구 자산총액의 10%까지 투자할 수 있는 것이 원칙이지만 국채나 통화안정증권에 대해서는 100%까지 투자가 가능하다.
② ETF가 동일종목 증권에 투자할 경우, ETF 자산총액의 30%까지 투자가 가능하다.
③ 동일법인이 발행한 지분증권에 투자할 경우, 각 집합투자기구 기준으로는 해당 법인의 발행주식 총수의 10%까지 투자가 가능하지만 동일 집합투자업자가 운용하는 전체 집합투자기구 기준으로는 해당 법인의 발행주식 총수의 20%까지 투자가 가능하다.
④ 부동산에 투자할 경우, 국내 주택법상의 주택이 아닌 부동산을 취득한 경우 집합투자규약이 정하는 기간 이내에는 해당 부동산을 처분할 수 없다.

62 다음 중 사업보고서를 제출하지 않아도 되는 자는?

① 주권 상장 법인
② 전환사채권·신주인수권부사채권·이익참가부사채권 또는 교환사채를 증권시장에 상장한 발행인
③ 파생결합증권을 증권시장에 상장한 발행인
④ 집합투자증권을 증권시장에 상장한 발행인

63 전매제한조치상 보호예수의 예외로서 증권의 인출이 가능한 사유이다. 틀린 것은?

① 공개매수신청에 대해 응모하는 경우
② 전환권, 신주인수권 등 증권에 부여된 권리행사를 위한 경우
③ 회사의 합병, 분할, 분할합병 또는 주식의 포괄적 교환·이전에 따라 다른 증권으로 교환하기 위한 경우
④ 액면 또는 권면의 분할 또는 합병에 따라 새로운 증권으로 교체하기 위한 경우

64 투자설명서에 대한 내용이다. 틀린 것으로 연결한 것은?

> 가. 투자설명서는 일반투자자를 대상으로 교부하는 법정투자권유문서이다.
> 나. 투자설명서, 예비투자설명서, 간이투자설명서 모두 증권신고서의 효력이 발생한 후에 사용할 수 있다.
> 다. 투자자가 투자설명서를 받기를 거부한다는 의사를 전화로 표시한 경우에는 투자설명서를 교부하지 않아도 된다.
> 라. 개방형 집합투자증권 및 파생결합증권의 발행인은 투자설명서 및 간이투자설명서를 제출한 후 2년에 1회 이상 새로 고친 투자설명서와 간이투자설명서를 제출해야 한다.

① 가, 다
② 나, 다
③ 나, 라
④ 가, 라

65 자본시장법상의 공공적 법인에 대한 내용이다. 옳은 것으로 묶은 것은?

> 가. 주주 별 소유한도는 발행주식 총수의 100분의 3을 원칙으로 한다.
> 나. 공공적 법인의 상장 당시 발행주식 총수의 100분의 10 이상을 소유한 주주는 그 소유 비율까지 소유할 수 있다.
> 다. 의결권이 없는 주식은 발행주식 총수에 포함되지 않는다.

① 가, 나
② 나, 다
③ 가, 다
④ 가, 나, 다

66 자본시장 조사업무규정에 대한 설명이다. 가장 적절하지 않은 것은?

① 자본시장 불공정거래에 대한 조사는 원칙적으로 당사자의 동의와 협조를 전제로 한 청문적 성격의 행정상 임의조사의 성격을 띠지만, 시세조종 등에 대한 조사와 같이 압수·수색 등 강제조사의 성격이 함께 혼재된 특수한 성격을 갖는다.
② 한국거래소로부터 위법행위의 혐의사실을 이첩 받은 경우는 조사를 실시할 수 있다.
③ 당해 위법행위에 대한 제보가 익명 또는 가공인 명의의 진정·탄원·투서 등에 의해 이루어질 경우 조사의 면제대상이 된다.
④ 조사결과에 대한 조치로는 인가·등록의 취소, 증권의 발행제한, 임원의 해임요구나 1년 이내의 직무정지, 직원의 면직, 벌금·과징금·과태료 부과 등이 있다.

한국금융투자협회규정(3문항)

67 다음 중 '재산상 이익'의 수령 및 제공이 가능한 것으로 연결한 것은?

> 가. 금융투자회사가 자체적으로 작성한 조사분석자료
> 나. 경제적 가치가 5만 원에 해당하는 식사
> 다. 경제적 가치가 30만 원에 해당하는 경조비 및 화환

① 가
② 가, 나
③ 나, 다
④ 가, 나, 다

68 신상품보호에 관한 협회규정을 설명한 것이다. 가장 거리가 먼 것은?

① 신상품이란 새로운 비즈니스 모델을 적용한 금융투자상품 또는 이에 준하는 서비스 등을 말하는데, 단 국내외에서 이미 공지되었거나 판매된 적이 없어야 한다.
② 배타적 사용권이란 신상품을 개발한 금융투자회사가 일정 기간 동안 독점적으로 신상품을 판매할 수 있는 권리를 말한다.
③ 배타적 사용권에 대한 직접적인 피해가 발생하고 금융투자회사가 침해배제신청을 한 경우, 협회 심의위원회 위원장은 침해배제 신청접수일로부터 10영업일 이내에 심의위원회를 소집하고 심의해야 한다.
④ 침해배제 신청이 이유가 있다고 결정된 경우 심의위원회는 지체 없이 침해회사에 대해 침해의 정지를 명할 수 있다.

69 빈칸에 들어갈 숫자로 옳게 연결한 것은?(순서대로)

> 금융투자회사가 그 이해관계인과 합하여 100분의 (   )은 넘지 않지만 100분의 (   ) 이상의 주식 등을 보유하고 있는 경우는, 주관업무를 수행할 수는 있지만 어느 정도 이해관계가 있다고 간주하여 다른 금융투자회사와 공동으로 주관업무를 수행하도록 하고 있다(이때 주식은 발행회사의 주식을 말함).

① 20, 10
② 10, 5
③ 10, 3
④ 5, 3

주식투자운용/투자전략(6문항)

70 빈칸에 알맞은 것은?

> (   )의 효율적 시장가설에 의하면 알려진 정보나 예측가능한 정보라면 이미 주가에 반영되었을 것이며, 예측할 수 없는 정보라면 그 효과 또는 불규칙적이다.

① 약형(weak form) ② 준강형(semi-strong form)
③ 강형(strong form) ④ 준강형, 강형

71 자산집단의 기대수익률을 추정하는 방식이 아닌 것은?

① 추세분석법 ② 펀드멘탈분석법
③ GARCH ④ 경기순환접근방법

72 포트폴리오 보험전략과 관련하여 빈칸을 옳게 연결한 것은?(순서대로)

> 포트폴리오 보험전략의 가장 고전적인 기법인 (   )은 주식과 채권 사이의 투자비율을 동적으로 조정해 감으로써, 마치 위험자산과 이에 대한 풋옵션을 함께 보유한 경우와 동일한 성과 즉 (   )의 성과를 모방해 내고자 하는 전략이다.

① 합성풋옵션전략, 방어적 풋
② 합성콜옵션전략, 이자추출전략
③ CPPI전략, 방어적 풋
④ 보험자산배분, 이자추출전략

73 보험자산배분전략에 대한 설명이다. 가장 적절하지 않은 것은?

① 투자자가 원하는 특정한 투자성과를 만들어내기 위하여 기금이나 펀드의 자산구성 비율을 동적으로 변경시켜 나가는 전략이다.
② 일반적인 투자목표나 투자위험을 수용하는 자금보다는 일정 기간 동안 목표수익률을 반드시 달성해야 하는 특수한 목적을 가진 자금에 적용할 수 있는 전략이다.
③ 시장가격의 추세를 적극적으로 반영하는 능동적인 전략이다.
④ 주식가격이 상승할 때 매수하고 하락할 때 매도한다.

74 액티브운용 중 성장주스타일 투자의 특성과 가장 거리가 먼 것은?

① 현재의 수익이나 자산의 가치관점에서 상대적으로 가격이 싼 주식에 투자한다.
② 성장률이 높은 기업에 대해 시장PER보다 높은 가격을 지불한다.
③ 매출증가율이 시장보다 높으며, 높은 PER과 높은 PBR을 보인다.
④ 기업의 이익이 예상을 상회하였는지 또는 하회했는지가 주가에 큰 영향을 미친다.

75 주식포트폴리오를 구성함에 있어서 종목선정을 어떻게 하는가에 대한 설명이다. 가장 적절하지 않은 것은?

① 하향식은 종목선정보다는 섹터, 산업, 테마의 선정을 강조한다.
② 상향식은 개별종목의 내재가치 추정을 통해 유망종목을 선정한다.
③ 하향식 접근에서 섹터는 세부적으로 구분할수록 최종선정이 쉬워진다.
④ 상향식 접근에서 산업이나 섹터, 국가별 요소는 부차적 요소에 불과하다.

채권투자운용/투자전략(6문항)

76 빈칸을 옳게 연결한 것은?

- 채권 액면 1만 원, 표면이율 4%, 만기수익률 6%, 만기 3년인 연단위 복리채의 만기상환금은 약 (   )이다.
- 채권 액면 1만 원, 표면이율 4%, 만기수익률 6%, 만기 3년인 연후급 이표채의 만기수령금은 (   )이다.
- 채권 액면 1만 원, 표면이율 4%, 만기수익률 6%, 잔존기간 150일(연간일수 365일)인 할인채의 만기상환금은 약 (   )이다.

① 11,248원, 10,000원, 9,759원
② 11,248원, 10,400원, 10,000원
③ 11,910원, 10,000원, 9,759원
④ 11,910원, 10,400원, 10,000원

77 현재의 주가가 전환가격을 얼마나 상회하고 있는지를 % 단위로 나타낸 지표는?

① 패리티   ② 패리티가격
③ 괴리   ④ 괴리율

78 합성채권에 대한 설명이다. 가장 적절하지 않은 것은?

① 신주인수권부사채는 신주인수권을 행사해도 기존의 채권이 존속한다.
② 교환사채의 교환권을 행사하면 자산과 부채가 동시에 줄어든다.
③ 수의상환채권은 금리가 상승할 경우 옵션행사가능성이 높아진다.
④ 수의상환청구채권의 옵션행사자는 채권자이다.

79 채권 A, B, C, D의 표면이율, 잔존기간, 만기수익률이 다음과 같다고 한다. 듀레이션이 큰 순서대로 나열한 것은? (단, 모두 연단위후급 이표채)

A. 표면이율이 3%, 잔존기간이 10년(만기수익률 4%)
B. 표면이율이 5%, 잔존기간이 5년(만기수익률 4%)
C. 표면이율이 3%, 잔존기간이 5년(만기수익률 4%)
D. 표면이율이 5%, 잔존기간이 5년(만기수익률 5%)

① A, C, B, D
② A, C, D, B
③ D, C, B, A
④ D, B, C, A

80 채권의 만기수익률이 1% 포인트 상승할 때 채권가격은 2.65% 하락하였다. 수정듀레이션이 2.87인 경우 동 채권의 볼록성(convexity)은 얼마인가?

① 9
② 44
③ 440
④ 552

81 전통적인 채권면역전략에 대한 설명이다. 가장 적절하지 않은 것은?

① 목표투자기간 중 시장수익률의 변동에 관계없이 채권매입 당시에 설정하였던 수익률을 목표기간 말에 차질 없이 실현하도록 하는 전략이다.
② 투자자의 목표기간과 채권의 듀레이션을 일치시킴으로서 면역상태를 유도할 수 있다.
③ 시장수익률의 변동방향과 상관없이 채권가격의 상승과 이자수익의 증가를 동시에 추구하는 전략이다.
④ 면역전략에 의해 구성된 포트폴리오도 상황변화에 따른 리밸런싱이 필요하다.

파생상품투자운용/투자전략(6문항)

82 빈칸에 가장 적합한 것은?

( )는 임의의 거래일에 있어서 현물가격과 선물가격의 차이를 의미한다.

① 베타
② 표준편차
③ 콘탱고
④ 베이시스

83 현재 기초자산가격이 153이며 행사가격이 150인 콜옵션의 옵션프리미엄은 5이다. 이때 옵션프리미엄에 반영된 시간가치는 얼마인가?(단위 : Point)

① 0
② 2
③ 3
④ 5

84 콜불스프레드(강세콜스프레드)에 대한 설명이다. 가장 적절하지 않은 것은?

① 행사가격이 높은 콜옵션을 매수하고 행사가격이 낮은 콜옵션을 매도한다.
② 포지션 구축 시 순지출이 발생한다.
③ 시간가치 감소현상으로부터 자유로운 포지션이다.
④ 수직스프레드이다.

85 〈보기〉에서 변동성이 확대될 때 수익이 나는 포지션의 개수는?

가. 스트래들 매수
나. 스트랭글 매도
다. 콜옵션 매수
라. 콜옵션 매도

① 0개
② 1개
③ 2개
④ 3개

86 포트폴리오보험전략 중 동적자산배분의 특징이다. 가장 적절하지 않은 것은?

① 옵션프리미엄을 따로 지불할 필요가 없다.
② 편입비율을 상황에 따라 조정한다.
③ 주식가격이 상승하면 채권비중이 증가한다.
④ 콜옵션의 델타값을 주식편입비율로 사용하므로 콜옵션 복제전략에 해당한다.

87 〈보기〉에 가장 부합하는 옵션민감도 지표는 무엇인가?

―〈보 기〉―
• 옵션프리미엄의 기초자산가격에 대한 2차 미분치에 해당되는 지표이다.
• ATM(등가격)에서 그 값이 가장 크고, 만기에 근접할수록 그 값이 커진다.

① 델타   ② 감마
③ 베가   ④ 로우

투자운용결과분석(4문항)

88 금액가중수익률과 시간가중수익률에 대한 내용이다. 〈보기〉의 내용을 옳게 분류한 것은?

―〈보 기〉―
가. 자금의 유출입시기에 의해 영향을 받는다.
나. 투자자가 실제로 획득한 수익을 투자기간을 고려하여 측정하는데 유용하다.
다. 펀드매니저의 운용능력을 측정하는데 사용된다.

	금액가중수익률	시간가중수익률
①	가, 나	다
②	가	나, 다
③	가, 다	나
④	나	가, 다

89 강세장에서 주가상승률이 가장 낮을 것으로 추정되는 종목은?

① 베타가 -0.5인 주식   ② 베타가 0인 주식
③ 베타가 +1인 주식   ④ 베타가 +2인 주식

90. 빈칸에 들어갈 말을 옳게 연결한 것은?

- 수익률분포가 정규분포를 이루지 않는다면, 수익률분포의 또 다른 통계적 특성 즉 첨도나 왜도와 같은 지표를 포함해야 한다.
- 정규분포보다 뾰족한 높은 봉우리를 가지는 분포는 (　　)가 (　　) 이상의 값을 갖는다.

① 왜도, 3　　　② 왜도, 5
③ 첨도, 3　　　④ 첨도, 5

91. 다음 중 샤프비율과 트레이너비율이 가장 높은 것은?(무위험수익률은 3%로 가정)

구 분	A	B	C	D
기대수익률(%)	18	20	24	26
베 타	1.2	1.4	1.6	1.8
표준편차(%)	20	25	30	40

	샤프비율	트레이너비율
①	A	D
②	A	C
③	C	B
④	C	D

거시경제(4문항)

92. 구축효과(Crowding Out Effect)에 대한 설명이다. 가장 거리가 먼 것은?

① 확대재정정책은 한편으로는 국민소득을 증가시키지만 다른 한편으로는 이자율 상승으로 인한 민간투자의 위축으로 국민소득이 감소하게 되는데, 이처럼 확대재정정책이 이자율을 상승시켜 민간투자를 위축시키는 현상을 구축효과라고 한다.
② 확대통화정책을 집행시에는 구축효과가 발생하지 않는다.
③ IS-LM모형에서 LM곡선이 수평인 상태에서는 무구축효과가 발생하여 재정정책의 효과가 극대화된다.
④ 만일 부분구축효과와 완전구축효과가 발생한다면 확대재정정책을 집행하더라도 국민소득(Y)의 증가효과는 없다.

93. 〈보기〉에 가장 부합하는 경제이론은 무엇인가?

〈보 기〉

합리적 경제주체는 현재 세금의 감소를 미래 세금의 증가로 인식하기 때문에, 세금감소는 민간의 저축을 증가시킬 뿐 총수요에는 변동이 없다고 본다.

① 피구효과
② 리카르도 불변정리
③ 정책무용성 정리
④ 유동성함정 이론

94. 경기순환이론에 대한 설명이다. 가장 거리가 먼 것은?

① 경기순환은 경기확장국면과 경기수축국면이 반복되는 현상을 말한다.
② 경기저점에서 경기정점 간의 거리를 순환주기라고 한다.
③ 기준순환일이란 국민경제 전체의 순환변동에서 국면전환이 발생하는 경기전환점을 말한다.
④ 보통 경기확장국면이 경기수축국면보다 길게 나타난다.

95. 국민소득 지표에 대한 설명이다. 가장 적절하지 않은 것은?

① 국민소득 3면 등가의 원칙이란 '만들어서, 나누어 가지고, 쓰는' 양이 모두 같다는 것 즉 생산국민소득과 분배국민소득과 지출국민소득의 양이 모두 같다는 것을 말한다.
② 국내생산자가 생산한 부가가치의 총계를 국내총생산(GDP)이라고 한다.
③ 국민총소득(GNI)은 한나라의 국민이 생산활동에 참여한 대가로 받은 소득의 합계로, 해외로부터 국민이 받은 소득은 제외하고 국내총생산 중에서 외국인에게 지급한 소득은 포함한다.
④ 명목기준으로 국민총소득은 국내총생산에 국외순수취요소소득을 더한 것이다.

분산투자기법(5문항)

96. 빈칸을 옳게 연결한 것은?(순서대로)

(　　)은 효율적 포트폴리오의 기대수익률과 위험의 선형적 관계를 나타낸 반면, (　　)은 개별증권의 기대수익률과 위험의 선형적 관계를 나타낸 것이다.

① 자본배분선, 자본시장선
② 자본시장선, 증권시장선
③ 증권시장선, 자본시장선
④ 자본시장선, 자본배분선

97 자산 A의 기대수익률은 6%, 표준편차는 4%이다. 그렇다면 자산 A와 무위험자산을 5:5로 편입한 포트폴리오의 변동성 보상비율(RVAR)은?(무위험수익률은 3%로 가정함)

① 0.71
② 0.75
③ 1.50
④ 2.00

98 A포트폴리오의 기대수익률은 10%, 베타는 0.5이고 무위험수익률은 5%이다. 자본시장의 균형상태를 가정하였을 때, 기대수익률이 8%인 B포트폴리오의 베타는 얼마인가?

① 0.3
② 0.5
③ 0.6
④ 0.8

99 〈보기〉에 따를 때 자산 J의 SML상의 균형수익률은 얼마인가?

〈보 기〉
무위험수익률 3%, 시장수익률 13%, 시장수익률의 분산 25%, 자산 J의 표준편차 60%, 자산 J와 시장수익률 간의 상관계수 50%

① 5.4%
② 9.0%
③ 10.8%
④ 20.0%

100 포트폴리오 투자전략에 대한 설명이다. 틀린 항목으로 연결한 것은?

가. 소극적인 투자전략은 시장평균 정도의 위험을 감수하는 전략이다.
나. 적극적인 투자전략은 정보비용과 거래비용이 많이 발생한다.
다. 주식시장과 채권시장 동향에 대한 예측을 근거로 주식시장펀드 혹은 무위험자산펀드에 대한 투자비율을 유리하게 하는 적절한 투자시점을 포착하고자 하는 전략은 포뮬러플랜이다.
라. 포트폴리오 구성종목의 상대가격 변동에 따른 투자비율의 변화를 원래대로의 비율로 환원시키는 투자기법은 업그레이딩이다.

① 가, 나
② 다, 라
③ 가, 다
④ 나, 라

이 출판물의 무단복제, 복사, 전재 행위는 저작권법에 저촉됩니다.
파본은 구입처에서 교환하실 수 있습니다.

투자자산운용사
실제유형 모의고사

정답 및 해설

투자자산운용사

제1회 정답 및 해설

01	02	03	04	05	06	07	08	09	10
③	③	④	④	④	④	②	①	②	①
11	12	13	14	15	16	17	18	19	20
④	②	③	①	①	③	②	②	③	④
21	22	23	24	25	26	27	28	29	30
②	④	②	①	①	②	①	④	④	④
31	32	33	34	35	36	37	38	39	40
①	③	③	②	②	①	②	③	③	②
41	42	43	44	45	46	47	48	49	50
②	②	②	①	③	①	①	②	②	③
51	52	53	54	55	56	57	58	59	60
④	③	③	①	④	②	②	④	④	④
61	62	63	64	65	66	67	68	69	70
④	②	①	④	②	④	②	①	①	①
71	72	73	74	75	76	77	78	79	80
③	④	②	④	③	④	②	②	②	④
81	82	83	84	85	86	87	88	89	90
①	①	②	④	④	③	③	①	③	②
91	92	93	94	95	96	97	98	99	100
②	④	④	③	①	②	②	②	②	④

세제관련 법규/세무전략(7문항)

01   정답 ③
등록면허세는 지방세이다.
* **국세** : 소득세, 법인세, 상증세, 종부세, 부가가치세, 주세, 인지세, 증권거래세, 교통・에너지・환경세, 교육세, 농어촌특별세
* **지방세** : 취득세, 등록면허세, 레저세, 지방소비세, 지역자원시설세, 지방교육세, 주민세, 재산세, 자동차세, 지방소득세, 담배소비세

02   정답 ③
전자송달(정보통신망을 이용한 송달)은 서류의 송달을 받아야 할 자가 신청한 경우에만 가능하다. ④는 '기한 후 신고'에 대한 경감조치를 말하는데, 비교해서 '기한 내 신고'로서 과소신고에 대한 수정신고와 과다신고에 대한 경정청구 조치가 있다(03번 해설 참조).

※ **서류의 송달 방식** : 교부송달, 우편송달, 전자송달, 공시송달
* 전자송달 : 정보통신망을 이용한 송달은 서류의 송달을 받아야 할 자가 신청하는 경우에 한하여 행한다.
* 공시송달 : 수취인부재 등으로 송달이 곤란한 경우 서류의 주요내용을 공고한 날로부터 14일이 경과함으로써 서류가 송달된 것으로 본다.

03   정답 ④
'5년-경정청구'이다. 한편 수정신고는, 기한 내에 신고하였으나 과소신고한 경우 법정신고기한 경과 후 2년 이내에 제출할 경우 그 경과기간에 따라 가산세(과소신고 가산세)의 일부를 경감한다.

04   정답 ④
'양도소득과 퇴직소득'은 비경상 소득으로서 **분류과세** 대상이다.
비교하여 ①, ②, ③은 거주자의 금융소득에 대한 과세방법이다.
※ **소득세 과세방식(거주자)** : 종합과세가 원칙이고 그 예외로서 분리과세와 분류과세가 있다.

05   정답 ④
내국법인의 해외사업장(또는 해외 현지법인)에 파견된 임직원은 거주자로 본다.
[학습안내] 34회 시험에서 신유형으로 출제

06   정답 ④
신고제도상 종합과세 대상금액은 4,300만 원이다(아래 해설).
(1) 무조건분리과세 대상을 제외한다. : 즉 직장공제회 초과반환금 1,000만 원 제외
(2) 조건부종합과세를 한다. : 2천만 원 이하의 **금융소득은 분리과세, 금융소득이 2천만 원을 초과할 경우는 그 전체금액과 타 종합소득을 합산한 금액이 종합과세 대상이 된다.**
즉 '금융소득 2,300만 원(2,100만 원 + 200만 원) + 근로소득 2,000만 원 = 4,300만 원[주1]'이 종합과세 대상금액이 된다.
* 주1 : 동 문항에서 현행 신고제도상 종합과세 대상금액은 4,300만 원이지만, **금융소득 2,000만 원까지는 14%의 원천징수세율로 과세하고 납세의무가 종결되므로 실질적으로 종합과세가 적용되는 종합소득은 '금융소득 2천만 원 초과분과 타 종합소득을 합산한' 2,300만 원에 해당**된다.

즉 '조건부 종합과세'의 개념에 있어서 과세율 측면과 신고제도상 측면이 다르다는 점에 유의하도록 한다.

07   정답 ②
코넥스시장에서 거래 시 매도금액의 0.10%에 해당하는 증권거래세가 부과된다.
① 외국증권시장(뉴욕거래소, 동경거래소 등)에서 상장된 주권을 양도 시에는 부과면제
   [비교] 비거주자인 외국인투자자가 국내증권시장(유가증권시장, 코스닥시장 등)에 상장된 주권을 양도 시에는 증권거래세가 부과된다.
② 증권거래세 기본세율은 0.35%이지만 장내시장에서 거래할 경우 자본시장 육성차원의 특례가 적용되어 '유가증권시장 0%(농특세 0.15% 별도부과), 코스닥시장 0.15%, 코넥스시장 0.10%'로 인하 적용됨(증권거래세율은 25년 개정기준).
③ 증권의 소비대차나 매출의 경우는 주권의 유상양도로 보지 않으므로 부과면제(패스코드 4회 5번 문항 참조)
④ 거래징수(주체 : 예탁결제원 또는 금융투자회사)의 경우도, 원천징수와 마찬가지로 다음 달 10일까지 관할세무서에 신고·납부함

금융상품(8문항)

08   정답 ①
'비은행 예금취급기관'은 은행처럼 여수신업무를 취급하지만, 은행법(일반은행)이나 개별 특수은행법(특수은행)에 의해 설립된 은행이 아닌 금융기관을 말한다.
• 수출입은행은 특수은행에 속한다.
※ **은행** = 일반은행(시중은행, 지방은행) + 특수은행

09   정답 ②
옳은 내용은 '나, 다'이다. '가'에서 특정금전신탁과 불특정금전신탁을 분류하는 기준은 '운용대상 지정여부'이다.
※ **신탁의 분류**(2025 기본서 1권, p137 참조)
  (1) **운용대상 지정여부에 따른 분류** : 특정금전신탁, 불특정금전신탁
    • 특정금전신탁은 위탁자가 수탁자에게 '운용대상 / 운용방법 / 운용조건 등'을 지정한다.
  (2) **운용방법**[주1]**에 따른 분류** : 합동운용신탁, 단독운용신탁
    • 신탁은 신탁재산 건 별로 운용하는 것이 원칙이다(단독운용원칙).
    * 주1 : 여기서 운용방법은 '공동운용여부'를 말하며 특정금전신탁에서 지정대상인 운용방법(패시브 또는 액티브)과는 다른 의미로 이해할 수 있다.

  (3) **원본 또는 이익보전여부에 따른 분류** : 약정배당신탁, 실적배당신탁
    • 신탁은 투자형 상품이므로 원리금을 보장하는 약정배당신탁으로 설정할 수 없는데 '연금신탁 / 퇴직신탁'은 정책목적상 원금보전신탁으로 설정된다.
  [학습안내] '신탁의 분류(동 문항)'는 41회 신유형이다.

10   정답 ①
일반사무관리회사('업무' 암기 : 발. 명. 계. 소)를 말한다.
※ **일반사무관리회사의 정의**(2025 기본서, 3권, p414 인용)
투자회사의 위탁을 받아 ① 투자회사 주식의 **발**행 및 **명**의 개서, ② 투자회사재산의 **계**산, ③ 법령 또는 정관에 의한 통지 및 공고, ④ 이사회 및 주주총회의 **소**집·개최·의사록 조성 등에 관한 업무, ⑤ 그 밖에 투자회사의 사무를 처리하기 위하여 필요한 업무로서 금융위로부터 위임받은 기준가격 산정 업무·투자회사의 운영에 관한 업무를 영위하는 자를 일반사무관리회사라고 한다.
[학습안내] 집합투자기구 관계회사의 정의는 '2회 62번'을 참조할 것

11   정답 ④
틀린 내용은 '나, 라'이다.
• 나 : 투자자의 환매청구 대상은 '**판매회사**(펀드를 판매한 투자매매업자 또는 투자중개업자)'이다[주1].
  * 주1 : 판매회사의 정상업무가 어려울 경우는 '집합투자업자 → 신탁업자' 순으로 환매청구를 한다.
• 라 : 집합투자재산의 처분불가능 등으로 환매를 연기한 경우, **6주 이내**로 총회를 열어 환매에 관한 사항을 의결해야 한다.

12   정답 ②
ELW의 기초자산으로는 주가지수뿐만 아니라 개별종목도 가능하다(ELW의 기초자산은 '4회 10번' 해설 참조).

13   정답 ③
보기 중에서 예금자보호가 되지 않는 상품은 'ETF, CD, RP, 청약자예수금'이다. 종금사CMA와 표지어음은 예금자보호상품이다.
[비교] 비보호상품 : 펀드·신탁 등 투자형 상품(연금·퇴직신탁 제외), CD, RP, 주택청약저축, 주택청약종합저축, 선물옵션예수금, 청약자예수금, 증권사CMA, 기업어음(CP) 등
※ **CD와 RP는 2001년부터 예금자보호대상에서 제외되었다.**

14 정답 ①

자산유동화증권(ABS)은 유동화대상 자산을 보유한 자산보유자(originator)가 해당 자산(기초자산)을 유동화전문회사에게 **양도하는 것을 선결요건으로 한다.**

※ **패스스루(지분이전증권)** : 기초자산으로부터 발생하는 현금흐름을 그대로 투자자에게 전달함으로써 유동화과정의 모든 위험이 투자자에게 이전된다(투자자는 채권이 아닌 지분증권을 사는 형태). 따라서 자산보유자 입장에서 부외효과가 발생한다.

15 정답 ①

적립금의 운용결과에 따라 사용자(기업) 부담금이 변동되는 것은 확정급여형(DB형)이다.

- 확정기여형(DC형)에서는 사용자의 부담금이 사전에 확정되고(연간 임금총액의 1/12 이상을 사용자가 지급하는 것으로 사용자 부담금 확정), 이후 적립금의 운용 결과(운용주체 : 근로자)에 따라 근로자의 퇴직급여 수준이 변동한다.

cf 확정급여형(DB형) : 퇴직급여수준이 연금계리에 의해 사전에 확정되며, 사용자부담금은 적립금의 운영결과(운용주체 : 사용자)에 따라 변동될 수 있다.

부동산관련 상품(5문항)

16 정답 ③

부증성(不增性)을 말한다.

※ **토지의 자연적 특성**
(1) 부동성(不動性) : 인위적인 이동이 불가하며, 부동산의 현상을 **국지화**시키는 요인이다.
 - 건축물의 경우 이축기술이 발달하여 이동이 가능하므로 부동성에 완전히 부합하지는 않는다.
(2) 영속성 : 토지는 영속적이므로 **감가상각**이 없다.
(3) 부증성(不增性) : 토지는 재생산이 불가하므로 **희소성**을 지닌다.
(4) 개별성 : 모든 토지에 있어 동일한 토지는 없으므로, **일물일가의 법칙**이 적용되지 않는다.
 - 토지는 고정된 위치로 인해 지형, 지세, 지반 등이 각기 다르므로 완전히 동일한 토지가 존재하지 않는다.

17 정답 ②

순위보전적 효력은 가등기의 효력이다('보전'은 가등기의 키워드).

※ **본등기 VS 가등기** : 본등기에 필요한 실질적 요건이 구비되지 않았을 때, 장차 본등기의 순위보전을 위해 미리 해두는 등기를 가등기라 한다.

(1) 본등기 효력 : 물권변동적 효력 / 순위확정적 효력 / 대항적 효력 / 점유적 효력 / 형식적 확정력 / 권리존재 추정력
(2) 가등기 효력 : 청구권보전의 효력 / 순위보전의 효력

18 정답 ②

호황국면에서는 매도인 중시현상이 커지며, 불황국면에서는 매수인 중시현상이 커진다. 호황국면에서는 과거사례가격이 새로운 거래의 하한선이 되며, 불황국면에서는 상한선이 된다.

19 정답 ③

부동산담보신탁은 사업대상부지 및 공사 중인 건물에 대한 물적담보 확보수단에 해당된다(사업부지보유 주체는 시행사). 시공사를 통한 방법으로는 '책임준공, 책임분양, 차주에 대한 연대보증 또는 채무인수, 자금보충' 등이 있다(아래 표 참조).

〈PF사업의 안정성 확보수단〉

시행사를 통한 수단	시공사를 통한 수단	제3자를 통한 수단
• 저당권 설정 • 담보신탁 설정	• 책임준공, 책임분양 약정 • 채무인수 또는 연대보증 • 자금보충	• 대한주택보증의 주택사업금융보증 • 주택금융공사의 PF보증 • 서울보증보험 이행보증

채권보전조치로 가장 많이 활용되는 것은 '시공사를 통한 수단'이다.

20 정답 ④

부동산가치 = $\dfrac{순영업소득}{자본환원율(또는 수익환원율)}$

= $\dfrac{10억\ 원}{0.1}$ = 100억 원

- 이렇게 추정하는 방식은 소득접근법으로서 '수익방식 - 수익환원법 - 직접환원법'이다. 수익환원법에는 직접환원법과 할인현금수지분석법이 있는데 '순영업소득을 자본환원율로 나누어서 환원하는 것'은 직접환원법이다.

대안투자운용/투자전략(5문항)

21 정답 ②

MBS는 기초자산이 모기지(mortgage)인 ABS를 말한다(모기지 : 주택담보대출 이후 발생하는 채권과 그 채권의 변제를 위해 확보하는 저당권).

※ 수익형 부동산금융의 종류
(1) 부동산증권형 : 자금조달주체가 증권을 발행하고 투자자가 해당 증권을 매입하는 형태로 자금을 조달하는 것으로서, 부동산투자회사(REITs), 자산유동화증권(ABS), 주택저당증권(MBS)가 있다.
(2) 부동산개발금융 : 증권발행으로 자금을 조달하는 것이 아니라 프로젝트에 직접 투자를 받아 자금을 조달하는 것을 말하며 프로젝트금융(PF)이라고도 한다.

22 정답 ④
옳은 내용은 ④번이다. 무한책임사원의 책임성 강화 차원에서 출자 시 노무 및 신용출자는 금지된다.
① 사원의 총수는 100인 이하이어야 한다.
   [보충] 100인 이하는 '전문투자자+일반투자자'의 합산 기준인데, 100인 이하 중 '일반투자자'의 수는 50인 미만이어야 한다.
② 업무집행사원은 무한책임사원 중에서 선정한다.
③ Capital Commitment(출자약속)는 유한책임사원이 하는 것이다.
 • Clawback조항 : PEF에서 운용손실이 발생할 경우 무한책임사원에게 이미 지급한 성과보수를 회수할 수 있는 조항(무한책임사원에게만 해당)
 • 유한책임사원은 PEF설립시부터 투자액을 전액 납입하는 것이 아니라 출자약속(Capital Commitment)을 먼저 하고, 무한책임사원의 출자요청(Capital Call)이 있을 때 투자금을 집행한다.

23 정답 ②
Yield curve flattener, Yield curve steepener, Yield curve butterfly 전략은 '채권차익거래전략'으로서 차익거래전략에 해당한다.
[학습안내] '헤지펀드 운용전략'의 전체 종류에 대해서는 '4회 23번' 해설을 참조할 것

24 정답 ①
차례대로 'CLN, Synthetic CDO'이다.
※ Credit Linked Note(CLN)
(1) CLN은 일반채권(Note)에 CDS를 결합한 상품이다.
(2) 보장매입자는 준거자산의 신용위험을 CLN발행자에게 전가하고 CLN발행자는 이를 다시 채권의 형태로 변형하여 투자자에게 발행함으로써 위험을 전가하는 방식이다.
(3) 증권화 되어 거래되므로 투자자 입장에서는 복잡한 신용파생상품을 단순화된 형태로 투자할 수 있다.
(4) 준거자산을 양도하지 않고도 신용위험을 이전할 수 있다는 점에서 CDS나 TRS와 동일하다([cf] 준거자산의 양도를 통해 신용위험을 이전하는 것은 ABS와 CDO이다).

※ Synthetic CDO(합성 CDO)
합성CDO는 보장매입자가 준거자산을 양도하는 것이 아니라 신용파생상품(CDS)을 이용하여 자산에 내재된 신용위험을 SPC에게 이전하고, SPC는 이러한 현금흐름을 바탕으로 다계층의 투자자를 대상으로 CDO를 발행함으로써 준거자산의 신용위험을 최종적으로 투자자에게 이전하는 유동화방식이다.
※ 신용위험 이전시의 기초자산 양도 여부
(1) 기초자산을 양도하는 것 : ABS, CDO
(2) 기초자산을 양도하지 않는 것 : CDS, CLN, TRS, 합성CDO

25 정답 ①
발행사의 재무건전성은 관계없다. CDO는 SPV가 발행하는데 SPV(또는 SPC)는 CDO발행 프로젝트를 위해 만들어진 서류상의 특수목적회사이므로 신용평가대상이 아니다.
※ CDO 신용등급 평가요소
 ②, ③, ④ 외에도 '기대신용손실, 거래구조, 법적위험, 거래감시'가 있다.

해외증권투자운용/투자전략(5문항)

26 정답 ②
'유동시가총액방식(free floating방식), WGBI'이다.
[보충] WGBI(World Government Bond Index) : 세계국채지수로서 우리나라는 2025년 11월부터 지수에 편입 예정이다([참고] 25년 협회 기본서에서는 'WGBI 미편입상태'로 기술하고 있음).

27 정답 ①
옳은 내용은 '가, 나'이다.
 • 다 : '글로벌 동조화' 확대 → '국가 간 상관성' 증가 → '국제분산투자효과' 감소
 • 라 : 개별기업의 고유위험(비체계적 위험)은 분산투자로 제거할 수 있는 위험이다.

28 정답 ④
미국과 미국 이외의 국가에서 동시에 상장을 하면 GDR이다.
※ 해외 DR의 발행
(1) 자국의 상장기업이 본국의 예탁원(기본서에서는 은행으로 표시)에 원주를 예탁하고 이를 바탕으로 해외 주식시장에 예탁증서 형태로 발행하는 것을 DR이라 한다.
 • 본국 거래소와 해외 거래소에 같이 상장하므로 복수상장이라 한다.

(2) 미국시장에서 DR을 발행할 경우 ADR(American Depository Receipt)이 되는데, 발행기업이 상장관련 비용을 부담하는 경우를 Sponsored DR이라 하고 미국의 증권회사가 부담하는 경우를 Unsponsored DR이라 한다.
(3) 달러표시 DR을 미국이 아닌 시장에서 상장할 경우 EDR(Euro DR)이라 하며, 미국과 미국이 아닌 시장에서 동시에 상장할 경우 GDR(Global DR)이라 한다.
(4) 우리나라 기업의 해외 상장의 경우에는 현지의 제도가 DR과 원주상장에 관계없이 DR의 형태로 상장되고 거래된다 (∵ 원화가 글로벌 통화가 아니므로 원주상장의 케이스가 없음).

29   정답 ④
채권표시통화의 본국에서 발행되는 채권은 **외국채**(양키본드 / 불독본드 / 아리랑본드 / 사무라이본드 / 판다본드 등)이고, 채권표시통화의 본국 외에서 발행하는 채권은 **유로채**(딤섬본드 / 김치본드 등)이다.
▶ 위안화 채권을 중국(채권표시통화 본국)에서 발행하면 외국채, 홍콩(채권표시통화의 본국 외)에서 발행하면 유로채이다.
참고 달러화채권을 런던에서 발행하면 유로달러채이다(유로달러채 : 유로채 중에서 달러화로 발행하는 채권).

30   정답 ④
미국 국채는 세계에서 가장 안전한 안전자산으로 분류되므로 '안전자산 선호'가 투자동기이다. 미국 국채는 안전자산이므로 가산금리가 붙지 않는다.
• 가산금리가 오르면 국가신인도 및 보유채권의 가격이 하락한다는 의미이다.

투자분석기법(12문항)

31   정답 ①
'산술평균은 1, 중앙값은 3, 최빈값은 5, 범위는 27(단위 : %)'이다. 따라서 지표의 값이 가장 적은 것은 산술평균이다.
※ 풀이(단위 : %)
① 산술평균 : ∑분포값/N = (-12-9-6-2+3+5+5+10+15) / 9 = 9 / 9 = 1
② 범위 : 최대값 - 최소값 = +15 - (-)12 = 27
③ 중앙값 : 관찰치를 크기 순서대로 나열하였을 때 정 가운데 위치한 값, 즉 3

주의 분포의 수가 짝수일 경우의 중앙값
→ '2, 4, 6, 8, 10, 12'의 경우 중앙값은 '$\frac{(6+8)}{2} = 7$'이다.
④ 최빈값 : 빈도수가 가장 높은 관찰치 즉 5
학습안내 39회(신유형), 41회 기출

32   정답 ③
이자보상비율($\frac{영업이익}{이자비용}$)은 보상비율 지표에 속한다. 평균회수기간($\frac{매출채권}{매출액}$)은 매출채권회전율($\frac{매출액}{매출채권}$)의 역수이다.
보충 총자산회전율이 높으면 경영효율성이 좋음을 의미하는데 지나치게 높으면 생산시설이 더 필요한 신호로 해석된다. 반대로 총자산회전율이 낮으면 경영효율성의 악화, 기계설비의 노후화 등을 의미한다.
학습안내 전체 재무비율의 분류는 '실제유형문제 추가 풀 27번'을 참조할 것

33   정답 ③
배당성장률이 있으므로 항상성장모형을 적용한다(배당성향을 이용해서 D_1을 구하는 것이 포인트).
(1) $P = \frac{D_1}{k-g}$
(2) D_1은 600원이다($EPS_1 \times 30\% = 600$원).
(3) 따라서, $P = \frac{D_1}{k-g} = \frac{600}{0.12-0.08} = 15,000$원이다.

34   정답 ②
재무레버리지도(DFL)는 '$\frac{주당순이익\ 변화율}{영업이익\ 변화율}$'이다. 즉 '영업이익변화율에 대한 주당순이익의 변화율의 비율'로 정의된다.
※ 추가설명
① 영업레버리지도(DOL)는 '$\frac{영업이익\ 변화율}{매출액\ 변화율}$'인데, 분모의 '매출액변화율'은 '판매량변화율'로 대체될 수 있다.
③ '$DCL = \frac{매출액 - 변동비}{매출액 - 변동비 - 고정비 - 이자비용}$'에서 고정비와 이자비용이 존재하지 않는다면 '분자 = 분모'가 되어 DCL은 1이 되지만, 조금이라도 존재한다면 '분자 > 분모'되어 DCL은 항상 1보다 크게 나타난다.
④ 타인자본 의존도가 높을수록 → 이자비용 증가 → DFL 또는 DCL 상승

35   정답 ②

'매출채권 증가'는 마이너스, 나머지는 모두 플러스로 반영된다.
① 감가상각비 : 당기순이익에 (−)로 반영되었으나 현금지출은 없으므로 (−)된 만큼 당기순이익에 가산을 해줘야 한다(영업현금흐름에 플러스로 반영).
② 매출채권 증가 : 매출채권(외상매출)이 증가할수록 현금유입이 감소하므로 (−)로 반영된다.
③ 매입채무 증가 : 매입채무(외상매입)가 증가할수록 현금지출이 감소하므로 영업현금흐름에 (+)로 반영된다.
④ 유가증권처분손실 : 유가증권처분손실은 투자활동현금흐름에 속하는데 당기순이익에 (−)로 반영이 되어 있으므로, (−)된 만큼 당기순이익에 가산을 해줘야 영업현금흐름이 정확히 계산된다(이후 처분금액 전체를 투자현금흐름에 +로 반영).

[학습안내] 현금흐름표 작성원리에 대해서는 '한권으로 끝내기 1권, p305 표' 참조

36   정답 ①

'원재료매입 → 생산 → 판매' 과정의 현금흐름은 영업활동현금흐름이다([cf] '설비자산의 취득·처분, 대여금의 대여·회수'는 투자활동현금흐름, '차입금의 차입·상환, 자기주식의 취득·처분, 증자·감자'는 재무활동현금흐름에 속한다).
② 대여금 회수 → 투자현금흐름 증가, ③ 자사주 취득 → 재무현금흐름 감소, ④ 차입금상환 → 재무현금흐름 감소

37   정답 ②

EV/EBITDA 비율을 말한다.
※ EV/EBITDA비율의 의의
 (1) PER의 한계점을 보완한다.
  → PER은 당기순이익을 기준으로 평가하지만 EV/EBITDA는 영업이익[주1]을 기준으로 하므로 아래 두 가지 관점에서 PER을 보완한다.
   ㉠ 당기순손실이지만 영업이익이 흑자인 기업을 평가할 수 있으므로 PER보다 평가 범위가 더 넓다.
   ㉡ 둘째 영업이익에 감가상각비를 가산함으로써 PER에서 반영할 수 없는 현금흐름도 보완할 수 있다.
  * 주1 : EBITDA는 '영업이익(EBIT)에 감가상각비(DA)를 가산한 것'을 말함
 (2) 자본구조를 감안한 평가방식의 의미
  분자항목인 EV는 '시가총액 + 순차입금'을 말하는 데, 이는 '주주가치 + 채권자가치'를 의미한다. 따라서 자본구조(자기자본/타인자본)를 반영한다.

38   정답 ③

약세국면에서 주가가 이평선 아래에서 움직일 경우 하락세가 지속될 가능성이 높으며, ③과 같이 '약세국면에서 주가가 이평선 위에서 움직이는 것'은 약세국면 중의 일시적 상승흐름으로 볼 수 있다.
※ 이동평균선의 특징(2023 기본서, 2권, p314 인용)
 (1) 일반적으로 주가가 이동평균선을 돌파하는 시점이 의미 있는 매매타이밍이다.
 (2) **이동평균을 하는 기간(time span)이 길수록 이동평균선은 완만해지며, 짧을수록 가팔라지는 경향이 있다.**
 (3) 주가가 이동평균선과 괴리가 지나치게 클 경우에는 이동평균선으로 회귀하는 성향이 있다.
 (4) 주가가 장기 이동평균선을 돌파할 경우에는 주추세가 반전될 가능성이 크다.
 (5) **강세국면에서 주가가 이동평균선 위에서 움직일 경우 상승세가 지속될 가능성이 크다.**
 (6) **약세국면에서 주가가 이동평균선 아래에서 움직일 경우 하락세가 지속될 가능성이 크다.**
 (7) 상승하고 있는 이동평균선을 주가가 하향 돌파할 경우 추세는 조만간 하락반전할 가능성이 높다.
 (8) 하락하고 있는 이동평균선을 주가가 상향 돌파할 경우 추세는 조만간 상승반전할 가능성이 높다.

39   정답 ③

스토캐스틱지표를 말한다. 정확히는 %K 값을 말하며, %D는 %K의 이동평균이다. 그리고 MAO(Moving Average Oscillator)는 '단기이동평균값 − 장기이동평균값'을 막대로 표시한 것을 말한다.

40   정답 ②

강세 2국면이다. '상승국면-마크업국면(mark up phase)-기술적추세 추종단계'는 모두 강세 2국면을 말하는 명칭이다.
[보충] 다우의 장기추세 6국면에 대한 상세 내용은 '4회 38번' 참조

41   정답 ②

안정적인 시장점유율을 유지하면서 최대이익을 기록하는 단계는 성숙기이다.
※ 라이프사이클 분석(4국면별 키포인트)
 (1) 도입기 : 시장진입투자로 발생한 **과도한 고정비**로 인해 이익이 저조한 단계
 (2) 성장기 : 매출과 이익이 **급증**하는 단계(∵ 시장의 가화), '최고 이익률'이 나오는 단계
 (3) 성숙기 : 매출이 **완만**하게 늘어나고 점유율이 안정적으로 유지되는 단계(∵ 시장이 성숙). 매출규모는 최대치로서 '최대이익'이 나오는 단계
 (4) 쇠퇴기 : 매출증가율이 시장평균보다 **낮은 단계**. 산업철수 및 업종 다각화 고려

42 정답 ②

'㉠, ㉢'이다. 산업정책은 공급지향적이다. 산업정책은 역사적으로 볼 때 경쟁력이 뒤떨어진 후발국에서 강조되었다.

* 산업정책은 생산자원의 공급과 배분에 정부가 개입함으로써 바람직한 산업구조를 만들고자 하는 정책이다.

[cf] 산업정책은 공급지향적이지만, 케인즈의 거시경제정책(재정정책, 통화정책)은 총수요관리정책으로서 수요지향적이다.

리스크관리(8문항)

43 정답 ②

① 신용위험(Credit Risk), ② 유동성위험(Liquidity Risk), ③ 운영위험(Operating Risk), ④ 법적위험(Legal Risk)
- 유동성위험은 '제 때에 제 값을 받지 못하는 위험'이라고도 한다.
- 시장위험(Market Risk) : 시장가격의 변동으로부터 발생하는 위험으로서 리스크요인에 따라 주식위험, 이자율위험, 환위험 등으로 세분된다.

44 정답 ①

$\sigma(\Delta V) \cdot z = \sigma(\Delta B) \cdot z = \sigma(B \cdot D^* \Delta y) \cdot z$
$= B \cdot \sigma(\Delta y) \cdot z \cdot D^*$

→ 200억 원 × 0.05% × 1.65 × 3.5 = 5,775만 원

45 정답 ③

$\sigma(\Delta V) \cdot z = \sigma(\Delta C) \cdot z = \sigma(f' \cdot \Delta S) \cdot z$
$= S \cdot \sigma(\frac{\Delta S}{S}) \cdot z \cdot f'$

즉, '기초자산가격(S), 수익률의 표준편차(σ), 신뢰상수(z), 델타(f')'가 필요하다. 즉, '옵션가격, 행사가격, 무위험이자율'은 계산에 사용되지 않는다.

[학습안내] 채권이나 옵션의 VaR을 측정하는 계산문제는 그동안 자주 출제되었으나, 30회 시험에서는 '계산에 사용되는 요소'를 물어보는 응용형태로 출제되었다(▶이후 33회, 36회 추가출제).

46 정답 ③

역사적 시뮬레이션 방법은 분산, 공분산 등과 같은 모수에 대한 추정을 요구하지 않는다('정규분포의 가정이 필요하지 않다'와 같은 의미).

47 정답 ①

몬테카를로 시뮬레이션법에서 리스크 요인이 주가(주식가격)일 경우 '**기하학적 브라운 운동(GBM ; Geometric Brownian Motion)' 모형**을 가장 많이 사용한다.

② 리스크요인의 분포를 과거 실제 데이터로부터 얻는 것은 역사적 시뮬레이션이다(몬테카를로는 모형으로부터 생성).
▶이 차이점을 제외한 나머지 부분(완전가치평가 / 가치평가 모형 O / 정규분포전제 X)에서는 두 모형이 동일하다.
③ 가치평가모형을 필요로 하는 가운데 완전가치로 평가한다.
④ 비선형상품에 대한 VaR측정 시 정확성이 떨어지는 것은 델타분석법(부분가치평가법)이다.

48 정답 ①

투자금액 100억 원 가정 시, RAROC는 차례대로 '1.5, 1.0, 0.83, 1.0'이다(아래 표). RAROC는 위험조정성과지표로서 지표 값이 높을수록 좋다.

구 분	①	②	③	④
RAROC ($\frac{순수익}{VaR}$)	$\frac{3}{2}=1.5$	$\frac{3}{3}=1.0$	$\frac{5}{6}=0.83$	$\frac{6}{6}=1.0$

- 투자금액 100억 원 가정 시

[학습안내] 40회차에서는 '두 번째로 우수한 것은?'으로 변형 출제되었다.

49 정답 ②

'$EL = \sigma_{EL}$'을 만족하는 부도율(p)은 0.5이다.

※ 상세 풀이
(1) $EL = EAD \times 부도율(p) \times 손실률$
$= 100억 원 \times p \times 0.3$
(2) $\sigma_{EL} = EAD \times \sqrt{p \times (1-p)} \times 손실률$
$= 100억 원 \times \sqrt{p \times (1-p)} \times 0.3$

→ (1)과 (2)가 같으므로 '$p = \sqrt{p \times (1-p)}$'이다.

이를 풀면,
$p^2 = p \times (1-p)$, $p^2 = p - p^2$, $2p^2 = p$,따라서 '$p = 0.5$'이다.

[학습안내] EL공식과 σ_{EL}공식을 모두 알아야 풀 수 있는 고급응용문제인데, 양자를 동일하게 만드는 p는 0.5가 유일하므로 이 문제는 답을 외워도 된다(32회, 37회, 42회 기출).

50 정답 ③

'가, 다'가 틀린 항목이다.
가. 예상손실(EL)은 위험으로 보지 않고 비용으로 본다. 즉, 신용리스크는 신용손실분포로부터의 예상외손실(UL)로서 정의된다.
다. 신용리스크는 정규분포가 아니므로 리스크 측정 시 평균과 분산을 사용할 수 없다. 따라서 모수적 방법보다는 퍼센타일(비모수적 방법)을 통해 측정하는 것이 바람직하다.

[보충] 신용손실분포는 '한쪽으로 치우치고(skewed), 두껍고 긴 꼬리(fat-tail)'를 가진 분포를 한다.

[학습안내] 29회 시험에서는 '두꺼우면서도 긴 꼬리(나)'가 '얇고 짧은 꼬리'로 출제되었다(틀린 것으로 정답).

직무윤리(5문항)

51 정답 ④

'ⓒ → ㉠ → ㉡ → ㉢'이다. 전문금융소비자도 계약체결권유를 희망할 수 있으므로 ⓒ이 먼저이며, 계약체결권유를 희망하는 고객 중 **일반금융소비자만을 대상으로 적합성의 원칙 등을 이행한다**(㉠ → ㉡ → ㉢).

〈자본시장법과 금융소비자보호법상의 용어비교〉

법률	판매주체	판매상품	판매대상		권유행위
자본시장법	금융투자회사	금융투자상품	일반투자자	전문투자자	투자권유
금융소비자보호법	금융상품직접판매업자 등	금융상품(4가지)	일반금융소비자	전문금융소비자	계약체결권유

52 정답 ③

설명서의 제공방법은 '**서면 등**(서면 / 우편 / 전자우편 등)'으로, 설명서의 제공 후 확인방법은 '**서명 등**(서명 / 기명날인 / 녹취 등)'으로 한다.

53 정답 ③

재산상 이익의 제공현황은 **매년** 이사회에 보고해야 하며, 그 제공 내역에 대해서는 **5년** 이상 보관해야 한다.

54 정답 ①

'위험관리업무'는 전사적(全社的) 차원의 업무이므로 **이사회**에서 제·개정하고 위험관리전담부서에서 업무를 수행한다(나머지는 모두 CCO의 업무에 해당).

55 정답 ④

④는 '3천만 원 이하의 과태료 부과' 조치에 해당한다.

※ **내부통제기준 위반 시 회사에 대한 조치**(2023 기본서, 3권, p125~126 참조)

(1) **1억 원 이하 과태료 부과**: 내부통제기준을 마련하지 않은 경우, 준법감시인을 두지 않은 경우, 이사회결의를 거치지 않고 준법감시인을 임면한 경우, 금융위의 제재조치를 이행하지 않은 경우
(2) **3천만 원 이하 과태료 부과**: 준법감시인의 보수기준 및 평가기준을 마련하지 않은 경우, 겸직금지의무를 위반하는 경우
(3) **2천만 원 이하의 과태료 부과**: 준법감시인의 임면사실을 금융위에 보고하지 않은 경우

[암기TIP] '보수·겸직'은 3천만 원, '보고'는 2천만 원, 나머지는 모두 1억 원

[학습안내] 34회 시험에서 신유형 출제 후 36회, 39회 추가출제

자본시장과 금융투자업에 관한 법률 & 금융위원회규정(11문항)

56 정답 ④

금융감독원의 소관업무로서 '금융기관의 업무 및 재산상황에 대한 검사'가 있다.

57 정답 ②

옳은 항목은 '나, 다'이다.
• 가. '투자성(원금손실가능성)의 유무'로 금융투자상품과 비금융투자상품으로 구분된다.

〈금융투자상품의 포괄적 정의〉

투자성 (원본손실가능성)	(有)금융투자상품	증권(無)	추가지급의무 (원본초과손실가능성)
		파생상품(有)	
	(無)비금융투자상품		

1회 투자자산운용사

58 정답 ④

인가대상	등록대상
투자매매업, 투자중개업, 집합투자업, 신탁업	투자자문업, 투자일임업, 온라인소액투자중개업, 일반사모집합투자업

59 정답 ④

부외자산과 부외부채에 대해서는 위험액을 산정하는 것을 원칙으로 한다.

[추가설명] 예를 들어 파생상품계약의 경우 장래의 시점에서 결제가 이루어지므로 현재 시점에서는 부외(Off Balance)로 기록한다. 그런데 부외(Off Balance)로 기록한다 하더라도 계약의 위험이 없어지는 것이 아니므로 위험액을 산정해야 한다.

60 정답 ④

'순자본비율 = $\frac{영업용순자본 - 총위험액}{필요유지자기자본}$'인데, 이때 총위험액은 '시장위험, 신용위험, 운영위험'을 모두 반영한다.

[주의] 총위험액이 증가하면 순자본비율도 상승한다. → X (공식에서 분자가 감소하므로 순자본비율은 하락한다)

61 정답 ④

④는 적기시정조치(경영개선명령)의 발동사유이다. 금융위가 긴급조치를 내릴 수 있는 3가지 사유는 ①, ②, ③이다.

62 정답 ②

자본시장법상 '임의매매'의 금지조항에 해당된다(위반 시 5년 이하의 징역 또는 2억 원 이하의 벌금에 처할 수 있음).

※ **투자매매업자 또는 투자중개업자에 대한 영업행위규제** : 매매형태명시의무, 자기계약의 금지, 최선집행의무, 임의매매금지

63 정답 ①

매 3개월에 1회 이상 제공해야 한다(자산운용보고서를 3개월에 1회 이상 제공해야 하는 것과 같다).

64 정답 ④

모두 '준내부자'로서 내부자거래의 규제 대상이 될 수 있다. '가(정책입안자)'와 '나(회계사)'는 아래 '준내부자의 정의 (1)'에 해당되고, '다(판매대리·중개업자)'는 '준내부자의 정의 (2)'에 해당된다고 할 수 있다.

▶ 정책입안자 : 당해 법인과 관련한 정책의 수립으로 당해 법인의 증권 가격에 영향을 줄 수 있는 정책입안자가 해당 증권을 거래하는 것은 내부자거래로 간주된다(규제 대상).

※ **준내부자의 정의**
  (1) 그 법인에 대하여 법령에 따른 허가·인가·지도·감독, 그 밖의 권한을 가지는 자로서 그 권한을 행사하는 과정에서 미공개 중요정보를 알게 된 자
  (2) 그 법인과 계약을 체결하고 있거나 체결을 교섭하고 있는 자로서 그 계약[주1]을 체결·교섭 또는 이행하는 과정에서 미공개 중요정보를 알게 된 자
    * 주1 [참고] : 이때 '계약'은 정식계약 뿐 아니라 구두계약이나 가계약도 포함되므로 준내부자의 범위가 포괄적으로 적용됨을 이해할 수 있다.

※ **미공개 중요정보 이용금지의 적용대상 증권** : 상장법인(6개월 내 상장예정법인 포함)이 발행한 '주권, 주권과 관련된 채권(CB·BW·EB, PB), 주권을 기초자산으로 하는 '장내파생상품, ELS, ELW', 증권예탁증권

[학습안내] '내부자거래 금지규정'에 대한 응용문제로서 41회 신유형이다.

65 정답 ②

'벌금부과'와 '1년 이내 직무정지'는 제외된다(옳은 항목의 개수는 3개). 벌금부과는 형사상 제재로서 동 규정상의 제재조치가 될 수 없고, 임원에 대한 직무정지는 '6개월 이내의 직무정지'가 옳다.

※ **자본시장조사업무 규정상의 제재조치**
  (1) 위법행위에 대한 시정명령 및 처분명령
  (2) 과징금, 과태료 부과
  (3) 상장법인 및 피검사기관에 대한 조치 : 인가·등록의 취소 / 증권발행제한(1년 이내의 기간) / 임원에 대한 해임요구나 6개월 이내 직무정지 등 / 직원에 대한 면직이나 6개월 이내의 정직 등

66 정답 ④

집합투자업자는 집합투자재산을 운용함에 있어서 집합투자기구의 계산으로 집합투자업자가 발행한 증권(**수익증권 제외**)을 취득해서는 아니 된다(법 제84조 제3항). 즉, 수익증권은 예외적으로 취득이 가능하다.

[학습안내] 지문③, ④는 35회에서 처음 출제된 신유형 지문이다.

투자자산운용사 1회

한국금융투자협회규정(3문항)

67 정답 ①

이해상충방지차원에서 조사분석자료에 대한 의견을 기업금융업무부서와 공유할 수 없지만, 조사분석자료의 작성에 많은 비용과 노력이 투입되는 것을 감안하여 준법감시부서의 통제를 전제로 예외를 인정한다.

68 정답 ②

인터넷 배너를 사용한 투자광고의 경우 위험고지내용이 **3초 이상** 보이도록 해야 하며, 파생상품 등 투자위험성이 큰 경우에는 해당 위험고지내용이 **5초 이상** 보이도록 해야 한다.

※ MMF의 운용실적 표시 광고(▶37회, 40회 기출)
  (1) MMF의 운용실적은 과거 1개월의 수익률로 표시해야 한다.
      cf 일반 펀드의 경우 '과거 1개월, 6개월, 1년 수익률'을 함께 표시
  (2) MMF는 다른 회사의 MMF 운용실적과 비교하는 광고를 할 수 없다.

69 정답 ①

표준약관은 협회(금융투자협회)가 정한다.

※ 약관운용에 관한 협회규정
  (1) 표준약관은 협회가 정한다.
  (2) 금융투자회사의 약관운용 3가지 방식
      ㉠ 협회가 정한 표준약관을 그대로 사용하는 경우
      ㉡ 협회가 정한 표준약관을 수정하여 사용하는 경우(표준약관의 수정폭이 크지 않은 경우)
        • 단, 외국집합투자증권 매매거래에 관한 표준약관은 그대로 사용해야 한다.
      ㉢ 개별약관[주1]을 사용하는 경우
        * 주1 : 영위하고자 하는 업무의 표준약관이 없는 경우 새로운 약관을 제정하거나, 기존의 표준약관을 변경(수정약관보다는 큰 폭의 변경)하여 사용하는 약관을 말한다.
  (3) 보고의무 : 약관을 제정하거나 변경하는 경우에는(개별약관을 사용하고자 하는 경우에는), **약관의 제정이나 변경 후 7일 이내에 협회에 보고해야 한다.** 단, 투자자보호에 중대한 영향을 미칠 우려가 있는 약관에 대해서는 제정이나 변경 예정일 10영업일 전까지 금융위에 신고하여야 한다.

주식투자운용/투자전략(6문항)

70 정답 ①

자산집단 간은 배타성이 있어야 하고, **자산집단 내**에서는 동질성이 있어야한다. 자산집단의 기본적 속성 5가지는 '동질성', 배타성(②), 분산가능성[주1], 포괄성(③), 충분성(④)이다.

* 주1 : 각 자산집단은 분산투자를 통해 위험을 줄여서 효율적 포트폴리오를 구성하는데 기여해야 한다. 즉 자산집단은 분산가능성을 위해서 **독립성**을 갖추어야 하고, 이러한 분산가능성은 자산집단 간 상관관계가 낮을수록 높아진다.

71 정답 ③

전술적 자산배분은 '저가매수 & 고가매도'이다(∵ 저평가 시 매수, 고평가 시 매도). 비교하여 '고가매수 & 저가매도'는 보험자산배분에 해당한다.

72 정답 ④

잔차위험(비체계적 위험)에서는 액티브펀드의 위험이 패시브펀드의 위험보다 상당히 높은 수준에서 폭넓게 분포하고 있다(즉, 액티브의 잔차위험이 패시브의 잔차위험보다 훨씬 높다).

73 정답 ②

'DJIA, Nikkei225'는 주가가중방식으로 산출한다.

학습안내 주가지수 종류에 대한 상세내용은 '실제유형추가풀 71번 해설' 참조

74 정답 ④

가치주투자전략은 ㉠, ㉢이며, ㉡은 성장주투자전략, ㉣은 혼합투자전략이다.

75 정답 ③

환경관련 공시기준은 제도적으로 확립되어 있으나, 금융기관의 ESG투자에 대한 공시기준은 아직 제도화되어 있지 않다.

※ ESG투자 이해
  (1) ESG는 '환경(Environment), 사회(Social), 지배구조(Governance)'를 말하며, 비재무적 요소로서 기업의 중장기 지속발전가능성에 영향을 주는 새로운 프레임워크이다.
  (2) ESG워싱(또는 그린워싱) 논란을 방지하기 위해 각국의 공시제도 정비가 강화되고 있다.
      ㉠ 유럽 : 금융기관을 대상으로 한 상품과 정책에 대한 포괄적인 공시제도인 SFDR(Sustainable Finance Disclosure

Regulation)과 기후변화에 대한 정보 공시의 프레임워크 역할을 하고 있는 TCFD(Task force on Climate-related Financial Disclosure)가 대표적이다.
  ⓒ 한국 : 환경기술산업법에 따른 환경관련 공시기준은 제도적으로 확립되어 있지만, 금융기관의 ESG투자 및 상품관련 정보공시에 대한 제도화 논의는 아직 미진하다.

[학습안내] 34회 시험에서는 ESG 단어를 정확히 고르는 문제로 출제되었다(지문 ①).

채권투자운용/투자전략(6문항)

76 정답 ③
'가, 나'가 틀린 항목이다.
- 가 : 복리채는 이자지급기간 동안 이자가 재투자되어(복리형성), 만기상환 시에 원금과 이자를 동시에 지급하는 채권을 말한다.
  - 복리채의 종류 : 국민주택채권 1종/2종, 지역개발공채, 금융채 일부
- 나 : 할인채는 만기일 이전에는 이자지급이 없는 채권으로서, 만기에 액면금액을 받는 채권을 말한다.
  - 할인채의 종류 : 통안채, 금융채 일부

77 정답 ④
'장내시장에 개설된 국채전문시장(IDM)'에서 거래되는 국고채의 매매수량단위는 10억 원이다.
▶ 채권유통시장의 특징 : 주식시장과 달리 장외시장의 비중이 매우 크다(매매방식 : 장내는 경쟁매매, 장외는 상대매매).

〈채권발행방식〉

공모발행				
직접발행(주로 국공채)		간접발행(주로 회사채)		
매출발행	공모입찰발행	위탁모집	잔액인수	총액인수
-	Conventional Dutch 차등가격낙찰	-	-	대부분의 회사채

78 정답 ②
$$P = \frac{10,000}{(1+0.0375)(1+0.0375 \times \frac{61}{365})}$$
= 약 9,580원

[주의] 잔존기간이 1년 미만인 할인채의 가격계산은 '4회 76번 해설'을 참조할 것

79 정답 ②
만기수익률(i)이 10%인 영구채의 듀레이션은
'$\frac{1+i}{i} = \frac{1+0.1}{0.1} = 11(년)$'이다.

※ 추가해설
① 이표채는 만기 중에 회수하는 현금흐름이 있으므로, 듀레이션(투자원금의 가중평균 회수기간)은 만기보다 짧아지게 된다. 반면, 만기 중에 현금흐름이 발생하지 않는 복리채나 할인채의 경우는 듀레이션이 만기와 일치한다.
③ 듀레이션이 증가할 때 볼록성은 가속도로 증가하므로, 채권가격결정요인(표면금리, 잔존기간, 만기수익률)에 대한 방향성은 동일하다. 즉, 표면이율이 낮을수록 볼록성이 커진다.
  ▶ 채권가격의 변동성(듀레이션 또는 볼록성)↑
    $= f(CR\downarrow, T-t\uparrow, YTM\downarrow)$
④ 채권의 볼록성으로 인해, 수익률하락 시 채권가격의 증가폭은 확대되고 수익률상승 시 채권가격의 하락폭은 축소된다. 따라서 볼록성이 클수록 수익률이 유리해지므로 채권가격도 높아지게 된다.

80 정답 ④
선호습관가설(Preferred Habitat Hypothesis)이다. 하위시장이 연관성 없이 단절되어 있다는 것은 시장분할가설이며, 하위시장이 단절되지 않고 하위시장별 기간프리미엄에 따라 유리한 쪽으로 이동할 수 있다는 것이 선호습관가설이다.

81 정답 ①
사다리형 만기전략은 단기물, 중기물, 장기물을 동일비중으로 유지함으로써 시세변동위험을 평준화시키고 수익성도 적정수준으로 확보하고자 하는 전략이다.

[비교] 단기채와 장기채를 보유하는 전략은 수익률곡선전략 중 **바벨형**을 말하고, 중기채만을 보유하는 전략은 수익률곡선전략 중 **불릿형**을 말한다(둘다 액티브전략).

〈채권운용전략 : '종류 구분 문제'가 34회 / 35회 / 41회 출제〉

적극적 운용전략(Active)	소극적 운용전략(Passive)
(1) 금리예측전략(듀레이션조절전략)	(1) 만기보유전략
(2) 채권교체전략	(2) 사다리형 만기전략
• 동종 / 이종교체전략, 스프레드운용전략	(3) 면역전략
(3) 수익률곡선타기전략	• 전통적 / 상황대응적 / 순자산가치 면역전략
• 롤링효과 / 숄더효과	(4) 현금흐름일치전략
(4) 수익률곡선전략	(5) 채권인덱싱전략
• Barbell형 / Bullet형	

파생상품투자운용/투자전략(6문항)

82 정답 ①

①에서 매수차익거래 조건이 되기 위해서는 '원월물가격 > 근월물가격(콘탱고)'의 상태가 되어야 한다.

※ **매수차익거래 조건**
(1) 선물의 시장가격이 현물의 시장가격보다 큰 경우 매수차익거래가 발생한다(고평가된 선물매도 & 저평가된 현물**매수 → 매수차익거래**).
(2) 즉, 매수차익거래 조건은 '$F_t > S_t$(콘탱고), $F_t - S_t > 0$, B_t(시장베이시스) > 0, 보유비용 > 0'이다.

주의 선물의 시장가격이 현물의 시장가격보다 높은 상태를 (   )라 한다. → 콘탱고(F > S → Contango : 33회, 36회 기출)

83 정답 ②

- 향후의 스프레드가 감소할 것으로 예상되므로 비싼 것(12월물)을 매도하고 싼 것(9월물)을 매수하면 된다.
- 반대로 향후 스프레드가 확대될 것으로 예상된다면, 비싼 것(12월물)을 매수하고 싼 것(9월물)을 매도하면 된다.

84 정답 ④

'가, 나, 다' 모두 해당된다. 5대 기초자산 모두 장외파생상품의 기초자산이 될 수 있다(아래 표 참조).

〈기초자산별 파생상품〉

기초자산	장내파생상품	장외파생상품
주가변동	KOSPI200지수선물·지수옵션, 개별주식선물·옵션 등	주식스왑 등
금리변동	국채선물, 유로달러선물	금리선도(FRA) 금리스왑, 금리옵션(금리캡/금리플로어)
환율변동	통화선물, 통화옵션	선물환
상품가격변동	Commodity Futures Contracts[주1]	Commodity Forward, Swap 등
신용위험변동	−	CDS, CLN 등

* 주1 : 상품선물로서 국내에 상장되어 있는 것은 '금선물, 돈육선물'이 있다.

참조 1 파생상품의 5대 기초자산 : **주, 채, 통, 상, 신**(▶리스크요인 : **주식**-주가변동위험, **채권**-금리변동위험, **통화**-환율변동위험, **상품**(commodity)-상품가격변동위험, **신용**스프레드(credit spread) -신용스프레드 변동위험)

참조 2 5대 기초자산 중 장내거래규모가 가장 큰 것은 '주가'이며, 장외거래규모가 가장 큰 것은 '금리'이다. 신용위험의 경우 상품구조가 복잡하여 상장된 파생상품이 없다(우리나라의 경우).

[학습안내] 36회 신유형으로 출제되었다.

85 정답 ④

스트랭글 매도전략은 등가격보다 높은 행사가격의 콜옵션과 등가격보다 낮은 행사가격의 풋옵션을 동시에 매도하는 전략이다(아래 표 예시 참조).

※ **옵션합성전략 예시**

방향성 전략[주1]		변동성 전략[주2]	
콜불스프레드	풋불스프레드	스트래들 매수	스트랭글 매수
C(80) 매수	P(80) 매수	C(80) 매수	C(90) 매수
C(90) 매도	P(90) 매도	P(80) 매수	P(70) 매수
초기 순지출	초기 순수입	동일 행사가격 동시매수	다른 행사가격 동시매수

* 주1 : 옵션스프레드전략은 강세스프레드와 약세스프레드가 있는데, 기본서에서는 강세스프레드, 즉 콜불스프레드와 풋불스프레드만 다루고 있다.
* 주2 : 변동성전략에는 변동성매수전략과 변동성매도전략이 있는데 표에서는 변동성매수전략만 기술한다(변동성매도전략은 반대로 이해).

86 정답 ③

주가(기초자산가격 : S)가 상승할수록 유리한 포지션이다.

※ **보호적 풋(Protective Put) 포지션(포트폴리오 보험전략)**
(1) '주식매수 + 풋옵션매수($S+p$)'이며, 수익구조는 $Max(S_T, X)$[주1]가 된다(옵션매수비용 고려하지 않을 경우).
* 주1 : 보호적 풋 = 주식매수 + 풋옵션매수 = $S+p$
→ $S_T + Max(0, X - S_T)$
$= Max(0 + S_T, X - S_T + S_T)$
$= Max(S_T, X)$
(2) 만기시점에서
  ㉠ $S_T > X → S_T$(만기시점의 주가)로 수익이 확정, S가 오를수록 유리함
  ㉡ $S_T < X → X$(풋옵션의 행사가격) 수준에서 하락을 방어함

[학습안내] 포트폴리오보험전략의 세부 전략별 포지션구성은 '4회 72번 해설'을 참조

87 정답 ①

델타는 기초자산의 가격변분분에 대한 옵션가격의 변화분으로 계산한다.

델타 = $\dfrac{\text{옵션가격의 변화분}}{\text{기초자산의 가격변화분}} = \dfrac{1}{10} = 0.1$

※ **델타와 감마**(감마 : 기초자산변화에 따른 델타값 변화의 비율을 나타낸 값)
(1) 델타 = 1차미분치(기울기), 감마 = 2차미분치(곡률)
(2) 델타 = 속도, 감마 = 가속도

※ 감마와 쎄타의 관계(35회 기출내용)
감마와 쎄타는 민감도부호는 반대이지만 그 절대값은 정의 관계를 가지므로, **감마와 쎄타의 절대값은 비례하게 된다**. 예를 들어 옵션매수포지션은 블랙숄즈모형의 2차 편미분방정식에 의해서 '감마(6) + 쎄타(-4) = 일정숫자(2)'의 관계를 갖는데 (예시), 여기서 감마가 6에서 7로 변동하면 쎄타의 절대값은 4에서 5로 변동한다(+7-5 = +2). 따라서 감마와 쎄타의 절대값은 비례관계이다.

투자운용결과분석(4문항)

88 정답 ②
세부기간이 짧을수록 수익률의 왜곡현상이 감소한다(투자기간 중 현금입출 흐름의 영향을 배제하기 위한 방법이므로, 세부기간이 짧을수록 현금입출의 영향을 최소화할 수 있음).

※ 기본서 참고(2023, 4권, p432~433)
시간가중수익률은 총 투자기간을 세부기간으로 구분하여 세부기간별로 수익률을 계산한 다음 세부기간별 수익률을 기하적으로 연결하여 총수익률을 구한다. 세부기간이 짧을수록 수익률 왜곡현상이 감소하는데, 1일 단위로 세부기간을 구분하여 수익률을 측정하는 것을 순수한 시간가중수익률이라고 부르며, 이를 Daily Value Method라고도 한다. 순수한 시간가중수익률을 계산하기 위하여 반드시 일별로 수익률을 측정할 필요는 없으며, 자금의 유출입이 발생한 시점별로 구분하여 수익률을 측정하여도 순수한 시간가중수익률을 얻을 수 있다.

89 정답 ②
특정분야에 집중투자하는 경우 스타일지수가 적합하다.

〈기준지표의 종류〉

종류	내용	벤치마크 사례
시장지수 (Market Index)	• 가장 넓은 범위의 지수 • 운용상 특별 제약이 없는 경우 적합	KOSPI 등
섹터지수 또는 스타일지수 (Sector Index, Style Index)	특정분야 또는 특정성격을 지닌 대상에 집중투자할 때 적합	반도체지수, 바이오지수, 가치주 등
합성지수 (Synthesized Index)	2개 이상의 시장지수나 섹터지수를 합성. 혼합형펀드에 투자 시 적합	혼합형펀드
정상포트폴리오 (Normal Portfolio)	유동성이 부족한 채권에 투자할 때, 시장성 있는 종목으로 구성한 지수	KOBI 30 KOBI 120
맞춤형 포트폴리오 (Customized Portfolio)	일반성이 적은 특정한 펀드를 평가할 때 적합	포트폴리오 보험펀드 등

90 정답 ②
트레이너비율에서 A가 B보다 우수한 것으로 나타나며, 나머지 지표에서는 모두 B가 우수한 것으로 나타난다(아래 표 계산 참조).

〈위험조정성과지표(RAPM)의 계산〉

	A펀드	B펀드
샤프비율	$\frac{11\% - 2\%}{10\%} = 0.9$	$\frac{17\% - 2\%}{12\%} = 1.25$
트레이너비율	$\frac{11\% - 2\%}{1.1\%} = 8.18$	$\frac{17\% - 2\%}{2.0\%} = 7.5$
젠센의 알파	$(11\% - 2\%) - 1.1(8\% - 2\%) = 2.4\%$	$(17\% - 2\%) - 2.0(8\% - 2\%) = 3.0\%$
정보비율	$\frac{11\% - 8\%}{8.0\%} = 0.375$	$\frac{17\% - 8\%}{10\%} = 0.90$

참고 트레이너비율 계산 시 베타(β)의 단위는 %단위로 간주한다.

91 정답 ②
컴포지트수익률은 개별 포트폴리오 수익률을 **자산가중함으로써** 계산되어야 한다.
▶ 컴포지트수익률은 '개별 포트폴리오의 수익률을 자산가중한 다음(1단계), 기간별 자산가중수익률을 시간가중하여(2단계) 계산한다.
비교 개별 포트폴리오의 수익률은 운용자만의 성과를 측정하기 위해 '시간가중수익률'로 계산한다.

거시경제(4문항)

92 정답 ④
물가(P)가 하락하면 실질통화(M/P)가 상승하여 LM곡선이 우측으로 이동하고, 따라서 실질국민소득(Y)이 증가한다.

※ IS/LM모형에서 외생변수에 따른 메커니즘 이해
모형의 외생변수가 변동할 때, IS균형식인 'Y=C+I+G+(X-M)'과 LM균형식인 'M/P=L(Y, R)'의 산식을 통한 작동원리를 이해해야 한다.

외생변수		작동 메커니즘
IS곡선	G(정부지출)	G증가(확대재정정책) → IS곡선이 우측으로 Shift → Y가 증가
	T(조세)	T증가(세율인상정책) → IS곡선이 좌측으로 Shift → Y가 감소
LM곡선	M(통화량)	M증가(확대통화정책) → LM곡선이 우측으로 Shift → Y가 증가
	P(물가)	P상승(인플레 상황) → LM곡선이 좌측으로 Shift → Y가 감소

▸ 세로축 이자율(R)은 IS가 우측으로 이동 시 상승하고, LM이 우측으로 이동 시에는 하락한다.

[보충] IS/LM의 외생변수 변동에 따른 Y변동의 세부 원리는 '41회 프리미엄 강의노트 p186~187 해설'을 참조할 것

93 정답 ④
피구효과가 있음으로 해서 재정정책의 독자적인 유효성이 상실하게 된다.
▸ 유동성함정구간을 탈출하는 논리 : 케인즈학파-확대재정정책, 고전학파-피구효과

94 정답 ③
'25%, 80%'이다.

(1) 실업률 = $\frac{실업자(100명)}{경제활동인구(400명)} \times 100(\%)$ = 25%

(2) 경제활동참가율 = $\frac{경제활동인구(400명)}{생산활동가능인구(500명)} \times 100(\%)$ = 80%

* 경제활동인구(400) = 취업자수(300) + 실업자수(100)

[추가예시] 취업자수 15명, 실업자수 5명, 비경제활동인구 12명일 때, 실업률과 경제활동참가율은 얼마인가?

→ (1) 경제활동인구(20) = 취업자수(15) + 실업자수(5),

∴ 실업률 = $\frac{실업자 수}{경제활동인구} = \frac{5}{20}$ = 25%

(2) 생산활동가능인구(32) = 경제활동인구(20) + 비경제활동인구(12)

∴ 경제활동참가율 = $\frac{경제활동인구}{생산활동가능인구} = \frac{20}{32}$ = 62.5%

95 정답 ①
건설수주액은 선행, 내수출하지수와 수입액은 동행, 생산자제품재고지수는 후행이다.

※ **경기종합지수(CI)의 구성지표**
(1) 선행지수 : 재고순환지표, 경제심리지수(BSI/CSI), 기계류내수출하지수, 건설수주액, 수출입물가비율, 코스피지수, 장단기금리차
(2) 동행지수 : 비농림어업취업자수, 광공업생산지수, 서비스업생산지수, 소매판매액지수, 내수출하지수, 건설기성액, 수입액
(3) 후행지수 : 취업자수, 생산자제품재고지수, 소비물가지수변화율, 소비재수입액, CP유통수익률

[학습안내] 29회·36회 시험에서는 경기선행지수로서 '코스피지수'를, 33회·40회에서는 경기선행지수로서 '장단기금리차'를 정답으로 하는 문항이 출제되었다.

분산투자기법(5문항)

96 정답 ②
위험회피자의 효용곡선은 체감적으로 증가하며, 위험선호자의 효용곡선은 체증적으로 증가한다. 참고로 위험중립자의 효용곡선은 위험에 비례하며 증가한다[U(x) = X].

97 정답 ②
5.8%이다(가중평균방식으로 계산한다).

(1) 주식 X의 기대수익률 : $(20\% \times 0.5) + (10\% \times 0.3) + (-30\% \times 0.2)$ = 10% + 3% − 6% = 7%

(2) 주식 Y의 기대수익률 : $(10\% \times 0.5) + (5\% \times 0.3) + (-7.5\% \times 0.2)$ = 5% + 1.5% − 1.5% = 5%

(3) 포트폴리오의 기대수익률 = $(7\% \times 40\%) + (5\% \times 60\%)$ = 2.8% + 3% = 5.8%

98 정답 ②
최소분산포트폴리오[주1]를 만드는 X의 비중 W_X는 60%이다(아래 풀이).

* 주1(최소분산포트폴리오) : 효율적 투자기회선상에서 위험(분산)이 최소가 되는 포트폴리오

(1) $W_X = \frac{\sigma_Y^2 - \sigma_{XY}}{\sigma_X^2 + \sigma_Y^2 - 2\sigma_{XY}} = \frac{0.3^2 - (-1) \cdot 0.2 \cdot 0.3}{0.2^2 + 0.3^2 - 2(-1) \cdot 0.2 \cdot 0.3}$

$= \frac{0.09 + 0.06}{0.04 + 0.09 + 0.12} = \frac{0.15}{0.25} = 0.60$

▸ $\sigma_{XY} = \rho_{XY} \cdot \sigma_X \cdot \sigma_Y$

[약식계산] 상관계수가 −1일 때 최소분산포트폴리오를 만드는 자산X의 비중은 '$W_X = \frac{\sigma_Y}{\sigma_X + \sigma_Y} = \frac{0.3}{0.2 + 0.3} = 0.60$'이다.

(2) 즉 자산 X를 60%, 자산 Y를 40% 편입할 경우 최소분산포트폴리오가 달성된다.

[학습안내 1] 34회 시험에서는 '상관계수 0'으로 변형 출제되었다.
[학습안내 2] 38회 시험에서는 Y의 비중을 묻는 문제로 변형 출제되었다(Y비중 = 1 − X비중).

99 정답 ②

지배원리상 가장 효율적인 증권은 B이다.

※ 지배원리 적용방법

(1) 기대수익률이나 표준편차가 동일한 증권을 찾는다.
- A-B : B는 A를 지배(∴ 기대수익률이 동일할 경우 위험이 적은 증권을 선택) → A제거
- C-D : D는 C를 지배(∴ 기대수익률이 동일할 경우 위험이 적은 증권을 선택) → C제거
- B-D : B는 D를 지배(∴ 위험이 동일할 경우 기대수익률이 높은 증권을 선택) → D제거

(2) 따라서 표의 조건에서, 지배원리를 충족하는 효율적 증권은 B이다.

▶ **약식이해**

4개의 선지 중에서 지배원리상 가장 효율적인 증권은 '기대수익률이 가장 높고 동시에 위험이 가장 낮은 증권' 즉 B이다.

주의 (　　　)는 위험이 동일한 투자대상들에게는 기대수익이 가장 높은 것을 선택하고, 기대수익이 동일한 투자대상 들에서는 위험이 가장 낮은 투자대상을 선택하는 원리를 말한다. → 지배원리(▶ 37회, 40회 기출)

100 정답 ④

해당 산식에 의하면 초과수익이 클수록, 비체계적위험이 작을수록 투자비중이 높게 결정된다.

※ 트레이너 블랙모형

(1) 개 념

적극적투자전략으로서, '포트폴리오의 초과수익을 높이면서도 분산가능위험(비체계적위험)을 줄이고자 하는 전략[주]'이다.

* 주 : 이 전략은 곧 평가비율(정보비율)이 높은 특정종목의 비중을 높여 포트폴리오의 수익을 높이고자 하는 전략이라 할 수 있다.

- 평가비율 = $\dfrac{초과수익}{비체계적위험}$ = $\dfrac{\alpha_j}{\sigma(\epsilon_j)}$ (단, 분자의 초과수익은 젠센의 알파를 사용)

- 트레이너 블랙모형에서의 개별증권의 최적투자비율
  = $\dfrac{개별증권의\ 평가비율}{개별증권들의\ 평가비율합계}$

(2) 예 시

A, B, C 증권으로 구성된 포트폴리오		
A증권의 평가비율	B증권의 평가비율	C증권의 평가비율
0.8	−0.5	0.3

→ 이 경우 '개별증권의 평가비율의 합계(분모)'는 '0.8 − 0.5 + 0.3 = 0.6'이다. 따라서 트레이너 블랙모형에 의한 각 증권의 최적투자비율은 다음과 같다.

A, B, C 종목으로 구성된 포트폴리오		
A종목의 투자비중	B종목의 투자비중	C종목의 투자비중
$\dfrac{0.8}{0.6}$ = 1.33	$-\dfrac{0.5}{0.6}$ = −0.83	$\dfrac{0.3}{0.6}$ = 0.5
전체의 투자비중 = 1		

→ 즉 초과수익이 가장 큰 A의 투자비중이 가장 높게 나타난다(초과수익이 클수록, 비체계적위험이 작을수록, 투자비중은 크게 나타난다).

투자자산운용사

제2회 정답 및 해설

01	02	03	04	05	06	07	08	09	10
③	③	③	①	④	④	①	④	①	④
11	12	13	14	15	16	17	18	19	20
①	③	②	③	②	②	②	②	④	④
21	22	23	24	25	26	27	28	29	30
②	②	②	④	①	①	②	②	③	②
31	32	33	34	35	36	37	38	39	40
②	②	④	③	①	②	③	③	④	④
41	42	43	44	45	46	47	48	49	50
③	①	②	①	②	①	①	②	③	②
51	52	53	54	55	56	57	58	59	60
④	②	②	①	③	④	①	①	③	④
61	62	63	64	65	66	67	68	69	70
②	②	①	④	②	③	①	①	②	③
71	72	73	74	75	76	77	78	79	80
④	②	③	②	②	④	③	②	④	②
81	82	83	84	85	86	87	88	89	90
②	①	③	④	②	③	①	④	④	③
91	92	93	94	95	96	97	98	99	100
③	④	④	④	③	③	④	④	④	③

세제관련 법규/세무전략(7문항)

01 정답 ③

증권거래세는 '매매거래가 확정된 때(매도 시)'에 납세의무가 성립된다.

※ **납세의무의 성립시기**
  (1) 소득세, 법인세, 부가가치세(소, 법, 부) : 과세기간이 끝나는 때
  (2) 상속세 : 상속이 개시되는 때
  (3) 증여세 : 증여재산을 취득하는 때
  (4) 인지세 : 과세문서를 작성하는 때
  (5) 증권거래세 : 매매거래가 확정되는 때
  (6) 종합부동산세 : 과세기준일
  (7) 가산세 : 가산할 국세의 납세의무가 성립하는 때
  (8) 원천징수하는 소득세, 법인세 : 소득금액, 수입금액을 지급하는 때

02 정답 ③

납부고지, 독촉, 압류 등의 조치가 있을 경우 이미 경과한 시효기간의 효력이 중단된다.

※ **소멸시효** : 국세징수권의 행사가능기간을 말한다. 국세징수권은 행사가능한 날로부터 5년(5억 원이상 국세채권은 10년) 이상 행사하지 않으면 **소멸시효가 완성**되어 납세의무가 소멸된다. 단, '납부고지, 독촉, 교부청구, 압류' 등의 조치로써 이미 **경과한 소멸시효의 효력을 중단할 수 있다.**
  예 소멸시효가 5년이고, 시효가 시작된 지 3년이 경과한 상태에서 '납부최고'를 한다면, 이미 경과한 3년의 시효기간의 효력이 중단되고 압류시점으로부터 새롭게 5년의 소멸시효가 시작된다.

03 정답 ③

출자공동사업자의 손익분배금은 배당소득에 해당한다.

참고 공동사업자로부터 받는 분배금은 '사업소득'에 해당하나, 출자공동사업자로부터 받은 분배금은 '배당소득'에 해당한다(출자공동사업자란 출자만 하고 경영에는 참여하지 않는 자를 말함).

04 정답 ①

유가증권시장에서 양도하는 주권에 대해서는 농어촌특별세가 0.15% 부과된다.

※ **증권거래세율(2025년 기준)**

유가증권시장	코스닥시장	코넥스시장	K-OTC시장
0%	0.15%	0.10%	0.15%

- 유가증권시장의 증권거래세율은 0%이지만 농특세 0.15%가 부과되어, 투자자가 주권양도 시 부담하는 세율은 0.15%로 코스닥시장(0.15%)과 동일하다.
- K-OTC시장은 금융투자협회가 운영하는 장외주식시장이다.

학습안내 43회 신유형

2회 투자자산운용사

05 정답 ④

'양수인-8월 31일'이다(아래 해설).

참고

〈증권거래세의 신고납부〉

예탁결제원의 대체결제나 금융투자회사를 통해 양도하는 경우	그 외의 경우
거래징수한 세액을 양도일이 속한 다음 달 10일까지 신고·납부함	양도인[주1]이 양도일이 속하는 반기의 말일로부터 2개월 이내에 신고·납부함

* 주1 : 양도인이 국내 사업장이 없는 비거주자(외국법인 포함)일 경우, 당해 양수인이 납세의무자가 된다.

06 정답 ④

D만 종합소득세 신고·납부대상이다.

A. 근로소득이나 퇴직소득만 있는 경우는 연말정산 절차로써 종합소득세 신고납부를 갈음하므로 신고대상에서 제외된다.
B. 무조건분리과세 대상은 무조건분리과세로써 납세의무가 종결되므로 종합소득세 신고대상이 아니다.
C. 근로소득과 금융소득이 같이 있는 경우는,
  - 금융소득이 2천만 원 이하인 경우 : 금융소득과 근로소득 모두 종합소득세 신고대상이 아님
  - 금융소득이 2천만 원을 초과하는 경우 : 금융소득 전액과 근로소득을 합산한 금액이 종합소득세 신고대상이 됨
D. 다른 소득은 없고 금융소득만 있는 경우, 금융소득이 2천만 원을 초과할 경우는 종합소득세 신고대상이며 2천만 원 이하인 경우는 신고를 하지 않아도 된다.

07 정답 ①

한 사람이 증여하는 것보다 여러 사람이 나누어 증여하는 것이 유리한데, 이때 세대생략할증과세(30% 할증)가 부과된다고 하더라도 유리하다(∵ 증여세는 유산취득세 방식이라 금액이 나뉘어질수록 누진세율이 낮아져서 세부담이 낮아진다).

주의 ②번 선지에서 '10년 단위'를 '5년 단위'로 바꾸어 출제된 적이 있다(36회 기출).

금융상품(8문항)

08 정답 ④

수탁자가 사망하거나 사임하여도 신탁은 존속한다. ①, ②, ③은 신탁상품의 독립성에 의한 특성이다.

09 정답 ①

생명보험의 영업보험료 = (위험보험료 + 저축보험료) + 부가보험료. 여기서 위험보험료는 예정위험률을, 저축보험료는 예정이율을, 부가보험료는 예정사업비율을 적용하여 보험료율을 산출한다(→ 이렇게 영업보험료를 산출하는 것을 3이원 방식이라 함).

※ **영업보험료** : 보험계약자가 납부하는 보험료를 말한다.

10 정답 ④

집합투자재산평가위원회가 인정한 채무증권이어야 한다(일반사무관리회사 X).

※ MMF 채무증권의 신용평가등급 제한

(1) MMF 편입대상 채무증권의 신용등급은 상위 2개 등급 이내이어야 하는데,
  ㉠ 편입 후 최상위(AAA)에서 차상위(AA)로 하락한 경우는 편입비중을 축소,
  ㉡ 편입 후 상위 2개 등급에 미달하는 경우는 당해 채무증권을 지체 없이 처분해야 한다.
(2) MMF 편입대상 채무증권이 상위 2개 등급에 미달한다 하더라도,
  ㉠ 보증인의 신용평가등급이 상위 2개 등급 이내이거나,
  ㉡ 집합투자재산평가위원회가 상위 2개 등급 이내에 상응하다고 인정하는 경우는 편입이 가능하다.

학습안내 37회 신유형

11 정답 ①

다. 자집합투자기구와 모집합투자기구의 집합투자업자가 **동일할 것**

12 정답 ③

주식의 매매손익이나 평가손익이 마이너스일 경우에는 과표기준가격이 더 높게 나타난다(표 설명 참조).

〈기준가격과 과표기준가격 예시〉
(주식이 포함되므로 채권형이 아닌 펀드를 전제)

비열거소득 (과세대상에서 제외)	열거소득 (과표기준가격)	전체손익 (기준가격)	과표가격 vs. 기준가격
주식의 매매손익 (평가손익 포함)	채권의 이자, 매매손익 주식의 배당수익	합산	-
+400만 원	+600만 원	+1,000만 원	과표기준가격 < 기준가격
-200만 원	+600만 원	+400만 원	과표기준가격 > 기준가격

(→ 즉, 주식매매차익이 플러스이면 '과표기준가격 < 기준가격'이며, 주식매매차익이 마이너스이면 '과표기준가격 > 기준가격'이다).

투자자산운용사 — 2회

13   정답 ②

ELS는 장외파생상품의 겸영인가를 받은 투자매매업자(증권사)만이 발행할 수 있다(cf. 자산운용사는 ELF발행).

※ **ELS수익구조의 5가지 형태**
(1) Knock-Out형 : 사전에 정해둔 주가수준(낙아웃 배리어)이 있고, 투자기간 중 주가가 한번이라도 배리어에 도달하면 확정된 수익(리베이트)을 지급하고 계약이 소멸되며 그 외의 경우에는 주가에 따라 수익이 정해진다.
(2) Bull Spread형 : 만기시점의 주가수준에 따라 비례해서 수익률이 결정되나 최대수익과 최대손실이 일정수준으로 제한된다.
(3) Digital형 : 만기시점의 주가가 일정수준(배리어)을 상회하는지 여부에 따라 사전에 정한 두 가지 수익 중 한 가지를 지급한다.
(4) Reverse Convertible형 : 콜옵션매도가 포함된 형태로, 사전에 확정된 수익을 지급하지만, 주가가 일정수준 이하로 하락하면 손실이 날 수 있다.
(5) Step-down형 : 낙인(knock in)이 발생하지 않고 주가가 일정수준 이상이면 주기별로 조기상환 되는 구조인데, 주기별 상환요건은 점차 완화(step-down)된다.

[학습안내] 30회, 33회에서 'Knock-Out형 수익구조'의 정의를 묻는 문제가 출제되었고, 37회에서는 step down형의 정의가 지문에 반영되었다.

14   정답 ③

자산유동화증권(ABS)의 정의에 해당한다.

15   정답 ②

미래상환능력이 주로 고려되는 것은 모기지대출이다.
(1) 모기지 대출 : 신청자의 미래상환능력 및 신청시점까지의 신용기록이 중요한 심사대상이다.
(2) 역모기지대출 : **미래 특정시점에서 예상되는 주택가치가 핵심요소이다**(대출금액의 규모가 대출시점에서 예상하는 미래주택가치에 근거해서 결정되므로).

부동산관련 상품(5문항)

16   정답 ②

도시지역 중에서는 상업지역의 용적률한도가 가장 높다('상. 주. 공. 녹'으로 암기).

※ **도시지역의 용적률한도 순서** : 상업지역 1,500% > 주거지역 500% > 공업지역 400% > 녹지지역 100%

17   정답 ②

'다, 라'는 틀린 내용이다.
다. 순영업이익 − 부채상환액 = 납세 전 현금흐름
라. 납세 전 현금흐름 − 소득세(양도소득세 아님)
    = 납세 후 현금흐름
• 양도소득세는 매도에 의한 현금흐름에서 발생한다.

〈현금흐름 예측〉

운용에 의한 현금흐름	매도에 의한 현금흐름
잠재총소득(예상임대료 × 단위수) − 공실 + 기타소득 실제총소득(유효총소득) − 운용비용 순영업이익 − 부채상환액 납세 전 현금흐름 − 소득세 납세 후 현금흐름	예상 매도가격 − 매도비용 매도순수익 − 미상환 저당대출잔고 납세 전 수취자기자본 − 양도소득세 납세 후 수취자기자본

18   정답 ②

'부동산의 위치'는 부동산가치형성요인 중 개별요인에 해당된다. 부동산의 가치발생요인은 ①, ③, ④이다.

19   정답 ④

담보신탁은 후순위권리설정을 배제할 수 있어서 담보가치 유지가 저당권에 비해 유리하다.

〈PF채권의 물적담보 확보수단으로서의 저당권설정과 담보신탁제도의 비교〉

구 분	저당권설정	담보신탁설정
설정 시 비용	등록세, 교육세, 채권매입비 (약 1%~1.5%)	신탁보수(0.55% 이하)
담보물 관리	채권기관	신탁회사
채권실행[주1]	법원경매	신탁회사가 직접 매도
후순위설정	후순위권리설정이 가능	후순위권리설정을 배제 가능

* 주1 : 채권실행 시 비용, 환가액 비교
(1) 저당권은 법원경매로 채권을 실행하므로 경매비용 등 비용부담이 있고 시간도 장시간 소요되지만, 담보신탁은 신탁회사에서 직접 매각하므로 그 부담이 현저히 절감된다.
(2) 채권실행 시 저당권은 경매가로 환가되지만, 담보신탁은 시장에서 직접 공매할 수 있으므로 경매가보다 환가액이 높다.

20 정답 ④

'비교방식-원가방식'이다. 토지는 재생산이 불가하므로 원가방식은 적용이 불가하며(예외 : 조성지, 매립지 등의 토지는 원가법 유용), 시장에서의 거래사례를 비교해서 평가하는 것이 일반적이다.

※ 부동산 감정평가 3방식
  (1) 비교방식(시장접근법)
    • 비준가격 = 사례가격 × 사정보정 × 시점수정 × 지역요인보정 × 개별요인보정 × 면적
    • 토지평가에 가장 적합한 방식
  (2) 원가방식(비용접근법)
    • 적산가격 = 토지가치 + (재조달원가 − 감가수정액)
    cf 토지를 포함하지 않을 경우 복성가격(적산가격)은 '재조달원가 − 감가수정액'이다.
    • 건물, 구축물, 기계장치 등 재생산이 가능한 물건에 대해 적합(토지는 재생산이 불가하므로 원칙상 적용불가)
  (3) 수익방식(소득접근법)
    • 수익가격 = $\frac{순영업소득}{자본환원율}$ (→ 직접환원법)
    • 임대용부동산 등 수익형부동산의 평가에 적합(주거용부동산과 같은 비수익형부동산의 평가에는 부적합)

대안투자운용/투자전략(5문항)

21 정답 ②

Event Driven전략(상황의존형전략)을 말한다.

※ 헤지펀드 운용전략의 종류
  (1) 차익거래전략 : 전환사채차익거래, 채권차익거래(이자율스프레드, 수익률곡선차익거래), 주식시장중립형(equity market neutral) 등
  (2) 상황의존형전략(Event Driven전략) : 합병차익거래, 부실채권투자전략 등
  (3) 방향성전략 : 주식의 롱숏(equity long/short), 글로벌매크로, 이머징마켓 헤지펀드, 선물거래 등

22 정답 ②

'단기채 매도 + 장기채 매수'이다.

〈채권차익거래전략〉

Yield Curve Steepening	Yield Curve Flattening
단기금리 하락, 장기금리 상승	단기금리 상승, 장기금리 하락
단기채 매수 & 장기채 매도	단기채 매도 & 장기채 매수

암기법 단.스.장.플 : 기울기가 스티프닝해지면 **단기채**를 매수하고, **플**래트닝해지면 **장기채**를 매수한다.

23 정답 ②

보기에서 대안투자상품에 속하는 것은 '부동산펀드, 헤지펀드, PEF(Private Equity Fund), 일반상품펀드(Commodity Fund), 인프라스트럭처펀드'이다.
• 해외주식형펀드, MMF : 전통투자상품(투자대상이 주식이나 채권).

24 정답 ④

롱숏금액이 일치하지 않으므로 시장중립형(Market Neutral Strategy)이 아니다. 'Long(140억 원) > Short(100억 원)'이므로 Long Baised 전략에 해당한다.

※ Long/Short Baised 전략의 용어
  (1) Net Market Exposure : $\frac{(140-100)}{100}$ = 40%
  (2) Long Short Ratio : $\frac{140}{100}$ = 1.4(롱숏레이쇼가 낮을수록 수익창출력이 높다)
  (3) Gross Exposure : $\frac{(140+100)}{(140-100)}$ = 6(레버리지에 해당됨)

25 정답 ①

①은 CDS거래의 보장매수자(CDS매입자) 입장에 대한 설명이다.

〈신용파생상품의 포지션 비교〉

구 분	CDS	TRS	CLN
위험전가자 (보장매수자)	CDS매수자	TRS매도자	CLN발행자
위험인수자 (보장매도자)	CDS매도자	TRS매수자	CLN투자자

해외증권투자운용/투자전략(5문항)

26 정답 ①

세계증권시장이 완전히 통합된다면 국제분산투자효과는 발생하지 않는다(∵ 국가 간 상관계수가 +1이므로).

27　정답 ③

상품을 통해 헤지를 하는 것이 아니므로 별도의 비용이 발생하지 않는다(해외투자대상 주식 자체에서 헤지효과 발생).

① 롤링위험(rolling risk)은 장내파생상품을 이용한 롤링헤지 과정에서 발생하는 위험이다. 따라서 장외파생상품인 선물환계약에서는 롤링위험이 발생하지 않는다.

[보충] 롤링헤지(rolling hedge) : 투자기간 전체를 몇 개의 단기간으로 나누고 단기간이 만기가 될 때 마다 다음 단기간으로 이어서 헤지를 하는 방법(장내파생 상품에서만 발생함).

② 통화파생상품은 이론상 유용성에도 불구하고 주요통화 외에는 유동성의 부족하여 현실적으로 이용에 제약이 있다.

④ 대부분의 국제투자펀드는 환위험헤지를 거의 하지 않거나 환율이 한 방향으로 크게 변동할 것으로 시장이 예상하는 경우 부분적으로 환헤지를 할 뿐이다(2023 기본서, 2권, p144).

28　정답 ②

② 미국증시에만 상장하면 ADR, 달러표시 주식을 미국이 아닌 장소에서 상장하면 EDR, 미국과 미국이 아닌 증시에서 동시에 상장하면 GDR(Global Depository Receipt)이다.

③ 미국시장은 규제가 까다롭고 상장비용이 유로시장에 비해 비싸지만, 미국이 세계 최대의 소비시장이라는 점과 최고의 공신력을 얻을 수 있다는 점에서 우량기업일수록 미국증시의 상장을 선호한다.

29　정답 ③

1984년 이전까지 10%의 원천징수세가 부과되었지만, 국제채권시장의 미국 국내 유인을 위해 외국투자자가 양키본드에 투자할 경우 원천징수세 부과를 면제하였다.

※ 유로채와 외국채의 과세문제

(1) 유로채는 무기명식으로 발행하므로 이자소득세를 부담하지 않는다.

(2) 외국채의 경우 기명식으로 발행하므로 이자소득세를 부담한다.

- 단, 양키본드의 경우 1984년 이후로는 투자유인제공을 위해 외국인투자자에 대해서 양키본드에 대한 10% 원천징수세 부과를 폐지하였다.
- 다른 외국채에서도 이자소득세 부과가 원칙이지만, 규제완화 및 발행업무의 자국유치를 위해서 이자소득세를 면제하는 경우가 늘고 있다.

30　정답 ③

상향식은 '세계경제는 글로벌화된 산업의 집합체'로 본다.

※ 국가별 비중의 결정방법(하향식 VS 상향식)

(1) 하향식(Top Down방식)
- 각국의 거시경제 분석 : 국가비중을 먼저 결정하고 산업과 개별기업비중 결정
- **세계경제는 완전히 통합되지 않고 분리되어 있는 각국 경제의 결합체로 본다.**

(2) 상향식(Bottom Up방식)
- 기업분석 및 산업분석 : 투자대상의 주식의 주식별 투자비중을 먼저 결정하고 결과적으로 전체 포트폴리오에서 각 국가의 투자비중이 결정됨
- **세계경제를 글로벌화된 산업들의 집합체로 본다.**

투자분석기법(12문항)

31　정답 ②

현금흐름은 세후기준(After-tax Basis)으로 추정되어야 한다.

[중요] 33회시험 추가반영사항

- 감가상각비의 절세효과도 현금흐름에 고려되어야 한다. [○, ×]
  → ○

- 현금유입은 재무상태표상의 비유동자산, 유동자산, 유동부채로부터 추정된다. [○, ×]
  → × (현금유입은 손익계산서로부터 추정, 현금유출은 재무상태표 비유동자산 등)

32　정답 ②

옳은 항목은 '나, 다'이다.

- 가 : '각각의 분포가 평균으로부터 떨어진 거리들을 평균한 것'은 평균편차(mean deviation)이다.

※ 평균편차, 분산·표준편차(2025 기본서, 2권, p215 참조)

(1) 평균편차 : '각각이 평균으로부터 떨어진 거리들의 평균'으로 측정한다.

(2) 분산·표준편차 : '각각이 평균으로부터 떨어진 거리의 제곱들을 평균한 것'이 분산이고, 분산의 제곱근이 표준편차이다.

- 모집단이 아니고 표본인 경우에는 분산과 표준편차를 자유도(degree of freedom : 분산과 표준편차의 경우는 n-1)로 나누어 측정하는데 그래야 모집단 분산(표준편차)의 불편 추정치(unbiased estimator)가 되기 때문이다.

[학습안내] 43회 기출(▶ '증권분석 통계기초'의 **중심위치**에 대한 설명은 '1회 31번' 해설을 참조할 것)

33 정답 ④

요구수익률은 15%이다. 주당순이익을 당기로 제시하였으므로 당기의 배당금(D_0)이 나오는데, 여기에 배당성장률 5%를 적용하여 D_1을 구하고 D_1을 공식에 적용하는 것이 포인트이다.

※ 상세풀이

(1) 고든의 항상성장모형 공식 적용

: $P = \dfrac{D_1}{k - g}$, $21{,}000 = \dfrac{D_1}{k - 0.05}$

- 당기의 주당순이익이 10,000원이고 배당성향이 20%이므로 D_0는 2,000원이다.
  그러므로 D_1은 $2{,}000(1 + 0.05) = 2{,}100$원이다.
- 따라서 $D_1 = 2{,}100$원을 위 산식에 적용하면,
  → $21{,}000 = \dfrac{2{,}100}{k - 0.05}$, $(k - 0.05) = \dfrac{2{,}100}{21{,}000}$,
  따라서 $k = 0.15$(즉 15%)

(2) 요구수익률 공식 적용 : $k = \dfrac{D_1}{P} + g$

- D_1은 2,100원, g는 0.05, P는 21,000원이므로
  → $k = \dfrac{2{,}100}{21{,}000} + 0.05 = 0.10 + 0.05 = 0.15$(즉 15%)

34 정답 ③

'$\dfrac{영업이익}{영업이익-이자비용} = 3$', 따라서 이자비용은 3,000원이다.

- 만일 영업이익을 제시하지 않았다면, '매출액 − 변동비 − 고정비 = 영업이익, 즉 $50{,}000 - 30{,}000 - 15{,}500 = 4{,}500$'으로 계산하여야 한다.

※ 재무레버리지도(DFL) 계산

(1) 재무레버리지도(DFL) = $\dfrac{매출액-변동비-고정비}{매출액-변동비-고정비-이자비용}$

  = $\dfrac{영업이익}{영업이익-이자비용}$

(2) DFL을 3으로 제시하였으므로,

  $\dfrac{영업이익}{영업이익-이자비용} = \dfrac{4{,}500}{4{,}500 - \chi} = 3$

  따라서 '이자비용(χ) = 3,000원'이다.

35 정답 ①

주당가치는 500원이다(아래 풀이).

※ EV/EBITDA를 이용한 상장기업 A의 시가총액추정(또는 주당가치추정)

(1) EV(기업가치)
  ① EV = 주주가치 + 채권가치
  ② EV = 주식시가총액 + 순차입금 = 주식시가총액 + (이자지급성부채 − 현금 및 유가증권)
  ③ 따라서, 상장기업 A의 시가총액은 'EV − 순차입금'이 된다.

(2) EBITDA(Earning Before Interest, Tax, Depreciation and Amortization) : 영업이익 + 감가상각비 및 무형자산상각비

(3) EV/EBITDA를 이용한 상장기업 A의 시가총액추정
  ① 유사기업의 EV/EBITDA × 상장기업 A의 EBITDA = 상장기업 A의 EV
    → 본 문항에서는, $15 \times 10{,}000{,}000 = 150{,}000{,}000$. 즉 EV = 150,000,000원
  ② 시가총액 = EV − 채권자가치(순차입금)
    → 본 문항에서는, $150{,}000{,}000 - 100{,}000{,}000 = 50{,}000{,}000$원
  ③ 시가총액/발행주식수 = 주당가치
    → 본 문항에서는, $50{,}000{,}000/100{,}000 = 500$원
    즉, 주당가치는 **500원**이다.

▶ 약식풀이(권장)

(1) $\dfrac{EV}{EBITDA} = \dfrac{시가총액 + 순차입금}{EBITDA} = \dfrac{시가총액 + 1억\,원}{1천만\,원}$

(순차입금 = 채권자가치)

(2) $\dfrac{시가총액 + 1억\,원}{1천만\,원} = 15$ → 시가총액 + 1억 원 = 1억 5천만 원
  → 시가총액 = 5천만 원

(3) 주당가치 = $\dfrac{시가총액}{발행주식수} = \dfrac{5천만\,원}{100{,}000주}$

  ∴ A기업의 1주당 가치 = 500원

[학습안내] 30회 시험에서는 EV를 계산하는 문제로 출제됨(동 문항보다는 간소한 형태)

36 정답 ②

부채를 사용하고 있으므로, 가중평균자본비용을 구하고 EVA를 구한 다음 기업가치를 추정한다(아래 풀이).

※ EVA모형의 기업가치평가

(1) 가중평균자본비용(WACC) 구하기 : 금액가중평균방식

  $WACC = \dfrac{(100억\,원 \times 0.08) + (100억\,원 \times 0.12)}{200억\,원}$

  = $\dfrac{20억\,원}{200억\,원} = 0.1(10\%)$

  [비율가중평균방식] $(0.5 \times 8\%) + (0.5 \times 12\%) = 10\%$

(2) EVA를 구한다.
  EVA = 50억 원 − (200억 원 × 0.1) = 30억 원

(3) EVA모형을 이용하여 기업가치를 구한다.
- 기업가치 = IC(투하자본) + MVA(미래EVA의 현재가치 합계)
- 따라서 기업가치 = 200억 원 + $\dfrac{30억\,원}{0.1}$ = 500억 원

- 기업가치는 500억 원이다(채권자가치가 100억 원이므로 주주가치는 400억 원이다).

▶ 약식풀이

'$P = IC + MVA = IC + \frac{EVA}{k}$'인데

약식으로는 '$P = \frac{NOPLAT}{k} = \frac{세후순영업이익}{자본비용}$'이다 (도출과정은 지면관계상 생략).

즉 동 문항에서는 '$P = \frac{50}{0.1} = 500(억 원)$'이다.

37 정답 ③
기술적 분석의 가장 큰 한계점은 수요·공급을 통한 시장의 변동에만 집착하여 시장이 변동하는 근본원인을 분석할 수 없다는 데 있다.

38 정답 ③
추세곡선은 기존추세가 더욱 급격해질 때 나타나며, 부채형 추세선은 기존추세의 에너지가 둔화될 때 나타난다.

※ 추세곡선 vs 부채형 추세선(한권으로 끝내기 문제집, 1권, p321 그림 참조)
(1) 추세곡선 : 기존의 추세상승이나 추세하락이 점점 더 급격해지면서 곡선모양의 추세가 형성되는 경우를 말한다.
(2) 부채형 추세선 : 주가가 상승추세에서 하락추세로 전환된 후 주가가 반등시도를 하다가 다시 하락하는 과정을 반복하면서 고점과 연결되는 여러 저항선이 기울기가 완만해지는 형태로 생기는데, 이를 부채형 추세선이라 하며 부채형 추세선이 형성되고 있다는 것은 기존추세의 둔화를 말하며 조만간 기존추세가 전환될 수 있음을 예상할 수 있다.

39 정답 ④
상승추세 속에서는 하락쐐기형이, 하락추세 속에서는 상승쐐기형이 나타난다.
- 쐐기형은 지속형 패턴이므로 '상승추세 → **하락쐐기형** → 상승추세 지속' '하락추세 → **상승쐐기형** → 하락추세 지속'의 형태가 된다.

40 정답 ④
CCI는 추세반전형이다(추세반전형 : 스토캐스틱, RSI, CCI, ROC). ①, ②, ③은 추세추종형이다.

41 정답 ③
틀린 항목은 '다, 라'이다.
- 가 : 국민소득통계와는 달리 산업연관표는 중간생산물의 산업 간 거래도 포괄한다.
- 나 : **세로**방향은 **투입**구조, **가로**방향은 **배분**구조이다('세, 투, 가, 배')
- 다 : 총투입액 = 총산출액 또는 총투입액 = 총수요액 – 수입
- 라 : 투입계수 → 상품의 기술구조, 생산유발계수 → 전방 또는 후방 연쇄효과

42 정답 ①
①만 옳은 내용이다(나머지 내용은 아래 해설 참조).

〈산업경쟁력 분석모형〉

경쟁자산	시장환경	산업성과
인적자본, 물적자본, 기술력, 수요조건, 국가경쟁력 등	산업의 구성(수직적산업, 수평적산업), 시장의 구조(독과점 또는 완전경쟁), 정부 규제강도 등	산업성장률, 산업생산성, 수출실적 등

※ 산업정책
(1) 개념 : 케인즈의 거시정책은 총수요관리정책이지만, 산업정책은 공급정책이다.
(2) 산업정책의 종류

산업구조정책	산업조직정책
산업 간 구성비율을 변경시키는 정책	산업 내 경쟁형태를 조정하는 정책
예 특정산업의 육성정책 등	예 시장의 독과점 규제 등
일반정책·기능별정책·지역별정책·산업별정책·기업별정책 / 유인정책 비전제시정책	* 시장의 경쟁강도를 측정하는 지표 : 시장집중률지수(CR:K), 허핀달지수

예 시장집중률지수와 허핀달지수
A산업은 5개 기업이 30%, 30%, 30%, 6%, 4%의 점유율을, B산업은 5개 기업이 50%, 30%, 10%, 5%, 5%의 점유율을 보인다면,
(1) 두 산업의 CR_3는 90%로 동일하지만, 허핀달지수는 B가 더 높다.
(2) 즉, 상위 3개 기업의 집중률은 두 산업이 동일하지만, 불균등도는 B산업이 더 크다.

리스크관리(8문항)

43 정답 ②
메탈게젤샤프트 사례이다. 적절치 못한 헤지전략(장기계약에 대한 Rolling Hedge전략)으로 인한 큰 손해를 보고 파산하였으며, '위험회피자의 패망'사례라고도 한다.

44 정답 ①

$$\sigma(\Delta V) \cdot z = \sigma(\Delta C) \cdot z = \sigma(f' \cdot \Delta S) \cdot z$$
$$= S \cdot \sigma(\frac{\Delta S}{S}) \cdot z \cdot f'$$

→ 200point × 1.65 × 0.034 × 0.6 = 6.732point

참고 이것을 금액으로 환산한다면
'6.732point × 25만 원 = 1,683,000원'이다(2023년 현재 KOSPI200 지수선물 및 지수옵션의 거래승수는 1point 당 25만 원이다).

45 정답 ④

1.65억 원 × $\frac{2.33}{1.65}$ × $\sqrt{4}$ = 4.66억 원

※ **VaR의 전환 예시(신뢰구간, 보유기간 변경 시)**
  (1) 95% 신뢰기준의 1일 VaR이 1억 원일 때, 99% 신뢰기준의 25일 VaR은?
    → 1억 원 × $\frac{2.33}{1.65}$ × $\sqrt{25}$ = 7.06억 원
  (2) 99% 신뢰기준의 1일 VaR이 1억 원일 때, 95% 신뢰기준의 25일 VaR은?
    → 1억 원 × $\frac{1.65}{2.33}$ × $\sqrt{25}$ = 3.54억 원

46 정답 ②

9.43억 원이다(풀이는 아래 참조).
포트폴리오 VaR공식은
'$VaR_P = \sqrt{VaR_1^2 + VaR_2^2 + 2\rho(VaR_1)(VaR_2)}$'이므로, 아래와 같다.
(1) 상관계수가 +1일 경우 : VaR_P = VaR_A + VaR_B = 13억 원
(2) 상관계수가 0일 경우 : VaR_P = $\sqrt{8^2 + 5^2}$ = 9.43억 원
(3) 상관계수가 −1일 경우 : VaR_P = | VaR_A − VaR_B | = 3억 원

47 정답 ①

개별적으로는 B가 더 우월하지만(기대수익률은 동일한데 위험이 더 적음), 포트폴리오 투자에 있어서는 한계VaR가 적은 A가 더 우월한 대안이 된다(한계VaR가 적을수록 더 좋은 투자대안이 됨).
* 투자대안 A의 한계VaR : 20억 원, 투자대안 B의 한계VaR : 30억 원

48 정답 ①

부도모형에서의 신용리스크는 EL(예상손실)의 불확실성으로 추정하는데 신용등급은 변수에 해당하지 않는다(공식 참조 : EL = EAD × 부도율 × 손실률).
※ 신용등급을 신용위험에 반영하는 것은 MTM Mode이다.

49 정답 ③

$DD = \frac{A-D}{\sigma} = \frac{70-40}{10}$ = 3표준편차, 따라서 부도율은 표준정규분포상 3표준편차를 초과하는 확률이다.

※ **부도거리(DD)에 따른 부도율 계산**
  부도거리가 3표준편차 → 부도율은 3표준편차의 신뢰구간을 벗어나는 확률(즉 3표준편차를 초과하는 확률 또는 3표준편차 이상의 확률) → 3표준편차 이내의 확률이 99.7%이므로 부도확률은 0.15%[주1]이다.
  * 주1 : 3표준편차의 신뢰구간 99.7%을 벗어나는 0.3% 중 하락방향의 단측에만 해당되는 0.15%가 부도율에 해당된다.

50 정답 ③

부도모형(Default Mode)에서는 신용위험액을 '예상손실(EL)의 변동성'으로 측정하는데, '예상손실의 변동성(σ_{EL}) = 익스포저(EAD) × $\sqrt{p(1-p)}$ × 손실률(LGD)'이다(이때 p는 부도율). 따라서 '$\sigma_{EL} = 100 \times \sqrt{0.1 \times 0.9} \times 0.3 = 9$억 원'이다.

직무윤리(5문항)

51 정답 ④

수익 달성 여부는 따지지 않는다. 과당매매를 판단하는 기준으로는 ①, ②, ③ 이외에도 '개별 매매거래 시 권유내용의 타당성 여부'가 있다.

52 정답 ②

특정금전신탁은 '고난도 상품'이 아니므로 금지대상이 아니다('고난도 금전신탁'이 금지대상).

※ **'요청하지 않은 투자권유금지'의 예외가 인정되지 않는 금융투자상품**
  (1) 일반금융소비자의 경우 : 고난도 '금융투자상품 / 일임계약 / 금전신탁', 사모펀드, 장내파생상품, 장외파생상품
  (2) 전문금융소비자의 경우 : 장외파생상품

53 정답 ②

금융소비자의 자료열람요구권에 대해서 무조건적으로 승인해야 하는 것은 아니다(영업비밀을 현저히 침해할 우려가 있는 경우, 타인의 이익을 부당하게 침해할 우려가 있는 경우 등은 예외가 인정됨).

54 정답 ①
회사의 공식의견이 아닌 경우는 사견임을 명백히 표현하고 밝힐 수 있다.

※ **대외활동 시 준수의무**
(1) 회사의 공식의견이 아닌 경우 **사견**임을 명백히 밝혀야 한다.
(2) 대외활동으로 인하여 회사의 **주된 업무수행**에 지장을 주어서는 안 된다(주의 '모든 업무수행' 아님).
(3) 대외활동으로 인하여 **금전적인 보상**을 받게 되는 경우 회사에 신고하여야 한다(주의 금전적 보상을 받을 수 있음).
(4) 공정한 시장질서를 유지하고 건전한 투자문화 조성을 위해 최대한 노력해야 한다.
(5) 불확실한 사항을 단정적으로 표현하거나 다른 금융투자회사를 비방해서는 아니 된다.

55 정답 ③
틀린 항목은 '가, 다'이다.
- 가 : 금융투자협회는 자율규제기관으로서 회원(협회에 가입한 금융투자회사)에 대한 제명, 그리고 회원사의 임직원에 대한 제재의 권고 등의 제재권을 발동할 수 있다(자율규제기관이므로 해임요구나 면직요구는 할 수 없음).
- 다 : 임직원에 대한 제재의 경우 해임요구·면직요구는 청문의 대상이지만 직원에 대한 정직요구는 청문의 대상이 아니다.

자본시장과 금융투자업에 관한 법률 & 금융위원회규정(11문항)

56 정답 ④
㉠, ㉡, ㉢은 자본시장법의 포괄주의 규정상 '명시적 배제'를 통해 금융투자상품으로 불인정하는 것이며, ㉣은 그 성질상 채무증권에 포함되지 않아 금융투자상품으로 인정되지 않는다.
- **사적인 금전채권** : 지급청구권은 있지만, 유통성이 없는 관계로 원본손실의 가능성이 없다. 따라서 금융투자상품의 포괄주의 정의에 따라 금융투자상품이 되지 않는다.
- **포괄주의에 의한 금융투자상품의 정의** : 금융투자상품은 투자성(또는 원본손실가능성)이 있는 것이다.

57 정답 ①
틀린 항목은 '가, 나'이다.
- 가 : 사전에 밝히되, 밝히는 방법상의 제한은 없다.
- 나 : 최선집행기준에 대한 점검은 매 3개월마다 이루어져야 한다.

보충 '가, 나'는 투자매매업자 또는 투자중개업자의 영업행위규칙으로서 각각 '매매 형태 명시의무 / 최선집행의무'이고, '다, 라'는 불건전영업행위의 금지대상으로서 각각 '모집·매출과 관련된 조사분석자료의 공표·금지/선행매매금지'에 해당한다.

58 정답 ①
금융사고나 민사소송패소로 손실을 입은 경우 그 금액이 10억원 이하일 경우는 경영공시를 하지 않아도 된다.

※ **경영공시대상**
(1) 회계기간 변경을 결정한 경우
(2) 적기시정조치, 인가 또는 등록의 취소 등의 조치를 받은 경우
(3) 상장법인이 아닌 금융투자업자에게 재무구조·채권채무관계·경영환경·손익구조 등에 중대한 변경을 초래하는 사실이 발생하는 경우
(4) 금융투자업자의 직전 분기 말 자기자본의,
   ㉠ 100분의 10에 상당하는 금액을 초과하는 **부실채권**이 발생한 경우
   ㉡ 100분의 2에 상당하는 금액을 초과하는 **금융사고** 손실이 발생한 경우
   ㉢ 100분의 1에 상당하는 금액을 초과하는 **민사패소**로 인한 손실이 발생한 경우
   ▶ 단, 금융사고나 민사패소(㉡, ㉢)의 경우 그 손실금액이 10억 원 이하일 경우는 공시대상에서 제외된다.

59 정답 ③
'집합투자규약에 따른 투자설명서의 변경'은 수시공시대상이 아니다(시행령 제93조 3항).

※ **집합투자업자의 수시공시 등**
(1) 집합투자업자는 (2)의 '다음 사항'이 발생한 경우 '㉠ 집합투자업자 / 판매회사 / 협회의 인터넷홈페이지, ㉡ 전자우편, ㉢ 판매회사 등의 본지점 및 영업소에 게시'하는 3가지 방법을 모두 활용하여 공시해야 한다.

60 정답 ④
의결권행사제한규정을 면하기 위해서 **집합투자업자가 제3자와의 계약에 의하여 의결권을 교차하여 행사하는 등의 행위는 금지된다**(공모펀드, 사모펀드 구분 없이 금지).

61 정답 ②
주식발행에 관한 사항은 '이사회 결의사항'이다.
※ 집합투자업자는 이익금에 대해서 유보나 초과지급이 가능하다.
- 단, MMF는 유보 불가
- 단, 투자회사의 경우 '순자산에서 최저순자산액을 뺀 금액'을 초과하는 분배는 불가

2회 투자자산운용사

62 정답 ②
① 일반사무관리회사, ② 집합투자기구평가회사, ③ 채권평가회사, ④ 신탁회사
※ **집합투자기구 관계회사** : 일반사무관리회사, 집합투자기구평가회사, 채권평가회사

63 정답 ①
증권신고서 제출의무자는 증권의 발행인(발행기업)이다.
▶ **증권신고서의 제출의무자는 언제나 해당 증권의 발행인이다.** 다만, 증권예탁증권을 발행함에 있어서는 그 기초가 되는 증권을 발행하였거나 발행하고자 하는 자를 말한다(2023 기본서, 3권, p290).

64 정답 ④
④는 예비투자설명서를 말한다. 예비투자설명서를 사용할 경우 설명서 내에 '본 예비투자설명서는 증권신고서의 효력이 발생하기 전에 교부하는 예비투자설명서이다'라는 내용이 들어간 문구를 명시해야 한다.
* 간이투자설명서는 형식에 구애됨 없이 효력발생 전·후 모두에 사용할 수 있다.

65 정답 ②
상장주권이나 상장지수집합투자기구(ETF)는 '당일종가'로 평가하지만, 상장채권의 경우 유동성이 부족하여 종가의 신뢰도가 낮으므로 '당일종가'로 평가하지 않는다.
※ **상장채권 및 공모파생결합증권의 담보평가방법**
'2 이상의 채권평가회사가 제공하는 가격정보를 기초로 투자매매업자 또는 투자중개업자가 산정한 가격'을 기준으로 평가한다.
주의 신용공여한도는 총자산을 한도로 한다. → (×, 자기자본을 한도로 함)

66 정답 ③
내부자란 해당 법인(계열사 포함)의 임직원이나 주요주주로서, 직무나 권리행사과정에서 미공개 중요정보를 알게 된 자를 말한다(가~라). '마'는 준내부자에 속한다. 만일 '미공개 중요정보 이용행위의 금지대상은?'으로 묻는다면 '가~마' 모두 해당된다.

한국금융투자협회규정(3문항)

67 정답 ①
판매회사나 운용전문인력의 이름은 사용할 수 없다.
※ **집합투자기구의 명칭**
(1) 반드시 포함할 것 : 주된 투자대상, 사모펀드의 경우 '사모'
(2) 포함할 수 있는 것 : 운용회사이름(사용 시 명칭 앞부분에 위치 예 미래에셋, 미래에셋맵스, 삼성투신 등)
(3) 사용할 수 없는 것 : 판매회사 이름, 운용전문인력의 이름, 다른 금융투자회사가 사용하고 있는 명칭 등

68 정답 ①
틀린 내용은 '가, 나'이다.
• 가 : 예외 있음. 전산상 관리곤란 또는 세제상 문제가 있을 경우는 변경이 불가하다.
• 나 : 환매수수료 징구불가는 물론, 별도의 비용도 징구할 수 없다.

69 정답 ②
투자운용인력은 고객의 재산(집합투자재산/신탁재산/일임재산)을 운용하는 법정자격이다.

주식투자운용/투자전략(6문항)

70 정답 ③
'가, 다'가 옳은 설명이다.
나. 분리하는 추세가 강해지고 있다.
라. 강형의 효율적 시장가설이 성립한다면 어떠한 액티브운용도 시도할 필요가 없다.

⟨효율적 시장가설(EMH)⟩

약형 EMH	준강형 EMH	강형 EMH
과거의 정보로는 초과수익을 얻을 수 없다 (기술적 분석은 소용 없다).	공개된 정보(공시정보 등)로는 초과수익을 얻을 수 없다.	모든 정보는 이미 반영되어 있어 어떠한 액티브전략으로도 초과수익은 불가하다.

71 정답 ④
가치평가과정과 투자위험인내과정은 전술적 자산배분의 실행과정이다.

72 정답 ②

② 포트폴리오 보험전략을 선호하는 투자자는 '**위험자산에 투자하면서도** 극도로 위험을 회피하는 투자자'를 말한다(따라서 '비정상적인 투자자'라고도 함). 포트폴리오보험전략 중 방어적 풋의 예를 들면, 위험자산(주식)에 투자하면서도 하락위험에 대비하여 풋옵션을 매수한다.
③ 이는 'Positive Feedback전략(주가상승 시 매수, 하락 시 매도)'을 말하는데, 전술적 자산배분은 'Negative Feedback전략(주가상승 시 매도, 하락 시 매수)'이다.

73 정답 ③

KOSPI200이 핵심포트폴리오이고 중소형주가 위성포트폴리오인 핵심-위성(Core Sattellite) 전략이며, 이는 혼합전략에 속한다.

〈주식포트폴리오 운용전략의 종류〉

패시브전략	액티브전략	준액티브전략	혼합전략
인덱스전략	스타일전략 예 성장투자/ 가치투자	인핸스드 인덱스 전략 계량분석모형 전략	핵심위성 조합 전략 액티브보완 조합 전략

74 정답 ②

성장투자스타일이다. 성장투자스타일의 위험은 기대했던 EPS증가율이 예상대로 실현되지 않는 것이며, 따라서 기업이익에 대한 컨센서스(예상)가 중요하다. 즉, '기업의 이익이 예상을 상회했는지(어닝 서프라이즈), 예상을 하회했는지(어닝 쇼크)'는 성장투자스타일의 투자손익에 가장 큰 영향을 준다.

75 정답 ②

수익률역전 그룹은 '다, 라'이다.
※ Anomaly현상(이상현상)의 종류
(1) **이상현상의 정의** : 시장이 효율적이라면 나올 수 없는 현상으로서, 주식시장에서 이상현상이 존재한다는 것은 현실적으로 시장이 비효율적이라는 증거가 된다.
(2) **이상현상의 분류**

정보비효율 그룹	상대적 저가주효과 그룹	수익률역전현상 그룹
• 수익예상수정효과 • 수익예상추세효과 • 무시된 기업효과 • 소형주 효과 • 1월 효과	• 저PER 효과 • 저PBR 효과	• 장기수익률역전현상(winner-loser 효과) • 저베타 효과 • 잔차수익률역전현상 • 고유수익률역전현상

채권투자운용/투자전략(6문항)

76 정답 ④

'이표채, 역변동금리채권'이다.
※ **채권의 분류**
(1) **발행주체별 분류** : 국채, 지방채, 특수채, 회사채
(2) **이자지급식 분류** : 복리채, 할인채, 이표채
(3) **이자금액 변동여부에 따른 분류**
  ㉠ 고정금리부 채권(Fixed Rated Note)
  ㉡ 변동금리부 채권(Floating Rated Note) : 기준금리가 상승하면 액면이자금액이 증가한다(예시 : CD수익률+0.5%).
cf 역변동금리부 채권(Reverse FRN) : 기준금리가 상승하면 액면이자금액이 감소한다(예시 : 7%-CD수익률).

77 정답 ③

전환사채에는 전환권이라는 메리트가 있어 회사 입장에서는 일반사채보다 낮은 금리로 발행할 수 있다(자금조달비용 절감).
① 신규자금유입은 없다(신규자금이 유입되는 것은 BW).
② 부채가 줄고 자본이 증가한다.
  비교 교환사채에서 교환권을 행사하면 자산과 부채가 동시에 감소한다.
④ 전환가치가 일반사채가치보다 높을 경우 주식처럼 거래된다(낮을 경우, 일반사채처럼 거래).

78 정답 ②

경상수익률 = $\dfrac{쿠폰금액(연이자지급액)}{채권의 시장가격}$ = $\dfrac{600}{9,500}$ = 약 6.32%

주의 1 분자는 연이자지급액으로 600원이다. 수익률은 연 단위로 산출하므로 분자는 1,800원(600원 × 3년)이 아닌 600원으로 계산해야 한다.
주의 2 채권가격이 상승하면 경상수익률은 상승한다. [○, ×] → × (하락한다)

79 정답 ④

채권수익률의 하락으로 인한 채권가격의 상승폭이 채권수익률의 상승으로 인한 채권가격의 하락폭보다 더 크게 나타난다(→ 말킬의 4정리로서 채권가격의 볼록성으로 인함).

80 정답 ②

'-2.72%, 과대평가'이다.

※ 힉스듀레이션 측정치의 과소평가/과대평가 여부
(1) 만기수익률이 상승하였으므로 힉스듀레이션으로 측정한 채권가격의 변동률[주1]은 -2.72%이다.
  * 주1 : $\frac{\Delta P}{P} = (-) \cdot MD \cdot \Delta y$

  $\rightarrow \frac{\Delta P}{P} = (-2.72) \cdot (+1)\% = 2.72\%$

  - 이때 MD는 수정듀레이션(Modified duration)을 말하는데, 힉스(Hicks)가 도출한 개념이므로 '힉스듀레이션'이라고도 한다. 그리고 힉스듀레이션으로 측정한 채권가격의 변동폭(-2.72% × P)은 실제채권가격의 하락폭을 과대평가하게 된다.

(2) 과소평가/과대평가 여부
  ㉠ 실제 채권의 가격은 볼록성(convexity)의 성질에 의해서, 듀레이션[주2]으로 측정한 가격보다 항상 '**더 올라가고 덜 내려간다**'(한권으로 끝내기 2권, p289 그림 참조).
  ㉡ 이를 듀레이션 측정치의 입장에서 본다면 '수익률 하락 → 채권가격 상승' 시에는 실제채권가격의 상승폭을 **과소평가**하게 되고, '수익률 상승 → 채권가격 하락' 시에는 실제채권 가격의 하락폭을 **과대평가**하게 된다.
  * 주2 : 이때 듀레이션은 수정듀레이션 또는 힉스듀레이션을 말한다.

81 정답 ②

불편기대이론상의 장·단기 채권의 완전대체관계를 적용한 공식, 즉 '장기채권이자율은 단기현물이자율과 내재이자율의 기하평균이다'의 산식을 이용하여 계산한다.

$\rightarrow (1 + 0.05)^2 = (1 + X)(1 + 0.053)$

$\rightarrow (1 + X) = \frac{(1 + 0.05)^2}{1 + 0.053}$

$\rightarrow X = \frac{(1 + 0.05)^2}{1 + 0.053} - 1 = 0.0470$ (즉 4.7%)

파생상품투자운용/투자전략(6문항)

82 정답 ①

(1) 먼저 균형선물환율(F*)을 구한다.
  F* = S{1 + (0.02 - 0.04)} = 1,150(1 - 0.02) = 1,127원

  ※ 균형선물가격을 구하는 자체가 출제될 수 있으므로 산식을 반드시 이해해야 한다.

(2) 현재 선물환율의 시장가격은 1,140원이므로 균형가격 대비 고평가 상태이다.

(3) 따라서 '선물환매도 & 현물환매수'이며, 이는 '원화차입/달러운용'을 말한다.
  - 현물환매수는 현물달러를 보유하고 달러이자를 받는 상태를 말한다(→ 달러운용). 현물환매수를 위해서는 차익거래포지션상 원화를 차입해야 한다(→ 원화차입).

83 정답 ③

'1,000원, 외가격'이다.

※ 옵션프리미엄 = 옵션의 내재가치 + 옵션의 시간가치
(1) 풋옵션의 내재가치
  = Max(0, $X - S_T$) = Max(0, 2,000 - 3,000) = 0원
  - 풋옵션의 경우 행사가격이 기초자산가격보다 클 경우 내가격(In the money)이 되지만, 동 문항의 경우 그 반대 상태이므로 외가격(Out of the money)에 해당된다.

(2) 옵션프리미엄(1,000원)
  = 옵션의 내재가치(0원) + 옵션의 시간가치(1,000원)

84 정답 ④

풋콜패리티를 활용하여 풋옵션가격을 구할 수 있다(산식에서 분모는 '관행적 복할인' 계산방식에 해당).

$p = c + B - S = 3 + \frac{150}{1 + 0.06 \times \frac{1}{12}} - 150 = 2.25$ (point)

85 정답 ③

풋콜패리티가 성립하므로 $[c + \frac{X}{(1+r)^{T-t}} = p + S_t]$ 포지션 사이의 동등성이 성립한다. 따라서 $\frac{X}{(1+r)^{T-t}} = -c + p + S_t$ 이다. 즉, '채권매수 = 콜옵션매도 + 풋옵션매수 + 주식매수'이다.

- 채권매수 ($B_t = \frac{X}{(1+r)^{T-t}}$)는 자금운용을 말한다.
  [cf] 채권매도 = 자금조달
- S_t = 주식매수, $-S_t$: 주식대차거래를 한 후 공매도하는 것

86   정답 ②

'나, 다'이다. 기초자산의 기대수익률이 아니라 기초자산의 현재가격(S_t)이며, 만기(T)가 아니라 잔존만기(T-t 또는 τ)이다.

※ 블랙숄즈모형

$$C(S, X, r, \sigma, \tau) = S_t \cdot N(d_{1,t}) - \frac{X}{(1+r)^{T-t}} N(d_{2,t})$$

→ 콜옵션가격을 결정짓는 변수는 'S : 기초자산가격, X : 행사가격, r : 무위험이자율, T-t(또는 τ) : 잔존만기'이다. 그리고 위 산식에는 나타나지 않지만 $N(d_{1,t})$, $N(d_{2,t})$에는 변동성(σ)이 내재되어 있다.

87   정답 ③

'가, 다'가 틀린 항목이다.

가. 현재의 옵션프리미엄(옵션가격)에 반영되는 것은 내재변동성(Implied Volatility)이다.
- **내재변동성(Implied Volatility)** : 옵션프리미엄에 반영되어 있는 미래 변동성에 대한 예상치
- **과거변동성(Historical Volatility ; 역사적 변동성)** : 이미 실현된 변동성이며 과거에 일어난 가격의 변화를 설명한다.

다. 옵션의 내재변동성은 변동성스마일(블랙먼데이 이전)과 변동성스머크(블랙먼데이 이후)의 두 가지 현상을 보여 왔다.
- **변동성스마일(Volatility Smile)** : 등가격의 내재변동성이 가장 낮고 내가격과 외가격의 내재변동성이 높은 현상을 말한다(등가격을 중심으로 내가격과 외가격이 좌우대칭을 이루는 형태).
- **변동성스머크(Voliatility Smirk)** : 내가격의 내재변동성이 가장 낮고 외가격의 내재 변동성이 가장 높은 현상을 말한다(내재변동성의 크기 : 내가격 < 등가격 < 외가격).

투자운용결과분석(4문항)

88   정답 ①

'가'만 틀린 내용이다. 운용회사가 임의로 결정하지 않고 채권평가회사와 같은 외부전문기관에서 평가한다.

※ 펀드회계처리방식(펀드평가프로세스 7단계 중 1단계)

(1) **공정가치평가**
- 시가평가를 우선으로 하며, 신뢰할만한 시가가 없는 경우는 공정가액으로 평가한다.
- **공정가액의 평가** : 공정가액 평가업무를 수행하기 위해서 평가위원회를 구성하고 운용하며 집합투자재산은 평가와 절차에 관한 기준을 마련하도록 하고, 시가가 형성되지 않은 채권 등의 경우에는 **운용회사에서 자체적으로 가격을 결정하지 않고** 채권평가회사와 같은 자산가격산정을 전문으로 하는 외부의 전문기관이 공급하는 가격을 사용하도록 하고 있다(2023 기본서, 4권, p435).

(2) **발생주의회계** : 현금의 수입이나 지출과 관계없이 발생시점에서 손익을 인식한다.

(3) **체결일기준회계** : 거래의 체결이 확인되면, 실제로 현금흐름에 따른 결제가 일어나지 않았다 하더라도(예 미수증권, 미지급금) 회계상에 반영한다.

89   정답 ④

모두 옳은 내용이다. '가'는 사전적으로 결정(specified in advance), '나'는 측정가능성(Measurable), '다'는 투자가능성(Investable)에 해당한다.

※ 벤치마크의 속성(2023 기본서, 4권, p451 인용)

(1) **명확성(Unambiguous)** : 기준지표를 구성하는 종목명과 비중이 정확하게 표시되어야 하며, 원칙이 있고 객관적인 방법으로 구성되어야 한다.

(2) **투자가능성(Investable)** : 실행 가능한 투자대안이어야 한다. 적극적인 운용을 하지 않는 경우에 기준지표의 구성종목에 투자하여 보유할 수 있어야 한다('다').

(3) **측정가능성(Measurable)** : 일반에게 공개된 정보로부터 계산할 수 있어야 하며, 원하는 기간마다 기준 지표 자체의 수익률을 계산할 수 있어야 한다('나').

(4) **적합성(Appropriate)** : 기준지표가 매니저의 운용스타일이나 성향에 적합하여야 한다.

(5) **투자의견을 반영(Reflective of current investment opinions)** : 펀드매니저가 현재 벤치마크를 구성하는 종목에 대한 투자지식(긍정적, 부정적, 중립적)을 가져야 한다. 즉 해당종목에 대한 상태를 판단할 수 있어야 한다.

(6) **사전적으로 결정(Specified in advance)** : 벤치마크는 평가기간이 시작되기 전에 미리 정해져야 한다('가').

[학습안내] '6가지 벤치마크 속성의 모든 문장'이 시험에 반영될 수 있으므로 철저하게 대비하도록 한다.

90   정답 ③

연간 샤프비율 = $\frac{(0.13 - 0.03) \times 12}{0.04 \times \sqrt{12}} = \frac{1.2}{0.1385} = 8.66$

- 월간샤프비율을 연간샤프비율로 연율화 할 때 분자인 수익률지표에는 '× 12'를 하지만, 분모인 위험지표에는 '× $\sqrt{12}$'를 해야 한다.

91 정답 ③

'가, 다'가 틀린 항목이다.
가. 체결일(거래일)기준 회계를 사용해야 한다.
다. 모의실험 된 포트폴리오 또는 모형포트폴리오의 성과는 실제 성과와 연결시키지 않아야 한다.

거시경제(4문항)

92 정답 ④

틀린 내용은 '나, 라'이다.
- 유동성선호이론은 장기채권과 단기채권이 불완전 대체관계에 있다고 본다.
  ▶ '대체관계 및 수익률곡선의 이동' 이론은 '3회 94번' 해설 참조
- '특정시장선호이론에서의 장기채권금리 = 만기까지의 단기채권 예상금리 평균 + **기간프리미엄**'이다. '유동성선호이론에서의 장기채권금리 = 만기까지의 단기채권예상금리 평균 + **유동성프리미엄**'이다.

※ '장기채권의 기대수익률'에 대한 정의
  (1) **불편기대이론** : 만기 중 단기채권 예상금리의 평균
  (2) **유동성선호이론** : 만기 중 단기채권 예상금리의 평균 + 유동성프리미엄
      - 유동성선호이론은 '불편기대이론 + 유동성프리미엄'이다.
  (3) **시장분할이론** : 하위시장(단기, 중기, 장기채권시장) 별로 단절되어 수익률이 결정
  (4) **특정시장선호이론** : 만기 중 단기채권 예상금리의 평균 + 기간프리미엄
      - 즉, 특정시장선호이론(선호습관가설)은 '불편기대이론 + 시장분할이론'이다.

[보충] 유동성프리미엄(liquidity premium)과 기간프리미엄(term premium)이 혼용되기도 하지만 특정시장선호이론에서 사용되는 프리미엄은 기간프리미엄이 옳다.
- 유동성프리미엄 : 장기채권을 보유하기 위해 현재의 유동성을 포기한 대가로서 받는 프리미엄이며, 항상 양(+)의 값을 갖는다.
- 기간프리미엄 : '단기채권을 선호하는 투자자로 하여금 장기채권을 구입하도록 하기 위해 그 효용감소를 보상해 주는 프리미엄'을 의미하는데, 양의 값과 음의 값 모두 가능하다.

93 정답 ④

'예상치 못한 통화정책(화폐충격)'을 **계속** 사용한다면, 경제주체들의 예상을 벗어나지 않게 되어 화폐충격으로 인한 생산량 증가 효과는 발생하지 않고 물가만 상승시킬 뿐이다.

※ **합리적 기대학파의 통화정책 무용성 정리**(2025 기본서, 5권, p17~18 참조)
  (1) '예상된 화폐공급(anticipated money supply)'의 증가는 물가만 상승시킬 뿐 국민소득에 영향을 미칠 수 없으며, '예상치 못한 화폐공급(unanticipated money supply)'의 증가는 국민소득에 영향을 미칠 수 있다.
      - 예상치 못한 화폐공급은 곧 화폐충격(money shock)을 말한다.
  (2) 정부가 통화정책으로 국민소득을 증가시키기 위해서는 사람들의 예상을 벗어나는 정책, 즉 화폐충격을 사용해야 하는데 정부가 이러한 충격요법을 자주 사용하면 사람들은 점점 재화가격의 변동이 정부의 통화정책에 의한 것임을 깨닫고 재화가격이 변하더라도 생산량을 증가시키지 않게 된다.
  (3) 이와 같은 주장을 '합리적 기대학파의 정책 무용성 정리(policy inefficient proposition)'라고 한다.

[학습안내] 42회 신유형

94 정답 ④

통화유통속도는 0.8이다.
▶ $MV = PY$, $V = \dfrac{\text{명목GDP}}{\text{통화량}}$, $V = \dfrac{800}{1,000}$,
$V(\text{통화유통속도} : \dfrac{\text{명목GDP}}{\text{통화량}} = \dfrac{\text{명}}{\text{통}}) = 0.8$

95 정답 ③

'120 - 경기확장국면'이다.

※ **BSI 산출방식**
$$\dfrac{\text{긍정적 응답자 수} - \text{부정적 응답자 수}}{\text{전체 응답자 수}} \times 100 + 100$$

기준점을 100으로 하며, 100을 상회할 경우에는 경기확장(또는 경기상승)국면, 100을 하회할 경우는 경기수축(또는 경기하강)국면으로 해석한다. BSI가 100을 초과할 경우의 경제현상은 GDP증가율 호조, 투자증가, 소비증가, 물가상승, 실업률 감소 등이다.

분산투자기법(5문항)

96 　　　　　　　　　　　　　　　　정답 ③
포트폴리오 편입종목의 수를 무한히 늘려도 제거되지 않는 위험은 체계적 위험이다(무한히 늘릴 때 제거되는 위험은 비체계적 위험).
※ 추가설명 : 투자종목의 수와 위험분산효과
① '공분산의 평균'은 체계적 위험을 말한다. 즉 투자종목 수를 무한히 증가시키면 공분산의 평균에 수렴하게 된다는 것은 체계적 위험에 수렴한다는 말과 같다(비체계적 위험은 제거).
② 시장공통요인은 체계적 위험으로서 분산불능위험, 시장위험과 같은 의미이다.
③ 완전히 분산투자를 하게 되면 비체계적 위험이 제거된다.
④ 포트폴리오 투자에 있어서 적절한 보상은 분산불능위험인 체계적 위험에 한정된다(비체계적 위험은 분산을 통해 제거가 가능하므로 비체계적 위험에 대한 보상은 없음).

97 　　　　　　　　　　　　　　　　정답 ③
위험자산과 무위험자산의 두 개 자산이 포함된 포트폴리오이므로, 기대수익률은 각각의 수익률을 가중평균하고 위험은 포트폴리오 위험산식을 적용하여 구한다.
- 새로운 포트폴리오의 기대수익률 : $(0.6 \times 20\%) + (0.4 \times 4\%)$ = 13.6%
- 새로운 포트폴리오의 위험(표준편차) : $0.6 \times 12\%$ = 7.2%

※ 산식(위험자산과 무위험자산을 편입한 자본배분선에 해당됨)
(1) 자산이 2개일 경우의 포트폴리오 기대수익률
: $E(R_P) = \omega \cdot E(R_A) + (1 - \omega) \cdot E(R_B)$
- 하나를 무위험자산으로 편입했으므로
$E(R_P) = \omega \cdot E(R_A) + (1 - \omega) \cdot E(R_f)$이다.
따라서, $E(R_P) = (0.6 \times 20\%) + (0.4 \times 4\%)$ = 13.6%
(2) 자산이 2개일 경우의 포트폴리오 위험(표준편차)
$\sigma_p = \sqrt{\omega_X^2 \sigma_X^2 + \omega_Y^2 \sigma_Y^2 + 2\omega_X \omega_Y \sigma_X \sigma_Y \rho_{XY}}$
- 여기서 Y를 무위험자산으로 보면, $\sigma_Y = \sigma_f = 0$이다. 따라서 산식을 정리하면, $\sigma_P = \omega_X \sigma_X$
(즉, 한 개의 자산이 무위험자산일 때 포트폴리오의 위험은 위험자산에 대한 편입비중의 정도로 결정됨을 알 수 있다).
- 즉, 새로운 포트폴리오의 표준편차는 '$0.6 \times 12\%$ = 7.2%'이다.

▶ 약식이해

구 분	위험자산	무위험자산	포트폴리오(6:4)
기대수익률	20%	4%	$(0.6 \times 20\%) + (0.4 \times 4\%)$ = 13.6%
위 험	12%	0%	$(0.6 \times 12\%) + (0.4 \times 0\%)$ = 7.2%

98 　　　　　　　　　　　　　　　　정답 ④
토빈의 분리정리는 곧 자본시장선(CML)에 의한 투자를 말한다.
※ 토빈의 분리정리(Tobin's Two Fund Seperation) 이론
(1) 1단계 : 시장포트폴리오(M)를 선택한다.
- 위험자산과 무위험자산을 결합한 포트폴리오의 경우, 위험자산 중 효율적인 포트폴리오는 시장포트폴리오가 유일하기 때문이다.
(2) 2단계 : 투자자의 위험선호도에 따라 시장포트폴리오에 대한 투자비중을 조절하는데, 보수적 투자자라면 대출포트폴리오(현금 + M), 공격적 투자자라면 차입포트폴리오(M + 차입하여 추가매입)를 선택하게 된다.

99 　　　　　　　　　　　　　　　　정답 ④
'A주식-과소평가, B주식-과소평가'이다. A, B주식의 SML선을 구하고(균형수익률), SML선 대비 위에 있으면 저평가(과소평가), 아래에 있으면 고평가(과대평가)이다.
(1) A주식
- 요구수익률(k) = 2% + 0.5(6% - 2%) = 4%
- 요구수익률이 4%인데 현재 시장에서의 기대수익률은 5%이므로 SML선의 위에 위치한다. 따라서 A주식은 현재 고소평가되고 있다.
(2) B주식
- 요구수익률(k) = 2% + 1.5(6% - 2%) = 8%
- 요구수익률이 8%인데 현재 시장에서의 기대수익률은 9%이므로 SML선의 위에 위치한다. 따라서 B주식은 현재 고소평가되고 있다.

※ 과대평가 / 과소평가에 대한 직관적 해석(예시)
(1) 기대수익률(10%) > 균형수익률(7%) : 과소평가
→ 주가가 적정가치에 비해서 낮은 상태이어서 현재 주식을 매입했을 때의 기대수익률(10%)이 균형수익률(7%)보다 높게 된다. 따라서 저평가상태이다.
(2) 기대수익률(10%) < 균형수익률(12%) : 과대평가
→ 주가가 적정가치에 비해서 높은 상태이어서 현재 주식을 매입했을 때의 기대수익률(10%)이 균형수익률(12%)보다 낮게 된다. 따라서 고평가상태이다.

100 　　　　　　　　　　　　　　　　정답 ③
패시브 - 라
액티브 & 자산배분 - 나, 마
액티브 & 증권선택 - 가, 다, 바, 사

투자자산운용사

제3회 정답 및 해설

01	02	03	04	05	06	07	08	09	10
②	②	③	①	③	④	③	④	③	②
11	12	13	14	15	16	17	18	19	20
③	①	③	②	②	①	②	③	②	②
21	22	23	24	25	26	27	28	29	30
③	①	①	③	①	③	④	③	②	②
31	32	33	34	35	36	37	38	39	40
④	③	④	④	①	④	④	④	④	③
41	42	43	44	45	46	47	48	49	50
④	②	①	①	①	④	③	③	①	③
51	52	53	54	55	56	57	58	59	60
④	③	①	②	①	①	①	③	③	①
61	62	63	64	65	66	67	68	69	70
①	②	④	③	②	②	①	③	④	①
71	72	73	74	75	76	77	78	79	80
②	②	④	③	③	④	①	③	②	③
81	82	83	84	85	86	87	88	89	90
②	④	②	④	②	①	③	②	①	④
91	92	93	94	95	96	97	98	99	100
③	③	②	③	①	②	③	③	③	④

세제관련 법규/세무전략(7문항)

01 정답 ②
'국세청장, 90일'이다. 조세불복의 종류와 그 대상은 '이의신청 → 처분청, 심사청구 → 국세청장(또는 감사원장), 심판청구 → 조세심판원장'이다(이의제기 기간은 90일로 동일).

02 정답 ②
'납세의무자가 사망한 때'는 상속인에게 납세의무가 승계되므로 국세납부의무의 소멸사유가 되지 않는다.

※ 납부의무의 소멸사유
  (1) 납부, 충당 또는 부과의 취소가 있는 때
  (2) 제척기간이 만료된 때
  (3) 소멸시효가 완성된 경우

03 정답 ③
해산의 경우 '잔여재산가액 확정일'이다.

〈의제배당의 수입시기(총수입금액의 귀속연도)〉

감 자	해 산	합병(분할)	분할합병	잉여금의 자본전입
감자결의일, 퇴사·탈퇴일	잔여재산 가액 확정일	합병등기일 (분할등기일)	분할합병 등기일	자본전입 결의일

주의 분할합병 : 분할합병 후 주식을 지급받는 날(X)

04 정답 ①
②, ③, ④는 무조건분리과세의 대상이며 ①은 조건부종합과세의 대상이다(2천만 원 이하까지는 분리과세, 2천만 원 초과분은 타소득과 합산하여 종합과세함).

05 정답 ③
300만 원이다. 연간 300만 원 이하의 기타소득은 분리과세를 선택할 수 있다.

※ 분리과세의 종류
  (1) **무조건 분리과세 대상** : 직장공제회 초과반환금(기본세율) / 비실명거래로 인한 금융소득(45% 또는 90%) / 법원보관금에서 발생하는 이자소득(14%) / 분리과세를 신청한 장기채권의 이자와 할인액(30%) / ISA비과세한도를 초과하는 이자·배당소득(9%)
  (2) **선택적 분리과세 대상** : 연간 300만 원 이하의 기타소득(20%) / 연금소득(연간 1,500만 원 이하의 경우 저율분리과세 또는 종합과세 선택)

학습안내 38회 신유형

06 정답 ④
차례대로 '30, 14'이므로 44이다.
* 2018년 1월 1일 이후로 발행되는 채권에 대해서는 장기채권이자소득에 대한 분리과세제도가 폐지된다.

07   정답 ③

50%이다(차례대로 10%, 30%, 10%).

⟨양도소득세율(2025 기본서, 1권, p42 표 참조)⟩

과세대상		양도소득세율
주식	㉠ 소액주주가 양도하는 중소기업주식	10%
	㉡ 대주주가 양도하는 대기업주식(보유기간 1년 미만)	30%
	그 밖의 경우(㉠, ㉡이 아닌 경우)[주1]	20%
파생상품(코스피200을 기초자산으로 하는 파생상품)		탄력세율 10%[주2]
미등기자산		70%
이상에 해당하지 않는 나머지 자산		기본세율(6~45%)

*주1 : 그 밖의 경우란 '소액주주가 양도하는 대기업주식, 대주주가 양도하는 중소기업주식'에 해당한다.
*주2 : 코스피200을 기초자산으로 하는 장내파생상품에 대한 양도소득세율은 원칙상 20%이지만, 2018년부터 한시적으로 10%를 적용하고 있다(탄력세율 10%).

[암기TIP] (주식 양도소득세율) : '소 / 소(㉠)'는 10%, '대 / 대(㉡)'는 30%, 나머지는 20%

[학습안내] 42회 신유형

금융상품(8문항)

08   정답 ④

대고객RP에서는 은행과 종금사의 경우 환매조건부채권 매도만 가능하다(환매조건부채권 매도를 통한 자금조달기능만 인정).

※ **환매조건부채권 매매**
(1) 환매조건부채권매도(RP)는 차입자의 입장이며, 환매조건부채권매수(역RP)는 대여자의 입장이다.
(2) 예금자보호상품이 아니지만(CD·RP는 2001년부터 예금자보호대상에서 제외), 안정성이 높다.
(3) 만기가 지난 후에는 별도의 이자를 가산하지 않는 것이 일반적이며(예외 있음), 30일 이내에 중도환매 시에는 약정금리보다 훨씬 낮은 금리가 적용된다(시대에듀 한권으로 끝내기 1권, p61, 환매조건부채권의 매매흐름 참조).

09   정답 ③

특정금전신탁 설정 시 운용자는 지정대상이 아니다(신탁의 운용자는 수탁자인데 운용자 개개인을 지정하는 것은 수탁자의 고유권한이기 때문).

※ **특정금전신탁** : 투자자는 자신이 맡긴 돈의 '운용대상, 운용방법 및 운용조건 등'을 은행에 지시하고, 은행은 고객이 지시한 내용대로 운용하며 운용수익에서 일정한 비용(수탁보수 등)을 차감 후 실적배당하는 상품이다(2023 기본서, p138 인용).

10   정답 ②

틀린 항목은 '나, 다'이다. 그리고 주가연계증권의 발행사는 'ELD(은행), ELS(증권사), ELF(자산운용사)'이다.
- 나 : ELF는 실적배당형으로서 운용의 결과가 투자자에게 귀속된다(즉 ELD·ELS와 달리 사전확정형의 수익지급이 불가하다).
- 다 : ELD는 기초자산의 주가하락과 관계없이 원리금을 지급한다(예금자보호상품으로 안전하게 설계).
    [cf] ELD는 원리금이 보장되고 예금자보호가 되지만, 중도상환(중도해지) 시에는 원금손실을 입을 수 있다(∵ 만기까지 보유하는 경우에만 약속한 수익률을 얻을 수 있도록 설계됨).
※ 주가연계증권 발행사 : ELD - 은행, ELS - 증권사, ELF - 자산운용사(집합투자업자)

11   정답 ③

혼합자산집합투자기구이다.

12   정답 ①

'가, 나'가 옳은 내용이다 '다'에서 수익증권은 '**무액면/기명식**'으로 발행한다.

13   정답 ③

'부동산펀드 / 특별자산펀드 / 혼합자산펀드'가 아니라도 해당 펀드가 '시장성 없는 자산에 펀드재산의 20%를 초과하여 투자하는 경우' 환매금지형으로 설정·설립해야 한다. [cf] 시장성 없는 자산에 펀드재산의 10%를 초과하여 투자하는 경우 → 15일(법정환매기일)을 초과하여 환매기일을 정할 수 있음

14   정답 ③

DB형과 DC형 모두 IRP에 추가납입이 가능하다.
▶ IRP 추가납입 여부 : 기존에는 확정기여형(DC)에서만 추가납입이 가능하였으나 개인형IRP 기능이 확대되면서 확정급여형(DB)에서도 개인형IRP를 통해 연간 1,800만원까지 추가납입이 가능하게 되었다(2023 기본서, 1권, p326).
① 사용자(기업)의 부담금이 사전에 확정되는 것은 DC형이다.
  • DB형은 적립금의 운용실적에 따라 사용자의 부담금이 변동한다.
② 연금계리가 필요한 것은 DB형이다.
  • DC형은 적립금의 운용결과가 가입자(근로자)에게 귀속이 되므로 미래의 퇴직급여 계산을 위한 연금계리가 필요하지 않다.
④ DB형은 사용자가 운용 및 운용책임을 지며, DC형은 가입자(근로자)가 운용 및 운용책임을 진다.
  • DB에서는 운용결과에 따라 사용자의 부담금 규모가 변동할

수 있으며, DC에서는 운용결과에 따라 가입자의 퇴직급여의 규모가 결정된다.

15 정답 ②

옳은 내용은 '나, 다'이다. 비과세종합저축의 가입자는 '65세 이상 거주자 등'이다.

※ **비과세종합저축(일몰시한 : 2025.12.31)**
  (1) 가입대상자
    • 65세 이상의 거주자
    • 기타 : 장애인, 독립유공자(유족 및 가족 포함), 상이자, 기초생활보장수급자, 고엽제후유의증환자, 5·18민주화운동부상자
  (2) 기 타
    • 거주자 1명당 5천만 원까지 가입이 가능하며, 해당 저축으로부터 발생하는 이자소득 또는 배당소득에 대해서 비과세 혜택이 부여된다.
    • 각 금융회사가 취급하는 모든 예금을 원칙으로 하되(해당 예금에 가입하고 비과세종합저축으로 지정), 외화예금 등은 예외 적용된다.

부동산관련 상품(5문항)

16 정답 ①

소유권이다. ②, ③, ④는 소유권을 제한하는 제한물권에 속한다.
※ **제한물권** : 용익물권(지상권, 지역권, 전세권)과 담보물권(유치권, 질권, 저당권)으로 구분된다.

17 정답 ②

'부동산투자회사법 – 국토교통부장관'이다.
※ 부동산투자회사법(2014년 법개정)에 의한 **REITs의 3가지 종류** : 자기관리REITs, 위탁관리REITs, 기업구조조정REITs

18 정답 ③

부동산투자회사(REITs)의 3가지 종류는 '자기관리REITs, 위탁관리REITs, 기업구조조정REITs(CR-REITs)'이다.
[학습안내] 부동산과목에서는 '부동산투자회사(REITs)가 아닌 것(26회, 30회 출제), 용도지역이 아닌 것, 부동산 가치발생 3요인이 아닌 것, 부동산 제한물권이 아닌 것' 등과 같이 간단한 카테고리 문제도 자주 출제되고 있다.

19 정답 ②

포트폴리오의 분산은 개별부동산 위험의 가중평균에 자산 간의 **공분산**이 추가된다.

※ **포트폴리오의 수익률**$(R_P) = (\omega_A \times R_A) + (\omega_B \times R_B)$ [ω_A : A의 비중, ω_B : B의 비중]

※ **포트폴리오의 분산**$(\sigma_P^2) = (\omega_A^2 \times \sigma_A^2) + (\omega_B^2 \times \sigma_B^2) + 2\omega_A\omega_B\sigma_{AB}$ [σ_{AB} : A, B의 공분산]

20 정답 ③

① 원가방식의 단점(가, 바)
② 비교방식의 단점(나, 라)
③ 수익방식의 단점(다, 마)

대안투자운용/투자전략(5문항)

21 정답 ③

거시경제에 대한 분석이 중요하므로 Top Down방식을 사용한다.
※ **글로벌 매크로 전략**
  거시경제 분석(Top Down분석)을 바탕으로 특정 국가나 시장에 제한되지 않고 전 세계를 대상으로 역동적으로 자본을 운용하는 방향성 전략이다.

22 정답 ①

틀린 내용은 '가, 나'이다.
• 가 : 헤지펀드는 차입 및 공매도를 활용하는데, 공매도는 '기초자산(주식)을 보유하고 있지 않은 상태에서의 선매도(대차매도)'를 말한다.
• 나 : 헤지펀드는 운용자가 본인이 운용하는 펀드에 투자할 수 있다. 고율의 성공보수를 받는 헤지펀드를 대상으로 운용자 본인도 투자할 경우, Morale Hazard의 방지 및 투자자의 참여활성화를 기대할 수 있기 때문이다.

23 정답 ①

기초자산의 변동성이 클수록 유리하다(전환증권차익거래는 델타헤징을 통한 무위험거래포지션인데, 기초자산의 변동성이 클수록 델타헤징거래에서 수익이 발생할 여지가 크기 때문이다).
※ **전환증권 차익거래에 유리한 속성**
  '기초자산의 변동성이 크고 볼록성이 큰 전환사채 / 유동성이 높은 전환사채 / 낮은 컨버전 프리미엄을 가진 전환사채 / 배당률이 낮은 전환사채 / 낮은 내재변동성으로 발행된 전환사채'

24 정답 ③
틀린 항목은 2개이다(나, 다).

※ **TRS 스왑의 구조**
TRS매도자는 준거자산으로부터의 총수익(TR)을 TRS매수자에게 지급하고, 그 대가로 TRS매수자는 일정금리(기준금리 + 스프레드)를 TRS매도자에게 지급한다('나').
- 총수익(TR) 지급의 의미 : 총수익이 (+)일 경우는 TRS매도자가 TRS매수자에게 수익을 지급하며, 총수익이 (−)일 경우는 TRS매수자가 TRS매도자에게 손실분을 지급한다('다').

25 정답 ①
보기는 발행목적에 따른 CDO의 분류로서 'Balance Sheet CDO, Arbitrage CDO'에 해당한다.

※ **CDO의 구분**
(1) 발행목적에 따른 분류 : Balance Sheet CDO, Arbitrage CDO
(2) 운용방식에 따른 분류 : Static CDO, Dynamic CDO

해외증권투자운용/투자전략(5문항)

26 정답 ③
'나, 라'가 옳은 내용이다.
가. MSCI지수는 유동시가총액(Free Floating)방식이다.
다. 코스피지수가 올라도 원화가치가 크게 하락한다면 MSCI한국지수는 하락할 수 있다(주가등락과 환율변동을 모두 반영하여 국가별 비중을 매일 변경함).

※ **MSCI지수와 FTSE지수의 세부 분류**
(1) MSCI지수 : MSCI World Index(선진시장), MSCI Emerging Market(신흥시장)
 - 2024년 현재 한국은 MSCI EM지수(신흥시장)으로 분류됨.
(2) FTSE지수 : Developed(선진시장), Advanced Emerging(준신흥시장), Emerging(신흥시장)
 - 2024년 현재 한국은 DM으로 분류됨

[보충] FTSE100지수 : 런던증권거래소에 상장된 100개의 우량주식으로 구성된 지수

27 정답 ④
내재적 헤지(Implicit Hedge)를 말한다. 참고로 나머지 '단순헤지 / 베타헤지 / 최소분산헤지'는 현·선물 간의 헤지비율을 계산하는 3가지 방식을 말한다(시대에듀 한권으로 끝내기, 2권, p327 참조).

[학습안내] '내재적 헤지'의 정의에 대해서 여러 번 출제가 되었는데, 28회 시험에서는 내재적 헤지의 내용에 대해서 '롤링헤지이다'라는 틀린 지문을 정답으로 하는 유형으로 출제가 되었다.

28 정답 ③
각국 거래소의 규모는 (1) 해당 거래소에 상장된 주식의 시가총액, (2) 거래량으로 파악할 수 있는데, '거래행태나 주식보유동기 등'은 거래량에 많은 영향을 주는 중요한 요인이다.
- 시가총액에 대비한 거래량을 회전율이라고 할 때, **단기매매차익을 노리는 투자자의 비중이 큰 시장에서는 회전율이 높아진다** ([중요] 회전율이 높아지면 거래량 기준의 시장규모순위가 상승한다).

29 정답 ②
차례대로 'T-Bill, 할인채, T-Bond, 이표채'이다. T-Note와 T-Bond는 이표채로서 6개월 이자 지급식이다.

〈미국 재무부 채권(Treasury Bond)의 종류〉

T-Bill	T-Note	T-Bond
만기 1년 이하 (단기채)	만기 1년 초과 10년 이하 (중기채)	만기 10년 초과 (장기채)
할인채	이표채	이표채

[학습안내] 거의 매 시험에 출제되고 있는 빈출주제이다(문제유형은 다양하게 변형).

30 정답 ②
옳은 내용은 '나, 다'이다.
- 가 : 채권표시통화의 본국에서 발행되는 채권은 외국채(foreign bond)이며, 채권표시통화의 본국 외에서 발행되는 채권은 유로채(euro bond)이다.
 - 양키본드는 외국채이다(달러표시채권을 채권표시통화의 본국인 미국에서 발행).
- 라 : 중국에서 위안화로 발행하면 판다본드(외국채), 홍콩에서 위안화로 발행하면 딤섬본드(유로채)이다.

〈유로채 VS 외국채〉

유로채(euro bond)	외국채(foreign bond)
• 채권표시통화의 본국 이외에서 발행되는 채권 [예] 런던에서 달러로 발행하는 채권	• 채권표시통화의 본국에서 발행되는 채권 [예] 미국에서 달러로 발행하는 채권
• 역외채권(offshore bond)	• 역내채권(onshore bond)
• 무기명채권(bearer bond)	• 기명채권(registered bond)

투자분석기법(12문항)

31 정답 ④

상관계수는 공분산을 각각의 표준편차의 곱으로 나눈 값이다 ($\rho_{XY} = \frac{\sigma_{XY}}{\sigma_X \sigma_Y}$).

※ 증권분석을 위한 통계지표

(1) 중심위치(Central Tendency)와 산포경향(Degree of Dispersion)

중심위치	산포경향
중앙값, 산술평균, 최빈값	범위, 분산, 표준편차, 평균편차

- 중심위치란 자료가 어떤 값을 중심으로 분포하는가를 나타내는 대표치를 말함
- 산포경향은 자료가 중심위치로부터 어느 정도 흩어져 있는가를 나타내는 지표를 말함

(2) 공분산과 상관계수

㉠ 상관계수는 공분산을 각 자산의 표준편차의 곱으로 나눈 값이다 ($\rho_{XY} = \frac{\sigma_{XY}}{\sigma_X \sigma_Y}$).

㉡ 공분산 vs 상관계수

공분산(Covaiance)	상관계수(Correlation)
$-\infty \sim +\infty$	$-1 \sim +1$
크기와 관계없이 (+)이면 같은 방향, (−)이면 반대방향의 움직임을 말하고 상관성의 정도는 알 수 없다.	공분산을 표준화한 것으로서, 두 자산의 상관성을 알 수 있다. • $\rho_{XY} = 0$: x와 y는 아무런 관계가 없음

32 정답 ③

동 영구채권의 가치는 '$P = \frac{400}{0.05} = 8,000$(원)'이고, 동 우선주의 가치는 '$P = \frac{1,000}{0.10} = 10,000$(원)'이다.

※ 영구채권 및 우선주 가치평가(2025 기본서, 2권, p43 참조)

(1) 영구채권은 '$P = \frac{I}{k_d}$(I : 영구채권의 이자, k_d : 영구채권의 요구수익률)'로 가치평가를 한다.

(2) 우선주는 만기가 없으므로, 우선주에 대한 현금흐름은 영구연금으로 취급될 수 있다. 즉 우선주는 '$P = \frac{D_p}{k_d}$(D_p : 우선주배당금, k_p : 우선주의 요구수익률)'로 가치평가를 한다.

(3) 영구채권 및 우선주에 대한 가치평가모형은 배당평가모형에서의 '제로성장모형 $P = \frac{D}{k_e}$(D : 배당금, k_e : 주주의 요구수익률)'과 같다.

[학습안내] 43회 신유형(우선주 가치평가 문제).

33 정답 ④

영업레버리지도(DOL)는 영업이익의 변화율을 매출액 또는 판매량의 변화율로 나누어 구할 수 있다.

※ DOL = $\frac{\frac{\Delta EBIT}{EBIT}}{\frac{\Delta Q}{Q}} = \frac{\frac{50-10}{10}}{\frac{400-200}{200}} = \frac{4}{1} = 4$ (즉, 판매량이 1단위 변화할 때 영업이익은 4배 변동한다).

주의 '$\frac{5배}{2배} = 2.5$'와 같이 계산하지 않도록 유의한다(분자와 분모 모두 변화율을 적용해야 함).

34 정답 ④

틀린 내용은 '가, 라'이다.

- 가 : 토빈의 Q비율 = $\frac{자본의\ 시장가치}{자산의\ 대체원가}$ (이때 '자산의 대체원가'는 시가에 기반한다)
- 라 : 토빈의 Q는 PBR을 보완한다(PBR은 장부가에 기반하고 토빈의 Q는 시가에 기반하므로).

※ PBR과 유사한 개념인 Tobin's Q 비율(2023 기본서, 2권, p270 인용)

▶ Tobin's Q = $\frac{MV(\text{market value})}{RC(\text{replacement value})}$ (자본의 시장가치 대 자산의 대체원가)

(1) Tobin's Q비율은 자산의 대체원가를 추정하기 어려운 단점이 있다. 그러나 대체원가는 장부가가 아니라 자산들의 현재가치에 기반을 두고 있으므로 PBR의 문제점 중의 하나인 '시간성의 차이'를 극복하고 있는 지표라 할 수 있음

(2) Q비율이 높을수록 투자수익성이 양호하고 경영이 효율적임

(3) Q비율이 낮을수록 적대적 M&A 대상이 되는 경향이 있음

35 정답 ①

'$PER = \frac{1-b}{k-g}$ ($g = b \times ROE$)'식을 활용하여 계산한다[k = 요구수익률, g = 배당성장률, b = 유보율, ROE = 자기자본이익률]. 배당성향(1−b)이 20%이므로 유보율(b)은 80%이다.

※ 풀 이

→ $PER = \frac{1-b}{k-g} = \frac{1-b}{k - b \times ROE}$
$= \frac{0.2}{0.12 - (0.8 \times 0.1)} = \frac{0.2}{0.04} = 5$(배)

36 정답 ④
회계적 이익(당기순이익)은 자기자본비용을 반영하지 못하지만 EVA는 자기자본비용까지 반영한다. 따라서 EVA는 회계적 이익이 아닌 경제적 이익을 반영하는 대체적 회계처리에 해당된다고 할 수 있다.
① 당기순이익은 자기자본비용을 반영하지 못한다(타인자본비용은 영업외비용의 '이자비용' 항목으로 반영함).
② 주주자본비용의 기회비용적 성격을 명확히 설정하는 것은 EVA이다.
③ EVA를 영업성과측정의 도구로 사용할 경우, 자본비용(타인자본비용 + 자기자본비용)이 기업투자의 목표로 설정된다(자기자본비용이 아닌 '자본비용 또는 총자본비용'임).

37 정답 ④
모두 옳은 내용이다.
* 급진갭을 확인할 경우 주가추세가 지속됨을 예상할 수 있으므로, 급진갭을 중간갭 또는 측정갭으로 부르기도 한다.
[비교] 소멸갭은 '주가가 **장기간**에 걸쳐 급격한 수직상승을 지속하는 도중에 나타나는 갭'을 말한다(급진갭과 달리 '장기간'이 있음).

38 정답 ④
원형**바닥**형은 완만하게 '**바닥을 확인 후**' 서서히 상승추세로 전환하는 패턴이다([cf] 원형천장형은 완만하게 '천장을 확인 후' 서서히 하락추세로 전환하는 패턴).

39 정답 ④
'나, 라'가 틀린 항목이다.
나. VR의 보통수준은 150%로 본다(일반적으로 상승거래량이 하락거래량보다 많게 나타나므로).
라. 바닥권을 판단하는 경우 신뢰도가 더 높다.
[주의] VR이 100% 이하이면 단기매입시점으로 본다. [○, ×] → × (70% 이하)

40 정답 ③
유성형은 하락신호에 해당한다(나머지는 상승반전 신호).

〈캔들의 종류〉

구 분	상승반전 신호	하락반전 신호
1개 캔들	망치형, 상승 샅바형, 역전된 망치형	교수형, 하락 샅바형, 유성형
2개 캔들	상승 장악형, 관통형, 상승 잉태형	하락 장악형, 먹구름형, 하락 잉태형
3개 캔들	샛별형	석별형

▶ 직관적 이해 : 좋은 어감의 캔들(샛별형)은 상승반전 신호가 되고, 나쁜 어감의 캔들(교수형, 유성형, 먹구름형, 석별형)은 하락반전 신호가 된다.
[학습안내] 41회 신유형이다.

41 정답 ④
내생적성장이론에서는 요소부존도보다는 요소창출능력이 더 중시된다.
[주의] 헥셔–올린 모형에서는, 노동에 상대적 비교우위가 있을 경우 (노동집약적 / 자본집약적) 산업중심으로 산업구조가 변화한다고 본다. → 노동집약적

42 정답 ②
아래 두 가지 방식으로 풀이할 수 있다.
(1) 4개 기업이 동등한 점유율을 차지하고 있으므로 각 기업의 점유율은 0.25이다.
따라서 HHI = $0.25^2 + 0.25^2 + 0.25^2 + 0.25^2$
= $0.0625 \times 4 = 0.25$

(2) HHI의 역수는 동등기업의 수이므로, $\frac{1}{HHI} = 4$이다.
따라서 HHI = 0.25

리스크관리(8문항)

43 정답 ①
유동성위험은 시장위험과 등위의 카테고리이며 나머지(주식위험, 이자율위험, 환율위험)는 시장위험의 하위 카테고리이다.
※ **재무위험** : 시장위험[주1], 신용위험, 유동성위험, 운영위험, 법적위험
* 주1 : 시장위험의 하위 카테고리로서 '**주식위험, 채권위험(금리위험), 통화상품위험(환율위험), 상품가격위험, 신용스프레드위험**'이 있다([암기] '주 / 채 / 통 / 상 / 신').

44 정답 ①
1일 동안에 10억 원 이하의 손실을 볼 확률은 95%, 10억 원을 초과해서 손실을 볼 확률은 5%이다.
※ 추가설명
① VaR의 정의 : VaR은 시장이 불리하게 움직일 경우 보유한 포트폴리오에서 일정기간 동안 발생하는 최대손실액을 주어진 신뢰구간 하에서 통계적 방법을 이용하여 추정한 수치이다.

② 신뢰구간을 상향시킨다면 VaR은 커지게 된다. : 신뢰구간을 상향시킨다는 것은 위험의 발생범위를 확대시키는 것이므로 위험금액인 VaR이 커지게 된다. 동시에 신뢰구간을 벗어날 확률은 낮아진다.

  예) 95% 신뢰구간에서 1일 VaR이 10억 원 : 손실이 10억 원을 초과할 확률은 5%
  99% 신뢰구간에서 1일 VaR이 20억 원 : 손실이 20억원을 초과할 확률은 1%
  → 즉, 신뢰구간을 상향시킨다면 VaR은 커지게 된다.

③ 측정기간이 길어질수록 VaR은 커진다. : 1일 VaR을 일정기간의 VaR로 전환시키는 공식은 '일정기간의 VaR = 1일 VaR × √일정기간'이다. 따라서 측정기간이 길어질수록 VaR은 커진다.

④ VaR은 상품 간의 상관관계를 고려할 수 있기 때문에 분산투자효과가 발생한다. 따라서 단순 총량규제보다는 효과적으로 위험을 관리할 수 있다.

45 정답 ①

(1) 포트폴리오VaR = $\sqrt{120^2 + 70^2 + 2(0.7)(120)(70)}$
  = $\sqrt{14,400 + 4,900 + 11,760}$ = 176.23

(2) 분산투자효과(χ) : $(120 + 70) - \chi = 176.23$
  따라서 $\chi = 13.77$

46 정답 ④

④ 역사적·몬테카를로 시뮬레이션법은 완전가치평가법인데, 완전가치평가를 위해 가격모형을 필요로 한다.
① 비선형(옵션, 채권)상품의 VaR 측정 시에는 델타분석법보다는 역사적·몬테카를로 시뮬레이션이 더 적합하다.
② 몬테카를로 시뮬레이션법은 완전가치평가법이다.
③ 정규분포를 가정하는 것으로는 델타분석법이 유일하다.

47 정답 ③

포트폴리오가 **한 개의 리스크 요소에 주로 의존할 경우 스트레스 검증법이 적절히 사용될 수 있다**(시나리오를 가정하여 리스크를 측정하므로 단일의 요소에 의존하여 측정하는 것으로 이해할 수 있음).

※ 스트레스 검증법
(1) 완전가치로 평가한다(델타분석법과 달리 비선형상품도 정확하게 평가).
(2) 가치평가모형이 필요하지 않다([cf] 역사적·몬테카를로법은 가치평가모형 필요).
(3) 과거 데이터가 없어도 사용할 수 있다(시나리오를 가정하므로).

(4) 다른 VaR측정방법을 대체할 수 없고 보완하는 수준이다(과학적인 VaR측정이 아니므로).
(5) 포트폴리오가 단일의 리스크 요소에 주로 의존하는 경우 적합한 측정방법이다.

48 정답 ③

부도가 발생한 경우만을 대상으로 신용위험으로 측정하는 것은 부도모형(Default Mode)이다.
[cf] MTM Mode : 부도발생뿐 아니라 신용등급의 변화에 따른 손실까지도 신용리스크에 포함시키는 모형이다(Credit Metrics가 MTM모형의 대표적인 모델).

49 정답 ①

부도거리를 계산하면 'A = 1표준편차, B = 2표준편차, C = 3표준편차, D = 4표준편차'이다. 부도거리(표준편차 거리)가 짧을수록 부도율은 높아진다.

[보충] 부도거리(DD ; Defalut Distance)는 부도점에 도달하는 거리를 말한다(즉 부도거리가 길수록 부도점에 늦게 도달하는 것이므로 부도율은 낮아진다).

[부연설명] A의 부도율은 1표준편차 이상의 확률이므로 약 16%, B의 부도율은 2표준편차 이상의 확률이므로 약 2.5%, C의 부도율은 3표준편차 이상의 확률이므로 약 0.15%, D의 부도율은 4표준편차 이상의 확률이므로 약 0.05%이다.

• 부도거리(DD) = $\frac{A-D}{\sigma}$ (A : 해당 기업의 기대 자산가치, D : 해당기업의 부채금액, σ : 해당기업의 표준편차)
• 부도거리를 통해 부도율을 측정하는 모형은 EDF모형이다([cf] 신용위험을 측정하는 3가지 모형 : EDF모형, Default Mode, MTM Mode).

50 정답 ③

부도모형(Default Mode)에서 예상손실(EL)을 구하는 공식을 이용하여 부도율을 계산한다.
• 예상손실(EL) = 익스포저 × 부도율 × 손실률
  → 1.8억 원 = 100억 원 × 부도율 × (1 − 0.7)주1, 따라서 부도율 = 0.06(6%)
* 주1 : 손실률이 공식에 들어가야 하며 '손실률 = 1 − 회수율'이다.
• 동 모형은 신용위험을 측정하는 3가지 모형(EDF모형 / Default Mode / MTM Mode) 중 하나이다.

직무윤리(5문항)

51　정답 ④
모두 해당된다(아래 해설 참조).
※ '금융소비자보호 내부통제위원회'의 의결 및 심의사항(2025 기본서, 3권, p38 참조)
(1) 금융소비자보호에 관한 경영방향이나 주요제도 변경사항
(2) 임직원의 성과보상체계에 대한 금융소비자보호 측면에서의 평가
(3) 금융상품의 개발, 영업방식 및 관련 정보공시에 관한 사항
(4) 금융소비자보호기준의 적정성・준수실태에 대한 점검・조치 결과
(5) 금융소비자보호실태평가, 감독 및 검사 결과의 후속조치에 관한 사항
(7) 중요 민원・분쟁에 대한 대응 결과
(8) 금융소비자보호 총괄기관과 금융상품 개발・판매・사후관리 등 관련부서 간의 협의 필요사항

[학습안내] 42회 신유형

52　정답 ③
③은 재권유금지원칙의 예외로서 금지대상이 아니다. ②는 부당권유행위 중 '요청하지 않은 투자권유의 금지'에 해당한다(세부 내용은 '2회 52번 문항 및 해설' 참조).
※ 재권유금지의 예외
금융소비자가 계약체결권유에 대한 거부의사를 밝힌 후 'ⓐ 동일 금융투자상품에 대해서 1개월이 지난 후 다시 권유하는 행위, ⓑ 다른 금융투자상품에 대해서 권유하는 행위'는 재권유금지의 예외가 적용된다.
※ 금소법상의 제재(④)
금소법상의 '설명의무/부당권유행위 금지의무/불공정영업행위 금지의무'를 위반 시에는 '해당 계약으로부터 얻는 수익의 최대 50% 이내의 과징금부과 그리고 별도로 최대 1억 원까지의 과태료'를 부과할 수 있다.

53　정답 ①
'이사회 - 5년'이다. 이와 같은 규정이 있으므로 회사는 사전에 이사회결의를 통해 자신의 기준에 적합한 금액을 결의하는 것이 좋다.

54　정답 ②
내부통제위원회의 위원장은 대표이사로 한다.
※ 내부통제위원회
(1) 대표이사를 위원장으로 하며, 반기별 1회 이상 회의를 개최해야 한다.
(2) 설치요건 : 최근 사업연도 말 기준 자산총액이,
　ⓐ 7천억 원 미만인 상호저축은행은 설치의무 면제
　ⓑ 5조 원 미만인 '보험회사・여신전문회사・금융투자회사'는 설치의무 면제(단 금융투자회사가 운용중인 고객자산이 20조 원 이상일 경우는 설치해야 한다)

55　정답 ①
모두 옳은 내용이다(틀린 항목의 개수는 0개). '나'에서 임명요건(과반수 찬성)보다 해임요건(2/3 이상 찬성)을 더 엄격히 두는 것은 준법감시인의 업무수행 독립성을 보장하는 차원이다.

[학습안내] 준법감시인의 추가문제는 '4회 54번', 영업관리자에 대한 문제는 '4회 55번', 내부통제위반 시 과태료 문제는 '1회 55번'을 참조할 것

자본시장과 금융투자업에 관한 법률 & 금융위원회규정(11문항)

56　정답 ①
투자신탁은 수익증권을 발행한다. 나머지는 모두 지분증권이다.

〈집합투자증권의 발행형태(집합투자기구 법적형태별)〉

	투자신탁	투자회사	투자유한회사	투자유한책임회사	투자합자회사	투자합자조합	투자익명조합
수익증권		주 식	출자지분				
			지분증권				

• 지분증권의 정의
법률에 의하여 직접 설립된 법인이 발행한 출자증권, 상법상 합자회사・유한책임회사・유한회사・합자조합・익명조합의 출자지분, 그 밖에 이와 유사한 것으로서 출자지분 또는 출자지분을 취득할 권리가 표시된 증권
• 수익증권의 정의
금전신탁의 수익증권, 투자신탁의 수익증권, 그 밖에 이와 유사한 것으로서 신탁의 수익권이 표시된 증권(주택저당유동화회사법에 의한 주택저당증권 등)

57　정답 ①
'투자계약증권, 파생결합증권'이다.
※ 증권의 6가지 종류(명시적 포함) : 채무증권, 지분증권, 파생결합증권, 투자계약증권, 수익증권, 증권예탁증권

58 정답 ③

'점포의 폐쇄, 통합 또는 신설 제한'은 경영개선요구단계의 권고사항이다.
①, ②, ④는 경영개선권고 단계(순자본비율 50% 이상, 100% 미만)의 권고사항에 해당된다.

〈적기시정조치〉

순자본비율 50% 이상 100% 미만	순자본비율 50% 미만	순자본비율 0% 미만
경영개선권고	경영개선요구	경영개선명령
인력 및 조직운용 개선, 경비절감, 점포관리 효율화, 부실자산 처분, 영업용순자본감소행위 제한, 신규업무진출 제한, 자본금의 증·감액, 특별대손충당금 설정 등	고위험자산 보유제한 및 자산처분, 점포 통·폐합 및 신설제한, 조직축소, 자회사 정리, 임원진교체 요구, 영업의 일부정지 등	주식의 전부 또는 일부의 소각, 영업의 전부 또는 일부의 양도, 계약의 전부 또는 일부의 이전, 6개월 이내의 영업정지, 합병 등

59 정답 ③

환매대금은 **집합투자업자가 집합투자재산으로 보유 중인 금전 또는 집합투자재산을 처분하여 조성한 금전으로 지급해야 한다**(참고로 '판매업자의 고유재산으로 매입하여 환매대금을 지급하는 방식'은 과거 투자신탁회사에서 사용하던 방식으로서 현재는 사용하고 있지 않음). ③에서 판매업자란 '집합투자증권을 판매한 투자매매업자 또는 투자중개업자'를 말한다.

60 정답 ①

한국은행 통화안정증권(통안채)에는 자산총액의 100%까지 투자할 수 있다(나머지는 30%).

〈동일종목 증권에 대한 투자한도(자산총액의 10%)의 예외〉

100% 투자가능	30% 투자가능
• 국채, 통안채, 정부보증채 • 부동산개발회사가 발행한 증권, 부동산투자목적회사가 발행한 지분증권, 주택저당담보부채권	• 지방채, 특수채, OECD회원국 또는 중국이 발행한 채권, 금융기관 발행채권 • 파생결합증권 • ETF에서 동일종목에 투자하는 경우

61 정답 ①

예외가 인정된다 해도 **성과보수의 상한선을 정해야 한다**.

※ 공모 집합투자기구의 성과보수 인정요건(아래 요건을 모두 충족해야 함)
  (1) 집합투자업자가 임의로 변경할 수 없는 객관적인 지표 또는 수치(기준지표 등)를 기준으로 성과보수를 산정할 것
  (2) 운용성과가 기준지표 등의 성과보다 낮은 경우 성과보수를 적용하지 않는 경우 보다 적은 운용보수를 받게 되는 보수체계를 갖출 것
  (3) 환매금지형 집합투자기구인 경우에는 최소 존속기한이 1년 이상이어야 하며, 이에 해당하지 아니하는 집합투자기구인 경우에는 존속기한이 없을 것
  (4) 성과보수의 상한을 정할 것

62 정답 ②

'종류형, 전환형'이다.

※ 특수한 형태의 집합투자기구(5가지) : 환매금지형, 종류형, 전환형, 모자형, 상장지수형
  • 종류형 : 동일 운용사가 동일 투자대상으로 운용하는 펀드 중에서 **판매수수료 체계만 다른(나머지 비용체계는 동일) 펀드를 묶어서 운용하는 펀드를 말함**(→ 운용의 효율성을 위한 취지)
  • 전환형 : 동일 운용사가 설정한 복수의 집합투자기구 세트 내에서 다른 펀드로 전환할 수 있는 펀드를 말함(→ 전환 시 환매수수료를 부담하지 않는 취지)

63 정답 ④

'가, 라'가 틀린 항목이다.
가. 증권신고서의 기재사항이 정확하다는 것을 인증하는 것이며 국가가 해당 증권의 가치를 보증하는 것은 아니다.
라. 금융위원회가 수리하고 효력이 발생한 후에 (정식)투자설명서를 교부하고 청약을 진행할 수 있다.

64 정답 ③

일반사무관리회사는 자본시장법상의 집합투자기구의 하나인 투자회사의 운영에 관한 업무(주식의 발행 및 명의개서 업무, 이사회 및 주총의 소집 및 개최에 관한 업무 등)를 위탁받아 그 업무를 수행하는 자를 말한다.

※ 증권분석기관이 될 수 있는 자
  (1) 인수업무, 모집·사모·매출의 주선업무를 수행하는 자 (→ 투자매매업자 또는 투자중개업자)
    • 인수업무는 투자매매업자만 가능하지만, 모집주선은 투자중개업자도 가능하다.
  (2) 신용평가업자
  (3) 공인회계사법에 따른 회계법인
  (4) 채권평가회사

65 정답 ②

1주 이상의 변동은 보고사유가 아니다. '5% 이상 보유자의 보유비율이 ±1% 이상 변동이 생긴 경우'는 보고사유가 된다. 그리고 단순투자목적과 경영참가목적 상호 간의 변경은 모두 보고사유가 된다.

66 정답 ②

②는 전매제한조치에 해당된다. 그리고 지문 ①, ③, ④는 전매가능성이 인정되어 간주모집에 해당되므로 증권신고서를 제출해야 한다.

- 전환권 등이 부여된 경우 권리행사금지기간을 1년 이상으로 정하면, 1년 이내에는 전환권을 행사할 수 없으며 따라서 1년 이내 상장주식으로 전환할 수 없으므로 간주모집이 될 수 없다(즉, 전매제한조치에 해당함).

※ 전매가능성이 인정되는 경우(간주모집)
  (1) 지분증권 : 같은 종류의 지분증권이 공모되었거나 상장된 경우(코넥스는 제외)
  (2) 지분증권 이외의 증권 : 50매 이상으로 발행되거나, 발행 후 50매 이상으로 권면분할되어 거래될 수 있는 경우
  (3) CB나 BW 등의 권리행사 대상이 되는 증권이 (1) 또는 (2)에 해당하는 경우
  (4) 기업어음증권이 50매 이상으로 발행되거나, 만기가 365일 이상이거나, 특정금전신탁에 편입되는 경우
  (5) 전자단기사채의 만기가 3개월 이상인 경우

한국금융투자협회규정(3문항)

67 정답 ①

틀린 내용은 '가, 나'이다.
- 가 : 해당 제3자의 성명(또는 법인명)을 조사분석자료에 기재하고 **외부에 공표할 수 있다.**
- 나 : **포함된** 보수산정 기준을 제정·운영해야 한다.

68 정답 ③

금융투자회사(투자매매업자 또는 투자중개업자)의 명의와 투자자의 계산으로 거래를 할 수 있다.

69 정답 ④

모두 의무표시사항이다(아래 (4), (5), (6) (7)에 유의할 것).

※ 펀드광고 시 의무표시사항
  (1) 집합투자증권을 취득하기 전에 (간이)투자설명서를 읽어 볼 것을 권고하는 내용
  (2) 집합투자기구는 운용결과에 따라 투자원금의 손실이 발생할 수 있으며, 그 손실은 투자자에게 귀속된다는 사실
  (3) 집합투자기구의 운용실적을 포함하여 투자광고를 하는 경우에는 그 운용실적이 미래의 수익률을 보장하는 것은 아니라는 내용
  (4) 환매신청 후 환매금액의 수령이 가능한 구체적인 시기
  (5) 환매수수료
  (6) 증권거래비용이 발생할 수 있다는 사실과 투자자가 직·간접적으로 부담하게 되는 각종 보수 및 수수료, 이 경우 총 보수, 운용보수, 판매보수, 기타보수 등으로 구분표시 하여야 한다.
  (7) 고유한 특성 및 위험성 등이 있는 집합투자기구의 경우 해당 특성 및 위험성 등에 관한 설명
  (8) 그 밖에 협회가 '금융투자회사의 의무 고지사항'으로 금융투자상품별로 정한 사항

주의 의무표시사항 아닌 것으로서 '손실보전이나 이익보장이 있는 경우 이에 관한 사항'이 제시된 바 있다(36회, 39회 기출).

주식투자운용/투자전략(6문항)

70 정답 ①

①만 옳은 내용이다. ②와 ③은 모두 강형(strong form)에만 해당이 된다.

※ 효율적 시장가설이론(EMH)
  (1) 효율적 시장가설은 **액티브 운용을 반대하는 논거로 이용되곤 한다.**
    - EMH의 주장 : 시장이 효율적이니 액티브 운용을 해야 소용이 없다.
  (2) 약형, 준강형, 강형
    ㉠ 약형(weak form) : 과거의 정보는 이미 시장에 반영되어 있다. 즉 기술적 분석으로는 초과수익을 얻을 수 없다.
    ㉡ 준강형(semi-strong form) : 공개된 정보는 이미 시장에 반영되어 있다. 즉 공시정보 등으로는 초과수익을 얻을 수 없다.
    ㉢ 강형(strong form) : 초과수익을 위한 모든 정보는 이미 시장에 반영되어 있다. 즉 모든 액티브운용은 시도할 필요가 없다.
    cf 약형이나 준강형의 효율적 시장가설을 신뢰한다면 액티브운용을 배제할 필요는 없다.

71 정답 ②

실행도구로서 전술적 자산배분에 해당하는 것은 '나, 다'이다.

〈자산배분의 실행방법 또는 실행도구〉

전략적 자산배분의 실행방법	전술적 자산배분의 실행도구
(1) 시장가치 접근방법	(5) 가치평가모형
(2) 위험수익 최적화 방법	(6) 기술적 분석
(3) 투자자별 특수상황을 고려하는 방법	(7) 포뮬러 플랜
(4) 다른 기관투자자의 자산배분을 모방하는 방법	

72 정답 ②

쿠션(Cushion) 금액은 약 631만 원이다.

(1) 먼저 최소보장가치의 현재가치를 구한다.

$\frac{4,500}{(1 + 0.03)}$ = 약 4,369만 원

(2) 쿠션 : 5,000만 원 − 4,369만 원 = 약 631만 원
(3) 익스포저(쿠션 × 승수) : 631 × 2 = 약 1,262만 원(따라서 주식에 1,262만 원, 채권에 3,738만 원을 투자)

[학습안내] 30회에서는 쿠션금액을, 이후로는(33회 / 36회 / 39회) 익스포저 금액을 묻는 문제로 출제되었다.

73 정답 ④

'나, 라'가 틀린 항목이다.

나. 완전복제법이라 하더라도 포트폴리오수익률이 벤치마크수익률보다도 낮게 나타나는 것은 어쩔 수 없다(∵ 포트폴리오 차이는 없지만, 운용보수·수탁보수 그리고 거래비용이 발생하므로).
라. 최적화법은 완전복제법이나 표본추출법보다도 적은 종목을 사용하면서도 잔차위험이 낮은 포트폴리오를 만들 수 있다는 장점이 있지만, 모형의 데이터가 과거자료라는 점에서 모형이 주식의 속성을 정확하게 반영하지 못한다는 단점이 있다.

74 정답 ③

순수인덱스펀드는 초과수익률과 정보비율이 제로(0)이며, 추적오차는 1%보다 낮다.

〈운용방식별 특성 비교(2023 기본서, 4권, p82 표 6-1 인용)〉

구 분	순수 인덱스	인핸스드 인덱스	액티브
초과수익률($R_P - R_B$)	0%	1 ~ 2%	2% + α
추적오차{$sd(R_P - R_B)$}	< 1%	1 ~ 2%	4% + α
정보비율	0	0.75	0.50

- 순수인덱스펀드의 정보비율($\frac{R_P - R_B}{sd(R_P - R_B)}$)은 0이며, 인핸스드인덱스펀드의 정보비율이 가장 높게 나타난다.
- 순수인덱스펀드의 잔차위험이 제로(0)가 아닌 것은 순수인덱스펀드와 벤치마크의 수익률이 동일하지 않음을 의미한다.
  - 순수인덱스펀드라도 포트폴리오의 차이(완전복제법의 경우 제거됨) 및 각종보수와 거래비용으로 인해 수익률이 벤치마크수익률보다 낮게 나타난다.
- 인핸스드인덱스펀드는 0.5 ~ 2.0% 정도의 초과수익을 추구하며 추적오차는 1.5% 이내로 낮은 수준을 유지하는 것으로 정의된다(2023 기본서, 4권, p94 인용). 따라서 **정보비율에 있어서 인핸스드인덱스펀드의 정보비율이 가장 높게 나타난다.**

[주의] 준액티브운용(인핸스드인덱스 운용)의 추적오차는 액티브의 추적오차보다 크다. → X (액티브의 추적오차가 가장 크다).

75 정답 ③

이익전망이 좋은 성장주에 투자하는 것은 성장투자스타일이다.

※ 가치투자스타일의 특징
(1) 미래성장성 보다는 현재 수익이나 자산가치의 관점에서 가격이 싼 주식에 투자한다.
(2) 기업의 수익은 평균으로 회귀하는 경향을 가진다.
(3) 투자자들이 충분히 인정해 주지 않으면 가격이 쌀 수밖에 없다는 경제적인 기본 원칙을 무시하는 경향이 있다(즉 투자자가 예상하는 기간 동안 저평가된 주가가 회복되지 않을 위험이 존재).
(4) 저PER, 저PBR, 고배당주에 투자한다.

채권투자운용/투자전략(6문항)

76 정답 ④

(1) 매 6개월마다 지급하는 이자금액 : 6개월 이표채이므로 매 6개월 후에 지급하는 이자금액은 **93.75원**(10,000 × 0.01875 × 1/2)이다.
(2) 채권보유기간 동안 이자를 수령한 횟수 : 2019.7.15에 매입하여 2020.12.11에 매도하였으므로 채권보유기간 동안 이자수령횟수는 **3회**(2019.12.10, 2020.6.10, 2020.12.10)이다.
(3) 채권매매를 통한 매매손익 : 만기수익률 1.250%에 매입하여 1.130%에 매도하였으므로 **매매차익**이 발생한다(매입 후 만기수익률이 하락하면 매매차익이 발생).

77 정답 ①

'패리티 = $\frac{4{,}000원}{5{,}000원} \times 100$, 패리티 = 80%'이다. 그리고 전환사채 시장가격 9,500원은 계산에 반영되지 않는다는 점에 유의해야 한다(아래 상세풀이 참조).

(1) 전환사채의 패리티 = $\frac{전환대상주식의\ 시가}{전환가격} \times 100$

- 전환대상 주식의 시장가격은 4,000원이다(제시).
- 전환가격은 '전환주수 = $\frac{채권액면가액}{전환가격}$'을 활용하여 구한다 (전환비율 100%[주1] 전제).

  '$2 = \frac{10{,}000}{전환가격}$'이므로 전환가격은 5,000원이다.

  * 주1 : 전환비율은 '채권액면의 몇 %를 주식으로 전환하는가?'를 말하는데, 전환비율 100%는 채권액면 10,000원이 전부 주식으로 전환됨을 의미한다. 만일 동 예제에서 전환비율이 50%라고 가정한다면 채권액면 10,000원 중 5,000원만 전환하는 것이며, 이때 전환가격은 '$2 = \frac{5{,}000원}{전환가격}$, 전환가격 = 2,500원'이 된다.

(2) 따라서 '패리티 = $\frac{4{,}000원}{5{,}000원} \times 100\%$, 패리티 = 80%'이다.

- 참고로, 패리티가격(전환가치)은 '패리티가격 = $\frac{4{,}000원}{5{,}000원} \times 10{,}000원(채권액면) = 8{,}000원$'이다.

[학습안내] 패리티계산은 단순계산에 속하지만 동 문항에서는 전환가격을 바로 제시하지 않고 '전환비율과 전환주수'를 활용하여 계산하도록 했다는 점에서 '난이도 상'에 해당한다(31회 신유형 출제 후 36회, 40회 추가 출제).

78 정답 ③

수의상환채권(콜옵션부채권)은 채권발행자가 콜옵션(조기상환옵션)을 행사할 수 있는 채권이다. 나머지는 모두 채권투자자가 행사할 수 있는 옵션(① 교환권, ② 신주인수권, ④ 풋옵션)이 내재된 채권이다.

[학습안내] 39회 신유형이다.

79 정답 ②

무이표채(복리채 / 할인채)는 잔존만기가 곧 듀레이션이다.

① 동일한 이표율 하에서 이자지급주기가 짧아지면(이자지급회수가 늘어나면), 만기 전에 회수하는 가중현금흐름이 증가하기 때문에 듀레이션이 감소한다.

③ 표면이율이 낮을수록 듀레이션이 커진다(증가한다).

[공식] 채권가격의 변동성(듀레이션)↑ = f(표면이율↓, 잔존만기↑, 만기수익률↓)

④ 듀레이션이 증가함에 따라 볼록성이 가속적으로(체증적으로) 증가한다(채권의 볼록한 성질에 의함).

80 정답 ③

불편기대이론에서는 장·단기 채권의 완전대체관계가 성립하므로, 장기채수익률은 '단기 현물이자율과 내재선도이자율의 기하평균'으로 구할 수 있다. 이 산식을 적용하여 내재선도이자율($_1f_1$ 또는 $_1R_2$)을 구할 수 있다(아래 풀이).

$(1 + 0.05)^2 = (1 + 0.03)(1 + {_1f_1})$ 따라서 $_1f_1 = \frac{(1+0.05)^2}{1+0.03} - 1$,

즉 $_1f_1 = 7.038\%$

※ 약식계산

$_1R_2 = \frac{r_2 t_2 - r_1 t_1}{t_2 - t_1} = \frac{(5\% \times 2년) - (3\% \times 1년)}{2년 - 1년} = 7\%$

81 정답 ②

'다, 라'가 틀린 항목이다.

다. 장기채에서의 효과가 롤링효과, 중·단기채에서의 효과가 숄더효과이다.

라. 외부여건의 변화로 금리가 하락한다면 수익폭이 증가하며, 금리가 상승한다면 손실이 발생할 수 있다(외부여건의 변화로 발생하는 금리상승폭이, 롤링효과나 숄더효과로 얻는 금리하락폭을 능가하는 경우 투자손실 발생 가능).

[보충] **롤링효과와 숄더효과에 대한 기본서 기술**(2023 기본서, 4권, 239~241 참조)

- 금리수준이 일정하더라도 잔존기간이 짧아지면 그만큼 수익률이 하락하여 채권가격이 상승하는데 이것을 롤링효과라 한다.
- 단기채로 갈수록 기간단축에 따른 수익률하락폭이 커지는데, 이와 같이 단기채에서 볼 수 있는 극단적인 수익률하락폭을 수익률곡선 상의 숄더라고 한다.

파생상품투자운용/투자전략(6문항)

82 정답 ④

장외거래는 장외거래를 필요로 하는 고객(주로 기업)과 장외파생상품을 전문적으로 취급하는 시장조성자(주로 금융기관이며 웨어하우스라고 함) 사이에서 일어나는 것이 대부분이다.

① 장외파생상품은 표준화가 되지 않아 유동성이 부족하다는 단점이 있지만, 맞춤형설계가 가능한 것이 장점이다([cf] 장내파생상품은 표준화된 상품을 거래하므로 유동성이 풍부하다는 장점이 있지만 맞춤형설계가 불가하다는 단점이 있다).

② 장외파생상품은 표준화가 되지 않아 유동성이 부족한데, 한번 포지션을 취하면 이를 해지하거나 반대매매하기가 어렵다([cf] 장내파생상품은 시장의 유동성이 풍부하므로 언제든지 반대매매를 할 수 있다).

③ 장외파생상품(선도 / 장외옵션 / 스왑)은 신용위험에 노출된다.

83 정답 ②

개시증거금은 100억 원이다. 일일정산 후 증거금(60)이 유지증거금(70)을 하회하므로 개시증거금 수준까지 추가증거금을 납부해야 한다. 납부한 추가증거금이 40이므로, 개시증거금은 100이다.

▶ 추가증거금 = 개시증거금 − 일일정산 후 증거금
   → 40 = X − 60, 따라서 X(개시증거금) = 100

84 정답 ④

(1) 풋옵션매도 포지션의 손익 : 풋옵션을 300에 매도하였는데 295에 마감하였으므로 상대방(풋옵션매수자)에게 5p를 결제해야 한다(−5.0p). 그러나 프리미엄수입이 +5.0p이므로 손익이 제로이다.
(2) 풋옵션매수 포지션의 손익 : 295에 풋옵션을 매수했으나 295에 마감하였으므로 프리미엄만 손실이다. 즉 −1.5p.
(3) 따라서 동 포지션(풋불스프레드)의 최종손익은 −1.5p이다.

〈약식계산법〉

만기 295 마감 시	① 프리미엄손익	② 정산손익
P(295) 매수	−1.5	0
P(300) 매도	+5.0	−5.0
③ 최종손익	+3.5 −5.0 = (−)1.5	

85 정답 ②

풋콜패리티 '$c_t + \dfrac{X}{(1+r)^{T-t}} = p_t + S_t$'에서, S_t를 중심으로 정리하면 '$S_t = c_t - p_t + \dfrac{X}{(1+r)^{T-t}}$'이 된다. 즉 기초자산 매수'와 같은 효과를 내는 옵션포지션은 '콜옵션매수 + 풋옵션매도'이다.

86 정답 ①

풋콜패리티($c_t + B_t = p_t + S_t$)가 성립하지 않을 때 옵션차익거래가 가능하다. 컨버전은 '$c_t + B_t > p_t + S_t$'의 상황일 때 수행할 수 있는 차익거래 전략이다(아래 표).

〈컨버전과 리버설 비교〉

컨버전(Conversion)	리버설(Reversal)
① C + B > P + S의 경우	① C + B < P + S의 경우
② −(C + B) & (P + S)	② + (C + B) & −(P + S)
③ −C + P & S − B	③ +C − P & B − S
→ 콜옵션매도 / 풋옵션매수 & 기초자산매수 + 채권발행	→ 콜옵션매수 / 풋옵션매도 & 기초자산매도 + 채권매수
→ 합성선물매도 & 현물매수	→ 합성선물매수 & 현물매도
→ 즉, 매수차익거래에 해당됨	→ 즉, 매도차익거래에 해당됨

[33회 기출] 컨버전전략은 합성선물을 (   )하고 현물을 (   )하는 (   )차익거래이다. → 매도, 매수, 매수

87 정답 ③

① 베가, ② 감마, ③ 쎄타, ④ 델타

※ 옵션민감도 지표의 정의(기호는 콜옵션기준)

(1) 델타($\dfrac{\partial C}{\partial S}$) : 기초자산이 변할 때 옵션가격이 얼마나 변하는가?

(2) 감마($\dfrac{\partial^2 C}{\partial S^2}$) : 기초자산이 변할 때 델타가 얼마나 변하는가?

(3) 베가($\dfrac{\partial C}{\partial \sigma}$) : 변동성이 변할 때 옵션가격이 얼마나 변하는가?

(4) 쎄타($\dfrac{\partial C}{\partial t}$) : 시간이 경과할 때 옵션가격이 얼마나 변하는가?

(5) 로우($\dfrac{\partial C}{\partial r}$) : 금리가 변할 때 옵션가격이 얼마나 변하는가?

투자운용결과분석(4문항)

88 정답 ②

'샤프비율 $= \dfrac{R_P - R_F}{\sigma_P} = \dfrac{6\% - 3\%}{10\%} = 0.3$' 따라서 샤프비율은 0.3이다. 즉 동 포트폴리오에 투자할 경우 표준편차 한 단위당 0.3배의 초과수익률을 얻는다는 의미이다(주의 벤치마크수익률과 잔차위험은 샤프비율 계산에 반영되지 않음).

89 정답 ①

젠센의 알파는 1.4%이다. 참고로 계산에서 표준편차는 사용되지 않는다.

▶ 젠센의 알파(α_P) = $(R_P - R_F) - \beta(R_M - R_F)$
 → $\alpha_P = (8\% - 3\%) - 1.2(6\% - 3\%) = 5\% - 3.6\% = 1.4\%$

보충 공식에서 시장수익률(R_M)을 사용하는 것이 일반적이나, 별도의 벤치마크를 사용할 경우는 벤치마크수익률(R_B)을 사용한다.

90 정답 ④

명시적으로 스타일을 표방하고 있는 대형주펀드나 가치주펀드의 평가는 종합주가지수와 같은 종합주가지수(KOSPI)와 같은 시장지수가 아니라, 대형주지수나 가치주지수 등 **스타일지수**를 통해 평가해야 한다.

91   정답 ③

〈보기〉는 내부수익률 또는 금액가중수익률이다. 금액가중수익률은 투자자와 운용자의 공동의 성과를 반영한다. 따라서 운용자만의 성과는 평가할 수 없으며 벤치마크나 동류그룹 간의 수익률비교도 불가하다(cf 운용자만의 성과를 평가하는 것은 시간가중수익률).

거시경제(4문항)

92   정답 ③

군인과 재소자는 생산가능인구에서도 제외된다.

〈'생산가능인구(생산연령인구 또는 근로연령인구)'의 분류〉

생산가능인구 (군인과 재소자를 제외한 만 15세 이상의 인구)	
경제활동인구	비경제활동인구
취업자	실업자	전업주부, 구직단념자, 학생, 심신장애자 등

93   정답 ②

'증가, 하락'이다. 경상수지와 금리는 강한 음(-)의 관계를 보인다. 즉 경상수지 흑자규모가 확대되면 통화량이 증가하게 되고 이에 따라 금리는 하락하게 된다.

※ **거시경제변수와 이자율의 변동(2023 기본서, 5권, p50~53 참조)**
  (1) 물가와 이자율
   • 경제주체들이 예상하는 기대인플레이션율이 높아질 경우 일정 수준의 실질금리 하에서 명목금리가 상승하게 된다(피셔효과로 설명할 수 있음).
   → 피셔효과 : R(명목금리) = r(실질금리) + π(물가상승률)
  (2) 통화량과 이자율
   • 통화량이 증가하면 '**유동성효과**(금리하락) → **소득효과**(총수요증가로 인한 금리상승) → **피셔효과**(물가상승으로 인한 금리상승)'가 순차적으로 나타난다.
   • 결론적으로 화폐공급은 단기적으로 명목이자율을 하락시킬 수 있으나, 장기적으로 결국 물가와 명목이자율을 상승시킨다.
  (3) 경상수지와 이자율 : 경상수지와 금리는 강한 음(-)의 상관관계를 갖는다.
   • 경상수지 흑자 → 해외로부터 유동성유입 → 국내유동성 증가 → 금리하락
   • 경상수지 적자 → 국내로부터 유동성유출 → 국내유동성 감소 → 금리상승
  (4) 환율과 이자율 : 환율과 금리는 뚜렷한 상관관계가 없고, 상황에 따라 다르게 작용한다.

94   정답 ③

수익률곡선의 이동을 전혀 설명할 수 없는 것은 시장분할이론이다(∵ 단기, 중기, 장기의 시장이 단절되어 있으므로). 특정시장선호이론은 시장분할이론을 토대로 하지만, 기간프리미엄이 양(+) 또는 음(-)의 값을 보이면서 '단기 → 장기' 또는 '장기 → 단기'의 수익률곡선의 이동을 어느 정도 설명할 수 있다.

〈수익률곡선이론의 특징〉

구 분	가장 잘 설명하는 이론	전혀 설명할 수 없는 이론
수익률곡선의 이동	불편기대이론	시장분할이론
채권 간 대체	불편기대이론	시장분할이론
수익률곡선의 우상향	유동성프리미엄이론	불편기대이론

95   정답 ①

경기확산지수(DI)에 부합하는 내용은 '가, 나'이다.
가. 경기확산지수(DI), 기업경기실사지수(BSI), 소비자태도지수(CSI) 모두에 해당하는 내용이다(cf 진폭이나 속도를 측정할 수 있는 지표 - CI).
나. 경기확산지수(DI)에만 해당하는 내용이다(cf BSI와 CSI는 0% ~ 200%이면 100%를 기준으로 경기상승과 경기하강을 판단함).
다. 기업경기실사지수(BSI)에 해당하는 내용이다.
라. 소비자태도지수(CSI)에 해당하는 내용이다.

분산투자기법(5문항)

96   정답 ②

최소분산포트폴리오를 만드는 B의 비중 W_B는 36%이다(아래 풀이).

※ **풀이**

(1) $W_B = \dfrac{\sigma_A^2 - \sigma_{AB}}{\sigma_A^2 + \sigma_B^2 - 2\sigma_{AB}}$

$= \dfrac{0.3^2 - 0 \cdot 0.3 \cdot 0.2}{0.3^2 + 0.4^2 - 2 \cdot 0 \cdot 0.3 \cdot 0.2}$

$= \dfrac{0.09}{0.09 + 0.16} = \dfrac{0.09}{0.25} = 0.36$

▶ $\sigma_{AB} = \rho_{AB} \cdot \sigma_A \cdot \sigma_B$

(2) 즉 자산 B를 36%, 자산 A를 64% 편입할 경우 최소분산포트폴리오가 달성된다.

주의 기존의 기출에서는 자산A의 비중을 묻는 문제로 출제되었는데 공식의 분자 항목($W_A = \dfrac{\sigma_B^2 - \sigma_{AB}}{\sigma_A^2 + \sigma_B^2 - 2\sigma_{AB}}$, $W_B = \dfrac{\sigma_A^2 - \sigma_{AB}}{\sigma_A^2 + \sigma_B^2 - 2\sigma_{AB}}$)에 유의하여 계산해야 한다.

97 정답 ③
자본시장선의 기울기는 위험보상비율을 말한다(자본배분선 중에서 위험보상비율이 가장 높은 점이 자본시장선이 됨).

98 정답 ③
(1) SML균형식 : $E(R_J) = R_F + [E(R_M) - R_F]\dfrac{\sigma_{jm}}{\sigma_m^2}$
   $= 3\% + 1.25(6\% - 3\%) = 6.75\%$

(2) 베타 : $\dfrac{\sigma_{jm}}{\sigma_m^2} = \dfrac{0.25}{0.2} = 1.25$

(3) 만일 문항에서 공분산으로 주어지지 않고 상관계수(ρ_{jm})가 주어진다면 '$\sigma_{jm} = \rho_{jm} \times \sigma_j \times \sigma_m$'으로 산식을 전환해서 계산하면 된다.

주의 상관계수($\rho_{jm} = \dfrac{\sigma_{jm}}{\sigma_j \times \sigma_m}$)는 공분산을 분산으로 나눈 것이다. → X (공분산을 표준편차의 곱으로 나눈 것)

99 정답 ③
$\beta_p = \sum w_j \cdot \beta_j = (0.6 \times 1.2) + (0.4 \times 0.8)$
$= 0.72 + 0.32 = 1.04$

※ 단일지표모형의 전제가 없어도, '포트폴리오 가법성(加法性)'에 의해 포트폴리오 전체의 베타는 개별자산의 베타를 가중평균하여 구한다.

[학습안내] 30회 시험에서는 '동일가중 포트폴리오를 구성할 때 포트폴리오의 베타는 얼마인가?'의 형태로 출제되었다(→ 동 문항은 편입비중을 6:4로 제시하였는데 동일가중의 경우 5:5로 계산하면 된다).

100 정답 ④
시간가중수익률은 투입금액의 변화를 반영하지 않고, 금액가중수익률은 투입금액의 변화를 반영한다. 따라서 '누적적으로 더 많은 금액이 투입된 기간'[주1] 즉 2기의 수익률이 1기보다 높으면 '금액가중 > 시간가중'이며, 2기의 수익률이 1기보다 **낮으면** '금액가중 < 시간가중'이다.
동 문항에서는 '2기의 수익률 < 1기의 수익률'이므로 '금액가중수익률 < 시간가중수익률'이다(아래 계산참조).

* 주1 : 1기의 투입금액은 10,000원이며 2기의 투입금액은 22,000원(누적기준)이다. 따라서 더 많은 금액이 투입된 단일기간은 2기이다.

⟨산술평균 / 기하평균(시간가중수익률) / 금액가중수익률 계산⟩

1기간 수익률	2기간 수익률
+30%	+25%
$\left\{\dfrac{(12,000-10,000)+1,000}{10,000}\right\}$	$\left\{\dfrac{(14,000-12,000)+1,000}{12,000}\right\}$
−10,000 +1,000	+2,000
−12,000	+28,000

→ (1) 산술평균수익률 : $\dfrac{30\% + 25\%}{2} = 27.5\%$

(2) 기하평균수익률(시간가중수익률) :
$\sqrt{(1+0.3)(1+0.25)} - 1 = 27.47\%$

(3) 금액가중수익률(r) : 시행착오법으로 계산하면
r = 약 26.8%

$10,000 + \dfrac{12,000}{1+r} = \dfrac{1,000}{1+r} + \dfrac{2,000+28,000}{(1+r)^2}$

[보충] '2기간 수익률의 산식(표)'은 1주당으로 계산된 것인데, 2주당으로 계산해도 동일하다(→ $\dfrac{(28,000-24,000)+2,000}{24,000}$
$= \dfrac{6,000}{24,000} = 25\%$).

투자자산운용사

제4회 정답 및 해설

01	02	03	04	05	06	07	08	09	10
②	②	①	②	②	④	③	④	④	②
11	12	13	14	15	16	17	18	19	20
④	③	④	③	①	①	①	③	③	②
21	22	23	24	25	26	27	28	29	30
③	①	①	②	②	②	②	③	④	①
31	32	33	34	35	36	37	38	39	40
③	①	④	④	④	③	①	④	①	②
41	42	43	44	45	46	47	48	49	50
③	①	④	②	④	④	②	②	③	②
51	52	53	54	55	56	57	58	59	60
④	④	①	②	④	③	②	④	①	②
61	62	63	64	65	66	67	68	69	70
④	④	①	③	④	④	①	②	②	③
71	72	73	74	75	76	77	78	79	80
③	①	③	①	③	②	①	③	①	②
81	82	83	84	85	86	87	88	89	90
③	④	②	①	②	③	②	①	①	③
91	92	93	94	95	96	97	98	99	100
②	④	②	②	③	②	②	①	②	②

세제관련 법규/세무전략(7문항)

01
정답 ②

부가가치세, 증권거래세, 주세, 인지세, 개별소비세 등이 간접세에 해당한다.

※ **간접세의 정의** : 납세부담자와 납세의무자가 일치하지 않는 세금을 말한다.

  [예] 장내시장에서 상장주권을 매도한 경우 증권거래세의 납세부담자는 매도자이며, 납세의무자는 예탁결제원(거래징수를 통해 익월 10일까지 납부)이다.

  [예] 소득세(직접세)는 납세의무자가 직접 신고납부를 한다.

02
정답 ②

상속세와 증여세는 부과확정으로서, 정부가 과세표준과 세액을 결정함으로써 확정된다.

※ **납세의무의 확정(국세기본법 제22조)**

(1) 신고확정 : 소득세, 법인세, 부가가치세, 증권거래세, 고육세, 개별소비세 등은 **납세의무자가 과세표준과 세액을 정부에 신고함으로써** 확정된다.

(2) 부과확정 : 상속세, 증여세 등은 **정부가 과세표준 과세액을 결정함으로써** 확정된다.

(3) 자동확정 : 인지세, 원천징수하는 소득세 또는 법인세, 납세조합이 징수하는 소득세, 중간예납하는 법인세는 **납세의무가 성립하는 때에 특별한 절차없이** 확정된다.

03
정답 ①

가. '집합투자기구 이외의 신탁'이란 투자신탁이 아닌 신탁(은행의 신탁)을 말하며, 이러한 신탁에서는 소득의 내용에 따라 배당소득세 또는 이자소득세가 부과된다.

나. 적격집합투자기구(소득세법상 집합투자기구)에서는 '일부손익과세제외'제도가 적용되는데, '**상**장주식이나 이를 기초자산으로 하는 장내**파**생상품 및 **벤**처기업주식의 매매손익(평가손익 포함)'은 과세대상에서 제외한다.

※ '**일부손익과세제외**'의 적용대상 : 상 / 파 / 벤

다. 적격집합투자기구에서는 실물양도나 명의변경, 계좌 간 이체 등을 통한 이익도 모두 '집합투자기구로부터의 이익'으로 보고 배당소득으로 과세한다.

04
정답 ②

가. 비영업대금의 이익을 말하며, 원천징수세율은 25%이다(조건부 종합과세 대상).

나. 법원보관금(경매보증금 등)에 대한 이자소득은 지급 시 원천징수세율은 14%이며, 무조건분리과세로 납세의무를 종결한다.

주의 원천징수세율이 제일 높은 것은 '비실명거래로 인한 금융소득(45% 또는 90%)'이다.

05
정답 ②

②는 ①의 예외로서, 기금운용상의 매도에는 증권거래세가 부과된다. 또한 ③의 매출이나 ④의 소비대차는 '주권의 유상양도'로 보지 않으므로 증권거래세 부과가 면제된다.

4회 투자자산운용사

06 정답 ④

'5천만 원 - 2천만 원'이다. 성년자녀를 '미성년이 아닌 자녀'로 바꾸어 출제한 적이 있다(35회, 39회 기출).

07 정답 ③

부부별산제이므로 부부 각각의 금융소득을 기준으로 종합과세 대상여부를 판단한다.

참고 2002.8.29에 '부부합산제'의 위헌판정으로 이후부터 '부부별산제'가 적용된다.

금융상품(8문항)

08 정답 ④

모두 틀린 항목이다.

- 가 : 직전 3개년 중 한번이라도 금융소득종합과세 대상자가 된 경우 가입불가('일반형 / 서민형 / 농어민형'의 공통요건).
- 나 : 비과세혜택 초과분은 분리과세한다. 예를 들어 서민형의 경우 통산순이익이 1,000만 원일 경우 400만 원까지는 비과세, 600만 원에 대해서는 9.9%(지방세 포함)의 우대세율로 분리과세한다.
- 다 : 국내상장주식을 편입할 수 있는 것은 'ISA중개형'이 유일하다(단, 중개형에서 예금편입은 불가).

학습안내 ISA에 대한 추가내용은 빈출포인트 O/X 퀴즈를 참조할 것

09 정답 ④

CD, RP는 만기가 지나도 이자가 가산되지 않는다(RP는 예외있음).

추가설명

(1) CD, 표지어음은 할인식 거래이므로 만기에 액면금액을 수령하게 되는데, 만기 이상으로 보유한다고 해도 액면금액만을 받게 된다.
(2) RP는 할인식거래는 아니지만 최초거래 시 정해진 약정금리에 해당하는 원리금을 수령하게 되며, 만기가 지난다고 해서 이자가 가산되는 것이 아니다(단, 약정금리보다 낮은 금리로 만기 후 금리를 지급하는 RP도 있음).

10 정답 ②

'나, 다'가 옳은 내용이다.

나. '콜ELW의 내재가치 = S - X'이다. S가 상승할수록, X가 하락할수록 내재가치가 상승한다. 풋은 반대로 즉 'X - S'를 적용하면 된다.

다. 패리티는 기초자산가격을 행사가격으로 나눈 비율로서 내재가치의 크기를 나타낸다. 즉, **패리티가 100%보다 크다면 내재가치가 있는** 내가격상태(In the Money)이며, 100%보다 작다면 내재가치가 없는 외가격상태(Out of the Money)이다.

가. ELW의 기초자산에는 세 가지 범주가 있다(2022년 개정사항 반영).
- 개별주식 : 코스피200 구성종목, 코스피150 구성종목
- 바스켓 : 코스피200 구성종목 또는 코스닥150 구성종목의 바스켓
- 지수 : 국내지수는 코스피200과 코스닥150지수, 해외지수는 니께이지수와 항생지수

11 정답 ④

투자자별로 운용하는 것이 아니라, **2인 이상**[주1]의 투자자들로부터 자금을 **모아서**(pooling) 운용한다.

*주1 : 50인 이상 → X (33회 기출).

12 정답 ③

MMF의 집합투자재산으로 지방채를 직접 운용하는 경우는 만기 1년 이내로 제한되지만, 환매조건부 매수의 대상으로서 지방채를 매입할 경우는 만기제한이 없다(∵ RP 자체의 만기가 별도로 설정되므로).

※ MMF 국채운용 규정(지문 ②) : '남은 만기 1년 이상인 국채'는 정확히는 '만기가 1년 이상 5년 이내'를 말한다(∵ MMF의 운용대상으로서 국채는 만기 1년 이상의 국채로 규정되기 때문).

13 정답 ④

④번이 옳은 내용이다(아래 해설 참조).

① 연금저축보험으로 판매하는 것이 일반적이지만 금융투자회사(증권사, 자산운용사)에서 '연금저축펀드'의 형태로 판매하기도 한다.
② 연금계좌 전체 기준 연간 납입한도는 1,800만 원이다.
③ 세액공제를 받지 않은 원금에 대해서는 그 수익분만 과세가 된다(42회 신유형 지문).
  ▶ 연금소득세의 과세대상은 '세액공제를 받은 원금부분(ⓐ)과 그 수익분(ⓑ) 그리고 세액공제를 받지 않은 원금에 대한 수익분(ⓒ)'의 3가지 부분으로 구성된다.
④ 부득이한 사유(가입자의 사망, 해외이주, 파산선고, 개인회생 등)로 연금 외 수령을 할 경우 저율(3.3%~5.5%)의 분리과세가 적용된다.
  ▶ '연금 외 수령' 시 기타소득세(16.5%)가 부과된다('부득이한 사유' 시 예외).

14 정답 ③

생존보험은 생명보험에 속한다.

〈보험의 구분〉

생명보험	손해보험
사망보험[주1], 생존보험, 생사혼합보험	화재보험, 자동차보험, 배상책임보험, 해상보험 등

* 주1 : 사망보험에는 '종신보험, 정기보험', 생존보험에는 '연금보험'이 있다.

15 정답 ①

신용공여는 외부보강 방식이다.

〈신용보강 방법〉

내부보강	외부보강
1) 후순위증권 발행(상환순위설정) 2) 초과스프레드(현금흐름차액적립) 3) 예치금[주1] 4) 초과담보설정 5) 풋백옵션	1) 지급보증 2) 신용공여

* 주1 : 예치금(Reserve)이란 ABS발행 시 일정금액의 현금을 담보로 예치하는 것을 말한다.

보충 ABS의 신용도는 기초자산을 매각하므로 자산보유자의 신용도와 분리되고 또한 신용보강을 하므로 자산보유자의 신용도보다 **높게** 발행되는 것이 일반적이다.

부동산관련 상품(5문항)

16 정답 ①

〈민법상 물권의 종류〉

물권 본권 (물건에 대한 현실적 지배를 묻지 않고 그 물건을 지배할 수 있는 권리)					
소유권 (물건이 가지는 사용가치와 교환가치를 모두 지배할 수 있는 권리)	제한물권 (소유권을 제한할 수 있는 권리)				
	용익물권 (사용가치를 제한)			담보물권 (교환가치를 제한)	
	지상권	지역권	전세권	유치권	질권	저당권

(1) 지상권 : 타인의 토지 위에 있는 건물과 기타의 공작물, 수목 등을 소유하기 위하여 그 토지를 사용할 수 있는 권리
(2) 지역권 : 설정행위에서 정한 일정한 목적(통행, 인수 등)을 위하여 타인의 토지를 자기 토지의 편익에 이용하는 물권
(3) 전세권 : 전세금을 지급하고 타인의 부동산을 점유하여 그 부동산의 용도에 따라 사용·수익하며, 후순위권리자보다 우선변제권이 인정되는 특수한 용익물권

(4) 유치권 : 타인의 물건(또는 유가증권)을 점유하는 자가 그 물건(또는 유가증권)에 대한 채권을 변제받을 때까지 해당 물건(또는 유가증권)을 유치할 수 있는 권리
(5) 질권 : 채무자가 제공하는 동산 또는 권리를 채무가 변제될 때까지 유치함으로써, 변제가 없는 경우 그 목적물로부터 우선변제 받을 수 있는 권리
(6) 저당권 : 채무자가 담보로 제공한 물건(점유는 하지 않음)에 대해 채권자가 우선변제 받을 수 있는 권리

17 정답 ①

토지에 대한 공적인 규제사항은 **토지이용계획확인원**에서 확인할 수 있다.

• '부동산 활용에 있어 관련 공부들이 나름대로 표시를 하고 있다. 면적에 관하여는 **토지대장**이, 토지의 형상에 관하여는 **지적도**가, 토지의 용도지역지구제 적용에 따른 활용가능성에 대해서는 **토지이용계획확인서** 등이 있다(2023 기본서, 1권, p375)'.

18 정답 ③

(1) 수익성지수(PI, 편익비용비율)

$= \dfrac{\text{투자로부터 얻어지게 될 장래현금흐름의 현재가치}}{\text{최초투자액}}$

$= \dfrac{1,300}{1,000} = 1.30$

(2) 장래현금흐름의 현재가치(PI비율의 분자항목) : 임대현금흐름의 현재가치 300 + 매매현금흐름의 현재가치 1,000[주1] = 1,300

* 주1 : 매매현금흐름의 현재가치 : $\dfrac{\text{투입액 + 매매차익}}{(1 + \text{할인율})^n}$ = 매매현금흐름 × 현재가치계수 = 1,250 × 0.800 = 1,000

학습안내 동 문항은 수익성지수(PI)에 대한 고급응용문제로서, 2019년 11월에 첫 출제 후 40회 시험에서 두 번째로 출제되었다.

19 정답 ③

용도지역은 '도시지역, 관리지역, 농림지역, 자연환경보전지역'의 4가지로 구성된다.

※ **용도지역 암기** : 도. 관. 농. 자 / 주. 상. 공. 녹(도시지역) / 보. 생. 계(관리지역)

보충 43회에서는 '주거지역, 상업지역, 녹지지역, 계획관리지역' 중 도시지역에 해당 하지 않은 것은? 으로 출제되었다(**정답** 계획관리지역).

4회 투자자산운용사

20 정답 ②

허가 면제 대상은 '가, 나'이다.

※ **개발행위와 개발행위 허가**

(1) 개발행위와 개발행위 허가

① 개발행위 : 건축물의 건축 또는 공작물의 설치, 토지의 형질변경, 토석의 채취, 토지분할, 물건의 적치[주1] 등을 말한다.

　*주1 : 물건의 적치 행위란 녹지지역·관리지역·자연환경보전지역에 물건을 1개월 이상 쌓아놓는 행위를 말한다.

② 개발행위 허가 : 개발행위 중 도시계획차원에서 검토가 필요하거나 관리하는 것이 타당하다고 판단되어 개발행위에 대해 허가를 받도록 하는 것을 말한다.

(2) 정 리

허가대상 개발행위	예 외[주2] (아래 경미한 사항)
건축, 공작물 설치	• 건축법상 허가 또는 신고대상에 해당하지 않는 건축물의 건축 • 공작물의 경우 무게 50톤, 부피 50m³ 이하 등의 경우(도시지역) 허가 면제
토지의 형질변경	• **경작을 위한 토지형질변경**은 허가 면제 • 높이 50cm, 깊이 50cm 이하의 절토 등의 경우 허가 면제
토석채취	채취면적 25m² 이하에서의 부피 50m³ 이하(도시지역)의 토석채취 등은 허가 면제
토지분할	**사도개설허가를 받아** 분할하는 경우 등은 허가 면제
적치행위	면적이 25m² 이하인 토지에서 전체부피 50m³ 이하(녹지지역)로 적치하는 등의 경우는 허가 면제

*주2 : '경미한 사항(경작을 위한 토지형질변경, 소규모의 토석채취 등)'의 경우 예외가 인정되어 허가를 받지 않아도 된다.

대안투자운용/투자전략(5문항)

21 정답 ③

대안투자로 분류되는 자산의 대부분은 장외시장에서 거래된다.

[추가설명] 대안투자상품은 전통적인 상품(주식, 채권)을 제외한 상품을 말하며, 대부분은 장외에서 거래된다. 우리나라 거래소의 경우 상장된 상품선물은 '금, 돈육'에 불과하므로, 나머지(원자재, 선박, 골동품, 서화 등)는 모두 장외에서 거래된다.

[31회, 33회, 38회 기출] MMF는 대안투자상품이다. [○, ×] → × (MMF는 주로 채권 및 유동성상품에 투자하므로 전통투자상품이다)

22 정답 ①

'가, 나'가 옳은 항목이다.

나. PEF참여사원의 종류

무한책임사원(GP)	유한책임사원(LP)
PEF전문운용사, 은행계 자회사 등	연기금, 은행, 보험, 재단 등

다. PEF는 '**무한책임사원(GP)**의 성명, 주민등록번호 및 주소'를 정관을 통해서 공개하며, 또한 이를 금융위원회에 등록하도록 하고 있다.

※ 기본서 내용 참조(2023 기본서, 2권, p26) : 특히 PEF의 등기·등록사항에서 유한책임사원의 내역을 제외하고 있는데, 이는 펀드 출자자의 내역을 비공개하고 있는 것과 같이 자본시장법의 원칙을 PEF에도 동일하게 적용하고 있기 때문이다.

23 정답 ①

'주식의 롱숏, 이머징마켓, 글로벌매크로, 선물거래 전략'이 방향성전략에 해당된다.

〈헤지펀드전략의 종류〉

차익거래전략	상황의존형전략
주식시장중립형(롱숏차익거래) 채권차익거래(이자율스프레드전략 등) 전환사채차익거래	합병차익거래 부실채권투자전략
방향성전략	**펀드오브헤지펀드**
주식의 롱숏(편중형)[주1] 글로벌매크로전략 이머징마켓헤지펀드전략 선물거래전략 매도전문펀드	15~30개의 헤지펀드에 분산투자, 공모로 발행

*주1 : 롱숏전략에 대한 기본서 표시(2022 기본서, 2권, p47, 49)

주식시장중립형	주식의 롱숏(편중형)
Equity Market Neutral	Equity Long/Short
Long/Short Equity (Market Neutral)	Long/Short Equity (Long 또는 Short Biased)

주의 일반적으로는 둘 다 '롱숏전략'에 포함되지만, 기본서에서는 롱숏편중형을 '주식의 롱숏(방향성전략)'으로 명칭하고 있다.

24 정답 ②

보장매수자가 보장매도자에게 프리미엄을 지급해야 거래가 성립된다.

③ CDS, FTD, CLN은 신용위험 전가만 가능하며, 시장위험 전가도 가능한 것은 TRS이다.

25   정답 ②

② 메자닌(Mezzanine) 트랜치는 잔여이익에 대한 참여권이 없다(부도율이 올라갈 경우 메자닌은 잔여이익에 대한 권리 없이 에쿼티 트랜치가 된다).
① 에쿼티 트랜치는 수익은 초기에 한번에 받으며, 만기에 남아 있는 원금을 받게 되는데 이를 업프런트(Up-front)방식이라 한다.
③ 시니어 트랜치는 세 가지 트랜치 중에서 가장 안전하지만 Mark-to-Market위험(신용평가를 통한 신용등급하락위험)에 노출될 수 있다.
④ 수퍼시니어 트랜치는 시니어트랜치의 손실을 가정할 때 설정하는 트랜치로서, 재보험사의 위험헤지 수단으로도 활용된다.

해외증권투자운용/투자전략(5문항)

26   정답 ②

'나, 다'가 틀린 항목이다.
나. 국제투자펀드는 환차익을 수익원으로 보는 경우가 많으므로 적극적으로 헤지를 하지 않는 것이 일반적이다.
다. 동조화와 통합화는 다르다(통합화는 자본시장개방 등 '인위적·제도적'인 것이지만, 동조화는 유가나 미국금리 등 '글로벌 공통요인'에 의한 현상이다).

27   정답 ②

'나'만 틀린 항목이다.
• 나 : 본국통화로 표시되는 투자수익률의 분산은 '㉠ 투자대상국 통화로 표시되는 자산수익률의 분산, ㉡ 환율변동율의 분산, ㉢ 자산수익률과 환율변동율 간의 공분산'의 3가지 요인의 합으로 구성된다.

$$※ Var(R_p) = \sigma_P^2 = \sigma_I^2 + \sigma_F^2 + 2COV_{IF}$$
$$= \sigma_I^2 + \sigma_F^2 + 2 \cdot \sigma_I \cdot \sigma_F \cdot \rho_{IF} \ (\rho_{IF} = \frac{COV_{IF}}{\sigma_I \sigma_F})$$

$Var(R_p)$: 포트폴리오P의 분산, σ_I^2 : 투자수익률의 분산, σ_F^2 : 환율의 분산, $2COV_{IF}$: 투자수익률과 환율의 공분산, ρ_{IF} : 투자수익률과 환율의 상관계수

28   정답 ③

벤치마크 포트폴리오를 정확히 모방하는 것은 완전복제법(full replication)을 말하는데, 완전복제법의 경우 인덱싱 방법 중 벤치마크수익률에 가장 근접한다는 장점이 있지만 인덱싱 과정에서 거래비용이 많아지는 단점이 있다.

[보충] 탑다운과 바텀업 전략은 '해외주식투자전략-공격적 전략'에 해당한다.

29   정답 ④

복수상장을 한다고 상장비용이 감소하는 것이 아니며, 추가상장하는 만큼 상장비용이 증가하게 된다. 미국증시뿐 아니라 해외증시에 상장할 경우 일정한 상장비용(상장유지비용 등)을 부담해야 하며, 주식시장 침체로 주식발행 등이 여의치 않을 경우에는 상장유지비용이 정당화될 수 없어서 상장폐지를 선택하기도 한다.

30   정답 ①

딤섬본드는 외국기업이 홍콩에서 위안화로 발행하는 채권을 말한다(딤섬본드는 유로채로 분류되며 외국채인 판다본드에 비해 발행자격 규제와 외국인투자제한 규제가 적다).

투자분석기법(12문항)

31   정답 ③

배당평가모형 중 '초기고속성장모형'에 해당한다(아래 풀이).
(1) 1기(0기~1년)의 현금흐름은 D_1이므로 D_1을 요구수익률로 할인한다.

$$→ 1기의 가치(P_1) = \frac{500(1 + 0.20)}{(1 + 0.10)} = 545.04원$$

(2) 2기(1년~2년)의 현금흐름은 D_2이므로 D_2를 요구수익률로 할인한다.

$$→ 2기의 가치(P_2) = \frac{500(1 + 0.20)^2}{(1 + 0.10)^2} = 595.04원$$

(3) 2기간 이후의 가치는 '요구수익률 10%, 배당성장률 5%'의 항상성장모형으로 평가한 다음(이때 g는 0.05가 적용됨에 유의), 해당 값을 현재시점으로 할인하여 구한다.
[1단계] 2기간 이후의 기간에 해당하는 보통주의 가치

$$= \frac{720(1 + 0.05)}{0.10 - 0.05} = 15,120원$$

[2단계] 15,120원을 현재시점으로 할인하여 2기 이후의 가치(P_2~P_N)를 평가한다.

$$→ P_2～P_N = \frac{15,120}{(1 + 0.10)^2} = 12,495.86$$

∴ $(P_1) + (P_2) + (P_2～P_N) =$ **약 13,636원**

[학습안내] 동 유형은 계산의 복잡성으로 출제가 어려울 것으로 보았으나 26회 시험에서 전격 출제되었음(따라서 시험대비 요망).

32 정답 ①

이자보상비율은 손익계산서 항목만으로 구성된 재무비율이다.

재무상태표 항목만으로 구성된 재무비율	손익계산서 항목만으로 구성된 재무비율	혼합비율
유동비율, 당좌비율, 현금비율, 부채비율	매출액영업이익률, 매출액순이익률, 이자보상비율	• 회전율지표(총자산회전율, 매출채권회전율 등) • 이익률지표(ROA, ROE)

33 정답 ④

총자산이 400억 원, 자기자본이 100억 원, 총부채는 300억 원이다(아래 풀이).

※ **상세풀이(듀퐁분석 활용)**

→ $\dfrac{순이익}{자기자본} = \dfrac{순이익}{총자산} \times \dfrac{총자산}{자기자본}$, $ROE = ROA \times \dfrac{총자산}{자기자본}$

→ ROE는 ROA의 4배이므로 '$4 = \dfrac{총자산}{자기자본}$'이다.

→ 총자산이 400이므로 자기자본은 100이다.

∴ 최종적으로 총부채는 300이다(총자산 400 = 총부채 300 + 자기자본 100).

34 정답 ④

총자산이익률 즉 ROA는 0.4(40%)이다.

※ **상세풀이(듀퐁분석 활용)**

(1) 듀퐁분석 활용 : $\dfrac{순이익}{총자산} = \dfrac{순이익}{매출액} \times \dfrac{매출액}{총자산}$

$ROA = 0.2 \times 2 = 0.4$

(2) 공식으로 풀기

㉠ $ROA = \dfrac{순이익}{총자산}$

㉡ 매출액순이익률 $= \dfrac{순이익}{매출액} = 0.2$, 즉 '순이익 $= 0.2 \times$ 매출액'이고 이를 ㉠식에 대입하면, $ROA = \dfrac{순이익}{총자산} = \dfrac{0.2 \times 매출액}{총자산}$, 따라서 '$ROA = 0.2 \times 2 = 0.4$'이다.

35 정답 ④

'290 - 60'이다. 영업고정비(고정비)와 재무고정비(이자비용)는 분모의 (−)항목으로 반영되므로, 단위가 클수록 결합레버리지도가 크게 나타난다.

• 결합레버리지도(DCL) $= \dfrac{매출액 - 변동비}{매출액 - 변동비 - 고정비 - 이자비용}$

공식에서 '매출액 − 변동비'는 분자와 분모가 동일하므로 분모에 있는 '고정비 + 이자비용'이 클수록 DCL도 크게 나타난다.

▶ 결합레버리지도 공식 암기 : 매변/매변고이

⟨레버리지도 계산공식⟩

영업레버리지도 (DOL)	재무레버리지도 (DFL)	결합레버리지도 (DCL)
매변 / 매변고	매변고 / 매변고이	매변 / 매변고이

36 정답 ③

투자활동과 재무활동현금흐름을 통해서 자산, 부채의 증감원인을 파악할 수 있다(자산의 변동에 직접 영향을 주는 것은 '투자활동현금흐름'이고, 부채의 변동에 직접 영향을 주는 것은 '재무활동현금흐름'이다).

※ **현금흐름표의 유용성**(재무상태표나 손익계산서에서 구할 수 없는 정보) : 2025 기본서, 2권, p262 인용)

(1) 분석대상 기업의 미래 현금흐름 추정에 도움
(2) '당기순이익'과 영업활동에서 발생한 '현금흐름'의 차이 및 원인 파악 가능
(3) 현금흐름을 부문별로 구분, 파악함으로써 실상 파악 및 중점관리 부문 파악에 도움
(4) 기업의 부채상환능력 및 배당지급능력 파악
(5) 기업의 투자활동과 재무활동을 파악함으로써 자산, 부채의 증감 원인을 구체적으로 파악

[학습안내] 43회 신유형

37 정답 ①

타인자본비중이 가장 높은 조합(①)에서 가중평균자본비용(WACC)이 가장 낮아지고 최종적으로 가장 높은 EVA가 달성이 된다.

※ **EVA공식 개념을 통한 문제풀이**

(1) EVA공식 이해 : **EVA = 세후순영업이익 − (투하자본 × 가중평균자본비용)**

따라서 보기의 조건을 대입하면 동기업의 EVA는,
'EVA = 100억 원 − (250억 원 × 가중평균자본비용[주1])'이다.

* 주1 : 가중평균자본비용(WACC) = (자기자본비율 × 자기자본비용) + {타인자본비율 × 타인자본비용 × (1 − 법인세율)}

(2) 부채를 사용할 경우 이자비용이 발생하고 이자비용은 기업의 당기순이익을 감소시키고 당기순이익이 감소하는 만큼 법인세가 절감되는 효과가 발생한다. 따라서 자기자본비용과 타인자본비용이 동일하다고 전제하였을 때, 타인자본 비중이 높을수록 법인세 절감효과가 커지고 그 결과 가중평균자본비용이 낮아진다. 따라서 **타인자본비중이 가장 높은 조합(①)에서 가장 높은 EVA가 달성**이 된다.

[학습안내] 41회차에서는 기존 기출(33회·38회)과는 달리 'EVA를 가장 적게 만드는 타인자본과 자기자본의 비중은 무엇인가?'로 변형 출제되었다(이 경우 정답은 ④).

38 정답 ④

④는 공황국면(약세 2국면)에 해당한다.

〈다우이론의 장기추세 6국면〉

매집국면 (강세 1국면)	상승국면 (강세 2국면)	과열국면 (강세 3국면)
축적단계	마크업국면 기술적추세추종단계	
	①	②
분산국면 (약세 1국면)	공황국면 (약세 2국면)	침체국면 (약세 3국면)
분배단계		
	③	④

* 매집국면 : 경제 여건이 회복되지 못하고 장래전망은 여전히 어두운 가운데, 일반투자자들은 매도하고 전문가들이 매집을 하는 국면으로서 거래량은 점차 증가한다.
* 침체국면 : 공황국면에서 미처 처분하지 못한 일반투자자들의 실망매물이 출회됨으로써 투매양상이 나타나며, 주가는 하락하지만 시간이 경과할수록 주가의 낙폭은 작아지게 된다.

39 정답 ①

MAO를 말한다. '단기이동평균 값-장기이동평균 값'을 막대로 표시한 것이 MAO이고, 선으로 표시한 것이 MACD이다.

[보충] MAO는 그 자체로 매매신호를 얻지만(양전환/음전환), MACD는 시그널과의 교차를 통해서 매매신호를 얻는다.

40 정답 ②

깃발형은 지속형패턴이며, 나머지는 반전형패턴이다.
※ 패턴의 종류
(1) 반전형 패턴 : 헤드앤쇼울더, 역헤드앤쇼울더, 이중천장형, 이중바닥형, 원형천장형, 원형바닥형, 확대형
(2) 지속형 패턴 : 삼각형, 직사각형, 깃발형, 페넌트형, 쐐기형, 다이아몬드형

41 정답 ③

Hoffman은 경제발전에 따라 2차산업 내에서 소비재부문보다 생산재부문의 생산비중이 높아진다고 한다.
※ 산업 간 불균형성장에 대한 이론
(1) Petty의 법칙과 쿠즈네츠 이론
Petty의 법칙이 노동력 뿐 아니라 **생산 및 자본에서도 성립**된다고 하는 것이 '쿠즈네츠 이론'이다.
(2) Hoffman의 법칙과 뵘바베르크 이론
소득수준이 상승함에 따라 **중간재 수요의 비중이 올라간다**는 '뵘바베르크 이론(생산의 우회화론)'은 Hoffman의 법칙과 유사하다.

42 정답 ①

(1) 한 시장 내의 모든 기업의 시장점유율이 같다면 HHI의 역수는 동등기업의 수로 해석된다. 10개의 기업이 동등한 시장점유율을 가지고 있으므로, $\frac{1}{HHI}$ = 10, 허핀달지수는 0.1이다(HHI를 소수점 단위로 표시하는 경우).
(2) 시장집중률지수(CR_k)는 상위 k개의 점유율을 말한다. 동 문항의 경우 허핀달지수가 0.1이므로, 0.1이 되는 시장집중률지수(CR_k)는 CR_1이다(CR_1은 상위 1개 기업의 시장점유율을 말하므로 0.1이 된다. [예] CR_1 = 0.1, CR_2 = 0.2, CR_3 = 0.3).
(3) 즉, 이 경우 두 지수가 같아지는 k값은 1이다.

[학습안내] 동 문항은 2019.11월 시험에 출제된 문항으로서 허핀달지수에 대한 고급 응용문제이다.

리스크관리(8문항)

43 정답 ④

세 가지 위험에 모두 노출된다.
(1) 롤오버리스크 : 장내선물계약(단기선물)으로서 10년간 헷지를 해야 하므로, 단기선물의 만기마다 발생하는 Roll over Risk에 노출된다.
(2) 자금조달리스크 : 롤오버리스크와 연동되는 것으로서, 롤링 시 마진콜이 발생할 수 있고 이때 추가증거금 납부에 따른 자금조달리스크에 노출된다.
(3) 신용리스크 : 스왑계약은 장외계약이므로 상대방의 결제불이행 위험에 노출된다.

※ 기본서 내용 참조(2023 기본서, 2권, p432)
장기 현물공급계약에 따른 리스크를 단기 선물계약에 의해 헤지하려는 전략은 갱신리스크(Roll over Risk), 자금조달리스크(Funding Risk), 신용리스크(Credit Risk) 등의 리스크를 내포하고 있다.

44 정답 ②

델타분석법은 부분가치로 평가하므로 가치평가모형을 필요로 하지 않는다.

※ **델타노말분석법**

(1) **정규분포를 전제한다.** : 표준편차(σ)를 이용해서 VaR을 측정하므로 정규분포의 전제가 필요하다(∵ 표준편차는 정규분포상의 위험지표).

(2) **부분가치로 평가한다.** : 전체 변동분(1차미분 ~ n차미분) 중에서 1차 미분치만 평가하므로 부분가치평가(partial valuation)에 해당된다.

- 따라서 비선형상품(채권, 옵션)을 델타분석법으로 평가할 경우 완전가치평가에 비해서 정확도가 떨어진다(오차^{주1}가 크지는 않음).
  * 주1 : 비선형상품 평가 시 오차를 조금이라도 줄이는 차원에서 2차 미분치까지 반영해서 VaR을 측정하는 기법은 델타감마 분석법이다.

(3) **가치평가모형을 필요로 하지 않는다.** : 가치평가모형은 완전가치평가를 위해 사용된다.

- 가치평가모형을 필요로 하는 기법 : 역사적 시뮬레이션법, 몬테카를로 시뮬레이션법

45 정답 ④

분산투자효과가 없다면(상관계수 = +1), 포트폴리오VaR은 두 자산의 VaR의 단순합산이 된다(8 + 5 = 13).

※ **상관계수별 위험저감효과(분산투자효과)**

$$VaR_P = \sqrt{VaR_X^2 + VaR_Y^2 + 2VaR_X \cdot VaR_Y \cdot \rho_{XY}}$$

㉠ $\rho = +1 \rightarrow VaR_p = VaR_X + VaR_Y$ (위험저감효과 없음)

㉡ $\rho = -1 \rightarrow VaR_p = |VaR_X - VaR_Y|$

㉢ $\rho = 0 \rightarrow VaR_P = \sqrt{VaR_X^2 + VaR_Y^2}$ (부분헤지 가능)

46 정답 ④

VaR측정값이 표본의 길이에 지나치게 의존하므로 표본의 길이에 따라 VaR측정값이 달라지는 단점이 있다.

47 정답 ②

'나, 다'가 옳은 항목이다.

가. 과거에 없었던 새로운 변화가 나타나는 경우에는 Stress Test 방식으로 VaR을 측정하는 것이 유용하다.

[보충] VaR한계점으로서 추가사항은 '설정하는 보유기간에 따라서 VaR값이 달라진다'이다.

48 정답 ②

역사적 시뮬레이션법(historical simulation method)이다. '델타분석법'은 완전가치평가가 아니며, '몬테카를로 / 스트레스검증법'은 과거 실제 표본을 사용하지 않는다.

[보충] '몬테카를로 시뮬레이션'은 ΔV측정에 사용되는 $\Delta\chi$를 과거 실제 데이터가 아니라 위험요인의 확률모형으로부터 구하는데, 이렇게 리스크 요인을 얻는 방식을 제외한 나머지는 '역사적 시뮬레이션'과 동일하다.

49 정답 ③

차례대로 '16억 원, 48억 원'이다.

(1) EL(예상손실액) = 익스포저 × 부도율 × 손실률 = 200억 원 × 0.1 × 0.8 = 16억 원

(2) EL의 변동성(신용위험액)
= 익스포저 × $\sqrt{부도율 \times (1 - 부도율)}$ × 손실률
= $200 \times \sqrt{0.1 \times 0.9} \times 0.8$
= 48억 원

▶ 부도모형(Default Mode)에서 신용위험은 예상치 못한 손실(UL)로 정의된다. 단, 신용위험액은 '예상손실의 변동성(σ_{EL})'으로 측정한다.

50 정답 ③

MTM Mode이다. EDF모형은 부도거리를 통해 신용위험을 측정하며, Default Mode는 부도발생에 대해서만 신용위험을 측정한다. 이와 달리 MTM Mode는 부도발생뿐 아니라 '신용등급변화, 신용집중 등'의 리스크도 신용손실로 인식하고 신용위험을 측정한다(MTM Mode의 신용위험 관리모형은 Credit Metrics 또는 Credit VaR이다).

* Credit VaR은 신용위험을 하나의 수치로 나타내기 때문에 신용리스크가 집중되는 것을 보다 쉽게 파악할 수 있어 신용집중리스크 관리에 용이하다.

직무윤리(5문항)

51 정답 ④

'부당권유행위 금지의무(금소법 제21조)'는 일반금융소비자와 전문금융소비자 모두를 대상으로 적용된다. 비교해서 ①, ②, ③은 일반금융소비자만을 대상으로 한다.

52 정답 ④

차례대로 '7영업일(해피콜 서비스), 5년(위법계약해지권)'이다.

※ 상품판매 이후 단계의 금융소비자보호내용
  (1) 보고 및 기록의무
  (2) 자료열람요구권
  (3) 정보의 누설 및 부당이용 금지
  (4) 관련제도
    • 판매 후 모니터링 제도(해피콜 서비스)
    • 사후구제를 위한 법적제도(법원의 소송중지, 소액분쟁사건의 분쟁조정이탈금지, 손해배상책임)
    • 위법계약해지권(37회, 40회 기출)
      [중요] 위법계약해지권은 '계약이 위법으로 체결된 사실을 안 날로부터 (   ) 이내 그리고 해당 계약이 체결된 날로부터 (   ) 이내'에 행사할 수 있다. 그리고 금융회사는 해지요구를 받은 날로부터 (   ) 이내에 그 수락여부를 통지해야 한다('정당한 사유'없이는 거절할 수 없음). → '1년, 5년, 10일'

53 정답 ①

'가'만 옳은 내용이다.

나. 사용자책임을 진 사용자는 피용자에게 구상권을 행사할 수 있다(민법 제756조).
다. 투자권유대행인은 피용자가 아니지만 민법상 사용자책임을 준용하여, 사용자가 사용자책임을 진다.

54 정답 ②

틀린 항목은 '다, 라'이다.
• 다 : 7영업일 내로 금융위원회에 보고해야 한다.
• 라 : 준법감시인의 보수지급 및 평가기준은 회사의 재무적 경영성과와 연동되지 않아야 한다(∵ 연동될 경우 준법감시인의 독립성을 저해).

55 정답 ④

적절한 보상을 지급할 수 있다.

※ 기본서 내용 참조(2023 기본서, 3권, p123)
영업점별 영업관리자가 준법감시업무로 인해 인사상 불이익을 받지 않도록 해야 하며, 영업점별 영업관리자에게 업무수행의 결과에 따라 적절한 보상을 지급할 수 있다.

자본시장과 금융투자업에 관한 법률 & 금융위원회규정(11문항)

56 정답 ③

틀린 항목은 '가, 다'이다.
가, 다. 5단계이며 고정자산에 대한 대손충당금 최소적립한도는 20%이다(아래 표 참조).
나. '고정/회수의문/추정손실('고정이하')'의 경우 적정한 회수예상가액을 산정해야 하고, '회수의문/추정손실'의 경우에는 자산을 조기에 상각하여 자산의 건전성을 확보해야 한다.

〈자산건전성분류(5단계)에 따른 대손충당금 최소적립한도〉

정 상	요주의	고 정	회수의문	추정손실
0.5%	2%	20%	75%	100%

57 정답 ③

금융투자업자는 자본적정성 유지를 위해 순자본비율을 100% 이상(영업용 순자본비율 150%에 해당)으로 유지해야 한다. 100% 미만이 될 경우에는 적기시정조치가 발동된다.

〈순자본비율에 따른 적기시정조치〉

순자본 비율	적기시정 조치	경영개선 조치
100% 미만 50% 이상	경영개선 권고	인력 및 운용조직의 개선/경비절감/점포관리의 효율화/신규업무진출의 제한/**부실자산의 처분** 등
50% 미만 0% 이상	경영개선 요구	**고위험자산 보유제한 및 자산처분**/점포의 폐쇄 및 통합 또는 신설 제한/조직의 축소/자회사 정리/임원진 교체요구/**영업의 일부 정지** 등
0% 미만	경영개선 명령	주식의 일부 또는 전부소각/**6개월 이내의 영업정지**/계약의 전부 또는 일부의 이전/요구단계의 계획수립에 대한 이행 등

[주의] 순자본비율은 영업용순자본을 총위험액으로 나누어 구한다. → X (33회/35회 출제)

58 정답 ②

틀린 항목은 '다, 라'이다.
• 다 : 기존투자자 전원의 동의를 받는 경우
• 라 : 없는 요건이다(아래 해설 참조).

※ 환매금지형 집합투자기구에서 집합투자증권의 추가발행이 가능한 사유(아래 요건 중 어느 하나를 충족 시)
  (1) 이익분배금의 범위 내에서 집합투자증권을 추가로 발행하는 경우
  (2) 기존투자자의 이익을 해할 우려가 없다고 신탁업자의 확인을 받은 경우

(3) 기존투자자의 전원의 동의를 받은 경우
(4) 기존투자자에게 집합투자증권의 보유비율에 따라서 추가로 발행되는 집합투자증권의 우선 매수기회를 부여하는 경우

59   정답 ①

신탁업자이다.

※ **기준가격산정의 적정성여부 판단주체 : 신탁업자**

집합투자재산의 보관·관리하는 신탁업자는, '**집합투자업자가 산정한 기준가격과 신탁업자가 산정한 기준가격의 편차가 1,000분의 3을 초과하는 경우에는**(적정하지 않은 경우)', 지체 없이 집합투자업자에게 시정을 요구하거나 투자회사의 감독이사에게 보고하여야 한다.

60   정답 ②

차례대로 '10%, 200%, 100%, 70%'이다(부동산펀드의 경우 '차입 200%, 대여 100%'가 특례로 인정됨).

[보충] '10%, 200%, 100%'는 자산총액이 아니라 '순자산액' 기준인 점도 유의한다.

61   정답 ④

국내 부동산의 경우, '**주택법상의 주택**'과 '**주택법상의 주택이 아닌 부동산**'을 불문하고 '취득 후 1년의 기간 이내'에는 처분이 원칙적으로 금지된다.

[비교] 국외부동산을 취득한 경우 '집합투자규약에서 정한 기간' 이내에는 처분할 수 없다.

62   정답 ④

집합투자증권의 경우 사업보고서 제출 의무 대상에서 제외된다.

[참고] 집합투자증권의 경우 운용결과를 투자자에게 그대로 귀속시키는 것이므로 즉 채권이나 주권 등과 달리 발행인의 신용위험에 노출되지 않으므로, 이러한 점을 고려하여 집합투자증권은 사업보고서 제출대상에서 제외하는 것으로 해석할 수 있다.

※ **추가이해 : 사업보고서 제출기한**
(1) 최초로 사업보고서를 제출하는 경우 : 제출대상 법인에 해당하게 된 날로부터 5일 이내에 금융위와 거래소에 제출
(2) 정기 제출의 경우 : 사업보고서는 사업연도 경과 후 90일 이내, 반기보고서 및 분기보고서는 반기 및 분기종료일로부터 45일 이내에 금융위와 거래소에 제출

[학습안내] 38회 신유형

63   정답 ①

②, ③, ④의 경우는 인출사유가 증권의 소유권이 변경되지 않는 '절차상, 형식상의 사유'이다. 그렇지만 ①은 증권의 소유권이 변경되는 사안이므로 보호예수의 예외적 인출사유가 되지 않는다.

64   정답 ③

틀린 항목은 '나, 라'이다.
나. 예비투자설명서는 효력이 발생하기 전에만 사용이 가능하다.
라. 1년에 1회 이상 업데이트를 해야 한다.

※ **투자설명서의 교부가 면제되는 자**(2025 기본서, 3권 p307 참조)
(1) 전문투자자 등 일정한 전문가
(2) 투자설명서 받기를 거부한다는 의사를 서면, 전화, 전자우편 및 이와 비슷한 전자통신, 그 밖에 금융위가 정하여 고시하는 방법으로 표시한 자
(3) 이미 취득한 것과 같은 집합투자증권을 계속하여 추가로 취득하려는 자(단, 해당 집합투자증권의 투자설명서의 내용이 직전에 교부한 투자설명서의 내용과 같은 경우만 해당)

65   정답 ④

모두 옳은 내용이다(아래 해설 참조).

※ **공공적 법인의 주식 소유 제한**(2025 기본서, 3권, p442 참조)
(1) 누구든지 공공적 법인이 발행한 주식을 누구의 명의로 하든지 자기의 계산으로 '**발행주식총수의 100분의 3**'을 초과하여 소유할 수 없다. 단, 그 주식이 상장된 당시에 발행주식총수[주1]의 100분의 10 이상을 소유한 주주는 그 소유비율까지 소유할 수 있다.

 * 주1 : 이때 '**의결권이 없는 주식**'은 발행주식 총수에 포함되지 않는다.

(2) 소유비율 한도를 초과하여 주식을 소유한 자에 대하여 금융위는 6개월 이내의 기간을 정하여 그 기준을 충족시키기 위한 시정조치를 명할 수 있다.

[학습안내] 42회 신유형

66   정답 ④

'6개월 이내의 직무정지'가 옳고, 벌금은 부과대상이 아니다.

※ **자본시장 조사업무규정**
(1) 자본시장의 불공정거래행위 등에 대한 조사업무를 말하며, 조사의 주체는 금융위 산하의 증권선물위원회이다.
(2) 조사의 실시
 ㉠ 조사대상 : 금융위 및 금감원의 업무와 관련하여 위법행위의 혐의사실을 발견한 경우/한국거래소나 기타 행정기관으로부터 위법행위의 혐의사실을 이첩 받은 경우 등

ⓒ 조사의 면제대상 : 혐의내용이 경미하여 조사의 실익이 없다고 판단되는 경우/제보가 익명 또는 가공인명의의 진정·탄원·투서 등에 의해 이루어지거나, 그 내용이 조사단서로서의 가치가 없다고 판단되는 경우 등

(3) **조사결과조치** : 고발·수사기관통보, 시정명령, 인가·등록 취소, 증권의 발행제한, 임직원제재(임원 해임요구 및 6개월 이내 직무정지, 직원 면직 등), 과징금 및 과태료 부과 등

주의 동 규정상 형사제재는 직접 하지 않으므로(고발 또는 수사기관통보), 형사벌칙에 해당하는 **벌금은 부과대상이 아니다.**

한국금융투자협회규정(3문항)

67 정답 ①
'가'만 제공 및 수령이 가능하다.
나. 경제적 가치가 3만 원 이하인 물품, 식사, 신유형상품군
다. 20만 원 이하의 경조비 및 조화, 화환

68 정답 ③
7영업일 내로 심의위원회를 소집하고 심의해야 한다.
보충 신상품보호규정 빈출 형태 : 10영업일(X) → 7영업일(O)

69 정답 ②
'100분의 10, 100분의 5'이다. 이해관계인과의 합산 기준이 100분의 10 이상이 되면 주관업무 불가, '100분의 5 이상 100분의 10 미만'인 경우는 공동으로 주관업무 수행이 가능하다.

주식투자운용/투자전략(6문항)

70 정답 ③
강형(strong form)을 말한다. '강형'은 초과수익에 관한 모든 정보가 이미 주가에 반영되었다고 보므로 액티브 운용을 시도할 필요가 없다고 본다(상세 해설은 '3회 70번' 해설을 참조).

71 정답 ③
GARCH는 위험을 추정하는 방식이다. ①, ②는 기대수익률을 추정하는 4가지 방식에 속하고, ④는 기대수익률을 추정하는 기타의 방식에 속한다.

※ 펀드멘탈 분석법(주의 35회, 38회에서 '정의' 문제로 단독출제)
• 과거 자료를 바탕으로 하되 미래의 발생상황에 대한 기대치를 추가하는 방식이다.
• 과거 시계열자료를 토대로 하되 각 자산집단별 리스크 프리미엄을 반영한다(리스크 프리미엄 반영 시 펀드멘탈을 반영하므로 '펀드멘탈분석법'이라 함).

※ 기대수익률을 추정하는 기타의 방식(2023 기본서, 4권, p29 참조)
그 외에도 자산집단의 기대수익률을 추정하는 방법으로 **경기순환접근방법**, 시장타이밍방법, 전문가의 주관적인 방법 등이 있다.

72 정답 ①
'합성풋옵션전략(OBPI전략), 방어적 풋'이다.

〈포트폴리오 보험전략의 종류〉

방어적 풋 (Protective Put)	이자추출전략 (Cash Extraction)	보험자산배분(옵션복제전략)	
		OPBI전략 (합성풋옵션전략)	CPPI전략
주식매수+풋옵션매수	채권매수+콜옵션매수	주식+채권^{주1}	주식+채권^{주2}

* 주1(OBPI에서의 '주식+채권'의 구성) : OBPI전략에서는 모형에서 풋옵션의 델타를 추출하고, '1 - 풋옵션델타절대값'만큼 주식을 편입하고 포트폴리오의 나머지 금액은 채권으로 편입한다.
* 주2(CPPI에서의 '주식 + 채권'의 구성) : CPPI전략에서는 floor를 설정하고 '쿠션 × 승수'만큼 주식을 편입하고 포트폴리오의 나머지 금액을 채권으로 편입한다.

주의 주식을 보유한 상태에서 최저 보장가치를 행사가격으로 하는 풋옵션을 매수함으로써, 만기 시에 보유하고 있는 주식의 가치가 최저보장가치 이하인 경우 풋옵션을 행사하여 최저보장가치를 확보할 수 있는 전략은 (   )이다. → 방어적 풋(또는 보호적 풋)

73 정답 ③
시장예측을 하지 않고 초단기적으로 추세에 따라가는 수동적인 전략이다.

〈운용전략 비교〉

전략적 자산배분	전술적 자산배분	보험자산배분
장기적 전략	중·단기적 전략	초단기적 전략
소극적 운용	적극적 운용(능동적)	수동적 운용
벤치마크수익률 목표	벤치마크 초과수익률 목표	최소보장수익률 방어
	Negative Feedback (하락 시 매수/상승 시 매도)	Positive Feedback (하락 시 매도/상승 시 매수)

74 정답 ①
①은 가치스타일 투자의 특성이다.
※ 성장투자스타일의 특징
(1) 성장률이 높은 기업에 대해 시장PER보다 높은 가격을 지불한다.
(2) 기업의 EPS가 미래에 증가하고 PER가 낮아지지 않는다면 주가는 최소한 EPS 증가율만큼 상승할 것으로 가정한다.
(3) 성장모멘텀 투자의 가장 큰 위험은 예측했던 EPS증가율이 예상대로 실현되지 않는 것이다(컨센서스 부합여부가 중요).
(4) 고PER, 고PBR, 저배당주에 투자하는 경향이 있다.
(5) 단기적인 이익탄력성에 투자하는 것도 성장스타일 투자방식이다.

75 정답 ③
하향식에서 섹터가 너무 포괄적이거나 너무 세부적으로 구분되면 최종적인 선정이 어려워진다.

주의 어떤 형식으로든 개별종목의 내재가치를 측정하는 기법을 가지고 있는 것은 (　　)방법이다. → 상향식(bottom up)

채권투자운용/투자전략(6문항)

76 정답 ②
차례대로 '11,248원, 10,400원, 10,000원'이다.
※ 상세 해설
- 동 복리채의 만기상환금은 '$10,000(1+0.04)^3 = 11,248원$'이다.
  - 만기상환금 계산에는 만기수익률이 반영되지 않는다(만기수익률은 가격계산 시 분모에서 할인율로 작용함).
- 동 이표채의 만기수령금은 10,400원이다(1년 후 400원, 2년 후 400원, 3년 후 10,400원).
  - 연후급 이므로 만기 시점에서 **이자 400원과 원금 10,000원을 함께 수령함**
- 동 할인채의 만기상환금은 액면금액이다(10,000원). 참고로 잔존기간 150일 시점에서의 동 할인채의 매매가격은 '$P=\dfrac{10,000}{(1+0.06 \times \dfrac{150}{365})}=\dfrac{10,000}{1.0246}=약\ 9,759원$'이다.

77 정답 ①
패리티(Parity)이다.
※ 전환사채 용어정리
(1) 패리티(%) : 현재의 주가가 전환가격을 몇 % 상회하고 있는가를 나타낸다(주식적 측면에서 본 전환사채의 이론가치).
(2) 패리티가격(원) : 전환된 주식의 시장가치를 말하며, 전환가치라고도 한다.

▶ 패리티가격 = $\dfrac{주가}{전환가격}$ × 채권액면금액 = 주가 × $\dfrac{채권액면금액}{전환가격}$ = 주가 × 전환주수(즉, 전환된 주식의 시장가치라고 할 수 있음)

(3) 괴리(전환프리미엄) = 전환사채의 시장가격 − 패리티가격
- 전환프리미엄은 보통 양(+)의 값을 갖는다.
(4) 괴리율(%) : 괴리를 패리티가격으로 나눈 것을 말하며, 전환사채의 가격 수준이 적정가 대비 얼마나 싸거나 비싼지 정도를 나타낸다.

78 정답 ③
수의상환채권(콜옵션부채권)은 금리하락기에 옵션행사가능성이 높아진다(콜옵션의 보유자는 채권을 발행한 기업이며, 금리하락기에 콜옵션을 행사하여 채권을 조기에 상환하고 발행금리보다 낮게 재발행한다면 조달금리를 절감할 수 있다).

〈합성채권의 분류〉

주식관련 사채		
CB	BW	EB
전환권	신주인수권	교환권
부채 ↓ 자본 ↑	부채 − 자본 ↑	부채 ↓ 자산 ↓
기존채권 소멸	기존채권 존속	기존채권 소멸

옵션부사채	
콜옵션부채권	풋옵션부채권
콜옵션(발행기업)	풋옵션(투자자)
금리하락기에 옵션행사가능성↑	금리상승기에 옵션행사가능성↑
채권가치 = 일반채권 − 콜옵션가치	채권가치 = 일반채권 + 풋옵션가치

79 정답 ①

듀레이션이 큰 순서는 'A > C > B > D'이다(아래 공식을 적용).

[공식] 채권가격의 변동성(듀레이션)↑ = f(표면이율↓, 잔존만기↑, 만기수익률↓)

* 듀레이션이 큰 순서이므로 먼저 듀레이션이 제일 큰 채권을 찾고(표면이율이 가장 낮고 잔존만기가 가장 길고 만기수익률이 가장 낮은 채권), 순차적으로 같은 원리를 적용한다.
* B와 D는 표면이율과 잔존기간이 동일하지만, 만기수익률이 낮은 B의 듀레이션이 더 크다.

80 정답 ②

동 채권의 볼록성(convexity)은 44이다(아래 상세풀이).

※ 상세풀이

듀레이션과 볼록성을 모두 반영한 채권가격변동률의 공식은

$$\frac{\Delta P}{P} = \left\{ (-) \times \frac{맥컬레이듀세이션}{(1+r)} \times \Delta r \right\} + \left\{ \frac{1}{2} \times convexity \times (\Delta r)^2 \right\}$$

이며, 이 산식을 이용하여 볼록성을 구할 수 있다.

→ $\frac{\Delta P}{P} = \{ (-) \times 수정듀레이션 \times \Delta r \} + \left\{ \frac{1}{2} \times convexity \times (\Delta r)^2 \right\}$

→ $(-)2.65\% = \{ (-) \times 2.87 \times 1\% \} + \left\{ \frac{1}{2} \times convexity \times (0.01)^2 \right\}$

→ 양변에 100을 곱하면, $(-)2.65 = (-)2.87 + (\frac{1}{2} \times convexity \times 0.01)$

→ $(+)0.22 = (\frac{1}{2} \times convexity \times 0.01)$

→ 양변에 100을 곱하면, $(+)22 = \frac{1}{2} \times convexity \times 1$,

$(\therefore) convexity = 22 \times 2 = 44$

[주의] 만기수익률 변동이 1%가 아닌 경우는 '약식계산법(양변에 100을 곱하는 방식)'을 사용할 수 없고 '오리지널 방식(공식)'으로 풀어야 한다.

81 정답 ③

면역전략의 특성상 자본소득(채권매매수익)과 이자소득(재투자수익)을 동시에 추구할 수 없다(▶ 32회, 38회 기출).

※ 채권면역전략 - 전통적 면역전략 개념

투자기간과 듀레이션을 일치시킴 → '자본손익(채권매매손익)과 이자소득(재투자수입)'이 상쇄[주1] → 시장수익률의 변동방향과 관계없이 일정한 현금흐름을 확보

* 주1
  • 시장수익률 상승 시 → '채권가격 하락분과 이자수입 증가분'이 상쇄 → 일정한 현금흐름 유지
  • 시장수익률 하락 시 → '채권가격 상승분과 이자수입 감소분'이 상쇄 → 일정한 현금흐름 유지

파생상품투자운용/투자전략(6문항)

82 정답 ④

베이시스(basis)를 말한다.

※ 베이시스(basis)의 의미 : 2025 기본서, 4권, p308 참조

(1) 베이시스란 임의의 거래일에 있어서 현물가격과 선물가격의 차이를 의미한다.
  ㉠ 시장베이시스 :
     선물시장가격-현물시장가격($b_t = F_t - S_t$)
  ㉡ 이론베이시스 :
     선물이론가격-현물시장가격($b^* = F^* - S_t$)

(2) 이론베이시스($F^* - S_t$)는
  보유비용 $\left[S_t \left\{ (r-d) \times \frac{T-t}{365} \right\} \right]$과 같다.

  → $F^* - S_t$
  → $F^* - S_t = S_t \left\{ 1 + (r-d) \times \frac{T-t}{365} \right\} - S_t$
  → $F^* - S_t = S_t \left\{ (r-d) \times \frac{T-t}{365} \right\}$

→ 좌변은 이론베이시스, 우변은 보유비용이다. 즉 '이론베이시스 = 보유비용'

[학습안내] 베이시스(Basis)의 정의에 대해서는 42회에서 처음으로 출제되었다.

83 정답 ②

'옵션프리미엄(5) = 내재가치(3) + 시간가치(2)'이다. 그리고 동 콜옵션은 '내재가치가 있는 상태(내재가치 > 0)'이므로 내가격(In The Money) 옵션이다.

〈옵션가격〉

내재가치(Y_C)	시간가치	옵션가격(옵션프리미엄)
3	2	5

$Y_c = Max(S_T - X, 0) = Max(153 - 150, 0) = 3$

4회 투자자산운용사

84 정답 ①

행사가격이 **낮은** 콜옵션을 매수하고 행사가격이 **높은** 콜옵션을 매도한다(아래 포지션예시 참조).

※ 강세 콜 스프레드(Call Bull Spread)
  (1) 포지션 예시 : C(80)을 매수하고 C(90)을 매도한다.
  (2) 초기 순지출/순수입 여부 : C(80)이 C(90)보다 비싼 옵션이므로 초기 순지출이 발생한다.
  (3) 수직스프레드이다.

〈수평스프레드 VS 수직스프레드 예시〉

수평스프레드	수직스프레드
C(90) 1개월물 매수/C(90) 2개월물 매도	C(80) 매수/C(90) 매도
동일한 행사가격이지만, 만기가 다른 두개의 옵션을 동시에 매수/매도	행사가격이 다른 옵션을 동시에 매수/매도

85 정답 ②

변동성이 확대될 때 수익이 나는 포지션은 변동성매수 전략으로서 스트래들 매수이다(1개). 스트랭글매도는 변동성매도전략, 콜옵션매수와 콜옵션매도는 변동성과 관계없는 방향성 전략이다.

[보충] '강세콜스프레드, 강세풋스프레드, 약세콜스프레드, 약세풋스프레드' 중에서 기초자산가격이 하락할 경우 수익이 나는 포지션은 (   ), (   )이다.
→ 약세콜스프레드(bear call spread), 약세풋스프레드(bear put spread)

〈옵션투자전략의 종류〉

방향성전략		변동성전략	
상승 시 수익	하락 시 수익	변동성 증가 시 수익	변동성 감소 시 수익
콜옵션매수 풋옵션매도	풋옵션매수 콜옵션매도	스트래들매수 스트랭글매수	스트래들매도 스트랭글매도
강세콜스프레드 강세풋스프레드	약세콜스프레드 약세풋스프레드		

86 정답 ③

주식가격이 상승하면 주식비중이 증가한다(포트폴리오보험전략은 Positive Feedback).

[추가설명] 동적자산배분전략에서는 '$w_s(S_t) + w_B(S_t) = 1$'이다. 주가가 상승하면 주식비중이 증가하고 채권비중이 감소한다($w_s \uparrow$, $w_B \downarrow$).

87 정답 ②

2차 미분치인 감마는 곡률(곡선의 구부러진 정도)에 나타나는데 ATM(등가)에서 곡률이 가장 크다. 그리고 만기에 근접할수록 내재가치에 수렴하므로 곡률이 더욱 커지게 된다(시대에듀 한권으로 끝내기, 2권, p363 그림 참조).

투자운용결과분석(4문항)

88 정답 ①

'가, 나'는 금액가중수익률, '다'는 시간가중수익률이다.

〈금액가중수익률 vs 시간가중수익률〉

금액가중수익률	시간가중수익률
자금의 유출입에 영향을 받는다.	자금의 유출입에 영향을 받지 않는다.
내부수익률(IRR)	기하수익률
펀드매니저와 투자자의 공동의 성과(투자기간을 고려한 투자자의 실제수익률)	펀드매니저만의 운용능력 측정
펀드 간 비교불가	펀드 간 비교가능

89 정답 ①

시장수익률이 10% 상승하였다고 가정할 때, '①은 -5%, ②는 0%, ③은 +10%, ④는 +20%' 상승함을 말한다.

[추가예시] 약세장에서 '베타 -1.0, -0.5, +0.5, +1.0' 중에서 수익률이 가장 높게 나타나는 개별종목의 베타는?(35회, 38회 기출)
→ -1.0이다(시장수익률이 10% 하락하였다고 가정할 때, 베타에 따른 개별주식의 수익률은 '-1.0/+10%, -0.5/+5%, +0.5/-5%, +1.0/-10%'이다).

90 정답 ③

'첨도, 3'이다.

※ 왜도와 첨도
  (1) 왜도(Skewness)란 분포의 기울어진 정도를 뜻한다.
  (2) 첨도(Kurtosis)는 수익률분포의 가운데 봉우리 부분이 얼마나 뾰족한가를 측정하는 지표이다.
  (3) 정규분포의 왜도는 0, 첨도는 3이다.

[36회 기출] (   )는 수익률분포의 '기울어진 정도'를 말하고, (   )는 수익률분포에서 봉우리 부분이 얼마나 뾰족한 가를 측정하는 지표이다. → 왜도, 첨도

91
정답 ②

'샤프비율은 A, 트레이너비율은 C'가 가장 높게 나타난다.

〈계 산〉

구 분	A	B	C	D
샤프비율	$\frac{18-3}{20}$ $=0.75$	$\frac{20-3}{25}$ $=0.68$	$\frac{24-3}{30}$ $=0.70$	$\frac{26-3}{40}$ $=0.58$
트레이너 비율[주1]	$\frac{18-3}{1.2}$ $=12.50$	$\frac{20-3}{1.4}$ $=12.14$	$\frac{24-3}{1.6}$ $=13.13$	$\frac{26-3}{1.8}$ $=12.78$

*주1 : 트레이너비율 계산 시 베타(β)는 %단위로 본다. 즉 A의 경우 · $\frac{18\% - 3\%}{1.2\%} = 12.50$'이다.

거시경제(4문항)

92
정답 ④

3가지 구축효과 중에서 국민소득(Y)의 증가효과가 없는 것은 완전구축효과이다.

〈구축효과의 3가지 종류(정책효과 = 재정정책 효과)〉

완전구축효과	부분구축효과	무구축효과
정책효과 : 없음	정책효과 : 일부 있음	정책효과 : 극대화
고전학파 이론	일반적인 상태에서 나타남	유동성함정구간 (LM = 수평)에서 나타남
	케인즈학파 이론	

93
정답 ②

'리카르도 불변정리(RET ; Recardian Equivalence Theorem)'이다.

※ **리카르도 불변정리**(2025 기본서, 5권, p17 인용)

RET(Recardian Equivalence Theorem)의 주요 결론은 다음과 같다. 합리적 경제주체는 현재 세금의 감소를 미래 세금의 증가로 인식하기 때문에, 세금 감소는 민간의 저축을 증가시킬 뿐 총수요에는 변동이 없다는 것이다. 즉 합리적 기대학파는 정부 공채를 부(wealth)로 간주하지 않음으로써, 소비가 증가하지 않아 총수요가 변동하지 않게 된다고 주장했다.

[학습안내] 41회 신유형이다.

94
정답 ②

'경기저점과 (다음)경기저점' 또는 '경기정점과 (다음)경기정점' 간의 거리(기간)를 **순환주기**라 한다. 경기저점과 경기고점 간의 높이는 심도(深度) 또는 진폭이라 한다. 그리고 ④는 경기순환의 비대칭성을 말한다.

[비교] 경기저점과 경기정점 간의 기간은 확장국면(expansion)이다.

95
정답 ③

GNI는 한나라의 국민이 생산활동에 참여한 대가로 받은 소득의 합계로서, 해외로부터 국민이 받은 소득은 **포함하고** 국내총생산 중에서 외국인에게 지급한 소득은 **제외한다**. 그리고 ④에서 명목 기준과 실질기준의 차이에 유의한다(아래 표 참조).

〈GDP에서 GNI로의 전환〉

구 분	내 용
명목기준	명목GDP ± 명목 국외순수취요소소득[주1] = 명목GNI
실질기준	(1) 실질GDP ± 교역조건에 따른 실질무역손익 = 실질GDI (2) 실질GDI ± 실질국외순수취요소소득 = 실질GNI

*주1 : 거주자의 국외수취요소소득은 더하고 외국인에게 지급한 국외지급요소소득은 제외한다.

분산투자기법(5문항)

96
정답 ②

'자본시장선(CML), 증권시장선(SML)'이다.

〈자본시장선 vs 증권시장선〉

자본시장선(CML)	증권시장선(SML)
(1) 효율적 포트폴리오의 기대수익률과 위험(표준편차)의 선형관계	(1) 개별증권의 기대수익률과 위험(베타)의 선형관계
(2) 완전히 분산투자된 효율적 포트폴리오만 위치 가능	(2) 개별증권 및 비효율적 포트폴리오도 위치 가능
(3) 개별증권에 투자할 경우 CML선 아래에 위치하게 된다(∵ 위험 보상비율이 CML보다 낮으므로)	(3) 충분히 분산된 포트폴리오에 투자할 경우 'SML = CML'이 된다 (이때 베타는 1).
(4) CML식 $\rightarrow E(R_P)$ $= R_F + \frac{E(R_M) - R_F}{\sigma_M} \cdot \sigma_P$	(4) SML식 $\rightarrow E(R_P)$ $= R_F + \beta_F[E(R_M) - R_F]$

97 정답 ②

변동성보상비율(RVAR) $= \dfrac{R_A - R_F}{\sigma_A} = \dfrac{6\% - 3\%}{4\%} = 0.75$,

즉 변동성보상비율(위험보상비율)은 0.75이다.

※ **자본배분선(CAL)의 변동성보상비율**
  (1) 효율적투자기회선 상의 위험자산과 무위험자산을 편입한 포트폴리오의 기대수익률은
  $E(R_P) = R_F + \dfrac{E(R_A) - R_F}{\sigma_A} \sigma_P$ 이다.
  이 산식이 자본배분선(CAL)이며, 자본배분선의 변동성보상비율은 $\dfrac{E(R_A) - R_F}{\sigma_A}$ 인데 이는 곧 자본배분선의 기울기에 해당한다.
  (2) 변동성보상비율은 편입자산의 투자비중과 관계없이 일정하다(아래 예시).
    ㉠ 5:5의 경우 : 포트폴리오 수익률은 $(6\% \times 0.5) + (3\% \times 0.5) = 4.5\%$,
    포트폴리오 표준편차는 $(4\% \times 0.5) = 2\%$,
    따라서 RVAR은 $(4.5\% - 3\%) / 2\% = 0.75$
    ㉡ 7:3의 경우 : 포트폴리오 수익률은 $(6\% \times 0.7) + (3\% \times 0.3) = 5.1\%$,
    포트폴리오 표준편차는 $(4\% \times 0.7) = 2.8\%$,
    따라서 RVAR은 $(5.1\% - 3\%) / 2.8\% = 0.75$

  [cf] 다른 해석 : 변동성보상비율은 기울기에 해당하며, 기울기는 투자비중과 관계없이 일정하다. 즉 RVAR은 편입비중과 관계없이 0.75로 동일하다.

98 정답 ①

자본시장의 균형상태에서는 포트폴리오 간의 위험프리미엄(위험보상비율)이 동일해야 한다(SML식의 도출과정).

따라서 $\dfrac{10-5}{0.5} = \dfrac{8-5}{x}$, 즉 $x = 0.3$

[학습안내] 동 문항은 'CAPM 이론상 자본시장의 균형상태로 만드는' 베타를 구하는 것으로 출제된 것인데, 28회 시험에서는 'APT 이론상 더 이상의 차익거래가 불가능한' 베타를 구하는 것으로 출제되었다. 접근 개념상 차이가 있으나, 균형상태를 만드는 베타를 구하는 풀이과정은 동일하다.

99 정답 ②

(1) SML균형식 : $E(R_J) = R_F + [E(R_M) - R_F]\dfrac{\sigma_{jm}}{\sigma_m^2}$
   $= 3\% + 0.6(13\% - 3\%) = 9.0\%$

(2) 베타 : $\dfrac{\sigma_{jm}}{\sigma_m^2} = \dfrac{\rho_{jm}\sigma_j\sigma_m}{\sigma_m^2} = \dfrac{0.5 \times 0.6 \times 0.5}{0.25} = 0.6$

[주의] 32회 시험에서는 '시장수익률의 분산'이 아닌 '시장수익률의 표준편차'를 제시하였다. 이 경우 표준편차를 분산으로 전환하여 계산하여야 한다.

100 정답 ②

틀린 항목은 '다, 라'이다.
- 다 : 포뮬러플랜이 아니라 '시장투자적기포착전략'이다.
  - 시장투자적기포착전략은 '위험자산+무위험자산'의 비중조절을 통해 초과수익을 추구하며, 포뮬러플랜은 '주식+채권'의 비중조절을 통해 초과수익을 추구하는 전략이다.
- 라 : 업그레이딩(Upgrading)이 아니라 리밸런싱(Rebalancing)이다.

※ **포트폴리오 리밸런싱과 업그레이딩(2023 기본서, 5권, p187 참조)**
  (1) 포트폴리오 리밸런싱
  포트폴리오 리밸런싱(portfolio rebalancing)의 목적은 상황변화가 있을 경우 포트폴리오가 갖는 원래의 특성을 그대로 유지하고자 하는 것이다. 주로 구성종목의 상대 가격의 변동에 따른 투자비율의 변화를 원래대로의 비율로 환원시키는 방법을 사용한다.
  (2) 포트폴리오 업그레이딩
  포트폴리오 업그레이딩(portfolio upgrading)은 위험에 비해 상대적으로 높은 기대수익을 얻고자 하거나, 기대수익에 비해 상대적으로 낮은 위험을 부담하도록 포트폴리오의 구성을 수정하는 것이다.

투자자산운용사 실제유형 모의고사 + 특별부록
PREMIUM PLUS VER 1.0

개정21판2쇄 발행	2026년 01월 15일 (인쇄 2026년 01월 08일)
초 판 발 행	2019년 04월 05일 (인쇄 2019년 02월 15일)
발 행 인	박영일
책 임 편 집	이해욱
편 저	㈜유스터디에듀, 유창호
편 집 진 행	김준일 · 이경민 · 오다움
표지디자인	김도연
편집디자인	하한우 · 김경원
발 행 처	(주)시대고시기획
출 판 등 록	제10-1521호
주 소	서울시 마포구 큰우물로 75 [도화동 538 성지 B/D] 9F
전 화	1600-3600
팩 스	02-701-8823
홈 페 이 지	www.sdedu.co.kr
I S B N	979-11-434-0511-1 (13320)
정 가	55,000원

※ 이 책은 저작권법의 보호를 받는 저작물이므로 동영상 제작 및 무단전재와 배포를 금합니다.
※ 잘못된 책은 구입하신 서점에서 바꾸어 드립니다.

배우기만 하고 생각하지 않으면 얻는 것이 없고,
생각만 하고 배우지 않으면 위태롭다.

- 공자 -

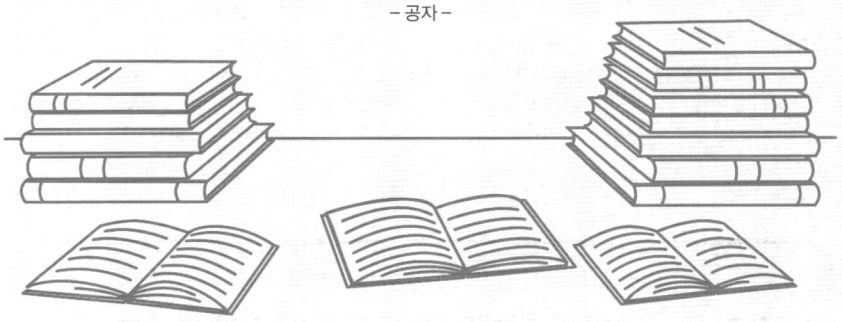

패스코드는 플랜별 학습이 가능하도록 구성된 교재입니다.
제공되는 합격 플랜을 확인하신 후 학습하시면 보다 효율적이고 체계적인 학습이 가능합니다.

특별부록 I

빈출포인트
파이널체크 O/✕ 퀴즈
(전 범위 기출지문 모음)

시대에듀

www.sdedu.co.kr

투자자산운용사 제1과목 20문항
금융상품 및 세제

제1장 세제관련 법규/세무전략(7문항)

01 소득세·법인세·부가가치세 등은 (국세 / 지방세)이며, 취득세·등록면허세 등은 (국세 / 지방세)이다.

02 종합부동산세는 (　　　)이고 재산세는 (　　　)이다.

03 부가가치세, 증권거래세, 주세, 인지세는 (직접세 / 간접세)이다.

04 ○× 세법에 규정하는 기한이 공휴일·토요일·근로자의 날에 해당하는 때에는 그 전날을 기한으로 한다.

05 우편으로 서류를 제출하는 경우에는 (통신일부인이 찍힌 날 / 도착하는 날)에 신고가 된 것으로 본다.

06 ○× 정보통신망을 이용한 송달은 과세 관청이 필요한 경우에 한하여 사용할 수 있는 송달 방식이다.

07 공시송달은 해당 서류의 요지를 공고한 날로부터 (　　)이 경과함으로써 서류가 송달된 것으로 보는 것을 말한다.

08 소득세, 법인세, 부가가치세는 (　　　　　)에 납세의무가 성립한다.

09 상속세는 (　　　　)에, 증여세는 (　　　　)에 납세의무가 성립된다.

10 납세의무는 (　　), (　　), (　　)의 세 가지 방식으로 확정된다.

정답
01 국세, 지방세
02 국세, 지방세
03 간접세
04 × ▶ 그 다음날
05 통신일부인이 찍힌 날
06 × ▶ 정보통신망을 이용한 송달은 서류송달을 받을 자가 신청하는 경우에 한하여 행한다.
07 14일
08 과세기간이 종료하는 때
09 상속이 개시된 때 / 증여재산을 취득한 때
10 신고확정, 부과확정, 자동확정

투자자산운용사

11 소득세나 부가가치세는 (　　　　), 상속세나 증여세는 (　　　　　　), 인지세나 원천징수하는 소득세 등은 (　　　　　　)로 납세의무를 확정한다.

12 과세표준과 세액을 납세의무자가 신고함으로써 납세의무가 확정되는 방식은 (신고확정 / 부과확정 / 자동확정)이다

13 납세의무가 소멸되는 것은 (　　　　), (　　　　), (　　　　)의 3가지에 의한다.

14 부과된 국세를 징수하는 기간을 (제척기간 / 소멸시효)(이)라고 하며, 5년(5억 원 이상 10년)을 적용한다.

15 [O|X] 납세고지, 독촉, 납부최고, 교부청구, 압류의 경우에는 이미 경과된 시효의 효력이 중단된다.

16 [O|X] 법정기한 내에 과세표준 신고서를 제출하지 않은 경우 수정신고나 경정청구의 대상이 된다.

17 과세표준 수정신고서를 법정신고기한 경과 후 (　　　) 이내에 제출하는 경우에는 그 경과기간에 따라 과소신고가산세의 일부를 경감하며, 경정청구는 법정신고기한 경과 후 (　　　) 이내에 청구함으로써 세액의 환급을 받을 수 있다.

18 조세불복제도에는 (　　), (　　), (　　)가 있으며, 처분을 안 날로부터 (　　　) 이내에 제기해야 한다.

19 조세불복제도로서 심사청구는 그 처분을 안 날로부터 (　　　) 이내에 (　　　)에게 제기하는 불복절차이다.

20 우리나라 소득세는 (소득발생지 / 주소지) 과세제도를 채택하고 있다.

21 소득세법상 거주자는 국내에 주소를 두거나 (　　　) 이상 거소를 둔 개인을 말하며, 국적과는 관계가 없다.

22 조세조약이 체결되지 않은 국가의 비거주자의 경우, 국내사업장이나 부동산임대소득이 있는 비거주자는 국내원천소득에 대해서 (　　　　)로 과세한다.

23 비거주자의 경우, 국내사업장이나 부동산임대소득이 없는 비거주자는 국내원천소득에 대해서 (　　　　)로 과세한다.

정답
11 신고확정 / 부과확정 / 자동확정
12 신고확정 ▶ 정부가 확정하면 부과확정, 납세의무가 성립되는 때에 특별한 절차 없이 확정되는 것은 자동확정이다.
13 납부나 충당 또는 부과취소가 있는 때, 제척기간이 만료된 때, 소멸시효가 완성된 때
14 소멸시효 ▶ 국세를 부과하는 기간 – 제척기간, 부과된 국세를 징수하는 기간 – 소멸시효
15 O ▶ 압류 등은 시효중단사유이다.
16 X ▶ 기한 내 신고를 하지 않은 경우는 무신고가산세의 대상이며, 기한 내 신고를 했는데 과소신고를 한 경우 수정신고의 대상이고, 과다신고를 한 경우 경정청구의 대상이다.
17 2년 / 5년
18 이의신청, 심사청구, 심판청구 / 90일 ▶ 심사청구는 국세청장(또는 감사원장)을 대상으로 한다.
19 90일, 국세청장(또는 감사원장) ▶ 비교 심판청구는 '90일, 조세심판원장'이다.
20 주소지 ▶ 소득발생지에 불구하고 주소지를 납세지로 한다.
21 183일 ▶ cf 과세지는 소득발생지가 아닌 '주소지 과세제도'를 택하고 있다.
22 종합과세 ▶ 조세조약체결국가의 경우, 금융소득이 국내사업장이나 부동산임대소득과 관련성이 있는 경우 종합과세한다.
23 분리과세

부록 — 투자자산운용사

24 분류과세의 대상이 되는 소득은 (   ), (   )이다.

25 환매조건부채권의 매매차익은 소득세법상 (이자소득 / 배당소득)으로 분류된다.

26 대금업에 해당하지 않는 금전대여로 인해 받는 이자를 (   )라 하며 소득세법상 이자소득으로 분류된다.

27 집합투자기구로부터의 이익은 소득세법상 (이자소득 / 배당소득)으로 분류된다.

28 무기명채권의 이자와 할인액은 (약정에 의한 지급일 / 실제 지급을 받은 날)을 수입시기로 한다.

29 합병이나 자본감소 등의 재무활동을 통해 잉여금이 발생한 경우 (   )으로 간주하여 배당과세하며, 해산의 경우 (해산일 / 잔여재산가액확정일)을 배당소득의 수입시기로 한다.

30 ○ × 분할합병의 경우 분할합병 후 주식을 지급받는 날을 배당소득의 수입시기로 한다.

31 법인세법에 의하여 배당으로 처분된 금액은 (인정배당 / 의제배당)으로서 배당소득으로 과세된다.

32 배당세액공제제도에서의 배당가산액(Gross-Up)은 배당소득의 (   )이다.

33 배당세액공제는 '(   ), 내국법인으로부터 받은 배당소득일 것, 금융소득종합과세 기준금액인 2천만 원을 초과하는 배당소득일 것'의 세 가지 요건을 모두 충족 시 적용된다.

34 무조건 분리과세소득을 제외한 금융소득이 5천만 원일 경우, 금융소득종합과세 제도상 종합소득신고대상이 되는 금융소득은 (3천만 원 / 5천만 원)이다.

35 금융소득 2천만 원까지는 원천징수로써 납세의무가 종결되는데 이를 (   ) 원천징수라고 하고, 2천만 원 초과분에 대해서는 종합소득에 합산하여 종합과세하며 이때 지급 시 징수한 원천징수세액을 결정세액에서 차감하게 되는데 이를 (   ) 원천징수라 한다.

정답
- **24** 양도소득, 퇴직소득 ▶ 분류과세와 분리과세는 다른 개념이다.
- **25** 이자소득
- **26** 비영업대금의 이익 ▶ 비영업대금 이익의 원천징수세율은 25%이다.
- **27** 배당소득
- **28** 실제 지급을 받은 날 ▶ '약정에 의한 지급일'은 기명채권의 수입시기이다.
- **29** 의제배당, 잔여재산가액확정일
- **30** × ▶ '분할합병등기일'이다.
- **31** 인정배당 ▶ 참고로 인정배당의 수입시기는 '당해 사업연도 결산일'이다.
- **32** 10% ▶ 24년 개정사항으로서 11%에서 10%로 변경되었다.
- **33** 법인세가 과세된 소득에서 지급되는 배당소득일 것
- **34** 5천만 원 ▶ 무조건 분리과세소득을 제외한 금융소득이 2천만 원을 초과하는 경우, 그 전체 금액을 종합소득신고대상으로 한다. 즉 5천만 원이 신고대상금액이 되는데, 단 2천만 원까지는 14%의 원천징수가 적용되므로 결과적으로 종합과세율이 적용되는 금융소득은 2천만 원 초과분(3천만 원)에 해당된다(패스코드 1회 6번 참조).
- **35** 완납적, 예납적

36 원천징수의무자는 원천징수한 세액을 다음 달 (　　) 까지 관할세무서에 납부해야 한다.

37 원천징수세율은 비영업대금의 이익의 경우 (　　), 직장공제회 초과반환금의 경우 기본세율, 출자공동사업자의 배당소득의 경우 (　　), 법원에 납부한 보증금 및 경락대금에서 발생하는 이자소득의 경우 (　　) 이다.

38 분리과세를 신청한 장기채권의 이자와 할인액은 (　　), 법원보관금의 이자는 (　　), 직장공제회 초과반환금은 (　　) 의 분리과세율로 과세하고 납세의무를 종결한다.

39 연간 (　　) 이하의 기타소득은 분리과세로서 납세의무를 종결할 수 있다.

40 ○× 조세조약이 체결된 국가의 비거주자의 경우, 국내에 고정사업장이 있거나 부동산임대사업소득이 있고 당해 비거주자의 금융소득이 이와 연관될 경우는 금융소득이 2천만 원을 초과하지 않아도 종합과세한다.

41 국내사업장이 없는 비거주자나 외국법인에게 이자소득 등의 투자소득을 지급할 경우에는(조세조약이 체결된 것으로 가정), 제한세율과 우리나라 소득세법상의 원천징수세율 중 (높은 / 낮은) 세율을 적용하여 과세한다.

42 비거주자가 유가증권매매로 양도소득을 얻은 경우에는(국내원천소득 중 '유가증권양도소득'을 말하며, 취득가액과 양도비용이 확인되는 것으로 가정함), 양도가액의 (　　) 와 양도차익의 (　　) 중 적은 금액으로 과세한다.

43 ○× 파생상품의 경우, '국내사업장이 없는 비거주자의 장내파생상품 소득'과 '위험회피목적거래를 통한 비거주자의 장외파생상품 소득'은 국내원천소득으로 보지 않는다.

44 ○× 소득세법상 '양도'라 함은 반대급부를 수반하는 유상이전만을 말하며, 유상이전의 형태는 매도·교환·현물출자는 물론이고 대물변제나 공용수용 등도 포함한다.

45 ○× 주권상장법인 주식의 양도소득은, 장내거래에 대해서는 세법상 대주주에 한하여 과세하며 장외거래에 대해서는 대주주·소액주주 구분 없이 과세한다.

정답
36 10일
37 25% / 25% / 14%(지방세 제외 기준) ▶ 원천징수세율이 가장 높은 것은 '비실명거래로 인한 금융소득(45% 또는 90%)'이다.
38 30%, 14%, 기본세율 ▶ 기본세율은 과세표준 구간별로 6%에서 45%로 과세하는 것을 말한다.
39 300만 원 ▶ 300만 원 이하 기타소득은 선택적 분리과세대상이다(38회 기출).
40 ○ ▶ 국내사업장이나 부동산임대사업소득이 없거나, 있더라도 금융소득과 연관이 없는 경우는 분리과세한다.
41 낮은 ▶ 조세조약이 체결되지 않은 국가의 비거주자인 경우는 법정원천징수세율로 과세한다(분리과세).
42 10% / 20%
43 ○ ▶ 즉 비과세이다(비거주자의 경우 국내원천소득이 아니면 비과세).
44 ○
45 ○ ▶ 비교 소액주주의 상장주식 장내거래 양도소득은 비열거소득으로서 비과세이다.

부록 투자자산운용사

46 주식에 대한 양도소득세율에서, 소액주주가 양도하는 중소기업주식은 (　　　　)로, 대주주가 양도하는 1년 미만 보유의 대기업 주식은 (　　　　)로, 나머지는 (　　　　)로 부과한다.

47 '파생상품 등(코스피200을 기초자산으로 하는 선물·옵션·ELW, 주가지수관련 장외파생상품 등)'에 대해서는 2025년 현재 탄력세율 (5% / 10%)로 과세하고 있다.

48 ○× 주가지수관련 장외파생상품도 양도소득세 과세대상이 된다.

49 ○× 부동산임차권에 대한 매매차익은 양도소득세의 과세대상이 된다.

50 ○× 한국토지주택공사가 발행하는 토지상환채권이나 주택상환채권에 대한 매매차익은 양도소득세의 과세대상이다.

51 양도가액에서 (　　　　)를 빼면 양도차익이 되고, 양도차익에서 (　　　　)를 빼면 양도소득이 되며, 양도소득에서 (　　　　)를 빼면 (　　　　)이 된다.

52 양도 당시의 실지거래가액을 확인할 수 없는 경우 '(　　　), (　　　), (　　　), (　　　)'을 순차적으로 적용하여 양도가액을 추계한다.

53 양도소득이 있는 거주자에 대하여 당해 연도의 양도소득금액에서 (　　　), (　　　), (　　　) 별로 각각 연 250만 원을 공제한다.

54 ○× 비상장주식을 매매하여 양도차익이 발생한 경우 양도소득세가 과세되며, 이때 증권거래세는 필요경비로 인정된다.

55 ○× 세법상 대주주가 3년 이상 보유한 상장주식을 양도하여 양도차익이 발생한 경우 장기보유특별공제가 적용된다.

56 ○× 채권의 매매가 확정되는 때에도 증권거래세가 부과된다.

정답
46 10%, 30%, 20% ▶ 나머지의 경우는 예를 들어 '소액주주가 양도하는 대기업주식'은 20%가 적용된다(**암기 Tip** '소소 10% / 대대 30%').
47 10% ▶ 기본세율은 20%이지만 2018년부터 한시적으로 탄력세율 10%를 적용하고 있다.
48 ○ ▶ 주가지수를 기초자산으로 하는 파생상품은 장내, 장외 구분 없이 과세대상이다([참고] 주가지수관련 장외파생상품에는 '주가지수선도, 주가지수스왑, 주가지수연계 차액결제거래(CFD) 등'이 있다).
49 × ▶ 양도소득세의 대상이 되는 부동산권리는 물권으로서의 권리를 말하는 바, 부동산임차권은 '등기된' 경우에 한하여 물권으로 인정이 된다.
50 ○ ▶ 일반채권과 달리 '토지상환채권·주택상환채권'은 부동산권리에 해당되어 그 매매차익은 양도소득세 과세대상이 된다.
51 필요경비, 장기보유특별공제, 양도소득기본공제, 양도소득세과세표준
52 매매사례가액, 감정가액, 환산가액, 기준시가 ▶ '매. 감. 환. 기'로 암기
53 부동산, 주식, 파생상품 ▶ 양도소득기본공제를 말한다('부. 주. 파'로 암기).
54 ○ ▶ 비상장주식은 양도소득세 과세대상이며 증권거래세는 필요경비로 인정된다.
55 × ▶ 장기보유특별공제는 3년 이상 보유한 '토지 및 건물(미등기자산 / 비사업용토지 제외), 1세대 1주택'에 대해서만 적용된다.
56 × ▶ 증권거래세는 주권의 유상양도 시 부과되므로 채권거래나 상속·증여 시에는 부과되지 않는다.

57 장내시장이나 금융투자협회를 통해서 주권을 매매하는 경우에는 (   )이, 금융투자회사를 통해서 주권을 매매하는 경우에는 (   )가 증권거래세의 납세의무자가 되며, 개인 간의 매매를 하는 경우에는 (   )이 증권거래세의 납세의무자가 된다.

58 ○× 뉴욕 증권거래소에 상장된 주권을 양도할 경우 증권거래세가 부과되지 않는다.

59 ○× 비거주자인 외국인투자자가 국내 증권시장에서 상장된 주권을 양도할 경우 증권거래세가 부과되지 않는다.

60 ○× 주권을 목적물로 하는 소비대차의 경우 증권거래세를 부과하지 않는다.

61 2025년 현재 증권거래세의 기본세율은 (   )이며, 유가증권시장은 (   ), 코스닥시장은 (   )이다.

62 ○× 코넥스시장에서 거래하는 주권에 대해서는 증권거래세가 부과되지 않는다.

63 주권 양도 시 농어촌특별세가 부과되는 증권시장은 (유가증권 / 코스닥 / 코넥스 / K-OTC)시장이다.

64 국내 사업장을 가지고 있지 아니한 비거주자(외국법인 포함)가 주권을 금융투자업자를 통하지 않고 거주자에게 양도한 경우, 증권거래세의 납세의무자는 (양도인 / 양수인)이다.

65 우리나라는 현재 금융소득종합과세 부과 시 (부부합산제 / 부부별산제)를 적용한다.

66 증여재산공제 한도는 성인자녀의 경우 10년간 (   ), 미성년자녀의 경우 10년간 (   )이다.

67 ○× 아버지로부터 2억 원, 할아버지로부터 2억 원을 증여받는 경우에는 세대생략할증과세율이 적용되므로 이는 아버지로부터 4억 원을 증여받는 것에 비해 불리하다.

68 ○× 장기보유대상인 자산의 경우 고평가된 상태에서 증여하는 것이 저평가된 상태에서 증여하는 것보다 유리하다.

정답
- **57** 예탁결제원 / 금융투자회사 / 양도인(단, 양도인이 비거주자인 경우 양수인에게 과세)
- **58** ○ ▶ 증권거래세는 주권의 유상양도에 대해서 부과하는데, 해외거래소에서의 상장주권 매매에 대해서는 부과하지 않는다.
- **59** × ▶ 국내 증권시장에서 양도하는 경우는 거주자·비거주자 구분 없이 증권거래세가 과세된다(유가증권시장 0%, 코스닥 0.15%, 코넥스 0.10%).
- **60** ○ ▶ 비교 '주권을 통한 대물변제'는 '주권의 유상양도'가 되어 증권거래세가 과세된다.
- **61** 0.35% / 0% / 0.15% ▶ 25년 증권거래세 개정사항 : 유가증권시장 0.03% → 0%, 코스닥시장 0.18% → 0.15%(기본세율 0.35%, 코넥스시장 0.10% 등 나머지는 동일)
- **62** × ▶ 코넥스시장의 증권거래세율은 0.10%이다(기본세율은 0.35%).
- **63** 유가증권 ▶ 주권양도 시 농특세가 부과되는 시장은 유가증권시장이 유일하다(43회 신유형).
- **64** 양수인 ▶ 국내사업장이 없는 비거주자(또는 외국법인)가 양도 시 → 예외적용(양수인에게 부과)
- **65** 부부별산제(2002.8.29부터)
- **66** 5천만 원, 2천만 원
- **67** × ▶ 세대생략할증과세율이 적용되어도 누진세율의 절세효과가 더 크기 때문에 유리하다(∴ 증여자를 여럿으로 나눌수록 유리함).
- **68** × ▶ 저평가 상태에서 증여하는 것이 유리하다(증여재산 감소 → 증여세 절감).

부록 | 투자자산운용사

제2장 금융상품(8문항)

01 특수은행에는 (　　　), (　　　), (　　　), (　　　), (　　　)가 있다.

02 비은행예금취급기관에는 (　　　), 신용협동기구, 우체국예금이 있다.

03 영세상공인과 서민의 금융편의와 저축증대를 목적으로 일정지역을 대상으로 예금 및 대출업무를 영위하는 서민전문금융기관은 (상호저축은행 / 신용협동기구)이다.

04 ⓞⓧ ISA는 전 금융기관을 통틀어 1인 1계좌만 가능하므로 '신탁형/일임형/중개형' 중 하나를 선택하여 가입해야 한다.

05 ⓞⓧ 직전 3개년 중 1회 이상 금융소득종합과세 대상이 된 경우는 ISA가입이 불가하다.

06 ⓞⓧ ISA유형 중 서민형이 되기 위해서는 '총급여 5,000만 원 이하 또는 종합소득 3,800만 원 이하'와 '직전 3개년도 중 1회 이상 금융소득종합과세 대상자가 아닌 자'의 요건을 동시에 충족해야 한다.

07 ISA유형 중 서민형과 농어민형의 경우 통산순이익 기준 (　　　)까지 비과세혜택을 받으며 비과세한도를 초과하는 금액에 대해서는 (　　　)의 분리과세율을 적용한다.

08 국내상장주식을 편입할 수 있는 ISA유형은 (　　　)이 유일하다.

09 금융회사가 가입자의 위험성향과 자금운용목표를 고려하여 제시하는 모델포트폴리오 중에서 하나를 선택하여 운용하는 방식은 (중개형 / 신탁형 / 일임형) ISA이다.

10 ⓞⓧ 비과세종합저축은 만 19세 이상의 거주자이면 누구나 가입이 가능하다.

11 (　　　)은 인출이 자유로운 대신 저축성예금에 비해 이율이 낮은 것이 특징이며, 보통예금·당좌예금·가계당좌예금 등이 해당된다.

정답
01 한국산업은행, 한국수출입은행, 중소기업은행, 농협중앙회, 수협중앙회
02 상호저축은행
03 상호저축은행 ▶ 서민전문금융기관에는 상호저축은행과 신용협동기구가 있다.
04 O ▶ 중복가입 불가. ISA중개형은 2021년에 신설됨
05 O
06 O
07 400만 원, 9.9%(지방세 포함) ▶ 일반형은 200만 원, 9.9%이다.
08 중개형 ▶ 단, 중개형은 신탁형과 일임형과는 달리 예금은 편입할 수 없다.
09 일임형 ▶ 중개형과 신탁형은 편입상품을 가입자가 직접 선택하게 되지만, 일임형은 금융회사가 제시한 모델포트폴리오 중에서 선택하여 운용한다.
10 X ▶ 비과세종합저축은 과거 '생계형 비과세저축'을 대체한 상품으로서 만 65세 이상 거주자, 그리고 독립유공자·기초생활수급자 등이 가입할 수 있다.
11 요구불예금 ▶ 이에 반해 저축성예금('거치식/적립식'으로 나뉨)은 일정기간 돈을 회수하지 않을 것을 약속하므로 요구불예금보다는 높은 이자를 지급한다.

투자자산운용사

12 ☐ 요구불 예금은 거치식과 적립식 예금으로 구분된다.

13 양도성예금증서(CD)는 (기명식 / 무기명식), (복리식 / 할인식), (중도해지가능 / 중도해지불가능) 상품이다.

14 (　　　　　　)는 일정기간 경과 후에 사전에 정해진 매매가격으로 채권을 다시 매수하거나 다시 매도할 것을 조건으로 한 채권매매방식을 말한다.

15 ☐ RP는 예금자보호가 안되므로 안전성이 낮다는 것이 단점이다.

16 ☐ ELS에 투자할 경우 투자자는 시장위험 뿐 아니라 발행사의 신용위험에 노출된다.

17 ☐ ELS는 사모발행을 할 수 없다.

18 ☐ ELS는 자본시장법상 파생결합증권이며, 장외파생상품의 겸영인가를 받은 증권회사만이 발행할 수 있다.

19 ELS는 (증권사 / 자산운용사)가 발행하며 중도해지가 (가능 / 불가능)하다.

20 ELD, ELS, ELF 중에서 절대 원금보전이 불가능한 것은 (　　)이며, 유일하게 예금자보호가 되는 것은 (　　)이다.

21 원금보장형 ELS를 (　　　)라 하며, 자본시장법상 채무증권으로 분류된다.

22 투자기간 중 사전에 정해둔 주가수준에 도달하면 확정된 수익으로 조기 상환되며, 그 외의 경우에는 만기 시 주가에 따라 수익이 결정되는 ELS 유형은 (　　　)이다.

23 낙인(knock-in)이 발생하지 않은 상태에서 3~6개월 마다 주가가 일정수준 이상인 경우 특정수익률로 자동 조기상환되는 ELS 유형은 (　　　)형이다.

24 ☐ 신탁은 유언으로는 설정할 수 없다.

정답
- **12** X ▸ 거치식과 적립식으로 구분되는 것은 저축성예금이다.
- **13** 무기명식 - 할인식 - 중도해지불가능 ▸ 무기명·할인식이며, 만기가 짧아 중도해지가 안 되지만 환금성이 높은 편이다(시장에서 매도 가능).
- **14** 환매조건부채권 매매(RP) ▸ RP(Repurchasing Agreement)이다.
- **15** X ▸ 예금자보호는 안되지만 국공채를 대상으로 하므로 안전성이 매우 높은 상품이다.
- **16** O ▸ 발행사인 증권사가 지급 불능 시 원금손실이 가능하다.
- **17** X ▸ ELS는 공모, 사모발행 모두 가능하다.
- **18** O ▸ 파생결합증권(ELS, ELW)의 발행자격 : 영업용순자본비율 300% 이상으로서, 장외파생상품에 대한 영업인가를 받는 투자매매업자
- **19** 증권사, 가능 ▸ ELS는 중도해지가 용이하지 않지만(∵ 원금손실가능성), 투자자 요청에 의한 중도해지 자체는 가능하다.
- **20** ELF / ELD ▸ ELF는 펀드상품이므로 원금보장자체가 불가하다. ELS는 원금보장설계가 가능하다. 예금자보호는 은행상품인 ELD만 가능하다.
- **21** ELB(파생결합사채) ▸ 비교하여, ELS는 자본시장법상 파생결합증권으로 분류된다.
- **22** Knock-Out형 ▸ 수익구조에 따라 Knock-Out, Bull Spread, Digital, Reverse Convertible의 4가지 유형이 있다.
- **23** 스텝다운(step-down) ▸ 기간이 경과할수록 조기상환요건이 완화(step-down)된다고 하여 스텝다운형이라 한다(37회 기출).
- **24** X ▸ 신탁은 위탁자와 수탁자 간의 신탁계약 또는 위탁자의 유언으로 설정할 수 있다.

부록 — 투자자산운용사

25 신탁계약이 체결되면 위탁자의 재산권이 (수탁자 / 수익자)에게 이전 또는 처분된다.

26 ○× 신탁재산의 독립성에 의해, 수탁자의 파산재단에 편입될 수 없으며 수탁자의 상속인이 상속할 수도 없다.

27 ○× 금전신탁에서 수탁자는 위탁자 또는 수익자를 겸할 수 있다.

28 ○× 운용대상 지정여부에 따라 단독운용신탁과 합동운용신탁으로 구분된다.

29 특정금전신탁은 투자자가 자신이 맡긴 돈의 (　　), (　　), (　　) 등을 은행(수탁자)에게 지시하고, 은행은 그 지시대로 운용하고 배당하는 상품이다.

30 ○× 연금 수령(연금수령한도 내) 시의 과세율은 수령 연령에 관계없이 동일하다.

31 ○× 가입자의 해외이주 등을 사유로 '연금 외 수령' 시에는 기타소득세(16.5%)가 부과된다.

32 상장요건으로서 ELW의 기초자산이 될 수 있는 주가지수는 국내지수로 (　　), (　　)가 있고, 해외지수로는 (　　), (　　)가 있다.

33 (콜 ELW / 풋 ELW)를 매수할 경우 현물매수에 대한 헤지가 가능하며, 공매도 효과를 얻을 수 있다.

34 ○× ELW를 보유하고 있으면 자본소득 외에 배당소득도 얻을 수 있다.

35 ELW의 패리티가 100%를 초과할 경우 (내가격 / 외가격) 상태에 있음을 말한다.

36 ○× 잔존기간을 가격결정요인으로 할 때, 만기에 근접할수록 풋 ELW의 가격은 상승한다.

37 ○× 기초자산가격이 상승하면 콜 ELW 가격은 상승한다.

정답

25 수탁자 ▶ 신탁을 하면 신탁재산권은 수탁자에게 이전된다(수탁자가 법률상 소유권자가 됨).
26 ○
27 × ▶ 수탁자는 자기계약금지 차원에서 원칙적으로 수익자 및 위탁자의 지위를 동시에 겸할 수 없다.
28 × ▶ '운용대상 지정여부'에 따라 특정금전신탁(지정 O)과 불특정금전신탁(지정 X)으로 구분된다.
29 운용대상, 운용방법, 운용조건 ▶ 특정금전신탁은 투자자가 운용대상 등을 특정하는 신탁이다('운용자'는 지정불가).
30 × ▶ 연령 별로 '5.5%~3.3%'로 차등과세(늦게 수령할수록 유리함)
31 × ▶ '부득이한 사유'로서 연금외수령 시에는 저율(5.5%~3.3%)의 분리과세를 적용한다.
32 코스피200지수, 코스닥150지수, Nikkei225지수, 항생지수 ▶ 그외로는 '코스피200 및 코스닥150 구성종목과 그 바스켓'이 기초자산이 될 수 있다.
33 풋 ELW
34 × ▶ ELW는 현물이 아니므로 배당소득이 없으며 의결권도 없다.
35 내가격(In the Money)
36 × ▶ 만기에 근접할수록 시간가치가 소멸하므로 콜 ELW, 풋 ELW 모두 가격이 하락한다.
37 ○ ▶ 기초자산가격·행사가격에 대해서는 '$Y_{콜ELW} = S - X$'를 적용하면 된다(풋 ELW는 반대).

38 (　　　　)의 매매수량단위는 10증권이고 지정가호가만 가능하며, 높은 가격변동성을 고려하여 가격제한폭을 두지 않는다.

39 랩어카운트는 (거래 건 별로 / 잔고평가금액의 일정비율로) 랩수수료를 부과함으로써, 회사와 고객 간의 이익상충이 적게 발생한다는 장점이 있다.

40 '주택청약저축, 외화예금, 표지어음, 기업어음, 종금형CMA, 위탁자예수금, 선물옵션거래예수금' 중에서 예금자보호가 되지 않는 것은 (　　　　), (　　　　), (　　　　)이다.

41 생명보험의 영업보험료는 (　　　　), (　　　　), (　　　　)에 의해 산출된다.

42 2인 이상을 피보험자로 하는 보험을 (연생보험 / 단체취급보험 / 단체보험)이라 한다.

43 ○× 종신보험은 보험계약에 따라 사전에 설정한 기간 내에 피보험자가 사망할 경우 사망보험금을 지급한다.

44 물가인상분만큼 보험금을 증가시키는 보험에 가입하려면 (체증식보험 / 체감식보험)에 가입하면 된다.

45 ○× 체증식보험은 기간이 경과함에 따라 보험료가 증가하는 보험이다.

46 (화재보험, 생존보험, 자동차보험, 해상보험) 중에서 손해보험이 아닌 것은 (　　　　)이다.

47 생명보험과 장기손해보험의 보험료는 순보험료와 부가보험료로 구분되는데, 부가보험료는 (　　　　), (　　　　), (　　　　)로 구성된다.

48 ○× 집합투자 정의상 펀드의 운용대상은 49인 이상에게 투자권유를 하여 모은 금전 등이어야 한다.

49 ○× 집합투자재산은 투자자별로 운용해야 한다.

50 주된 투자대상에 따른 집합투자기구는 '(　　　　), (　　　　), (　　　　), (　　　　), (　　　　)' 집합투자기구의 5가지로 분류된다.

정답
- **38** ELW
- **39** 잔고평가금액의 일정비율로
- **40** 주택청약저축, 기업어음, 선물옵션거래예수금 ▶ **보충** '주택청약저축 / 주택청약종합저축'은 예금자비보호이다(∵ 공공기금에서 관리하여 예금자보호가 필요 없기 때문).
- **41** 예정위험률, 예정이율, 예정사업비율
- **42** 연생보험
- **43** × ▶ 종신보험은 보험기간이 종신이므로 사망시점과 관계없이 보험금을 지급한다.
- **44** 체증식보험
- **45** × ▶ 보험금이 증가한다.
- **46** 생존보험
- **47** 신계약비, 유지비, 수금비 ▶ cf '순보험료 = 위험보험료 + 저축보험료'이다.
- **48** × ▶ 49인 이상 → 2인 이상
- **49** × ▶ 모아서 펀드재산으로 운용한다.
- **50** 증권, 부동산, 특별자산, 혼합자산, 단기금융

부록 — 투자자산운용사

51 특수한 형태에 따른 집합투자기구는 '( ), ( ), ( ), ( ), ( )' 집합투자기구의 5가지로 분류된다.

52 ○|× 투자신탁을 설정한 집합투자업자는 투자신탁의 수익권을 균등하게 분할하여 수익증권으로 표시하여야 한다.

53 ○|× 투자신탁의 수익증권은 무액면·기명식으로, 투자회사의 주식은 액면·기명식으로 발행한다.

54 투자신탁을 설정한 집합투자업자는 수익증권 발행가액의 전액이 납입된 경우, 신탁업자의 확인을 받아 (집합투자업자 / 예탁결제원)을 명의인으로 하여 수익증권을 발행해야 한다.

55 투자회사는 1인의 ( )와 2인 이상의 ( )로 구성된다.

56 공모형 집합투자기구의 7가지 형태 중에서, 설립 시 발기인을 반드시 필요로 하는 형태는 ( )이다.

57 수익자총회는 집합투자업자가 소집할 수 있으며, 예외적으로 ( )와 수익증권 총 좌수의 ( ) 이상을 보유한 수익자도 총회를 소집할 수 있다.

58 투자신탁의 수익자총회를 소집 시에는 총회 ( ) 전에 서면 또는 이메일로 통지해야 한다.

59 자본시장법상의 집합투자기구 5가지 종류에서 자산별 투자비중의 제한을 받지 않는 집합투자기구를 ( )라 한다.

60 MMF는 남은 만기가 ( ) 이내인 CD, 남은 만기가 ( ) 이내인 국채, 남은 만기가 ( ) 이내인 지방채, 특수채에 투자할 수 있다.

61 ○|× MMF는 다른 MMF에 투자할 수 없다.

62 ○|× MMF는 주식형펀드나 채권형펀드의 집합투자증권에 투자할 수 있다.

정답
- **51** 환매금지형, 종류형, 전환형, 모자형, 상장지수형
- **52** ○
- **53** × ▶ 투자신탁, 투자회사 모두 '무액면/기명식'으로 발행한다.
- **54** 예탁결제원
- **55** 법인이사 / 감독이사
- **56** 투자회사 ▶ 발기인은 주식의 총수를 인수하고 그 인수가액을 납입하며 이사를 선임한다.
- **57** 신탁업자, 5%
- **58** 2주 ▶ 소집권자 : 원칙-집합투자업자, 예외-신탁업자, 5% 이상 보유한 수익자
- **59** 혼합자산집합투자기구
- **60** 6개월, 5년, 1년 ▶ 그리고 위와 같은 MMF의 법령상 투자대상은 모두 원화표시 자산이어야 한다(외화자산에는 투자불가).
- **61** × ▶ 다른 MMF에 투자할 수 있다.
- **62** × ▶ MMF가 타 집합투자증권을 취득할 수 있는 것은 다른 MMF의 집합투자증권이 유일하다(∵ 안전한 운용을 위함).

63 MMF는 펀드재산의 (　　) 이상을 채무증권에 투자해야 한다.

64 MMF가 개별 채무증권에 투자할 경우 최상위등급(AAA)에 (　　), 차상위등급(AA)에는 (　　)를 한도로 투자할 수 있다.

65 ○|× MMF가 운용 중인 채무증권의 신용등급이 상위 2개 등급에 미달할 경우 지체 없이 해당 채무증권의 비중을 축소해야 한다.

66 MMF의 운용대상 채무증권의 신용등급이 상위 2개 등급에 미달한다고 해도, 담보 등을 감안하여 상위 2개 등급에 상응하다고 (　　　)가 인정할 경우에는 운용이 가능하다.

67 ○|× MMF의 운용대상으로서 국채의 만기는 5년 이내이어야 하며 지방채의 만기는 1년 이하이어야 한다. 단, 환매조건부매수의 대상이 될 경우는 만기제한을 받지 않는다.

68 MMF는 보유하고 있는 증권총액의 (　　)를 한도로 환매조건부 매도를 할 수 있다.

69 ○|× MMF는 증권을 대여하거나 차입하는 방법으로 운용할 수 없다.

70 시장성이 없는 자산에 펀드재산의 (10% / 20%)를 초과하여 투자할 경우 환매금지형 집합투자기구로 설정해야 한다.

71 환매금지형 집합투자기구를 설정할 경우에는 집합투자증권을 최초로 발행한 날로부터 (　　) 이내에 증권시장에 상장해야 한다.

72 ○|× 종류형펀드에서 판매수수료 체계는 서로 다르지만 운용보수, 신탁보수 등은 반드시 동일해야 한다.

73 ○|× 전환형 집합투자기구에서 전환을 청구한 투자자에게는 환매수수료를 징구하지 않는다.

74 모자형 집합투자기구에서 공모대상은 (모펀드 / 자펀드)이다.

정답
- **63** 40%
- **64** 5%, 2% ▶ 그리고 보유중인 개별채무증권의 신용등급이 각각 상위 2개 등급에 미달하는 경우에는 해당 채무증권을 처분해야 한다.
- **65** × ▶ 비중축소가 아니라 당해 채무증권을 처분해야 한다(비교 AAA에서 AA로 등급 하락 시에는 비중축소).
- **66** 집합투자재산평가위원회 ▶ 주의 일반사무관리회사 × (37회 기출)
- **67** ○ ▶ 환매조건부채권(RP) 자체의 만기가 설정되므로(단기), 국채나 지방채에 투자하는 경우 별도의 만기제한을 받지 않는다.
- **68** 5% ▶ 비교하여, 일반펀드의 경우 50%까지 RP매도가 가능하다.
- **69** ○ ▶ MMF는 안정적 운용차원에서 증권의 차입과 대여는 금지된다.
- **70** 20% ▶ 10%는 환매연기사유에 해당된다.
- **71** 90일 ▶ 참고로 ETF는 30일 내 상장이다.
- **72** ○
- **73** ○
- **74** 자펀드 ▶ 이때 모펀드와 자펀드의 집합투자업자는 동일해야 한다.

부록 — 투자자산운용사

75 ⭕❌ 모자형집합투자기구는 모집합투자기구가 발행하는 집합투자증권을 자집합투자기구가 취득하는 형태를 말한다.

76 ETF는 동일종목에 대해서는 자산총액의 (　)까지, 동일법인이 발행한 지분증권에 대해서는 지분증권 총수의 (　)까지 투자가 가능하다.

77 펀드재산의 (　)를 초과하여 시장성 없는 자산에 투자하거나, (　)를 초과하여 외화자산에 투자하는 경우에는 환매를 연기할 수 있다.

78 환매가 연기된 경우 (　) 이내에 총회에서 환매연기를 결의해야 하며, 환매연기라 함은 환매기일에 해당하는 (　)을 초과하여 환매를 할 수 있다는 것을 의미한다.

79 투자자가 펀드를 환매하고자 할 경우 (집합투자업자 / 판매업자)에게 환매를 청구한다.

80 집합투자재산은 (　)로 평가하는 것이 원칙이며, 신뢰할 만한 (　)가 없는 경우에는 (　)으로 평가한다.

81 펀드는 시가평가원칙이지만 MMF는 장부가평가가 가능하다. 단, 장부가평가 시 장부가와 시가(또는 공정가액)와의 차이가 (　)를 초과할 경우는 집합투자규약에서 정하는 조치를 취해야 한다.

82 ⭕❌ 집합투자기구의 기준가액과 과세기준가격은 동일해야 한다.

83 ⭕❌ 주식의 매매차익이나 평가차익이 있을 경우 '기준가격 > 과세기준가격'이다.

84 집합투자업자가 산정한 기준가격의 적정성 여부를 판단하는 주체는 (　)이다.

85 집합투자기구는 이익금의 분배를 유보할 수 있는데, (　)의 경우 유보가 불가하다.

정답
- 75 ⭕ ▸ 투자자는 공모대상인 자펀드에 투자하고, 자펀드는 모펀드에 투자하는 형태이다.
- 76 30%, 20%
- 77 10%, 50% ▸ 이 경우 환매기일을 15일(법정환매일)을 초과하는 날로 정할 수 있다.
- 78 6주 / 15일
- 79 판매업자 ▸ 판매업자는 자본시장법상 '투자매매업자 또는 투자중개업자'로 분류된다.
- 80 시가, 시가, 공정가액 ▸ 단 MMF의 경우 예외적으로 장부가 평가가 가능하다.
- 81 1,000분의 5
- 82 ❌ ▸ 주식의 매매손익이나 평가손익이 있을 경우 다르다.
- 83 ⭕ ▸ 주식매매차익은 과표에 산정되지 않으므로 과표기준가격이 더 낮다('+, 기 > 과'로 암기).
- 84 신탁업자 ▸ 집합투자업자 산정 기준가격과 신탁업자 산정 기준가격의 편차가 1천분의 3 이내인 경우는 그 기준가격이 적정하게 산정된 것으로 간주한다.
- 85 MMF

투자자산운용사

부록

86 집합투자기구는 이익금을 초과하여 분배를 할 수 있는데, (　　)의 경우 순자산액에서 최저순자산액을 뺀 금액을 초과하는 분배는 할 수 없다.

87 자산운용보고서는 (　　)가 3개월에 1회 이상, 자산보관관리보고서는 (　　)가 사유발생일로부터 2개월 이내에 투자자에게 제공해야 한다.

88 사모집합투자기구란 집합투자증권을 사모로만 발행하는 집합투자기구로서 투자자의 수가 (　　) 이하인 것을 말한다.

89 (　　)의 업무로는
① 투자회사 주식의 발행 및 명의개서
② 투자회사재산의 계산
③ 이사회나 주총의 소집
등이 있다.

90 일반사무관리회사는 20억 원 이상의 자기자본, 2인 이상의 (　　)을 갖추는 등의 요건을 갖추고 금융위원회에 등록해야 한다.

91 ○× 자산유동화증권(ABS) 발행에 있어서, 자산보유자는 보유하고 있는 유동화대상 자산을 양도하지 않고 관리하며 이로부터 발생하는 현금흐름을 바탕으로 SPC가 자산유동화증권을 발행한다.

92 ○× 부실채권, 세수, 공연수입, 무형자산 등도 자산유동화증권의 기초자산이 될 수 있다.

93 ABS의 기초자산이 되기 위해서는 자산집합(Pooling)이 가능하도록 (　　)이 있어야 한다.

94 부외효과가 있는 ABS는 (Pass-Through / Pay-Through)방식이다.

95 ABS의 신용보강 중 외부보강에 해당하는 것은 (　　), (　　)가/이 있다.

정답
86 투자회사
87 집합투자업자 / 신탁업자
88 100인 ▶ 보통 일반사모펀드를 '헤지펀드'로, 기관전용사모펀드를 'PEF'로 부른다.
89 일반사무관리회사 ▶ 일반사무관리회사의 업무 : '발. 명. 계. 소'로 암기
90 집합투자재산 계산전문인력
91 × ▶ ABS발행은 자산보유자가 기초자산을 SPC(유동화전문회사)에게 양도하는 것으로부터 시작된다.
92 ○ ▶ 기업대출채권, 자동차부채권 등이 일반적인 기초자산이지만 '세수, 무형자산 등'도 ABS의 기초자산이 될 수 있다.
93 동질성
94 패스스루(Pass-Through) ▶ '패스스루'는 SPC가 양도받은 자산을 바탕으로 유동화증권을 주식 형태로 발행하는 것으로서(지분이전증권), 유동화와 관련한 모든 위험이 투자자에게 이전되어 부외효과가 발생한다.
95 신용공여, 지급보증 ▶ 상환순위설정, 초과스프레드, 예치금 등은 내부보강방식이다.

부록 — 투자자산운용사

96 주택저당대출(Mortgage)상품은 주택저당대출을 위해 차입자의 신용평가, 담보물의 감정평가, 필요 시 담보물 실사 등 사무처리비용이 상대적으로 높은 (자본집약적 / 노동집약적) 자산이라 할 수 있다.

97 ○|× 저당대출 중 원리금 균등상환 고정금리부 대출은 매월 동일한 원리금이 상환되는데, 매월 상환액 중 이자부분은 점차 증가하고 원금부분은 점차 감소한다.

98 ○|× 주택저당증권(MBS)은 모기지와 기업매출채권 등을 기초자산으로 하는 자산유동화증권이다.

99 ○|× 주택저당증권(MBS)는 주택저당대출의 만기와 대응하므로 통상 단기로 발행된다.

100 발행기관이 모기지를 소유하는 형태로서 모기지의 부도위험을 발행자가 부담하는 MBS는 (저당대출지분이전증권 / 저당대출담보부채권)이다.

101 (모기지 / 역모기지)의 대출 시 신청자의 미래상환능력 및 신청시점까지의 신용기록은 중요한 고려사항이다.

102 (모기지 / 역모기지)의 대출 시 미래특정시점에서 예상되는 주택가치가 중요한 고려사항이다.

103 기업(사용자)이 부담하는 부담금이 사전에 고정된 것은 (DB형 / DC형)이다.

104 장래의 퇴직급여수준이 연금계리에 의해 확정되는 것은 (DB형 / DC형)이다.

105 ○|× 무주택자의 주택구입 등 대통령령으로 정하는 사유에 해당할 경우, 확정급여형의 경우 담보대출만 가능하며 확정기여형은 담보대출과 중도인출이 모두 가능하다.

106 ○|× DB형(확정급여형), DC형(확정기여형) 연금가입자 모두 IRP에 가입하여 부담금을 추가로 납입할 수 있다.

107 ○|× 개인형 퇴직연금제도(IRP)는 가입자가 퇴직하는 즉시 퇴직연금을 지급한다.

정답
- **96** 노동집약적
- **97** × ▶ 매월 상환액 중에서 이자부분은 점차 감소하고 원금부분은 점차 증가한다.
- **98** × ▶ MBS는 ABS중에서 기초자산이 모기지(mortgage)인 유동화증권을 말한다.
- **99** × ▶ 주택저당대출(모기지)이 장기이므로 통상 장기로 발행된다.
- **100** 저당대출담보부채권(MBB) ▶ 저당대출지분이전증권(pass through증권)은 부도위험을 투자자가 부담한다.
- **101** 모기지
- **102** 역모기지
- **103** DC형
- **104** DB형
- **105** ○
- **106** ○ ▶ IRP를 통해 연간 1,800만 원까지 납입이 가능하다.
- **107** × ▶ DB형, DC형, IRP 모두 연금수령은 55세부터 가능하다.

제3장 부동산관련 상품(5문항)

01 부동산을 경제적, 법률적, 기술적인 다양한 측면에서 이해하고 체계화한 것을 부동산의 (　　　)이라 한다.

02 '부동산의 권리는 수평, 지중, 공중의 3차원에 미치는데, 농촌은 주로 수평공간을 이용하며 도시의 아파트는 공중의 권리를 이용하는 것이다'는 부동산의 복합개념 중 (물리적 측면 / 경제적 측면 / 법적 측면)이다.

03 부동산의 공시방법은 (　　　)이고, 동산의 공시방법은 (　　　)이다.

04 ○× 부동산등기는 공신력이 인정되지 않는다.

05 청구권보전의 효력, 순위보전적 효력은 (본등기 / 가등기)의 효력이다.

06 부동산현상을 국지화하는 것은 (　　　), 일물일가의 법칙이 적용되지 않는 것은 (　　　)으로 인한 것이다.

07 제한물권 중 용익물권에는 (　　), (　　), (　　)이 있으며, 담보물권에는 (　　), (　　), (　　)이 있다.

08 부동산공부 중에서 공법적 규제사항을 알 수 있는 것은 (　　　), 토지의 경계나 형상을 알 수 있는 것은 (　　　), 면적이나 분할·합병의 역사를 알 수 있는 것은 (　　　), 소유권 및 기타의 권리관계를 알 수 있는 것은 (　　　)이다.

09 부동산에 저당권이 설정되어 있는지의 여부는 등기부등본의 (표제부 / 갑구 / 을구)에서 확인할 수 있다.

10 건축물의 규모와 구조, 건축물의 용도나 용도변경내역을 알 수 있는 부동산 공부는 (　　　)이다.

정답
01 복합개념(Compound Concept)
02 물리적 측면
03 등기 / 점유
04 ○
05 가등기 ▶ 본등기의 효력은 '물권변동적 효력, 순위확정적 효력' 등이다.
06 부동산의 부동성 / 부동산의 개별성
07 지상권, 지역권, 전세권 / 유치권, 질권, 저당권 ▶ 이 중에서 '질권'은 부동산을 대상으로 하지 않는다.
08 토지이용계획확인원 / 지적도 / 토지대장 / 등기부등본
09 을구
10 건축물대장

부록 - 투자자산운용사

11 부동산상품은 (동질적 / **비동질적**)이며, (정보의 공개성 / **정보의 비공개성**)이 있으며, 수요공급이 (탄력적 / **비탄력적**)이다.

12 부동산 경기국면에서 매수인우위의 시장이 강화되는 국면은 (회복 / 호황 / 후퇴 / **불황** / 안정)국면이다.

13 (상업용), (공업용)의 부동산경기는 일반경기와 동행하는 편이나, (주거용) 부동산은 일반경기에 후행하거나 역행한다고 볼 수 있다.

14 운용에 의한 현금흐름은 '가능총소득 - (공실) + (기타소득) = 유효총소득, 유효총소득 - (영업경비) = 순영업소득, 순영업소득 - (부채서비스액) = 세전영업현금흐름, 세전영업현금흐름 - 법인세 = 세후영업현금흐름'이다.

15 매도에 의한 현금흐름은 '매도가격 - 매도경비 = 순매도액, 순매도액 - (미상환대출잔액) = 세전매각현금흐름, 세전매각현금흐름 - 양도소득세 = 세후매각현금흐름'이다.

16 부동산투자결정은 NPV가 (0보다 클 때), IRR이 (요구수익률보다 높을 때), PI지수가 (1보다 클 때) 채택된다.

17 ○× 내부수익률은 화폐의 시간가치를 고려한 것인 데 비해서, Cash On Cash수익률은 화폐의 시간가치를 고려하지 않은 것이다.

18 부채상환비율(DSCR)은 (순운영소득)을 (부채상환액)로 나누어서 구한다.

19 4개의 용도지역과 9개의 용도지구, 4개의 용도구역은 '국토의 계획 및 이용에 관한 법률'에 따른 (도시관리계획)에 의해 지정된다.

20 용도지역은 (도시지역), (관리지역), (농림지역), (자연환경보전지역)의 4개로 구성된다.

21 용도지역 중 도시지역은 '주거지역, 상업지역, (공업지역), (녹지지역)'으로 구분되고, 관리지역은 '보전관리지역, 생산관리지역, (계획관리지역)'으로 구분된다.

정답
- **11** 비동질적 - 정보의 비공개성 - 비탄력적
- **12** 불황 ▶ 호황기는 매수가 많으므로 매도인우위의 시장이, 불황기는 매도가 많으므로 매수인우위의 시장이 강화된다.
- **13** 상업용, 공업용 / 주거용
- **14** 공실 / 기타소득 / 영업경비 / 부채서비스액
- **15** 미상환대출잔액
- **16** 0보다 클 때 / 요구수익률보다 높을 때 / 1보다 클 때
- **17** ○ ▶ Cash On Cash수익률 = 해당기의 순현금흐름을 자기자본으로 나눈 수익률
- **18** 순운용소득, 부채상환액 ▶ '부채상환비율(DSCR ; Debt-Service Coverage Ratio) 또는 부채부담능력비율(DCR ; Debt Coverage Ratoi) $= \frac{\text{순운용소득}}{\text{부채상환액}}$'이다.
- **19** 도시관리계획
- **20** 도시지역, 관리지역, 농림지역, 자연환경보전지역 ▶ 용도지역은 '도. 관. 농. 자'로 암기
- **21** 공업지역 / 녹지지역 / 계획관리지역 ▶ 도시지역은 '주. 상. 공. 녹', 관리지역은 '보. 생. 계'로 암기

22 도시지역 내의 용적률이 가장 높게 허용되는 순서는 '(   ), (   ), (   ), 녹지지역' 순이다.

23 대지면적에 대한 건축물의 지상층의 연면적(대지에 2 이상의 건축물이 있는 경우는 이들 연면적의 합계)의 비율을 (건폐율 / 용적률)이라 한다.

24 대지면적이 1,000m^2, 건축면적이 500m^2, 지상층 연면적이 6,000m^2인 경우 용적률은 (   )이며, (   )에 해당한다.

25 기존건축물의 전부 또는 일부를 철거하고 그 대지 안에 종전과 동일한 규모의 범위 안에서 건축물을 다시 축조하는 것을 (신축 / 증축 / 개축 / 재축 / 이전)이라 한다.

26 사용승인을 받은 건축물의 최초용도가 아닌 다른 용도로 바꾸어 사용하는 것을 (   )이라 한다.

27 개발행위의 허가대상으로는 '건축 또는 공작물의 설치, 토지의 (   ), (   ), 토지분할, 적치행위'가 있다.

28 개발행위 허가대상으로서의 적치행위란 '녹지지역·관리지역·자연환경보전지역에 물건을 (   ) 이상 쌓아놓는 행위'를 말한다.

29 지주는 토지를 제공하고, 개발업자는 개발비를 투입하여 건축물을 완공한 후 토지평가액과 개발비의 비율에 따라 건물의 지분을 배분하는 방식은, 지주공동사업방식 중 (   )이다.

30 O X 부동산투자회사(REITs)는 현물출자로 설립할 수 있다.

31 부동산투자회사(REITs)는 (   )에 근거하여 설립하며, 자산의 투자·운용업무를 하기 위해서는 (   )의 영업인가를 받아야 한다.

정답 22 상업지역, 주거지역, 공업지역 ▶ '상. 주. 공. 녹'으로 암기
　　　23 용적률 ▶ 지하층은 연면적에 포함되지 않는다(cf 건폐율 = 대지면적에 대한 건축면적의 비율).
　　　24 600% / 상업지역
　　　25 개축
　　　26 용도변경
　　　27 형질변경, 토석채취 ▶ 단 '경작을 위한' 형질변경과 '소규모'의 토석채취는 허가대상에서 면제된다.
　　　28 1개월
　　　29 등가교환방식 ▶ 지주공동사업방식 : 등가교환 / 합동개발 / 사업수탁 / 토지신탁 / 차지개발
　　　30 X ▶ 부동산투자회사는 발기설립의 방법으로만 설립할 수 있다.
　　　31 부동산투자회사법, 국토교통부장관

부록 — 투자자산운용사

32 영업인가를 받은 날부터 6개월이 지난 부동산투자회사(REITs)의 자본금은 자기관리리츠가 (　　　), 위탁관리리츠가 (　　　), 기업구조조정리츠가 (　　　) 이상이어야 한다.

33 리츠는
① 영업인가일로부터 2년 이내에 발행주식총수의 (　　) 이상을 일반청약자에게 제공해야 하며,
② 매분기 말 기준 총자산의 (　　) 이상을 부동산, 부동산 관련 증권 및 현금으로 구성해야 하며,
③ 해당연도 이익배당한도의 (　　) 이상을 주주에게 배당하며,
④ 자금차입 및 사채발행한도는 자기자본의 2배이나 주총의 특별결의를 한 경우에는 자기자본의 (　　)까지 가능하다.

34 위탁관리리츠는 자산의 투자 및 운용업무를 자산관리회사에 위탁해야 하며, 자산관리회사는 '자본금 (　　) 이상, 운용전문인력 (　　) 이상' 등의 요건을 갖추어야 한다.

35 ○× PF는 '비소구금융 혹은 제한적 소구금융(Non or Limited Recourse Financing)'의 성격을 가지고 있어서 채권자가 부담하는 대출위험은 크지 않다.

36 PF채권에 대한 안정성확보 수단으로 사업부지나 공사중인 건물에 대해서는 (　　) 또는 (　　)을 설정할 수 있다.

37 저당권은 법원경매로써 채권실행을 하고 부동산담보신탁은 시장에서 직접 매도할 수 있으므로 담보의 환가가액은 (　　)이 더 높다.

38 PF채권에 대한 안정성확보 수단으로는 시공사로부터의 채권보전조치가 가장 많은데, 시공사의 (　　), (　　), 채무인수 또는 연대보증, 자금보충 등이 있다.

39 ○× 부동산투자 시 유형별, 지역별 포트폴리오를 동시에 구성하는 경우에는 총위험의 감소효과가 더욱 큰 것으로 보고되고 있다.

40 ○× 포트폴리오 위험을 나타내는 분산은 개별 부동산의 분산을 가중평균한 값이다.

정답
32 70억 원 / 50억 원 / 50억 원 ▶ 자기관리REITs는 실체가 있는 회사이므로 최저자기자본의 규모가 더 크다.
33 30%, 80%, 90%, 10배 ▶ 그리고 ②의 80% 중 70%는 부동산이어야 한다.
34 70억 원, 5인 ▶ 자산관리회사의 등록요건은 자기관리REITs의 등록요건과 동일하다.
35 × ▶ 비소구금융 또는 제한적인 소구금융이므로 채권자에게는 불리하다. 따라서 별도의 채권보전조치(사업부지에 대한 저당권, 분양수입금에 대한 근질권 등)를 취해야 한다.
36 저당권, 부동산담보신탁
37 부동산담보신탁
38 책임준공약정, 책임분양
39 ○
40 × ▶ 기대수익률은 가중평균이지만 위험은 공분산항목이 추가된다.

투자자산운용사

41 ○/× 주식과 채권을 보유한 포트폴리오에 부동산을 편입할 경우 체계적위험이 감소한다.

42 부동산가치의 발생요인에는 (　　　), (　　　), (　　　)이 있으며 부동산가격의 형성요인에는 (　　　), (　　　), (　　　)이 있다.

43 '비준가격 = 사례가격 × 사정보정 × 시점수정 × 지역요인보정 × 개별요인보정 × 면적'으로 평가하는 것은 (거래사례비교법 / 복성식평가법 / 수익환원법)에 해당된다.

44 취득 시 원가가 3억 원인 어떤 건물이 3년이 경과한 현재 재조달원가가 8억 원에 달했다(내용연수는 10년, 내용연수 말의 잔존가액은 0원으로 가정). 이 건물의 복성가격은 (　　　　)이다.

45 연간 임대료 수입이 1,000만 원이다. 자본환원율이 5%라면 이 부동산의 가치는 (　　　)이며, 이러한 방식을 (거래사례비교법 / 복성식평가법 / 수익환원법)이라 한다.

46 소득접근법에서 순영업소득을 환원시키는 방법(직접환원법, 할인현금수지분석법)중에서, 당해의 순수익이 영구적으로 지속된다는 전제 하에 환원을 시키는 방법은 (　　　　)이다.

47 ○/× 원가방식은 건물, 기계장치 등 재생산이 가능한 물건에 널리 적용되나, 토지와 같이 재생산이 불가한 자산에 대해서는 적용이 불가하다.

48 기술이 진보할수록 재조달원가나 감가상각액의 파악이 어렵다는 단점이 있는 것은 (거래사례비교법 / 원가법 / 수익환원법)이다.

49 토지를 평가함에 있어 가장 적합한 감정평가방식은 (비교방식 / 원가방식 / 수익방식)이다.

50 임대용이나 기업용 부동산은 (비교방식 / 원가방식 / 수익방식)으로 평가하는 것이 적합하다.

정답
- **41** × ▶ 분산투자 시 비체계적위험이 감소한다.
- **42** 유효수요, 희소성, 효용 / 일반적 요인, 지역적 요인, 개별적 요인 ▶ 가치발생의 3요인(암기) : 발. 효. 유. 희
- **43** 거래사례비교법 ▶ 거래사례비교법(비교방식)은 비준가격으로, 복성식평가법(원가방식)은 적산가격으로 평가한다.
- **44** 5억 6천만 원 ▶ 건물의 복성가격(또는 적산가격) = 8억 원 - (8천만 원 × 3년) = 5억 6천만 원
- **45** 2억 원 / 수익환원법 ▶ 건물의 수익가격 = $\frac{1,000만\ 원}{0.05}$ = 2억 원
- **46** 직접환원법 ▶ $\frac{순영업소득}{자본환원율}$이 직접환원법인데, 순영업소득이 영구적이라 가정한다. 반면 할인현금수지분석법은 매 기의 현금흐름을 할인하여 계산한다.
- **47** ○ ▶ **보충** 원가방식은 부동산의 시장가치와 수익성을 고려하지 못한다.
- **48** 원가법 ▶ 원가법(원가방식, 비용접근법, 복성가격)이다.
- **49** 비교방식 ▶ 토지는 재생산이 불가하여 원가방식은 사용할 수 없다(단, 조성지나 매립지의 경우는 원가방식이 유용함).
- **50** 수익방식

투자자산운용사 제2과목 [30문항]

투자운용 및 전략 Ⅱ 및 투자분석

제1장 대안투자운용/투자전략(5문항)

01 ☐○☐× 대안투자는 매수중심(Long Only)에서 벗어나 차입이나 공매도 등의 다양한 거래방식을 활용한다.

02 ☐○☐× 대안투자상품에는 부동산, 원자재, 인프라스트럭처, 선박, MMF 등이 있다.

03 해당 부동산이 창출하는 미래현금흐름을 담보로 하는 부동산금융은 (주택금융 / 수익형부동산금융)이다.

04 ☐○☐× PF(프로젝트파이낸싱) 금융은 주택금융에 속한다.

05 ☐○☐× 자산유동화증권(ABS)의 발행을 통해, 자산보유자는 보유하고 있는 유동성이 낮은 자산을 유동화시킴으로서 유동성위험을 회피할 수 있다.

06 부동산개발사업에 있어서 부동산의 건축을 담당하는 주체는 (시행사 / 시공사)이다.

07 ☐○☐× 지주 수가 많은 토지에 대해서는 지주 개인 별로 개별계약을 하는 것이 바람직하다.

08 ☐○☐× PEF의 사원은 1인 이상의 무한책임사원(GP ; General Partners)과 1인 이상의 유한책임사원(LP ; Limited Partners)로 구성되며 그 총수는 100인 이하이어야 한다.

09 PEF의 (무한책임사원 / 유한책임사원)은 PEF에 투자한 금액의 범위 내에서만 책임을 진다.

정답
- **01** ○ ▸ 환매금지기간이 있으며 높은 전문성이 요구된다.
- **02** × ▸ MMF는 전통 투자상품(주식, 채권)에 속한다.
- **03** **수익형부동산금융** ▸ 주택금융은 부동산을 담보로 하여 대출을 받는 금융을 말한다. 수익형부동산금융은 증권형(MBS, 리츠 등)과 개발형(PF형)으로 구분된다.
- **04** × ▸ PF형은 수익형부동산금융에 속한다(개발형).
- **05** ○ ▸ ABS발행은 자산양도를 통해 신용위험을 회피하며 유동화를 통한 자금조달로써 유동성위험도 회피할 수 있다.
- **06** **시공사** ▸ 시행사는 토지를 매입하는 등 해당 사업을 진행하는 주체이다.
- **07** × ▸ 전체 지주와 일괄계약 및 동시자금집행으로 매입대상 토지가격의 상승위험에 대비할 수 있다.
- **08** ○ ▸ PEF는 합자회사 형태의 사모펀드로서, 100인 이하 중 일반투자자의 수는 49인 이하이어야 한다.
- **09** **유한책임사원** ▸ 무한책임사원은 자신의 투자금액을 초과하는 책임을 부담하기도 한다.

10 ○|× PEF의 무한책임사원은 노무 또는 신용출자를 할 수 없으며, 반드시 금전 또는 시장성 있는 유가증권으로 투자해야 한다.

11 PEF의 자금회수(EXIT) 방안 중 가장 선호되는 것은 PEF가 인수한 기업을 일반기업에 직접 매각하는 것이며, (　　　　　)의 경우 기업의 수명단축을 유발할 수 있다.

12 ○|× PEF의 자금회수(EXIT)방안 중 PEF가 인수한 기업을 다른 PEF에 매각하는 것은 허용되지 않는다.

13 ○|× PEF는 등기·등록사항으로서 유한책임사원의 내역을 공개해야 한다.

14 헤지펀드전략 중 글로벌 매크로전략은 세계경제추세를 예상하여 포트폴리오를 구축하는 방향성전략인데, (탑다운 / 바텀업) 방식으로 운용한다.

15 ○|× 헤지펀드는 기초자산을 보유해야만 거래할 수 있다.

16 ○|× 헤지펀드는 제한이 없는 다양한 투자대상에 투자하기 때문에 환매가 자유롭지 못한 편이다.

17 헤지펀드전략 중 '합병차익거래, 부실채권전략'은 (차익거래전략 / 상황의존형전략 / 방향성전략)에 속한다.

18 합병차익거래는 인수기업주식을 (　　)하고 피인수기업주식을 (　　)하는 것이 일반적이다.

19 전환차익거래에 유리한 전환사채는 기초자산의 변동성이 (크고 / 작고), 컨벡시티가 (크고 / 작고), 기초자산의 배당률이 (높고 / 낮고), 전환프리미엄이 (낮은 / 높은) 상태가 좋다.

20 전환사채의 델타가 (　　)일 경우 전환사채 2단위를 매수하고 주식 1단위를 매도하면 좌우대칭형 구조(위험중립형)를 만들 수 있다.

21 채권수익률곡선이 스티프닝해질 경우에는 단기채를 (　　)하고 장기채를 (　　)한다.

정답
10 ○
11 유상감자(Recapitalization)
12 × ▸매각할 수 있다.
13 × ▸무한책임사원은 공개, 유한책임사원은 비공개
14 탑다운(top down)
15 × ▸기초자산이 없어도 '대차거래를 통해 선매도(공매도)' 거래를 할 수 있다.
16 ○ ▸최초 설정한 환매금지기간에는 환매가 불가하고 이후 분기별로 환매를 허용하는 것이 일반적이다.
17 상황의존형전략(Event-Driven 전략)
18 매도, 매수 ▸'인수기업주식 매도 & 피인수기업주식 매수'
19 크고 - 크고 - 낮고 - 낮은
20 0.5
21 매수 / 매도 ▸단스장플(스티프해지면 단기채를 매수하고, 플랫해지면 장기채를 매수한다).

부록 — 투자자산운용사

22 (Commodity Futures Contracts / Commodity Forward Contracts)는 다양한 장점이 있으나, 롤오버리스크와 마진콜위험 등에 노출되는 단점이 있다.

23 Positive Roll Yield는 (　　　)에서, Negative Roll Yield는 (　　　)에서 발생한다.

24 기초자산의 수익률과 유동화증권 수익률 간의 차이에서 발생하는 차익을 취할 목적으로 발행하는 CDO는 (　　　)이다.

25 ○× CDS(Credit Defualt Swap)는 보장매도자가 보장매수자에게 프리미엄을 지급한다.

26 ○× CDS는 보장매수자가 준거자산의 양도 없이 신용위험을 전가할 수 있으며, 신용위험 전가사실을 고객사(차주)가 알 수 없으므로 고객사와 우호적인 관계를 유지할 수 있다는 장점이 있다.

27 보장매수자의 입장에서는 개별적인 CDS거래보다는 비용이 싸며, 보장매도자의 입장에서는 첫째 부도에만 책임이 있어 CDS와 크게 다르지 않으나 CDS보다 높은 프리미엄을 획득할 수 있는 장점이 있는 것은 (CDS / FTD / CLN / TRS)이다.

28 신용위험뿐만 아니라 시장위험도 전가하며, 현금흐름복제효과가 있는 것은 (　　)이다.

29 ○× TRS매입자는 시장 기준금리에 TRS spread를 가산한 금리를 TRS매도자에게 지급한다.

30 위험전가를 목적으로 하고 발행하며 재무상태표상의 위험자산이 감소하여 재무비율이 개선될 수 있는 CDO는 (　　　)이다.

31 수익을 초기에 한 번에 받으며(up front) 만기시점에서 남아있는 담보자산의 원금을 받는 트랜치는 (　　　)이다.

정답
- **22** Commodity Futures Contracts ▶ 롤오버리스크에 노출되는 것은 장내파생상품이다.
- **23** 백워데이션 / 콘탱고
- **24** Arbitrage CDO ▶ 비교 Balance Sheet CDO : 재무상태표 상의 위험자산감소와 재무비율 개선을 목적으로 발행하는 CDO
- **25** × ▶ 보장매수자(프리미엄 지급) ↔ 보장매도자(프리미엄 수취)
- **26** ○ ▶ 신용위험 이전 시 기초자산을 양도하는 것은 'ABS, CDO'이며, 양도하지 않는 것은 'CDS, CLN, 합성CDO'이다.
- **27** FTD(First To Default) ▶ Basket Default Swap 중 첫 번째 부도에만 보장을 하는 것이 FTD이다.
- **28** TRS(Total Return Swap)
- **29** ○ ▶ TRS매입자(위험선호자)가 'LIBOR + 스프레드'를 TRS매도자(위험회피자)에게 지급하고, TRS매도자로부터 총수익(Total Return)을 지급받는다.
- **30** Balance Sheet CDO ▶ 비교하여, 차익을 취할 목적으로 발행하는 것은 'Arbitrage CDO'이다.
- **31** 에쿼티(equity) ▶ 메자닌은 잔여이익 참여권 없으며, 시니어는 mark to market 위험에 노출된다.

제2장 해외증권투자운용/투자전략(5문항)

01 ⊙⊠ 국내적으로 분산불가능 위험인 체계적 위험도 국제 분산투자를 할 경우 위험의 추가적인 분산효과를 얻는 것이 가능하다.

02 ⊙⊠ 국제분산투자를 하더라도 개별기업 특유의 요인에 의한 위험은 제거할 수 없다.

03 MSCI지수는 달러기준의 국제주가지수로 미국투자자에 특히 적합하며, (시가총액식 / 유동주식 시가총액식) 방식으로 지수를 산출한다.

04 우리나라의 경우 MSCI지수에서는 (MSCI 세계지수 / MSCI EM지수)이며, FTSE지수에서는 (DM지수 / EM지수)으로 분류된다.

05 ⊙⊠ MSCI EM지수는 주요 신흥시장 23개국의 기업을 기준으로 산출되며 주가등락과 환율변동에 따라 매일 변동한다.

06 (   )지수는 런던거래소에 상장된 100개의 우량주식으로 구성된 지수이다.

07 ⊙⊠ 글로벌 동조화가 강화될수록 국제 분산투자효과도 커진다.

08 ⊙⊠ 본국통화로 표시한 외국주식에 대한 투자수익률은 외국통화로 표시한 투자수익률과 환율변동률을 합한 값이다.

09 ⊙⊠ 본국통화로 표시한 외국주식에 대한 분산은 외국통화로 표시한 투자수익률의 위험과 환율변동률의 분산을 합한 값이다.

10 해외투자 시 투자대상국의 통화가치가 (상승 / 하락)할 경우 환차익을 얻을 수 있다.

정답
- **01** ○ ▶ 정치적 위험은 특정국가의 체계적 위험이지만 국제 분산투자 시 제거될 수 있다.
- **02** × ▶ '개별기업 고유위험'은 비체계적 위험으로서, 국내기업의 비체계적 위험은 국내 분산투자로도 제거가 가능하다.
- **03** 유동주식 시가총액식(또는 유동주식방식) ▶ 전체 주식수에서 실제 유통이 되지 않는 주식(정부보유지분 또는 대주주지분)을 제외하고 산출하는 지수산출방식(유동주식수 × 주가 = 유동주식 시가총액)
- **04** MSCI EM지수, DM지수 ▶ MSCI에서는 신흥시장(EM), FTSE에서는 선진시장(DM)에 속한다. MSCI세계지수(MSCI World Index)는 선진시장으로서 FTSE의 DM과 같다.
- **05** ○ ▶ 달러기준 지수이므로 주가와 환율에 모두 영향을 받는다.
- **06** FTSE100
- **07** × ▶ 동조화 강화 → 국가 간 상관성 증가 → 국제 분산투자효과 감소
- **08** ○
- **09** × ▶ 위험(분산)을 계산할 때에는 공분산이 추가된다.
- **10** 상승 ▶ 예 2016년 브라질 헤알화 가치의 폭락으로 당시 한국의 브라질국채 투자자는 큰 투자손실을 입었다(즉 투자대상국 통화가치 하락 → 환차손).

부록 — 투자자산운용사

11 ○× 투자기간의 전체기간을 하나의 계약으로 일시에 헤지하는 것은 롤링헤지이다.

12 미국투자자가 달러상승기에 해외투자 시 환차손을 입게 되는데, 이때 달러가치와 양의 상관관계를 보이는 주식을 매수함으로써 환차손을 상쇄할 수 있다. 이렇게 주가와 통화가치 간의 상관관계를 이용한 환위험 헤지방식을 (롤링헤지 / 내재적 헤지)라고 한다.

13 ○× 내재적 헤지(Implict hedge)를 위해서는 별도의 헤지비용이 필요하다.

14 ○× 국제투자펀드들은 환위험을 위험요인으로 보기보다는 초과수익의 원천으로 보기 때문에 특별한 경우가 아니면 부분헤지를 하거나 또는 헤지를 하지 않는다.

15 동조화의 정도는 산업별로 차이가 나는데, 시장이 글로벌화된 IT산업이나 중간재산업 등에서 동조화 현상은 (더욱 강하게 / 더욱 약하게) 나타난다.

16 해외에서 달러화표시로 DR을 발행하고 미국과 런던에서 동시에 상장한다면 (ADR / EDR / GDR)이 된다.

17 해당 기업이 미국증시에 상장하기를 원하여 DR발행 및 상장관련 비용을 직접 부담하며 상장하는 것을 (Sponsored DR / Unsponsored DR)이라 한다.

18 ○× 뉴욕시장은 세계 최고의 시장이나 DR 발행절차가 엄격하고 까다로워 규제가 약한 런던증시 등을 선호한다.

19 ○× 각국 주식시장 거래규모의 주요 결정요인은 상장회사의 시가총액이다. 그런데 투자자의 거래행태나 주식보유의 동기 및 분포도 중요한 결정요인이 된다.

20 ○× 복수상장(DR상장 등)을 하면 상장비용이 절감되는 측면이 있다.

21 런던에서 파운드로 발행하면 (   ), 런던에서 달러로 발행하면 (   )가 된다.

정답

11 × ▶ '전체기간을 몇 개의 단기기간으로 나누고 단기기간을 이어서 헤지하는 것'이 롤링헤지이다(롤링위험은 장내파생상품의 롤링헤지 과정에서 발생함).
12 내재적 헤지(Implicit hedge) ▶ 내재적 헤지는 달러가치하락기에는 유효하지 않다.
13 × ▶ 헤지를 위해 별도의 상품을 사용하는 것이 아니므로 별도의 헤지비용이 들지 않는다.
14 ○
15 더욱 강하게
16 GDR
17 Sponsored DR
18 × ▶ 뉴욕시장이 까다롭지만 공신력이 더 커서 뉴욕시장 상장을 선호한다.
19 ○ ▶ 투자자의 거래행태도 중요하다. 예 회전율이 높은 시장은 낮은 시장에 비해 거래량 기준의 시장규모순위가 높게 나타난다.
20 × ▶ 복수상장을 한다고 해서 상장비용이 절감되는 것은 없다. '복수상장을 통한 플러스효과(자금조달효과, 홍보효과 등)가 상장유지비용보다 클 때' 상장이 정당화된다.
21 외국채 / 유로채 ▶ 보충 유로채 중에서 달러로 발행하는 채권을 유로달러채라 한다.

투자자산운용사

22 ☐○☐× 양키본드는 채권표시통화의 본국 외에서 발행하는 채권에 속한다.

23 ☐○☐× 유로채는 무기명채권(Bearer Bond)으로 발행하기 때문에 이자소득세의 부담이 없다.

24 ☐○☐× 외국채는 현지국의 규제를 받으며 기명식채권(Registered Bond)으로 발행하므로 이자소득세를 부담하는 것이 원칙이다.

25 ☐○☐× 양키본드는 1984년 이전까지 10%의 원천징수세가 부과되었지만, 이후로는 국제채권시장의 미국 국내 유인을 위해 외국투자자가 양키본드에 투자할 경우 원천징수세 부과를 면제하였다.

26 미 재무부 채권 중에서 만기 1년 이하의 채권은 (   )이며 (   )로 발행한다.

27 ☐○☐× 국내 거주자가 해외주식에 직접투자하고 양도차익을 남긴 경우에는 양도소득과세표준의 22%(지방세 포함)가 과세된다.

28 ☐○☐× 미국국채에 투자할 때 위험프리미엄은 투자유의사항이 되지 않는다.

29 ☐○☐× 딤섬본드에 투자할 경우에는 표면수익률보다 채권의 신용도나 위안화의 동향이 더 중요하다.

30 외국기업이 홍콩에서 위안화로 채권을 발행하면 (딤섬본드 / 판다본드)라 한다.

31 세계경제를 분리된 각국 경제의 결합체로 보는 것은 해외투자전략에 대한 (하향식 / 상향식) 접근이다.

32 세계경제를 글로벌화된 산업의 집합으로 보는 것은 해외투자전략에 대한 (하향식 / 상향식) 접근이다.

33 ☐○☐× 소극적인 투자전략으로서 벤치마크 포트폴리오를 정확히 모방하고자 하는 것은, 벤치마크 구성 시의 거래비용을 줄이면서도 벤치마크 수익률에 근접시킬 수 있는 효과적인 전략이 된다.

정답
22 × ▶ 양키본드는 외국채로서 '채권표시통화 본국에서 발행하는 채권'이다.
23 ○
24 ○ ▶ 하지만 투자유인차원에서 이자소득세를 징수하지 않는 외국채가 증가하고 있다.
25 ○
26 T-Bill, 할인채 ▶ 비교하여, T-Note는 만기 1년~10년이고 T-Bond는 만기 10년 이상이며 둘 다 이표채로 발행한다.
27 ○ ▶ 양도소득과세표준 = 양도차익 − 기본공제(연간 250만 원)
28 ○ ▶ 미국국채는 안전자산이므로 가산금리가 붙지 않는다.
29 ○
30 딤섬본드 ▶ 판다본드는 중국에서 위안화로 발행하는 채권을 말한다.
31 하향식(Top Down Approach)
32 상향식(Bottom Up Approach)
33 × ▶ '정확히 모방(완전복제법, full replication)'하는 것은 인덱싱 과정에서 거래 비용이 높아지는 문제를 발생시킨다.

제3장 투자분석기법(12문항)

01 현금흐름의 추정은 증분기준으로, (세전기준 / 세후기준)으로, 그리고 모든 간접적 효과를 고려하여 추정한다.

02 현금흐름 추정 시 현금흐름의 유출요인은 재무상태표상의 (   ), (   ), (   )로부터 추정된다.

03 비유동자산의 매입은 현금유출의 증가로, 운전자본투자(유동자산 증가)는 현금유출의 증가로, 비이자부유동부채의 증가는 현금유출의 (증가 / 감소)로 나타난다.

04 현금흐름의 유입원은 손익계산서의 (   )이다.

05 범위, 분산, 표준편차, 평균편차는 (중심위치 / 산포경향)에 해당하는 지표이다.

06 빈도수가 가장 높은 관찰치를 (   )이라 하고, 관찰치를 크기 순서대로 나열하였을 때 정 가운데 있는 값을 (   )이라 한다.

07 (   )는 각각이 평균으로부터 떨어진 거리들의 평균이고, (   )는 각각의 평균으로부터 떨어진 거리의 제곱들을 평균한 것이다.

08 (   )는 두 변수의 관계의 방향과 정도를 나타내주는 측정치로서, 공분산을 변수 각각의 표준편차의 곱으로 나누어준 값이다.

09 [O|X] 상관계수는 −1에서 +1 사이의 값을 갖는다.

10 액면가 10만 원, 표면금리 4%, 만기수익률이 5%, 연단위후급이표채인 영구채권의 가격은 (   )이다.

11 요구수익률이 5%일 때, 매년 1,000원의 배당금을 지급하는 우선주의 가치는 (   )로 평가된다.

정답
01 세후기준
02 비유동자산, 유동자산, 유동부채 ▶ 현금유출은 재무상태표로부터 추정된다('출재'로 암기).
03 감소 ▶ 외상매입금, 미지급금은 이자비용을 부담하지 않는 부채이므로 현금유출요인이 없다.
04 영업이익
05 산포경향 ▶ 중심위치에는 중앙값, 최빈값, 산술평균이 있다.
06 최빈값(mode), 중앙값(median)
07 평균편차(mean deviation), 분산(variance) ▶ 그리고 분산의 제곱근이 표준편차(standard deviation)이다.
08 상관계수(correlation coefficient) ▶ 주의 공분산을 각각의 분산으로 나눈 것이 상관계수이다. (X)
09 O ▶ 공분산은 −∞에서 +∞의 어떤 값이든지 가질 수 있다.
10 8만 원 ▶ $P_0 = \dfrac{I}{k_d} = \dfrac{4,000원}{0.05} = 80,000원$
11 20,000원 ▶ 우선주의 가치평가는 '$P = \dfrac{D_p}{k_p}$ (D_p : 우선주 배당금, k_p : 우선주의 요구수익률)'이다. 따라서 동 우선주의 가치는 '$P = \dfrac{1,000}{0.05} = 20,000(원)$'이다.

12 배당평가모형상 기업의 성장이 일정한 경우를 가정할 때 주식의 가격을 평가하는 공식은 (　　　)이다.

13 재무비율 지표 중에서 '기업의 단기부채에 대한 상환능력'은 (　　　), '기업의 중장기적인 채무이행능력'은 (　　　), '현재 기업이 부담하고 있는 재무적 부담에 대한 이행능력'은 (　　　)로서 측정할 수 있다.

14 이자보상비율은 (　　　)을 이자비용으로 나눈 것인데, 재무비율 지표 중에서 (　　　)지표로 분류된다.

15 '부채비율, 매출채권회전율, 총자산이익률' 중에서 활동성지표에 해당하는 것은 (　　　)이다.

16 '총자산이익률, 자기자본이익률, 총자산회전율, 이자보상비율' 중에서 재무상태표와 손익계산서를 모두 활용해서 산출되는 재무비율이 아닌 것은 (　　　)이다.

17 (　　　)은 '$\frac{순이익}{순매출} \times \frac{순매출}{총자산}$'로 표시되며, 기업이 보유하고 있는 자산을 얼마나 효율적으로 이용하고 있는가를 측정한다. 이 지표가 높을수록 효율적인 영업을 의미하나, 지나치게 높을 경우 R&D 투자가 미흡하다는 해석이 가능하다.

18 (　　　)는 'ROA × (1 + 부채비율)'로 표시되며, 이 값은 ROA가 높거나 부채비율이 높을수록 상승한다.

19 유동비율은 높은데 당좌비율이 낮다면 재고자산 또는 선급금이 (적다 / 많다)는 것이다.

20 총자산회전율이 (높다면 / 낮다면) 낮은 경영효율성, 설비의 노후화 등을 의미한다.

21 ○× 재고자산회전율이나 매출채권회전율이 급격하게 증가하는 것은 부실의 징후로 해석할 수 있다.

22 ○× 고정비용보상비율이 낮다는 것은 해당 기업이 부채레버리지 효과를 충분히 활용하고 있지 않다는 것을 의미한다.

정답
12 $P_0 = \frac{D_1}{k-g}$ ▶ 항상성장모형(정률성장모형)이다.
13 차례대로 '유동성지표, 안정성지표, 보상비율'
14 영업이익, 보상비율 ▶ 보상비율지표로는 이자보상비율, 배당성향이 있다.
15 매출채권회전율 ▶ 활동성지표 : 매출채권회전율, 재고자산회전율, 총자산회전율 등
16 이자보상비율 ▶ 이자보상비율은 $\frac{영업이익}{이자비용}$으로서, 손익계산서 항목으로만 구성된다.
17 총자산이익률(ROA 또는 ROI)
18 ROE ▶ 그리고 이때의 부채비율은 '$\frac{총부채(타인자본)}{자기자본}$'로서 투운사 기본서 상에서는 '부채 − 자기자본비율'로 명칭하고 있다.
19 많다 ▶ 공식으로 이해(유동비율 = $\frac{유동자산}{유동부채}$, 당좌비율 = $\frac{유동자산 - 재고자산 - 선급금}{유동부채}$)
20 낮다면 ▶ 높다면 → 양호한 경영효율성을 의미, 지나치게 높다면 → 설비부족을 의미한다.
21 ○ ▶ 기업이 현금흐름에 어려움을 겪고 있을 경우, 재고를 덤핑으로 처분하거나 매출채권을 높은 할인율로 현금화할 수 있기 때문이다.
22 × ▶ 고정비율($\frac{영업이익}{고정비용}$)이 낮다면 → 과도한 레버리지 사용을 의미한다.

부록 — 투자자산운용사

23 영업레버리지는 기업의 영업비 중에서 영업활동의 정도와 관계없이 발생하는 (   )의 존재로 인해 발생하며, 재무레버리지는 영업이익의 유무와 관계없이 발생하는 (   )의 존재로 인해 발생한다.

24 '매출액의 변화율에 대한 영업이익의 변화율의 비율'로 정의되는 것은 (DOL / DFL / DCL)이다.

25 '영업이익의 변화율에 대한 주당순이익의 변화율의 비율'로 정의되는 것은 (DOL / DFL / DCL)이다.

26 결합레버리지도는 영업레버리지도와 재무레버리지도를 결합한 개념인데, 계산상으로는 양자의 (합 / 곱)으로 계산된다.

27 영업레버리지도가 5라면 매출액이 1% 증가할 때 (   )이 5% 증가하는 것을 말한다.

28 재무레버리지도가 5라면 (   )이 1% 증가할 때 주당순이익이 5% 증가하는 것을 말한다.

29 매출액이 100억 원, 고정비 60억 원, 변동비 20억 원, 영업이익 20억 원, 이자비용이 7.5억 원일 때 영업레버리지도는 (   ), 재무레버리지도는 (   ), 결합레버리지도는 (   )이다.

30 타인자본 의존도가 높을수록 결합레버리지도는 (높게 / 낮게) 나타난다.

31 현금흐름표의 유용성의 하나로서, 현금흐름표는 '기업의 (   )과 (   )을 파악함으로써 자산, 부채의 증감원인을 구체적으로 파악할 수 있다.

32 '감가상각비, 유가증권평가이익, 설비자산처분, 차입금차입' 중에서 간접법으로 현금흐름표 작성 시 (+)로 반영되지 않는 것은 (   )이다.

33 영업활동현금흐름 계산 시 '매출채권의 감소, 재고자산의 감소, 매입채무의 (   )'는 현금흐름의 증가로 계산된다.

34 차입금의 차입이나 상환은 (영업활동 / 재무활동 / 투자활동)현금흐름에 속한다.

정답
- **23** 고정영업비 / 고정재무비용
- **24** DOL(영업레버리지도) ▶ 분모 '매출액의 변화율'은 '판매량의 변화율'로 대체할 수 있다.
- **25** DFL(재무레버리지도) ▶ DCL은 '매출액의 변화율에 대한 주당순이익의 변화율의 비율'로 정의된다.
- **26** 곱 ▶ $DOL \times DFL = DCL$
- **27** 영업이익
- **28** 영업이익
- **29** 4 / 1.6 / 6.4 ▶ $DOL = \frac{100-20}{100-20-60} = 4.0$, $DFL = \frac{20}{20-7.5} = 1.6$, $DCL = 4 \times 1.6 = 6.4$
- **30** 높게 ▶ 타인자본을 많이 쓰면 → 이자비용 증가 → DFL 또는 DCL 증가
- **31** 투자활동, 재무활동 ▶ 자산변동에 직접 영향을 주는 것은 투자활동이고 부채변동에 직접 영향을 주는 것은 재무활동이다.
- **32** 유가증권평가이익 ▶ 간접법 적용 시, 감가상각비는 비현금비용(현금흐름은 플러스), 유가증권평가이익은 비현금수익(현금흐름은 마이너스)이다.
- **33** 증가 ▶ 영업활동과 관련된 자산·부채의 변동에서는 '비유동자산(매출채권/재고자산)의 감소 → 현금흐름 증가, 비이자부유동부채(매입채무)의 증가 → 현금흐름 증가'로 반영한다.
- **34** 재무활동 ▶ 영업활동은 원재료의 구매 및 생산 및 판매활동, 투자활동은 설비자산의 취득 및 처분 등을 말한다.

35 자사주를 취득할 경우 (투자활동현금흐름 / 재무활동현금흐름)이 (증가 / 감소)한다.

36 '시설자금의 증가, 매출채권의 증가, 재고자산의 증가, 미지급금의 증가'에서 잉여현금흐름(FCF)을 감소시키지 않는 것은 (   )이다.

37 ○× PER이 상승하고 있다면 보통 좋은 현상으로 받아들인다.

38 PER이 (높으면 / 낮으면) 투자자들이 해당 기업을 보수적이고 안전 위주의 경영을 하고 있음을 의미한다.

39 ○× Gordon모형의 PER에서, 요구수익률이 ROE보다 클 경우 배당성향과 PER은 양(+)의 관계를 보인다.

40 (   )는 자기자본을 '시가'로 평가함으로써, PBR의 장부가평가 문제를 보완하며, 'Q > 1'일 경우 (㉠ 기업경영을 효율적으로 하고 있다 / ㉡ 적대적 M&A의 타깃이 된다).

41 '영업이익은 흑자이나 당기순이익이 적자인 기업'의 내재가치를 상대가치평가모형으로 분석할 때 가장 적합한 지표는 (   )이다.

42 당기순이익 기준으로 평가하는 PER의 한계점을 보완하고 기업의 자본구조도 감안하여 평가하는 장점이 있는 지표는 (   )이다.

43 (   ) = 세후순영업이익 − (투하자본 × 가중평균자본비용)이다. EVA는 회계적 이익에 포함되지 않는 (   )까지 고려하는 진정한 경영성과지표로 평가된다.

44 (   )는 주주자본비용의 기회비용적 성격을 명확히 설정할 수 있게 한다.

45 EVA를 영업성과의 측정도구로 사용할 경우 (타인자본비용 / 자기자본비용 / 자본비용) 이상의 이익을 실현하는 것을 기업투자의 목표로 설정하게 된다.

정답
- **35** 재무활동현금흐름, 감소 ▶ 자사주를 처분할 경우는 '재무현금흐름의 증가'이다.
- **36** 미지급금의 증가 ▶ '매입채무 증가 / 미지급금 증가'는 운전자본을 증가시키되 현금지출이 없는 항목이므로 잉여현금흐름의 증가에 해당한다.
- **37** ○ ▶ 성장성이 높아지고 있는 것으로 해석된다.
- **38** 낮으면
- **39** ○
- **40** 토빈의 q / ㉠
- **41** EV/EBITDA
- **42** EV/EBITDA ▶ 분모의 EBITDA는 영업이익(EBIT)을 기반으로 하므로 PER를 보완하며, 분자의 EV는 채권자가치(순차입금)도 포함하고 있어서 기업의 자본구조도 감안한다.
- **43** EVA / 자기자본비용
- **44** EVA
- **45** 자본비용 ▶ 자본비용(타인자본비용 + 자기자본비용) 이상을 목표로 하게 된다.

46 ○✕ EVA는 회계관습과 발생주의 회계원칙의 결과로 산출된 회계적 이익이 경제적 이익을 반영하도록 수정하는 대체적 회계처리에 해당한다고 할 수 있다.

47 세후순영업이익 30억 원, 자본비용 10%(무부채기업), 자기자본 200억 원일 경우 EVA모형으로 평가한 기업가치는 (   )이다.

48 (   )은 계량화가 어려운 심리적인 요인도 반영한다는 장점이 있으나, 시장변화의 근본 원인을 알 수 없다는 단점이 있다.

49 다우이론의 장기추세 6국면은 (   ), (   ), (   )의 상승 3국면과 (   ), (   ), (   )의 하락 3국면으로 구성된다.

50 '전반적인 경제여건 및 기업의 영업수익이 호전됨으로써 일반투자자들의 관심이 고조되어 주가도 상승하고 거래량도 증가하는 국면'은 다우의 장기추세 6국면 중 (   )에 해당한다.

51 다우의 장기추세 6국면 중에서, 기술적 분석으로 가장 많은 수익을 올릴 수 있는 국면은 (   )이며 전문투자자가 투자수익을 취한 후 빠져 나가는 국면은 (   )이다.

52 상승저항을 받고 있는 고점들을 연결한 선을 (   ), 하락추세를 멈추게 하는 저점을 연결한 선을 (   )이라고 한다.

53 추세선의 신뢰도는 저점이나 고점이 여러 번 나타날수록, 또 추세선의 길이가 (길고 / 짧고), 기울기가 (가파를수록 / 완만할수록) 더 높다.

54 추세곡선은 추세가 점차 (강해질 때 / 약해질 때) 나타나며, 부채형추세선은 기존추세가 (강화될 때 / 둔화될 때) 나타난다.

55 이동평균선 분석방법은 (   ), (   ), (   ), (   ), (   ), (   )의 6가지가 있다.

56 ○✕ 이동평균선의 기준기간(Time Span)이 길수록 이동평균선은 더욱 유연해진다.

정답
46 ○ ▶ 회계적 이익 → 당기순이익, 경제적 이익 → EVA
47 300억 원 ▶ EVA = 30억 원 − (200억 원 × 10%) = 10억 원, 기업가치 = 200억 원 + 10억 원 / 0.1 = 300억 원
48 기술적 분석
49 매집, 상승, 과열 / 분산, 공포, 침체
50 상승국면(또는 강세 2국면, Mark Up국면, 기술적 추세추종 국면)
51 상승국면(강세2국면), 분배국면(약세1국면) ▶ 강세2국면은 '상승국면, 마크업국면, 기술적 추세추종단계'이다.
52 저항선 / 지지선
53 길고 − 완만할수록
54 강해질 때, 둔화될 때
55 방향성 분석, 배열도 분석, 지지선·저항선 분석, 크로스 분석, 이격도 분석, 밀집도 분석
56 ○ ▶ 5일보다는 20일, 20일보다는 60일 MA가 더 유연하게(완만하게) 나타난다.

57 단기이동평균선이 장기이동평균선을 상향 돌파할 경우 (　　　), 하향 돌파할 경우 (　　　)라고 한다.

58 ○× 강세국면에서 주가가 이동평균 위에서 움직일 경우 상승세가 지속될 가능성이 높다.

59 그랜빌의 매매기법상으로, 주가가 하락하고 있는 이동평균선을 하향 돌파한 후 급락하는 경우는 (매도 / 매수) 신호이다.

60 캔들의 형태 '망치형, 교수형, 유성형, 관통형, 먹구름형, 샛별형, 석별형' 중에서 상승반전 신호로 간주되는 것은 (　　　), (　　　), (　　　)이다.

61 엘리어트의 3번 파동에서 나올 수 있으며, 추세를 돌파한 후 가속도가 붙어 나오는 갭의 형태는 (　　　)이다.

62 헤드 앤 숄더형(H&S형)이 완성되면 주가는 (상승한다 / 하락한다)고 본다.

63 헤드 앤 숄더형(= 삼봉천장형)에서 거래량이 가장 작게 나타나는 국면은 (왼쪽 어깨 / 머리 / 오른쪽 어깨)이다.

64 ○× 이중바닥형은 두 번째 저점이 첫 번째 저점보다 높게 형성되며 기울기도 완만하게 형성된다.

65 ○× 주가의 상승추세가 완만한 곡선을 그리면서 서서히 하락추세로 전환되는 패턴은 원형바닥형이다.

66 삼각형과 깃발형은 (반전형 / 지속형) 패턴이다.

67 상승추세에서 나타나는 쐐기형은 (　　　), 하락추세에서 나타나는 쐐기형은 (　　　)이다.

68 ○× 직사각형 패턴이 되기 위해서는 최소한 두개의 산과 두개의 골이 형성되어서 4번 이상의 주가등락이 있어야 한다.

69 ○× 엘리어트 파동의 상승5파 중에서 2번 파동의 길이가 가장 길다.

정답
57 골든크로스 / 데드크로스
58 ○ ▶ 또한, 약세국면에서 주가가 이평선 아래에 있다면 하락세가 지속될 가능성이 크다.
59 매수 ▶ 과도한 하락 후 이평선으로 수렴하는 반등이 예상되므로 매수신호이다(→ 이평선 분석상의 이격도 분석과 유사).
60 망치형, 관통형, 샛별형 ▶ '교수형, 유성형, 먹구름형, 석별형'은 하락반전 신호이다.
61 급진갭(또는 계속갭 / 중간갭 / 측정갭) ▶ 엘리어트 3번 파동이나 다우의 상승국면 등 가장 에너지가 강한 국면에서 나타난다.
62 하락한다 ▶ H&S형은 하락전환형 패턴이다.
63 오른쪽 어깨 ▶ 갈수록 거래량이 줄어든다.
64 ○
65 × ▶ 원형바닥형은 하락에서 상승으로 추세가 전환되는 패턴이다.
66 지속형
67 하락쐐기형 / 상승쐐기형
68 ○ ▶ 4번 이상 주가등락이 있어야 한다는 것은 삼각형패턴도 동일하지만, 두 개의 산과 두개의 골이 있어야 하는 것은 직사각형에만 해당된다.
69 × ▶ 3번 파동이 가장 긴 것이 일반적이다(2번 파동은 조정파동으로서 충격파동에 비해 짧게 나타남).

부록 — 투자자산운용사

70 엘리어트 파동 중 상승국면에서 가지고 있던 매입포지션을 정리할 마지막 기회로 삼아야 하는 것은 (   )이다.

71 엘리어트 파동에서 2번 파동과 4번 파동이 다른 형태로 나타난다는 것은 엘리어트 파동의 기본법칙 중 (   )이다.

72 거래량관련지표 중 횡보국면에서 매집인지 분산인지를 판단할 수 있는 지표는 (OBV / VR / 역시계곡선)이다.

73 O× OBV는 전일에 비해 상승한 날의 거래량누계에 전일에 비해 하락한 날의 거래량누계를 나누어 계산한다.

74 O× OBV선의 장기적 상향 추세선이 진행되는 가운데 저항선을 상향 돌파하는 경우는 강세장을 예고하는 것이다.

75 O× 주가지수 OBV의 경우 저가주들의 대량거래가 시장전체의 거래량을 왜곡하는 경우가 있으므로 유의해야 한다.

76 O× OBV 산출 시 기산일을 활황장세에서 잡으면 주가가 하락으로 돌아설 때 매매신호가 뒤늦게 발생하여 정확한 분석이 어렵게 된다.

77 VR의 일반적인 수준은 150%이며, (   )% 이하에서는 단기매입시점으로, (   )% 초과 시에는 매수경계신호로 인식한다.

78 (   )는 단기 이동평균값에서 장기 이동평균값을 뺀 차이를 그래프상에 나타내어 현재 주가의 움직임이 어떻게 진행되고 있는가를 판단하기 위한 추세분석기법이다.

79 일정 기간 동안의 주가변동폭 중 금일 종가의 위치를 백분율로 나타내는 지표는 (   )이다.

80 'MACD, MAO, Sonar차트'는 (   )지표이며, '스토캐스틱, RSI, CCI'는 (   )지표이다.

81 경제발전에 따라 서비스산업의 비중이 올라간다는 것은 (   )의 법칙, 소비재산업보다 생산재산업부문의 비중이 올라간다는 것은 (   )의 법칙이다.

정답
70 b파동 ▶ 다우의 분산국면과 유사하다.
71 파동변화의 법칙 ▶ 2번이 단순하면 4번이 복잡하게 나타난다.
72 OBV ▶ VR은 OBV를 보완하는 지표이다.
73 × ▶ 차감하여 계산한다.
74 O
75 O
76 O ▶ 활황장세에서는 거래량의 상승편향이 더 심하기 때문
77 70, 450 ▶ 주의 VR이 100% 이하이면 단기매입시점으로 본다. →
78 MAO(Moving Average Oscillator)
79 스토캐스틱 ▶ %K라고도 하며, %K의 이동평균이 %D이다.
80 추세추종형, 추세반전형
81 Petty / Hoffman

82 생산요소 중 노동의 비교우위로서 산업구조변화를 설명하는 이론은 (　　　　)이며, 노동과 자본의 상대적 비교우위로서 산업구조변화를 설명하는 이론은 (　　　　)이다.

83 산업연관표의 (　　　)은 상품의 투입구조, (　　　)은 상품의 배분구조를 나타낸다.

84 산업연관표는 국민소득 통계에서 제외된 (　　　)의 산업 간 거래도 포괄한다는 점에서 국민소득 통계와 차이가 있다.

85 ○× 투입계수는 총투입액을 중간투입액이나 부가가치액으로 나누어서 구한다.

86 ○× 생산유발계수는 소비, 투자, 수출과 같은 최종수요가 한 단위 증가할 때 각 산업에서 직·간접적으로 유발되는 산출물의 단위를 나타내는 계수이다.

87 산업의 생산기술구조는 산업연관표상의 (투입계수 / 생산유발계수)를 통해서 파악할 수 있다.

88 특정산업제품에 대한 최종수요 1단위 증가가 모든 산업의 생산에 미치는 영향을 (　　　　)라 하며, 이 효과가 가장 큰 산업은 자동차산업이라 할 수 있다.

89 라이프사이클상 이익률이 정점을 기록하는 단계는 (　　　), 매출이 최고조에 이르는 단계는 (　　　)이다.

90 매출증가율이 낮으며, 이익은 과도한 고정비와 판매비 그리고 시장선점경쟁 등으로 적자를 보이거나 저조한 것이 보통인 국면은 (　　　)이다.

91 산업 내 기업들이 안정적인 시장점유율을 유지하면서 매출이 완만하게 늘어나며, 이익률은 시장점유율 유지를 위한 가격경쟁과 판촉경쟁 등으로 하락하고 기업별로 경영실적에 따른 영업실적의 차이가 크게 나타나는 국면은 (　　　　)이다.

정답 **82** 리카도의 비교우위론, 헥셔올린모형 ▶ [헥셔올린모형] 노동의 상대적 비교우위가 있으면 노동집약적 산업이, 자본의 상대적 비교우위가 있으면 자본집약적 산업이 발전한다.
83 세로방향 / 가로방향 ▶ '세투가배'로 암기한다.
84 중간생산물
85 × ▶ 투입계수는 중간투입액과 부가가치액을 총투입액으로 나눈 것이다.
86 ○ ▶ 생산유발계수의 정의이다. 투입계수를 통해 상품의 생산기술구조를, 생산유발계수를 통해 산업 간 상호의존관계(전·후방연쇄효과)를 파악할 수 있다.
87 투입계수 ▶ 생산유발계수를 통해서는 '산업 상호 간 의존관계'를 파악할 수 있다.
88 후방연쇄효과 ▶ 특정산업 → 모든산업 : 후방연쇄효과, 모든산업 → 특정산업 : 전방연쇄효과
89 성장기 / 성숙기
90 도입기
91 성숙기

부록

투자자산운용사

92 마이클 포터의 산업경쟁력 이론에서는 산업의 경쟁우위는 (비교우위 / 기술혁신)을 통해서 확보된다고 본다.

93 Porter의 경쟁우위론은 4가지 직접요인과 2가지 간접요인을 종합하여 다이아몬드형으로 산업경쟁력을 설명하는데, 간접요인은 (　　　)과 (　　　)의 두 가지이다.

94 산업경쟁력분석모형의 3가지 기본구조(경쟁자산, 시장구조, 산업성과)에서 기술력은 (　　　)에, 정부규제는 (　　　)에 속하는 요소이다.

95 산업정책은 (수요지향적 / 공급지향적)이며, (선진국 / 후발국)에서 더 강조된다.

96 ○× 산업정책은 국민 경제의 성장잠재력이 훼손되는 상황에서도 강조되는 경향이 있다.

97 (시장집중률지수 / 허핀달지수)는 간편하게 측정되며 소수대기업의 시장점유율을 직접 표시해주기 때문에 널리 사용된다.

98 ○× 시장집중률지수(CR_k)에서 k값을 올리면 시장의 집중 정도를 명확하게 측정할 수 있다.

99 시장점유율 1, 2, 3위가 '50%, 20%, 20%'인 A산업과 '30%, 30%, 30%'인 B산업을 비교할 때, 이 두 산업의 시장집중률지수는 동일한데 집중도는 (A산업 / B산업)이 더 크다.

100 한 산업 내에서 점유율이 동등한 5개 기업이 존재한다고 할 때 허핀달지수는 (0.2 / 0.5)이다.

101 ○× 동등기업의 수가 무한히 많을 경우 허핀달지수는 0으로 수렴한다.

정답
92 기술혁신
93 정부요인, 우발적요인 ▶ 직접요인 4가지 : 요소조건 / 수요조건 / 연관산업 및 지원산업 / 기업전략과 경쟁여건
94 경쟁자산 / 시장구조
95 공급지향적 - 후발국
96 ○
97 시장집중률지수
98 × ▶ 기업의 점유율은 더 많이 반영할 수 있으나 집중도는 더 불명확해진다.
99 A산업 ▶ 집중도가 크다는 것은 불균등도가 크다는 것을 의미한다(허핀달지수 : A산업 3,300, B산업 2,700).
100 0.2 ▶ HHI = $0.2^2 + 0.2^2 + 0.2^2 + 0.2^2 + 0.2^2$ = 0.04 × 5 = 0.2, 또는 HHI지수의 역수는 동등기업의 수이므로 $\frac{1}{HHI}$ = 5, 따라서 HHI는 0.2이다.
101 ○

제4장 리스크관리(8문항)

01 (　　　　)은 거래상대방이 약속한 금액을 지불하지 못하는 경우에 발생하는 손실에 대한 위험을 말한다.

02 (　　　　)은 부적절한 내부시스템, 관리실패, 잘못된 통제, 사기, 인간의 오류 등으로 인해 발생하는 손실에 대한 위험을 말한다.

03 ○× 시장위험은 시장가격의 변동으로부터 발생하는 위험으로서 주식위험, 이자율위험, 환위험, 상품가격위험, 유동성위험 등이 있다.

04 스트래들 매도포지션으로 대량손실을 입고 모기업이 파산한 사례이며, 과도한 재량권의 문제, 보고체계 미흡의 문제점이 노출된 사례는 (베어링은행 / 메탈게젤샤프트) 파산사건이다.

05 단기선물로 장기헤지포지션을 구축하는 과정에서 노출된 롤링위험으로 인해 큰 손실을 입고 모기업이 파산한 사례로, '위험관리자의 패망'이라고도 불리는 사례는 (　　　　)이다.

06 ○× '목표기간 1일, 신뢰수준 95%에서 계산된 포지션 VaR이 10억 원'의 의미는, 이 포트폴리오를 보유함으로써 향후 1일 동안에 10억 원을 초과하는 손실이 발생할 수 있는 확률이 5%임을 말한다.

07 ○× 10일 동안의 VaR은 '1일 동안의 VaR $\times \sqrt{10}$'으로 구한다.

08 시장리스크를 측정함에 있어 완전가치평가법은 (　　), (　　), (　　)이 있으며, 부분가치평가법은 (　　)이 있다.

09 ○× 델타분석법이 부분가치평가법이라는 것은 자산의 가격변동 전체를 반영하는 것이 아니라 1차 미분치만큼의 변동을 반영하기 때문이다.

10 코스피200지수에 투자하는 주가지수옵션의 VaR을 델타노말분석법으로 측정할 때, 그 공식은 '코스피200지수 × (　　) × (　　) × 신뢰상수'이다.

정답
- **01** 신용위험(Credit Risk)
- **02** 운영위험(Operating Risk)
- **03** × ▶ 유동성위험(제때에 제값을 받지 못하는 위험)은 시장위험에 속하지 않는다.
- **04** 베어링은행
- **05** 메탈게젤샤프트 파산사건
- **06** ○ ▶ 또는 '이 포트폴리오를 보유함으로써 향후 1일 동안에 발생할 수 있는 손실이 10억 원보다 작을 확률이 95%이다'를 말한다.
- **07** ○
- **08** 역사적 시뮬레이션법, 몬테카를로 시뮬레이션법, 스트레스 검증법 / 델타분석법
- **09** ○ ▶ 옵션의 경우는 델타, 채권은 듀레이션만큼의 변동분을 반영한다.
- **10** 표준편차, 옵션의 델타 ▶ **주의** 옵션가격, 무위험수익률은 공식에 들어가지 않는다.

11 95% 1일 VaR이 10억 원이라면 99% 10일 VaR을 구하는 공식은 (　　　　)이다.

12 주식포트폴리오 200억 원에 대한 1일 VaR이 40억 원이고, 채권포트폴리오 200억 원에 대한 1일 VaR이 20억 원이고, 주식과 채권의 상관계수는 0.3125이다. 그렇다면 동일한 신뢰수준 하에서의 포트폴리오의 1일 VaR은 (　　　)이며, 분산투자를 통해 위험을 (　　　) 감소시켰다.

13 A자산의 VaR이 5억 원, B자산의 VaR이 4억 원, 자산 A와 B의 상관계수가 +1이라면, 포트폴리오(A + B)의 VaR은 (　　　)이다.

14 X자산의 VaR이 10억 원, Y자산의 VaR이 4억 원, X와 Y의 상관계수가 −1일 때의 포트폴리오XY의 VaR은 (　　　)이며, 상관계수가 0일 때의 포트폴리오XY의 VaR은 (　　　)이다.

15 부분가치평가방법이지만, 델타노말분석법을 보완할 수 있는 방법은 (　　　　)이다.

16 역사적 시뮬레이션은 (부분가치평가법 / 완전가치평가법)이며, 정규분포를 전제로 (하며 / 하지 않으며), 과거의 데이터만 있으면 손쉽게 VaR을 측정할 수 있는 방법이다.

17 ○× 역사적 시뮬레이션으로 측정한 95% 신뢰구간의 VaR 값에 '$\times \frac{2.33}{1.65}$'를 하면 99% 신뢰구간의 VaR 값을 구할 수 있다.

18 역사적 시뮬레이션 방법은 리스크요인을 과거 데이터로부터 얻지만, (　　　　)은 '위험요인의 확률모형으로부터 얻은 수치'라는 점에서 차이가 있다.

19 ○× 몬테카를로 시뮬레이션법은 가치평가모형을 필요로 하는 가운데 완전가치로 평가하며 정규분포를 전제하지 않아도 되는데, 이는 역사적 시뮬레이션법과 동일하다.

20 ○× 위험에 대한 확률모형이 적절하다면, VaR을 측정하는 방법으로서 가장 적절한 방법으로 알려진 것은 몬테카를로 시뮬레이션법이다.

정답
11 10억 원 $\times \frac{2.33}{1.65} \times \sqrt{10}$
12 50억 원 / 10억 원 ▶ $VaR_P = \sqrt{40^2 + 20^2 + 2(0.3125)(40)(20)} = \sqrt{1,600 + 400 + 500} = 50$, 단순합계 60억 원보다 10억 원 감소
13 9억 원 ▶ 5억 원 + 4억 원, 이 경우 분산투자효과는 없다.
14 6억 원, 약 10.77억 원 ▶ 10억 원 − 4억 원 = 6억 원, $\sqrt{10^2 + 4^2} = 10.77$억 원, 상관관계가 낮을수록 포트폴리오 위험이 감소함을 알 수 있다.
15 델타감마분석법
16 완전가치평가법 − 하지 않으며
17 × ▶ 정규분포가 아니므로 신뢰상수(1.65, 2.33 등)를 사용할 수 없다.
18 몬테카를로 시뮬레이션 방법 ▶ 몬테카를로법의 경우 컴퓨터로 리스크요인의 변동분을 원하는 개수만큼 생성해 낼 수 있다(단, 시스템시설과 데이터처리능력 구축 등 비용발생).
19 ○
20 ○

21 ☐○☒× 몬테카를로 시뮬레이션법에서 주가움직임에 대한 확률모형으로서 가장 흔히 사용되는 것은 기하학적 브라운 운동 모형이다.

22 ( )은 타 방법에 비해 객관성이 떨어지므로, 다른 VaR 측정방법을 대체하는 수단이라기보다는 최악의 상황을 대비한 보완적 방법으로서 유용하다.

23 ☐○☒× 스트레스 검증법은 포트폴리오가 다중의 리스크 요소에 주로 의존할 경우에 적합한 방식이다.

24 '델타노말분석법, 델타감마분석법, 역사적시뮬레이션법' 중에서 스트래들 매도포지션의 위험을 가장 과소평가하는 것은 ( )이다.

25 특정한 투자대안을 기존의 포트폴리오에 편입시킬 때 기존 포트폴리오의 VaR 대비 순증가분의 VaR을 ( )이라고 하며, 이 값이 작을수록 우수한 포트폴리오가 된다.

26 기존 포트폴리오의 VaR이 100억 원, 투자대안 A의 VaR이 80억 원, 두 포트폴리오를 합한 VaR이 130억 원이라면 투자대안 A를 편입할 경우의 한계 VaR은 ( )이다.

27 자산 K에 대한 투자금액 100억 원, 순수익이 10억 원, VaR이 50억 원이라면, 자산 K의 RAROC는 ( )이다.

28 ☐○☒× VaR은 과거데이터에 의존하여 추정되므로, 리스크요인에서 과거에 발생하지 않았던 새로운 큰 변화가 생길 경우 오차가 크게 발생하여 신뢰성이 떨어지게 된다.

29 신용위험을 측정하는 모형은 ( ), ( ), ( )의 3가지가 있고, 이 중에서 정규분포를 가정하는 것은 ( )이다.

30 어느 기업의 1년 후 기대 자산가치가 200억 원, 표준편차는 30억 원이며, 이 기업의 1년 후 기대 자산가치는 정규분포를 이룬다고 가정한다. 이 기업의 부채가치는 110억 원이라고 할 때 부도거리(DD)를 구하면 ( )이다.

정답
21 ○
22 스트레스 검증법(또는 시나리오 분석법)
23 × ▶ 한 개의 리스크 요소에 의존할 때 이를 시나리오로 가정하여 측정하는데 적합하다.
24 델타노말분석법 ▶ 등가격에서의 콜옵션과 풋옵션의 델타는 서로 상쇄되므로 제로(0)에 가깝다. 따라서 델타노말분석법은 스트래들 매도포지션의 실제 위험을 현저하게 과소평가하게 된다.
25 Marginal VaR(한계VaR)
26 30억 원
27 0.2 ▶ $RAROC = \frac{순수익}{VaR} = 0.2$ 또는 20%
28 ○ ▶ VaR의 한계점이며, 이 경우 스트레스검증법으로 보완할 수 있다.
29 EDF모형, Default Mode, MTM Mode / EDF모형
30 3표준편차 ▶ 부도거리(DD) = $\frac{A-D}{\sigma} = \frac{200-110}{30} = 3$(표준편차). EDF모형(부도율 측정모형)이다.

부록 — 투자자산운용사

31 부도거리(DD)가 3표준편차라면 부도율은 표준정규분포상 3표준편차 (이내의 / 이상의) 확률에 해당된다.

32 부도거리가 (짧을수록 / 길수록) 부도위험은 높다.

33 ☐○☒ 이론적 EDF와 실증적 EDF는 거의 동일하다.

34 ☐○☒ 신용수익률은 시장수익률에 비하여 비대칭성이 매우 강하여 한쪽으로 두꺼우면서도 긴 꼬리를 가진 분포를 한다.

35 ☐○☒ 신용손실분포는 평균과 분산을 이용한 모수적 방법으로 리스크를 측정할 수 있다.

36 ☐○☒ 부도모형(Default Mode)에서는 신용위험은 신용손실분포로부터의 '예상외 손실(UL)'로 정의하며, 신용위험의 측정은 '예상손실(EL)의 변동성'으로 측정한다.

37 어느 은행이 100억 원의 대출을 하고 있다. 대출의 부도율은 2%이고 회수율이 60%이다. 이 경우 기대손실(EL)을 구하면 (   )이다.

38 어떤 은행이 100억 원의 대출을 하고 있고, 대출의 부도율은 10%, 손실률이 30%일 때 예상손실의 변동성은 (   )이다(단, 부도율은 베르누이분포를 따름).

39 부도가 발생한 경우에만 신용손실이 발생한 것으로 간주하는 모형은 (   )이며, 신용등급의 변화도 신용위험으로 간주하는 모형은 (   )이다.

40 하나의 차입자에게 대출이 집중될 경우 신용집중리스크가 상승하는데, 이를 관리할 수 있는 신용위험측정모형은 (Default Mode / MTM Mode)이다.

정답

31 이상의 ▶ 3표준편차의 신뢰구간이 99.7%라고 할 때 '3표준편차를 초과하는 확률(≒ 3표준편차 이상의 확률)'은 해당 신뢰구간을 벗어나는 확률이므로 0.3%이다. 여기서 부도율은 나쁜 쪽 만의 확률에 해당하므로(단측검정), 0.15%에 해당한다.

32 짧을수록 ▶ 표준편차 거리가 짧을수록 부도위험이 높다.

33 × ▶ 이론적 EDF는 정규분포를 가정하지만, 실증적 EDF는 정규분포가 아닐 가능성이 크므로 동일하지 않다.

34 ○ ▶ 신용손실분포는 채무불이행위험으로 인해 Skewed, Fat-tail의 특성을 지닌다.

35 × ▶ 정규분포가 아니므로 평균과 분산을 이용한 측정은 불가하다.

36 ○ ▶ 'EL의 변동성(σ_{EL}) = Exposure $\times \sqrt{p \times (1-p)} \times LGD$'이다(Exposure ; 신용위험에 노출된 금액, p ; 부도율, LGD ; 손실률).

37 EL(기대손실) = EAD × 부도율 × 손실률 = 100억 원 × 0.02 × 0.4 = 0.8억 원 ▶ Default모형이다.

38 9억 원 ▶ '예상손실의 변동성(σ_{EL}) = 익스포저(EAD) $\times \sqrt{p(1-p)} \times$ 손실률(LGD)'이므로(p : 부도율), '$\sigma_{EL} = 100 \times \sqrt{0.1 \times 0.9} \times 0.3 = 9$억 원'이다.

39 Default Mode / MTM Mode ▶ MTM Mode는 Credit Metrics를 말한다.

40 MTM Mode

투자자산운용사 제3과목 50문항
직무윤리 및 법규/투자운용 및 전략 I 등

제1장 직무윤리(5문항)

01 ○× 직무윤리는 직무행위에 종사하는 일체의 자를 대상으로 하는데, 여기서 '일체의 자'란 회사와의 고용관계에 있지 않는 자, 무보수로 일하는 자, 금융투자전문인력 자격이 없는 자 등을 포함한다.

02 금융투자업 직무윤리의 기본원칙 2가지는 (   ), (   )이다.

03 금융투자업 직무윤리의 기본원칙에 따라 발생하는 의무를 법제화시킨 것은 (   ), (   )이다.

04 ○× 표준윤리준칙 제4조 신의성실원칙은 윤리적 원칙이자 법적 의무이기도 하다.

05 금융투자업을 영위하는 회사 내에서 (공적업무 / 사적업무)에서 얻은 정보를 (공적업무 / 사적업무)에 이용할 경우 이해상충이 발생한다.

06 이해상충이 발생하는 대표적인 예는 (과당매매 / 과잉권유)이다.

07 ○× 이해상충의 대표적인 사례인 과당매매는 수수료총액, 투자목적과의 적합성 여부, 계좌의 목표수익률 달성 여부로 판단한다.

08 ○× 이해상충발생 가능성이 있다고 판단되는 경우 먼저 해당 고객에게 알려야 하며, 거래를 하기 전에 이해상충발생 가능성을 투자자보호에 문제가 없는 수준까지 낮추어야 하며, 낮추는 것이 곤란하다고 판단되는 경우는 해당 거래를 하지 말아야 한다.

정답
- **01** ○ ▶ 정식의 고용관계 여부, 보수의 유무 등을 불문하고 오직 관련 직무에 종사할 경우 직무윤리의 준수대상이 된다.
- **02** 고객우선원칙, 신의성실원칙 ▶ 이 두 가지는 금융투자회사 표준윤리준칙 제2조와 제4조에 해당되기도 한다.
- **03** 이해상충방지의무, 금융소비자보호의무
- **04** ○ ▶ 신의성실원칙의 양면성이라고도 한다.
- **05** 사적업무, 공적업무 ▶ 사적업무란 미공개중요정보를 얻을 수 있는 M&A관련 업무를 말한다.
- **06** 과당매매 ▶ 과잉권유는 적합성 원칙에 위배되는 사항이다.
- **07** × ▶ 수익률 달성의 정도는 판단기준이 아니다.
- **08** ○ ▶ 이해상충의 '공시 또는 회피의 원칙'이라고도 한다. Disclosure → Control → Avoid

부록   투자자산운용사

09 투자매매업자 또는 투자중개업자는 금융투자상품에 관한 매매에 있어서 자신이 본인이 됨과 동시에 상대방의 투자중개업자가 되는 것은 원칙적으로 금지되는데, 이는 이해상충방지체계의 하나로서 (　　　　　)에 해당한다.

10 ○ × 장내시장에서의 거래나 다자간체결회사를 통한 거래에서는 자기거래금지의 예외가 인정된다.

11 ○ × 투자매매업자 또는 투자중개업자가 자기가 판매하는 집합투자증권을 매수하는 경우는 자기거래금지의 예외로 인정된다.

12 금융회사는 관련 규정에 따라 금융소비자 보호업무를 총괄하는 금융소비자보호 총괄책임자인 (CEO / CFO / CCO)를 지정해야 한다.

13 ○ × 금융소비자업무총괄책임자(CCO)는 금융기관의 위험관리에 관한 규정을 제정하고 개정한다.

14 중요민원·분쟁에 대한 대응결과에 관한 사항, 임직원의 성과보상체계에 관한 금융소비자보호 측면에서의 평가에 관한 사항은 (내부통제위원회 / 금융소비자보호 내부통제위원회)의 심의·의결사항이다.

15 금융상품판매업자는 KYC Rule에 따라 파악한 정보를 고려하여 그 일반금융소비자에게 적합하지 않다고 인정되는 계약체결의 권유를 해서는 안 되는데, 이는 금융소비자보호법상 (　　　　　)에 해당된다.

16 금융상품판매업자는 대통령령으로 정하는 '보장성상품 / 투자성상품 / 대출성상품'에 대하여 일반금융소비자에게 계약체결을 권유하지 아니하고 금융상품 판매계약을 체결하려는 경우에는 미리 면담·질문 등을 통하여 각 상품별 정보를 파악해야 하는데, 이는 금융소비자보호법상의 (　　　　　)에 따르는 것이다.

17 ○ × 설명서의 제공은 '서면 등(서면, 우편, 전자우편 등)'으로 하고 제공 후 확인방법은 '서명 등(서명, 기명날인, 녹취 등)'으로 한다.

18 ○ × 전문금융소비자는 청약철회권이 없다.

정답   **09** 자기거래금지(또는 자기계약금지)
     10 ○ ▶ 불특정다수가 참여하는 시장에서는 회사가 의도한다 하여도 고객의 거래상대방이 되는 것은 불가능하기 때문이다.
     11 ○ ▶ 이해상충이 없다고 보고 예외 인정
     12 CCO ▶ Chief Consumer Officer이다.
     13 × ▶ 위험관리업무는 전사적 차원의 업무이므로 이사회가 그 규정을 제·개정한다.
     14 금융소비자보호 내부통제위원회 ▶ 42회 신유형(모의고사 문항 및 해설 참조)
     15 적합성의 원칙
     16 적정성의 원칙 ▶ 적정성 원칙의 키워드 : '계약체결을 권유하지 아니하고'
     17 ○ ▶ 서면으로만(X), 서명으로만(X)
     18 ○ ▶ 청약철회권은 '일반금융소비자가 '보장성 / 투자성 / 대출성'상품에 대해서만 행사할 수 있는 권리이다.

투자자산운용사

19 ☐☒ 금융상품판매업자의 고의나 과실 등 귀책사유가 없는 경우, 금융상품판매업자는 금융소비자의 청약철회권 행사에 응하지 않을 수 있다.

20 금융상품판매업자는 해당 금융소비자에 대해 청약철회에 따른 손해배상 또는 위약금의 지급을 청구할 수 없다.

21 ☐☒ 부당권유행위 금지(금소법 제21조)는 일반금융소비자와 전문금융소비자 모두를 대상으로 적용된다.

22 금융소비자로부터 계약체결권유의 요청을 받지 아니하고 방문·전화 등 실시간 대화의 방법을 이용하는 행위는 원칙적으로 금지되는데 이를 (   )이라고 한다.

23 계약체결권유를 받은 자가 거부의사표시를 한 후 1개월이 지나 다시 계약체결권유를 하는 행위, 다른 종류의 투자성상품에 대하여 계약체결권유를 하는 행위는 (   )의 예외가 된다.

24 ☐☒ 금융투자업종사자가 허위·과장·부실표시를 하지 않음에 있어 '부실표시'는 문서에 의한 표시만을 제약한다.

25 ☐☒ 금융소비자의 자료열람권은 분쟁조정이나 소송수행 등 권리구제를 위한 목적으로만 행사가 가능하다.

26 ☐☒ 금융소비자가 자료열람권을 행사할 경우 금융회사는 금융소비자의 권리보호차원에서 해당 자료열람권의 행사를 무조건적으로 승인해야 한다.

27 위법으로 계약이 체결된 경우, 금융소비자는 위법계약의 체결을 안 날로부터 (   ) 이내이고 동시에 해당 계약의 체결일로부터 (   ) 이내일 때에 위법계약에 대한 해지를 요구할 수 있다.

28 판매 후 모니터링제도상 금융투자회사는 판매계약을 맺은 날로부터 (   ) 이내에 금융소비자와 통화하여 불온·전판매가 없었는지를 확인해야 한다.

29 금융투자업종사자는 자기혁신 차원에서 직무를 수행함에 있어서의 (최대한 / 최소한)의 전문지식을 갖추어야 한다.

정답
19 X ▶ 청약철회권은 금융회사의 귀책사유가 없더라도 일반금융소비자가 행사할 수 있는 권리이다.
20 O
21 O ▶ 비교하여 '적합성원칙 / 적정성원칙 / 설명의무'는 일반금융소비자만을 대상으로 한다.
22 요청하지 않은 투자권유의 금지 ▶ '불초청권유의 금지'라고도 한다.
23 재권유금지원칙
24 X ▶ 구두와 문서를 불문하고 허위 또는 과장, 부실표시를 해서는 안 된다.
25 O
26 X ▶ 정당한 사유(영업비밀 침해 등의 사유)가 있는 경우는 자료열람을 제한하거나 거절할 수 있다.
27 1년, 5년 ▶ 그리고 금융회사는 해지요구를 받은 날로부터 10일 이내에 그 수락여부를 통지해야한다('정당한 사유'없이는 거절불가).
28 7영업일 ▶ 해피콜서비스라고도 한다.
29 최소한 ▶ 의무로 부과되는 범위는 '최소한'이다(자기혁신의무).

부록 — 투자자산운용사

30 동일 거래상대방에게 제공한 재산상의 이익이 (   )을 초과할 경우 인터넷홈페이지를 통해 즉시 공시해야 하는데, 이는 금융투자회사 표준윤리준칙 제14조 사적이익추구금지 및 자본시장법 제68조에 해당되는 사항이다.

31 재산상이익의 제공현황 및 적정성 검사결과에 대해서 (매년 / 5년마다) 이사회에 보고해야 한다.

32 회사와 중간책임자가 소속직원에 대한 지도지원의무를 이행하지 못하여 소속직원이 고객에 대한 손해배상책임을 질 경우, 회사와 중간책임자는 사용자책임을 지고 소속직원은 일반불법행위책임을 지는데 이는 표준윤리준칙의 (   )에 해당한다.

33 ☐O ☐X 표준내부통제기준의 '비밀정보 관리'에서, 임직원은 어떠한 경우라도 자신 또는 제3자를 위해 비밀정보를 이용해서는 아니 된다.

34 ☐O ☐X 비밀정보의 제공은 그 필요성이 인정되는 경우에 한하여 제공을 하며, 제공을 한 경우 지체 없이 보고하고 그 승인을 얻어야 한다.

35 ☐O ☐X 내부고발제도에서, 제보내용이 회사의 재산상 손실방지에 기여했다 하더라도 직무윤리 준수차원에서 해당 내부제보자에 대한 인사상 또는 금전적 혜택을 주는 것은 금지된다.

36 ☐O ☐X 금융투자업 종사자는 대외활동을 함에 있어 회사의 공식의견이 아닌 경우는 절대 의견을 제시할 수 없다.

37 ☐O ☐X 금융투자업 종사자의 자택에서 고객과 이메일을 주고받았다면 표준윤리준칙상의 대외활동으로 보지 않는다.

38 ☐O ☐X 시장질서교란행위 규제는 '내부자, 준내부자, 1차 수령자뿐만 아니라 미공개정보임을 알면서도 이를 수령하거나 전달한 모든 자'를 대상으로 한다.

39 금융투자업종사자의 직무윤리준수를 독려하고 감독하는 내부통제의 수단에는 (   ), (   )가 있다.

정답
- **30** 10억 원
- **31** 매년 ▸ 매년 보고하며, 보관은 5년 이상이다.
- **32** 경영진의 책임
- **33** X ▸ '회사가 요구하는 업무를 수행하기 위한 목적'의 경우는 예외가 인정된다.
- **34** X ▸ 필요성이 인정되는 경우에 한하여 회사의 사전승인을 거쳐서 제공한다.
- **35** X ▸ 기여가 있을 경우 준법감시인은 포상을 추천할 수 있다.
- **36** X ▸ 공식의견이 아닐 경우 사견임을 명백히 밝힌 후 제시할 수 있다.
- **37** X ▸ 고객과의 이메일은 사용장소와 관계없이 대외활동에 포함된다.
- **38** O ▸ 종전에는 내부자, 준내부자, 1차 수령자까지만 처벌이 가능하였다.
- **39** 내부통제기준, 준법감시인제도

40 내부통제기준의 제정과 변경은 (이사회 결의 / 주총 보통결의)로 한다.

41 '내부통제기준을 마련하지 않은 경우, 준법감시인을 두지 않은 경우, 금융위의 제재조치를 이행하지 않은 경우, 겸직금지 의무를 위반한 경우' 중에서 1억 원 이하의 과태료 부과 대상이 아닌 것은 (   )이다.

42 ○× 내부제보제도의 운영상 내부제보자에게 인사상, 금전적인 혜택을 줄 수는 있어도 미제보자에 대한 불이익을 줄 수는 없다.

43 최근 사업연도 말 자산총액이 (   ) 미만인 금융투자회사, 보험회사, 여신전문금융회사와 7천억 원 미만의 상호저축은행은 내부통제위원회를 설치하지 않아도 된다(단, 금융투자회사의 경우 예외있음).

44 내부통제위원회의 위원장은 (대표이사 / 준법감시인)이 하며, (반기 / 분기)에 1회 이상 개최해야 한다.

45 준법감시인의 임기는 (   ) 이상으로 하며, 준법감시인을 해임하기 위해서는 이사 총수의 (   ) 이상의 찬성이 필요하다.

46 ○× 금융투자회사는 준법감시인에 대하여 회사의 재무적 경영성과와 연동된 별도의 보수지급 및 평가 기준을 마련, 운영해야 한다.

47 ○× 준법감시인은 독립적으로 업무를 수행해야 하므로, 자신의 업무를 다른 임직원에게 위임할 수 없다.

48 ○× 영업점별 영업관리자에게 업무수행의 결과로 성과보수나 보상을 지급하는 것은, 직무윤리 원칙상 불가하다.

49 ○× 금융위원회의 행정제재로서, 금융투자업자의 임원을 대상으로 해임요구를 할 수 있지만 직원을 대상으로는 면직요구를 할 수 없다.

50 금융위원회의 처분에 불복하는 자는, 해당 처분이 있던 날로부터 (   ) 이내에 금융위원회에 이의신청을 할 수 있고, 금융위원회는 이의신청일로부터 (   ) 이내에 결정을 해야 한다.

정답 40 이사회 결의
41 겸직금지의무를 위반한 경우 ▶ 겸직금지의무 위반은 3천만 원 이하, 임면사실 미보고는 2천만 원 이하의 과태료 부과 대상이다.
42 × ▶ 내부제보제도는 미제보자에 대한 불이익부과 규정까지 포함해야 한다.
43 5조 원 ▶ 단, 금융투자회사의 경우 운용재산이 20조 원 이상인 경우는 예외가 인정되지 않는다.
44 대표이사, 반기
45 2년, 3분의 2 ▶ 주의 준법감시인을 임면 시, 임면일로부터 7영업일 이내로 금융위에 보고해야 한다.
46 × ▶ 준법감시인의 보수지급 및 평가기준은 회사의 재무적 경영성과와 연동되지 않아야 한다.
47 × ▶ 위임의 범위와 책임한계가 명확할 경우 본인의 일부업무를 영업관리자에게 위임할 수 있다.
48 × ▶ 적절한 보상을 줄 수 있다. 참고로 영업관리자는 준법감시인이 임명한다.
49 × ▶ 직원에 대한 '면직 / 6개월 이내 정직 / 감봉 / 견책 / 경고 / 주의'제재를 부과할 수 있다.
50 30일, 60일

부록 투자자산운용사

제2장 자본시장과 금융투자업에 관한 법률 & 금융위원회규정(11문항)

01 자본시장법의 규제 패러다임 4가지는 ( ), ( ), ( ), ( )이다.

02 ( )는 국무총리 산하의 합의체 행정기관이며 9명의 위원으로 구성된다.

03 자본시장 및 기업회계 관련 주요업무를 수행하기 위해 금융위원회 내에 설치된 기구는 (증권선물위원회 / 금융감독원)이다.

04 금융기관의 업무 및 재산상황에 대한 검사는 (금융위원회 / 증권선물위원회 / 금융감독원)의 업무이다.

05 ( )이란, 금융상품의 권리를 취득하기 위하여 지급하였거나 지급하여야 할 금전 등의 총액이 그 권리로부터 회수하였거나 회수할 수 있는 금전 등의 총액을 초과하게 될 위험을 말한다.

06 ○× 투자자가 지급하는 판매수수료 및 보수는 투자금액 산정 시 제외되며, 환매수수료나 중도해지수수료는 투자금액 산정에 포함된다.

07 자본시장법은 금융투자상품을 ( )으로 포괄적으로 정의한다.

08 금융투자상품에 대한 포괄주의 정의상, 손실가능성은 있지만 어떠한 명목으로든지 추가지급의무가 없는 것은 ( )이다.

정답
- **01** 열거주의에서 포괄주의로 전환, 기관별 규제에서 기능별 규제로 전환, 겸영 허용, 투자자보호의 강화
- **02** 금융위원회
- **03** 증권선물위원회 ▶ 자본시장조사와 회계 관련 업무는 증권선물위원회 소관이다.
- **04** 금융감독원
- **05** 투자성(원금손실가능성) ▶ '지급총액 > 회수총액'은 원금손실상태를 의미한다(예 지급총액100 > 회수총액90 → 원금손실10).
- **06** ○ ▶ 환매수수료 등은 투자성 판단에 포함되며 따라서 손실금액으로 인정된다.
- **07** 투자성이 있는 것 또는 원본손실가능성이 있는 것
- **08** 증권 ▶ 비교 추가지급의무가 있는 것은 파생상품이다.

투자자산운용사

09 원화로 표시된 CD, (　　　　　), (　　　　　　　)은 금융투자상품으로 인정되지 않는다.

10 증권의 종류에는 (　　　), (　　　), (　　　), (　　　), (　　　), (　　　)의 6가지가 있다.

11 ○× '일반적인 금전채권(사적인 금전채권)'은 채무증권에 속한다.

12 특정투자자가 그 투자자와 타인 간의 공동사업에 금전 등을 투자하고 주로 타인이 수행한 공동사업의 결과에 따른 손익을 귀속 받는 계약상의 권리가 표시된 증권은 (　　　　)이다.

13 기초자산의 가격·이자율·지표·단위 또는 이를 기초로 하는 지수 등의 변동과 연계하여 미리 정하여진 방법에 따라 지급금액 또는 회수금액이 결정되는 권리가 표시된 증권은 (파생결합증권 / 파생상품)이다.

14 채무증권·지분증권·수익증권·투자계약증권·파생결합증권을 예탁 받은 자가 그 증권이 발행된 국가 외의 국가에서 발행한 것으로서, 그 예탁 받은 증권에 관련된 권리가 표시된 증권은 (　　　　)이다.

15 파생상품은 파생상품시장에서의 거래여부에 따라 (　　　)·(　　　)으로 구분되며, 거래구조에 따라서는 (　　　)·(　　　)·(　　　)으로 구분된다.

16 기능별 분류에 따른 금융투자업의 종류는 (　　　), (　　　), (　　　), (　　　), (　　　), (　　　) 의 6가지이다.

17 누구의 명의로 하든지 자기의 계산으로 금융투자상품의 매매, 증권의 발행·인수 또는 그 청약의 권유, 청약, 청약의 승낙을 영업으로 하는 것은 6개 금융투자업 중 (　　　　)이다.

18 ○× 투자권유대행인이 투자권유를 대행하는 것은 투자중개업에 해당하지 않는다.

19 ○× 종금사가 어음관리계좌를 판매하고 운용하기 위해서는 집합투자업의 인가를 받아야 한다.

정답 09 관리신탁의 수익권, 주식매수선택권
10 채무증권, 지분증권, 수익증권, 투자계약증권, 파생결합증권, 증권예탁증권
11 × ▶ 일반적인 금전채권은 유통성이 없으므로(손실가능성이 없으므로) 증권에서 제외된다.
12 투자계약증권
13 파생결합증권 ▶ ELS, DLS, ELW 등이 파생결합증권에 해당한다.
14 증권예탁증권 ▶ ADR, GDR, KDR 등 DR이 증권예탁증권에 해당된다.
15 장내파생상품·장외파생상품, 선도(선물)·옵션·스왑
16 투자매매업, 투자중개업, 집합투자업, 투자자문업, 투자일임업, 신탁업 ▶ 종합금융투자업과 온라인소액투자중개업도 인가나 등록을 필요로 하는 금융투자업이지만 '기능별 분류에 따른 6개 금융투자업'에는 속하지 않는다.
17 투자매매업 ▶ 투자매매업은 '자기의 계산', '발행인수업이 있다는 점'에서 투자중개업과 다르다.
18 ○ ▶ 자본시장법으로 이 경우 투자중개업의 적용을 배제함(투자중개업의 인가없이도 투자권유대행을 할 수 있음)
19 × ▶ 자본시장법으로 이 경우 집합투자업의 적용을 배제함(집합투자업무 인가없이도 CMA업무를 수행할 수 있음)

부록

투자자산운용사

20 ☐○ ☐× 투자자예탁금을 예치 또는 신탁을 받아 운용하는 업무는 집합투자업에 해당한다.

21 ☐○ ☐× 투자신탁의 수익증권, 투자성 있는 예금·보험 및 특정 파생결합증권을 발행하는 경우를 제외하고 자기가 증권을 발행하는 경우는 투자매매업의 적용이 배제된다.

22 ☐○ ☐× 한국은행이 공개시장조작을 하는 경우는 투자매매업의 적용이 배제된다.

23 ☐○ ☐× 온라인소액투자중개업자는 온라인소액증권발행인의 요청에 따라 투자자의 자격 등을 합리적이고 명확한 기준에 따라 제한할 수 있다.

24 ☐○ ☐× 온라인소액투자중개업자는 자신이 운영하는 홈페이지에 투자광고를 게시할 수 있으며 다수의 투자자를 상대로 투자광고 내용을 문자로 전송할 수 있다.

25 자본시장법상 인가대상 금융투자업은 (　　), (　　), (　　), (　　)이며, 등록대상 금융투자업은 (　　), (　　), (　　), (　　)이다.

26 금융투자업자는 인가·등록을 받은 후에도 그 요건을 유지할 필요가 있는데, 자기자본요건에서는 매 회계연도말 기준 자기자본이 인가업무 단위별 최저 자기자본의 (　　) 이상으로 유지해야 한다.

27 금융투자업자는 자산 및 부채를 5가지로 분류하고, (　　), (　　), (　　)에 대해서는 적정한 회수예상가액을 산정해야 하고, 이 중에서 (　　), (　　)에 대해서는 조기에 상각을 해야 한다.

28 충당금의 최소 적립기준은 정상이 (　　), 요주의가 (　　), 고정이 (　　), 회수의문이 (　　), 추정손실이 (　　)이다.

29 금융투자업자의 자기자본규제인 (　　)는 급변하는 시장환경하에 금융투자업자의 재무건전성을 확보하기 위한 것으로서, 금융투자업자의 파산을 조기에 예방하고 파산이 일어나는 경우에도 고객과 채권자의 재산이 안전하게 변제될 수 있도록 유도하기 위한 제도이다.

정답
- **20** × ▶ 집합투자업의 적용이 배제되는 업무이다.
- **21** ○ ▶ 투자신탁 수익증권을 자기가 발행하는 경우는 투자매매업의 인가를 받아야 한다.
- **22** ○
- **23** ○ ▶ **보충** 온라인소액투자중개업 등록을 위해서는 5억 원 이상의 자기자본을 갖추어야한다(자기자본요건).
- **24** × ▶ 투자광고 내용을 문자로 전송할 수 없다(투자광고 내용은 홈페이지 게시만 가능).
- **25** 투자매매업 / 투자중개업 / 집합투자업 / 신탁업, 투자자문업 / 투자일임업 / 온라인소액투자중개업 / 일반사모집합투자업
- **26** 70%
- **27** 고정 / 회수의문 / 추정손실, 회수의문 / 추정손실
- **28** 0.5% / 2% / 20% / 75% / 100% ▶ 참고로 동 적립기준은 충당금의 최소적립기준을 의미한다.
- **29** 순자본비율제도 또는 영업용순자본비율제도

투자자산운용사

30 순자본비율이 50% 이상 100% 미만일 경우 (　　　　), 0% 이상 50% 미만일 경우에는 (　　　　), 0% 미만일 경우에는 (　　　　)의 적기시정조치가 발동된다.

31 ○× 순자본비율을 작성하는 기본원칙상, 금융투자업자의 자산, 부채, 자본은 연결재무제표에 계상된 장부가액을 기준으로 하고, 시장위험과 신용위험을 동시에 내포하는 자산에 대해서는 더 큰 위험만을 산정한다.

32 ○× 순자본비율을 구하는 공식은 '$\dfrac{\text{영업용순자본 − 총위험액}}{\text{필요유지자기자본}}$'이다.

33 (　　　　)은 기준일 현재 금융투자업자의 순자산액에서 현금화가 곤란한 자산을 차감하고 보완자본을 가산하여 계산한다.

34 총위험액은 (　　　), (　　　), (　　　)의 합산금액이다.

35 (　　　　)은 금융투자업자가 영위하는 인가업무 또는 등록업무 단위별로 요구되는 자기자본을 합계한 금액을 말한다.

36 레버리지규제에서, (　　　　)은 개별 재무상태표상의 자기자본 대비 총자산의 비율로 계산된다.

37 2년 연속 적자이면서 레버리지비율이 900%를 초과하는 경우 (　　　　) 조치가 발동된다.

38 경영실태평가 종합등급이 4등급 이하 또는 순자본비율이 0% 이상 50% 미만 또는 2년 연속 적자이면서 레버리지비율이 1,100%가 초과되는 경우 또는 레버리지비율이 1,300%를 초과하는 경우 (　　　　) 조치가 발동된다.

39 ○× '경영개선계획 제출 및 평가', '경영개선계획의 이행실적에 대한 결과보고'도 적기시정조치에 포함된다.

40 적기시정조치 중 '부실자산처분, 경비절감, 점포관리의 효율화 등'은 경영개선 (권고 / 요구 / 명령)의 조치에 해당한다.

정답 **30** 경영개선권고 / 경영개선요구 / 경영개선명령
　　　31 × ▶ 시장위험과 신용위험 둘 다 내포하는 경우에는 둘 다 반영한다.
　　　32 ○ **주의** 순자본비율은 영업용순자본을 총위험액으로 나누어서 구한다. → ×
　　　33 영업용순자본 ▶ NCR(Net Capital Ratio)
　　　34 시장위험액, 신용위험액, 운영위험액
　　　35 필요유지자기자본
　　　36 레버리지비율
　　　37 경영개선권고 ▶ 2년 연속 적자 요건이 없으면서, 레버리지비율이 1,100%를 초과 시 경영개선권고 조치가 부과된다.
　　　38 경영개선요구 ▶ **주의** 경영실태평가등급 4등급 이하 → 경영개선명령 발동요건 ×
　　　39 × ▶ 적기시정조치는 경영개선권고 · 경영개선요구 · 경영개선명령의 3가지 조치를 말한다.
　　　40 권고

부록 투자자산운용사

41 적기시정조치 중 '자회사정리, 점포의 폐쇄·통합, 영업의 일부정지 등'은 경영개선 (권고 / 요구 / 명령)의 조치에 해당한다.

42 경영개선계획의 이행기간은 '계획의 승인일로부터 경영개선권고는 (　　　) 이내, 경영개선요구는 (　　　) 이내이며 경영개선명령은 금융위가 정한 별도의 기간'이다.

43 ○× 순자본비율 100% 미만은 금융위원회의 긴급조치 발동사유이다.

44 ○× 금융사고나 민사소송의 패소로 손실이 발생한 경우로서 그 손실금액이 5억 원인 경우는 경영공시대상이 아니다.

45 금융투자회사는 위험관리체제 구축을 위해서 위험관리지침을 제정하고 개정해야 하는데, 그 제정과 개정은 (주주총회 / 이사회)의 의결을 거쳐야 한다.

46 금융투자업자는 다른 금융업무를 겸영하고자 하는 경우 그 업무를 영위하기 시작한 날로부터 (　　　) 이내에 금융위에 보고해야 한다.

47 금융투자업자는 금융투자업에 부수하는 업무를 영위하고자 하는 경우 영위하기 시작한 날로부터 (　　　) 이내에 금융위에 보고해야 한다.

48 ○× 금융투자업자는 제3자에게 업무를 위탁하는 경우 위탁계약을 체결하여야 하며, 실제 업무수행일의 7일 전까지 금융위에 보고하는 것이 원칙이다.

49 ○× 준법감시인 및 위험관리책임자의 업무 등 내부통제업무는 업무위탁이 불가하다.

50 일반 금융소비자에게 요청하지 않은 투자권유를 할 경우 '고난도 금융투자상품, 고난도 일임계약, 고난도 신탁계약, (　　　), (　　　), (　　　)'에 대해서는 금지의 예외가 인정되지 않는다.

51 1개월이 경과한 다음 투자권유하는 경우와 다른 종류의 금융투자상품에 대한 투자권유는 (　　　)의 예외로 인정된다.

정답
41 요구
42 6개월, 1년
43 × ▶ 순자본비율 100% 미만은 적기시정조치 발동사유이다. 긴급조치발동사유는 '은행거래정지, 지급불능상태 등'이다.
44 ○ ▶ 금융사고나 민사패소로 인한 손실이 각각 자기자본의 2/100, 1/100을 초과하면 경영공시대상이 된다(단, 그 금액이 10억 원 이하이면 면제).
45 이사회 ▶ 29회, 33회 기출
46 2주 ▶ [법개정] 사전 10영업일 전 보고 → 사후 2주 이내 보고로 변경
47 2주 ▶ 겸영업무와 부수업무의 보고의무 기준은 동일하다.
48 ○ ▶ 업무위탁 시 사전 7일 전 보고가 원칙이지만 위탁대상이 본질적 업무가 아닌 경우는 사후 2주 내 보고
49 ○
50 사모펀드, 장내파생상품, 장외파생상품 ▶ 불초청권유라도 일정 조건 하에서는 예외가 인정되지만, '고난도 상품, 사모펀드, 장내·외 파생상품(일반 금융소비자 기준)'은 예외가 인정되지 않는다(cf 전문금융소비자를 대상으로는 장외파생상품만 금지대상).
51 재권유금지

투자자산운용사

52 ⃞O ⃞X 투자매매업자 또는 투자중개업자는 투자자로부터 금융투자상품에 대한 청약 또는 주문을 받는 경우에는 사전에 그 투자자에게 자기가 투자매매업자인지 또는 투자중개업자인지를 밝혀야 한다. 그리고 밝히는 방법상의 제한은 없다.

53 최선집행기준은 (　　)나 (　　)의 의무로, '금융투자상품의 가격, 수수료 등 비용, 매매체결가능성 등을 고려한 최선의 거래조건을 위한 기준'을 말하며, 금융투자업자는 (　　)마다 최선집행기준의 내용을 점검해야 한다.

54 '투자매매업자 또는 투자중개업자는 투자자가 그 대리인으로부터 금융투자상품의 매매의 청약 또는 주문을 받지 아니하고는 투자자로부터 예탁받은 재산으로 금융투자상품의 매매를 할 수 없다'는 규정은 (일임매매 / 임의매매) 금지 규정이다.

55 ⃞O ⃞X 투자중개업자 또는 투자매매업자는 투자자로부터 금융투자상품의 가격에 중대한 영향을 미칠 수 있는 매매의 주문을 받고 그 주문을 체결하기 전에 자기의 계산으로 매수 또는 매도하거나 제3자에게 권유하는 행위는 원칙적으로 금지된다.

56 투자매매업자 또는 투자중개업자는 조사분석자료를 공표함에 있어서 그 조사분석자료가 공표된 후 (　　)이 경과하기 전까지 자기의 계산으로 매매를 할 수 없다.

57 ⃞O ⃞X 조사분석자료의 작성을 담당하는 자에 대해서는 기업금융업무와 연동된 성과보수를 지급할 수 없다.

58 투자매매업자 또는 투자중개업자는 증권의 모집 또는 매출과 관련한 계약을 체결한 날로부터 그 증권이 최초로 증권시장에 상장된 후 (　　) 이내에는 그 증권과 관련한 조사분석자료를 공표할 수 없다.

59 ⃞O ⃞X 신용공여 후 담보로 제공된 증권을 평가하는 방법에서, 상장채권은 당일종가로 평가한다.

60 신용공여는 투자매매업자나 투자중개업자의 (총자산 / 자기자본)의 범위 내에서 허용된다.

61 투자매매업자 또는 투자중개업자는 투자자의 신용상태 및 종목별 거래상황 등을 고려하여 신용공여금액의 100분의 (　　) 이상에 상당하는 담보를 징구해야 한다.

62 투자매매업자는 증권의 인수일로부터 (　　) 이내에 투자자에게 그 증권을 매수하기 위한 신용공여를 할 수 없다.

정답
- **52** ○ ▶ 서면이든 구두이든 밝히는 방법상의 제한은 없다.
- **53** 투자매매업자 / 투자중개업자 / 3개월 ▶ 최선집행의무는 투자매매업자 또는 투자중개업자에 주어지는 의무이다(집합투자업자, 신탁업자, 일임업자 등에게는 선관주의의무 부과).
- **54** 임의매매
- **55** ○ ▶ 선행매매(front running) 금지를 말한다.
- **56** 24시간 ▶ 스캘핑(scalping) 금지를 말한다.
- **57** ○ ▶ 기업금융업무란 M&A 관련 업무, PEF 운용업무 등을 말한다.
- **58** 40일
- **59** X ▶ 상장주권은 당일종가, 상장채권은 둘 이상의 채권평가회사가 제공하는 가격정보를 기초로 정한다.
- **60** 자기자본
- **61** 140
- **62** 3개월

부록

투자자산운용사

63 ○× 투자자예탁금은 투자자로부터 금융투자상품의 매매와 관련하여 예탁받은 금전을 말하는데, 투자매매업자 또는 투자중개업자는 이를 고유재산과 구분하여 증권금융회사에 예치하거나 신탁업자에 신탁해야 한다.

64 투자자예탁금을 증권금융이 아닌 신탁회사에 신탁할 수 있는 겸영금융투자업자는 (   ), (   ), (   ), (   )이며, 이들은 예외적으로 자기거래를 할 수 있다.

65 ○× 금융투자회사가 투자자예탁금을 예치기관에 예치 또는 신탁하는 경우에는 해당 투자자예탁금이 금융투자회사의 고유재산임을 명시해야 한다.

66 ○× 금융투자회사가 타회사에 흡수합병된 경우 투자자예탁금의 우선지급사유가 된다.

67 공모펀드는 동일종목에 대해 펀드재산의 10%를 초과하여 투자할 수 없으나, 국채나 통안채는 (   ), 지방채나 특수채 그리고 파생결합증권은 (   )까지 예외적으로 투자할 수 있다.

68 동일법인이 발행한 지분증권에 대해서는 '단일집합투자기구는 지분증권 총수의 10%, 동일한 집합투자기구업자가 운용하는 모든 집합투자기구의 경우 지분증권총수의 (   )'까지 투자할 수 있다.

69 집합투자기구가 다른 집합투자증권에 투자할 경우, 동일한 집합투자기구에 대한 투자는 해당 집합투자기구 자산총액의 (   )를, 동일한 집합투자업자가 운용하는 전체 집합투자기구들에 대한 투자는 자산총액의 (   )를 초과할 수 없다.

70 ○× 파생상품 매매와 관련하여 기초자산 중 동일법인이 발행한 증권의 가격변동으로 인한 위험평가액은 각 펀드자산총액의 10%를 초과할 수 없다.

71 동일 거래상대방과의 (장내파생상품 / 장외파생상품) 매매에 따른 거래상대방 위험평가액이 각 펀드자산총액의 10%를 초과할 수 없다.

72 ETF의 경우 동일종목 증권에 대한 투자한도는 (   )이며, 동일법인이 발행한 지분증권에 대한 투자한도는 (   )이다.

정답
- **63** ○ ▶ 일반적으로 증권금융에 예치하고 예외적으로 신탁업자에 신탁한다.
- **64** 은행, 한국산업은행, 중소기업은행, 보험회사 ▶ 예외적으로 자기거래를 할 수 있다고 함은 스스로 신탁할 수도 있다는 의미이다.
- **65** × ▶ 해당 투자자예탁금이 투자자의 재산임을 명시해야 한다.
- **66** × ▶ 합병(흡수합병, 신설합병)은 우선지급사유가 아니라 투자자예탁금을 예외적으로 양도하거나 담보로 제공할 수 있는 사유이다(우선지급사유 : 인가취소, 파산선고 등).
- **67** 100%, 30% ▶ 그 외 30% 투자대상은 'OECD회원국 / 중국이 발행한 채권' 등이 있다.
- **68** 20%
- **69** 20%, 50%
- **70** ○ ▶ 단일 파생상품투자로 인한 위험평가액이 10%를 초과하지 않도록 하는 차원이다.
- **71** 장외파생상품 ▶ 단일 장외파생상품투자로 인한 신용위험을 제한하는 차원이다.
- **72** 30%, 20% ▶ ETF의 증권매입은 지수편입 차원이므로 일반펀드의 한도(10%, 10%)보다는 확대 적용된다.

투자자산운용사

73 국내에 있는 부동산(주택법상의 주택 또는 주택법상의 주택이 아닌 부동산)을 취득한 경우 취득 후 (   ) 이내의 기간에 해당 부동산을 처분하는 것은 금지된다.

74 ○× 취득 후 처분금지기간을 '집합투자규약에서 정하는 기간'으로 하는 것은 국외부동산이다.

75 부동산의 금전차입 시 ① 일반펀드는 금전의 차입과 대여가 불가하지만 대량 환매 등 불가피한 사유발생 시 펀드순자산총액의 (   )까지 금전차입이 가능하고, ② 부동산펀드의 경우 특례로서 금전의 차입은 펀드순자산액의 (   )까지 금전의 대여는 순자산액의 (   )까지 가능하며, ③ 부동산펀드는 아니지만 부동산을 보유하고 있는 펀드는 부동산가액의 (   )까지 금전차입이 가능하다.

76 이해관계인이 되기 (   ) 이전에 체결한 계약에 따른 거래는 이해관계인과의 거래제한의 예외이다.

77 ○× 이해관계인에는 집합투자업자의 계열회사 임직원 및 그 배우자도 포함된다.

78 집합투자업자는 집합투자기구의 계산으로 집합투자업자가 발행한 증권을 취득해서는 아니 된다. 단 (   )은 제외된다.

79 공모펀드는 성과보수가 원칙적으로 인정이 안 되지만 '존속기간이 (   ) 이상인 폐쇄형펀드, 성과보수의 상한선이 있을 것' 등의 요건을 갖출 경우 예외가 인정된다.

80 집합투자기구의 의결권은 (   )가 선관주의의무와 충실의무에 입각하여 행사하며, 계열사에 대한 의결권행사는 (   )이 원칙이다.

81 ○× 제3자와의 계약에 의하여 의결권을 교차하여 행사하는 등 의결권행사 규정을 면하기 위한 행위는 금지된다.

82 (   )는 자산운용보고서를 작성하고 신탁업자의 확인을 받아 (   )에 1회 이상 투자자에게 제공해야 한다.

83 수시공시사항이 발생하면 ① 판매업자 및 협회의 인터넷홈페이지에 공시하는 방법, ② 판매회사가 투자자에게 전자우편으로 알리는 방법, ③ 집합투자업자나 판매업자의 본·지점 등에 게시하는 방법에서 (①, ②, ③ 중 하나를 / ①, ②, ③ 모두를) 공시하는 방법으로 이행해야 한다.

정답
73 1년 ▶ '집합투자규약이 정하는 기간 이내'의 처분금지가 적용되는 것은 국외부동산이다(국내부동산은 주택법상의 주택 여부를 불문하고 '취득 후 1년'의 처분금지기간이 적용된다).
74 ○
75 10%, 200%, 100%, 70%
76 6개월
77 ○ ▶ 집합투자업자 계열회사의 임직원 및 대주주와 그들의 배우자도 이해관계인에 포함된다.
78 수익증권 ▶ 수익증권의 경우 이해상충이 없으므로 예외가 인정된다.
79 1년
80 집합투자업자, Shadow Voting(또는 중립투표)
81 ○
82 집합투자업자, 3개월
83 ①, ②, ③ 모두를

투자자산운용사

84 ○× 집합투자규약에 따른 투자설명서의 변경은 집합투자업자의 수시공시 대상이 아니다.

85 집합투자업자는 매분기 후 (　　　) 이내에 영업보고서를, 사업연도 결산 후 (　　　) 이내에 결산서류를 금융위원회 및 협회에 제출해야 한다.

86 ○× 투자자문업자 또는 투자일임업자의 경우 '투자자로부터 금전이나 증권을 보관·예탁받는 행위'는 원칙적으로 인정된다.

87 ○× 투자일임재산으로 자기가 운용하는 다른 투자일임재산, 집합투자재산 또는 신탁재산과 거래하는 행위는 금지된다.

88 투자일임업자는 자기 또는 관계인수인이 인수한 증권을 자신의 투자일임재산으로 매수하는 행위는 금지된다. 단, 투자자 보호 및 건전한 거래질서를 해할 우려가 없는 경우로서,
① 인수일로부터 (　　　)이 지난 후 매수하는 경우
② 인수한 상장주권을 증권시장에서 매수하는 경우
③ 국채, 지방채, 통안채, 특수채, 사채권(주식관련사채권 제외)을 매수하는 경우는 가능하다.

89 ○× 투자일임업자가 투자일임재산에 속해 있는 증권에 대한 의결권 행사를 위임받는 것은 원칙상 금지된다.

90 ○× 투자일임업자는 투자일임재산을 예탁하는 투자매매업자·투자중개업자를 지정하거나 변경하는 행위에 대해 위임을 받는 것은 원칙상 금지된다.

91 ○× 투자일임업자가 투자자의 위임을 받아 투자일임재산을 예탁하거나 인출하는 행위는 절대 금지된다.

92 투자일임업자는 (　　　)마다 1회 이상 일반투자자에게 투자일임보고서를 교부해야 한다.

93 발행공시제도는 모집 시 정보의 진실성 확보를 위해 금융위원회의 수리를 받아야 하는 (　　　)와 이후 투자자에게 교부하는 (　　　)로 구성된다.

94 ○× 증권신고서의 제출의무자는 대표주관회사이다.

정답
84　○　▶ 투자설명서 변경 자체는 수시공시 대상이지만 '집합투자규약에 따른' 투자설명서 변경은 수시공시 대상이 아니다.
85　2개월, 2개월
86　×　▶ 보관, 예탁행위가 원칙적으로 금지된다.
87　○　▶ 예외가 인정되지 않는 금지행위이다.
88　3개월
89　○　▶ 단 '주식매수청구권의 행사, 유상증자 청약 등'을 위한 의결권행사는 위임받을 수 있다.
90　○
91　×　▶ 투자매매업자나 투자중개업자의 자격으로 증권의 대차거래를 함에 있어서, 투자자의 위임을 받고 투자일임재산을 인출하는 행위는 허용된다.
92　3개월　▶ 집합투자업자가 투자자에게 교부하는 자산운용보고서도 같은 방식이다(3개월에 1회 이상).
93　증권신고서 / 투자설명서
94　×　▶ 해당 증권의 발행인(발행기업)이다.

투자자산운용사

95 50인 이상의 투자자를 대상으로 새로 발행한 증권 취득의 청약을 권유하는 행위는 (모집 / 매출)이다.

96 50인을 산출하는 경우 청약을 권유하는 날 이전 (　　) 이내에 모집이나 매출에 의하지 않고 청약의 권유를 받은 자를 합산한다.

97 청약의 권유를 받은 자의 수가 50인 미만으로서 증권의 모집에 해당하지 않는 경우라도, 해당 증권이 발행일로부터 1년 이내에 50인 이상의 자에게 양도될 수 있는 경우를 모집으로 간주하는데 이를 (　　)이라 한다.

98 공모총액이 (　　) 미만인 경우 증권신고서 제출의무가 면제되며, 이 경우 (　　)를 제출해야 한다.

99 지분증권이 아닌 경우 50매 이상으로 발행되거나 발행 후 50매 이상으로 권면분할되어 거래될 수 있는 경우 (　　) 이 있다고 본다.

100 ○× 코넥스시장에 상장된 지분증권의 경우 전매가능성이 인정된다.

101 ○× 50매 미만으로 발행하여 발행 후 1년 이내에 분할금지특약을 기재하는 경우 전매가능성이 없다고 본다.

102 ○× 증권분석기관이 공모대상법인의 지분을 3% 이상 출자하고 있는 경우 또는 공모대상법인이 증권분석기관의 지분을 3% 이상 보유하고 있을 경우 증권분석이 금지된다.

103 동일인이 증권분석기관의 지분과 공모대상법인의 지분을 동시에 (　　) 이상을 보유하고 있는 경우 증권분석이 금지된다.

104 ○× 발행인은 증권을 모집하거나 매출하는 경우 투자설명서 및 간이투자설명서를 증권신고서가 수리된 날에 금융위에 제출하여야 한다.

105 ○× 개방형 집합투자증권의 경우 투자설명서 및 간이투자설명서를 제출한 후 1년마다 1회 이상 다시 고친 투자설명서 및 간이투자설명서를 제출해야 한다.

정답
- **95** 모집 ▶ 매출은 '이미 발행한 증권의 매도의 청약 또는 매수의 청약을 권유하는 행위'이다.
- **96** 6개월 ▶ 청약권유대상자 = 청약권유를 받은 자 + 합산대상 – 제외대상
- **97** 간주모집 ▶ 청약권유일 이전 6개월간 합산하며, 간주모집은 발행일 후 1년 이내에 50인 이상에게 전매될 수 있는 경우에 모집으로 간주하는 것을 말한다.
- **98** 10억 원 / 소액공모공시서류 ▶ 과도한 업무 부담을 줄여주는 차원이나 소액공모공시서류는 제출해야 한다.
- **99** 전매가능성 ▶ 전매가능성이 있으면 간주모집에 해당된다.
- **100** × ▶ 상장주권은 그 자체로 전매가능성이 인정되지만 코넥스시장은 제외된다(∵ 코넥스시장은 유동성이 부족).
- **101** ○ ▶ 전매제한조치에 해당된다.
- **102** ○
- **103** 5%
- **104** × ▶ 수리된 날에(×) → 효력이 발생한 날에(○)
- **105** ○

부록 — 투자자산운용사

106 증권신고서가 수리된 후 효력이 발생하기 전에 (예비투자설명서 / 간이투자설명서)를 사용할 수 있는데, 이 경우 아직 신고서의 효력이 발생하지 않았음을 명시하여야 한다.

107 O× 일반투자자가 투자설명서 받기를 거부하는 의사표시를 서면 등으로 하였더라도, 투자설명서는 법정투자권유문서이므로 해당 일반투자자에게 투자설명서를 교부해야 한다.

108 '주권, 무보증사채권, 전환사채권·신주인수권부사채권·교환사채권·이익참가부사채권, 파생결합증권, 증권예탁증권, 집합투자증권'의 발행인 중 (   )의 발행인은 사업보고서를 제출하지 않아도 된다.

109 O× 비상장법인은 사업보고서 제출대상이 아니다.

110 최초로 사업보고서를 제출해야 하는 법인은 사업보고서 제출대상법인에 해당하게 된 날로부터 (   ) 이내에 그 직전연도 사업보고서를 금융위원회와 거래소에 제출해야 한다.

111 주식 등을 (   ) 동안 증권시장 밖에서 (   ) 이상의 자로부터 매수를 하고자 하는 경우, 본인과 특별관계자가 보유한 주식수의 합계가 발행주식총수의 (   ) 이상이 되는 경우에는 공개매수를 해야 한다.

112 공개매수는 공개매수신고서 제출일로부터 (   ) 이상 (   ) 이내에 실시해야 하며, 공개매수기간 중 별도의 매수는 (금지되며 / 허용되며), 공개매수하는 경우 그 매수가격은 균일해야 한다.

113 O× 공개매수자는 공개매수공고일 이후에는 공개매수를 철회할 수 없으나, 대항공개매수가 있거나 해당 기업이 해산 또는 파산 등을 한 경우 공개매수기간의 말일까지 철회할 수 있다.

114 5% Rule은 '신규로 5% 이상을 보유하게 된 경우, 5% 이상의 보유자가 보유비율이 (   ) 이상 변동되는 경우, 보유목적이 변경되는 경우' 주식 등의 보유상황을 공시하는 제도를 말한다.

115 O× 새로 5% 이상의 지분을 보유하게 된 자가, 이후 자본감소에 의해 보유주식의 비율이 1% 이상 변동한 경우 변동보고를 해야 한다.

정답
106 예비투자설명서 ▶ 간이투자설명서는 효력발생시기와 관계없이 사용이 가능하다.
107 × ▶ 서면, 전화 등으로 거부의사를 표시할 경우 교부하지 않아도 된다.
108 집합투자증권 ▶ 집합투자증권은 발행인의 신용위험이 없으므로(∵ 운용결과의 투자자 귀속) 사업보고서 제출 면제 대상이다.
109 × ▶ '외부감사대상법인으로서 모집·매출한 증권의 소유자 수가 500인 이상인 비상장법인의 발행인'은 사업보고서를 제출해야 한다.
110 5일 ▶ 정기보고서상 사업보고서는 90일 이내로 제출하나 최초의 경우는 5일이다.
111 6개월 / 10인 / 5%
112 20일 / 60일 / 금지되며 ▶ 공개매수신고서에 위의 내용을 포함하여 신고하고 투자자에게는 공개매수설명서를 교부해야 한다.
113 O
114 1% ▶ 5% Rule의 보고사유 : 신규보고사유, 변동보고사유, 변경보고사유
115 × ▶ '자본감소로 인한 보유주식의 비율 변동'은 변동보고 대상이 아니다.

투자자산운용사

부록

116 ○× 증권의 대차거래는, 차입자로부터의 담보제공과 대차증권의 인도를 동시에 이행하는 방식으로 진행하는데 이 때 외국인 간의 대차거래의 경우는 예외가 적용된다.

117 투자매매업자 또는 투자중개업자가 기업어음증권을 매매 또는 중개하고자 할 경우, 해당 기업어음증권은 (   ) 이상의 신용평가업자로부터 신용평가를 받은 것이어야 한다.

118 ○× 투자매매업자 또는 투자중개업자가 일반투자자를 대상으로 장외파생상품을 매매나 중개하고자 할 경우, 그 일반투자자가 위험회피목적의 거래를 하는 경우에 한 한다.

119 영업용순자본에서 총위험액을 차감한 금액을 인가업무 또는 등록업무 단위별 자기자본을 합계한 금액으로 나눈 값이 (   )에 미달하는 경우에는 그 미달상태가 해소될 때까지 새로운 장외파생상품의 매매를 중단하고, 미종결거래의 정리나 위험회피에 관련된 업무만을 수행해야 한다.

120 ○× 자본시장법상의 공공적 법인에 대한 소유제한에 있어서, 의결권이 없는 주식은 발행주식 총수에 포함되지 않는다.

121 해당 법인(계열사 포함)의 주요 주주로서 그 권리를 행사하는 과정에서 미공개중요정보를 알게 된 자는 (내부자 / 준내부자)이다.

122 해당 법인에 대하여 법령에 따른 허가, 지도, 감독 등 그 권한을 가지는 자로서 그 권한을 행사하는 과정에서 미공개중요정보를 알게 된 자는 (내부자 / 준내부자)이다.

123 ○× 정책입안자도 '미공개 중요정보 이용금지' 규제의 대상이 될 수 있다.

124 ○× 내부자거래 규제의 대상증권은 '특정 증권 등'인데, 파생상품의 기초자산이 되는 금융투자상품도 '특정 증권 등'에 포함된다.

125 미공개중요정보의 이용금지의 대상법인은 상장법인 및 (   ) 이내 상장이 예정된 법인이다.

정답 **116** ○
117 2(또는 둘)
118 ○
119 100분의 150 ▶ 순자본비율 150%를 의미한다.
120 ○ ▶ 42회 신유형(모의고사 문항 및 해설 참조)
121 내부자
122 준내부자
123 ○ ▶ 당해 법인과 관련한 정책의 수립으로 당해 법인의 증권 가격에 영향을 줄 수 있는 정책입안자가 해당 증권을 거래하는 것은 내부자거래로 간주된다.
124 ○ ▶ 예 '현대차옵션'의 기초자산은 '현대차 주식'이고 내부자거래 규제대상 증권이 된다.
125 6개월 ▶ 비상장법인이라도 6개월 이내에 상장 예정이라면 대상이 된다.

126 미공개라 함은 '거래소에 신고되거나 기재된 서류가 비치된 날로부터 (   ), 전자전달매체를 통해 그 내용이 공개된 지 (   ), 일간신문을 통하여 공개된 지 (   ), 지상파방송을 통하여 방송이 된 때부터 (   ), 연합뉴스사를 통해 제공된 지 (   )'이 경과하기 전의 정보를 말한다.

127 (   )는 일정범위의 내부자에 대해 미공개중요정보의 이용 여부와 관계없이 특정증권 등을 매수한 후 6개월 이내에 매도하거나 매도한 후 6개월 이내에 매수하여 얻은 이익을 회사에 반환하도록 하는 것을 말한다.

128 시세조종행위 중에서 '자기가 매도하는 것과 같은 시기에 동일한 가격 또는 약정수치로 타인이 그 증권 또는 장내파생상품을 매수할 것을 사전에 서로 짠 후 매도하는 행위'는 (   )이며, '그 증권 또는 장내파생상품의 매매를 함에 있어서 권리의 이전을 목적으로 하지 않고 거짓으로 꾸민 매매를 하는 행위'는 (   )이다.

129 2015년 7월부터 도입된 (   )에 따라 기존의 미공개중요정보이용 금지조항이 2차 이상의 정보수령자 등을 규제할 수 없었던 점과 달리 이들에 대해서도 규제가 가능하게 하였다.

130 ○× 시장질서교란행위 규제에서는 허수성 주문도 규제대상이 된다.

131 금융기관에 대한 업무 및 재산상황에 대한 검사를 함에 있어서, 검사의 종류는 종합검사와 부문검사가 있으며, 검사의 방법에는 현장검사, 서면검사가 있다. 그리고 종합검사는 대부분 (현장검사 / 서면검사)의 방식으로 진행된다.

132 ○× 검사결과에 대한 조치는 금융감독원장이 결정하고 조치한다.

133 ○× 금융기관의 검사 및 제재규정상, 금융감독원장이 제재하고자 할 경우 제재내용을 대상자에게 사전에 알려주는 것은 원칙상 불가하다.

134 ○× 금융기관이나 임직원이 제재조치에 대한 불복으로 이의신청을 한 경우, 당해 이의신청이 이유 없다고 인정할 만한 명백한 사유가 있을 경우에는 금감원장이 당해 이의신청을 기각할 수 있다.

정답
126 1일 / 3시간 / 6시간 / 6시간 / 6시간 ▶ 자본시장과 금융투자업에 관한 법률 시행령 제20조
127 단기매매차익반환제도 ▶ 미공개정보의 이용 여부와 관계없이 적용된다는 점에 유의해야 한다.
128 통정매매, 가장매매 ▶ 시세조종행위 중 '위장거래에 의한 시세조종'에 속한다.
129 시장질서교란행위 규제 ▶ 규제의 대상이 되는 시장질서교란행위는 정보이용교란행위와 시세관여교란행위로 구분된다.
130 ○
131 현장검사
132 × ▶ 금융위원회의 심의·의결을 거쳐 조치하되 금융감독원장 위임사항은 금융감독원장이 직접 조치한다.
133 × ▶ 제재예정내용 등을 사전에 통지하고 상당기간을 정하여 의견진술기회를 주는 것이 원칙이다.
134 ○

투자자산운용사

135 이의신청 처리결과에 대해서는 재차 이의신청이 (가능하다 / 불가하다).

136 ○× 자본시장조사업무규정에 따르면 위법행위에 대한 익명의 제보가 있을 경우, 조사를 하지 않아도 된다.

137 ○× 자본시장조사업무규정상의 조사결과에 대한 조치로서, 벌금과 과징금 그리고 과태료를 부과할 수 있다.

138 ○× 자본시장조사업무규정상 조사결과에 대한 조치로는 '수사기관통보, 시정명령, 인가·등록의 취소, 증권발행제한, 임원해임요구, 1년 이내의 직무정지, 과징금부과, 과태료부과' 등이 있다.

139 금융소비자보호법은 금융상품을 (　　　), (　　　), (　　　), (　　　)의 4종류로 분류한다.

140 금융소비자보호법상 금융상품판매업자는 (　　　), (　　　), (　　　)의 3종류로 분류된다.

141 금소법상 6대 판매원칙은 (　　　), (　　　), (　　　), 불공정영업행위금지, (　　　), 허위·과장광고 금지의 6가지를 말한다.

142 소비자의 재산상황, 금융상품 취득·처분 경험 등에 비추어 부적합한 금융상품계약체결의 권유를 금지하는 것은 6대 판매원칙 중 (　　　)에 해당된다.

143 소비자가 자발적으로 구매하려는 금융상품이 소비자의 재산 등에 비추어 부적정할 경우 이를 고지하고 확인을 받는 것은 6대 판매원칙 중 (　　　)에 해당된다.

144 판매업자 등이 금융상품 판매 시 우월적 지위를 이용하여 소비자의 권익을 침해하는 행위는 금지되는데, 이는 금소법 6대 판매원칙 중 (불공정영업행위금지 / 부당권유행위금지)에 해당한다.

145 판매업자 등이 금융상품 계약체결 권유 시 소비자가 오인할 우려가 있는 허위사실 등을 알리는 행위는 금소법 6대 판매원칙 중 (불공정영업행위금지 / 부당권유행위금지)에 해당한다.

정답 **135** 불가하다
136 ○ ▶ 익명제보가 가공인명의 진정·탄원·투서 등은 조사의 면제대상이다.
137 × ▶ 벌금은 형사제재로서 부과대상이 아니다(동 규정상 형사제재 부과는 없음).
138 × ▶ '6개월 이내의 직무정지(임원)' 또는 '6개월 이내의 정직(직원)'이 옳다.
139 보장성상품, 투자성상품, 예금성상품, 대출성상품
140 금융상품직접판매업자, 금융상품판매대리·중개업자, 금융상품자문업자
141 적합성의 원칙, 적정성의 원칙, 설명의무, 부당권유행위금지
142 적합성의 원칙(금소법 제17조)
143 적정성의 원칙(금소법 제18조)
144 불공정영업행위금지(금소법 제20조)
145 부당권유행위 금지(금소법 제21조)

부록 투자자산운용사

146 금융소비자보호법상 금융소비자가 금융상품판매업자 등의 위법한 행위로 금융상품에 관한 계약을 체결할 경우, 계약체결일로부터 (　　)의 범위에서 서면 등으로 계약을 해지할 수 있다.

147 금소법은 금융소비자의 권익을 보호하는 차원에서 청약철회권을 인정하는 바, 보장성상품은 보험증권 수령일로부터 (　　), 투자성상품은 계약서류제공일 또는 계약체결일로부터 (　　), 대출성상품은 계약서류제공일 또는 계약체결일로부터 (　　) 이내에 청약철회를 할 수 있다.

정답
146 5년 ▶ 위법계약해지권을 말한다.
147 15일, 7일, 14일 ▶ 청약철회 시 판매회사는 이미 받은 금전·재화를 반납해야 한다.

제3장 한국금융투자협회규정(3문항)

01 적합성의 원칙상 확인된 투자자정보의 내용은 해당 일반투자자에게 지체 없이 제공해야 하며 (   ) 이상 기록·보관해야 한다.

02 금융투자회사는 일반투자자가 ① 고난도 금융투자상품을 매매하거나 또는 ② 고난도 금융투자상품 이외의 공모의 방법으로 발행된 파생결합증권(ELW, ETN 제외)을 매매하고자 할 경우, 그리고 ③ 신용거래융자 또는 유사해외통화선물거래를 하고자 하는 경우에는 (   )를 추가로 교부하고, 그 내용을 충분히 설명해야 한다.

03 O X 금융투자업자는 일반투자자가 최초로 ELW(주식워런트증권)나 ETN(상장지수증권)을 매매하고자 하는 경우 기존의 위탁매매거래를 하고 있는 경우라도, 서명 등의 방법으로 매매의사를 별도로 확인해야 한다.

04 O X ELW나 레버리지ETF, 레버리지ETN을 매매하고자 할 경우 협회가 인정하는 교육을 사전에 이수하도록 해야 한다.

05 장내파생상품을 매매하기 위해서는 (   ) 이상의 파생상품교육과정과 (   ) 이상의 파생상품 모의거래과정을 사전에 이수해야 하고 기본예탁금을 예탁해야만 거래가 가능하다.

06 O X 투자자로부터 집합투자증권 취득자금을 수취할 때, 판매회사의 임직원이 아닌 자를 통해 수취하는 것은 금지된다.

07 O X 펀드판매를 다른 금융투자상품과 연계할 경우 투자권유대행인은 해당 투자에 대한 권유를 할 수 없다.

08 O X 펀드판매회사는 계열사인 집합투자업자가 운용하는 집합투자증권은 판매할 수 없다.

09 계약자로부터 집합투자증권의 판매회사변경을 요청받은 경우, 판매회사는 판매회사 변경의 절차를 이행하는 대가로 투자자에게 비용을 청구할 수 (있다 / 없다).

10 O X 판매회사 변경에 대한 투자자 요청이 있을 경우는 고객보호차원에서 어떠한 경우에도 판매회사 변경절차를 이행해야 한다.

정답
01 10년
02 핵심설명서
03 O ▶ ELW와 ETN에 대한 특례이다('별도의 거래신청서 작성' 절차에 해당). 그리고 변동성선물 ETN의 경우 매매의사를 추가적으로 확인해야 한다.
04 O
05 1시간, 3시간 ▶ 장내파생상품에 대한 적격개인투자자 요건에 해당한다.
06 O
07 O ▶ 연계할 경우 투자권유자문인력이 권유할 수 있다.
08 X ▶ 계열사관계를 고지하고 판매가능하다(계열사의 집합투자증권만을 투자권유하는 행위는 금지).
09 없다
10 X ▶ 전산상 관리곤란 또는 세제상 문제가 있을 경우는 변경이 불가하다(즉, 예외 있음).

부록

투자자산운용사

11 ○× 금융투자회사는 해당 금융투자회사의 임직원이 아닌 제3자가 작성한 조사분석자료는 외부에 공표할 수 없다.

12 ○× 금융투자회사는 조사분석업무의 독립적 수행을 위해, 조사분석자료의 품질 및 생산실적, 투자의견의 적정성 등이 포함되지 않은 보수산정기준을 제정·운영해야 한다.

13 금융투자회사가 발행주식총수의 5% 이상의 주식을 보유하고 있을 경우는 조사분석자료의 공표가 (불가 / 제한적으로 가능)하며, 발행주식총수의 1% 이상(5% 미만)의 주식을 보유하고 있는 경우에는 조사분석자료의 공표가 (불가 / 제한적으로 가능)하다.

14 회사는 증권시장에 최초로 상장하는 법인에 대해 대표주관업무를 수행하였다면 해당 법인에 대해 최초거래일로부터 1년간 (   ) 이상의 조사분석자료를 무료로 공표해야 한다.

15 금융투자분석사는 소속 금융투자회사에서 조사분석자료를 공표한 금융투자상품을 매매하는 경우에는 공표 후 (   )이 경과해야 하며, 해당 금융투자상품의 공표일로부터 (   ) 동안은 공표한 투자의견과 같은 방향으로 매매해야 한다.

16 ○× 집합투자증권에 대한 광고 시 '환매수수료, 환매신청 후 환매금액의 수령이 가능한 구체적인 시기, 투자자가 직간접으로 부담하게 되는 각종 보수 및 수수료'는 모두 의무표시사항이다.

17 금융투자상품에 대한 투자광고 시, A4용지 기준 (   ) 이상의 활자체로 투자자가 쉽게 알아볼 수 있도록 표시해야 하며, 신문 전면게시 광고물의 경우는 (   ) 이상의 활자체로 표시해야 한다.

18 ○× 인터넷배너를 사용한 투자광고의 경우 위험고지를 하지 않아도 된다. 단, 파생상품 등의 경우에는 해당 위험고지내용이 3초 이상 보이도록 해야 한다.

19 ○× 금융투자회사의 경영실태평가와 영업용순자본비율 등에 대해 비교 광고를 할 경우 명확한 근거 없이 타회사의 그것과 비교하면 안 된다.

20 펀드의 운용실적표시는 펀드설립일로부터 (   ) 이상 경과하고 순자산총액이 (   ) 이상인 펀드에 국한된다.

21 ○× MMF의 운용실적을 표시하는 경우는 과거 1개월 수익률을 표시해야 한다.

정답
11 × ▶ 해당 제3자의 실명(법인은 법인명)을 쓰고 공표할 수 있다.
12 × ▶ 포함된 보수산정기준을 제정·운영해야 한다(독립성확보 차원).
13 불가 - 제한적으로 가능 ▶ 5% 이상 지분을 보유하면 연고법인으로 간주하기 때문에 이해상충방지를 위해 공표를 금지한다.
14 2회 ▶ 단, 조사분석자료에 대표주관업무를 수행하였다는 사실을 고지해야 한다.
15 24시간 / 7일
16 ○ ▶ 주의 '손실보전이나 이익보장에 관한 사항'은 의무표시사항이 아니다(36회, 39회 기출).
17 9포인트, 10포인트
18 × ▶ 인터넷배너를 이용한 투자광고는 3초, 파생상품은 5초 이상 위험고지 내용이 보이도록 해야 한다.
19 × ▶ 경영실태평가와 영업용순자본비율은 매우 중요하므로 아예 비교대상에서 제외한다.
20 1년 / 100억 원 ▶ 유형별 수익률을 표시하고자 할 경우에는 유형별펀드의 순자산 총액이 500억 원 이상이어야 한다.
21 ○ ▶ 타 펀드의 경우 '과거 1개월 이상 수익률을 사용하되 과거 6개월 및 1년 수익률을 함께 표시해야 한다.

투자자산운용사

22 ○× MMF의 운용실적을 표시하는 경우 타 금융투자회사가 운용하는 MMF의 수익률과의 비교광고는 금지된다.

23 경제적 가치가 (　　) 이하인 물품이나 식사, (　　) 이하의 경조비 및 화환은 재산상 이익으로 보지 않는다.

24 ○× 임직원과 거래상대방이 공동참석한 경우의 접대비는 '전체 소요경비 중 거래상대방이 점유한 비율에 따라 산정된 금액'으로 산정한다.

25 ○× 신상품의 배타적 사용권에 대한 침해배제신청이 있는 경우, 협회는 신청접수일로부터 10영업일 이내에 심의위원회를 소집하고 심의해야 한다.

26 유사통화선물거래(FX마진거래)는 자본시장법상 (장내파생상품 / 장외파생상품)에 속하며, 양방향포지션이 (가능 / 불가)하고, 원화를 제외한 이종통화 간의 거래만 가능하다.

27 FX마진거래의 거래단위는 기준통화의 (　　　　) 단위이다.

28 ○× 금융투자회사는 투자자가 유사해외통화선물거래를 하고자 하는 경우 금융투자회사의 명의와 금융투자회사의 계산으로 해야 한다.

29 ○× 투자신탁의 집합투자업자의 경우, 투자운용전문인력이 운용업무와 매매업무를 겸직할 수 있다.

30 금융투자회사는 대표주관계약을 체결한 후 (　　) 이내로 협회에 신고해야 한다.

31 ○× 금융투자회사가 그 이해관계인과 합하여 발행회사의 지분을 '100분의 5 이상 100분의 10 미만'으로 보유하고 있다면 공동 주관업무 수행이 가능하다.

32 동일인이 금융투자회사의 지분과 발행회사의 지분을 동시에 (　　) 이상 보유할 경우 주관회사업무를 할 수 없다.

정답
22 ○
23 3만 원 / 20만 원
24 ○ ▸ 공동참석의 경우 '전체 소요경비'가 아니라 '점유비율에 따라 산정'한다.
25 × ▸ 10영업일이 아니라 7영업일이다.
26 장내파생상품 / 불가 ▸ 거래단위는 미화 10만불이며 위탁증거금은 1만불 이상이다(증거금은 미화만 가능).
27 100,000 ▸ 증거금은 10%이다(증거금은 미달러만 인정된다).
28 × ▸ 회사의 명의와 투자자의 계산으로 거래한다.
29 × ▸ 운용담당과 취득·처분의 실행담당을 구분해야 한다.
30 5영업일
31 ○ ▸ 5% 미만 : 단독주관업무 가능, 5% 이상 10% 미만 : 공동주관업무 가능, 10% 이상 : 주관업무 불가
32 5%

부록 투자자산운용사

33 유가증권시장 상장을 위한 기업공개 시 그 주식의 배정은, 우리사주조합원에게 먼저 (   )를 배정한 후 일반투자자에게 (   )을 배정하고, 그 다음으로 고위험·고수익 투자신탁에 (   )을 배정한다. 그리고 잔여주식은 기관투자자에게 배정한다.

34 초과배정수량은 공모주식수의 (   ) 이내에서, 행사일은 매매개시일로부터 (   ) 이내에서 발행회사와 대표주관회사가 결정한다.

35 대표주관회사의 업무수행에 대한 보상차원에서 공모수량의 10% 이내에서 신주를 취득할 수 있게 하는 것은 (초과배정옵션 / 신주인수권)이다.

36 인수회사가 무보증사채를 공모할 경우 공모예정금액이 (50억 원 / 100억 원) 미만인 경우에는 수요예측을 하지 않는다.

37 기업공개와 관련하여 불성실 수요예측 참여자로 지정된 경우, 위반금액 규모에 따라 최대 (24개월 / 36개월)까지 수요예측 참여가 제한된다.

38 ○× 위원회가 제재금 또는 금전의 납부를 부과하는 경우, 불성실 수요예측참여자로 지정된 자의 고유재산에 한하여 수요예측 등 참여제한을 병과할 수 있다.

39 협회는 건전거래질서를 위한 표준약관을 정할 수 있으며, 금융투자회사는 표준약관을 우선적으로 사용해야 하나, 그 본질을 해하지 않는 범위 내에서 수정하여 사용할 수 있는데 이를 (수정약관 / 개별약관)이라 하고, 외국집합투자증권에 대한 표준약관은 수정하여 사용할 수 (있다 / 없다).

40 금융투자회사는 금융투자업과 관련하여 개별약관을 제정하거나 표준약관을 변경하고자 할 경우, 약관제정이나 변경 후 (   ) 이내에 협회에 보고해야 한다.

정답 33 20%, 25% 이상, 5% 이상
34 15% / 30일
35 신주인수권
36 100억 원
37 24개월 ▶ 비교 무보증사채의 경우 1~4개월 간 수요예측 참여가 제한된다.
38 ○ ▶ 병과(두 가지 이상의 제재를 병행해서 부과)가 가능하다(43회 기출).
39 수정약관 / 없다 ▶ 개별약관은 표준약관이 없는 경우 사용하는 약관이다.
40 7일 ▶ [2021 개정사항] 사전 10영업일 전 → 사후 7일 이내

제4장 주식투자운용/투자전략(6문항)

01 ○× 운용조직은 과거 펀드매니저 한 사람에게 전적으로 맡겼으나, 현재는 운용의 효율성과 불법행위 차단을 위해 집단운용체계를 갖추는 것이 보편적이다.

02 효율적 시장가설에서 과거정보로는 초과수익을 얻을 수 없다는 것은 (　　　), 공개된 정보로는 초과수익을 얻을 수 없다는 것은 (　　　), 어떠한 정보로도 초과수익을 얻을 수 없다는 것은 (　　　)이다.

03 ○× 약형 효율적 시장가설이 성립된다면 기술적 분석은 아무런 소용이 없다.

04 효율적 시장가설은 (액티브운용 / 패시브운용)을 반박하는 논거로 이용되기도 한다.

05 그 운용전략이 '마켓타이밍, 테마선택, 종목선택'의 3가지 전략 중 하나라도 연관이 되면 (패시브 / 액티브)운용이다.

06 기관투자자의 자산운용 3단계는 '(　　　) → (　　　) → (　　　)'의 순서이다.

07 액티브운용 중 (　　　)은 근본적으로 수익률을 높이기 위하여 주식시장에 들어가거나 나와야 할 시점을 결정하는 것이다.

08 자산집단의 종류가 많아서 투자대상이 많아질수록 분산투자효과가 높아진다는 것은 (　　　), 자산집단 내에서는 유동성의 문제가 발생하지 않도록 편입할 대상의 증권이 많아야 한다는 것은 (　　　)이다.

09 자산집단을 대상으로 장기적인 투자목적을 달성하기 위해 배분비율을 정하는 의사결정을 (　　　), 중단기적으로 수익률을 제고하기 위해 이미 구성한 자산집단의 구성비율을 적극적으로 변경하는 행위를 (　　　)이라고 한다.

10 기대수익률을 구하는 4가지 방식은 (　　　), (　　　), (　　　), 시장공통예측치사용법이며, GARCH는 위험을 추정하는 방식을 말한다.

정답
- 01 ○
- 02 약형EMH / 준강형EMH / 강형EMH ▶ EMH(Efficient Market Hypothesis)
- 03 ○
- 04 액티브운용
- 05 액티브 ▶ 하나라도 연관이 되면 액티브. 패시브는 모두 연관이 되지 않아야 한다.
- 06 자산배분, 스타일배분, 증권선택
- 07 마켓타이밍(Market Timing) 전략
- 08 포괄성 / 충분성
- 09 전략적 자산배분 / 전술적 자산배분
- 10 추세분석법, 시나리오분석법, 근본적분석법

부록 　　　　　　　　　　**투자자산운용사**

11 기대수익률을 구하는 4가지 방식 중, 과거 시계열 자료를 토대로 하되 각 자산집단별 리스크 프리미엄 구조를 반영하는 기법은 (　　　　　)이다.

12 ○× 전략적 자산배분의 실행단계는 '투자자의 투자목적 및 투자제약조건의 파악 → 자산집단의 선택 → 자산종류별 기대수익 · 위험 · 상관관계 추정 → 최적자산구성의 선택'이다.

13 정해진 위험수준 하에서 가장 높은 수익률을 달성하는 포트폴리오를 (효율적 포트폴리오 / 최적 포트폴리오)라고 한다.

14 마코위츠의 분산투자이론(또는 평균분산모형, 위험수익최적화모형)에 의하면, 지배원리에 의해 효율적투자기회선을 도출한 후 효율적투자기회선과 투자자의 무차별효용곡선의 접점으로 최적증권을 선택하는데, 이는 (전략적 / 전술적) 자산배분의 이론적 배경이 된다.

15 전략적 자산배분의 실행방법에는 (　　　　　), (　　　　　), 투자자별 특수상황을 고려하는 방법, 다른 유사한 기관투자자의 자산배분을 모방하는 방법 등 4가지가 있다.

16 '역투자 전략, 증권시장의 과잉반응, 평균반전현상, 시장가치접근방법' 중 전술적 자산배분의 이론적 배경이 아닌 것은 (　　　　　)이다.

17 전술적 자산배분의 이론적 배경 중 '시장은 단기적으로는 비효율적이나 장기적으로는 효율적'이라는 것을 보여주는 것은 (　　　　　)이다.

18 CAPM모형, APT모형, 기타의 기본적 분석방법으로 기업의 내재가치를 찾고자 하는 것은 (가치평가모형 / 시장가치접근방법)이며 이는 전술적 자산배분에 속한다.

19 시장가격인 내재가치 대비 고평가되면 매도하고, 시장가격이 내재가치 대비 저평가되면 매수하는 전략은 (　　　　　)이다.

20 '채권과 주식으로 포트폴리오를 구성하고 주가가 상승하면 주식 비중을 줄이고, 주가가 하락하면 주식 비중을 증가시키는 것'과 같은 전략을 (　　　　　)이라 한다.

정답　11　펀드멘탈분석법(또는 근본적 분석법)
　　　　　12　○　▶ 28회, 33회 기출
　　　　　13　효율적 포트폴리오　▶ 그리고 '효율적 포트폴리오'를 연결한 선을 '효율적 투자기회선(efficient frontier)'이라고 한다.
　　　　　14　전략적
　　　　　15　시장가치접근방법, 위험수익최적화방법
　　　　　16　시장가치접근방법
　　　　　17　평균반전(Mean-Reverting)현상
　　　　　18　가치평가모형
　　　　　19　전술적 자산배분　▶ '고가매도/저가매수(buy low sell high, Negative Feedback)' 전략이다.
　　　　　20　포뮬러 플랜

투자자산운용사

부록

21 전술적 자산배분의 실행도구로는 (　　　), (　　　), (　　　)가 있다.

22 시장예측을 하지 않고, 시장의 변화를 초단기적으로 반영해서 투자자가 사전에 설정한 투자성과를 달성하고자 하는 전략은 (전략적 자산배분 / 전술적 자산배분 / 보험자산배분)이다.

23 전략적 자산배분은 장기적인 전략이고, 전술적 자산배분은 중·단기적인 전략이며, 포트폴리오보험전략은 (　　　) 전략이다.

24 O X 전략적 자산배분은 시장전망을 소극적으로 하고, 전술적 자산배분은 적극적으로 하며, 포트폴리오보험전략은 시장전망을 하지 않는다.

25 보험자산배분전략은 (Positive Feedback / Negative Feedback)전략이다.

26 포트폴리오보험전략 중 (　　　)은 주식과 채권 사이의 투자비율을 동적으로 조정해감으로써 마치 위험자산과 이에 대한 풋옵션을 함께 보유한 경우와 동일한 성과, 즉 방어적 풋(protective put)의 성과를 모방해 내고자 하는 전략이다.

27 OBPI전략에서 합성한 풋옵션매수의 델타가 -0.44이라면, $\{1-|-0.44|\}$은 (주식 / 채권)의 투자비중을 결정하는데 반영된다.

28 OBPI전략에서는 내재변동성의 과대추정문제가 발생하는데, 내재변동성의 추정을 잘못하여 위험을 과대평가하게 되면 주식을 (과대편입 / 과소편입)하게 되어 상승장에서 성과가 축소될 수 있다.

29 O X CPPI전략은 OBPI전략의 단점인 복잡성을 개선하였으며 내재변동성을 추정할 필요가 없다는 장점이 있다.

30 고정비율포트폴리오보험(CPPI)전략에서 '포트폴리오평가액 − Floor의 현재가치 = (　　　)', '익스포저 = (　　　) × 승수'이다.

정답
- **21** 가치평가모형, 기술적 분석, 포뮬러플랜 ▶ 종류문제 : 41회 기출
- **22** 보험자산배분(Portfolio Insurance) ▶ 포트폴리오보험전략이라고도 한다.
- **23** 초단기적
- **24** O
- **25** Positive Feedback ▶ 전술적 자산배분은 Negative Feedback이다.
- **26** 합성 풋옵션전략(또는 OBPI전략)
- **27** 주식 ▶ (1 − 풋옵션매수 델타의 절대값) 즉 $\{1-|-0.44|=0.56\}$은 위험자산(주식)의 비중을 결정하는데 반영된다.
- **28** 과소편입
- **29** O ▶ 단순성과 유연성이 장점이다.
- **30** 쿠션(Cushion) / 쿠션(Cushion)

부록 — 투자자산운용사

31 포트폴리오의 가치가 최소보장수준 이상일 때, 보험자산배분의 포트폴리오의 가치는 일반 주식형펀드에 비해 수익률이 (높다 / 낮다).

32 '저베타효과, Winner-Loser효과'는 이상현상 중 (정보비효율 / 상대적 저가주효과 / 수익률역전) 그룹에 속한다.

33 (   )전략은 '벤치마크 + α'의 수익률을 원한다는 점에서 액티브이나, 추적오차는 액티브에 비해 현저히 낮다.

34 '패시브 : 액티브 = 7 : 3'으로 포트폴리오를 구성하였다면 (핵심-위성 조합 / 액티브-보완 조합) 전략에 해당된다.

35 '벤치마크에 포함된 대형주는 모두 포함하되, 중소형주들은 벤치마크와 유사하도록 대표종목 등 일부 종목만을 포함하는 방식'은 (완전복제법 / 표본추출법 / 최적화법)이다.

36 규모를 반영하여 주가평균식보다는 합리적이나, 성숙기의 대형주가 많은 경우 지수가 과대평가될 여지가 있는 주가지수 산정방식은 (   )이다.

37 모든 종목의 비중을 동일하게 취급하므로 소형주의 지수영향력이 상대적으로 증가하게 되는 주가지수산정방식은 (   )이다.

38 ○× Nikkei225는 시가가중방식으로 산출한다.

39 (   ), (   )는 유동시가가중방식으로 지수를 산출한다.

40 ○× 인덱스 구성방법 중, 벤치마크에 포함된 대형주는 모두 포함하고 중소형주들은 펀드의 성격이 벤치마크와 유사하도록 일부종목만을 포함하는 방식은 최적화법이다.

41 최적화법은 포트폴리오 모형을 이용하여 주어진 벤치마크에 대비한 잔차위험이 허용수준 (이상이 / 이하가) 되도록 인덱스를 구성하는 방식이다.

42 액티브펀드의 성장주 스타일 전략은 (고PER / 저PER), (고PBR / 저PBR), (고배당주 / 저배당주)에 투자하는 전략이다.

정답
- **31** 낮다 ▶ 상승장에서는 주식형펀드보다 주식편입비중이 낮으므로 수익률이 상대적으로 낮을 수밖에 없다.
- **32** 수익률역전 ▶ 보충 Anomaly현상은 시장이 비효율적임을 보여주는 사례이다.
- **33** 준액티브(Semi-Active) ▶ 주의 준액티브운용의 추적오차는 액티브보다 크다. (X)
- **34** 핵심-위성 조합(Core-Satellite) ▶ 반대로 3 : 7로 된다면 액티브가 주가 되고 패시브가 보완이 되는데 이는 '액티브-보완 조합'이 된다.
- **35** 표본추출법(Sampling법)
- **36** 시가가중주가지수(시가총액식)
- **37** 동일가중주가지수
- **38** X ▶ DJIA, Nikkei225는 주가가중방식으로 산출한다.
- **39** 코스피200지수, MSCI지수
- **40** X ▶ 표본추출법이다('완전복제법, 표본추출법, 최적화법'의 차이를 잘 구분할 것).
- **41** 이하가 ▶ 최적화법에서는 잔차위험이 허용수준 이하가 되어야 한다.
- **42** 고PER - 고PBR - 저배당주 ▶ 가치스타일은 반대이다.

투자자산운용사

43 성장 모멘텀 투자자들은 성장률이 높은 기업에 대해 시장PER보다 (높은 / 낮은) 가격을 지불한다.

44 단기간의 이익탄력성에 투자하는 것은 (가치투자 / 성장투자)스타일이다.

45 기업실적에 대한 어닝서프라이즈나 어닝쇼크에 가장 큰 영향을 받는 액티브전략은 (가치주 / 성장주) 스타일이다.

46 ○× 가치투자는 기업의 수익은 평균에 회귀하려는 경향이 있다고 전제한다.

47 투자자들이 충분히 인정해주지 않으면 가격이 쌀 수밖에 없다는 경제의 기본원칙인 수요공급의 원리를 이해하지 못하는 측면이 있다는 점은 (가치주 / 성장주) 스타일의 특징이다.

48 (　　) 스타일의 투자를 통해 시장과 비슷한 정도의 수익률만 올린다면, 높은 비용을 지불하면서도 인덱스펀드나 인핸스드인덱스펀드의 성과 수준에 그친다는 단점이 있다.

49 대체로 초기기업이 많기 때문에 성장성이 높을 것이라는 기대가 포함되는 스타일은 (대형주 / 중형주 / 소형주) 스타일이다.

50 ○× 공공기금은 장기수익률달성이 중요한 과제이므로 사회적 책임투자(SRI)를 하지 않는 경향이 있다.

51 ○× 준액티브 운용은 월등하게 높은 성과를 내는 종목을 찾기보다는 약간 더 높은 성과를 낼 수 있는 종목을 많이 발견하고자 하는 것이다.

52 계량분석방법은 과거 주가변동패턴을 이용하여 (　　)으로 전략을 마련한다는 특징이 있다.

53 계량분석방법은 (기본적 / 기술적) 분석을 계량적으로 나타낸 것으로 볼 수 있으므로, (　　) 분석의 한계를 동일하게 가진다.

54 주식포트폴리오를 구성하는 과정은 '(　　) → (　　) → (　　) → 트레이딩 → 성과평가 및 위험관리 → 리밸런싱 & 업그레이딩'이다.

정답
43 높은
44 성장투자 ▶ 성장투자스타일은 장기간의 성장성에 투자하는 것 외에도 단기간의 이익탄력성에도 투자한다.
45 성장주
46 ○ ▶ 현재는 낮은 이익으로 저PER 상태에 있지만 기업이익이 평균으로 회귀하면서 PER도 높아진다는 논리이다.
47 가치주
48 혼합투자 ▶ 시장지향스타일이라고도 한다.
49 소형주
50 × ▶ 공공기금일수록 사회적 책임투자(SRI)가 더 많이 요구된다.
51 ○
52 귀납적
53 기술적, 기술적
54 투자유니버스 선정, 모델포트폴리오 구성, 실제포트폴리오 구성

부록 — 투자자산운용사

55 주식포트폴리오 구성단계 중 모든 종목에 대하여 판단하고 주의를 기울여야 하며, 임의적인 잣대로 확실하게 부적당하지 않은 종목을 제외시키지 않도록 주의해야 하는 단계는 (   )이다.

56 섹터가 너무 포괄적이거나 너무 세부적으로 구분되어 있으면 최종적인 종목선정이 어려울 수 있는 것은 (하향식 / 상향식)의 특징이다.

57 어떤 형식으로든 개별종목의 내재가치를 측정하는 기법을 가지고 있는 것은 (하향식 / 상향식)의 특징이다.

58 주식포트폴리오 모형 중 다중요인모형은 주식의 리스크를 베타, 규모, 성장성, 레버리지, 해외시장 노출도, 산업 등의 여러 가지 (체계적 요인 / 비체계적 요인)으로 구분한다.

59 주식포트폴리오 모형 중에서 (   )은, 일정한 제약조건을 만족하는 것 중에서 기대수익률을 최대화하는 방식으로서 2차함수 최적화모형의 대안으로 활용된다.

60 ○× 주식포트폴리오 모형은 액티브에서만 사용된다.

61 ○× 잔차위험에 있어서는 액티브펀드가 패시브펀드보다 높은 것과 낮은 것이 대등하게 분포하는 편이다.

62 ESG투자는 비재무적 요소인 (   ), (   ), (   )을 반영한 투자를 말한다.

63 ○× ESG에 대한 한국의 공시제도는, 환경기술산업법에 따른 공시대상기업 확대 및 공시기준은 확립되어 있으나 금융기관의 ESG투자 및 상품관련 정보공시에 대한 제도화 논의는 아직 미진하다.

64 유럽의 공시제도에는, 금융기관 대상상품과 정책에 대한 포괄적인 공시 기준으로서 지속가능 금융공시 제도인 (SFDR / TCFD)과 기후 변화에 대한 정보공시의 표준 프레임워크 역할을 하고 있는 (SFDR / TCFD)가 있다.

정답
- **55** 투자유니버스 선정
- **56** 하향식(top-down approach)
- **57** 상향식(bottom-up approach) ▶ 상향식에서는 개별종목의 내재가치평가가 중요하다.
- **58** 체계적 요인
- **59** 선형계획모형
- **60** × ▶ 패시브에서도 사용한다(벤치마크와 위험수준을 동일하게 유지하기 위함).
- **61** × ▶ 표준편차에서는 액티브가 패시브보다 높거나 낮은 것이 대등하게 나타나지만, 잔차위험에 있어서는 액티브가 패시브보다 월등히 높게 나타난다.
- **62** Environment(환경), Social(사회), Governance(지배구조)
- **63** ○
- **64** SFDR, TCFD ▶ SFDR(Sustainable Finance Disclosure Regulation), TCFD(Task force on Climate Related Financial Disclosure).

제5장 채권투자운용/투자전략(6문항)

01 국민주택채권 1종은 발행주체별 분류상으로는 (　　　　)이고, 이자지급식 분류로는 (　　　　)이며, 상환기간에 따른 분류로는 (　　　　)이다.

02 채권액면 1만 원, 표면금리 8%, 만기 3년, 연 단위 복리채의 만기상환금(S)을 구하는 공식은 (　　　　)이다.

03 채권액면 10,000원, 표면금리 6%, 만기 2년, 연단위후급이표채의 경우, 만기 시 수령금액은 (　　　　)이다.

04 이자지급기간 동안 이자가 재투자되어, 만기상환시에 원금과 이자를 동시에 지급하는 채권은 (복리채 / 할인채 / 이표채)이다.

05 채권의 종류에서, 액면이자율이 'CD수익률 + 가산금리'과 같이 지급이 되면 (　　　　)이고 액면이자율이 '8% – CD수익률'과 같이 지급이 되면 (　　　　)이다.

06 전환사채의 전환권을 행사하면 발행사 입장에서는 자본이 (　　)하고, 부채는 (　　)하며, 기존사채는 (　　)하며, 신규자금유입은 (　　).

07 교환사채의 교환권을 행사하면 (　　　)과 (　　　)가 동시에 줄어든다.

08 액면가 10,000원인 전환사채의 시장가격이 18,000원, 전환가격은 8,000원, 전환대상 주식가격은 12,000원이다. 이 경우 패리티는 (　　　), 패리티가격은 (　　　), 괴리 또는 전환프리미엄은 (　　　), 괴리율은 (　　　)이다.

09 (　　　　)는 주식적 측면에서 본 전환사채의 이론가치로서, 현재 주가가 전환가격을 몇 % 상회하고 있는가를 나타내는 지표이다.

10 '전환사채시장가격에서 패리티가격으로 뺀 값을 패리티가격'으로 나누어서 구하며, 현재 전환사채의 시장가격이 적정가격에 비해서 얼마나 싸거나 비싼지를 말하는 지표는 (　　　　)이다.

정답
01 국채 / 복리채 / 중기채 ▶ 국민주택채권 1종은 정부가 발행하는 만기 5년의 복리채이다.
02 $S = 10,000 \times (1 + 0.08)^3$
03 10,600원 ▶ 발행 후 1년 시점에서 600원, 2년 시점에서 10,600원을 수령한다.
04 복리채
05 변동금리부채권, 역변동금리부채권 ▶ 역변동금리채권은 기준금리가 올라가면 액면이자율이 하락하는 채권이다(▶ 37회 신유형 기출).
06 증가 / 감소 / 소멸 / 없다
07 자산, 부채 ▶ 교환사채는 보유자산(타상장사 주식)으로 부채(교환사채)를 갚는 것과 같다.
08 150% / 15,000원 / +3,000원 / 20%
　　▶ $\frac{12,000}{8,000} \times 100\% = 150\%$ / $\frac{12,000}{8,000} \times 10,000원(액면금액) = 15,000원$ / $18,000 - 15,000 = +3,000원$ / $\frac{3,000}{15,000} \times 100\% = 20\%$
09 패리티(Parity)
10 괴리율 ▶ 괴리율(%)의 정의이다(43회 기출)

부록 — 투자자산운용사

11 ⃞O ⃞X '콜옵션부채권의 가치 = 일반채권가치 + 콜옵션가치'이다.

12 ⃞O ⃞X 수의상환채권(콜옵션부채권)은 금리가 상승할 경우 옵션행사가능성이 높아진다.

13 전환사채는 일반사채보다 (   ) 표면이율로 발행되며, 콜옵션부사채는 일반사채보다 (   ) 표면이율로 발행된다.

14 공모입찰에서, 입찰자의 입찰금리가 낮은 것부터 순차적으로 낙찰을 시키는 것을 (   ), 낙찰된 금리 중 가장 높은 금리로 통일하여 낙찰시키는 것이 (   ), 둘을 혼합하여 구간별로 차등한 금리로 낙찰시키는 것이 (   )이다.

15 국채딜러들 간의 경쟁매매로 국채가 거래되는 시장을 (IDM / IDB)(이)라고 한다.

16 ⃞O ⃞X 국채전문딜러의 자격을 갖추기 위해서는 자본시장법상 국채에 대한 투자매매업의 인가를 받고, 일정 요건을 갖춘 상태에서 기획재정부의 지정을 받아야 한다.

17 국채전문딜러의 국고채 인수의무로서, 국채전문딜러는 지표종목별로 매월 경쟁입찰 발행물량의 (   ) 이상을 인수해야 한다.

18 대 고객 상대매매를 함에 있어서 자기거래를 금지하는 차원으로 중립적인 위치에서 채권딜러간의 중개업무를 수행하는 회사를 (IDM / IDB)(이)라고 한다.

19 우리나라의 경우 대부분의 채권이 (장내시장 / 장외시장)에서 거래된다.

20 ⃞O ⃞X 국채딜러 간 매매시장(IDM)에서 거래되는 국채의 매매수량단위는 5억 원이다.

21 '액면 10,000원, 표면이율 4%, 연단위복리채, 만기 5년'인 채권을 만기수익률 5%, 잔존만기 3년 94일에 매입하였을 경우의 매입가격을 구하는 산식은 (   )이다(관행적 복할인방식을 적용함).

정답
11 X ▸ 콜옵션부채권은 정상채권보다 불리하므로 '일반채권가치 − 콜옵션가치'이다.
12 X ▸ 콜옵션부채권은 금리하락기, 풋옵션부채권은 금리상승기에 옵션행사가능성이 높아진다.
13 낮은, 높은
14 복수가낙찰가격방식(Conventional) / 단일가낙찰방식(Dutch) / 차등가낙찰방식
15 IDM(Inter Dealer Market) ▸ IDM은 장내시장이다.
16 O
17 10%
18 IDB(Inter Dealer Broker) ▸ IDB는 장외시장에서 중개업무를 수행한다.
19 장외시장
20 X ▸ 10억 원이다.
21 $P = \dfrac{10{,}000(1+0.04)^5}{(1+0.05)^3 \left(1+0.05 \times \dfrac{94}{365}\right)}$ ▸ 이표채는 연금공식을 활용하여 구할 수 있다.

투자자산운용사

부록

22 액면가 10,000원, 표면금리 8%, 만기 3년인 채권의 시장가격이 9,000원이다. 이 경우 경상수익률은 (   )이다.

23 ○ × 채권가격이 상승하면 채권의 경상수익률도 상승한다.

24 만기가 일정할 때 수익률 상승으로 인한 가격하락폭이 수익률 하락으로 인한 가격 상승폭보다 (크다 / 작다).

25 표면이자율이 높을수록 동일한 수익률 변동에 대한 채권의 가격변동폭이 (커진다 / 작아진다).

26 채권가격의 변동성은 '표면금리가 (   ), 잔존만기가 (   ), 만기수익률이 (   )' 커진다.

27 듀레이션이 가지는 두 가지 의미는 (   ), (   )이다.

28 채권수익률이 강하게 하락할 것으로 예상된다면 듀레이션을 확대시키면 채권수익이 극대화된다. 예를 들어, 표면금리가 (4% / 8%)인 채권, 잔존만기가 (3년 / 10년)인 채권을 사는 것이 유리하다.

29 ○ × 이표채의 듀레이션은 항상 잔존만기보다 짧으며, 만기일시상환채의 듀레이션은 잔존만기와 동일하다.

30 표면금리 6%, 잔존만기 3년인 이표채의 맥컬레이 듀레이션이 2.8이라고 가정한다. 그렇다면 표면금리가 4%이고 나머지 조건은 동일한 이표채의 경우 맥컬레이 듀레이션은 2.8보다 (길어진다 / 짧아진다).

31 만기수익률이 10%에서 8%로 하락하였다. 이 때 '잔존기간 3년, 표면이율 8%, 맥컬레이 듀레이션이 2.78인 연단위후급 이표채'의 채권가격은 (   )한다.

32 만기수익률이 10%에서 12%로 상승하였다. 이 때 '잔존기간 3년, 표면이율 8%, 수정듀레이션이 2.6인 연단위후급 이표채'의 채권가격은 (   )한다.

정답
22 8.88% ▶ $\frac{800}{9,000} \times 100 = 8.88\%$, 경상수익률은 연단위 수익률이므로 연이자지급액을 기준으로 계산한다.

23 × ▶ 채권가격이 상승하면 경상수익률은 하락한다(경상수익률 = $\frac{연이자금액}{채권가격}$).

24 작다 ▶ 말킬의 4정리에 해당한다.
25 작아진다
26 낮을수록 / 길수록 / 낮을수록 ▶ 채권가격의 변동성(듀레이션)↑ = ∫ (표면이율↓, 잔존만기↑, 만기수익률↓)
27 채권가격의 변동성, 투자원금의 가중평균상환기간
28 4% - 10년
29 ○
30 길어진다 ▶ 듀레이션은 투자원금의 가중평균상환기간인데, 표면금리가 낮아지면 그만큼 상환기간이 길어지므로 듀레이션이 길어진다.
31 5.05% 상승 ▶ 채권가격변동률 = $(-) \times \frac{2.78}{(1+0.1)} \times -2\% = 5.05\%$(이때 2.78은 맥컬레이듀레이션, $\frac{2.78}{(1+0.1)}$은 수정듀레이션 또는 힉스듀레이션이라 한다).
32 5.2% 하락 ▶ 채권가격변동률 = $(-) \times 2.6 \times 2\% = -5.2\%$

33 ☐○☐× 만기수익률이 1% 하락할 때, 수정듀레이션이 2.8인 채권의 실제 가격움직임은 정확히 2.8% 상승한다.

34 맥컬레이 듀레이션이 2.86이다. 만기수익률이 5%에서 4%로 하락할 경우 힉스듀레이션으로 측정한 채권가격의 변동률은 (　　　)이며, 그리고 이 경우 힉스듀레이션으로 측정한 채권가격의 변동폭은 실제 채권가격의 변동폭을 (　　　)하게 된다.

35 채권포트폴리오의 시장가치가 100억 원이고 듀레이션은 2.8이다. 듀레이션이 10인 채권선물(액면 1억 원)로 헤지하고자 한다면 매도해야 할 선물계약수는 (　　　)이다.

36 ☐○☐× 채권의 볼록성은 듀레이션이 증가함에 따라 가속도로 증가한다.

37 국채수익률이 4%, 회사채수익률이 7%이면 신용스프레드는 (　　　)이다. 그리고 신용스프레드는 경기상황에 따라 변동하는데 (경기호황 / 경기불황) 국면에서 확대된다.

38 채권수익률의 (위험구조 / 기간구조)를 채권수익률곡선(Yield Curve)이라 한다.

39 갑작스런 통화긴축이 발생해서 일시적으로 채권시장이 위축될 경우 나타날 수 있는 채권수익률곡선의 형태는 (　　　)이다.

40 장기채를 보유한 동안 물가가 상승하여 만기상환금의 실질구매력이 하락하는 위험을 (　　　)이라 하며, 이는 (체계적위험 / 비체계적위험)에 속한다.

41 채권투자자가 발행자로부터 채권에 명시되어 있는 원금 또는 이자의 전부 또는 일부를 받지 못하는 위험을 (　　　)이라 한다.

정답　33　× ▶ 실제채권가격은 2.8%보다 더 많이 상승한다. 그리고 듀레이션측정치는 채권가격 상승 시 실제채권을 과소평가, 반대는 과대평가한다.
　　　34　+2.72%, 과소평가 ▶ 힉스듀레이션은 실제가격 대비 '수익률 하락 → 채권가격 상승 시 → 과소평가'이며, '수익률 상승 → 채권가격 하락 시 → 과대평가'이다(한권으로 끝내기 2권, p289 그림참조).
　　　35　28계약 ▶ $h = \dfrac{\text{현물금액} \times \text{현물듀레이션}}{\text{선물금액} \times \text{선물듀레이션}} = \dfrac{100억 \times 2.8}{1억 \times 10} = 28$계약(즉, 28계약을 매도하면 된다)
　　　36　○ ▶ 실제 채권가격은 곡선이므로 볼록성의 성격을 지닌다(듀레이션은 채권가격의 1차 미분치로 직선에 해당함).
　　　37　3% / 경기불황
　　　38　기간구조
　　　39　낙타형(Humped)
　　　40　구매력위험 / 체계적위험 ▶ 구매력위험을 인플레이션위험이라고도 한다.
　　　41　신용위험(credit) ▶ 채무불이행위험(default risk)이라고도 한다.

투자자산운용사

42 수익률곡선이 우상향한다고 가정하고 수익률이 큰 순서대로 나열하면 '(   ), (   ), (   )'이다.

43 유동성프리미엄이 전혀 반영되지 않는 이론은 (   )이며, 수익률곡선의 우상향을 가장 잘 설명하는 것은 (   )이며, 낙타형 수익률곡선도 설명할 수 있는 것은 (   )이다.

44 '모든 투자자는 위험중립형이다 / 단기채권과 장기채권은 완전 대체관계에 있다 / 미래이자율을 정확하게 예상할 수 있다'는 가정 하에서 성립하는 이론은 (   )이다.

45 장기채권수익률이 현물수익률과 내재선도수익률의 기하평균으로 나타나는 것은 (   )이다.

46 미래 이자율이 일정한 것으로 예상된다고 하더라도 수익률곡선은 유동성 프리미엄의 영향으로 우상향하는 형태를 가지게 된다는 이론은 (   )이다.

47 장기채권수익률의 하락예상분이 유동성프리미엄의 상승분보다 클 경우는 수익률곡선이 우하향하는데, 이렇게 설명하는 이론은 (유동성프리미엄이론 / 편중기대이론)이다.

48 불편기대이론과 극단적인 대조를 보이는 (   )은 법적, 제도적 요인, 금융기관의 헷징형태 등에 의한 구조적 경직성이 존재함에 따라 채권시장이 몇 개의 하위시장으로 분할되어 있다는 이론이다.

49 '수익률곡선타기전략, 수익률곡선전략, 사다리형만기전략, 현금흐름일치전략' 중에서 소극적인 채권운용전략에 해당되는 것은 (   ), (   )이다.

50 수익률곡선타기전략은 장기채매매에서는 (   ), 중·단기채매매에서는 (   )를 얻고자 하는 것이다.

51 우상향하는 수익률곡선에서 금리수준이 일정하더라도 잔존기간이 짧아지면 그만큼 수익률이 하락하여 채권가격이 상승하게 되는데, 이러한 관계를 이용하는 투자전략을 (   )라고 한다.

정답
42 선도수익률, 현물수익률, 만기수익률 ▸ 수익률이 우하향할 경우에는 반대이다.
43 불편기대이론 / 유동성선호이론 / 편중기대이론
44 불편기대이론
45 불편기대이론 ▸ 불편기대이론에서는 유동성프리미엄이 존재하지 않으므로 장단기채권은 완전대체관계이다.
46 유동성선호이론 ▸ 유동성선호이론 = 불편기대이론 + 유동성 프리미엄
47 편중기대이론 ▸ 편중기대이론 = 불편기대이론 + 유동성선호이론
48 시장분할이론
49 사다리형만기전략, 현금흐름일치전략
50 롤링효과 / 숄더효과
51 롤링효과(Rolling Effect) ▸ '수익률에 일정한 구간(소폭 하락하는 구간)' → 롤링효과, '수익률 하락이 급격한 구간' → 숄더효과

52 ☐O ☐× 불편기대이론상의 수평형이나 우하향 수익률곡선의 경우 수익률곡선타기전략은 전혀 소용이 없다.

53 국채와 회사채의 스왑거래에서, 스프레드가 축소될 것으로 예상되는 경우는 회사채를 매수하면 되는데 이를 (Yield Give Up / Yield Pick Up) SWAP이라 한다.

54 (   )은 서로 다른 두 종목 간의 수익률격차가 일시적으로 확대 또는 축소되었다가 다시 정상적인 수준으로 되돌아오는 특성을 활용하여 교체매매를 하고, 이를 통해 수익률을 제고하는 전략이다.

55 단기채와 장기채의 가격은 하락할 것으로, 중기채의 가격은 상승할 것으로 전망될 경우 (Barbell형 / Bullet형) 포트폴리오를 구축하는 것이 적합하다.

56 채권의 잔존만기와 듀레이션을 일치시키는 전략을 (   )이라 하며, 이는 채권운용전략 중 (Active / Passive) 전략으로 분류된다.

57 ☐O ☐× 사다리형 만기전략은 중기채를 매입하지 않고 단기채와 장기채를 편입하여 시세변동위험을 평준화시키고 수익성도 적정수준으로 확보하려는 전략이다.

58 ☐O ☐× 전통적인 면역전략은 채권수익률 하락 시 채권가격 상승과 이자수익 증가를 동시에 추구하는 전략이다.

59 총자산 100조, 부채 50조, 자기자본이 50조인 은행부채의 듀레이션은 6년이다. 이 경우 자산의 듀레이션이 (   )일 경우 순자산은 면역상태가 된다.

정답
52 O ▶ 수익률곡선타기전략은 우상향의 수익률곡선을 전제로 한다.
53 Yield Pick Up ▶ 회사채를 매수하면 Pick-Up, 회사채를 매도하면 Give-Up이다.
54 스프레드 운용전략
55 Bullet형
56 전통적 면역전략 / Passive
57 × ▶ 사다리형 만기전략은 채권별 보유량을 각 잔존기간마다 동일하게 유지한다.
58 × ▶ 채권가격의 상승분과 이자수익의 감소분이 상쇄됨으로써, 채권수익률 변동과 관계없이 투자시점에서 목표한 일정한 현금흐름을 유지할 수 있는 전략을 말한다.
59 3년 ▶ 듀레이션갭(DGAP) = $A \cdot DA - L \cdot DL$ = 100 · DA - 50 · 6 = 0 ∴ DA = 3.00이다.

제6장 파생상품투자운용/투자전략(6문항)

01 파생상품은 거래대상에 따라 (　　), (　　), (　　)으로 분류하며, 거래장소에 따라 (　　), (　　)으로 분류한다.

02 ○× 스왑은 장외파생상품으로만 존재한다.

03 ○× 장외파생상품은 시장조성자(Market Maker 또는 Warehouse)와 고객 간의 일대일 계약의 형태로 일어나는 것이 대부분이다.

04 (　　)은 맞춤형 거래가 가능하다는 장점이 있지만 반면 유동성이 부족하다는 단점이 있다.

05 (　　)은 유동성이 풍부하다는 장점이 있지만 맞춤형 거래를 할 수 없다는 단점이 있다.

06 ○× 장외파생상품은 경쟁매매방식으로 거래된다.

07 ○× 선물거래와 선도거래 모두 매매 시 증거금을 납부해야 한다.

08 개시증거금(15%)은 1,500만 원, 유지증거금(10%)은 1,000만 원으로 가정한다. 현재 증거금이 800만 원이라면 추가증거금 납부액은 (200만 원 / 700만 원)이다.

09 달러원 현물환율은 1$ = 1,300₩, 달러이자율은 2%(연율), 원화이자율은 4%(연율)이다. 이 경우 이자율등가식(IRP) 조건에 따르는 1년 만기 선물환율의 균형가격은 1$ = (　　)이다.

10 '현물환율 1$ = 1,200₩, 원화이자율(r_d) = 연 4%, 달러이자율(r_f) = 연 2%, 1년 만기 선물환가격 1$ = 1,230₩'의 경우, 적합한 차익거래포지션은 (　　)과 동시에 (　　)을 하는 것이다.

정답
01 선도·선물, 옵션, 스왑 / 장내파생상품, 장외파생상품
02 ○ ▶옵션은 장내옵션, 장외옵션이 모두 있지만 스왑은 장외상품만 있다.
03 ○ ▶대부분 '고객 ↔ 웨어하우스(시장조성자)' 간의 거래로 이루어진다('고객 간'이 아님).
04 장외파생상품
05 장내파생상품
06 × ▶장내거래는 경쟁매매, 장외거래는 상대매매 방식이다.
07 × ▶증거금납부, 일일정산은 장내거래로서 신용위험을 방지하기 위한 제도이다. 즉, 장내가 아닌 장외거래(선도거래)는 증거금제도가 적용되지 않는다.
08 700만 원 ▶마진콜이 발생하면 개시증거금 수준까지 추가증거금을 납부해야 한다.
09 1,326₩ ▶ $F^* = S_t \left\{ 1 + (r_d - r_f) \times \dfrac{T-t}{365} \right\} \to F^* = 1,300\{1 + (0.04 - 0.02)\} = 1,326₩$
10 원화차입 / 달러운용 ▶선물이론가격은 1,224원인데 시장가격이 1,230원이므로 '선물환 고평가, 현물환 저평가'이다. 즉 현물환매수이므로 달러매수(원화차입으로 달러운용)를 의미한다.

부록 투자자산운용사

11 (　　　　)는 임의의 거래일에 있어서 현물가격과 선물가격의 차이를 말한다.

12 선물헤지 포지션을 만기 시점에서 청산함으로써 베이시스 위험에 노출되지 않는 것은 (랜덤 베이시스 헤지 / 제로 베이시스 헤지)이다.

13 시가 100억 원의 현물포트폴리오에 대해서 주가지수선물로 헤지하고자 한다. 주가지수선물가격이 200point(승수는 50만 원)일 때 단순헤지를 한다면 (　　)을 매도하면 된다.

14 선물의 시장가격이 현물의 시장가격보다 높은 상태를 (Contango / Backwardation) 또는 (정상시장 / 역조시장)이라 한다.

15 (Contango / Backwardation) 시장에서는 매수차익거래가 가능하다.

16 코스피200지수선물 3월물이 250포인트, 6월물이 255포인트이다. 향후 두 월물 간의 스프레드가 확대될 것으로 예상될 경우 적합한 포지션은 '(　　　) & (　　　)'이다.

17 코스피200지수선물 3월물이 250포인트, 6월물이 260포인트이다. 향후 두 월물 간의 스프레드가 축소될 것으로 예상될 경우 적합한 포지션은 '(　　　) & (　　　)'이다.

18 옵션의 기본포지션 4개 중에서, 시장이 지속적으로 상승할 경우 (　　　)는 수익가능성이 무한대이며, (　　　)는 손실 가능성이 무한대가 된다.

19 옵션의 기본포지션 4개 중에서, 시장이 지속적으로 하락할 경우 가장 큰 이익을 얻는 포지션은 (　　　)이며, 가장 큰 손실을 보는 포지션은 (　　　)이다.

20 기초자산가격(S)이 100이고 행사가격(X)이 80이라면 콜옵션의 내재가치는 (　　　)이고, 풋옵션의 내재가치는 (　　　)이다.

정답

11 베이시스(Basis) ▸ '선물시장가격-현물시장가격($b_t = F_t - S_t$)'은 시장베이시스, '선물이론가격-현물시장가격($b_t^* = F_t^* - S_t$)'은 이론베이시스이다.

12 제로 베이시스 헤지(zero basis hedge) ▸ 랜덤 베이시스 헤지는 임의의 시점에서 청산하기 때문에 베이시스 위험에 노출된다.

13 100계약 ▸ $h = \dfrac{100억\ 원}{200 \times 50만\ 원} = 100(계약)$, 베타헤지의 경우 포트폴리오의 베타가 1.5라면 150계약을 매도하면 된다.

14 Contango, 정상시장 ▸ 반대의 경우 'Backwardation, 역조시장'이다.

15 Contango ▸ $F_t > S_t$(콘탱고) → 선물고평가 / 현물저평가 → 선물매도 / 현물매수 → 매수차익거래

16 6월물 매수, 3월물 매도 ▸ 스프레드 확대 예상 → 비싼 월물(6월물)을 매수 & 싼 월물(3월물)을 매도

17 3월물 매수, 6월물 매도 ▸ 스프레드 축소 예상 → 싼 월물(3월물)을 매수 & 비싼 월물(6월물)을 매도

18 콜옵션 매수, 콜옵션 매도

19 풋옵션 매수, 풋옵션 매도

20 20 / 0 ▸ 콜옵션의 내재가치 = Max(0, S - X), 풋옵션의 내재가치 = Max(0, X - S)

투자자산운용사

21 기초자산가격(S)이 150이고, 행사가격이 120인 콜옵션의 프리미엄이 36이라면, 시간가치는 (   )이다.

22 옵션의 Moneyness에서 내재가치가 양(+)인 상태를 (OTM / ATM / ITM)이라 한다.

23 행사가격이 낮은 콜옵션을 매수하고 행사가격이 높은 콜옵션을 매도하면 (   ) 포지션이 된다(매수 : 매도 = 1 : 1).

24 행사가격이 낮은 풋옵션을 매수하고 행사가격이 높은 풋옵션을 매도하면 (   ) 포지션이 된다.

25 예를 들어, '근월물 매수 + 원월물 매도'는 (수평스프레드 / 수직스프레드)이며, 'C(80) 매수 + C(90) 매도'는 (수평스프레드 / 수직스프레드)이다.

26 '콜매도, 풋매수, 풋불스프레드, 콜베어스프레드' 중에서 주가상승 시의 전략에 적합한 것은 (   )이다.

27 변동성매수전략에는 (   ), (   )가 있다.

28 'C(80) 1개 매수 & P(80) 1개 매수'는 (   ), 'C(85) 1개 매수 & P(75) 1개 매수'는 (   ) 포지션이다.

29 ○X 스트랭글 매수포지션 구축 시 지불하는 비용은 스트래들 매수포지션 구축 시 지불하는 비용보다 크다.

30 ○X 행사가격이 80인 콜옵션(프리미엄 3)과 풋옵션(프리미엄 2)을 동시에 매도하였을 경우, 동 포지션의 손익구조상 수익이 발생하는 구간은 '75 < 기초자산가격 < 85'이다.

31 $c + \dfrac{X}{(1+r)^{T-t}} = p + S_t$는 (   )를 말한다.

32 풋콜패리티를 이용해서 풋옵션가격을 구하는 공식은 (   )이다.

정답
- **21** 6 ▸ 옵션의 프리미엄(36) = 내재가치(30) + 시간가치(6)
- **22** ITM(내가격)
- **23** 강세 콜 스프레드 ▸ 예 'C(80)매수 + C(100)매도'는 강세 콜 스프레드이다. 비싼 옵션을 매수하고 싼 옵션을 매도하였으므로 스프레드 확대전략이며, 지수 상승 시 수익이 발생하므로 강세 스프레드이고, 콜옵션으로 구성되었으므로 종합하여 '강세 콜 스프레드'이다.
- **24** 강세 풋 스프레드 ▸ 강세 콜 스프레드에서 '콜과 풋'을 바꾸면 '강세 풋 스프레드'
- **25** 수평스프레드 / 수직스프레드 ▸ 참고로 '근월물 C(80) 매수 + 원월물 C(90) 매도'는 대각스프레드의 예가 된다.
- **26** 풋불스프레드(강세 풋 스프레드) ▸ 참고로 콜불스프레드에서 콜을 풋으로 바꾸면 풋불스프레드가 된다.
- **27** 스트래들매수, 스트랭글매수 ▸ 변동성매도전략은 '스트래들매도 / 스트랭글매도'이다.
- **28** 스트래들매수, 스트랭글매수 ▸ 스트랭글매수는 행사가격이 높은 콜옵션과 낮은 풋옵션을 동시에 매수한다.
- **29** X ▸ 스트랭글 매수는 외가격 옵션을 매수함으로써 등가격을 매수하는 스트래들 매수에 비해서 포지션비용이 적게 들어간다.
- **30** O ▸ 상승BEP는 '80 + 5 = 85', 하락BEP는 '80 - 5 = 75', 따라서 수익구간은 '75~85'이다.
- **31** 풋콜패리티
- **32** $c + \dfrac{X}{(1+r)^{T-t}} - S_t$ ▸ 풋콜패리티 항등식에서 p를 중심으로 정리하면 된다.

33 '$c + \dfrac{X}{(1+r)^{T-t}} > p + S_t$'의 경우 (컨버전 / 리버설)의 차익거래가 성립한다.

34 풋콜패리티의 동등성에 의하면 채권매수는 '(　　　) + (　　　) + (　　　)'과 같다.

35 풋콜패리티의 항등식에서 '$c + \dfrac{X}{(1+r)^{T-t}} > p + S_t$'의 좌변은 포트폴리오보험전략 중에서 (　　　), 우변은 (　　　)에 해당된다.

36 ☐O ☐X 보호적 풋(Protective Put)은 주식을 매도함과 동시에 풋옵션을 매수하는 전략이다.

37 주식과 채권의 비중을 조절하면서 상승가능성과 하락방어의 두 가지 목표를 동시에 달성하고자 하는 전략은, 포트폴리오보험전략 중 (　　　)에 해당된다.

38 현재 주가가 100이고 1기 후 주가가 120 또는 80이 되는 이항모형(무위험이자율은 2%로 가정)에서 위험중립적 확률은 (　　　)이며, 행사가격이 100인 콜옵션의 가격은 약 (　　　)이다.

39 블랙숄즈모형 '$C_t = S_t N(d_{1,t}) - B_t N(d_{2,t})$'에서 $N(d_{1,t})$은 (　　　)을, $N(d_{2,t})$는 (　　　)을 의미한다.

40 블랙숄즈모형에 따르면, 콜옵션의 델타가 +0.6이라면 풋옵션의 델타는 (　　　)이다.

41 변동성이 내가격에서 등가격, 외가격으로 갈수록 커지는 것을 (변동성 스마일 / 변동성 스머크)라고 하며, 이는 1987년 블랙먼데이 이후의 현상이다.

정답
33 컨버전 ▶ 주식매수 + 풋옵션 매수 + 콜옵션 매도 + 채권 발행
34 콜매도, 풋매수, 주식매수
35 이자추출전략(채권 매수 + 콜옵션 매수) / 보호적 풋전략(현물 매수 + 풋옵션 매수)
36 × ▶ 보호적 풋 = 주식매수 + 풋옵션 매수
37 동적자산배분(옵션복제전략) ▶ 주식투자운용에서 학습한 'OBPI 또는 CPPI'가 해당된다.
38 55%, 10.78 ▶ $100 = \dfrac{120p + 80(1-p)}{1+0.02} \to 102 = 40p + 80 \to p = 0.55$, 따라서 위험중립확률(p)은 55%이다.
그리고 $c = \dfrac{20p + 0(1-p)}{1+0.02} \to c = \dfrac{20p}{1+0.02} = \dfrac{20 \times 0.55}{1+0.02} = 10.78$(근사치)
39 콜옵션의 델타값, 콜옵션의 내가격확률
40 -0.4 ▶ 예 콜옵션의 델타가 +0.7이라면 풋옵션의 델타는 -0.3이다.
41 변동성 스머크

42 옵션민감도 지표 중에서,
① (　　　　)는 기초자산이 변화할 때 옵션가격이 얼마나 변화하는가를 말하며,
② (　　　　)는 기초자산이 변화할 때 델타가 얼마나 변화하는가를 말하며,
③ (　　　　)는 시간의 경과에 따라 옵션가격이 얼마나 변화하는가를 말하며,
④ (　　　　)는 변동성계수의 변화에 따라 옵션가격이 얼마나 변화하는가를 말하며,
⑤ (　　　　)는 금리의 변화에 따라 옵션가격이 얼마나 변화하는가를 말하는 지표이다.

43 기초자산가격이 100에서 110으로 상승할 때, 옵션가격은 5에서 6으로 상승하였다. 이 경우 콜옵션의 델타는 (　　　)이다.

44 ○× 콜옵션의 델타값은 0에서 +1사이에 존재하고 풋옵션의 델타값은 -1에서 0사이에 존재한다.

45 콜옵션의 델타는 ATM에서 (　　　)이며, ITM이 강화될수록 (　　　)에 가까워지며, OTM이 강화될수록 (　　　)에 가까워진다.

46 옵션민감도 지표 중에서 기초자산에 대한 옵션가격의 2차 미분치에 해당하는 것은 (　　　)이다.

47 감마는 (OTM / ATM / ITM)에서 가장 크다.

48 옵션의 시간가치 감소현상(Time Decayed)과 관련된 민감도지표는 (　　　)이다.

49 옵션의 민감도 부호에서, 콜옵션 매수의 쎄타는 (　　　)이나, 콜옵션 매도의 쎄타는 (　　　)이다.

50 옵션매수포지션의 민감도부호가 콜옵션과 풋옵션에 관계없이 항상 양(+)으로 나타나는 것은 (　　　), (　　　)이다.

51 ○× 감마와 쎄타의 민감도 부호는 반대이지만 그 절대치는 정(+)의 관계를 가진다.

52 ○× 숏스트래들의 포지션 쎄타값은 양수이다.

정답
42 델타, 감마, 쎄타, 베가, 로우
43 0.1 ▶ 콜옵션의 델타 = $\frac{\Delta C}{\Delta S} = \frac{1 point}{10 point} = 0.1$
44 ○
45 0.5 / 1 / 0
46 감마 ▶ 1차 미분치는 델타, 2차 미분치는 감마이다.
47 ATM ▶ 감마는 곡률(곡선의 구부러진 정도)을 말하는데 ATM에서 가장 크다.
48 쎄타 ▶ 'Time Decayed현상'으로부터 자유로운 매매전략은 스프레드전략이다.
49 - / + ▶ 예 콜옵션 매수의 감마는 (+)이나 콜옵션 매도의 감마는 (-)이다.
50 베가, 감마 ▶ 그리고 옵션매도의 민감도부호는 옵션매수의 반대가 된다.
51 ○ ▶ 블랙숄즈모형의 2차 편미분방정식에 의해 '감마값 + 쎄타값 = 일정숫자'의 관계에 있으므로, 감마와 쎄타는 부호는 반대지만 그 절대치는 변동 시 정(+)의 관계를 보인다.
52 ○ ▶ 스트래들매도(short straddle)의 포지션 민감도는 '델타 = 0, 감마 < 0, 베가 < 0, 쎄타 > 0'이다.

제7장 투자운용결과분석(4문항)

01 ○× 성과평가의 주목적은 일정 기간 얻어진 성과가 운(Luck)에 의한 것인지, 프로세스에 의한 것인지를 판명하는 것이다.

02 1단계 펀드회계처리에서는 (공정가치 / 장부가)로 평가하고, (발생주의 / 현금주의)회계를 적용하며, (체결기준 / 결제기준)으로 회계처리한다.

03 ○× 손익에 영향을 끼치는 거래가 발생하면 현금의 수입이나 지출과 관계없이 그 발생시점에서 손익을 인식한다.

04 ○× 거래의 체결이 확인되면, 실제로 현금흐름에 따른 결제가 일어나지 않았다 하더라도(예 미수증권, 미지급금) 회계상에 반영한다.

05 ○× 펀드회계처리에서, 신뢰할 만한 시가가 없는 경우에는 운용사 자체적으로 평가한 공정가액을 사용할 수 있다.

06 펀드의 수익률계산은 (금액가중수익률 / 시간가중수익률)을 사용하는 것을 원칙으로 한다.

07 최초 및 최종의 자산규모, 자금의 유출입시기에 영향을 받는 수익률은 (금액가중 / 시간가중)수익률이다.

08 투자자가 실제로 획득한 수익을 투자기간을 고려하여 측정하는데 유용한 것은 (금액가중 / 시간가중)수익률이다.

09 펀드의 입출금을 반영하지 않고 펀드매니저만의 성과를 측정할 수 있도록 기하수익률을 사용하여 수익률을 계산하는 것은 (   )이다.

10 내부수익률법(IRR)과 계산방식이 동일한 것은 (금액가중수익률 / 시간가중수익률)이다.

11 ○× 3개월 수익률이 4%라면 연환산수익률은 16%인데, GIPS는 1년 미만 단위의 수익률을 연환산수익률로 표기하지 말 것을 권고하고 있다.

정답
01 ○
02 공정가치 - 발생주의 - 체결기준
03 ○ ▶ '발생주의 기준'을 말한다.
04 ○ ▶ '체결일 기준'을 말한다.
05 × ▶ 집합투자재산평가위원회가 충실의무에 입각하여 평가한 공정가액을 사용한다.
06 시간가중수익률
07 금액가중
08 금액가중
09 시간가중수익률
10 금액가중수익률
11 ○

12 대표계정의 오류나 생존계정의 오류를 제거하기 위해 (단일펀드수익률 / 운용사의 동류펀드수익률)을 사용한다.

13 ○× 통합계정수익률은 통합계정에 속한 펀드들을 대상으로 세부 기간별 순자산가중 수익률을 계산한 후, 세부기간별 수익률을 기하적으로 연결하는 방식인 시간가중수익률로 계산하여 산출한다.

14 표준편차는 (절대적 / 상대적), (전체위험 / 하락위험)의 위험지표이다.

15 절대적 위험지표 중에서, 표준편차는 전체위험을 표시하는 위험지표이고 VaR이나 하락편차 및 반편차는 하락하는 위험만을 표시하는 (   ) 지표이다.

16 상대적 위험지표에는 (   ), (   ), (   ), (   ) 등이 있다.

17 포지션의 베타 '-2.0, 0, +0.5, +1.0' 중에서, 시장수익률이 상승할 경우 포지션의 수익률이 가장 낮아지는 포지션의 베타는 (   )이다.

18 포지션의 베타 '-2.0, -0.5, +0.5, +1.0' 중에서, 시장수익률이 하락할 경우 포지션의 수익률이 가장 높아지는 포지션의 베타는 (   )이다.

19 수익률의 안정성을 중시할 때는 (   ), 목표수익률을 추구하는 전략을 사용할 경우에는 (   ), 기준지표가 미리 정해진 경우는 (   )를 사용한다.

20 기준지표(벤치마크)는 (   )으로 정해져야 하며, (   )으로는 평가의 잣대가 된다.

21 ○× 샤프비율을 연율화할 때, 연간수익률은 '월간수익률 × 12'로 계산하지만 연간표준편차는 '월간표준편차 × $\sqrt{12}$'로 계산한다.

22 (   )는 수익률 분포의 '기울어진 정도'를 나타내며, (   )는 수익률 분포에서 '가운데 봉우리 부분이 얼마나 뾰족한가'를 측정하는 지표이다.

정답　**12** 운용사의 동류펀드수익률 ▶ 통합계정수익률이라고도 한다.
　　　　13 ○ ▶ 자산가중을 하지 않을 경우 수익률의 왜곡이 생길 수 있다.
　　　　14 절대적 – 전체위험
　　　　15 하락위험
　　　　16 베타, 상대VaR, 잔차위험, 공분산
　　　　17 -2.0 ▶ 예를 들어 시장수익률이 +10%일 때 베타에 따른 포지션수익률은 '-20%, 0, +5%, +10%'이다.
　　　　18 -2.0 ▶ 예를 들어 시장수익률이 -10%일 때 베타에 따른 포지션수익률은 '+20%, +5%, -5%, -10%'이다.
　　　　19 전체위험지표 / 하락위험지표 / 상대적 위험지표 ▶ 각각 표준편차, VaR, 베타가 대표적이다.
　　　　20 사전적, 사후적
　　　　21 ○
　　　　22 왜도(skewness), 첨도(kurtosis) ▶ 정규분포는 '왜도 = 0, 첨도 = 3'의 분포이다.

부록 　　　　　　　　　　　투자자산운용사

23 벤치마크의 속성(바람직한 특성)에서,
① (　　　　)은 '기준지표를 구성하는 종목명과 비중이 정확하게 표시되어야 하며, 원칙이 있고 객관적인 방법으로 구성되어야 함'을 말한다.
② (　　　　)은 '실행 가능한 투자대안이어야 하며, 적극적인 운용을 하지 않는 경우에 기준지표의 구성종목에 투자하여 보유할 수 있어야 함'을 말한다.
③ (　　　　)은 '일반에게 공개된 정보로부터 계산할 수 있어야 하며, 원하는 기간마다 기준 지표 자체의 수익률을 계산할 수 있어야 함'을 말한다.
④ (　　　　)은 '기준지표가 매니저의 운용스타일이나 성향에 적합하여야 함'을 말한다.
⑤ (　　　　)은 '펀드매니저가 현재 벤치마크를 구성하는 종목에 대한 투자지식(긍정적, 부정적, 중립적)을 가져야 함 즉 해당종목에 대한 상태를 판단할 수 있어야 함'을 말한다.
⑥ (　　　　)은 '벤치마크는 평가기간이 시작되기 전에 미리 정해져야 함'을 말한다.

24 정상포트폴리오는 벤치마크의 속성 중 투자가능성에 부합하는 대신, (　　　)과 측정가능성이 미흡해진다.

25 유동주식을 반영한 유동시가총액방식으로 산출하는 지수에는 (　　　), (　　　)가 있다.

26 포트폴리오의 수익률이 14%, 시장수익률 6%(벤치마크수익률과 동일 가정), 무위험수익률이 2%, 표준편차가 10%, 베타가 2.0, 잔차위험 8%일 경우,
① 샤프비율은 (　　　)이며,
② 트레이너비율은 (　　　)이며,
③ 젠센의 알파는 (　　　)이며,
④ 정보비율은 (　　　)이다.

27 '샤프비율, 트레이너비율, 젠센의 알파, 정보비율' 중 SML에 기반하는 지표는 (　　　), (　　　)이다.

28 '샤프비율, 트레이너비율, 젠센의 알파, 정보비율' 중 비체계적 위험도 반영하는 지표는 (　　　), (　　　)이다.

29 샤프비율이나 트레이너비율은 정규분포를 가정하고 있는 바, 정규분포의 속성을 갖추기 위해서는 (　　　) 이상의 월간 수익률로 측정하는 것이 바람직하다.

정답
23 ① 명확성, ② 투자가능성, ③ 측정가능성, ④ 적합성, ⑤ 투자의견의 반영, ⑥ 사전적 결정
24 명확성
25 KOSPI200지수, MSCI지수 ▶ 이와 달리 KOSPI 등 대부분 국가의 지수는 시가총액식이다.
26 ① 1.2, ② 6.0, ③ 4%, ④ 1.0
▶ 샤프비율은 '$\frac{14-2}{10} = 1.2$', 트레이너비율은 '$\frac{14-2}{2.0} = 6.0$', 젠센의 알파는 '$\alpha = (14\% - 2\%) - 2.0(6\% - 2\%) = 12\% - 8\% = 4\%$', 정보비율은 '$\frac{14-6}{8} = 1.0$'이다.
27 트레이너비율, 젠센의 알파 ▶ SML에 기반한다는 것은 위험지표로서 베타를 사용한다는 의미이다(CML기반은 표준편차를 말함).
28 샤프비율, 정보비율 ▶ 샤프의 표준편차에는 비체계적 위험도 포함되어 있으며, 정보비율의 분모는 비체계적 위험을 말한다.
29 3년

30 ⟨O/X⟩ 잘 분산된 포트폴리오의 경우 샤프지수와 트레이너지수는 평가결과가 유사하고, 잘 분산되지 않는 포트폴리오에 투자하는 경우 트레이너지수가 더 높게 나타난다.

31 투자포트폴리오의 성과는 마켓타이밍능력(시장예측능력)과 증권선택능력으로 구분할 수 있는데 젠센의 알파는 (   )만을 평가할 수 있다.

32 샤프비율이나 트레이너비율의 분자로 사용되는 초과수익률은 무위험대비 초과수익률이지만, 정보비율의 분자에 사용되는 초과수익률은 (   ) 대비 초과수익률을 의미한다.

33 정보비율은 기준지표가 미리 정해진 경우에는 (   )로 계산하고, 사전에 정한 기준지표가 없는 경우에는 (   )로 계산한다.

34 '최소수용가능수익률(MAR)을 초과하는 수익률(분자)'을 '하락위험(분모)'으로 나눈 비율로, '수익률 대 나쁜 변동성'의 비율로 이해할 수 있는 것은 (   )이다.

35 소티노비율은 (정규분포 / 비정규분포)에서 유용하게 사용된다.

36 '포트폴리오수익률(P) = 시장수익률(M) + 스타일효과(S) + 종목선정효과(A)'라고 할 때,
① ⟨O/X⟩ 액티브운용을 하는 펀드의 기준지표(B)가 시장인덱스(M)와 같다면 'S = 0'이며, 이는 해당 액티브펀드가 스타일 투자를 하고 있지 않음을 의미한다.
② ⟨O/X⟩ 인덱스펀드는 M에 투자하는 펀드이므로 'P = M', 즉 'S = 0, A = 0'가 된다.

37 마켓타이밍 능력의 존재 여부를 알 수 있는 모형 중에서 옵션모형을 사용하는 것은 (   )이다.

38 해당 펀드의 주식비중이 95%이고 동류펀드의 주식비중평균이 80%라면 해당 펀드는 주식시장에 대한 낙관적 전망을 가지고 있음을 알 수 있다. 이러한 분석을 (   )이라 하며, (정량평가 / 정성평가)에 해당된다.

39 (   )은 성과에 가장 큰 영향을 주는 변수를 골라내어 이를 기준으로 펀드를 분류하는 기법이라 할 수 있다.

정답 30 O
31 증권선택능력
32 벤치마크
33 $\dfrac{R_P - R_B}{sd(R_P - R_B)}$ / $\dfrac{\alpha_P}{sd(\epsilon_P)}$
34 소티노비율
35 비정규분포 ▶ 정규분포에서는 샤프와 트레이너비율을 가장 많이 사용한다.
36 ① O, ② O
37 헨릭슨-머튼 모형 ▶ 트레이너-마주이모형은 2차 함수관계를 사용한다.
38 포트폴리오 특성분석, 정성평가
39 스타일분석

부록 투자자산운용사

40 ○× 명시적으로 스타일을 표방하고 있는 대형주펀드나 가치주펀드의 평가는 종합주가지수(KOSPI)와 같은 시장지수가 아니라, 대형주지수나 가치주지수 등 스타일지수를 통해 평가해야 한다.

41 스타일 분석에 있어서, 포트폴리오 내의 종목구성을 파악하지 않고 스타일 구성을 추정할 수 있는 분석기법은 (수익률에 기초한 스타일 분석기법 / 포트폴리오에 기초한 스타일 분석기법)이다.

42 ○× GIPS 회계처리규칙상, 모든 수익률은 발생한 실제 매매비용을 공제해야 하며 추정된 매매비용은 공제하지 않는다.

43 ○× GIPS 회계처리규칙상, 재량권이 없는 포트폴리오는 통합계정(컴포지트)에 포함시키지 않아야 하며 보수를 지급하지 않더라도 재량권이 있는 포트폴리오라면 적절한 공시와 함께 통합계정에 포함시켜야 한다.

44 ○× GIPS 회계처리규칙상, 회사는 모의실험된 성과 또는 모형 포트폴리오의 성과를 실제 성과에 연결시키지 말아야 한다.

45 ○× GIPS기준으로 성과보고 및 공시를 할 때, 수익자의 정보까지 공시해야 한다.

정답
- 40 ○
- 41 수익률에 기초한 스타일 분석기법 ▶ 샤프의 스타일 분석이라고도 한다.
- 42 ○
- 43 ○
- 44 ○
- 45 × ▶ 무한책임을 지는 경우가 아니면 투자정보는 공개하지 않는 것이 원칙이다.

제8장 거시경제(4문항)

01 IS-LM모형은 재화시장의 균형을 이루는 (　　)과 화폐시장의 균형을 이루는 (　　)의 동시 균형점에서 경제의 전체균형이 이루어진다고 본다.

02 IS곡선에서의 내생변수는 (　　), (　　)가 있으며 외생변수는 (　　), (　　)가 있다.

03 LM곡선에서의 내생변수는 (　　), (　　)가 있으며 외생변수는 (　　), (　　)이 있다.

04 ○× 내생변수는 곡선의 기울기를 결정하며 외생변수는 곡선의 이동방향을 결정한다.

05 IS곡선의 균형식은 (　　　　　)이다.

06 LM곡선의 균형식은 (　　　　　)이다.

07 정부지출이 증가하면 IS곡선이 우측으로 (Move / Shift)한다.

08 정부가 소득세율을 인상할 경우 IS곡선이 (좌측으로 / 우측으로) Shift한다.

09 정부가 통화량을 추가로 공급하면 LM곡선이 우측으로 (Move / Shift)한다.

10 ○× 재정정책은 LM곡선을 이동시키고 통화정책은 IS곡선을 이동시킨다.

11 IS/LM의 외생변수들인 '물가상승, 정부지출증가, 통화량증가, 조세감면' 중에서, 실질국민소득(Y)을 증가시키지 않는 것은 (　　　　)이다.

정답
01 IS곡선 / LM곡선
02 R, Y / G, T
03 R, Y / P, M
04 ○ ▶ 내생변수는 Move, 외생변수는 Shift이다.
05 $Y = C(Y - T) + I(r) + G$
06 $\dfrac{M}{P} = L(Y, r)$
07 Shift ▶ 정부지출(G)은 외생변수이므로 Shift이며, 외생변수의 증가는 곡선을 오른쪽으로 Shift시킨다(감소는 왼쪽).
08 좌측으로 ▶ 총수요가 증가하면 우측으로, 감소하면 좌측으로 이동한다.
09 Shift ▶ 통화량(M)은 외생변수이고 증가하므로 오른쪽으로 Shift한다.
10 × ▶ 재정정책은 IS곡선을 이동시키고 통화정책은 LM곡선을 이동시킨다.
11 물가상승 ▶ '물가상승 → 실질통화공급 감소 → LM의 좌로 이동 → 실질국민소득 감소'

부록 　　　　　　　　　**투자자산운용사**

12 확대재정정책은 총수요를 증가시키지만, 이 과정에서 발생한 금리상승이 민간투자를 위축시키게 되고 이를 통해 국민소득의 증가효과가 일부 후퇴하는 현상을 (　　　)라 한다.

13 ○ ☒ 확대통화정책의 경우는 구축효과가 발생하지 않는다.

14 확대재정정책에 의한 총수요증가분은 금리상승에 의한 민간수요위축으로 완전상쇄되어 정책효과가 전혀 없다고 보는 것은 완전구축효과를 말하는데, 이는 (고전학파 / 케인즈학파)의 이론이다.

15 무구축효과는 (　　　) 구간에서 발생한다.

16 유동성함정 구간에서 LM곡선은 (수직 / 수평)의 형태를 보이며, 이때 화폐수요탄력성은 (무한대 / 제로)이다.

17 유동성함정 구간을 탈출하는 고전학파의 논리로서, '경기불황이 심해짐에 따라 물가가 급속히 하락하고 경제주체들이 보유한 화폐량의 실질가치가 증가하게 되어 민간의 부(wealth)가 증가하고 그에 따라 소비 및 총수요가 증대한다'는 이론은 (　　　)이다.

18 '합리적 경제주체는 현재 세금의 감소를 미래 세금의 증가로 인식하기 때문에, 세금감소는 민간의 저축을 증가시킬 뿐 총수요에는 변동이 없다고 본다'는 경제 이론은 (　　　)이다.

19 합리적기대학파는 '예상된 화폐공급/예상치 못한 화폐공급(화폐충격)'은 실물경제의 생산을 촉진시킬 수 있다고 주장했다.

20 케인즈의 유동성선호설에 의하면, 화폐수요에는 (　　), (　　), (　　)의 3가지 동기가 있다고 한다.

21 ○ ☒ 케인즈의 화폐수요함수 $M^d = L(Y, R) = L_1(Y) + L_2(R)$에서 L_1은 거래적 동기와 예비적 동기를 말하는데 Y의 정의 함수이며, L_2는 투기적 동기를 말하는 데 R의 부의 함수이다.

22 현대적 대부자금이론은 고전학파의 (　　)과 케인즈학파의 (　　)을 (　　)으로 종합한 것이다.

정답 **12** 구축효과(Crowding Out Effect)
　　13 ○ ▶ 통화량을 증가시키면 금리가 하락하므로 금리상승에 의한 민간수요 위축이 나타나지 않는다.
　　14 고전학파
　　15 유동성함정(Liquidity Trap) ▶ 또는 'LM곡선이 수평일 때(유동성함정구간)' 발생한다.
　　16 수평 – 무한대
　　17 피구효과(Pigou Effect)
　　18 리카르도 불변정리(RET ; Recardian Equivalence Thereom)
　　19 예상치 못한 화폐공급(화폐충격) ▶ **주의** 단 '예상치 못한 화폐공급(화폐충격)'이 계속될 경우는 합리적 경제주체들이 이를 예측할 수 있게 되고 따라서 생산량증가효과는 발생하지 않고 물가만 상승하게 된다.
　　20 거래적 동기, 예비적 동기, 투기적 동기
　　21 ○
　　22 유량 분석 / 저량 분석 / 유량적

23 수익률곡선의 가장 일반적인 형태는 '단저장고(우상향)'인데, 이를 가장 잘 설명하는 것은 (   ), 전혀 설명하지 못하는 것은 (   )이다.

24 통화량이 증가하면 (   ), (   ), (   )가 순차적으로 나타난다.

25 ☐O ☐X 경상흑자면 이자율이 하락하고, 경상적자이면 이자율이 상승한다.

26 국민소득은 만들어서 나누어 가지고 쓰는 양이 모두 같게 되는데 이를 국민소득의 (   )이라 한다.

27 ☐O ☐X 국민총소득(GNI)은 한나라의 국민이 생산활동에 참여한 대가로 받은 소득의 합계로서 해외로부터 국민(거주자)이 받은 소득은 포함되고 국내총생산 중에서 외국인에게 지급한 소득은 제외된다.

28 ☐O ☐X '명목GNI = 명목GDP + 명목 국외순수취요소소득'이다.

29 ☐O ☐X '실질GNI = (실질GDP + 교역조건에 따른 실질무역손익) + 실질 국외순수취요소소득'이다.

30 ☐O ☐X 우리나라의 경우 대외채무에 대한 이자지급 등으로 인해 국외순수취요소소득이 (−)로 나타나고 있다. 따라서 'GNI < GDP'이다.

31 실업률의 공식은 (   )이다.

32 생산가능인구가 1,000명, 취업자수가 700명, 실업자수가 100명일 경우, 실업률은 (   )이며 경제활동참가율은 (   )이다.

33 생산가능인구는 (   )과 (   )를 제외한 만 15세 이상의 인구를 말한다.

34 ☐O ☐X 전업주부, 학생, 구직단념자, 심신장애자는 비경제활동인구로 분류한다.

정답
23 유동성선호이론 / 불편기대이론
24 유동성효과, 소득효과, 피셔효과
25 O ▶ 경상수지와 금리는 강한 역의 관계를 갖는다(예 경상흑자 → 국내유동성증가 → 금리하락)
26 3면 등가의 원칙
27 O ▶ '명목GNI = 명목GDP + 국외순수취요소소득'에 해당하는 기술이다.
28 O
29 O
30 O
31 실업률(%) = $\frac{실업자}{경제활동인구} \times 100(\%)$
32 12.5%, 80% ▶ 실업률 = $\frac{100}{(700+100)}$ = 0.125, 경제활동참가율 = $\frac{(700+100)}{1,000}$ = 0.8
33 군인, 재소자
34 O

부록   투자자산운용사

35 기계류내수출하지수는 (   ), 내수출하지수는 (   )이다.

36 건설수주액은 (   ), 건설기성액은 (   )이다.

37 수입액은 (   ), 소비재수입액은 (   )이다.

38 GDP디플레이터는 국민경제 전체의 물가압력을 측정하는 지수로서 '$\frac{(\quad)}{(\quad)} \times 100$'으로 구한다.

39 ○× 통화유통속도(V)는 '$V = \frac{\text{명목GDP}(P \times Y)}{\text{통화량}(M)} \times 100$'로 추계되는데, 경기예측기능이 뛰어난 편이다.

40 '통화량 1,000조, 명목GDP 800조, 실질GDP 500조'의 경우 통화유통속도는 (   )이다.

41 경기저점과 다음 경기저점 간의 기간은 (   )이다.

42 ○× 경기확산지수는 경기전환점 파악에는 유용하나, 경기의 진폭이나 속도를 측정할 수는 없다.

43 ○× 경기확산지수가 40이면 경기확장국면을 의미한다.

44 ○× BSI가 80에서 90으로 전월대비 상승하였다면 경기호전으로 해석할 수 있다.

45 전체 응답자수 100명, (+)응답자 70명, (−)응답자 30명이라면, BSI는 (   )이며, (경기상승 / 경기하강) 국면에 있는 것으로 해석한다.

46 소비자태도지수는 (경기확장기 / 경기수축기)에서 더 높은 예측력을 보인다.

정답
- **35** 선행종합지수, 동행종합지수 ▶ **보충** 코스피지수는 선행지수, CP유통수익률은 후행지수이다.
- **36** 선행종합지수, 동행종합지수
- **37** 동행종합지수, 후행종합지수
- **38** 명목GDP(분자), 실질GDP(분모) ▶ $\frac{\text{명목GDP}}{\text{실질GDP}} \times 100$
- **39** × ▶ 사후적으로만 추계되어 예측기능은 떨어진다.
- **40** 0.8 ▶ $V = \frac{P \times Y}{M}$, $V = \frac{800}{1,000}$, 따라서 V(통화유통속도) = 0.8
- **41** 순환주기 ▶ 또는 '경기고점과 다음 경기고점 간의 기간'이 순환주기이다.
- **42** ○ ▶ 경기종합지수(CI)는 진폭이나 속도까지 측정할 수 있다(가장 널리 쓰임).
- **43** × ▶ 경기확산지수가 균형점 50을 초과 시 경기확장국면(미달 시 경기수축국면)이다.
- **44** × ▶ 80이든 90이든 모두 BSI균형점인 100에 미달하므로 경기수축국면에 있다(cf 전월대비 증감으로 경기호전 또는 하강을 해석할 수 있는 것은 경기종합지수이다).
- **45** 140 / 경기상승
- **46** 경기수축기 ▶ 소비자의 태도는 경기불황기에 더 민감하게 나타나기 때문이다.

제9장 분산투자기법(5문항)

01 주식 X는 호황일 경우 기대수익률은 +20%(확률 30%), 불황일 경우 기대수익률은 −30%(확률 20%), 정상일 경우 기대수익률은 +10%(확률 50%)이다. 이 경우 주식 X의 기대수익률은 (   )이다.

02 포트폴리오 XY의 분산(위험)을 구하는 공식은 (   )이다.

03 포트폴리오를 구성하는 개별자산 간의 상관관계가 (   )이 아니라면 분산투자효과가 발생한다.

04 개별자산 간의 상관계수가 (높을수록 / 낮을수록) 분산투자효과는 커진다.

05 구성종목수 n을 무한대로 증가시켜도 더 이상 줄어들지 않는 위험을 (체계적 위험 / 비체계적 위험)이라 한다.

06 포트폴리오의 위험(표준편차)이 '$\sigma_P = \sqrt{w_X^2 \sigma_X^2 + w_Y^2 \sigma_Y^2}$'로 나타난다면, 두 자산의 상관계수가 (   )이다.

07 상관계수(ρ)가 (   )일 경우 $\sigma_P = w_X \sigma_X + w_Y \sigma_Y$, 상관계수가 (   )일 경우 $\sigma_P = |w_X \sigma_X - w_Y \sigma_Y|$이다.

08 자산 X는 기대수익률이 10%, 표준편차가 10%이다. 자산 Y는 기대수익률이 10%, 표준편차가 5%이다. 자산 Z는 기대수익률이 7%, 표준편차가 5%이다. 이 경우 지배원리상 가장 효율적인 증권은 (   )이다.

정답
01 5% ▶ 국면별 기대수익률과 확률을 가중평균하여 계산한다. → $E(X) = (20\% \times 0.3) + (10\% \times 0.5) + (-30\% \times 0.2) = 6\% + 5\% - 6\% = 5\%$

02 $\sigma_P^2 = w_X^2 \sigma_X^2 + w_Y^2 \sigma_Y^2 + 2w_X w_Y \sigma_X \sigma_Y \rho_{XY}$ ▶ 참고로 $\rho_{XY} = \dfrac{COV_{XY}}{\sigma_X \sigma_Y}$ 이다.

03 +1 ▶ 상관계수가 +1인 경우 완전 양의 상관관계에 있다고 하며, 이 경우는 분산투자효과가 발생하지 않는다.

04 낮을수록

05 체계적 위험 ▶ 체계적 위험, 분산불능위험, 시장위험 모두 같은 의미이다.

06 0(제로)

07 +1 / −1

08 자산 Y ▶ Y는 X를 지배한다(∵ 기대수익률이 동일할 경우 위험이 적은 증권을 선택). 또 Y는 Z를 지배한다(∵ 위험이 동일할 경우 기대수익률이 높은 증권을 선택). 따라서 Y가 가장 효율적인 자산이다.

09 ( )는 위험이 동일한 투자대상들에서는 기대수익이 가장 높은 것을 선택하고, 기대수익이 동일한 투자대상들에서는 위험이 가장 낮은 것을 선택하는 방법을 말한다.

10 지배원리를 충족시켜 선택된 증권을 ( ) 증권이라 하며, 포트폴리오의 경우 ( ) 포트폴리오라고 부른다.

11 자산X의 표준편차는 0.2, 자산Y의 표준편차는 0.3, 두 자산 간의 상관계수는 -1일 경우, 최소분산포트폴리오가 되는 자산X의 비중은 ( )이다.

12 자산X의 표준편차는 0.1, 자산Y의 표준편차는 0.2, 두 자산 간의 상관계수는 0일 경우, 최소분산포트폴리오가 되는 자산X의 비중은 ( )이다.

13 자산A의 표준편차는 0.3, 자산B의 표준편차는 0.4, 두 자산 간의 상관계수는 0일 경우, 최소분산포트폴리오가 되는 자산B의 비중은 ( )이다.

14 기대수익률과 표준편차(위험)의 공간에서 특정 투자자에게 동일한 효용을 가져다주는 기대수익률과 표준편차의 조합을 ( )이라 한다.

15 보수적 투자자의 무차별효용곡선의 기울기는 (완만하다 / 가파르다).

16 위험자산 A의 기대수익률이 7%, 표준편차가 10%, 무위험수익률은 2%이다. 위험자산 A를 60%, 무위험자산을 40%의 비중으로 새로운 포트폴리오를 구성하였다면,
① 새로운 포트폴리오의 기대수익률은 '$E(R_P) = \omega \cdot E(R_A) + (1-\omega) \cdot R_F = $ ( )'이며,
② 새로운 포트폴리오의 위험(표준편차)은 '$\sigma_P = \omega_A \times \sigma_A = $ ( )'이다.

17 자산 A의 수익률은 10%, 표준편차는 20%이다. 자산 A와 무위험수익률이 3%인 무위험자산을 5:5로 편입한 포트폴리오의 변동성보상비율(RVAR)은 ( )이다.

정답
09 지배원리(dominance principle)
10 효율적, 효율적
11 0.6(60%) ▶ $W_X = \dfrac{\sigma_Y^2 - \sigma_{XY}}{\sigma_X^2 + \sigma_Y^2 - 2\sigma_{XY}} = \dfrac{0.3^2 - (-1) \cdot 0.2 \cdot 0.3}{0.2^2 + 0.3^2 - 2(-1) \cdot 0.2 \cdot 0.3} = \dfrac{0.09 + 0.06}{0.04 + 0.09 + 0.12} = \dfrac{0.15}{0.25} = 0.60 (\sigma_{XY} = \rho_{XY} \cdot \sigma_X \cdot \sigma_Y)$, 즉 자산 X를 60%, 자산 Y를 40% 편입할 경우 최소분산포트폴리오가 달성된다.
12 0.8(80%) ▶ $W_X = \dfrac{\sigma_Y^2 - \sigma_{XY}}{\sigma_X^2 + \sigma_Y^2 - 2\sigma_{XY}} = \dfrac{0.2^2 - (0) \cdot 0.2 \cdot 0.3}{0.1^2 + 0.2^2 - 2(0) \cdot 0.2 \cdot 0.3} = \dfrac{0.04}{0.01 + 0.04} = \dfrac{0.04}{0.05} = 0.80$
13 0.36(36%) ▶ $W_B = \dfrac{\sigma_A^2 - \sigma_{AB}}{\sigma_A^2 + \sigma_B^2 - 2\sigma_{AB}} = \dfrac{0.3^2 - (0) \cdot 0.3 \cdot 0.2}{0.3^2 + 0.4^2 - 2(0) \cdot 0.3 \cdot 0.2} = \dfrac{0.09}{0.09 + 0.16} = \dfrac{0.09}{0.25} = 0.36$
14 무차별효용곡선 또는 등효용곡선(indifferent utility curve)
15 가파르다 ▶ 보수적 투자자는 가파르게, 공격적 투자자는 완만하게 나타난다(시대에듀 한권으로 끝내기 2권, p445 그림 참조).
16 5%, 6% ▶ 기대수익률은 '$E(R_P) = \omega \cdot E(R_A) + (1-\omega) \cdot R_F = (0.6 \times 0.07) + (0.4 \times 0.02) = 0.042 + 0.008 = 0.05$'이다. 표준편차는 '$\sigma_P = \omega_A \times \sigma_A$, $\sigma_P = 0.6 \times 0.1 = 0.06$'이다.
17 0.35 ▶ $\dfrac{E(R_A) - R_F}{\sigma_A} = \dfrac{10\% - 3\%}{20\%} = 0.35$ (편입비율과 관계없이 RVAR은 동일함)

투자자산운용사

부록

18 기대수익률과 표준편차의 공간에서 무위험자산과 시장포트폴리오를 연결한 선을 (자본배분선 / 자본시장선)이라 한다.

19 ○× 합리적인 투자자라면 시장포트폴리오를 먼저 선택하고, 다음은 무위험자산과 시장포트폴리오의 비중을 조절하는 투자를 실행한다.

20 자본시장선에서 시장포트폴리오의 왼쪽을 (　　)포트폴리오, 오른쪽을 (　　)포트폴리오라고 한다.

21 CAPM이론 가정의 하나로서, 투자자는 (　　)과 (　　)만 가지고 투자결정을 내리며 구체적으로 상대적으로 높은 평균, 상대적으로 낮은 분산을 가진 자산을 선택한다.

22 CAPM이론 가정의 하나로서, 모든 투자자는 동일한 방법으로 증권을 분석하고 경제상황에 대한 예측도 동일하며 미래증권 수익률의 확률분포에 대하여 (동질적 / 이질적)으로 예측한다.

23 (　　)에는 완전히 분산투자된 포트폴리오(M)만이 위치할 수 있지만, (　　)에는 개별증권도 위치할 수 있다.

24 (　　)은 효율적 포트폴리오의 기대수익률과 위험의 선형적 관계를 나타낸 반면, (　　)은 개별증권의 기대수익률과 위험의 선형적 관계를 나타낸 것이다.

25 CML은 (　　)의 공간이며, SML은 (　　)의 공간이다.

26 A포트폴리오의 기대수익률은 8%, 베타는 0.5이다. 그리고 B포트폴리오의 기대수익률은 15%이고 무위험수익률은 3%이다. 이 때 자본시장에서 더 이상 차익거래가 일어나지 않는 상태가 되기 위한 B포트폴리오의 베타는 (　　)이다.

27 ○× 베타(β)는 '시장포트폴리오의 전체 수익률 변동(σ_m^2)에 대한 개별주식 수익률 변동의 기여분(σ_{jm})'을 말하며 '$\beta_j = \dfrac{\sigma_{jm}}{\sigma_m^2}$'으로 표시된다.

정답
- **18** 자본시장선(CML) ▶ 자본배분선 중에서 위험보상비율이 가장 높은 선이 자본시장선이다.
- **19** ○ ▶ 시장포트폴리오(M점)가 위험보상비율이 가장 높으므로 먼저 선택하고, 이후에는 위험선호도에 따라서 대출 또는 차입포트폴리오를 선택하는 것이 합리적인 투자이다(참고 : 이를 '토빈의 분리정리'라고 함).
- **20** 대출 / 차입 ▶ 시장포트폴리오(M점)의 왼쪽은 일부가 무위험자산에 투자되고 있다는 것이며 이는 곧 일부를 대출해주고 이자를 받는 것과 같으므로 대출포트폴리오라고 한다.
- **21** 평균, 분산 ▶ 'CAPM 가정1 : 평균·분산의 가정'이다.
- **22** 동질적 ▶ 'CAPM 가정6 : 동질적 미래예측의 가정'이다.
- **23** CML, SML ▶ CML은 시장포트폴리오(M)와 무위험자산의 조합이므로 개별증권이 위치할 수 없다. SML은 개별증권의 기대수익률을 체계적위험(β)의 함수로 설명하는 것이므로 모든 개별증권이 위치할 수 있다.
- **24** 자본시장선(CML), 증권시장선(SML) ▶ 위험지표는 자본시장선은 표준편차(σ), 증권시장선은 베타(β)이다.
- **25** 기대수익률과 표준편차 / 기대수익률과 베타
- **26** 1.2 ▶ $\dfrac{8-3}{0.5} = \dfrac{15-3}{\beta}$, 따라서 $\beta = 1.2$(포트폴리오 B의 베타는 1.2)
- **27** ○

28 무위험수익률 2%, 시장기대수익률 6%, 시장기대수익률의 분산 16%, 주식 J와 시장기대수익률 간의 공분산이 20%이다. 이 경우,
① 주식 J의 베타는 (   )이며,
② SML상 주식 J의 요구수익률은 (   )이다.

29 K증권의 SML상 기대수익률은 10%인데, 현재 시장에서 얻을 수 있는 기대수익률은 12%이다. 그렇다면 K증권은 시장에서 (과소평가 / 과대평가)되고 있다.

30 마코위츠의 효율적 분산투자를 위해서는 n개의 E(R), σ^2, $\frac{n(n-1)}{2}$개의 공분산 등 방대한 자료가 필요하여 정확한 추정이 불가능하다는 어려움이 있는데, 이러한 기술적인 문제를 극복하고자 한 것이 (   )이다.

31 ○× 샤프의 단일지표모형 '$R_j = \beta_j R_M + \alpha_j + e_j$'는 개별증권의 가격움직임을 시장공통요인($R_M$)과 개별기업 고유요인($e_j$)의 두 가지로 단순화한 것이다.

32 (   )은 엄격한 가정을 전제로 하지만, (   )는 투자자들이 위험회피적이며 자산의 수익률은 다요인모형을 따른다는 매우 현실성 있는 가정에 기초하고 있다.

33 자산 J의 수익률을 '기대수익률[E(R_j)] + 공통요인변동의 영향($\beta_j F$) + 잔차(ε_j)'로 계산하는 것은 (단일지표모형 / 단일요인모형)이다.

34 X주식의 베타는 2.0, Y주식의 베타는 0.8, 무위험이자율은 3%, 시장포트폴리오의 기대수익률은 6%이다. 이 경우, 동일가중 포트폴리오를 구성할 때 동 포트폴리오의 베타는 (   )이다.

35 아래의 산식에서 APT의 단일요인모형은 (   )이다.
① $E(R_P) = R_f + \frac{[E(R_M) - R_f]}{\sigma_M} \sigma_P$
② $E(R_i) = R_f + \beta_i [E(R_M) - R_f]$
③ $R_i = \beta_i R_M + \alpha_i + e_i$
④ $R_P = E(R_P) + \beta_P F + e_P$

정답
28 ① 1.25, ② 7% ▶ $\beta_j = \frac{\sigma_{jm}}{\sigma_m^2} = \frac{0.2}{0.16} = 1.25$, 따라서 J의 요구수익률은 $E(R_J) = R_F + \beta_J[E(R_M) - R_F] = 2\% + 1.25(6\% - 2\%) = 7\%$
29 과소평가 ▶ K증권의 기대수익률이 SML선 위에 위치하므로 과소평가(저평가)이다.
30 샤프의 단일지표모형
31 ○ ▶ 위의 산식을 증권특성선(SCL)이라 한다. 베타는 회귀분석을 통해 구한다.
32 CAPM / APT
33 단일요인모형 ▶ 만일 공통요인이 2개 이상이면 다요인모형이 된다. 요인모형은 APT이며 샤프의 단일지표모형과는 다른 것이다.
34 1.4 ▶ 포트폴리오베타 = (2.0 × 50%) + (0.8 × 50%) = 1.0 + 0.4 = 1.4
35 ④ ▶ ① 자본시장선, ② 증권시장선, ③ 증권특성선(샤프의 단일지표모형)

투자자산운용사

36 ○× 소극적인 투자전략은 시장위험을 감수하지 않는 전략이다.

37 정보비용과 거래비용을 최소화하는 전략은 (소극적 / 적극적) 투자전략이다.

38 ○× 단순매입·보유전략(naive buy and hold strategy)은 특정 우량증권이나 포트폴리오를 선택하고자 하는 의도적인 노력을 기울이지 않는다.

39 (포뮬러 플랜 / 시장투자적기포착전략)은 무위험자산과 위험자산의 배분을 증권시장예측에 맞게 조절하여 초과수익을 획득하고자 하는 전략이다.

40 액티브 전략 '내재가치추정, RVAR, β계수, 트레이너-블랙 모형, 포뮬러 플랜' 중에서 개별종목을 선택하는 방법이 아닌 것은 (　　　　)이다.

41 트레이너 블랙모형에서, 각 증권의 최적투자비율은 포트폴리오의 비체계적 위험에 대한 그 증권의 초과수익의 비율로 결정되는데, 초과수익이 큰 증권일수록 투자비중이 (높게 / 낮게) 구성되는 특징이 있다.

42 자산배분전략을 수정함에 있어서, 시장상황의 변화로 기존 포트폴리오의 비중의 변화가 발생하였을 때 최초의 비율대로 환원하는 전략을 (리밸런싱 / 업그레이딩)이라 한다.

43 (　　　　)은 위험에 비해 상대적으로 높은 기대수익을 얻고자 하거나, 기대수익에 비해 상대적으로 낮은 위험을 부담하도록 포트폴리오의 구성을 수정하는 것을 말한다.

44 과거 일정 기간의 투자수익률 계산에는 (기하평균 / 산술평균)이 적절하나, 미래 기대수익률의 계산에는 (기하평균 / 산술평균)이 적절하다.

45 (　　　　)은 현금유출액의 현재가치와 현금유입액의 현재가치를 일치시키는 할인율로 계산된다.

정답
- **36** × ▶ 소극적 전략은 시장평균정도의 투자위험을 감수하는 전략이다.
- **37** 소극적
- **38** ○ ▶ 무작위적으로 선택하고 보유종목의 수를 늘리면 평균적인 기대수익률을 얻을 수 있다는 논리이다.
- **39** 시장투자적기포착전략 ▶ 시장투자적기포착전략은 '무위험자산(CD 등) + 위험자산', 포뮬러플랜은 '방어자산(채권) + 위험자산'의 비중을 조절함으로써 초과수익을 얻고자 하는 전략이다.
- **40** 포뮬러 플랜
- **41** 높게
- **42** 리밸런싱(Rebalancing)
- **43** 포트폴리오 업그레이딩(portfolio upgrading)
- **44** 기하평균 - 산술평균
- **45** 내부수익률

배우기만 하고 생각하지 않으면 얻는 것이 없고,
생각만 하고 배우지 않으면 위태롭다.

– 공자 –

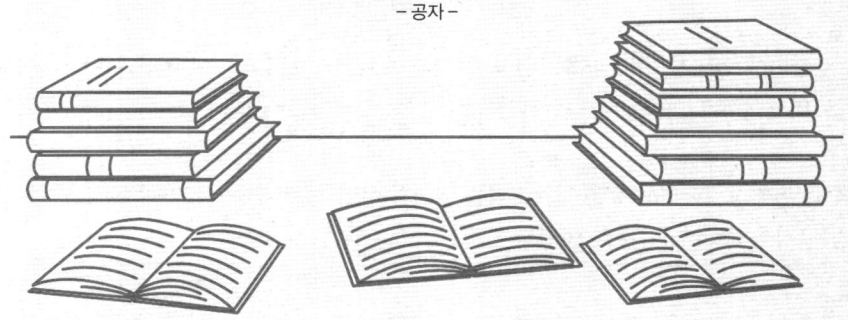

자격증 · 공무원 · 금융/보험 · 면허증 · 언어/외국어 · 검정고시/독학사 · 기업체/취업
이 시대의 모든 합격! 시대에듀에서 합격하세요!
www.youtube.com → 시대에듀 → 구독

패스코드는 플랜별 학습이 가능하도록 구성된 교재입니다.
제공되는 합격 플랜을 확인하신 후 학습하시면 보다 효율적이고 체계적인 학습이 가능합니다.

특별부록 Ⅱ
실제유형문제 추가 풀
기출보강 100문항(이론 UP)

투자자산운용사

실제유형문제 추가 풀
기출보강 100문항(이론 UP)

학습안내

4회분 모의고사에 반영되지 못한 유형을 위주로 하여 '실제유형문제 추가 풀'을 구성하였습니다. 기존 4회분 모의고사에 추가하여 학습할 것을 권장합니다.

1과목 1편 세제관련 법규/세무전략

01 소득세법상 비거주자에 대한 과세방법이다. 가장 적절하지 않은 것은?

① 비거주자는 거주자가 아닌 개인을 말하며, 거주자는 국내에 주소를 두거나 3개월 이상의 거소를 둔 개인을 말한다.
② 비거주자와 외국법인에 대해서는 세법에서 정하고 있는 국내원천소득에 대해서만 과세한다.
③ 국내사업장이 없는 비거주자나 외국법인에게 이자소득 등의 투자소득을 지급하는 경우, 당해 비거주자의 국가와 체결한 조세조약상의 제한세율과 법정원천징수세율 중 낮은 세율을 적용하여 원천징수한다.
④ 비거주자 등의 국내원천소득 중 유가증권 양도소득에 대해서는 유가증권의 종류와 거래주체에 따라 과세유형을 달리하고 있는데, 국내사업장이 없는 비거주자가 장내파생상품을 통해 취득한 소득과 위험회피목적상의 장외파생상품을 통해 취득한 소득은 국내원천소득으로 보지 않는다.

해설 거주자는 국내에 주소를 두거나 183일 이상의 거소를 둔 개인을 말한다.

※ **상세 해설**
② 거주자는 국내, 국외 원천소득을 대상으로 과세하며, 비거주자는 국내원천소득을 대상으로만 과세한다.
③ 예를 들어 국내원천소득 중 이자소득에 대한 원천징수세율은 20%인데 조세조약에 체결된 국가의 비거주자로서 제한세율이 12%일 경우, 'Min(국내원천징수세율, 제한세율) = Min(20%, 12%) = 12%' 즉 12%로 과세한다(법정원천징수세율과 제한세율 중 **낮은 세율을 적용**).
• 이상의 방식은 국내사업장이 없는 비거주자의 국내원천소득에 대한 분리과세방식을 말한다(국내사업장이 있는 경우는 종합과세이며 종합과세는 지급 시 원천징수하고 이후 종합소득 신고·납부를 통해 세액이 최종 결정된다).
④ 비거주자의 파생상품의 경우 '국내사업장이 없는 비거주자의 장내파생상품소득과 위험회피목적거래의 장외파생상품소득'에 대해서는 유가증권양도소득(국내원천소득)으로 보지 않으므로 비과세이다.

보충 비거주자에 대해서는 분리과세를 원칙으로 하고, 국내사업장이나 부동산임대소득이 있는 경우는 종합과세한다(단, 퇴직소득이나 양도소득은 비거주자에게도 분류과세된다).

[43회 기출]
비거주자가 국내 증권시장에서 유가증권을 양도하여 얻은 소득에 대해서는 비과세 한다. [O, ×] → × (유가증권양도소득은 국내원천소득의 하나로서 과세대상이다. 단, 장내파생상품과 장외파생상품 등 일부에서 예외가 있다)

정답 ①

02 우리나라 소득세 제도의 특징을 설명한 것이다. 가장 거리가 먼 것은?

① 현행 소득세법은 소득을 원천 별로 구분하여 제한적으로 열거하고, 원칙적으로 계속·반복적으로 발생하는 것만을 과세대상으로 삼고 있다.
② 소득발생지 과세제도를 채택하고 있다.
③ 이자소득, 배당소득, 사업소득, 근로소득, 연금소득, 기타소득은 인별로 종합하여 과세하고 있다.
④ 정부부과제도가 아닌 신고납세제도로서 납세의무를 확정한다.

해설 주소지 과세제도이다(소득발생지에 불구하고 주소지를 납세지로 함).

※ **우리나라 소득세 제도의 특징**

(1) 종합과세 제도
  종합과세를 원칙으로 하되 분리과세와 분류과세의 예외를 둔다.
(2) 열거주의 과세(↔ 포괄주의)
  소득원천설에 따라 열거한 소득에 대해서만 과세하고 비열거소득에 대해서는 과세하지 않는다. 단, 이자소득·배당소득에 대해서는 유형별 포괄주의를 적용한다.
(3) 개인단위 과세
  개인을 과세단위로 하여 과세하며 공동사업합산과세[주1]의 예외를 둔다.
  * 주1 : 가족구성원 중 2인 이상의 공동사업체에서 손익분배비율을 허위로 작성한 경우, 개인단위로 과세하지 않고 공동사업합산과세를 적용한다.
(4) 주소지 과세제도(↔ 소득발생지 과세제도)
(5) 신고납세제도(↔ 정부부과제도)
  • 신고확정 : 납세의무자가 과세표준과 세액을 정부에 신고함으로써 확정(소득세, 법인세, 부가가치세, 증권거래세 등)
  • 부과확정 : 정부가 과세표준과 세액을 결정함으로써 확정(상속세, 증여세 등)
(6) 누진과세제도
  조세의 소득재분배 기능을 고려하여 과세표준구간별로 6%~45%의 누진세율을 적용한다.

학습안내 26회, 30회, 35회 출제

정답 ②

03 이자·배당소득의 총수입금액의 귀속연도(수입시기)를 나열하였다. 틀린 것은?

① 무기명채권의 이자와 할인액 : 그 지급을 받는 날
② 기명채권의 이자와 할인액 : 약정에 의한 지급일
③ 의제배당 중 해산 : 잔여재산가액 확정일
④ 인정배당 : 이사회 결의일

해설 인정배당의 경우 '당해 사업연도의 결산확정일'이다.

※ 이자소득의 총수입금액의 귀속연도(수입시기)
  (1) 채권의 이자와 할인액
    • 기명채권의 경우 : 약정에 의한 지급일
    • 무기명채권의 경우 : 그 지급을 받는 날
      [비교] 기명채권은 이자지급일이 사전에 약정되어 있으므로 **'약정에 의한 지급일'**이다. 그러나 무기명채권은 사전 약정이 없으므로 '(실제) **지급을 받는날**'이다.
        [예] 기명채권의 이자소득 수입 시기는 실제 지급을 받는 날로 한다. [O, X] → X (기명채권의 경우 '약정에 의한 지급일'이다)
  (2) 예금·적금 이자 : 실제로 이자를 지급받는 날(아래 예외)
    • 원본전입 특약 시 : 원본전입일
    • 해약 시 : 해약일
    • 통지예금의 이자 : 인출일
  (3) 환매조건부채권의 매매차익 : 환매수일 또는 환매도일
  (4) 저축성보험의 보험차익 : 보험금·환급금의 지급일
  (5) 직장공제회 초과반환금 : 약정에 따른 초과이익 및 반환금의 지급일

※ 배당소득의 총수입금액의 귀속연도(수입시기)
  (1) 주식의 배당
    • 잉여금처분에 의한 배당(일반적인 배당) : 잉여금처분 결의일
    • 무기명주식의 배당 : 실제 지급을 받은 날
  (2) 의제배당 : 감자 – 감자결의일, 해산 – **잔여재산가액 확정일**, 합병 – 합병등기일, 분할합병 – 분할합병등기일, 잉여금의 자본전입-자본전입결의일 등
    [주의] 분할합병의 수입시기는 '분할합병 후 주식을 지급받는 날'로 한다. [O, X] → X
  (3) 인정배당 : **결산확정일**
  (4) 집합투자기구로부터의 이익 : 집합투자기구로부터 지급을 받는 날

정답 ④

04 다음 중 금융소득에 대한 원천징수세율(거주자 기준)이 가장 높은 것은?

① 법원에 납부한 경매보증금 및 경락대금에서 발생한 이자소득
② 비영업대금의 이익
③ 비실명거래로 인한 이자·배당소득
④ 개인종합자산관리계좌(ISA)의 비과세 한도를 초과하는 이자·배당소득

해설 지방세 제외 기준으로 '① 14%, ② 25%, ③ 45% 또는 90%, ④ 9%'이다. 그리고 ①, ③, ④는 무조건분리과세 대상이며 ②는 조건부종합과세 대상이다.

※ 금융소득에 대한 원천징수세율(세율은 지방세 제외 기준)

항 목	원천징수세율	비 고
(분리과세를 신청한) 장기채권의 이자와 할인액	30%	무조건 분리과세
직장공제회 초과반환금	기본세율 (6%~45%)	
법원에 납부한 경매보증금 및 경락대금에서 발생한 이자소득	14%	
비실명거래로 인한 이자·배당소득[주1]	45% 또는 90%	
ISA 비과세한도를 초과하는 이자·배당소득	9%	
비영업대금의 이익	25%	조건부 종합과세
그 밖의 이자소득 또는 배당소득	14%	

* 주1 : 금융기관을 통해 지급되는 비실명 금융소득은 90%, 금융기관을 통하지 않은 비실명 금융소득은 45%가 적용됨

[39회 기출]
법원에 납부한 경매보증금 및 경락대금에서 발생한 이자소득에 대해서는 (　　)의 세율로, ISA 비과세 한도를 초과하는 소득에 대해서는 (　　)의 세율로 분리과세를 하는데, 빈칸의 수를 합한 숫자는?(세율은 지방세 제외 기준)
→ 23%(14% + 9%)

정답 ③

부록 — 투자자산운용사

05 다음 중 소득세법상 양도소득세(과세대상 : 거주자)의 과세대상과 가장 거리가 먼 것은? ★★

① 상장채권의 매매로 얻은 양도소득
② 등기된 부동산임차권의 매매로 얻은 양도소득
③ 대주주가 상장주식의 매매로 얻은 양도소득
④ 소액주주가 비상장주식의 매매로 얻은 양도소득

해설 ①은 비열거소득(비과세), ②, ③, ④는 열거소득(과세)에 해당한다.
① 소득세법상 채권 직접투자 시의 매매차익은 상장·비상장 구분 없이 과세대상이 아니다(cf 채권의 이자소득은 과세).
  • 단, LH공사가 발행하는 **토지상환채권·주택상환채권은 부동산권리에 해당되어 그 매매차익은 양도소득세 과세대상이 된다**(아래 '41회 기출' 참조).
② 양도소득세의 열거주의 과세대상으로서 '부동산에 관한 권리'에 포함됨
③ 양도소득세의 열거주의 과세대상으로서 '주식 및 출자지분'에 포함됨('소액주주가 / 상장주식을 / 장내거래'를 하는 경우를 제외하고는 모두 과세가 원칙)
④ 비상장주식의 경우 세법상 대주주·소액주주 구분 없이 과세한다. 단, 벤처기업주식 등에 대해서는 예외가 적용된다(예외대상 : 아래 표 참조).

※ **양도소득의 범위(열거주의상 과세대상)**

구 분		과세대상
부동산 등	실물부동산	토지와 건물
	부동산권리	부동산물권(지상권 / 전세권 / 등기된 부동산임차권), 부동산취득권리(아파트당첨권, LH공사가 발행하는 '토지상환채권 / 주택상환채권')
주 식	상장주식	세법상 대주주가 상장주식을 장내에서 매매하여 얻은 매매차익 (소액주주의 경우 '비열거소득'으로서 비과세)
	비상장주식	비상장주식은 대주주, 소액주주 구분 없이 과세 (단, 벤처기업주식과 소액주주가 K-OTC에서 양도하는 非대기업주식은 비과세)
기타자산	특정주식(A)	과점주주가 소유하는 부동산과다보유법인의 주식 → 50% 이상 매도 시 과세
	특정주식(B)	'부동산보유비중이 80% 이상 & 골프장·스키장 등을 영위하는 법인의 주식' → 1주를 매매해도 과세대상이 됨
	특정시설물 이용권	골프회원권, 콘도회원권 등
	영업권	사업용자산과 함께 양도하는 영업권
파생상품[주1] 등		코스피200지수를 기초자산으로 하는 장내파생상품 등

* 주1 : 양도소득세가 과세되는 '파생상품 등'은 '㉠ 코스피200을 기초자산으로 하는 장내파생상품(기타 주가지수관련 장외파생상품도 포함), ㉡ 해외시장에서 거래되는 장내파생상품 등'을 말한다(→ 시험대비로는 ㉠에 유의).

정답 ①

41회 기출
한국토지주택공사가 발행하는 토지상환채권에 대한 매매차익은 양도소득세 과세대상이 아니다. → × (일반 채권에 대한 매매차익은 소득세법상 비과세이지만, 한국토지주택공사가 발행하는 토지상환채권 또는 주택상환채권은 양도소득세의 열거대상인 '부동산 등'에 해당되어 양도소득세 과세대상이 된다).

43회 기출
주가지수관련 장외파생상품에서 발생한 양도소득은 양도소득세 과세대상이 된다. → O (주가지수를 기초자산으로 하는 파생상품은 장내, 장외 구분 없이 양도소득세 과세대상이다)

06 양도소득세(거주자 기준)에 대한 설명이다. 가장 적절하지 않은 것은?

① 양도란 자산에 대한 등기 또는 등록에 관계없이 매도·교환·현물출자 등으로 인하여 그 자산이 유상으로 사실상 이전되는 것을 말하는데, 대물변제나 공용수용도 양도에 해당된다.
② 자산의 양도가액은 양도 당시의 실거래가액을 적용하는데 실거래가액을 확인할 수 없는 경우, 매매사례가액·감정가액·환산가액·기준시가의 순서로 적용하여 추계한다.
③ 세법상 대주주가 상장주식을 매도하여 매매차익을 거둔 경우 이에 대해 양도소득세가 부과되는데, 매도 시 발생한 증권거래세는 필요경비로 인정하여 양도가액에서 차감한다.
④ 양도차익에서 장기보유특별공제를 하면 양도소득금액이 되는데, 장기보유특별공제 대상에는 3년 이상 보유한 상장주식도 포함된다.

해설 장기보유특별공제는 3년 이상 보유한 토지와 건물, 3년 이상 보유한 1세대 1주택을 대상으로만 적용된다(주식은 상장·비상장 불문하고 '장특' 대상에서 제외됨).

※ **양도소득세 과세 FLOW**(양도소득과세표준이 나오기까지의 단계)
(1) 양도가액 − 필요경비(취득가액 / 자본적 지출 / 증권거래세 등) = 양도차익
 • 취득가액에서 실거래가액이 확인이 안 될 경우 '매매사례가액 → 감정가액 → 환산가액 → 기준시가'의 순서로 적용하여 추계한다.
(2) 양도차익 − 장기보유특별공제 = 양도소득금액
 • 장기보유특별공제 대상
  − 3년 이상 보유한 토지 및 건물(6%~30%)
  − 3년 이상 보유한 1세대 1주택(8%~40%, 거주기준 가산 시 최대 80%, 고가주택 기준금액인 12억 원 초과분에 대해 적용)
  ▶ 제외대상 : ㉠ 미등기자산/비사업용토지(→ '토지 및 건물'의 예외),
      ㉡ 주식(→ '토지 및 건물'이 아님)
(3) 양도소득금액 − 기본공제(250만 원) = 양도소득과세표준
 • 기본공제 대상 : **부**동산실물 및 권리, **주**식, **파**생상품('부. 주. 파'로 암기)

주의 1 양도가액은 양도당시의 기준시가이다. [○, ×] → × (양도가액은 양도당시의 실지거래가액이다. 실지거래가격이 확인이 되지 않을 경우 '매. 감. 환. 기' 순서로 양도가액을 추계한다)
주의 2 파생상품은 양도소득 기본공제(연간 250만 원)의 대상이 되지 않는다. [○, ×] → × ('부. 주. 파'는 대상이 됨)
주의 3 파생상품 양도소득에 대한 기본세율은 20%이지만, 2018년부터 한시적으로 (5% / 10%)의 탄력세율로 과세하고 있다. → 10%

정답 ④

1과목 2편 금융상품

07 특정금전신탁에 대한 설명이다. 틀린 것으로 연결한 것은?

> 가. 신탁은 위탁자의 유언으로도 설정될 수 있다.
> 나. 위탁자가 운용자를 지정한다.
> 다. 위탁자와 수익자는 동일해야 한다.
> 라. 다른 신탁과 합동운용을 할 수 없다.

① 가, 나
② 나, 다
③ 다, 라
④ 가, 라

해설 틀린 내용은 '나, 다'이다. 특정금전신탁의 운용지정에서 운용자는 지정대상이 아니며(나), 위탁자와 수익자는 동일 할 수도 다를 수도 있다.

※ **신탁 종합**(2025 기본서, 1권, p130~141 참조)

(1) **신탁의 정의** : 신탁이란 신탁의 설정자(**위탁자**)와 신탁을 인수하는 자(**수탁자**) 사이의 특별한 신임관계에 의해 위탁자가 특정 재산권을 수탁자에게 이전하고 수탁자로 하여금 **수익자**의 이익을 위해 그 재산권을 관리, 처분하게 하는 법률관계를 말한다.
　㉠ 신탁은 위탁자와 수탁자 간의 계약 또는 위탁자의 유언으로 설정된다.
　㉡ 신탁을 하게 되면 수탁자가 신탁재산의 명의인(법률상 처분권자)이 된다. 따라서 **위탁자는 수탁자에 대해 지시는 할 수 있어도 스스로 신탁재산 상의 권리를 행사할 수는 없다.**

(2) **신탁의 종류**
　㉠ 금전신탁 : 신탁 만료 시 원본과 수익을 금전으로 교부하는 신탁으로서 특정금전신탁과 불특정금전신탁으로 구분된다.
　　• 특정금전신탁은 위탁자가 신탁재산인 금전의 운용대상 등을 지정하는 신탁인데, 이때 지정대상은 '**운용대상 / 운용방법 / 운용조건 등**'이다('운용자'는 지정대상이 아님).
　　• 특정금전신탁에서는 '위탁자 = 수익자(自益信託)', '위탁자 ≠ 수익자(他益信託)'이 모두 가능하지만, 불특정금전신탁은 위탁자와 수익자가 동일해야 한다.
　　　주의 특정·불특정 신탁과 관계없이 '수탁자는 위탁자나 수익자의 지위를 겸할 수 없다(∵ 자기계약의 금지차원[주1])'.
　　　* 주1(2025 기본서, 1권, p134) : 위탁자는 수익자의 지위를 겸할 수 있으나(자익신탁), 수탁자는 자기계약금지차원에서 원칙적으로 수익자 및 위탁자의 지위를 동시에 겸할 수 없다.
　　• **신탁은 다른 신탁과 합동하여 운용할 수 없으나**(단독운용원칙), 불특정금전신탁(예 연금신탁, 퇴직신탁)은 그 성격상 예외적으로 합동운용이 가능하다.
　㉡ 재산신탁 : 신탁 만료 시 원본과 수익을 만기일 현재 운용하고 있는 재산형태 그대로 교부하는 신탁이다(유가증권신탁, 부동산신탁 등).

(3) **신탁재산의 독립성** : 신탁재산은 법률상·형식상 수탁자에게 귀속되어 있으나 경제상·실질상으로는 수익자의 것이므로(이중의 소유권), 신탁재산은 독립적으로 관리되어야 한다.
　• 신탁재산에 대한 강제집행 및 경매가 불가하다.
　• 신탁재산은 수탁자의 상속재산이나 파산재단에 속하지 않는다.
　• 신탁재산인 채권과 다른 채무와의 상계가 금지된다.
　• 수탁자가 사망 또는 사임하더라도 신탁관계는 종료되지 않는다.

정답 ②

08 생명보험의 종류에 대한 설명이다. 틀린 것으로 연결한 것은?

> 가. 생명보험은 보험사고에 따라서 '사망보험, 생존보험, 생사혼합보험(양로보험)'으로 분류한다.
> 나. 투자실적에 따라 보험료가 변동하는 보험은 변액보험이다.
> 다. 2인 이상을 피보험자로 하는 보험을 연생보험이라 한다.
> 라. 수십명 이상의 다수의 사람을 1매의 보험증권으로 하는 보험을 단체취급보험이라 한다.

① 가, 나
② 나, 라
③ 가, 다
④ 다, 라

해설 틀린 항목은 '나, 라'이다.
- 나 : 변액보험은 투자실적에 따라 **보험금**이 변동하는데, 정액보험에서의 보험금의 화폐가치하락을 보전하기 위해 개발된 투자형 보험이다.
- 라 : 5인 이상이 일괄 가입 시 보험료할인 혜택을 주는 것이 단체취급보험, 수십 명 이상의 피보험자를 1매의 증권으로 가입하는 보험을 단체보험이라 한다.

※ 연생보험 VS 단체보험
 (1) 피보험자의 수에 따른 분류 : 피보험자가 1인이면 단생보험, 2인 이상이면 연생보험이라 한다(피보험자가 2인이면 2연생보험, 피보험자가 3인이면 3연생보험).
 (2) 보험계약 대상자의 수에 따른 분류 : 한 사람이 가입하면 개인보험, 5인 이상이 하나의 보험계약으로 가입하면 단체취급보험, 수십 명 이상이 하나의 보험계약으로 가입하면 단체보험이 된다(단체취급보험이나 단체보험은 개인보험에 비해 보험료할인 혜택이 주어짐).

정답 ②

09 생명보험 상품에 대한 설명이다. 가장 거리가 먼 것은?

① 종신보험은 보험계약에 따라 사전에 설정한 기간 내에 피보험자가 사망할 경우 사망보험금을 지급한다.
② 양로보험이란 피보험자가 일정기간 동안 사망하거나 중도 또는 만기 생존 시 보험금이 지급되는 보험인데, 생사혼합보험이라고도 한다.
③ 체증식 보험은 보험기간이 경과함에 따라 보험금이 증가되는 보험이다.
④ 생명보험의 보험료 구성은 순보험료와 부가보험료로 구성되며, 부가보험료는 다시 신계약비, 수금비, 유지비로 구성된다.

해설 보험계약에 따른 일정기간 내에 사망 시 사망보험금을 지급하는 것은 정기보험이며, 종신보험은 보험기간이 종신이므로 피보험자가 사망시점과 관계없이 사망보험금을 지급한다.
 ③ 체증식 보험 : 보험기간이 경과할수록 보험금이 증가하는데, 물가지수연동보험이 대표적이다(물가상승분만큼 보험금이 증가함).
 ④ 생명보험의 보험료 구성
  ▶ 보험료 = 순보험료 + 부가보험료
      = (위험보험료 + 저축보험료) + (신계약비 + 유지비 + 수금비)

정답 ①

10 ELW의 특징을 설명한 것이다. 옳게 설명한 것으로 연결한 것은?

> 가. 기초자산이 상승할수록 콜워런트의 가격은 올라가고 풋워런트의 가격은 내려간다.
> 나. 행사가격이 높을수록 콜워런트의 가격은 올라가고 풋워런트의 가격은 내려간다.
> 다. 기초자산의 변동성이 클수록 콜워런트의 가격은 올라가고 풋워런트의 가격은 내려간다.
> 라. 워런트의 만기에 근접할수록 콜워런트, 풋워런트 모두 가격이 하락한다.

① 가, 나
② 다, 라
③ 가, 라
④ 나, 다

해설 '가, 라'가 옳은 내용이다.
나 : 행사가격이 높을수록 콜워런트의 가격은 내려가고, 풋워런트의 가격은 올라간다.
다 : 변동성이 커지면 콜워런트와 풋워런트의 구분 없이 가격이 상승한다.

※ **ELW의 가격결정요인**($S, X, \sigma, T-t, r, d$)
  (1) 기초자산가격(S) : 기초자산가격이 상승할수록 콜↑, 풋↓
  (2) 행사가격(X) : 행사가격이 낮을수록 콜↑, 풋↓
    • (1), (2)에 대한 설명 : 콜워런트의 내재가치는 '$S-X$'이다. 따라서 S가 높을수록, X는 낮을수록 콜가격이 상승한다(풋은 반대로 적용).
  (3) 변동성(σ) : 변동성이 증가할 경우 콜↑, 풋↑(둘 다 상승)
    • 변동성 증가 시 그 변동성이 상승이나 하락 어디로 작용할지 모르므로 콜, 풋 모두 상승한다.
  (4) 잔존만기($T-t$) : 잔존만기가 길수록 콜↑, 풋↑(둘 다 상승)
    • 콜이든 풋이든 잔존만기가 길수록 가격상승의 여지가 많으므로 둘 다 상승한다.
  (5) 금리(r) : 금리가 높아질수록 콜↑, 풋↓
    • 콜을 행사하면 기초자산을 매입하게 되는데, 금리가 올라가면 매입가격이 하락하므로 콜에 유리하다. 따라서 금리가 올라가면 콜워런트 가격은 상승한다(풋은 반대).
  (6) 배당(d) : 배당을 하면 콜↓, 풋↑
    • 배당을 하면 배당락에 의해 주가가 낮아진다. 따라서 콜워런트가격이 하락하게 된다('S가 낮아지면 콜가격이 낮아지는 것'과 같은 원리). 풋은 반대이다.

정답 ③

투자자산운용사

11 집합투자기구 수익자총회에 대한 설명이다. 옳은 것은?

① 원칙상 수익자총회의 소집권자는 투자신탁재산을 보관하는 신탁업자이다.
② 수익자총회 소집 시에는 수익자총회를 정하여 7일 전에 각 수익자에게 서면으로 통지를 발송해야 한다.
③ 수익자총회에서는 자본시장법에서 정한 결의사항 또는 신탁계약으로 정한 결의사항에 대해서만 결의할 수 있다.
④ 수익자는 수익자총회에 출석을 해야 의결권을 행사할 수 있다.

해설 ① 총회소집권자는 원칙상 집합투자업자이며, 예외적으로 신탁업자 그리고 총좌수의 5% 이상을 소유한 수익자도 소집권자로 인정된다.
② 2주 전에 서면 또는 전자문서로 각 수익자에게 통지를 발송해야 한다.
④ 출석하지 않아도 서면으로 행사할 수 있다.

※ **수익자총회 추가사항(투자신탁-수익자총회, 투자회사-주주총회)**
　(1) **총회 결의사항** : 자본시장법 또는 신탁계약으로 정한 사항에 대해서만 결의할 수 있다.
　　참고 법상의 결의사항은 '합병/환매연기/신탁계약의 중요내용 변경(보수의 인상, 신탁업자변경, 운용인력변경 등)
　(2) **연기수익자총회** : 수익자총회 결의가 이루어지지 않은 경우 집합투자업자는 그날부터 2주 이내에 연기수익자총회를 소집해야 한다.
　[학습안내] 36회 신유형으로 출제되었다.

정답 ③

---

12 자본시장법에서 정한 MMF의 투자대상에 대한 설명이다. 가장 거리가 먼 것은?

① 국채에 투자할 경우 남은 만기가 5년 이내이어야 한다.
② 지방채에 투자할 경우 남은 만기가 1년 이내이어야 한다.
③ 양도성예금증서에 투자할 경우 남은 만기가 1개월 이내이어야 한다.
④ 다른 MMF의 집합투자증권에 투자할 수 있다.

해설 양도성예금증서(CD)의 경우 남은 만기가 6개월 이내이어야 한다. ④에서 다른 펀드(집합투자증권)에 투자할 수 있는 것은 MMF가 유일하며 주식형펀드나 채권형펀드의 집합투자증권에는 투자할 수 없다.
[학습안내] MMF는 출제빈도가 높으므로 '빈출포인트 O/X 퀴즈 12~13/88페이지'를 추가로 참조하여 확실히 이해하길 바람

정답 ③

---

13 집합투자재산에 대한 평가원칙상, 신뢰할 만한 시가가 없는 경우 평가하는 기준은 무엇인가?

① 장부가액
② 공정가액
③ 신용평가회사 신용등급기준의 평가액
④ 금융기관 자체기준의 평가액

해설 공정가액(fair value)이다.

※ **집합투자재산 평가원칙 : 시가평가원칙**
　(1) 집합투자재산을 **시장가격**을 적용하여 평가하되(시가평가 우선),
　(2) 시장거래가 활발하지 않는 등 평가일 현재 신뢰할 만한 시장가격이 없는 경우에는,
　(3) 집합투자재산 평가위원회에서 평가한 **공정가액**으로 평가한다.
　• 집합투자재산의 공정가액 : 집합투자재산에 속한 자산의 종류별로 집합투자재산 평가위원회가 충실의무, 평가의 일관성을 유지하여 평가한 가격을 말한다.

정답 ②

부록 — 투자자산운용사

14 랩어카운트(Wrap Account)에 대한 설명이다. 가장 적절하지 않은 것은?

① 증권회사가 투자자의 투자성향과 투자목적 등을 정밀하게 분석하고 진단한 후 고객에게 맞도록 주식, 채권, 수익증권, 뮤추얼펀드 등의 다양한 투자수단을 대상으로 가장 적합한 포트폴리오를 추천하는 종합자산관리계좌이다.
② 거래 건별 수수료를 부과한다.
③ 일임형 랩어카운트는 일임 운용사가 고객의 투자와 관련한 완전한 일임 및 대리권을 가진다.
④ 영업직원과 고객 간의 이익상충이 적다는 장점이 있다.

해설 랩어카운트서비스에 대한 수수료는 잔고평가금액에 근거한 일정비율의 수수료를 부과한다(거래 건별 부과가 아님).

[보충] 랩어카운트서비스에 대한 수수료는 자산에 대한 일정비율로 부과한다. **수수료를 거래 건별이 아닌 잔고평가금액에 대해 부과함으로써**, 회사와 고객 간의 이익상충이 발생하지 않는 장점이 있다[주1]. 추가로 ㉠ 회사입장에서는 단기적으로 수수료총수입이 줄어들 여지가 있지만 장기적으로 안정적인 수입기반을 갖출 수 있으며, ㉡ 고객입장에서는 이익상충없이 전문적인 서비스를 받을 수 있다는 장점이 있다.

* 주1 : 건별 부과의 경우 수수료수입을 늘리기 위해 잦은 매매를 유도할 가능성이 있으며 이 경우, 회사와 고객 간의 이익상충이 발생한다.

※ **랩어카운트(Wrap Account)의 유형**
　(1) **상품유형별 종류** : 자문형 랩어카운트, 일임형 랩어카운트
　　㉠ 자문형 랩 : 투자자문사의 자문을 받아 운용하는 랩
　　㉡ 일임형 랩 : 일임회사 운용자가 고객의 투자와 관련된 완전한 일임 및 대리권을 가지고 운용하는 랩
　(2) **운용방식별 종류** : 펀드형 랩, 컨설턴트 랩, 자문사연계형 랩
　　ⓐ 펀드형 랩 : 고객의 투자성향에 가장 부합하는 펀드로서 포트폴리오를 구성하여 운용하는 랩
　　ⓑ 컨설턴트 랩 : 일임사 운용자와의 상담을 통해 고객의 투자스타일을 보다 적극적으로 반영하여 운용하는 랩
　　ⓒ 자문사연계형 랩 : 고객의 투자자금을 랩계좌로 받은 후 투자자문계약을 맺은 자문사로부터 자문을 받아 운용하는 랩

[참조] ㉠은 ⓒ, ㉡은 ⓐ, ⓑ와 매칭된다고 할 수 있다.
[학습안내] 36회 신유형으로 출제되었다.

정답 ②

---

15 개인형 퇴직연금제도(IRP ; Individual Retirement Pension)에 대한 설명이다. 가장 거리가 먼 것은?

① 근로자가 이직 시 퇴직연금제도에서 수령한 퇴직금 또는 근로자 추가납입금에 대한 과세유예를 계속 받으면서 계속 적립·운용한 후 은퇴 시 노후자금으로 활용할 수 있는 제도이다.
② 확정기여형 연금가입자는 IRP에 추가가입이 가능하지만, 확정급여형 연금가입자는 IRP에 추가가입이 불가하다.
③ 근로자 개인명의로 관리된다는 점 외에 적립금 운용과 수급방법은, 확정기여형과 동일하다.
④ IRP에 가입 후 가입자가 조기에 퇴직했다 하더라도 퇴직연금은 55세 이후부터 수령이 가능하다.

해설 기존에는 확정기여형(DC형)에서만 추가가입이 가능하였으나, 개인형 IRP기능이 확대되면서 확정급여형(DB형)에서도 개인형 IRP를 통해 연간 1,800만 원까지 추가납입이 가능하게 되었다(2023 기본서, 1권, p326 인용).

[참고] **IRP 가입대상자**
　(1) 퇴직급여제도의 일시금을 수령한 자
　(2) DC형 또는 DB형 가입자로서 자기부담금으로 IRP에 추가로 설정하려는 자
　(3) 자영업자 등 대통령령으로 정한 자로서 IRP설정이 인정되는 자(2017년부터)

정답 ②

투자자산운용사

16 주택저당증권(MBS)에 대한 설명이다. 옳은 것으로 연결한 것은?

> 가. 저당대출 중 원리금 균등상환 고정금리부 대출은 매월 동일한 원리금이 상환되는데, 매월 상환액 중 이자부분은 점차 감소하고 원금부분은 점차 증가한다.
> 나. 주택저당증권은 조기상환에 의해 수익이 변동된다.
> 다. 저당대출담보부채권은 채무불이행 위험이 투자자에게 귀속되는 형태이다.

① 가, 나
② 나, 다
③ 가, 다
④ 가, 나, 다

해설 옳은 것은 '가, 나'이다. MBB(저당대출담보부채권 또는 주택저당담보부채권)에서는 채무불이행위험(default risk)이 발행자에게 귀속된다.

※ **주택저당증권(MBS ; Mortgage Backed Security)** : 2024 기본서, 1권, p287~298 참조

(1) **저당대출(Mortgage)의 특징**
  ㉠ 대출만기가 통상 20~30년인 장기금융상품으로서 금리 리스크 및 조기상환 리스크에 노출될 가능성이 크다.
  ㉡ 상환주기가 통상 월단위로 원리금이 동시에 상환되는 할부상환형태로서 현금흐름이 안정적이다.
  ㉢ 차주에 대한 신용평가, 담보물에 대한 감정평가 및 실사 등 많은 사무처리과정이 필요한 노동집약적 금융상품이다.
  ㉣ 높은 회수비용, 채무불이행과 관련된 비용 등으로 인해, 담보가 있음에도 불구하고 대출금리가 무위험이자율보다 높다.

(2) **저당대출의 종류**
  ㉠ 원리금 균등상환 고정금리부 대출 : 매월 동일한 원리금을 상환하는데, **매월 상환액 중 이자부분은 점차 감소하고 원금부분은 점차 증가한다.**
  ㉡ 변동금리부 대출 : 기준금리에 연동되어 정기적으로 대출금리가 변동이 되는 방식이다.

(3) **주택저당증권(MBS)의 특성**
  ㉠ 주택저당대출(모기지)의 만기와 대응하므로 **통상 장기로 발행한다.**
  ㉡ **조기상환(prepayment)에 의해 수익이 변동한다.**
  ㉢ 채권구조가 복잡하고 현금흐름이 불확실하기 때문에 국채나 회사채보다도 **수익률이 높다.**
  ㉣ 자산이 담보되어 있고 보통 별도의 신용보완이 이루어지므로 회사채보다 높은 신용등급의 채권으로 발행한다.
  ㉤ 매월 대출원리금 상환액에 기초하여 발행증권에 대해 매달 원리금을 상환한다.

(4) **MBS의 3가지 유형**

저당대출지분이전증권 (pass-through 증권)	저당대출원리금이체증권 (pay-through 증권)	저당대출담보부채권 (Mortgage-Backed Bond)
• 모기지소유권 → 투자자 • cash flow가 투자자에게 그대로 이체 • 부외효과 有(off B/S)	• 패스스루와 MBB의 중간 형태 (현금흐름지급은 패스스루와 유사, 채권으로서 변제의무를 부담하는 것은 MBB와 유사)	• **발행기관이 모기지소유** • cash flow를 발행기관이 소유, 투자자에게 별도의 계획으로 상환 • 부외효과 無(on B/S)
Default Risk → **투자자 부담**	Default Risk → 투자자 또는 발행자	Default Risk → **발행자 부담**

(5) **CMO(Collateralized Mortgage Obiligation)**
  ㉠ 저당대출(모기지)을 담보로 하고 **만기가 다른 복수의 채권을** 발행기관의 부채형태로 발행하는 것을 말한다.
  ㉡ Pass-Through 투자자의 경우 기초자산인 모기지에서 발생하는 조기상환위험에 노출되어 있는데, 만기가 다른 복수의 트랜치를 하나의 상품으로 구성함으로써 현금흐름의 안정성을 제고하여 **조기상환위험을 완화하고자** 하는 취지이다.

[학습안내] '가'와 '다'의 지문이 36회에서 처음으로 반영되었다.

정답 ①

1과목 3편 부동산관련 상품

17 부동산개발사업으로서 지주공동사업에 대한 설명이다. 이 중에서 '사업수탁방식'에 해당하는 것은?

① 지주가 토지를 개발업자에게 제공하고 개발업자가 그 토지를 개발하고 건축물을 건설한 다음, 완공된 건축물에 대해서 토지평가액과 건설비의 비율로 토지와 건축물을 공유 또는 구분 소유하는 방식이다.

② 지주가 토지를 제공하고 개발업자가 건축공사비 등의 개발비를 부담하여 건축물을 건설하고, 완공된 건축물의 분양 또는 임대를 통해 발생한 수익을 지주와 개발업자가 투자한 비율에 따라 배분받는 방식이다.

③ 개발업자 등이 사업의 기획에서부터 설계, 시공, 임대유치 및 운영관리에 이르기까지 일체 업무를 수탁 받아 건물을 완공한 후 건물을 일괄임차를 함으로써 사실상 사업수지를 보증하는 방식이다.

④ 토지소유자가 부동산신탁회사에게 토지를 위탁하고 부동산신탁회사가 자금조달, 건축 및 분양·임대를 하고 그 수익의 일부를 신탁배당을 통해 토지소유자에게 배분하는 방식이다.

해설 ① 등가교환방식, ② 합동개발방식, ③ 사업수탁방식, ④ 토지신탁방식

※ 부동산개발사업방식-지주공동사업

(1) 지주공동사업 : 지주(地主)와 개발업자가 공동으로 비용을 부담하고 개발수익을 공유하는 방식으로 '등가교환방식, 합동개발방식, 사업수탁방식, 토지신탁방식, 차지개발방식'이 있다.
- 차지개발방식 : 지주가 개발업자에게 차지권 제공. 개발업자는 토지이용권을 설정받아 토지를 개발하고 건물을 건설한 후 이용(임대 또는 제3자 양도)을 하는데, 지주에게는 차지권 이용기간 중 임차료를 지불하고 차지권 만료 시 토지는 무상반환하고 건물은 시가로 양도하는 방식을 말한다.

(2) 개념 비교

구 분	지주(地主)	개발업자[주1]	지주 보상
등가교환방식	토지 제공	건축물 건축	'토지·건축물' 지분배분
합동개발방식	토지 제공	건축물 건축	'분양·임대' 수익배분
사업수탁방식	토지 위탁	건축 및 분양·임대	사업수지 보증
토지신탁방식	토지 신탁	건축 및 분양·임대	신탁 배당
차지개발방식	토지이용권 제공	건축 및 이용	임차료지급 (만기 시 토지반환 및 건물양도)

* 주1 : 토지신탁의 개발업자는 부동산신탁회사(토지신탁의 수탁자)이다.

정답 ③

18 다음 중 부동산 관련 용어에 대한 설명이 틀린 것은?

① 건폐율 : 대지면적에 대한 건축면적(대지에 2 이상의 건축물이 있는 경우에는 이들 건축면적의 합계)의 비율을 말한다.

② 용적률 : 대지면적에 대한 건축물의 지하층·지상층의 연면적(대지에 2 이상의 건축물이 있는 경우는 이들 연면적의 합계)의 비율을 말한다.

③ 건축 : 건축법에 의한 건축물의 신축, 증축, 개축, 재축, 이전을 말한다.

④ 용도변경 : 사용승인을 받은 건축물의 최초용도가 아닌 다른 용도로 바꾸어 사용하는 것을 말한다.

해설 연면적은 지상층 연면적을 의미하며, 지하층과 지상주차장 면적은 제외한다.

정답 ②

투자자산운용사

19 부동산의 감정평가 3방식 중에서 '비교방식(시장접근법)'에 해당하는 항목으로 연결한 것은?

> 가. 유사성이 있는 부동산의 거래가격에 사정보정, 시점수정 등을 반영하여 해당 부동산의 가격을 산정한다.
> 나. 부동산 가격평가시점에서 대상 부동산의 재조달원가에 감가수정을 하여 대상 부동산이 지닌 부동산의 가격을 산정한다.
> 다. 대상 부동산이 장래에 산출할 것으로 기대되는 순수익 또는 미래현금흐름을 적정한 비율로 환원 또는 할인하여 가격평가시점에 있어서의 평가가격을 산정한다.
> 라. 토지평가에 있어서 가장 적합하다.

① 가, 나
② 나, 다
③ 다, 라
④ 가, 라

해설 '가, 라'는 시장접근법(비교방식), '나'는 비용접근법(원가방식), '다'는 소득접근법(수익방식)이다.

※ 감정평가 3방식 중 '시장접근법(비교방식)'의 장·단점
(1) 비준가격(거래사례비교법에 의한 평가가격)
　= 사례가격 × 사정보정 × 시점수정 × 지역요인보정 × 개별요인보정 × 면적
(2) 장 점
　• 현실적이고 실증적이기 때문에 설득력이 있다.
　• 이해하기 쉽고 간편하다.
　• 토지평가에 있어 가장 중추적인 역할을 한다(토지는 재생산이 안되므로 원가방식은 불가하다. 단, 매립지나 조성지는 원가방식이 유용).
(3) 단 점
　• 매매가 잘 이루어지지 않는 부동산에는 적용하기 곤란하다.
　• 극단적인 호황이나 불황기에는 적용이 어렵다(사례가격의 신뢰성이 낮음).
　주의 거래사례비교법은 부동산의 시장성과 수익성을 반영하지 못한다는 단점이 있다. [O, ×] → × (시장성과 수익성을 반영하지 못하는 것은 원가법의 단점)

정답 ④

20 부동산투자회사(REITs)에 대한 설명이다. 가장 적절하지 않은 것은?

① 부동산투자회사는 발기설립의 방법으로 설립하는 것이 원칙이지만, 상법상 현물출자에 의한 설립도 가능하다.
② 부동산투자회사가 자산의 투자·운용업무를 하기 위해서는 부동산투자회사의 종류별로 국토교통부장관의 영업인가를 받아야 한다.
③ 부동산투자회사는 영업인가를 받거나 등록한 날로부터 2년 이내에 발행하는 주식 총수의 100분의 30 이상을 일반의 청약에 제공하여야 한다.
④ 부동산투자회사는 총자산의 80% 이상을 부동산관련자산 및 현금으로 구성해야 하며 (70% 이상은 부동산관련자산), 해당 연도 이익배당한도의 90% 이상을 주주에게 배당해야 한다.

해설 부동산투자회사는 발기설립의 방법으로만 하여야 하며, '상법 제290조 제2호에도 불구하고 현물출자에 의한 설립을 할 수 없다(2023 기본서, 1권, p502 인용).

정답 ①

부록 — 투자자산운용사

21 부동산투자 시 사업타당성 및 리스크관리 분석에 활용되는 지표에 대한 설명이다. 가장 적절하지 않은 것은?

① 운용현금흐름의 판단에 사용되는 지표로서 부채상환비율은 부채상환액을 순운용소득으로 나누어서 구한다.
② 순소득승수는 총투자액을 순운용소득으로 나누어서 구한다.
③ 내부수익률(IRR)은 순현재가치(NPV)를 0(제로)으로 만드는 할인율과 같다.
④ Cash On Cash수익률은 해당 기의 순현금흐름을 자기자본으로 나누어 계산하며, 화폐의 시간가치를 고려하지 않은 것이 특징이다.

해설

부채보상비율 또는 부채상환비율 = $\frac{순운용소득(또는\ 순영업이익)}{부채상환액}$ 이다. 즉, 이 비율이 높을수록 부채상환액을 갚을 수 있는 능력이 크다는 것을 의미한다.

※ **투자의 타당성평가를 위한 분석기법**

(1) **간편법** : 순소득승수/투자이율/자기자본수익률

- 투자이율 = $\frac{순운용소득}{총투자액}$, 순소득승수 = $\frac{총투자액}{순운용소득}$, 자기자본이익률 = $\frac{납세전현금흐름}{자기자본투자액}$

부연설명 1
순소득승수와 투자이율은 역수관계이다(산식참조). 자기자본이익률은 Cash On Cash수익률과 유사한 개념이다.

부연설명 2
부채상환비율(DCR = $\frac{순운용소득}{부채상환액}$)과 대출비율($LTV = \frac{대출잔고}{부동산가격}$)은 '운용현금흐름'을 판단하기 위한 지표이다.

예) 초년도 순영업이익(순운용소득)이 5억 원, 부채상환액이 2억 원이라면 부채상환 비율은 '$\frac{5}{2}$ = 2.5배'이다. 부동산투자로부터 매년 창출되는 현금흐름이 매년 상환해야 할 부채상환액의 2.5배라는 의미이다.

예) 부동산투자금액이 100억 원, 차입투자액이 60억 원일 경우 LTV(대출비율)는 60%인데 이러한 LTV를 통해서 부동산투자의 자본구조를 파악할 수 있다(→ 타인자본투자 60%, 자기자본투자 40%).

(2) **현금흐름할인법** : 순현재가치법(NPV)/수익성지수법(PI)/내부수익률법(IRR)

㉠ 순현재가치법(NPV ; Net Present Value) : 현금유입의 현재가치−현금유출의 현재가치
 → NPV가 0보다 클수록 투자가치가 높다.

㉡ 수익성지수법(PI ; Profitability Index) : 수익성지수 = $\frac{현금유입의\ 현재가치}{최초의\ 부동산투자액}$
 → PI가 1보다 클수록 투자가치가 높다.

㉢ 내부수익률법(IRR ; Internal Rate of Return) : 투자안의 현금유입의 현재가치와 현금유출의 현재가치를 일치시키는 할인율
 → IRR이 k(요구수익률)보다 클수록 투자가치가 높다.

부연설명 1
내부수익률은 '해당 투자로부터 발생하는 모든 현금유입의 현재가치와 투자지출의 현재가치를 일치시키는 할인율'로 정의되며, 결과적으로 '해당 투자로부터 발생하는 현금흐름의 순현재가치가 제로가 되는 할인율'이 된다.

부연설명 2
내부수익률은 화폐의 시간적 가치를 고려한 것인데 비해서, Cash On Cash수익률은 화폐의 시간적 가치를 고려하지 않은 것이다(2023 기본서, 1권, p478 인용).

정답 ①

투자자산운용사

2과목 1편 대안투자운용/투자전략

22 부동산금융 중 수익형 부동산금융에 대한 설명이다. 가장 적절하지 않은 것은?

① 부동산금융은 부동산을 대상으로 한 금융을 말하는데, 주택금융과 수익형 부동산금융에 대한 금융으로 나눌 수 있다.
② 자산유동화증권(ABS)의 발행을 통해, 자산보유자의 입장에서는 보유하고 있는 유동성이 낮은 자산을 유동화시킴으로써 유동성위험을 회피할 수 있다.
③ 주택저당증권(MBS)은 ABS의 일종으로서, 주택자금대출로부터 발생하는 채권과 당해 채권의 변제를 위해 담보로 확보하는 저당권을 기초자산으로 하여 새롭게 발행하는 증권을 말한다.
④ 부동산투자회사(REITs)는 거액의 자금으로 부동산에 투자하는데 적합한 형태이다.

해설 리츠의 주식을 매수하는 것 자체가 부동산에 투자하는 것이므로 소액투자가 가능하다.
▶ 부동산투자회사(REITs)의 지분은 증권시장에 상장됨으로써 유동성이 확보되고 일반투자자들도 소액의 자금으로 부동산 투자가 가능하다(2023 기본서, 1권, p7).

※ **부동산금융의 종류**
(1) 주택금융 : 담보대출로 자금을 조달하는 금융
(2) 수익형부동산금융 : 부동산이 창출하는 미래 현금흐름을 전제로 하여 자금을 조달하는 금융으로서, 부동산증권형 금융과 개발금융으로 구분된다.
 ㉠ 부동산증권형 : 자금조달주체가 증권을 발행하고 투자자가 해당 증권을 매입하는 형태로 자금을 조달하는 것으로서, 부동산투자회사(REITs)/자산유동화증권(ABS)/주택저당증권(MBS) 등이 있다.
 중요 ABS의 경우 자산보유자가 회피할 수 있는 위험
 • 신용위험 : 준거자산을 양도하므로 차입자로부터의 신용위험 회피가능
 • 유동성위험 : 준거자산을 양도 후 유동화과정을 통해 새롭게 유동성을 확보하므로 자신의 유동성위험을 회피할 수 있다(지문 ②).
 ㉡ 부동산개발금융 : 증권발행으로 자금을 조달하는 것이 아니라 프로젝트에 직접 투자를 받아 자금을 조달하는 것을 말하며 프로젝트금융(PF)이라고도 한다.
 주의 PF금융은 주택금융에 속한다. [O, ×] → × (PF금융은 수익형부동산금융 중 개발형에 속한다. 32회 기출)

정답 ④

23 부동산개발사업에 있어서 발생할 수 있는 주요 위험에 대한 관리방안을 설명한 것이다. 가장 적절하지 않은 것은?

① 지주(地主) 수가 많은 토지에 대해서는 지주 개인 별로 개별계약을 하는 것이 바람직하다.
② 사업부지에 대해 채권을 확보한다.
③ 에스크로 계좌를 통해 분양수입금을 관리한다.
④ 부동산의 건축주체는 시공사인데, 우량한 시공사를 선정함으로써 시공위험에 대비할 수 있다.

해설 지주 수가 많은 토지의 경우 '사업부지 전체 지주와 일괄계약 및 동시 자금집행'으로 토지 매입대금의 상승위험을 방지할 수 있다.

※ **부동산개발 시 주요 위험에 대한 관리방안**
(1) 토지확보위험 : 사업부지의 전체지주와 일괄계약 및 동시자금집행 등(해설 참조)
(2) 사업위험 : 사업부지에 대한 채권확보, 에스크로계좌를 통한 분양수입금 관리 등(지문 ②, ③ 참조)
(3) 인허가위험 : 트리거조건 설정, 인·허가승인 조건부로 자금인출 등
(4) 시공위험 : 우량한 시공사 선정(지문 ④ 참조)

정답 ①

투자자산운용사

24 합병차익거래 전략에 대한 설명이다. 가장 적절하지 않은 것은?

① 인수합병이 완료될 경우 발생할 수 있는 주식가치 변화로부터 이익을 창출하는 전략으로서 Event-Driven전략에 해당된다.
② 발표되지 않은 추측정보에 투자하지 않는다.
③ 일반적으로 인수기업의 주식을 매수하고 피인수기업의 주식을 매도한다.
④ 합병차익거래 포지션 구축 후에 합병이 취소될 경우, 매수・매도포지션 모두에서 손실이 발생할 수 있다.

해설 합병차익거래는 일반적으로 **인수기업주식을 매도하고 피인수기업주식을 매수**로 포지션을 구성한다(∵ 합병이 무산될 위험이 있어서, 피인수기업 주식이 M&A로 얻을 수 있는 기대이익에 비해 낮게 거래되는 경향이 있기 때문).

※ **추가설명**
① Event-Driven(상황의존형) 전략의 종류 : 합병차익거래전략, 부실채권전략
② 추측정보를 이용할 경우 불법거래(내부자거래)가 될 수 있다.
④ 합병무산 리스크에 해당된다.

정답 ③

25 PEF(Private Equity Fund)의 투자회수(Exit) 방안에 대한 설명이다. 가장 거리가 먼 것은?

① PEF가 인수기업의 가치를 상승시킨 후 일반기업(매각대상 기업과 동종업종이거나 사업다양화를 지향하는 전략적 투자자)을 대상으로 매각하는 것이 가장 선호되는 전략이다.
② PEF가 인수한 기업을 다른 PEF에게 매각하는 것은 법 규정상 불가하다.
③ PEF가 인수한 기업을 상장하는 것은 상장심사와 복잡한 공모절차를 거쳐야 하므로 매각의 후순위 전략으로 분류된다.
④ 유상감자나 배당을 통해서 회수하는 것은 해당 기업의 수명단축, 장기 성장성 저해 등의 부작용을 초래할 수 있다.

해설 PEF가 인수한 기업을 다른 PEF에 매각하는 것도 가능하다(단, 일반기업에 매각하는 것보다는 후순위 전략임).

※ **PEF의 EXIT방식**(2023 기본서, 2권, p39~40 참조)

매 각	상 장	유상감자 및 배당	PEF자체상장
• 일반기업에 매각 - 가장 선호 • 다른 PEF에 매각	IPO 후 증권시장에서 지분매각을 통한 회수(상장심사, 복잡한 공모절차가 단점)	유상감자나 배당을 통해 회수(자본충실도 약화로 성장성 저하 초래)	PEF자체를 상장 후 지분증권매도로 회수(매각 시 유동성부족 단점)
선 호	차 선	공격적인 회수전략에 해당	

주의 증자(增資)는 EXIT방안이다. → X (증자는 자금조달에 해당하므로 투자회수의 반대 개념에 해당함. 34회・37회・40회 기출)

정답 ②

2과목 2편 해외증권투자운용/투자전략

26 환위험 헤징방식으로서 내재적 헤지(Implicit hedge)에 대한 설명이다. 가장 거리가 먼 것은?

① 미국투자자의 입장에서 달러가치 상승기에 적합한 환위험 헤징 방식이다.
② 투자대상국의 통화와 해당 기업 주가 간의 음의 상관관계를 이용한다.
③ 미국에 직접투자를 많이 하는 기업과 같이 달러보유자산이 많아서 달러가치와 기업의 주가가 높은 양의 상관관계를 보일수록 환위험 헤징 효과가 높아진다.
④ 짧은 기간 헤지를 연결하여 투자기간 전체를 헤지하는 방식이다.

해설 ④는 롤링 헤지(rolling hedge)의 정의이다.

※ **내재적 헤지(implicit hedge)**
(1) 내재적 헤지는 별도의 헤지상품을 사용하지 않고 투자하는 해외 주식 자체로부터 헤지효과를 얻는 방식이다.
(2) **내재적 헤지는 달러가치 상승기에만 유효하다.** 즉 달러가치 하락기에는 불리하다(지문 ①, ②, ③ 관련).
  • 국제투자를 함에 있어서 환차익을 거둘 수 있는 국면은 **투자대상국의 통화가 강세를 띠는 경우이다.** 투자대상국 통화의 강세기는 곧 '미달러화 약세기'이다.
   예 미국투자자가 한국시장에 투자할 때 1$ = 1,000₩에 환전하여 한국주식(1주 = 1,000₩)에 투자를 하였다. 이후 1$ = 800₩의 시점에서 한국주식을 처분하였을 경우(동일 가격으로 처분했다고 가정), 환율이 유리하게 변동하였으므로 1,000₩을 달러로 환전하게 되면 1.25$가 된다(즉, 투자금액 1$당 0.25$의 환차익을 얻음).
  • 즉 '투자대상국 통화의 강세기(달러가치 하락기)'는 미국투자자가 해외투자에서 환차익을 거둘 수 있는 국면이므로 굳이 내재적 헤지를 사용할 필요가 없다(∵달러가치 하락기에는 위에서 본 바와 같이 환차익을 얻을 수 있는데, 내재적 헤지를 사용한다면 주가손실이 발생하여 환차익을 상쇄시키기 때문).
  • 지문 ②와 ③은 같은 의미이다. '달러가치와 양의 상관관계를 보이는'의 의미는 '투자대상국 통화와 음의 상관관계를 보이는'과 같다.

정답 ④

2과목 3편 투자분석기법 (1) 기본적분석

27 기업의 가치평가절차에 대한 설명이다. 가장 적절하지 않은 것은?

① 경제적 수명 기간 동안 매년 예상되는 현금흐름의 크기를 추정하고, 현재가치로 할인하기 위한 할인율로서 기업의 자본비용을 추정한다.
② 기업의 경제적 수명을 예측하기 위해서는 먼저 기업이 공급하는 제품수명주기를 추정해야 한다.
③ 제품의 라이프사이클 패턴과 그에 따른 매출량, 매출가격을 예측할 수 있어야 한다.
④ 현금유입액은 재무상태표상의 비유동자산과 유동자산 및 유동부채로부터 추정된다.

해설 **현금유입**은 손익계산서에서 추정되고, **현금유출**은 재무상태표상의 비유동자산과 유동자산 및 유동부채로부터 추정된다(2023 기본서, 2권, p204 인용).

정답 ④

부록

투자자산운용사

28 다음 중 '현재 기업이 부담하고 있는 재무적 부담을 이행할 수 있는 능력'을 측정하고자 하는 지표에 속하는 것은?

① 배당성향
② 부채비율
③ 자기자본이익률
④ 총자산회전율

해설 '현재 기업이 부담하고 있는 재무적 부담을 이행할 수 있는 능력'을 측정하고자하는 것은 보상비율이며, '배당성향/이자보상비율'이 보상비율에 해당된다.

〈재무비율의 의의〉

재무비율 분류	의 의	종 류
안정성지표	기업의 중장기적 채무이행능력을 나타내는 지표	부채비율
유동성지표	기업이 부담하고 있는 단기부채에 대한 상환능력을 나타내는 지표	유동비율, 당좌비율 등
수익성지표	기업의 수익성을 측정하는 지표	ROA, ROE 등
활동성지표	기업이 보유하고 있는 자산을 얼마나 잘 활용하고 있는가를 측정하는 지표	총자산회전율, 재고자산회전율 등
보상비율	현재 기업이 부담하고 있는 재무적 부담을 이행하는 능력을 측정하는 지표	이자보상비율, 배당성향
이익지표	1주당 벌어들이는 이익의 크기를 나타내는 지표	주당순이익(EPS)

정답 ①

29 〈보기〉가 의미하는 재무비율은?

─〈보 기〉─
• 단기부채를 상환하기 위한 기업의 현금화 능력을 말한다.
• 동 비율은 산업요인의 영향을 크게 받는데, 그 이유는 분자에 재고자산과 외상매출금이 들어가 있기 때문이다.

① 현금비율
② 유동비율
③ 당좌비율
④ 고정비용보상비율

해설 유동비율을 말한다.

※ 유동비율 = $\dfrac{\text{유동자산}}{\text{유동부채}}$

(1) 기업은 유동부채(1년 내로 상환해야 하는 부채)를 상환하지 못해서 도산하는데, 유동자산(1년 내로 현금화할 수 있는 자산)이 유동부채보다 많다면 도산하지 않으므로, 유동비율이 중요하다는 논리이다.
(2) 단, 분자인 유동자산은 '현금 + 매출채권 + 재고자산'으로 구성되어 있는데, 매출채권(외상매출금)과 재고자산은 1년 내 현금화가 어려울 수도 있으므로, 기업의 단기부채상환능력을 과대평가할 수도 있다.
  • 매출채권과 재고자산은 산업별로 그 규모의 차이가 있으므로 동종기업 내의 기업들과 비교해야 한다.
(3) 따라서 '재고자산'을 빼고 산출하는 당좌비율(산성시험비율)로 보완한다.

정답 ②

투자자산운용사

30 재무비율 해석에 대한 다음 설명 중 가장 적절하지 않은 것은?

① 유동비율은 높은데 당좌비율이 낮다면 재고자산 또는 선급금이 많다는 것이다.
② 부채-자기자본비율이 높을수록 기업의 위험이 더욱 커지게 되며 또한 주주들의 기대수익률도 더욱 높아지게 된다.
③ 재고자산회전율이나 매출채권회전율이 급격하게 증가하는 것은 부실의 징후로 해석할 수 있다.
④ 고정비용보상비율이 낮다는 것은 해당 기업이 부채의 레버리지효과를 충분히 활용하고 있지 않다는 것을 의미한다.

해설 고정비율보상비율(Fixed Charge Coverage Ratio : FCC)이 **높으면** '해당 기업이 부채레버리지 효과를 충분히 활용하고 있지 않음'을 의미하며, **낮으면** '기업이 과다한 레버리지를 사용하고 있거나 또는 고정비용(이자비용 + 리스료)에 비해서 충분한 수익을 올리고 있지 못함'을 의미한다.

추가설명 1
고정비용보상비율과 이자보상비율은 그 해석원리가 같으나, 고정비용이 이자비용에 리스료까지 포함되므로 고정비용보상비율이 이자보상비율에 비해 해당 기업의 레버리지 효과를 좀 더 포괄적으로 반영한다고 볼 수 있다.

추가설명 2
재고자산회전율이나 매출채권회전율이 급격히 상승한다면, 현금흐름에 어려움을 겪고 있는 기업이 재고를 덤핑으로 처분하거나 높은 할인율로 매출채권을 현금화하고 있다는 것으로 볼 수 있으므로 부실의 징후가 된다.

추가설명 3
부채-자기자본비율은 '$\frac{총부채}{자기자본}(\frac{타인자본}{자기자본})$'을 말한다.

정답 ④

31 레버리지 분석에 대한 설명이다. 틀린 것으로 묶인 것은?

> 가. 영업레버리지도(DOL)는 매출액의 변화율에 대한 영업이익의 변화율의 비율로 정의된다.
> 나. 재무레버리지도(DFL)는 주당순이익의 변화율에 대한 영업이익의 변화율의 비율로 정의된다.
> 다. 결합레버리지도(DCL)는 영업레버리지도와 재무레버리지도를 결합한 개념인데, 계산상으로는 영업레버리지도와 재무레버리지도의 합으로 얻어진다.
> 라. 영업레버리지도는 고정영업비용(감가상각비 등)가 클수록, 재무레버리지도는 고정재무비용(이자비용 등)이 클수록 커진다.

① 가, 나
② 나, 다
③ 다, 라
④ 가, 라

해설 틀린 내용은 '나, 다'이다.

- 나 : 재무레버리지도(DFL)는 '영업이익의 변화율에 대한 주당순이익의 변화율의 비율'로 정의된다($\frac{\partial 주당순이익}{\partial 영업이익}\cdots$).
- 다 : 결합레버리지도(DCL)는 매출액(또는 판매량)의 변화율에 대한 주당순이익의 변화율의 비율로 정의된다. 그런데 결합레버리지도는 영업레버리지도와 재무레버리지도의 합이 아니라 두 레버리지도의 곱으로 얻어진다(2023 기본서, 2권, p261 인용).
  [예] DOL이 4.0, DFL이 1.5일 때 DCL은? → 4.0 × 1.5 = 6.0
  주의 타인자본 의존도가 (높을수록 / 낮을수록) 결합레버리지도가 올라간다. → 높을수록 (타인자본 의존도가 높을수록 → 이자비용이 많아지고 → DCL이 높아진다)

정답 ②

부록   투자자산운용사

32 레버리지분석과 관련하여 빈칸에 알맞은 것은?

> 현재의 영업이익이 100억 원, 이자비용이 20억 원, 세전이익이 80억 원, 법인세 40억 원, 세후순이익은 40억 원이다. 만일 영업이익이 140억 원, 세전이익이 120억 원, 법인세가 60억 원, 세후순이익이 60억 원으로 증가하였다면 이때 재무레버리지도는 ( )이다.

① 1.20
② 1.25
③ 1.40
④ 1.50

해설 재무레버리지도(DFL)는 1.25이다(아래 두 가지 풀이방식 참조).

※ **재무레버리지도(DFL) 계산**

(1) 재무레버리지도(DFL) = $\dfrac{\text{주당이익의 변화율}}{\text{영업이익의 변화율}} = \dfrac{\frac{60-40}{40}}{\frac{140-100}{100}} = \dfrac{50\%}{40\%} = 1.25$

(2) 재무레버리지도(DFL)
= $\dfrac{\text{매출액}-\text{변동비}-\text{고정비}}{\text{매출액}-\text{변동비}-\text{고정비}-\text{이자비용}} = \dfrac{\text{영업이익}}{\text{영업이익}-\text{이자비용}} = \dfrac{100}{100-20} = 1.25$

참고 분자의 '주당이익'은 '세후이익/주식수'인데, 변화율의 측면에서는 세후이익의 변화율과 주당이익의 변화율은 동일한 값이다.

▶ **재무레버리지도**(2023 기본서, 2권, p259 참조)

(2) 재무레버리지도

재무레버리지도(Degree of Financial Leverage ; DFL)는 영업이익의 변화율에 대한 주당이익의 변화를 나타내는 비율이다.

[표3-6] 재무레버리지와 세후순이익(EAT)의 변화

구 분	(-)변동	현재	(+)변동
영업이익	60(40% 감소)	100	140(40% 증가)
이 자	20	20	20
세전이익	40	80	120
법인세(50%)	20	40	60
세후순이익	20(50% 감소)	40	60(50% 증가)

- EBT(Earning Before Tax)는 '법인세 차감 전 순이익', EAT(Earning After Tax)는 '법인세 차감 후 순이익'을 말한다.
- 영업이익과 나머지 항목이 변동할 때 이자비용은 20으로 고정되어 있다(→ 재무고정비).

풀이 1

영업이익이 40% 증가할 때(100 → 140), 세후순이익은 50% 증가한다(40 → 60).

재무레버리지도(DFL)는 '영업이익의 변화율에 대한 주당이익의 변화율(세후순이익의 변화율)의 비율'로 정의되므로, $\dfrac{50\%}{40\%} = 1.25$이다.

풀이 2

재무레버리지도(DFL)는 공식도출과정을 통해 '$\dfrac{\text{영업이익}}{\text{영업이익}-\text{이자비용}}$'으로 나타난다. 따라서 동 예시에서의 재무레버리지도는 $\dfrac{100}{100-20} = 1.25$이다(**주의** '변동 후'가 아닌 '변동 전' 시점을 기준으로 계산함. 즉 '140, 20'이 아닌 '100, 20'으로 계산).

정답 ②

33 다음 중 잉여현금흐름(FCF ; Free Cash Flow)을 증가시키는 것은?

① 시설자금의 증가
② 매출채권의 증가
③ 재고자산의 증가
④ 미지급금의 증가

해설 '미지급금 증가'는 현금이 지출되지 않는 운전자본 증가이므로 '잉여현금흐름의 증가'에 해당한다.

※ 잉여현금흐름(FCF ; Free Cash Flow)
(1) 잉여현금흐름의 정의 : 본업활동이 창출해낸 현금유입액에서 당해연도 중 새로운 사업에 투자하고 남은 것(즉 '본업에서 창출한 현금흐름 – 설비투자액')
(2) 잉여현금흐름의 증감 : FCF = ① – ②(▶ 약식 : 영업활동현금흐름 – 설비투자액)

① 총현금흐름 유입액	② 투하자본 순증가액
EBIT(영업이익) + 감가상각비	• 시설자금 증가 • 운전자본 증가 : 매출채권 증가, 재고자산 증가

• 단, '매입채무증가'와 '미지급금 증가'는 운전자본을 증가시키지만 현금지출이 없으므로 ②의 감소요인이 된다. 즉 전체적으로 잉여현금흐름(FCF)의 증가요인이 된다.
• 참고로 '① 총현금흐름 유입액'에 ② 투하자본 순증가액 중에서 '운전자본증가'분을 더하면 '영업활동현금흐름'이 된다.

학습안내 41회 신유형이다.

정답 ④

34 재무정보가 보기와 같을 때, 이 기업 주식의 PBR은?

> 자기자본 1,000억 원, 당기순이익 200억 원, 발행주식수 100만 주, 주가 120,000원

① 0.5배
② 1.0배
③ 1.2배
④ 1.5배

해설 두 가지 방식으로 풀이할 수 있다.

(1) $PBR = \dfrac{주가}{BPS} = \dfrac{120,000}{100,000} = 1.2배$ ($BPS = \dfrac{자기자본(순자산)}{발행주식수} = \dfrac{1,000억 원}{100만 주} = 100,000원$)

(2) $PBR = ROE \times PER$, $ROE = \dfrac{200억 원}{1,000억 원} = 0.2$

$PER = \dfrac{120,000}{20,000}$ ($EPS = \dfrac{당기순이익}{발행주식수} = \dfrac{200억 원}{100만 주} = 20,000원$)

∴ $PBR = 0.2 \times 6 = 1.2배$

정답 ③

부록 — 투자자산운용사

★★★
35 투자자의 요구수익률이 10%, 자기자본이익률(ROE)이 10%일 때, 고든의 PER모형에 의한 PER는 얼마인가?(단위 : 배수)

① 5
② 10
③ 15
④ 20

해설 고든의 PER모형상 PER는 $\frac{1-b}{k-g}$이며(b : 유보율, k : 요구수익률, g : 배당성장률), 아래와 같이 풀이한다('1-b'는 분자, 분모에 공통으로 존재하므로 약분가능).

→ $PER = \frac{1-b}{k-g} = \frac{1-b}{k-b \cdot ROE}$ 따라서, $\frac{1-b}{0.10 - b \cdot 0.10} = \frac{1-b}{0.10(1-b)} = \frac{1}{0.1}$ ∴ PER = 10배

[약식이해] 요구수익률(k)과 자기자본이익률(ROE)가 같을 경우는 '$PER = \frac{1}{k} = \frac{1}{0.1} = 10(배)$'이다.

▶ '$PER = \frac{1}{k}$'의 증명 : $PER = \frac{1-b}{k-g} = \frac{1-b}{k-b \cdot ROE} = \frac{1-b}{k-b \cdot k} = \frac{1-b}{(1-b)k} = \frac{1}{k}$ ('k=ROE'일 경우)

정답 ②

★★★
36 〈보기〉의 정보에 따를 때 해당 기업의 EVA는 얼마인가?(근사치, 단위는 억 원)

――〈보 기〉――
영업이익 600억 원, 투하자본 3,100억 원, 자기자본비율 60%, 타인자본비율 40%, 자기자본비용 15%, 타인자본비용 12%, 법인세율 30%

① 40
② 80
③ 120
④ 240

해설 EVA = 세후순영업이익 − (투하자본 × 가중평균자본비용) = 36.84억 원
(1) 세후순영업이익 = 600억 원 × (1 − 0.3) = 420억 원
(2) 가중평균자본비용 = (타인자본비율 × 세후타인자본비용) + (자기자본비율 × 자기자본비용)
= {0.4 × 0.12 × (1 − 0.3)[주1]} + (0.6 × 0.15) = 0.0336 + 0.09
= 0.1236
* 주1 : 타인자본비용 사용 시 법인세절감효과가 있으므로 세후타인자본비용을 적용
(3) 따라서, EVA = 420억 원 − (3,100억 원 × 0.1236) = 36.84억 원

[학습안내] 동 문항은 21년 1월 시험에 기출된 유형으로서, 영업이익과 타인자본비용을 세후기준으로 전환하는 것이 핵심인데, 기본서 이론의 응용형태로서 최상급의 난이도에 해당한다.

정답 ①

2과목 3편 투자분석기법 (2) 기술적분석

37 이동평균선 기법에 대한 설명이다. 가장 적절하지 않은 것은?

① 추세분석의 중심이 되는 방법으로, 추세를 하나의 대표 값으로 표시하여 시장의 흐름을 파악하는 기법이다.
② 이동평균을 분석하는 기간이 길수록 이동평균선은 완만해진다.
③ 현재 주가, 단기이동평균선, 중기이동평균선, 장기이동평균선이 위에서 아래로 차례로 배열된 상태를 역배열이라 하며, 역배열은 전형적인 하락장에서 나타난다.
④ 단기이동평균선이 중·장기 이동평균선을 아래에서 위로 상향돌파하는 경우를 골든크로스라 하며, 매수신호로 본다.

해설 위에서부터 '현재주가 > 단기이평선 > 중기이평선 > 장기이평선'의 순서대로 배열된 것을 **정배열**이라 한다. 정배열은 전형적인 상승장에서 나타나며, 역배열은 정배열과 반대되는 형태를 말한다(위에서부터 '장기이평선 > 중기이평선 > 단기이평선 > 현재주가').

정답 ③

38 엘리어트파동이론에 대한 설명이다. 가장 적절하지 않은 것은?

① 엘리어트파동이론상 주가는 상승5파와 하락3파에 의해서 끊임없이 순환한다.
② 엘리어트파동은 충격파동과 조정파동으로 구분되는데 주가의 진행방향과 같은 방향으로 움직이는 파동은 충격파동이다.
③ 상승5파의 파동 중에서 2번 파동이 가장 길게 나타나는 것이 일반적이다.
④ 4번 파동은 3번 파동의 하위파동인 4번 파동과 일치하거나 3번 파동을 38.2%만큼 되돌리는 경향이 있다.

해설 상승5파 중에서 일반적으로 가장 길게 나타나는 파동은 3번 파동이다(적어도 3번 파동은 상승5파 중 가장 짧은 파동이 될 수 없다. → 절대불가침의 법칙).

※ **엘리어트파동이론**
  (1) 기본개념
    • 주가는 '상승5파와 하락3파'로 구성이 되며 끊임없이 순환한다고 본다.
    • 상승5파와 하락3파는 충격파동(Impulse Wave)과 조정파동(Corrective Wave)로 구성이 되는데 **충격파동은 주가 추세와 같은 방향의 파동**을 말하고 조정파동은 주가추세와 반대 방향의 파동을 말한다.
      - 상승5파 : '1번, 3번, 5번' 파동이 충격파동, '2번, 4번' 파동이 조정파동
      - 하락3파 : 'a, c'파동이 충격파동, b파동이 조정파동
  (2) 각 파동의 특징
    • 1번 파동 : 새로운 추세가 시작되는 출발점이며, 상승파동 중 가장 짧은 파동이다.
    • 2번 파동 : 1번 파동을 38.2% 또는 61.8% 만큼 되돌리는 파동
    • 3번 파동 : 가장 강력한 파동으로서 상승5파 중 파동의 길이가 가장 긴 것이 일반적. 급진갭이나 돌파갭이 나타나며 소멸갭은 나타나지 않는다.
    • 4번 파동 : 3번 파동을 38.2%만큼 되돌리거나, 3번 파동의 세부 5개 파동 중 4번 파동과 되돌림이 일치하는 경향이 있다.
    • 5번 파동 : 추세의 막바지국면으로서 1번 파동과 길이가 같거나 또는 1번에서 3번 파동까지의 길이 61.8%만큼 형성되는 경향이 있다.

(3) 엘리어트파동의 법칙
  ㉠ 절대불가침의 법칙
    • 2번 파동의 저점은 1번 파동의 저점보다 반드시 높아야 한다.
    • 3번 파동은 상승파동 중 가장 짧은 파동이 될 수 없다.
    • 4번 파동의 저점은 1번 파동의 고점과 겹칠 수 없다.
  ㉡ 4번 파동의 법칙 : 4번 파동은 3번 파동을 38.2%만큼 되돌리는 경향이 있다. 또는 3번 파동의 하위파동인 4번 파동과 일치하는 경향이 있다.
  ㉢ 파동변화의 법칙 : 상승5파 중 조정파동인 2번 파동과 4번 파동은 서로 다른 모양을 형성한다. 즉 2번 파동이 '복잡'이라면 4번 파동은 '단순'으로 나타난다.
  ㉣ 파동균등의 법칙 : 3번 파동이 연장될 경우 5번 파동은 1번 파동과 같거나 1번의 61.8%를 형성한다.
(4) 엘리어트파동이론의 한계점 : 융통성이 너무 많다는 점이 약점이다(거의 모든 법칙에 있어서 예외가 인정이 됨).

정답 ③

39. OBV(On Balance Volume)에 대한 설명이다. 가장 적절하지 않은 것은?

① 주가가 뚜렷한 등락을 보이지 않고 정체되어 있을 때 시장이 매집단계인지 분산단계인지를 파악할 수 있는 지표이다.
② 전일에 비해 상승한 거래량을 전일에 비해 하락한 거래량으로 나누어서 구한다.
③ 강세장에서는 OBV선의 고점이 이전의 고점보다 높게 형성되고, 약세장에서는 OBV선의 저점이 이전의 저점보다 낮게 형성된다.
④ 기산일을 활황장세에서 잡으면 주가가 하락으로 돌아설 때 매매신호가 뒤늦게 발생되어 정확한 분석을 하지 못한다.

해설 OBV는 상승일의 거래량합계에 하락일의 **거래량합계를 차감하여** 누적차수로 집계한다($OBV = \Sigma$ 상승거래량 $- \Sigma$ 하락거래량).

주의 1 약세장에서는 OBV선의 저점이 이전의 저점보다 (높게 / 낮게) 형성된다. → 낮게 (강세장에서는 높게, 약세장에서는 낮게)

주의 2 주가가 하락해도 OBV선이 상승하고 있다면 조만간 주가의 (상승 / 하락)이 예상된다. → 상승 (주가가 하락해도 내부에너지는 좋아지고 있기 때문)

주의 3 주가지수OBV의 경우 (저가주 / 고가주)의 대량거래가 시장 전체 거래량을 왜곡할 수 있다. → 저가주 (이 경우 거래대금OBV로 보완 가능)

정답 ②

40. 그랜빌의 주가·이동평균선 분석상으로 매도신호에 해당하지 않은 것은?

① 이동평균선이 상승한 후 평행 또는 하락국면에서 주가가 이동평균선을 하향 돌파한 경우
② 이동평균선이 하락하고 있을 때 주가가 일시적으로 이동평균선의 위로 상승하는 경우
③ 주가가 이동평균선 아래에서 상승세를 보이다가 이동평균선을 상향 돌파를 못하고 하락하는 경우
④ 주가가 하락하고 있는 이동평균선을 하향 돌파한 후 다시 급락하는 경우

해설 ④는 매입신호이다(과도한 하락 후 이동평균선으로 수렴하는 반등을 예상).

※ 그랜빌(J.E.Granville)의 매매신호 - 매수신호 4가지
  (1) 매수신호 1 : 이동평균선의 하락이 멈춘 상태에서 주가가 이동평균선을 상향 돌파할 경우
    → 추세가 하락에서 상승으로 전환할 것으로 예상

(2) 매수신호 2 : 이동평균선의 상승이 지속될 때 주가가 이동평균선을 하향돌파하는 경우
→ 상승추세 속에서의 일시적 주가하락으로 해석
(3) 매수신호 3 : 이동평균선 위에서 주가가 빠르게 하락하다가 이동평균선의 지지를 받고 재차 상승하는 경우
→ 상승추세의 지지를 받고 다시 상승하는 것으로 해석
(4) 매수신호 4 : 주가가 하락하고 있는 이동평균선을 하향돌파 후 급락하는 경우
→ 과도한 하락 후 이평선으로 수렴하는 반등을 예상

[보충] '매입신호 2'의 경우 '이평선의 크로스분석' 상으로는 데드크로스에 해당되어 매도신호에 해당하지만 **그랜빌의 매매신호에서는 '이동평균선의 추세'를 중시하므로** 매수신호가 된다.

※ 그랜빌(J.E.Granville)의 매매신호 - 매도신호 4가지
(1) 매도신호 1 : 이동평균선의 상승이 멈춘 상태에서 주가가 이동평균선을 하향 돌파할 경우
→ 추세가 상승에서 하락으로 전환할 것으로 예상
(2) 매도신호 2 : 이동평균선의 하락이 지속될 때 주가가 이동평균선을 상향돌파하는 경우
→ 하락추세 속에서의 일시적 주가상승으로 해석
(3) 매도신호 3: 이동평균선 아래에서 상승세를 보이다가 이동평균선을 돌파하지 못하고 재차 하락하는 경우
→ 하락추세의 저항을 받고 다시 하락하는 것으로 해석
(4) 매도신호 4 : 주가가 상승하고 있는 이동평균선을 상향돌파 후 급등하는 경우
→ 과도한 상승 후 다시 이평선으로 수렴하는 반락을 예상

[학습안내] 40회 신유형이다(▶ 그림은 한권으로 끝내기 1권, p325 참조).

정답 ④

2과목 3편 투자분석기법 (3) 산업분석

41 산업연관표(産業聯關表) 분석에 대한 설명이다. 가장 적절하지 않은 것은?

① 장래 특정연도에 대한 경제 전체의 공급과 수요를 산업별로 세분하여 예측할 수 있다.
② 투입계수는 총투입액을 중간투입액이나 부가가치액으로 나누어서 구한다.
③ 생산유발계수는 소비, 투자, 수출과 같은 최종수요가 한 단위 증가할 때 각 산업에서 직·간접적으로 유발되는 산출물의 단위를 나타내는 계수이다.
④ 전방연쇄효과는 모든 산업제품에 대한 최종수요가 각각 1단위씩 증가하는 경우 특정산업의 생산에 미치는 영향을 말한다.

[해설] 투입계수는 각 산업이 재화와 서비스의 생산에 사용하기 위하여 다른 산업으로부터 구입한 **중간투입액과 부가가치액을 총투입액(또는 총산출액)으로 나눈 것**으로 중간투입계수와 부가가치계수로 나누어진다(2023 기본서, 2권, p399 인용).

▶ 중간투입계수 = $\dfrac{\text{중간투입액}}{\text{총투입액}}$, 부가가치계수 = $\dfrac{\text{부가가치액}}{\text{총투입액}}$

※ 투입계수와 생산유발계수
(1) 상품의 **생산기술구조**는 투입계수를 통해, **산업 간 상호의존관계**는 생산유발계수를 통해 파악할 수 있다.
(2) 산업 간 상호의존관계(전·후방 연쇄효과)
• 전방연쇄효과 : 모든 산업제품에 대한 최종수요가 각각 1단위씩 증가하는 경우 특정산업의 생산에 미치는 영향
• 후방연쇄효과 : 특정산업제품에 대한 최종수요가 1단위 증가할 때 모든 산업의 생산에 미치는 영향

정답 ②

42 산업정책의 특징과 가장 거리가 먼 것은?

① 경제성장을 직접적 목적으로 하여 총공급 관리에 초점을 맞추는 것이다.
② 생산자원의 공급과 배분을 정부가 개입해 지원, 조정, 규제하여 그 효과가 발생하는 것이다.
③ 경제발전이 뒤떨어진 후발국일수록 강조되며 국민경제의 성장잠재력이 훼손되는 상황에서도 강조되는 경향이 있다.
④ 한 국가 내에서는 정책의 방향과 수단이 변함없이 일관성 있게 진행되는 것이 효율적이다.

해설 '일관성 있게'는 틀린 내용이다. 산업정책은 각 국가가 처한 경제상황에 따라 구체적인 모습이 달라지며, 동일한 국가에서도 경제발전단계에 따라 효율적인 정책의 방향과 수단이 달라진다(2022 기본서, 2권, p417).

※ **부연설명(①과 관련된 내용, 2022 기본서, 2권, p416)**
산업정책은 공급지향적인 정책이다. 즉 경제성장을 직접적인 목적으로 하여 총공급 관리에 초점을 맞추는 것이다. 이는 재정 및 금융수단을 통하여 총수요를 관리함으로써 단기적인 경제안정을 직접적인 목표로 하는 케인즈적 거시경제정책(총수요관리)과는 구별되는 점이다.

정답 ④

43 포터(Porter)의 산업경쟁력 이론에 대한 설명이다. 옳게 설명한 항목의 개수는?

> 가. 한 국가의 산업경쟁력은 생산요소의 비교우위를 통해서 결정된다고 본다.
> 나. 직접요인과 간접요인을 종합적으로 고려하는 다이아몬드 모형으로 산업경쟁력을 설명한다.
> 다. 산업경쟁력 결정요인의 하나인 정부요인은 직접요인으로 분류된다.

① 0개
② 1개
③ 2개
④ 3개

해설 '나'만 옳은 내용이다(옳은 항목의 개수는 1개). 'Porter의 경쟁우위론'은 4가지 직접요인과 2가지 간접요인을 종합적으로 고려하는 다이아몬드 모형으로서, 기술혁신을 통해서 산업경쟁력 우위를 확보할 수 있다고 보는 이론이다.

※ **마이클 포터(Micheal Porter)의 경쟁우위론** : 2025 기본서, 2권, p409 참조
(1) 한 국가의 산업경쟁력은 기술혁신과 요소축적 등을 통해서 경쟁우위를 확보함으로써 얻을 수 있다고 본다.
　cf 비교우위를 통해서 산업경쟁력을 확보한다는 이론은 '리카도의 절대적 비교우위론, 헥셔-올린의 상대적 비교우위론'이다.
(2) 산업경쟁력의 결정요인을 4가지 직접요인과 2가지 간접요인으로 구분하고, 이들을 종합적으로 고려하는 **다이아몬드모형**으로 설명한다.
　㉠ 4가지 직접요인 : 요소조건, 수요조건, 연관산업 및 지원산업, 기업전략과 경쟁여건
　㉡ 2가지 간접요인 : 정부요인, 우발적 요인

[학습안내] 40회 신유형이다.

정답 ②

투자자산운용사

★★★

44 허핀달 지수(HHI)에 대한 설명이다. 가장 적절하지 않은 것은?

① CR_k와는 달리 산업 내 모든 기업의 시장점유율을 모두 반영하므로, 기업분포에 관한 정확한 정보를 내포하고 있다.
② 만일 한 시장 내에서 모든 기업의 시장점유율이 같다면 허핀달 지수의 역수는 동등 규모의 기업체 수를 말한다.
③ 동등기업의 수가 무한히 많아지면 허핀달 지수는 1에 수렴한다(소수점 단위로 측정할 경우).
④ 상위 k개 기업의 점유율 분포가 달라질 경우는 동일할 수 있으나 허핀달 지수는 무조건 변동하게 된다.

[해설] 0(제로)에 수렴한다.

※ **상세설명**

① CR_k는 상위 k개 기업 만의 점유율을 반영하지만, 허핀달 지수는 공식($\sum S_i^2$: S_i는 개별기업의 점유율)에서 알 수 있는 것처럼 모든 기업의 점유율을 반영하여 산출하므로 시장의 집중도를 CR_k에 비해 더 정확하게 반영한다.

② 허핀달 지수의 역수는 동등기업의 수이다($\frac{1}{HHI}$ = N, N = 동등기업의 수).

▸ 5개 기업이 20%씩 점유한 경우 허핀달 지수는 →

(1) $\frac{1}{HHI}$ = 5, HHI = 0.2

(2) $0.2^2 + 0.2^2 + 0.2^2 + 0.2^2 + 0.2^2 = 0.04 \times 5 = 0.2$(즉 동등기업의 수가 5개일 경우 허핀달 지수는 0.2이다).

③ 동등기업의 수가 무수히 많아질 경우 허핀달 지수는 0에 수렴한다(허핀달 지수를 소수점 단위로 측정할 경우).

• 동등기업의 수가 10개일 경우 → $\frac{1}{HHI}$ = 10, 즉 허핀달 지수는 0.1이다.

• 동등기업의 수가 100개일 경우 → $\frac{1}{HHI}$ = 100, 즉 허핀달 지수는 0.01이다.

• 동등기업의 수가 1,000개일 경우 → $\frac{1}{HHI}$ = 1,000 즉 허핀달지수는 0.001이다.

⇒ 즉, 동등기업의 수가 무한히 많아질 경우 허핀달지수는 0에 가까워진다.

④ 예를 들어 상위 3개 기업의 점유율이 '30% / 30% / 30%'에서 '50% / 20% / 20%'로 변동한다면, CR_3는 동일해도 허핀달 지수는 당연히 달라지게 된다.

(1) 상위 3개 기업의 점유율이 30%, 30%, 30%일 경우
→ CR_3는 0.9, HHI는 '$0.3^2 + 0.3^2 + 0.3^2 = 0.9 + 0.9 + 0.9 = 0.27$'이다.

(2) 상위 3개 기업의 점유율이 60%, 20%, 10%일 경우
→ CR_3는 0.9, HHI는 '$0.6^2 + 0.2^2 + 0.1^2 = 0.36 + 0.04 + 0.01 = 0.41$'이다.

⇒ 즉 상위 3개 기업의 CR_3가 동일하더라도 HHI지수는 달라질 수 있다(동 예시의 경우 불균등도가 증가하였으므로 HHI지수는 상승한다).

[보충] 허핀달 지수의 최소치는 산업에 속한 기업의 점유율이 동등할 때 달성된다(∵ 산업의 불균등도가 없는 상태). 그리고 허핀달지수의 최대치는 1개의 기업이 완전 독점을 하고 있을 때에 해당된다($\sum S_i^2$, %단위로는 '$100^2 = 10,000$'이고, 소수점 단위로는 '$1^2 = 1$'이다).

정답 ③

2과목 4편 리스크관리

45 빈칸을 옳게 연결한 것은?(순서대로)

> (　　　)은 거래상대방이 약속한 금액을 지불하지 못하는 경우에 발생하는 손실에 대한 위험을 말하며, (　　　)은 포지션을 청산할 때 발생하는 비용에 대한 위험을 말한다.

① 신용위험, 운영위험
② 신용위험, 유동성위험
③ 운영위험, 유동성위험
④ 운영위험, 법적위험

해설 '신용위험(Credit Risk), 유동성위험(Liquidity Risk)'이다. 참고로 운영위험(Operating Risk)는 '부적절한 내부시스템, 관리실패, 잘못된 통제, 사기, 인간의 오류 등으로 발생하는 손실에 대한 위험'을 말한다(2023 기본서, 2권, p429 참조).

정답 ②

46 빈칸을 옳게 연결한 것은?(순서대로)

> 특정회사의 거래포지션의 1일 동안 VaR이 신뢰구간 99%에서 10억 원이라면, 이는 회사가 이 포트폴리오를 보유함으로써 향후 1일 동안에, (　　)의 확률로 (　　) 손실을 볼 수 있다는 의미이다.

① 1%, 10억 원을 초과해서
② 1%, 10억 원 이내에서
③ 99%, 10억 원을 초과해서
④ 95%, 10억 원 이내에서

해설 '1%, 10억 원을 초과해서'이다. 99% 신뢰구간 하에서 1일 동안 발생할 수 있는 최대손실액이 10억 원이므로, 10억 원을 초과해서 손실이 발생할 수 있는 확률은 1%이다.

※ 2021 기본서, 2권, p455 인용
95% 신뢰기준 1일 VaR이 10억 원이라면, 이는 회사가 이 포트폴리오를 보유함으로써 향후 1일 동안에 '10억 원을 초과하여 손실을 보게 될 확률이 5%임을 의미한다.

정답 ①

투자자산운용사

47 부도율 측정모형(KMV의 EDF모형)에 대한 설명이다. 옳은 항목으로 연결한 것은?

> 가. 기업이 공표하는 회계자료에 의존하여 신용위험을 측정하는 모형이다.
> 나. 이론적EDF와 실증적EDF의 값은 같다.
> 다. 부도거리가 짧을수록 신용위험은 커진다.

① 정답 없음
② 가
③ 다
④ 가, 나, 다

해설 옳은 항목은 '다'이다.
- 가 : 회계자료에 의존하는 것은 주로 시간이 지난 자료에 의존한다는 단점이 있는데, EDF모형은 이를 극복하는 차원에서 기업의 정보를 실시간으로 반영하는 주가를 이용한다는 장점이 있다.
  ▶ EDF모형 : 기업의 주식가치를 '기대 자산가치가 기초자산이고 부채금액이 행사가격인 콜옵션의 가치'로 본다. 즉 기업의 회계자료가 아닌 주식가치로서 신용위험을 판단한다.
- 나 : **이론적EDF와 실증적EDF의 값은 다르다.** EDF모형은 먼저 이론적EDF를 구한 다음 실제 시장에서의 실증적EDF에 대응시켜 신용위험을 측정하는데, 이때 이론적EDF는 정규분포를 전제한 값이며 실증적EDF는 실제 신용위험의 확률분포가 정규분포가 아니므로 양자는 동일하지 않다.
- 다 : 부도거리가 짧을수록 부도위험(부도확률)은 높아진다.
  ▶ 부도거리(DD)에 대한 해석
  (1) 부도거리에 따른 부도율 계산
  [1단계] 기업의 기대 자산가치가 100억 원, 부채는 40억 원, 표준편차가 20억 원일 경우
  부도거리는 → $DD = \frac{A-D}{\sigma} = \frac{100-40}{20}$ = 3표준편차
  [2단계] 부도거리가 3표준편차 → 부도율은 3표준편차의 신뢰구간을 벗어나는 확률
  (즉 3표준편차를 초과하는 확률 또는 3표준편차 이상의 확률) → 3표준편차 이내의 확률을 대략 99%라고 한다면 부도확률은 0.50%이다(부도율은 하락위험이므로 단측검정).
  (2) 부도거리가 길수록 부도율은 낮다(신용위험이 낮다). 부도거리(Default Distance)는 부도점에 도달하는 거리를 말하는데, 부도거리가 길다는 것은 부도점에 도달하는 거리가 길다는 것, 즉 '부도위험이 낮다는 것(신용위험이 낮다)'는 것을 의미한다.

부도거리	1표준편차	2표준편차	3표준편차
신뢰구간	대략 68% 신뢰구간	대략 95% 신뢰구간	대략 99% 신뢰구간
신뢰구간을 벗어날 확률	32%	5%	1%
부도율 (단측검정)	16%	2.5%	0.5%

정답 ③

3과목 1편 직무윤리

48 이해상충방지체계의 일환으로서 자기계약(자기거래) 금지 규정에 대한 내용이다. 가장 적절하지 않은 것은?

① 투자매매업자 또는 투자중개업자는 금융투자상품에 관한 매매에 있어서 자신이 본인이 됨과 동시에 상대방의 투자중개업자가 되어서는 아니된다.
② 자기거래는 이해상충이 크게 발생하므로, 금융투자업종사자는 금융소비자가 동의를 했다 하더라도 금융소비자와의 거래당사자가 되거나 자기 이해관계인의 대리인이 되어서는 아니 된다.
③ 투자중개업자가 투자자로부터 장내시장(증권시장, 파생상품시장)에서의 매매를 위탁받아 거래가 이루어지게 하는 경우는 자기거래금지가 적용되지 않는다.
④ 투자중개업자가 투자자로부터 다자간매매체결회사에서의 매매를 위탁받아 거래가 이루어지게 하는 경우는 자기거래금지가 적용되지 않는다.

해설 금융소비자의 동의가 있는 경우는 자기거래금지가 적용되지 않는다.

※ 자기계약(자기거래)의 금지(2024 기본서, 3권, p29~30 참조)
(1) 투자매매업자 또는 투자중개업자는 금융투자상품에 관한 매매에 있어서 자신이 본인이 됨과 동시에 상대방의 투자중개업자가 되어서는 아니 된다(자본시장법 제67조).
(2) 금융투자업종사자는 **금융소비자가 동의한 경우를 제외하고는** 금융소비자와의 거래당사자가 되거나 자기 이해관계인의 대리인이 되어서는 아니 된다.
(3) 그러나 상대방이 우연히 결정되어 투자자의 이익을 해할 우려가 없는 다음의 경우에는, 자기거래금지의 예외가 인정된다.
  ㉠ 투자중개업자가 투자자로부터 장내시장(증권시장, 파생상품시장)에서의 매매위탁을 받고, 장내시장을 통하여 매매가 이루어지도록 한 경우
  ㉡ 투자중개업자가 투자자로부터 다자간매매체결회사에서의 매매위탁을 받고, 다자간매매체결회사를 통해 매매가 이루어지게 한 경우
  ㉢ 투자매매업자 또는 투자중개업자가 자기가 판매하는 집합투자증권을 매수하는 경우
  ㉣ 종합금융투자사업자가 단기금융업무에 따라 금융투자상품을 장외에서 매매하는 경우
  ㉤ 그 밖에 공정한 가격형성과 거래의 안정성·효율성 도모 및 투자자보호에 우려가 없는 경우로서 금융위원회가 정하여 고시하는 경우

정답 ②

49 '청약의 철회(금융소비자보호법 제46조)'에 대한 내용이다. 틀린 항목의 개수는?

가. 전문금융소비자는 청약철회권을 행사할 수 없다.
나. 예금성상품에 대해서는 청약철회권을 행사할 수 없다.
다. 금융상품판매업자의 고의나 과실 등 귀책사유가 없는 경우, 금융상품판매업자는 금융소비자의 청약철회권 행사에 응하지 않을 수 있다.
라. 투자성상품의 경우 청약철회권은 계약체결일 또는 계약서류를 제공받은 날로부터 7일까지 행사할 수 있으며, 그 청약의 철회의사를 밝히기 위해 서면 등을 발송한 날로부터 철회의 효력이 발생한다.
마. 금융상품판매업자는 해당 금융소비자에 대해 청약철회에 따른 손해배상 또는 위약금의 지급을 청구할 수 없다.

① 0개 ② 1개
③ 2개 ④ 3개

해설 틀린 항목의 개수는 1개('다')이다. 청약철회권은 금융회사의 귀책사유(고의 또는 과실)가 없더라도 일반금융소비자가 행사할 수 있는 권리이다.

보충 일반금융소비자는 '보장성상품 / 투자성상품(금융투자자문 포함) / 대출성상품'에 대해 청약철회권을 행사할 수 있다. 즉 'ⓘ 전문금융소비자는 청약철회권을 행사할 수 없으며, ⓛ 일반금융소비자라 하더라도 예금성상품에 대해서는 청약철회권을 행사할 수 없음'을 의미한다.

※ **청약의 철회(금소법 제46조)** : 2025 기본서, 3권, p59~60 참조
(1) 일반금융소비자는 '보장성상품・투자성상품(금융투자자문 포함)・대출성상품'에 대해 청약을 철회할 수 있다(서면으로 청약철회 의사를 발송).
  • 청약철회권은 금융회사의 귀책사유(고의 또는 과실)가 없더라도 일반금융소비자가 행사할 수 있는 권리이다.
(2) '투자성상품(금융투자자문 포함)'은 계약체결일로부터 7일, '대출성상품'은 계약체결일로부터 14일까지 청약철회가 가능하다(cf 보장성상품은 기본서 기술 없음).
(3) 청약철회의 효력발생시기
  ⓘ 보장성상품, 투자성상품(금융투자자문 포함) : 청약철회의 의사표시를 위해 서면을 발송한 때
  ⓛ 대출성상품 : 청약철회 의사표시를 서면으로 발송하고 이미 공급받은 금전・재화 등을 반환한 때
(4) 청약이 철회된 경우, 금융상품판매업자는 청약철회를 접수한 날로부터 3영업일 이내에 이미 받은 금전・재화 등을 반환하고, 반환이 늦어진 기간에 대해서는 지연 이자를 가산하여 지급해야 한다.
(5) 청약이 철회된 경우, 금융상품판매업자는 일반금융소비자에 대해 청약철회에 따른 손해배상 또는 위약금의 지급을 청구할 수 없다.

[학습안내] 43회 신유형

정답 ②

---

50 금융투자회사 표준윤리준칙 제6조 '정보보호'에 대한 내용이다. 가장 거리가 먼 것은?

① 정보보호의무상 정보보호는 회사의 업무정보 및 고객정보 모두를 대상으로 한다.
② 회사의 재무건전성이나 경영 등에 중대한 영향을 미칠 수 있는 정보 또는 고객의 신상정보나 거래내역 정보 등은 기록형태나 기록유무와 관계 없이 비밀정보로 본다.
③ 임직원은 어떠한 경우라도 자신 또는 제3자를 위해 비밀정보를 이용해서는 아니 된다.
④ 비밀정보의 제공은 그 필요성이 인정되는 경우에 한하여 회사가 정하는 사전승인절차에 따라 이루어져야 한다.

해설 회사업무수행을 목적으로 하는 경우는 비밀정보 사용이 가능하다(추가해설 참조).

※ **지문별 추가해설(2022 기본서, 3권, p97~99 참조)**
① 금융투자회사 표준윤리준칙 제6조(정보보호)의 정의 : 회사와 임직원은 회사의 업무정보와 고객정보를 안전하게 보호하고 관리해야 한다.
② 비밀정보의 범위 : '회사의 재무건전성이나 경영에 중대한 영향을 미칠 수 있는 정보, 고객 또는 거래상대방의 신상정보나 매매거래내역 등'은 기록형태나 기록유무와 관계 없이 비밀정보로 본다.
③ 비밀정보의 관리 : 비밀정보에 대한 관계법령 등의 준수가 요구된다(아래 사항).
  • 임직원은 **회사가 요구하는 업무를 수행하는 목적 이외에** 어떠한 경우라도 자신 또는 제3자를 위하여 비밀정보를 이용해서는 아니 된다.
    ▶ 또한 특정정보가 비밀정보인지 불명확할 경우에는 준법감시인의 사전확인을 받기 전까지는 비밀정보로 분류하고 관리해야 한다.
④ 비밀정보의 제공절차 : 비밀정보의 제공은 그 필요성이 인정되는 경우에 한하여 회사가 정하는 사전승인절차에 따라 이루어져야 한다(→ 제공요건 : 'Need to Know Rule & 준법감시인의 사전승인).

정답 ③

부록 | 투자자산운용사

51 금융투자회사의 내부통제체제에 대한 설명이다. 가장 적절하지 않은 것은?

① 내부제보자가 제보행위를 이유로 인사상 불이익을 받은 것으로 인정되는 경우 준법감시인은 회사에 대해 시정을 요구할 수 있으며, 회사는 정당한 사유가 없는 한 이에 응해야 한다.
② 해당 내부제보자에 대한 인사상 또는 금전적 혜택을 주는 것은 금지된다.
③ 금융사고 발생우려가 높은 직무를 수행하는 임직원을 대상으로는 일정기간 휴가를 명령하여 해당 임직원의 업무수행 적정성을 점검하는 명령휴가제도를 운영해야 한다.
④ 회사에 중대한 영향을 미칠 수 있는 위법·부당한 행위를 인지하고도 회사에 제보하지 않은 미제보자에 대한 불이익을 부과하는 사항이 반드시 포함되어야 한다.

해설 내부제보자에 대한 보상이 가능하다.

※ '내부제보자에 대한 보상'과 관련한 기본서 내용
(1) 만일 제보자가 신분상의 불이익을 당한 경우 준법감시인에 대하여 당해 불이익처분에 대한 원상회복, 전직 등 신분보장조치를 요구할 수 있고, 준법감시인은 제보의 내용이 회사의 재산상의 손실 발생 혹은 확대방지에 기여한 경우 **포상을 추천할 수 있다**(3권, p101).
(2) 준법감시인(또는 감사)은 **내부제보우수자를 선정하여 인사상 또는 금전적 혜택을 부여하도록 회사에 요청할 수 있으나**, 내부제보자가 원하지 않는 경우에는 요청하지 않을 수 있다(3권, p120).
(3) 회사에 중대한 영향을 미칠 수 있는 위법·부당한 행위를 인지하고서도 회사에 제보하지 않는 **미제보자에 대한 불이익 부과 등에 관한 사항이 반드시 포함되어야 한다**(시대에듀 한권으로 끝내기 3권, p120).

정답 ②

---

52 금융감독기구의 행정제재에 대한 설명이다. 가장 거리가 먼 것은?

① 금융투자업자를 대상으로 금융투자업의 인가나 등록을 취소할 수 있다.
② 금융투자업자를 대상으로 6개월 이내의 기간 동안 업무의 전부 또는 일부의 정지의 제재를 부과할 수 있다.
③ 투자자보호와 건전한 거래질서를 위해서 필요할 경우, 금융투자업자의 고유재산운용에 관한 사항에 대해서 금융투자회사에 필요한 조치를 명할 수 있다.
④ 금융투자업자의 임원을 대상으로 해임요구 등을 할 수 있지만, 직원을 대상으로는 면직요구 등을 할 수 없다.

해설 직원에 대해서도 면직요구 등의 직접 제재가 가능하다(직원에 대한 금융위제재로서 '면직'과 '면직요구'를 혼용하고 있는데, 직접제재가 가능하다는 점에서 동일한 의미임).

※ **금융투자업자에 대한 금융위원회의 제재권**
(1) 금융위원회의 조치명령권 : '금융투자업자의 고유재산운용에 관한 사항 / 금융투자업자의 경영 및 업무개선에 관한 사항 등'에 대해서 투자자보호와 건전한 거래질서를 위하여 금융투자회사에 필요한 조치를 취할 수 있다.
(2) 금융투자업에 대한 인가나 등록의 취소권 : '거짓 등으로 인가를 받았거나 / 인가조건을 위반하였거나 등'의 경우 금융투자업에 대한 인가 / 등록의 취소 또는 6개월 이내의 업무전부 또는 일부정지의 조치를 취할 수 있다.

※ **금융투자업자의 임직원에 대한 조치권** : 임직원의 위반행위에 대해서 아래와 같은 조치를 취할 수 있다.

임원에 대한 조치권	직원에 대한 조치권
해임요구, 6개월 이내의 직무정지, 문책경고, 주의적 경고, 주의 등	면직(요구), 6개월 이내의 정직, 감봉, 견책, 경고, 주의 등

투자자산운용사 [부록]

※ 청문 및 이의신청
(1) **청문신청** : 인가나 등록의 취소, 임원해임요구, 직원면직요구 등에 대해서는 반드시 청문절차를 거쳐야 한다(cf) 직원의 정직은 청문대상이 아님).
(2) **이의신청** : 금융위원회의 제재처분에 불복할 경우는 해당 처분을 받은 날로부터 30일 내에 이의신청을 해야 하며, 이때 금융위원회는 이의신청을 받은 날로부터 60일 이내에 심의하고 결정해야 한다.

정답 ④

3과목 2편 자본시장과 금융투자업에 관한 법률 & 금융위원회규정

53 온라인소액투자중개업에 대한 설명이다. 틀린 항목으로 연결한 것은?

> 가. 온라인소액투자중개업자는 온라인상에서 누구의 명의로 하든지 타인의 계산으로 채무증권, 지분증권, 투자계약증권의 모집 또는 사모에 관한 중개를 영업으로 하는 투자중개업자를 말한다.
> 나. 주요 인가 요건으로서 5억 원 이상의 자기자본을 갖추어야 한다.
> 다. 온라인소액투자중개업자는 온라인소액증권발행인의 요청에 따라 투자자의 자격 등을 합리적이고 명확한 기준에 따라 제한할 수 있다.
> 라. 온라인소액투자중개업자는 자신이 운영하는 홈페이지에 투자광고를 게시할 수 있으며 다수의 투자자를 상대로 투자광고 내용을 문자로 전송할 수 있다.

① 가, 나
② 다, 라
③ 가, 다
④ 나, 라

해설 틀린 내용은 '나, 라'이다.
- 나 : 온라인소액투자중개업은 인가대상이 아니라 등록대상이다(즉 '등록요건'이 맞음).
- 라 : 투자광고는 홈페이지 게시로만 하는 것이 원칙이다(투자광고내용은 문자전송이 불가).

※ **온라인소액투자중개업**(2025 기본서, 3권, p170~172참조)
(1) **온라인소액투자중개업자 정의** : 온라인상에서 타인의 계산으로 '채무증권 / 지분증권 / 투자계약증권([암기] 채. 지. 투)'의 모집 또는 중개를 영업으로 하는 투자중개업자이다.
(2) **주요 등록요건** : 5억 원 이상의 자기자본을 갖출 것, 사업계획이 타당하고 건전할 것 등
   [보충] 등록대상 금융투자업 : 투자자문업, 투자일임업, 온라인소액투자중개업, 일반사모집합투자업
(3) **온라인소액투자중개업자에 대한 영업행위 규제**
   ㉠ 자신이 중개하는 증권을 자기의 계산으로 취득하거나 청약을 주선 또는 대리하는 행위는 금지된다.
   ㉡ 발행인의 요청에 따라 투자자의 자격 등을 합리적이고 명확한 기준에 따라 **제한할 수 있다**.
   ㉢ 증권의 청약기간이 만료된 경우에는 증권의 청약 및 발행에 관한 내역을 지체 없이 투자자에게 통지해야 한다.
   ㉣ 아래의 행위를 제외하고는 증권청약을 권유하는 일체의 행위는 금지된다(아래 행위는 허용대상).
     • 투자광고를 자신의 홈페이지에 게시하거나 '투자광고가 게시된 인터넷 홈페이지 주소 등'을 제공하는 행위
     • 온라인소액증권발행인이 게재하는 내용을 자신의 인터넷 홈페이지에 게시하는 행위
     • 사모의 방식으로 증권 청약을 권유하는 경우 온라인소액증권발행인이 게재하는 내용을 특정 투자자에게 전송하는 행위

(4) 투자광고특례 : 온라인소액투자중개업자나 발행인은 해당 중개업자가 개설한 인터넷 홈페이지 이외의 수단을 통해서 투자광고를 하는 행위는 금지된다.

예 문자전송 방식의 투자광고는 금지된다(문자전송은 '홈페이지 링크제공, 필수정보제공, 고객관리알림' 등의 안내 차원에서만 허용).

학습안내 43회 신유형

정답 ④

54 금융투자업의 적용배제에 대한 설명이다. 가장 적절하지 않은 것은?

① 투자신탁의 수익증권을 자기가 발행하는 것은 투자매매업에 해당된다.
② 투자권유대행인이 투자권유를 대행하는 것은 투자중개업에 해당하지 않는다.
③ 종금사가 어음관리계좌를 판매하고 운용하기 위해서는 집합투자업의 인가를 받아야 한다.
④ 집합투자기구평가회사, 채권평가회사, 공인회계사 등 해당 법령에 따라 자문용역을 제공하고 있는 자가, 해당 업무와 관련된 분석정보를 제공하는 경우는 투자자문업으로 보지 않는다.

해설 ① 투자신탁 수익증권을 자기가 발행하는 것은 투자매매업에 속하므로 인가를 받아야 자기발행이 가능하다.
- '투자신탁 수익증권 / 투자성 있는 예금·보험 / 특정 파생결합증권'이 아닌 나머지 증권을 자기가 발행하는 경우는 투자매매업의 적용이 배제
② 투자권유대행인이 투자권유를 대행하는 것은 투자중개업 적용에서 배제되므로 투자중개업의 인가를 받지 않아도 투자권유대행을 할 수 있다.
③ 종금사의 CMA업무는 집합투자업 적용에서 배제되므로, 집합투자업의 인가없이도 해당 업무를 영위할 수 있다.
④ 법령에 따른 자문용역 수행과정에서 관련 분석정보를 제공하는 것은 투자자문업의 적용이 배제된다.
※ '금융투자업의 적용배제'는 해당 금융투자업과 유사한 업무이지만 그 적용을 배제함으로써 규제를 완화한다는 취지이다(추가 상세설명은 시대에듀 한권으로 끝내기, 3과목 자본시장법, p74~75 참조).

정답 ③

55 다음 중 적기시정조치에 해당하는 것으로 모두 연결한 것은?

가. 경영개선권고
나. 경영개선요구
다. 경영개선계획 제출 및 평가
라. 경영개선계획의 이행실적에 대한 결과보고

① 가, 나
② 가, 나, 다
③ 가, 나, 라
④ 가, 나, 다, 라

해설 적기시정조치는 '경영개선권고 / 경영개선요구 / 경영개선명령' 등 세 가지 조치를 말하므로, 경영개선계획과 관련된 것(다, 라)은 적기시정조치로 분류되지 않는다.

정답 ①

투자자산운용사

56 적기시정조치에 대한 설명이다. 가장 적절하지 않은 것은?

① 금융투자업자의 순자본비율이 0% 미만인 경우 경영개선명령이 발동된다.
② 금융투자업자의 경영실태평가등급이 4등급 이하일 경우 경영개선명령이 발동된다.
③ 주식의 일부 또는 전부의 소각, 영업의 전부 또는 일부의 양도, 6개월 이내의 영업정지 등은 경영개선명령의 이행조치이다.
④ 금융위는 금융투자업자가 경영개선권고 등의 적기시정조치 요건에 해당되더라도 자본의 확충 또는 자산의 매각 등으로 단기간 내에 적기시정조치의 요건에 해당되지 아니하게 될 수 있다고 판단되는 경우는 일정기간 조치를 유예할 수 있다.

해설 경영실태평가등급이 4등급 이하일 경우는 경영개선요구가 발동된다.

※ 적시시정조치 발동요건(기준 : 순자본비율, 경영실태평가등급, 레버리지비율)

구 분	경영개선권고	경영개선요구	경영개선명령
순자본비율	100% 미만~50% 이상	50% 미만~0% 이상	0% 미만
경영실태평가등급	3등급 이상 & 자본적정성부문 4등급 이하	4등급 이하	(요건 없음)
레버리지비율	1,100% 초과 (2년연속 적자 시는 900% 초과 시)	1,300% 초과 (2년연속 적자 시는 1,100%초과 시)	(요건 없음)

▶ 경영개선명령 조치 : 합병, 주식의 일부 또는 전부소각, 영업의 전부 또는 일부의 정지, 6개월 이내의 영업정지, 임원의 직무집행정지 등
▶ 적기시정조치의 유예 : 금융위는 금융투자업자가 경영개선권고, 경영개선요구, 경영개선명령 요건에 해당되더라도, 자본확충·자산매각 등으로 단기간 내에 적기시정조치의 요건에 해당되지 아니하게 될 수 있다고 판단되는 경우는 일정기간 조치를 유예할 수 있다.

[학습안내] 적기시정조치의 세부 내용은 '4회 57번 해설'을 참조할 것

정답 ②

부록 | 투자자산운용사

57 투자자예탁금의 별도예치제도에 대한 설명이다. 가장 적절하지 않은 것은?

① '투자매매업자 또는 투자중개업자(예탁을 하는 예치 금융투자업자)'는 '증권금융회사 또는 신탁업자(예탁을 받는 예치기관)'에게 투자자예탁금을 예치 또는 신탁하는 경우에는 그 투자자예탁금이 예치 금융투자업자의 고유재산임을 명시해야 한다.
② 누구든지 예치기관에 예치 또는 신탁한 투자자예탁금을 상계나 압류를 할 수 없다.
③ 예치 금융투자업자가 다른 회사에 흡수합병 되거나 금융투자업의 전부 또는 일부를 양도하는 경우에는, 예외적으로 예치기관에 예탁한 투자자예탁금을 양도하거나 담보로 제공할 수 있다.
④ 예치 금융투자업자에게 인가취소나 파산선고 등의 사유발생 시 예치 금융투자업자는 예치기관에 예치 또는 신탁한 투자자예탁금을 인출하여 투자자에게 우선 지급해야 한다.

해설 그 투자자예탁금이 **투자자의 재산임을 명시해야** 한다.

※ **투자자예탁금 별도예치제도(2024 기본서, 3권, p260~263 참조)**

(1) 투자자예탁금의 별도예치
  ㉠ 투자자예탁금은 투자자로부터 금융투자상품의 매매, 그 밖의 거래와 관련하여 예탁 받은 금전을 의미하며, 투자매매업자 또는 투자중개업자는 이를 고유재산과 구분하여 증권금융회사나 예치하거나 신탁업자에게 신탁해야 한다.
    • 증권금융에 예치하거나 신탁업자에게 신탁하는 투자매매업자 또는 투자중개업자를 '**예치 금융투자업자**'라 하며, 이로부터 예치 또는 신탁을 받는 증권금융이나 신탁업자를 '**예치기관**'이라 한다.
  ㉡ 예치 금융투자업자가 예치기관에 투자자예탁금을 예치 또는 신탁함에 있어서, 신탁업자에게 신탁할 수 있는 금융투자업자는 '은행, 산업은행, 중소기업은행, 보험회사(겸영 금융투자업자)'이며, 겸영 금융투자업자가 신탁업자일 경우 자신에게 신탁할 수 있다(**자기계약이 가능**).
    주의 겸영 금융투자업자가 투자자예탁금을 신탁할 경우 자기계약이 가능하다. → ○
  ㉢ 예치 금융투자업자가 예치기관에 투자자예탁금을 예치 또는 신탁할 경우 그 투자자예탁금이 **투자자의 재산이라는 점을 명시해야** 한다.

(2) 투자자예탁금의 관리
  ㉠ 누구든지 예치기관에 예치 또는 신탁한 투자자예탁금을 **상계・압류하지 못한다.**
  ㉡ 예치 금융투자업자는 '시행령으로 정하는 경우'[주1] 외에는 예치기관에 예치 또는 신탁한 투자자예탁금을 **양도하거나 담보로 제공할 수 없다.**
    * 주1(예외적으로 예치 금융투자업자가 투자자예탁금을 양도하거나 담보로 제공할 수 있는 사유)
      • 예치 금융투자업자가 다른 회사에 흡수합병, 신설합병되는 경우
      • 예치 금융투자업자가 금융투자업의 전부나 일부를 양도하는 경우
  ㉢ 예치 금융투자업자에게 '인가취소, 파산선고, 금융투자업의 전부양도 등'의 경우 사유가 발생할 경우, 예치 금융투자업자는 예치 또는 신탁한 투자자예탁금을 인출하여 투자자에게 우선 지급하여야 한다.
    • 이상의 사유(투자자예탁금의 우선지급사유)가 발생 시, 예치 금융투자업자는 그 사유발생일로부터 2개월 이내에 그 사실과 투자자예탁금의 지급시기 등과 관련한 사항을 둘 이상의 일간신문에 공고하고, 인터넷 홈페이지 등을 통해 공시해야 한다.
  ㉣ 기 타
    • 예치기관은 예치 또는 신탁 받은 투자자예탁금을 자기재산과 구분하여 신의성실 원칙에 입각하여 관리해야 한다.
    • 예치 금융투자업자는 매매 등을 통해 보유하게 되는 '투자자 소유의 증권(투자자예탁증권)'의 경우, 지체 없이 예탁결제원에 예탁해야 한다.

정답 ①

58 투자일임업자의 금지행위와 관련하여 빈칸에 들어갈 수 없는 것은?

> 투자일임업자는 자기 또는 관계인수인이 인수한 증권을 자신의 투자일임재산으로 매수하는 행위는 금지된다. 단, 투자자보호 및 건전한 거래질서를 해할 우려가 없는 경우로서, (　　　), (　　　), (　　　)는 예외가 인정된다.

① 인수일로부터 3개월이 지난 후 매수하는 경우
② 인수한 상장주권을 증권시장에서 매수하는 경우
③ 국채, 지방채, 통안채, 특수채를 매수하는 경우
④ 주식관련사채를 매수하는 경우

해설 사채권의 매수는 국공채와 마찬가지로 예외가 인정되지만, 사채권 중 '주식관련사채나 상각형 조건부자본증권'은 예외가 인정되지 않는다.

※ **투자일임업자의 금지행위(2024 기본서, 3권, p260~263 참조)**
　투자일임업자는 투자일임재산을 운용함에 있어서 다음 어느 하나의 행위를 해서는 아니 된다.
　(1) 정당한 사유 없이 투자자의 운용방법의 변경 또는 계약의 해지요구에 응하지 않는 행위
　(2) 자기 또는 관계인수인이 인수한 증권을 투자일임재산으로 매수하는 행위. **다만, 투자자보호 및 건전한 질서를 해할 우려가 없는 경우로서, 아래(㉠, ㉡, ㉢)는 예외가 인정된다.**
　　㉠ 인수일로부터 3개월이 지난 후 매수하는 경우
　　㉡ 인수한 상장주권을 증권시장에서 매수하는 경우
　　㉢ 국채, 지방채, 통안채, 특수채, 사채권(**주식관련사채 및 상각형 조건부자본증권은 제외**)을 매수하는 경우
　▶ 32회, 36회 시험에 반영
　(3) 특정투자자의 이익을 해하면서 자기 또는 제3자의 이익을 도모하는 행위
　(4) 투자일임재산으로 자기가 운용하는 다른 투자일임재산, 집합투자재산 또는 신탁재산과 거래하는 행위
　(5) 투자일임재산으로 투자일임업자 또는 그 이해관계인의 고유재산과 거래하는 행위. 다만, 이해관계인이 되기 **6개월 이전**에 체결한 계약에 따른 거래, 불특정 다수인이 참여하는 **공개시장에서의 거래**, 일반적인 거래조건에 비추어 투자일임재산에 **유리한 거래** 등의 거래는 예외 인정
　(6) 투자자의 동의 없이 투자일임재산으로 투자일임업자 또는 그 이해관계인이 발행한 증권에 투자하는 행위
　(7) 투자일임재산을 각각의 투자자별로 운용하지 않고 여러 투자자의 자산을 집합하여 운용하는 행위. 다만, 투자자코호 및 건전한 질서를 해할 우려가 없는 경우로서 개별 투자일임재산을 효율적으로 운용하기위한 경우 등은 예외인정
　(8) 투자자로부터 '㉠ 투자일임재산을 예탁하거나 인출하는 행위, ㉡ 투자일임재산을 예탁하는 투자매매업자·투자중개업자를 지정하거나 변경하는 행위, ㉢ 투자일임재산에 속하는 증권의 의결권을 행사하는 행위' 등을 **위임받는 행위는 금지된다.** 단, '주식매수청구권 행사, 유상증자 청약, 공개매수 응모' 등을 위해 ㉢의 위임을 받는 것은 가능하다. ▶ 36회, 37회, 40회 시험에 반영
　(9) 투자일임업자가 투자매매업자나 투자중개업자로서 증권의 대차거래 등을 하기 위한 경우, ⓐ와 ⓑ의 예외가 긴정된다.
　　ⓐ 투자자 동의를 받고 투자일임업자의 고유재산과 거래하는 행위(위 ⑤의 예외)
　　ⓑ 투자자 위임을 받고 투자일임재산을 인출하는 행위(위 '(8)-㉠'의 예외)
　▶ 30회, 36회 시험에 반영
　(10) 그 밖에 투자자보호 또는 건전한 거래질서를 해할 우려가 있는 행위로서 아래의 행위
　　• 일반투자자와 같은 대우를 받겠다는 전문투자자의 요구에 정당한 사유 없이 동의하지 않는 행위
　　• 투자일임의 범위, 투자목적 등을 고려하지 않고 투자일임재산으로 지나치게 자주 매매하는 행위
　　• 채권자로서 그 권리를 담보하기 위하여 백지수표나 백지어음을 받은 행위 등

정답 ④

부록 — 투자자산운용사

59 투자일임업자의 금지행위에 대한 설명이다. 가장 적절하지 않은 것은?

① 투자일임재산으로 자기가 운용하는 다른 투자일임재산, 집합투자재산 또는 신탁재산과 거래하는 행위는 금지된다.
② 투자일임재산으로 투자일임업자의 고유재산과 거래하는 행위는 금지되지만, 일반적인 거래조건에 비추어 투자일임재산에 유리한 경우는 예외가 인정된다.
③ 투자일임업자는 투자일임재산에 속하는 증권의 의결권을 행사하는 행위를 위임받는 것은 원칙상 인정되지만, 투자자보호 또는 건전한 질서를 해할 우려가 있는 경우는 위임이 금지된다.
④ 투자일임재산을 예탁하거나 인출하는 행위를 위임받는 것은 금지되지만, 투자일임업자가 투자매매업자나 투자중개업자로서 대차거래 등을 하기 위하여 투자자의 위임을 받고 투자일임재산을 인출하는 행위는 예외가 인정된다.

해설 의결권행사를 위임받는 것은 원칙상 금지되지만, 투자자보호나 건전한 질서를 해할 우려가 없는 경우로서 주식매수청구권의 행사나 유상증자 청약 등을 위해서 위임을 받는 것은 가능하다.

보충 58번의 해설 중 '(1), (3), (4), (6)'의 4가지는 투자일임업자 금지행위 중 예외가 인정되지 않는 사항이다.

학습안내 '투자일임업자 금지행위'에 대한 전체 내용은 57번 해설 참조

정답 ③

---

60 다음 중 모자형 집합투자기구의 정의 및 설정·설립 요건에 대한 설명이다. 틀린 것으로 연결한 것은?

> 가. 모자형 집합투자기구는 자집합투자기구가 발행한 집합투자증권을 모집합투자기구가 취득하는 구조의 집합투자기구를 말한다.
> 나. 자집합투자기구와 모집합투자기구의 집합투자재산을 운용하는 집합투자업자가 동일하지 않아야 한다.
> 다. 자집합투자기구 외의 자가 모집합투자기구의 집합투자증권을 취득하는 것이 허용되지 않아야 한다.
> 라. 자집합투자기구가 모집합투자기구의 집합투자증권 외의 다른 집합투자증권을 취득하는 것이 허용되지 않아야 한다.

① 가, 나
② 다, 라
③ 가, 다
④ 나, 라

해설 틀린 내용은 '가, 나'이다.
- 가 : 모집합투자기구가 발행한 집합투자증권을 자집합투자기구가 취득하는 구조의 집합투자기구를 말한다.
- 나 : 자집합투자기구와 모집합투자기구의 집합투자재산을 운용하는 집합투자업자가 동일해야 한다.

정답 ①

투자자산운용사

61 금융기관에 대한 검사 및 제재 규정에 관한 설명이다. 가장 적절하지 않은 것은?

① 검사결과에 대한 조치는 금융위 심의·의결을 거쳐 조치하되 금감원장 위임사항은 금감원장이 직접 조치한다.
② 금감원장이 제재조치를 하는 때에는 위규행위 사실, 관련 법규, 제재 예정내용 등을 제재대상자에게 구체적으로 사전 통지하고 상당한 기간을 정하여 구술 또는 서면에 의한 의견진술 기회를 주는 것이 원칙이다.
③ 금융기관 또는 임직원은 금융위원회의 제재사항에 대하여 이의신청을 할 수 있으며, 이때 금감원장은 당해 이의신청이 이유없다고 인정할 명백한 사유가 있다 하더라도 금감원장 직권으로 당해 이의신청을 기각할 수 없다.
④ 제재조치에 대한 이의신청을 하고 그 처리결과에 대해서는 추가적인 이의신청은 불가하다.

해설 이의신청이 있다 하더라도, 당해 이의신청이 이유가 없다고 인정할 만한 명백한 사유가 있는 경우에는 금감원장이 이의신청을 기각할 수 있다.

※ **검사절차(금융기관의 업무 및 재산상황에 대한 검사 및 제재에 관한 규정)**

주로 사전조사(자료파악 등) → 검사실시(진술청취 등) → 결과보고(위법사항 적출보고) → 검사결과조치(문책 등)[주1] → 사후관리(시정사항 이행보고 등)

* 주1
  (1) 검사결과조치는 금융위원회의 심의를 거쳐 조치하되, 금감원장 위임사항은 금감원장이 직접 조치한다.
  (2) 금감원장이 직접 제재조치를 하는 때에는 제재대상자에게 제재내용 등에 대해 사전통지하고 의견진술기회를 주는 것을 원칙으로 한다(단, 사전통지 등 절차가 명백히 불필요하다고 인정될 만한 사유가 있는 경우는 생략가능).
  (3) 제재를 받은 금융기관이나 임직원은 이의신청을 할 수 있다(이의신청에 대해서는 금융위가 '기각/처분의 취소/처분의 변경' 중 하나로 조치하는 것이 원칙이지만, 당해 이의신청의 이유가 없음이 명백하게 인정될 경우에는 금감원장의 직권으로 이의신청을 기각할 수 있다).
  (4) 이의신청에 대한 처리결과에 대해서는 재차 이의신청은 할 수 없다.

정답 ③

3과목 3편 한국금융투자협회규정

62 금융투자회사의 영업 및 업무에 관한 규정상의 설명의무에 대한 설명이다. 가장 적절하지 않은 것은?

① ELS, ELW를 포함한 공모형 파생결합증권은 핵심설명서 교부대상이다.
② 금융투자회사는 일반투자자가 최초로 ELW나 ETN을 매매하고자 하는 경우에는 기존에 위탁매매거래 계좌가 있더라도 서명 등의 방법으로 매매의사를 별도로 확인해야 한다.
③ 금융투자회사는 일반투자자가 레버리지ETF, 레버리지ETN을 매매하고자 하는 경우는 협회가 인정하는 교육을 사전에 이수하도록 해야 한다.
④ 선물, 옵션 등 장내파생상품을 매매하고자 하는 경우 적격 개인투자자 자격을 위해 1시간 이상의 파생상품 교육과정과 3시간 이상의 파생상품 모의거래 과정을 이수하도록 해야 한다.

해설 공모형 파생결합증권은 핵심설명서 교부대상이지만 상장이 되어 거래가 되는 ELW와 ETN은 대상에서 제외된다(즉 공모형 ELS는 핵심설명서 교부대상이지만 ELW와 ETN은 교부대상이 아님).

※ **설명의무(협회 규정)**
(1) 설명의무 정의 : 금융투자회사는 일반투자자에게 투자권유를 하는 경우, 그 중요한 사항에 대해서 일반투자자가 이해할 수 있도록 설명해야 하고 설명한 내용을 일반 투자자가 이해하였음을 서명 등의 방법으로 확인을 받아야 한다.
(2) 핵심설명서 : 위험도가 높은 상품에 대해서는 투자설명서에 추가하여 핵심설명서를 교부하고 그 내용을 충분히 설명해야 한다.
  ▶ 핵심설명서 교부 대상 : ㉠ 고난도 금융투자상품, ㉡ 고난도가 아닌 공모형 파생결합증권(ELW, ETN 제외), ㉢ 신용융자거래, ㉣ FX마진거래
(3) ELW, ETN, ETF 특례(상장거래상품에 대한 특례)
  ㉠ **최초로 거래하는 ELW, ETN의 경우** 기존의 위탁매매거래 계좌가 있더라도 서명등의 방법으로 **별도의 매매의사를 확인해야 하고(별도 거래신청서 작성)**, 최초로 변동성 지수선물을 기초자산으로 하는 ETN을 매매하고자 하는 경우는 별도의 매매의사 확인에 이어 **추가적인 매매의사를 확인해야 한다.**
  ㉡ ELW, 레버리지 ETF, 레버리지 ETN의 경우, 협회가 인정하는 **사전교육**을 이수하도록 해야 한다.
    • 이때 '레버리지 상품'의 의미는 수익률이 원금의 100%(1배)를 초과하는 비율로 결정되는 상품을 말함
(4) 주가지수선물·옵션 등 장내파생상품에 대한 특례(적격 개인투자자제도)
  ㉠ 사전의무교육 이수 : 1시간 이상의 파생상품 교육과정을 이수하도록 해야 한다.
  ㉡ 모의거래 이수 : 3시간 이상의 파생상품 모의거래과정을 이수하도록 해야 한다.

[학습안내] 40회 기출(동 주제에 대한 마지막 출제는 2018년).

정답 ①

투자자산운용사

63 펀드판매의 금지사항 및 준수사항에 대한 설명이다. 가장 적절하지 않은 것은?

① 펀드판매의 대가로 집합투자재산의 매매주문을 판매회사나 제3자에게 배정하도록 집합투자업자에게 요구하는 행위는 금지된다.
② 투자자로부터 집합투자증권 취득자금을 투자권유대행인을 통해서 수취하는 행위는 금지된다.
③ 펀드판매를 다른 금융투자상품과 연계하여 판매하는 경우, 투자권유대행인으로 협회에 등록되어 있는 자가 투자권유를 해야 한다.
④ 일반투자자에게 계열회사인 집합투자업자가 운용하는 집합투자증권을 투자권유하는 경우, 그 집합투자업자가 자기의 계열회사라는 사실을 고지해야 한다.

해설 ③ 펀드판매를 다른 금융투자상품과 연계하여 판매할 경우는 펀드투자권유자문인력으로 등록된 자가 투자권유를 할 수 있다(이 경우 투자권유대행인은 투자권유 불가).

※ **펀드판매 시 금시사항과 준수사항**(2023 기본서, 3권, p487~489 참조)

(1) 금지사항
- 회사가 받는 판매보수 등이 높다는 이유로 특정펀드의 판매에 차별적인 판매촉진 노력을 하는 행위(단, 투자자이익에 부합되는 등 합리적 근거가 있을 경우는 가능)
- 펀드판매의 대가로 집합투자재산의 매매주문을 판매회사나 제3자에게 배정하도록 집합투자업자에게 요구하는 행위
- 예상수익률의 보장, 예상수익률의 확정적인 단언, 실적배당상품의 본질에 반하는 주장이나 설명 등을 하는 행위
- **투자자로부터 집합투자증권의 취득자금 수취와 관련하여** 다음의 어느 하나에 해당하는 행위
  - 판매회사의 임직원 이외의 자를 통해 자금을 받는 행위
  - 자금의 실제 납입이 이루어지기 전에 납입이 이루어진 것으로 처리하는 행위
- 일반투자자에게 계열회사인 집합투자회사의 집합투자증권만을 투자권유하거나 안내하는 행위

(2) 준수사항
- 펀드판매창구의 구분 및 표시 : 영업점 내에서 통상적인 창구와 구분될 수 있도록 창구에 별도로 표시하거나, 판매직원이 협회에 펀드투자권유자문인력으로 등록된 자임을 투자자가 확인할 수 있도록 표시해야 한다.
- 펀드연계판매 시 준수사항 : 판매회사는 집합투자증권의 판매를 다른 금융투자상품 등의 판매와 연계하는 경우 다음의 사항을 준수해야 한다.
  - 관계법규에서 정하는 금지행위에 해당되거나 규제를 회피할 목적이 아닐 것
  - **펀드투자권유자문인력으로 협회에 등록되어 있는 자가 투자권유를 할 것**(연계판매 시에는 투자권유대행인의 투자권유는 불가)
- 일반투자자에게 계열회사등인 집합투자회사가 운용하는 집합투자기구의 집합투자증권을 투자권유하는 경우, 그 집합투자회사가 자기의 계열회사 등이라는 사실을 고지해야 한다.

정답 ③

64 다음 중 자본시장법 시행령 및 금융투자업 규정상 '재산상 이익으로 보지 않는 것'에 해당하지 않는 것은?

① 금융투자상품에 대한 가치분석·매매정보 또는 주문의 집행 등을 위하여 자체적으로 개발한 소프트웨어 및 해당 소프트웨어의 활용에 불가피한 컴퓨터 등 전산기기
② 금융투자상품 및 경제정보 등과 관련된 전산기기의 구입이나 통신서비스 이용을 위해 제공하거나 제공받는 비용
③ 금융투자회사가 자체적으로 작성한 조사분석자료
④ 국내에서 불특정 다수를 대상으로 하여 개최되는 세미나 또는 설명회로서 1인당 재산상 이익의 제공금액을 산정하기 곤란한 경우 그 비용

해설 '재산상 이익으로 보지 않는 것'이란, 부당한 재산상 이익이 아니므로 제공 및 수령이 허용되는 대상을 말한다. ①, ③, ④는 이에 부합되나, ②는 금지대상이 되는 '부당한 재산상의 이익'에 속한다.

※ **금지대상의 '(부당한) 재산상 이익의 제공이나 수령'**(2025 기본서, 3권, p518~519 인용)
(1) 경제적 가치의 크기가 일반인이 통상적으로 이해하는 수준을 초과하는 경우
(2) 재산상 이익의 내용이 사회적 상규에 반하거나 거래상대방의 공정한 업무수행을 저해하는 경우
(3) 재산상 이익의 제공 또는 수령이 비정상적인 조건의 금융투자상품 매매거래, 투자자문계약, 투자일임계약 또는 신탁계약의 체결 등의 방법으로 이루어지는 경우
(4) 거래상대방에게 금전, 상품권, 금융투자상품을 제공하는 경우(단, **사용범위가 공연·운동경기관람·도서·음반구입 등 문화활동으로 한정된 상품권은 제외**)
(5) 재산상 이익의 제공 또는 수령이 위법·부당행위의 은닉 또는 그 대가를 목적으로 하는 경우
(6) **거래상대방만** 참석한 여가 및 오락활동 등에 수반되는 비용을 제공하는 경우
(7) 금융투자상품 및 경제정보 등과 관련된 전산기기의 구입이나 통신서비스 이용에 소요되는 비용을 제공하거나 제공받는 경우(단, **자체적으로 개발한 소프트웨어 및 해당 소프트웨어의 활용에 불가피한 컴퓨터 등 전산기기의 제공은 제외**)
(8) 집합투자회사가 자신이 운용하는 집합투자기구의 집합투자증권의 판매실적에 연동하여 이를 판매하는 투자매매회사·투자중개회사에게 재산상 이익을 제공하는 경우
(9) 투자매매회사 또는 투자중개회사가 판매회사의 변경 또는 변경에 따른 이동액을 조건으로 하여 재산상 이익을 제공하는 경우

※ **'(부당한) 재산상 이익으로 보지 않는 것'**(2025 기본서, 3권, p521 인용)
(1) 금융투자상품에 대한 가치분석·매매정보 또는 주문의 집행 등을 위하여 자체적으로 개발한 소프트웨어 및 해당 소프트웨어의 활용에 **불가피한** 컴퓨터 등 전산기기
(2) 금융투자회사가 자체적으로 개발한 조사분석자료
(3) 경제적 가치가 **3만 원 이하**의 물품, 식사, 신유형상품권('물품 제공형'을 의미), 거래실적에 연동되어 거래상대방에게 차별 없이 지급되는 포인트 및 마일리지
(4) **20만 원 이하**의 경조비·화환
(5) 국내에서 **불특정 다수**를 대상으로 하여 개최되는 세미나 또는 설명회로서 1인당 재산상 이익의 제공금액을 산정하기 곤란한 경우 그 비용(단, 이 경우 대표이사 또는 준법감시인은 그 비용의 적정성 등을 사전에 확인해야 한다)

정답 ②

투자자산운용사

65 다음 중 재산상 이익의 가치를 산정하는 방식이 틀린 것은?

① 금전의 경우 해당금액 전체
② 물품의 경우 구입비용 전체
③ 금융투자회사 임직원과 거래상대방이 공동으로 참석한 경우의 접대의 경우, 해당 접대에 소요된 비용 전체
④ 연수·기업설명회·기업탐방·세미나의 경우 거래상대방에게 직접적으로 제공되었거나 제공받은 비용 전체

해설 임직원과 거래상대방이 공동참석한 경우의 접대비는 '**전체 소요경비 중 거래상대방이 점유한 비율에 따라 산정된 금액**'으로 산정한다.

※ **재산상 이익의 가치산정방법(2023 기본서, 3권, p516인용)**
(1) 금전의 경우 해당 금액
(2) 물품의 경우 구입 비용
(3) 접대의 경우 해당 접대에 소요된 비용. 단, 금융투자회사 임직원과 거래상대방이 공동으로 참석한 경우 해당 비용은 전체 소요경비 중 거래상대방이 점유한 비율에 따라 산정된 금액
(4) 연수·기업설명회·기업탐방·세미나의 경우 거래상대방에게 직접적으로 제공되었거나 제공받은 비용
(5) 기타 위에 해당하지 않는 재산상 이익의 경우 해당 재산상 이익의 구입 또는 제공에 소요된 실비

정답 ③

---

66 금융투자전문인력의 등록요건으로서 투자운용전문인력에 대한 설명이다. 가장 거리가 먼 것은?

① 투자신탁의 집합투자업자의 경우 투자운용전문인력이 운용업무와 매매업무를 겸직할 수 있다.
② 금융투자상품에 대한 투자운용업무는 증권운용전문인력에 해당하는 자가 그 업무를 수행할 수 있다.
③ 부동산에 대한 투자운용업무는 부동산운용전문인력에 해당하는 자가 그 업무를 수행할 수 있다.
④ 사회기반시설 투자운용업무는 사회기반시설운용전문인력에 해당하는 자가 그 업무를 수행할 수 있다.

해설 투자신탁의 집합투자업자는 투자대상자산의 취득, 처분 등의 업무를 하는 경우에는 집합투자재산의 운용을 담당하는 직원과 그 취득·처분을 실행하는 직원을 구분해야 한다(자본시장법 제80조 제3항).

[심화이해] 투자대상자산에 따른 투자운용전문인력의 구분

① 증권운용전문인력	② 부동산운용전문인력	③ 사회기반시설운용전문인력
금융투자상품에 대한 투자운용업무 가능	부동산에 대한 투자운용업무 가능	사회기반시설에 대한 투자운용업무 가능
④ 해외자원개발운용전문인력		
①에 해당하는 자가 투자운용업무 수행 가능		
⑤ 전문투자형 사모집합투자기구 운용전문인력		
①, ②, ③, ④ 중 하나에 해당하는 자가 수행가능		

[예시1] 해외자원개발에 대한 투자운용업무를 수행하기 위해서는 (　　)의 요건을 갖추어야 한다. → 증권운용전문인력
[예시2] 증권운용전문인력, 부동산운용전문인력, 사회기반시설운용전문인력, 해외자원개발운용전문인력 중 어느 하나에 해당하는 자는 전문투자형 사모집합투자재산에 대한 투자운용업무를 수행할 수 있다. [O, X] → O
[학습안내] 동 문항은 28회 시험(21. 1. 31)에서 출제된 유형인데 지문 ①은 기본서 범위 밖에 있으나 정답을 결정하는 지문으로 출제되었다.

정답 ①

67 불성실 수요예측의 참여행위 및 수요예측 참여제한 등에 대한 설명이다. 가장 적절하지 않은 것은?

① 수요예측에 참여하여 공모주식을 받은 벤처기업투자신탁의 신탁계약이, 설정일로부터 1년 이내 또는 공모주식 배정일로부터 3개월 이내에 해지되는 경우는 불성실 수요예측 참여 행위로 본다.
② 수요예측에 참여하여 공모주식을 배정받은 고위험고수익투자신탁의 신탁계약이, 설정·설립일로부터 1년 이내 또는 공모주식을 배정받은 날로부터 3개월 이내에 해지되는 경우는 불성실 수요예측 참여행위로 본다.
③ 사모의 방법으로 설정된 벤처기업투자신탁이, 수요예측 등에 참여하여 공모주식을 배정받은 후 최초설정일로부터 1년 6개월 이내에 환매되는 경우 불성실 수요예측 참여행위로 본다.
④ 기업공개와 관련하여 불성실 수요예측 참여자로 지정된 경우 위반금액 규모에 따라 최대 36개월까지 수요예측 참여가 제한된다.

해설 기업공개와 관련해서 불성실 수요예측 참여자로 지정된 경우 **최대 24개월**까지 수요예측 참여가 제한된다(cf 무보증사채의 경우 1~4개월간 수요예측 참여가 제한).

※ 불성실 수요예측 참여행위 및 참여제한
(1) 불성실 수요예측 참여행위
　㉠ 수요예측에 참여하여 주식이나 무보증사채를 배정받은 후 청약을 하지 않거나 청약 후 대금을 납입하지 않은 경우
　㉡ 수요예측에 참여하여 의무보유확약을 하고 배정받은 주식을 의무보유확약 기간 내에 처분하는 경우
　㉢ 수요예측에 참여하면서 관련 정보를 허위로 작성하는 경우
　㉣ 수요예측에 참여하여 공모주식을 배정받은 후 조기에 계약을 해지하거나 환매하는 경우(ⓐ, ⓑ)
　　ⓐ 벤처기업투자신탁, 고위험고수익투자신탁 : 공모주식을 배정받은 후 해당 신탁계약의 설정일로부터 **1년 이내** 또는 공모주식배정일로부터 **3개월 이내** 해지되는 경우
　　ⓑ 사모로 방법으로 설정된 벤처기업투자신탁 : 공모주식을 배정받는 후 최초설정일로 부터 **1년 6개월 이내**에 환매되는 경우
(2) 불성실 수요예측 참여자에 대한 제한
　㉠ 기업공개 시 불성실 수요예측 참여자 : 위반금액 규모에 따라 최대 24개월까지 수요예측 참여가 제한
　㉡ 무보증사채 공모 시 불성실 수요예측 참여자 : 1~4개월 간 수요예측 참여가 제한
(3) 제재의 병과 : 위원회가 제재금 또는 금전의 납부를 부과하는 경우, 불성실수요 예측 참여자로 지정된 자의 고유재산에 한하여 수요예측 참여제한을 병과할 수 있다.

[43회 기출] 불성실수요예측참여자에 대한 제재금의 부과(또는 금전의 납부)와 수요예측 참여제한을 병과하는 것은 허용되지 않는다. [O, ×] → × (제재의 병과가 가능하다)
[학습안내] 41회 신유형이다('제재병과'는 43회 기출).

정답 ④

3과목 4편 주식투자운용/투자전략

68 전략적 자산배분의 실행단계를 옳게 연결한 것은?

> 가. 자산집단의 선택
> 나. 최적자산배분의 구성
> 다. 투자자의 투자목적 및 투자제약조건 파악
> 라. 자산종류별 기대수익, 위험, 상관관계의 추정

① 가 → 나 → 다 → 라
② 다 → 라 → 가 → 나
③ 다 → 가 → 라 → 나
④ 라 → 다 → 가 → 나

해설 '다 → 가 → 라 → 나'이다.
(1) 투자자의 투자목적 및 투자제약조건 파악(투자자의 투자성향파악 등) →
(2) 자산집단의 선택(주식, 채권, 부동산 등 투자대상 자산집단선택) →
(3) 자산종류별 기대수익, 위험, 상관관계의 추정(선택된 집단에 대해 미래수익률과 미래위험 추정) →
(4) 최적자산배분의 구성(효율적 투자기회집합 추출 등)

정답 ③

69 빈칸을 옳게 연결한 것은?

> 정해진 위험 수준 하에서 가장 높은 수익률을 달성하는 포트폴리오를 (가)라고 부르며, 여러 개의 (가)를 수익률과 위험의 공간에서 연속적으로 연결한 것을 (나)이라고 한다.

	가	나
①	효율적 포트폴리오	효율적 투자기회선
②	최소분산포트폴리오	효율적 투자기회선
③	효율적 포트폴리오	무차별효용곡선
④	최적포트폴리오	효율적 투자기회선

해설 '효율적 포트폴리오, 효율적 투자기회선'이다.
※ 개념 비교
(1) **최소분산포트폴리오** : 효율적 투자기회선 상의 효율적 포트폴리오 중 분산(위험)이 가장 적은 포트폴리오를 말하는데, 그림 상으로 효율적 투자기회선 상의 제일 왼쪽에 위치하는 점이다.
(2) **최적포트폴리오** : 효율적 투자기회선 상의 효율적 포트폴리오와 특정투자자의 무차별효용곡선과의 접점을 말한다(최적포트폴리오는 효율적 투자기회선에 추가하여 투자자의 효용을 반영함).

정답 ①

70 전술적 자산배분에 대한 설명이다. 가장 적합한 것은?

① 시장가격이 내재가치보다 높게 형성되었을 때 매수하고, 시장가격이 내재가치보다 낮게 형성되었을 때 매도하는 전략이다.
② 장기적인 가격착오현상(mis-pricing)을 적극적으로 활용함으로써 고수익을 지향하는 전략이다.
③ 펀드운용자가 투자자산의 과대 또는 과소평가 여부를 판단할 수 없다면, 최초 수립된 투자전략에 의한 구성 즉 전략적 자산배분을 유지해야 한다.
④ 자산배분의 변경으로 인한 운용성과의 변화에 대해서는 투자자가 책임을 진다.

해설 전술적 자산배분은 시장의 변화방향을 사전적으로 예측하고 그에 맞추어 적극적인 배분을 함으로써 초과수익을 올리고자 하는 전략인데, 투자자산의 과소·과대여부를 판단할 수 없다면 전술적 자산배분을 하지 않는 것이 옳다(전략적 자산배분을 유지).

① 시장가격 > 내재가치 → 고평가이므로 매도, 시장가격 < 내재가치 → 저평가이므로 매수
② 중·단기적인 가격착오현상을 이용한다. 전술적 자산배분은 평균반전현상(mean-reverting process)을 전제로 하는데, 평균반전현상은 '**시장가격은 단기적으로는 비효율적이어서 과잉반응이 나타나지만 장기적으로는 효율적이어서 결국 내재가치로 수렴한다**'는 이론이다. 즉 가격착오현상은 단기적인 시장의 비효율성에 의해 나타나는 단기적 현상으로 이해할 수 있다.
④ 펀드의 경우 전략적 자산배분의 결과에 대해서는 투자자가, 전술적 자산배분의 결과에 대해서는 운용자가 책임을 진다.
• 펀드의 경우 투자자가 주식형펀드 또는 채권형펀드를 선택하여 투자하는 것 자체가 전략적 자산배분의 수행이라고 할 수 있으므로, 그 결과에 대한 책임도 투자자가 진다.

정답 ③

투자자산운용사

71 주가지수 산출방식 중 '주가가중 방식'에 부합하는 항목으로 연결한 것은?

> 가. 종목별로 1주씩만 보유하면 지수의 성과를 얻을 수 있는 단순함이 장점이다.
> 나. 시가총액이 큰 종목의 가격변화를 잘 반영한다.
> 다. 일본의 Nikkei225지수를 산출하는 방식이다.
> 라. 성숙기에 있는 대형기업이 과대평가되는 문제점을 해결하기 위해 기본적가치 가중방식이 제안되기도 한다.

① 가, 나 ② 나, 라
③ 가, 다 ④ 다, 라

해설 '가, 다' : 주가가중 주가지수, '나, 라' : 시가가중 주가지수

※ 주가지수 산출방식별 장·단점
(1) 주가가중 주가지수 : 다우존스산업평균지수, Nikkei225지수
 (+) 종목별로 1주씩만 보유하면 지수의 성과를 얻을 수 있는 단순함이 장점이다.
 (-) 주가가 높은 종목의 가중치가 커진다.
 (-) 액면분할, 합병 등이 있을 경우 적합하지 않다(주가조정을 해야 함).
(2) 시가가중 주가지수 : KOSPI, S&P 등 대부분의 지수
 (+) 시가총액이 큰 종목의 가격변화를 잘 반영한다.
 (-) 성숙기에 있는 대형기업이 많을 경우 지수가 과대평가될 수 있다.
  ▶ 시가가중 방식의 과대평가 여지를 보완하기 위해 유동주가방식으로 산출하기도 한다(예 KOSPI200지수).
(3) 동일가중 주가지수
 (+) 모든 종목이 동일한 비중으로 반영된 경우의 지수를 알 수 있다.
 (-) 소형기업의 수가 절대적으로 많으므로 소형주의 가중치가 높아지게 된다.
 (-) 이 방식으로 인덱스포트폴리오를 구성할 경우 동일 가중치를 유지하기 위해서 잦은 거래가 발생한다(많은 노력과 거래비용 발생).

정답 ③

72 준액티브(Semi-Active) 운용전략에 대한 설명이다. 가장 적절하지 않은 것은?

① 벤치마크에 비해 초과수익을 획득하는 것을 우선으로 하는 전략이다.
② 준액티브 운용에서도 잔차위험은 증가할 수밖에 없지만, 증가된 수익률이 그러한 위험을 보상하고도 남을 수 있는 수준이 되어야 한다.
③ 순수한 의미의 액티브운용자는 벤치마크와 무관하게 그 가치를 판단할 수 없는 종목은 편입하지 않지만, 준액티브운용자는 분석되지 않아서 판단할 수 없는 종목도 벤치마크에서 차지하는 비중만큼 보유한다는 점에서 차이가 있다.
④ 준액티브 운용은 월등하게 좋은 성과를 내는 종목이나 사건을 발견하기 보다는 조그만 성과를 낼 수 있는 종목이나 사건을 많이 발견한다는 데에 초점을 둔다.

해설 단순히 벤치마크보다 초과수익을 내려는 전략은 액티브운용이며, 준액티브운용은 '추가적인 위험을 많이 발생시키지 않으면서 벤치마크대비 초과수익을 획득하려는 전략'이다.
 주의 1 준액티브 운용의 추적오차는 액티브운용의 추적오차보다 더 크다. → X (액티브의 추적오차 또는 잔차위험이 더 크다)
 주의 2 과거자료를 이용한 계량적인 시뮬레이션을 통해 마련된 최적의 운용전략에 따라 운용하는 방식도 준액티브 운용으로 분류된다. → O ('계량분석방법 또는 계량적 액티브'는 준액티브 운용에 속한다)

정답 ①

73 패시브 운용을 위한 인덱스 구성방법에 대한 설명이다. 가장 적합한 것은?

① 최적화법은 포트폴리오 모형을 이용하여 주어진 벤치마크에 대비한 잔차위험이 허용수준 이상이 되도록 인덱스를 구성하는 방식이다.
② 표본추출법은 대형주와 중형주, 소형주 각 그룹에서 펀드의 성격이 벤치마크와 유사하게 되도록 선별하여 인덱스를 구성하는 방식이다.
③ 완전복제법은 벤치마크를 구성하는 모든 종목을 벤치마크의 구성비율과 동일하게 매수하여 인덱스를 구성하는 방식으로서 가장 단순하고 직접적인 방식이다.
④ 완전복제법으로 인덱스를 구성할 경우 인덱스 수익률과 벤치마크수익률은 동일하게 나타난다.

해설 완전복제법은 벤치마크 구성비율대로 종목을 편입하여 구성하는 인덱싱방식인데 벤치마크를 거의 완벽하게 추종할 수 있다는 장점이 있으나 거래비용과 유지비용이 타 방식에 비해 많다는 단점이 있다.
① 최적화법에서는 **잔차위험이 허용수준 이하**가 되어야 한다.
② 표본추출법은 대형주는 그대로 편입하고 중소형주는 선별하여 구성한다.
④ 완전복제법으로 인덱스를 구성하였다 해도, 펀드운용상 운용보수·신탁보수·거래비용 등이 발생하기 때문에 인덱스 수익률은 벤치마크수익률에 비해 **낮게** 나타난다.

정답 ③

74 주식포트폴리오 모형에 대한 설명으로 가장 적합한 것은?

① 주식포트폴리오 모형은 액티브운용에서만 사용된다.
② 가장 대표적인 리스크 모델은 다중요인모형인데, 다중요인모형은 주식의 리스크를 베타, 규모, 성장성, 산업, 해외시장노출도 등의 여러가지 비체계적 요인으로 구분하여 리스크의 특성을 분석한다.
③ 2차함수 최적화 모형은 기대수익률과 기대위험을 정확하게 추정함으로서 기대수익률과 위험의 최적균형점을 찾을 수 있어서 선형모형의 대안으로 활용된다.
④ 선형계획모형은 일정한 제약조건을 만족하는 것 중에서 기대수익률을 최대화하는 방식이다.

해설 ① 액티브, 패시브 모두 사용한다('액티브'는 초과수익을 내기 위한 위험요소 선택 차원에서, '패시브'는 포트폴리오의 위험요소를 벤치마크와 동일하게 유지하는 차원에서 사용).
② 체계적 요인
③ 2차함수 최적화모형의 대안으로 선형계획모형이 활용된다.
※ **주식포트폴리오 모형(3가지 모형)**
  (1) 다중요인모형 : 지문 ②
    • 베타, 산업, 해외시장노출도 등은 모두 **체계적 요인**에 해당됨
  (2) 2차함수 최적화 모형 : 기대수익률과 위험의 정확한 추정을 통한 최적투자 모형(지문 ③)
    • 최적화를 위해서는 기대수익률과 기대위험에 대한 정확한 추정이 필요한데, 현실적으로 오류를 피할 수 없으므로 위험의 과소·과대추정 문제가 발생함
    • 이를 보완하는 방법으로는, 일정한 제약조건 하에서 기대수익률과 위험을 최적화시키는 방법(선형계획 모형)이 있다.
  (3) 선형계획모형 : 지문 ④
    • 선형계획모형에서의 일정한 제약조건 : 특정산업의 투자비중을 제한하거나 유동성자산을 일정비중 이상으로 하거나 거래비용을 일정수준 이하로 하는 등의 제약을 말함

정답 ④

3과목 5편 채권투자운용/투자전략

75 국채전문딜러(PD)에 대한 설명이다. 옳은 항목으로 연결한 것은? ★★

> 가. 국채전문딜러의 자격을 갖추기 위해서는 자본시장법상 국채에 대한 투자매매업의 인가를 받고, 일정 요건을 갖춘 상태에서 기획재정부의 지정을 받아야 한다.
> 나. 국채전문딜러의 국고채 인수의무로서, 국채전문딜러는 지표종목별로 매월 경쟁입찰 발행물량의 10% 이상을 인수해야 한다.
> 다. 국채전문딜러의 호가의무로서, 국채전문딜러는 국채전문유통시장(IDM)에서 각 지표종목에 대하여 매수·매도 호가를 각 10개 이상씩 장내시장 개장시간 동안 제출해야 한다.

① 가
② 가, 나
③ 나, 다
④ 가, 나, 다

해설 모두 옳은 내용이다.

※ 국채전문딜러(PD ; Primary Dealer) 제도(2023 기본서, 4권, p174~175 참조)
(1) 국채전문유통시장(IDM)과 국채전문딜러(PD)
  - 채권유통시장은 장내경쟁매매보다 장외상대매매의 비중이 더 높은 바, 장내시장 활성화 차원에서 국채딜러 간 매매거래시장(IDM ; Inter Dealer Market)을 장내시장에 개설하였다.
  - 국채전문딜러(PD) 제도 : IDM에서 딜러자격으로 매매에 참여하기 위해서는 국채전문딜러(Primary Dealer)의 자격을 갖추어야 한다.
    - 1999년 PD제도 도입, 2011년에 PPD(Pre Primary Dealer) 제도를 도입하였다.
(2) 국채전문딜러의 지정 : 자본시장법상의 투자매매업의 인가를 받은 상태에서, 재무건전성 요건과 실적기준 등을 충족하였을 때 기획재정부로부터 지정을 받았다.
  - PD로 지정받기 위해서는 우선 PPD로 지정받아야 한다.
(3) 국채전문딜러의 의무
  ㉠ 국고채 인수의무 : 지표종목별로 매월 경쟁입찰 발행물량의 **10% 이상**을 인수해야 한다. cf 국채전문딜러(PD)는 경쟁입찰 발행물량의 30%까지 인수할 수 있는 권한이 있음(PPD는 15%). 즉 30%까지 인수할 권한이 있으며 이 중 10% 이상은 의무적으로 인수해야 함.
  ㉡ 호가의무 : 지표종목별로 매수·매도 호가를 각 **10개 이상**씩 장내시장 개장시간 동안 제출해야 한다.
  ㉢ 유통의무 : 기관별 평균국고채 거래량의 **110% 이상**을 거래해야 한다.
  ㉣ 보유의무 : 매분기별 자기매매용 국고채보유 평균잔액을 **1조 원 이상** 유지해야 한다.
  ㉤ 매입·교환의무 : 매입 또는 교환물량의 5% 이상을 낙찰받아야 한다.

[학습안내] 32회에서 신유형으로 출제되었다.

정답 ④

76 옵션부채권에 대한 설명이다. 옳은 것으로 연결한 것은?

> 가. 수의상환청구채권의 수의상환청구권(옵션)은 채권보유자에게 있다.
> 나. 채권수익률이 하락하면 수의상환청구채권의 옵션행사 가능성이 높아진다.
> 다. 수의상환채권의 가치는 일반사채의 가격에 콜옵션가치를 더한 것이다.
> 라. 수의상환청구채권의 가치는 일반사채의 가격에 풋옵션가치를 더한 것이다.

① 가, 나
② 다, 라
③ 가, 라
④ 나, 다

해설 옳은 내용은 '가, 라'이다.
- 나 : 수의상환청구채권(풋옵션부채권)은 채권수익률이 상승할 때 옵션행사 가능성이 높아진다(∵ 채권수익률상승 → 채권가격하락 → 추가하락을 방지하기 위한 옵션행사).
- 다 : 수의상환채권(콜옵션부채권)의 가치 = 일반사채의 가치 - 콜옵션가치, 수의상환청구채권(풋옵션부채권)의 가치 = 일반사채의 가치 + 풋옵션가치

정답 ③

77 이표채의 현금흐름과 관련하여 빈칸에 알맞은 것은?

> 채권액면 10,000원, 표면금리 3%, 만기 2년, 연단위후급 이표채의 경우, 만기수령금액은 (   )이다.

① 9,700원
② 10,000원
③ 10,300원
④ 10,600원

해설 10,300원이다. 1년 지난 시점에서 이자300원(10,000원 × 3%), 2년 만기 시점에서 10,300원(이자300원 + 액면10,000원)을 수령한다.

※ 채권의 이자지급식 분류별 현금흐름 예시

(1) **이표채** : 채권액면 10,000원, 표면금리 8%, 만기 3년, 연단위후급이표채의 경우 →

기 간	1년	2년	3년
수령금액	800원	800원	10,800원

- 이표채는 복리채나 할인채와 달리 중도에 이자를 수령하는 것이 특징이다.

(2) **할인채** : 채권액면 10,000원, 표면금리 8%, 만기 3년의 경우 →

기 간	1년	2년	3년
수령금액	0원	0원	10,000원

- 할인채는 발행시 할인된 금액(7,600원)으로 매입하고 만기에 원금(채권 액면)을 받는다.

(3) **복리채** : 채권액면 10,000원, 표면금리 8%, 만기 3년, 연단위복리채의 경우 →

기 간	1년	2년	3년
수령금액	0원	0원	12,597원

- 복리채는 이자가 재투자되어 만기에 원금과 이자를 한꺼번에 수령한다.

정답 ③

투자자산운용사 [부록]

★★★
78 채권액면 1만 원, 잔존기간이 3년, 표면이율이 8%인 연단위 후급 이자지급 이표채의 만기수익률이 10%일 경우 이 채권의 맥컬레이 듀레이션은?(근사치로 구함)

① 2.74
② 2.77
③ 2.82
④ 3.05

해설 ▶ 채권액면 1만 원, 잔존만기 3년, 표면이율 8%, 만기수익률 10%의 경우

t	CF_t	$\dfrac{CF_t}{(1+YTM)^t}$	$t \times \dfrac{CF_t}{(1+YTM)^t}$
1	800	727.27	1 × 727.27 = 727.27
2	800	661.15	2 × 661.15 = 1,322.30
3	10,800	8,114.19	3 × 8,114.19 = 24,342.57
합계		9,502.61	26,392.14

(∴) 듀레이션 $\dfrac{26,392.14}{9,502.61}$ = 2.777(년)

정답 ②

※ '액면 1만 원, 표면금리 6%, 만기 2년, 만기수익률 10%'인 연후급 이표채의 현금흐름과 만기별 가중현금흐름의 현재가치가 표와 같을 때, 다음 물음에 답하시오(79번, 79-1번).

t	CF_t	$t(t+1) \cdot CF_t$	$t(t+1) \cdot CF_t / (1+r)^{t+2}$
1	600	1,200	901.58
2	10,600	63,600	43,439.66

(t : 현금흐름 발생기간, CF_t : 채권에서 발생하는 각 기의 현금흐름, 단위: 원)

★★★
79 채권가격이 9,305.78원일 때, 동 채권의 볼록성(convexity)은 얼마인가?(근사치)

① 0.68
② 3.95
③ 4.76
④ 6.96

해설 볼록성(convexity)= $\dfrac{44,341.24}{9,305.78}$ =4.7649, 약 4.76이다.

※ 테일러 공식에 의한 채권의 볼록성(convexity) 계산

(1) 테일러 방정식(Taylor expansion)에 도출되는 채권의 볼록성 공식은 $\dfrac{\sum t(t+1) \cdot CF_t / (1+r)^{t+2}}{P}$ 이며(P : 채권의 현재가격), 이 공식에 따라 채권의 볼록성(convexity)을 구하면 아래와 같다.

t	CF_t	$t(t+1) \cdot CF_t$	$t(t+1) \cdot CF_t / (1+r)^{t+2}$
1	600	1 × 2 × 600 = 1,200	1,200 / (1 + 0.1)^{1+2} = 901.58
2	10,600	2 × 3 × 10,600 = 63,600	63,600 / (1 + 0.1)^{2+2} = 43,439.66
합산			44,341.24

(t : 현금흐름 발생기간, CF_t : 채권에서 발생하는 각 기의 현금흐름, 단위: 원)

→ 채권가격(분모)이 9,305.78원이므로 볼록성은 $\dfrac{\sum t(t+1) \cdot CF_t / (1+r)^{t+2}}{P}$ = $\dfrac{44,341.24}{9,305.78}$ 약 4.76이다.

정답 ③

79-1 ★★★
만기수익률이 10%에서 9%로 변동할 때 볼록성에 기인한 채권가격의 변동률은 얼마인가?(근사치)

① 0.0197% ② 0.0238%
③ 0.0348% ④ 0.0476%

해설 볼록성(convexity)에 기인한 채권가격의 변동률은 '$\frac{\Delta P}{P} = \frac{1}{2} \times convexity \times \Delta r^2$'이다.

따라서 $\frac{\Delta P}{P} = \frac{1}{2} \times 4.76 \times (-0.01)^2 = \frac{1}{2} \times 4.76 \times 0.0001 = 0.000238$, 즉 0.0238%이다.

※ 채권가격의 변동률 계산
(1) 전체 채권가격의 변동률은 '듀레이션에 의한 변동분 + 볼록성에 의한 변동분'이다.

따라서 공식은 '$\frac{\Delta P}{P} = \left\{(-) \times \frac{맥컬레이듀레이션}{(1+r)} \times \Delta r\right\} + \left\{\frac{1}{2} \times convexity \times (\Delta r)^2\right\}$'이다.

예시 수정듀레이션이 3.0, 컨벡시티가 20인 이표채에서, 만기수익률이 1%포인트 상승할 경우 전체 채권가격의 변동률은?

→ '$\frac{\Delta P}{P} = \{(-) \times 수정듀레이션 \times \Delta r\} + \left\{\frac{1}{2} \times convexity \times (\Delta r)^2\right\}$'이다

($\because \frac{맥컬레이듀레이션}{(1+r)} = 수정듀레이션$)

→ $\frac{\Delta P}{P} = \{(-) \times 3 \times 0.01\} + \left\{\frac{1}{2} \times 20 \times (+0.01)^2\right\} = (-)0.03 + 0.0001$
= $(-)0.029$, 즉 $(-)2.9\%$

(2) 동 문항은 '볼록성에 기인한 채권가격의 변동률'을 묻고 있으므로 $\left\{\frac{1}{2} \times convexity \times (\Delta r)^2\right\}$의 공식으로 풀면 된다.

즉 '$\frac{\Delta P}{P} = \frac{1}{2} \times 4.76 \times (-0.01)^2 = \frac{1}{2} \times 4.76 \times 0.0001 = 0.000238$'이다(즉 0.0238%).

학습안내 볼록성을 테일러 공식으로 구하는 것은 43회가 처음이며, '연번문제(두 문제)'로 출제된 것도 43회가 처음이다.

정답 ②

80 ★★
채권수익률곡선이론, 채권운용전략과 관련하여 빈칸을 옳게 연결한 것은?

- 금융기관의 헤징형태에 따라 이론적 근거를 찾을 수 있으며, 수익률곡선은 만기별로 체계적인 관련성을 갖지 않고 각 하위시장 나름대로의 수익률곡선을 가진다는 채권수익률곡선이론은 (   )이다.
- 서로 다른 두 종목 간의 수익률 격차가 어떤 이유에서인가 일시적으로 확대 또는 축소되었다가 다시 정상적인 수준으로 되돌아오는 특성을 이용하여, 수익률의 격차가 확대 또는 축소되는 시점에서 교체매매를 행함으로써 투자효율을 높이고자 하는 채권운용전략은 (   )이다.

① 시장분할이론, 수익률곡선타기전략
② 시장분할이론, 스프레드운용전략
③ 특정시장선호이론(선호영역가설), 수익률곡선타기전략
④ 특정시장선호이론(선호영역가설), 스프레드운용전략

해설 차례대로 '시장분할이론, 스프레드운용전략'이다.

※ 채권수익률곡선 이론
  (1) 종류 : 불편기대이론 / 유동성프리미엄이론 / 편중기대이론 / 시장분할이론 / 선호영역가설
  (2) 시장분할이론
    ㉠ 시장이 몇 가지 경직성(금융기관의 헤징형태 등)에 의해 몇 개의 하위시장으로 세분되며, 단절된 각 시장의 수익률은 각각의 수요공급에 따라 다르게 형성된다(즉 단기채, 중기채, 장기채의 수익률이 다르게 형성).
    ㉡ 시장분할이론은 하위 시장이 단절되어 있다고 보지만, 특정시장선호이론은 시장 간 기간프리미엄의 차이에 따라 상호이동이 가능하다고 본다.

※ 채권운용전략(적극적 운용)
  (1) 종류 : 금리예측전략(듀레이션조절전략) / 채권교체전략(Give up, Pick up) / 스프레드운용전략 / 수익률곡선타기전략(롤링효과, 숄더효과) / 수익률곡선전략(바벨형, 불릿형)
  (2) 스프레드운용전략
    스프레드지수가 사전에 설정한 신뢰구간을 벗어날 경우 비정상적인 스프레드로 간주하고 스프레드 포지션을 취한 후, 스프레드지수가 신뢰구간 내로 진입했을 경우 포지션을 청산함으로써 매매차익을 얻고자 하는 적극적인 전략이다.

정답 ②

★★★
81 〈보기〉에 따를 때, 유동성프리미엄이론 하의 2년 만기 채권수익률은 얼마인가?(근사치)

―――――〈보 기〉―――――
1년 만기 현물이자율($_0R_1$)은 5%이며, 1년 후부터 향후 1년간의 내재선도이자율($_1f_1$)은 6%, 1년 후부터 향후 1년간의 유동성프리미엄이 1%이다.

① 5.5%
② 6.0%
③ 6.5%
④ 7.0%

해설 유동성프리미엄이론 하의 장기채권의 수익률은 '기대현물이자율과 내재이자율에 유동성프리미엄을 가산한 값과의 기하평균'과 같다(아래 공식을 이용한 풀이).
2기간 모형에서의 유동성프리미엄이론 하에서의 채권수익률(χ)을 구하는 공식은 아래와 같다.
풀이
→ $\chi = \sqrt[2]{(1+{_0R_1})(1+{_1f_1}+{_1L_1})} - 1$
→ $\chi = \sqrt[2]{(1+0.05)(1+0.06+0.01)} - 1$
= 0.0599(약 0.06)이다.

정답 ②

82 빈칸에 알맞은 것은?(〈보기〉의 '내재선도이자율'은 불편기대이론상의 내재선도이자율을 말함)

〈보 기〉

- 1년 만기 현물이자율($_0R_1$)은 5%이며, 1년 후부터 향후 1년 간의 내재선도이자율($_1f_1$)은 6%, 2년 후부터 향후 1년간의 내재선도이자율($_2f_1$)은 7%이다.
- 이 3기간 모형에서 유동성프리미엄이론상의 3년 만기 채권수익률은 7.5%라고 가정할 때, 불편기대이론상의 3년 만기 채권수익률에 가산된 유동성프리미엄은 (   )이다.

① 0.5%
② 1.0%
③ 1.5%
④ 2.0%

해설 3기간 모형에서 유동성프리미엄이론상의 3년 만기 채권수익률을 정확히 계산하기 위해서는 두 개의 유동성프리미엄($_1L_1$, $_2L_1$)을 제시해야 하지만, 동 문항에서는 7.5%로 가정하였다. 따라서 불편기대이론 하의 3년 만기 채권수익률을 구한다면 유동성프리미엄(두 수익률 간의 차이에 해당함)을 바로 구할 수 있다(아래 풀이).

풀이 2단계

(1) 불편기대이론 하에서의 3년 만기 채권수익률(3년 만기 현물이자율)을 먼저 구한다.
- 불편기대이론 하에서의 장기채수익률($_0R_3$)은 단기채수익률($_0R_1$)과 내재선도이자율($_1f_1$, $_2f_1$)의 기하평균이므로,
  → $(1+\chi)^3 = (1+0.05)(1+0.06)(1+0.07)$
  → $\chi = \sqrt[3]{(1+0.05)(1+0.06)(1+0.07)} - 1 = 0.0599$(약 6%)이다.

  ▶ 약식계산법
  위의 3기간 모형에서 현물이자율과 내재선도이자율이 5%, 6%, 7%와 같이 일정하게 증가할 경우는 산술평균과 기하평균의 차이는 거의 없다.
  위에서 설명한 기하평균식 방식(오리지널 방식)으로 계산하였을 때 3년 만기 현물이자율은 0.0599이지만, 산술평균식으로 계산할 경우는 $0.06\left(\dfrac{0.05+0.06+0.07}{3}\right)$이 된다.

(2) 이제 3년 만기 채권수익률(유동성프리미엄이론)에 내재된 유동성프리미엄을 구할 수 있다.
  → 유동성프리미엄이론 하에서의 3년 만기 채권수익률 = 불편기대이론 하의 3년 만기 채권수익률($_0R_3$) + 유동성프리미엄($_0L_3$)
  → 7.5% = 약 6% + 유동성프리미엄($_0L_3$), ∴ 유동성프리미엄($_0L_3$)은 **1.5%**이다.

  ▶ 약식계산법
  $7.5\% = \dfrac{0.05+0.06+0.07}{3} + {_0L_3}$, 따라서 유동성프리미엄($_0L_3$) = 1.5%

학습안내 동 문항은 기본서 편제상 '3과목 8편 거시경제 - 이자율이론 - 채권수익률곡선이론' 파트에서 출제되고 있다(26회, 34회, 42회 기출).

정답 ③

3과목 6편 파생상품투자운용/투자전략

83 선물거래에 대한 설명이다. 가장 적절하지 않은 것은?

① 선물계약을 매수하거나 매도하기 위해서는 증거금이 필요하다.
② 경쟁매매방식으로 거래된다.
③ 선물거래 시 시장위험과 신용위험에 노출된다.
④ 표준단위로 거래되어 유동성이 풍부한 편이지만 맞춤형거래가 불가하다.

해설 선물거래(Futures)의 장점은 **신용위험 없이** 반대거래(포지션의 청산거래)를 자유롭게 할 수 있다는 점이다. 그리고 신용위험을 없애기 위한 제도로서 '증거금제도(지문 ①)와 일일정산제도(지문 ②)를 도입하고 있다.

[보충] 선도거래(Forward)는 거래 시 증거금이 필요하지 않으며, 상대매매 방식이며, 신용위험에 노출되며, 맞춤형거래가 가능한 장점이 있지만 거래단위가 표준화 되지 않으므로 유동성이 부족하다.

정답 ③

84 달러원환율이 1$ = 1,200₩이다. 달러이자율이 1%(연율), 원화이자율이 2%(연율)일 경우 이자율등가식(Interest Rate Parity)에 의한 1년 만기 균형선물환 가격은 얼마인가?(단위 : 1$당 원화)

① 1,188원
② 1,200원
③ 1,212원
④ 1,248원

해설 이자율등가식(또는 이자율평형이론)에 의한 균형선물환율 산출식은 '$F^* = S[1 + (r_d - r_f) \times \frac{T-t}{365}]$'이다. 만기가 1년 이므로 '$F^* = S_t[1 + (r_d - r_f)]$'이고, 따라서 '$F^* = 1,200[1 + (0.02 - 0.01)] = 1,212$'이다($r_d$: 원화이자 2%, r_f : 달러이자 1%). 즉 이상의 조건에서 1년 만기 달러원 균형선물환율은 1$ = 1,212₩이다. **주의할 것은** 계산 시 '$(r_d - r_f)$'의 순서이다. 문항에서 '달러이자율(r_f)이 먼저 제시되었으나 계산 시에는 원화이자율(r_d)이 앞에 나와야 한다(산식도출과정은 '시대에듀 한권으로 끝내기 문제집 2권 p323' 참조). 또 균형선물환율의 계산을 통한 차익거래과정도 자주 출제가 되는데 이는 '2회 82번 문항'을 통해서 대비하도록 한다.

[학습안내] 환율표시에 대한 명칭이해
(1) '1$ = 1,000₩'에 대한 정확한 명칭은 '달러원'환율이다. 그러나 관행적으로 이를 '원달러환율'이라고도 명칭해왔는데, 엄밀히 말하면 원달러환율은 '1₩ = 0.001$'에 해당된다.
(2) 최근 들어 이를 정확히 반영하고자 '1$ = 1,000₩'을 명칭할 때 원달러환율보다는 달러원환율로 수정하여 명칭하는 경향이 있다.

정답 ③

부록 — 투자자산운용사

85 만기가 다른 두 개의 선물계약 간의 스프레드 전략 중 '강세 스프레드'에 대한 설명이다. 가장 적절하지 않은 것은?

① 시간스프레드(Calendar Spread) 전략에 해당된다.
② 강세시장에서는 근월물이 원월물보다 더 많이 상승할 것으로 예상할 때 사용한다.
③ 약세시장에서는 근월물이 원월물보다 덜 하락할 것으로 예상할 때 사용한다.
④ 선물시장이 콘탱고일 때 두 선물계약의 가격차이가 지금보다 더 벌어질 것이라고 예상할 때 사용한다.

[해설] 강세 스프레드는 근월물이 원월물보다 더 많이 상승할 것으로 예상될 때(강세장의 경우)이므로 두 계약 간의 스프레드가 축소될 것으로 예상하고 구축하는 포지션이다(단 선물시장의 정상적인 상태인 콘탱고를 전제).

※ 만기가 다른 두 선물계약 간의 스프레드 전략

강세 스프레드 (스프레드 축소 전략)	약세 스프레드 (스프레드 확대 전략)
근월물이 원월물보다 강할 것으로 예상(상승장에서는 근월물이 더 많이 상승하고 하락장에서는 근월물이 덜 하락할 것으로 예상)	근월물이 원월물보다 약할 것으로 예상(상승장에서는 원월물이 더 많이 상승하고 하락장에서는 원월물이 덜 하락할 것으로 예상)
근월물 매수 & 원월물 매도 → 스프레드축소를 예상한 포지션 구축	근월물 매도 & 원월물 매수 → 스프레드확대를 예상한 포지션 구축

▶ '스프레드축소'와 '스프레드확대'는 선물시장의 정상적인 상태, 즉 콘탱고 시장을 전제함

[학습안내] 스프레드축소 또는 스프레드확대에 대비한 전략의 원리는 선물이나 옵션에서 모두 동일하지만, '강세 스프레드 전략 / 약세 스프레드 전략' 용어의 의미는 동일하지 않다는 점에 유의한다.
- 선물에서는 근월물을 기준으로, 근월물을 매수하면 강세 스프레드, 근월물을 매도하면 약세 스프레드로 명칭한다.
- 옵션에서는 기초자산가격이 상승할 때 수익이 나면 강세 스프레드, 하락할 때 수익이 나면 약세 스프레드로 명칭한다.

정답 ④

86 베이시스(Basis)에 대한 다음 설명 중 가장 적절하지 않은 것은?

① 임의의 거래일에 있어서 선물가격과 현물가격의 차이는 베이시스(basis)이다.
② 선물이론가격(F^*)과 현물시장가격(S_t)의 차이를 이론베이시스라 하며 이는 해당 선물에 대한 보유비용과 같다.
③ 선물시장가격(F_t)이 현물시장가격(S_t)보다 높은 상태를 콘탱고(Contango) 또는 정상시장이라 한다.
④ 현물을 보유한 상태에서 선물매도로 헤지포지션을 구축한 후, 선물만기 시점에서 헤지포지션을 청산하는 경우를 랜덤 베이시스 헤지라고 한다.

[해설] ④는 '랜덤 베이시스 헤지(random basis hedge)'가 아니라 '제로 베이시스 헤지(zero basis hedge)'이다.

※ 베이시스(Basis)
(1) 베이시스(Basis)의 정의 : 임의의 거래일에 있어서 선물가격과 현물가격 차이

이론베이시스	시장베이시스
$F^* - S_t$ (선물이론가격 - 현물시장가격)	$F_t - S_t$ (선물시장가격 - 현물시장가격)

▶ 이론베이시스($F^* - S_t$)는 보유비용 $\left[S_t \left\{ (r - d) \times \dfrac{T - t}{365} \right\} \right]$ 과 같다.

$\rightarrow F^* - S_t$

$\rightarrow F^* - S_t = S_t \left\{ 1 + (r - d) \times \dfrac{T - t}{365} \right\} - S_t$

→ $F^* - S_t = S_t \left\{ (r - d) \times \dfrac{T - t}{365} \right\}$

→ 좌변은 이론베이시스, 우변은 보유비용이다. 즉 '이론베이시스 = 보유비용'.

▶ 콘탱고(contango)와 백워데이션(backwadation) : 시장베이시스가 있는 상태에서, '$F_t > S_t$'인 상태를 콘탱고(또는 정상시장), 반대로 '$F_t < S_t$'인 상태를 백워데이션(또는 역조시장)이라 한다.

(2) 랜덤베이시스헤지 VS 제로 베이시스 헤지 : 헤지포지션의 청산시점에 따른 분류

㉠ 현물포지션과 선물헤지포지션을 만기 전 임의의 시점에서 청산할 경우 '랜덤 베이시스 헤지(random basis hedge)'가 된다.
 • 만기 전 임의의 시점에서 청산할 경우 베이시스의 변동여부에 따라 베이시스 수익 또는 베이시스 손실이 발생한다. 즉 랜덤 베이시스 헤지는 '시장위험을 회피하기 위해 베이시스 위험에 노출되는' 결과가 된다.

㉡ 현물포지션과 선물헤지포지션을 만기 시점에서 청산할 경우 '제로 베이시스 헤지(zero basis hedge)'가 된다.
 • 만기 시점에서 청산할 경우 베이시스가 제로가 되어($F^* = S_t$, $F^* - S_t = 0$)베이시스 위험에 노출되지 않는다.

[학습안내] 39회, 42회 기출

정답 ④

87

행사가격이 300p인 풋옵션을 1계약 매도(프리미엄 5point)하고, 행사가격이 292.5p인 풋옵션을 1계약 매수(프리미엄 1.5point)하였다. 만기시점에 청산된 기초자산가격이 295p라고 할 때, 이 스프레드포지션의 손익은 얼마인가?(단위 : point)

① 1.5포인트 손실
② 1.5포인트 이익
③ 3.5포인트 손실
④ 3.5포인트 이익

[해설] 옵션 스프레드포지션의 손익은 매수포지션과 매도포지션으로 나누어 차례로 계산한다.
(1) 풋옵션 매수포지션의 손익 : 292.5p에 매수하고 295p에 종료되었으므로, 손익은 'Max(292.5-295, 0)-1.5 = 0 -1.5 = (-)1.5point'이다.
 [주의] 풋옵션 매수포지션의 만기 시 손익 공식(37회 기출) : Max(X - S_T) - P
(2) 풋옵션 매도포지션의 손익 : 300p에 매도하고 295p에 종료되었으므로 풋옵션매수자의 수익 +5point를 결제를 해주어야 하는 입장이다. 따라서, 손익은 '-{Max(300-295, 0)}+5.0 = -5 + 5 =0point'이다.
 [주의] 풋옵션 매도포지션의 만기 시 손익 공식 : -{Max(X - S_T) - P} = P - Max(X - S_T)
(3) 따라서 동 포지션(풋불스프레드)의 최종손익은 (-)1.5point이다.

[학습안내] 스프레드 손익을 구하는 기존의 출제유형은 마감 시 기초자산가격을 행사가격 중의 하나(동 문항의 경우 292.5 또는 300)로 제시하였으나, 28회 시험에서는 292.5와 300 사이에 있는 295로 제시하였다는 점이 특징이다(이 경우 매수포지션과 매도포지션 손익을 계산하는 원리를 확실히 알아야만 풀 수 있음(패스코드 3회 84번 '약식계산법' 추가 참조).

정답 ①

부록 — 투자자산운용사

88 행사가격 100인 콜옵션과 풋옵션을 동시에 매도하였다(프리미엄은 각각 6포인트, 4포인트). 이때 동 포지션의 손익구조상 수익이 발생하는 기초자산가격의 구간을 가장 정확히 나타낸 것은?(P : 기초자산 가격, 단위 : 포인트)

① 90 < P < 110
② 96 < P < 104
③ 94 < P < 106
④ P < 90, P > 110

해설 '90 < P < 110'이다.

※ 스트래들매도 포지션의 손익구조 이해
(1) 스트래들매도(Short Straddle)는 변동성매도 전략으로서 기초자산의 변동성이 BEP수준을 초과하지 않을 때 이익이 발생한다.
(2) 스트래들매도는 동일한 행사가격에서 콜옵션과 풋옵션을 동시에 매도하는 포지션인데, 양 옵션의 매도와 동시에 옵션매수자가 지불하는 프리미엄을 수취하게 된다. 동 문항에서 프리미엄수취분은 10포인트이므로, 상승방향의 BEP는 '100 + 10 = 110포인트[주1]'이며, 하락방향의 BEP는 '100 − 10 = 90포인트[주2]'이다.
  * 주1 : 기초자산가격이 100을 초과하여 상승하면 콜옵션매도(행사가격 100) 포지션에서 손실이 발생한다. 그런데 이미 수취한 프리미엄수입이 10포인트이므로 BEP는 110포인트가 된다.
  * 주2 : 기초자산가격이 100을 초과하여 하락하면 풋옵션매도(행사가격 100) 포지션에서 손실이 발생한다. 그런데 이미 수취한 프리미엄수입이 10포인트이므로 BEP는 90포인트가 된다.

[추가예시] 스트래들매수 포지션의 수익구간은?(행사가격, 프리미엄 : 동일가정)
→ 'P > 110 또는 P < 90'이다. 즉 기초자산가격이 110을 초과하여 상승하거나 90을 초과하여 하락할 경우 수익이 발생한다.

정답 ①

---

89 현재 주가가 100이고 1기 후 주가가 110 또는 90이 되는 이항모형에서, 위험중립확률을 60%라고 할 때 콜옵션(행사가격 100)의 가격과 가장 가까운 값은?(무위험이자율은 2%로 가정, 가격단위는 Point)

① 3.92
② 4.90
③ 5.88
④ 11.76

해설 이항모형에서 위험중립확률을 이용하여 콜옵션의 가격을 구할 수 있다. 아래의 (1), (2)단계를 통해서 콜옵션가격을 도출할 수 있는데, 문항에서 위험중립확률(p)을 0.6이라고 제시하였으므로 바로 (2)단계를 적용하여 계산하면 된다.

※ 위험중립적 확률모형으로 콜옵션가격구하기
현재 주가가 100, 1기 후의 주가가 110 또는 90이 되는 이항모형을 전제했을 때,

(1) 위험중립확률(p) 구하기
$$100 = \frac{110p + 90(1-p)}{(1+0.02)} \to p = 0.6$$

(2) 콜옵션가격구하기
$$C = \frac{10p + 0(1-p)}{(1+0.02)} \to C = \frac{10 \times 0.6}{1.02} = 5.88$$

[학습안내] 동 문항은 26회 시험의 기출유형으로서, 전체 계산의 복잡성을 고려하여 위험중립확률(p)을 제시한 것이 특징이다. 그렇지만 p를 제시하지 않고 출제되더라도 과도한 문제가 아니므로, 위의 계산 (1), (2)단계를 모두 이해하기를 권장한다.

정답 ③

투자자산운용사

90 다음 중 콜옵션 매도와 풋옵션 매수 포지션의 민감도 부호가 동일한 것은?

① 델타
② 감마
③ 베가
④ 쎄타

해설 콜옵션매도의 델타는 (−), 풋옵션매수의 델타는 (−)이다. 즉 두 포지션의 민감도 부호가 동일한 것은 델타이다.

※ 옵션민감도 부호(매도포지션은 표와 정확히 반대)

구 분	델 타	감 마	베 가	쎄 타	로 우
콜옵션매수	+	+	+	−	+
풋옵션매수	−	+	+	−	−

• 옵션(매수포지션)은 변동성을 먹고살고 시간가치에 죽는다.

정답 ①

91 옵션민감도 지표와 관련하여 빈칸을 옳게 연결한 것은?

( )와 ( )의 민감도 부호는 반대이지만 그 절대치는 항상 정(+)의 관계를 가진다.

① 델타, 로우
② 감마, 쎄타
③ 베가, 쎄타
④ 감마, 베가

해설 블랙숄즈 모형의 2차 편미분방정식에 의해 감마와 쎄타는 일정한 숫자를 유지하므로, 감마와 쎄타의 절대치는 항상 정의 관계를 가진다(▶ 35회 신유형).

예시 (1) 감마(+6) + 쎄타(−4) = +2, (2) 감마(+8) + 쎄타(−6) = +2, 즉 (1)에서 (2)로 변동할 때 감마는 +2, 쎄타의 절대치도 +2이다(정의 관계).

정답 ②

부록

투자자산운용사

3과목 7편 투자운용결과분석

★★★
92 보기에 대한 설명으로 가장 적절한 것은?(단, 시간가중수익률은 연환산 기준)

> • 2020.1.1 A주식 1만주를 10,000원에 매수
> • 2021.1.1 A주식 2만주를 5,000원에 매수
> • 2022.1.1 A주식 3만주를 10,000원에 매도

① 시간가중수익률은 음의 값을 갖는다.
② 금액가중수익률이 시간가중수익률보다 더 높게 나타난다.
③ 시간가중수익률이 금액가중수익률보다 더 높게 나타난다.
④ 금액가중수익률과 시간가중수익률이 동일하게 나타난다.

해설 시간가중수익률은 0%이고 금액가중수익률은 30%이므로 '금액가중수익률 > 시간가중수익률'이다. 약식으로는 '단일기간 2기의 수익률이 단일기간 1기의 수익률보다 높으므로' 금액가중수익률이 시간가중수익률보다 **높게** 나타난다(▶ 금액가중수익률의 직접계산은 시행착오법으로 하는데 시간이 걸리므로 약식풀이를 권장함).

※ **시간가중수익률과 금액가중수익률의 계산(문항 예시)**

1기간 수익률	2기간 수익률
$\frac{(5,000-10,000)}{10,000} = (-)50\%$	$\frac{(10,000-5,000)}{5,000} = (+)100\%$

2020.1.1	2021.1.1	2022.1.1
0기	1기	2기
(−1억 원)	(1억 원)	(+3억 원)
	(−1억 원)	

▶ 표 해석
• 단일기간수익률에서 '단일기간'은 보유기간의 '길고 짧음'에 관계없이 매수에서 매도까지의 기간을 말한다. 단, 동 문항과 같이 투입금액이 달라지면 자금을 투입한 횟수만큼 단일기간이 나뉘어 진다(동 문항에서는 1기간, 2기간).
• 1기간은 '2020.1.1(1기초(期初))~2021.1.1(1기말(期末) 또는 2기초(期初))'이며, 2기간은 '2021.1.1(2기초(期初))~2022.1.1(2기말(期末) 또는 3기초(期初))'이다.
• 표 아래 (−)와 (+)는 현금흐름을 말하는데, (−)는 현금의 신규투입을 말하고 (+)는 현금의 유입 즉 매도를 말한다.

▶ 풀 이
(1) 먼저 단일기간수익률을 구한다 : 1기간수익률은 −50%, 2기간수익률은 +100%이다.
(2) 다기간수익률 중 시간가중수익률(기하평균수익률)과 금액가중수익률(내부수익률)을 구한다.
  • **시간가중수익률** : $R = \sqrt{(1-0.5)(1+1)} - 1 = 1 - 1 = 0$
    → 최초 1만 원에 매수를 해서 최종 1만 원에 매도하였으므로 수익률 0%이다(시간가중수익률은 투자금액의 변화를 고려하지 않으므로 0%가 맞음).
  • **금액가중수익률** : 현금유입의 현재가치와 현금유출의 현재가치를 일치시키는 할인율이 금액가중수익률(또는 내부수익률)이 되므로 아래와 같이 계산된다.
    → $1억 원 + \frac{1억 원}{1+r} = \frac{3억 원}{(1+r)^2}$, 시행착오법으로 풀면 $r = 0.3$(근사치), 즉 30%이다.
(3) 따라서 '금액가중수익률(30%) > 시간가중수익률(0%)'이다.

▶ 약식이해
시간가중수익률은 투입금액의 변화를 반영하지 않고, 금액가중수익률은 투입금액의 변화를 반영한다. 따라서 '누적적으로 더 많은 금액이 투입된 기간'[주1] 즉 2기의 수익률이 1기보다 **높으면** '금액가중 > 시간가중'이며, 2기의 수익률이 1기보다 **낮으면** '금액가중 < 시간가중'이다.

투자자산운용사

동 문항에서는 '2기의 수익률 > 1기의 수익률'이므로 '금액가중수익률 > 시간가중수익률'이다.
* 주1 : 1기에서는 1억 원(1만 원 × 1만주)이 투입되었다. 2기에서는 신규로 투입된 금액은 1억 원(5천 원 × 2만주)이지만 누적적 투입금액은 2억 원(1기의 1억 원 + 2기의 1억 원)이다.

정답 ②

93. 보기에 따를 때 2021년과 2022년의 전체기간에 대한 통합계정수익률은 얼마인가?(연환산 기준)

구 분	A펀드		B펀드	
	기 초	기 말	기 초	기 말
2021년	900	1,100	1,100	1,200
2022년	1,100	1,300	1,200	1,400

① 약 15% ② 약 16%
③ 약 17% ④ 약 18%

해설 기간 별 자산가중수익률(㉠)을 먼저 계산한 후, 기하적으로 연결하여 시간가중수익률(㉡)로 계산하면 통합계정수익률이 된다(16%).

㉠ 자산가중수익률

• 2021년 : $\dfrac{기말 - 기초}{기초} = \dfrac{(1,100 + 1,200) - (900 + 1,100)}{(900 + 1,100)} = \dfrac{2,300 - 2,000}{2,000} = 0.15$, 즉 15%

• 2022년 : $\dfrac{기말 - 기초}{기초} = \dfrac{(1,300 + 1,400) - (1,100 + 1,200)}{(1,100 + 1,200)} = \dfrac{2,700 - 2,300}{2,300} = 0.1739$, 즉 17.4%

㉡ 시간가중수익률(연환산수익률) : $R = \sqrt{(1+0.15)(1+0.174)} - 1 = 0.1619$, 즉 약 16%

주의 시간가중수익률에는 '㉠ 연환산기준 수익률 ㉡ 전체기간에 대한 누적기준 수익률'의 두 가지 기준이 있는데, 동 문항(90번)은 연환산기준의 문제이다. 그런데 만일 **'연환산 기준'이 명시되지 않을 경우는 '누적수익률 기준'**으로 풀어야 되며 이 경우 풀이는 아래와 같다.
→ 시간가중수익률(누적수익률) = $(1 + 0.15)(1 + 0.174) - 1 = 0.3501$, 즉 약 35%

정답 ②

94. KOSPI200지수를 추종하는 인덱스 펀드의 위험을 평가하는 지표로서 가장 적절하지 않은 것은?

① 표준편차 ② 베타
③ 잔차위험 ④ 공분산

해설 동 문항은 '다음 중 상대적 위험지표에 해당하지 않는 것은?'과 동일한 의미이다. 코스피200을 추종하는 펀드는 '기준지표가 미리 정해진 투자'이므로 상대적 위험지표가 적합하다. 표준편차는 절대적 위험지표에 속하므로 적합하지 않다.

※ 위험지표의 구분

절대적 위험지표		상대적 위험지표
전체위험	하락위험	
표준편차	절대VaR, 하락편차, 반편차, 적자위험	베타, 잔차위험, 공분산, 상대VaR
수익률의 안정성을 중시하는 전략에 유용한 지표	목표수익률을 추구하는 투자에 유용한 지표	기준지표가 미리 정해진 투자에 유용한 지표

정답 ①

부록   투자자산운용사

95 〈보기〉에 대한 설명으로 가장 적절하지 않은 것은?

―〈보 기〉―

P = P − B + B = M + (B − M) + (P − B) = M + S + A 즉, P = M + S + A이다.
※ P : 포트폴리오수익률, B : 기준지표수익률, M : 시장인덱스수익률, A = P − B, S = B − M

① 포트폴리오수익률이 시장인덱스수익률을 초과한 경우, 초과수익률은 'S + A'로 나타난다.
② A는 펀드매니저가 적극적인 운용을 한 결과 기준지표수익률을 초과한 수익률로서 스타일투자효과에 해당한다.
③ 적극적인 운용을 하는 펀드매니저의 기준지표가 시장인덱스와 같다면 스타일투자를 하지 않음을 의미한다.
④ 인덱스펀드를 운용하는 경우 'S = 0, A = 0'이다.

해설 적극적인 운용을 하여 기준지표수익률(B)을 초과하는 수익률을 올렸다면 이는 종목선정효과(A, A = P − B)에 해당한다. 그리고 기준지표를 잘 선정하여 시장인덱스수익률보다 초과하는 수익률을 올렸다면 이는 스타일투자효과(S, S = B − M)를 말한다.

※ 기준지표를 이용한 성과요인 분해(P = M + S + A)

(1) 액티브운용의 성과분해 예시 : P(12%) = M(7%) + S(3%) + A(2%)

포트폴리오수익률(P)이 12%, 기준지표수익률(B)이 10%, 시장인덱스수익률(M)이 7%라고 한다면, **스타일투자효과는 3%, 종목선정효과는 2%**가 된다.

▶ P = M + (B − M) + (P − B), 12% = 7% + (10% − 7%) + (12% − 10%)
                                        스타일효과   종목선정효과
                                          S(B − M)   A(P − B)

포트폴리오수익률(P)	12%		
		+2% (P − B = 2%)	종목선정효과(A)
성장주지수(B)	10%		
		+3% (B − M = 3%)	스타일효과(S)
KOSPI지수(M)	7%		

(2) 'P = M + S + A'에 대한 해석

㉠ 액티브운용 시의 포트폴리오수익률(P)이 패시브운용에 해당하는 시장인덱스수익률(M)을 초과한다면, 그 초과수익률은 S + A로 나타난다.
 • S = B − M : 기준지표(벤치마크)를 잘 선정하여 시장인덱스수익률(M)보다 초과수익률을 달성하였다면 S > 0이 된다. 즉 S는 마켓타이밍전략(스타일투자)에 해당한다.
 • A = P − B : 포트폴리오수익률(P)이 기준지표수익률(B)를 초과하였다면 종목선정을 잘해서 기준지표대비 초과수익을 달성한 것이므로 A는 종목선정효과에 해당한다.

㉡ 액티브운용을 하되 마켓타이밍전략을 사용하지 않는다면(스타일투자를 하지 않는다면), 기준지표(B)를 사용하지 않고 시장인덱스(M)을 그대로 사용한다는 것을 의미하므로 'S = B − M, S = M − M, S = 0'가 된다.

㉢ 인덱스펀드를 운용한다는 것은 시장인덱스(M)에만 투자하는 것을 말하므로 'S = 0, A = 0'가 된다.
 • S = B − M : 기준지표(B)를 별도로 사용하지 않으므로 M이 곧 B이다. 따라서 'S = M − M = 0'이다.
 • A = P − B : 인덱스운용[주1]의 경우 시장인덱스수익률(M)이 포트폴리오수익률(P) 자체가 된다. 따라서 'A = P − B = M − M = 0'가 된다.
   * 주1 : '기준지표를 이용한 성과요인 분해' 이론 상 '인덱스펀드'는 '시장수익률(M)에 투자하는 펀드(즉 벤치마크수익률 = 시장수익률)'를 말한다.

정답 ②

96 GIPS에서의 성과공시 및 보고방법에 대한 내용이다. 틀린 것은?

① 회사는 수익자정보를 공시해야 한다.
② 회사는 벤치마크 개요를 공시해야 한다.
③ 회사는 성과를 내기 위해 사용된 통화를 공시해야 한다.
④ 회사는 성과보고 시 컴포지트와 벤치마크에 모두 적용된 3년 연환산된 사후적 표준편차를 제시해야 한다.

해설 수익자정보는 공시할 수 없다(무한책임을 지는 경우가 아니면 투자자정보는 공개하지 않는 것이 원칙). ④에서 '사후적 표준편차'는 기대수익률이 아닌 실현수익률을 적용하여 산출한 표준편차를 말한다.

※ GIPS의 성과공시 및 보고방법(성과프로세스 7단계)

▶ 성과공시
(1) 회사는 컴포지트 개요를 공시해야 한다.
(2) 회사는 벤치마크 개요를 공시해야 한다.
(3) 회사는 보수공제 후 수익률을 제시할 때 운용보수와 매매비용에 추가하여 다른 어떤 보수가 공제되었는지를 공시해야 한다.
(4) 회사는 성과를 내기 위해 사용된 통화를 공시해야 한다.
(5) 회사는 어떠한 내부분산도 지표가 제시되었는지를 공시해야 한다.
(6) 회사는 포트폴리오가치를 평가하는 정책, 성과를 계산하는 정책 등이 요청 시 제공될 수 있다는 점을 공시해야 한다.

▶ 보고방법
(1) 1년 미만의 기간에 대한 수익률을 연환산되지 않아야 한다.
(2) 성과는 '연간 컴포지트 수익률, 연간 벤치마크 수익률, 컴포지트에 포함된 포트폴리오의 수 등'의 요건을 충족한 최소한 5년의 성과로 나타내야 한다.
(3) 컴포지트와 벤치마크 모두의 3년 연환산된 사후 표준편차를 제시해야 한다.

정답 ①

3과목 8편 거시경제

97 유동성함정(Liquidity Trap) 구간에 대한 설명이다. 가장 적절하지 않은 것은?

① 화폐수요의 이자율탄력성이 무한대가 된다.
② 재정정책이 무력해진다.
③ 이자율(R)과 실질소득(Y)의 공간에서 LM곡선이 수평을 보이는 구간이 유동성함정 구간이다.
④ 물가가 신축적이라고 할 때, 실질잔액효과에 의해서 소비가 증가하고 IS곡선을 우로 이동시켜 유동성함정 구간을 탈출할 수 있다는 이론은 피구효과이다.

해설 유동성함정 구간에서는 통화정책은 무력해지며, 재정정책은 구축효과가 전혀 나타나지 않아서 그 효과가 극대화된다. ①과 ③에서, LM곡선이 수평이라 함은 이자율에 대한 화폐수요 탄력성이 무한대임을 의미한다.

※ 통화정책이 무력한 이유
유동성함정 구간에서는 금리가 더 이상 하락하지 않는다고 판단하여(임계이자율 수준), 경제주체는 돈으로만 들고 있고자 한다(화폐수요탄력성이 무한대). 따라서 통화당국이 돈을 아무리 많이 풀어도 '금리인하 → 투자증가'라는 통화정책효과가 나타나지 않는다(▶ 유동성함정 구간 : '화폐수요탄력성이 무한대 = LM수평', '재정정책효과 극대화 = 무구축효과').

정답 ②

부록　　투자자산운용사

98 이자율 결정이론 중 케인즈의 유동성선호설에 대한 내용이다. 틀린 항목으로 연결한 것은?

> 가. 이자율은 현재 생산물의 소비를 미래로 연기한 것에 대한 보상이 아니라, 개인이 축적한 소득을 화폐가 아닌 금융자산형태로 보유함으로써 유동성을 희생시킨 데에 대한 보상이라고 본다.
> 나. 개인의 화폐보유 동기를 거래적 동기, 투기적 동기, 예비적 동기로 구분하는데, 투기적 동기는 이자율에 대한 정(+)의 함수이다.
> 다. 불확실성에 대비하여 화폐수요를 늘리는 것은 거래적 수요이다.
> 라. 케인즈이론에서 균형이자율은 수직으로 나타나는 화폐공급곡선과 우하향하는 화폐수요곡선이 일치하는 점에서 결정된다.

① 가, 나　　② 다, 라
③ 나, 다　　④ 가, 라

해설 '나, 다'가 틀린 항목이다. 참고로 '라'에서 화폐공급곡선이 수직으로 나타나는 이유는 화폐공급은 중앙은행에서 결정하는 외생변수이기 때문이다.
- 나 : 거래적 수요, 예비적 수요는 소득(Y)에 대한 정(+)의 함수이며, 투기적 수요는 이자율(R)에 대한 부(-)의 함수이다.
- 다 : 불확실성에 대비하여 화폐수요를 늘리는 것은 예비적 수요이다.

※ 케인즈의 화폐수요함수 : $\frac{M^s}{P} = M^d$, $M^d = L(Y, R)$

(1) 화폐공급(M^s)은 외생변수이며, 단기적으로 고정이므로 수직으로 나타난다.
(2) 화폐수요에서, '거래적 동기와 예비적 동기'는 소득(Y)에 대한 정(+)의 함수이며, 투기적 동기는 이자율(R)에 대한 부(-)의 함수이다.
- 소득이 증가할수록 늘어나는 화폐수요는 '거래적 동기', 불확실성에 대비하여 화폐 수요를 증가시키는 것은 '예비적 동기', 이자율이 하락할수록 화폐보유의 기회비용이 감소하여 화폐수요가 증가하는데 이를 '투기적 동기'라고 한다.

정답 ③

99 거시경제지표에 대한 설명이다. 가장 적절한 것은?

① 통화유통속도는 통화량을 명목GDP로 나누어서 구한다.
② GDP디플레이터는 국민경제 전체의 물가압력을 측정하는 지수로서 '$\frac{실질GDP}{명목GDP} \times 100$'으로 구한다.
③ 경기확산지수(DI)가 전월대비 하락하면 전월대비 경기가 수축하고 있음을 의미한다.
④ 경기종합지수(CI)가 전월대비 하락하면 전월대비 경기가 수축하고 있음을 의미한다.

해설 ④가 옳다. CI와 'DI/BSI/CSI'의 해석방식이 다름에 유의한다.
① MV = PY(화폐교환방정식). $V = \frac{P \times Y}{M}$, 즉 명목GDP를 통화량으로 나누어서 구한다.
② GDP디플레이터 = $\frac{명목GDP}{실질GDP} \times 100$(암기법 : GDP디플레이터 = 못, 통화유통속도 = 믿).
③ DI는 경기변동의 전환시점이나 변화 방향만을 나타내며 그 속도나 에너지는 측정하지 못한다(BSI나 CSI도 마찬가지). 예를 들어 DI의 값이 전월은 80, 금월은 70일 경우 둘 다 균형점인 50을 초과하므로 동일하게 경기상승국면에 있다고 해석한다(값이 하락했다고 해서 경기가 수축하고 있다고 말할 수 없음).
④ CI는 그 속도나 에너지를 측정할 수 있으므로 전월대비 그 값이 하락할 경우 전월대비 경기가 수축하고 있다고 말할 수 있다.

정답 ④

투자자산운용사

3과목 9편 분산투자기법

100 자본자산가격결정모형(CAPM모형)은 기본적 가정을 전제로 자본시장이 균형상태를 이룰 때 자본자산의 가격을 예측하는 모형이다. 그렇다면 CAPM모형에서 전제하는 기본적 가정과 가장 거리가 먼 것은?

① 투자자는 평균과 분산만 가지고 투자결정을 내리며 구체적으로 상대적으로 높은 평균, 상대적으로 낮은 분산을 가진 자산을 선택한다.

② 모든 투자자는 동일한 단일 투자기간을 갖고 이 단일 투자기간 이후에 발생하는 결과는 무시한다.

③ 개인투자자는 자본시장에서 가격순응자(price taker)이고 거래비용과 세금이 존재하지 않아 자본과 정보의 흐름에 아무런 마찰이 없다.

④ 모든 투자자는 각각 다른 방법으로 증권을 분석하고 경제상황에 대한 예측도 달라서, 미래증권수익률의 확률분포에 대하여 다르게 예측을 한다.

해설 동일한 방법으로 분석하고 동일한 예측을 하는 것을 전제로 한다.

※ CAPM모형의 기본 가정(2023 기본서, 5권, p132 인용)
  (1) 가정 1 : 평균·분산기준의 가정(지문 ①).
  (2) 가정 2 : 동일한 투자기간의 가정(지문 ②).
  (3) 가정 3 : 완전시장의 가정(지문 ③).
  (4) 가정 4 : 무위험자산의 존재가정
    • 투자대상은 공개적으로 거래되고 있는 금융자산에 한정하고, 투자위험이 전혀 없는 무위험자산(risk free asset)이 존재하며 모든 투자자들은 동일한 무위험이자율 수준으로 얼마든지 자금을 차입하거나 빌려줄 수 있다.
    중요 CAPM모형에서의 대출포트폴리오에 적용되는 대출이자율과 차입포트폴리오에 적용되는 차입이자율에서, 차입이자율이 더 높아야 한다. [O, X] → X (동일하다. '무위험자산이 존재하며 동일한 무위험수준으로 얼마든지 자금을 차입하거나 빌려줄 수 있다'라는 CAPM모형의 가정에 근거함)
  (5) 가정 5 : 균형시장의 가정
    • 자본시장은 수요와 공급이 일치하는 균형상태에 있다.
  (6) 가정 6 : 동질적 미래예측의 가정
    • 모든 투자자는 동일한 방법으로 증권을 분석하고 경제상황에 대한 예측도 동일하다. 따라서 미래증권 수익률의 확률분포에 대하여 동질적으로 예측을 한다.

학습안내 26회, 33회, 35회 시험은 '가정 6'을, 28회 시험은 '가정 4'를 정답 지문으로 하여 출제되었다.

정답 ④

배우기만 하고 생각하지 않으면 얻는 것이 없고,
생각만 하고 배우지 않으면 위태롭다.

- 공자 -

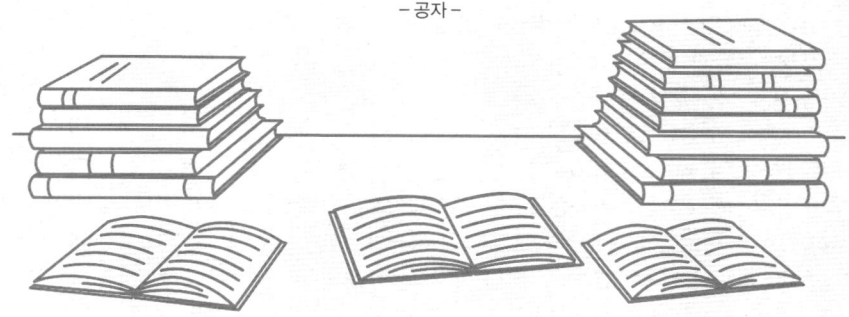